Institut für Arbeitsmarkt- und Berufsforschung
Die Forschungseinrichtung der Bundesagentur für Arbeit

IAB

IAB-Bibliothek

Die Buchreihe des Instituts für Arbeitsmarkt- und Berufsforschung

314

Analysen
Daten
Fakten

wbv

Joachim Möller, Ulrich Walwei (Hg.)

Handbuch Arbeitsmarkt

2009

Bibliografische Information der Deutschen Nationalbibliothek

Die Deutsche Nationalbibliothek verzeichnet diese Publikation in der Deutschen Nationalbibliografie; detaillierte bibliografische Daten sind im Internet über http://dnb.d-nb.de abrufbar.

Herausgeber der Reihe IAB-Bibliothek: Institut für Arbeitsmarkt- und Berufsforschung der Bundesagentur für Arbeit (IAB), Regensburger Straße 104, 90478 Nürnberg, Telefon (09 11) 179-0 ■ Redaktion: Martina Dorsch, Martin Schludi, Institut für Arbeitsmarkt- und Berufsforschung der Bundesagentur für Arbeit, 90327 Nürnberg, Telefon (09 11) 179-32 06, E-Mail: martina.dorsch@iab.de ■ Umschlaggestaltung: Petra Wagler, IAB ■ Gesamtherstellung: W. Bertelsmann Verlag, Bielefeld (www.wbv.de) ■ Rechte: Kein Teil dieses Werkes darf ohne vorherige Genehmigung des IAB in irgendeiner Form (unter Verwendung elektronischer Systeme oder als Ausdruck, Fotokopie oder Nutzung eines anderen Vervielfältigungsverfahrens) über den persönlichen Gebrauch hinaus verarbeitet oder verbreitet werden.

2009 Institut für Arbeitsmarkt- und Berufsforschung, Nürnberg/W. Bertelsmann Verlag GmbH & Co. KG, Bielefeld

In der „IAB-Bibliothek" werden umfangreiche Einzelarbeiten aus dem IAB oder im Auftrag des IAB oder der BA durchgeführte Untersuchungen veröffentlicht. Beiträge, die mit dem Namen des Verfassers gekennzeichnet sind, geben nicht unbedingt die Meinung des IAB bzw. der Bundesagentur für Arbeit wieder.

ISBN 978-7639-4001-1
ISSN 1865-4096
Best.-Nr. 300636   www.iabshop.de   www.iab.de

Inhalt

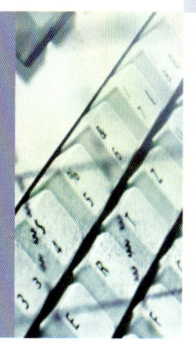

Vorwort 7

Teil I
Der deutsche Arbeitsmarkt im Überblick

Kapitel A
Der deutsche Arbeitsmarkt – Entwicklung und Perspektiven 11

Hans-Uwe Bach, Michael Feil, Johann Fuchs, Hermann Gartner, Sabine Klinger, Anne Otto, Thomas Rhein, Thomas Rothe, Norbert Schanne, Peter Schnur, Eugen Spitznagel, Cornelia Sproß, Rüdiger Wapler, Antje Weyh, Gerd Zika

Das Wichtigste in Kürze 13
1 Einleitung 15
2 Die Lage auf dem deutschen Arbeitsmarkt 16
3 Kurzfristige Arbeitsmarktperspektiven 31
4 Längerfristige Perspektiven 42
5 Die Bedeutung der Arbeitsmarktreformen 49
6 Methodenteil 57
Literatur 76

Kapitel B
Chronik der Arbeitsmarktpolitik 2005–2008 79

Judith Bendel-Claus, Ulrike Kress

Teil II
Schwerpunktthemen

Kapitel C
Aktive Arbeitsmarktpolitik in Deutschland und ihre Wirkungen 149

Sarah Bernhard, Katrin Hohmeyer, Eva Jozwiak, Susanne Koch, Thomas Kruppe, Gesine Stephan, Joachim Wolff

Das Wichtigste in Kürze 151
1 Einleitung 153
2 Aktive Arbeitsmarktpolitik in Deutschland und ihre Instrumente 154
3 Wirkung auf die Geförderten und ihre Messung 156
4 Quasi-marktlich organisierte Vermittlungsdienstleistungen 165
5 Förderung beruflicher Weiterbildung 173
6 Eignungsfeststellungs- und Trainingsmaßnahmen 176
7 Beschäftigungsbegleitende Maßnahmen .. 178
8 Beschäftigung schaffende Maßnahmen .. 184
9 Wirkung auf der Makroebene und ihre Messung 188
10 Empirische Befunde zu den Makrowirkungen 192
11 Fazit 195
Literatur 197

Kapitel D
Lebenszusammenhänge erwerbsfähiger Hilfebedürftiger im Kontext der Grundsicherungsreform ..203

Juliane Achatz, Johanna Dornette, Sandra Popp, Markus Promberger, Angela Rauch, Brigitte Schels, Ulrich Wenzel, Claudia Wenzig, Christina Wübbeke

Das Wichtigste in Kürze.................205
1 Hintergrund, Strukturen und Forschungsfragen zur Grundsicherungsreform 206
2 Lebenssituation hilfebedürftiger Jugendlicher und junger Erwachsener....209
3 Altersarmut in Deutschland: die Situation älterer Arbeitslosengeld-II-Bezieher 214
4 Arbeitslosigkeit und Gesundheit.........217
5 Maßnahmenwahrnehmung und Beteiligung 220
6 Mehr Bangen als Hoffen: die SGB-II-Reform aus der Sicht von Arbeitslosengeld-II-Empfängern.........224
7 Zusammenfassung und Ausblick: Lebenslagen, Wahrnehmung und Akzeptanzprobleme der Grundsicherungsreform....230
Literatur 233

Kapitel E
Internationale Migration: Umfang, Qualifikationsstruktur und Arbeitsmarktwirkungen...............237

Timo Baas, Herbert Brücker, Johann Fuchs, Elmar Hönekopp, Markus Promberger, Doris Söhnlein, Ulrich Wenzel, Werner Winkler

Das Wichtigste in Kürze..................239
1 Einleitung 240
2 Migrationstrends aus globaler, europäischer und deutscher Perspektive..242
3 Migration im Zuge der EU-Osterweiterung 256
4 Arbeitsmarktwirkungen der Arbeitsmigration 265
5 Einfluss der Zuwanderung auf das Erwerbspersonenpotenzial 271

6 Fazit und Schlussfolgerungen für die Migrationspolitik...................275
Literatur 279

Kapitel F
Integration von Migranten in Arbeitsmarkt und Bildungssystem....283

Andrea Brück-Klingberg, Carola Burkert, Andreas Damelang, Axel Deeke, Anette Haas, Eva Schweigard, Holger Seibert, Rüdiger Wapler

Das Wichtigste in Kürze..................285
1 Einleitung 286
2 Arbeitsmarktintegration von Migranten ..287
3 Integration in Bildung und Ausbildung...295
4 Sprachförderung und Arbeitsförderung für Arbeitslose mit Migrationshintergrund ..301
5 Fazit und Schlussfolgerungen für die Integrationspolitik..................310
Literatur 313

Kapitel G
Ausbildung im dualen System und Maßnahmen der Berufsvorbereitung 317

Hans Dietrich, Kathrin Dressel, Florian Janik, Wolfgang Ludwig-Mayerhofer

Das Wichtigste in Kürze..................319
1 Einleitung 321
2 (Aus-)Bildung – eine unvollendete Erfolgsgeschichte der Bundesrepublik....323
3 Drei Perspektiven: eine schwierige Annäherung an den bundesdeutschen Ausbildungsmarkt 326
4 Berufs(ausbildungs)vorbereitung und außerbetriebliche Ausbildung 336
5 Ausbildungsbereitschaft und Ausbildungsfähigkeit 343
6 Ausblick.............................350
Literatur 353

Kapitel H
Betriebliche Dynamik und Flexibilität auf dem deutschen Arbeitsmarkt.....359

Lutz Bellmann, Gabriele Fischer, Christian Hohendanner

Das Wichtigste in Kürze...................361
1 Interne und externe Flexibilisierung 363
2 Entwicklung von Betrieben und Beschäftigung 1996–2006 365
3 Die Dynamik des deutschen Arbeitsmarktes 368
4 Atypische Beschäftigung in Deutschland .379
5 Befristete Beschäftigung 383
6 Leiharbeit............................389
7 Fazit 395
Anhang 398
Literatur 399

Teil III
Datenanhang

Kapitel I
Zentrale Indikatoren des deutschen Arbeitsmarktes............405

Zusammenstellung: Hans-Uwe Bach, Markus Hummel, Klara Kaufmann

1 Wachstum/Beschäftigung/Produktivität..407
2 Arbeitszeitrechnung....................411
3 Arbeitsmarktbilanz.....................427
4 Regionaldaten.........................431
5 Bildung und Ausbildung................451

Kapitel J
Deutschland im internationalen Vergleich............471

Zusammenstellung: Cornelia Sproß

1 Methodische Anmerkungen zum internationalen Datenanhang...........473
2 Erwerbsbeteiligung 477
3 Erwerbstätigkeit.......................485
4 Arbeitslosigkeit/Langzeitarbeitslosigkeit..501

Stichwortregister......................511

Vorwort der Herausgeber

Im Jahr 2005 veröffentlichte das Institut für Arbeitsmarkt- und Berufsforschung (IAB) sein erstes „Handbuch Arbeitsmarkt". Die Idee war, in kompakter und ansprechender Form, einen Überblick über zentrale Befunde aus dem breiten Forschungsspektrum des IAB zu geben. Zielgruppe sollten nicht nur Arbeitsmarktexperten sein, sondern alle, die an Fragen der Arbeitsmarktpolitik interessiert sind. Die Resonanz der Leserinnen und Leser war außerordentlich positiv, und die Nachfrage hat unsere Erwartungen sogar noch übertroffen. Wir haben uns deshalb entschlossen, eine Neuauflage zu publizieren. Mit dem vollständig überarbeiteten Handbuch wollen wir den neuesten Entwicklungen Rechnung tragen und hoffen, an den Erfolg des ersten Bandes anknüpfen zu können.

Seit der Veröffentlichung des ersten Handbuchs hat sich die Arbeitsmarktlage in Deutschland spürbar verändert. Im Jahr 2005 war die öffentliche Debatte von steigenden Arbeitslosenzahlen und von den vielfältigen Umsetzungsproblemen der gerade erst beschlossenen Arbeitsmarktreformen geprägt. In dem danach einsetzenden wirtschaftlichen Aufschwung ist es zu einer deutlichen Verbesserung der Beschäftigungssituation gekommen. So ist die jahresdurchschnittliche Arbeitslosigkeit von knapp 4,9 Millionen im Jahr 2005 auf voraussichtlich knapp 3,3 Millionen im Jahr 2008 zurückgegangen. Mitte 2008 klagten die Unternehmen vermehrt über Stellenbesetzungsprobleme, und in einigen Regionen insbesondere Süddeutschlands herrschte de facto Vollbeschäftigung. Auch wenn sich durch die Finanzmarktkrise inzwischen sehr dunkle Wolken am Konjunkturhimmel zeigen, so ist doch die Hoffnung auf eine nachhaltige Entschärfung des strukturellen Unterbeschäftigungsproblems in Deutschland deutlich gewachsen. Die Arbeitsmarktreformen haben aus unserer Sicht hierzu nicht unwesentlich beigetragen.

Die veränderten Rahmenbedingungen spiegeln sich auch in diesem Handbuch wider. So widmet sich das erste Kapitel der Verbesserung der Beschäftigungssituation in den letzten Jahren. Dort werden aber auch die längerfristigen Arbeitsmarktperspektiven für Deutschland aufgezeigt. Dabei wird deutlich: Die positive Grundlinie der Arbeitsmarktentwicklung wird sich nur dann fortsetzen, wenn Deutschland am Reformkurs festhält und zugleich der Bildung und Ausbildung seiner Arbeitskräfte eine hohe Priorität einräumt (Kapitel A). Teil I des Handbuchs („Der deutsche Arbeitsmarkt im Überblick") enthält zudem eine aktuelle arbeitsmarktpolitische Chronik, die einschlägige Gesetzesvorhaben der jüngeren Vergangenheit rekapituliert und über die entsprechenden Positionen des IAB informiert (Kapitel B).

Die Kapitel im zweiten Teil des Handbuchs befassen sich mit verschiedenen Schwerpunktthemen. Auch dort wird der veränderten Beschäftigungssituation in vielfacher Weise Rechnung getragen, insbesondere im Hinblick auf die zuletzt immer stärkere Diskussion um das Thema Fachkräftemangel. Zu nennen sind hier die Kapitel zur internationalen Migration (Kapitel E), zur Integration von Migranten in Arbeitsmarkt und Bildungssystem (Kapitel F) sowie zur dualen Berufsausbildung (Kapitel G). Die weiteren Kapitel in Teil II knüpfen an die Diskussion der Reformagenda im ersten Handbuch an und analysieren vornehmlich die Wirkungen der jüngsten Arbeitsmarktreformen. Im Einzelnen geht es um die Evaluation aktiver Arbeitsmarktpolitik (Kapitel C), die Wahrnehmung und Akzeptanz der Zusammenlegung von Arbeitslosen- und Sozialhilfe seitens der Betroffenen (Kapitel D) sowie den Einsatz flexibler Beschäftigungsformen aus Sicht der Betriebe (Kapitel H).

Wie schon der erste Band bietet auch die Neuauflage des Handbuchs im letzten Teil eine breite Palette an zentralen, zum Teil auch international vergleichenden Arbeitsmarktindikatoren (Kapitel I und J).

Auch dieser Band ist das Resultat einer großen Teamleistung im IAB. Über 50 Mitarbeiterinnen und Mitarbeiter aus unterschiedlichen Forschungsbereichen und verschiedenen Disziplinen haben ihr Wissen zusammengetragen, in geeigneter Weise verknüpft und zu einem Buch verdichtet, das den Leserinnen und Lesern einen gleichermaßen umfassenden wie kompetenten Überblick über das Arbeitsmarktgeschehen in Deutschland gestattet.

Der Dank der Herausgeber geht zuallererst an die Autorinnen und Autoren. Sie haben sich trotz enger zeitlicher Vorgaben und der hohen Arbeitsbelastung im Zuge der Evaluation des IAB durch den Wissenschaftsrat für dieses Buchprojekt engagiert. Unser Dank gilt aber auch dem Geschäftsbereich „Wissenschaftliche Medien und Kommunikationsstrategie" des IAB für die professionelle technische und redaktionelle Umsetzung des Bandes. Namentlich genannt und hervorgehoben seien hier Martina Dorsch und Martin Schludi.

Gespannt sind wir auf die Rückmeldungen der Leserinnen und Leser. Bitte sparen Sie nicht mit Kritik und Anregungen! Auch Lob ist stets willkommen, spornt es uns doch an, auf dem eingeschlagenen Wege voranzuschreiten.

Joachim Möller und Ulrich Walwei
Nürnberg, im November 2008

Teil I

Der deutsche Arbeitsmarkt im Überblick

Teil I

Kapitel A:
Der deutsche Arbeitsmarkt

Kapitel B:
Chronik der Arbeitsmarktpolitik 2005–2008

Teil I
Kapitel A

Der deutsche Arbeitsmarkt – Entwicklungen und Perspektiven

Kapitel A

Hans-Uwe Bach
Michael Feil
Johann Fuchs
Hermann Gartner
Sabine Klinger
Anne Otto
Thomas Rhein
Thomas Rothe
Norbert Schanne
Peter Schnur
Eugen Spitznagel
Cornelia Sproß
Rüdiger Wapler
Antje Weyh
Gerd Zika

Inhaltsübersicht Kapitel A
Der deutsche Arbeitsmarkt – Entwicklung und Perspektiven

Hans-Uwe Bach, Michael Feil, Johann Fuchs, Hermann Gartner, Sabine Klinger, Anne Otto, Thomas Rhein, Thomas Rothe, Norbert Schanne, Peter Schnur, Eugen Spitznagel, Cornelia Sproß, Rüdiger Wapler, Antje Weyh, Gerd Zika

Das Wichtigste in Kürze 13

1 Einleitung 15

2 Die Lage auf dem deutschen Arbeitsmarkt 16
2.1 Die Entwicklung seit 2003 16
2.2 Der deutsche Arbeitsmarkt im internationalen Vergleich 22
2.2.1 Erwerbsbeteiligung 22
2.2.2 Erwerbstätigkeit 24
2.2.3 Arbeitslosigkeit 28
2.2.4 Fazit 30

3 Kurzfristige Arbeitsmarktperspektiven .. 31
3.1 Zur aktuellen Wirtschaftslage 31
3.2 Der Arbeitsmarkt im Jahr 2008 32
3.3 Die Perspektiven 2009 36
3.3.1 Rückgang der Erwerbstätigkeit 36
3.3.2 Das Arbeitskräfteangebot sinkt 36
3.3.3 Negative Arbeitsmarktbilanz für 2009 36
3.3.4 Alternative Szenarien 38
3.3.5 Die Arbeitslosigkeit in den Rechtskreisen SGB III und SGB II 38
3.3.6 Der Arbeitsmarkt in Ost- und Westdeutschland 40
3.4 Fazit 41

4 Längerfristige Perspektiven 42
4.1 Arbeitskräfteangebot 42
4.2 Arbeitskräftebedarf 44
4.3 Fazit 48

5 Die Bedeutung der Arbeitsmarktreformen 49
5.1 Einleitung 49
5.2 Arbeitsmarktinstitutionen und die Funktionsfähigkeit des Arbeitsmarktes . 49
5.3 Aufschwung am Arbeitsmarkt – Trendwende oder Strohfeuer? 50
5.4 Fazit und wirtschaftspolitische Schlussfolgerungen 54

6 Methodenteil 57
6.1 Zur Entstehung der kurzfristigen IAB-Arbeitsmarktprojektion 57
6.1.1 Arbeitsangebot 58
6.1.2 Arbeitsnachfrage 60
6.1.3 Unterbeschäftigung 61
6.1.4 Prognosefehler 63
6.1.5 Fazit 63
6.2 Regionale Arbeitsmarktprognosen 64
6.2.1 Einleitung 64
6.2.2 Ansätze der Regionalprognose: methodische Wurzeln und deren Synthese 64
6.2.3 Räumliche Wechselwirkungen bei Regionalprognosen 66
6.2.4 Empirische Analyse 68
6.2.5 Zusammenfassung 73
6.3 Zur Entstehung der langfristigen IAB-Arbeitsmarktprojektionen 73
6.3.1 Arbeitskräfteangebot 73
6.3.2 Arbeitskräftenachfrage 74

Literatur 76

Das Wichtigste in Kürze

Das folgende Kapitel enthält eine Darstellung der Arbeitsmarktentwicklung in Deutschland seit 2003 sowie einen Ausblick auf die zukünftige kurz- und auch langfristige Entwicklung. Es knüpft dabei an das gleichnamige Kapitel des ersten IAB-Handbuchs Arbeitsmarkt an. Auch dieses Mal wird die Entwicklung des deutschen Arbeitsmarktes mit der in anderen OECD-Ländern verglichen. Abgeschlossen wird das Kapitel mit einigen Überlegungen zum Einfluss der Arbeitsmarktreformen, die noch von der rot-grünen Bundesregierung verabschiedet wurden, auf Beschäftigung und Arbeitslosigkeit. Im Anhang sind die Methoden dargestellt, die zur Erstellung der IAB-Projektionen verwendet werden.

Im Einzelnen ergeben sich folgende Befunde:

Auf dem deutschen Arbeitsmarkt zeichnet sich eine grundsätzliche Wende ab. Nach vielen Jahren der Stagnation verlief die Entwicklung in den Jahren 2006 bis 2008 positiv. Offen ist jedoch die Frage, ob die Belebung am Arbeitsmarkt wirklich nachhaltig ist. Viele Indizien sprechen dafür. Eine Antwort ist aber erst möglich, wenn zu sehen ist, wie sich der Ende 2008 beginnende Abschwung auf den Arbeitsmarkt auswirkt. In den nächsten beiden Jahren wird sich zeigen, ob der Trend eines stetigen Anstiegs der Arbeitslosenquote von Abschwung zu Abschwung – wie er für Deutschland zu beobachten war – durchbrochen werden kann.

Bei der registrierten Arbeitslosigkeit wurde 2005, auch bedingt durch die Zusammenführung von Arbeitslosen- und Sozialhilfe zum Arbeitslosengeld II, ein Höchststand erreicht. Seitdem sinkt die Arbeitslosenquote. Die Zahl der Erwerbstätigen nahm von 2006 auf 2007 um 670.000 zu, die Zahl der sozialversicherungspflichtig Beschäftigten um 580.000. Der wirtschaftliche Aufschwung scheint auch die Langzeitarbeitslosen und die älteren Arbeitsuchenden verstärkt erreicht zu haben. Der jüngste Aufschwung war zudem arbeitsintensiver als der Aufschwung der Jahre 1999/2000. Bei etwa gleichem Wirtschaftswachstum entstanden 2006/2007 mehr Vollzeitbeschäftigungsverhältnisse, und das Arbeitsvolumen nahm stärker zu als damals.

Die Belebung am deutschen Arbeitsmarkt spiegelt sich auch beim internationalen Vergleich typischer Kennziffern wider. Die aktuell verfügbaren Zahlen zeigen für den Zeitraum 2003–2007 eine leichte Verbesserung. Bemerkenswert ist dabei vor allem die deutliche Zunahme der Erwerbstätigkeit älterer Arbeitnehmer. Bei der Integration von Frauen in den Arbeitsmarkt weist das deutsche Beschäftigungssystem – trotz Verbesserungen – nach wie vor einen deutlichen Rückstand vor allem gegenüber den skandinavischen Ländern auf.

Die Lage am Arbeitsmarkt hat sich auch im Jahr 2008 verbessert, allerdings nicht mehr so stark wie in den Vorjahren. Nach dem kräftigen Wachstum der Wirtschaft in den Jahren 2006 und 2007 hat die konjunkturelle Dynamik in diesem Jahr nachgelassen. Die Beschäftigungsdynamik und der Abbau der Arbeitslosigkeit sind daher etwas schwächer verlaufen, aber dennoch beachtlich. Die Unterbeschäftigung insgesamt – d. h. registrierte Arbeitslosigkeit und Stille Reserve – ist im Jahr 2008 auf ihren niedrigsten Stand seit 17 Jahren gesunken.

Längerfristig betrachtet zeichnet sich aufgrund der demografischen Entwicklung sowohl beim Arbeitskräfteangebot als auch beim Arbeitskräftebedarf eine Trendwende ab. Beide werden langfristig sinken, das Arbeitsangebot jedoch deutlich früher als die Nachfrage. Nach den IAB-Modellrechnungen nimmt der Arbeitskräftebedarf in Deutschland bis 2020 noch zu. Danach wird er relativ rasch deutlich abnehmen. Das Arbeitsangebot wird spätestens ab 2015 kräftiger sinken.

Die demografische Entwicklung könnte somit zum Abbau der Arbeitslosigkeit beitragen.

Im Zuge des beobachteten Rückgangs der tatsächlichen Arbeitslosigkeit könnte auch die quasi-gleichgewichtige Arbeitslosigkeit gesunken sein, d. h. das Ausmaß an Unterbeschäftigung, das sich bei einem mittleren Auslastungsgrad (konjunkturbereinigt) mittelfristig einstellen würde. Ob sich mit der positiven Entwicklung von 2006 bis 2008 ein grundlegender Abbau der strukturellen Arbeitslosigkeit verbindet, wird aber erst in einigen Jahren feststellbar sein.

In welchem Umfang die vermutete strukturelle Verbesserung dabei auf die Arbeitsmarktreformen zurückzuführen ist, lässt sich derzeit nicht beantworten. Die aktuell verfügbaren Daten deuten aber auf einen positiven Einfluss hin. Die Wirtschaftspolitik kann auf der günstigen Entwicklung aufbauen. Die wichtigste Empfehlung an die jetzige Bundesregierung mit Blick auf den Arbeitsmarkt lautet, den von ihrer Vorgängerin eingeschlagenen Kurs beizubehalten. Die Reformen benötigen sicher noch einige Zeit, um ihr volles Potenzial zu entfalten. Soll die Arbeitslosigkeit aber noch stärker gesenkt werden als bisher, sind weitere Maßnahmen erforderlich.

1 Einleitung

Auf dem deutschen Arbeitsmarkt tut sich etwas. Nachdem über Jahre die negativen Nachrichten dominierten, hat sich das Bild in den Jahren 2006 bis 2008 zunehmend gewandelt. Auch die sich abzeichnende konjunkturelle Abschwächung war bis zum dritten Quartal 2008 am Arbeitsmarkt kaum zu spüren. Es gibt Anhaltspunkte dafür, dass der Rückgang der Arbeitslosigkeit und der Aufbau zusätzlicher Beschäftigung zum Teil nachhaltig sind. Der negative Trend einer sich immer weiter aufbauenden (Sockel-)Arbeitslosigkeit könnte damit durchbrochen sein. Wie sich Arbeitslosigkeit und Beschäftigung in den vergangenen Jahren entwickelt haben und wie sie sich in den kommenden zwei Jahren voraussichtlich verändern, wird in diesem Kapitel untersucht. Besonderes Augenmerk gilt dabei den Arbeitsmarktreformen, die von der rot-grünen Bundesregierung in den Jahren 2002 bis 2004 beschlossen wurden.

Die Funktionsfähigkeit des deutschen Arbeitsmarktes hat sich insgesamt gesehen verbessert. Es gibt eine Reihe von Hinweisen dafür, dass heute die zusätzliche Arbeitsnachfrage schneller zu neuen Beschäftigungsverhältnissen führt, als dies z. B. Ende der 1990er-Jahre der Fall war. Die Lohnfindung ist seit einiger Zeit „beschäftigungsfreundlicher", eine Entwicklung, die tendenziell schon vor den Arbeitsmarktreformen begonnen hat. Die durch die Hartz-Reformen und die Agenda 2010 erfolgten Gesetzesänderungen, die zum Teil erst kurz vor Fertigstellung der ersten Ausgabe des IAB-Handbuchs Arbeitsmarkt wirksam wurden, haben dazu beigetragen, dass der Arbeitsmarkt etwas flexibler und dynamischer geworden ist.

Das Kapitel knüpft an den gleichnamigen Abschnitt des ersten IAB-Handbuchs Arbeitsmarkt an. Bei der Darstellung längerer Zeitreihen haben wir uns daher am bisherigen Aufbau orientiert. Neben der Aktualisierung bzw. Fortschreibung der dort enthaltenen Daten und Befunde gehen wir dieses Mal verstärkt auf methodische Aspekte ein. Vor allem die IAB-Methodik zur kurzfristigen Prognose von Arbeitslosigkeit und Beschäftigung in den einzelnen Agenturbezirken wird ausführlich erläutert. Der Abschnitt zur längerfristigen Perspektive enthält die neue Arbeitskräftebedarfsprojektion. Damit wird eine Lücke des ersten Handbuchs geschlossen, in dem aufgrund von Datenrevisionen keine Langfristprojektion für die Nachfrageseite vorgelegt werden konnte. Auch dieses Mal steht eine Diskussion der Arbeitsmarkt- und Beschäftigungspolitik am Ende des Kapitels.

2 Die Lage auf dem deutschen Arbeitsmarkt

2.1 Die Entwicklung seit 2003

Nach dem Aufschwung um die Jahrtausendwende leitete ein rapider Rückgang der Bruttoinvestitionen die nächste Rezession ein. Zunächst konnte die Exportwirtschaft die Abwärtsbewegung aufhalten. Im Jahr 2003 entfiel aber auch ihr Wachstumsbeitrag, und die Volkswirtschaft, gemessen am Bruttoinlandsprodukt, schrumpfte leicht. Die sozialversicherungspflichtige Beschäftigung sank auf 27,0 Mio., die Arbeitslosigkeit stieg auf 4,4 Mio. Personen (Abbildung A1). Der durchschnittliche Beitragssatz zur Sozialversicherung erreichte mit 42 % fast den Höchststand seit der Wiedervereinigung. Das Defizit im Staatshaushalt betrug bei stagnierenden Einnahmen und steigenden Ausgaben 4 % des BIP, und die EU beabsichtigte, das im Jahr 2002 eingeleitete Defizitverfahren gegen Deutschland zu verschärfen.

Die Regierung Schröder reagierte im März 2003 mit der Agenda 2010. Einerseits sollten konjunkturelle Impulse gesetzt werden, etwa durch das teilweise Vorziehen der Einkommensteuerreform auf 2004, aber auch die öffentlichen Ausgaben für Bildung sollten steigen. Andererseits sollten angebotsseitige Maßnahmen auf den Arbeits- und Gütermärkten zu einer nachhaltig besseren Entwicklung von Wachstum und Beschäftigung führen: Mit der Hartz-IV-Reform sollte z. B. die Bezugsdauer des Arbeitslosengeldes gekürzt und die Arbeitslosen- und Sozialhilfe entsprechend den Hartz-Vorschlägen zu einer Grundsicherung zusammengelegt werden, deren Gewährung an die Bedürftigkeit auf der Ebene der Bedarfsgemeinschaft geknüpft ist. Der Kündigungsschutz sollte gelockert werden, und mit der Novellierung der Handwerksordnung sollten Betriebsgründungen erleichtert werden.

Der Beginn der Umsetzung der Agenda 2010 fand in einer eher stagnativen Phase statt. Der Aufschwung des Außenhandels im Jahr 2004 griff nicht auf die Binnenwirtschaft über. Entsprechend wurde diese Aufwärtsbewegung auch nicht am Arbeitsmarkt sichtbar. Die sozialversicherungspflichtige Beschäftigung sank auf 26,6 Mio., und die Arbeitslosigkeit verharrte bei 4,4 Mio. Personen.

Unter den Bedingungen hoher Arbeitslosigkeit und schwacher Lohnentwicklung während der Stagnation wurde Anfang 2005 die Hartz-IV-Reform

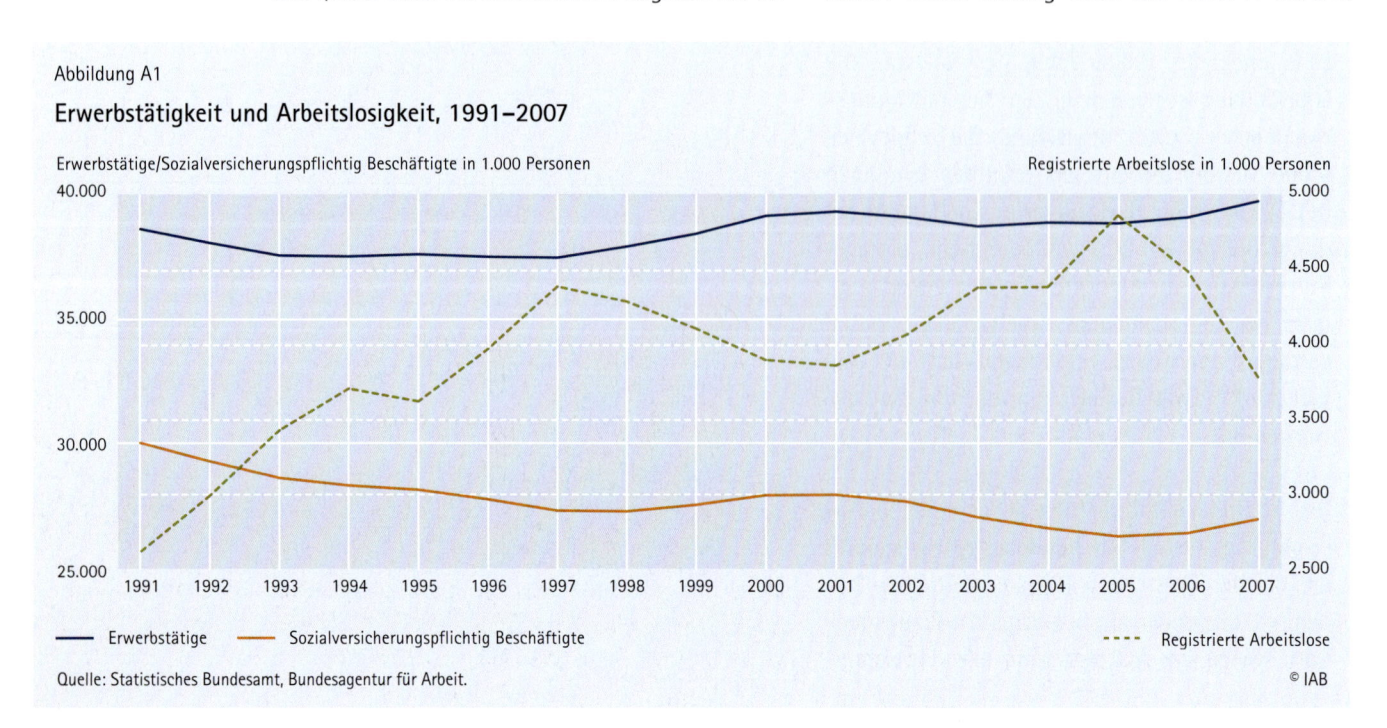

Abbildung A1
Erwerbstätigkeit und Arbeitslosigkeit, 1991–2007

Quelle: Statistisches Bundesamt, Bundesagentur für Arbeit. © IAB

verwirklicht. Die Zusammenlegung von Arbeitslosen- und Sozialhilfe zum Arbeitslosengeld II veranlasste viele zuvor verdeckt Arbeitslose, sich nun bei den Agenturen registrieren zu lassen, damit ihr Anspruch auf Grundsicherung geprüft wurde. Ein enormer Anstieg der Arbeitslosenzahlen war die Folge: Von Januar bis April 2005 wurde die 5-Millionen-Marke überschritten. Neue Maßnahmen und Zumutbarkeitsregeln wurden eingeführt, mit denen die Arbeitsuchenden gefördert und gefordert werden sollten.

Im Verlauf des Jahres 2006 kam die Wirtschaft zunehmend in Schwung. Die Exportwirtschaft wuchs. Das Auslaufen von Förderregeln im Wohnungsbau und zuletzt aufgestauter Nachholbedarf bei den Investitionen, z. B. in der öffentlichen Infrastruktur, regten die Bauwirtschaft an, die jahrelang eine Konjunkturbremse gewesen war. Hohe Kapazitätsauslastung, volle Auftragsbücher und günstige Finanzierungsbedingungen förderten die Ausrüstungsinvestitionen. Die Binnenwirtschaft expandierte, auch infolge vorgezogener Käufe zur Umgehung der Mehrwertsteuer-Erhöhung um 3 Prozentpunkte zu Beginn des Jahres 2007.

Auf dem Arbeitsmarkt kam der Aufschwung zur Mitte des Jahres 2006 an. Im Jahresdurchschnitt stieg die Zahl der sozialversicherungspflichtig Beschäftigten von 2005 auf 2006 um 150.000 Personen (0,6 %). Die Zunahme entfiel dabei vor allem auf das zweite Halbjahr 2006. Gegenüber dem zweiten Halbjahr 2005 stieg die sozialversicherungspflichtige Beschäftigung um 330.000 Personen oder 1,3 %, also doppelt so kräftig wie im Vergleich der beiden vollständigen Jahre. Bezogen auf den Jahresdurchschnitt nahm die Arbeitslosigkeit 2006 um 370.000 (7,7 %) ab, bezogen auf den Durchschnitt des jeweils zweiten Halbjahres um 480.000 Personen (10,3 %).

Der Aufschwung am Arbeitsmarkt setzte sich im Jahr 2007 fort. Die Zahl der sozialversicherungspflichtig Beschäftigten wuchs im Jahresdurchschnitt auf 26,9 Mio. Personen, und die Arbeitslosigkeit sank auf 3,8 Mio. Personen.

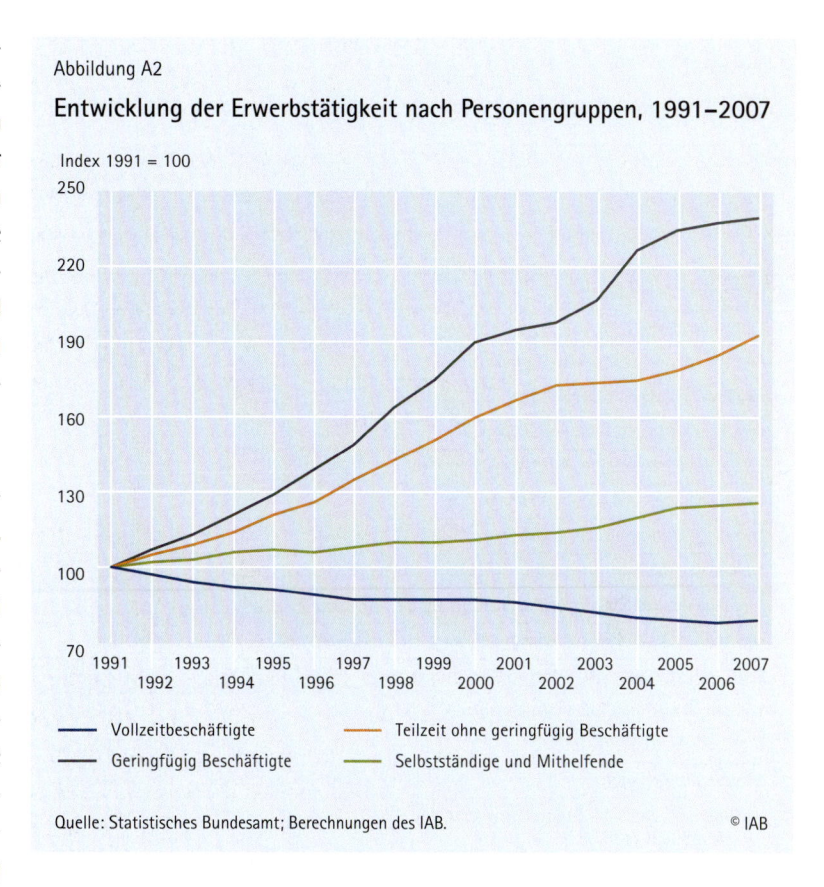

Abbildung A2
Entwicklung der Erwerbstätigkeit nach Personengruppen, 1991–2007

Index 1991 = 100

— Vollzeitbeschäftigte
— Teilzeit ohne geringfügig Beschäftigte
— Geringfügig Beschäftigte
— Selbstständige und Mithelfende

Quelle: Statistisches Bundesamt; Berechnungen des IAB. © IAB

Die Zahl der Erwerbstätigen insgesamt war zwischen 2003 und 2005 weit weniger zurückgegangen als die der sozialversicherungspflichtig Beschäftigten. Die Ursache dafür ist ein Wandel der Beschäftigungsstruktur, und zwar insbesondere eine Zunahme der geringfügigen Beschäftigung und der Selbstständigkeit, der sich ab 2003 in verstärktem Maß vollzog (Abbildung A2). Vollzeitbeschäftigung wurde abgebaut und stabilisiert sich erst im jüngsten Aufschwung wieder bei rund 80 % des Bestands von 1991. Die Teilzeitbeschäftigung hingegen zeigt den umgekehrten Trend.

Noch stärker als die Teilzeitbeschäftigung stieg die geringfügige Beschäftigung. Im Jahr 2007 erreicht die Zahl der ausschließlich geringfügig Beschäftigten 240 % des Bestands von 1991. Besonders kräftig hatte sie 2003 zugenommen, als die Minijobs neu geregelt wurden. Zwar verlangsamt sich der Anstieg der geringfügigen Beschäftigung am aktuellen Rand, doch die Tendenz zu flexibleren Arbeitsformen ist unverkennbar. Normale und ge-

Kapitel A

Tabelle A1

Arbeitslosigkeit nach Rechtskreisen – Bestände, Zu- und Abgänge

	SGB II				SGB III			
	2005	2006	2007	Veränderung zu 2006	2005	2006	2007	Veränderung zu 2006
	in 1.000			in %	in 1.000			in %
Bestand an Arbeitslosen								
Jahresdurchschnitt	2.770	2.823	2.523	−10,6 %	2.091	1.664	1.253	−24,7 %
Anteil an der gesamten Arbeitslosigkeit	57 %	63 %	67 %	6,2 %	43 %	37 %	33 %	−10,5 %
Zugänge in Arbeitslosigkeit* aus …								
dem 1. Arbeitsmarkt (inkl. Ausbildungen)	583	691	773	11,8 %	3.184	2.740	2.485	−9,3 %
dem 2. Arbeitsmarkt (inkl. Arbeitsgelegenheiten)	144	428	399	−6,8 %	62	10	9	−15,5 %
Weiterbildungs- und Trainingsmaßnahmen	295	349	391	12,2 %	404	394	408	3,5 %
Nichterwerbstätigkeit/Sonstiges	1.491	1.196	1.209	1,1 %	686	747	771	3,2 %
Summe der Zugänge	2.514	2.664	2.773	4,1 %	4.337	3.891	3.672	−5,6 %
Abgänge aus Arbeitslosigkeit* in …								
den 1. Arbeitsmarkt (inkl. Ausbildungen)	557	744	833	11,9 %	2.206	2.019	1.874	−7,2 %
den 2. Arbeitsmarkt (inkl. Arbeitsgelegenheiten)	573	618	559	−9,6 %	18	15	14	−7,6 %
Weiterbildungs- und Trainingsmaßnahmen	461	451	499	10,5 %	490	570	645	13,2 %
Nichterwerbstätigkeit/Sonstiges	805	1.224	1.222	−0,1 %	1.505	1.236	1.099	−11,1 %
Summe der Abgänge	2.396	3.037	3.112	2,5 %	4.219	3.841	3.633	−5,4 %
nachrichtlich: Saldo der Rechtskreiswechsel zwischen SGB II und SGB III		392	337	−14,0 %		−392	−337	14,0 %

* Ohne zugelassene kommunale Träger und ohne Abgänge wegen und Zugänge nach Arbeitsunfähigkeit. Zu- und Abgänge aus der Arbeitslosenstatistik, Zugänge (aus Weiterbildungs- und Trainingsmaßnahmen sowie zweitem Arbeitsmarkt) bzw. Abgänge in den zweiten Arbeitsmarkt aus der Förderstatistik.

Wegen Umstellung des Fachverfahrens sind die Vorjahresveränderungen insbesondere im Bereich „Nichterwerbstätigkeit/Sonstiges" nur bedingt interpretierbar, weil sie auch Abgänge in Erwerbstätigkeit enthalten dürften.

Quelle: Bundesagentur für Arbeit, Berechnungen des IAB.

ringfügige Teilzeitbeschäftigungen erlauben es Arbeitgebern, Zeiten besonders hoher oder niedriger Nachfrage kostengünstig zu überbrücken. Arbeitnehmer können dadurch leichter Beruf und Familie vereinbaren.

Strukturelle Unterschiede gibt es auch bei der Arbeitslosigkeit, z. B. zwischen den Rechtskreisen des Sozialgesetzbuches (SGB) III bzw. II, in denen Arbeitslose seit dem Jahr 2005 registriert werden. Die Personen im Rechtskreis SGB III sind meist erst seit kurzer Zeit arbeitslos und beziehen großenteils Arbeitslosengeld; jene im Rechtskreis SGB II sind meist länger arbeitslos und beziehen Arbeitslosengeld II. Personen, die länger als ein Jahr arbeitslos sind, werden allgemein als Langzeitarbeitslose bezeichnet. Ihr Anteil an allen Arbeitslosen beläuft sich im Jahresdurchschnitt 2007 auf 25 % im Rechtskreis SGB III und auf 49 % im Rechtskreis SGB II. Hier ist allerdings zu beachten, dass die Arbeitslosigkeit manchmal nur für kurze Zeit unterbrochen wird, z. B. durch eine soziale Arbeitsgelegenheit. Das kann dazu führen, dass Personen nicht als Langzeitarbeitslose gezählt werden, obwohl sie insgesamt länger als ein Jahr von Arbeitslosigkeit betroffen sind.

Die Entwicklung der Arbeitslosigkeit im SGB-III-Bereich ist über Zu- und Abgänge sehr eng verknüpft mit der konjunkturellen Entwicklung, weniger mit den arbeitsmarktpolitischen Maßnahmen: Arbeitslose nach dem SGB III – also im Versicherungssystem – stehen dem Arbeitsmarkt näher. Es gibt hier mehr Zu- und Abgänge, denn der größte Teil der suchbedingten Arbeitslosigkeit ist hier erfasst. Zudem haben

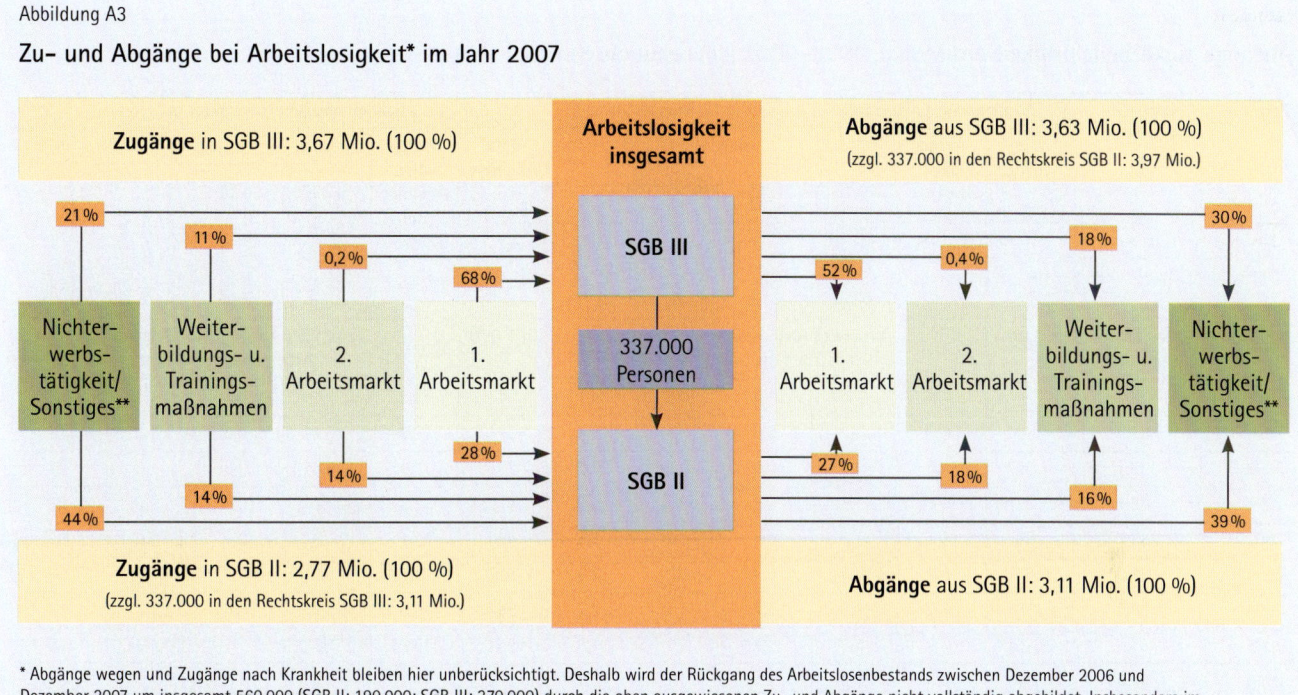

Der deutsche Arbeitsmarkt – Entwicklungen und Perspektiven

Abbildung A3

Zu- und Abgänge bei Arbeitslosigkeit* im Jahr 2007

Zugänge in SGB III: 3,67 Mio. (100 %)

Arbeitslosigkeit insgesamt

Abgänge aus SGB III: 3,63 Mio. (100 %)
(zzgl. 337.000 in den Rechtskreis SGB II: 3,97 Mio.)

SGB III

- 21 % Nichterwerbstätigkeit/Sonstiges**
- 11 % Weiterbildungs- u. Trainingsmaßnahmen
- 0,2 % 2. Arbeitsmarkt
- 68 % 1. Arbeitsmarkt

337.000 Personen

- 52 % 1. Arbeitsmarkt
- 0,4 % 2. Arbeitsmarkt
- 18 % Weiterbildungs- u. Trainingsmaßnahmen
- 30 % Nichterwerbstätigkeit/Sonstiges**

SGB II

- 44 % / 14 % / 14 % / 28 %
- 27 % / 18 % / 16 % / 39 %

Zugänge in SGB II: 2,77 Mio. (100 %)
(zzgl. 337.000 in den Rechtskreis SGB III: 3,11 Mio.)

Abgänge aus SGB II: 3,11 Mio. (100 %)

* Abgänge wegen und Zugänge nach Krankheit bleiben hier unberücksichtigt. Deshalb wird der Rückgang des Arbeitslosenbestands zwischen Dezember 2006 und Dezember 2007 um insgesamt 560.000 (SGB II: 190.000; SGB III: 370.000) durch die oben ausgewiesenen Zu- und Abgänge nicht vollständig abgebildet. Insbesondere im SGB-II-Bereich gibt es deutlich mehr Abgänge wegen als Zugänge nach Krankheit.
** Insbesondere Schule, Studium, Sperrzeiten und Stille Reserve im engeren Sinne. Bei den Abgängen aus Arbeitslosigkeit zusätzlich Übergänge in den Ruhestand und Ältere, die der Vermittlung nicht mehr zur Verfügung stehen müssen (§ 428 SGB III bzw. § 65 Abs. 4 SGB II).
Quellen: Bundesagentur für Arbeit, Berechnungen des IAB; ohne zugelassene kommunale Träger. Zu- und Abgänge aus der Arbeitslosenstatistik, Zugänge (aus Weiterbildungs- und Trainingsmaßnahmen sowie zweitem Arbeitsmarkt) bzw. Abgänge in den zweiten Arbeitsmarkt aus der Förderstatistik. Statistik der Bundesagentur für Arbeit: Schätzung des Wechslersaldos zwischen den beiden Rechtskreisen SGB II und SGB III, April 2006.

© IAB

diese Personen bei anziehender Konjunktur besonders gute Chancen, einen Arbeitsplatz zu finden. So nimmt etwa die Hälfte aller Abgänger aus SGB-III-Arbeitslosigkeit eine Stelle auf dem ersten Arbeitsmarkt an. Nur jeder sechste Abgang entfiel auf geförderte Arbeitsbeschaffungs-, Weiterbildungs- und Trainingsmaßnahmen (Tabelle A1, Abbildung A3). Aus dem ersten Arbeitsmarkt kamen im Jahr 2007 zwei Drittel aller Zugänge in den Rechtskreis SGB III. Im Jahr 2005 – vor Beginn des Konjunkturaufschwungs – waren es noch fast drei Viertel gewesen.

Da im Jahr 2006 das entsprechende Fachverfahren in den Arbeitsagenturen umgestellt wurde, sind Vorjahresveränderungen bei den Bewegungszahlen nur eingeschränkt interpretierbar. Betroffen sind vor allem die Übergänge in Nichterwerbstätigkeit und Sonstiges, die im Jahr 2006 stark stiegen. Darin dürften auch Übergänge in Erwerbstätigkeit enthalten sein, was dazu führt, dass die Abgänge in den ersten Arbeitsmarkt tendenziell zu niedrig ausgewiesen werden.

In jedem Fall trug die gute wirtschaftliche Entwicklung 2006 und 2007 dazu bei, dass weniger Beschäftigte entlassen wurden und sich somit weniger Personen mit Anspruch auf Arbeitslosengeld arbeitslos gemeldet haben. Deshalb waren die Zugänge aus dem ersten Arbeitsmarkt in die Arbeitslosigkeit des Rechtskreises SGB III im Jahr 2007 stark rückläufig (–9,3 %). Insgesamt sank der jahresdurchschnittliche Bestand an Arbeitslosen in diesem Rechtskreis besonders kräftig: zwischen 2005 und 2007 um 840.000 Personen (40,1 %).

Im Rechtskreis SGB II – also im System der Grundsicherung – werden Arbeitslose meist gemeinsam von Kommunen und Arbeitsagenturen betreut. Sie stehen dem Arbeitsmarkt oft ferner, sei es, weil ihre Qualifikation nicht mehr auf dem aktuellen Stand

Tabelle A2

Abgänge aus Arbeitslosigkeit pro Monat, 1998–2007 (Jahresdurchschnitte in %)

Zeitraum	Langzeit-arbeitslose	Abgänge aus Langzeitarbeitslosigkeit (>12 Monate) in ...						Abgänge aus Arbeitslosigkeit in ...					
		Alle Abgänge	Anteil aller Abgänge am Bestand	davon				Alle Abgänge	Anteil aller Abgänge am Bestand	davon			
				Beschäftigung auf dem 1. AM	Beschäftigung auf dem 2. AM	Weiterbildungs- und Trainings-maßnahmen	Nichterwerbs-tätigkeit			Beschäftigung auf dem 1. AM	Beschäftigung auf dem 2. AM	Weiterbildungs- und Trainings-maßnahmen	Nichterwerbs-tätigkeit
	Anteil an allen Arbeitslosen	in 1.000	Anteil der Abgänge am Bestand an Langzeitarbeitslosen je Monat					in 1.000	Anteil der Abgänge am Bestand an Arbeitslosen je Monat				
1998	37,6	118	7,4	1,6	1,0	0,7	4,1	547	12,9	5,3	0,7	1,1	5,8
1999	37,3	99	6,5	1,7	0,6	0,6	3,6	515	12,6	6,2	0,6	1,0	4,8
2000	37,4	99	6,9	1,7	0,6	0,7	3,7	499	12,9	6,4	0,6	1,2	4,7
2001	35,1	87	6,4	1,7	0,5	0,7	3,5	473	12,3	6,2	0,4	1,0	4,6
2002	33,7	86	6,3	1,7	0,4	0,7	3,5	489	12,1	5,9	0,4	1,0	4,7
2003	35,0	88	5,8	1,9	0,3	0,3	3,3	512	11,7	5,9	0,4	0,5	4,8
2004	38,5	110	6,5	1,8	0,7	1,4	2,7	567	13,0	5,7	0,6	2,2	4,4
2005	35,4	110	7,0	1,8	1,3	1,1	2,8	551	12,3	5,5	1,1	1,8	3,9
2006	41,0	126	7,5	1,9	1,1	1,1	3,4	573	14,1	5,9	1,3	2,1	4,7
2007	40,3	119	8,7	2,0	1,3	1,4	4,0	562	16,5	7,0	1,4	2,9	5,2

Quelle: Bundesagentur für Arbeit, Berechnungen des IAB. Ohne zugelassene kommunale Träger und ohne Abgänge wegen Arbeitsunfähigkeit.

ist, sei es, weil es an Leistungsbereitschaft und Belastbarkeit mangelt (Kettner/Rebien 2007: 51–53). Die Arbeitslosigkeit im Rechtskreis SGB II ist deshalb weniger dynamisch – es gibt trotz höheren Bestands weniger Zu- und Abgänge. Zudem findet nur etwa jeder vierte Abgänger aus diesem Rechtskreis eine Stelle auf dem ersten Arbeitsmarkt. Von konjunkturellen Impulsen profitieren die betroffenen Personen weniger und langsamer. Hier spielen die arbeitsmarktpolitischen Maßnahmen wie Trainingsmaßnahmen, Maßnahmen zur Förderung der beruflichen Weiterbildung (FbW) und Arbeitsbeschaffungsmaßnahmen sowie Arbeitsgelegenheiten (zweiter Arbeitsmarkt) eine wichtigere Rolle, denn jeder dritte Abgang aus SGB-II-Arbeitslosigkeit mündet in solche Maßnahmen (Abbildung A3). Insgesamt sank die Arbeitslosigkeit im Rechtskreis SGB II zwischen 2005 und 2007 um 250.000 Personen (8,9 %).

Die gute konjunkturelle Entwicklung hat im Zusammenspiel mit den Aktivierungsbemühungen auch die Übergänge zwischen den zwei Rechtskreisen maßgeblich beeinflusst. So sind im Jahr 2007 per saldo knapp 340.000 Arbeitslose aus dem Versicherungssystem (SGB III) in das System der Grundsicherung (SGB II) gewechselt, 14 % weniger als im Jahr 2006.

Zum Rückgang der Arbeitslosigkeit haben in beiden Rechtskreisen die Abmeldungen aufgrund von Arbeitsunfähigkeit beigetragen. Die Rückmeldungen aus dem Krankenstand waren erheblich geringer. So können Personen dauerhaft arbeitsunfähig geworden oder nach der Krankheit anderweitig verblieben sein – zum Beispiel eine selbst gesuchte Arbeit oder Ausbildung aufgenommen oder sich vom Arbeitsmarkt zurückgezogen haben. Die Zu- und Abgänge in bzw. aus dem Krankenstand in Höhe von 1,5 bzw. 1,3 Mio. sind in Tabelle A1 und Abbildung A3 nicht enthalten, weil sie die Dynamik am Arbeitsmarkt überzeichnen und die Struktur der jeweiligen Ströme verzerren würden.

Der Anteil der Langzeitarbeitslosen an allen Arbeitslosen nahm von 2003 bis 2006 um 6,0 Pro-

Der deutsche Arbeitsmarkt – Entwicklungen und Perspektiven

Abbildung A4

Veränderung der Unterbeschäftigung und Wachstumsbeiträge ihrer Komponenten, 1992–2007

Prozentpunkte

■ Stille Reserve i. e. S.   ■ Stille Reserve in Maßnahmen   ■ Registrierte Arbeitslose   — Unterbeschäftigung, tatsächliche Entwicklung in %

Quelle: Bundesagentur für Arbeit, Berechnungen des IAB. © IAB

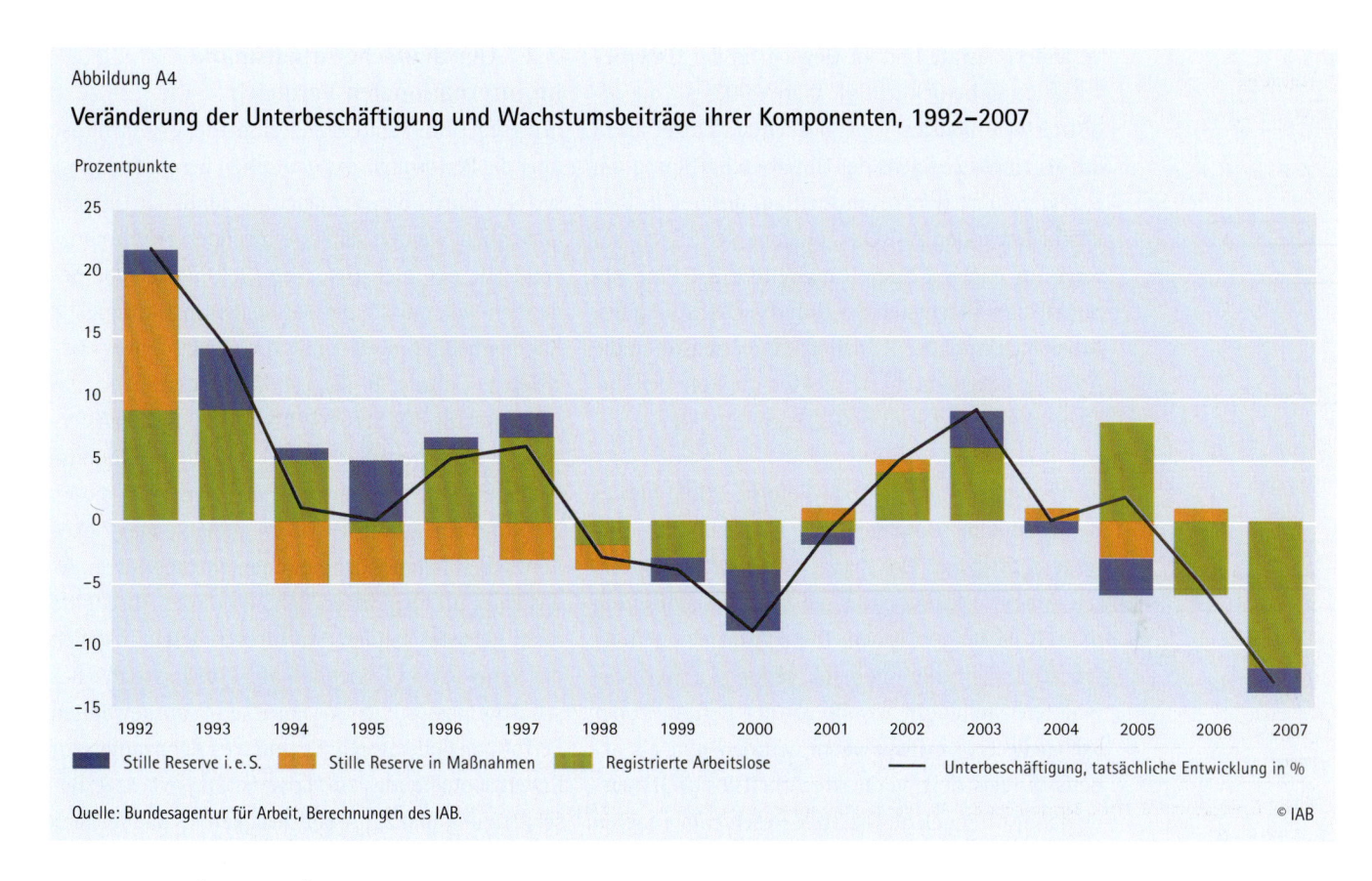

zentpunkte zu (Tabelle A2).[1] 2007 sank die Quote, es gab weniger Zugänge und mehr Abgänge. Langzeitarbeitslose profitierten nicht nur vom Aufschwung am ersten Arbeitsmarkt, sondern nahmen verstärkt an Maßnahmen der aktiven Arbeitsmarktpolitik teil. 2007 verließen jeden Monat 8,7 % der im Vormonat betroffenen Personen die Langzeitarbeitslosigkeit. 2,0 % fanden eine Stelle am ersten Arbeitsmarkt, und 2,7 % gingen in eine Maßnahme. Dass der Aufschwung auch bei den Langzeitarbeitslosen ankam, zeigt der Vergleich mit den Rezessionsjahren bzw. sogar dem letzten Aufschwung, als die Abgangsrate in den ersten Arbeitsmarkt bei 1,7 % lag.

Ohne Arbeit sind nicht nur Personen, die in der Statistik der Arbeitslosigkeit registriert sind, sondern auch Personen in Maßnahmen der Bundesagentur für Arbeit (BA), wie Teilnehmer an Qualifizierungsmaßnahmen, oder Personen über 58 Jahren, die den § 428 SGB III in Anspruch nehmen und Leistungen beziehen, ohne dem Arbeitsmarkt noch zur Verfügung stehen zu müssen.[2] Sie werden zur Stillen Reserve in Maßnahmen gezählt. Andere Menschen schätzen ihre Arbeitsmarktchancen als schlecht ein, sind entmutigt und suchen erst bei höherem Beschäftigungsstand aktiv nach einer Stelle. Sie bilden die Stille Reserve im engeren Sinn.

Die registrierte Arbeitslosigkeit und die Stille Reserve ergeben zusammen die Unterbeschäftigung. Die Unterbeschäftigung war im Rezessionsjahr 2003 um 8,8 % gestiegen (schwarze Linie in Abbildung A4). Diese Zunahme lässt sich auf die einzelnen Komponenten quantitativ zurückführen, wenn man deren

---

1   Der Wert für 2005 ist zu einem großen Teil ein statistischer Effekt infolge der Hartz-IV-Reform: Als sich Sozialhilfeempfänger Anfang 2005 erstmals arbeitslos registrieren ließen, wurden sie mit einer Dauer der Arbeitslosigkeit von null erfasst. Dadurch sank der Anteil der Langzeitarbeitslosen an allen Arbeitslosen. Wenn sich an ihrem Status nichts änderte, wuchsen diese Personen zu Beginn des Jahres 2006 in die Langzeitarbeitslosigkeit hinein.

2   Diese Regelung lief zum Jahresende 2007 aus.

Veränderungsrate und ihr Gewicht in der Unterbeschäftigung berücksichtigt. Wäre 2003 nur die registrierte Arbeitslosigkeit gestiegen, hätte allein das zu einem Zuwachs der Unterbeschäftigung um 5,6 % geführt (Wachstumsbeitrag, gestapelte Balken in Abbildung A4). Die Zunahme der Stillen Reserve im engeren Sinn trug weitere 3,4 Prozentpunkte zum Wachstum der Unterbeschäftigung bei. Arbeitsmarktpolitische Maßnahmen entlasteten die Arbeitslosigkeit kaum; sie senkten die Rate der Unterbeschäftigung nur um 0,3 Prozentpunkte.

Im ersten Jahr der Hartz-IV-Reform, 2005, gab es hingegen eine Umschichtung innerhalb der Unterbeschäftigung: Der Zuwachs bei der registrierten Arbeitslosigkeit hätte die Unterbeschäftigung um 7,8 % steigen lassen. Diese Arbeitslosen hatten aber nicht alle ihren Job verloren. Erwerbsfähige Sozialhilfebezieher, die vor der Reform in der Stillen Reserve erfasst waren, wurden nun als arbeitslos registriert. Verdeckte Arbeitslosigkeit wurde damit offengelegt. Die Stille Reserve im engeren Sinn schrumpfte und machte 3,4 Prozentpunkte des Wachstumsbeitrags der registrierten Arbeitslosigkeit wett. Im Jahr 2005 nahm obendrein die Stille Reserve in Maßnahmen ab, wohl auch, weil die organisatorische Struktur der BA umgestaltet und der Einsatz von Instrumenten stärker an ihre Wirksamkeit gekoppelt wurde. Der Rückgang der Stillen Reserve in Maßnahmen erklärt weitere 2,5 Prozentpunkte des Anstiegs der registrierten Arbeitslosigkeit. Im Ergebnis der drei Komponenten wuchs die Unterbeschäftigung ‚nur' um 1,9 %.

Im wirtschaftlichen Aufschwung der Jahre 2006 und 2007 baute sich die registrierte Arbeitslosigkeit kräftig ab – während sich an der Stillen Reserve vergleichsweise wenig änderte. Begünstigt wurde diese Entwicklung, weil seit 2006 das Arbeitsangebot demografisch bedingt schrumpft. Im Zusammenspiel von Konjunktur, politischen Maßnahmen und rückläufigem Arbeitsangebot betrug die Unterbeschäftigung 2007 5,1 Mio. Personen. Eine ähnliche quantitative Dimension war zuletzt 1992 erreicht worden.

2.2 Der deutsche Arbeitsmarkt im internationalen Vergleich

In diesem Unterkapitel sollen zusätzliche Aufschlüsse über die Performanz des deutschen Beschäftigungssystems durch den Vergleich mit anderen Ländern gewonnen werden. Ein umfassender Performanzvergleich, der auch *Ursachen* für Unterschiede benennen will, müsste die nationalen institutionellen Rahmenbedingungen und ihre Änderungen analysieren – also z. B. die Lohnfindungssysteme, das Arbeitsrecht, das Steuer-, Abgaben- und Transfersystem, die Arbeitsmarktpolitik, nationale Bildungssysteme und Zusammenhänge zwischen diesen Institutionen. Zusätzlich wären auch die makroökonomischen Rahmenbedingungen einzubeziehen. All das kann im begrenzten Rahmen dieses Abschnitts nicht geleistet werden. Stattdessen beschränkt sich der Vergleich im Folgenden auf *Ergebnisse* der Beschäftigungssysteme in Form von ausgewählten Performanzindikatoren. Es sind dies Kennzahlen zur Erwerbsbeteiligung, zur Erwerbstätigkeit bzw. Beschäftigung und zur Arbeitslosigkeit. Es handelt sich um Werte, die international standardisiert sind und daher von den Arbeitsmarktdaten auf der Grundlage nationaler Definitionen abweichen können (vgl. Kasten A1). Die aktuellsten Vergleichsdaten lagen bei Redaktionsschluss für das Jahr 2007 vor. Zum Vergleich wurden, wie schon in der ersten Auflage des Handbuchs, OECD-Länder mit vergleichbarem wirtschaftlichem Entwicklungsstand ausgewählt.

2.2.1 Erwerbsbeteiligung

Der zentrale Indikator für die Erwerbsbeteiligung ist die Erwerbsquote. Sie setzt die Zahl der Erwerbspersonen im Alter von 15 bis 64 Jahren, also derjenigen, die entweder erwerbstätig oder arbeitslos sind, ins Verhältnis zur Gesamtbevölkerung dieser Altersgruppe. Aus Tabelle A3 ist ersichtlich, dass Deutschland mit einer Quote von 75,6 % leicht über dem Mittelwert der Vergleichsländer für 2007 liegt. Zudem ist hierzulande die Erwerbsbeteiligung seit 2003 um 4,4 Prozentpunkte gestiegen, mehr als in jedem anderen Vergleichsland (Abbildung A5). Allerdings bleibt die Partizipation am Erwerbsleben in

Kasten A1
Standardisierte Begriffsdefinitionen zu Erwerbstätigkeit und Arbeitslosigkeit

Dieser Abschnitt verwendet harmonisierte Daten der OECD und der EU (Eurostat), die sich bei der Begriffsbestimmung an Empfehlungen der Internationalen Arbeitsorganisation (ILO – International Labour Organisation, Labour-Force-Konzept) orientieren. Der ILO-Erwerbsstatus (zum Zeitpunkt der Befragung) ist ein konstruierter Index. Alle Personen ab 16 Jahre werden nach den Angaben, die sie im Befragungszeitraum zu ihrer Haupttätigkeit gemacht haben, den Kategorien Erwerbspersonen (erwerbstätig oder arbeitslos) bzw. Nichterwerbspersonen zugeordnet.

Die Zahl der *Erwerbspersonen* ergibt sich als Summe aus Erwerbstätigen und Arbeitslosen. Sie bilden zugleich den Nenner bei der Berechnung der Arbeitslosenquote. Zu beachten ist der Unterschied zu der meist in Deutschland verwendeten Arbeitslosenquote: Dort gehen nur die abhängig Beschäftigten in den Nenner ein.

Als *erwerbstätig* gelten alle Personen, die zum Erhebungszeitpunkt mindestens eine Stunde pro Woche einer Beschäftigung nachgehen. Zu den Erwerbstätigen zählen bezahlte Arbeitnehmer, Selbstständige (einschließlich Arbeitgeber), an einer besonderen berufsbezogenen Aus- oder Fortbildungsmaßnahme teilnehmende Personen und bezahlte Auszubildende. Mithelfende Familienangehörige werden ebenfalls dazugerechnet. Als Synonym dafür gilt der Begriff „beschäftigt" (*employed*), der im internationalen Kontext also nicht nur abhängig Beschäftigte umfasst.

Der Begriff „Arbeitslosigkeit" wird in diesem Abschnitt für *unemployment* (Labour-Force-Konzept) verwendet, wie dies auch in vielen anderen deutschsprachigen international vergleichenden Publikationen üblich ist. In der Terminologie der deutschen amtlichen Statistik wäre dafür eigentlich der Begriff „Erwerbslosigkeit" treffender. Als *arbeitslos* gelten Personen zwischen 15 bis 74 Jahren, die zum Zeitpunkt der Befragung (Berichtswoche) angeben, nicht in einem Beschäftigungsverhältnis zu stehen und nicht selbstständig zu sein, die innerhalb der nächsten zwei Wochen für eine Beschäftigung verfügbar sind und aktiv auf Arbeitsuche sind oder auf Arbeitsuche sind und in den letzten vier Wochen ein Stellenangebot erhalten haben. Bereits bei einer einzigen Wochen-Arbeitsstunde gilt eine Person nicht mehr als arbeitslos, selbst wenn sie bei einer Arbeitsagentur als arbeitslos gemeldet ist und Leistungen bezieht.

der Schweiz und den skandinavischen Ländern weiterhin wesentlich höher.

Die Erwerbsquote in Deutschland ist bei beiden Geschlechtern gestiegen. Der geschlechtsspezifische Unterschied der Quoten, der 2003 noch 13,5 Prozentpunkte ausmachte, hat sich seitdem leicht verringert und liegt 2007 bei 12,4 Punkten. Diese Diskrepanz ist in den skandinavischen und den angelsächsischen Ländern wesentlich geringer, vor allem wegen der höheren Erwerbsbeteiligung der Frauen. Überhaupt differieren die Erwerbsquoten der Frauen im Ländervergleich wesentlich stärker als diejenigen der Männer.

Ein deutlicher Aufholprozess im internationalen Vergleich ist bei den älteren Arbeitnehmern festzustellen. Ihre Erwerbsquote, die in Deutschland 2003 noch bei 43,1 % lag, ist seitdem um fast 14 Prozentpunkte gestiegen und liegt jetzt über dem Mittelwert (Tabelle A3), so dass sich der Abstand zu den führenden Ländern deutlich verringert hat.

Eine Problemgruppe stellen nach wie vor die Geringqualifizierten dar, also Personen ohne weiterführenden Schul- oder Berufsabschluss. Ihre Erwerbsquote ist zwar gestiegen und lag 2006 mit 67,1 % über dem internationalen Mittelwert, allerdings bei weiterhin hoher Arbeitslosigkeit dieser Gruppe (vgl. Abschnitt 2.2.3).

Tabelle A3
Der deutsche Arbeitsmarkt im internationalen Vergleich, 2006/2007

Indikator	Wert für Deutschland	Mittelwert	Höchster Wert	Niedrigster Wert
Erwerbsbeteiligung				
Erwerbsquote (2007)	75,6 (+0,5)	75,0	81,6 CH	62,5 ITA
Erwerbsquote der Männer (2007)	81,8 (+0,4)	81,4	88,2 CH	73,2 BEL
Erwerbsquote der Frauen (2007)	69,4 (+0,9)	68,7	78,2 SWE	50,7 ITA
Erwerbsquote der 55- bis 64-Jährigen (2007)	57,2 (+1,9)	56,6	73,1 NZL	34,6 ITA
Erwerbsquote der Geringqualifizierten (2006)	67,1 (+2,5)	65,7*	77,6 POR	55,9 BEL
Erwerbstätigkeit				
Entwicklung der Erwerbstätigenzahlen 2006–2007 in Prozent	+1,8	+0,9	+2,9 NOR	−0,2 GB/USA
Erwerbstätigenquote (2007)	69,0 (+1,8)	70,9	78,6 CH	58,7 ITA
Erwerbstätigenquote der Männer (2007)	74,7 (+1,9)	77,2	85,6 CH	68,2 BEL
Erwerbstätigenquote der Frauen (2007)	63,2 (+1,8))	64,6	74,6 NOR	46,6 ITA
Anteil der Teilzeitbeschäftigung bei Frauen (2007)	39,2 (+/− 0)	30,1**	60,0 NL	13,1 POR
Erwerbstätigenquote der 55- bis 64-Jährigen (2007)	51,3 (+3,2)	54,3	72,0 NZL	33,8 BEL/ITA
Erwerbstätigenquote der Geringqualifizierten (2006)	53,8 (+2,2)	60,4*	71,7 POR	49,0 BEL
Arbeitslosigkeit				
Standardisierte Arbeitslosenquote (2007)	8,4 (−1,4)	5,5	8,4 DEU	2,6 NOR
Arbeitslosenquote der Männer (2007)	8,5 (−1,7)	5,2***	8,5 DEU	2,8 NL
Arbeitslosenquote der Frauen (2007)	8,3 (−1,1)	6,0***	10,9 SPA	2,5 NOR
Arbeitslosenquote der 55- bis 64-Jährigen (2007)	10,3 (−2,1)	4,1	10,3 DEU	1,0 NOR
Arbeitslosenquote der 15- bis 24-Jährigen (2007)	11,7 (−1,9)	12,4	20,3 ITA	7,1 CH
Arbeitslosenquote der Geringqualifizierten (2006)	19,9 (−0,3)	8,0****	19,9 DEU	3,1 NZL
Anteil der Langzeitarbeitslosen an allen Arbeitslosen (2007)	56,6 (−0,7)	38,5	56,6 DEU	5,7 NZL

Anmerkungen: Alle Angaben in Prozent; Veränderungen (in Klammern) in Prozentpunkten gegenüber dem Vorjahr.
Vergleichsländer: Australien, Belgien, Dänemark, Finnland, Frankreich, Großbritannien, Irland, Italien, Japan, Kanada, Neuseeland, Niederlande, Norwegen, Österreich, Portugal, Schweden, Schweiz, Spanien, USA.
* ohne GB und JAP ** ohne AUS und JAP *** ohne CH **** ohne JAP
Quelle: OECD STAT – Labour Force Statistics (www.oecd.org), OECD Labour Force Statistics und Employment Outlook (printed version) (verschiedene Jahrgänge).

2.2.2 Erwerbstätigkeit

Die Abbildung A6 gibt die langfristige Entwicklung der Erwerbstätigenzahlen (1991–2007) wieder. Über den gesamten Zeitraum hinweg betrachtet, kann Deutschland nahezu keine Beschäftigungsexpansion verzeichnen. Die Belebung seit 2005 hat in erster Linie die Rückgänge infolge der Wiedervereinigung und der Jahre nach 2000 ausgeglichen. Führend unter den Vergleichsländern sind die Niederlande – allerdings mit einem hohen Anteil an Teilzeitbeschäftigten – und die USA, gefolgt von Frankreich. Noch erfolgreicher als diese Länder bei der Schaffung neuer Beschäftigung war Irland mit einem Beschäftigungszuwachs von über 75 % seit 1991.

Die Rangfolge in Abbildung A6 wird auch von der Wahl des Basisjahrs 1991 beeinflusst. Würde man stattdessen das Jahr 1997 als Ausgangspunkt wählen, lägen Frankreich und Italien dank einer kräftigen Expansion seit der zweiten Hälfte der 1990er-Jahre an der Spitze – allerdings auch ausgehend von einem sehr niedrigen Beschäftigungsniveau in beiden Ländern.

Ergänzend ist zu berücksichtigen, welcher Anteil der Gesamtbevölkerung im Alter zwischen 15 und 64 Jahren erwerbstätig ist. Diese Information gibt die Erwerbstätigenquote wieder (Abbildung A7). Am höchsten ist diese Quote, wie schon 2003, in der

Der deutsche Arbeitsmarkt – Entwicklungen und Perspektiven

Abbildung A5
Erwerbsquoten von 20 Ländern (2007) und Veränderungen gegenüber 2003

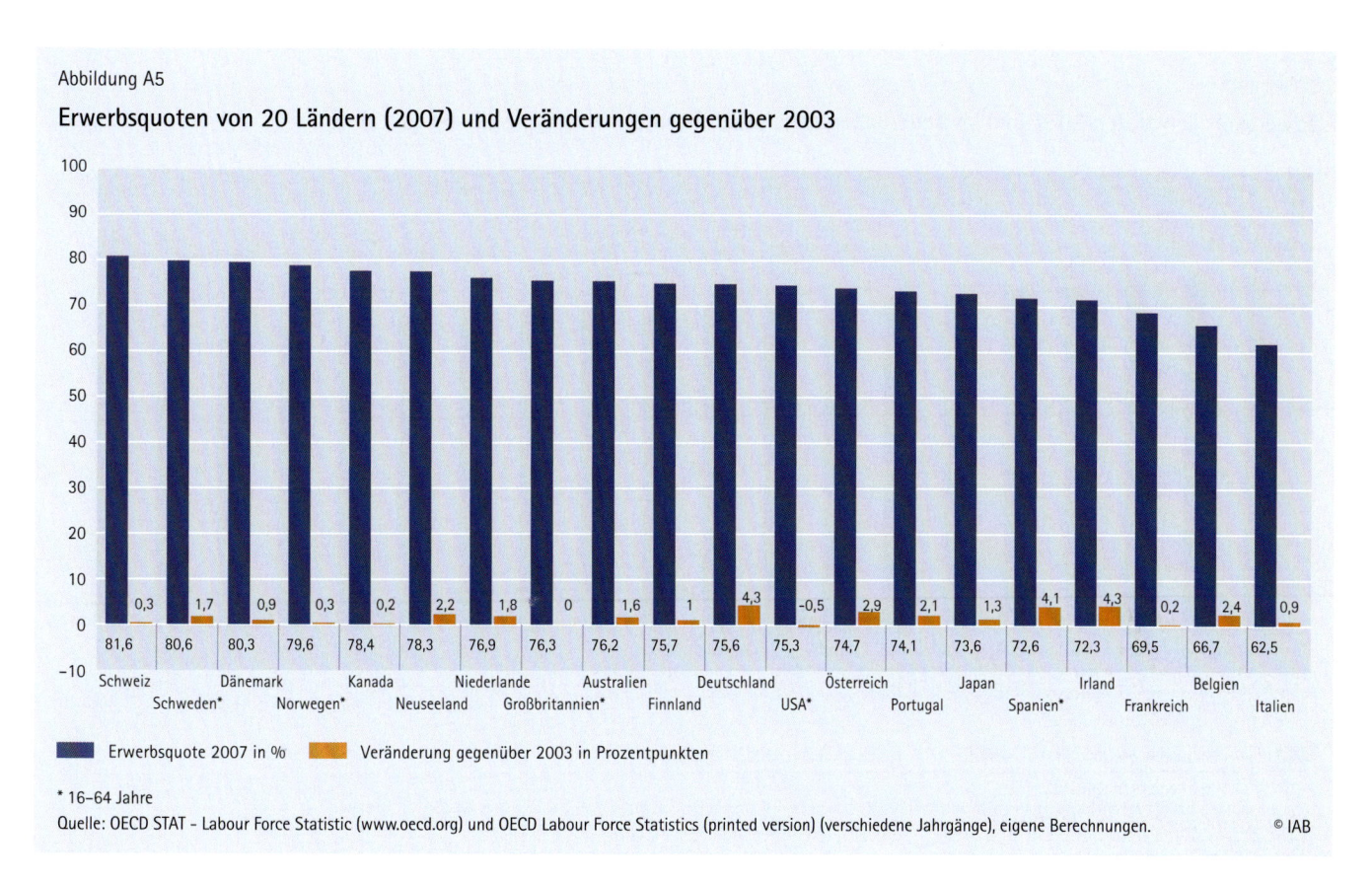

Land	Erwerbsquote 2007 in %	Veränderung gegenüber 2003 in Prozentpunkten
Schweiz	81,6	0,3
Schweden*	80,6	1,7
Dänemark	80,3	0,9
Norwegen*	79,6	0,3
Kanada	78,4	0,2
Neuseeland	78,3	2,2
Niederlande	76,9	1,8
Großbritannien*	76,3	0
Australien	76,2	1,6
Finnland	75,7	1
Deutschland	75,6	4,3
USA*	75,3	-0,5
Österreich	74,7	2,9
Portugal	74,1	2,1
Japan	73,6	1,3
Spanien*	72,6	4,1
Irland	72,3	4,3
Frankreich	69,5	0,2
Belgien	66,7	2,4
Italien	62,5	0,9

* 16–64 Jahre
Quelle: OECD STAT - Labour Force Statistic (www.oecd.org) und OECD Labour Force Statistics (printed version) (verschiedene Jahrgänge), eigene Berechnungen. © IAB

Abbildung A6
Entwicklung der Erwerbstätigkeit (Beschäftigung) 1991–2007 für 9 Länder

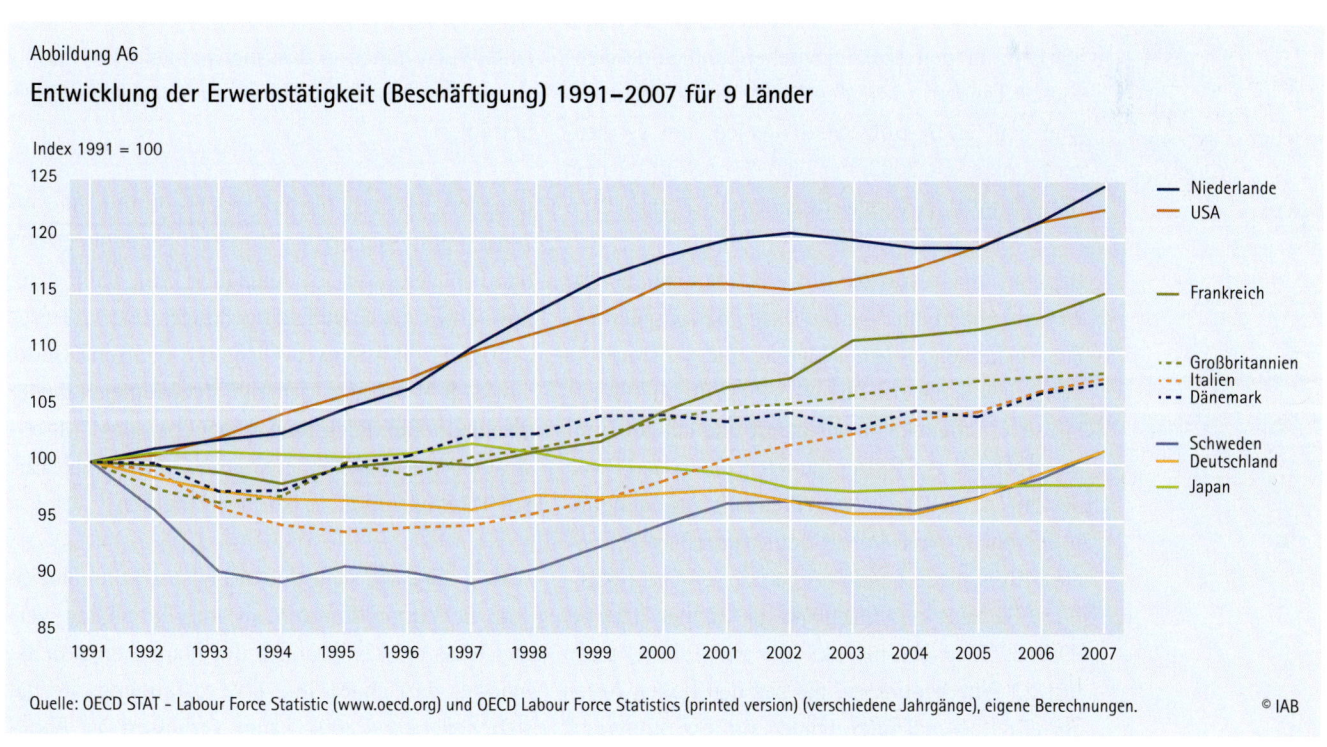

Index 1991 = 100

Länder: Niederlande, USA, Frankreich, Großbritannien, Italien, Dänemark, Schweden, Deutschland, Japan

Quelle: OECD STAT - Labour Force Statistic (www.oecd.org) und OECD Labour Force Statistics (printed version) (verschiedene Jahrgänge), eigene Berechnungen. © IAB

Kapitel A

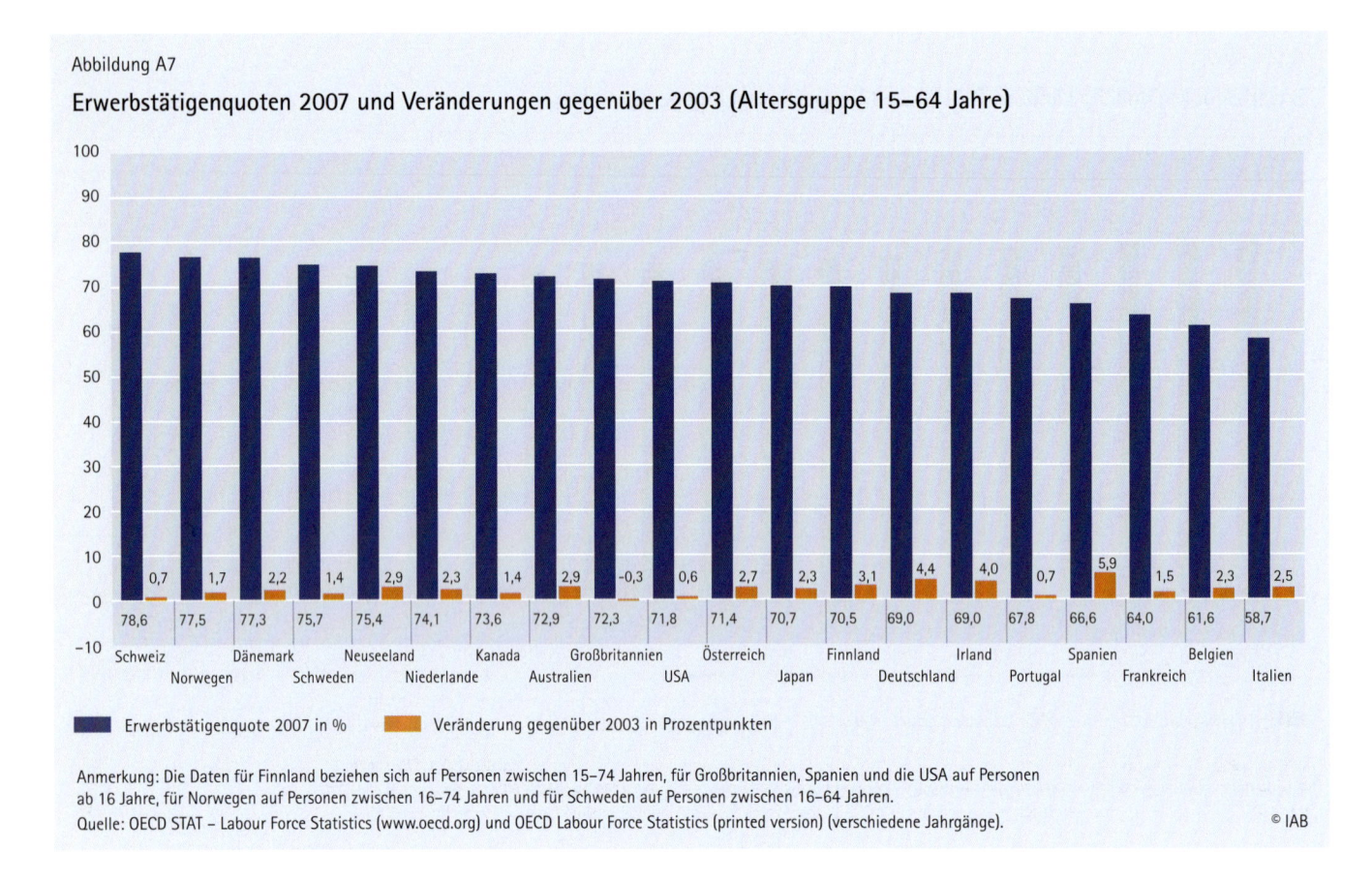

Abbildung A7

Erwerbstätigenquoten 2007 und Veränderungen gegenüber 2003 (Altersgruppe 15–64 Jahre)

Land	Erwerbstätigenquote 2007 in %	Veränderung gegenüber 2003 in Prozentpunkten
Schweiz	78,6	0,7
Norwegen	77,5	1,7
Dänemark	77,3	2,2
Schweden	75,7	1,4
Neuseeland	75,4	2,9
Niederlande	74,1	2,3
Kanada	73,6	1,4
Australien	72,9	2,9
Großbritannien	72,3	-0,3
USA	71,8	0,6
Österreich	71,4	2,7
Japan	70,7	2,3
Finnland	70,5	3,1
Deutschland	69,0	4,4
Irland	69,0	4,0
Portugal	67,8	0,7
Spanien	66,6	5,9
Frankreich	64,0	1,5
Belgien	61,6	2,3
Italien	58,7	2,5

Anmerkung: Die Daten für Finnland beziehen sich auf Personen zwischen 15–74 Jahren, für Großbritannien, Spanien und die USA auf Personen ab 16 Jahre, für Norwegen auf Personen zwischen 16–74 Jahren und für Schweden auf Personen zwischen 16–64 Jahren.
Quelle: OECD STAT – Labour Force Statistics (www.oecd.org) und OECD Labour Force Statistics (printed version) (verschiedene Jahrgänge). © IAB

Schweiz, in den skandinavischen und angelsächsischen Ländern sowie den Niederlanden. Deutschland liegt 2007, trotz eines Anstiegs um 4,4 Prozentpunkte seit 2003, mit 69,0 % noch unter dem Durchschnitt der Vergleichsländer von 70,9 %.

Das gilt auch für die Erwerbstätigenquote der *Frauen* (Abbildung A8). Die Differenz zwischen der Erwerbstätigenquote der Männer und der Frauen in Deutschland, die 2003 bei 11,7 Prozentpunkten lag, hat sich seitdem kaum verringert und lag 2007 immer noch bei 11,5 Prozentpunkten. Noch klarer wird der Unterschied, wenn man die Erwerbstätigenquote in sogenannten Vollzeitäquivalenten berechnet, die Unterschiede bei den Arbeitszeiten berücksichtigen. Sie liegt in Deutschland für Männer 2006 bei 69,4 %, für Frauen bei 46,5 % – eine Differenz von fast 23 Prozentpunkten, die auf den hohen Anteil an teilzeitbeschäftigten Frauen zurückzuführen ist. Dieser Anteil ist indes im ‚Teilzeitparadies' Niederlande noch höher, so dass die weibliche Erwerbstätigenquote in Vollzeitäquivalenten dort nur 42,9 % beträgt.

Dagegen hat sich die Erwerbsintegration der *Älteren* im internationalen Vergleich gegenüber 2003 deutlich verbessert (s. Abbildung A9), dank eines Zuwachses der Erwerbstätigenquote um 12,3 Prozentpunkte. Mittlerweile liegt die deutsche Quote von 51,3 % mit der Mehrzahl der Vergleichsländer gleichauf. Der Rückstand gegenüber dem Mittelwert der Vergleichsländer konnte seit 2003 von 12,1 auf 1,9 Prozentpunkte verringert werden.

Häufig wird die schlechte Arbeitsmarktintegration von *Geringqualifizierten* im internationalen Vergleich als ein Kernproblem des deutschen Arbeitsmarktes bezeichnet. Ihre Erwerbstätigenquote hat sich gegenüber 2002 kaum verbessert (s. Abbildung A10) und liegt 2006 nur bei 53,8 % – in dieser Hinsicht bildet Deutschland zusammen mit Ita-

Der deutsche Arbeitsmarkt – Entwicklungen und Perspektiven

Abbildung A8
Erwerbstätigenquoten der Frauen 2007 und Veränderungen gegenüber 2003

Land	Erwerbstätigenquote Frauen 2007 in %	Veränderung gegenüber 2003 in Prozentpunkten
Norwegen	74,6	1,9
Dänemark	73,3	2,8
Schweden	73,2	0,4
Schweiz	71,6	0,9
Kanada	70,1	2,2
Neuseeland	69,0	3,3
Finnland	68,5	2,8
Niederlande	68,1	3,9
Großbritannien	66,3	-0,1
Australien	66,1	3,2
USA	65,9	0,2
Österreich	64,4	2,9
Deutschland	63,2	4,5
Portugal	61,9	1,3
Irland	60,3	5,1
Japan	59,5	2,7
Frankreich	59,4	1,8
Spanien	55,5	8,7
Belgien	54,9	3,5
Italien	46,6	3,9

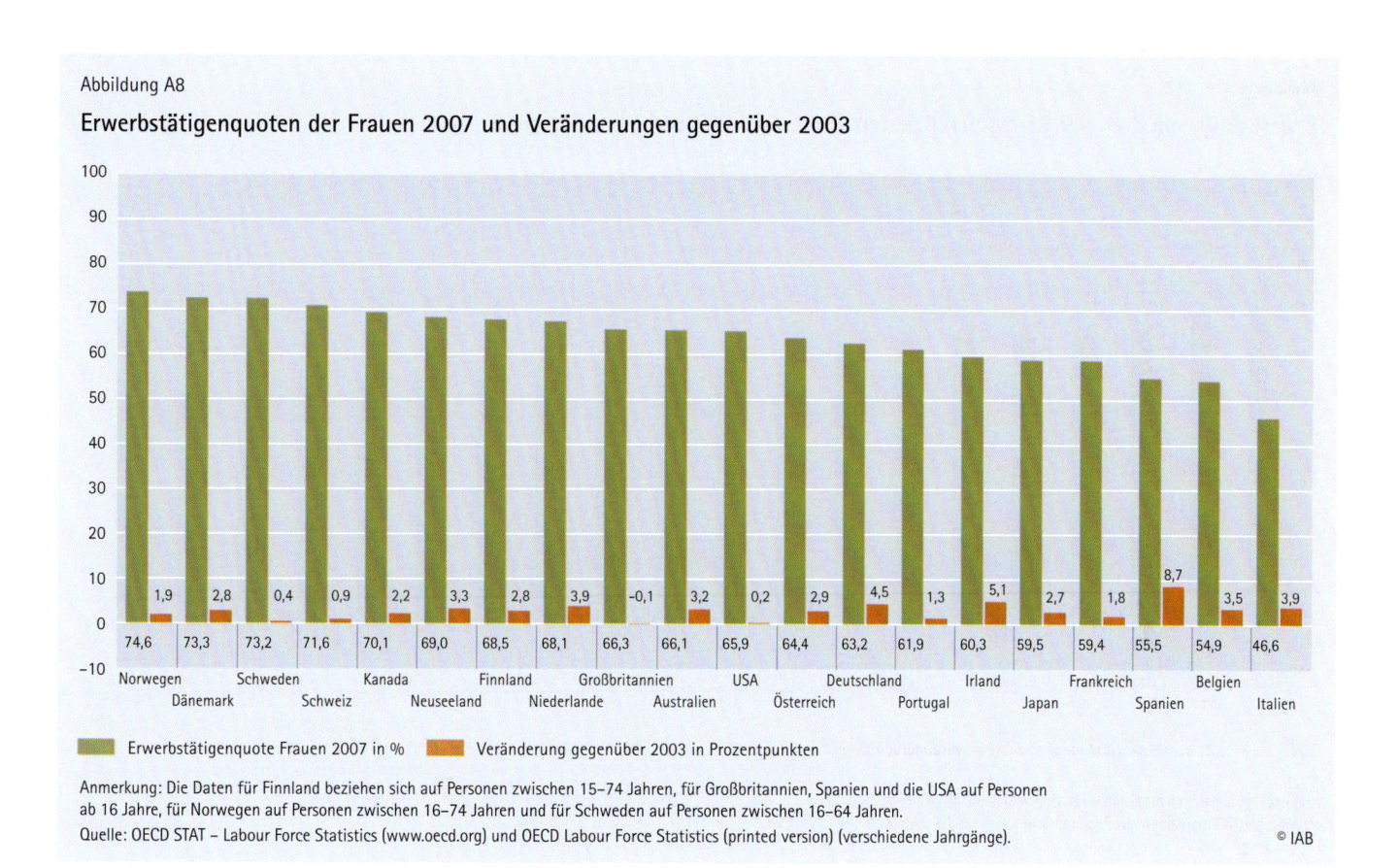

Anmerkung: Die Daten für Finnland beziehen sich auf Personen zwischen 15–74 Jahren, für Großbritannien, Spanien und die USA auf Personen ab 16 Jahre, für Norwegen auf Personen zwischen 16–74 Jahren und für Schweden auf Personen zwischen 16–64 Jahren.
Quelle: OECD STAT – Labour Force Statistics (www.oecd.org) und OECD Labour Force Statistics (printed version) (verschiedene Jahrgänge). © IAB

Abbildung A9
Erwerbstätigenquoten der Älteren 2007 und Veränderungen gegenüber 2003

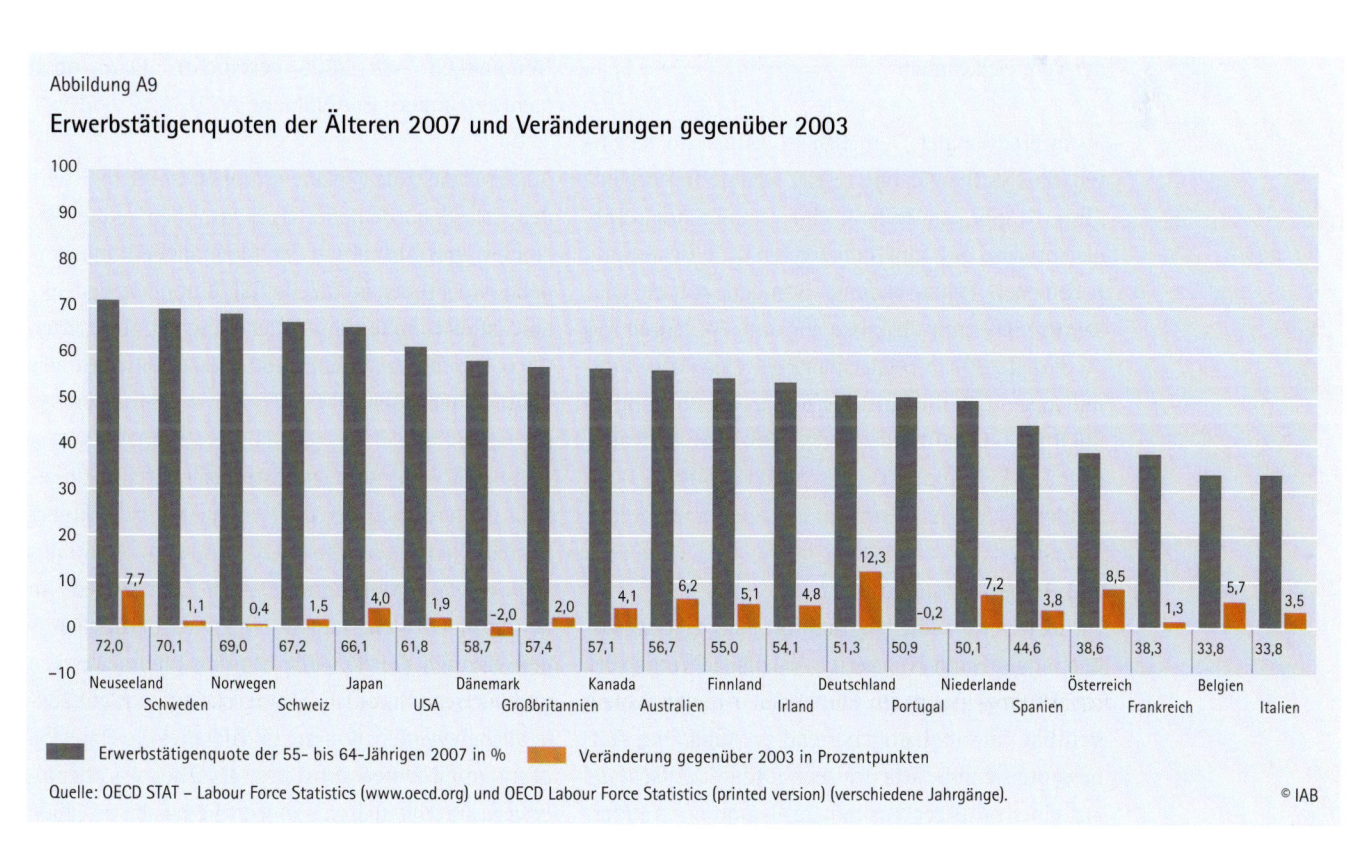

Land	Erwerbstätigenquote der 55- bis 64-Jährigen 2007 in %	Veränderung gegenüber 2003 in Prozentpunkten
Neuseeland	72,0	7,7
Schweden	70,1	1,1
Norwegen	69,0	0,4
Schweiz	67,2	1,5
Japan	66,1	4,0
USA	61,8	1,9
Dänemark	58,7	-2,0
Großbritannien	57,4	2,0
Kanada	57,1	4,1
Australien	56,7	6,2
Finnland	55,0	5,1
Irland	54,1	4,8
Deutschland	51,3	12,3
Portugal	50,9	-0,2
Niederlande	50,1	7,2
Spanien	44,6	3,8
Österreich	38,6	8,5
Frankreich	38,3	1,3
Belgien	33,8	5,7
Italien	33,8	3,5

Quelle: OECD STAT – Labour Force Statistics (www.oecd.org) und OECD Labour Force Statistics (printed version) (verschiedene Jahrgänge). © IAB

Teil I

Kapitel A

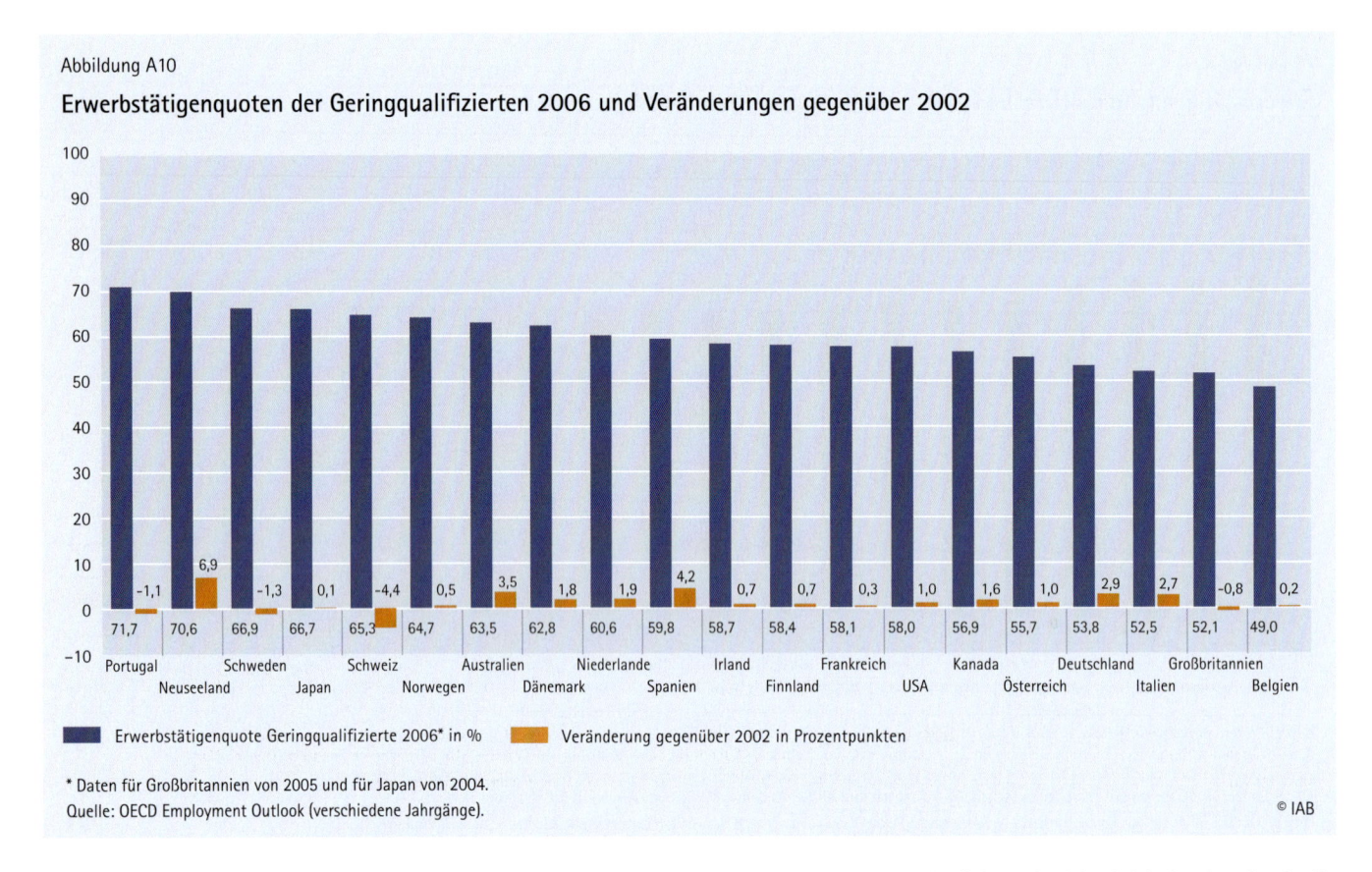

Abbildung A10
Erwerbstätigenquoten der Geringqualifizierten 2006 und Veränderungen gegenüber 2002

Land	Erwerbstätigenquote 2006 (%)	Veränderung ggü. 2002 (Prozentpunkte)
Portugal	71,7	-1,1
Neuseeland	70,6	6,9
Schweden	66,9	-1,3
Japan	66,7	0,1
Schweiz	65,3	-4,4
Norwegen	64,7	0,5
Australien	63,5	3,5
Dänemark	62,8	1,8
Niederlande	60,6	1,9
Spanien	59,8	4,2
Irland	58,7	0,7
Finnland	58,4	0,7
Frankreich	58,1	0,3
USA	58,0	1,0
Kanada	56,9	1,6
Österreich	55,7	1,0
Deutschland	53,8	2,9
Italien	52,5	2,7
Großbritannien	52,1	-0,8
Belgien	49,0	0,2

* Daten für Großbritannien von 2005 und für Japan von 2004.
Quelle: OECD Employment Outlook (verschiedene Jahrgänge).
© IAB

lien, Großbritannien und Belgien das Schlusslicht der Vergleichsländer.

Im internationalen Vergleich ist jedoch zu beachten, dass es hierzulande relativ wenige Geringqualifizierte gibt, auch dank einer immer noch vergleichsweise gut funktionierenden schulischen und beruflichen Erstausbildung. Bezogen auf die Gesamtbevölkerung zwischen 25 und 64 Jahren lag ihr Anteil 2007 in Deutschland bei 15,4 % und damit wesentlich niedriger als z. B. in Großbritannien (25,8 %), in den Niederlanden (26,7 %), in Frankreich (31,5 %) und im Durchschnitt der alten EU-15-Länder (32,3 %; vgl. Eurostat, Labour Force Survey).

2.2.3 Arbeitslosigkeit

Die Differenz zwischen Arbeitsangebot (Erwerbsbeteiligung) und realisierter Arbeitsnachfrage (Beschäftigung) wird in Form der Arbeitslosigkeit sichtbar. Im langfristigen Trend (s. Abbildung A11) bewegte sich die Arbeitslosenquote in Deutschland aus einer mittleren Position zu Beginn der 1990er-Jahre an die Spitze der Vergleichsländer. Auch die Trendumkehr seit 2006 vermochte daran noch nichts zu ändern (s. Abbildung A12).

Auch für einzelne Personengruppen ist die deutsche Arbeitslosenquote höher als in fast allen Vergleichsländern, mit Ausnahme der Jugendlichen und jungen Erwachsenen (s. Tabelle A3). Besonders bedenklich ist der hohe Anteil der Langzeitarbeitslosen (56,6 %), der gegenüber 2003 (50,0 %) nochmals deutlich gestiegen ist.

Gerade die Arbeitslosenstatistik zeichnet also ein relativ düsteres Bild der deutschen Arbeitsmarktperformanz im internationalen Vergleich. Allerdings sind bei der Interpretation auch Unterschiede in den sozialen Sicherungssystemen zu berücksichtigen, die sich auf die Arbeitslosenzahlen auswirken und auch durch die ILO-Standardisierung nicht ausgeglichen werden. Konkret betrifft dies die Frage, ob bestimmte Nichterwerbstätige als arbeitslos oder als erwerbsunfähig gelten – in letzterem Falle beziehen

Der deutsche Arbeitsmarkt – Entwicklungen und Perspektiven

Abbildung A11
Entwicklung der Arbeitslosenquoten im internationalen Vergleich, 1991–2007

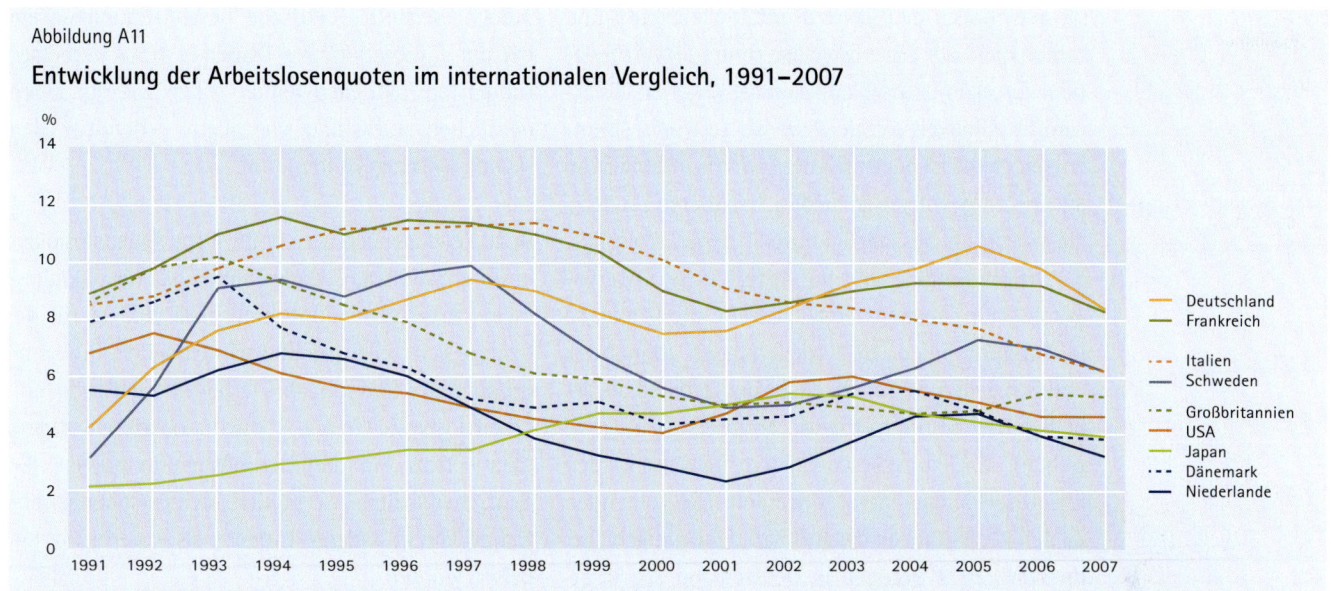

* Die standardisierte Arbeitslosenquote entspricht der Zahl arbeitsloser Personen als Anteil am zivilen Erwerbspersonenpotenzial, welches sich aus Erwerbstätigen, Selbstständigen, unbezahlt arbeitenden Familienangehörigen und Arbeitslosen zusammensetzt. Die Definition entspricht den ILO-Richtlinien mit der Ausnahme, dass die Zahlen zu Erwerbstätigkeit und Arbeitslosigkeit auf Arbeitskräfteerhebungen basieren, die nur private Haushalte abdecken und alle in Institutionen/Einrichtungen lebende Personen ausklammert. Unter diesem Gesichtspunkt sind arbeitslose Personen im Erwerbsalter, die in einer bestimmten Periode beschäftigt waren, dem Arbeitsmarkt zur Verfügung stehen und aktiv nach Arbeit suchen. Weitere Informationen finden sich bei Eurostat unter http://europa.eu.int/comm/eurostat/ und in der Richtlinie der Europäischen Kommission Nr. 1897/2000. Eurostat übernimmt die Berechnung für die EU-27-Länder und Norwegen. Im Falle von Kanada, den USA, Neuseeland, Australien, Japan, Korea und der Schweiz übernimmt die OECD die Daten direkt von dem jeweiligen Nationalen Statistischen Amt. Die SUR wird jährlich bereinigt (Quelle: OECD).
Quelle: OECD STAT - Labour Force Statistics (www.oecd.org) und OECD Labour Force Statistics (printed version) (verschiedene Jahrgänge). © IAB

Abbildung A12
Standardisierte Arbeitslosenquoten 2007 und Veränderungen gegenüber 2003

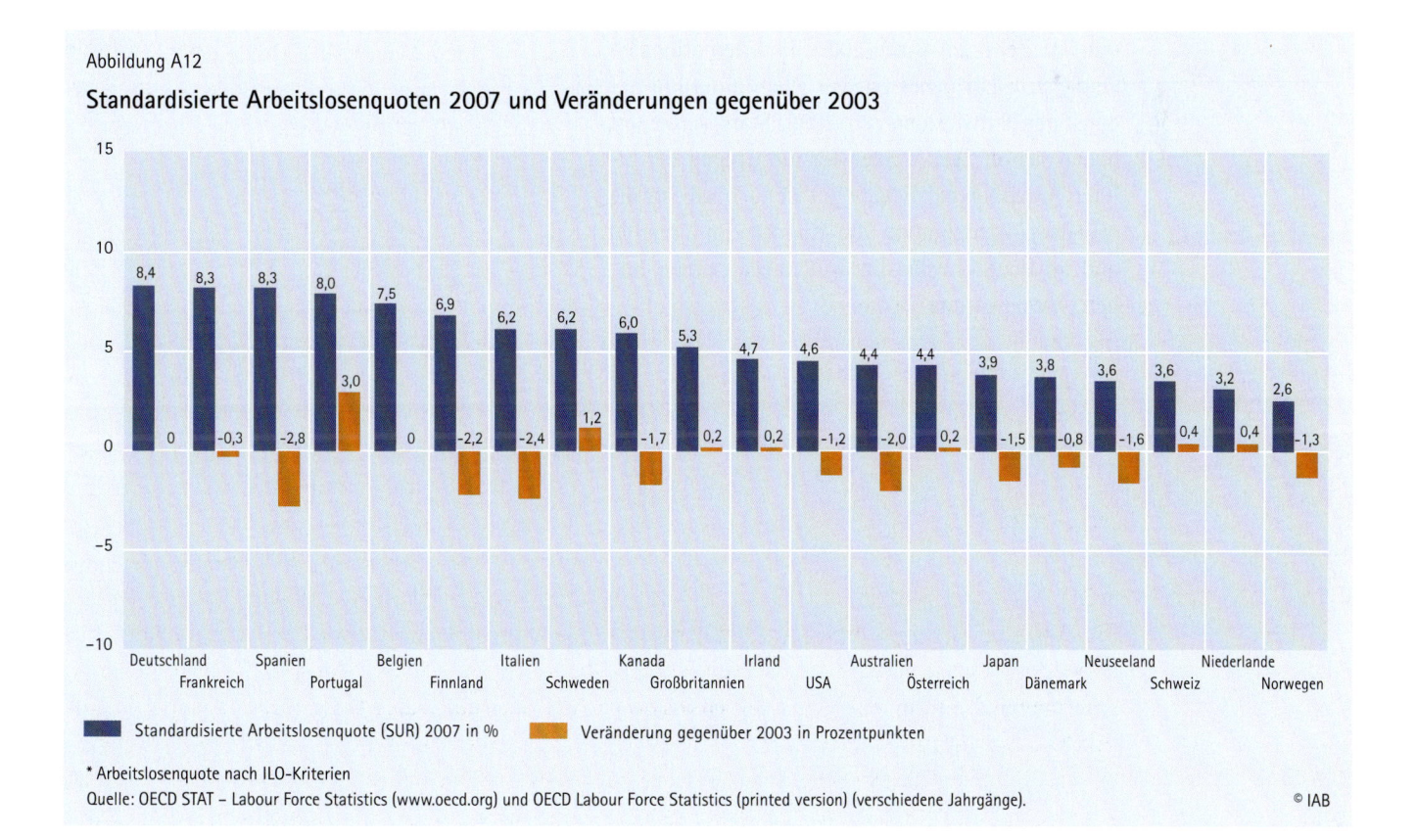

Land	SUR 2007 (%)	Veränderung ggü. 2003 (Prozentpunkte)
Deutschland	8,4	0
Frankreich	8,3	-0,3
Spanien	8,3	-2,8
Portugal	8,0	3,0
Belgien	7,5	0
Finnland	6,9	-2,2
Italien	6,2	-2,4
Schweden	6,2	1,2
Kanada	6,0	-1,7
Großbritannien	5,3	0,2
Irland	4,7	0,2
USA	4,6	-1,2
Australien	4,4	-2,0
Österreich	4,4	0,2
Japan	3,9	-1,5
Dänemark	3,8	-0,8
Neuseeland	3,6	-1,6
Schweiz	3,6	0,4
Niederlande	3,2	0,4
Norwegen	2,6	-1,3

* Arbeitslosenquote nach ILO-Kriterien
Quelle: OECD STAT – Labour Force Statistics (www.oecd.org) und OECD Labour Force Statistics (printed version) (verschiedene Jahrgänge). © IAB

sie gewöhnlich eine Erwerbsunfähigkeitsrente und zählen nicht zur Erwerbsbevölkerung (*out of the labour force*). In Deutschland sind die Kriterien für Erwerbsunfähigkeit vergleichsweise restriktiv. Dementsprechend ist der Anteil der Erwerbsunfähigen an der Gesamtbevölkerung niedrig. In anderen Ländern, die häufig als beschäftigungspolitische Erfolgsländer zitiert werden, sind die Kriterien für Erwerbsunfähigkeit dagegen vergleichsweise großzügig, so in Großbritannien, den Niederlanden, Dänemark und Schweden. Personen, die in Deutschland als arbeitslos gelten (und Arbeitslosenunterstützung beziehen), würden in diesen Ländern teilweise zu den Erwerbsunfähigen gezählt werden. Die folgenden Zahlen verdeutlichen das Ausmaß der Unterschiede: Im Jahre 2004 bezogen in Deutschland 3,1 % aller Personen im Erwerbsalter Leistungen wegen Erwerbsunfähigkeit oder Krankheit. In Schweden waren es 9,4 %, in Großbritannien 6,5 % und in den Niederlanden 8,8 % (Konle-Seidl/Lang 2006).

2.2.4 Fazit

Die Performanz des deutschen Arbeitsmarkts hat sich im Zeitraum 2003–2007 im internationalen Vergleich leicht gebessert, vor allem aufgrund der günstigen Entwicklung seit 2006. Stark verbessert haben sich die Kennzahlen für die Gruppe der älteren Arbeitnehmer. Relativ gut ist nach wie vor die Arbeitsmarktintegration von Männern im jüngeren und im Haupterwerbsalter mit mittlerer oder höherer Qualifikation.

Jedoch weist das deutsche Beschäftigungssystem bei der Integration von Frauen – trotz Verbesserungen am aktuellen Rand – nach wie vor einen deutlichen Rückstand vor allem gegenüber den skandinavischen Ländern auf.

Auffallend ist nach wie vor die hohe Arbeitslosigkeit im internationalen Vergleich. Das gilt für die allgemeine Arbeitslosenquote und insbesondere für die beiden sich teilweise überschneidenden Problemgruppen der Geringqualifizierten und der Langzeitarbeitslosen. Allerdings ist auch zu berücksichtigen, dass – trotz Standardisierungsbemühungen – die deutschen Arbeitslosenzahlen auch Personen einbeziehen, die in anderen Ländern als erwerbsunfähig gelten würden.

3 Kurzfristige Arbeitsmarktperspektiven

Seit Mitte September 2008 hat sich die internationale Finanz- und Immobilienkrise erheblich verschärft. Die deutsche Wirtschaft steht vor größeren Herausforderungen und Unsicherheiten, als zunächst zu erwarten war. Die Abschwächung des Wirtschaftswachstums bringt die Verbesserung der Lage auf dem Arbeitsmarkt zum Stillstand. Während sich im Jahresdurchschnitt 2008 zum dritten Mal in Folge die Zahlen für die Erwerbstätigkeit und die Arbeitslosigkeit verbessern, werden sie im Jahresdurchschnitt 2009 bei einem allenfalls schwachen Wirtschaftswachstum in etwa stagnieren. In allen Varianten sinkt die Beschäftigung im Jahresverlauf, und die Arbeitslosigkeit nimmt zu. Entlastend wirkt aber der demografisch bedingte Rückgang des Erwerbspersonenpotenzials.

3.1 Zur aktuellen Wirtschaftslage

Nachdem das preisbereinigte Bruttoinlandsprodukt (BIP) in Deutschland 2006 um 3,0 % und 2007 um 2,5 % gewachsen war, startete die Wirtschaft mit weiterhin kräftigem Wachstum in das Jahr 2008 (saison- und kalenderbereinigt im ersten Quartal +1,3 % gegenüber dem Vorquartal). Seither flaute die konjunkturelle Dynamik ab, wovon sich der Arbeitsmarkt aber weitgehend unbeeindruckt zeigte.

Seit Mitte September 2008 hat sich die Finanz- und Immobilienkrise weiter zugespitzt und stellt die deutsche Wirtschaft vor besondere Probleme. Weder der private noch der öffentliche Sektor in den USA war willens und in der Lage, alle in Liquiditätsnot geratene Banken zu retten. In Deutschland kam unter anderem die Hypo Real Estate in finanzielle Not. Auf dem Interbankenmarkt wurden zu wenige Kredite vergeben, um Liquiditätsengpässe zu überbrücken. Die Aktienkurse sanken weltweit kräftig. Nachdem sich die Lage verschlimmert hatte, haben die Regierungen Nothilfeprogramme noch nie da gewesenen Ausmaßes beschlossen. Sie sollen das Zusammenbrechen weiterer Banken verhindern und für neues Vertrauen in das Finanzsystem sorgen.

Einerseits ist Deutschland von der Krise unmittelbar weniger betroffen als andere Staaten. Hier gab es keine Immobilienpreisblase. Die privaten Haushalte halten weniger Aktien. Die Altersrenten sind nicht primär in Aktien angelegt – anders als zum Beispiel in den USA. Direkte Vermögenseffekte auf den Konsum infolge der Kursverluste sind deshalb in nur geringem Umfang zu erwarten. Auch ist der Kreditmarkt durch das Hausbankensystem in Deutschland weniger auf den Anleihenmarkt ausgerichtet – solche Systeme sind im Allgemeinen weniger krisenanfällig. Der Arbeitsmarkt reagiert daher bislang wenig auf die Abkühlung der Konjunktur.

Andererseits bewirkt die Krise eine deutliche Abschwächung der realwirtschaftlichen Entwicklung auch hierzulande. Erstens ist Deutschland über den Export weltweit vernetzt, die deutsche Wirtschaftsentwicklung stützt sich stark auf die Auslandsnachfrage. Die wirtschaftliche Schwäche in den USA strahlt aber auf die Weltwirtschaft aus, wie derzeit im Automobilbau schon deutlich zu sehen ist. Außerdem sind auch wichtige europäische Handelspartner wie Großbritannien, Spanien, Frankreich und Irland von Problemen auf den Immobilienmärkten betroffen. Zweitens verfügen die deutschen Banken über wenig Liquidität, weil die Kreditvergabe auf dem Interbankenmarkt fast zum Erliegen gekommen ist. Die Banken bewilligen daher weniger Kredite oder verteuern sie, wodurch die Nachfrage nach Investitions- und dauerhaften Konsumgütern sinkt. Drittens reduzieren die sinkenden Aktienkurse die Möglichkeit für Unternehmen, ihre Vorhaben über Eigenkapital zu finanzieren. Weil dieses Eigenkapital auch als Beleihungssicherheit dienen könnte, erschwert dies im zweiten Schritt erneut die Aufnahme von Fremdkapital. Viertens haben die Informationen über Kurseinbrüche, eine mögliche Rezession in den USA sowie Bankkonkurse zu großer Unsicherheit geführt. Sie kommt auch in den deutlich gesunkenen Geschäfts- und Konsumklimaindizes zum Ausdruck. Als Folge dieser Verunsicherung werden Investitions-, Kauf-, Bau- oder Einstellungsentscheidungen aufgeschoben oder aufgegeben. Offen ist bislang, ob es tatsächlich gelingt, mithilfe der großen staatlichen Rettungsprogramme das Vertrauen in die Wirtschaft wiederherzustellen. Fünftens werden die Rettungsprogramme je nach ihrer Inanspruchnahme den Staatshaushalt belasten. Wenn die Wirtschaftsakteure deshalb höhere Steuern antizipieren, werden sie ihren Konsum schon jetzt an das zu erwartende geringere verfügbare Einkommen anpassen und mehr sparen.

Aufgrund dieser Entwicklung wurden die Konjunkturprognosen der Wirtschaftsforschungsinstitute und anderer Organisationen zuletzt deutlich nach unten revidiert. Die Prognosen liegen derzeit für 2009 bei knapp über 0 % Wirtschaftswachstum. Unsicher ist dabei, ob es nicht sogar zum Rückgang der gesamtwirtschaftlichen Produktion kommt. Das IAB unterstellt deshalb in seiner Arbeitsmarktprojektion eine mittlere Variante mit Null-Wachstum und ein Unsicherheitsspektrum von −½ bis +½ % Wirtschaftswachstum.[3] Prognosen sind derzeit mit noch größeren Unsicherheiten behaftet als sonst. Krisenhafte Entwicklungen führen dazu, dass Wirtschaftsakteure ihr Verhalten ändern. Die aus der Vergangenheit bekannten Zusammenhänge – zum Beispiel zwischen Einkommen und Konsum oder zwischen Absatzentwicklung und Einstellungen – lassen sich dann nur eingeschränkt in die Zukunft übertragen. Szenarien mit einem kräftigen Wachstumseinbruch können deshalb kaum empirsch fundiert werden. Das IAB hat in der vorliegenden Projektion zumindest ansatzweise versucht, Verhaltensänderungen zu berücksichtigen. So dürften die Bereitschaft und die Möglichkeit der Unternehmen, Personal über eine kleinere Schwächephase hinweg zu halten, bei einem größeren Wachstumseinbruch nachlassen, und es wird unterstellt, dass die Arbeitsagenturen weniger intensiv als bisher Langzeitarbeitslose aktivieren bzw. den Arbeitslosenstatus überprüfen

können, weil die Agenturen mehr Neuzugänge zu betreuen haben.

3.2 Der Arbeitsmarkt im Jahr 2008

Die Entwicklung des Arbeitsmarktes im Jahr 2008 schließt zunächst fast nahtlos an die Aufschwungjahre 2006 und 2007 an. Der Zuwachs der Erwerbstätigkeit und der Abbau der Arbeitslosigkeit setzen sich weiter fort, wenngleich die monatlichen Veränderungen geringer werden. Nach der Prognose des IAB steigt die Erwerbstätigkeit um 520.000 auf 40,29 Mio. Personen. Diese erbringen ein Arbeitsvolumen, das um 1,5 % höher ausfällt als im Jahr 2007. Besonders kräftig wächst die sozialversicherungspflichtige Beschäftigung: Sie nimmt um 530.000 Personen oder 2,0 % auf 27,48 Mio. Personen zu, nach einem etwas größeren Plus von 580.000 Personen im Vorjahr (folgende Tabelle A4).

Im Jahresdurchschnitt 2008 werden nach der IAB-Projektion 3,26 Mio. Menschen arbeitslos registriert sein, 520.000 oder 13,7 % weniger als im Vorjahr. Arbeitslose im Rechtskreis des SGB II haben schlechtere Chancen, auf dem Arbeitsmarkt unterzukommen. Die Zahl dieser Arbeitslosen sinkt im Jahresdurchschnitt 2008 um 260.000 Personen auf 2,26 Mio. Im SGB-III-Bereich beträgt der Rückgang ebenfalls 260.000, obwohl der Bestand dieser Gruppe wesentlich kleiner ist und nur 30,6 % aller Arbeitslosen ausmacht. Im Jahresdurchschnitt wird er erstmals knapp unter einer Million liegen.

Obwohl seit Monaten einige Konjunkturindikatoren, besonders die Geschäftserwartungen der Betriebe, eingebrochen sind und auch schon vor der Zuspitzung der Finanz- und Immobilienkrise auf einen Abschwung hingedeutet haben, zeigt sich der Arbeitsmarkt noch weitgehend unbeeindruckt. Die Zahl der offenen Stellen ist seit Ende 2007 leicht rückläufig, ohne einen Einbruch zu signalisieren. Die Zahl der Arbeitslosen ging bis zum Redaktionsschluss saisonbereinigt kräftig zurück, die Zahl der Erwerbstätigen stieg entsprechend. Die Folge dieser Entwicklung ist, dass Ende 2008 die Erwerbstätigkeit saisonbereinigt

---

3 Damit wird das Variantenspektrum, das das IAB mit dem Kurzbericht 13/2008 vorlegte, nach unten erweitert.

Abbildung A13

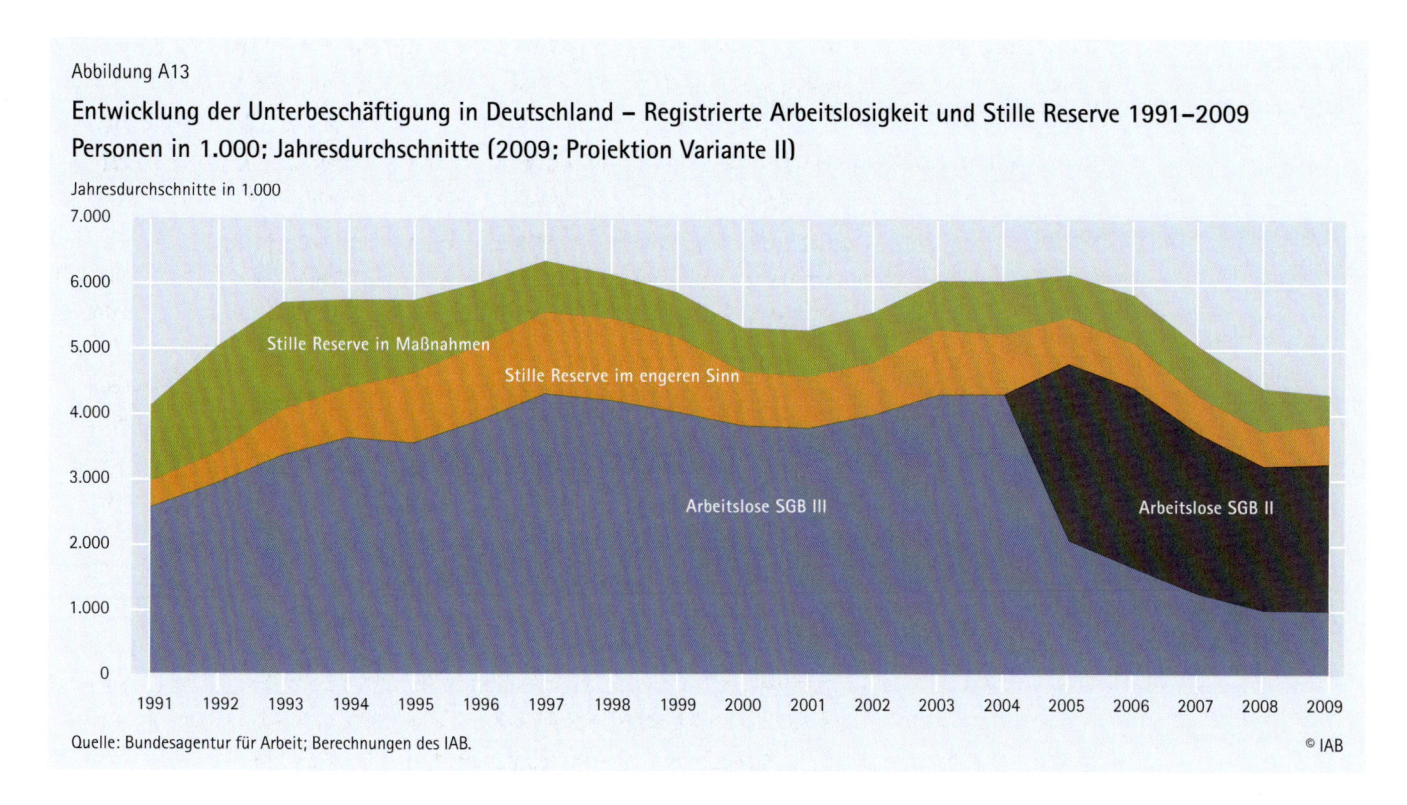

Entwicklung der Unterbeschäftigung in Deutschland – Registrierte Arbeitslosigkeit und Stille Reserve 1991–2009
Personen in 1.000; Jahresdurchschnitte (2009; Projektion Variante II)

Quelle: Bundesagentur für Arbeit; Berechnungen des IAB. © IAB

um rund 50.000 Personen über dem Jahresdurchschnitt liegen wird (statistischer Überhang). Mit diesem „Bonus" startet der Arbeitsmarkt ins Jahr 2009. Das Analoge gilt für die Arbeitslosigkeit: Sie wird zum Jahresende unter dem Durchschnitt von 2008 liegen (statistischer Unterhang), und das Jahr 2009 startet mit einem saisonbereinigten „Bonus" von rund 100.000 Personen.

Die Abbildung A13 zeigt die Entwicklung der Unterbeschäftigung und ihrer Komponenten. Der Bestand der Stillen Reserve in Maßnahmen ebenso wie der der Stillen Reserve im engeren Sinn hat sich seit 2005 relativ wenig verändert. Dagegen wurde das Ausmaß offener Arbeitslosigkeit in den letzten Jahren erheblich kleiner.

Die Stille Reserve in Maßnahmen umfasst im Wesentlichen Personen, die an Weiterbildungs- und Trainingsmaßnahmen teilnehmen oder die §§ 428 SGB III bzw. 65 (4) SGB II in Anspruch nehmen und Arbeitslosengeld bzw. Alg II beziehen, ohne der Vermittlung zur Verfügung stehen zu müssen (sogenannte 58er-Regelung). Die Stille Reserve in Maßnahmen nimmt um 100.000 Personen auf 680.000 Personen ab. Dabei verändern sich die Zahlen für die Weiterbildungs- und Trainingsmaßnahmen wenig. Wichtigster Grund für den Rückgang ist das Auslaufen der 58er-Regelung zum Jahresende 2007. Seitdem können arbeitslos gewordene Ältere von dieser Regel keinen Gebrauch machen, sondern werden als arbeitslos registriert. Der Bestand der Stillen Reserve in Maßnahmen schmilzt 2008 ab, weil es über die 58er-Regelung keinen Zustrom mehr gibt.

Die Stille Reserve im engeren Sinn beschreibt Personen, die arbeitslos sind, aber nur unter günstigeren Bedingungen am Arbeitsmarkt aktiver Arbeit suchen würden, und sich daher nicht bei den Agenturen gemeldet haben. Die Zahl dieser Personen sinkt im Jahresdurchschnitt 2008 um 40.000 auf 530.000 Personen, weil auch sie von der guten Gesamtentwicklung profitieren.

Tabelle A4

Alternativrechnungen zur Arbeitsmarktentwicklung 2009

			2000	2001	2002	2003	2004	2005	2006	2007	2008 Prog	2009 Var I	2009 Var II	2009 Var III
A. Die Nachfrage nach Arbeitskräften														
Bruttoinlandsprodukt, preisbereinigt (Veränderung gegenüber dem Vorjahr in %)		West	+3,5	+1,4	−0,1	−0,3	+1,4	+0,9	+3,1	+2,5	1 3/4	− 1/2	0	1/2
		Ost	+1,4	+0,4	+0,5	0,0	+0,7	+0,4	+2,0	+2,2	1 1/2	− 1/2	0	1/2
		Insg.	+3,2	+1,2	0,0	−0,2	+1,2	+0,8	+3,0	+2,5	1 3/4	− 1/2	0	1/2
Stundenproduktivität		West	+2,3	+1,4	+1,0	+1,0	+0,6	+1,3	+2,6	+0,5	+0,1	+0,3	+0,5	+0,7
		Ost	+3,1	+3,3	+3,5	+1,8	+0,7	+1,5	+1,5	+0,8	+0,9	+0,9	+1,0	+1,2
		Insg.	+2,6	+1,8	+1,5	+1,2	+0,6	+1,4	+2,5	+0,6	+0,2	+0,4	+0,6	+0,8
Arbeitsvolumen		West	+1,2	+0,0	−1,1	−1,3	+0,7	−0,5	+0,5	+2,0	+1,7	−0,8	−0,5	−0,2
		Ost	−1,6	−2,8	−2,9	−1,8	−0,1	−1,1	+0,5	+1,4	+0,6	−1,4	−1,0	−0,7
		Insg.	+0,6	−0,6	−1,4	−1,4	+0,6	−0,6	+0,5	+1,8	+1,5	−0,9	−0,6	−0,3
Durchschnittliche Jahresarbeitszeit		West	−1,2	−0,8	−0,8	−0,4	+0,3	−0,5	−0,1	+0,3	+0,3	−0,6	−0,5	−0,4
		Ost	−1,3	−1,5	−1,3	−0,6	−0,4	−0,5	−0,4	−0,4	−0,4	−0,7	−0,6	−0,5
		Insg.	−1,2	−1,0	−0,9	−0,5	+0,2	−0,5	−0,2	+0,1	+0,2	−0,6	−0,5	−0,4
Erwerbstätige[1]	Veränderung gegenüber dem Vorjahr in %	West	+2,4	+0,9	−0,3	−0,9	+0,4	+0,0	+0,6	+1,7	+1,4	−0,3	−0,0	+0,1
		Ost	−0,4	−1,4	−1,6	−1,2	+0,3	−0,6	+0,8	+1,8	+1,0	−0,7	−0,4	−0,2
		Insg.	+1,9	+0,4	−0,6	−0,9	+0,4	−0,1	+0,6	+1,7	+1,3	−0,3	−0,1	+0,1
	Veränderung gegenüber dem Vorjahr in 1.000	West	+748	+274	−103	−281	+133	+13	+187	+541	+448	−89	−8	+48
		Ost	−28	−102	−117	−89	+21	−42	+59	+130	+73	−49	−30	−17
		Insg.	+720	+172	−220	−370	+154	−29	+246	+671	+521	−138	−38	+32
	Jahresdurchschnitte in 1.000	West	31.661	31.935	31.832	31.551	31.684	31.697	31.884	32.425	32.873	32.784	32.865	32.921
		Ost	7.483	7.381	7.264	7.175	7.196	7.154	7.213	7.343	7.416	7.367	7.386	7.399
		Insg.	39.144	39.316	39.096	38.726	38.880	38.851	39.097	39.768	40.289	40.151	40.251	40.321
	Sozialversicherungspfl. Besch.	Insg.	27.882	27.901	27.629	27.007	26.561	26.236	26.365	26.942	27.476	27.344	27.444	27.514
	(Vorjahresveränd. in 1.000)	Insg.	+387	+19	−272	−622	−446	−325	+129	+577	+534	−132	−32	+38
	(Vorjahresveränd. in %)	Insg.	+1,4	+0,1	−1,0	−2,3	−1,7	−1,2	+0,5	+2,2	+2,0	−0,5	−0,1	+0,1
B. Das Angebot an Arbeitskräften														
Erwerbspersonenpotenzial[2]	Jahresdurchschnitte in 1.000	West	34.757	35.014	35.143	35.289	35.405	35.556	35.592	35.623	35.656	35.645	35.645	35.645
		Ost	9.424	9.284	9.191	9.109	9.033	8.985	8.916	8.833	8.724	8.604	8.604	8.604
		Insg.	44.181	44.298	44.334	44.397	44.438	44.540	44.508	44.456	44.380	44.250	44.250	44.250
	Veränderung gegenüber dem Vorjahr in 1.000	West	+257	+257	+129	+146	+116	+151	+36	+31	+33	−11	−11	−11
		Ost	−103	−140	−92	−83	−76	−48	−68	−83	−110	−119	−119	−119
		Insg.	+154	+117	+37	+63	+40	+103	−33	−52	−76	−130	−130	−130
	davon: Demografie	West	−198	−177	−140	−126	−147	−120	−88	−81	−81	−113	−113	−113
		Ost	−56	−58	−41	−31	−42	−27	−16	−32	−47	−64	−64	−64
		Insg.	−254	−235	−181	−157	−189	−147	−104	−113	−128	−177	−177	−177
	Verhaltenskomponente	West	+311	+211	+140	+179	+203	+218	+99	+68	+62	+64	+64	+64
		Ost	+28	−17	−26	−39	−24	−14	−29	−22	−29	−21	−21	−21
		Insg.	+338	+194	+115	+141	+179	+203	+69	+46	+33	+43	+43	+43
	Wanderungseffekte und Veränderung des Pendlersaldos	West	+144	+223	+129	+92	+61	+53	+25	+44	+53	+39	+39	+39
		Ost	−75	−65	−26	−13	−10	−7	−23	−29	−34	−34	−34	−34
		Insg.	+70	+158	+103	+79	+51	+46	+2	+15	+19	+5	+5	+5

Der deutsche Arbeitsmarkt – Entwicklungen und Perspektiven

			2000	2001	2002	2003	2004	2005	2006	2007	2008	2009		
											Prog	Var I	Var II	Var III
C. Die Arbeitsmarktbilanz														
Arbeitslose	Jahresdurchschnitte in 1.000	West	2.381	2.321	2.498	2.753	2.781	3.247	3.007	2.486	2.138	2.274	2.194	2.134
		Ost	1.509	1.532	1.563	1.624	1.600	1.614	1.480	1.290	1.122	1.115	1.098	1.086
		Insg.	3.890	3.853	4.061	4.377	4.381	4.861	4.487	3.776	3.260	3.389	3.293	3.220
	Veränderung gegenüber dem Vorjahr in 1.000	West	−223	−60	+177	+255	+28	+466	−240	−521	−348	+136	+57	−4
		Ost	+13	+23	+31	+61	−24	+14	−134	−190	−168	−7	−24	−36
		Insg.	−210	−37	+208	+316	+4	+480	−374	−711	−516	+129	+33	−40
	Arbeitslosenquoten (in % aller zivilen Erwerbspersonen)	West	7,6	7,2	7,6	8,4	8,5	9,9	9,1	7,5	6,5	6,9	6,6	6,5
		Ost	17,1	17,3	17,7	18,5	18,4	18,7	17,3	15,1	13,3	13,3	13,1	13,0
		Insg.	9,6	9,4	9,8	10,5	10,5	11,7	10,8	9,0	7,8	8,1	7,9	7,7
Stille Reserve	Jahresdurchschnitte in 1.000	West	929	968	1.040	1.246	1.283	942	1.007	965	863	820	810	808
		Ost	599	556	565	538	494	457	444	393	352	288	284	281
		Insg.	1.528	1.523	1.605	1.783	1.777	1.398	1.451	1.358	1.216	1.108	1.094	1.088
	Veränderung gegenüber dem Vorjahr in 1.000	West	−277	+38	+72	+206	+37	−341	+65	−42	−102	−44	−53	−56
		Ost	−69	−43	+9	−27	−44	−37	−13	−51	−40	−64	−69	−72
		Insg.	−345	−4	+81	+179	−7	−378	+53	−93	−142	−108	−122	−128
	davon: Stille Reserve im engeren Sinn	West	529	542	558	753	732	475	487	431	402	499	489	487
		Ost	302	250	249	249	203	237	196	143	132	135	131	128
		Insg.	831	791	807	1.001	935	711	683	574	534	634	620	615
	Veränderung gegenüber dem Vorjahr in 1.000	West	−270	+12	+16	+195	−21	−257	+12	−56	−29	+97	+87	+85
		Ost	−59	−52	−1	−0	−46	+34	−41	−53	−10	+3	−2	−5
		Insg.	−328	−39	+15	+195	−67	−223	−28	−109	−39	+100	+86	+80
	Stille Reserve in Maßnahmen	West	400	426	482	493	551	467	520	534	461	321	321	321
		Ost	297	306	316	289	291	220	248	250	220	153	153	153
		Insg.	697	732	798	782	842	687	768	784	681	474	474	474
	Veränderung gegenüber dem Vorjahr in 1.000	West	−7	+26	+56	+11	+58	−84	+53	+14	−73	−140	−140	−140
		Ost	−10	+9	+10	−27	+2	−71	+28	+2	−30	−67	−67	−67
		Insg.	−17	+35	+66	−16	+60	−155	+81	+16	−103	−208	−208	−208

1) Einschließlich Arbeitslose mit Nebenjob (weniger als 15 Stunden in der Woche). Diese Gruppe ist – wie auch die sozialen Arbeitsgelegenheiten – in den geringfügig Beschäftigten enthalten.   2) Um Doppelzählungen zu vermeiden, werden Arbeitslose mit Nebenjob nur einmal berücksichtigt.

Quelle: Statistisches Bundesamt; Bundesagentur für Arbeit; Berechnungen des IAB.

3.3 Die Perspektiven 2009

Im Jahr 2009 wird sich die konjunkturelle Entwicklung deutlich abschwächen. Seit längerem zeichnet sich ab, dass die Dynamik des weltwirtschaftlichen Umfelds nachlassen und die Investitionsneigung zurückgehen wird. Zwar entspannt sich derzeit die Belastung der Exporte durch den hohen Euro-Dollar-Wechselkurs sowie der Unternehmen und Haushalte durch die hohen Energiepreise etwas. Doch die Zuspitzung der Finanz- und Immobilienkrise ergänzt und verschärft die Risiken. Ihre Auswirkungen erreichen die deutsche Volkswirtschaft zum einen über den internationalen Konjunkturverbund und zum anderen über die binnenwirtschaftliche Zurückhaltung infolge der Unsicherheit.

Die Arbeitsmarktprojektion des IAB für 2009 basiert auf der Annahme, dass das reale Bruttoinlandsprodukt in Deutschland stagnieren wird (Null-Wachstum). Darüber hinaus werden zwei Alternativszenarien mit +½ % und −½ % Wirtschaftswachstum berechnet, um Unsicherheiten der künftigen Entwicklung zu berücksichtigen. Im Folgenden beschreiben wir die erwarteten Entwicklungen auf dem Arbeitsmarkt, wenn die Wirtschaft 2009 stagniert. Die Hauptergebnisse der Alternativrechnungen werden im Anschluss kurz erläutert.

3.3.1 Rückgang der Erwerbstätigkeit

Der Aufschwung am Arbeitsmarkt klingt Ende 2008 aus. Im Verlauf des Jahres 2009 sinkt die Erwerbstätigkeit deutlich. Der jahresdurchschnittliche Rückgang gegenüber 2008 ist dennoch relativ gering. Das ist vor allem auf den statistischen Überhang zum Jahresende 2008 zurückzuführen (Abbildung A14). Im Jahresdurchschnitt 2009 wird die Erwerbstätigkeit um 40.000 Personen (−0,1 %) auf 40,25 Mio. sinken. Im etwa gleichen Maße nimmt die sozialversicherungspflichtige Beschäftigung ab. Sie erreicht einen Jahresdurchschnitt von 27,44 Mio. Personen. Die Zahl der Selbstständigen und Mithelfenden verändert sich im Jahr 2009 kaum und beträgt 4,45 Mio. Die geförderte Selbstständigkeit dürfte leicht zurückgehen. Bei der geringfügigen Beschäftigung ist 2009 mit keinen wesentlichen Veränderungen zu rechnen (5,65 Mio. Personen). Auch die Zahl der Personen in sozialen Arbeitsgelegenheiten mit Mehraufwandsentschädigung (Ein-Euro-Jobs) bleibt mit etwa 290.000 unverändert. Für arbeitsmarktpolitische Maßnahmen wird im Allgemeinen unterstellt, dass sie wie im Jahr 2008 fortgeführt werden.

Die durchschnittliche Jahresarbeitszeit wird voraussichtlich um 0,5 % sinken, denn die Kurzarbeit nimmt zu, es werden weniger Überstunden geleistet, und der Saldo der Arbeitszeitkonten sinkt, weil in der Summe Guthaben abgeschmolzen werden. Bei kürzerer Arbeitszeit und geringerer Erwerbstätigkeit nimmt das Arbeitsvolumen um 0,6 % ab. Die Stundenproduktivität steigt um 0,6 %.

3.3.2 Das Arbeitskräfteangebot sinkt

Das Erwerbspersonenpotenzial sinkt 2009 um etwa 130.000 Personen und damit kräftiger als in den Vorjahren. Maßgeblich dafür ist wie bisher der demografisch bedingte Rückgang der Bevölkerung im erwerbsfähigen Alter. Die zunehmende Erwerbsbeteiligung und ein knapp positiver Wanderungssaldo erhöhen zwar das Potenzial, doch sie gleichen den demografischen Effekt bei Weitem nicht aus. Bisher ging das Arbeitsangebot nur in Ostdeutschland zurück. Im Jahr 2009 schrumpft es sowohl in Ost- als auch in Westdeutschland (−120.000 bzw. −10.000 Personen).

3.3.3 Negative Arbeitsmarktbilanz für 2009

Die beschriebene Konstellation von Angebot und Nachfrage auf dem Arbeitsmarkt führt nach drei Jahren mit sinkender Arbeitslosigkeit zu einer wieder leicht steigenden Arbeitslosigkeit. Bei unterstelltem Null-Wachstum wird die Zahl der registrierten Arbeitslosen im Jahresdurchschnitt 2009 um 30.000 auf 3,29 Mio. Personen steigen. Die Arbeitslosenquote wird dann bei 7,9 % liegen.

Dass die Zunahme nicht kräftiger ausfällt, liegt vor allem an der günstigen Ausgangssituation zum Jahresende 2008 („statistischer Unterhang", Ab-

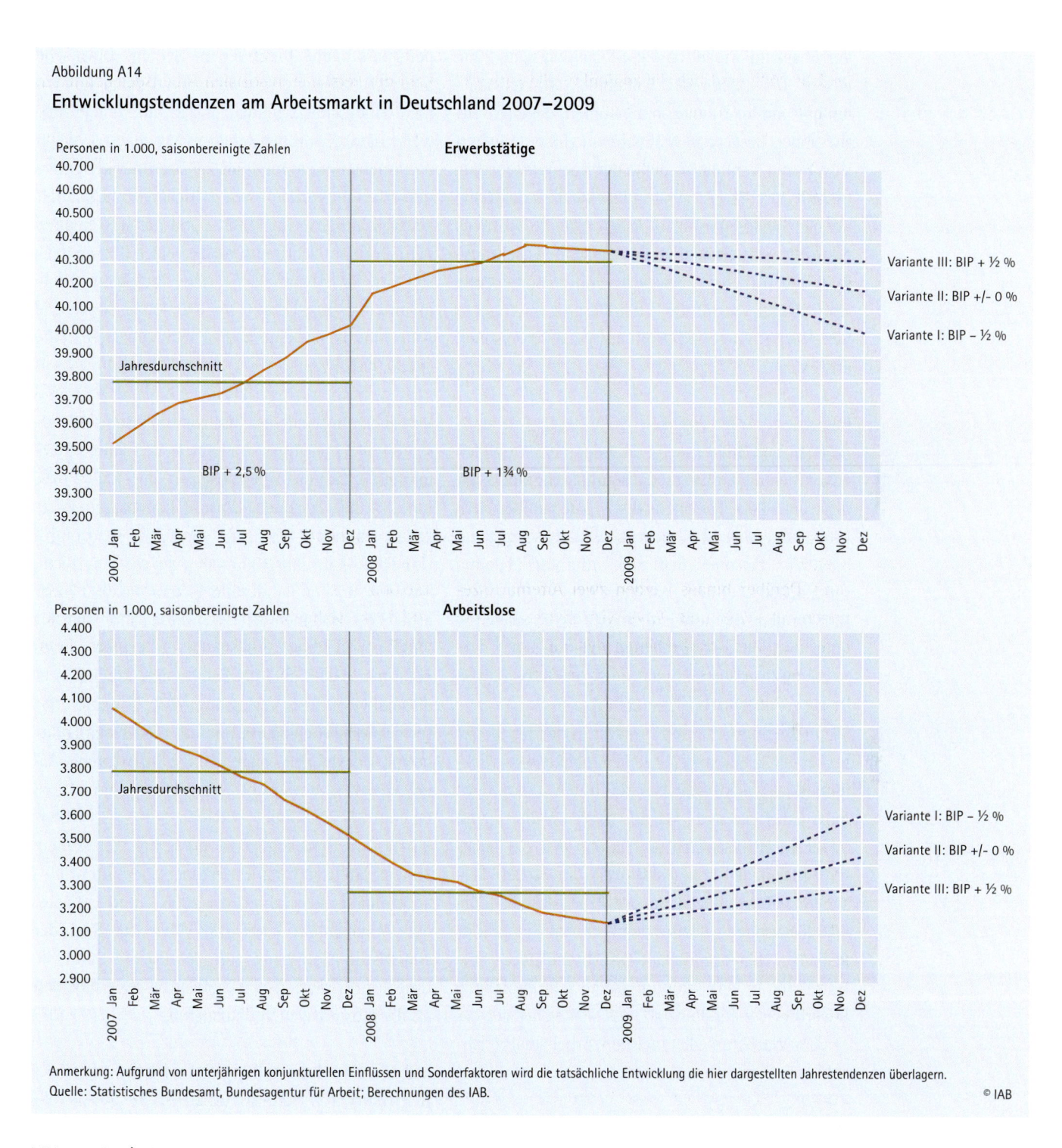

Der deutsche Arbeitsmarkt – Entwicklungen und Perspektiven

Abbildung A14
Entwicklungstendenzen am Arbeitsmarkt in Deutschland 2007–2009

Anmerkung: Aufgrund von unterjährigen konjunkturellen Einflüssen und Sonderfaktoren wird die tatsächliche Entwicklung die hier dargestellten Jahrestendenzen überlagern.
Quelle: Statistisches Bundesamt, Bundesagentur für Arbeit; Berechnungen des IAB. © IAB

bildung A14). Im Jahresverlauf 2009 werden die monatlichen saisonbereinigten Arbeitslosenzahlen deutlich steigen. Ginge das Erwerbspersonenpotenzial nicht zurück, dann wäre der Anstieg noch größer.

Die Stille Reserve insgesamt sinkt, wobei sich ihre Komponenten unterschiedlich entwickeln. Die Stille Reserve in Maßnahmen nimmt um 210.000 Personen auf 470.000 Personen ab. Insbesondere befinden sich weniger ältere Personen in der sog. 58er-Regelung (§§ 428 SGB III und 65 Abs. 4 SGB II), die dem

Vorruhestand ähnelt, da diese Regelung Ende 2007 auslief. Die Zahlen der Teilnehmer an Weiterbildungs- und an Trainingsmaßnahmen, die ebenfalls zur Stillen Reserve in Maßnahmen zählen, dürften sich wenig verändern, denn der Fachkräftebedarf besteht fort. Es ist hier unterstellt, dass das Budget der Bundesagentur für Arbeit trotz des Anstiegs der Arbeitslosigkeit und des sinkenden Beitragssatzes zur Arbeitslosenversicherung entsprechende Fördermittel vorhält. Die Stille Reserve im engeren Sinn dürfte um etwa 90.000 auf 620.000 Personen ansteigen.

Registrierte Arbeitslosigkeit, Stille Reserve in Maßnahmen und Stille Reserve im engeren Sinn bilden zusammen die Unterbeschäftigung. Per Saldo sinkt diese um 90.000 Personen oder 2 % gegenüber 2008 (Abbildung A13). Mit einem Jahresdurchschnitt von 4,39 Mio. Personen liegt die Unterbeschäftigung um 200.000 über dem Stand des Jahres 1991 – dem Jahr, in dem die bisher niedrigste Unterbeschäftigung im geeinten Deutschland erzielt wurde.

3.3.4 Alternative Szenarien

Die Projektionsvarianten I und III in der Tabelle A4 und in der Abbildung A14 zeigen mögliche Entwicklungen auf dem Arbeitsmarkt unter alternativen Rahmenbedingungen. In der oberen Variante mit ½ % Wirtschaftswachstum ergibt sich ein leichter Anstieg der Erwerbstätigkeit um 30.000 Personen und ein Rückgang der Arbeitslosigkeit um 40.000 Personen auf jahresdurchschnittlich 3,22 Mio. Personen. Hier bewirkt der statistische Über- bzw. Unterhang in Verbindung mit dem schrumpfenden Erwerbspersonenpotenzial, dass sich selbst bei geringem Wachstum die Lage am Arbeitsmarkt jahresdurchschnittlich verbessert.

Die pessimistische Variante unterstellt einen Rückgang des Wirtschaftswachstums um ½ %. Ein Rückgang der wirtschaftlichen Aktivität wurde bisher lediglich in einem Risikoszenario der Gemeinschaftsdiagnose berechnet. Die daraus resultierende Entwicklung am Arbeitsmarkt kann hier nur im Rahmen der bekannten Zusammenhänge der Arbeitsmarktbilanz beschrieben werden. Drastische Strukturbrüche im Verhalten der Akteure können nicht eingeschätzt werden. Es gibt nur wenige Hinweise darauf, wie der Arbeitsmarkt reagiert, wenn das Wachstum um mehr als 2 Prozentpunkte geringer ist als im Vorjahr – wie zwischen 2008 und der unteren Variante für 2009 – und dadurch negativ wird. Bei einer Schrumpfung des realen BIP um ½ % sinkt die Erwerbstätigkeit unserer Projektion zufolge im Jahresdurchschnitt um 140.000 Personen. Die Arbeitslosigkeit steigt in fast dem gleichen Maße (+130.000).

Verglichen mit anderen Abschwungphasen sind diese Verschlechterungen moderat. In den Jahren 2002 und 2003 stieg die Arbeitslosigkeit um 210.000 bzw. um 320.000 Personen, obwohl damals die Wirtschaft stagnierte bzw. „nur" um 0,2 % schrumpfte (Tabelle A4). Im Jahr 1993 nahm die wirtschaftliche Aktivität um 0,8 % ab, und es gab 440.000 mehr arbeitslose Personen als 1992. Diese Jahre sind mit 2009 nur bedingt vergleichbar. So deutet einiges darauf hin, dass der Abschwung den Arbeitsmarkt diesmal in besserer Verfassung trifft: Nach den Reformen am Arbeitsmarkt und der moderaten Lohnpolitik der letzten Jahre ist die strukturelle Arbeitslosigkeit gesunken. Nicht rein konjunkturell bedingte Einstellungen während des Aufschwungs dürften die Schwächephase glimpflich überstehen. Zudem sinkt jetzt das Erwerbspersonenpotenzial – anders als in den Jahren vor 2006 – und entlastet den Arbeitsmarkt kurzfristig. Allerdings lässt der statistische Unterhang zum Jahresende 2008 die Lage auf dem Arbeitsmarkt etwas besser erscheinen als die prospektiven Verlaufsdaten.

3.3.5 Die Arbeitslosigkeit in den Rechtskreisen SGB III und SGB II

Die Arbeitslosigkeit im Rechtskreis des SGB III ist unmittelbar von der konjunkturellen Schwäche betroffen. Je weniger Einstellungen bzw. je mehr Entlassungen es gibt, desto schwieriger ist der weitere Abbau der Arbeitslosigkeit. Für 2009 wird im Rechtskreis SGB III nur noch mit einem Rückgang der Arbeitslosenzahl um 10.000 Personen auf jahresdurch-

Tabelle A5

Arbeitslose in den Rechtskreisen SGB III und SGB II

				2005	2006	2007	2008	2009		
							Prog	Var I	Var II	Var III
Insgesamt		Jahresdurchschnitte in 1.000	West	3.247	3.007	2.486	2.138	2.274	2.194	2.134
			Ost	1.614	1.480	1.290	1.122	1.115	1.098	1.086
			Insg.	4.861	4.487	3.776	3.260	3.389	3.293	3.220
		Veränderung gegenüber dem Vorjahr in 1.000	West	+466	-240	-521	-348	+136	+57	-4
			Ost	+14	-134	-190	-168	-7	-24	-36
			Insg.	+480	-374	-711	-516	+129	+33	-40
		Arbeitslosenquoten (in % aller zivilen Erwerbspersonen)	West	9,9	9,1	7,5	6,5	6,9	6,6	6,5
			Ost	18,7	17,3	15,1	13,3	13,3	13,1	13,0
			Insg.	11,7	10,8	9,0	7,8	8,1	7,9	7,7
davon	SGB III	Jahresdurchschnitte in 1.000	West	1.442	1.159	861	673	755	686	654
			Ost	649	505	392	324	321	302	290
			Insg.	2.091	1.664	1.253	997	1.076	987	944
		Veränderung gegenüber dem Vorjahr in 1.000	West		-283	-298	-188	+82	+13	-19
			Ost		-144	-113	-68	-3	-22	-34
			Insg.		-427	-411	-256	+80	-9	-53
	SGB II	Jahresdurchschnitte in 1.000	West	1.805	1.848	1.625	1.465	1.519	1.508	1.480
			Ost	965	975	898	799	794	797	796
			Insg.	2.770	2.823	2.523	2.263	2.313	2.305	2.276
		Veränderung gegenüber dem Vorjahr in 1.000	West		+43	-223	-160	+54	+44	+15
			Ost		+10	-77	-99	-4	-2	-2
			Insg.		+53	-300	-260	+50	+42	+13
		Anteil SGB II in %	West	55,6	61,5	65,4	68,5	66,8	68,7	69,3
			Ost	59,8	65,9	69,6	71,1	71,2	72,5	73,3
			Insg.	57,0	62,9	66,8	69,4	68,2	70,0	70,7
		Veränderung gegenüber dem Vorjahr in %-Punkten	West		+5,9	+3,9	+3,2	-1,7	+0,2	+0,8
			Ost		+6,1	+3,7	+1,5	+0,1	+1,4	+2,2
			Insg.		+5,9	+3,9	+2,6	-1,2	+0,6	+1,3

Quelle: Bundesagentur für Arbeit; Berechnungen des IAB.

schnittlich 990.000 gerechnet (Tabelle A5). Zudem steigt für diese Personen die Wahrscheinlichkeit, arbeitslos zu bleiben und aus dem Versicherungsbereich (SGB III) in den Bereich der Grundsicherung des SGB II zu wechseln. Aufgrund von mehr Zugängen und weniger Abgängen wird die Arbeitslosigkeit im Rechtskreis SGB II nicht mehr sinken, sondern im Jahresdurchschnitt 2009 um rund 40.000 auf 2,31 Mio. ansteigen.

Als das System der Grundsicherung im Jahr 2005 organisiert wurde und Arbeitslosen- und Sozialhilfe zusammengelegt wurden, betreuten die verantwortlichen Arbeitsgemeinschaften, getrennten Trägerschaften oder zugelassenen kommunalen Träger 57,0 % aller registrierten Arbeitslosen. Im Jahr 2009 wird dieser Anteil bei 70,0 % liegen. Er ist auch deshalb gestiegen, weil die Bestandszahlen im SGB-III-Bereich kräftiger gesunken sind als im SGB-II-Bereich. Aufgrund der Personenstruktur in den Rechtskreisen und der unterschiedlichen Anbindung an den ersten Arbeitsmarkt war dies zu erwarten.

In der unteren Variante, bei einem Rückgang des realen BIP um ½ %, steigt die Arbeitslosigkeit im Rechtskreis SGB III kräftig (+80.000). Es ist hier unterstellt, dass mit zunehmender Wachstumsschwäche auch Personen entlassen werden müssen, die die Unternehmen gern über eine Schwächephase hinweg gehalten hätten, zum Beispiel weil die Neu- oder Wiedereinstellung teuer und schwierig ist. (Dies gilt besonders für Teilarbeitsmärkte mit Fachkräfteengpässen.) Die Personen, die ihren Arbeitsplatz verlieren, werden in der Regel zuerst im Versicherungssystem des SGB III betreut.

3.3.6 Der Arbeitsmarkt in Ost- und Westdeutschland

Den Volkswirtschaftlichen Gesamtrechnungen der Länder zufolge konnte die ostdeutsche Wirtschaft nicht im gleichen Maße vom wirtschaftlichen Aufschwung profitieren bzw. zum Aufschwung beitragen wie der Westen. Reales BIP und Produktion wuchsen seit 2004 im Osten schwächer als im Westen. Im Jahr 2008 wird diese Diskrepanz weiter bestehen. Ursächlich dafür ist die schwache Binnenkonjunktur im Osten: Wegen der geringen Kaufkraft entwickeln sich Handel und Dienstleistungen und zusätzlich der öffentliche Sektor wenig dynamisch. Hingegen floriert das Verarbeitende Gewerbe und damit die Exportwirtschaft (vgl. IWH 2008).

Immerhin verbesserte sich im Verlauf der Jahre 2006 und 2007 auch die Situation auf dem ostdeutschen Arbeitsmarkt. In den davorliegenden Aufschwungjahren 1999/2000 wurde hingegen noch per Saldo Beschäftigung abgebaut, und es baute sich Arbeitslosigkeit auf. Neben der Konjunktur und den Reformen des Arbeitsmarktes hat in jüngerer Zeit auch die kräftige Abnahme des Arbeitsangebots zum Rückgang der Arbeitslosenzahlen beigetragen.

Für den Jahresdurchschnitt 2008 wird im Osten mit einem Zuwachs der Erwerbstätigkeit um 70.000 Personen oder 1,0 % gerechnet (Tabelle A4). In den alten Bundesländern steigt die Erwerbstätigkeit um 450.000 Personen oder 1,4 % kräftiger. Das Arbeitsangebot schrumpft im Osten um 110.000 Personen, wohingegen es im Westen noch um 30.000 zunimmt. Für die Arbeitsmarktbilanz resultiert aus diesen Entwicklungen in Ost und West noch einmal eine deutliche Verbesserung. Obwohl das ostdeutsche Erwerbspersonenpotenzial kräftig schrumpft, sinkt die Arbeitslosigkeit im Osten „nur" um 13,0 % auf 1,12 Mio. Personen, während sie im Westen um 14,0 % auf 2,14 Mio. Personen abnimmt.

Für das Jahr 2009 unterstellen wir, dass die Wachstumsschwäche des realen BIP beide Landesteile betrifft. Unter dieser Annahme wird der Osten von der allgemeinen Abschwächung der Beschäftigungsdynamik stärker betroffen sein. Während die Erwerbstätigkeit im Westen um knapp 10.000 Personen sinkt, wird sie im Osten deutlich zurückgehen (–30.000).

Das Arbeitsangebot in Ostdeutschland nimmt auch 2009 weiter ab (–120.000 Personen). Im Westen wird sich das Erwerbspersonenpotenzial erstmals verringern (–10.000 Personen), denn auch hier wird die demografische Entwicklung nicht mehr durch eine Zunahme der Erwerbsneigung oder durch Wanderungen und Pendlerströme kompensiert.

Besonders im Osten wird die Rolle des stärker schrumpfenden Erwerbspersonenpotenzials für den Abbau der Arbeitslosigkeit bedeutsamer. Die Arbeitslosigkeit sinkt dort um 20.000 Personen, während die Arbeitslosigkeit in Westdeutschland um rund 60.000 Personen steigt. Die Arbeitslosenquote in Ostdeutschland ist allerdings mit 13,1 % nach wie vor doppelt so hoch wie in Westdeutschland mit 6,6 %.

3.4 Fazit

Die Entwicklung der Konjunktur und des Arbeitsmarktes im Jahr 2008 schließt relativ nahtlos an die vorherigen Jahre an: Der Aufschwung setzt sich fort und verbessert die Situation auf dem Arbeitsmarkt im Jahresdurchschnitt nochmals kräftig.

Für das Jahr 2009 wird allerdings mit einer deutlich schwächeren Wirtschaftsentwicklung gerechnet. Die Finanz- und Immobilienkrise hat sich seit Mitte September 2008 erheblich verschärft. Wenngleich die Rahmenbedingungen in Deutschland vergleichsweise günstig sind, wird auch die deutsche Wirtschaft in Bedrängnis geraten. Dafür sprechen mehrere Gründe. Erstens ist Deutschlands Exportwirtschaft eng in den internationalen Handel eingebunden, der deutlich nachlässt. Zweitens sind auch deutsche Banken in die Krise involviert. Und drittens dämpft die zunehmende Unsicherheit die binnenwirtschaftliche Neigung, zu investieren und zu konsumieren.

Die Abschwächung der wirtschaftlichen Aktivität bringt auch für den Arbeitsmarkt schwierigere Zeiten. Bei unterstelltem Null-Wachstum wird die Erwerbstätigkeit erstmals seit drei Jahren wieder sinken, Arbeitslosigkeit baut sich auf. Eine dramatische Verschlechterung der Situation auf dem Arbeitsmarkt ist allerdings selbst bei stagnierender oder leicht schrumpfender Wirtschaft erst einmal nicht zu erwarten. Doch nicht nur vom Ausmaß, sondern auch von der Dauer des Abschwungs hängt es ab, wie einschneidend die Wirkungen sein werden. Zurzeit scheint der Arbeitsmarkt krisenfester zu sein als vor 2005. Dafür spricht der Rückgang der strukturellen Arbeitslosigkeit, der sich in einem besonders kräftigen, vermutlich nicht rein konjunkturell bedingten Beschäftigungsaufbau im Aufschwung ausgedrückt hat. Zudem dürften die Maßnahmen zur Flexibilisierung des Arbeitsmarktes und das „Fördern und Fordern" bei Arbeitslosigkeit die Krisenbewältigung erleichtern – im Abschwung entstandene Arbeitslosigkeit dürfte sich deshalb nicht mehr in dem Maß verfestigen wie früher. Eine immer wichtigere Rolle spielt für die kurzfristige Arbeitsmarktentwicklung auch, dass das Erwerbspersonenpotenzial kräftiger abnimmt als bisher. Zu beachten ist generell, dass der Vergleich der Jahresdurchschnitte wegen statistischer Über- bzw. Unterhänge zum Jahresende 2008 das relativ gute Bild überzeichnet.

Die Unsicherheiten für die Wirtschaft sind derzeit groß. Dies überträgt sich auf die Prognosen der wirtschaftlichen Entwicklung und des Arbeitsmarktes. Sollten sich die krisenhaften Erscheinungen weiter ausweiten und vertiefen und nicht durch die staatlichen Hilfsprogramme begrenzt werden können, sind die Folgen derzeit kaum quantifizierbar. Ein solches Szenario wird jedoch im Allgemeinen nicht für wahrscheinlich gehalten. Unklar ist allerdings auch, wie die angekündigte Senkung des Beitragssatzes zur Arbeitslosenversicherung wirkt. Damit wird zwar zum einen sichergestellt, dass die Lohnnebenkosten insgesamt kaum steigen werden. Die Leistungsfähigkeit der Bundesagentur für Arbeit muss aber gerade in einer wirtschaftlichen Schwächephase gewährleistet sein. Sollte sich die Lage am Arbeitsmarkt verschärfen und eine Erhöhung des Beitragssatzes nötig sein, würde dies den Arbeitsmarkt zusätzlich belasten.

Auf der Projektion der kurzfristigen Arbeitsmarktentwicklung für Deutschland setzt die Prognose der Entwicklung von sozialversicherungspflichtiger Beschäftigung und Arbeitslosigkeit nach Arbeitsagenturbezirken auf. Die Vorgehensweisen bei beiden Prognosen sind im Abschnitt 6 erläutert.

4 Längerfristige Perspektiven

Die im ersten IAB-Handbuch von 2005 aufgezeigten längerfristigen Entwicklungslinien des deutschen Arbeitsmarktes gelten auch drei Jahre später weitgehend uneingeschränkt. Dennoch hat sich in der Zwischenzeit einiges getan. So konnte – wie in der letzten Ausgabe angekündigt – Ende des Jahres 2005 eine quantifizierte Arbeitsmarktbilanz vorgelegt werden (Schnur/Zika 2005). Ende des vergangenen Jahres wurde eine neue Arbeitskräftebedarfsprojektion erstellt (Schnur/Zika 2007), die auch den derzeit beobachtbaren Wandel der Erwerbsformen – wie die zunehmende Bedeutung der Teilzeitarbeit, der Mini- und Midijobs – berücksichtigt. Der folgende Abschnitt fasst die neuen Ergebnisse zusammen und knüpft dabei an die frühere Darstellung an.

4.1 Arbeitskräfteangebot

Die Entwicklung des künftigen Arbeitskräfteangebots wird vor allem durch die bekannten demografischen Trends bestimmt. Mit abnehmender Bevölkerungszahl wird die Zahl der erwerbsfähigen Menschen sinken. Zeitweilig nimmt die Erwerbsbevölkerung sogar stärker ab als die Bevölkerung insgesamt. Darüber hinaus führt eine alternde Bevölkerung zu einem höheren Altersdurchschnitt bei den Arbeitskräften.

Die Demografie gibt eine klare Richtung für die künftige Entwicklung des Erwerbspersonenpotenzials vor. Derzeit sind (noch) sehr viele Menschen im erwerbsfähigen Alter, aber die nachfolgenden Altersjahrgänge sind zahlenmäßig schwächer besetzt. Bei unveränderter Geburtenentwicklung werden langfristig deutlich weniger Menschen im erwerbsfähigen Alter sein als heute. So lebten in Deutschland zum Jahresende 2005 exakt 685.987 Kinder im Babyalter (unter einem Jahr), dagegen 1.397.128 43-Jährige (1962 geboren) – eine Relation von etwa 1:2. Wenn man von Sterbefällen und Zuwanderung absieht, wird sich in 43 Jahren, also im Jahr 2050, die Zahl der dann 43-Jährigen halbiert haben.

Die demografische Entwicklung wirkt sich direkt über die Bevölkerungszahl und indirekt über die Bevölkerungsstruktur auf das in Personen gemessene Erwerbspersonenpotenzial aus. Der indirekte Einfluss über die Bevölkerungsstruktur ergibt sich, weil z. B. Ältere aufgrund von (Früh-)Rente oder Vorruhestand seltener berufstätig sind. Damit wird die Alterung der Bevölkerung – unter der Annahme unveränderter Rahmenbedingungen – die abwärtsgerichtete Tendenz beim Arbeitskräfteangebot verstärken.

Das Geburtendefizit und die Alterung würden isoliert betrachtet zu einem dramatischen Rückgang des Erwerbspersonenpotenzials führen. Dieses läge im Jahr 2050 rund 18 Mio. Personen unter dem heutigen Wert. Für die gesamte Entwicklung der Bevölkerung und des Erwerbspersonenpotenzials spielt aber die Zuwanderung aus dem Ausland eine große Rolle. Auch für die Zukunft ist mit einer Netto-Zuwanderung aus dem Ausland zu rechnen. Allerdings ist die Höhe der künftigen Außenwanderung kaum prognostizierbar.

Anzunehmen ist, dass die Zuwanderung von Deutschen – d. h. Aussiedlern – nachlässt. Erste Auswirkungen sind in der Statistik sichtbar: Der Wanderungssaldo Deutscher mit dem Ausland ist seit 2005 negativ.[4]

Über die Zuwanderung von Ausländern kann man nur spekulieren. Leider liefert die bisherige Entwicklung nur wenige Anhaltspunkte über das künftig zu erwartende Wanderungsvolumen. Immerhin war der jährliche Wanderungssaldo von Ausländern über einen sehr langen Zeitraum hinweg meist positiv. Aus Daten des Statistischen Bundesamtes ergibt sich für den Zeitraum 1960–2006 ein durchschnittlicher Wanderungssaldo von jährlich 150.000 Auslän-

---

[4] Die jährlichen Zuzüge Deutscher aus dem Ausland sind im Übrigen seit dem Jahr 2000 stärker gesunken, als die Fortzüge ins Ausland gestiegen sind: 103.000 Zuzüge 2006 statt 192.000 im Jahr 2000; 155.000 Fortzüge 2006 statt 111.000 im Jahr 2000.

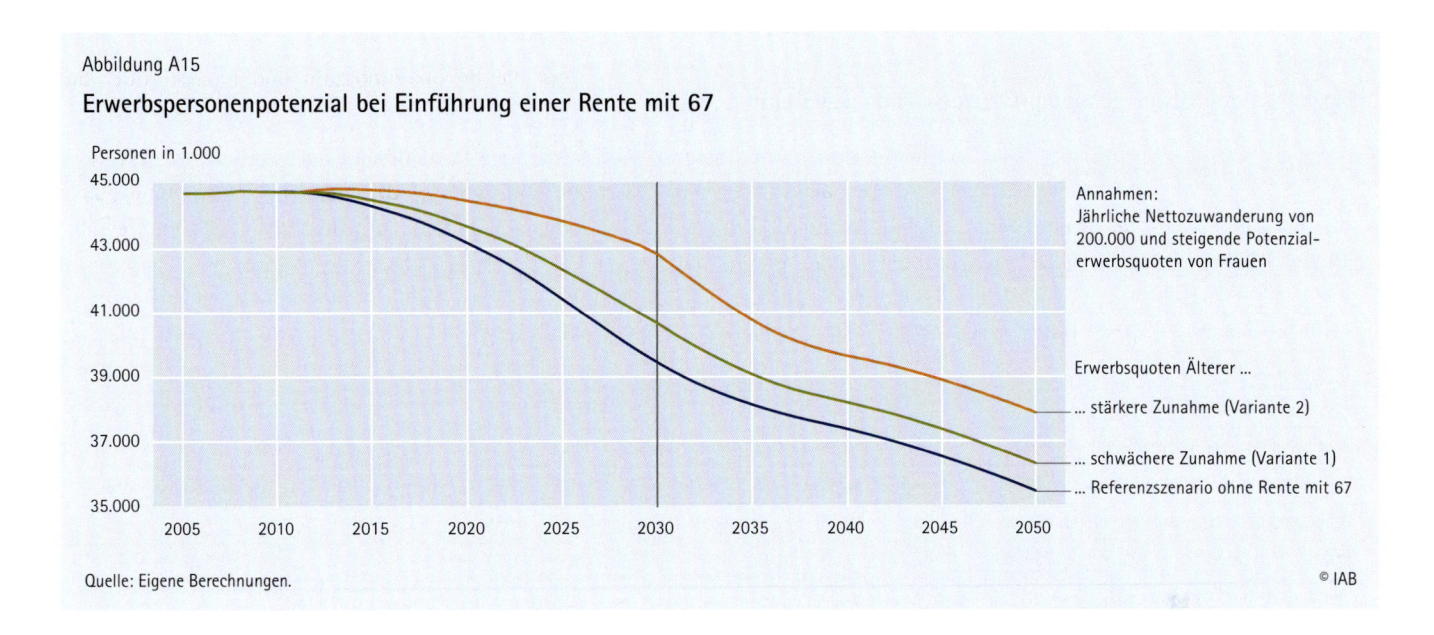

Abbildung A15

Erwerbspersonenpotenzial bei Einführung einer Rente mit 67

Personen in 1.000

Annahmen:
Jährliche Nettozuwanderung von 200.000 und steigende Potenzialerwerbsquoten von Frauen

Erwerbsquoten Älterer ...
... stärkere Zunahme (Variante 2)
... schwächere Zunahme (Variante 1)
... Referenzszenario ohne Rente mit 67

Quelle: Eigene Berechnungen. © IAB

dern, der sich zusammensetzt aus durchschnittlich 618.000 Zuzügen und 465.000 Fortzügen pro Jahr. Dabei unterliegen die jährlichen Wanderungsströme enormen Schwankungen. Eine realistische Größenordnung des künftigen jährlichen Wanderungssaldos dürfte zwischen 100.000 und 200.000 liegen.

Bei diesen Wanderungsannahmen überwiegt langfristig der Einfluss der natürlichen Bevölkerungsbewegung, also der Effekt des Geburtendefizits. Infolgedessen wird das Erwerbspersonenpotenzial deutlich sinken.

Der in der Vergangenheit beobachtete Anstieg des Erwerbspersonenpotenzials ist teilweise auf eine stark steigende Erwerbsbeteiligung deutscher Frauen zurückzuführen. Der Trend geht auch weiterhin in Richtung einer steigenden weiblichen Erwerbsbeteiligung. Allerdings stößt diese Entwicklung langsam an ihre Obergrenze. Schon heute liegt die Erwerbsquote der 30- bis 50-jährigen Frauen bei fast 90 %. Bis zum Jahr 2050 ist mit einem Anstieg um weitere 2 Prozentpunkte zu rechnen.

Für die Zukunft ist außerdem mit einer höheren Erwerbsbeteiligung Älterer zu rechnen, bedingt durch die Änderungen im Rentenrecht, insbesondere der sogenannten Rente mit 67, die ein vorzeitiges Ausscheiden aus dem Erwerbsleben erschweren.[5] Erste Schätzungen haben ergeben, dass die Rente mit 67 zu einem deutlichen Anstieg des Erwerbspersonenpotenzials führen wird (Fuchs 2006). Der Höhepunkt wird ungefähr im Jahr 2030 erreicht. Je nachdem, wie viele Menschen bereit bzw. nicht bereit sind, mit Abschlägen in Rente zu gehen, stehen dem Arbeitsmarkt dann zwischen 1,2 Mio. und gut 3 Mio. Erwerbspersonen zusätzlich zur Verfügung (vgl. Abbildung A15). Danach schwindet dieser Berg zusätzlicher Arbeitskräfte wieder, weil die ‚Babyboomer' das 67. Lebensjahr erreichen. Im Zeitraum 2040–2050 steigert deshalb die Rente mit 67 das Arbeitskräftepotenzial nur noch um 1 bis 2 Mio.

Insgesamt können die zu erwartende steigende Erwerbsbeteiligung von Frauen und älteren Menschen und die Zuwanderung, solange sie im erwarteten Rahmen bleibt, den demografisch bedingten Rück-

---

5   Ein starker Anstieg der Frauenerwerbsbeteiligung ist allerdings nur unter bestimmten Voraussetzungen wie der Vereinbarkeit von Beruf und Familie zu verwirklichen. Außerdem ist sowohl bei den Frauen als auch bei den Älteren eine nennenswerte Ausweitung des Erwerbspotenzials wohl nur mit einer deutlichen Steigerung der Teilzeitarbeitsverhältnisse realisierbar (nicht zuletzt, weil mehr als die Hälfte der Älteren Frauen sind).

Tabelle A6
Ergebnisse der Modellrechnung für Deutschland insgesamt

	2005	2006	2007	2010	2015	2020	2025	Durchschnittliche jährliche Wachstumsraten in %				
								2005/ 2010	2010/ 2015	2015/ 2020	2020/ 2025	2005/ 2025
Ausgewählte Arbeitsmarktgrößen												
Bevölkerung in Mio. Personen	82,44	82,30	82,19	81,88	81,11	80,06	78,77	−0,1	−0,2	−0,3	−0,3	−0,2
Erwerbspersonenpotenzial in Mio. Personen	44,68	44,68	44,70	44,72	44,46	43,63	42,30	0,0	−0,1	−0,4	−0,6	−0,3
Erwerbstätige in Mio. Personen	38,80	39,06	39,71	39,63	40,35	40,53	39,99	0,4	0,4	0,1	−0,3	0,2
Arbeitnehmer in Mio. Personen	34,46	34,67	35,24	35,15	35,75	35,84	35,26	0,4	0,3	0,0	−0,3	0,1
Arbeitsvolumen der Arbeitnehmer in Mio. Std.	46,74	46,81	47,62	47,83	48,27	48,93	49,00	0,5	0,2	0,3	0,0	0,2
Arbeitsproduktivität je Erwerbstätigen in Tsd. €[1]	54,89	56,05	56,62	58,71	63,16	67,39	72,65	1,4	1,5	1,3	1,5	1,4
Arbeitsproduktivität je Arbeitnehmerstunde in Tsd. €[2]	45,57	46,76	47,22	48,65	52,81	55,81	59,30	1,3	1,7	1,1	1,2	1,3
Bruttolohn je Stunde in jeweiligen Preisen in €	19,44	19,66	20,23	21,60	23,91	26,57	30,56	2,1	2,1	2,1	2,8	2,3
Wirtschaftliche Eckdaten												
BIP in Preisen von 2000 in Mrd. €	2.130	2.189	2.248	2.327	2.549	2.731	2.905	1,8	1,8	1,4	1,2	1,6
BIP in Preisen von 2000 pro Kopf in Tsd. €	25,83	26,60	27,36	28,42	31,43	34,11	36,88	1,9	2,0	1,7	1,6	1,8
BIP in jeweiligen Preisen in Mrd. €	2.246	2.316	2.413	2.587	2.929	3.323	3.814	2,9	2,5	2,6	2,8	2,7
Anteile in % (BIP in jeweiligen Preisen = 100 %)												
Privater Verbrauch	59,0	58,3	58,0	57,6	58,3	59,2	59,5					
Staatsverbrauch	18,7	18,4	18,0	17,2	15,8	14,7	13,5					
Bruttoanlageinvestitionen	17,2	17,6	18,0	18,5	18,8	19,7	20,6					
Export	40,7	45,0	47,2	50,6	55,1	59,9	67,5					
Import	35,5	39,3	41,1	43,8	48,0	53,4	61,1					
Verbraucherpreisindex (2000 = 100)	107,5	108,9	111,5	118,0	123,7	131,8	142,6	1,9	0,9	1,3	1,6	1,4
Neuverschuldungsquote[3]	−3,3	−1,9	−0,6	0,8	0,7	0,1	0,3					

1) Bruttoinlandsprodukt in Preisen von 2000 bezogen auf die Zahl der Erwerbstätigen.   2) Bruttoinlandsprodukt in Preisen von 2000 bezogen auf das Arbeitsvolumen der Arbeitnehmer.
3) Finanzierungssaldo des Staates bezogen auf das nominale Bruttoinlandsprodukt.

gang des Erwerbspersonenpotenzials nur bremsen, nicht aber völlig ausgleichen.

4.2 Arbeitskräftebedarf

Eine Quantifizierung der künftigen Zahl der Erwerbstätigen (Arbeitskräftebedarf) setzt, wegen der Vielzahl von Bestimmungsgrößen, die Verwendung eines modellbasierten Projektionssystems voraus. Die auf diese Weise erzielten Ergebnisse sind immer vor dem Hintergrund der Annahmen zu betrachten, die einer Projektion zugrunde liegen. So hängt die Entwicklung der Erwerbstätigen von einer Reihe nur schwer kalkulierbarer Entwicklungen ab, wie dem Ölpreis, den Währungsrelationen, dem Wachstum der Weltwirtschaft und den Rückwirkungen von Finanzmarktkrisen auf die reale Wirtschaft. Der hier vorgestellten Projektion liegen folgende zentrale Annahmen zugrunde:

- Für die Finanzpolitik wird der Status quo unterstellt, d. h., es werden keine zusätzlichen Ausgabenkürzungen bzw. Steuererhöhungen zur Konsolidierung der öffentlichen Haushalte beschlossen. Bei unverändertem Mehrwertsteuersatz erhöht sich zwar das Aufkommen dieser Steuer kräftig, die Staatsausgaben – so die Annahme – bleiben dennoch hinter der Entwicklung des gesamten Steueraufkommens zurück. Dies erlaubt eine Senkung der Einkommensteu-

ersätze. Die Projektion unterstellt eine Politik der Stärkung der indirekten Komponenten des Steuersystems.
- Der Mineralölpreis steigt von 70 Dollar je Barrel im Jahresdurchschnitt 2007 auf 115 Dollar je Barrel im Jahr 2025.[6]
- Die Bevölkerung in Deutschland wird bis 2025 trotz eines unterstellten positiven Wanderungssaldos von 200.000 pro Jahr um knapp 3,6 Mio. abnehmen (2005–2015: −1,3 Mio.). Für das Erwerbspersonenpotenzial ergibt sich bis 2015 eine leichte Abnahme um rund 200.000. Nach 2015 wird dieser Rückgang aber stärker, so dass 2025 das Erwerbspersonenpotenzial um insgesamt 2,4 Mio. niedriger ausfallen wird als heute.
- Die durchschnittlichen Jahresarbeitszeiten der Vollzeit- und Teilzeitbeschäftigten bleiben bis 2015 sektoral jeweils unverändert. Danach steigen sie jährlich um 0,5 %. Für die Teilzeitquoten wird unterstellt, dass sie von knapp 33 % im Jahr 2005 nur noch sehr moderat auf etwas über 36 % im Jahr 2025 steigen.[7]

Für die weltwirtschaftliche Entwicklung bis 2025 wird ein jährliches durchschnittliches Wachstum des globalen nominalen Bruttoinlandsprodukts von 5 % (1991–2005: 4,0 %) und von 6 % (1991–2005: 6,3 %) für den Welthandel prognostiziert. Die internationale Arbeitsteilung schreitet also weiter voran. Dieser Trend ist auch an der Entwicklung des deutschen Außenhandels ablesbar, der durch hohe Zuwachsraten sowohl bei den Exporten als auch bei den Importen gekennzeichnet ist (Tabelle A6).

Der Staatsverbrauch wird – so die Annahme – im gesamten Projektionszeitraum nur unterdurchschnittlich wachsen. Deshalb wird ab 2009 der Fi-

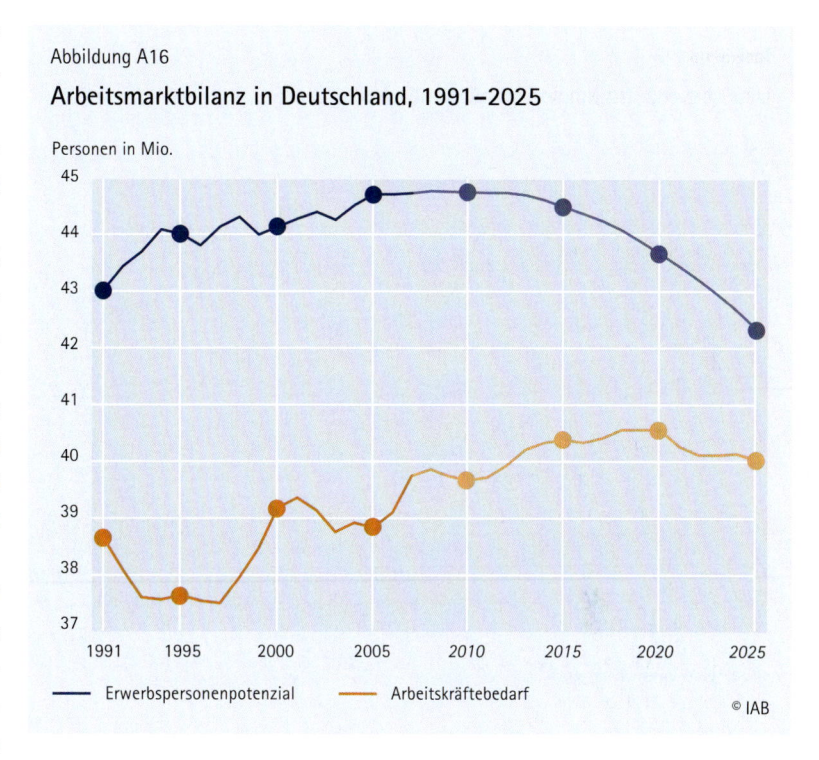

---

6 Dies entspricht beispielsweise auch der Einschätzung der BASF (2007).
7 Die Abschätzung der künftigen Arbeitszeitentwicklung ist nicht unproblematisch, weil zuletzt gegenläufige Tendenzen zu beobachten waren: einerseits eine extreme Ausweitung der Minijobs bzw. eine zunehmende sozialversicherungspflichtige Teilzeitbeschäftigung und andererseits Arbeitszeitverlängerungen.

Abbildung A16

Arbeitsmarktbilanz in Deutschland, 1991–2025

Personen in Mio.

— Erwerbspersonenpotenzial   — Arbeitskräftebedarf

© IAB

nanzierungssaldo des Staates über den gesamten Projektionszeitraum leicht positiv sein. Nach einer lang anhaltenden Schwächeperiode werden vor allem wieder die Investitionen und nach 2010 auch der private Verbrauch verstärkt zum Wirtschaftswachstum beitragen. Im langfristigen Durchschnitt wird das Bruttoinlandsprodukt in Deutschland nur moderat zunehmen (1,6 % p. a.). Auf die Bevölkerung bezogen entspricht dies einem durchschnittlichen jährlichen Pro-Kopf-Wachstum von 1,8 %.

Die Lohnsteigerungen bleiben insgesamt moderat und werden im Durchschnitt bis 2022 unter dem Anstieg der nominalen Arbeitsproduktivität liegen, so dass die realen Lohnstückkosten bis dahin weiter zurückgehen. Danach übersteigen die Lohnsteigerungen den Produktivitätsspielraum, nicht zuletzt wegen des sinkenden Arbeitsangebots und – damit verbunden – des zunehmenden Fachkräftemangels. Etwas zeitverzögert reagiert auch das gesamtwirtschaftliche Arbeitsvolumen auf die höheren Lohnsteigerungen. So wird es zwar noch bis über 2020 hinaus mit einer Rate von 0,2 bis 0,3 % wachsen, danach allerdings mit der nahezu gleichen Rate auch wieder sinken.

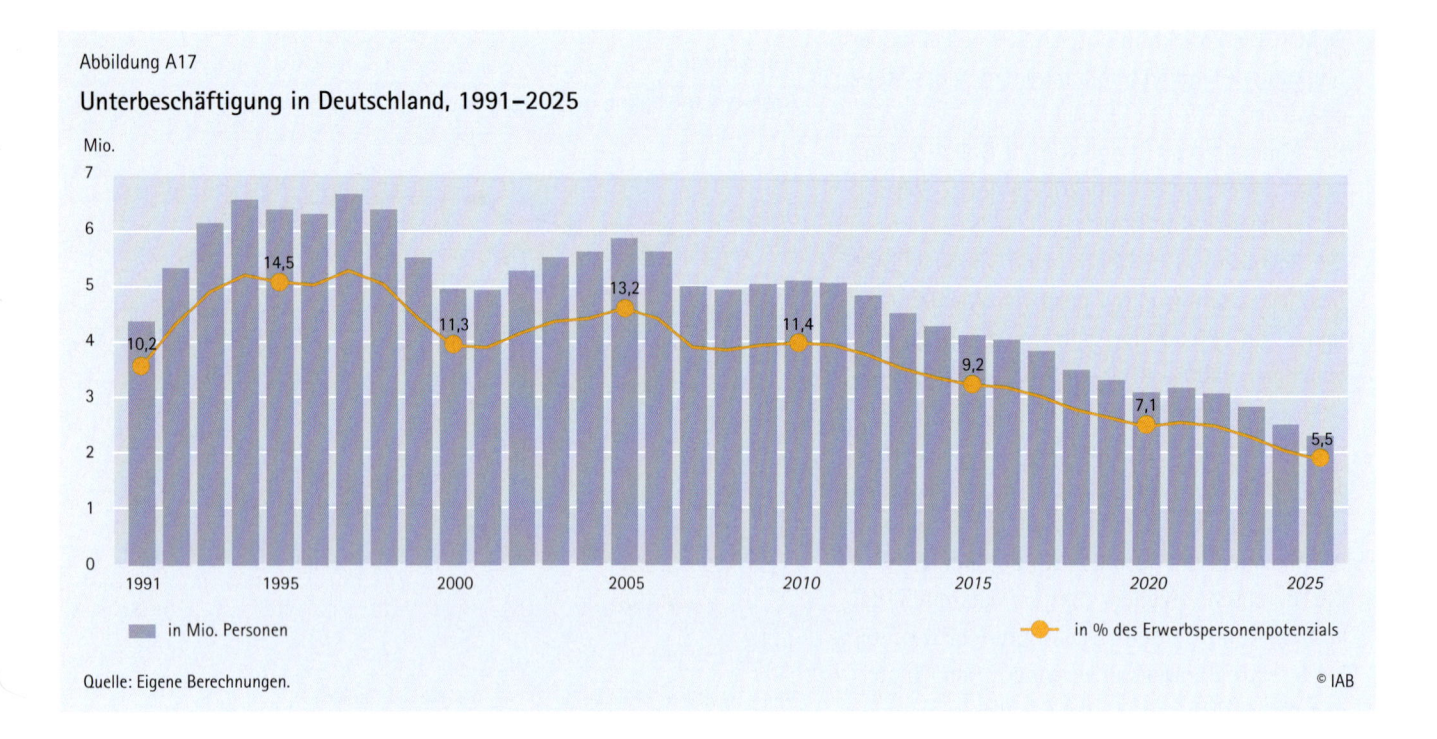

Abbildung A17

Unterbeschäftigung in Deutschland, 1991–2025

Mio.

■ in Mio. Personen   ● in % des Erwerbspersonenpotenzials

Quelle: Eigene Berechnungen.   © IAB

Gegenüber heute bleibt damit die Erwerbstätigenzahl bis 2010 nahezu unverändert (vgl. Abbildung A16). Grund für diese Einschätzung ist, dass sich modellendogen das Wirtschaftswachstum im Vergleich zu den beiden wachstumsstarken Jahren 2006 und 2007 (2,8 bzw. 2,5 % p. a.) auf 1,15 % p. a. bis 2010 abschwächt. Es ist damit aber immer noch doppelt so hoch wie im Zeitraum 2000–2005.

Ab 2020 dürften der Rückgang der Bevölkerung und damit auch der des Erwerbspersonenpotenzials am Arbeitsmarkt immer mehr durchschlagen. Die Löhne steigen modellendogen aufgrund des Rückgangs der Unterbeschäftigung stärker als die nominale Produktivität. Damit wird der Verteilungsspielraum überschritten. Ein Abbau der Beschäftigung setzt ein, so dass der Projektion zufolge bis 2025 rund 0,5 Mio. weniger Personen erwerbstätig sein werden.

Bei der Gegenüberstellung von Arbeitskräftebedarf und Arbeitskräfteangebot ergibt sich aus der Projektion bis 2010 für die Unterbeschäftigung zunächst ein kleiner Anstieg (vgl. Abbildung A17). Danach geht die Unterbeschäftigung jedoch bis zum Ende des Projektionszeitraums kontinuierlich zurück und halbiert sich rein rechnerisch. Werden 2010 noch rund 5 Mio. Personen (Unterbeschäftigungsquote: 11,4 %) keinen Arbeitsplatz haben, so sind es 2025 nur noch ca. 2,3 Mio. Personen (Unterbeschäftigungsquote: 5,5 %).

Während in Westdeutschland die Beschäftigung bis 2010 gegenüber heute nahezu konstant bleibt, expandiert sie den Modellrechnungen zufolge bis 2020 in einer Größenordnung von annähernd 0,9 Mio. Nach 2020 wird das sinkende Erwerbspersonenpotenzial und die damit einhergehende Lohnentwicklung in Westdeutschland seinen Tribut fordern, so dass die Beschäftigung von 2020 bis 2025 um knapp 0,4 Mio. Personen abnehmen wird.

Während sich für Westdeutschland somit durchaus kräftige Beschäftigungsgewinne andeuten, zeigt die Projektion für Ostdeutschland zwar keine Hinweise auf einen positiven Trend, der Beschäftigungsabbau der letzten 15 Jahre kann dort aber zumindest weitgehend gestoppt werden. Die Berechnungen deuten unter Status-quo-Bedingungen bis 2020 auf eine Stagnation der Erwerbstätigenzahlen im Osten hin, d. h., sie pendeln um den aktuellen Wert von etwas

Der deutsche Arbeitsmarkt – Entwicklungen und Perspektiven

Abbildung A18

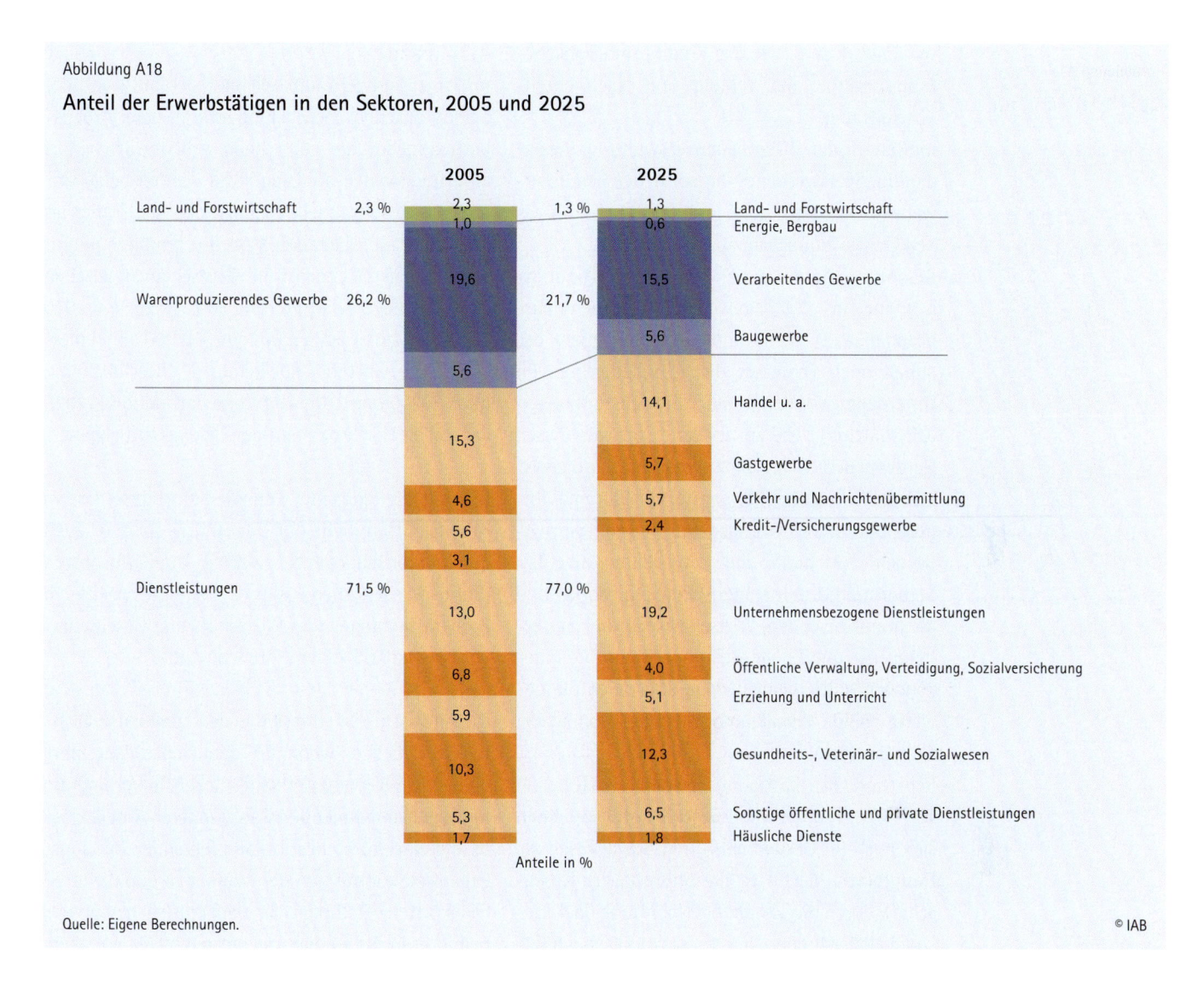

Anteil der Erwerbstätigen in den Sektoren, 2005 und 2025

	2005	2025	
Land- und Forstwirtschaft	2,3 %	1,3 %	Land- und Forstwirtschaft
	2,3	1,3	
	1,0	0,6	Energie, Bergbau
Warenproduzierendes Gewerbe	26,2 %	21,7 %	Verarbeitendes Gewerbe
	19,6	15,5	
	5,6	5,6	Baugewerbe
	15,3	14,1	Handel u. a.
	4,6	5,7	Gastgewerbe
	5,6	5,7	Verkehr und Nachrichtenübermittlung
	3,1	2,4	Kredit-/Versicherungsgewerbe
Dienstleistungen	71,5 %	77,0 %	
	13,0	19,2	Unternehmensbezogene Dienstleistungen
	6,8	4,0	Öffentliche Verwaltung, Verteidigung, Sozialversicherung
	5,9	5,1	Erziehung und Unterricht
	10,3	12,3	Gesundheits-, Veterinär- und Sozialwesen
	5,3	6,5	Sonstige öffentliche und private Dienstleistungen
	1,7	1,8	Häusliche Dienste

Anteile in %

Quelle: Eigene Berechnungen. © IAB

über 7 Mio. Erwerbstätigen. Nach 2020 setzt wieder ein leichter Beschäftigungsabbau ein. Die Löhne in Ost und West nähern sich modellendogen im Projektionszeitraum einander an, von derzeit etwas über 80 % auf fast 95 % im Jahr 2025.

Auf der Nachfrageseite des Arbeitsmarktes ist in allen hoch entwickelten Volkswirtschaften ein eindeutiger Trend festzustellen: Die Beschäftigung innerhalb der Sektoren verlagert sich zunächst von der Landwirtschaft (primärer Sektor) zum produzierenden Gewerbe (sekundärer Sektor) und danach zunehmend in Richtung Dienstleistungssektor (tertiärer Sektor).

Für die sektorale Erwerbstätigenentwicklung bestätigt die Projektion die bereits früher ermittelten Grundtendenzen (Abbildung A18):

- Im Bereich der Land- und Forstwirtschaft sowie im Bergbau ist mit einem weiteren Beschäftigungsabbau zu rechnen.
- Im Verarbeitenden Gewerbe bewirken hohe Produktivitätsfortschritte trotz deutlich zunehmender Wertschöpfung einen Beschäftigungsabbau von rund 1,5 Mio. Die überwiegende Zahl der Wirtschaftszweige ist davon mehr oder weniger stark betroffen.
- Mit Anteilsverlusten ist auch in Branchen des Dienstleistungsgewerbes zu rechnen, die produk-

Teil I 47

tivitätsstark sind, wie das Kredit- und Versicherungsgewerbe und Verkehr und Nachrichtenübermittlung.

- Im Bereich der Öffentlichen Verwaltung, Verteidigung, Sozialversicherung sorgt der bereits erwähnte Rückgang des Staatsverbrauchs für einen Beschäftigungsabbau.
- Besonders stark werden die Beschäftigungsgewinne (fast 2,5 Mio.) in den unternehmensbezogenen Dienstleistungen sein wegen des anhaltenden Prozesses der Ausgliederung von Unternehmensteilen und Betriebsfunktionen (Outsourcing). Hierzu zählen Softwarehäuser, Hardwareberatung, Datenverarbeitungsdienste, Instandhaltung und Reparatur von Büromaschinen, Datenverarbeitungsgeräten und -einrichtungen, Forschung und Entwicklung, Rechts-, Steuer- und Unternehmensberatung, Markt- und Meinungsforschung, Wirtschaftsprüfung, Unternehmens- und Public-Relations-Beratung, Ingenieurbüros, Werbeagenturen, aber auch die gewerbsmäßige Vermittlung und Überlassung von Arbeitskräften.
- Sehr gute Beschäftigungsperspektiven (Gewinn bis 2025 fast 1 Mio. Beschäftigte) zeichnen sich auch im Gesundheits- und Sozialwesen ab. Hauptgrund hierfür ist die Alterung der Gesellschaft, durch die sowohl die Nachfrage nach Gesundheitsleistungen massiv steigt als auch die Beschäftigung in Senioreneinrichtungen und bei ambulanten Pflegediensten.
- Nennenswerte Beschäftigungsgewinne (0,5 Mio.) dürften auch die sonstigen öffentlichen und privaten Dienstleister verzeichnen. Hierbei handelt es sich um einen sehr heterogenen Beschäftigungsbereich: Rundfunk- und Fernsehanstalten, Dienstleistungen für private Haushalte wie etwa Reinigung, Tagesbetreuung etc., politische Organisationen wie Parteien, Verbände, Gewerkschaften, religiöse Vereinigungen.

4.3 Fazit

Im Projektionszeitraum zeichnet sich aufgrund der demografischen Entwicklung sowohl beim Arbeitskräfteangebot als auch beim Arbeitskräftebedarf eine Trendwende ab. Langfristig werden beide sinken, das Arbeitsangebot jedoch deutlich früher als die Nachfrage. Nach den Modellrechnungen nimmt der Arbeitskräftebedarf in Deutschland zwischen 2007 und 2020 zwar um rund 800.000 zu. Von 2020 bis 2025 wird er jedoch um gut 500.000 abnehmen. Trotz des erwarteten Rückgangs der Beschäftigung nach 2020 könnte die Unterbeschäftigung bis 2025 auf fast die Hälfte des heutigen Niveaus zurückgehen.

Dies gilt allerdings nur, wenn der künftige Bedarf an Arbeitskräften nicht nur quantitativ, sondern auch qualifikatorisch gedeckt werden kann. Ansonsten droht Massenarbeitslosigkeit bei gleichzeitigem Fachkräftemangel, was Wirtschaft und Gesellschaft vor ernsthafte Probleme stellen würde.

Die Altersstruktur wird sich in den kommenden Jahren verschieben, wenn die geburtenstarken Jahrgänge dem Rentenalter näherrücken. In Verbindung mit einer abnehmenden Zahl jüngerer Arbeitskräfte und einer zumindest bislang fehlenden Bildungsexpansion könnte sich der Mangel an qualifizierten Fachkräften verstärken. Um dem entgegenzuwirken, bedarf es in der kurzen und mittleren Frist vor allem erheblicher zusätzlicher Anstrengungen in Bildung und Weiterbildung.

5 Die Bedeutung der Arbeitsmarktreformen

5.1 Einleitung

Die erfreuliche Entwicklung des Arbeitsmarktes, wie sie in Abschnitt 2 beschrieben wurde, wirft einige interessante Forschungsfragen auf:

- Handelt es sich um einen gewöhnlichen Konjunkturzyklus? Das würde bedeuten, dass die Arbeitslosigkeit in der nächsten Rezession wieder auf das Niveau vor dem Boom steigt. Oder sinkt derzeit auch die strukturelle Arbeitslosigkeit?[8] Damit wäre eine nachhaltige Verbesserung auf dem Arbeitsmarkt zu erwarten.[9]
- Wenn die strukturelle Arbeitslosigkeit sinkt, was sind dann die Ursachen dafür? Haben die Arbeitsmarktreformen (wie die Hartz-Gesetze und die Agenda 2010)[10] einen Beitrag dazu geleistet?

Wenn Deutschland sich in einem gewöhnlichen Konjunkturzyklus befindet, heißt das, die zunehmende Beschäftigung ist einzig auf eine höhere gesamtwirtschaftliche Nachfrage zurückzuführen, also etwa auf ein höheres Wachstum der Weltwirtschaft, eine höhere Investitionsnachfrage oder auf positive fiskalpolitische Impulse von Anfang des Jahres 2006. Diese Sicht schließt einen direkten Zusammenhang zwischen den Arbeitsmarktreformen und der Beschäftigungsentwicklung aus (Horn et al. 2007).

In einer anderen Sicht gibt es auch einen umgekehrten Zusammenhang. Eine geringere strukturelle Arbeitslosigkeit hat zur höheren Beschäftigung mit beigetragen und damit auch das Wachstum erhöht: Unternehmen fanden es rentabel, zusätzlich Arbeitskräfte nachzufragen, was auch zu einem stärkeren Wachstum des Volkseinkommens geführt hat. Der höhere Arbeitseinsatz wäre dann auch auf Veränderungen auf der Angebotsseite zurückzuführen.

In der theoretischen Diskussion und der empirischen Forschung werden beide Wirkungskanäle berücksichtigt. Selbst wenn der Aufschwung 2006 bis 2008 zunächst durch den Export getrieben wurde, kann die Entwicklung im laufenden und in den kommenden Jahren stark von den Institutionen des Arbeitsmarktes abhängen. Zudem kann der Zusammenhang zwischen Arbeitsmarktreformen und Beschäftigungs- bzw. BIP-Entwicklung auch nichtlinearer Natur sein. In der Literatur (z. B. BAK/IAW/Prognos 2007) werden dabei insbesondere sogenannte J-Kurven-Effekte diskutiert. Danach wirken Reformen kurzfristig negativ, bevor sie mittelfristig zu mehr Wachstum und Beschäftigung beitragen.

5.2 Arbeitsmarktinstitutionen und die Funktionsfähigkeit des Arbeitsmarktes

Der überwiegende Teil der Arbeitslosigkeit in Deutschland ist struktureller Art, d. h. Arbeitslosigkeit, die auch bei guter Konjunktur nicht abgebaut wird. Dies zeigt sich bereits beim Blick auf die Entwicklung der Arbeitslosenquote seit der Wiedervereinigung und damit über mindestens einen vollen Konjunkturzyklus.[11] Selbst in Zeiten guter wirtschaftlicher Entwicklung wie 1999, 2000 und 2007 wurde keine Vollbeschäftigung erreicht. Das heißt, dass eine zu niedrige gesamtwirtschaftliche Güternachfrage, wie für Rezessionsphasen typisch, als Erklärung für die hohe Arbeitslosigkeit nicht genügt. Als mögliche Erklärungen für die hohe strukturelle Arbeitslosigkeit sind in den letzten 20 Jahren Insti-

---

8 Franz (2005) hat nicht ganz unrecht, wenn er den Begriff „strukturelle Arbeitslosigkeit" als „nichts sagend" bezeichnet. Der Begriff wird hier dennoch verwendet, da er weniger sperrig und in der Öffentlichkeit geläufiger ist als z. B. (quasi-)gleichgewichtige oder inflationsstabile Arbeitslosigkeit (NAIRU).

9 Die strukturelle Arbeitslosenquote ist mittelfristig stabil, wenn die Erwerbsbevölkerung konstant bleibt oder wenn der Arbeitsmarkt eine Änderung der Erwerbsbevölkerung sehr schnell verarbeitet.

10 Für einen Überblick über die Arbeitsmarkt- und Beschäftigungspolitik der rot-grünen Bundesregierung siehe Feil, Tillmann und Walwei (2008).

11 Der Sachverständigenrat geht von zwei abgeschlossenen Zyklen (1993-1998 und 1999-2004) aus. Andere Ökonomen (z. B. Sinn 2007) beziffern die durchschnittliche Länge eines Konjunkturzyklus in Deutschland dagegen auf zehn Jahre.

tutionen des Arbeitsmarktes wie das Tarifvertragssystem oder die Lohnersatzleistungen in den Mittelpunkt der Analyse gerückt.

Die entsprechende Forschung[12] ist zwar noch nicht abgeschlossen, allerdings hat sich auf Grundlage theoretischer Überlegungen und empirischer Erfahrungen in der Literatur ein weitgehender Konsens entwickelt, der die Ursache für hohe Arbeitslosigkeit in einer Interaktion von makroökonomischen Schocks mit Institutionen sieht. Institutionen entscheiden darüber, wie gut Schocks vom Arbeitsmarkt verarbeitet werden können. Zu den relevanten Institutionen gehören vor allem die Institutionen des Arbeitsmarktes – eine gewisse Rolle spielen aber auch Regulierungen der Güter- und Kapitalmärkte. Die Arbeitsmarktinstitutionen, die erfahrungsgemäß die Höhe der strukturellen Arbeitslosigkeit beeinflussen, sind insbesondere:

1. *Lohnsetzungsmechanismen,* die zu rigiden Löhnen oder zu hohem Lohndruck führen, insbesondere Arbeitsmärkte mit starken Gewerkschaften bzw. mächtigen Insidern. Allerdings kann der negative Effekt von hoher Verhandlungsmacht von Gewerkschaften auf die Beschäftigung kompensiert werden, wenn Lohnverhandlungen gesamtwirtschaftlich koordiniert werden und eine vertrauensvolle Beziehung zwischen Gewerkschaften und Unternehmen besteht.
2. *Lohnersatzleistungen,* die zu hohen Anspruchslöhnen führen. Relevant ist hier die Höhe und Bezugsdauer des Arbeitslosengeldes, insbesondere wenn sie nicht an überprüfbare Suchanstrengungen geknüpft werden.
3. Hohe *Steuern und Abgaben auf Arbeit,* die zu einer Kluft zwischen Arbeitskosten und Nettolohn führen.
4. Ein strikter *Kündigungsschutz* und ein Arbeitsrecht, das wenig Flexibilität zulässt. Der Einfluss auf das Niveau der Arbeitslosigkeit ist hier theoretisch und empirisch unsicher. Allerdings dürfte ein geringerer Kündigungsschutz zu einer höheren Dynamik auf dem Arbeitsmarkt beitragen.
5. *Aktive Arbeitsmarktpolitik,* die günstigstenfalls den Stellenbesetzungsprozess beschleunigt und die Arbeitsuchenden in geeigneter Form qualifiziert, aber schlimmstenfalls zu hohen Reservationslöhnen beiträgt und attraktive Alternativen zu regulärer Erwerbsarbeit anbietet.

Daraus ergibt sich, dass von den Hartz-Reformen positive Beschäftigungseffekte zu erwarten sind. Positive Wirkungen dürften insbesondere ausgehen von der Verkürzung der Bezugsdauer des Alg I sowie der Zusammenlegung von Arbeitslosen- und Sozialhilfe zum Alg II, das zumeist niedriger ist als die frühere Arbeitslosenhilfe.

Außer durch Gesetzesänderungen können sich Institutionen auch durch Verhaltensänderungen wichtiger Akteure verändern. Zu einem gewissen Grad handelt es sich dabei um endogene Prozesse, etwa eine größere Konzessionsbereitschaft in Tarifverhandlungen aufgrund hoher Arbeitslosigkeit.

5.3 Aufschwung am Arbeitsmarkt – Trendwende oder Strohfeuer?

Der Konjunkturzyklus

Eine Reihe aktueller Arbeiten untersucht, ob angebotsseitige oder nachfrageseitige Faktoren zum letzten Aufschwung beigetragen haben, etwa durch einen Vergleich mit vorhergehenden Aufschwüngen (z. B. Gartner/Klinger 2007; Horn et al. 2007; SVR 2007).

So zeigt ein Vergleich mit dem Aufschwung 1999 und 2000, dass zwar die Zahl der Erwerbstätigen im Zeitraum von 1999 bis 2000 um 1,2 Mio. Personen zunahm (3,3 %), in den Jahren 2006 und 2007 aber nur um rund 890.000 Personen (2,3 %) – obwohl das Wirtschaftswachstum etwas stärker war. Dies könnte vermuten lassen, der letzte Aufschwung sei weniger beschäftigungsintensiv. Ein näherer Blick in die Statistik zeigt aber, dass in den Jahren 1999 und

---
12 Für einen Überblick siehe z. B. Nickell et al. 2005, Blanchard 2006 oder Bassanini/Duval 2006.

2000 fast ausschließlich zusätzliche Teilzeitjobs ausgewiesen wurden, vor allem in Form geringfügiger Beschäftigungsverhältnisse (630.000), aber auch im Bereich sozialversicherungspflichtiger Teilzeitarbeit (530.000). Die zusätzliche geringfügige Beschäftigung geht zum Teil auf eine bessere Meldepraxis infolge einer Neuregelung des Meldeverfahrens zurück – der Zuwachs ist also statistisch überzeichnet. Zusätzliche Vollzeitbeschäftigung war 1999 und 2000 kaum zu verzeichnen (20.000). In den Jahren 2006 und 2007 hingegen entstanden 211.000 neue Vollzeitjobs. Die Teilzeitbeschäftigung hat nun weniger zugelegt als 1999/2000 (589.000), und unter den zusätzlichen Teilzeitbeschäftigten sind erheblich weniger geringfügig Beschäftigte (120.000).

Diese Unterschiede zeigen sich auch in einem stärkeren Wachstum des Arbeitsvolumens: In den Jahren 1999 und 2000 nahm es jeweils um 0,6 % zu. 2006 wuchs es mit 0,5 % etwas weniger, 2007 wuchs es aber mit 1,7 % mehr als doppelt so stark wie im vergangenen Aufschwung.

Spiegelbildlich verläuft die Entwicklung der Arbeitslosigkeit: Sie sank von 2006 bis 2008 stärker als im Aufschwung um 1999 und 2000. Von ihrem Höchststand im Januar 2005 bis zum bisherigen Tiefststand im September 2008 sank die saisonbereinigte Arbeitslosenquote von 11,6 auf 7,6 % um 4 Prozentpunkte. Im vorhergehenden Aufschwung sank sie von ihrem Höchststand im Januar 1998 mit 11,7 % bis zum Tiefststand im Mai 2001 von 9,2 % nur um 2,5 Prozentpunkte. Ein Teil des Rückgangs ist zwar auf eine strengere Überprüfung des Arbeitslosenstatus zurückzuführen, dennoch haben mehr Arbeitslose eine Arbeit begonnen als noch im Aufschwung 1999 und 2000. Diese beschäftigungsfreundlichere Qualität des Wirtschaftswachstums ist Indiz dafür, dass derzeit die strukturelle Arbeitslosigkeit sinkt.[13]

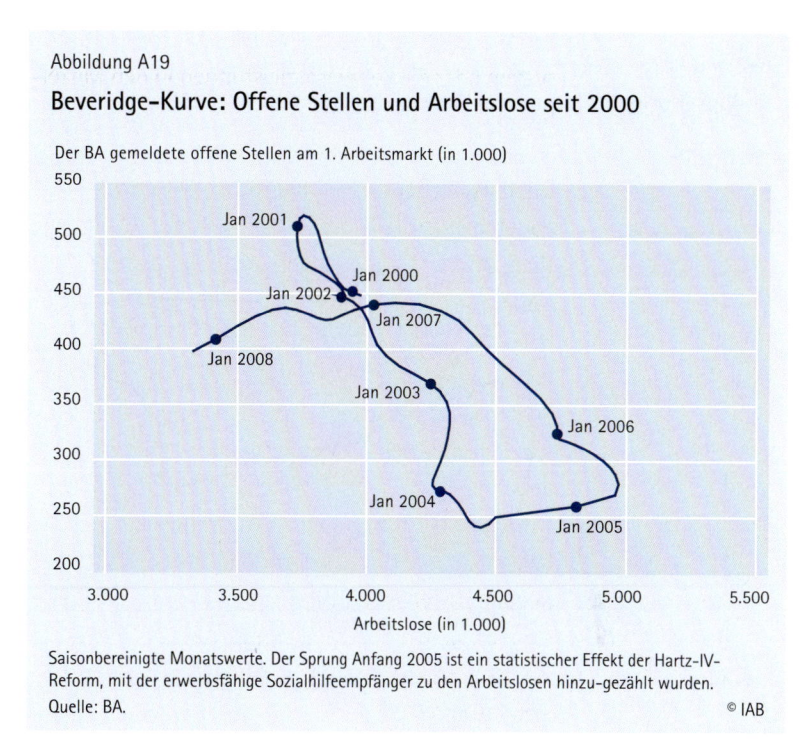

---

13 Flankiert wurde der Abbau der Arbeitslosigkeit auch durch eine leichte Abnahme des Erwerbspersonenpotenzials um insgesamt 100.000 in den Jahren 2006 und 2007.

Abbildung A19

Beveridge-Kurve: Offene Stellen und Arbeitslose seit 2000

Der BA gemeldete offene Stellen am 1. Arbeitsmarkt (in 1.000)

Saisonbereinigte Monatswerte. Der Sprung Anfang 2005 ist ein statistischer Effekt der Hartz-IV-Reform, mit der erwerbsfähige Sozialhilfeempfänger zu den Arbeitslosen hinzu-gezählt wurden.
Quelle: BA. © IAB

Einen weiteren Anhaltspunkt für die Veränderung der strukturellen Arbeitslosigkeit liefert die Entwicklung der Langzeitarbeitslosigkeit. Im aktuellen Aufschwung kommen mehr Langzeitarbeitslose in Beschäftigung als noch im vergangenen Aufschwung (Tabelle A2). Die Personengruppe, die einen großen Teil der Sockelarbeitslosigkeit bildet, wird also kleiner.

Die Entwicklung der strukturellen Arbeitslosigkeit lässt sich auch beurteilen mithilfe zweier makroökonomischer Zusammenhänge (Blanchard 2006), die mit der Beveridge-Kurve und der Phillips-Kurve dargestellt werden.

Die Beveridge-Kurve bildet den Zusammenhang zwischen offenen Stellen und Arbeitslosigkeit ab: Bei einem rein konjunkturellen Aufschwung ist zu erwarten, dass die Arbeitslosigkeit sinkt und gleichzeitig die Zahl der offenen Stellen steigt. Die Volkswirtschaft bewegt sich dann *auf* der Beveridge-Kurve. Wenn sich die sogenannte Matchingeffizienz auf dem Arbeitsmarkt verbessert, etwa durch Arbeitsmarktreformen, *verschiebt* sich die Beveridge-Kurve nach links. Eine geringere Arbeitslosigkeit ist dann mit der gleichen Zahl offener Stellen kompatibel.

Kapitel A

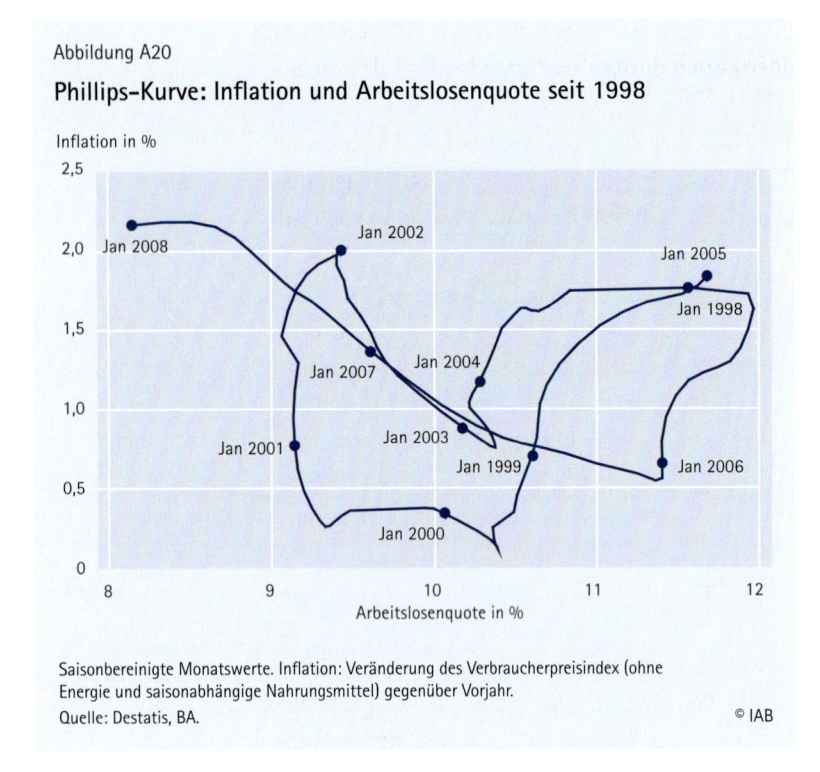

Abbildung A20

Phillips-Kurve: Inflation und Arbeitslosenquote seit 1998

Saisonbereinigte Monatswerte. Inflation: Veränderung des Verbraucherpreisindex (ohne Energie und saisonabhängige Nahrungsmittel) gegenüber Vorjahr.
Quelle: Destatis, BA. © IAB

Bis Ende 2006 war das übliche konjunkturelle Muster zu beobachten (Abbildung A19). Die Zahl der gemeldeten offenen Stellen am ersten Arbeitsmarkt ist von Januar 2006 bis Januar 2007 um 106.000 gestiegen. Von Januar 2007 bis Januar 2008 ist sie aber um 35.000 gesunken, bei nach wie vor sinkender Arbeitslosigkeit.[14] Diese Entwicklung ist konsistent mit der Erwartung, dass sich die Beveridge-Kurve nach links verschiebt.

Die Phillips-Kurve stellt den Zusammenhang zwischen Inflation und Arbeitslosigkeit dar: Wenn sich die strukturelle Arbeitslosigkeit nicht ändert, aber in einem Aufschwung die konjunkturelle Arbeitslosigkeit sinkt, führt das zu höherem Lohndruck und damit zu steigender Inflation, so auch im Aufschwung zur Jahrtausendwende (Abbildung A20). Wenn aber die strukturelle Arbeitslosigkeit sinkt (und die Inflationserwartungen stabil sind), verschiebt sich die Phillips-Kurve nach links. Zu beobachten ist dann eine sinkende Arbeitslosigkeit bei stabiler Inflation.

Im aktuellen Aufschwung zeigt sich: Die Arbeitslosigkeit ist deutlich stärker zurückgegangen als zur Jahrtausendwende, während die Inflation etwas weniger angestiegen ist als damals. Der Anstieg der Inflation dürfte zudem kaum auf Lohndruck zurückzuführen sein, sondern auf die höhere Mehrwertsteuer. Ende 2007, bei einer wesentlich geringeren Arbeitslosigkeit als zum Tiefststand im Jahr 2001, scheint auch – anders als damals – die Zunahme der Inflation gestoppt zu sein. Zwar lässt die Entwicklung von Arbeitslosigkeit und Inflation Interpretationsspielräume offen, dennoch lässt die stabilere Inflation bei geringerer Arbeitslosigkeit als noch 2001 eine Verschiebung der Phillips-Kurve nach links vermuten.

Die gemeinsame Entwicklung der Inflation und der Arbeitslosigkeit ist auch die Grundlage einer ökonometrischen Schätzung der inflationsstabilen Arbeitslosigkeit, wie sie der Sachverständigenrat zur Begutachtung der gesamtwirtschaftlichen Entwicklung (SVR 2007) vorgenommen hat. Solche Schätzungen sind, wie auch der Sachverständigenrat bemerkt, immer mit Vorsicht zu interpretieren. Doch auch diese Schätzung stimmt optimistisch: Anfang 2005 betrug die inflationsstabile Arbeitslosenquote noch über 10 %, im zweiten Quartal 2007 nur noch etwas über 9 %. Auch dieses Ergebnis lässt vermuten, dass die strukturelle Arbeitslosigkeit abnimmt.

Das Sinken der strukturellen Arbeitslosigkeit dürfte im Wesentlichen auf zwei Ursachen zurückzuführen sein: die moderate Lohnentwicklung und die Reformen am Arbeitsmarkt.[15]

---

14 Nicht alle offenen Stellen werden von den Unternehmen gemeldet. Daher gibt es hier einen Messfehler. Für die vergangenen zwei Jahre liegen aber Quartalsdaten aus der IAB-Erhebung offener Stellen vor, bei der alle offenen Stellen abgefragt werden. Auch nach diesen Daten stagniert im Jahr 2007 die Entwicklung.

15 Die genaue Datierung und Quantifizierung der „moderaten Lohnentwicklung" ist schwierig. Nach der vom Sachverständigenrat (SVR 2007: 11 ff.) verwendeten Methode wurde der gesamtwirtschaftliche Verteilungsspielraum 1994, 1997, 2001 und seit 2004 nicht ausgeschöpft. Diesem Ergebnis liegt jedoch die Tariflohnentwicklung zugrunde. Für die tatsächliche Lohnentwicklung sind die Effektivlöhne maßgeb-

Lohnentwicklung

Zur moderaten Lohnentwicklung der vergangenen Jahre hat eine Reihe von Faktoren beigetragen. Ein Faktor war die zunehmende Arbeitslosigkeit im vergangenen Abschwung. Geringere Lohnsteigerungen infolge eines Abschwungs entsprechen dem üblichen konjunkturellen Muster. Darüber hinaus dürften aber auch weitere Faktoren zu einer längerfristigen Verringerung des Lohndrucks geführt haben (dazu auch Eggert 2007; Boss et al. 2007).

So ist etwa die Mitgliederzahl der DGB-Gewerkschaften von 1996 bis 2006 um über 26 % gesunken. Zu vermuten ist, dass damit auch die Verhandlungsmacht der Gewerkschaften gefallen ist.

Auch sind immer weniger Betriebe an Branchentarifverträge gebunden. So zeigt das IAB-Betriebspanel: 1996 arbeiteten in Westdeutschland noch mehr als zwei Drittel der Beschäftigten in Betrieben, die an einen Branchentarifvertrag gebunden waren. 2006 waren es nur noch 57 %. In Ostdeutschland sank der entsprechende Anteil der Beschäftigten von 56 % 1996 auf 41 % im Jahr 2006 (Dahms et al. 2007).

In den bestehenden Branchentarifverträgen werden auch immer häufiger flexible Komponenten aufgenommen: Öffnungsklauseln, Härteklauseln und Kleinstbetriebsklauseln. Der Lohn wird also stärker dezentral gebildet und kann damit besser auf die Lage des Betriebs reagieren. Von den zwei möglichen Strategien, die zu einer beschäftigungsfreundlichen Lohnbildung führen können, eine bessere gesamtwirtschaftliche Koordinierung oder eine Dezentralisierung (Calmfors/Driffill 1988), hat sich die Lohnbildung also in Richtung Dezentralisierung bewegt.

Aber auch die Erleichterung der Arbeitnehmerüberlassung dürfte den Kostendruck für Unternehmen verringert haben. Zum einen sind die Löhne von Leiharbeitern oft geringer, zum anderen sind bei Leiharbeitern die Kosten für Einstellungen und Entlassungen geringer, was die Nachfrage nach Arbeitskräften erhöhen dürfte.

Ein weiterer Grund für die moderate Lohnentwicklung kann der zunehmende internationale Konkurrenzdruck sein: Er kann die Verhandlungsmacht der Unternehmen gegenüber den Arbeitnehmern erhöhen, da Unternehmen mit Standortverlagerungen drohen können und so den Lohndruck verringern.

Auch eine geringere Belastung der Arbeitseinkommen mit Steuern und Abgaben kann einen kleinen Beitrag geleistet haben. Während in den 1990er-Jahren die Grenzsteuersätze der Arbeitseinkommen noch gestiegen sind, sind sie aufgrund der Einkommensteuerreformen von 2001 bis 2005 wieder etwas gesunken (Boss et al. 2007).

Arbeitsmarktreformen

Neben der Lohnentwicklung dürften auch die jüngsten Reformen am Arbeitsmarkt zur sinkenden strukturellen Arbeitslosigkeit beigetragen haben. Die kausale Wirkung von Reformen auf die Arbeitslosigkeit abzuschätzen ist zwar mit methodischen Schwierigkeiten verbunden (siehe hierzu Kasten A2), und die Effekte sind aufgrund des bisher kurzen zeitlichen Abstandes zu den Reformen noch schwer quantifizierbar. Erfahrungen mit ähnlichen Reformen in anderen Ländern lassen jedoch eine positive Wirkung auf dem Arbeitsmarkt erwarten. Darüber hinaus gibt es auch für Deutschland eine Reihe von empirischen Hinweisen, die einen Beitrag der Reformen für die günstige Arbeitsmarktentwicklung vermuten lassen. So haben etwa Fahr und Sunde (2006) in einer Untersuchung eine Matchingfunktion geschätzt und eine gestiegene Matchingeffizienz infolge der Reformen Hartz I–III gefunden. Einen Überblick über bisherige Studien zur Wirksamkeit aktiver Arbeitsmarktpolitik geben Jacobi und Kluve (2007). Auch sie kommen zu

---

lich, diese haben sich über die letzten gut zehn Jahre schwächer entwickelt als die Tariflöhne (negative Lohndrift). Von einer wirklich die Beschäftigung fördernden Lohnentwicklung kann man daher erst seit vergleichsweise wenigen Jahren ausgehen. Allerdings wurde der bis Mitte der 1990er-Jahre zu beobachtende Trend eines zu starken Lohnwachstums schon zuvor gestoppt.

dem Ergebnis, dass die Effizienz der aktiven Arbeitsmarktpolitik mit den Hartz-Reformen gesteigert werden konnte.

Für einen Beitrag der Arbeitsmarktreformen spricht auch, dass ältere Arbeitsuchende im Aufschwung überproportional stark profitierten. Die Arbeitslosenquote der 50- bis 64-Jährigen sank von September 2006 bis September 2007 um 3 Prozentpunkte auf 12,6 % – während die Arbeitslosenquote der 15- bis 65-Jährigen nur um 2,1 Prozentpunkte auf 11,5 % sank. Die Arbeitslosenquote Älterer nähert sich also der durchschnittlichen Arbeitslosenquote an. Umgekehrt war es Ende der 1980er-Jahre. Nachdem damals in mehreren Schritten die Bezugsdauer des Arbeitslosengeldes für Ältere verlängert wurde, war in den folgenden Jahren die Arbeitslosigkeit unter den Älteren überproportional gestiegen. Die Verkürzung der Bezugsdauer des Arbeitslosengeldes Anfang 2006, die inzwischen teilweise wieder rückgängig gemacht wurde, dürfte zur überproportionalen Verringerung der Arbeitslosigkeit Älterer beigetragen haben.

Auch vonseiten der Betriebe gibt es Hinweise auf die Wirksamkeit der Hartz-Reformen. Laut einer Betriebsbefragung des IAB berichten insbesondere mittlere und große Betriebe im Jahr 2005 von einer zunehmenden Zahl von Initiativbewerbungen. Außerdem sind arbeitslose Bewerber nach Auskunft der Betriebe zu mehr Zugeständnissen bereit. Von den Betrieben, die Neueinstellungen vornahmen, gaben 21 % an, dass gegenüber 2004 die Bereitschaft der Bewerber gestiegen war, auch Arbeitsstellen unter ihrem Qualifikationsniveau anzunehmen. Die befragten Betriebe gaben ferner an, dass die Bereitschaft stieg, zu niedrigeren Löhnen oder schlechteren Arbeitsbedingungen (Schichtdienste, Arbeitszeiten, Anfahrtswege) zu arbeiten. Betriebe, die solche Zugeständnisse der Bewerber festgestellt hatten, konnten ihre Stellen leichter besetzen als bisher. Etwa ein Drittel der Betriebe mit Neueinstellungen führen die beobachteten Verhaltensänderungen auf die Hartz-IV-Reformen zurück – ein weiteres Indiz dafür, dass die Reformen das Zueinanderkommen von Arbeitgebern und Arbeitnehmern erleichtert haben.[16] Dies kann auch die beobachtete Verschiebung der Beveridge-Kurve erklären.

5.4 Fazit und wirtschaftspolitische Schlussfolgerungen

Qualitativ wie quantitativ abgesicherte Antworten auf die Frage, ob und – wenn ja – warum die strukturelle Arbeitslosigkeit sinkt, werden erst in einigen Jahren gegeben werden können, soweit dies überhaupt möglich ist. Bis dahin wird die wirtschaftspolitische Diskussion weiterhin auf der Basis von vorläufigen Resultaten geführt werden müssen. Die derzeit verfügbaren Befunde sind Indizien für eine moderate, aber nachhaltige Verbesserung des deutschen Arbeitsmarktes. Aus dem Vergleich der letzten Boomphase mit dem Aufschwung 1999/2000 ergeben sich Hinweise auf eine größere Neigung der Unternehmen, zusätzliche Vollzeitbeschäftigte einzustellen. Außerdem fanden mehr Langzeitarbeitslose eine Beschäftigung als in vergleichbaren Situationen in der Vergangenheit.[16]

In welchem Umfang die vermutete strukturelle Verbesserung auf die Arbeitsmarktreformen zurückzuführen ist und in welchem Umfang auf strukturelle Veränderungen, die nicht unmittelbar mit der Arbeitsmarkt- und Beschäftigungspolitik zusammenhängen und zum Teil bereits deutlich vor den Reformen einsetzten, lässt sich derzeit zwar nicht beantworten. Die Wirtschaftspolitik sollte aber auf der günstigen Entwicklung aufbauen. Positiv zu bewerten ist in diesem Zusammenhang die Lohnentwicklung, die in den letzten Jahren tendenziell eher beschäftigungsfördernd wirkte, die zum Teil aber auch erst durch die Arbeitsmarktreformen möglich wurde.

---

16 Zur Betriebsbefragung und den detaillierten Ergebnissen vgl. Kettner/Rebien 2007.

Kasten A2
Methodische Ansätze zur Identifikation der Effekte von Arbeitsmarktreformen

Die Identifikation gesamtwirtschaftlicher Effekte von Arbeitsmarktreformen ist schwierig.[17] In der Literatur zu den gesamtwirtschaftlichen Wirkungen aktiver Arbeitsmarktpolitik hat sich die Nutzung regionaler Varianz zum Quasi-Standardverfahren entwickelt. Sie misst die Summe regionaler Effekte, die sich von gesamtwirtschaftlichen Effekten unter Umständen unterscheiden können. Die Methode ist nur anwendbar, wenn die zu untersuchende Politik regional variiert. Dies ist bei Veränderungen des rechtlichen bzw. institutionellen Rahmens gewöhnlich nicht der Fall. Hier tritt lediglich eine Variation in der Zeit auf.

Verfahren der Zeitreihenanalyse stehen im Mittelpunkt der *direkten Methoden*. Darunter werden ökonometrische Verfahren verstanden, die kausale Effekte direkt messen, indem sie andere Einflüsse aus der Entwicklung der untersuchten Variablen herausfiltern. Eine alternative Vorgehensweise besteht darin, mithilfe struktureller Modelle die vermuteten Wirkungen von Arbeitsmarktreformen zu simulieren und die dabei gemessenen Veränderungen mit der realen Entwicklung zu vergleichen. Diese Vorgehensweise wird als *indirekte Methode* bezeichnet.

Eines der einfachsten ökonometrischen Modelle ist die Erklärung der Arbeitslosenquote mit Indikatoren, welche die Veränderungen der Arbeitsmarktinstitutionen abbilden. In der Literatur über den Zusammenhang zwischen Arbeitsmarktinstitutionen und Arbeitsmarktergebnissen verbreitet ist die Schätzung von reduzierten Formen mit Daten mehrerer Länder:

$$u_{it} = \alpha_i + \alpha_t + \beta_1 u_{it-1} + \sum_j \gamma_j x_{jit} + \sum_k \delta_k z_{kit} + \varepsilon_{it} \quad (1)$$

Die Variable u_{it} bezeichnet die Arbeitslosenquote, α_i und α_t bezeichnen länderspezifische und zeitspezifische Konstanten. Mit x_{jit} werden die verschiedenen Institutionen in den einzelnen Ländern bezeichnet. Sie umfassen u. a. die Lohnersatzrate, die Dauer des Leistungsanspruchs, den Kündigungsschutz, die Abgabenquote auf den Faktor Arbeit, die Koordination der Lohnverhandlungen sowie den Organisationsgrad der Gewerkschaften. Schließlich steht z_{kit} für alle übrigen (Kontroll-)Variablen.

Da sich Institutionen nur sehr langsam über die Zeit hinweg verändern, beruht die Identifikationsstrategie auf dem Vergleich möglichst vieler Länder. Sollen mithilfe eines solchen Panelmodells Aussagen über die Wirkung bestimmter Reformen in einem bestimmten Land getroffen werden, muss man sich der auf Basis aller verwendeten Länderdaten geschätzten Koeffizienten bedienen. Diese beschreiben einen durchschnittlichen marginalen Effekt. Die Herausforderung bei der Bestimmung des Einflusses von Arbeitsmarktreformen besteht hier in der richtigen Messung der institutionellen Veränderungen, also in der adäquaten Wahl der x_{jit}.

Wird Gleichung (1) um die Vakanzrate erweitert, ergibt sich eine Gleichung für eine Beveridge-Kurve. Sie dient als methodisches Instrument

---

[17] Genau genommen gilt das Interesse „kausalen Effekten". Im Unterschied zu mikroökonometrischen Studien können makroökonomische Effekte praktisch nie in Analogie zu echten Experimenten untersucht werden. Die Identifikation kausaler Effekte mit strukturellen Modellen ist mit dem Problem der Beobachtungsäquivalenz behaftet. Eine kausale Interpretation empirisch feststellbarer Zusammenhänge (Korrelationen) erfordert daher im Allgemeinen ein vollständiges ökonomisches Modell (Heckman 2008). Nur in einem klar definierten (theoretischen) Rahmen können die Wirkungen der Arbeitsmarktreformen identifiziert werden. Offen muss dabei bleiben, ob dieser Rahmen „richtig" gewählt ist.

zur Messung des Teils der gleichgewichtigen Arbeitslosigkeit, der auf eine (zu) langsame Besetzung freier Stellen zurückzuführen ist.

Die direkte Modellierung des Stellenbesetzungsprozesses ist eine weitere ökonometrische Methode auf Basis von Zeitreihendaten. Ein aktuelles Beispiel liefern Fahr und Sunde (2006). Indem die Effizienz des Matchingprozesses in Abhängigkeit von institutionellen Variablen oder einfach durch Dummys modelliert wird, kann der Einfluss politischer Maßnahmen gemessen werden. Doch auch dieses Verfahren ist ohne eine zweite Dimension (analog zu Ländern) praktisch nicht anwendbar, da ansonsten nur wenige Beobachtungen zur Verfügung stehen. Fahr und Sunde bilden daher Teilarbeitsmärkte für vier verschiedene Berufsgruppen und erhalten so auch ein Panelmodell.

Ein etwas weniger datenintensives Verfahren sind vektorautoregressive (VAR-)Modelle. Stegman und Stegman (2004) zeigen, dass sich mit nur drei Variablen (Arbeitslosen- und Vakanzrate sowie Anteil der Langzeitarbeitslosen) und einem Zeitfenster von etwas mehr als 20 Jahren (bei Nutzung von Quartalsdaten) Aussagen über die Wirksamkeit von Arbeitsmarktreformen treffen lassen. Bei dieser Methode werden die für VAR-Modelle üblichen Impuls-Antwort-Folgen und die Zerlegung der Residualvarianz auf bestimmte Muster hin überprüft.

Ein aktuelles Beispiel für die indirekte Vorgehensweise liefern Dovern und Meier (2006). In einem strukturellen makroökonometrischen Modell simulieren sie die makroökonomischen Effekte einer Senkung der strukturellen Arbeitslosenrate um 5 %. Diese Verminderung ist eine reine Setzung und wird als Effekt von Arbeitsmarktreformen interpretiert. Die tatsächliche Arbeitslosigkeit und alle weiteren Variablen des Modells reagieren auf den so gesetzten Impuls. Entsprechend der Dynamik des Modells dauert es ungefähr zehn Jahre, bis sich ein neues Gleichgewicht einstellt. Folglich bietet der Simulationsansatz erst mittelfristig die Möglichkeit, die Effekte von Arbeitsmarktreformen ex post durch den Vergleich von tatsächlicher und simulierter Entwicklung zu analysieren.

Die wichtigste Empfehlung an die jetzige Bundesregierung lautet, den von ihrer Vorgängerin eingeschlagenen Kurs beizubehalten und in der Tat „das Erreichte nicht zu verspielen" (SVR 2007). Die Reformen am Arbeitsmarkt benötigen sicher noch einige Zeit, um ihr volles Potenzial zu entfalten, und daher sollte man sie zunächst einmal wirken lassen.

Soll die Arbeitslosigkeit noch stärker gesenkt werden als bisher, sind weitere Maßnahmen erforderlich. Wünschenswert ist eine Senkung der auf dem Faktor Arbeit lastenden Abgaben, etwa durch Einsparungen und stärkere Anreize, die Leistungen der sozialen Sicherungssysteme nur im Bedarfsfall in Anspruch zu nehmen, sowie eine stärkere Steuerfinanzierung der Sozialausgaben.

Eine Herausforderung wird es weiterhin sein, gering qualifizierte Arbeitslose und Langzeitarbeitslose in Beschäftigung zu bringen. Viele Betroffene können nur einen relativ niedrigen Lohn erwirtschaften. Sie sind für gut bezahlte Arbeitsplätze mit hohen Produktivitätsanforderungen kaum geeignet. Daher müssen insbesondere im Niedriglohnbereich die Beschäftigungsanreize verbessert werden. Die jetzige Regelung des Arbeitslosengelds II setzt häufig noch Anreize, in der Hilfebedürftigkeit zu verbleiben, statt eine Arbeit im Niedriglohnbereich aufzunehmen. Auch Unternehmen müssen einen Anreiz haben, einen entsprechenden Arbeitsuchenden einzustellen. Der Lohn, den der Unternehmer bezahlt, darf nicht über der zusätzlichen Wertschöpfung des Arbeiters liegen. Die Einführung eines Mindestlohnes birgt hier gewisse Risiken. Wenn der Mindestlohn diese kritische Schwelle überschreitet, werden Arbeitsplätze, die für Geringqualifizierte geeignet sind, wegbrechen. Es wäre daher sehr zu begrüßen, wenn die Diskussion um Mindestlöhne durch den politischen Wettbewerb um die beste anreizkompatible Verzahnung von staatlichen Transfers und eigenem Erwerbseinkommen ersetzt würde. Einen Vorschlag zur Verbesserung der Anreizbedingungen gibt es etwa mit dem „Bofinger/Walwei-Modell" (Bofinger et al. 2006), das Vollzeitbeschäftigung im Niedriglohnsektor mit einem Kombi-Lohn fördern soll.

Langfristig ist es sicher die wichtigste Aufgabe, den Zustrom in die Langzeitarbeitslosigkeit zu stoppen. Da Geringqualifizierte ein hohes Risiko haben, langzeitarbeitslos zu werden, folgt daraus insbesondere, dass junge Menschen besser qualifiziert werden müssen. Die immer noch große Zahl junger Menschen, die das Schulsystem ohne Abschluss verlassen, ist die schwerste Hypothek für die künftige Entwicklung des Arbeitsmarktes.

6 Methodenteil

6.1 Zur Entstehung der kurzfristigen IAB-Arbeitsmarktprojektion

Der Forschungsbereich „Konjunktur und Arbeitsmarkt" prognostiziert regelmäßig die wichtigsten Kenngrößen des Arbeitsmarktes im Licht der konjunkturellen Entwicklung. Die drei Methoden für Konjunkturprognosen nach Nierhaus und Sturm (2003) sind auch maßgeblich für die IAB-Arbeitsmarktprognose: das ökonometrische, das indikatorbasierte und das iterativ-analytische Verfahren.

Ökonometrische Verfahren nutzen regressionsanalytische Ansätze, um wirtschaftliche Zusammenhänge oder Verhaltensweisen der Vergangenheit zu schätzen. Sie ermöglichen quantitative Aussagen darüber, wie endogene Variablen, etwa die Beschäftigung, auf Änderungen der exogenen Variablen, z. B. der gesamtwirtschaftlichen Nachfrage, reagieren. Die so gewonnene Information wird in die Zukunft extrapoliert.

Indikatorenmodelle setzen einen stabilen Zusammenhang eines Frühindikators, z. B. des ifo-Geschäftsklimas, und der zu prognostizierenden Variable, z. B. des Bruttoinlandsprodukts (BIP), voraus. Von der Veränderung des Indikators kann dann auf den Prognosewert des BIP geschlossen werden.

Beim *iterativ-analytischen Verfahren* werden einzelne Komponenten separat prognostiziert, z. B. die sozialversicherungspflichtige Beschäftigung als Teil der Arbeitsnachfrage. Dabei kommen sowohl die beiden zuvor genannten Verfahren zum Einsatz als auch die Erfahrung und das Detailwissen der Prognostiker (intuitive Prognose). Die einzeln prognostizierten Komponenten werden iterativ miteinander abgeglichen, so dass ein konsistentes Bild der Entwicklung am Arbeitsmarkt entsteht, dem subjektiv die größte Wahrscheinlichkeit beigemessen wird. Aber: Die Prognose „braucht noch nicht einmal eine hohe Wahrscheinlichkeit zu besitzen", so warnten die Wirtschaftsweisen schon 1964 vor überzogenen Erwartungen (Nierhaus/Sturm 2003: 22).

Die meisten Prognoseverfahren beruhen auf einer theoretischen Vorstellung und auf empirischen Informationen über das Wirtschaftsgeschehen in der Vergangenheit. Prognosen setzen darauf, dass die Zusammenhänge der Vergangenheit auch in der Zukunft stabil sind. Oft genug entspricht das jedoch nicht der Realität. Dann tun sich Prognoseverfahren leichter, bei denen Rahmenbedingungen eingefügt werden müssen bzw. können, und sei es eine subjektiv gesetzte Annahme, z. B. dass eine außerordentlich milde Witterung zu weniger Winterarbeitslosigkeit als üblich führt. Das iterativ-analytische Verfahren eröffnet diese Möglichkeit. Es produziert also immer bedingte Prognosen, d. h. Wenn-dann-Aussagen.

Ohne Annahmen über exogene Variablen – wie z. B. über die weltwirtschaftliche Entwicklung oder den Ölpreis – kommen die wenigsten Prognosen aus.[18] Sie geschickt zu setzen erfordert Expertenwissen, häufige Teamgespräche und nicht zuletzt Fingerspitzengefühl. Irrtümer sind möglich.

„Radikale Änderungen dieser Faktoren (exogene Schocks) können unkalkulierbare Strukturbrüche im Verhalten von Wirtschaftssubjekten und Wirtschaftspolitik bewirken. Deshalb wird in aller Regel von Konstanz bzw. Normalentwicklung ausgegangen." (Nierhaus/Sturm 2003: 19)

Ein übliches Verfahren, das auch das IAB anwendet, wenn keine verwertbaren Informationen vorliegen, ist die naive Prognose (no-change- oder same-change-Prognose).

Neben der Übertragbarkeit der Vergangenheit auf die Zukunft und den Annahmen über die exogenen Variablen, die Rahmenbedingungen und die Verhaltensweisen der Wirtschaftsakteure hängt die Treffsicherheit auch von der richtigen Diagnose der Situation am aktuellen Rand ab, auf die die Prognose aufsetzt.

„Im Vergleich von prognostizierten Zahlen mit den veröffentlichten amtlichen Ist-Zahlen darf (...) nicht übersehen werden, dass sich die statistisch bekannte Ausgangslage zum Zeitpunkt einer Prognose in aller Regel anders darstellt, als sie später – oftmals nach deutlichen Korrekturen des amtlichen Datenmaterials – erscheint." (Nierhaus/Sturm 2003: 23)

Die Zahl der Erwerbstätigen musste durch das Statistische Bundesamt z. B. schon einmal um mehrere 100.000 Personen revidiert werden. Auch ist es möglich, dass während der Erstellung der Prognose angekündigte Politiken während des Zeitraums, in dem sie ‚gilt', nicht oder anders umgesetzt werden, beispielsweise die Senkung des Beitragssatzes zur Arbeitslosenversicherung auf 3,3 statt 3,9 %. Mit solchen Unwägbarkeiten ist jede Prognose konfrontiert. Beim Umgang mit der prognostizierten Zahl sollten sie in Erinnerung sein.

Bei seiner Arbeitsmarktprojektion geht das IAB nach dem iterativ-analytischen Verfahren vor. Den Rahmen der Prognose bildet die Arbeitsmarktbilanz. Sie besteht auf der einen Seite aus dem Arbeitsangebot, auf der anderen Seite aus der gedeckten Arbeitsnachfrage und der Unterbeschäftigung. Diese drei Bestandteile werden weiter untergliedert. Bei der Prognose der einzelnen Bestandteile kommen das ökonometrische Verfahren (Beschäftigungsfunktion), durch Erfahrung entwickelte Schlüssel, naive Prognosen und Intuition zum Einsatz (Abbildung A21).

6.1.1 Arbeitsangebot

Das Arbeitsangebot wird mit dem Erwerbspersonenpotenzial gemessen. Dessen Entwicklung wird von vier Komponenten bestimmt: der demografischen Entwicklung im engeren Sinn (natürliche Bevölkerungsbewegung aus Geburten und Sterblichkeit), dem Erwerbsverhalten, Wanderungen und Pend-

---

18 Eine Ausnahme sind ökonometrische Prognosen auf der Basis vektorautoregressiver Modelle. Sie beziehen ihre Information ausschließlich aus den Vergangenheitswerten der zu prognostizierenden Variablen und unterliegen keiner anderen Bedingung, als dass diese Information stabil in die Zukunft extrapoliert werden kann.

Der deutsche Arbeitsmarkt – Entwicklungen und Perspektiven

Abbildung A21

Verfahren zur Projektion der Arbeitsmarktbilanz

- BIP-Wachstum (Annahme)
- Sozialversicherungspflichtige Beschäftigung, Erwerbstätigkeit (ökonometrische Prognose)
- Arbeitszeit (Kalender, naive Prognose)

- Demografie (Fortschreibung Bevölkerungsstatistik)
- Wanderungen (naive Prognose)
- Pendlersaldo (naive Prognose)
- Erwerbsverhalten (gemäß Langfrist-Projektion, Berücksichtigung von Sondereinflüssen)

Arbeitsmarktbilanz (iterativ-analytische Prognose)

Arbeitsangebot = Erwerbspersonenpotenzial

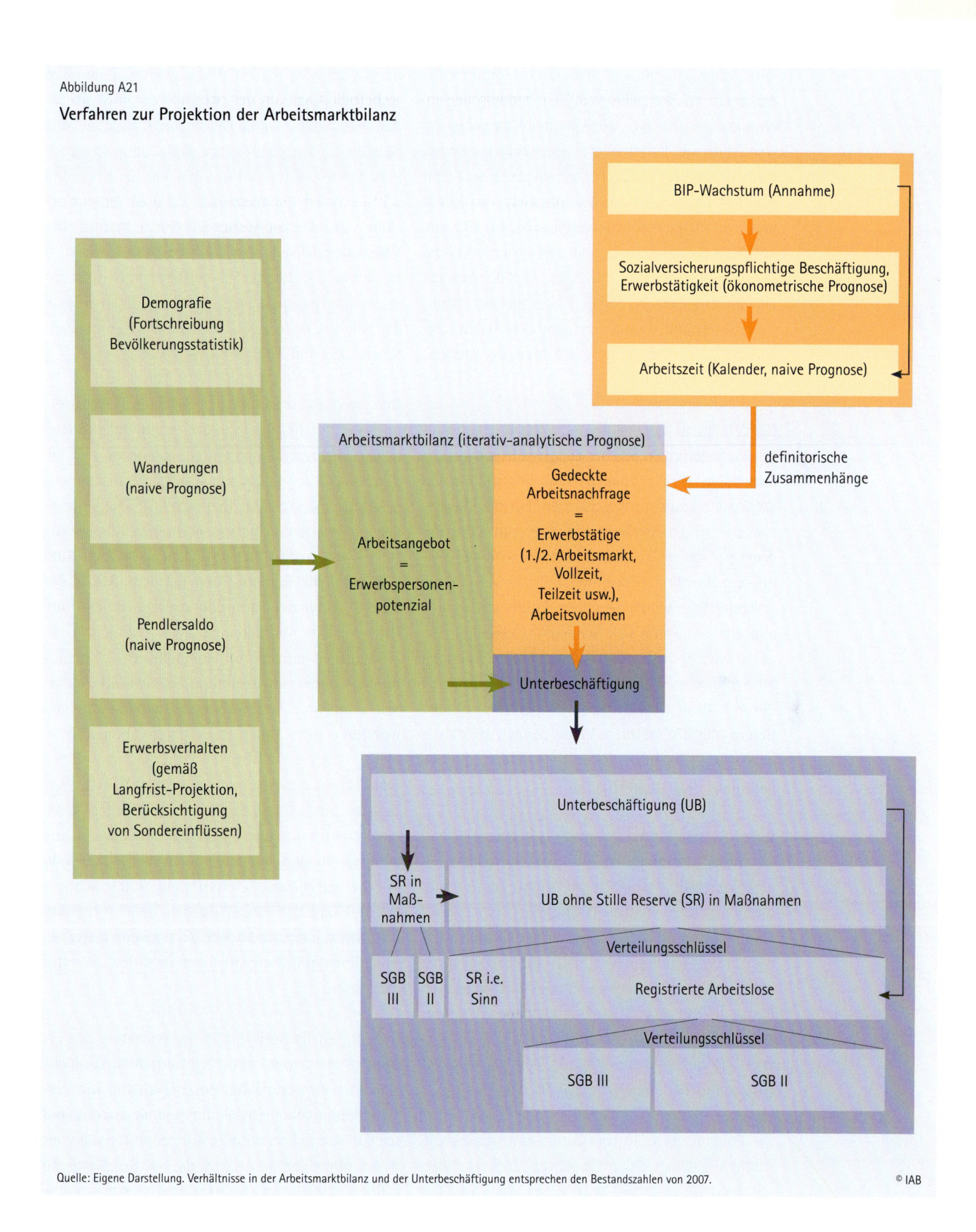

Gedeckte Arbeitsnachfrage = Erwerbstätige (1./2. Arbeitsmarkt, Vollzeit, Teilzeit usw.), Arbeitsvolumen

definitorische Zusammenhänge

Unterbeschäftigung

Unterbeschäftigung (UB)

SR in Maßnahmen → UB ohne Stille Reserve (SR) in Maßnahmen

Verteilungsschlüssel

SGB III | SGB II | SR i.e. Sinn → Registrierte Arbeitslose

Verteilungsschlüssel

SGB III | SGB II

Quelle: Eigene Darstellung. Verhältnisse in der Arbeitsmarktbilanz und der Unterbeschäftigung entsprechen den Bestandszahlen von 2007. © IAB

lerbewegungen, die das inländische Arbeitskräfteangebot erhöhen oder reduzieren. Um zu einem Prognosewert für das Arbeitsangebot zu gelangen, werden die vier Komponenten einzeln fortgeschrieben. Für die demografische Komponente geschieht dies auf Basis der aktuellen Bevölkerungsstatistik und der altersspezifischen Sterbequoten. Um von der Bevölkerungsentwicklung auf die Entwicklung des Arbeitsangebots zu schließen, wird die Zahl der Einwohner im erwerbsfähigen Alter mit der Potenzialerwerbsquote multipliziert, also dem Teil der Bevölkerung zwischen 15 und 65 Jahren, der tatsächlich Arbeit anbietet.

Die Verhaltenskomponente wird anhand der absoluten Veränderungen aus der Langfristprojektion des Forschungsbereichs „Längerfristige Entwicklung und Politiksimulation" fortgeschrieben. Für die Wanderungen und die Pendlerbewegungen nutzt das IAB unter normalen Umständen naive (no change) Prognosen. Sowohl die Fortschreibung der Verhaltenskomponente als auch die naiven Prognosen werden abgewandelt, wenn sich Sonderentwicklungen abzeichnen, z. B. die Einführung bzw. Abschaffung des 13. Schuljahres oder die systematische Überprüfung des Arbeitslosenstatus durch die Agenturen seit der Reform der BA. Auf diese Weise können kurzfristig wirksame Politiken berücksichtigt werden, die den langfristigen Trend überlagern.

6.1.2 Arbeitsnachfrage

Mit Arbeitsnachfrage ist hier die Erwerbstätigkeit gemeint, also die gedeckte Nachfrage. Die Zahl der offenen Stellen wird nicht prognostiziert. Für die kurzfristige Projektion ist die konjunkturelle Entwicklung besonders relevant. Den Ausgangspunkt bildet deshalb eine Annahme über das Wachstum des realen BIP. Damit wird unterstellt, dass in der kurzen – anders als in der mittleren – Frist die Entwicklung auf dem Arbeitsmarkt von der gesamtwirtschaftlichen Nachfrage getrieben wird.

Die Prognose des BIP wird nicht vom IAB erstellt, sondern auf Basis der Prognosen anderer Wirtschaftsforschungsinstitute (z. B. ifo, RWI) bzw. Organisationen (z. B. EU, IWF) gesetzt. Prognosen sind als bedingte Vorhersagen immer mit Unsicherheit verbunden. Um die Unsicherheit, aber auch die Bandbreite der publizierten Konjunkturprognosen einzufangen, legt das IAB um seine für am wahrscheinlichsten gehaltene BIP-Variante einen Korridor von normalerweise ±½ Prozentpunkt. Die Wahrscheinlichkeit, dass die Wirtschaft tatsächlich in diesem Korridor wächst, beträgt immer noch nur 30 %, wie Heilemann und Blaschzik (2004) anhand der Prognosefehler der Gemeinschaftsdiagnose zwischen 1969 und 2003 ermittelt haben.

Den zweiten Baustein der Arbeitsnachfrageprognose liefert die Arbeitszeitrechnung. Das IAB modelliert mehrere Komponenten, aus denen sich die durchschnittliche jährliche Arbeitszeit zusammensetzt (Bach/Koch 2002). Dies sind tarifliche/betriebliche Komponenten, personenbezogene Komponenten (Krankenstand, Teilzeit), Kalendereffekte und konjunkturelle Komponenten (Überstunden, Kurzarbeit). Vorhandene Informationen, z. B. über den Kalender oder Tarifvereinbarungen, werden in die Prognose eingespeist. Die konjunkturellen Komponenten werden in Anlehnung an das Wirtschaftswachstum geschätzt. Auf die Entwicklung der Arbeitszeit nimmt auch die Beschäftigtenstruktur Einfluss, da eine höhere Teilzeitquote mit weniger, eine höhere Selbstständigenquote mit mehr Arbeitszeit pro Jahr und Kopf einhergeht. Sofern keine anderen Informationen vorliegen oder aber Brüche zu erwarten sind, wie etwa durch die Neuregelung der geringfügigen Beschäftigung 2003, schreibt das IAB hier den längerfristigen Trend fort. Über die Entwicklung der übrigen Komponenten werden Annahmen getroffen; oft handelt es sich um naive Prognosen.

Den dritten Baustein bildet die Projektion der Erwerbstätigen bzw. der sozialversicherungspflichtig Beschäftigten. Dafür nutzt das IAB zwei Verfahren der ökonometrischen Prognose. Erstens wird die sozialversicherungspflichtige Beschäftigung mit einem Modell prognostiziert, das auf Brechling und O'Brien (1967) zurückgeht. Danach bestimmt die

Entwicklung der gesamtwirtschaftlichen Nachfrage die Beschäftigung. Herleiten lässt sich das Modell aus einem theoretischen Ansatz, in dem Unternehmen ihre Kosten unter der Nebenbedingung einer Cobb-Douglas-Produktionsfunktion minimieren, dabei aber Anpassungskosten berücksichtigen. Aus dem Optimierungskalkül resultiert eine Funktion, die die aktuelle Beschäftigung mit drei Größen erklärt: dem aktuellen BIP, der Beschäftigung der Vorperiode und einem Zeittrend. Um Autokorrelation der Residuen zu verhindern, werden weitere verzögerte Variablen aufgenommen. Geschätzt wird diese Funktion mit Quartalsdaten über einen Stützzeitraum von etwa 15 Jahren. Der ökonometrische Beschäftigungszusammenhang wird in die Zukunft übertragen, indem die angenommene BIP-Entwicklung saison- und arbeitstäglich bereinigt eingefügt und das Modell gelöst wird.

Zweitens wird die Beschäftigung mit Fehlerkorrekturmodellen (FKM) projiziert. Sie verknüpfen eine langfristige Beziehung zwischen Niveauvariablen mit den dazugehörigen kurzfristigen Anpassungen in Veränderungen. Die Modelle lassen also Schwankungen um den langfristigen Entwicklungspfad zu. Die in den FKM für die Beschäftigung enthaltene Langfristbeziehung ist die Arbeitsnachfrage-Gleichung. Sie resultiert aus der Gewinnmaximierung eines Unternehmens, das mit einer Cobb-Douglas-Technologie und den Faktoren Arbeit und Kapital ein homogenes Gut produziert. Die Arbeitsnachfrage hängt dann vom realen Output und den realen Lohnkosten ab. Die kurzfristige Anpassung wird durch erste Differenzen der endogenen und exogenen Variablen abgebildet. Zudem enthält sie einen Fehlerkorrekturmechanismus. Durch ihn wird die Abweichung der tatsächlichen Beschäftigung von ihrem geschätzten langfristigen Entwicklungspfad, die in der Vorperiode beobachtet wurde, im Zeitverlauf abgebaut.

Nachdem das Wirtschaftswachstum festgelegt, die Arbeitszeit geschätzt und die Erwerbstätigkeit prognostiziert sind, werden weitere Größen berechnet. Zwischen dem Wirtschaftswachstum, der Arbeitszeit, der Erwerbstätigkeit, dem Arbeitsvolumen und der Arbeitsproduktivität bestehen tautologische Beziehungen. So ergibt sich das Arbeitsvolumen als Produkt der Erwerbstätigen und ihrer Pro-Kopf-Arbeitszeit. Die Arbeitsproduktivität ist der Quotient aus BIP und Arbeitsvolumen. Die einzelnen Größen werden so in Beziehung zueinander gesetzt und iterativ den Werten angenähert, denen subjektiv die größte Wahrscheinlichkeit beigemessen wird. In den Iterationsprozess fließt auch Expertenwissen ein, beispielsweise über die Produktivitätsentwicklung im Konjunkturzyklus.

Die Entwicklung der Erwerbstätigkeit und der Arbeitszeit wird auf eine tiefe Disaggregationsstufe heruntergebrochen. Daraus lassen sich Aussagen über die Beschäftigungsstruktur ableiten, beispielsweise über Arbeitnehmer und Selbstständige, über den ersten und zweiten Arbeitsmarkt, über Vollzeit und Teilzeit.

6.1.3 Unterbeschäftigung

Die Zahl, um die das Arbeitsangebot die Arbeitsnachfrage überschreitet, ergibt die Unterbeschäftigung. Zur Unterbeschäftigung zählen die registrierte Arbeitslosigkeit, die Stille Reserve im engeren Sinn und die Stille Reserve in Maßnahmen.

Die Stille Reserve in Maßnahmen umfasst alle Personen in Maßnahmen der aktiven Arbeitsmarktpolitik, die nicht Beschäftigung schaffend sind und dadurch zur Erwerbstätigkeit führen. Zusätzlich sind Personen nach den §§ 125, 126 und 428 SGB III erfasst, die wegen Krankheit oder eines Alters ab 58 Jahren dem Arbeitsmarkt nicht mehr zur Verfügung stehen müssen, obwohl sie Leistungen beziehen. Für die Zahl der Maßnahmenteilnehmer liefert der Haushaltsplan der BA Anhaltspunkte. Die Inanspruchnahme der Regelung für Ältere hängt von der Entwicklung der Arbeitslosigkeit insgesamt ab. Der Bestand an allen Arbeitslosen und an Nutzern des § 428 SGB III wird deshalb iterativ ermittelt. Da der § 428 SGB III zum Jahresende 2007 auslief, wurde in den Prognosen ab 2008 seine Entwicklung von der Entwicklung des Gesamtbestands abgekoppelt.

Tabelle A7

Treffsicherheit der Prognose der Arbeitslosigkeit 2000–2007, IAB und Gemeinschaftsdiagnose

Jahr			2000	2001	2002	2003	2004	2005	2006	2007
Monat der Publikation	IAB		Feb	Feb	April	Feb	März	Juli	Juli	Feb
	GD		April	April	April	April	April	April	April	April
Ausgangspunkt: BIP-Wachstum (%) (IAB: Annahme)	IAB	untere Variante	2	2 1/4	0	1/2	1	1/4	1 1/2	1 1/4
		mittlere Variante	2 1/2	2 3/4	3/4	1	1 1/2	3/4	1 3/4	1 3/4
		obere Variante	3	3 1/4	1 1/2	1 1/2	2	1 1/4	2	2 1/4
	GD		2,8	2,1	0,9	0,5	1,5	0,7	1,8	2,4
	IST		3,2	1,2	0,0	−0,2	1,2	0,9	2,7	2,5
Arbeitslosigkeit (1.000)	IAB	untere Variante	3.941	3.716	4.056	4.250	4.323	4.809	4.586	3.966
		mittlere Variante	3.875	3.663	3.976	4.229	4.269	4.754	4.562	3.910
		obere Variante	3.827	3.618	3.896	4.208	4.215	4.700	4.538	3.854
	GD		3.830	3.695	3.957	4.450	4.332	4.844	4.580	3.767
	IST		3.890	3.853	4.061	4.377	4.381	4.861	4.487	3.776
Prognosefehler[1]	IAB	mittlere Variante	−15	−190	−85	−148	−112	−107	75	134
		GD-nahe Variante[2]	−63	−137	−85	−127	−112	−107	75	78
	GD		−60	−158	−104	73	−49	−17	93	−9

Fehlermaße			2000–2007	
Bias	IAB	mittlere Variante	−56	mittlerer Fehler (1.000)
	IAB	GD-nahe Variante[2]	−60	
	GD		−29	
MAE	IAB	mittlere Variante	108	mittlerer absoluter Fehler (1.000) (mean absolute error)
	IAB	GD-nahe Variante[2]	98	
	GD		70	
MAPE	IAB	mittlere Variante	2,60	mittlerer absoluter prozentualer Fehler (%) (mean absolute percentage error)
	IAB	GD-nahe Variante[2]	2,33	
	GD		1,71	
RMSE	IAB	mittlere Variante	119	mittlerer quadratischer Fehler (1.000) (root mean squared error)
	IAB	GD-nahe Variante[2]	101	
	GD		84	
RMSPE	IAB	mittlere Variante	2,89	mittlerer relativer Fehler (%) (root mean squared percentage error)
	IAB	GD-nahe Variante[2]	2,41	
	GD		2,07	
Theilsches U	IAB	mittlere Variante	0,33	RMSE in Relation zum RMSE der naiven (no change) Prognose[3]
	IAB	GD-nahe Variante[2]	0,28	
	GD		0,23	

1) Prognosefehler = prognostizierter − tatsächlicher Wert. 2) Nach Maßgabe der BIP-Prognose (markiert). 3) Nach SVR (2005: 505).
Quelle: GD, IAB, eigene Berechnungen.

Die relativ gut prognostizierbare Stille Reserve in Maßnahmen wird von der Unterbeschäftigung abgezogen. Die verbleibende Menge ist auf die registrierte Arbeitslosigkeit und Stille Reserve im engeren Sinn aufzuteilen. Dafür wird bei jeder Komponente der Erwerbstätigenprojektion geprüft, inwiefern sie die Arbeitslosigkeit oder die Stille Reserve entlastet oder erhöht. Zum Beispiel waren Erwerbstätige auf dem zweiten Arbeitsmarkt oder geförderte Selbstständige zwangsläufig vorher als arbeitslos registriert. Der Anstieg dieser Komponenten entlastet die Arbeitslosigkeit zu 100 %. Für Arbeitnehmer auf dem ersten Arbeitsmarkt wird ein Schlüssel angelegt, zurzeit 80:20, der auf Erfahrungen beruht und in Abständen kontrolliert wird. Beispielsweise legte die Hartz-IV-Reform verdeckte Arbeitslosigkeit offen, und der Kreis der registrierten Arbeitslosen wurde größer. Es ist also zu vermuten, dass die Entwicklung der Erwerbstätigkeit die offene, registrierte Arbeitslosigkeit nun stärker tangiert als zuvor.

Dasselbe Schema wird angelegt für die Gliederung der registrierten Arbeitslosigkeit nach den Rechtskreisen SGB II und SGB III.

6.1.4 Prognosefehler

Eingangs wurden die drei wesentlichen Fehlerquellen bedingter Prognosen genannt: die fehlende Übertragbarkeit der Zusammenhänge und Verhaltensweisen aus der Vergangenheit in die Zukunft, fehlerhafte Annahmen über die erklärenden Variablen und vorläufige Daten, die zu einer falschen Diagnose der Ist-Situation führen und erst durch spätere Datenrevisionen korrigiert werden.

Die Folge von Unwägbarkeiten in den Annahmen und Daten sind zwangsläufig unsichere Prognosen. Trotz methodischer Fortschritte, besserer Datenqualität und moderner Computer hat sich die Treffsicherheit von Konjunkturprognosen in den letzten 30 Jahren nicht verbessert (Heilemann/Klinger 2005: 248). Von dieser Unsicherheit sind auch die Arbeitsmarktprognosen des IAB betroffen. Tabelle A7 zeigt die Treffsicherheit der IAB-Projektion für die Arbeitslosigkeit im Vergleich zur Gemeinschaftsdiagnose (GD) der Wirtschaftsforschungsinstitute, die wegen ihrer Bekanntheit und Anerkanntheit gewählt wurde. Das beste Prognoseinstitut oder die beste Prognosemethode gibt es nicht, so dass kein absoluter Maßstab angelegt werden kann.

Der mittleren Variante der IAB-Projektion wird zum Zeitpunkt der Publikation die höchste subjektive Wahrscheinlichkeit beigemessen. Bei dieser Variante beträgt der mittlere Fehler –57.000 Arbeitslose, d. h., es werden im Durchschnitt zu wenig Arbeitslose prognostiziert. Bei der Berechnung des durchschnittlichen Fehlers gleichen sich positive und negative Abweichungen aus, nicht so beim mittleren absoluten Fehler. Dieser beträgt 107.000 Personen. Das entspricht 2,6 % des tatsächlichen Bestands. Der mittlere quadratische Fehler gewichtet große Abweichungen höher; er beläuft sich auf 118.000 Personen oder 2,9 % des tatsächlichen Bestands. Die mittlere Variante der IAB-Projektion ist aber deutlich treffsicherer als die no-change-Prognose, wie der Theil'sche Ungleichheitskoeffizient von 0,3 belegt: Der durchschnittliche quadratische Fehler der mittleren IAB-Projektion beträgt nur 30 % des Fehlers, der durch die naive Prognose entstanden wäre.

Die Fehlermaße der mittleren Variante liegen über denen der Gemeinschaftsdiagnose. Für den kurzen Zeitraum zwischen 2000 und 2007 sind dafür zwei Aspekte maßgeblich: 1) Der GD ist es besser gelungen, die Arbeitsmarktentwicklung im Reformjahr 2005 abzuschätzen. 2) Die meisten GD-Prognosen erscheinen später als die IAB-Prognosen, sie basieren also auf mehr Informationen. So liegen im April bereits das BIP-Wachstum im ersten Quartal, die revidierten Jahresdurchschnitte für die Erwerbstätigkeit des Vorjahres und mehr Monatswerte für die Arbeitslosenzahl vor. Um fair zu vergleichen, müsste die Güteprüfung unter Echtzeitbedingungen stattfinden. Wir bereinigen zumindest um einen Teil des Informationsvorsprungs der GD, indem wir diejenige Variante aus dem Spektrum der IAB-Projektion heranziehen, die der von den Wirtschaftsforschungsinstituten prognostizierten BIP-Entwicklung am nächsten lag. Nun verringern sich die Fehlermaße für das IAB, und die Treffsicherheit nähert sich der der Gemeinschaftsdiagnose an.

6.1.5 Fazit

Das IAB erstellt seine Arbeitsmarktprojektion nach dem iterativ-analytischen Verfahren. Ökonometrische und naive Prognosen, Trendfortschreibungen und Expertenwissen werden aufeinander abgestimmt. Den Prognoserahmen bildet die Arbeitsmarktbilanz: Die Entwicklung von Arbeitsangebot,

Arbeitsnachfrage und Unterbeschäftigung wird gemeinsam ermittelt, zum Teil in tiefer Untergliederung.

6.2 Regionale Arbeitsmarktprognosen[19]

6.2.1 Einleitung

Ebenso wie nationale Prognosen sind Einschätzungen über die zukünftige regionale Entwicklung von Wirtschaft und Arbeitsmarkt für das Handeln von politischen, institutionellen oder ökonomischen Akteuren vor Ort und auf übergeordneter Ebene von zentraler Bedeutung. Durch die zunehmende Dezentralisierung in der Wirtschafts- und Arbeitsmarktpolitik werden den lokalen Akteuren mehr Entscheidungsspielräume übertragen, so dass sie mit größeren Unsicherheiten über zukünftige Entwicklungen konfrontiert sind. Regionalisierte Prognosen reduzieren diese Informationsunvollkommenheiten.

Der vorliegende Beitrag stellt Prognosen zur kurzfristigen Entwicklung der Zahl der Beschäftigten und der Arbeitslosen in den 178 deutschen Arbeitsagenturbezirken vor.[20] Diese sind mindestens so groß wie Kreise, aber kleiner als Regierungsbezirke. Aufgrund der Kleinräumigkeit ist davon auszugehen, dass die Entwicklung in einer Agentur auch von der Entwicklung in benachbarten Agenturen abhängt. Diese räumlichen Beziehungen werden hier explizit berücksichtigt und dargestellt. Anschließend wird untersucht, inwiefern die Aufnahme von räumlichen Abhängigkeiten die Prognosegenauigkeit beeinflusst.

---

19 Die aktuelle Prognose des IAB zur regionalen Arbeitsmarktentwicklung kann über den Internetauftritt des IAB unter http://www.iab.de/de/daten/arbeitsmarktentwicklung.aspx abgerufen werden.

20 Die drei Agenturbezirke in Berlin werden aufgrund von Zuschnittsänderungen, die eine einheitliche Zeitreihe unmöglich machen, zu einer Einheit zusammengefasst, so dass die folgende Analyse für 176 Bezirke durchgeführt wird.

6.2.2 Ansätze der Regionalprognose: methodische Wurzeln und deren Synthese

Die Entwicklung einer Region hängt von zahlreichen regionalen, nationalen als auch internationalen Faktoren ab. Somit ist für die Entwicklung regionaler Ökonomien nicht nur die Lage der nationalen Volkswirtschaft und der Weltwirtschaft ausschlaggebend; vielmehr wird deren wirtschaftliche Dynamik auch von regionsspezifischen Besonderheiten wie der sektoralen Wirtschaftsstruktur, der infrastrukturellen Ausstattung oder von Investitions- und Innovationsaktivitäten bestimmt. In der Regel liegen auf der nationalen Ebene zeitnähere, umfassendere und differenziertere Informationen bzw. Daten vor, so dass nationale Entwicklungen meist präziser prognostiziert werden können, als dies im regionalen Kontext möglich ist. Häufig wird die prognostizierte Entwicklung der gesamten Volkswirtschaft pauschal auf die Regionen heruntergebrochen, d. h., es wird für alle Regionen dieselbe Wachstumsrate unterstellt. Demgegenüber beabsichtigt eine regionale Prognose, vor allem die regionsspezifische Entwicklung abzuschätzen.

Mittels univariater Zeitreihenverfahren, Transferfunktionen oder Vektorautoregression können relativ zuverlässige kurzfristige Prognosen erstellt werden, d. h. solche mit geringen Prognosefehlern und kleinen Konfidenzintervallen (Stock 2001; Jäger 1996). Um mit einem grundlegenden Problem regionaler Prognosen – der Vielzahl von Einheiten bei begrenzten Ressourcen – umgehen zu können, ist vor der Prognose die Formulierung und Operationalisierung zahlreicher Annahmen notwendig. Die Modellspezifizierung folgt stringenten und vorab festgelegten Regeln und ist somit objektiv und transparent. Gleichzeitig besteht die Gefahr, dass die Prognosen hierdurch mechanistisch und starr werden. Die Sensitivität in Bezug auf die Identifizierung irregulärer Entwicklungen kann stark eingeschränkt sein. Zudem weisen reine Zeitreihenprognosen keine theoretische Fundierung auf, weshalb keine theoretische Bewertung und Plausibilisierung der Modellspezifikationen möglich ist (van der Laan 1996). Folglich lässt sich in reinen Zeitreihenverfahren für mehrere hundert Regionen nur unzureichend überprüfen, ob es sich bei bestimmten Mustern in den Daten um Messfehler oder zufällige Schwankungen handelt oder ob diese Muster kurz- bis mittelfristige ökonomisch erklärbare Sonderentwicklungen widerspiegeln, die in einer Prognose mit erfasst werden sollen.

Aus der Regionalwissenschaft werden vielfältige Konzepte herangezogen, die eine theoretische Erklärung für regionale Besonderheiten bzw. Entwicklungspfade liefern (Nijkamp et al. 1986; Jäger 1996; van der Laan 1996; Tassinopoulos 2000). Diese Theorien beziehen sich ausschließlich auf die Arbeitsnachfrage bzw. die realisierte Beschäftigung. Eine regionalwissenschaftliche Theorie der Arbeitslosigkeit ist erst ansatzweise entwickelt (vgl. für einen Überblick: Elhorst 2003). Deswegen werden Prognosen für die Zahl der Arbeitslosen meist aus der Differenz zwischen regionalen Prognosen für Arbeitsangebot und -nachfrage abgeleitet, die um den Pendlersaldo bereinigt wird.

Regionalisierte Prognosen stützen sich zumeist auf eine der beiden folgenden regionalwissenschaftlichen Theorien: Der Erklärungsansatz der Export-Basis (auch bezeichnet als Economic-Base-Theorie oder Basis-Multiplikator-Ansatz) unterscheidet in einer Region zwischen einem export- bzw. überregional orientierten Basissektor und einem intraregional ausgerichteten Sektor. Die Beschäftigung im Nicht-Basis-Sektor wird dabei über einen regionsspezifischen Multiplikator von derjenigen im Basis-Sektor abgeleitet. Hingegen werden in Input-Output-(I-O-)Analysen die intersektoralen und interregionalen Verflechtungen noch weiter differenziert. Entwicklungen in einer Beobachtungseinheit (Region, Sektor) schlagen sich hier über Kettenffekte auf alle anderen Einheiten nieder. Beide Verfahren betonen die Bedeutung der sektoralen Struktur und dienen zu deren Beschreibung, erklären aber nicht die Entwicklung, von der die Wachstumsimpulse ausgehen.

Vor diesem Hintergrund finden Shift-Share-Analysen, welche zur Analyse der langfristigen Entwicklung und des Strukturwandels eingesetzt werden, auch im Rahmen von regionalen Prognosen Anwendung. Hierbei wird die Wachstumsrate einer Region zerlegt in eine von der Branchenzusammensetzung abhängige, strukturelle Komponente *(proportional shift)* und eine lokale Komponente *(differential shift)*. Externe Branchenprognosen dienen als Grundlage, um die strukturelle Komponente zu extrapolieren; die lokale Komponente wird konstant fortgeschrieben. Letztere ist aber in erheblichem Maß vom Betrachtungszeitraum abhängig bzw. im Konjunkturverlauf instabil und deswegen nur eingeschränkt für Prognosezwecke nutzbar (Nijkamp et al. 1986: 266).

Sowohl die statischen regionalwissenschaftlichen Konzepte wie beispielsweise Economic-Base und I-O-Analysen als auch an der langfristigen Entwicklung orientierte Herangehensweisen (z. B. Shift-Share) können jedoch die kurzfristige Dynamik nur unzureichend erklären. In Letzterem liegt die Stärke der Zeitreihenökonometrie. Deshalb werden seit Anfang der 1990er-Jahre regionalwissenschaftliche Methoden mit Zeitreihenmodellen kombiniert.[21]

Insgesamt zeigt sich, dass der Fokus der meisten Regionalprognosen auf der Modellierung der sektoralen Struktur liegt, wobei die einzelnen Regionen als unabhängige Beobachtungseinheiten betrachtet werden. Jedoch bestätigen sowohl neuere regionalwissenschaftliche Theorien als auch empirische Arbeiten, dass Abhängigkeiten zwischen den einzelnen Regionen ebenfalls eine bedeutsame Rolle für deren Entwicklung spielen. Dieser Aspekt wird bisher nur von wenigen Studien aufgegriffen.

---

21 Zum Beispiel verbindet Bade (2004) ARIMA-Modelle mit der Wachstumspol-Theorie; Magura (1998) verwendet sektorale I-O-Tabellen als Input in Transferfunktionen; Mayor et al. (2007) kombinieren ARIMA mit einem Shift-Share-Ansatz; Patuelli et al. (2006) verknüpfen die Shift-Share-Methode mit Schätzverfahren aus der Familie der künstlichen neuronalen Netze.

Abbildung A22

Skizze der möglichen zeitlich- und räumlich-autoregressiven Beziehungen

[Schematische Darstellung: beobachtbare Variablen $X_{T-l,p}$, $X_{T-l,q}$, $X_{T-l,r}$, $X_{T-l,s}$ und $X_{T,p}$, $X_{T,q}$, $X_{T,r}$, $X_{T,s}$; unbeobachtbare Variablen $X_{T+h,p}$, $X_{T+h,q}$, $X_{T+h,r}$, $X_{T+h,s}$ mit Pfeilverbindungen]

© IAB

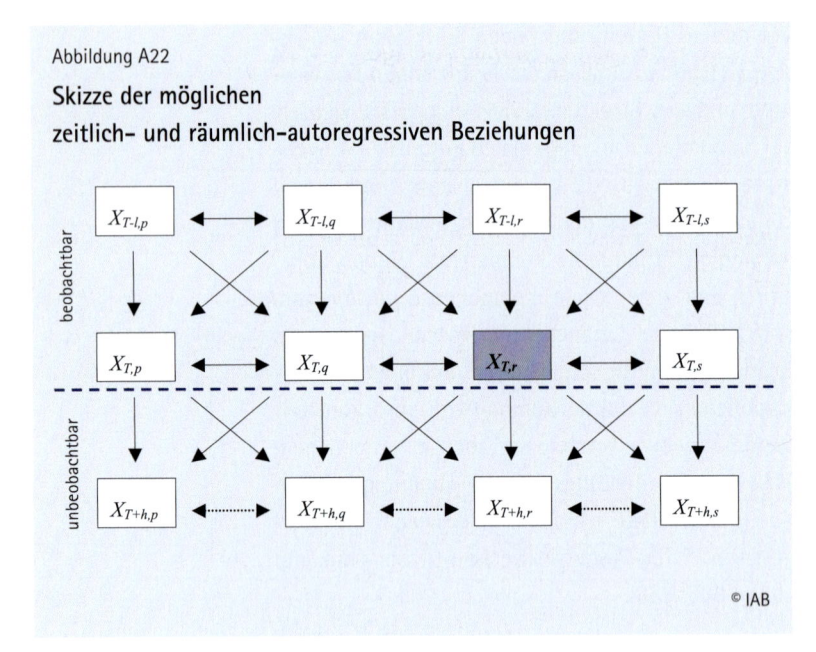

6.2.3 Räumliche Wechselwirkungen bei Regionalprognosen

Regionale Abhängigkeiten entstehen durch die vielfältigen Verflechtungen zwischen Regionen. Beispielsweise sind regionale Arbeitsmärkte durch Pendlerströme, Kapitalmärkte durch Direktinvestitionen und Gütermärkte durch transportierbare Zwischen- und Konsumgüter sowie durch mobile Dienstleistungsproduzenten miteinander verflochten.

Diese räumliche Komponente der Verflechtung zwischen Regionen wird in Abbildung A22 schematisch dargestellt. Demnach wird die Entwicklung in Region r von der Entwicklung in den Regionen q und s unmittelbar beeinflusst, r übt im Gegenzug auch unmittelbaren Einfluss auf diese beiden Regionen aus. Dagegen ist die Wechselwirkung zwischen den zwei Regionen p und r nur mittelbar.

Bei regionalen Interdependenzen ist auch die zeitliche Dimension relevant. Zum einen ist es möglich, dass sich Regionen in ihrer Entwicklung zeitgleich gegenseitig beeinflussen, was einer Wirkung von $X_{T,s}$ auf $X_{T,r}$ entspricht. Zum anderen kann der Einfluss zeitlich verzögert eintreten: d. h., $X_{T,r}$ wird von $X_{T-l,s}$ beeinflusst. Beispielsweise führt ein Aufschwung in einer Region über die erhöhte Nachfrage nach Vorleistungen, die auch aus dem Umland gedeckt wird, und über die höheren Einkommen, die von Pendlern ins Umland getragen werden, zu einem zeitlich verzögerten Aufschwung in einer anderen Region.

Räumlich-autoregressive Verfahren werden erst in jüngster Vergangenheit zur Erstellung von Prognosen eingesetzt. Die ersten Studien zielen darauf ab, entweder durch regional aufgesplittete Prognosen eine bessere Nationalprognose zu erhalten (Giacomini/Granger 2004; Hernandez-Murillo/Owyang 2006) oder internationale Handelsströme in globalen Makroprognosen zu berücksichtigen (Pesaran et al. 2004). Diese Verfahren lassen aber auch eine Betrachtung der regional disaggregierten Prognosen zu. Longhi und Nijkamp (2006) berücksichtigen bei ihrer Prognose gleichzeitige räumliche Abhängigkeiten im Schätzresiduum, d. h. in dem Teil der regionalen Entwicklung, der nicht durch andere Variablen erklärbar ist. Am sogenannten Spatial Error-Modell orientieren sich auch Kholodolin et al. (2007).

Dagegen werden hier, wie in Hampel et al. (2007), in einer Variante des Spatial-Lag-Modells die Beziehungen zwischen der Entwicklung einer Region und der zeitlich verzögerten Entwicklung in der Umgebung verwendet. Hierfür spielt die Überlegung eine Rolle, dass die zu prognostizierenden Werte $X_{T+h,r}$ in Analogie zu $X_{T,r}$ bestimmt werden müssen. Für den Prognosezeitraum sind aber die Werte in den anderen Regionen $X_{T+h,s}$ unbekannt und können nicht für Prognosezwecke genutzt werden, hierfür stehen nur die Beobachtungen aus der Vergangenheit zur Verfügung. Deswegen ist es auch für die Modellschätzung sinnvoll, $X_{T,r}$ nur aus der eigenen Vergangenheit und der der Nachbarn, jedoch nicht aus der gleichzeitigen Entwicklung der Nachbarn zu bestimmen (Kelejian/Prucha 2007).

Insgesamt werden für jeden Agenturbezirk neben den zwei räumlichen Modellen noch drei reine Zeitreihenverfahren zur Prognose verwendet: ein Strukturkomponenten-Modell ohne räumliche

Der deutsche Arbeitsmarkt – Entwicklungen und Perspektiven

Kasten A3
Angewandte Zeitreihenverfahren

Für die Projektion regionaler Arbeitsmarktindikatoren werden fünf verschiedene Zeitreihenmodelle verwendet. Bei zwei Modellen – ARIMA und EWMA – wird die Zeitreihe durch eigene vergangene Werte (autoregressiv) erklärt. In einem weiteren Modell – SC – wird die Zeitreihe in deterministische strukturelle Komponenten zerlegt. Aufbauend auf dem SC-Modell, berücksichtigen das SCSARC- und das SCSARD-Modell zusätzlich die räumlich verzögerten Werte. In einem letzten Schritt wird ein gewichteter Durchschnitt der unterschiedlichen Modellergebnisse gebildet.

Autoregressive Integrated Moving Averages (ARIMA)

Beim ARIMA-Modell handelt es sich um eine Kombination aus autoregressiven Prozessen (AR) und gleitenden Durchschnitten (MA). Dabei müssen für jeden Agenturbezirk die optimale Anzahl der zu berücksichtigenden Vorperioden und deren Einfluss auf den Zielwert bestimmt werden:

$$\Delta^{12,1} y_{r,t} = \mu_{r,t} + \sum_{k=1}^{26} \Delta^{12,1} y_{r,t-k} \alpha_{r,k} + u_{r,t}$$

$$\text{mit} \quad u_{r,t} = \sum_{k=1}^{26} u_{r,t-k} \rho_{r,k} + \varepsilon_t$$

Dabei bezeichnen $\Delta^{12,1} y_{r,t}$ die doppelt differenzierte (zum Vorjahresmonat und zum Vormonat) Zeitreihe in einer Region r zum Zeitpunkt t. $\mu_{r,t}$ ist der Erwartungswert, $\alpha_{r,k}$ der Gewichtungsfaktor der Vergangenheitswerte, $u_{r,t}$ bezeichnet den gleitenden Durchschnitt eines White-Noise-Prozesses, der mit einem jeweiligen Gewicht $\rho_{r,k}$ einfließt. Als relevanter Vergangenheitszeitraum im AR- und MA-Prozess werden jeweils 26 Monate betrachtet. Diese stellen einen Kompromiss zwischen möglichst viel Information aus der Vergangenheit und möglichst geringem Verlust an Beobachtungen dar.

Exponential Weighted Moving Averages (EWMA)

Hier erfolgt die Schätzung durch eine gewichtete Durchschnittsbildung aller Vorperioden, wobei weiter zurückliegende Werte mit exponentiell abnehmenden Gewichten eingehen. Dabei werden für jede Periode und jede regionale Einheit individuelle Niveau-, Trend- und Saisonkomponenten berücksichtigt (additive saisonale Holt-Winters-Methode).

Strukturelle Komponenten (SC)

Bei diesem Ansatz fließen die Vergangenheitswerte nicht direkt ein, stattdessen wird die Zeitreihe in deterministische Einzelkomponenten zerlegt:

$$\Delta^1 y_{r,t} = \mu_{r,t} + \gamma_{r,t} + \psi_{r,t} + \zeta_{r,t}$$

$$\text{mit} \quad \mu_{r,t} = f(t) + v_{r,t}; v_{r,t} \approx \left(0, \sigma_{v,r,t}^2\right)$$

$$\gamma_{r,t} = \sum_{j=1}^{[s/2]} \alpha_j \cos \lambda_j t + \delta_j \sin \lambda_j t$$

und $\lambda_j = 2\pi j / s$

- eine *Niveaukomponente*, die für jede Region die Differenz der Erklärungsvariable zum Vormonat abbildet;
- lineare, quadratische und kubische *Trendkomponenten* (mit der differenzierten Niveaukomponente in $\mu_{r,t}$ zusammengefasst),
- *Saisonkomponenten* $\gamma_{r,t}$, die über Sinus- und Cosinus-Funktionen gebildet werden,
- eine *Zykluskomponente* $\psi_{r,t}$, bei der für jede Region individuell die Länge der Konjunkturzyklen über den Abstand von zwei aufeinanderfolgenden Maxima gemessen und über jeweils eine Sinus- und Cosinus-Funktion modelliert wird.

Alle Komponenten werden für jede regionale Einheit auf ihre Signifikanz getestet und nur bei positivem Ergebnis in die endgültige Schätzung aufgenommen.

Strukturelle Komponenten mit räumlichen autoregressiven Elementen (SCSARC und SCSARD)

In diesen beiden Ansätzen werden als weitere Komponente die zeitlich verzögerten Werte aus bis zu 13 Monaten in der Vergangenheit aus anderen Regionen mit aufgenommen. Der Grad der Verflechtungen ist ein Ergebnis von Marktprozessen und somit endogen. In ökonometrischen Modellen sollten diese exogen – oder zumindest stochastisch unabhängig – definiert und gemessen werden (Anselin 2001). Weil regionale Wechselbeziehungen auf dem Arbeits- und Gütermarkt vor allem auf kurze bis mittlere Entfernung bestehen, sind geografische Konzepte wie Nachbarschaft und Luftliniendistanz zur Abbildung dieser Verflechtungen geeignet (Haining 2003: 74-87; Patuelli et al. 2006). Das erste Konzept wird im SCSARC-Modell umgesetzt, das zweite im SCSARD-Modell. Weil sich dabei die regionalen Effekte gegenseitig bedingen, können die Agenturbezirke nicht mehr einzeln, sondern müssen gemeinsam über einen Panelansatz geschätzt werden.

$$\Delta^1 y_{r,t} = \mu_{r,t} + \gamma_{r,t} + \psi_{r,t} + \xi_{r,t} + \zeta_{r,t}$$

$$\text{mit} \quad \xi_{r,t} = \sum_{\tau} \sum_{j=1}^{N} w_{r,j} \Delta^1 y_{j,(t-\tau)} \kappa_{r,\tau}, \tau \in \{1,\ldots,13\}$$

$$\text{und} \quad w_{r,j} = 1 \quad \text{(Nachbarschaft)}$$

$$\text{oder} \quad w_{r,j} = \frac{e^{-d_{r,j}}}{\sum_{j=1}^{N} e^{-d_{r,j}}} \quad \text{(Distanz)}$$

Interdependenzen, ein Modell zur exponentiellen Glättung, das explizit saisonale Muster berücksichtigt, sowie ein ARIMA-Modell (vgl. Kasten A3). Zusätzlich werden diese fünf Modelle zu einer gemeinsamen Prognose zusammengeführt *(pooling)*.

6.2.4 Empirische Analyse

6.2.4.1 Prognosegenauigkeit

Um die Treffgenauigkeit der Modelle zu überprüfen, finden simulierte Prognosen für die Zahl der Arbeitslosen bzw. sozialversicherungspflichtig Beschäftigten in den einzelnen Agenturbezirken für die Jahre 2004, 2005 und 2006 Anwendung. Hierbei werden die jeweiligen Modelle unter der Annahme getestet, dass die Daten zu einem früheren Zeitpunkt aufhören, als dies tatsächlich der Fall ist. Liegen beispielsweise Daten bis Dezember 2006 vor, verwenden die Modelle nur Daten bis einschließlich Dezember 2005, um Werte für Januar bis Dezember 2006 zu prognostizieren. Mit dieser Vorgehensweise ist es möglich, die Abweichungen zwischen den geschätzten und tatsächlichen Werten zu berechnen. Das hier verwendete Fehlermaß ist der sogenannte Mean Absolute Percentage Error (MAPE). Dieser errechnet sich, indem für jeden der zwölf Prognosemonate der Betrag der Abweichung zwischen geschätztem und tatsächlichem Wert ermittelt und durch den tatsächlichen Wert geteilt wird. Somit wird den unterschiedlichen Größen der Agenturbezirke im Hinblick auf deren Zahl an Arbeitslosen bzw. sozialversicherungspflichtig Beschäftigten Rechnung getragen. Tabelle A8 weist einige Verteilungsmaße des MAPE über alle Agenturbezirke aus.

Je nach zu prognostizierender Größe und Jahr liefern die Modelle unterschiedlich genaue Resultate. Deshalb erfolgt zusätzlich ein Pooling (Timmermann 2006) der fünf Modelle, um stabilere und treffgenauere Ergebnisse zu erhalten. Wenn beispielsweise in einem Jahr einige Modelle die Zielgröße überschätzen und andere Modelle sie unterschätzen, kann der durchschnittliche Fehler einer gepoolten Prognose niedriger sein als jener der einzelnen Modelle.

Insgesamt sind die prozentualen Fehlerwerte für alle Modelle bei den Beschäftigtenprognosen sehr viel niedriger als bei den Prognosen der Zahl der Arbeitslosen. Allerdings muss berücksichtigt werden, dass die Zahl der sozialversicherungspflichtig

Tabelle A8

Prognosegenauigkeit der Zahl der Arbeitslosen und der Zahl der sozialversicherungspflichtig Beschäftigten
Mean Absolute Percentage Error (MAPE)

	Modell	2004		2005		2006	
		Mittelwert	Stabw.	Mittelwert	Stabw.	Mittelwert	Stabw.
Zahl der Arbeitslosen	EWMA	6,07	6,27	10,64	5,31	8,04	4,45
	ARIMA	4,26	3,06	7,64	3,97	10,19	6,52
	SC	4,49	3,04	8,23	4,53	8,37	4,65
	SCSARC	4,01	2,61	8,14	4,57	8,51	4,95
	SCSARD	4,08	2,74	8,20	4,58	8,32	4,74
	POOLING	3,25	2,21	7,34	3,40	7,58	4,44
Zahl der sozialversicherungspflichtig Beschäftigten	EWMA	0,87	0,56	0,82	0,67	1,33	0,74
	ARIMA	0,75	0,53	0,66	0,56	1,36	1,19
	SC	0,62	0,55	0,63	0,53	1,68	0,64
	SCSARC	0,94	0,61	0,81	0,63	1,86	0,80
	SCSARD	0,93	0,66	0,81	0,66	1,92	0,80
	POOLING	0,67	0,49	0,63	0,54	1,58	0,72

EWMA: Exponentielle Glättung (Exponentially Weighted Moving Averages) nach dem additiv-saisonalen Holt-Winters-Verfahren. ARIMA: Autoregressive Integrierte Gleitende Durchschnitte (Box-Jenkins-Methode). SC: Deterministisches Strukturkomponentenmodell. SCSARC und SCSARD: um räumlich-autoregressive Elemente erweiterte Strukturkomponentenmodelle.

Quelle: Statistikangebot der Bundesagentur für Arbeit; eigene Berechnungen.

Beschäftigten in Deutschland weitaus höher als die der Arbeitslosen ist. Ein durchschnittlicher Fehler von 0,67 % im Jahr 2004 im Falle der sozialversicherungspflichtigen Beschäftigung heißt, dass bei einer absoluten Anzahl von 26.563.000 Personen die Prognose um ca. 178.000 abweicht. Für die Arbeitslosenzahlen bedeutet ein Prognosefehler von 3,25 % im Jahr 2004, dass die Modelle um 142.000 Personen von der tatsächlichen Entwicklung (4.381.000 Arbeitslose) abweichen. Somit sind die absoluten Abweichungen bei den Prognosen der Arbeitslosen und sozialversicherungspflichtig Beschäftigten ähnlich hoch. Dass die letztere niedrigere relative Prognosefehler aufweist, liegt einerseits an der höheren Bezugsgröße. Andererseits verläuft die zeitliche Entwicklung der Beschäftigtenzahlen sehr viel stabiler als bei den Arbeitslosen; sowohl die saisonalen als auch die konjunkturellen Schwankungen fallen bei den Beschäftigten geringer aus. Zusätzlich gibt es, bedingt durch die zu Beginn des Jahres 2005 in Kraft getretene Zusammenlegung von Arbeitslosen- und Sozialhilfe im Rahmen der Hartz-IV-Reform, eine Änderung der Zählweise in der Arbeitslosenstatistik. Diese führt dazu, dass die Zahl der registrierten Arbeitslosen am Jahresanfang 2005 auch aus statistischen Gründen insgesamt sehr viel höher war als zuvor. Solche ‚Schocks' sind im Rahmen von Prognosen, die versuchen, möglichst genaue Muster aus der Vergangenheit zu erkennen und diese auf die Zukunft zu projizieren, gar nicht oder nur unzureichend genau zu berücksichtigen. So steigt auch erwartungsgemäß der durchschnittliche Fehler bei der Arbeitslosenberechnung für 2005 spürbar an.[22]

Auch 2006 liegt der durchschnittliche Fehler der Arbeitslosenprognosen im Vergleich zu 2004 relativ hoch. Da in der simulierten Prognose für 2006 nur Daten bis Dezember 2005 verwendet werden, ist dies ebenfalls eine Folge des Strukturbruchs 2005.

---

22 In einzelnen Agenturbezirken ist der MAPE nicht gestiegen, da die Zusammenlegung von Arbeitslosen- und Sozialhilfe nicht in allen Regionen zu einer sprunghaften Erhöhung der Arbeitslosenzahlen zum Jahresbeginn 2005 geführt hat.

Hinzu kommt die günstige konjunkturelle Entwicklung 2006, also eine Trendumkehr, die durch die angewandten Zeitreihenverfahren nur schwer abgebildet werden kann.

Die positive wirtschaftliche Entwicklung und der damit einhergehende Anstieg der sozialversicherungspflichtig Beschäftigten im Jahr 2006 führten zu einem höheren Prognosefehler. Grundsätzlich ist aber festzustellen, dass die durchschnittlichen Prognosefehler in allen Jahren sehr niedrig sind. In den Jahren 2004 und 2005 liegen sie sogar unter 1 %.

6.2.4.2 Bedeutung der räumlichen Abhängigkeiten

Von besonderem Interesse sind die Auswirkungen, die durch die Berücksichtigung räumlicher Abhängigkeiten bei Regionalprognosen entstehen. Diese werden hier beispielhaft für ein nachbarschaftsbasiertes räumliches Strukturkomponenten-Modell (SCSARC) gezeigt (vgl. Kasten A3).[23]

Inwieweit sich die Prognosegüte durch verzögerte Variablen der Nachbarregionen verbessert, wird mit vorab definierten Kriterien (signifikante t-Statistik sowie korrigiertes Akaike-Informationskriterium) ermittelt. Diese bestimmen, wie viele und welche verzögerten Werte (Lags) aus anderen Agenturbezirken im endgültigen Schätzmodell enthalten sind. Diese Lags können bis zu 13 Monate in der Vergangenheit liegen. Tatsächlich spielen aber bei den Arbeitslosenprognosen vor allem die sehr kurzfristigen (drei Monate oder weniger) sowie teilweise die Werte, die ein halbes bzw. ein ganzes Jahr in der Vergangenheit liegen, die größte Rolle. Die Wahl der Laglänge bei der Beschäftigtenprognose folgt nahezu denselben Mustern.

Abbildung A23 und Abbildung A24 zeigen, wie viele räumlich-zeitliche Lags in den jeweiligen Agenturbezirken bei den Arbeitslosen- bzw. Beschäftigtenprognosen bedeutsam sind. Je mehr Lags in

---

23 Ein ähnliches Bild ergibt sich für das distanzbasierte räumliche Modell.

der endgültigen Schätzung, desto dunkler wird der Agenturbezirk dargestellt. Die Prognosen der Arbeitslosen und sozialversicherungspflichtig Beschäftigten weisen ähnliche Muster auf. Vor allem in den westdeutschen städtisch geprägten Agenturbezirken (z. B. München, Stuttgart, Frankfurt, Nürnberg) werden relativ viele Lags aufgenommen. Dies könnte darin begründet sein, dass alle benachbarten Agenturbezirke eine ähnliche Arbeitsmarktentwicklung aufweisen wie die Großstadt. Vermutlich beeinflussen diese in der Summe wiederum die Entwicklung in der Großstadt. Dagegen scheint vor allem bei Agenturbezirken im ländlichen Raum die Entwicklung in angrenzenden Regionen ganz unterschiedlich zu verlaufen. Somit ist deren Nettowirkung auf die betreffende Region eher unbestimmt, was dazu führt, dass hier weniger Lags in die endgültigen Schätzungen aufgenommen werden. Eine weitere Erklärung für die stärkere Aufnahme von Lags in den städtisch geprägten Agenturbezirken könnte darin liegen, dass hier oft zentrale Dienstleistungen angesiedelt sind. Diese hängen wiederum sehr stark von der Entwicklung im produzierenden Gewerbe ab, das, beispielsweise aufgrund des höheren Flächenverbrauchs, oft im Umland angesiedelt ist. Ein Schock im produzierenden Gewerbe wird sich somit zuerst im eigenen Agenturbezirk auswirken und sich dann mit zeitlicher Verzögerung auf die zentrale Großstadt in der Nähe übertragen.

In den Grenzregionen können räumliche Lags die jeweiligen Prognosemodelle kaum verbessern, was daran liegt, dass in der Datenbasis ausschließlich Angaben zu Personen, die in Deutschland eine sozialversicherungspflichtige Tätigkeit ausüben, erfasst sind. Somit kann die Entwicklung der Nachbarländer nicht aufgefangen werden.

Im Unterschied zur Prognose der Arbeitslosen werden bei der Beschäftigtenprognose beispielsweise in Berlin (mit Ausnahme von 2004, wo ein Lag aufgenommen wird) und Dresden keine räumlichen Lags in die endgültigen Schätzungen aufgenommen. Weiterhin ist auffällig, dass vor allem 2004 und 2006 ein Nord-Süd-Gefälle sichtbar wird, wo-

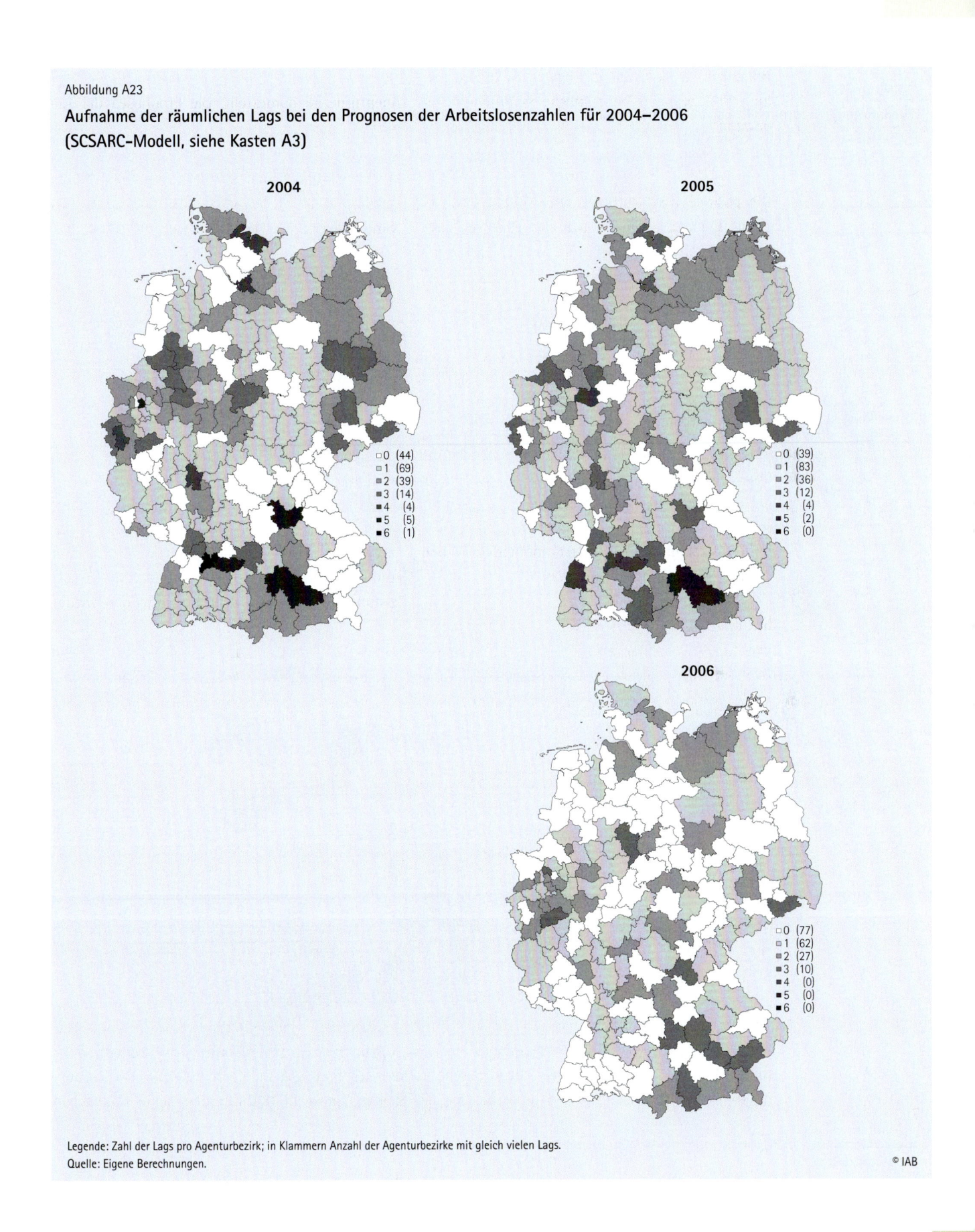

Abbildung A23
Aufnahme der räumlichen Lags bei den Prognosen der Arbeitslosenzahlen für 2004–2006 (SCSARC-Modell, siehe Kasten A3)

2004

2005

2006

0 (44)
1 (69)
2 (39)
3 (14)
4 (4)
5 (5)
6 (1)

0 (39)
1 (83)
2 (36)
3 (12)
4 (4)
5 (2)
6 (0)

0 (77)
1 (62)
2 (27)
3 (10)
4 (0)
5 (0)
6 (0)

Legende: Zahl der Lags pro Agenturbezirk; in Klammern Anzahl der Agenturbezirke mit gleich vielen Lags.
Quelle: Eigene Berechnungen.

Kapitel A

Abbildung A24

Aufnahme der räumlichen Lags bei den Prognosen der sozialversicherungspflichtig Beschäftigten für 2004–2006 (SCSARD-Modell, siehe Kasten A3)

2004

0	(34)
1	(54)
2	(38)
3	(28)
4	(14)
5	(6)
6	(1)
7	(1)

2005

0	(39)
1	(83)
2	(36)
3	(12)
4	(4)
5	(2)
6	(0)
7	(0)

2006

0	(29)
1	(59)
2	(41)
3	(25)
4	(18)
5	(4)
6	(0)
7	(0)

Legende: Zahl der Lags pro Agenturbezirk; in Klammern Anzahl der Agenturbezirke mit gleich vielen Lags.
Quelle: Eigene Berechnungen.

© IAB

bei im Süden deutlich mehr Lags aufgenommen werden als im Norden. Die höhere Wirtschaftskraft im Süden scheint somit auch mit stärkeren räumlichen Abhängigkeiten, möglicherweise hervorgerufen durch stärkere Pendlerverflechtungen, verbunden zu sein.

6.2.5 Zusammenfassung

In der Vergangenheit haben Regionalprognosen neben Nationalprognosen zunehmend an Relevanz gewonnen. Durch die Kombination von Zeitreihenverfahren und regionalwissenschaftlichen Erklärungsansätzen können präzise und robuste Vorhersagen zur kurzfristigen regionalen Arbeitsmarktentwicklung getroffen werden. Der Schwerpunkt des hier vorgestellten Ansatzes liegt in der expliziten Erfassung regionaler Verflechtungen in Zeitreihenverfahren. Die empirische Leistungsfähigkeit dieser um räumliche Interdependenzen erweiterten Prognosen wird für Arbeitslose und sozialversicherungspflichtig Beschäftigte auf Ebene der Arbeitsagenturbezirke in drei simulierten Prognosezeiträumen getestet.

Sowohl bei den Prognosen für die Zahl der Arbeitslosen als auch sozialversicherungspflichtig Beschäftigten werden mit ex ante gewählten Selektionskriterien in erster Linie räumlich gewichtete Durchschnittswerte der anderen Agenturbezirke aufgenommen, die ein bis drei, sechs und zwölf Monate verzögert sind. Es zeigt sich, dass vor allem in den alten Bundesländern die Arbeitsmarktentwicklung in den westdeutschen Großstädten durch die der Umlandregionen mit beeinflusst wird. In geringer verdichteten Räumen sind räumliche Wechselbeziehungen weniger bestimmend. Dies ist in theoretischer Hinsicht bemerkenswert, da die Entwicklung des Umlandes diejenige der Zentren vorwegzunehmen scheint. Zusätzlich haben bei den Beschäftigungsprognosen die räumlichen Wechselwirkungen in Süddeutschland eine höhere Bedeutung.

Alle fünf Modelle erzielen relativ gute Ergebnisse. Allerdings erweist sich keines der Modelle als zeitlich oder räumlich systematisch besser als ein anderes. Ein Pooling der Prognosen erzielt in den meisten Fällen das beste Ergebnis im Hinblick auf die Prognosegenauigkeit. Dennoch zeigt dieser Beitrag, dass die Arbeitsmarktentwicklung in bestimmten Regionen in besonders hohem Maße von der in anderen Regionen beeinflusst wird und somit räumliche Wechselwirkungen auch für die Vorausschätzung der regionsspezifischen Arbeitsmarktentwicklungen von Bedeutung sind.

6.3 Zur Entstehung der langfristigen IAB-Arbeitsmarktprojektionen

6.3.1 Arbeitskräfteangebot

Die Vorausschätzung des Erwerbspersonenpotenzials basiert auf zwei Grundbausteinen: einer Bevölkerungsprojektion und einer Projektion von Potenzialerwerbsquoten. Alle Rechnungen werden disaggregiert nach Altersgruppen und Geschlecht sowie Deutschen (Ost und West) und Ausländern (ohne Ost/West-Trennung) durchgeführt.

Für die Vergangenheit werden Potenzialerwerbsquoten für Ost und West geschätzt (Fuchs/Weber 2005a, 2005b). Diese müssen für die Projektion des Erwerbspersonenpotenzials ,verlängert' werden. Basis der aktuell projizierten westdeutschen Potenzialerwerbsquoten sind im Wesentlichen die Regressionsfunktionen aus dem IAB-Forschungsbericht Nr. 15/2005 (Fuchs/Dörfler 2005).

Für Ostdeutschland ist das regressionsanalytische Verfahren, mit dem die westdeutschen Potenzialerwerbsquoten geschätzt werden, aus statistisch-methodischen Gründen (noch) nicht anwendbar. Wie schon in der letzten IAB-Projektion von 1999 wird deshalb in der aktuellen Projektion die künftige Entwicklung der Erwerbsbeteiligung in den neuen Bundesländern mithilfe einer Hypothese bestimmt. Angesichts der weitgehenden Übereinstimmung vieler wichtiger Rahmenbedingungen wird ein Prozess der langfristigen Angleichung ost- und westdeutscher Potenzialerwerbsquoten angenommen. Die derzeit noch höheren ostdeutschen Potenzialquoten sollten demnach tendenziell sinken und in einigen Jahren mit den steigenden westdeutschen Quoten übereinstimmen. Allerdings dürfte die Erwerbsbeteiligung nicht individuell zurückgehen, sondern vielmehr über die Geburtskohorten hinweg (Fuchs/Weber 2004).

6.3.2 Arbeitskräftenachfrage

INFORGE ist ein nach Produktionsbereichen und Gütergruppen tief disaggregiertes ökonometrisches Prognose- und Simulationsmodell für die Bundesrepublik Deutschland, das von der Gesellschaft für Wirtschaftliche Strukturforschung (GWS mbH) entwickelt worden ist. Seine besondere Leistungsfähigkeit beruht auf der Integration in einen internationalen Modellverbund.

Die Modellphilosophie ist durch die Konstruktionsprinzipien *bottom-up* und vollständige Integration gekennzeichnet. Das Konstruktionsprinzip *bottom-up* besagt, dass die einzelnen Sektoren der Volkswirtschaft sehr detailliert (jeweils etwa 600 Variablen für jeden der 59 Sektoren) modelliert und die gesamtwirtschaftlichen Variablen durch Aggregation im Modellzusammenhang gebildet werden. Auf diese Weise gelingt sowohl eine lückenlose Darstellung der einzelnen Sektoren im gesamtwirtschaftlichen Zusammenhang und in der intersektoralen Verflechtung als auch eine Erklärung gesamtwirtschaftlicher Zusammenhänge, die die Volkswirtschaft als Summe ihrer Branchen begreift. Das Konstruktionsprinzip vollständige Integration beinhaltet eine Modellstruktur mit einer Abbildung der interindustriellen Verflechtung und einer Erklärung der Einkommensverwendung der privaten Haushalte aus der Einkommensentstehung in den einzelnen Sektoren.

Der gegenüber herkömmlichen ökonometrischen Modellen gegebene konzeptionelle Vorteil schlägt sich in einer gewaltigen und dabei konsistenten Informationsverarbeitung nieder: Die etwa 40.000 Gleichungen des Modells prognostizieren die Verflechtung der Sektoren, die Konsum-, Investitions-, Staats- und Exportnachfrage sowie Preise, Produktion, Importe, Löhne, Gewinne, Steuern und Beschäftigung für die 59 Sektoren. Außerdem berechnet und prognostiziert das Modell alle Variablen der Einkommensverteilungs- und Einkommensumverteilungsrechnung für Deutschland. Die etwa 8.200 Verhaltensgleichungen sind auf der Grundlage von Jahresdaten mit ökonometrischen Verfahren für den Zeitraum 1991–2004 geschätzt.

Die weltwirtschaftliche Entwicklung sowie die Beziehungen Deutschlands mit der Weltwirtschaft werden durch das Modell GINFORS erklärt. Im Zentrum des Modells steht das bilaterale Handelsmodell. Für 25 Gütergruppen und für den Handel mit Dienstleistungen stehen bilaterale Handelsmatrizen für die OECD-Länder und weitere zehn wichtige Handelspartner der OECD zur Verfügung. Über diesen Handelszusammenhang werden den Ländern sowohl Mengen als auch Preise zugewiesen. Der ökonomische Kern eines Modells besteht aus dem Makromodell (MM) und dem Input-Output-Modell (IOM). Während Makromodelle für alle Länder von GINFORS vorliegen, sind Input-Output-Modelle nur für 25 Länder verfügbar. Die Volkswirtschaften der übrigen Länder werden allein durch ein Makromodell abgebildet.

INFORGE liefert an GINFORS die Import- und Exportpreisvektoren. Umgekehrt treiben die in GINFORS aus den Importnachfragen aller übrigen Länder ermittelten deutschen Exporte in US-Dollar die Exporte nach Gütergruppen in Euro. Auch für die Importpreisindizes ist das Vorgehen vergleichbar. Zusätzlich wird die Nachfrage nach deutschen Dienstleistungsexporten in Abhängigkeit von der Entwicklung in GINFORS an INFORGE geliefert. Umgekehrt wird die in INFORGE ermittelte Nachfrage nach ausländischen Dienstleistungen an GINFORS weitergegeben und dort zur Bestimmung der Dienstleistungsexporte der übrigen Länder verwendet. Der Wechselkurs Euro zu Dollar wird aus GINFORS an INFORGE übergeben. Damit ist INFORGE bezüglich der ökonomischen Wirkungen wie alle übrigen Ländermodelle des GINFORS-Systems voll integriert.

Das Modell weist einen hohen Endogenisierungsgrad auf. Die etwa 200 exogenen Variablen sind vor allem Instrumentvariablen der Fiskalpolitik wie die Steuersätze. Am Arbeitsmarkt ist mit dem Erwerbspersonenpotenzial das Arbeitsangebot exogen. Von den außenwirtschaftlichen Variablen sind allein die Wechselkurse für die Währungen der Länder exogen. Sämtliche anderen Variablen über weltwirtschaftliche Entwicklungen, die zur Bestimmung der deutschen Exporte notwendig sind, werden endogen im internationalen System bestimmt.

Im Konstruktionsprinzip *top-down* ist an INFORGE ein Modul zur Abschätzung der Entwicklung in den einzelnen Bundesländern Deutschlands angeschlossen, wobei die Konsistenz zu den gesamtdeutschen Informationen in INFORGE gewährleistet ist. Die Datenbasis geht auf die Volkswirtschaftlichen Gesamtrechnungen (VGR) der Bundesländer zurück. Für jedes Bundesland liegen u. a. Zeitreihen für die Lohnsummen, die Bruttowertschöpfung und die Beschäftigung nach 16 Wirtschaftsbereichen vor.

Die vorliegende Modellversion bietet eine deutliche Verbesserung und Weiterentwicklung der Modellstruktur gegenüber der Vorgängerversion. So berücksichtigt sie die im Bereich der Volkswirtschaftlichen Gesamtrechnung vorgenommene große Daten- und konzeptionelle Revision von 2005. Diese Revision zielte vor allem auf eine Verbesserung der internationalen Vergleichbarkeit der Ergebnisse. Zentral war dabei vor allem die Umstellung der Preisbereinigung von der Festpreisbasis auf die Vorjahrespreisbasis.

Eine weitere Verbesserung konnte bei der Arbeitsmarktmodellierung erreicht werden. Hier ist es gelungen, die Arbeitsnachfrage durch die im IAB erstellte Arbeitszeitrechnung für die VGR auf eine Arbeitsvolumenrechnung umzustellen und die Zerlegung in Köpfe – differenziert nach Voll- und Teilzeit – erst anschließend durchzuführen. Damit kann die zunehmende Bedeutung der Teilzeitarbeit deutlich besser berücksichtigt werden.

Neu ist auch die Erklärung der Abgänge der Kapitalstöcke aus der Entwicklung der Bestände heraus. Dies ermöglicht die Trennung der sektoralen Bruttoinvestitionen in Nettoinvestitionen und Abgänge.

Literatur

Anselin, Luc (2001): Spatial Econometrics. In: Baltagi, Badi H. (Hrsg.): A Companion to Theoretical Econometrics, Malden (MA): Blackwell, S. 310–330.

Bach, Hans-Uwe / Koch, Susanne (2002): Arbeitszeit und Arbeitsvolumen. In: Kleinhenz, G. (Hrsg.): IAB-Kompendium Arbeitsmarkt- und Berufsforschung, BeitrAB 250, Nürnberg, S. 57–70.

Bade, Franz-Josef (2004): Die regionale Entwicklung der Erwerbstätigkeit bis 2010. In: Informationen zur Raumentwicklung 3/4, S. 169–186.

BAK Basel Economics / IAW Tübingen / Prognos AG Basel (2007): Makroökonomische Flankierung struktureller Reformen im Rahmen der Lissabon-Strategie (Kurzfassung). Studie im Auftrag des Bundesministeriums für Wirtschaft und Technologie, Basel.

BASF (2007): Weiter auf Rekordkurs: Umsatz und Ergebnisanstieg im 3. Quartal 2007, Zwischenbericht der BASF-Gruppe 3. Quartal 2007, BASF Aktiengesellschaft, Ludwigshafen.

Bassanini, Andrea / Duval, Romain (2006): Employment patterns in OECD countries: Reassessing the role of policies and institutions. OECD Economics Department Working Paper 486.

Blanchard, Olivier (2006): European unemployment, the evolution of facts and ideas. In: Economic Policy, January 2006, S. 5–59.

Bofinger, Peter / Dietz, Martin / Genders, Sascha / Walwei, Ulrich (2006): Vorrang für das reguläre Arbeitsverhältnis: Ein Konzept für Existenz sichernde Beschäftigung im Niedriglohnbereich. Gutachten für das Sächsische Ministerium für Wirtschaft und Arbeit (SMWA).

Boss, Alfred / Dovern, Jonas / Meier, Carsten P. / Oskamp, Frank / Scheide, Joachim (2007): Verbessertes Arbeitsmarktumfeld stärkt Wachstum des Produktionspotentials in Deutschland. Kieler Diskussionsbeiträge 441/442, Kiel.

Box, George E. P. / Jenkins, Gwilym M. (1970): Time Series Analysis: Forecasting and Control. San Francisco: Holden Day.

Brechling, Frank / O'Brien, Peter (1967): Short-Run Employment Functions in Manufacturing Industries: An International Comparison. In: The Review of Economics and Statistics, Vol. 49, No. 3 (Aug.), S. 277–287.

Calmfors, Lars / Drifill, John (1988): Bargaining Structure, Corporatism and Macroeconomic Performance. In: Economic Policy 6, S. 14–61.

Dahms, Vera / Fischer, Gabriele / Frei, Marek / Janik, Florian / Riedmann, Arnold / Wahse, Jürgen (2007): Standortbedingungen und Beschäftigung in den Regionen West- und Ostdeutschlands. IAB-Forschungsbericht 05/2007.

Dovern, Jonas / Meier, Carsten-Patrick (2006): Macroeconomic Aspects of Structural Labor Market Reforms in Germany. Kiel Working Paper No. 1295, Kiel.

Eggert, Rolf (2007): Kräftige Entlastung am Arbeitsmarkt – rein konjunkturell oder nachhaltig? In: Wirtschaftsdienst 8, S. 525–529.

Elhorst, J. Paul (2003): The Mystery of Regional Unemployment Differentials: Theoretical and Empirical Explanations. In: Journal of Economic Surveys 17, S. 709–748.

Fahr, René / Sunde, Uwe (2006): Did the Hartz Reforms Speed-Up Job Creation? A Macro-Evaluation Using Empirical Matching Functions. IZA Diskussionspapier Nr. 2470.

Feil, Michael / Tillmann, Lisa / Walwei, Ulrich (2008): Arbeitsmarkt- und Beschäftigungspolitik nach der Wiedervereinigung. In: Zeitschrift für Sozialreform 54, S. 161–185.

Franz, Wolfgang (2005): Standpunkt: Ignoranten. ZEW news Nr. 3/2005, Mannheim.

Fuchs, Johann / Weber, Brigitte (2004): Frauen in Ostdeutschland: Erwerbsbeteiligung weiterhin hoch. IAB-Kurzbericht 4/2004.

Fuchs, Johann / Dörfler, Katrin (2005): Projektion des Erwerbspersonenpotenzials bis 2050 – Annahmen und Datengrundlage. IAB-Forschungsbericht 25/2005.

Fuchs, Johann / Weber, Brigitte (2005a): Neuschätzung der Stillen Reserve und des Erwerbspersonenpotenzials für Westdeutschland (inkl. Berlin-West). IAB-Forschungsbericht 15/2005.

Fuchs, Johann / Weber, Brigitte (2005b): Neuschätzung der Stillen Reserve und des Erwerbspersonenpotenzials für Ostdeutschland (einschl. Berlin-Ost). IAB-Forschungsbericht 18/2005.

Fuchs, Johann (2006): Rente mit 67: Neue Herausforderungen für die Beschäftigungspolitik. IAB-Kurzbericht 16/2006, Nürnberg.

Gartner, Hermann / Klinger, Sabine (2007): Aufschwung am Arbeitsmarkt – Trendwende oder Strohfeuer? In: Wirtschaftsdienst 9/87, S. 613–619.

Giacomini, Raffaella / Granger, Clive W. J. (2004): Aggregation of Space-time processes. In: Journal of Econometrics 118, S. 7–26.

Haining, Robert (2003): Spatial Data Analysis – Theory and Practice. Cambridge, New York: Cambridge University Press.

Hampel, Katharina E. / Kunz, Marcus / Schanne, Norbert G. / Wapler, Rüdiger / Weyh, Antje (2007): Regional Employment Forecasts with Spatial Interdependencies. IAB-Discussion Paper 02/2007.

Heckman, James (2008): Econometric Causality. In: International Statistical Review 76, 1, S. 1–27.

Heilemann, Ullrich / Blaschzik, Annika (2004): Que sera, sera? Zur Genauigkeit von Konjunkturprognosen. In: Journal der Universität Leipzig 7, S. 8–9.

Heilemann, Ullrich / Klinger, Sabine (2005): Zu wenig Wettbewerb? Zu Stand und Entwicklung der Genauigkeit makroökonomischer Prognosen. In: Schäfer, Wolf (Hrsg.): Wirtschaftspolitik im Systemwettbewerb, Schriften des Vereins für Socialpolitik 309, Berlin, S. 225–257.

Hernandez-Murillo, Ruben / Owyang, Michael T. (2006): The information content of regional employment data for forecasting aggregate conditions. In: Economic Letters 90, S. 335–339.

Horn, Gustav A. / Logeay, Camille / Stapff, Diego (2007): Viel Lärm um nichts? Arbeitsmarktreformen zeigen im Aufschwung bisher kaum Wirkung. IMK Report Nr. 20.

Houseman, Susan N. / Abraham, Katharine G. (1995): Labour adjustment under different institutional structures. A case study of Germany and the United States. In: Buttler, Friedrich et al. (Hrsg.): Institutional frameworks and labour market performance. Comparative views on the U.S. and German economies. London and New York, S. 285–315.

IWH (2008): Ostdeutsche Wirtschaft: Kein aufholendes Produktionswachstum 2008 und 2009. In: Wirtschaft im Wandel 14, 6, S. 205–236.

Jacobi, Lena / Kluve, Jochen (2007): Before and After the Hartz Reforms: The Performance of Active Labour Market Policy in Germany. In: Zeitschrift für ArbeitsmarktForschung 40, S. 45–64.

Jäger, Ulrike (1996): Regionale Beschäftigungsprognose: Eine empirische Anwendung von Transferfunktionen zur Prognose der kurzfristigen Beschäftigungsentwicklung in Nordrhein-Westfalen auf Kreisebene. Köln.

Kelejian, Harry H. / Prucha, Ingmar R. (2007): The Relative Efficiencies of Various Predictors in Spatial Econometric Models Containing Spatial Lags. In: Regional Science and Urban Economics 37, S. 363–374.

Kettner, Anja / Rebien, Martina (2007): Soziale Arbeitsgelegenheiten. Einsatz und Wirkungsweise aus betrieblicher und arbeitsmarktpolitischer Perspektive. IAB-Forschungsbericht 2, Nürnberg.

Kholodolin, Konstantin A. / Silverstovs, Boriss / Kooths, Stefan (2007): Dynamic Panel Data Approach to the Forecasting of the GDP of German Länder. DIW Discussion Paper 664.

Konle-Seidl, Regina / Lang, Kristina (2006): Von der Reduzierung zur Mobilisierung des Arbeitskräftepotenzials – Ansätze zur Integration von inaktiven und arbeitslosen Sozialleistungsbeziehern im internationalen Vergleich. IAB-Forschungsbericht 15, Nürnberg.

Lester, Ashley (1999): Labour demand and the business cycle. In: Reserve Bank of Australia Bulletin 2, S. 35–38.

Longhi, Simonetta / Nijkamp, Peter (2006): Forecasting Regional Labor Market Developments under Spatial Heterogeneity and Spatial Correlation, EconPapers No 15, Serie Research Memoranda from Free University Amsterdam, Faculty of Economics, Business Administration and Econometrics.

Magura, Michael (1998): IO and spatial information as Bayesian priors in an employment forecasting model. In: The Annals of Regional Science 32, S. 495–503.

Mayor, Matías / López, Ana J. / Pérez, Rigoberto (2007): Forecasting Regional Employment with Shift-Share and ARIMA Modelling. In: Regional Studies 41, S. 543–551.

Nickell, Stephen / Nunziata, Luca / Ochel, Wolfgang (2005): Unemployment in the OECD since the 1960s. What do We Know? In: The Economic Journal 115 (500), S. 1–27.

Nierhaus, Wolfgang / Sturm, Jan-Egbert (2003): Methoden der Konjunkturprognose. In: ifo Schnelldienst 56, 4, S. 7–23.

Nijkamp, Peter / Rietveld, Piet / Snickars, Folke (1986): Regional and Multiregional Economic Models: A Survey. In: Nijkamp, Peter (Hrsg.): Handbook of Regional and Urban Economics. Vol. I. Amsterdam, New York: Elsevier, S. 257–294.

Patuelli, Roberto / Griffith, Daniel A. / Tiefelsdorfer, Michael / Nijkamp, Peter (2006): The Use of Spatial Filtering Techniques. The Spatial and Space-Time Structure of German Unemployment Data. Tinbergen Institute, Discussion Paper 2006-049.

Patuelli, Roberto / Reggiani, Aura / Nijkamp, Peter / Blien, Uwe (2006): New Neural Network Methods for Forecasting Regional Employment. An Analysis of German Labour Markets. In: Spatial Economic Analysis 1, S. 7–30.

Pesaran, M. Hashem / Schuermann, Til / Weiner, Scott M. (2004): Modeling Regional Interdependencies Using a Global Error-Correcting Macroeconometric Model. In: Journal of Business & Economic Statistics 22, S. 129–162.

Sachverständigenrat zur Begutachtung der gesamtwirtschaftlichen Entwicklung (SVR) (2005): Die Chancen nutzen – Reformen mutig voranbringen. Jahresgutachten 2005/2006, Wiesbaden.

Schnur, Peter / Zika, Gerd (2005): Projektion des Arbeitskräftebedarfs bis 2020: Nur zögerliche Besserung am deutschen Arbeitsmarkt. IAB-Kurzbericht 12/2005, Nürnberg.

Schnur, Peter / Zika, Gerd (2007): Arbeitskräftebedarf bis 2025: Die Grenzen der Expansion. IAB-Kurzbericht 26/2007, Nürnberg.

Sinn, Hans-Werner (2007): Wo der Aufschwung herkam – sechs Hypothesen. In: Wirtschaftswoche 44, S. 186.

Stegman, Alison / Stegman, Trevor (2004): Labour market reform and the macroeconomic efficiency of the labour market in Australia. In: Cambridge Journal of Economics 28 (5), September, S. 743–766.

Stock, James H. (2001): Forecasting Economic Time Series. In: Baltagi, B. (Hrsg.): A Companion to Theoretical Econometrics, Blackwell: Malden (MA).

SVR, Sachverständigenrat zur Begutachtung der gesamtwirtschaftlichen Entwicklung (2007): Das Erreichte nicht verspielen – Jahresgutachten 2007/2008, Wiesbaden.

Tassinopoulos, Alexandros (2000): Die Prognose der regionalen Beschäftigungsentwicklung. Beiträge zur Arbeitsmarkt- und Berufsforschung 239, Nürnberg.

Timmermann, Allan (2006): Forecast Combinations. In: Elliott Graham / Granger, Clive. W. J. / Timmermann, Allan (Hrsg.): Handbook of Economic Forecasting 1, Amsterdam u. a.: Elsevier, S. 135–196.

van der Laan, Lambert (1996): A Review of Regional Labour Supply and Demand Forecasting in the European Union. In: Environment and Planning A 28, S. 2105–2123.

Teil I
Kapitel B

Chronik der Arbeitsmarktpolitik 2005–2008

Judith Bendel-Claus

Ulrike Kress

Kapitel B

Inhaltsübersicht Kapitel B
Chronik der Arbeitsmarktpolitik 2005–2008

Judith Bendel-Claus, Ulrike Kress

1	Einleitung	81
2	Zuwanderungsgesetz – Gesetz zur Steuerung und Begrenzung der Zuwanderung und zur Regelung des Aufenthalts und der Integration von Unionsbürgern und Ausländern	83
3	Kinderzuschlag	85
4	Freibetragsneuregelungsgesetz – Gesetz zur Neufassung der Freibetragsneuregelungen für erwerbsfähige Hilfebedürftige	87
5	Perspektive 50plus	89
6	Fünftes Gesetz zur Änderung des Dritten Buches Sozialgesetzbuch und anderer Gesetze	90
7	Weiterbildung Geringqualifizierter und beschäftigter älterer Arbeitnehmer in Unternehmen – Programm WeGebAU	94
8	Erstes Gesetz zur Änderung des Zweiten Buches Sozialgesetzbuch	95
9	Gesetz zur Förderung ganzjähriger Beschäftigung	96
10	Gesetz zur steuerlichen Förderung von Wachstum und Beschäftigung	98
11	Gesetz zur Änderung des Zweiten Buches Sozialgesetzbuch und anderer Gesetze	99
12	Gesetz zur Fortentwicklung der Grundsicherung für Arbeitsuchende	101
13	Gründungszuschuss	104
14	Allgemeines Gleichbehandlungsgesetz	107
15	EU-Dienstleistungsrichtlinie	108
16	Haushaltsbegleitgesetz 2006	110
17	Gesetz über die Senkung des Beitrags zur Arbeitsförderung, die Festsetzung der Beitragssätze in der gesetzlichen Rentenversicherung und der Beiträge und Beitragszuschüsse in der Alterssicherung der Landwirte für das Jahr 2007	113
18	Gesetz zur Änderung des Zweiten Buches Sozialgesetzbuch und des Finanzausgleichsgesetzes	115
19	Gesetz zur Einführung des Elterngeldes	116
20	Gesetz zur Verbesserung der Beschäftigungschancen älterer Menschen	117
21	Erstes und Zweites Gesetz zur Änderung des Arbeitnehmer-Entsendegesetzes	121
22	Job-Perspektive – Perspektiven für Langzeitarbeitslose mit besonderen Vermittlungshemmnissen – Zweites Gesetz zur Änderung des Zweiten Buches Sozialgesetzbuch	124
23	Verbesserung der Qualifizierung und Beschäftigungschancen von jüngeren Menschen mit Vermittlungshemmnissen – Viertes Gesetz zur Änderung des Dritten Buches Sozialgesetzbuch	127
24	Rente mit 67 – Gesetz zur Anpassung der Regelaltersgrenze an die demografische Entwicklung und zur Stärkung der Finanzierungsgrundlagen der gesetzlichen Rentenversicherung (RV-Altersgrenzenanpassungsgesetz)	130
25	Drittes Gesetz zur Änderung des Zweiten Buches Sozialgesetzbuch	132
26	Sechstes Gesetz zur Änderung des Dritten Buches Sozialgesetzbuch	133
27	Bundesprogramm Kommunal-Kombi	136
28	Vermittlungsgutschein – Gesetz zur Förderung der zusätzlichen Altersvorsorge und zur Änderung des Dritten Buches Sozialgesetzbuch	137
29	Siebtes Gesetz zur Änderung des Dritten Buches Sozialgesetzbuch und anderer Gesetze	138
30	Urteil des Bundesverfassungsgerichts zur Trägerschaft der Grundsicherung für Arbeitsuchende	141
31	Erhöhung des Eckregelsatzes von Arbeitslosengeld II auf 351 € – Gesetz zur Rentenanpassung 2008	142
32	Viertes Gesetz zur Änderung des Zweiten Buches Sozialgesetzgebung	143
33	Fünftes Gesetz zur Änderung des Dritten Buches Sozialgesetzgebung – Verbesserung der Ausbildungschancen förderungsbedürftiger junger Menschen („Ausbildungsbonus")	144

1 Einleitung

Die Chronik der Arbeitsmarkt- und Beschäftigungspolitik in diesem Kapitel bietet einen komprimierten Überblick über drei Jahre politischer Gestaltung durch Bundesgesetze oder -maßnahmen von Anfang 2005 bis Mitte 2008. Die einzelnen Regelungen werden kurz im Hinblick auf arbeitsmarktrelevante Maßnahmen beschrieben und teilweise um IAB-Positionen in komprimierter Form ergänzt. Eine Auflistung von maßnahmebezogener IAB-Literatur sowie Stellungnahmen für den Bundestag und andere Beratungsgremien ermöglicht die vertiefte Rezeption der forschungsbasierten Politikberatung des IAB.

Im Blickpunkt der Chronik stehen die wichtigsten Veränderungen der institutionellen Rahmenbedingungen des deutschen Arbeitsmarktes. Darunter fallen zunächst die arbeitsmarktpolitischen Regelungen des SGB III und SGB II, aber auch Bundesprogramme, die von der Bundesagentur für Arbeit (BA) umgesetzt werden. Dazu kommen beschäftigungspolitische Regelungen aus den Bereichen der Wirtschafts- und Sozialpolitik, die direkte oder indirekte Auswirkungen auf Arbeitsmarkt und Beschäftigung haben. Regelungen auf kommunaler oder Landesebene werden nicht berücksichtigt (Ausnahme Kommunal-Kombi als Bundesprogramm). Die europäische Beschäftigungspolitik findet nur Eingang in die Darstellung, wenn sie im Berichtszeitraum in nationales Recht umgesetzt wurde oder das EU-Recht den verbindlichen Rahmen für die nationale Beschäftigungspolitik setzt.

In der Arbeitsmarktpolitik der Großen Koalition von CDU und SPD seit 2005 wurde der von der rot-grünen Vorgängerregierung eingeschlagene Kurs im Wesentlichen fortgesetzt. Die 2003/04 verabschiedeten Gesetze zur Modernisierung des Arbeitsmarktes – die sogenannten Hartz-Gesetze – wurden jedoch in Details korrigiert und fortentwickelt. Dies erfolgte zum einen im Bemühen, die Instrumente der aktiven Arbeitsmarktpolitik zielgenauer und effizienter einzusetzen, aber auch, um Einsparpotenziale zu nutzen. Die Hartz-Gesetze wurden angepasst an teilweise veränderte Rahmenbedingungen bzw. eine aktualisierte Informationslage zu Ausmaß und Struktur der Hilfsbedürftigkeit (Anzahl der Bedarfsgemeinschaften oder der Personen mit besonderen Vermittlungshemmnissen) oder im Hinblick auf die ursprünglichen Zielvorstellungen („Fördern und Fordern") modifiziert. Dabei wurden auch erste Ergebnisse aus der Evaluationsforschung berücksichtigt (Personal-Service-Agentur, Gründungszuschuss, Vermittlungsgutschein u. a.). Außerdem führten die neuen föderalen Akteurskonstellationen (Verteilung der SGB-II-Finanzierung auf Bund und Länder/Bundesbeteiligung an Unterkunfts- und Heizkosten) zu Veränderungen des arbeitsmarktpolitischen Regelwerkes im SGB II und III.

Während der Regelkreis des SGB III die Aufgabenerfüllung der BA betrifft, legt der Regelkreis des SGB II die Leistungen und Handlungsspielräume der Arbeitsgemeinschaften von Arbeitsagenturen und Kommunen, der 69 Optionskommunen und der 21 in getrennter Aufgabenwahrnehmung organisierten Arbeitgemeinschaften fest. Die Änderungen des SGB II und SGB III betrafen die passiven arbeitsmarktpolitischen Leistungen (Anspruchsvoraussetzungen und Höhe des Arbeitslosengeldes II, Sanktionsverschärfungen, 58er-Regelung u. a.) und die aktiven Leistungen (Gründungszuschuss, Eingliederungszuschüsse u. a.). Dazu kamen institutionelle Regelungen zur Aufgabenwahrnehmung (z. B. Personal-Service-Agenturen, Beauftragung von Trägern mit Eingliederungsmaßnahmen). Ein besonderer Fokus der politischen Gestaltung lag auf Maßnahmen für ältere Arbeitnehmer (Kombi-Lohn, Bildungsgutschein, Entgeltsicherung, Eingliederungszuschuss, Weiterbildungsförderung, erleichterte Befristung u. a) sowie auf Jugendlichen (Qualifizierungs- und

Eingliederungszuschuss, sozialpädagogische Begleitung bei betrieblicher Berufsausbildung) und schwer vermittelbaren Arbeitslosen (für Langzeitarbeitslose mit besonderen Vermittlungshemmnissen).

Beschäftigungspolitisch relevant waren mehrfache Anpassungen der Beitragssätze in der Sozialversicherung, wobei das Gesetz zur Stärkung des Wettbewerbs in der gesetzlichen Krankenversicherung nicht berücksichtigt wird. In unmittelbarem Regelungszusammenhang zur Senkung der Sozialabgaben stand die Erhöhung der Mehrwertsteuer. Unmittelbare Einkommenseffekte – wenn auch aus (teilweise) familienpolitischer Richtung – bringen zudem das Gesetz zur steuerlichen Förderung von Wachstum und Beschäftigung mit der Absetzbarkeit der Kinderbetreuungskosten und das neu eingeführte Elterngeld. Einkommenseffekte im Niedriglohnbereich sollen die beiden Gesetze zum Mindestlohn für das Gebäudereiniger- und das Postgewerbe bewirken.

In engem Zusammenhang zu Regelungen zur Verbesserung der Beschäftigungsfähigkeit Älterer sind Maßnahmen zu sehen, die die Austrittsbedingungen aus dem Arbeitsmarkt regeln (Rente mit 67). Mit Eintrittsbedingungen in den Arbeitsmarkt befasst sich dagegen das Zuwanderungsgesetz. Neben der Begrenzung und Steuerung der Zuwanderung werden hier Maßnahmen zur Integration von Ausländern geregelt. Ausländerpolitisch relevant ist auch das Allgemeine Gleichbehandlungsgesetz, das Benachteiligungen aufgrund von Behinderung, Rasse, ethnischer Herkunft, Geschlecht, Religion, Weltanschauung, Alter oder sexueller Identität verhindern soll. Keine Berücksichtigung finden bildungspolitische Regelungen wie das 22. Gesetz zur Bundesausbildungsförderung und die auf Länderebene geregelten Gesetze zur Einführung von Studiengebühren.

Im Folgenden werden die einzelnen Gesetze und Maßnahmen in chronologischer Reihenfolge nach dem Zeitpunkt des Inkrafttretens dargestellt.

Aktuelle Hinweise auf arbeitsmarktpolitische Initiativen und Gesetze bietet das arbeitsmarktpolitische Informationssystem im IAB-Web. Die chronologisch angelegten Volltextinformationen mit Kurzauszügen aus Positionspapieren und Maßnahmenbeschreibungen werden ergänzt um eine thematische Linksammlung und einen täglich aktualisierten elektronischen Pressespiegel.
www.iab.de/arbeitsmarktpolitik

2 Zuwanderungsgesetz – Gesetz zur Steuerung und Begrenzung der Zuwanderung und zur Regelung des Aufenthalts und der Integration von Unionsbürgern und Ausländern

Inkrafttreten am 01.01.2005

Mit diesem Gesetz soll die Zuwanderung zum Zweck der Erwerbstätigkeit erleichtert sowie die Steuerung und Begrenzung des Zuzugs von Ausländern und die Integration dauerhaft in Deutschland lebender Ausländer verbessert werden. Außerdem sind Vereinfachungen des Ausländerrechts und des Aufenthaltsrechts von Unionsbürgern avisiert. Darüber hinaus ist beabsichtigt, das Asylverfahren zu straffen und zu beschleunigen sowie dem Missbrauch von Asylverfahren entgegenzuwirken. Der Verabschiedung des Gesetzes war seit 2001 ein mehrjähriges parlamentarisches Abstimmungsverfahren vorangegangen, angeregt durch ein Gutachten der unabhängigen Zuwanderungskommission und mit Intervention des Bundesverfassungsgerichts. Eine Einigung wurde schließlich im Vermittlungsausschuss von Bundestag und Bundesrat auf der Grundlage einer Verständigung zwischen Bundeskanzler Schröder und der (damaligen) CDU-Parteivorsitzenden Merkel erzielt. Hauptstreitpunkte waren die Art der verpflichtenden Integrationsmaßnahmen und das sog. Punktesystem zur Steuerung der Zuwanderung. Danach sollte eine Niederlassungserlaubnis zur Aufnahme einer Erwerbstätigkeit bis zu einer festgelegten Höchstgrenze nach erfolgreicher Teilnahme an einem Auswahlverfahren auch ohne feste Arbeitsplatzzusage erteilt werden. Für die Auswahl der Zuwanderungsbewerber wurden im Gesetzentwurf Mindestkriterien für Alter, schulische und berufliche Qualifikation sowie Berufserfahrung, Familienstand, Sprachkenntnisse, Beziehungen zur Bundesrepublik Deutschland und Herkunftsland benannt.

Die folgenden Erläuterungen beziehen sich auf Artikel 1, das Gesetz über den Aufenthalt, die Erwerbstätigkeit und die Integration von Ausländern im Bundesgebiet (Aufenthaltsgesetz).

Im Gesetzentwurf der Bundesregierung von 2003 wird das Aufenthaltsgesetz begründet mit einem gestiegenen Bedarf an qualifizierten Fach- und Führungskräften in einigen Wirtschaftsbereichen (insbesondere in der Biotechnologie und der Informations- und Kommunikationstechnologie) und dem internationalen Wettbewerb um die besten Köpfe. Gerade technologie- und wissensintensive Unternehmen des Dienstleistungsbereichs seien mangels geeigneter inländischer Bewerber oft nicht in der Lage, offene Stellen für Ingenieure, Informatiker und Mathematiker zu besetzen. Die fehlende Möglichkeit, ausreichend hochqualifizierte Bewerber zu finden, beeinträchtige besonders die wirtschaftliche Situation kleinerer Unternehmen. Als weitere Gesetzesbegründungen werden die ungünstige demografische Entwicklung und Unzulänglichkeiten im bestehenden Ausländer- und Arbeitserlaubnisrecht angeführt. Dieses gehe von den Grundsätzen der einseitigen Zuwanderungsbegrenzung und des Anwerbestopps aus. Außerdem sei eine systematische Förderung der Integration von Ausländern erforderlich. Die Notwendigkeit zeige sich vor allem an Defiziten in der sprachlichen Verständigung, die zugleich zu einem beschränkten Zugang zum Arbeitsmarkt und damit oft zu entsprechenden sozialen Folgelasten führten.

> Wesentliche Inhalte des Gesetzes:
> - Aufhebung des Anwerbestopps
> - Zuwanderung ausländischer Arbeitskräfte in Abhängigkeit von der Situation des Arbeitsmarktes und der gesamtwirtschaftlichen Lage
> - Förderung der Integration durch verpflichtende Teilnahme an Integrationskursen

Im neuen Aufenthaltsgesetz werden die bestehenden Aufenthaltstitel auf zwei reduziert:
- die (befristete) Aufenthaltserlaubnis und
- die (unbefristete) Niederlassungserlaubnis.

Für hochqualifizierte Zuwanderer kann von Anfang an eine Niederlassungserlaubnis erteilt werden. Der

Aufbau des Gesetzes orientiert sich nicht mehr an Aufenthaltstiteln, sondern an Aufenthaltszwecken (Erwerbstätigkeit, Ausbildung, Familiennachzug, humanitäre Gründe). Im Bereich der Arbeitsmigration wird das doppelte Genehmigungsverfahren (Arbeits- und Aufenthaltsgenehmigung) durch ein Zustimmungsverfahren (mehrstufiger Verwaltungsakt) ersetzt; es erfolgt eine interne Beteiligung der Arbeitsverwaltung durch die Ausländerbehörde. Die alleinige Entscheidungskompetenz über den Arbeitsmarktzugang obliegt weiterhin der Arbeitsverwaltung. Die Steuerung des Verfahrens erfolgt bedarfsorientiert über den Nachweis eines konkreten Arbeitsplatzes. Ein Mindestrahmen staatlicher Integrationsangebote (Sprachkurse, Einführungen in die Lebensverhältnisse) wird aufenthaltsrechtlich geregelt. Auf die Durchführung der Integrationsmaßnahmen besteht ein gesetzlicher Anspruch. Bei fehlenden Sprachkenntnissen besteht eine Verpflichtung zur Teilnahme an Deutschkursen, die bei der Verlängerung der Aufenthaltserlaubnis entsprechend berücksichtigt wird. Bei erfolgreicher Teilnahme besteht die Möglichkeit einer früheren Einbürgerung.

IAB-Position

Das IAB war u. a. durch ein Gutachten für die unabhängige Zuwanderungskommission am politischen Meinungsbildungsprozess beteiligt (Hönekopp et al. 2001). Darin werden die zu erwartenden Entwicklungen des Angebotes von und die Nachfrage nach Fachkräften in Deutschland analysiert und die Frage behandelt, ob, wie und inwieweit eine Zuwanderung ausländischer Fachkräfte einen drohenden Fachkräftemangel in Deutschland beheben könnte. In einer weiteren Expertise unter IAB-Beteiligung (Steinhardt et al. 2006) wird der Einfluss der neuen Arbeitsmigranten auf die Beschäftigungssituation sowie auf Lohnniveau und -struktur in den relevanten Arbeitsmärkten analysiert. Dabei wird der (potenzielle) Beitrag dieser Erwerbsmigration zum sektoralen Strukturwandel und zu einer wissensbasierten Dienstleistungsökonomie geschätzt. Der Studie zufolge ist bei einer Zuwanderung Hochqualifizierter mit positiven Effekten auf inländische Löhne, Beschäftigung und das Bruttoinlandsprodukt pro Kopf zu rechnen (vgl. auch Boeri/Brücker 2005).

Weitere IAB-Publikationen befassen sich mit den Wechselwirkungen zwischen dem deutschen System der Sozialversicherung und der Einwanderung auch mit Augenmerk auf das neue Zuwanderungsgesetz (Leber 2004) und mit der sehr spezifischen Frage nach der Sprachförderung für arbeitslose Alg-II-Bezieher mit Migrationshintergrund. Die Umsetzung dieser Integrationskurse für arbeitslose Migranten im SGB-II-Bezug ist durch zentrale einheitliche Vorgaben des Zuwanderungsgesetzes geregelt (Schweigard 2007).

Parlamentaria

Gesetzentwurf der Bundesregierung (2003): Entwurf eines Gesetzes zur Steuerung und Begrenzung der Zuwanderung und zur Regelung des Aufenthalts und der Integration von Unionsbürgern und Ausländern (Zuwanderungsgesetz). In: Bundestags-Drucksache 15/420 vom 07.02.2003.

Gesetz zur Steuerung und Begrenzung der Zuwanderung und zur Regelung des Aufenthalts und der Integration von Unionsbürgern und Ausländern (Zuwanderungsgesetz) vom 30.07.2004. In: Bundesgesetzblatt I, Nr. 41 vom 05.08.2004, S. 1950 ff.

IAB-Literatur

Boeri, Tito / Brücker, Herbert (2005): Why are Europeans so tough on migrants? In: Economic Policy 44, S. 629–704.

Brücker, Herbert / Siliverstovs, Boriss (2006): Estimating and forecasting European migration. In: Zeitschrift für ArbeitsmarktForschung, Jg. 39, H. 1, S. 35–56.

Buttler, Friedrich / Schoof, Ulrich / Walwei, Ulrich (2006): The European Social Model and eastern enlargement. In: Zeitschrift für ArbeitsmarktForschung, Jg. 39, H. 1, S. 97–122.

Hönekopp, Elmar / Menck, Karl Wolfgang / Straubhaar, Thomas (2001): Fachkräftebedarf bei hoher Arbeitslosigkeit. Vorsicht vor richtigen Antworten auf falsche Fragen. Gutachten für die Unabhängige Kommission „Zuwanderung", Hamburg. 28 S.

Leber, Ute (2004): Wechselseitige Beziehungen zwischen Zuwanderung und Sozialversicherung. In: Beiträge zur Arbeitsmarkt- und Berufsforschung 281, Nürnberg. 326 S.

Niebuhr, Annekatrin / Stiller, Silvia (2006): Integration and labour markets in European border regions. In: Zeitschrift für ArbeitsmarktForschung 1, S. 57–76.

Schweigard, Eva (2007): Sprachförderung für arbeitslose ALG-II-Bezieher mit Migrationshintergrund. Eine explorative Untersuchung zur Umsetzung. IAB-Forschungsbericht 08, Nürnberg.

Steinhardt, Max / Hönekopp, Elmar / Bräuninger, Michael / Radu, Dragos / Straubhaar, Thomas (2006): Effekte der Migrationssteuerung bei Erwerbstätigen durch das Zuwanderungsgesetz. Hamburg.

3 Kinderzuschlag

Inkrafttreten am 01.01.2005

Im Zuge der sogenannten Hartz-IV-Gesetzgebung mit der Zusammenlegung von Sozialhilfe und Arbeitslosenhilfe zur Grundsicherung für Arbeitsuchende wurde der Kinderzuschlag (KIZ) als eine bedarfsabhängige Einkommensergänzung im § 6a Bundeskindergeldgesetz eingeführt.

> **Wesentliche Inhalte des Gesetzes:**
> - Den Kinderzuschlag erhalten Personen für minderjährige Kinder,
>   - wenn sie Anspruch auf Kindergeld haben
>   - wenn sie ihren eigenen Mindestbedarf sicherstellen können
>   - wenn durch den Zuschlag die Hilfebedürftigkeit nach § 9 SGB II vermieden wird
> - Der Kinderzuschlag beläuft sich auf maximal 140 € monatlich
> - Das Erwerbseinkommen der Eltern wird zu 70 %, Kapitalerträge werden voll angerechnet
> - Die Befristung auf maximal drei Jahre entfällt mit Wirkung zum 01.01.2008

Nachdem der zweite Armuts- und Reichtumsbericht der Bundesregierung zu dem Ergebnis gekommen war, dass Familien mit Kindern besondere Lasten und damit ein höheres Armutsrisiko als Kinderlose tragen (Deutscher Bundestag 2005: 150), hat sich die Bundesregierung zum Ziel gesetzt, alle Anstrengungen zu unternehmen, um Armut von Kindern zu vermeiden. Es sollte verhindert werden, dass Familien allein wegen der Unterhaltsbelastung für ihre Kinder auf Alg II angewiesen sind. Rund 150.000 Kinder sollten dadurch vom Bezug von Alg II oder Sozialgeld unabhängig gemacht werden.

Den Kinderzuschlag erhalten Personen für minderjährige Kinder, wenn sie Anspruch auf Kindergeld haben, wenn sie ihren eigenen Mindestbedarf sicherstellen können und wenn durch den Zuschlag die Hilfebedürftigkeit vermieden wird. Der Zuschlag soll als dem Alg II vorgelagerte einkommensabhängige Leistung zusammen mit dem Kindergeld und dem auf Kinder entfallenden Wohngeldanteil den durchschnittlichen Bedarf von Kindern an Alg II bzw. Sozialgeld abdecken. Erwerbseinkommen der Eltern, das ihren eigenen Mindestbedarf überschreitet, wird zu 70 %, Kapitalerträge dagegen voll angerechnet. Der höchstmögliche Kinderzuschlag beträgt für jedes im gemeinsamen Haushalt lebende Kind 140 €. Der Zuschlag wurde bei seiner Einführung auf 36 Monate befristet. Alg-II-Empfänger erhalten keinen Kinderzuschlag.

Mit dem SGB-II-Fortentwicklungsgesetz wurde der Berechtigtenkreis ab April 2006 auf erwachsene unverheiratete Kinder unter 25 Jahren ausgeweitet. Darüber hinaus existiert seitdem die Möglichkeit, den Kinderzuschlag nicht geltend zu machen, wenn damit der Verlust anderer höherer Ansprüche verbunden ist.

Der Kinderzuschlag soll laut Beschluss der Kabinettsklausur in Meseberg im August 2007 weiterentwickelt werden und in ein Gesamtkonzept zur Neuordnung des Niedriglohnsektors eingebettet werden.

Hierzu hat das Bundesfamilienministerium im Sommer 2007 ein Konzept erarbeitet (BMFSFJ 13.06.2007). Es soll den Verwaltungsaufwand minimieren, der durch die Berücksichtigung von Einkommensmindest- und -höchstgrenzen entstanden ist (ein Indiz für den Aufwand ist die extrem hohe Ablehnungsquote, Bundesregierung 2007: 6), und eine größere Zahl von Familien erreichen, die – auch aus Gründen der Stigmatisierung – kein Alg II in Anspruch nehmen wollen, aber im Niedrigeinkommensbereich liegen. Das Konzept sieht folgende Änderungen vor:

- Statt der bisherigen Mindesteinkommensgrenze ist eine einheitliche Bemessungsgrenze in gleicher Höhe vorgesehen. Unterhalb der Bemessungsgrenze besteht zukünftig ein Wahlrecht zwischen Alg II und Kinderzuschlag.
- Auf eine Höchsteinkommensgrenze wird verzichtet. Die Absenkung der Abschmelzrate bei der Anrechnung von Erwerbseinkommen auf 50 % bewirkt, dass der Kinderzuschlag bei steigendem Einkommen maßvoll ausläuft.
- Der Kinderzuschlag wird unbefristet gezahlt.

Mit dem Gesetz zur Errichtung eines Sondervermögens „Kinderbetreuungsausbau" und zur Entfristung des Kinderzuschlags vom 22.12.2007 wurde die Befristung des Kinderzuschlags im Bundeskindergeldgesetz aufgehoben.

Im „Entwurf eines Gesetzes zur Änderung des Bundeskindergeldgesetzes" wird der Kinderzuschlag weiterentwickelt.

„Die Mindesteinkommensgrenze wird auf einheitliche Beträge festgesetzt und erheblich abgesenkt. Die bisherige Mindesteinkommensgrenze bleibt als Bemessungsgrenze, ab der Einkommen anzurechnen sind, erhalten. Zudem wird die Abschmelzrate für Einkommen aus Erwerbstätigkeit deutlich abgesenkt." (Bundesregierung 2008)

Das Gesetz wurde am 26.06.2008 im Bundestag verabschiedet und soll am 01.10.2008 in Kraft treten.

Parlamentaria

BMFSFJ (2008): Gesetz zur Änderung des Bundeskindergeldgesetzes. Referentenentwurf vom 13.03.2008.

Bundeskindergeldgesetz § 6a Kinderzuschlag.

Bundesministerium für Familie, Senioren, Frauen und Jugend (2007): Armutsrisiko senken – Kinderzuschlag ausbauen. www.bmfsfj.de/Politikbereiche/familie,did=98634.html (eingesehen am 15.06.2007).

Bundesregierung (2007): Bericht über die Auswirkungen des § 6a des Bundeskindergeldgesetzes (Kinderzuschlag) sowie über die gegebenenfalls notwendige Weiterentwicklung dieser Vorschrift. Bundestags-Drucksache 16/4670 vom 08.03.2007.

Bundesregierung (2008): Entwurf eines Gesetzes zur Änderung des Bundeskindergeldgesetzes. Bundestags-Drucksache 16/8867 vom 22.04.2008.

Deutscher Bundestag (2005): Lebenslagen in Deutschland – zweiter Armuts- und Reichtumsbericht. Bundestags-Drucksache 15/5015 vom 03.03.2005.

Gesetz zur Errichtung eines Sondervermögens „Kinderbetreuungsausbau" und zur Entfristung des Kinderzuschlags. In: Bundesgesetzblatt I, Nr. 67 vom 22.12.2007, S. 3022 ff.

Literatur

Becker, Irene / Hauser, Richard (2008): Vom Kinderzuschlag zum Kindergeldzuschlag. Ein Reformvorschlag zur Bekämpfung von Kinderarmut. SOEPpapers on multidisciplinary panel data research at DIW Berlin 87/2008.

Herrmann, Hauke / Söhngen, Uwe (2004): Hartz IV – Wer bekommt den Zuschlag? Verfassungsbedenken gegenüber dem befristeten Zuschlag zum ALG II. In: Soziale Sicherheit 12, S. 412–419.

Meister, Wolfgang (2006): Der Kinderzuschlag für Geringverdiener – ein Beispiel für mangelhafte Abstimmung im deutschen Transfersystem. In: ifo Schnelldienst 16/2006, S. 12–20.

Steffen, Johannes (2007): Überwindung der „Hartz IV"-Abhängigkeit von Kindern und deren Eltern. Arbeitspapier zur zügig umsetzbaren Reduzierung von „Hartz IV"-Abhängigkeit und „Kinderarmut". Bremen. www.arbeitnehmerkammer.de/sozialpolitik/doku/01_aktuell/ticker/2007/2007_10_19_kinderzuschlag.pdf (eingesehen am 03.12.2008).

Steffen, Johannes (2008): Die BMFSFJ-Reform des Kinderzuschlags – Kein Beitrag zur nachhaltigen Überwindung der „Hartz IV"-Abhängigkeit. www.arbeitnehmerkammer.de/sozialpolitik/doku/01_aktuell/ticker/2008/2008_03_14_Kinderzuschlag-BMFSFJ.pdf (eingesehen am 20.03.2008).

Winkel, Rolf (2004): Der neue Kinderzuschlag: Eine familienpolitische Seifenblase – etliche Familien stehen sich dadurch schlechter als mit Arbeitslosengeld II. In: Soziale Sicherheit 53, H. 12, S. 402–412.

4 Freibetragsneuregelungsgesetz – Gesetz zur Neufassung der Freibetragsneuregelungen für erwerbsfähige Hilfebedürftige

Inkrafttreten am 01.10.2005

Mit dem „Gesetz zur Neufassung der Freibetragsneuregelungen für erwerbsfähige Hilfebedürftige" (Freibetragsneuregelungsgesetz) wurden die §§ 11 und 30 SGB II geändert, die Regelungen zu den Freibeträgen für Erwerbseinkommen und zu den Absetzbeträgen für Alg-II-Bezieher enthalten. Mit der Neuregelung vereinfacht sich das Verfahren und wird für den Antragsteller deutlich transparenter, da die Höhe der Freibeträge nun von den Bruttoeinkünften abhängt.

Außerdem kann Einstiegsgeld künftig unabhängig vom weiteren Vorliegen der Hilfebedürftigkeit gewährt werden.

> Wesentliche Inhalte des Gesetzes:
> - Ein pauschaler Grundfreibetrag von 100 € des monatlichen Bruttoentgelts wird nicht auf das Alg II angerechnet
> - Von Hinzuverdiensten über 100 € wird folgender Prozentsatz nicht auf das Alg II angerechnet:
>   – 20 % für Bruttoeinkommen zwischen 100 und 800 €
>   – 10 % für Bruttoeinkommen zwischen 800 und 1.200 bzw. 1.500 €
> - Einstiegsgeld kann gewährt werden, wenn die Hilfebedürftigkeit durch oder nach Aufnahme einer Erwerbstätigkeit entfällt

Laut Gesetzesentwurf zielt das Gesetz auf eine Vereinfachung der Freibetragsregelung. Es soll verbesserte Anreize für eine Beschäftigung im Niedriglohnbereich schaffen sowie möglichen mit dem befristeten Zuschlag verbundenen Fehlanreizen entgegenwirken. Die mit dem sogenannten Hartz-IV-Gesetz eingeführten Regelungen zum Hinzuverdienst privilegierten besonders die Einnahmen oberhalb von 400 €.[1] Die Arbeitsmarktlage zeige aber, dass insbesondere Langzeitarbeitslosen häufig nur die Möglichkeit offenstand, im Bruttolohnbereich unter 400 € eine Beschäftigung aufzunehmen. Deshalb sollten in allen Einkommensbereichen höhere Freibeträge für Erwerbstätigkeit eingeräumt und zugleich vereinfachte Lösungen für die Einkommensanrechnung geschaffen werden. Zudem sollte eine Kinderkomponente eingeführt werden (vgl. Regierungsentwurf 2005).

Der Gesetzentwurf ist Teil der vom damaligen Bundeskanzler Schröder im 20-Punkte-Programm „Zur Stärkung von Konjunktur und Wachstum" am 06.04.2005 verkündeten 20 Maßnahmen zur Fortsetzung der Agenda 2010. Am 15.04.2005 haben sich der damalige Bundesarbeitsminister Wolfgang Clement und Karl-Josef Laumann für die CDU/CSU-Bundestagsfraktion auf Eckpunkte für eine Neuregelung der Hinzuverdienstmöglichkeiten geeinigt.

Der Bezugspunkt für den Freibetrag nach § 30 SGB II ist seit der Gesetzesänderung das Bruttoeinkommen. Die bisherigen Absetzbeträge (z. B. Werbungskosten) werden durch einen Grundfreibetrag in Höhe von 100 € ersetzt. Für das den Grundfreibetrag übersteigende Einkommen werden prozentuale Freibeträge eingeführt. Diese belaufen sich auf 20 % des den Freibetrag übersteigenden Einkommens für Bruttoeinkommen bis zu 800 € und auf 10 % für Bruttoeinkommen zwischen 800 und 1.200 €. Die Obergrenze von 1.200 € für die Freibeträge erhöht sich für Bedarfsgemeinschaften mit Kindern auf 1.500 €.

IAB-Position
Durch die Revision der Hinzuverdienstregelung „erhöhen sich die Arbeitsanreize für Empfänger des Arbeitslosengelds nur wenig. (...) Immerhin sorgen die (...) Neuregelungen für deutlich verbesserte Hinzuverdienstmöglichkeiten für Empfänger des ALG II im unteren Einkommenssegment" (Cichorek et al. 2005: 5). Sie bergen jedoch das Risiko, dass sich Alg-II-Empfänger mit der Kombination von Transferleistungen und ‚kleinem' Minijob arrangieren (Koch/Walwei 2006: 424). Die Autoren halten die Besserstellung der Minijobs nur dann für sinnvoll, wenn diese als Brücke in größere Beschäftigung dienen kann. „Empirisch gibt es im Moment so gut wie keine Belege für eine ‚Sprungbrettfunktion' von Mini-Jobs in Richtung längerer Arbeitszeit und damit einer Reduzierung oder gar Überwindung der Hilfebedürftigkeit" (ebd.).

Die Optimierung befristeter Hinzuverdienstmöglichkeiten (eine Variante ist das Einstiegsgeld) als Brücke in den ersten Arbeitsmarkt sehen die Autoren als wahrscheinlich zielführender als die generelle Ausweitung der geltenden Regelungen (Cichorek et al. 2005: 5).

Mit der Neuregelung der Freibeträge wurde auch § 29 SGB II geändert, der die Erbringung von Einstiegsgeld, einem befristeten Zuschuss zum Alg II als Hilfe zur Überwindung von Hilfebedürftigkeit, regelt. Bei Aufnahme einer sozialversicherungspflichtigen oder selbstständigen Erwerbstätigkeit kann seitdem weiterhin Einstiegsgeld gezahlt werden. Alg-II-Bezug und Einstiegsgeld wurden also entkoppelt, wovon nach Einschätzung des IAB eine Verminderung des Fehlanreizes, Hilfebedürftigkeit vonseiten des Alg-II-Beziehers bewusst zu erhalten, erwartet werden kann (Noll et al. 2006: 14).

---

1 Bei einem Bruttoverdienst zwischen 400 und 900 € blieben 30 % vom Nettoeinkommen anrechnungsfrei; unter 400 und über 900 € sind es nur 15 %.

Parlamentaria

Entwurf eines Gesetzes zur Neufassung der Freibetragsneuregelungen für erwerbsfähige Hilfebedürftige (Freibetragsneuregelungsgesetz) (Regierungsentwurf) vom 12.05.2005. Bundestags-Drucksache 15/5446.

Gesetz zur Neufassung der Freibetragsneuregelungen für erwerbsfähige Hilfebedürftige (Freibetragsneuregelungsgesetz). In: Bundesgesetzblatt I, Nr. 49 vom 17.08.2005, S. 2407 f.

IAB-Literatur

Cichorek, Anne / Koch, Susanne / Walwei, Ulrich (2005): Arbeitslosengeld II: Höhere Arbeitsanreize geplant. Neuer Vorschlag für bessere Hinzuverdienstmöglichkeiten, vor allem bei niedrigen Einkommen. IAB-Kurzbericht 07, Nürnberg.

Koch, Susanne / Walwei, Ulrich (2006): Hinzuverdienstregelung im SGB II: Quo vadis? In: Wirtschaftsdienst, Jg. 86, H. 7, S. 423–427.

Noll, Susanne / Wolff, Joachim / Nivorozhkin, Anton (2006): Förderung mit dem Einstiegsgeld nach § 29 SGB II. Erste Befunde zur Implementation und Deskription. IAB-Forschungsbericht 23, Nürnberg.

Literatur

Steffen, Johannes (2005): Neuregelung beim Hinzuverdienst für Alg II-Bezieher – Das Clement/Laumann-Modell. www.arbeitnehmerkammer.de/sozialpolitik/doku/05_soziales/sgb_ii/2005_04_17_ak_clement_laumann.pdf (eingesehen am 12.03.2008).

Winkel, Rolf (2005): Die neuen Regeln zum Hinzuverdienst – Arbeitslosengeld II. In: Soziale Sicherheit 9, S. 304–305.

5 Perspektive 50plus

Bundesprogramm „Perspektive 50plus – Beschäftigungspakte für Ältere in den Regionen"

Programmstart im Oktober 2005

Das Programm des Bundesministeriums für Arbeit und Soziales soll einen Beitrag zur Verbesserung der Beschäftigungschancen älterer Langzeitarbeitsloser leisten. Neben den Potenzialen der Wirtschaft und der Länder soll auch die Gestaltungskraft und Kreativität der Regionen stärker als bisher zur beruflichen Eingliederung älterer Langzeitarbeitsloser genutzt werden. Zunächst wurden über einen Zeitraum von zwei Jahren 62 innovative regionale Modellprojekte von insgesamt 93 beteiligten Arbeitsgemeinschaften und zugelassenen kommunalen Trägern gefördert, die Anfang September 2005 von einer unabhängigen Jury im Rahmen eines bundesweiten Ideenwettbewerbs ausgewählt wurden. Bis zum Ablauf der ersten Programmphase Ende 2007 konnten bereits mehr als 20.000 ältere Langzeitarbeitslose vermittelt werden. Davon waren rund 81 % sozialversicherungspflichtige Beschäftigungsverhältnisse. Um die Arbeit der Beschäftigungspakte zu verstetigen und deren Wirkung regional auszuweiten, schließt sich in den Jahren 2008 bis 2010 eine zweite Programmphase an.

> Das Programm in Kürze:
> - Berufliche Eingliederung älterer Langzeitarbeitsloser ab 50 Jahren
> - Einbindung in regionale Strukturen und Netzwerke
> - Bundesprogramm für 62 innovative regionale Modellprojekte

Im Mittelpunkt der Modellprojekte stehen die Bildung und Vertiefung regionaler Netzwerke und der überregionale Austausch von Informationen und Erfahrungen zwischen den Projekten. Regionale Workshops mit den Projektbeteiligten und eine gemeinsame Kommunikationsplattform unterstützen diesen Prozess. So sollen Strukturen entstehen, die über die jeweiligen Regionen und über die Förderdauer hinaus dauerhaft die Integration Älterer in den allgemeinen Arbeitsmarkt unterstützen. Zudem können besonders erfolgreiche Projekte Grundlage für bundesweite Strategien und Lösungen werden *(best practice)*. Das Bundesministerium für Arbeit und Soziales (BMAS) erwartet, dass in den drei Jahren 2008–2010 mithilfe des Bundesprogramms 50.000 ältere Langzeitarbeitslose in den ersten Arbeitsmarkt integriert werden können.

Programminfos

www.perspektive50plus.de

IAB-Publikationen

Eichhorst, Werner / Sproß, Cornelia (2005): Arbeitsmarktpolitik für Ältere – Die Weichen führen noch nicht in die gewünschte Richtung. IAB-Kurzbericht 16, Nürnberg.

Kraatz, Susanne / Rhein, Thomas / Sproß, Cornelia (2006): Internationaler Vergleich: Bei der Beschäftigung Älterer liegen andere Länder vorn. IAB-Kurzbericht 05, Nürnberg.

6 Fünftes Gesetz zur Änderung des Dritten Buches Sozialgesetzbuch und anderer Gesetz

Inkrafttreten am 01.01.2006

Das Fünfte SGB-III-Änderungsgesetz greift ein Gesetzesvorhaben der Regierung Schröder vom April 2005 auf, das wegen der vorgezogenen Bundestagswahlen nicht mehr verwirklicht wurde. Neben der Verlängerung befristeter Instrumente zur Förderung der Beschäftigung Älterer sah es – verlängert bis 01.01.2008 – die Weiterführung der Alg-I-Bezugsdauer je nach Dauer des Versicherungspflichtverhältnisses für bis zu 32 Monate vor. Das neue Gesetz der Großen Koalition nahm diese Fristverlängerung nicht auf und regelte die Rückführung des Arbeitslosengeldanspruchs auf höchstens 18 Monate für Ansprüche, die ab dem 01.02.2006 entstehen.

Das Gesetz soll insbesondere die Beschäftigung Älterer durch die Verlängerung befristeter bereits eingeführter Instrumente und die Aufnahme einer selbstständigen Erwerbstätigkeit aus Arbeitslosigkeit fördern. Der mit den Strukturreformen am Arbeitsmarkt eingeschlagene Weg zur Steigerung der Effektivität und Effizienz der Arbeitsförderung soll fortgesetzt werden und die Förderung anderer Maßnahmen der aktiven Arbeitsförderung zugunsten der direkten Förderung regulärer Beschäftigung weiter zurückgedrängt werden. Die Geltungsdauer der Instrumente wurde laut Gesetzesbegründung auch im Hinblick auf eine gründlichere Auswertung der bisherigen Evaluationsergebnisse und der Fortsetzung der umfassenden Evaluation bis Ende 2006 verlängert.

Mit dem vorliegenden Gesetz wurde aber auch durch die Verlängerung der sogenannten 58er-Regelung bis Ende 2007 ein nicht unumstrittenes Signal gesetzt. Begründet wurde dies mit der damaligen Lage auf dem Arbeitsmarkt, die Älteren nicht ausreichend Beschäftigungsmöglichkeiten biete.

> **Wesentliche Inhalte des Gesetzes:**
> - Verlängerung befristeter Instrumente zur Förderung der Beschäftigung Älterer
> - Verlängerung der 58er-Regelung bis Ende 2007
> - Änderung bei der frühzeitigen Meldepflicht und Sperrfristenregelung
> - Aufhebung der zwingenden Verpflichtung der Arbeitsagenturen, eine Personal-Service-Agentur einzurichten

Instrumente der aktiven Arbeitsförderung

Folgende Instrumente der aktiven Arbeitsförderung wurden verlängert:

Die Entgeltsicherung für Ältere (eingeführt mit Hartz I, 2002) wurde bis Ende 2007 verlängert. Arbeitnehmer ab Vollendung des 50. Lebensjahres erhalten eine Entgeltsicherung bei Aufnahme einer niedrig entlohnten Tätigkeit und einem Restanspruch auf Arbeitslosengeld von mindestens 180 Tagen in Form eines Zuschusses zum Arbeitsentgelt sowie einen zusätzlichen Beitrag zur Rentenversicherung.

Die Möglichkeit der Beauftragung von Trägern mit Eingliederungsmaßnahmen (eingeführt mit Hartz I, 2002) wurde bis Ende 2007 verlängert.

Mit der Verabschiedung von Hartz I im Jahre 2002 wurden Arbeitgeber, die einen Arbeitslosen einstellen, der 55 Jahre oder älter ist, von den Beiträgen zur Arbeitslosenversicherung befreit. Diese Regelung wurde bis Ende 2007 verlängert.

Der Existenzgründungszuschuss („Ich-AG") wurde verlängert bis zum 30.06.2006. Danach soll ein neues Gesetz die Zusammenführung von Überbrückungsgeld und Existenzgründungszuschuss zu einem einheitlichen Instrument der Förderung von Existenzgründungen aus Arbeitslosigkeit, dem *Gründungszuschuss,* regeln.

Vgl. Punkt 13: Gründungszuschuss

Die Förderung beruflicher Weiterbildung älterer von Arbeitslosigkeit bedrohter Arbeitnehmer (mit dem Job-AQTIV-Gesetz von Anfang 2002 eingeführt) durch Übernahme von Weiterbildungskosten bzw. Zuschuss zum Arbeitsentgelt an den Arbeitgeber, wenn ein von Arbeitslosigkeit bedrohter Arbeitnehmer an einer Trainingsmaßnahme teilnimmt, wurde um ein Jahr bis zum 31.12.2006 verlängert.

Vereinfachter Bezug des Arbeitslosengeldes I für Ältere – die 58er-Regelung

Trotz des erklärten Ziels der Bundesregierung, die Beschäftigung Älterer zu fördern und die jahrelange Frühverrentungspolitik zu beenden, wurde die Verlängerung der Möglichkeit des Bezugs von Arbeitslosengeld zu vereinfachten Bedingungen (eine Regelung, die seit 1986 bestand und immer wieder verlängert wurde) um zwei Jahre bis Ende 2007 beschlossen. Sie betrifft die Arbeitnehmer, die den Regelvoraussetzungen des Anspruchs auf Arbeitslosengeld deshalb nicht genügen, weil sie nicht arbeitsbereit sind und nicht alle Möglichkeiten nutzen oder nutzen wollen, um ihre Beschäftigungslosigkeit zu beenden. Diese sogenannte 58er-Regelung, ein erleichterter Leistungszugang zum Arbeitslosengeld, erlaubt es über 58-jährigen Arbeitslosen, Arbeitslosengeld zu beziehen, ohne dem Arbeitsmarkt zur Verfügung stehen zu müssen – bei Inanspruchnahme der Regelung werden sie nicht mehr als Arbeitslose gezählt. Ebenso verlängert wird die entsprechende Regelung für Bezieher von Alg II. Wichtigste Bedingung ist, dass die Personen, die sich für den erleichterten Leistungsbezug entscheiden, verpflichtet sind, zum frühestmöglichen Zeitpunkt eine abschlagsfreie Altersrente zu beantragen.

Begründet wurde die Beschlussfassung des Gesetzes mit der Feststellung, es gebe nicht genug Beschäftigungsmöglichkeiten für die von den Betrieben altersbedingt freigesetzten Arbeitnehmer und man müsse abwarten, bis die Strukturmaßnahmen auf dem Arbeitsmarkt greifen. Die Kapazitäten der Arbeitsverwaltung sollten sich vordergründig auf die vermittelbaren Arbeitslosen konzentrieren (Regierungsentwurf 2005: 5). Vom 1. Januar 2008 an sollte der vereinfachte Bezug nur noch dann gelten, wenn der Anspruch vor dem 1. Januar 2008 entstanden ist und der Arbeitslose vor diesem Tag das 58. Lebensjahr vollendet hat.

Um Härten für Alg-II-Empfänger durch die zum 31.12.2007 auslaufende 58er-Regelung abzufedern, formulierte die Koalition Ende 2007 eine Nachfolgeregelung im „Siebten Gesetz zur Änderung des Dritten Buches Sozialgesetzbuch und anderer Gesetze".

Vgl. Punkt 29: Siebtes SGB-III-Änderungsgesetz

Änderung bei der frühzeitigen Meldepflicht und Sperrfristenregelung

Mit dem Gesetz wurden außerdem die Vorschriften zur frühzeitigen Arbeitsuchend-Meldung und die dazugehörige Sanktionsvorschrift neu gefasst. Personen, deren Arbeits- oder Ausbildungsverhältnis endet, sind danach verpflichtet, sich spätestens drei Monate vor dessen Beendigung persönlich bei der Agentur für Arbeit arbeitsuchend zu melden. Es gilt jetzt eine einheitliche Meldepflicht für befristete und unbefristete Arbeitsverhältnisse. Bei kürzerem Zeitraum zwischen Kenntnisnahme der Beendigung und tatsächlichem Ende muss die Meldung innerhalb von drei Tagen erfolgen. Kommt ein Arbeitnehmer der Verpflichtung nicht nach, verhängt die zuständige Agentur eine Sperrzeit von einer Woche, und der Arbeitslosengeldanspruch mindert sich im Umfang der Sperrzeitdauer.

Mit der Neuregelung wird das Sperrzeitenrecht, das den Zeitraum bestimmt, für den ein Anspruchsberechtigter wegen versicherungswidrigen Verhaltens ausgeschlossen werden kann, verschärft. Mehrere Sperrzeiten, die durch denselben Tatbestand begründet waren, laufen nun hintereinander statt parallel ab. Faktisch kann sich also die Sperrzeit in einigen Fällen verlängern. Damit soll laut Gesetzesbegründung das Prinzip der Risikobegrenzung bei der Arbeitslosenversicherung zum Schutz der Versichertengemeinschaft konsequent umgesetzt werden.

Personal-Service-Agentur

Durch die Gesetzesänderung wird die mit Hartz I eingeführte zwingende Verpflichtung für Arbeitsagenturen aufgehoben, eine Personal-Service-Agentur (PSA) – als vermittlungsorientiert arbeitendes Zeitarbeitsunternehmen – einzurichten. Künftig soll vor Ort geprüft werden, ob die Errichtung einer PSA unter dem Gesichtspunkt der Wirksamkeit bezogen auf den regionalen Arbeitsmarkt als Eingliederungsinstrument Erfolg versprechend zu sein scheint. Damit trägt die Bundesregierung den Evaluationsergebnissen Rechnung, denen zufolge sich

„die Einrichtung von PSA bei den einzelnen Arbeitsagenturen nicht als erfolgreiches Instrument zur Verbesserung der Chancen von Arbeitslosen auf Integration in den ersten Arbeitsmarkt erwiesen hat. Wirkungsanalysen der Jahre 2003 und 2004 ergaben sogar, dass PSA-Beschäftigte aufgrund dieser Tätigkeit später als vergleichbare andere Arbeitslose in den allgemeinen Arbeitsmarkt integriert wurden." (BMWA 2006: 6)

IAB-Position

Das IAB hat sich in seiner Stellungnahme zur öffentlichen Anhörung von Sachverständigen zum Gesetzentwurf am 12. Dezember 2005 auf der Basis wissenschaftlicher Befunde geäußert:

„Meldepflichten bei Arbeitslosigkeit: Eine Vereinheitlichung der Regelungen erhöht die Transparenz und kann damit dazu beitragen, die Intention der Regelung besser zu erfüllen. Gleichwohl sind Implementationsprobleme zu berücksichtigen, und es ist nicht a priori klar, ob die aggregierten Effekte einer Job-to-Job-Vermittlung positiv sind.

Personal-Service-Agenturen: Die Aufgabe des Zwangs zur Einrichtung einer Personal-Service-Agentur in jeder Agentur erscheint sinnvoll, da dann eine flexiblere Anpassung des arbeitsmarktpolitischen Instrumentariums an die regionale Gegebenheiten möglich ist. Die ständigen Änderungen der Rahmenbedingungen verringern die Akzeptanz der PSA und erschweren auch eine Wirkungsanalyse.

Beschäftigung Älterer: Insgesamt kommt es darauf an, die Rahmenbedingungen für die Beschäftigung Älterer zu verbessern und einen Mentalitätswandel zu erreichen. Bei der gegenwärtigen Arbeitsmarktlage erscheint eine Verlängerung der Instrumente zur Aktivierung älterer Arbeitsloser konsequent. Dagegen sollten alle Anreize zur Frühverrentung schnellstmöglich abgebaut werden.

Beauftragung von Trägern mit Eingliederungsmaßnahmen: Eine Verlängerung der Regelung des § 421i SGB III erscheint aus mehreren Gründen angebracht: Zum einen haben die häufigen Änderungen der Rahmenbedingungen dazu geführt, dass noch keine klaren Aussagen über die Wirkungen des Instruments möglich sind. Daher sollte der Beobachtungszeitraum für die laufenden Evaluationen ausgedehnt werden. Zum anderen zeigen internationale Beispiele, dass das Instrument erst dann seine volle Wirkung entfalten kann, wenn ein gewisses Erfahrungswissen aufgebaut werden konnte.

Existenzgründungszuschuss: Auch dieses Instrument sollte verlängert werden, um die Ergebnisse der laufenden Evaluationen bei einer Novellierung berücksichtigen zu können. Die Förderzahlen zeigen, dass der ExGZ für einen zusätzlichen Personenkreis einen Ausweg aus der Arbeitslosigkeit eröffnet hat." (Dietz et al. 2005)

Parlamentaria

BMWA (2006): Material zur Information: Die Wirksamkeit moderner Dienstleistungen am Arbeitsmarkt. Erläuterungen zum Bericht 2005 der Bundesregierung zur Wirkung der Umsetzung der Vorschläge der Kommission Moderne Dienstleistungen am Arbeitsmarkt.

Fünftes Gesetz zur Änderung des Dritten Buches Sozialgesetzbuch. In: Bundesgesetzblatt I, Nr. 76 vom 30.12.2005, S. 3676 ff.

Regierungsentwurf eines Fünften Gesetzes zur Änderung des Dritten Buches Sozialgesetzbuch und anderer Gesetze vom 29.11.2005, Bundestags-Drucksache 16/109.

IAB-Literatur und -Stellungnahmen

Dietz, Martin / Gartner, Hermann / Koch, Susanne / Walwei, Ulrich (2006): Arbeitsmarktpolitik für Ältere – Neue Anreize für mehr Beschäftigung. In: IAB-Forum 2, S. 78–83.

Dietz, Martin / Jahn, Elke / Koch, Susanne / Konle-Seidl, Regina / Promberger, Markus / Rudolph, Helmut / Spitznagel, Eugen / Sproß, Cornelia / Walwei, Ulrich / Wießner, Frank / Wübbeke, Christina (2005): Schriftliche Stellungnahme zur öffentlichen Anhörung von Sachverständigen in Berlin am 12. Dezember 2005 zum Entwurf eines Fünften Gesetzes zur Änderung des Dritten Buches Sozialgesetzbuch und anderer Gesetze. Ausschuss-Drucksache 16 (11) 20 vom 08.12.2005.

Eichhorst, Werner / Sproß, Cornelia (2005): Arbeitsmarktpolitik für Ältere: Die Weichen führen noch nicht in die gewünschte Richtung. IAB-Kurzbericht 16, Nürnberg.

Promberger, Markus / Bellmann, Lutz / Dreher, Christoph / Sowa, Frank / Schramm, Simon / Theuer, Stefan (2006): Leiharbeit im Betrieb: Strukturen, Kontexte und Handhabung einer atypischen Beschäftigungsform. Abschlussbericht des Forschungsprojektes HBS-2002-418-3, gefördert von der Hans-Böckler-Stiftung. Nürnberg.

Literatur

Hoehl, Stefan (2006): Das Fünfte SGB III-Änderungsgesetz im Überblick. In: Neue Zeitschrift für Sozialrecht 4, S. 189–191.

7 Weiterbildung Geringqualifizierter und beschäftigter älterer Arbeitnehmer in Unternehmen – Programm WeGebAU

Programmstart Anfang 2006

Die Bundesagentur für Arbeit fördert seit dem Jahr 2002 die berufliche Weiterbildung von älteren und geringqualifizierten Beschäftigten.[2] Das Sonderprogramm WeGebAU der BA will seit Anfang 2006 die präventiven Instrumente und damit die Chancen für ältere Beschäftigte und Geringqualifizierte in Unternehmen stärken.

> Wesentliche Inhalte der Maßnahme:
> - Übernahme der Weiterbildungskosten für ältere Arbeitnehmer in Betrieben mit bis zu 100 Beschäftigten
> - Zuschuss für Arbeitgeber zum Arbeitsentgelt von ungelernten Arbeitnehmern, die ihren Berufsabschluss bzw. Teilqualifikationen nachholen

Das Sonderprogramm WeGebAU wurde mit 200 Mio. € ausgestattet und verfolgte bei seiner Einführung 2006 insbesondere folgende Zielrichtungen:
- Integrationsfortschritte für geringqualifizierte und ältere Arbeitslose
- Anschubfinanzierung für Weiterbildung von Beschäftigten in Klein- und Mittelbetrieben, die über eine rein arbeitsplatzbezogene Anpassungsqualifizierung hinausgeht

Zur Förderung beschäftigter Arbeitnehmer sollte Betrieben mit bis zu 100 Beschäftigten die Weiterbildung ihrer älteren Mitarbeiter durch Übernahme der Weiterbildungskosten erleichtert werden. Bedingung war die Vollendung des 50. Lebensjahres des Arbeitnehmers und seine Freistellung durch den Arbeitgeber bei Lohnfortzahlung.

Mit einem Zuschuss für den Arbeitgeber zum Arbeitsentgelt einschließlich der Sozialversicherungsbeiträge sollte ungelernten Arbeitnehmern die Möglichkeit gegeben werden, einen fehlenden Berufsabschluss bzw. eine Teilqualifikation nachzuholen, ohne ihr Beschäftigungsverhältnis kündigen zu müssen. Diese zweite Fördermöglichkeit wurde nicht durch Alter oder Betriebsgröße beschränkt.

2007 wurde das Programm modifiziert fortgesetzt. Es richtet sich nun nur an ältere und geringqualifizierte Beschäftigte. Die Zielrichtung „Förderung geringqualifizierter älterer Arbeitsloser" wurde in das Programm IfB (Integration für Betreuungskunden) überführt.

IAB-Position

Wie Spitznagel und Lott (2007) feststellen, wurde der überwiegende Teil der Mittel 2006 für die erste oben genannte Zielrichtung, die Förderung von Arbeitslosen, verwendet, präventive Maßnahmen der zweiten Zielrichtung des Programms waren selten. Insgesamt wurden die bereitgestellten Mittel nur zu einem kleinen Teil abgerufen. Die mangelnde Bekanntheit des Programms wird neben den eng gefassten Fördervoraussetzungen als Hauptgrund gesehen. Die Autoren empfehlen deshalb:

„Es sollte bei Arbeitnehmern und Arbeitgebern (…) das Bewusstsein dafür geschärft werden, dass die berufliche Weiterbildung sowohl für den Erhalt der individuellen Beschäftigungsfähigkeit als auch im Hinblick auf den gesamtwirtschaftlich steigenden Fachkräftebedarf von zentraler Bedeutung ist. (…) Information und Werbung für das Programm sollen sowohl auf zentraler als auch auf lokaler Ebene weiter intensiviert werden." (Spitznagel/Lott 2007: 8)

IAB-Literatur

Spitznagel, Eugen / Lott, Margit (2007): Arbeitsmarktpolitik: Wenig Betrieb auf neuen Wegen der beruflichen Weiterbildung. IAB-Kurzbericht 23.

---

[2] Vgl. Gesetz zur Reform der arbeitsmarktpolitischen Instrumente (Job-AQTIV-Gesetz) vom 10.12.2001.

8 Erstes Gesetz zur Änderung des Zweiten Buches Sozialgesetzbuch

Inkrafttreten am 01.01.2006

> **Wesentlicher Inhalt des Gesetzes:**
> - Festlegung der Bundesbeteiligung an den Kosten für Leistungen für Unterkunft und Heizung im SGB II für 2005 auf 29,1 %

Das Erste Gesetz zur Änderung des Zweiten Buches Sozialgesetzbuch legt die Beteiligung des Bundes an den Unterkunfts- und Heizkosten für Empfänger der Grundsicherung für Arbeitsuchende für das Jahr 2005 auf 29,1 % fest.

Der Bund beteiligt sich zweckgebunden an den Leistungen für Unterkunft und Heizung für Alg-II-Empfänger, um sicherzustellen, dass die Kommunen im Zuge des Vierten Gesetzes für moderne Dienstleistungen am Arbeitsmarkt um jährlich 2,5 Mrd. € entlastet werden. Die zum 1. Oktober 2005 vorgenommene Überprüfung der Rechengrundlagen für die Festlegung des vom Bund zu tragenden Anteils ergab, dass die kommunalen Träger deutlich geringere Kosten für Leistungen pro Bedarfsgemeinschaft hatten, als der Vermittlungsausschuss von Bundestag und Bundesrat 2004 bei der Beratung angenommen hatte. Der Gesetzentwurf konstatierte daher, die Gesamtentlastung der Kommunen von 2,5 Mrd. € jährlich sei bereits erreicht, ohne dass der Bund noch einen Anteil an den Leistungen für Unterkunft und Verpflegung leisten müsse. Daher sei der Bundesanteil rückwirkend für 2005 und für 2006 zu streichen.

In seiner Stellungnahme vom 25.11.2005 trat der Bundesrat dem vehement entgegen. Die vom Bund beabsichtigte Änderung orientiere sich nicht an der tatsächlichen Finanzentwicklung.

Die Beschlussempfehlung des Ausschusses für Arbeit und Soziales vom 15.12.2005 empfahl, zum einen den unzweckmäßigen jährlichen Überprüfungszwang der Bundesbeteiligung an den Kosten für Unterkunft aufzuheben und zum anderen mit Rücksicht auf Rechtssicherheit in einem weiteren Gesetzesvorhaben im Jahr 2006 die Bundesbeteiligung ab dem Jahr 2007 festzuschreiben. Obwohl sich Bund und Länder in diesem Punkt nicht einigen konnten, gab das Bundeskabinett den Forderungen des Bundesrates nach. Im Sinne der Planungssicherheit wurde der Bundesanteil für 2005 und 2006 auf 29,1 % festgelegt.

> Vgl. Punkte 18, 25 und 32: Gesetz zur Änderung des Zweiten Buches Sozialgesetzbuch und Finanzausgleichsgesetzes, Drittes und Viertes Gesetz zur Änderung des Zweiten Buches Sozialgesetzbuch

Parlamentaria

Beschlussempfehlung und Bericht des Ausschusses für Arbeit und Soziales vom 15.12.2005. Bundestags-Drucksache 16/253.

Erstes Gesetz zur Änderung des Zweiten Buches Sozialgesetzbuch vom 22.12.2005. In: Bundesgesetzblatt I, Nr. 76 vom 30.12.2005, S. 3675.

Regierungsentwurf. Bundestags-Drucksache 16/162 vom 09.12.2005.

Stellungnahme des Bundesrates. Bundesrats-Drucksache 742/05 vom 25.11.2005.

9 Gesetz zur Förderung ganzjähriger Beschäftigung

Inkrafttreten am 01.04.2006

Das Gesetz soll in der Bauwirtschaft und in anderen Wirtschaftszweigen mit hohen saisonbedingten Arbeitsausfällen zu einer Verstetigung der Beschäftigungsverhältnisse beitragen und damit dem jährlich wiederkehrenden Anstieg der Arbeitslosigkeit in den Wintermonaten entgegenwirken. Das bisher auf die Bauwirtschaft beschränkte Sondersystem der Winterbauförderung wird weiterentwickelt und in das System des Kurzarbeitergeldes integriert. In der Schlechtwetterzeit, von Dezember bis März, werden Saison-Kurzarbeitergeld und ergänzende Leistungen bei witterungs- oder auftragsbedingtem Arbeitsausfall gezahlt. Neben dem Baubereich können erstmals zum 1. November 2008 auch andere Wirtschaftsbranchen in die Förderung einbezogen werden.

> **Wesentliche Inhalte des Gesetzes:**
> - Einführung eines Saison-Kurzarbeitergeldes für Arbeitnehmer witterungsabhängiger Branchen zwischen dem 01.12. und dem 31.03. aus Mitteln der Bundesagentur für Arbeit
> - Zahlung von umlagefinanziertem Zuschuss-Wintergeld und Mehraufwands-Wintergeld an die Arbeitnehmer
> - Umlagefinanzierte Erstattung der von den Arbeitgebern zu zahlenden Sozialversicherungsbeiträge
> - Erhalt des Drei-Säulen-Modells der bisherigen Winterbauförderung
> - Evaluation des neuen Förderkonzeptes

Mit dem Gesetz sollen die Rahmenbedingungen für eine verstetigte Beschäftigung in Wirtschaftszweigen, die in besonderer Weise jahreszeitliche Beschäftigungsschwankungen aufweisen, verbessert werden. Der Gesetzgeber begründet dies mit Erfahrungen im Bau- und Saisongewerbe, die gezeigt haben, dass die Beschäftigten trotz der bestehenden Regelungen der Winterbauförderung oft in kurzzeitige Arbeitslosigkeit entlassen werden. Dies führte zu Mehrausgaben beim Arbeitslosengeld. Darüber hinaus wurde die Arbeitslosenversicherung mittelbar stark belastet: Regelmäßige kurze Perioden der Arbeitslosigkeit verursachten erheblichen Verwaltungs- und Kostenaufwand – durch Arbeitslosmeldungen, regelmäßig nicht zielführende Vermittlungsbemühungen, Leistungsbearbeitungen und Abmeldungen aus der Arbeitslosigkeit. Ganzjährige Beschäftigungsverhältnisse in den genannten Branchen sollen die Arbeitsverwaltung entlasten und eine Konzentration der Vermittlungsressourcen auf andere Arbeitslose ermöglichen.

Als zentrale Entgeltersatzleistung wird das Saison-Kurzarbeitergeld als neue Sonderform des Kurzarbeitergeldes eingeführt. Das im Bereich der bisherigen Winterbauförderung etablierte Drei-Säulen-Modell, nach dem die Finanzierung der Leistungen gemeinsam von Arbeitgebern, Arbeitnehmern und der Arbeitslosenversicherung getragen wird, bleibt in der Bauwirtschaft grundsätzlich erhalten. Die Arbeitslosenversicherung stellt das Saison-Kurzarbeitergeld ab der ersten Ausfallstunde bereit, während Arbeitgeber und Arbeitnehmer über eine Umlage die Finanzierung flankierender ergänzender Leistungen übernehmen. Dieses System soll nach den Vorstellungen des Gesetzgebers gleichzeitig Vorbild für andere Wirtschaftszweige mit hohen Arbeitsausfallzeiten im Winter sein. Die Tarifpartner der leistungsberechtigten Branchen werden so in die Sicherung der Finanzierung des neuen Leistungssystems eingebunden.

Im Rahmen einer Evaluation sollen insbesondere die Wirkungen auf den Arbeitsmarkt und die finanziellen Auswirkungen für die Arbeitslosenversicherung und den Bundeshaushalt betrachtet werden. Das BMAS berichtet nach Ablauf der Förderperiode 2007/2008 dem Deutschen Bundestag.

IAB-Position
Das IAB hat sich in einer umfangreichen Stellungnahme zum Gesetzentwurf geäußert.

„Aus ökonomischen und sozialen Gründen ist eine möglichst stetige, ganzjährige Beschäftigung wünschenswert. Die Entwicklung von Beschäftigung und Arbeitslosigkeit ist durch ausgeprägte saisonale Schwankungen geprägt, die nicht nur witterungsbedingt, sondern auch allgemein wirtschaftlicher Art sind. Fast alle Wirtschaftszweige weisen regelmäßige Arbeitsausfälle in der Schlechtwetterzeit (Dezember bis März) auf. Der Kreis der anspruchsberechtigten Betriebe/Beschäftigten hängt somit entscheidend davon ab, wie die im Gesetzesentwurf vorausgesetzte ‚Erheblichkeit des Arbeitsausfalls' definiert wird. Je nachdem, wie weit die Definition ist, werden zwischen rund 2 und 6,4 Mio. sozialversicherungspflichtig Beschäftigte erfasst.

Die Arbeitsmarkteffekte können nur grob abgeschätzt werden. Unter der Annahme, dass die Hälfte der saisonbedingten Minderbeschäftigung in der Schlechtwetterzeit durch Saison-Kurzarbeit (mit halber Arbeitszeit) ausgeglichen wird, könnte die Beschäftigung im Schnitt dieser Monate, je nach Definition des Kreises der anspruchsberechtigten Betriebe bzw. Beschäftigten, zwischen 50.000 und 82.000 Personen höher liegen als bisher, wobei Kompensationseffekte wegfallender bisheriger Regelungen jedoch zu berücksichtigen wären. Die Neuregelung könnte außerdem die Verbreitung bzw. Nutzung von Arbeitszeitkonten zur Beschäftigungssicherung fördern und zum Abbau bezahlter Überstunden in saisonstarken Monaten beitragen."
(Autorengemeinschaft 2006: 13 f.)

Parlamentaria

Entwurf eines Gesetzes zur Förderung ganzjähriger Beschäftigung. Gesetzentwurf der Fraktionen der CDU/CSU und SPD. Bundestags-Drucksache 16/429 vom 24.01.2006.

Gesetz zur Förderung der ganzjährigen Beschäftigung vom 24.04.2006. In: Bundesgesetzblatt I, Nr. 19 vom 26.04.2006, S. 926 ff.

Verordnung über ergänzende Leistungen zum Saison-Kurzarbeitergeld und die Aufbringung der erforderlichen Mittel zur Aufrechterhaltung der Beschäftigung in den Wintermonaten vom 26.04.2006. In: Bundesgesetzblatt I, Nr. 21 vom 29.04.2006, S. 1086 ff.

IAB-Stellungnahme

Autorengemeinschaft (2006): Materialien zur öffentlichen Anhörung von Sachverständigen am 13. Februar 2006 in Berlin zum Entwurf eines Gesetzes zur Förderung ganzjähriger Beschäftigung (Drucksache 16/429). Zusammenstellung der schriftlichen Stellungnahmen. Deutscher Bundestag. Ausschuss-Drucksache 16 (11) 77 vom 10.02.2006.

10 Gesetz zur steuerlichen Förderung von Wachstum und Beschäftigung

Inkrafttreten im Mai 2006

Mit dem Gesetz zur steuerlichen Förderung von Wachstum und Beschäftigung will die Bundesregierung im Rahmen ihres finanz- und steuerpolitischen Gesamtkonzeptes einerseits die Verschuldung der öffentlichen Haushalte nachhaltig begrenzen und andererseits notwendige wirtschaftsfördernde Maßnahmen ergreifen (Gesetzentwurf der Bundesregierung 2006). Zur Stärkung der Wachstumskräfte in konjunkturschwachen Zeiten seien eine gezielte Wiederbelebung der Investitionstätigkeit und die steuerliche Gewährung von Liquiditätsvorteilen für kleine und mittelständische Unternehmen erforderlich. Zur Förderung von Wachstum und Beschäftigung soll der private Haushalt als Feld für neue Beschäftigungsmöglichkeiten steuerlich gefördert werden. Zugleich soll durch die Möglichkeit der steuerlichen Berücksichtigung erwerbsbedingter Kinderbetreuungskosten als Betriebsausgaben (für Gewerbetreibende und Selbstständige) oder im Rahmen der Sonderausgaben die Vereinbarkeit von Familie und Beruf verbessert werden.

> Wichtige (beschäftigungspolitisch wirksame) Maßnahmen des Gesetzes:
> - Übertragung der bei Veräußerung eines Binnenschiffes aufgedeckten stillen Reserven auf erworbene Binnenschiffe
> - Verbesserung der Abschreibungsbedingungen für bewegliche Wirtschaftsgüter des Anlagevermögens
> - Berücksichtigung erwerbsbedingter Kinderbetreuungskosten bei der Einkommensteuer für Kinder bis sechs Jahre bis zu einem Betrag von 4.000 € je Kind zur besseren Vereinbarkeit von Kinderbetreuung und Beruf
> - Ausdehnung der Ermäßigung der tariflichen Einkommensteuer auf Erhaltungs- und Modernisierungsmaßnahmen (Handwerkerleistungen) sowie Betreuungsleistungen für eine pflegebedürftige Person zur Förderung von Wachstum und Beschäftigung
> - Anhebung der Umsatzgrenze bei der Besteuerung im Rahmen der Umsatzsteuer nach vereinnahmten Entgelten (Ist-Versteuerung) in den alten Bundesländern von 125.000 € auf 250.000 € zur Förderung kleiner und mittlerer Unternehmen

Parlamentaria

Gesetzentwurf der Bundesregierung: Entwurf eines Gesetzes zur steuerlichen Förderung von Wachstum und Beschäftigung. Bundesrats-Drucksache 40/06 vom 19.01.2006.

Gesetz zur steuerlichen Förderung von Wachstum und Beschäftigung vom 26.04.2006. In: Bundesgesetzblatt I, Nr. 22 vom 05.05.2006, S. 1091 ff.

IAB-Literatur

Beckmann, Petra / Engelbrech, Gerhard (2002): Vereinbarkeit von Familie und Beruf – Kinderbetreuung und Beschäftigungsmöglichkeiten von Frauen mit Kindern. In: Engelbrech, G. (Hrsg.): Arbeitsmarktchancen für Frauen. Beiträge zur Arbeitsmarkt- und Berufsforschung 258, Nürnberg, S. 263–281.

11 Gesetz zur Änderung des Zweiten Buches Sozialgesetzbuch und anderer Gesetze

Inkrafttreten am 01.07.2006

Das Gesetz zur Änderung des Zweiten Buches Sozialgesetzbuch und anderer Gesetze ist als wesentliche Novellierung im SGB II zu sehen.

Der nach der Bundestagswahl im September 2005 formulierte Koalitionsvertrag vom November 2005 bekennt sich nachdrücklich zur Neubildung der Grundsicherung für Arbeitsuchende (Hartz IV), konstatiert jedoch, dass ein so komplexes Reformvorhaben Anpassungen und Nachbesserungen erfordere. Schon hier wurde die Einigung formuliert, den Empfehlungen des Ombudsrates im Zwischenbericht 2005 vom 29.06.2005 zu folgen und die Regelleistung zur Sicherung des Lebensunterhaltes in Ost- und Westdeutschland zu vereinheitlichen.

> Wesentliche Inhalte des Gesetzes:
> - Einheitliche Regelsätze in Ost und West von 345 €
> - Kürzung der Regelleistungen für Jugendliche unter 25 Jahren auf 80 %
> - Einbeziehung unter 25-Jähriger in die Bedarfsgemeinschaft der Eltern
> - Änderungen bei der Rentenversicherung für Bezieher von Alg II

Laut Gesetzesbegründung für den am 29.11.2005 formulierten Gesetzentwurf weist das Verbrauchsniveau und das private Konsumverhalten in Ost und West weiterhin deutliche Unterschiede auf. Diese bestünden nicht nur zwischen den alten und neuen Bundesländern, sondern auch zwischen den Regionen im gesamten Bundesgebiet. Es sei daher vertretbar, dem Alg II als Leistung des Bundes einen einheitlichen Wert auf Westniveau zugrunde zu legen, um auf diese Weise dem Bedarfsdeckungsgrundsatz zu genügen und das Existenzminimum bundesweit sicherzustellen. Die Regelleistung für die Grundsicherung für Arbeitsuchende in Ost- und Westdeutschland sei daher anzugleichen und auf 345 € festzulegen. Das bedeutet eine Erhöhung im Osten um 14 € monatlich. Die Mehrbelastung des Bundes wird auf rund 260 Mio. € jährlich beziffert (Regierungsentwurf 2005).

IAB-Position

Bei den Sachverständigen einer öffentlichen Anhörung des Ausschusses für Arbeit und Soziales am 13.02.2006 war die Anhebung weitgehend unstrittig. Auch für das IAB „erscheint eine Differenzierung der Regelsätze nach West- und Ostdeutschland nicht sinnvoll und eine Anpassung gerechtfertigt". Es gibt jedoch zu bedenken:

„Grundsätzlich können großzügige Transferleistungen sowohl positive als auch negative Auswirkungen auf die wirtschaftliche Entwicklung und die Höhe und Struktur der Arbeitslosigkeit haben. Einerseits stellt eine großzügige soziale Absicherung so etwas wie einen ‚automatischen Stabilisator' dar, der bei unfreiwilliger Arbeitslosigkeit sowohl auf der Mikro- als auch Makroebene den Konsum stützt. Die Zahlung von Arbeitslosengeld fördert außerdem die Effizienz der Arbeitsplatzsuche, weil der Arbeitslose dann nicht gezwungen ist, das erstbeste Angebot annehmen zu müssen. Dies unterstützt die Ausgleichsprozesse auf dem Arbeitsmarkt und erleichtert damit die Anpassung an den Strukturwandel. Andererseits können hohe Lohnersatzleistungen zu fehlenden Anreizen bei der Arbeitssuche und Arbeitsaufnahme beitragen. Gesamtwirtschaftlich können daraus ein höheres Niveau und eine längere Dauer der Arbeitslosigkeit resultieren. Für die monetären Anreizwirkungen, die von einer Anpassung der Arbeitslosengeld II-Regelsätze ausgehen, ist von besonderer Bedeutung, wie hoch die dann erreichbaren Ansprüche in Relation zum Einkommen sind, das in einer regulären Beschäftigung erzielbar wäre." (Gartner et al. 2006: 11)

Weitere Inhalte des Gesetzes

Aufgrund eines Änderungsantrags der Fraktionen CDU/CSU und SPD vom 07.02.2006 wurde im Zuge der Beratungen des Ausschusses für Arbeit und Soziales beschlossen, die Definition der Bedarfsgemeinschaft zu präzisieren und die Regelleistung für unter 25-Jährige zu kürzen. Die bisherige Regelung hatte nicht berücksichtigt, dass sog. Generalkosten wie Strom und Versicherungen nicht mehrfach anfallen. Unverheiratete und erwerbsfähige Jugendliche zwischen 18 und 25 Jahren werden daher nun in die Bedarfsgemeinschaft der Eltern mit einbezogen und finanziell mit Ehe- und Lebenspartnern einer Gemeinschaft gleichgestellt. Sie erhalten 80 % der Regelleistung.

Weiteren Änderungsbedarf sah die Bundesregierung aufgrund der stark gestiegenen Zahl der Ein-Personen-Bedarfsgemeinschaften (von Januar bis September 2005 um 19,5 %) und des deutlichen Anstiegs der Zahl erwerbsfähiger Hilfebedürftiger unter 25 Jahren (doppelt so stark wie der Anstieg aller erwerbsbedürftigen Hilfebedürftigen). Eine heftige Diskussion um ein „staatlich finanziertes Auszugsprogramm für Jugendliche" (Zweite und Dritte Lesung des Bundestags am 17.02.2006, Plenarprotokoll 16/20, S. 1487A-1506C) wurde zum Anlass genommen nachzujustieren, um Mitnahmeeffekte zu vermeiden. Für den Bezug der vollen Regelleistung für Jugendliche unter 25 Jahren, die aus der Wohnung ihrer Eltern ausziehen, wurden Bedingungen formuliert. Nur wenn für einen Jugendlichen der Bezug einer eigenen Wohnung zur Eingliederung in den Arbeitsmarkt erforderlich ist oder schwerwiegende soziale Gründe vorliegen, kann mit Zustimmung des kommunalen Trägers die Regelleistung weiterhin in voller Höhe bezahlt werden. Jugendliche, die ohne Zustimmung umziehen, erhalten mit der neuen Regelung bis zur Vollendung des 25. Lebensjahrs nur 80 % der Regelleistung und keine Leistungen für Unterkunft und Heizung. Auch die Erstausstattung der Wohnung wird ohne die Zustimmung zum Umzug nicht übernommen. Durch eine Stichtagsregelung wurde vermieden, dass bereits ausgezogene Jugendliche wieder zurückziehen mussten. Die Eltern müssen ihr zu berücksichtigendes Vermögen und Einkommen nach dieser neuen Regelung auch für die Kinder einsetzen, die das 25. Lebensjahr noch nicht vollendet haben. Mit diesen Maßnahmen erhoffte sich die Bundesregierung Kosteneinsparungen bis zum Jahr 2009 um rund 1,9 Mrd. € (Beschlussempfehlung 2006: 3).

Auch die folgenden Änderungen bezweckten eine Minimierung der durch Einführung des Alg II hervorgerufenen Kosten: Ausländer, die sich allein zum Zwecke der Arbeitsuche in Deutschland aufhalten und zuvor hier nicht gearbeitet haben, werden ebenso wie ihre Familienangehörigen vom Leistungsbezug ausgeschlossen. Dies betrifft EU-Bürger, die von ihrem Unionsbürgerschaftsrecht Gebrauch machen, ebenso wie ausländische Studienabsolventen, die sich zum Zwecke der Arbeitsuche noch ein Jahr in Deutschland aufhalten dürfen.

Nicht unumstritten bei den Sachverständigen waren zwei Maßnahmen bezüglich der Rentenversicherung von Alg-II-Beziehern: Beschlossen wurde die Absenkung des Rentenversicherungsbeitrags für Alg-II-Bezieher von bisher 78 € auf 40 € ab 01.01.2007. Abgeschafft am 01.04.2006 wurde die Rentenversicherungspflicht für erwerbstätige Alg-II-Bezieher und Arbeitslosengeld-Aufstocker. Von diesen beiden Maßnahmen erwartete sich der Bund ein Einsparpotenzial von 2 Mrd. €.

Parlamentaria

Beschlussempfehlung und Bericht des Ausschusses für Arbeit und Soziales vom 15.02.2006. Bundestags-Drucksache 16/688.

Entwurf eines Ersten Gesetzes zur Änderung des Zweiten Buches Sozialgesetzbuch (Regierungsentwurf). Bundestags-Drucksache 16/99 vom 29.11.2005.

Gesetz zur Änderung des zweiten Buches Sozialgesetzbuch und anderer Gesetze vom 24.03.2006. In: Bundesgesetzblatt I, Nr. 14 vom 30.03.2006, S. 558 ff.

IAB-Literatur und -Stellungnahmen

Blos, Kerstin (2006): Haushalte im Umfeld des SGB II. IAB-Forschungsbericht 19, Nürnberg.

Gartner, Hermann / Koch, Susanne / Rudolph, Helmut (2006): Schriftliche Stellungnahme zur öffentlichen Anhörung von Sachverständigen am 13. Februar 2006 in Berlin zum Gesetzentwurf der Bundesregierung „Entwurf eines Ersten Gesetzes zur Änderung des Zweiten Buches Sozialgesetzbuch" (Drucksache 16/99). In: Ausschuss für Arbeit und Soziales, Ausschuss-Drucksache 16 (11) 84 vom 08.02.2006, S. 11 ff.

Rudolph, Helmut (2005): Entwicklung der Anzahl der Leistungsempfänger in der Grundsicherung für Arbeitsuchende. In: SGB II: Sozialgesetzbuch Zweites Buch. Grundsicherung für Arbeitsuchende. Zahlen, Daten, Fakten. Jahresbericht 2005, S. 11-14.

Literatur

Ombudsrat Grundsicherung für Arbeitsuchende. Zwischenbericht 2005.

Winkel, Rolf (2006): Angleichung der Regelsätze in Ost und West. SGB II-Änderungsgesetz – Kürzung der Leistung für junge Erwachsene. In: Soziale Sicherheit 3, S. 103-106.

12 Gesetz zur Fortentwicklung der Grundsicherung für Arbeitsuchende

Inkrafttreten am 01.08.2006

Das Gesetz zur Fortentwicklung der Grundsicherung für Arbeitsuchende enthält eine Vielzahl von Änderungen in den verschiedenen Sozialgesetzbüchern, im Wohngeldgesetz, im Bundeskindergeldgesetz, in der Grundsicherungs-Datenabgleichsverordnung und weiteren Gesetzen. Die Änderungen betreffen das Leistungsrecht, die Eingliederungsmaßnahmen, die Verwaltungspraxis und die Missbrauchsbekämpfung.

> Wesentliche Inhalte des Gesetzes:
> - Neudefinition der Bedarfsgemeinschaften und Beweislastumkehr für das Bestehen eheähnlicher Gemeinschaften
> - Umschichtung der Vermögensfreibeträge zugunsten der Altersvorsorge
> - Sofortangebot für Erstbezieher von Alg II
> - Arbeits- und Ausbildungsvermittlung sind nun Pflichtleistungen im Leistungskatalog des SGB II
> - Verschärfung der Sanktionierung
> - Erweiterung der Kontrollbefugnisse

Die Formulierungshilfe zum Regierungsentwurf vom April 2006 stellt fest, die Grundsicherung für Arbeitsuchende sei Teil eines dynamischen Prozesses zur Neuordnung der Arbeitsmarktpolitik und müsse fortwährend an Veränderungen in der Praxis angepasst werden. So habe sich im ersten Jahr der Umsetzung gezeigt, dass einige Instrumente zielgenauer und verwaltungspraktischer ausgestaltet und die Aktivierungsmaßnahmen für die Betroffenen weiter gestärkt werden müssen. Außerdem müsse sichergestellt werden, dass nur diejenigen Leistungen erhalten, die wirklich bedürftig sind (Formulierungshilfe 2006).

Im Mai 2006 forderte der Bundesrechnungshof, Schwachstellen bei Hartz IV zu beseitigen und den Vollzug zu verbessern, nachdem er erhebliche Mängel festgestellt hatte; diese betreffen insbesondere die Leistungsgewährung, die Vermittlungsaktivitäten der Träger der Grundsicherung für Arbeitsuchende, die sogenannten Ein-Euro-Jobs sowie die Verwaltungsorganisation und die Steuerung der Aufgabenerledigung (Bemerkungen des Bundesrechnungshofes 2006: 7–9).

Auch der „Ombudsrat Grundsicherung für Arbeitsuchende" kommt in seinem Schlussbericht vom Juni 2006 trotz gänzlich unterschiedlicher Herangehensweise in vielen Punkten zu ähnlichen Erkenntnissen. Er sieht die Gefahr einer Spaltung des Arbeitsmarktes in einen sehr dynamischen Teil mit wachsenden Anforderungen an Qualifikation und Flexibilität und einen Bereich, in dem die Langzeitarbeitslosen in absehbarer Zeit aufgrund mehrfacher Vermittlungshemmnisse nicht in den ersten Arbeitsmarkt integriert werden können. Die steigenden Kosten für das System der Grundsicherung nach dem SGB II gefährdeten das Solidarbewusstsein in der Gesellschaft. Nur bedingt teilt er die Auffassung, dass die gestiegenen Ausgaben zu einem erheblichen Teil durch Leistungsmissbrauch verursacht sind.

Die Bundesregierung erwartet durch die Gesetzesänderungen ab dem Jahr 2007 Einsparungen für den Bund von 1,2 bis 1,4 Mrd. € und für die Kommunen von 300 Mio. € jährlich.

Wesentliche Inhalte des Gesetzes

Neu gefasst wurde die Definition der Bedarfsgemeinschaft, d. h. der Personen, die im Hinblick auf Ansprüche, aber auch auf Anrechnung von Einkommen und Vermögen gemeinsam zu betrachten sind. Auch gleichgeschlechtliche Partner einer eheähnlichen Gemeinschaft zählen nun zur Bedarfsgemeinschaft. Zum Zwecke der Verminderung von Leistungsmissbrauch wird nun das Bestehen einer Bedarfsgemeinschaft vom Gesetzgeber vermutet, wenn die Partner länger als ein Jahr zusammenleben, Kinder oder Angehörige im Haushalt versorgen oder über Einkommen und Vermögen des anderen verfügen können. Will jeder Partner volle Leistung beziehen, muss er den Vermutungstatbestand mit entsprechenden Nachweisen widerlegen.

Zugunsten der Altersvorsorge wurden die Vermögensfreibeträge verringert, und zwar von 200 € auf 150 € pro Lebensjahr, von 4.100 € auf 3.100 € für den Mindestgrundfreibetrag und von 13.000 € auf 9.750 € für den maximalen Grundfreibetrag. Bei der Alterssicherung jedoch erhöhte sich der Freibetrag von 200 € auf 250 € pro Lebensjahr mit einer Höchstgrenze, die von 9.750 € auf 16.000 € angehoben wurde. Damit wurde das Ziel verfolgt, eigene Maßnahmen zur Sicherung des Lebensunterhalts im Alter zu unterstützen, ohne den Gesamtbetrag des anrechnungsfreien Vermögens wesentlich zu erhöhen.

Erwerbsfähige Personen, die innerhalb der letzten zwei Jahre weder Leistungen zur Grundsicherung noch Arbeitslosengeld erhalten haben, müssen nun unverzüglich nach Beantragung von Alg II ein Sofortangebot zur Eingliederung in Arbeit erhalten. Hiermit soll einer länger andauernden Hilfebedürftigkeit vorgebeugt und die Bereitschaft des Arbeitsuchenden zur Aufnahme einer Arbeit überprüft werden.

Die für die Erbringung der arbeitsmarktpolitischen Maßnahmen zuständigen Träger sind nunmehr ausdrücklich an die jeweiligen Bestimmungen des SGB III gebunden. Arbeits- und Ausbildungsvermittlung sind nun Pflichtleistung im Leistungskatalog des SGB II.

Durch eine weitere Änderung kann nach Wegfall der Hilfebedürftigkeit eine Eingliederungsmaßnahme durch Darlehen weiter gefördert werden, wenn dies wirtschaftlich ist und der Erwerbsfähige die Maßnahme voraussichtlich erfolgreich abschließen wird. Zuvor war die Grundlage für diese Weiterförderung eine andere Bedingung: Die Maßnahme musste bereits zu zwei Dritteln durchgeführt sein.

§ 31 SGB II regelt die Möglichkeit der Absenkung bzw. des Wegfalls des Alg II bei Pflichtverletzungen, etwa der Weigerung, eine zumutbare Beschäftigung aufzunehmen, oder bei Meldeversäumnissen. Aufgrund der Neufassung des Absatzes 3 werden mehrmalige Pflichtverletzungen innerhalb eines Jahres (und nicht mehr innerhalb des bereits bestehenden Sanktionszeitraums) nun als wiederholte Verstöße gewertet und damit stärker sanktioniert. Außer bei Meldeversäumnissen und dem Nichterscheinen bei einem ärztlichen oder psychologischen Untersuchungstermin, die geringer geahndet werden, führt die erste wiederholte Pflichtverletzung zur Absenkung des Alg II um 60 % der Regelleistung, bei weiteren wiederholten Pflichtverletzungen dieser Art entfallen neuerdings alle Ansprüche auf Alg II (Regelleistung, Mehrbedarfe und Leistungen für Unterkunft und Heizung).

Die Regelungen wurden entsprechend auch für jugendliche Hilfebedürftige angepasst, allerdings wird hier ein Ermessensspielraum bei nachträglicher Erklärung zur Pflichterfüllung eingeräumt. Grundsätzlich *kann* der zuständige Träger bei Minderung des Alg II um mehr als 30 % in angemessenem Umfang Sachleistungen oder geldwerte Leistungen erbringen; leben minderjährige Kinder mit in der Bedarfsgemeinschaft, *soll* er dies tun.

Seit August 2006 ist es möglich, Sanktionen für unter 25-Jährige nicht nur für drei Monate, sondern auch für einen kürzeren Zeitraum von sechs Wochen zu verhängen. Seit Beginn des Jahres 2007 entfällt bei Sanktionen wegen wiederholter Pflichtverletzung bei Jugendlichen und jungen Erwachsenen das gesamte Alg II inklusive der Leistungen für Unterkunft und Heizung und Leistungen für Mehrbedarfe – und nicht nur die Regelleistung.

Durch die Gesetzesänderung hat der jeweilige Träger der Grundsicherung erweiterte Kontrollbefugnisse bezüglich der Rechtmäßigkeit des Leistungsbezugs. Durch Datenabgleich können sowohl Daten über Konten im Ausland als auch Kraftfahrzeughalterdaten überprüft werden, soweit dies zur Bekämpfung von Leistungsmissbrauch erforderlich ist. Die Träger der Grundsicherung sollen einen Außendienst hierfür einrichten.

IAB-Position

Das IAB hält in seiner Stellungnahme zur Anhörung von Sachverständigen am 29.05.2006 die Erreichung der mit dem Fortentwicklungsgesetz verbundenen Einsparungsziele für unsicher, da Einsparungen durch Maßnahmen gegen den Leistungsmissbrauch voraussetzen, dass dieser überhaupt maßgeblich zur Kostensteigerung beigetragen habe.

„Sinnvoll erscheint es jedoch, Leistungsbezieher durch möglichst viele Angebote zu aktivieren und bei unbegründeter Verweigerung Sanktionen zu verhängen. Diese Angebote sollten sich jedoch an der spezifischen Situation des jeweiligen Arbeitslosen orientieren. Bei marktnahen Arbeitslosen kann eine Maßnahme sogar unangebracht sein und die Integration verzögern. Daher sollte jedem Maßnahmeneinsatz ein gründliches Profiling vorausgehen. Zwischen der kostenorientierten Straffung der Prozesse und der Arbeitsmarktintegration besteht also ein Zielkonflikt. Hier ist ein Ausgleich zwischen dem notwendigen Kostenbewusstsein und der individuellen Betreuung und Integration der Arbeitslosen zu finden." (Dietz et al. 2006: 46)

Parlamentaria

Beschluss des Bundesrates: Gesetz zur Fortentwicklung der Grundsicherung für Arbeitsuchende. Bundesrats-Drucksache 404/06 (Beschluss) vom 07.07.2006.

Formulierungshilfe für einen Gesetzentwurf der Koalitionsfraktionen zum Entwurf eines Gesetzes zur Fortentwicklung der Grundsicherung für Arbeitsuchende. Sprechzettel für den Regierungssprecher, 27.04.2006.

Gesetz zur Fortentwicklung der Grundsicherung für Arbeitsuchende. In: Bundesgesetzblatt I, Nr. 36 vom 25.07.2006, S. 1706 ff.

Gesetzesantrag der Länder Hessen, Saarland, Sachsen-Anhalt. Entwurf eines Gesetzes zur Optimierung des Zweiten Buches Sozialgesetzbuch (SGB II-Optimierungsgesetz). Bundestags-Drucksache 15/5908 vom 12.07.2005.

Stellungnahme der Bundesregierung zum Gesetzentwurf des SGB II-Optimierungsgesetzes. In: Bundestags-Drucksache 15/5908 vom 12.07.2005, S. 10–11.

IAB-Stellungnahme

Dietz, Martin / Hirseland, Andreas / Koch, Susanne / Promberger, Markus / Rudolph, Helmut / Walwei, Ulrich / Wenzel, Ulrich / Wolff, Joachim (2006): Schriftliche Stellungnahme des Instituts für Arbeitsmarkt- und Berufsforschung IAB. In: Deutscher Bundestag, Ausschuss für Arbeit und Soziales: Schriftliche Stellungnahmen zur öffentlichen Anhörung von Sachverständigen in Berlin am 29.05.2006 zum Entwurf eines Gesetzes zur Fortentwicklung der Grundsicherung für Arbeitsuchende. Ausschuss-Drucksache 16 (11) 263 vom 24.05.2006, S. 44 ff.

Literatur

Bericht 2005 der Bundesregierung zur Wirksamkeit moderner Dienstleistungen am Arbeitsmarkt.

Steck, Brigitte / Kossens, Michael (2006): Hartz IV wieder geändert – das SGB II-Fortentwicklungsgesetz. In: Neue Zeitschrift für Sozialrecht 9, S. 462–466.

Bemerkungen des Bundesrechnungshofes 2006 zur Haushalts- und Wirtschaftsführung des Bundes. Bericht vom 19.05.2006.

Ombudsrat Grundsicherung für Arbeitsuchende. Schlussbericht 23.06.2006.

13 Gründungszuschuss

Inkrafttreten am 01.08.2006

Für die Förderung von Existenzgründungen aus Arbeitslosigkeit gelten seit dem 01.08.2006 neue Regelungen. Die Neueinführung des Gründungszuschusses ist Teil des Gesetzes zur Fortentwicklung der Grundsicherung für Arbeitsuchende.

> Vgl. Punkt 12: Gesetz zur Fortentwicklung der Grundsicherung für Arbeitsuchende

Das neue Instrument ersetzt die bisherigen Maßnahmen Überbrückungsgeld (am 30.06.2006 ausgelaufen) und Existenzgründungszuschuss für Gründung einer Ich-AG. Dieser Zuschuss kann seit dem 01.07.2006 nicht mehr beantragt werden; Zahlungen laufen spätestens im Juni 2009 aus.

Der Gründungszuschuss will die Aufnahme einer selbstständigen Tätigkeit aus Arbeitslosigkeit fördern. Der „Bericht 2006 der Bundesregierung zur Wirksamkeit moderner Dienstleistungen am Arbeitsmarkt" weist die Förderung von Existenzgründungen aus Arbeitslosigkeit als besonders wirksames Instrument der aktiven Arbeitsmarktpolitik aus (BMAS 2006: 167). Er stellt aber auch fest, dass es Hinweise auf Mitnahmeeffekte und Missbrauch gibt (ebd.: 173).

Der neue Gründungszuschuss will hier gegensteuern und für mehr Transparenz und Übersichtlichkeit sorgen. Dabei sollen die mit dem Existenzgründungszuschuss für bestimmte Personengruppen gemachten positiven Erfahrungen mit den langjährigen hohen Integrationserfolgen des Überbrückungsgeldes vereint werden.

§ 57 SGB III regelt die Ansprüche für den neuen Gründungszuschuss. Wer Alg I bezieht, hat grundsätzlich einen Rechtsanspruch auf den neuen Zuschuss zur Sicherung des Lebensunterhalts und zur sozialen Sicherung. Bestimmte Anspruchsvoraussetzungen müssen erfüllt sein: Die Leistung

> Wesentliche Inhalte des Gesetzes:
> - Der Gründungszuschuss löst das Überbrückungsgeld und den Existenzgründungszuschuss ab
> - Aufteilung in zwei Förderabschnitte:
>   - In den ersten neun Monaten entspricht die Höhe der Förderung der Höhe des Alg I zuzüglich einer Sozialversicherungspauschale von 300 € monatlich (Überbrückungsgeld-Element)
>   - für weitere sechs Monate kann diese Pauschale verlängert werden (Existenzgründungszuschuss-Element)
> - Gründungszuschuss erhalten Bezieher von Alg I oder in ABM Beschäftigte, die noch mindestens 90 Tage Anspruch auf Förderung haben
> - Die Tragfähigkeit der Existenzgründung und die Fähigkeit zur Ausübung der Selbstständigkeit müssen nachgewiesen werden
> - Bestehen begründete Zweifel, kann die Agentur für Arbeit die Teilnahme an Maßnahmen zur Eignungsfeststellung oder zu Existenzgründungen verlangen

gibt es, wenn der Antragsteller bis zur Aufnahme der selbstständigen Tätigkeit einen Anspruch auf Entgeltersatzleistungen nach SGB III hat oder eine Beschäftigung ausgeübt hat, die als Arbeitsbeschaffungsmaßnahme gefördert worden ist. Der Anspruch auf Arbeitslosengeld muss noch mindestens 90 Tage gelten. Bei der Agentur für Arbeit müssen die Tragfähigkeit der Existenzgründung und Kenntnisse und Fähigkeiten zur Ausübung der Tätigkeit nachgewiesen werden. Alg-II-Bezieher und geförderte Personen ab dem 65. Lebensjahr erhalten den Gründungszuschuss nicht. Die Förderung ist in eine Grund- und eine Aufbauförderung gegliedert. In den ersten neun Monaten wird die Höhe des bisherigen Alg I zuzüglich einer Pauschale von 300 € bewilligt. In den folgenden sechs Monaten kann lediglich der Bonus weiter bewilligt werden (auf den als sog. Ermessensleistung aber kein Rechtsanspruch besteht). Für jeden Tag, den ein Gründungszuschuss geleistet wird, verringert sich der Anspruch auf Alg I um einen Tag. Es besteht keine Möglichkeit, von den ‚alten' Förderungen auf den Gründungszuschuss umzusteigen. Bezieher des Gründungszuschusses sind nicht über die Arbeitsagentur sozialversichert. Es besteht keine Versicherungspflicht in den gesetzlichen Krankenkassen, jedoch die Möglichkeit der freiwilligen gesetzlichen Versicherung.

In der Begründung der Änderungsanträge der Koalition wird dargelegt, dass Einsparpotenziale für die Arbeitslosenversicherung zu erschließen seien. „Aufgabe einer Neuordnung ist es (…), die Qualität der geförderten Gründungen weiter zu erhöhen sowie Mitnahme- und Missbrauchseffekte zu verringern" (Änderungsanträge der Koalition 2006: 3).

Der Bundesagentur für Arbeit wird durch die Einführung weiterer Fördervoraussetzungen ein größerer Beurteilungsspielraum bei der Leistung des Gründungszuschusses eingeräumt. Zur Beurteilung der Tragfähigkeit der Gründung müssen gründungswillige Arbeitslose geeignete Unterlagen vorlegen, denen z. B. das Unternehmenskonzept sowie die voraussichtlichen Einnahmen, der Finanzbedarf, eine Marktanalyse und die Rentabilität zu entnehmen sind. Zudem muss der Existenzgründer seine unternehmerische Eignung darlegen. Bestehen begründete Zweifel daran, kann die Agentur für Arbeit die Teilnahme an Maßnahmen zur Eignungsfeststellung oder zur Vorbereitung von Existenzgründungen (Erwerb betriebswirtschaftlicher Kenntnisse) verlangen.

Neu an der Regelung ist außerdem die Begrenzung der Anspruchsberechtigten auf solche Alg-I-Bezieher, die noch mindestens 90 Tage Anspruch vorweisen können.

Wie bei der bisherigen Förderung der Existenzgründung soll eine erneute Förderung in der Regel nur nach Ablauf von mindestens 24 Monaten seit Beendigung der letzten Förderphase möglich sein. Danach können gescheiterte Gründer einen erneuten Versuch starten.

IAB-Position

Wie Caliendo et al. (2007) nachgewiesen haben, ist die Abschaffung der beiden früheren Programme nicht mit deren Erfolglosigkeit zu begründen. Die Fusion eines langjährig bewährten und eines relativ neuen Instruments birgt Risiken, da die Effekte des Existenzgründungszuschusses noch nicht hinreichend bekannt sind.

Parlamentaria

Gesetz zur Fortentwicklung der Grundsicherung für Arbeitsuchende vom 20.07.2006. Bundesgesetzblatt I, Nr. 36 vom 25.07.2006, S. 1706 ff.

Beschlussempfehlung und Bericht des Ausschusses für Arbeit und Soziales. Bundestags-Drucksache 16/1696 vom 31.05.2006.

Gesetzentwurf der Fraktionen CDU/CSU und SPD. Bundestags-Drucksache 16/1410 vom 09.05.2006.

Deutscher Bundestag, Ausschuss für Arbeit und Soziales: Änderungsanträge der Koalition. Ausschuss-Drucksache 16 (11) 271 neu vom 30. Mai 2006.

IAB-Literatur

Caliendo, Marco / Kritikos, Alexander / Steiner, Viktor / Wießner, Frank (2007): Existenzgründungen: Unterm Strich ein Erfolg. IAB-Kurzbericht 10, Nürnberg.

Noll, Susanne / Wießner, Frank (2007): Selbständig oder arbeitslos: Brücke oder Falle? – Einige empirische Betrachtungen zu geförderten Neugründungen aus arbeitsmarkt- und sozialpolitischer Perspektive. In: Keller, Berndt / Seifert, Hartmut (Hrsg.): Atypische Beschäftigung: Flexibilisierung und soziale Risiken. Berlin, S. 145–161.

Wießner, Frank et al. (2005): Evaluation der Maßnahmen zur Umsetzung der Vorschläge der Hartz-Kommission – Modul 1e: Existenzgründungen. Nürnberg.

Literatur

Bundesministerium für Arbeit und Soziales (BMAS) (2006): Die Wirksamkeit moderner Dienstleistungen am Arbeitsmarkt. Bericht 2006 zur Wirkung der Umsetzung der Vorschläge der Kommission Moderne Dienstleistungen am Arbeitsmarkt. Berlin, 20.12.2006.

Caliendo, Marco / Kritikos, Alexander S. (2007): Die reformierte Gründungsförderung für Arbeitslose. Chancen und Risiken. In: IZA discussion paper 3114.

Winkel, Rolf (2006): Der neue Gründungszuschuss – ein Vergleich mit den bisherigen Leistungen für arbeitslose Existenzgründer. In: Soziale Sicherheit 55, H. 8–9, S. 284–289.

14 Allgemeines Gleichbehandlungsgesetz

Allgemeines Gleichbehandlungsgesetz – Artikel 1 des Gesetzes zur Umsetzung europäischer Richtlinien zur Verwirklichung des Grundsatzes der Gleichbehandlung

Inkrafttreten am 18.08.2006

Mit dem Gesetz kommt Deutschland seiner Verpflichtung nach, vier Richtlinien der Europäischen Gemeinschaft zum Schutz vor Diskriminierung in nationales Recht umzusetzen. Die Richtlinien betreffen verschiedene Bereiche der deutschen Rechtsordnung. Der Schwerpunkt liegt im Bereich von Beschäftigung und Beruf. Betroffen ist aber auch das Zivilrecht in Bezug auf Rechtsbeziehungen zwischen Privatpersonen. Hierunter fallen insbesondere Verträge mit Lieferanten, Dienstleistern oder Vermietern. Hauptbestandteil des Umsetzungsgesetzes ist das in Artikel 1 enthaltene Allgemeine Gleichbehandlungsgesetz.

Abschnitt 1 enthält das Ziel, Benachteiligungen aus Gründen der Rasse, ethnischer Herkunft, Geschlecht, Religion oder Weltanschauung, Behinderung, Alter oder sexueller Identität zu verhindern oder zu beseitigen; festgelegt entsprechend den Vorgaben der Richtlinien wird ferner der Anwendungsbereich (Arbeitsleben, Sozialschutz, soziale Vergünstigungen, Bildung, zivilrechtlicher Teil) sowie die Begriffsbestimmungen der unmittelbaren und mittelbaren Diskriminierung, der Belästigung und sexuellen Belästigung. Abschnitt 2 enthält die arbeitsrechtlichen Bestimmungen zum Schutz der Beschäftigten mit einem ausdrücklichen Benachteiligungsverbot sowie die Ausnahmeregelungen. Ferner werden die Maßnahmen und Pflichten des Arbeitgebers sowie die Rechte der Beschäftigten beschrieben, die u. a. aus dem Beschäftigtenschutzgesetz herrühren. Abschnitt 3 enthält die Regelungen zum Schutz vor Benachteiligung im Zivilrechtsverkehr. Durch die Regelungen in Abschnitt 4 soll der Rechtsschutz der Betroffenen nachhaltig verbessert werden. Sie haben nun neben der bereits bekannten Beweiserleichterung die Möglichkeit, sich durch Antidiskriminierungsverbände unterstützen zu lassen. Eine wichtige Rolle bei der Bekämpfung von Diskriminierungen kommt schließlich der Antidiskriminierungsstelle des Bundes zu, die nach den Bestimmungen des Abschnitts 6 beim Bundesministerium für Familie, Senioren, Frauen und Jugend eingerichtet wurde.

Wesentliche Inhalte des Gesetzes:
- Verhinderung von Benachteiligungen aus Gründen der Behinderung, der Rasse, der ethnischen Herkunft, des Geschlechts, der Religion oder Weltanschauung, des Alters oder der sexuellen Identität
- Umsetzung im Arbeitsleben, Sozialschutz, Zivilrecht, bei Bildung und sozialen Vergünstigungen
- Unterstützung durch Antidiskriminierungsverbände beim Nachweis der Diskriminierung
- Unterstützung bei Diskriminierung im Arbeitsrecht durch Betriebsräte und vertretene Gewerkschaften
- Errichtung einer Antidiskriminierungsstelle des Bundes

Die Regelungen haben im Gesetzgebungsverfahren einige Änderungen erfahren. Diese betreffen u. a. eine Verkürzung der Frist zum Geltendmachen von Ansprüchen, den Ausschluss des zivilrechtlichen Schutzes beim Merkmal „Weltanschauung", die Beweislast für Diskriminierungen beim Benachteiligten und eine Regelung zum Auftreten von Verbänden als Prozessbevollmächtigte.

Parlamentaria

Entwurf eines Gesetzes zur Umsetzung europäischer Richtlinien zur Verwirklichung des Grundsatzes der Gleichbehandlung. Beschlussempfehlung und Bericht des Rechtsausschusses. In: Deutscher Bundestag. Drucksache Nr. 16/2022 vom 28.06.2006.

Gesetzentwurf der Bundesregierung: Entwurf eines Gesetzes zur Umsetzung europäischer Richtlinien zur Verwirklichung des Grundsatzes der Gleichbehandlung. In: Deutscher Bundestag. Drucksache Nr. 16/1780 vom 08.06.2006.

Gesetz zur Umsetzung europäischer Richtlinien zur Verwirklichung des Grundsatzes der Gleichbehandlung. In: Bundesgesetzblatt I, Nr. 39 vom 17.08.2006, S. 1897 ff.

Infos

www.antidiskriminierungsstelle.de

15 EU-Dienstleistungsrichtlinie

Inkrafttreten am 28.12.2006

Die EU-Dienstleistungsrichtlinie zielt auf den Abbau europäischer Wettbewerbsbarrieren und stellt damit die Lösung für eines der umstrittensten Projekte der Europäischen Union dar. Die Dienstleistungsfreiheit bildet neben der Freiheit des Güter- und Kapitalverkehrs sowie der Arbeitnehmerfreizügigkeit die vierte Säule des europäischen Binnenmarktes (vierte bereits 1957 in den Römischen Verträgen definierte Grundfreiheit). Mit der EU-Dienstleistungsrichtlinie sollen administrative und sonstige bürokratische Hindernisse beim grenzüberschreitenden Angebot von Dienstleistungen durch mitgliedsstaatliche Unternehmen abgebaut werden. Wesentliche Regelungsinhalte sind die Niederlassungsfreiheit von Unternehmen und der freie Dienstleistungsverkehr.

> **Wesentliche Inhalte des Gesetzes:**
> - Niederlassungsfreiheit von Unternehmen
> - Freier Dienstleistungsverkehr mit Einschränkungen aus Gründen der öffentlichen Ordnung, der öffentlichen Sicherheit, des Umweltschutzes und der öffentlichen Gesundheit

Die Niederlassungsfreiheit vereinfacht – d. h. entbürokratisiert und verkürzt – die Gründung einer Niederlassung in einem anderen Mitgliedsstaat und den zeitlich befristeten Einsatz von Dienstleistungsfirmen ohne eigene Niederlassung. Gestützt durch Instrumente wie zentrale Anlaufstellen zur Beschleunigung von Genehmigungsverfahren in jedem Mitgliedsstaat, war die Niederlassungsfreiheit im Wesentlichen unstrittig. Im Gegensatz dazu sorgte die Dienstleistungsfreiheit – das Recht, in einem anderen EU-Mitgliedsstaat Dienstleistungen zu erbringen – für eine scharfe politische Auseinandersetzung in und zwischen den Mitgliedsstaaten der Gemeinschaft.

Im Zentrum der Kritik stand das von der europäischen Kommission im ersten Richtlinienentwurf vorgesehene Herkunftslandprinzip, nach dem sich Bedingungen für die Erbringung von Dienstleistungen in einem anderen EU-Mitgliedsland nach den rechtlichen Regelungen des Herkunftslandes richten sollten. Da innerhalb der EU – vor allem nach der EU-Osterweiterung – große Differenzen bezüglich Sozial-, Qualitäts- und Umweltstandards bestehen, wurden Sozialdumping und Billigkonkurrenz befürchtet. Eine Einigung konnte schließlich durch einen im Europäischen Parlament ausgehandelten Kompromissvorschlag erzielt werden, nach dem das Herkunftslandprinzip stark eingeschränkt und durch den Begriff „Dienstleistungsfreiheit" ersetzt wurde.

Die Mitgliedsstaaten können den Dienstleistungserbringern nun bestimmte Anforderungen aus Gründen der öffentlichen Ordnung, der öffentlichen Sicherheit, des Umweltschutzes und der öffentlichen Gesundheit auferlegen. Die Umsetzung in nationales Recht muss bis 2010 abgeschlossen sein. Eine Einschränkung des freien Dienstleistungsverkehrs aus sozialpolitischen Gründen oder im Interesse des Verbraucherschutzes bleibt dagegen ausgeschlossen. Lediglich die Informationsrechte der Dienstleistungsempfänger sollen verbessert und europäische Verhaltenskodizes für Berufe, die ein bestimmtes Berufsethos erfordern, ausgearbeitet werden.

Die von der EU-Dienstleistungsrichtlinie erhofften positiven Wachstums- und Beschäftigungswirkungen werden auf eine Senkung der Transaktionskosten des Außenhandels und die damit verbundenen verringerten Inputfaktorkosten zurückgeführt. Eine im Auftrag des BMWA durchgeführte Studie von ifo und DIW (Nerb et al. 2006) schätzt die gesamtwirtschaftlichen Niveau- und die sektoralen Strukturänderungen für Deutschland ab – allerdings noch auf der Grundlage des ersten Richtlinienentwurfs mit dem Herkunftslandprinzip. Bezüglich der Niveaueffekte schließen sich die Autoren vorliegenden Modellschätzungen an, die die direkten und indirekten Beschäftigungseffekte auf rund 100.000 zusätzliche Arbeitskräfte beziffern. Bei den Struktureffekten werden stark differenzierte Branchenwirkungen angenommen. Indirekte Wachstumseffekte werden auf ein insgesamt dynamischeres Wirtschaftswachstum zurückgeführt, von dem das Verarbeitende Gewerbe profitieren könnte. Auf sektoraler Ebene profitieren könnten vor allem Unternehmen in humankapitalintensiven Branchen mit handelbaren Leistungen (z. B. Forschung und Entwicklung, Beratung, Dienstleister auf dem Gebiet technisch-physikalischer und chemischer Analysen, Architektur und Werbung). Auch die interregionale Handelbarkeit bzw. der lokale Bezug von Dienstleistungssparten und deren Wissensbasierung bzw. Humankapitalintensität beeinflussen die erwartete Wirkung der Dienstleistungsrichtlinie. So bestehen relativ große Risiken durch verstärkten preisgünstigen Dienstleistungsimport für diejenigen Dienstleistungsbranchen, die durch interregionale Handelbarkeit ihrer Dienstleistungen und einen relativ geringen Anteil an hoch ausgebildeten Spezialkräften gekennzeichnet sind. Darunter fallen Baugewerbe, Gebäudereinigung, Kfz-Handel und Personalvermittlung. Generell werden sich – so die Annahme der Autoren – die beruflichen Chancen für gering qualifizierte deutsche Arbeitnehmer infolge der verstärkten EU-Konkurrenz verschlechtern, während Arbeitnehmer mit mittlerer und hoher Qualifikation und die Konsumenten profitieren.

Parlamentaria

Beschluss des Bundesrates: Vorschlag für eine Richtlinie des Europäischen Parlaments und des Rates über Dienstleistungen im Binnenmarkt. Bundesrats-Drucksache 128/04 (Beschluss) vom 02.04.2004.

Europäische Gemeinschaften, Kommission (2006): Geänderter Vorschlag für eine Richtlinie des Europäischen Parlaments und des Rates über Dienstleistungen im Binnenmarkt (von der Kommission vorgelegt). Brüssel.

Richtlinie 2006/123/EG des Europäischen Parlaments und des Rates vom 12. Dezember 2006 über Dienstleistungen im Binnenmarkt. In: Amtsblatt der Europäischen Union vom 27.12.2006.

IAB-Literatur

Eichhorst, Werner (2005): Gleicher Lohn für gleiche Arbeit am gleichen Ort? Die Entsendung von Arbeitnehmern in der Europäischen Union. In: Zeitschrift für Arbeitsmarkt-Forschung, Jg. 38, H. 2/3, S. 197–217.

Literatur

Nerb, Gernot (2006): Mögliche Auswirkungen der geplanten EU-Dienstleistungsrichtlinie auf die Wirtschaft Deutschlands. In: Ifo-Schnelldienst, Jg. 59, Nr. 5, S. 19–24.

Nerb, Gernot / Schmalholz, Heinz / Dischinger, Matthias / Eggert, Wolfgang / Fester, Thomas / Hild, Reinhard / Kiessl, Thomas / Lachner, Josef / Pohl, Carsten / Reinhard, Michael / Blau, Harald / Krug, Gertrud / Nill, Sabine / Frank, Björn / Belitz, Heike / Gornig, Martin / Krämer, Hagen (2006): Chancen und Risiken veränderter Rahmenbedingungen für die Dienstleistungsunternehmen durch die EU-Dienstleistungsrichtlinie. Ifo-Forschungsberichte Nr. 29, München u. a.

16 Haushaltsbegleitgesetz 2006

Inkrafttreten am 01.01.2007

Das Haushaltsbegleitgesetz 2006 regelt eine Reihe beschäftigungspolitisch wirksamer Maßnahmen. Der Mehrwertsteuersatz wird von 16 % auf 19 % angehoben. Der Beitragssatz zur Arbeitslosenversicherung wird um 2 Prozentpunkte auf 4,5 % gesenkt. Diese Absenkung wird vom Bund mit dem Aufkommen eines Mehrwertsteuerpunktes gegenfinanziert. Der Defizitzuschuss des Bundes zur Bundesagentur für Arbeit entfällt; ein etwaiger vorübergehender Unterstützungsbedarf wird über Darlehen gewährleistet. Die Sozialversicherungsfreiheit von Sonn-, Feiertags- und Nachtzuschlägen wird auf einen Grundlohn von 25 € die Stunde begrenzt. Der Pauschalbeitragssatz für geringfügig Beschäftigte wird von 25 % auf 30 % angehoben. Der allgemeine Bundeszuschuss zur Rentenversicherung wird 2006 um 170 Mio. € und ab 2007 um 340 Mio. € vermindert. Die Beiträge zur gesetzlichen Krankenversicherung für Bezieher von Alg II werden herabgesetzt. Durch das Haushaltsbegleitgesetz soll vorrangig die finanzielle Handlungsfähigkeit des Bundes mit einem Mix aus wachstums- und beschäftigungsfördernden Maßnahmen gesichert werden. Das Haushaltsbegleitgesetz war Teil eines umfassenden Sanierungskonzepts, das durch Mehreinnahmen auf der Einnahmenseite und Einsparungen auf der Ausgabenseite alle Staatsebenen nachhaltig entlasten sollte.

In der öffentlichen Diskussion stand die geplante Erhöhung der Mehrwertsteuer von 16 % auf 19 % im Vordergrund. Insbesondere wurde befürchtet, dass sich eine Verwendung der Mehreinnahmen zur Konsolidierung des Bundeshaushalts negativ auf die Binnennachfrage auswirken und zu einer Beeinträchtigung der Beschäftigung führen könnte. Auch die Bundesregierung hielt Auswirkungen auf Konsum- und Sparentscheidungen der Verbraucher für nicht ausgeschlossen, obwohl die Entlastungen bei den Sozialversicherungsbeiträgen teilweise zu steigenden Nettoeinkommen führen würden. Durch die

Absenkung der Sozialversicherungsbeiträge sollten die Unternehmen entlastet werden.

> Wesentliche beschäftigungspolitische Inhalte des Gesetzes:
> - Erhöhung der Mehrwertsteuer um 3 Prozentpunkte
> - Absenkung des Beitragssatzes zur Arbeitslosenversicherung von 6,5 % auf 4,5 %
> - Anhebung des Pauschalbeitragssatzes für Minijobber von 25 % auf 30 %
> - Streichung des bisherigen Defizitzuschusses des Bundes zur Bundesagentur für Arbeit
> - Herabsetzung der Beiträge zur gesetzlichen Krankenversicherung für Bezieher von Alg II
> - Begrenzung der Sozialversicherungsfreiheit von Sonn-, Feiertags- und Nachtzuschlägen

Insgesamt nahm die Bundesregierung an, dass die belastenden Effekte (Steuererhöhungen) und entlastenden Maßnahmen (Absenkung der Sozialversicherungsbeiträge) eine Veränderung der Nachfrage- und Angebotsstruktur auf vielen Teilmärkten bewirken, die ihrerseits mess- und spürbare Auswirkungen auf das Preisniveau, insbesondere auf das Verbraucherpreisniveau, induzieren.

IAB-Position

In einer Studie des IAB (Feil/Zika 2005a) werden die durch eine Mehrwertsteuererhöhung bewirkten Strukturveränderungen von Angebot und Nachfrage analysiert, indem die Gegenfinanzierung einer Absenkung der Sozialversicherungsbeiträge durch eine Anhebung der Mehrwertsteuer oder Einsparungen bei den Staatsausgaben simuliert wird. Danach hängt bei beiden Gegenfinanzierungsmodellen – also sowohl bei allgemeinen Einsparungen im Bereich der gesamten Staatsausgaben als auch bei einer Mehrwertsteuererhöhung – die Wirkung der Beitragssatzsenkung auf den Arbeitsmarkt entscheidend von der Reaktion der privaten Nachfrage ab. Vor allem bei der Finanzierung über Ausgabenkürzungen bestünde die Gefahr, dass die Gesamtnachfrage sinkt, was zunächst Beschäftigungsverluste mit sich brächte. Erst längerfristig würde die Kostenentlastung der Unternehmen Wirkung zeigen und die Beschäftigung wieder zunehmen. Falls dagegen die Abgabensenkung von Unternehmen und Konsumenten als eine Art Aufbruchsignal aufgefasst wird und diese ihre Nachfrage nach Verbrauchs- und Investitionsgütern zusätzlich ausweiten, bestünde die Chance, den anfangs möglicherweise auftretenden Nachfragerückgang schneller zu kompensieren.

Falls die zusätzlichen Einnahmen aus der Mehrwertsteuererhöhung komplett zur Konsolidierung des Staatshaushalts verwendet werden, sind massive Beeinträchtigungen der Binnenkonjunktur und der Beschäftigung nicht ausgeschlossen (Schnur/Zika 2007). Die Simulationsergebnisse des IAB zu den längerfristigen Effekten unterschiedlicher Mittelverwendungen (Schuldentilgung, Senkung der Beitragssätze, Erhöhung der Staatsausgaben) zeigen Alternativen mit höherer Beschäftigungswirkung auf. So könnte die Beschäftigung nach drei Jahren um 380.000 bis 550.000 Personen höher liegen, wenn die Steuermehreinnahmen zur Entlastung der Arbeitskosten verwendet würden. Durch eine staatliche Ausgabenerhöhung für Bildung, Forschung und Entwicklung oder Infrastruktur wären 450.000 bis 650.000 mehr Beschäftigte möglich.

Zur Erhöhung der pauschalierten Arbeitgeberbeiträge für Minijobs hat sich das IAB in einer schriftlichen Stellungnahme für den Haushaltsausschuss geäußert. Danach ist mit einer Dämpfung der Nachfrage nach Minijobs durch die Erhöhung der Pauschalabgaben zu rechnen, da sich die Arbeitskosten der Unternehmen mit Minijob-Beschäftigten erhöhen. „Ob ein Rückgang der Beschäftigung tatsächlich eintritt und in welchem Umfang, hängt von der Elastizität der Nachfrage und möglichen Ausweichreaktionen ab" (Rudolph 2006: 70). Außerdem entstehen durch die Erhöhung der Pauschalabgaben bei Minijobs für Arbeitgeber Anreize, verstärkt Beschäftigte auf Midijobs einzusetzen, da sich der Abgabensatz der Arbeitgeber bei Überschreiten der 400-Euro-Grenze von 28 % auf knapp 22 % verringert, die Pauschalbesteuerung entfällt und Lohnsteuer bis

800 € nur in den Steuerklassen V und VI anfällt. Allerdings führt die ebenfalls geänderte Gleitzonenformel im unteren Bereich der Gleitzone zu einer Verdoppelung der Arbeitnehmerbeiträge zur Sozialversicherung. Somit wird der durch die Einführung der Midijobs abgemilderte Sprung in der Abgabenbelastung der Arbeitnehmer bei Überschreiten der 400-Euro-Grenze wieder verschärft.

„Angesichts des hohen Interesses an Mini-Jobs von Arbeitgebern und Arbeitnehmern und den Reaktionsmöglichkeiten in Lohn- und Kostengestaltung bei Mini-Jobs und der Möglichkeiten zur Umwandlung z. B. in Midi-Jobs werden vom IAB eher geringe Reaktionen beim Beschäftigungsvolumen insgesamt und bei den Mini-Jobs selber erwartet. Dort, wo einzelne Mini-Job-Beschäftigte eingesetzt werden, wird kaum eine Nachfragereaktion eintreten. In Wirtschaftszweigen, die in großem Umfang auf Mini-Job-Beschäftigung orientiert sind, werden die Reaktionen heftiger sein." (Rudolph 2006: 71)

Zur Absenkung des Beitragssatzes zur Arbeitslosenversicherung hat das IAB anlässlich einer weiteren zum 01.01.2008 wirksamen Beitragssenkung auf 3,3 % im Rahmen einer Bundestagsanhörung des Ausschusses für Arbeit und Soziales zum Sechsten SGB-III-Änderungsgesetz Stellung genommen.

Vgl. Punkt 26: Sechstes Gesetz zur Änderung des Dritten Buches Sozialgesetzbuch mit IAB-Stellungnahme zur Absenkung des Beitragssatzes zur Arbeitslosenversicherung

Parlamentaria

Bundesregierung: Entwurf eines Haushaltsbegleitgesetzes 2006. Bundestags-Drucksache 16/752 vom 17.03.2006.

Haushaltsbegleitgesetz 2006 vom 29.06.2006. In: Bundesgesetzblatt I, Nr. 30 vom 30.06.2006, S. 1402 ff.

IAB-Literatur und -Stellungnahmen

Feil, Michael / Zika, Gerd (2005a): Wege zu mehr Beschäftigung: Mit niedrigeren Sozialabgaben aus der Arbeitsmarktkrise? IAB-Kurzbericht 04, Nürnberg.

Feil, Michael / Zika, Gerd (2005b): Politikberatung mit dem Simulationsmodell PACE-L. Möglichkeiten und Grenzen am Beispiel einer Senkung der Sozialabgaben. IAB-Forschungsbericht 17, Nürnberg.

Feil, Michael / Klinger, Sabine / Zika, Gerd (2006): Sozialabgaben und Beschäftigung. Simulationen mit drei makroökonomischen Modellen. IAB-Discussion Paper 22, Nürnberg.

Klinger, Sabine (2006): Mehrwertsteuererhöhung: Wie wären die Steuergelder am besten angelegt? IAB-Kurzbericht 29, Nürnberg.

Rudolph, Helmut (2006): Stellungnahme zum Entwurf eines Haushaltsbegleitgesetzes 2006 für die öffentliche Anhörung des Haushaltsausschusses. In: Haushaltsausschuss 16. Wahlperiode: Zusammenstellung der schriftlichen Stellungnahmen der Sachverständigen, Verbände und Institutionen, die der Haushaltsausschuss zu seiner öffentlichen Anhörung am 4. Mai 2006 zum Entwurf eines Haushaltsbegleitgesetzes 2006 (Drs. 16/752) eingeladen hat, S. 69–72.

Schnur, Peter / Zika, Gerd (2007): Mehrwertsteuererhöhung: Längerfristige Effekte alternativer Mittelverwendung. In: Sozialer Fortschritt 4, S. 105–112.

17 Gesetz über die Senkung des Beitrags zur Arbeitsförderung, die Festsetzung der Beitragssätze in der gesetzlichen Rentenversicherung und der Beiträge und Beitragszuschüsse in der Alterssicherung der Landwirte für das Jahr 2007

Inkrafttreten am 01.01.2007

Das Gesetz regelt im Wesentlichen die Absenkung des Beitrags zur Arbeitslosenversicherung von 4,5 % auf 4,2 % und die Anhebung des Beitragssatzes in der allgemeinen Rentenversicherung auf 19,9 %. Letzteres wird im Gesetzentwurf mit der Verlässlichkeit und Sicherheit der Renten und der finanziellen Stabilität der Rentenfinanzen begründet. Durch Bildung einer Nachhaltigkeitsrücklage soll eine Stabilität des Rentenbeitragssatzes bei 19,9 % bis 2009 gewährleistet werden. Als Folge der Beitragssatzänderung wurden auch die Beiträge in der Alterssicherung der Landwirte entsprechend dem Beitrags-Leistungs-Verhältnis in der gesetzlichen Rentenversicherung unter Berücksichtigung des Leistungsspektrums der Alterssicherung der Landwirte gesetzlich festgesetzt.

> Wesentliche Inhalte des Gesetzes:
> - Anhebung des Beitragssatzes in der allgemeinen Rentenversicherung auf 19,9 %
> - Absenkung des Beitrags zur Arbeitslosenversicherung von 4,5 % auf 4,2 %

Die Absenkung der Beiträge zur Arbeitslosenversicherung war zunächst kein Regelungsinhalt des Gesetzentwurfs, sondern wurde im Lauf des parlamentarischen Verfahrens über den Ausschuss für Arbeit und Soziales eingebracht. Nach dessen Beurteilung verzeichnet die Bundesagentur für Arbeit wegen der günstigen Wirtschaftsentwicklung und der sinkenden Arbeitslosenzahlen steigende Einnahmen und gesunkene Ausgaben für Lohnersatzleistungen. Dies ermöglicht eine weitere Absenkung der Lohnnebenkosten. Die Absenkung geht über die mit dem Haushaltsbegleitgesetz 2006 beschlossene Absenkung von 6,5 % auf 4,5 % hinaus.

Vgl. Punkt 16: Haushaltsbegleitgesetz 2006

Die parlamentarische Debatte wurde von zwei weiteren Anträgen zur Verwendung der BA-Überschüsse begleitet. Der Antrag der FDP sieht weitere Beitragssenkungen vor. Außerdem sollen effizientere Strukturen in der Arbeitsverwaltung geschaffen werden, durch die weitere Beitragssenkungen erreicht werden. BÜNDNIS 90/DIE GRÜNEN fordern dagegen die Bundesregierung auf, die überschüssigen Mittel der Bundesagentur aus dem Haushaltsjahr 2006 für die Schaffung zusätzlicher Ausbildungsplätze einzusetzen, den Ausbau der außerbetrieblichen Ausbildung zu forcieren sowie die Qualifizierungs- und Förderangebote insbesondere für Langzeitarbeitslose auszuweiten. Ferner wird verlangt, statt der vorgesehenen Absenkung des Beitrags zur Arbeitslosenversicherung die dafür eingeplanten Mittel konzentriert für Beitragssenkungen im Bereich niedriger Einkommen einzusetzen (Progressiv-Modell) (vgl. Deutscher Bundestag: Beschlussempfehlung und Bericht des Ausschusses für Arbeit und Soziales 2006).

IAB-Position

Das IAB hat sich mit der Beitragssenkung zur Arbeitslosenversicherung unter Berücksichtigung regionaler Gesichtspunkte befasst (Blos/Schwengler 2007). Dazu wurden die regionalen Einkommenseffekte der Hartz-Reformen analysiert, die durch geringere Ausgaben beim Arbeitslosengeld und bei der aktiven Arbeitsmarktpolitik zu den Haushaltsüberschüssen der BA geführt haben. Einkommensverluste entstehen nach Blos und Schwengler in den Regionen, die vom Rückgang der Ermessensleistungen der aktiven Arbeitsförderung nach SGB III betroffen sind. Da von diesen Ermessensleistungen ostdeutsche Regionen besonders profitierten, wirkt sich die rückläufige Ausgabenentwicklung dort am stärksten aus. Die steuerfinanzierten SGB-II-Mittel kompensieren diesen Effekt nicht vollständig. Außer der BA-Ausgabenseite zeigt auch die Einnahmenseite unterschiedliche Auswirkungen zwischen wirtschaftsstarken und -schwachen Regionen. Denn obwohl alle Regionen von einem niedrigeren Beitragssatz profitieren, gibt es – zumindest kurzfristig – die größten direkten Einkommensgewinne in wirtschaftsstarken Ballungszentren und damit in Westdeutschland. Längerfristig erwarten Blos und Schwengler durch die Beitragssatzsenkung jedoch in allen Regionen positive Beschäftigungswirkungen.

Anlässlich einer weiteren zum 01.01.2008 wirksamen Beitragssenkung auf 3,3 % hat das IAB im Rahmen einer Bundestagsanhörung des Ausschusses für Arbeit und Soziales zum Sechsten SGB-III-Änderungsgesetz zur Absenkung des Beitragssatzes zur Arbeitslosenversicherung Stellung genommen.

Vgl. Punkt 26: Sechstes Gesetz zur Änderung des Dritten Buches Sozialgesetzbuch mit IAB-Stellungnahme zur Absenkung des Beitragssatzes zur Arbeitslosenversicherung

Parlamentaria

Bündnis 90/Die Grünen – Abgeordnete und Fraktion (2006): Überschüsse der Bundesagentur für Arbeit für Ausbildung, Qualifizierung und Progressiv-Modell verwenden. Bundestags-Drucksache 16/2509 vom 05.09.2006.

Deutscher Bundestag (2006): Entwurf eines Gesetzes über die Festsetzung der Beitragssätze in der gesetzlichen Rentenversicherung und der Beiträge und Beitragszuschüsse in der Alterssicherung der Landwirte für das Jahr 2007. Drucksache 16/3268 vom 07.01.2006.

FDP – Abgeordnete und Fraktion (2006): Überschüsse der Bundesagentur für Arbeit an Beitragszahler zurückgeben – Beitragssenkungspotenziale nutzen. Bundestags-Drucksache 16/3091 vom 25.10.2006.

Deutscher Bundestag (2006): Beschlussempfehlung und Bericht des Ausschusses für Arbeit und Soziales vom 29.11.2006. Drucksache 16/3637.

Gesetz über die Senkung des Beitrags zur Arbeitsförderung, die Festsetzung der Beitragssätze in der gesetzlichen Rentenversicherung und der Beiträge und Beitragszuschüsse in der Alterssicherung der Landwirte für das Jahr 2007 vom 21.12.2006. In: Bundesgesetzblatt I, Nr. 64 vom 27.12.2006, S. 3286 f.

Zweite und Dritte Lesung des Bundestages am 30.11.2006, Plenarprotokoll 16/70, S. 7016A–7026C.

IAB-Literatur

Blos, Kerstin / Schwengler, Barbara (2007): Arbeitsmarktpolitik: Regionale Einkommenseffekte der Arbeitsmarktreformen. IAB-Kurzbericht 04, Nürnberg.

18 Gesetz zur Änderung des Zweiten Buches Sozialgesetzbuch und des Finanzausgleichsgesetzes

Inkrafttreten am 01.01.2007

> Wesentliche Inhalte des Gesetzes:
> - Festlegung der Bundesbeteiligung an den Kosten für Leistungen für Unterkunft und Heizung im SGB II für 2006 auf 31,2 %
> - Festlegung einer Anpassungsformel auf Grundlage der Zahl der Bedarfsgemeinschaften

Das Gesetz zur Änderung des Zweiten Buches Sozialgesetzbuch und des Finanzausgleichsgesetzes stellt einen Kompromiss im monatelangen Streit zwischen Bund und Ländern über die Finanzierung der Wohnkosten der Alg-II-Bezieher dar. Zur Debatte stand und steht, ob die Zahl der Bedarfsgemeinschaften ein geeigneter Indikator ist, der tatsächlichen Entwicklung der Ausgaben angesichts sich verändernder Energiekosten und Änderungen bei der durchschnittlichen Größe der Bedarfsgemeinschaften Rechnung zu tragen. Eine Einigung über eine Gesamtberechnung, eine Gegenüberstellung aller Be- und Entlastungspositionen der Kommunen – unter Berücksichtigung der Weiterleitung der Wohngeldeinsparungen der Länder –, konnte nicht erzielt werden.

Der Gesetzentwurf bezifferte die Beteiligung daher zur Planungssicherheit der Länder auf 31,8 %. Nach Einspruch der Länder wurde der Satz auf 31,2 % verringert und aus der Differenz ein erhöhter Satz für die Länder Baden-Württemberg (35,2 %) und Rheinland-Pfalz (41,2 %) errechnet; der geforderte Ausgleich unter den Ländern ist damit gewährleistet.

Beschlossen wurde außerdem eine Anpassung der Beteiligung des Bundes für die Jahre ab 2008 auf Basis einer gesetzlich verankerten Anpassungsformel. Bei einer Veränderung der Bedarfsgemein- schaftszahl um +/–1 % soll nun der Beteiligungssatz um +/–0,7 Prozentpunkte angepasst werden. Ist die maßgebliche Veränderung der Zahl der Bedarfsgemeinschaften geringer als 0,5 %, erfolgt keine Anpassung des Beteiligungssatzes, und es bleibt bei der zuletzt festgelegten Bundesbeteiligung. Im Jahr 2010 soll die Angemessenheit der Beteiligung des Bundes an den Kosten für Unterkunft und Heizung überprüft und eine Regelung für die Jahre ab 2011 per Bundesgesetz festgelegt werden.

> Vgl. Punkte 8, 25 und 32: Erstes, Drittes und Viertes Gesetz zur Änderung des Zweiten Buches Sozialgesetzbuch

Parlamentaria

Ausschuss für Arbeit und Soziales: Materialien zur öffentlichen Anhörung von Sachverständigen am 20. November 2006 in Berlin zum Gesetzentwurf der Fraktionen CDU/CSU und SPD. Entwurf eines Gesetzes zur Änderung des Zweiten Buches Sozialgesetzbuch und des Finanzausgleichsgesetzes (Drucksache 16/3269). Ausschuss-Drucksache 16 (11) 455 vom 17.11.2006.

Gesetz zur Änderung des Zweiten Buches Sozialgesetzbuch und des Finanzausgleichsgesetzes vom 22.12.2006. In: Bundesgesetzblatt I, Nr. 65 vom 28.12.2006, S. 3376 f.

Literatur

Grimm, Christopher (2006): Grundsicherung für Arbeitsuchende – Wohnsituation und Wohnkosten. Bericht der Statistik der Bundesagentur für Arbeit, Nürnberg.

Henneke, Hans-Günter (2006): Neuregelung der Finanzierungsverantwortung für die Leistungen für Unterkunft und Heizung nach § 46 Abs. 5 und 7 SGB II ab 2007. In: Der Landkreis 3, S. 128–131.

Kofner, Stefan (2006): Arbeitslosengeld II – Teil III. In: Wohnungswirtschaft und Mietrecht, S. 425–429.

19 Gesetz zur Einführung des Elterngeldes

Inkrafttreten 01.01. 2007

Die Bundesregierung richtet mit dem Gesetz ihre familienpolitischen Leistungen neu aus, um den veränderten Lebensentwürfen von Frauen und Männern gerecht zu werden. Das Elterngeld ist Teil eines abgestimmten Dreiklangs familienpolitischer Leistungen, die auf die Verbesserung der Betreuungsinfrastruktur, eine familienbewusste Arbeitswelt und eine nachhaltige und gezielte finanzielle Stärkung von Familien ausgerichtet sind. Das Elterngeld löst ab Januar 2007 das Erziehungsgeld mit dem Ziel ab, Familien bei der Sicherung ihrer Lebensgrundlage in der Zeit zu unterstützen, in der sich die Eltern vorrangig um die Betreuung ihrer Kinder kümmern (vgl. Begründungsteil des Gesetzentwurfs vom 21.06.2006).

Das Elterngeld ist als Entgeltersatzleistung während des ersten Lebensjahres des Kindes konzipiert und orientiert sich in seiner Höhe an anderen staatlichen Transferleistungen. Der Anspruch auf eine dreijährige Arbeitsplatzgarantie während der Elternzeit bleibt davon unberührt.

Erwerbstätige, die ihr Berufsleben unterbrechen oder ihre Erwerbstätigkeit auf höchstens 30 Stunden wöchentlich reduzieren, erhalten eine Elterngeldleistung in Höhe von 67 % ihres bisherigen Einkommens. Zwei Partnermonate werden zusätzlich als Bonus gewährt, wenn auch der andere Elternteil seine Erwerbstätigkeit zugunsten der Kindererziehung zumindest einschränkt. Maßstab ist das in den zwölf Monaten vor der Geburt erzielte Nettoeinkommen. Maximal werden 1.800 € gezahlt. Ist das Einkommen niedriger als 1.000 € netto monatlich, werden bis zu 100 % des Einkommens ersetzt; der Prozentsatz wird gleitend erhöht – für je 2 € unter der maßgeblichen Grenze steigt die Ersatzrate um 0,1 Prozentpunkte.

Bei einer Anhörung von Sachverständigen am 03.07.2006 im Bundestagsausschuss für Familie und Senioren wurde die Einführung des Elterngeldes weitgehend unterstützt. Es helfe finanzielle Engpässe zu überbrücken und schaffe Anreize für die Wiederaufnahme der Erwerbstätigkeit. Allerdings müsse es mit einer Ausweitung des Betreuungsangebotes für unter Dreijährige einhergehen. Mit dem Gesetz zur Errichtung eines Sondervermögens „Kinderbetreuungsausbau" vom 18.12.2007 (vgl. Bundesgesetzblatt I, Nr. 67 vom 22.12.2007) wurde dem Rechnung getragen. Aus dem Fonds sollen Investitionen zum Ausbau der kommunalen Kinderbetreuung gefördert werden.

> **Wesentliche Inhalte des Gesetzes:**
> - Elterngeld in Höhe von 67 % des Netto-Einkommens für zwölf Monate ab Geburt des Kindes
> - Zwei Bonusmonate, wenn auch der Partner seine Erwerbstätigkeit für die Erziehung einschränkt oder unterbricht
> - Mindestelterngeldleistung in Höhe von 300 € auch für Nichterwerbstätige

Eine Änderung der Regelungen wurde 2008 mit dem Entwurf eines Ersten Gesetzes zur Änderung des Bundeselterngeld- und Elternzeitgesetzes eingeleitet. Der Gesetzentwurf wurde am 23.07.2008 in den Bundestag eingebracht. Er beabsichtigt die Angleichung der bislang unterschiedlichen Gestaltungsmöglichkeiten für Familien mit einem oder zwei erwerbstätigen Elternteilen und sieht eine Mindestbezugsdauer für das Elterngeld von zwei Monaten vor. Hinzu kommen die Anpassung des Antrags auf Elterngeld bei Änderung der beruflichen oder persönlichen Situation der Eltern und die erleichterte Unterstützung von Eltern bei der Betreuung und Erziehung ihres Kindes durch die Großeltern, wenn zumindest ein Elternteil minderjährig ist oder vor Vollendung des 18. Lebensjahres eine Ausbildung begonnen hat und noch maximal zwei Jahre bis zum regulären Abschluss benötigt.

Parlamentaria

Beschlussempfehlung und Bericht des Ausschusses für Familie, Senioren, Frauen und Jugend vom 29.09.2006. Bundestags-Drucksache 16/2785.

Bundesregierung (2008): Entwurf eines Ersten Gesetzes zur Änderung des Bundeselterngeld- und Elternzeitgesetzes. Gesetzentwurf der Bundesregierung. Bundesrats-Drucksache 341/08 vom 23.05.08.

Gesetz zur Einführung des Elterngeldes vom 05.12.2006. In: Bundesgesetzblatt I, Nr. 56 vom 11.12.2006, S. 2748 ff.

Gesetzentwurf der Fraktionen der CDU/CSU und SPD: Entwurf eines Gesetzes zur Einführung des Elterngeldes vom 21.06.2006. Bundestags-Drucksache 16/1889 vom 20.06.2006.

20 Gesetz zur Verbesserung der Beschäftigungschancen älterer Menschen

Inkrafttreten am 01.05.2007

Vor dem Hintergrund des demografischen Wandels hat die Bundesregierung im Jahr 2006 verschiedene Maßnahmen zur Verbesserung von Beschäftigungsfähigkeit und -chancen älterer Arbeitnehmer initiiert. Mit der Initiative 50plus soll die Erwerbstätigenquote der über 55-Jährigen bis zum Jahr 2010 auf 50 % angehoben und der frühzeitige Rückzug älterer Arbeitnehmer aus dem Berufsleben reduziert werden. Dazu wurden im Gesetz zur Verbesserung der Beschäftigungschancen Älterer arbeits- und sozialrechtliche Regelungen getroffen, die sich an Arbeitnehmer und Arbeitgeber richten. Das Gesetz steht in engem Zusammenhang mit der Rente mit 67, da eine Heraufsetzung des Rentenzugangsalters auch eine Verbesserung der Arbeitsmarktchancen älterer Arbeitnehmer erfordert.

> Vgl. Punkt 24: Gesetz zur Anpassung der Regelaltersgrenze an die demografische Entwicklung

> **Wesentliche Inhalte des Gesetzes:**
> - Umgestaltung des Kombi-Lohns: Entgeltsicherung für ältere Arbeitnehmer
> - Umgestaltung der Sonderregelungen für Ältere beim Eingliederungszuschuss für Arbeitgeber
> - Ausweitung der Weiterbildungsförderung von Arbeitnehmern
> - Anpassung der erleichterten Befristung von Arbeitsverträgen an das EU-Recht

1. Die Entgeltsicherung (§ 421j SGB III) wurde im Jahr 2002 mit dem Ersten Gesetz für moderne Dienstleistungen am Arbeitsmarkt eingeführt. Sie ist ein Kombi-Lohn für Arbeitnehmer ab 50 Jahren, die zur Vermeidung oder Verkürzung von Arbeitslosigkeit eine Arbeit aufnehmen, in der sie ein ge-

ringeres Nettoeinkommen erzielen als das Einkommen, das zur Berechnung ihres Arbeitslosengeldes hinzugezogen wird. Dieser Verdienstrückgang muss mindestens 50 € betragen und wird (bis) zur Hälfte von der Arbeitsagentur an den Arbeitnehmer gezahlt. Zusätzlich werden die Beiträge für die Rentenversicherung von der Arbeitsagentur auf 90 % der früheren Beiträge aufgestockt.

Mit dem Gesetz zur Verbesserung der Beschäftigungschancen Älterer wurde die Bezugszeit der Entgeltsicherung faktisch ausgedehnt: Der Arbeitsentgeltzuschuss und der Zuschuss zur Rentenversicherung werden nun zwei Jahre lang gezahlt. Im ersten Jahr beträgt der Zuschuss zum Arbeitsentgelt 50 % und im zweiten Jahr 30 % der Nettoentgeltdifferenz. In der alten Fassung wurde Entgeltsicherung nur für den Zeitraum gezahlt, in dem auch Anspruch auf Alg I bestand. Der Zuschuss zum Arbeitsentgelt betrug 50 % der Nettoentgeltdifferenz.

Voraussetzung für den Bezug der Entgeltsicherung ist eine (Rest-)Anspruchsdauer auf Alg I. Mit der Gesetzesänderung wurde diese (Rest-)Anspruchsdauer von 180 Tage auf 120 Tage gesenkt. Eine weitere Voraussetzung für den Bezug der Entgeltsicherung ist entweder eine tarifgebundene oder ortsübliche Entlohnung. In der Neufassung wurde nun klargestellt, dass das Kriterium der Ortsüblichkeit auch dann angelegt werden kann, wenn ein Tarifvertrag besteht, der Betrieb jedoch nicht tarifgebunden ist.

IAB-Position

In der Evaluation festgestellte Schwachstellen in der Ausgestaltung des Kombi-Lohns wurden mit der Neufassung der Entgeltsicherung teilweise beseitigt. Damit ist die Entgeltsicherung attraktiver und könnte die Zahl derjenigen, die sie in Anspruch nehmen, erhöhen. Denn im Jahr 2006 hatten nur 9.600 Arbeitnehmer eine mit Entgeltsicherung geförderte Beschäftigung aufgenommen (Bernhard et al. 2007b). Allerdings wurden einige der folgenden Empfehlungen aus der Hartz-Evaluation nicht berücksichtigt. Darunter fallen:

- der vergleichsweise geringe Anspruch auf Alg I, wenn der geförderte Arbeitnehmer direkt vor Inanspruchnahme der Entgeltsicherung nicht arbeitslos, sondern beschäftigt war,
- der Vorschlag, die Frist für die Beantragung der Entgeltsicherung auf den Zeitraum bis zu zwei Wochen nach Aufnahme der Beschäftigung zu erweitern und
- die Empfehlung, die Mindesthöhe der monatlichen Nettoentgeltdifferenz wegen der schwachen Anreizwirkung von geringfügigen Entgelteinbußen von 50 auf 100 € anzuheben (Bernhard et al. 2007a).

Die Entgeltsicherung gilt in ihrer derzeitigen Form bis Ende 2009. Ob die neu gestaltete Entgeltsicherung tatsächlich besser angenommen wird als die alte, bleibt abzuwarten.

2. Mit dem Eingliederungszuschuss für Ältere ab 50 Jahren wird eine bestehende Sonderregelung für die Einstellung älterer Arbeitnehmer in § 421f SGB III ausgebaut. Es wurden Mindestförderkonditionen festgelegt: Der Eingliederungszuschuss wird künftig für mindestens ein Jahr und in Höhe von mindestens 30 % der Lohnkosten geleistet. Die Förderhöchstgrenzen liegen nach wie vor bei drei Jahren und 50 % der Lohnkosten. Der Eingliederungszuschuss für Ältere wird nur gewährt, wenn ein Beschäftigungsverhältnis für mindestens ein Jahr begründet wird. Ältere Arbeitslose können nun gefördert werden, wenn sie sechs Monate arbeitslos waren – auch ohne Vorliegen weiterer Vermittlungshemmnisse. Vorher konnte für Ältere nur ein Eingliederungszuschuss gezahlt werden, wenn weitere Vermittlungshemmnisse vorlagen. Arbeitgeber sind weiterhin von der Verpflichtung zur Nachbeschäftigung Älterer und zur etwaigen Rückzahlung des Eingliederungszuschusses befreit. Über § 16 Abs. 1 SGB II wird die Regelung auch auf den Rechtskreis der Grundsicherung für Arbeitsuchende übertragen. Für besonders betroffene schwerbehinderte Menschen (§ 219 SGB III) und behinderte Menschen (§ 421f und § 217 SGB III) gelten erweiterte Förderbedingungen.

IAB-Position
Evaluationsergebnisse zeigen: Der Eingliederungszuschuss ist auf individueller Ebene effektiv, da er dazu beiträgt, bei den Geförderten Eintrittsbarrieren in Arbeit abzubauen, und die dauerhafte Eingliederung der Geförderten unterstützt. Allerdings setzen Rückzugsmöglichkeiten aus dem Arbeitsmarkt für Ältere – wie die sogenannte 58er-Regelung (vgl. Punkte 5 und 28) – gegenläufige Anreize.

„Ob die neuen Förderelemente tatsächlich Einfluss auf die Beschäftigungschancen älterer Arbeitsloser nehmen, lässt sich vorab nicht eindeutig beantworten: Die vorgeschlagene Neuregelung einer Mindestförderdauer erhöht die Sicherheit von Arbeitgebern bei der Einstellung älterer Arbeitsloser und kann damit eine Signalwirkung haben. Eine zentrale Rolle (...) spielen allerdings die geschäftspolitische Ausrichtung der Bundesagentur für Arbeit sowie die ermessenslenkenden Weisungen und ihre Umsetzung in den Arbeitsagenturen vor Ort."
(Bernhard et al. 2007a: 19)

3. Der Anwendungsbereich bestehender Regelungen zur Weiterbildungsförderung (§ 417 SGB III) von Arbeitnehmern wurde für anerkannte außerbetriebliche Maßnahmen erweitert. Sie bestehen aus der Herabsetzung der Altersgrenze der Teilnehmer von 50 auf 45 Jahre und der Anhebung der Förderbeschränkung von Betrieben mit bis zu 100 Arbeitnehmern auf solche mit weniger als 250 Arbeitnehmern. Voraussetzung für die Förderung ist nach wie vor, dass die Weiterbildung im Rahmen eines bestehenden Beschäftigungsverhältnisses erfolgt und ein Anspruch auf Arbeitsentgelt besteht. Geförderte Arbeitnehmer erhalten einen Bildungsgutschein, mit dem sie bei freier Wahl der zugelassenen Weiterbildungsanbieter an zertifizierten Weiterbildungen teilnehmen können.

IAB-Position
Eine im Regelungskreis von Betrieben, Tarifpartnern und Beschäftigten verortete Investition in das Humankapital älterer Arbeitnehmer ist dann als staatliche Intervention begründbar, wenn damit Zeiten und Kosten der Arbeitslosigkeit verringert werden können. Mit dem Gesetzentwurf könnte durch Verbesserung der Förderkonditionen die bislang geringe Inanspruchnahme der beruflichen Weiterbildung Älterer gesteigert werden. Mit der Senkung des Mindestalters wird zudem der präventive Ansatz des Instruments gestärkt.

„Eine Konzentration der zur Verfügung stehenden Fördermittel auf die Weiterqualifizierung von Beschäftigten in kleinen und mittleren Betrieben erscheint dabei als gerechtfertigt, da die Partizipation älterer Mitarbeiter an der betrieblichen Weiterbildung gemäß den Ergebnissen des IAB-Betriebspanels in diesen Betrieben besonders gering ist."
(Bernhard et al. 2007a: 20)

4. Mit der Neuregelung befristeter Arbeitsverträge mit älteren Arbeitnehmern (§ 14 Abs. 3 TzBfG) ab dem 52. Lebensjahr reagiert der Gesetzgeber auf eine Entscheidung des Europäischen Gerichtshofs vom 22.11.2005. Danach verstößt die damalige „sachgrundlose" Fassung gegen das gemeinschaftsrechtliche Verbot der Diskriminierung wegen des Alters. Voraussetzung für die Befristung des Arbeitsvertrags ist künftig neben der Vollendung des 52. Lebensjahres, dass der Arbeitnehmer unmittelbar vor Beginn des befristeten Arbeitsverhältnisses mindestens vier Monate beschäftigungslos war.

IAB-Position
Die erleichterte Befristung von Arbeitsverträgen mit älteren Arbeitnehmern hat im Rahmen der Hartz-Evaluationen keine nachweisbaren positiven Effekte auf die Einstellungschancen älterer Arbeitnehmer gezeigt. Das Instrument war wenig bekannt und das Interesse der Unternehmen gering. Quantitative Wirkungsanalysen zeigten keinen Effekt der erleichterten Befristung auf die Zahl der Einstellungen von Arbeitnehmern ab 52.

„Voraussetzung für eine Wirksamkeit der neuen europarechtskonformen Befristungsregeln für Äl-

tere ist daher zunächst, dass der Bekanntheitsgrad dieses Instruments unter Arbeitgebern und Arbeitnehmern deutlich erhöht wird. In einem zweiten Schritt muss dann untersucht werden, ob die Regelung die Einstellungschancen Älterer tatsächlich verbessert." (Bernhard et al. 2007a: 20)

Parlamentaria

Gesetzentwurf der Fraktionen der CDU/CSU und SPD vom 12.12.2006. Bundestags-Drucksache 16/3793.

Gesetz zur Verbesserung der Beschäftigungschancen älterer Menschen. In: Bundesgesetzblatt I, Nr. 15 vom 24.04.2007, S. 538 ff.

IAB-Literatur und -Stellungnahmen

Bellmann, Lutz / Leber, Ute (2004): Ältere Arbeitnehmer und betriebliche Weiterbildung. In: Schmid, G. / Gangl, M. / Kupka, P. (Hrsg.): Arbeitsmarktpolitik und Strukturwandel: empirische Analysen. In: Beiträge zur Arbeitsmarkt- und Berufsforschung 286, Nürnberg, S. 19–35.

Bernhard, Sarah / Jaenichen, Ursula / Stephan, Gesine (2006): Eingliederungszuschüsse bei Einarbeitung und erschwerter Vermittlung. Matching-Analysen auf der Basis von Prozessdaten. In: Vierteljahreshefte zur Wirtschaftsforschung, Jg. 75, H. 3, S. 67–84.

Bernhard, Sarah / Jaenichen, Ursula / Koch, Susanne / Stephan, Gesine / Walwei, Ulrich / Wübbeke, Christina (2007a): Stellungnahme zur öffentlichen Anhörung von Sachverständigen in Berlin am 26. Februar 2007 zum a) Gesetzentwurf der Fraktionen der CDU/CSU und SPD „Entwurf eines Gesetzes zur Verbesserung der Beschäftigungschancen älterer Menschen" (Drucksache 16/3793), b) Antrag der Fraktion der FDP „Weichenstellung für eine Verbesserung der Beschäftigungschancen Älterer" (Drucksache 16/241), c) Antrag der Fraktion DIE LINKE „Beschäftigungspolitik für Ältere – für ein wirtschafts- und arbeitsmarktpolitisches Gesamtkonzept" (Drucksache 16/3027). In: Deutscher Bundestag. Ausschuss-Drucksache, Dr. 16 (11) 568 vom 21.02.2007, S. 17–21.

Bernhard, Sarah / Brussig, Martin / Jaenichen, Ursula / Zwick, Thomas (2007b): Entgeltsicherung: Ein Kombilohn für Ältere. In: IAB-Forum 1, S. 68–72.

Bernhard, Sarah / Jaenichen, Ursula / Stephan, Gesine (2007c): Eingliederungszuschüsse: Die Geförderten profitieren. IAB-Kurzbericht 09, Nürnberg.

Brixy, Udo / Christensen, Björn (2002): Wie viel würden Arbeitslose für einen Arbeitsplatz in Kauf nehmen? Eine Strategie des Forderns würde nicht ins Leere laufen – vorausgesetzt es gäbe genügend Arbeitsplätze. IAB-Kurzbericht 25, Nürnberg.

Brussig, Martin / Bernhard, Sarah / Jaenichen, Ursula / Zwick, Thomas (2006): Zielstellung, Förderstrukturen und Effekte der „Entgeltsicherung". Erfahrungen mit einem Kombilohn für ältere Arbeitnehmerinnen und Arbeitnehmer. In: Zeitschrift für ArbeitsmarktForschung, Jg. 39, H. 3/4, S. 491–504.

Eichhorst, Werner / Sproß, Cornelia (2005): Arbeitsmarktpolitik für Ältere: Die Weichen führen noch nicht in die gewünschte Richtung. IAB-Kurzbericht 16, Nürnberg.

Heinemann, Sarah / Jaenichen, Ursula / Stephan, Gesine (2006): Eingliederungszuschüsse: Förderumfang, Strukturen und Effektivität. In: Bundesarbeitsblatt 3, S. 4–10.

Jaenichen, Ursula / Stephan, Gesine (2007): The effectiveness of targeted wage subsidies for hard-to-place workers. IAB-Discussion Paper 16, Nürnberg.

ZEW / IAB / IAT (2006): Evaluation der Maßnahmen zur Umsetzung der Vorschläge der Hartz-Kommission. Arbeitspaket 1: Wirksamkeit der Instrumente, Modul 1d: Eingliederungszuschüsse und Entgeltsicherung. Endbericht 2006 durch den Forschungsverbund. Nürnberg.

21 Erstes und Zweites Gesetz zur Änderung des Arbeitnehmer-Entsendegesetzes

Erstes Gesetz zur Änderung des Arbeitnehmer-Entsendegesetzes

Inkrafttreten am 01.07.2007

Mit dem Ersten Gesetz zur Änderung des Arbeitnehmer-Entsendegesetzes wird das bisher auf das Bauhaupt- und -nebengewerbe begrenzte Gesetz über zwingende Arbeitsbedingungen bei grenzüberschreitenden Dienstleistungen von 1996 in seinem die tarifvertraglichen Arbeitsbedingungen betreffenden Teil auf das Gebäudereinigerhandwerk ausgeweitet. Damit gelten die für allgemeinverbindlich erklärten tariflichen Mindestentgeltsätze einschließlich der Überstunden oder die Regelungen zur Dauer des Erholungsurlaubs, zum Urlaubsentgelt oder zusätzlichem Urlaubsgeld in dieser Branche auch für nach Deutschland entsandte ausländische Arbeitnehmer. Dies kann z. B. nach der Auftragsvergabe an einen ausländischen Subunternehmer der Fall sein.

> Wesentlicher Inhalt des Gesetzes:
> - Mindestlohnregelung für das Gebäudereinigerhandwerk

Mit der Regelung soll eine Benachteiligung der entsandten Arbeitnehmer vermieden werden. Die Beschäftigten des Aufnahmelandes sollen vor unerwünschten sozialen Verwerfungen durch die untertarifliche Entlohnung entsandter Arbeitnehmer geschützt werden. Daneben soll verhindert werden, dass durch unfairen Wettbewerb insbesondere die in Deutschland ansässigen kleinen und mittleren Unternehmen sowie die bei ihnen bestehenden Arbeitsplätze gefährdet werden. Der Wettbewerbsnachteil, den deutsche Unternehmen durch höhere Arbeitskosten nach deutschen Tarif- und Sozialstandards erleiden, wird durch die im Arbeitnehmer-Entsendegesetz geregelten Mindeststandards und eine tarifliche Entlohnung größtenteils ausgeglichen.

Die für die Aufnahme in das Arbeitnehmer-Entsendegesetz erforderliche Vergleichbarkeit von Bau- und Gebäudereinigerbranche resultiert nach Auffassung des Gesetzgebers im Wesentlichen aus drei Umständen: Typisch für beide Branchen ist die Arbeit an ständig wechselnden Einsatzorten und ein daraus resultierendes verstärktes Schutzbedürfnis für die in dieser Branche Beschäftigten. Das Gebäudereinigerhandwerk ist – ebenso wie das Baugewerbe – eine lohnkostenintensive Branche, die in besonderer Weise im Wettbewerb mit Anbietern aus Ländern mit deutlich niedrigerem Lohnniveau steht. Die Branche erfüllt – neben dem bereits im Arbeitnehmer-Entsendegesetz aufgeführten Bausektor – auch wichtige für eine praktische Anwendung des Gesetzes erforderliche Voraussetzungen: Sie verfügt über bundeseinheitliche Tarifvertragsstrukturen. Zwischen den Parteien dieses Tarifvertrags besteht Einigkeit über die Aufnahme der Branche in das Arbeitnehmer-Entsendegesetz und über die Durchsetzung der vorgeschriebenen Arbeitsbedingungen auf der Grundlage des Arbeitnehmer-Entsendegesetzes (Bundesregierung 2006).

> Der Servicebereich Dokumentation bietet ein InfoSpezial zum Thema Mindestlohn mit wissenschaftlichen und praxisorientierten Informationen, Veröffentlichungen, Forschungsprojekten und Positionspapieren.
> www.iab.de/infoplattform/mindestlohn

Die Ausdehnung des Arbeitnehmer-Entsendegesetzes auf die Branche des Gebäudereinigerhandwerks wird nach Annahme des Gesetzgebers (Bundesregierung 2006) zu einer Anhebung des Lohnniveaus bei grenzüberschreitend entsandten Arbeitnehmern führen. Dies könne sich – für kleine und mittlere wie für größere Unternehmen – mittelbar in kosteninduzierten Einzelpreiserhöhungen niederschlagen, sofern es den entsendenden Unternehmen mit Sitz im Ausland gelingt, diese zusätzlichen Kosten an ihre Kunden in Deutschland weiterzugeben. Diese eventuellen Einzelpreiserhöhungen dürften allerdings so gering sein, dass sie das allgemeine Preisniveau, insbesondere das Verbraucherpreisniveau, nicht beeinflussen.

Zweites Gesetz zur Änderung des Arbeitnehmer-Entsendegesetzes

Inkrafttreten am 28.12.2007

Mit dem zweiten Gesetz zur Änderung des Arbeitnehmer-Entsendegesetzes werden auch die Briefdienstleistungen in den Regelungsbereich der Mindestentgelte einbezogen. Vorangegangen war eine Einigung zwischen dem Arbeitgeberverband Postdienste und ver.di über einen Mindestlohn bei Postdienstleistungen zwischen 8 € und 9,80 €. Der Geltungsbereich des Mindestlohntarifvertrags ist auf Betriebe und selbstständige Betriebsabteilungen beschränkt, die überwiegend gewerbs- oder geschäftsmäßig Briefsendungen für Dritte befördern.[3]

> **Wesentlicher Inhalt des Gesetzes:**
> - Mindestlohnregelung für Postdienstleistungen

---

3 Nach einem Urteil des Berliner Verwaltungsgerichts vom 07.03.2008 ist die Allgemeinverbindlichkeitserklärung dieses Tarifvertrags rechtswidrig. Das Gericht gab damit einer Klage von Postanbietern wie PIN Group und TNT statt. Die zugrunde liegende Verordnung des Bundesarbeitsministeriums verletze die Kläger in ihren Grundrechten. Die Richter begründeten ihre Entscheidung damit, dass die Verordnung des Arbeitsministeriums nicht vom Entsendegesetz gedeckt sei. Mit diesem Gesetz sollen gleiche Lohn-, Arbeits- und Sozialbedingungen für alle Beschäftigten einer Branche sichergestellt werden. Die gesetzliche Ermächtigung erlaube nur Verordnungen, die nicht tarifgebundene Arbeitgeber und Arbeitnehmer betreffen. Die Postkonkurrenten hätten jedoch mit der Gewerkschaft der neuen Brief- und Zustelldienste (GNBZ) einen Mindestlohn von 7,50 € (West) und 6,50 € (Ost) vereinbart.

IAB-Position

Bei der Beurteilung des Entsendegesetzes werden vom IAB ökonomische und gesellschaftspolitische Argumente zu der Frage abgewogen, ob es eine Schutzbestimmung zugunsten inländischer Betriebe und deren Beschäftigten gegen ausländische „Billiganbieter" geben soll (Dietz et al. 2006). So spricht aus ökonomischer Sicht zunächst vieles für einen erleichterten grenzüberschreitenden Dienstleistungsverkehr. Die deutsche Volkswirtschaft kann dann von Arbeitnehmern aus Niedriglohnländern profitieren, wenn sinkende Produktionskosten über sinkende Preise an die Konsumenten weitergegeben werden und damit das Realeinkommen steigt. Aus gesellschaftspolitischen Überlegungen wird zur Vermeidung sozialer Härten eine sektoral begrenzte Ausweitung des Arbeitnehmer-Entsendegesetzes befürwortet, solange diese zeitlich befristet ist. Gleichwohl wird betont, dass sich internationale Anpassungsprozesse durch nationale Schutzmaßnahmen lediglich aufschieben lassen. Der deutsche Wettbewerbsnachteil kann eventuell ausgeglichen werden, wenn durch Wachstumsimpulse in Entsendeländern mit niedrigen Arbeitskosten auch dort das Lohnniveau gehoben wird. Der produktivitätssteigernde Anpassungsdruck bleibt aber bestehen. Bei Abwägung von Chancen und Risiken sprechen sich Eichhorst und Walwei (2005) für verbindliche Mindestlöhne für inländische und EU-ausländische entsandte Arbeitskräfte aus, soweit sie sektoral auf jene Wirtschaftszweige begrenzt sind, die am stärksten betroffen sind, sie durch tarifliche Vereinbarungen sektoral differenziert und zeitlich befristet sind und während der Laufzeit der Regelung systematisch evaluiert werden.

Das IAB möchte mit Forschungsergebnissen zur Versachlichung der Diskussion beitragen. Anhand von Mikrodaten aus der Beschäftigtenstatistik wurden die Lohn- und Beschäftigungseffekte der Mindestlohnregelungen untersucht, die durch das Entsendegesetz für alle gewerblichen Arbeiter im deutschen Baugewerbe im Jahr 1997 in Kraft traten (König/Möller 2007). Die Ergebnisse zeigen für das Bauhauptgewerbe zwar negative Beschäftigungseffekte für Ostdeutschland, aber auch positive Effekte für Westdeutschland, die statistisch allerdings nicht bzw. nur schwach signifikant sind. Eine beschäftigungsschädliche Wirkung der Mindestlohnregelungen im Bauhauptgewerbe der alten Bundesländer kann nicht nachgewiesen werden. Ein moderater Mindestlohn muss somit nicht zwangsläufig zum Beschäftigungsabbau führen.

In der Debatte, ob Lohnuntergrenzen auf der Grundlage des Arbeitnehmer-Entsendegesetzes bzw. des Mindestarbeitsbedingungsgesetzes (Miag)[4] oder durch einen gesetzlichen Mindestlohn branchenspezifisch festgelegt werden sollen, sprechen sich König und Möller (2008a) für einen moderaten gesetzlichen, nach Ost und West differenzierten Mindestlohn aus. Eine Regelung auf der Grundlage des Arbeitnehmer-Entsendegesetzes und des Miag würde zu extremer Unübersichtlichkeit führen.

„Da beim Entsendegesetz die Zuordnung einer Firma zu einer Branche nach ihrer ‚Haupttätigkeit' erfolgt und diese Klassifikation vermutlich Spielräume eröffnet, könnte dies zu ‚Umklassifizierungen' führen, um höhere Mindestlöhne zu umgehen. Weitere Folgen wären eine Erschwerung der Kontrolle der Einhaltung der Regelung, somit ein erhöhter Kontrollbedarf und auch ein verstärkter Anreiz, die Mindestlohnregelungen z. B. durch falsche Arbeitszeitangaben oder Scheinselbstständigkeit zu unterlaufen.[5] Gerade für Branchen mit geringem Tarifbindungsgrad, wo Niedriglohnbeschäftigungsverhältnisse stark verbreitet sind, wäre ein gesetzlicher Mindestlohn wichtig. Für Branchen mit einem hohen Tarifbindungsgrad, die eine Aufnahme in das Entsendegesetz beantragen können, ist die Notwendigkeit einer gesetzlichen Regelung abhängig vom jeweils niedrigsten Branchenlohn."

(Möller/König 2008a)

Parlamentaria

Bundesministerium für Arbeit und Soziales (2008): Gesetz über zwingende Arbeitsbedingungen für grenzüberschreitend entsandte und für regelmäßig im Inland beschäftigte Arbeitnehmer und Arbeitnehmerinnen (Arbeitnehmer-Entsendegesetz – AEntG). Regierungsentwurf vom 16. Juli 2008.

Bundesministerium für Arbeit und Soziales (2008): Erstes Gesetz zur Änderung des Gesetzes über die Festsetzung von Mindestarbeitsbedingungen. Regierungsentwurf vom 16. Juli 2008.

Bundesregierung (2006): Entwurf eines Ersten Gesetzes zur Änderung des Arbeitnehmer-Entsendegesetzes. Bundestags-Drucksache 16/3064 vom 20.10.2006.

Bundesregierung (2007): Entwurf eines Zweiten Gesetzes zur Änderung des Arbeitnehmer-Entsendegesetzes. Bundestags-Drucksache 16/6735 vom 18.10.2007.

Erstes Gesetz zur Änderung des Arbeitnehmer-Entsendegesetzes vom 25.04.2007. In: Bundesgesetzblatt I, Nr. 16 vom 30.04.2007, S. 576 f.

Zweites Gesetz zur Änderung des Arbeitnehmer-Entsendegesetzes vom 21.12.2007. In: Bundesgesetzblatt I, Nr. 68 vom 27.12.2007, S. 3140.

IAB-Literatur

Dietz, Martin / Jahn, Elke J. / Koch, Susanne / Schnur, Peter / Walwei, Ulrich / Zika, Gerd (2006): Der Arbeitsmarkt im Koalitionsvertrag – unter dem Zwang der Verhältnisse. In: IAB-Forum 1, S. 6–11.

Eichhorst, Werner / Walwei, Ulrich (2005): Ausdehnung des Entsendegesetzes: Allenfalls eine zurückhaltende und vorsichtige Regelung. In: Ifo-Schnelldienst, Jg. 58, Nr. 11, S. 8–11.

König, Marion / Möller, Joachim (2007): Mindestlohneffekte des Entsendegesetzes? Eine Mikrodatenanalyse für die deutsche Bauwirtschaft. IAB-Discussion Paper 30, Nürnberg.

---

4   Das Mindestarbeitsbedingungsgesetz soll Mindestlöhne für Sektoren festlegen, die folgende Bedingungen des Arbeitnehmer-Entsendegesetzes nicht erfüllen: Tarifgebundenheit von mindestens 50 % der Arbeitnehmer und Antrag der jeweiligen Tarifpartner auf Aufnahme in das Entsendegesetz.

5   Die Anreizproblematik der Mindestlohnunterwanderung existiert auch im Falle eines allgemeinen gesetzlichen Mindestlohns, wird durch branchenspezifische Regelungen allerdings noch verstärkt.

Möller, Joachim (2006): Ein zweiter Blick auf den Mindestlohn. Zur Bewertung der Arbeitsmarktpolitik der großen Koalition aus wissenschaftlicher Sicht. In: Ifo-Schnelldienst, Jg. 59, H. 7, S. 17–20.

Möller, Joachim / König, Marion (2008a): Allgemeine Einordnung der Mindestlohnüberlegungen. Interne unveröffentlichte Beratungsunterlage für die Bundesagentur für Arbeit.

Möller, Joachim / König, Marion (2008b): Ein Plädoyer für Mindestlöhne mit Augenmaß. In: Ifo-Schnelldienst 6, S. 13–16.

22 Job-Perspektive – Perspektiven für Langzeitarbeitslose mit besonderen Vermittlungshemmnissen – Zweites Gesetz zur Änderung des Zweiten Buches Sozialgesetzbuch

Inkrafttreten am 01.10.2007

Das „Zweite Gesetz zur Änderung des Zweiten Buches Sozialgesetzbuch – Verbesserung der Beschäftigungschancen von Menschen mit Vermittlungshemmnissen (JobPerspektive)" hat zum Ziel, Langzeitarbeitslosen mit multiplen Vermittlungshemmnissen (z. B. fehlende berufliche Qualifikation, Lebensalter, Migrationshintergrund, gesundheitliche Einschränkung und Schuldenprobleme) Perspektiven zur gesellschaftlichen Teilhabe zu geben und sie gemäß ihrer Beschäftigungsfähigkeit in den Arbeitsmarkt einzugliedern. Bis zum Jahr 2009 sollen durch diese Fördermaßnahme 100.000 Menschen in Arbeit gebracht werden.

Wesentliche Inhalte des Gesetzes:
- Beschäftigungszuschuss für die Einstellung Langzeitarbeitsloser mit besonderen Vermittlungshemmnissen in Höhe von bis zu 75 % bei einer Regelförderdauer von 24 Monaten
- Es muss ein Vollzeitarbeitsverhältnis unter Vereinbarung des tariflichen oder ortsüblichen Arbeitsentgelts begründet werden
- Die Arbeitsverhältnisse sind sozialversicherungspflichtig, bis auf den Beitrag zur Arbeitslosenversicherung
- Kostenzuschuss für die begleitende Qualifizierung wird gewährt
- In Einzelfällen Einmalzahlungen für besonderen Aufwand zum Aufbau der Beschäftigungsmöglichkeiten
- Arbeitgeber dürfen nur Träger im Sinne von § 21 SGB III sein. Die Arbeiten müssen zusätzlich und im öffentlichen Interesse sein (beides gilt bis 31.03.2008)

Bereits im Koalitionsvertrag vom November 2005 wurde vereinbart, Perspektiven für Personen zu entwickeln, deren Erwerbsfähigkeit eingeschränkt ist und die keine Arbeit auf dem regulären Arbeitsmarkt finden können. Die bisherigen Erfahrungen bei der Umsetzung des SGB II zeigten, dass es eine nennenswerte Anzahl von Hilfebedürftigen gibt, bei denen der Einsatz arbeitsmarktpolitischer Instrumente nicht zu einer nachhaltigen Integration in den ersten Arbeitsmarkt führt und die dauerhaft auf Fürsorgeleistung angewiesen sein werden. Langzeitarbeitslose profitierten nicht in vollem Umfang von dem Wirtschaftsaufschwung 2007 und der damit einhergehenden Entspannung auf dem Arbeitsmarkt, da zahlreiche Einfacharbeitsplätze im Zuge von Rationalisierungen weggefallen waren. Ein Konzept, das bei diesem Personenkreis greift, muss neue Beschäftigungsfelder erschließen und setzt daher bei der Förderung der Arbeitgeber an.

Die vom Bundesarbeitsministerium eingesetzte Koalitionsarbeitsgruppe erarbeitete im Sommer 2007 auf der Basis eines Papiers von Klaus Brandner und Karl-Josef Laumann das Konzept „JobPerspektive", das diesem beeinträchtigten Personenkreis die Teilhabe am Erwerbsleben und damit gesellschaftliche Teilhabe ermöglichen sollte (Brandner/Laumann 2007). Der sozial- und gesellschaftspolitische Auftrag stand im Vordergrund der Überlegungen. Sozialen Ausgrenzungs- und Prekarisierungsprozessen sollte Rechnung getragen werden.

Nach über einem Jahr Debatte über die Ausgestaltung eines öffentlich geförderten Arbeitsmarktes fasste die Regierungskoalition ihre Vorschläge zur längerfristigen Förderung sozialversicherungspflichtiger Beschäftigung für arbeitsmarktferne Arbeitsuchende im Zweiten SGB-II-Änderungsgesetz zusammen.

Für Arbeitgeber, die sozialversicherungspflichtige Beschäftigung für diesen besonderen Personenkreis schaffen, wird im Zweiten Buch Sozialgesetzbuch § 16a „Leistungen zur Beschäftigungsförderung" ein Beschäftigungszuschuss als Arbeitgeberleistung eingeführt. Dieser Lohnkostenzuschuss soll die zu erwartenden Minderleistungen des Arbeitnehmers und sonstige Kosten ausgleichen. Das Ziel eines Wechsels in ungeförderte Beschäftigung soll dabei nicht aus den Augen verloren werden. Der angesprochene Personenkreis soll nicht dauerhaft aus dem ersten Arbeitsmarkt ausgeschlossen sein.

Wichtige Voraussetzungen für die Förderung sind, dass der Hilfebedürftige das 18. Lebensjahr[6] vollendet hat, langzeitarbeitslos im Sinne des § 18 SGB III ist und seine Erwerbsmöglichkeiten durch mindestens zwei weitere in seiner Person liegende Vermittlungshemmnisse schwer beeinträchtigt sind. Um nicht vorschnell einen Menschen als nicht mehr vermittelbar einzustufen, wird der Entscheidung über die Bewilligung eines Beschäftigungszuschusses eine Betreuungsphase von mindestens sechs Monaten vorgeschaltet, begleitet durch eine Eingliederungsvereinbarung. Die Förderdauer soll zunächst bis zu 24 Monate betragen und anschließend ohne zeitliche Unterbrechung unbefristet erbracht werden, wenn eine Erwerbstätigkeit auf dem allgemeinen Arbeitsmarkt voraussichtlich innerhalb der nächsten 24 Monate nicht möglich ist.

Begleitende Hilfen wie z. B. Weiterbildungsmaßnahmen oder psychosoziale Dienstleistungen werden bei einer geförderten Beschäftigung als unerlässlich angesehen; berufliche und soziale Kompetenzen müssen so weit wie möglich ausgebaut werden. Eine begleitende Qualifizierung kann daher maximal zwölf Monate lang mit monatlich bis zu 200 € unterstützt werden.

Als Arbeitgeber kommen (bis 31.03.2008) nur Träger nach § 21 SGB III, die arbeitsfördernde Maßnahmen

---

6 Der Gesetzesentwurf vom 19.06.2007 sah eine Altersbegrenzung ab 25 Jahre vor. Nach der Beschlussempfehlung des Ausschusses für Arbeit und Soziales vom 04.07.2007 wurde dieses Alter trotz ablehnender Entschließung des Bundesrates herabgesetzt. Dieser befürchtete, dass diese Regelung die Verwirklichung des vorrangigen Ziels der Ausbildung junger Erwachsener gefährde (vgl. BR-Drs. 466/07 (B) vom 21.09.2007).

durchführen, infrage. Für sie können in besonders begründeten Einzelfällen einmalig Kosten erstattet werden, die durch einen besonderen Aufwand beim Aufbau der Beschäftigungsmöglichkeiten angefallen sind.

Ab 01.04.2008 gilt der zunächst mit einer Übergangsregelung eingeführte Beschäftigungszuschuss für *alle* Arbeitgeber. Nach einer Entscheidung der Europäischen Kommission ist die Arbeitgeberförderung keine Beihilfe. Damit steht diese Beschäftigungsförderung nun grundsätzlich allen Arbeitgebern und Unternehmen unterschiedslos zur Verfügung.

Mit dem Beschäftigungszuschuss wird ein Instrument in das SGB II eingeführt, für das es keine Erfahrungen im arbeitsmarktrechtlichen Förderrecht aus der Vergangenheit gibt. Eine begleitende Evaluation ist daher notwendig. Laut Gesetz untersucht das BMAS die Auswirkungen auf die Hilfebedürftigen mit besonderen Vermittlungshemmnissen, den Arbeitsmarkt und die Haushalte in den Jahren 2008–2010 und berichtet dem Bundestag darüber bis zum 31.12.2011.

IAB-Position

Das IAB ist in seiner Beurteilung skeptisch, ob die Ausgestaltung des Instruments Beschäftigungszuschuss wirklich die intendierte Zielgruppe erreicht und nicht etwa einen Personenkreis, der auch durch andere Förderung trotz Vermittlungshemmnissen den Weg in den ersten Arbeitsmarkt schaffen könnte. Mehrere Regelungen im Gesetz konterkarierten, laut IAB, die strenge Zielgruppenorientierung. Aufgrund der Ausgestaltung der Maßnahme als Vollzeitbeschäftigung, der Zahlung eines Tariflohns sowie des Fehlens von Mitteln für Betreuung soll mit der JobPerspektive offensichtlich leistungsfähigeren Personen geholfen werden. Sinnvoller sei jedoch eine Begrenzung des Einkommens auf die Höhe der Grundsicherung plus Mehraufwandsentschädigung und eine Umlenkung der dadurch ersparten Ressourcen in die Betreuung der Geförderten.

„Zusammenfassend erscheint der Beschäftigungszuschuss vom Grundgedanken her richtig, sofern man bei der Zuweisung strenge Kriterien anlegt und bei der Durchführung die Betreuungsnotwendigkeit eines großen Teils der potentiellen Maßnahmenteilnehmer berücksichtigt. Diese beiden Aspekte wären aus unserer Sicht für die Evaluation des Programms zentral." (Koch/Kupka 2007b: 4)

Der Servicebereich Dokumentation bietet ein InfoSpezial zum Thema „Geförderte Beschäftigung für leistungsgeminderte Langzeitarbeitslose" mit wissenschaftlichen und praxisorientierten Informationen, Veröffentlichungen, Forschungsprojekten und Positionspapieren.
www.iab.de/infoplattform/gefoerderte_beschaeftigung

Parlamentaria

Beschlussempfehlung des Ausschusses für Arbeit und Soziales. Bundestags-Drucksache 16/5933 vom 04.07.2007.

Entschließung des Bundesrats. Bundesrats-Drucksache 466/07 (B) vom 21.09.2007.

Regierungsentwurf. Bundestags-Drucksache 16/5715 vom 19.06.2007.

Zweites Gesetz zur Änderung des Zweiten Buches Sozialgesetzbuch – Perspektiven für Langzeitarbeitslose mit besonderen Vermittlungshemmnissen – JobPerspektive vom 10.10.2007. In: Bundesgesetzblatt I, Nr. 50 vom 15.10.2007, S. 2326 ff.

IAB-Literatur und -Stellungnahmen

Kettner, Anja / Rebien, Martina (2007): Soziale Arbeitsgelegenheiten: Einsatz und Wirkungsweise aus betrieblicher und arbeitsmarktpolitischer Perspektive. IAB-Forschungsbericht 02, Nürnberg.

Koch, Susanne / Kupka, Peter (2007a): Geförderte Beschäftigung für leistungsgeminderte Langzeitarbeitslose? Expertise. Berlin: Reihe: WISO Diskurs.

Koch, Susanne / Kupka, Peter (2007b): IAB-EVAL Stellungnahme für den Sachverständigenrat. Unveröffentlichtes Manuskript.

Literatur

Bartelheimer, Peter (2006): Alternativen zu Zusatzjobs – ein Konzept der Bundesagentur. Überlegungen einer Arbeitsgruppe Alternative Beschäftigungsformen in der BA. In: Monitor Arbeitsmarktpolitik. http://doku.iab.de/externe/2006/k061129p04.pdf (eingesehen am 12.03.2008).

Brandner, Klaus / Laumann, Karl-Josef (2007): Perspektiven für Langzeitarbeitslose mit besonderen Vermittlungshemmnissen. www.bag-integrationsfirmen.de/html/archiv/archiv-07/archiv07-pdf/eckpunkte%20brandner-laumann%20e-e-4.pdf (eingesehen am 12.03.2008).

Brandner, Klaus (2007): Job Perspektive – Arbeit für Langzeitarbeitslose ohne Chancen auf dem regulären Arbeitsmarkt. www.klausbrandner.de/db/docs/doc_13816_2007329143944.pdf (eingesehen am 12.03.2008).

Cremer, Georg (2007): Sozialer Arbeitsmarkt. Sinnvoll bei enger Zielgruppendefinition. In: Ifo-Schnelldienst, Jg. 60, H. 10, S. 27–32.

Wagner, Alexandra (2007): Beschäftigungsperspektiven für Langzeitarbeitslose. ABM, Arbeitsgelegenheiten und öffentlich finanzierte Beschäftigung. In: WSI-Mitteilungen, Jg. 60, H. 6, S. 320–327.

23 Verbesserung der Qualifizierung und Beschäftigungschancen von jüngeren Menschen mit Vermittlungshemmnissen – Viertes Gesetz zur Änderung des Dritten Buches Sozialgesetzbuch

Inkrafttreten am 01.10.2007

Zielsetzung des Vierten Gesetzes zur Änderung des SGB III „Verbesserung der Qualifizierung und Beschäftigungschancen von jüngeren Menschen mit Vermittlungshemmnissen" ist es, bildungsschwachen Jugendlichen und jungen Erwachsenen unter 25 Jahren eine Chance zu geben, sich am Arbeitsmarkt zu bewähren und ihre Qualifikation zu verbessern. Das Gesetz führt zwei neue Förderleistungen für Arbeitgeber ein und übernimmt das erfolgreiche Einstiegsqualifizierungsprogramm (EQJ) der Bundesregierung als Ermessensleistung für Arbeitgeber in das SGB III.

> Wesentliche Inhalte des Gesetzes:
> - Qualifizierungszuschuss für die Einstellung jüngerer Arbeitnehmer ohne Berufsabschluss
> - Eingliederungszuschuss für jüngere Arbeitnehmer, die mindestens sechs Monate arbeitslos waren
> - Förderung der betrieblichen Einstiegsqualifizierung für Jugendliche (Übernahme des EQJ-Sonderprogramms des Bundes in das SGB III) als ergänzendes Angebot der Berufsvorbereitung für Jüngere mit erschwerten Vermittlungsperspektiven
> - Sozialpädagogische Begleitung und organisatorische Unterstützung bei betrieblicher Berufsausbildung und Berufsausbildungsvorbereitung

Die „Arbeitsgruppe Arbeitsmarkt" der Großen Koalition formulierte im Mai 2007 den Vorschlag eines „Job-Bonus" für langzeitarbeitslose Jugendliche in Form einer Kombination aus Lohnkostenzuschuss für den Arbeitgeber und Qualifizierung. „Zielgruppen sind einerseits arbeitslose Jugendliche ohne Berufsabschluss mit einer Arbeitslosigkeitsdauer von mindestens sechs Monaten und arbeitslose Jugendliche mit Berufsabschluss, die mindestens sechs Monate arbeitslos sind, wenn deren Integration aufgrund sonstiger Vermittlungshemmnisse erschwert ist." Als Hemmnisse werden beispielhaft formuliert: fehlende schulische und berufliche Qualifikation, Migrationshintergrund, gesundheitliche Einschränkungen, Sucht- oder Schuldenprobleme. Über die Erwerbsintegration sollen bestehende Vermittlungshemmnisse der bildungsschwachen Jugendlichen abgebaut werden. Außerdem sollen sie über die Integration in Betrieben auch in sozialer Hinsicht profitieren (Bundesministerium für Arbeit und Soziales 2007: 14 f.).

Wie das IAB feststellt, verstärken sich die negativen Effekte der Arbeitslosigkeit, wenn Jugendliche längerfristig von der Teilnahme am Erwerbsleben ausgeschlossen werden. Gesellschaftlicher Ausschluss sowie Ausschluss von Möglichkeiten der persönlichen und beruflichen Weiterentwicklung können die Folge sein. Maßnahmen der aktiven Arbeitsmarktpolitik, vor allem Weiterbildungs- und Qualifizierungsmaßnahmen, aber auch Beschäftigung auf dem zweiten Arbeitsmarkt können hier ein Ausweg sein (Rothe/Tinter 2007: 41).

Mit dem Änderungsgesetz wird als neue Leistung für Arbeitgeber ein Qualifizierungszuschuss für die Einstellung jüngerer Arbeitnehmer bis 25 Jahre eingeführt. Betriebe können die Zuschüsse erhalten, wenn die Jugendlichen vor Aufnahme der Beschäftigung mindestens sechs Monate arbeitslos waren, über keinen Berufsabschluss verfügen und im Rahmen des Arbeitsverhältnisses mit arbeitsmarktverwertbaren Kenntnissen, Fähigkeiten und Fertigkeiten qualifiziert werden. Der Arbeitgeber muss darüber eine entsprechende Bescheinigung ausstellen. Die Förderdauer darf zwölf Monate nicht überschreiten, die Förderhöhe beträgt 50 % des Arbeitsentgelts. Die Förderung wird nur bei einer Vollzeitstelle gewährt.

Der Eingliederungszuschuss zielt auf Jugendliche unter 25 Jahren mit Berufsabschluss, die jedoch bereits sechs Monate arbeitslos sind. Die durch die Arbeitgeberleistung geförderte Einstellung soll die nachhaltige Arbeitsmarktintegration der Jugendlichen erhöhen, indem diese ihre erworbenen Qualifikationen im Arbeitsleben anwenden und ausbauen können. Förderhöhe und -dauer richten sich nach den jeweiligen Eingliederungserfordernissen.

Die Geltungsdauer dieser beiden Arbeitgeberzuschüsse ist bis 31.12.2010 befristet.

Mit diesen Maßnahmen sollen Jugendliche die Chance erhalten, sich am Arbeitsplatz zu bewähren, ihre Qualifikation zu verbessern und von der sozialen Integration im Betrieb zu profitieren. Bestehende Vermittlungshemmnisse können so abgebaut werden. Beide Maßnahmen – Qualifizierungszuschuss und Eingliederungszuschuss – zielen auf Vollzeittätigkeit der Jugendlichen.

Mit dem Änderungsgesetz wird außerdem das seit 01.10.2004 vom Bund durchgeführte Sonderprogramm zur betrieblichen Einstiegsqualifizierung Jugendlicher (EQJ-Programm) in das Arbeitsförderungsrecht übernommen.

Die betriebliche Einstiegsqualifizierung will bei Jugendlichen mit erschwerter Vermittlungsperspektive und benachteiligten Auszubildenden vor der Aufnahme einer Berufsausbildung leistungsfördernd ansetzen. Die Grundlagen der beruflichen Handlungsfähigkeit und Ausbildungsfähigkeit sollen vermittelt bzw. vertieft werden. Mit der Übernahme dieses Instruments in das SGB III löst der Bund seine Zusage im bis 2010 verlängerten Ausbildungspakt ein, die Förderung von 40.000 EQJ-Plätzen sicherzustellen.

Arbeitgeber, die eine betriebliche Einstiegsqualifizierung durchführen, können durch Zuschüsse zur Vergütung bis zu einer Höhe von 192 € monatlich gefördert werden. Die Qualifizierung kann für die Dauer von sechs bis längstens zwölf Monaten gefördert werden. Förderungsfähig sind gemeldete Ausbildungsbewerber mit eingeschränkten Vermittlungsperspektiven ohne Ausbildungsplatz, Auszubildende, die noch nicht in vollem Maße über die erforderliche Ausbildungsbefähigung verfügen, sowie lernbeeinträchtigte und sozial benachteiligte Auszubildende ohne Bestimmung einer Altersgrenze.

Die geförderte Qualifizierung in einer Berufsausbildungsvorbereitung oder einer Einstiegsqualifizierung kann künftig nach § 241a Abs. 1 SGB III durch sozialpädagogische Begleitung der jugendlichen Teilnehmer und organisatorische Unterstützung für die durchführenden Klein- und Mittelbetriebe flankiert werden.

Vgl. Punkt 33: Fünftes Gesetz zur Änderung des Dritten Buches Sozialgesetzbuch

Parlamentaria

Beschlussempfehlung des Ausschusses für Arbeit und Soziales vom 04.07.2007. Bundestags-Drucksache 16/5933.

Erste Lesung des Bundestages am 21.06.2007, Plenarprotokoll 16/105.

Gesetzentwurf der Fraktionen der CDU/CSU und SPD vom 19.06.2007. Bundestags-Drucksache 16/5714.

Viertes Gesetz zur Änderung des Dritten Buches Sozialgesetzbuch – Verbesserung der Qualifizierung und Beschäftigungschancen von jüngeren Menschen mit Vermittlungshemmnissen vom 10.10.2007. In: Bundesgesetzblatt I, Nr. 50 vom 15.10.2007, S. 2329 ff.

IAB-Literatur

Antoni, Manfred / Dietrich, Hans / Jungkunst, Maria / Matthes, Britta / Plicht, Hannelore (2007): Jugendliche: Die Schwächsten kamen seltener zum Zug. IAB-Kurzbericht 02, Nürnberg.

Popp, Sandra / Schels, Brigitte / Wenzel, Ulrich (2006): Junge Erwachsene im Rechtskreis SGB II: Viele können noch gar nicht aktiviert werden. IAB-Kurzbericht 26, Nürnberg.

Rothe, Thomas / Tinter, Stefanie (2007): Jugendliche auf dem Arbeitsmarkt. Eine Analyse von Beständen und Bewegungen. IAB-Forschungsbericht 04, Nürnberg.

Literatur

Bundesministerium für Arbeit und Soziales: Material zur Information. Bericht der „Arbeitsgruppe Arbeitsmarkt". www.bmas.de/coremedia/generator/3092/property=pdf/2007_04_27_material_zur_information.pdf (eingesehen am 16.04.2008).

Wehrhahn, Lutz (2007): Aktuelle Änderungen des SGB II und des SGB III zur Verbesserung der Jobperspektiven Langzeitarbeitsloser und der Verbesserung der Qualifizierung und Beschäftigungschancen jüngerer Menschen mit Vermittlungshemmnissen. In: juris Praxis-Report-Sozialrecht 21/2007.

24 Rente mit 67 – Gesetz zur Anpassung der Regelaltersgrenze an die demografische Entwicklung und zur Stärkung der Finanzierungsgrundlagen der gesetzlichen Rentenversicherung (RV-Altersgrenzenanpassungsgesetz)

Inkrafttreten am 01.01.2008

Durch die Rente mit 67 wird das gesetzliche Rentenalter für den Bezug einer abschlagsfreien Rente (Regelaltersgrenze) ab 2012 schrittweise bis zum Jahr 2029 von derzeit 65 auf 67 Jahre angehoben. Die Altersgrenze für die 1947 bis 1958 Geborenen wird um jeweils einen Monat, für die Jahrgänge 1959 bis 1964 jeweils um zwei Monate steigen. Damit können Versicherte ab dem Jahrgang 1964 erst mit 67 Jahren eine abschlagsfreie Rente beziehen. Hintergrund der Maßnahmen ist das durch Geburtenrückgang und gestiegene Lebenserwartung veränderte Verhältnis von aktiver Erwerbsphase zur durchschnittlichen Rentenbezugsphase. Dieses führte zu Finanzierungsproblemen der Rentenversicherung. Der Gesetzgeber zielt nach den vorangegangenen Reformmaßnahmen (von 2001 und 2004[7]) zur Stabilisierung der Beitragssätze und des Rentenniveaus sowie zur Förderung der zusätzlichen Altersvorsorge mit diesem Gesetz auf eine Steigerung der Erwerbsquote älterer Menschen. Dies wird durch die „Initiative 50plus" (vgl. Punkt 20) und eine Reihe von Modellprojekten (vgl. Punkt 5) zur Verbesserung der Beschäftigungssituation älterer Arbeitnehmerinnen und Arbeitnehmer flankiert. Außerdem soll dem drohenden Fachkräftemangel entgegengewirkt werden, da mit dem demografischen Wandel auch die Zahl junger qualifizierter Erwerbspersonen zurückgehen wird.

> Wesentliche Inhalte des Gesetzes:
> - Ab 2012 stufenweise Anhebung der Regelaltersgrenze auf 67 Jahre
> - Vorzeitige abschlagsfreie Inanspruchnahme für 65-Jährige nach 45 Pflichtbeitragsjahren
> - Realisierung unterbliebener Anpassungsdämpfungen ab 2011 möglich

IAB-Position

Das IAB bewertet die Rente mit 67 vor allem als beschäftigungspolitische Herausforderung.

„*Das Wachstum der älteren Bevölkerung und der längere Verbleib Älterer im Erwerbsleben führen zu einem deutlichen Anstieg des Erwerbspersonenpotenzials. Der Höhepunkt wird ungefähr im Jahr 2030 erreicht, wenn wegen der Anhebung des Rentenalters auf 67 Jahre zwischen 1,2 Millionen und über 3 Millionen Erwerbspersonen zusätzlich auf den Arbeitsmarkt drängen. Der oft prognostizierte Rückgang des Erwerbspersonenpotenzials würde sich dadurch deutlich verzögern. Die beschäftigungspolitische Herausforderung liegt darin, für dieses zusätzliche Arbeitskräftepotenzial ebenso viele neue Arbeitsplätze zu schaffen.*" (Fuchs 2006: 1)

Falls das zusätzliche Arbeitskräftepotenzial einer Rente mit 67 nicht durch eine stärkere Arbeitskräftenachfrage absorbiert wird, stiege durch die Anhebung der Regelaltersgrenze entweder die Arbeitslosigkeit, oder die Betroffenen müssten Abschläge bei vorzeitigem Rentenbezug in Kauf nehmen. Somit wären bei unveränderter betrieblicher Personalpolitik vorrangig ältere Arbeitnehmer betroffen. Um dem entgegenzusteuern, müssten Betriebe und Beschäftigte rechtzeitig in Qualifizierung und Gesundheitsvorsorge investieren. Die bisherige Praxis der vorzeitigen Freisetzung Älterer würde sonst den Fachkräftemangel weiter verschärfen (Promberger/Wübbeke 2006). Gleichzeitig würden mit stei-

---

[7] Mit dem Gesetz zur Sicherung der nachhaltigen Finanzierungsgrundlagen der gesetzlichen Rentenversicherung (RV-Nachhaltigkeitsgesetz) von 2004 wurde ein Nachhaltigkeitsfaktor in die Rentenpassungsformel eingeführt, der bewirkt, dass die laufende Veränderung des Verhältnisses von Rentenempfängern zu Beitragszahlern (der Rentnerquotient) bei der jährlichen Anpassung der Renten an die Lohnentwicklung berücksichtigt wird.

genden Arbeitsplatzanforderungen die Geringqualifizierten das größte Arbeitsmarktrisiko tragen, das sich aus einer Erhöhung des Erwerbspersonenpotenzials durch die Rente mit 67 ergibt.

In diesem Zusammenhang wird die beschäftigungspolitische Herausforderung des erhöhten Rentenalters durch eine sozialpolitische Herausforderung ergänzt. Nach den Schätzungen des IAB ist im Bereich der Geringqualifizierten auch in den nächsten Jahrzehnten mit hoher Unterbeschäftigung zu rechnen. Durch lange Arbeitslosigkeitszeiten steigt das Risiko der Altersarmut durch geringere Beitragszahlungen zur Rentenversicherung bei Einmündung in den Bezug von Alg II. Die geplante Gesetzesinitiative zur Verlängerung des Bezugs von Alg I für ältere Arbeitnehmer und die Modifizierung einer Regelung, nach der Alg-II-Bezieher zum frühesten Zeitpunkt eine Altersrente auch unter Inkaufnahme von Abschlägen beantragen müssen (58er-Regelung), würden diesem Verarmungsrisiko entgegenwirken (s. Punkt 28 zum Ausblick auf das laufende Gesetzesvorhaben zum Siebten SGB-III-Änderungsgesetz). Allerdings kommt, nach Meinung des IAB, nach dem Gesetzesentwurf eine Zwangsverrentung weiterhin ab der Vollendung des 63. Lebensjahres infrage. Daher greife der Entwurf zu kurz, es entstehe lediglich ein Verschiebebahnhof (IAB 2007: 12 ff.).

> Der Servicebereich Dokumentation bietet ein InfoSpezial zum Thema „Rente mit 67" mit wissenschaftlichen und praxisorientierten Informationen, Veröffentlichungen, Forschungsprojekten und Positionspapieren.
> www.iab.de/infoplattform/rentemit67

Parlamentaria

Gesetzentwurf der Fraktionen der CDU/CSU und SPD vom 12.12.2006. In: Bundestags-Drucksache 16/3794.

Gesetz zur Anpassung der Regelaltersgrenze an die demografische Entwicklung und zur Stärkung der Finanzierungsgrundlagen der gesetzlichen Rentenversicherung vom 20.04.2007. In: Bundesgesetzblatt I, Nr. 16 vom 30.04.2007, S. 554 ff.

IAB-Literatur und -Stellungnahmen

Bellmann, Lutz / Stegmaier, Jens (2007): IAB-Befragung zu älteren Arbeitnehmern in Deutschland: Ältere werden bei Einstellungen erheblich benachteiligt. Wenig betriebliche Aktivitäten zum Erhalt ihrer Beschäftigungsfähigkeit. In: Soziale Sicherheit. Zeitschrift für Arbeit und Soziales, Jg. 56, H. 5, S. 189-193.

Fuchs, Johann (2006): Rente mit 67: Neue Herausforderungen für die Beschäftigungspolitik. IAB-Kurzbericht 16, Nürnberg.

Fuchs, Johann / Weber, Brigitte (2006): Rente mit 67 – Gegen den demografischen Trend. IAB-Forum 2, S. 42-47.

IAB (2007): Stellungnahme zur öffentlichen Anhörung von Sachverständigen in Berlin am 26. Februar zum Gesetzentwurf der Fraktion der CDU/CSU und der SPD „Entwurf eines Gesetzes zur Anpassung der Regelaltersgrenze an die demografische Entwicklung und zur Stärkung der Finanzierungsgrundlagen der gesetzlichen Rentenversicherung (RV-Altersgrenzenanpassungsgesetz)" (Dr. 16/3794). In: Deutscher Bundestag. Ausschuss-Drucksache 16 (11) 561 vom 20.02.2007, S. 41-42.

Promberger, Markus / Wübbeke, Christina (2006): Anhebung der Rentenaltersgrenze: Pro und Contra Rente mit 67. IAB-Kurzbericht 08, Nürnberg.

25 Drittes Gesetz zur Änderung des Zweiten Buches Sozialgesetzbuch

Inkrafttreten am 01.01.2008

> Wesentlicher Inhalt des Gesetzes:
> - Festlegung der Bundesbeteiligung an den Kosten für Leistungen für Unterkunft und Heizung im SGB II für 2008 auf 29,1 %

Vgl. Punkte 8, 18 und 32: Erstes Gesetz zur Änderung des Zweiten Buches Sozialgesetzbuch, Gesetz zur Änderung des Zweiten Buches Sozialgesetzbuch und des Finanzausgleichsgesetzes und Viertes Gesetz zur Änderung des Zweiten Buches Sozialgesetzbuch

Das Dritte Gesetz zur Änderung des Zweiten Buches Sozialgesetzbuch und anderer Gesetze vom 21.12.2007 legt die durchschnittliche Höhe des Bundeszuschusses für das Jahr 2008 auf 29,1 % fest.[8] Die Verringerung der Quote wird begründet mit einer Verringerung der jahresdurchschnittlichen Zahl der Bedarfsgemeinschaften um 3,7 %. Der Bundesrat hält die für 2008 vorgesehene Bundesbeteiligung an den Hartz-IV-Wohnkosten der Kommunen für zu gering. In seiner Stellungnahme zum Gesetzentwurf der Bundesregierung (Bundestags-Drucksache 16/7075) fordert die Länderkammer, dass sich die Anpassungsformel an der Entwicklung der tatsächlichen Kosten für Unterkunft und Heizung und nicht an der Entwicklung der Alg-II-Bedarfsgemeinschaften orientieren müsse. Während die Zahl der Bedarfsgemeinschaften sinke, hätten sich die Wohnkosten erhöht. Dies liege vor allem daran, dass seit dem 1. Juli 2006 unter 25-Jährige nur noch im Ausnahmefall in eine eigene Wohnung ziehen dürften, sich also die Kosten in den bestehenden Bedarfsgemeinschaften erhöhten, ohne dass ihre Zahl zunahm. Das Ziel der Bundesbeteiligung, den Ausbau der Kindertagesbetreuung durch eine teilweise Entlastung der Kommunen von den Kosten der Grundsicherung für Arbeitsuchende voranzutreiben, könne nur erreicht werden, wenn die Anpassungsformel die tatsächliche Entwicklung der Kosten abbilde.

In seiner Sitzung am 30.11.2007 stimmte der Bundesrat dem Gesetz trotz seiner gegenteiligen Einschätzung zu, so dass es zum 01.01.2008 in Kraft trat.

Der Ausschuss für Arbeit und Soziales des Bundestages empfiehlt dem Bundesrat zu verlangen, dass der Vermittlungsausschuss mit dem Ziel der grundlegenden Überarbeitung des Gesetzes einberufen wird.

Parlamentaria

Ausschuss für Arbeit und Soziales: Entwurf eines Dritten Gesetzes zur Änderung des Zweiten Buches Sozialgesetzbuch (Drucksache 16/6774). Zusammenstellung der schriftlichen Stellungnahmen der eingeladenen Verbände und Sachverständigen. Ausschuss-Drucksache 16 (11) 802neu vom 06.11.2007.

Drittes Gesetz zur Änderung des Zweiten Buches Sozialgesetzbuch vom 21.12.2007. In: Bundesgesetzblatt I Nr. 68 vom 27.12.2007, S. 3141 ff.

Gesetzentwurf der Bundesregierung: Entwurf eines Dritten Gesetzes zur Änderung des Zweiten Buches Sozialgesetzbuch, mit Stellungnahme des Bundesrates. Bundestags-Drucksache 16/7075 vom 12.11.2007.

Literatur

Kofner, Stefan (2006): Arbeitslosengeld II – Teil III. In: Wohnungswirtschaft und Mietrecht, S. 425–429.

---

8 Baden-Württemberg 32,6 %, Rheinland-Pfalz 38,6 %, übrige Länder 28,6 %.

26 Sechstes Gesetz zur Änderung des Dritten Buches Sozialgesetzbuch

Inkrafttreten am 01.01.2008

Das Sechste SGB-III-Änderungsgesetz hat zum Ziel, die Beitragszahler aufgrund der positiven Haushaltslage der BA zu entlasten sowie die Lastenverteilung zwischen Bund und BA bei der Grundsicherung für Arbeitsuchende nachhaltig und ausgewogen zu regeln.

> Wichtige Inhalte des Gesetzes:
> - Absenkung des Beitragssatzes zur Arbeitslosenversicherung auf 3,3 %
> - Die BA bildet einen Versorgungsfonds
> - Die BA beteiligt sich ab 2008 durch einen Eingliederungsbeitrag an den Aufwendungen des Bundes für die Eingliederungsleistungen und Verwaltungskosten der Grundsicherung für Arbeitsuchende
> - Der Aussteuerungsbetrag entfällt
> - Zahlungen des Bundes an die BA für die Berücksichtigung von Kindererziehungszeiten entfallen
> - Durch Bundesgesetz soll die Dauer des Anspruchs auf Alg I für Ältere verlängert und ein Eingliederungsgutschein eingeführt werden

Absenkung des Beitrags zur Arbeitslosenversicherung

Aufgrund der guten konjunkturellen Entwicklung im Jahr 2007, des Anstiegs der Zahl der Versicherungspflichtigen, der deutlichen Reduzierung der Zahl der Alg-I-Empfänger und des tendenziellen Rückgangs der Zahl der aussteuerungsbetragspflichtigen Übertritte ins Alg II konnte die BA im Jahr 2007 einen Überschuss von rund 18 Mrd. € erwirtschaften. Auch nicht genutzte Mittel für die Arbeitsförderung haben zu einem Anstieg des Überschusses bei der Arbeitslosenversicherung beigetragen (Adamy 2007: 7).

Diese Entwicklung führte zu breiten politischen Diskussionen über den Spielraum bei der Senkung der Beiträge zur Arbeitslosenversicherung. Bereits im Koalitionsvertrag zwischen den Unionsparteien und der SPD war Ende 2005 vereinbart worden, die Lohnzusatzkosten (Sozialversicherungsbeiträge) dauerhaft unter 40 % zu senken. Mit dem Beschluss, den Beitragssatz zur Arbeitslosenversicherung ab 1. Januar 2008 auf 3,3 % abzusenken, wird dieses Ziel erreicht sein (Andres in: Zweite und Dritte Lesung des Bundestages am 16.11.2007). Der Beitragssatz ist damit seit 2005 (6,5 %; 2007 4,2 %) auf fast die Hälfte reduziert worden.

Die Senkung des Beitragssatzes ist – vor allem im Hinblick auf die verlängerte Bezugsdauer von Alg I – nicht unumstritten. Der Verwaltungsrat der BA stellt jedoch fest, dass der Haushaltsplan 2008 trotz erneuter Beitragssenkung die arbeitsmarkt- und sozialpolitischen Aufgaben der BA, insbesondere die Verpflichtungen aus dem Ausbildungspakt, erfülle (Bundesagentur für Arbeit: Presse Info 072).

IAB-Position

Das IAB begrüßt die erneute Senkung des Beitragssatzes zur Arbeitsförderung als einen wesentlichen Beitrag zur Stabilisierung der Lohnnebenkosten.

„Niedrigere Steuern und Abgaben auf die Einkommen aus Arbeit wirken tendenziell positiv auf die Entwicklung der gesamtwirtschaftlichen Beschäftigung. Abgabensenkungen haben somit das Potenzial, die Arbeitslosigkeit zu senken. Sie vermindern c. p. die Arbeitskosten, wodurch die Nachfrage nach Arbeitskräften steigt. Andererseits führen sie c. p. zu höheren Nettoeinkommen, wodurch die Nachfrage nach Gütern und Dienstleistungen steigt. Die Wachstums- und Beschäftigungseffekte hängen dabei im Allgemeinen vor allem davon ab, wie die Beitragsausfälle kompensiert werden. (…) Ob diese Verbesserung tatsächlich auf eine nachhaltige Senkung der Arbeitslosigkeit und ein dauerhaft höheres Beschäftigungsniveau zurückzuführen ist, wird sich erst im Laufe der kommenden Jahre zeigen. Wenn die Entlastung des BA-Haushaltes das Ergebnis

der Arbeitsmarktreformen der vergangenen Jahre und weiterer struktureller Veränderungen ist, dann kann die Beitragssenkung auch längerfristig ohne Gegenfinanzierung erfolgen." (IAB 2007: 17 f.)

Vgl. Punkte 16 und 17: mit IAB-Position zur Gegenfinanzierung von Beitragssenkungen

Versorgungsfonds

Als weitere Folge der positiven Haushaltslage legt die BA einen Versorgungsfonds an, eine Kapitaldeckung für die Pensionslasten, die einen wesentlichen Teil der gesamten Personalkosten der BA ausmacht (die aus Beitragsmitteln und Erstattungen des Bundes finanziert werden). Dies soll vermeiden, dass diese Belastungen wieder zu einer Anhebung des Beitragssatzes führen könnten. Die Bildung eines eigenen Versorgungsfonds dient der Nachhaltigkeit des eingeleiteten Konsolidierungsprozesses der Bundesagentur für Arbeit und macht diese künftig von Konjunkturschwankungen unabhängiger.

Eingliederungsbeitrag – Aussteuerungsbetrag

Mit dem Gesetz wird ein von der Bundesagentur für Arbeit zu zahlender Eingliederungsbeitrag eingeführt, mit dem sich die BA ab dem Jahr 2008 zur Hälfte an den Aufwendungen des Bundes für die Eingliederungsleistungen und Verwaltungskosten im Bereich der Grundsicherung für Arbeitsuchende beteiligen soll. Der umstrittene Aussteuerungsbetrag ist damit abgeschafft. Diesen musste die BA seit 2005 für jeden Arbeitslosen leisten, der Alg I bezogen hat, nicht innerhalb von zwölf Monaten vermittelt werden konnte und deshalb Arbeitslosengeld II beantragte. Ein von DGB und BDA in Auftrag gegebenes Rechtsgutachten (DGB 19.06.2007) stellte im Sommer 2007 die Rechtswidrigkeit des Aussteuerungsbetrags dar und führte erneut zu der Forderung, die Zahlungen abzuschaffen.

Doch auch gegen den Eingliederungsbeitrag werden Einwände vorgebracht. In der Stellungnahme des Bundesrates zum Entwurf des Sechsten SGB-III-Änderungsgesetzes spiegelt sich die Diskussion um eine Verwischung der Grenze zwischen Steuer- und Beitragsfinanzierung im SGB II wider. Der Bundesrat begrüßt ausdrücklich die Abschaffung des Aussteuerungsbetrags. Er lehnt die 50%ige Beteiligung der BA an den Kosten für Verwaltung und Eingliederung von Alg-II-Empfängern als sachfremde Finanzierung von SGB-II-Leistungen durch Beitragsmittel ab (Stellungnahme des Bundesrates 12.10.2007).

IAB-Position

Das IAB sieht sowohl den Aussteuerungsbetrag als auch den Eingliederungsbeitrag als überwiegend versicherungsfremd an. Sozialversicherungsbeiträge werden damit weiterhin zur Finanzierung aktivierender Maßnahmen im SGB II herangezogen. Die durch den Eingliederungsbeitrag veränderte Steuerungslogik in der aktiven Arbeitsmarktpolitik birgt dem IAB zufolge Chancen und Risken. Der Eingliederungsbeitrag vermindere zwar die Anreize des Aussteuerungsbetrags, Eingliederungsmaßnahmen, bei denen kein Integrationserfolg vor dem Übergang in den Rechtskreis SGB II zu erwarten ist, in den Rechtskreis SGB II zu verschieben, und könne daher zur konsistenten Betreuung von Arbeitsuchenden beitragen. Die konjunkturelle Entwicklung und ihre Auswirkungen am Arbeitsmarkt seien jedoch grundsätzlich keine geeignete Basis zur Festlegung der Lastenteilung zwischen Bund und BA. Die Lastenteilung solle besser an grundsätzlichen, konjunkturunabhängigen Überlegungen ausgerichtet sein (IAB 2007: 18).

Außerdem sieht das Gesetz vor, dass die Beitragszahlungen des Bundes an die BA für die Berücksichtigung von Kindererziehungszeiten entfallen. Bisher hatte der Bund die Beiträge für Alg-I-Empfänger, die als Erziehende versicherungspflichtig waren, an die BA zu zahlen.

Verlängerung des Alg-I-Bezugs

Ende 2007 wurde heftig über eine Verlängerung des Alg-I-Bezugs diskutiert, in einer Zeit, in der die Erwerbstätigenquote älterer Arbeitnehmer deutlich gestiegen war. Bereits auf dem Dresdener CDU-Parteitag im November 2006 wurde beschlossen, die

Bezugsdauer des Arbeitslosengeldes wieder stärker an die Dauer der Beitragszahlung zu koppeln. Angestoßen vom SPD-Vorsitzenden Kurt Beck, der eine DGB-Initiative zur am Alter festzumachenden Staffelung des Alg I aufnahm, einigte sich der Koalitionsausschuss am 13.11.2007 auf eine verlängerte Bezugsdauer von Alg I für Ältere. Die mit den Hartz-Gesetzen beschlossene Verkürzung des Bezugs wurde damit teilweise revidiert.

Durch ein 2008 zu veröffentlichendes Bundesgesetz soll die Dauer des Anspruchs auf Arbeitslosengeld für Arbeitnehmer abhängig von der Dauer des Versicherungspflichtverhältnisses und dem Lebensalter auf bis zu 24 Monate verlängert werden. Mit dem Bundesgesetz wird zudem die Möglichkeit eines Eingliederungsgutscheins für Anspruchsberechtigte geschaffen; dieser soll entweder mit einem konkreten Arbeitsangebot oder mit dem Auftrag, sich um die Einlösung des Gutscheins zu bemühen, gekoppelt werden. Diesem Siebten Gesetz zur Änderung des Dritten Buches Sozialgesetzbuch stimmte der Bundesrat am 15.02.2008 zu. Es soll nach seiner Verkündung im Bundesgesetzblatt rückwirkend zum 01.01.2008 in Kraft treten.

Vgl. Punkt 29: Siebtes SGB-III-Änderungsgesetz mit ausführlicher IAB-Position zur Alg-I-Verlängerung

IAB-Position
Das IAB hat sich klar gegen die verlängerte Bezugsdauer von Alg I gewandt und bezeichnet die Neuregelungen als „gut gemeint und populär (…), für den Arbeitsmarkt aber (…) süßes Gift" (Möller/Walwei 2007). Das bestehende System trage mit der 18-monatigen Bezugszeit und der Entgeltsicherung der Sondersituation Älterer bereits Rechnung.

Vgl. Punkt 20: Gesetz zur Verbesserung der Beschäftigungschancen älterer Menschen

Parlamentaria
Entwurf eines Sechsten Gesetzes zur Änderung des Dritten Buches Sozialgesetzbuch und anderer Gesetze. Entschließungsantrag der Fraktionen der CDU/CSU und SPD zu der dritten Beratung des Gesetzesentwurfs. Bundestags-Drucksache 16/7190 vom 14.11.2007.

Regierungsentwurf vom 13.09.2007. Bundesrats-Drucksache 633/07.

Sechstes Gesetz zur Änderung des Dritten Buches Sozialgesetzbuch und anderer Gesetze vom 22.12.2007. In: Bundesgesetzblatt I, Nr. 70 vom 31.12.2007, S. 3245 ff.

Stellungnahme des Bundesrates: Entwurf eines Sechsten Gesetzes zur Änderung des Dritten Buches Sozialgesetzbuch und anderer Gesetze. Bundesrats-Drucksache 633/07 (B) vom 12.10.2007.

Zweite und Dritte Lesung des Bundestages am 16.11.2007, Plenar-Protokoll 16/127, S. 13312B–13334A.

IAB-Literatur
IAB (2007): Stellungnahme zur öffentlichen Anhörung von Sachverständigen zum Gesetzentwurf der Bundesregierung „Entwurf eines Sechsten Gesetzes zur Änderung des Dritten Buches Sozialgesetzbuch und anderer Gesetze". In: Ausschuss für Arbeit und Soziales: Materialien zur öffentlichen Anhörung von Sachverständigen am 13. November 2007 in Berlin. Ausschuss-Drucksache 16 (11) 818 vom 12.11.2007, S. 17–20.

Möller, Joachim / Walwei, Ulrich (2007): Arbeitslose aktivieren, nicht alimentieren. In: Frankfurter Allgemeine Zeitung vom 09.10.2007.

Literatur
Adamy, Wilhelm (2007): Arbeitsmarktpolitik: Jahresbilanz 2006 – Perspektiven für 2007. In: Soziale Sicherheit 1, S. 5–14.

Bundesagentur für Arbeit (2007): Presse Info 072 vom 15.11.2007.

DGB (2007): Zusammenfassung des Gutachtens über die Verfassungsmäßigkeit des Aussteuerungsbetrages von Prof. Dr. Friedhelm Hase (Universität Siegen). www.dgb.de/themen/themen_a_z/abisz_doks/a/aussteuerungsbetrag.htm/?showdesc=1 (eingesehen am 15.12.2007).

27 Bundesprogramm Kommunal-Kombi

Programmstart Januar 2008

> **Wesentliche Inhalte des Programms:**
> - Zusätzliche Arbeitsplätze in Regionen mit Gesamtarbeitslosenquote über 15 %
> - Förderung von gemeinnützigen, sozialversicherungspflichtigen Arbeitsplätzen bei Kommunen und gemeinwohlorientierten Unternehmen (im Einvernehmen mit den Kommunen) für die Dauer von drei Jahren

Die Eckpunkte des Bundesprogramms „Kommunal-Kombi" wurden am 27. Juni 2007 vom damaligen Bundesarbeitsminister Franz Müntefering im Bundeskabinett vorgestellt und gebilligt.

Mit dem neuen Kombi-Lohn-Modell sollen ab Januar 2008 zusätzliche Arbeitsplätze in Regionen mit besonders hoher (Gesamtarbeitslosenquote über 15 %) und verfestigter Arbeitslosigkeit entstehen. Bundesweit wird sich das Modell auf 85 Städte, Kreise und Landkreise erstrecken, von denen 76 im Osten liegen (Bundesanzeiger Nr. 242: 8413).

Das Programm sieht eine Förderung von gemeinnützigen, sozialversicherungspflichtigen Arbeitsplätzen bei Kommunen und gemeinwohlorientierten Unternehmen für die Dauer von drei Jahren vor. Gefördert werden nur Arbeitsplätze für zusätzliche und im öffentlichen Interesse liegende Arbeiten der Kommunen zur Wahrnehmung kommunaler Arbeiten. Die Zusätzlichkeit ist nachzuweisen. Der Bund bezuschusst einen Arbeitsplatz in Höhe der Hälfte des Arbeitnehmer-Bruttoarbeitsentgelts mit bis zu maximal 500 €.

Dadurch soll der Arbeitsmarkt in den betroffenen Regionen entlastet werden und ein Beitrag zur Stärkung der kommunalen Strukturen und damit zum Aufbau von sozialem Kapital vor Ort geleistet werden. Im Fokus des Programms stehen diejenigen langzeitarbeitslosen Menschen, die aufgrund der Schwäche der regionalen Wirtschaft nicht wieder in Arbeit finden. Die konkrete Zielgruppe in den entsprechenden Regionen sind Langzeitarbeitslose, die seit mindestens zwei Jahren arbeitslos sind und seit mindestens einem Jahr Alg II beziehen.

Der Bund stellt für das Programm mit einer Laufzeit bis 2012 rund 1,7 Mrd. € zur Verfügung. Der Europäische Sozialfonds beteiligt sich daran in einer Höhe von 300 Mio. €.

Durch schrittweisen Aufbau soll ein Programmvolumen von 100.000 Arbeitsplätzen in den Kommunen gefördert werden.

IAB-Position

Das IAB sieht den Kommunal-Kombi als ein Instrument der Regionalförderung und weniger des „sozialen Arbeitsmarkts" an. Durch den hohen Eigenanteil der Kommunen liegt die Gefahr der Auslese der Teilnehmer nach bestmöglicher Erledigung der Aufgaben und nicht nach sozialen Kriterien auf der Hand.

Auch das große Volumen des Programms birgt Gefahren hinsichtlich der Zusätzlichkeit der Arbeiten. Schließlich stellt sich bei der Durchführung des Programms die Frage, ob die Gesamtarbeitslosigkeit der bestmögliche Indikator zur Verteilung der Mittel sei. Das IAB schlägt stattdessen vor, die Arbeitslosenquote SGB II als Basis für die Auswahl zu nehmen, da damit das Problem der Langzeitarbeitslosigkeit besser zu erfassen sei als mit der Gesamtquote.

Insgesamt sieht das IAB den Kommunal-Kombi kritisch:

„... zumindest sollten die Projekte sehr genau hinsichtlich der Zusätzlichkeit und des öffentlichen Interesses unter die Lupe genommen werden. Bei der Evaluation dieses Programms sollten Implementation, Verbleib der Teilnehmer und Makrowirkungen im Vordergrund stehen." (Koch/Kupka 2007: 4)

Programminfo

www.kommunal-kombi.bund.de

Parlamentaria

Richtlinien für das Bundesprogramm zur Förderung von zusätzlichen Arbeitsplätzen, die in Regionen mit besonders hoher und verfestigter Langzeitarbeitslosigkeit durch Kommunen geschaffen werden. In: Bundesanzeiger Nr. 242 vom 29.12.2007.

IAB-Stellungnahme

Koch, Susanne / Kupka, Peter (2007): Stellungnahme IAB-EVAL für den Sachverständigenrat. Unveröffentlichtes Manuskript.

28 Vermittlungsgutschein – Gesetz zur Förderung der zusätzlichen Altersvorsorge und zur Änderung des Dritten Buches Sozialgesetzbuch

Inkrafttreten am 01.01.2008

Der Vermittlungsgutschein wurde im März 2002 im Rahmen der Umsetzung der Vorschläge der Kommission für Moderne Dienstleistungen am Arbeitsmarkt mit befristeter Geltung in das Dritte Buch Sozialgesetzbuch aufgenommen. Alg-I-Bezieher haben Anrecht auf einen Vermittlungsgutschein, sofern sie nach einer festgelegten Zeit noch nicht vermittelt wurden; für erwerbsfähige Hilfebedürftige ist die Vergabe des Gutscheins eine Ermessensleistung. Mit dem Gutschein verpflichtet sich die betreffende Agentur für Arbeit, einem vom Arbeitnehmer eingeschalteten (privaten) Vermittler unter bestimmten Voraussetzungen eine Vergütung zu zahlen, wenn dessen Vermittlungstätigkeit zu einer Arbeitsaufnahme führt.

Mit dem Gesetz zur Förderung der zusätzlichen Altersvorsorge und zur Änderung des Dritten Buches Sozialgesetzbuch wird die Erprobungsdauer für den Vermittlungsgutschein um drei Jahre bis zum 31.12.2010 verlängert. Außerdem werden die Rahmenbedingungen verändert: Rechtsanspruch auf den Gutschein besteht ab Januar 2008 nun erst nach zwei Monaten der Arbeitslosigkeit (2002 galten drei Monate Wartefrist, 2005 wurde diese auf sechs Wochen verkürzt). Außerdem erhalten die Agenturen für Arbeit künftig die Möglichkeit, um 500 € erhöhte Gutscheine bis zu 2.500 € auszustellen. Sie können damit die Vergütungshöhe der zweiten Rate nun nach Vermittlungsschwierigkeit differenzieren, was der Tatsache Rechnung trägt, dass für Langzeitarbeitslose und behinderte Menschen mit besonderen Integrationsschwierigkeiten auch ein besonderer Vermittlungsaufwand erforderlich sein kann.

Seit einem im Januar 2007 vom Europäischen Gerichtshof gefällten Urteil (Urteil vom 11.01.2007 Rechtssache C-208/05) wird der Gutschein auch im

Falle der Vermittlung in eine sozialversicherungspflichtige Beschäftigung im EU-Ausland ausgezahlt.

Gesetzestext

Gesetz zur Förderung der zusätzlichen Altersvorsorge und zur Änderung des Dritten Buches Sozialgesetzbuch vom 10.12.2007. In: Bundesgesetzblatt I, Nr. 63 vom 17.12.2007, S. 2838 ff.

IAB-Literatur

Dann, Sabine / Heinze, Anja / Hujer, Reinhard / Klee, Günther / Pfeiffer, Friedhelm / Rosemann, Martin / Sörgel, Werner / Spermann, Alexander / Wiedemann, Eberhard / Winterhager, Henrik / Zeiss, Christopher (2005): Arbeitsmarktpolitik: Vermittlungsgutscheine auf dem Prüfstand. IAB-Kurzbericht 05, Nürnberg.

Kruppe, Thomas (Hrsg.) (2006): Private Vermittlung als Unterstützung. Eine Evaluation von Vermittlungsgutscheinen und Beauftragungen Dritter. Beiträge zur Arbeitsmarkt- und Berufsforschung 301, Nürnberg.

29 Siebtes Gesetz zur Änderung des Dritten Buches Sozialgesetzbuch und anderer Gesetze

Inkrafttreten rückwirkend zum 01.01.2008

Das Siebte Gesetz zur Änderung des Dritten Buches Sozialgesetzbuch und anderer Gesetze setzt die nach Beitragsjahren und Altersklassen gestaffelte Verlängerung des Alg-I-Bezugs für ältere Arbeitslose aus dem Sechsten Gesetz zur Änderung des Dritten Buches Sozialgesetzbuch um. Ziel ist es, die soziale Sicherung Älterer und die Integration in den Arbeitsmarkt zu verbessern.

Wichtige Inhalte des Gesetzes:
- Die Dauer des Anspruchs auf Alg I für Ältere wird verlängert und ist abhängig vom Alter und der Dauer des Versicherungspflichtverhältnisses:
  - 15 Monate Anspruch nach mind. 30 Monaten Versicherungspflichtverhältnis und nach Vollendung des 50. Lebensjahres
  - 18 Monate Anspruch nach mind. 36 Monaten Versicherungspflichtverhältnis und nach Vollendung des 55. Lebensjahres
  - 24 Monate Anspruch nach mind. 48 Monaten Versicherungspflichtverhältnis und nach Vollendung des 58. Lebensjahres
- Auf der Basis eines Eingliederungsgutscheins erhalten Arbeitgeber bei Einstellung eines älteren Arbeitslosen einen Eingliederungszuschuss
- Anschlussregelung für die auslaufende 58er-Regelung:
  - Erwerbsfähige Hilfebedürftige über 58 Jahren sind unverzüglich in Arbeit oder eine Arbeitsgelegenheit zu vermitteln
  - Ausschluss aus der Arbeitslosenstatistik nach mind. 12-monatigem Leistungsbezug ohne Arbeitsangebot
  - Keine Verpflichtung zur vorzeitigen Inanspruchnahme der Altersrente bis zum 63. Lebensjahr

- Anpassung der Hinzuverdienstgrenze an die Geringfügigkeitsgrenze von 400 € bei vorgezogener Altersrente oder Rente wegen voller Erwerbsminderung

Gemäß § 127 SGB III soll die Bezugsdauer künftig abhängig vom Alter der Arbeitslosen und der Vorversicherungszeit sein. Bei Arbeitslosen, die vor dem 01.01.2008 das 50. Lebensjahr vollendet haben und mindestens 30 Monate Versicherungspflichtverhältnis vorweisen können, verlängert sich der Anspruch auf 15 Monate, bei Vollendung des 55. Lebensjahres und mindestens 36 Monaten Versicherungspflichtverhältnis auf 18 Monate, bei Vollendung des 58. Lebensjahres und mindestens 48 Monaten Versicherungspflichtverhältnis auf 24 Monate.

Verbunden mit dem verlängerten Anspruch auf Alg I ist als zusätzliches Fördermittel der Eingliederungsgutschein über die Gewährung eines Eingliederungszuschusses nach § 123 SGB III vorgesehen. Voraussetzung für den Erhalt ist ein mindestens 12-monatiger Anspruch auf Arbeitslosengeld. Arbeitnehmer über 50 Jahre haben einen Anspruch auf einen Eingliederungsgutschein, wenn sie seit Entstehen des Anspruchs auf Arbeitslosengeld mindestens zwölf Monate beschäftigungslos sind. Ausgegeben wird er an den Anspruchsberechtigten entweder verbunden mit einem konkreten Arbeitsangebot in der Eingliederungsvereinbarung oder mit dem Auftrag, sich um seine Einlösung zu bemühen. Gelingt dies nicht, wird die Zahlung von Alg I verlängert. Mit einem Eingliederungszuschuss verpflichtet sich die Bundesagentur für Arbeit, einen Betrag zwischen 30 und 50 % des Arbeitsentgelts an einstellende Unternehmen zu zahlen, wenn ein sozialversicherungspflichtiges Beschäftigungsverhältnis von mindestens 15 Wochenstunden und für mindestens ein Jahr zustande kommt.

Außerdem formuliert das Gesetz eine Anschlussregelung für die Ende 2007 auslaufende 58er-Regelung, die es Alg-II-Beziehern über 58 Jahre ermöglichte, Alg II zu beziehen, obwohl sie dem Arbeitsmarkt nicht mehr zur Verfügung stehen wollten. Die Nachfolgeregelung soll Härten für ältere Bezieher von Leistungen der Grundsicherung für Arbeitsuchende abfedern: Anspruchsberechtigte, die nicht mehr unter die Sonderregelung des § 65 Abs. 4 SGB II fallen, sollen unverzüglich in Arbeit oder eine Arbeitsgelegenheit vermittelt werden. Gelingt dies nicht, soll alle sechs Monate geprüft werden, welche Maßnahmen zur Eingliederung in eine Beschäftigung erforderlich wären. Darüber hinaus wird einheitlich für alle Hilfebedürftigen festgelegt, dass sie erst ab der Vollendung des 63. Lebensjahres eine Altersrente mit Abschlägen in Anspruch nehmen können.

Im Gesetz festgelegt wird außerdem, dass erwerbsfähige Hilfebedürftige, die nach Vollendung des 58. Lebensjahres mindestens für die Dauer von zwölf Monaten Leistungen der Grundsicherung für Arbeitsuchende bezogen haben, ohne dass ihnen eine sozialversicherungspflichtige Beschäftigung angeboten worden ist, nach Ablauf dieses Zeitraums für die Dauer des jeweiligen Leistungsbezugs nicht als arbeitslos gelten.

Darüber hinaus wird mit dem Gesetz die Hinzuverdienstgrenze für Personen, die eine vorgezogene Altersrente oder eine Rente wegen voller Erwerbsminderung in Anspruch nehmen, von 350 € auf 400 € angehoben.

Dem Gesetz wurde am 15.02.2008 im Bundesrat zugestimmt. Es trat rückwirkend zum 01.01.2008 in Kraft.

IAB-Position

Das IAB äußerte sich bei einer öffentlichen Anhörung im Bundestagsausschuss für Arbeit und Soziales am 21.01.2008 auf der Basis wissenschaftlicher Befunde zur verlängerten Bezugsdauer des Arbeitslosengeldes (Alg I), zur Einführung eines Eingliederungsgutscheins für Ältere, zu den Integrationschancen Älterer und den Gefahren einer Zwangsverrentung, die sich aus den vorgeschlagenen Gesetzesänderungen ergeben könnten, zur statistischen Nichterfassung älterer Alg-II-Empfänger sowie zu den Vorschlägen einer Änderung der Hinzuverdienstregeln (Dietz et al. 2008: 12 ff.).

Angesichts der Unwägbarkeiten bei den Kosten und der wieder zu erwartenden geringeren Beschäftigungsquote Älterer ist aus Sicht des IAB der verlängerte Bezug von Alg I nicht empfehlenswert. Bei Eingliederungszuschüssen, wie dem geplanten Eingliederungsgutschein, sieht das IAB grundsätzlich Potenzial für eine bessere Arbeitsmarktintegration. Aufgrund zu befürchtender Mitnahmeeffekte rät es allerdings von der Ausgestaltung des Gutscheins als Pflichtleistung ab und empfiehlt eine zunächst zeitlich begrenzte Einführung als Ermessensleistung.

Die geplante Nachfolgeregelung für die auslaufende 58er-Regelung greift nach Auffassung des IAB zu kurz. Eine Zwangsverrentung drohe weiterhin ab Vollendung des 63. Lebensjahres, diese solle aber generell vermieden werden. Nur die älteren Hilfebezieher, die sich ohne wichtigen Grund den Bemühungen zur Aktivierung und Reintegration in den Arbeitsmarkt entziehen, sollten auf eine Rente mit Abschlägen verwiesen werden. Die statistische Nichterfassung von Erwerbsfähigen über 58 Jahre, die für mindestens zwölf Monate Leistungen bezogen haben, ohne dass ihnen eine sozialversicherungspflichtige Beschäftigung angeboten wurde, steht nach Meinung des IAB einer verbesserten Arbeitsmarktintegration Älterer gegenüber, zu dessen Erreichung die Träger der Grundsicherung ihre Anstrengungen verstärken müssen. Es bestehe die Gefahr, dass Aktivierungsstrategien auf leicht vermittelbare ältere erwerbsfähige Hilfebedürftige konzentriert werden.

Parlamentaria

Beschlussempfehlung und Bericht des Ausschusses für Arbeit und Soziales vom 23.01.2008. Bundestags-Drucksache 16/7866.

Entwurf eines Siebten Gesetzes zur Änderung des Dritten Buches Sozialgesetzbuch und anderer Gesetze. Bundestags-Drucksache 16/7460 vom 11.12.2007.

Siebtes Gesetz zur Änderung des Dritten Buches Sozialgesetzbuch und anderer Gesetze vom 08.04.2008. In: Bundesgesetzblatt I, Nr. 14 vom 11.04.2008, S. 681 ff.

IAB-Literatur und -Stellungnahme

Bernhard, Sarah / Jaenichen, Ursula / Stephan, Gesine (2007): Eingliederungszuschüsse: Die Geförderten profitieren. IAB-Kurzbericht 09, Nürnberg.

Dietz, Martin / Klinger, Sabine / Kress, Ulrike / Stephan, Gesine / Walwei, Ulrich / Wolff, Joachim / Wübbeke, Christina (2008): Stellungnahme zur öffentlichen Anhörung von Sachverständigen am 21. Januar 2008 in Berlin zum Gesetzentwurf der Fraktionen der CDU/CSU und SPD „Entwurf eines Siebten Gesetzes zur Änderung des Dritten Buches Sozialgesetzbuch und anderer Gesetze" (Drucksache 16/7460). In: Deutscher Bundestag, Ausschuss für Arbeit und Soziales, Ausschuss-Drucksache 16 (11) 879 vom 15.01.2008, S. 12–16.

Hummel, Markus / Reinberg, Alexander (2006): Über fünfzig. Chancenlos am Arbeitsmarkt? IAB-Forum 2, S. 48–52.

ZEW / IAB / IAT (2006): Evaluation der Maßnahmen zur Umsetzung der Vorschläge der Hartz-Kommission. Arbeitspaket 1: Wirksamkeit der Instrumente, Modul 1d: Eingliederungszuschüsse und Entgeltsicherung. Endbericht 2006 durch den Forschungsverbund, Nürnberg.

Literatur

Steffen, Johannes (2007): Kein Ende der Zwangsverrentung. Das Koalitionsvorhaben zur Frühverrentung von „Hartz IVlern". http://www.arbeitnehmerkammer.de/Sozialpolitik/doku/01_aktuell/ticker/2007/2007_12_12_zwangsrente.pdf (eingesehen 18.12.2007).

30 Urteil des Bundesverfassungsgerichts zur Trägerschaft der Grundsicherung für Arbeitsuchende

Entscheidung vom 20.12.2007

In seinem Urteil vom 20.12.2007 hat das Bundesverfassungsgericht die gemeinsame Betreuung der Alg-II-Bezieher in den Arbeitsgemeinschaften von Bundesagentur für Arbeit und Kommunen für nicht zulässig erklärt. Das Gericht gab damit einer Klage von elf Landkreisen gegen die organisatorische Regelung des Zweiten Buches Sozialgesetzbuch teilweise statt. Diese sahen in den Arbeitsgemeinschaften eine unzulässige Mischverwaltung. Das Bundesverfassungsgericht bestätigte diese Einschätzung und urteilte, dass die in § 44b SGB II geregelte einheitliche Aufgabenwahrnehmung von kommunalen Trägern und der Bundesagentur für Arbeit den Anspruch der Gemeinden auf eigenverantwortliche Aufgabenerledigung verletzt.

Laut dem Urteil verstößt § 44b SGB II zudem gegen den Grundsatz der Verantwortungsklarheit. Die Verflechtung bei der Aufgabenwahrnehmung behindere eine klare Zurechnung zu einem der beiden Leistungsträger. Die Unklarheiten in Bezug auf Einwirkungsmöglichkeiten und Verantwortungszurechnung führen zu Freiräumen in den Arbeitsgemeinschaften, die die Gefahr einer Verselbstständigung ohne hinreichende Kontrolle durch einen verantwortlichen Träger mit sich bringe.

Bis zu einer gesetzlichen Neuregelung, längstens bis 31.12.2010, bleibt die Norm anwendbar, dann muss die Aufgabenverteilung neu geregelt werden.

Die Jobcenter entstanden mit der Arbeitsmarktreform im Jahr 2005 als Folge der Zusammenlegung von Arbeitslosen- und Sozialhilfe zum Alg II. Bundesweit gibt es 353 Arbeitsgemeinschaften. Daneben gibt es 69 sogenannte Optionskommunen, in denen die Betroffenen in alleiniger Verantwortung betreut werden.

In 21 Regionen nehmen Kommunen und Arbeitsagenturen die Aufgabe nach wie vor in getrennter Trägerschaft wahr. Die Aufgabenwahrnehmung erfolgt jedoch meist räumlich unter einem Dach. Gemäß § 6 Abs. 1 SGB II sind die Bundesagentur für Arbeit sowie die kreisfreien Städte und Kreise Träger der Grundsicherung für Arbeitsuchende. Die Agentur für Arbeit ist zuständig für das Alg II und die Eingliederungsleistungen. Sie übernimmt die Betreuung und Vermittlung in Arbeit. Die Kommunen sind zuständig für Kosten der Unterkunft und Heizung (§§ 22, 23 Abs. 3 SGB II) sowie sozialintegrative Leistungen (§ 16 Abs. 2), wie die Betreuung minderjähriger oder behinderter Kinder oder die häusliche Pflege von Angehörigen, die Schuldnerberatung oder die psychosoziale Betreuung (Bundesministerium für Arbeit und Soziales 2007).

In der Frage um die Trägerschaft nach dem Gerichtsurteil waren verschiedene Modelle in der Diskussion. Im Februar 2008 legte das BMAS gemeinsam mit der BA erste Eckpunkte zur Reform der Betreuung von Alg-II-Empfängern vor: In ‚kooperativen Jobcentern', in denen Arbeitsagentur und Kommunen auf freiwilliger Basis zusammenarbeiten, sollen die Erfahrungen aus der Zusammenarbeit von Arbeitsagentur und Kommune weiterentwickelt werden. Die Länder Bayern, Baden-Württemberg und Sachsen brachten das Modell der Bundesauftragsverwaltung ein.

Eine Sonderkonferenz der 85. Arbeits- und Sozialministerkonferenz beschloss am 14.07.2008 einstimmig, den Fortbestand der Arbeitsgemeinschaften durch eine Grundgesetzänderung zu ermöglichen. Die Teilnehmer fordern den Bund auf,

„... gemeinsam mit den Ländern eine Lösung zu erarbeiten, die eine verfassungsrechtliche Regelung der gemeinsamen Aufgabenwahrnehmung von Bundesagentur für Arbeit und Kommunen umfasst. Da der kommunalen Option die Grundlage dadurch entzogen würde, ist auch eine Regelung vorzusehen, die den Fortbestand des bisherigen Optionsmodells gewährleistet." (Wagner 2008: 5)

> Der Servicebereich Dokumentation bietet einen InfoPool zum Thema „Optionsmodell – Arge – getrennte Trägerschaft? SGB-II-Modelle in der Diskussion" mit wissenschaftlichen und praxisorientierten Informationen, Veröffentlichungen und Positionspapieren.
> www.iab.de/infoplattform/arge

Literatur

Bundesministerium für Arbeit und Soziales (BMAS) (2007): Material für die Presse. Aufgabenwahrnehmung in getrennter Trägerschaft: das Modell Arbeitsagentur und Kommune unter einem Dach. www.bmas.de/coremedia/generator/23014/property=pdf/2007_12_20_presseinfo_bverfg_entscheid.pdf (eingesehen am 22.12.2007).

Bundesministerium für Arbeit und Soziales (2008): Das kooperative Jobcenter. Erster Vorschlag zu den Eckpunkten. http://www.bmas.de/coremedia/generator/24446/property=pdf/2008_02_12_kooperative_jobcenter.pdf (eingesehen am 02.04.2008).

Bundesverfassungsgericht, Pressestelle (2007): Hartz IV-Arbeitsgemeinschaften mit Verfassung nicht vereinbar, Pressemitteilung 118 vom 20.12.2007. http://www.bundesverfassungsgericht.de/pressemitteilungen/bvg07-118.html (eingesehen am 20.02.2007).

BVerfG, 2 BvR 2433/04 vom 20.12.2007, Absatz-Nr. (1–228). http://www.bverfg.de/entscheidungen/rs20071220_2bvr243304.html (eingesehen am 20.02.2008).

Wagner, Alexandra (2008): SGB II: Vorläufige Einigung in der Frage der Trägerschaft. http://www.monapoli.de/Einigung_Traegerschaftsfrage.pdf (eingesehen am 01.08.2008).

31 Erhöhung des Eckregelsatzes von Arbeitslosengeld II auf 351 € – Gesetz zur Rentenanpassung 2008

Inkrafttreten am 01.07.2008

Mit der Anpassung der Renten in der gesetzlichen Rentenversicherung an die Entwicklung der Löhne und Gehälter und dem Anstieg der Renten um 1,1 % erhöht sich der Eckregelsatz für Alg-II- und Sozialhilfebezieher von 347 € auf 351 €. Voraussetzung für diese Anpassung war die Aussetzung der anpassungsdämpfenden Wirkung des „Riester-Abschlags" in den Jahren 2008 und 2009 und dessen Verschiebung auf die Jahre 2012 und 2013. Damit wird die Berücksichtigung der Veränderung des Altersvorsorgeanteils für die geförderte private Altersvorsorge hinausgezögert. Auf diese Weise sollen die Rentner nach dem Willen der Bundesregierung am Wirtschaftsaufschwung beteiligt werden.

> **Arbeitsmarktpolitisch relevanter Inhalt des Gesetzes:**
> - Anhebung des Eckregelsatzes für Alg-II-Bezieher auf 351 €

32 Viertes Gesetz zur Änderung des Zweiten Buches Sozialgesetzbuch

Inkrafttreten am 01.08.2008

> Die Gesetze zur Festlegung der Bundesbeteiligung an den Kosten für Leistungen für Unterkunft und Heizung im SGB II im Überblick:
>
> 1. Erstes Gesetz zur Änderung des Zweiten Buches Sozialgesetzbuch:
>   Bundesbeteiligung für 2005 und 2006 bei 29,1 %
> 2. Gesetz zur Änderung des Zweiten Buches Sozialgesetzbuch und des Finanzausgleichsgesetzes:
>   Bundesbeteiligung für 2007 bei 31,2 % und Festlegung einer Anpassungsformel abhängig von der Zahl der Bedarfsgemeinschaften befristet bis 2010
> 3. Drittes Gesetz zur Änderung des Zweiten Buches Sozialgesetzbuch und anderer Gesetze:
>   Bundesbeteiligung für 2008 bei 29,1 %
> 4. Viertes Gesetz zur Änderung des Zweiten Buches Sozialgesetzbuch:
>   Dauerhafte Festschreibung der Regelung zur jährlichen Bestimmung der Bundesbeteiligung durch die Anpassungsformel abhängig von der Zahl der Bedarfsgemeinschaften

Im seit Januar 2007 geltenden Gesetz zur Änderung des Zweiten Buches Sozialgesetzbuch und des Finanzausgleichsgesetzes war die Berechnung der Höhe der Bundesbeteiligung an den Kosten für Leistungen für Unterkunft und Heizung im SGB II mithilfe der Anpassungsformel – befristet bis zum Jahr 2010 – festgelegt worden. Die Höhe der Bundesbeteiligung war seitdem abhängig von der Entwicklung der Anzahl der Bedarfsgemeinschaften in der Grundsicherung für Arbeitsuchende. Nach Ablauf dieser Frist sollte eine Überprüfung der Angemessenheit der Bundesbeteiligung und eine gesetzliche Neuregelung erfolgen. Das Vierte SGB-II-Änderungsgesetz hebt diese gesetzliche Festlegung auf.

In der zwischen Bund und Ländern strittigen Frage der Berechnungsgrundlage der Kostenverteilung wurde der Vermittlungsausschuss angerufen. Am 18.06.2008 hat man sich dort auf einen politischen Kompromiss verständigt: Die Anpassungsformel zur Berechnung der Bundesbeteiligung an den Kosten für Unterkunft und Heizung von Alg-II-Empfängern soll über das Jahr 2010 festgeschrieben werden, um künftig Auseinandersetzungen über die Angemessenheit und über die Berechnungsgrundlage der Kostenverteilung zu vermeiden.

Vgl. Punkte 8, 18 und 25: Erstes und Drittes Gesetz zur Änderung des Zweiten Buches Sozialgesetzbuch und Gesetz zur Änderung des Zweiten Buches Sozialgesetzbuch und des Finanzausgleichsgesetzes

Parlamentaria

Beschlussempfehlung und Bericht des Ausschusses für Arbeit und Soziales zu dem Gesetzentwurf der Fraktionen der CDU/CSU und SPD – Entwurf eines Vierten Gesetzes zur Änderung des Zweiten Buches Sozialgesetzbuch. Bundestags-Drucksache 16/9790 vom 25.06.2008.

Gesetzentwurf der Fraktionen der CDU/CSU und SPD: Entwurf eines Vierten Gesetzes zur Änderung des Zweiten Buches Sozialgesetzbuch. Bundestags-Drucksache 16/9690 vom 20.06.2008.

Viertes Gesetz zur Änderung des Zweiten Buches Sozialgesetzbuch vom 28.07.2008. In: Bundesgesetzblatt I, Nr. 33 vom 31.07.2008, S. 1506 f.

33 Fünftes Gesetz zur Änderung des Dritten Buches Sozialgesetzbuch – Verbesserung der Ausbildungschancen förderungsbedürftiger junger Menschen („Ausbildungsbonus")

Inkrafttreten am 30.08.2008

Das Fünfte Gesetz zur Änderung des Dritten Buches Sozialgesetzbuch – Verbesserung der Ausbildungschancen förderungsbedürftiger junger Menschen – knüpft an das Ende 2007 in Kraft getretene Vierte SGB-III-Änderungsgesetz an, das bereits durch Förderleistungen für Arbeitgeber die Beschäftigungschancen junger niedrigqualifizierter Menschen unter 25 Jahren verbessern soll. Durch die drei mit dem Fünften SGB-III-Änderungsgesetz eingeführten Maßnahmen soll die Schaffung zusätzlicher Ausbildungsplätze gefördert, der Übergang in berufliche Ausbildung unterstützt und die Gewährung von Beihilfen bei der Durchführung einer zweiten Berufsausbildung ermöglicht werden.

> Wesentliche Inhalte des Gesetzes:
> - Ausbildungsbonus zwischen 4.000 und 6.000 € als Arbeitgeberleistung für die Schaffung eines zusätzlichen Ausbildungsplatzes für (besonders) förderungsbedürftige Personen
> - Modellhafte Erprobung der Berufseinstiegsbegleitung an 1.000 ausgewählten Schulen
> - In Ausnahmefällen wird die Förderung einer beruflichen Zweitausbildung durch Zahlung einer Berufsausbildungsbeihilfe ermöglicht

Das Gesetz setzt wesentliche Elemente des Konzepts „Jugend – Ausbildung und Arbeit" um, das mit der Qualifizierungsinitiative der Bundesregierung am 09.01.2008 beschlossen wurde. „Für die Bundesregierung liegt (...) ein wesentliches berufsbildungspolitisches Ziel darin, allen Jugendlichen, die ausbildungsfähig und -willig sind, die Chance auf eine qualifizierte Ausbildung zu eröffnen. Ein besonderes Augenmerk liegt dabei auf der Schaffung zusätzlicher Qualifizierungsangebote für Altbewerber und Altbewerberinnen" (Bundesministerium für Bildung und Forschung 2008: 14).

Obwohl zum 30. September 2007 etwa 9 % mehr Ausbildungsverträge geschlossen wurden als im Vorjahr (Zahlen zitiert nach Dietrich et al. 2008b), besteht eine qualitative Diskrepanz zwischen dem Angebot und der Nachfrage nach Lehrstellen. Leistungsschwächere Bewerber mit Hauptschulabschluss oder ohne Abschluss genügen den steigenden betrieblichen Anforderungen vielfach nicht. Dies erschwert ihren Zugang zu beruflicher Ausbildung. Der Gesetzgeber setzt mit dem Ausbildungsbonus an der betrieblichen Seite an und will durch einen Anreiz für Arbeitgeber die Schaffung zusätzlicher Ausbildungsplätze für förderungsbedürftige Personen erleichtern. Die zeitlich befristete Einmalmaßnahme hat zum Ziel, den aktuell hohen Altbewerberbestand abzubauen.

Arbeitgeber erhalten danach einen Zuschuss für die zusätzliche betriebliche Ausbildung *besonders förderungsbedürftiger* Auszubildender. Besonders förderungsbedürftig sind Auszubildende, die bereits im Vorjahr oder früher die allgemeinbildende Schule verlassen haben und die sich bereits für das Vorjahr oder früher erfolglos um eine berufliche Ausbildung bemüht haben sowie maximal über einen Hauptschulabschluss verfügen bzw. lernbeeinträchtigt oder sozial benachteiligt sind.

Der Ausbildungsbonus *kann* auch an Arbeitgeber gezahlt werden, die *förderungsbedürftige* Auszubildende zusätzlich betrieblich ausbilden. Förderungsbedürftig sind Auszubildende, die bereits im Vorjahr oder früher die allgemeinbildende Schule verlassen haben und die sich bereits seit mindestens zwei Jahren erfolglos um eine berufliche Ausbildung bemüht haben, oder Schulabgänger mit mittlerem Abschluss, die sich bereits für das Vorjahr oder früher erfolglos um eine berufliche Ausbildung bemüht haben.

Die Höhe des Ausbildungsbonus ist abhängig von der für das erste Ausbildungsjahr vereinbarten monatlichen Ausbildungsvergütung. Er beträgt 4.000 €, wenn die Vergütung 500 € unterschreitet, 5.000 €, wenn die Vergütung zwischen 500 und 750 € liegt, und 6.000 €, wenn die Vergütung mindestens 750 € monatlich beträgt. Für behinderte junge Menschen erhöht sich der Bonus um 30 %. Förderungsfähig sind Ausbildungen, die frühestens am 1. Juli 2008 und spätestens am 31. Dezember 2010 begonnen haben. Der Arbeitgeber hat die Zusätzlichkeit der Ausbildungsstelle nachzuweisen. Zusätzlichkeit ist erreicht, wenn die Zahl der Ausbildungsverhältnisse in dem Betrieb durch das geförderte Verhältnis höher ist, als sie es im Durchschnitt der drei vorhergehenden Jahre war. Um Mitnahmeeffekte zu vermeiden, formuliert das Gesetz Ausschlusskriterien.

Um die Schulabgänger bei der Erreichung ihres Schulabschlusses sowie bei der Berufsorientierung, der Ausbildungsplatzsuche und der Stabilisierung ihres Ausbildungsverhältnisses individuell zu unterstützen, wird das neue Instrument der Berufseinstiegsbegleitung im Rahmen einer modellhaften Erprobung eingeführt. Bei einem Träger fest angestellte Berufseinstiegsbegleiter sollen an 1.000 Schulen, die von der Bundesagentur für Arbeit bestimmt werden, im gesamten Bundesgebiet zum Einsatz kommen. Berufseinstiegsbegleiter sind laut Gesetz Personen, die aufgrund ihrer Berufs- und Lebenserfahrung für die Begleitung besonders geeignet sind. Einem Begleiter sollen in der Regel höchstens 20 Jugendliche gleichzeitig zugeordnet sein. Die Träger der Maßnahme können durch Kostenübernahme gefördert werden.

Das Bundesministerium lässt die Wirkung des Instruments evaluieren und muss dem Deutschen Bundestag erstmals bis zum 31. Dezember 2010 und abschließend bis zum 31. Dezember 2014 Bericht erstatten.

Als dritte Maßnahme wird durch Änderung im Vierten Buch Sozialgesetzbuch in Einzelfällen die Förderung einer zweiten Berufsausbildung durch eine Berufsausbildungsbeihilfe ermöglicht. Diese Ermessensleistung soll aber erst nach eingehender Prüfung der Frage erfolgen, ob der Ausgebildete wirklich mit seiner Erstausbildung keine berufliche Perspektive hat, überregionale Eingliederung möglich ist oder das Ziel der Integration durch andere Maßnahmen der aktiven Arbeitsförderung wie Weiterbildung auch zu erreichen wäre (Gesetzentwurf 2008: 11).

IAB-Position

Das IAB hat sich in seiner Stellungnahme zur Öffentlichen Anhörung von Sachverständigen am 26. Mai 2008 zum Ausbildungsbonus sowie zur Förderungsfähigkeit einer Zweitausbildung geäußert. Zur Bewertung der Berufseinstiegsbegleitung kann derzeit aus Sicht des IAB kein Beitrag geleistet werden. Hier sind die Ergebnisse der geplanten Evaluation abzuwarten.

Ausbildungsbonus

„Insgesamt ist die Ausgestaltung des Ausbildungsbonus als Kombination aus Zusätzlichkeitskriterium und einer engen Zielgruppenorientierung im Vergleich zu allgemeinen und übergreifenden Abgaben- oder Bonussystemen positiv zu bewerten. Probleme oder unerwünschte Nebeneffekte können sich vor allem aus den komplexen Einflussfaktoren auf den betrieblichen Schwellenwert und durch mögliche prozyklische Effekte ergeben. Es sollte im Rahmen einer wissenschaftlichen Begleitforschung analysiert werden, ob die Kombination von Zielgruppenorientierung und Zusätzlichkeitsbedingung die Erwartungen erfüllen kann oder lediglich zu einer Verschiebung des Problems zu Lasten bestimmter Personengruppen unter den Erstbewerbern führt. Einer solchen Entwicklung könnte möglicherweise entgegengewirkt werden, indem man die Zuschüsse in ihrer Höhe differenziert. Zum Beispiel könnte ein Altbewerber bei gleichem Schulabschluss einen höheren Bonus erhalten als ein Neubewerber.

Für die Beurteilung des Instruments ist schließlich entscheidend, in welchem Ausmaß den Geförderten der Übergang aus der Ausbildung in eine ungeförderte Beschäftigung gelingt. Dabei dürften die Übergangschancen unter anderem davon abhängen, in welchen Unternehmen und welchen Ausbildungsberufen die geförderten Personen beschäftigt werden." (Dietrich et al. 2008a: 16 f.)

Förderfähigkeit einer Zweitausbildung

„Zielt man bei der Förderung der Zweitausbildung vor allem auf geringer qualifizierte Personen, so wäre bei der Ermessensleistung vor allem zu beachten, ob das Hindernis für eine dauerhafte berufliche Eingliederung in der Person oder in der Wahl des ersten Ausbildungsberufs zu sehen ist. Im ersten Fall wäre durch die Förderung einer Zweitausbildung kaum eine Verbesserung der Eingliederungschancen zu erwarten – eine Förderung müsste vielmehr an den spezifischen, individuellen Problemen ansetzen. Nur wenn die Wahl der Erstausbildung ein Problem darstellt, weil diese am Markt schlicht nicht mehr nachgefragt wird oder weil die betreffende Person den erlernten Beruf aus gesundheitlichen Gründen nicht ausüben kann, erscheint die Förderung einer Zweitausbildung sinnvoll. In diesem Fall ist jedoch insbesondere darauf zu achten, dass es sich um einen Ausbildungsgang handelt, für deren Absolventen ein betrieblicher Bedarf besteht." (ebd.)

Vgl. Punkt 23: Viertes Gesetz zur Änderung des Dritten Buches Sozialgesetzbuch

Parlamentaria

Fünftes Gesetz zur Änderung des Dritten Buches Sozialgesetzbuch – Verbesserung der Ausbildungschancen förderungsbedürftiger junger Menschen. Bundesgesetzblatt I, Nr. 38 vom 29.08.2008, S. 1728 ff.

Gesetzentwurf eines Fünften Gesetzes zur Änderung des Dritten Buches Sozialgesetzbuch – Verbesserung der Ausbildungschancen förderungsbedürftiger junger Menschen vom 07.04.2008. Bundestags-Drucksache 16/8718.

Stellungnahme des Bundesrates zum Entwurf eines Fünften Gesetzes zur Änderung des Dritten Buches Sozialgesetzbuch – Verbesserung der Ausbildungschancen förderungsbedürftiger junger Menschen vom 25.04.2008. Bundesrats-Drucksache 167/08 (Beschluss).

IAB-Literatur und -Stellungnahmen

Dietrich, Hans / Kleinert, Corinna (2006): Der lange Arm der sozialen Herkunft. Bildungsentscheidungen arbeitsloser Jugendlicher. In: Claus J. Tully (Hg.): Lernen in flexiblen Welten. München/Weinheim, S. 111–130.

Dietrich, Hans / Dietz, Martin / Stops, Michael / Walwei, Ulrich (2008a): Schriftliche Stellungnahme zur öffentlichen Anhörung von Sachverständigen in Berlin am 26. Mai 2008 zum Entwurf eines Fünften Gesetzes zur Änderung des Dritten Buches Sozialgesetzbuch – Verbesserung der Ausbildungschancen förderungsbedürftiger junger Menschen. Ausschuss-Drucksache 16 (11) 979 vom 21.05.2008.

Dietrich, Hans / Dietz, Martin / Stops, Michael / Walwei, Ulrich (2008b): Ausbildungsmarkt: Mehr Schwung durch neue Regelungen? In: Orientierungen zur Wirtschafts- und Gesellschaftspolitik 115, S. 51–56.

Reinberg, Alexander / Hummel, Markus (2007): Schwierige Fortschreibung: Der Trend bleibt – Geringqualifizierte sind häufiger arbeitslos. IAB-Kurzbericht 18, Nürnberg.

Literatur

Bundesministerium für Bildung und Forschung (2008): Berufsbildungsbericht 2008. Vorversion. http://www.bmbf.de/pot/download.php/M%3A7912+Berufsbildungsbericht+2008/~/pub/bbb_08.pdf (eingesehen am 29.07.2008).

Bundesregierung (2008): Aufstieg durch Bildung – Qualifizierungsinitiative der Bundesregierung. http://doku.iab.de/externe/2008/k080110f01.pdf (eingesehen am 29.07.2008).

Troltsch, Klaus / Gericke, Naomi / Saxer, Susanne (2008): Ausbildungsbonus – bringt er Altbewerber in Ausbildung? Ergebnisse einer BIBB-Betriebsbefragung. BIBB-Report 5/08. Bonn.

Teil II

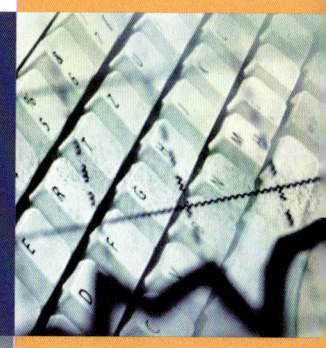

Schwerpunktthemen

Kapitel C:
Aktive Arbeitsmarktpolitik

Kapitel D:
Lebenszusammenhänge erwerbsfähiger Hilfebedürftiger

Kapitel E:
Internationale Migration

Kapitel F:
Integration von Migranten

Kapitel G:
Ausbildung im dualen System

Kapitel H:
Betriebliche Dynamik und Flexibilität

Teil II
Kapitel C

Aktive Arbeitsmarktpolitik in Deutschland und ihre Wirkungen

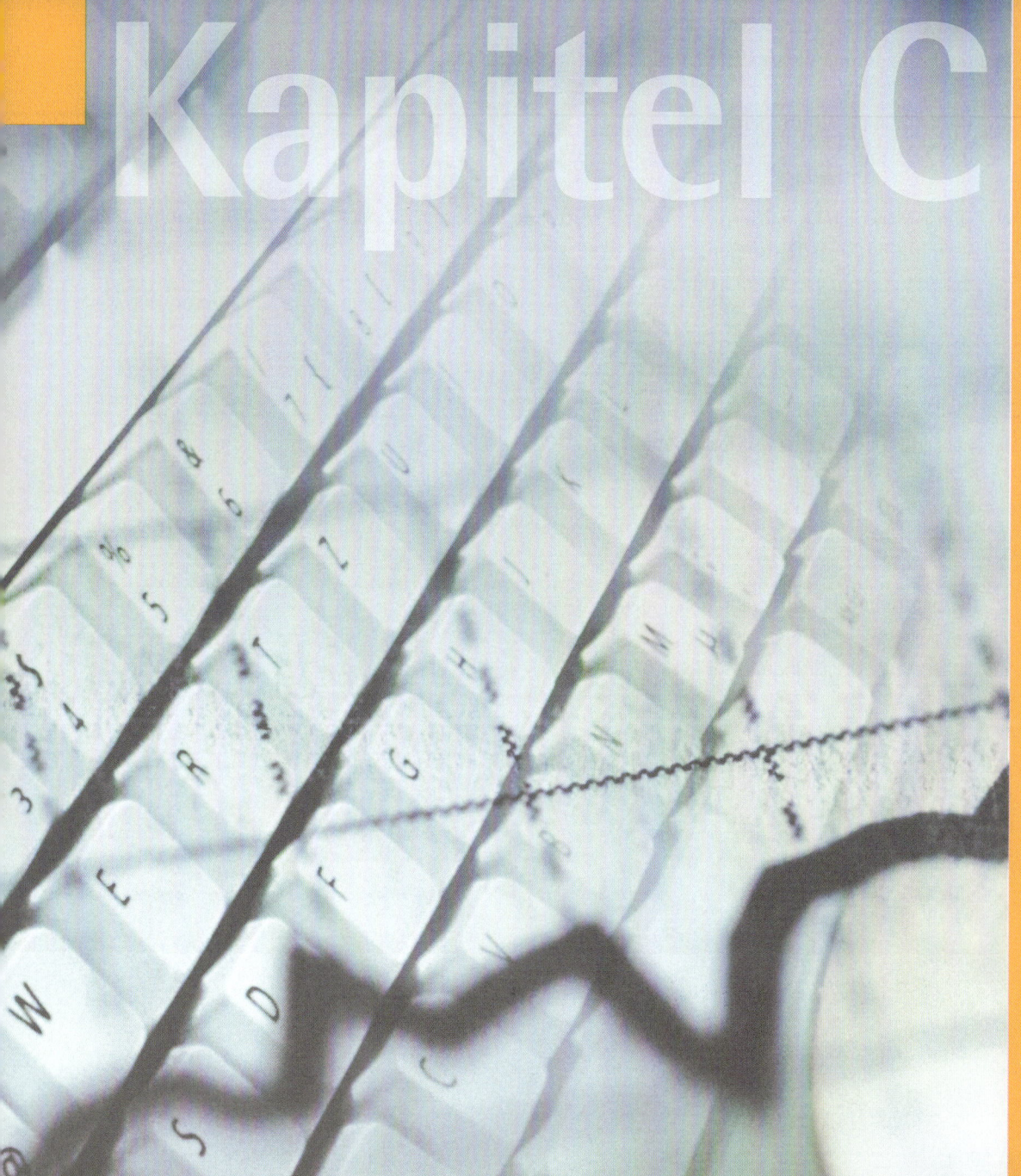

Kapitel C

Sarah Bernhard

Katrin Hohmeyer

Eva Jozwiak

Susanne Koch

Thomas Kruppe

Gesine Stephan

Joachim Wolff

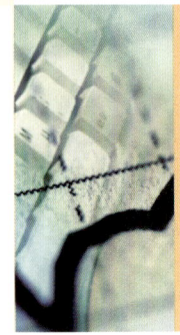

Inhaltsübersicht Kapitel C
Aktive Arbeitsmarktpolitik in Deutschland und ihre Wirkungen

Sarah Bernhard, Katrin Hohmeyer, Eva Jozwiak, Susanne Koch, Thomas Kruppe, Gesine Stephan, Joachim Wolff

Das Wichtigste in Kürze 151

1 Einleitung 153

2 Aktive Arbeitsmarktpolitik in Deutschland und ihre Instrumente 154

3 Wirkung auf die Geförderten und ihre Messung 156

4 Quasi-marktlich organisierte Vermittlungsdienstleistungen 165
4.1 Beauftragung privater Vermittlungsdienstleister 165
4.2 Vermittlungsgutschein 168
4.3 Personal-Service-Agentur 170

5 Förderung beruflicher Weiterbildung ... 173

6 Eignungsfeststellungs- und Trainingsmaßnahmen 176

7 Beschäftigungsbegleitende Maßnahmen 178
7.1 Eingliederungszuschüsse 178
7.2 Instrumente der Gründungsförderung ... 181

8 Beschäftigung schaffende Maßnahmen 184
8.1 Arbeitsbeschaffungsmaßnahmen 184
8.2 Arbeitsgelegenheiten 186

9 Wirkung auf der Makroebene und ihre Messung 188

10 Empirische Befunde zu den Makrowirkungen 192

11 Fazit 195

Literatur 197

Aktive Arbeitsmarktpolitik in Deutschland und ihre Wirkungen

Das Wichtigste in Kürze

Die Integration von Arbeit suchenden Menschen in den Arbeitsmarkt gehört zu den wichtigsten Aufgaben der Arbeitsmarktpolitik. Aktive Arbeitsmarktpolitik, wie z. B. die Weiterbildung von Arbeitsuchenden, soll dabei helfen. Aber erst in diesem Jahrtausend wurde die Analyse der Wirkungen dieser Politik zu einem zentralen Thema der Arbeitsmarktforschung in Deutschland. Denn angesichts einer hohen und anhaltenden Arbeitslosigkeit waren grundlegende Reformen notwendig. Um diese bewerten und weiterentwickeln zu können, braucht die Politik detailliertes Wissen über die Effektivität und Effizienz der Instrumente der aktiven Arbeitsmarktpolitik. Deutlich bessere Datengrundlagen und beträchtliche Fortschritte bei den Methoden, mit denen die Wirkungen dieser Instrumente untersucht werden, haben mit dazu beigetragen, dass die Evaluation der aktiven Arbeitsmarktpolitik zu einem zentralen Forschungsgegenstand geworden ist.

In diesem Beitrag stellen wir systematisch die wissenschaftlichen Erkenntnisse dar, die in den letzten Jahren zur Wirkung der einzelnen Instrumente der aktiven Arbeitsmarktpolitik in Deutschland gewonnen wurden. Wir befassen uns dabei mit einer breiten Palette von Maßnahmen. Dabei gehen wir sowohl auf die Wirkungen ein, die sich für den einzelnen Teilnehmer ergeben, als auch auf die gesamtwirtschaftlichen Wirkungen für den Arbeitsmarkt. Die wesentlichen Befunde sind in Kürze:

1. Betriebsnahe Instrumente der aktiven Arbeitsmarktpolitik, die auf die direkte Eingliederung in den ersten Arbeitsmarkt setzen, wie Lohnkostenzuschüsse, Gründungsförderung oder betriebliche Trainingsmaßnahmen, gehören zu den Maßnahmen, die die Chancen der Teilnehmer auf eine Integration in Erwerbsarbeit auch nach Ablauf der Förderung erhöhen – und das teilweise beträchtlich.

2. Die Förderung der beruflichen Weiterbildung und nicht-betriebliche Trainingsmaßnahmen – ein sehr heterogenes Instrument, das beispielsweise ein Bewerbungstraining, aber auch eine kurze Softwareschulung umfassen kann – leisten ebenfalls einen Beitrag zur Eingliederung der Geförderten in den Arbeitsmarkt, wenn auch in geringerem Maße als die erstgenannten Instrumente.

3. Quasi-marktlich organisierte Vermittlungsdienstleistungen (wie die Beauftragung Dritter mit der Vermittlung, Vermittlungsgutscheine und Personal-Service-Agenturen) verbessern nicht generell die Chancen der Geförderten auf eine Integration in den Arbeitsmarkt, sondern instrumentspezifisch nur für bestimmte Gruppen von Arbeitsuchenden.

4. Arbeitsbeschaffungsmaßnahmen, die zumindest derzeit nicht primär auf die Integration in den ersten Arbeitsmarkt zielen, schaden der Tendenz nach eher den Integrationschancen der Geförderten. Es gibt nur ganz wenige Teilnehmergruppen, auf die das nicht zutrifft. Für die neuen, im Jahr 2005 eingeführten Arbeitsgelegenheiten in der Mehraufwandsvariante („Ein-Euro-Jobs") hingegen sind die Evaluationsergebnisse etwas weniger negativ. Allerdings ist es noch zu früh, hier von einem robusten Ergebnis zu sprechen.

5. Zu den gesamtwirtschaftlichen Effekten, die die Instrumente der aktiven Arbeitsmarktpolitik auf den Arbeitsmarkt haben, liegen bislang deutlich weniger Forschungserkenntnisse vor. Wissenschaftliche Studien haben sich vergleichsweise häufig mit der Wirkung von Arbeitsbeschaffungsmaßnahmen, Strukturanpassungsmaßnahmen und der Förderung der beruflichen Weiterbildung beschäftigt. Dabei hat sich oft gezeigt, dass eine intensivere Förderung durch Arbeitsbeschaffungsmaßnahmen dazu führt, dass offene Stellen langsamer besetzt werden und sich die Arbeit-

suchendenquote erhöht. Für Strukturanpassungsmaßnahmen und die Förderung der beruflichen Weiterbildungen ist mitunter auch das Gegenteil der Fall; allerdings wurden in den vorliegenden Studien häufig keine statistisch gesicherten gesamtwirtschaftlichen Arbeitsmarktwirkungen dieser beiden Instrumente nachgewiesen.

6. Die gesamtwirtschaftlichen Arbeitsmarktwirkungen weiterer Instrumente wurden nur in wenigen Studien untersucht, so dass die bereits gewonnenen Erkenntnisse zu ihren Wirkungen kaum als robust gelten können.

7. Auch wenn zahlreiche Untersuchungen zur Wirkung verschiedener Instrumente der aktiven Arbeitsmarktpolitik vorliegen, sind die Befunde vielfach unvollständig: Beispielsweise werden oft nur wenige Erkenntnisse über die Ursache für die Wirkung einzelner Instrumente erzielt. Zudem liegen über die Effekte auf das Verhalten wichtiger Akteure am Arbeitsmarkt – wie auf das Arbeitsnachfrageverhalten von Arbeitgebern – kaum Erkenntnisse vor. Ob bzw. wie sich allein die Möglichkeit oder die Ankündigung einer baldigen Teilnahme an einer arbeitsmarktpolitischen Maßnahme auf das Arbeitsuchverhalten arbeitsloser Personen auswirkt, wurde bislang nur sehr punktuell untersucht. Ferner werden wichtige Zielindikatoren nicht oder nur unzureichend gemessen, wie beispielsweise die Beschäftigungsfähigkeit, die durch die Teilnahme u. a. an Arbeitsgelegenheiten verbessert werden soll. Schließlich sind eine Reihe neuer Instrumente, wie die gerade genannten Arbeitsgelegenheiten oder das Einstiegsgeld, entstanden, über deren Wirkung bisher wenig bekannt ist.

1 Einleitung

Aktive Arbeitsmarktpolitik zielt darauf ab, Arbeitslosigkeit und Hilfebedürftigkeit zu vermeiden oder zumindest die Dauer solcher Zeiten zu verkürzen. Wie aber Umfang und Ausgestaltung der aktiven Arbeitsmarktpolitik in Deutschland aussehen sollten, darüber diskutieren Wissenschaft, Politik und Fachöffentlichkeit ausgesprochen kontrovers: Handelt es sich dabei – wie manchmal behauptet – um ein „Milliardengrab"? Oder doch um effektive Politikmaßnahmen zur Wiedereingliederung Arbeitsloser? Politik und Arbeitsverwaltung stehen dabei vor einem Balanceakt: Sie sollen einerseits Mittel wirksam und wirtschaftlich einsetzen, dürfen aber andererseits den sozialpolitischen Auftrag nicht vernachlässigen.

Dieser Beitrag gibt einen Überblick über den Einsatz und die Wirkungen von Maßnahmen aktiver Arbeitsmarktpolitik in Deutschland. Nach einer kurzen Darstellung der aktuellen Entwicklungen und des Instrumentenkastens schauen wir uns zunächst auf der Mikroebene Erfolgskriterien, Wirkungskanäle und die Messung der aktiven Arbeitsmarktpolitik an. Wir gehen dann genauer auf Vermittlungsdienstleistungen privater Anbieter, Weiterbildungs- und Trainingsmaßnahmen sowie beschäftigungsbegleitende und Beschäftigung schaffende Maßnahmen ein. Für diese Instrumente stellen wir Informationen zur konkreten Ausgestaltung, zu Teilnehmerzahlen und -strukturen sowie Ergebnisse von Wirkungsanalysen auf der Mikroebene und – wo vorhanden – die Ergebnisse von Implementationsstudien zusammen. Schließlich stellen wir die Wirkungen der Instrumente auf der Makroebene dar. Dabei beschränken wir uns auf Deutschland; internationale Überblicke finden sich z. B. bei Konle-Seidl (2005) und Kluve (2006).

2 Aktive Arbeitsmarktpolitik in Deutschland und ihre Instrumente

Aktuelle Entwicklungen

Seit 1997 ist das deutsche Arbeitsförderungsrecht durch den dritten Band des Sozialgesetzbuches (SGB III) geregelt, das Leistungen und Maßnahmen zur Arbeitsförderung umfasst und damit die Grundlage für die Arbeit der Bundesagentur für Arbeit und der Arbeitsagenturen darstellt. Die Entwicklung der letzten Jahre war durch *umfangreiche Reformen* geprägt.

Bereits im Jahr 2002 leitete das Job-AQTIV-Gesetz eine Neuausrichtung der Arbeitsförderung ein. Die Entwicklung setzte sich auf Basis der Empfehlungen der sogenannten Hartz-Kommission fort, deren Aufgabe es war, Strategien für eine effiziente Gestaltung der Arbeitsmarktpolitik in Deutschland zu entwickeln. Das erste und zweite Gesetz für moderne Dienstleistungen am Arbeitsmarkt traten zu Beginn des Jahres 2003 in Kraft. Beide Gesetze zielten auf eine Verbesserung der Vermittlung und der Anreize zur Aufnahme einer Beschäftigung ab. Zudem wurden viel beachtete neue Instrumente – wie der Existenzgründungszuschuss und die Personal-Service-Agentur – geschaffen und bestehende Instrumente reformiert. Mit dem dritten Gesetz für moderne Dienstleistungen am Arbeitsmarkt 2003 begann der Umbau der ehemaligen Bundesanstalt für Arbeit in die stärker serviceorientierte Bundesagentur für Arbeit (BA). Wenig später erfuhr auch die Steuerung der BA wichtige Neuerungen: So wurden in den Jahren 2005 und 2006 im Rechtskreis SGB III die Handlungsprogramme eingeführt, die den Vermittlern Empfehlungen für die wirksame Vergabe von Maßnahmen an die Hand geben.

Schließlich legte das vierte Gesetz für moderne Dienstleistungen am Arbeitsmarkt im Jahr 2005 Arbeitslosenhilfe und Sozialhilfe zu einer neuen Grundsicherung für erwerbsfähige Personen zusammen; hier steht nicht nur der einzelne Arbeitslose, sondern sein Haushalt, die sogenannte Bedarfsgemeinschaft, im Fokus. Kodifiziert wurde dies im zweiten Band des Sozialgesetzbuches (SGB II). Seitdem erfolgt die Betreuung von Empfängern von Grundsicherungsleistungen – dies sind im Wesentlichen Arbeitslosengeld-II-Empfänger – gemeinsam durch die Kommunen und die BA in sogenannten Arbeitsgemeinschaften (ARGEn) und getrennten Trägerschaften (gT) oder alternativ im Rahmen der Experimentierklausel nach § 6a SGB II in 69 Kreisen allein in kommunaler Trägerschaft.[1]

Begleitet wurden die Arbeitsmarktreformen durch *Evaluationsaufträge* des Bundestages. Für die ersten drei Gesetze für moderne Dienstleistungen wurde der Evaluationsauftrag durch das Bundesministerium für Arbeit und Soziales umgesetzt und mit einem Bericht im Jahr 2006 abgeschlossen (Deutscher Bundestag 2006). Nicht zuletzt deshalb wissen wir nun in Deutschland deutlich mehr als noch vor einigen Jahren darüber, wie der Einsatz einer beträchtlichen Anzahl (reformierter) Maßnahmen gewirkt hat. Dabei sind die dort erzielten Fortschritte der Wirkungsforschung auch auf die Aktivitäten des IAB bei der Datenaufbereitung und Datenbereitstellung für die Scientific Community zurückzuführen.

Im SGB II ist ein umfassender Auftrag zur Wirkungsforschung an das IAB (§ 55 SGB II) festgeschrieben. Daneben wird die Forschung zur Experimentierklausel nach § 6c SGB II durch das Bundesministerium für Arbeit und Soziales umgesetzt.

Der Instrumentenkasten

Jedem, der sich etwas vertieft mit den oben genannten Evaluationsstudien beschäftigt, dürfte die

---

1 Mit seinem Urteil vom 20. Dezember 2007 hat das Bundesverfassungsgericht das Modell der ARGEn (nach § 44b SGB II) als gemeinsame Aufgabenwahrnehmung der kommunalen Träger und der Bundesagentur für Arbeit im SGB II für verfassungswidrig erklärt. Es verletze den Anspruch der Gemeindeverbände auf eigenverantwortliche Aufgabenerledigung und verstoße gegen die Kompetenzordnung des Grundgesetzes. Bis spätestens zum 1. Januar 2011 muss der Gesetzgeber eine adäquate neue rechtliche Regelung umsetzen.

beachtliche *Anzahl der Instrumente aktiver Arbeitsmarktpolitik* in Deutschland aufgefallen sein. Die quantitativ bedeutsamsten Maßnahmen seien im Folgenden – in der Ende 2007 gültigen Form – kurz charakterisiert (s. für eine umfassende Darstellung auch Arbeitsmarkt 2006: 134 f.). Auf die konkrete Ausgestaltung und auf Evaluationsergebnisse wird in Abschnitt 3 genauer eingegangen.

Eine Kernaufgabe der aktiven Arbeitsmarktpolitik ist die *Beratung und Unterstützung der Vermittlung.* Neben der BA und einigen Kommunen als öffentliche Träger für Vermittlungsdienstleistungen am Arbeitsmarkt gibt es private Vermittlungsdienstleister (sogenannte Dritte), die einerseits unabhängig von öffentlichen Aufträgen tätig werden können, andererseits seit 1998 aber auch durch die öffentlichen Träger gefördert werden können. Dies geschieht zum einen über den Vermittlungsgutschein und zum anderen über die wettbewerbliche Vergabe von Vermittlungsdienstleistungen in öffentlichen Ausschreibungen. Daneben sollen seit 2003 die Personal-Service-Agenturen – mit öffentlichen Mitteln geförderte Zeitarbeitsunternehmen – ihre Mitarbeiter in reguläre Beschäftigung vermitteln.

Große Bedeutung wurde in Deutschland von jeher der *Förderung der beruflichen Erstausbildung* und *Qualifizierungsmaßnahmen* zugesprochen: Damit möglichst alle Jugendlichen eine Berufsausbildung abschließen können, fördert die BA für diese Zielgruppe u. a. berufsvorbereitende Bildungsmaßnahmen, unterstützt die Ausbildung in außerbetrieblichen Einrichtungen und gewährt ausbildungsbegleitende Hilfen. Maßnahmen zur Förderung beruflicher Weiterbildung (FbW) helfen einerseits, die Qualifikation von Arbeitslosen an die geänderten Anforderungen des Arbeitsmarktes anzupassen, andererseits bieten sie Möglichkeiten zum Erwerb eines bislang fehlenden beruflichen Abschlusses. Zum Teil dienen auch Eignungsfeststellungs- und Trainingsmaßnahmen (TM) – die maximal zwölf Wochen dauern – der Vermittlung von Kenntnissen und Fähigkeiten. Sie können aber auch zur Eignungsfeststellung genutzt werden, die Suche nach einem Arbeitsplatz durch Bewerbungstraining unterstützen oder eingesetzt werden, um die Verfügbarkeit des Arbeitslosen zu überprüfen.

Den Eintritt in eine reguläre Beschäftigung auf dem ersten Arbeitsmarkt unterstützen die sogenannten *beschäftigungsbegleitenden Maßnahmen.* Quantitativ bedeutsam sind hier Eingliederungszuschüsse und die Gründungsförderung. Eingliederungszuschüsse (EGZ) sind zeitlich befristete Zuschüsse zum Arbeitsentgelt, die Arbeitgeber bei der Einstellung von Personen mit Vermittlungshemmnissen erhalten können. Daneben fördert die BA die Aufnahme einer selbstständigen Tätigkeit. Seit August 2006 geschieht dies im Rechtskreis SGB III durch den Gründungszuschuss (GZ), der das frühere Überbrückungsgeld (ÜG) und den im Jahr 2003 eingeführten Existenzgründungszuschuss (ExGZ) zu einem einheitlichen Instrument integriert. Alg-II-Empfänger können Einstiegsgeld erhalten, wenn sie eine selbstständige oder abhängige Beschäftigung aufnehmen.

Schwer vermittelbare Arbeitslose können im Rahmen *Beschäftigung schaffender Maßnahmen* befristet für eine Tätigkeit im zweiten Arbeitsmarkt eingesetzt werden. Bei Arbeitsbeschaffungsmaßnahmen (ABM) gewähren die Arbeitsagenturen bzw. die als Grundsicherungsstellen anerkannten Träger einen pauschalierten Zuschuss zu den Lohnkosten. Für Alg-II-Empfänger werden seit dem Jahr 2005 verstärkt die neu geschaffenen Arbeitsgelegenheiten (Ein-Euro-Jobs) eingesetzt. Weiterhin wurde im Oktober 2007 im SGB II als neue Arbeitgeberleistung der Beschäftigungszuschuss eingeführt, mit dem ansonsten nicht zu vermittelnde Langzeitarbeitslose eine dauerhaft geförderte Beschäftigung aufnehmen können. Schließlich fördert das „Bundesprogramm Kommunal-Kombi" seit 2008 zusätzliche sozialversicherungspflichtige Arbeitsplätze im gemeinnützigen Bereich – für Personen, die seit mindestens zwei Jahren arbeitslos sind und in Regionen mit besonders hoher Arbeitslosigkeit leben.

Im Laufe der Zeit haben sich deutliche *Veränderungen bei den Förderschwerpunkten* ergeben. Die Bestände und Zugänge in ausgewählte Maßnahmen sind für den Zeitraum 2000 bis 2006 in Tabelle C1 dargestellt. Die Zugänge in Maßnahmen der beruflichen Weiterbildung wie auch in die Förderung mit Eingliederungszuschüssen sind bis 2005 zurückgegangen, gewannen 2006 aber wieder an Bedeutung. In den Beständen schlagen sich allerdings die kürzer gewordenen Förderdauern nieder. Kurze Trainingsmaßnahmen wurden insbesondere in den Jahren 2003 und 2004 intensiv genutzt, machten 2006 aber immer noch einen beträchtlichen Anteil der Zugänge in Maßnahmen der aktiven Arbeitsmarktpolitik aus. Die Gründungsförderung durch die BA erreichte in den Jahren 2004 und 2005 ihren Höhepunkt; seit der Neugestaltung des Instruments im Jahr 2006 nahm ihr Umfang jedoch ab. Die Beschäftigung schaffenden Maßnahmen wurden seit dem Jahr 2004 zunächst weniger genutzt, gewinnen seit 2005 durch die neuen Arbeitsgelegenheiten nach dem SGB II aber wieder stark an Bedeutung. Ergänzend informiert Tabelle C2 über die Teilnehmerstrukturen der Maßnahmen. Die Ausgaben für die einzelnen Instrumente, die durchschnittlichen Ausgaben pro Förderfall und Monat sowie die durchschnittliche Förderdauer stellt Tabelle C3 dar.

3 Wirkung auf die Geförderten und ihre Messung

Erfolgskriterien

Die Wirkung von Maßnahmen der aktiven Arbeitsmarktpolitik kann anhand verschiedener Erfolgskriterien beurteilt werden. Der Gesetzgeber formuliert in § 282 SGB III konkrete Aufträge an die Wirkungsforschung: Sie soll die Auswirkungen auf die Arbeitsmarktchancen der Geförderten, die regionalen und volkswirtschaftlichen „Nettoeffekte" der Förderung und die Effizienz der Maßnahmen untersuchen.

Im Folgenden beschäftigten wir uns zunächst mit der Effektivität von Maßnahmen für die Geförderten. Der Gesetzgeber hinterfragt hier, ob bzw. inwieweit eine Förderung die Vermittlungsaussichten und Beschäftigungsfähigkeit der Teilnehmer erhöht hat. Mikroökonometrische Studien untersuchen deshalb meist, ob eine Maßnahme Effekte auf den Verbleib der Geförderten in Arbeitslosigkeit oder in sozialversicherungspflichtiger Beschäftigung hatte. Beide Ergebnisvariablen unterscheiden sich: Nicht jede Person, die sich aus Arbeitslosigkeit abmeldet, nimmt gleichzeitig eine sozialversicherungspflichtige Beschäftigung auf – sie kann sich z. B. auch selbstständig gemacht oder aus dem Arbeitsmarkt zurückgezogen haben. Während sich der Effekt auf die Vermittlungsaussichten vergleichsweise gut operationalisieren lässt, ist die Frage der Abbildung von Beschäftigungsfähigkeit und ihrer Veränderungen noch weitgehend ungelöst (Deeke/Kruppe 2003). Erste Anstrengungen, quantifizierbare Indikatoren zu entwickeln, wurden im Rahmen der Evaluation der Experimentierklausel im SGB II unternommen (ISG 2007).

Wirkungskanäle

Alle oben skizzierten Instrumente sollten – zumindest der Intention nach – die Arbeitsmarktchancen der Geförderten verbessern. Ein wichtiger Aspekt ist dabei, dass Maßnahmen zur *schnelleren Besetzung von offenen Stellen* führen oder die *Personalkosten von Unternehmen* senken. Dadurch

Tabelle C1
Ausgewählte Maßnahmen aktiver Arbeitsmarktpolitik: Bestände und Eintritte, 2000–2006

	Durchschnittlicher Bestand insgesamt in Tsd.							Eintritte insgesamt in Tsd.						
	2000	2001	2002	2003	2004	2005	2006	2000	2001	2002	2003	2004	2005	2006
Quasi-marktlich organisierte Vermittlungsleistungen														
Beauftragung Dritter mit Teilaufgaben der Vermittlung	-	-	-	-	39	38	22	-	-	-	-	396	202	150
Beauftragung Dritter mit der gesamten Vermittlung	-	-	-	-	55	66	77	-	-	-	-	239	223	151
Beauftragung von Trägern mit Eingliederungsmaßnahmen	-	-	-	4	11	13	12	-	-	-	17	19	36	34
Eingelöste Vermittlungsgutscheine (1. Rate ausgezahlt)	-	-	-	-	-	-	-	-	-	13	35	54	50	63
Personal-Service-Agenturen	-	-	-	10	25	13	6	-	-	-	45	56	27	16
Förderung der beruflichen Weiterbildung	343	352	340	260	184	114	119	523	442	455	255	185	132	247
Berufliche Weiterbildung mit Abschluss	138	152	154	146	116	72	45	96	91	95	69	42	16	17
Sonstige berufliche Weiterbildung	205	201	186	114	69	42	73	427	351	360	186	143	115	229
Eignungsfeststellungs- und Trainingsmaßnahmen	52	60	74	93	95	69	70	485	551	865	1064	1188	894	978
Nicht-betriebliche Trainingsmaßnahmen	-	49	59	70	69	49	49	384	425	660	742	784	549	558
Betriebliche Trainingsmaßnahmen	-	11	16	23	26	20	21	102	127	205	323	405	345	419
Beschäftigungsbegleitende Maßnahmen														
Eingliederungszuschüsse	105	118	136	153	110	60	82	152	127	188	183	157	134	217
Einstiegsgeld	-	-	-	-	-	7	23	-	-	-	-	-	20	47
Bei abhängiger sozialversicherungspfl. Erwerbstätigkeit	-	-	-	-	-	1	5	-	-	-	-	-	3	15
Bei selbstständiger Erwerbstätigkeit	-	-	-	-	-	6	18	-	-	-	-	-	17	33
Überbrückungsgeld für Selbstständige	43	46	56	73	84	83	63	93	96	125	159	183	157	108
Existenzgründerzuschuss (Ich-AG)	-	-	-	40	151	234	210	-	-	-	95	168	91	43
Gründungszuschuss	-	-	-	-	-	-	8	-	-	-	-	-	-	34
Beschäftigung schaffende Maßnahmen														
Arbeitsbeschaffungsmaßnahmen	207	179	134	97	86	48	44	264	192	162	141	149	78	79
Strukturanpassungsmaßnahmen traditionell	59	58	59	47	31	13	6	55	54	52	38	12	2	1
Arbeitsgelegenheiten	-	-	-	-	-	201	293	-	-	-	-	-	630	742
Entgeltvariante	-	-	-	-	-	8	17	-	-	-	-	-	26	37
Mehraufwandsvariante	-	-	-	-	-	193	276	-	-	-	-	-	604	705

Quelle: Statistik der Bundesagentur für Arbeit.

Tabelle C2

Anteile verschiedener Personengruppen an den Eintritten in aktive arbeitsmarktpolitische Maßnahmen

	Anteil weiblich							Anteil unter 25 Jahren							Anteil 50 Jahre und älter						
	2000	2001	2002	2003	2004	2005	2006	2000	2001	2002	2003	2004	2005	2006	2000	2001	2002	2003	2004	2005	2006
Quasi-marktlich organisierte Vermittlungsleistungen																					
Beauftragung Dritter mit Teilaufgaben der Vermittlung	–	–	–	–	0,43	0,47	0,49	–	–	–	–	0,23	0,22	0,22	–	–	–	–	0,14	0,15	0,15
Beauftragung Dritter mit der gesamten Vermittlung	–	–	–	–	0,42	0,43	0,46	–	–	–	–	0,32	0,20	0,20	–	–	–	–	0,13	0,17	0,20
Beauftragung von Trägern mit Eingliederungsmaßnahmen	–	–	–	0,46	0,44	0,46	0,50	–	–	–	0,30	0,36	0,32	0,18	–	–	–	0,19	0,13	0,14	0,30
Eingelöste Vermittlungsgutscheine (1. Rate ausgezahlt)	–	–	0,27	0,29	0,29	0,28	0,26	–	–	0,19	0,18	0,19	0,17	0,16	–	–	–	–	–	–	–
Personal-Service-Agenturen	–	–	–	0,33	0,30	0,29	0,26	–	–	–	0,35	0,44	0,53	0,50	–	–	–	0,09	0,07	0,07	0,08
Förderung der beruflichen Weiterbildung																					
Berufliche Weiterbildung mit Abschluss	0,47	0,48	0,49	0,51	0,49	0,46	0,44	0,17	0,16	0,15	0,15	0,15	0,21	0,18	0,01	0,01	0,01	0,02	0,02	0,02	0,02
Sonstige berufliche Weiterbildung	0,50	0,49	0,47	0,44	0,43	0,40	0,44	0,11	0,11	0,13	0,20	0,16	0,24	0,18	0,10	0,12	0,12	0,09	0,09	0,08	0,15
Trainingsmaßnahmen	0,47	0,45	0,43	0,43	0,42	0,42	0,44	0,17	0,19	0,20	0,22	0,23	0,28	0,25	0,11	0,13	0,12	0,11	0,11	0,10	0,13
Nicht-betriebliche Trainingsmaßnahmen	0,50	0,47	0,45	0,46	0,46	0,47	0,49	0,16	0,17	0,19	0,19	0,20	0,26	0,21	0,12	0,14	0,13	0,12	0,12	0,12	0,15
Betriebliche Trainingsmaßnahmen	0,38	0,37	0,35	0,34	0,34	0,35	0,36	0,23	0,23	0,25	0,27	0,28	0,31	0,29	0,09	0,10	0,09	0,08	0,08	0,08	0,10
Beschäftigungsbegleitende Maßnahmen																					
Eingliederungszuschüsse	0,42	0,43	0,41	0,39	0,37	0,35	0,33	0,07	0,06	0,08	0,06	0,20	0,22	0,20	0,26	0,31	0,30	0,29	0,24	0,21	0,22
Einstiegsgeld																					
Bei abhängiger sozialversicherungspfl. Erwerbstätigkeit	–	–	–	–	–	0,47	0,39	–	–	–	–	–	0,21	0,15	–	–	–	–	–	0,10	0,10
Bei selbstständiger Erwerbstätigkeit	–	–	–	–	–	0,30	0,32	–	–	–	–	–	0,08	0,07	–	–	–	–	–	0,12	0,12
Überbrückungsgeld für Selbstständige	0,29	0,29	0,29	0,26	0,26	0,27	0,29	0,07	0,07	0,07	0,06	0,06	0,05	0,05	0,10	0,10	0,10	0,11	0,13	0,15	0,17
Existenzgründerzuschuss (Ich-AG)	–	–	–	0,41	0,43	0,48	0,53	–	–	–	0,10	0,10	0,11	0,12	–	–	–	0,13	0,14	0,15	0,15
Gründungszuschuss	–	–	–	–	–	–	0,37	–	–	–	–	–	–	0,09	–	–	–	–	–	–	0,14
Beschäftigung schaffende Maßnahmen																					
Arbeitsbeschaffungsmaßnahmen	0,47	0,46	0,42	0,39	0,40	0,38	0,39	0,13	0,12	0,14	0,18	0,20	0,23	0,20	0,31	0,35	0,38	0,32	0,31	0,31	0,34
Strukturanpassungsmaßnahmen traditionell	0,40	0,41	0,36	0,38	0,33	0,37	0,26	0,06	0,05	0,07	0,06	0,05	0,05	0,03	0,31	0,40	0,41	0,53	0,61	0,70	0,71
Arbeitsgelegenheiten																					
Entgeltvariante	–	–	–	–	–	0,40	0,37	–	–	–	–	–	0,35	0,32	–	–	–	–	–	0,15	0,16
Mehraufwandsvariante	–	–	–	–	–	0,39	0,39	–	–	–	–	–	0,25	0,24	–	–	–	–	–	0,18	0,19
Arbeitslose (Anteil am Bestand)	0,47	0,46	0,45	0,44	0,44	0,46	0,48	0,11	0,12	0,12	0,12	0,12	0,13	0,12	0,32	0,30	0,27	0,25	0,25	0,25	0,26

Quelle: Statistik der Bundesagentur für Arbeit, eigene Berechnungen.

Tabelle C2 (Fortsetzung)
Anteile verschiedener Personengruppen an den Eintritten in aktive arbeitsmarktpolitische Maßnahmen

	Anteil Ostdeutsche							Anteil langzeitarbeitslos						
	2000	2001	2002	2003	2004	2005	2006	2000	2001	2002	2003	2004	2005	2006
Quasi-marktlich organisierte Vermittlungsleistungen														
Beauftragung Dritter mit Teilaufgaben der Vermittlung	-	-	-	-	0,19	0,25	0,20	-	-	-	-	0,19	0,23	0,21
Beauftragung Dritter mit der gesamten Vermittlung	-	-	-	-	0,40	0,48	0,31	-	-	-	-	0,23	0,34	0,24
Beauftragung von Trägern mit Eingliederungsmaßnahmen	-	-	-	0,52	0,28	0,23	0,22	-	-	-	0,25	0,21	0,23	0,23
Eingelöste Vermittlungsgutscheine (1. Rate ausgezahlt)	-	-	0,64	0,67	0,65	0,62	0,58	-	-	-	-	-	-	-
Personal-Service-Agenturen	-	-	-	0,36	0,33	0,31	0,31	-	-	-	0,15	0,17	0,08	0,10
Förderung der beruflichen Weiterbildung														
Berufliche Weiterbildung mit Abschluss	0,33	0,33	0,32	0,33	0,35	0,35	0,34	0,12	0,11	0,13	0,19	0,20	0,18	0,22
Sonstige berufliche Weiterbildung	0,43	0,48	0,46	0,38	0,32	0,30	0,30	0,23	0,23	0,23	0,17	0,16	0,19	0,18
Trainingsmaßnahmen	0,41	0,42	0,41	0,35	0,34	0,32	0,31	0,23	0,21	0,20	0,20	0,22	0,18	0,19
Nicht-betriebliche Trainingsmaßnahmen	0,40	0,40	0,39	0,33	0,32	0,29	0,25	0,25	0,23	0,22	0,22	0,25	0,21	0,21
Betriebliche Trainingsmaßnahmen	0,48	0,49	0,45	0,40	0,37	0,37	0,39	0,15	0,15	0,15	0,16	0,17	0,14	0,16
Beschäftigungsbegleitende Maßnahmen														
Eingliederungszuschüsse	0,50	0,58	0,57	0,55	0,49	0,43	0,39	0,20	0,21	0,22	0,27	0,25	0,21	0,19
Einstiegsgeld														
Bei abhängiger sozialversicherungspfl. Erwerbstätigkeit	-	-	-	-	-	0,76	0,64	-	-	-	-	-	0,28	0,22
Bei selbstständiger Erwerbstätigkeit	-	-	-	-	-	0,35	0,40	-	-	-	-	-	0,33	0,34
Überbrückungsgeld für Selbstständige	0,36	0,36	0,31	0,27	0,25	0,24	0,23	0,14	0,13	0,11	0,12	0,14	0,13	0,13
Existenzgründerzuschuss (Ich-AG)	-	-	-	0,31	0,33	0,37	0,37	-	-	-	0,22	0,27	0,21	0,11
Gründungszuschuss	-	-	-	-	-	-	0,24	-	-	-	-	-	-	0,05
Beschäftigung schaffende Maßnahmen														
Arbeitsbeschaffungsmaßnahmen	0,74	0,73	0,74	0,78	0,73	0,79	0,79	0,39	0,40	0,38	0,27	0,42	0,38	0,29
Strukturanpassungsmaßnahmen traditionell	0,83	0,81	0,81	0,82	0,88	0,96	0,99	0,19	0,20	0,22	0,20	0,21	0,16	0,16
Arbeitsgelegenheiten														
Entgeltvariante	-	-	-	-	-	0,63	0,52	-	-	-	-	-	0,23	0,21
Mehraufwandsvariante	-	-	-	-	-	0,48	0,42	-	-	-	-	-	0,34	0,28
Arbeitslose (Anteil am Bestand)	0,39	0,40	0,38	0,37	0,36	0,33	0,33	0,37	0,35	0,34	0,35	0,38	0,35	0,41

Quelle: Statistik der Bundesagentur für Arbeit, eigene Berechnungen.

Tabelle C3
Maßnahmenkosten und Maßnahmendauern gemäß Eingliederungsbilanz nach § 11 SGB III und § 54 SGB II

	2000			2001			2002			2003		
	Ausgaben in 1.000 €	Ausgaben je Arbeitnehmer pro Monat*	Dauer der Leistung in Monaten**	Ausgaben in 1.000 €	Ausgaben je Arbeitnehmer pro Monat*	Dauer der Leistung in Monaten**	Ausgaben in 1.000 €	Ausgaben je Arbeitnehmer pro Monat*	Dauer der Leistung in Monaten**	Ausgaben in 1.000 €	Ausgaben je Arbeitnehmer pro Monat*	Dauer der Leistung in Monaten**
Quasi-marktlich organisierte Vermittlungsleistungen												
Beauftragung Dritter mit der Vermittlung (Gesamt- und Teilaufgaben)												
Beauftragung von Trägern mit Eingliederungsmaßnahmen												
Personal-Service-Agentur										174.531	x	x
Förderung der beruflichen Weiterbildung	2.680.350	640	8,2	2.778.117	664	9,3	2.704.718	681	10,5	2.028.617	631	10,7
Eignungsfeststellungs- und Trainingsmaßnahmen	323.387	580	1,2	349.946	570	1,1	477.779	658	0,9	577.577	538	1,0
Beschäftigungsbegleitende Maßnahmen												
Eingliederungszuschüsse	980.326	922	7,7	1.062.368	901	9,3	1.225.107	925	8,8	1.348.925	850	8,6
Einstiegsgeld												
Überbrückungsgeld für Selbstständige	750.350	1.515	x	804.569	1.554	x	1.005.867	1.544	x	1.412.933	1.634	5,7
Existenzgründerzuschuss (Ich-AG)										268.392	x	x
Gründungszuschuss												
Beschäftigung schaffende Maßnahmen												
Arbeitsbeschaffungsmaßnahmen	3.680.225	1.507	9,4	2.975.976	1.448	9,0	2.332.957	1.559	8,5	1.675.578	1.511	7,3
Arbeitsgelegenheiten in der Mehraufwandsvariante												

* Durchschnittliche monatliche Ausgaben dividiert durch durchschnittlichen Teilnehmerbestand. Die Berechnung setzt voraus, dass im Bewirtschaftungs- und in den Fachverfahren (und damit Statistiken) gleichartige Kriterien nachgewiesen werden; sie ist nur bei zeitraumbezogenen Leistungen sinnvoll bzw. möglich.
** Durchschnittlicher Teilnehmerbestand dividiert durch Monatsdurchschnitt an Zu-/Abgängen. Die Berechnung ist nur bei zeitraumbezogenen Leistungen sinnvoll und möglich.
x = fehlende Angaben.
Quelle: Statistik der Bundesagentur für Arbeit.

Tabelle C3 (Fortsetzung)

Maßnahmenkosten und Maßnahmendauern gemäß Eingliederungsbilanz nach § 11 SGB III und § 54 SGB II

	2004			2005			2006		
	Ausgaben in 1.000 €	Ausgaben je Arbeitnehmer pro Monat*	Dauer der Leistung in Monaten**	Ausgaben in 1.000 €	Ausgaben je Arbeitnehmer pro Monat*[1]	Dauer der Leistung in Monaten***[1]	Ausgaben in 1.000 €	Ausgaben je Arbeitnehmer pro Monat*[2]	Dauer der Leistung in Monaten**[2]
Quasi-marktlich organisierte Vermittlungsleistungen									
Beauftragung Dritter mit der Vermittlung (Gesamt- und Teilaufgaben)	175.502	174	1,7	101.016	129	2,7	88.884	84	6,7
Beauftragung von Trägern mit Eingliederungsmaßnahmen	24.114	190	5,5	31.829	199	5,8	26.643	188	4,4
Personal-Service-Agentur	350.496	1.051	8,5	180.069	825	5,5	54.873	787	4,2
Förderung der beruflichen Weiterbildung	1.440.196	627	10,7	849.877	538	13,4	905.070	645	7,2
Eignungsfeststellungs- und Trainingsmaßnahmen	496.208	421	0,9	334.868	404	0,8	330.476	394	0,8
Beschäftigungsbegleitende Maßnahmen									
Eingliederungszuschüsse	907.653	685	9,0	454.139	617	7,8	610.651	629	4,9
Einstiegsgeld				21.851	x	x	64.099	228	6,0
Überbrückungsgeld für Selbstständige	1.746.243	1.739	6,0	1.847.506	1.855	6,0	1.470.536	1.940	5,9
Existenzgründerzuschuss (Ich-AG)	980.490	532	10,7	1.352.774	483	14,0	1.027.037	408	23,7
Gründungszuschuss							82.957	908	x
Beschäftigung schaffende Maßnahmen									
Arbeitsbeschaffungsmaßnahmen	1.212.301	1.179	6,6	615.804	830	7,2	578.444	1.091	6,3
Arbeitsgelegenheiten in der Mehraufwandsvariante				895.439	x	x	1.126.542	353	4,7

* Durchschnittliche monatliche Ausgaben dividiert durch durchschnittlichen Teilnehmerbestand. Die Berechnung setzt voraus, dass im Bewirtschaftungs- und in den Fachverfahren (und damit Statistiken) gleichartige Kriterien nachgewiesen werden; sie ist nur bei zeitraumbezogenen Leistungen sinnvoll bzw. möglich.

** Durchschnittlicher Teilnehmerbestand dividiert durch Monatsdurchschnitt an Zu-/Abgängen. Die Berechnung ist nur bei zeitraumbezogenen Leistungen sinnvoll und möglich.

1) Werte nur im SGB-III-Bereich.   2) Für Maßnahmen in beiden Rechtskreisen gemittelte Werte.

x = fehlende Angaben.

Quelle: Statistik der Bundesagentur für Arbeit.

sollten Unternehmen bei einem gegebenen Marktlohn mehr Arbeitnehmer einsetzen. Beratungs- und Vermittlungsmaßnahmen erleichtern Bewerbern und Unternehmen den Zugang zu Informationen über die jeweils andere Marktseite und senken damit Such- und Stellenbesetzungskosten. Berufsausbildungs-, Weiterbildungs- und Trainingsmaßnahmen bauen Humankapital auf und tragen dazu bei, die Qualifikation von Arbeitskräften dem Bedarf der Wirtschaft anzupassen. Eingliederungszuschüsse mindern die Lohnkosten, kompensieren ggf. vorübergehende Produktivitätsnachteile und geben Unternehmen die Gelegenheit, während der Maßnahme kostengünstig die Eignung der Geförderten zu überprüfen. Ähnlich erhöhen Maßnahmen der Gründungsförderung den „Unternehmerlohn" bzw. verringern die Opportunitätskosten einer Gründung. Im Verlauf einer Förderung durch Beschäftigung schaffende Maßnahmen erwerben die Geförderten zudem wertvolle Berufserfahrung, die ihnen in der Folge auch in anderen Unternehmen zugutekommen sollte.

Allerdings kann die Förderung auch *unerwünschte Nebenwirkungen* haben: So dürften viele Geförderte während der Förderung die Intensität der Suche nach einem neuen Arbeitsplatz reduzieren, so dass es zu dem sogenannten Einbindungs-, Lock-in- oder Einsperreffekt kommt. Zudem kann eine Förderung ein Stigma darstellen – dies wäre der Fall, wenn die Teilnahme an arbeitsmarktpolitischen Programmen von Unternehmen als Hinweis auf eine niedrige Produktivität gewertet wird. Mitnahmeeffekte treten auf, wenn das Arbeitsmarktergebnis ohne Förderung dasselbe gewesen wäre, also z. B. eine Einstellung auch ohne einen Eingliederungszuschuss erfolgt wäre.

Messung von Wirkung

Wir konzentrieren uns zunächst darauf, wie sich die Maßnahmenteilnahme auf das Arbeitsmarktergebnis der Teilnehmer – z. B. auf die Wahrscheinlichkeit, ungefördert beschäftigt zu sein – auswirkt. Wenn Personen an einer arbeitsmarktpolitischen Maßnahme teilgenommen haben, kann beobachtet werden, wie viele Teilnehmer sich zu einem gegebenen Zeitpunkt nach Maßnahmeneintritt beispielsweise in Beschäftigung befinden. Es kann aber nicht beobachtet werden, wie hoch die Beschäftigungsquote ausgefallen wäre, wenn diese Personen gar nicht an der Maßnahme teilgenommen hätten. Der Unterschied zwischen ihrer Beschäftigungsquote bei Teilnahme und bei Nicht-Teilnahme würde messen, welche Wirkung die Teilnahme an der Maßnahme für den Teilnehmer hat. Aber dieser kausale Effekt ist grundsätzlich unbeobachtbar. Das ist das fundamentale Evaluationsproblem.

Bei sozialen Experimenten wird eine Schätzung für das potenzielle Ergebnis der Teilnehmer ohne Förderung konstruiert, indem auf Basis eines Zufallsmechanismus Personen, die ansonsten an der Maßnahme teilgenommen hätten, von dieser Maßnahme ausgeschlossen werden. Abgesehen von gewöhnlichen Stichprobenvariationen sollten Teilnehmer und Kontrollgruppe aufgrund der zufälligen Zuweisung die gleiche Verteilung von beobachtbaren und unbeobachtbaren Merkmalen aufweisen. Unter bestimmten Bedingungen lässt sich in der Folge durch einen einfachen Vergleich des durchschnittlichen Arbeitsmarktergebnisses der Teilnehmer- und der Kontrollgruppe eine konsistente Schätzung der Maßnahmewirkung auf die Geförderten ermitteln.

In einer nicht-experimentellen Situation wird die Teilnahmeentscheidung durch den Vermittler, den Teilnehmer selbst und ggf. durch den Träger der Maßnahme beeinflusst. So mögen bestimmte Maßnahmen wie beispielsweise Ein-Euro- bzw. Zusatzjobs geeignet sein, schwer vermittelbare bedürftige Arbeitslose wieder an den Arbeitsmarkt heranzuführen. Die Teilnehmer könnten dann aber Personen sein, die ohne die Teilnahme weit schlechtere Beschäftigungsaussichten hätten als bedürftige Arbeitslose, die nicht an den Zusatzjobs teilnehmen. Auch der umgekehrte Fall ist denkbar. Fallmanager könnten ein Interesse daran haben, dass ein möglichst hoher Anteil der Zusatzjobteilnehmer nach der Teilnahme eine reguläre Beschäftigung ausübt. Damit könnten sie einen vermeintlichen Erfolg ihrer

Maßnahmezuweisung in Form einer hohen Bruttoeingliederungsquote vorweisen, die für die Beurteilung ihrer Arbeit vor Ort herangezogen wird. In diesem Falle käme es zu einer Teilnehmerauswahl mit überdurchschnittlich hohen Eingliederungschancen für die Zusatzjobs.

Aufgrund dieser Selektionsprobleme können die Beschäftigungsquoten oder andere Zielgrößen der Teilnehmer nicht mit denen zufällig ausgewählter Nicht-Teilnehmer verglichen werden. Ein solcher Vergleich würde je nach Art der Selektion Maßnahmeneffekte über- oder unterschätzen. Mit anderen Worten, es sollten keine Äpfel mit Birnen verglichen werden. In diesem Fall ist die experimentelle Situation nachträglich mithilfe statistischer Verfahren herzustellen.

Dies geschieht in der deutschen Evaluationsliteratur vorherrschend mit Propensity-Score-Matching, auf das wir uns nachfolgend konzentrieren. Hierbei gilt es, für Maßnahmeteilnehmer möglichst (teilnahmeberechtigte) Nicht-Teilnehmer zu finden, die sich bezüglich wichtiger Eigenschaften unmittelbar vor dem Teilnahmezeitpunkt nicht von den Teilnehmern unterscheiden. Eine Vergleichbarkeit muss bezüglich aller wichtigen Charakteristika hergestellt werden, die sowohl einen Einfluss auf die Teilnahmewahrscheinlichkeit als auch auf die jeweils betrachteten Erfolgsvariablen – wie beispielsweise die Beschäftigungsquote – haben.

In der Praxis werden dabei für Teilnehmer wie Nicht-Teilnehmer – auf Basis der oben genannten Eigenschaften – die Teilnahmewahrscheinlichkeiten (Propensity-Scores) in Abhängigkeit von den Einflussfaktoren geschätzt. Im nächsten Schritt werden jedem Teilnehmer mit einer bestimmten Teilnahmewahrscheinlichkeit ein oder mehrere Nicht-Teilnehmer mit einer etwa ebenso hohen Teilnahmewahrscheinlichkeit zugeordnet. Bei einer solchen Paarung mit gleicher Teilnahmewahrscheinlichkeit ist es letztlich wie bei einem echten Experiment nur noch Zufall, dass eine Person an der Maßnahme teilnimmt und die andere nicht. Und der zu erwartende künftige Arbeitsmarkterfolg der so gebildeten Vergleichsgruppe unterscheidet sich nur noch, weil eine Person an der Maßnahme teilnimmt und die andere nicht (Annahme der konditionalen Unabhängigkeit). Nach der Auswahl der Vergleichsgruppe von ‚statistischen Zwillingen' wird die Maßnahmewirkung als Differenz zwischen Arbeitsmarktergebnissen der Teilnehmer und der Vergleichsgruppe für verschiedene Zeitpunkte oder Zeiträume nach dem Maßnahmeneintritt bestimmt.

Es gibt eine Vielzahl von Matching-Ansätzen, die zur Schätzung der Teilnahmewirkungen infrage kommen. Typischerweise werden als Stichproben für solche Evaluationsstudien der Zugang oder Bestand an Arbeitslosen verwendet, die teilnahmeberechtigt sind. Wer sind aber nun die Maßnahmeteilnehmer und wer sind die geeigneten Vergleichspersonen? Angenommen, wir definieren Maßnahmeteilnehmer als arbeitslose Personen, die in den ersten drei Monaten nach dem Eintritt in die Arbeitslosigkeit eine Arbeitsbeschaffungsmaßnahme (ABM) beginnen. Die Nicht-Teilnehmer könnten dann arbeitslos werdende Personen sein, die bis zum Ende ihrer Arbeitslosigkeit nie an einer ABM teilnehmen. Es gäbe auch eine andere Möglichkeit, die Nicht-Teilnehmergruppe abzugrenzen, und zwar z. B. als Personen, die nur in den ersten drei Monaten nach Eintritt in die Arbeitslosigkeit nicht an einer ABM teilnehmen; eine Teilnahme zu einem späteren Zeitpunkt wird jedoch nicht ausgeschlossen. Dieser zweite Ansatz ist im Gegensatz zum ersten dynamischer Natur und hat den Vorteil, dass zukünftige Ereignisse nicht a priori ausgeschlossen werden, was letztlich eine Grundannahme der Matching-Methodik darstellt. Wählt man den ersten statischen Ansatz, muss davon ausgegangen werden, dass die Effektivität einer Maßnahme unterschätzt wird (Fredriksson/Johansson 2003). Steiger (2004) demonstriert dies für Maßnahmenteilnahmen in der Schweiz, Stephan (2008) für solche in Deutschland.

Die Validität des Matching-Ansatzes hängt maßgeblich davon ab, dass die Teilnahmewahrscheinlichkeit in Abhängigkeit aller entscheidenden Einflussvariablen geschätzt wurde. Dafür sind qualitativ hochwertige Personendaten notwendig, die eine Vielzahl von Informationen erfassen: Soziodemografische Informationen wie Alter, Kinderzahl, Familienstand, Bildung, aber auch Informationen zur Arbeitsmarkthistorie gehören dazu ebenso wie Informationen zum regionalen Arbeitsmarkt. Die Prozessdatensätze am IAB enthalten solche Personendaten aus der Beschäftigungsstatistik, den Arbeitslosigkeits- und Leistungsempfängerhistoriken oder der Maßnahmeteilnehmerhistorik. Durch die Einführung des Arbeitslosengeldes II und der damit verbundenen Neuorganisation der Träger wurden im Jahr 2005 zudem Erfassungssysteme eingeführt, die alle Personen einer Bedarfsgemeinschaft gemeinsam abbilden. Eigenschaften der Bedarfsgemeinschaft und ihrer Mitglieder können seitdem zur Modellierung der Teilnahmewahrscheinlichkeit an den Maßnahmen verwendet werden, wenn sich die Evaluation auf Alg-II-Empfänger bezieht.

Dennoch bleiben viele Faktoren, die für die Selektivität der Teilnehmer und ihren Arbeitsmarkterfolg eine Rolle spielen könnten, in den vorliegenden Prozessdaten unbeobachtbar. Dazu gehören persönliche Talente, die Motivation zu arbeiten, Eigenschaften des Fallmanagers und vieles mehr. Zudem werden Prozessdaten, die von Arbeitgebern oder den Trägern der Arbeitsmarktpolitik in verschiedenen Eingabesystemen erfasst werden, nicht primär für wissenschaftliche Zwecke gesammelt. In welchem Umfang Eingabefehler verschiedener Art vorliegen, lässt sich nur schwer einschätzen.

Festzuhalten ist schließlich: Mit der Messung individueller Teilnahmewirkungen kann die Effektivität der aktiven Arbeitsmarktpolitik insgesamt nicht beurteilt werden. Mikroökonometrische Evaluationsstudien auf der Grundlage von Matching-Methoden mögen z. B. nachweisen, dass mit Eingliederungszuschüssen geförderte Personen höhere Beschäftigungschancen haben als vergleichbare nicht geförderte Personen. Dennoch könnte hier ein reiner Mitnahmeeffekt durch Arbeitgeber vorliegen, so dass in der Volkswirtschaft kein einziger zusätzlicher Arbeitsplatz entstünde und die Maßnahme ineffektiv wäre. Um solche Effekte zu untersuchen, bedarf es der Evaluation aktiver Arbeitsmarktpolitik auf der Makroebene. Zudem beantworten Mikroevaluationsstudien nicht die Frage, *warum* eine Maßnahme jeweils die beobachteten positiven oder negativen Wirkungen zeigt. Deshalb ist es sinnvoll, sie um Implementationsuntersuchungen zu ergänzen, bei denen etwa gefragt wird, durch welche Kriterien sich die Vermittler vor Ort bei der Maßnahmezuweisung leiten lassen oder wie sich die Zusammenarbeit mit den Maßnahmenträgern gestaltet. Diese Kombination von Makro-, Mikro- und Implementationsstudien wurde etwa in der oben angesprochenen Evaluation der ersten drei Hartz-Gesetze durchgängig verankert. Dennoch liegen bei Weitem noch nicht für alle arbeitsmarktpolitischen Instrumente aussagekräftige Studien zur Implementation vor.

4 Quasi-marktlich organisierte Vermittlungsdienstleistungen

Vermittlungsdienstleistungen werden nicht nur von der BA und einigen Kommunen als öffentlichen Trägern erbracht, sondern auch von privaten Dienstleistern, sogenannten Dritten. Zentrales Ziel der Einbindung privater Vermittlungsdienstleister ist die Einführung von Wettbewerb (Hartz et al. 2002). Dieser soll über den Markt- und Preismechanismus dazu führen, dass eine gute Dienstleistungsqualität zu niedrigen Kosten realisiert wird. Der Markt öffentlicher Vermittlungsdienstleistungen ist nicht frei, sondern quasi-marktlich (Bartlett/Le Grand 1993) organisiert. Das heißt, die Nachfrage nach Vermittlungsdienstleistungen erfolgt nicht wie auf freien Märkten direkt durch die Arbeitsuchenden, sondern entweder über Gutscheine oder durch die öffentlichen Träger der Arbeitsvermittlung als Einkäufer im Rahmen einer öffentlichen Ausschreibung. Dabei entscheidet der öffentliche Träger jeweils darüber, welcher Dritte den Zuschlag bekommt, und darüber, welche Arbeitsuchenden zu ihm überwiesen werden. Die öffentlichen Träger übernehmen zudem die Verantwortung für die Gewährleistung der Dienstleistung, auch wenn sie zeitweise durch Dritte erbracht wird.

Die Ziele der öffentlichen und dritten privaten Träger sind unterschiedlich: Die öffentlichen Träger der Arbeitsvermittlung wollen durch Wettbewerb Kosten sparen und höhere Vermittlungserfolge erzielen. Die privaten Vermittlungsdienstleister operieren innerhalb des Wirtschaftssystems und wollen Gewinne mit kalkulierbarem Risiko realisieren.

Aus diesen unterschiedlichen Zielsetzungen ergeben sich folgende Gestaltungsanforderungen für die öffentlichen Träger: Zunächst muss es für Dritte unter überschaubarem Risiko möglich sein, auf dem Quasi-Markt für Vermittlungsdienstleistungen Gewinn zu erwirtschaften. Die öffentlichen Träger stehen dabei vor der Herausforderung, ihre Verträge so anzubahnen und auszugestalten, dass möglichst viele Arbeitsuchende durch private Dienstleister vermittelt werden. Die Vergütung ist demzufolge so zu gestalten, dass sich die Vermittlung der Arbeitsuchenden in Beschäftigung für den Dritten finanziell lohnt – in der Regel geschieht dies mithilfe einer Erfolgsprämie. Ein Problem ist dabei allerdings die Sicherung der Qualität der Dienstleistung. Qualitätsstandards für Beratungs- und Vermittlungsaktivitäten, für die räumliche Ausstattung oder die Personalstruktur können zwar definiert werden. Die Überwachung der tatsächlichen Einhaltung ist jedoch nicht vollends möglich und mit zusätzlichen Transaktionskosten verbunden. Da Verträge nicht individuell, sondern für Gruppen spezifiziert werden, gibt es schließlich einen Anreiz für die Dritten, „sich die Rosinen herauszupicken", d. h., ihren Aufwand für schwer vermittelbare Arbeitsuchende zu reduzieren und ihren Einsatz entsprechend auf Arbeitsuchende mit guten Beschäftigungschancen zu konzentrieren (Struyven/Steurs 2005). Dem kann entgegengewirkt werden, indem möglichst homogene Gruppen zu den Dritten überwiesen werden oder schwerer vermittelbare Arbeitsuchende mit höheren Erfolgsprämien ausgestattet werden.

Die nachfolgenden Abschnitte behandeln die Ausgestaltung, Entwicklung und Wirkung solcher quasi-marktlich organisierten Vermittlungsdienstleistungen. Dazu gibt es in Deutschland drei wesentliche Optionen: die Beauftragung privater Vermittlungsdienstleister durch öffentliche Träger, Vermittlungsgutscheine und subventionierte Leiharbeit in Personal-Service-Agenturen.

4.1 Beauftragung privater Vermittlungsdienstleister

Zur Unterstützung der Vermittlung können die öffentlichen Träger der Arbeitsvermittlung Dienstleistungen bei privaten Trägern einkaufen. So erhalten einige Arbeitsuchende für einen begrenzten Zeitraum zusätzlich Dienstleistungen rund um die Arbeitsvermittlung. Private Vermittlungsdienstleister können ihren Service auf öffentliche Ausschreibungen hin anbieten. Die öffentlichen Träger wählen nach vorher festgelegten Kriterien diejenigen

Dritten aus, mit denen ein zeitlich begrenzter Vertrag abgeschlossen wird.

Für Alg-II-Empfänger sind von Dritten erbrachte Vermittlungsdienstleistungen Ermessensdienstleistungen, d. h., der öffentliche Träger kann selbst entscheiden, ob seine Klienten zeitweise zu Dritten überwiesen werden. Alle anderen Arbeitslosen können nach einem halben Jahr Arbeitslosigkeit die zeitweilige Überweisung zu einem externen Vermittlungsdienstleister einfordern.

Wettbewerblich vergebene Vermittlungsdienstleistungen zielen entweder auf den unmittelbaren Übergang in Beschäftigung oder nur mittelbar, indem zunächst Beschäftigungsfähigkeit aufgebaut werden soll. Entsprechend diesen Zielen können entweder *Teilaufgaben der Vermittlung* oder die *gesamte Vermittlung* an Dritte vergeben werden.

Teilaufgaben der Vermittlung (§ 37 SGB III) umfassen dabei z. B. die Erstellung von Klientenprofilen, sozial- oder arbeitsmarktintegratives Fallmanagement oder die Aktivierung der Eigenbemühungen durch Unterstützung des Bewerbungsprozesses. Für die Arbeitsuchenden besteht – anders als in Trainingsmaßnahmen – keine ständige Anwesenheitspflicht. Die Betreuung soll vielmehr individuell erfolgen (Heinemann et al. 2006a). Die Aufnahme einer Beschäftigung ist nur mittelbares Ziel, denn i. d. R. sind zur Vergütung des Dritten ausschließlich (monatlich gezahlte) Kopfpauschalen für jeden Arbeitsuchenden vorgesehen. Damit besteht kein Anreiz zur Vermittlung, der Dritte soll vielmehr die Grundlagen für die Aufnahme einer Beschäftigung legen oder Beschäftigungsfähigkeit herstellen (Bernhard et al. 2006c).

Im Gegensatz dazu geht es bei der Beauftragung Dritter mit der gesamten Vermittlung um den unmittelbaren Übergang in Beschäftigung innerhalb des Überweisungszeitraums. Bis Ende 2007 war dies gesetzlich über zwei sehr ähnliche Instrumente möglich: die Beauftragung Dritter mit der Vermittlung (§ 37 SGB III) und die Beauftragung von Trägern mit Eingliederungsmaßnahmen (§ 421i SGB III). Nachdem sich beide Instrumente in ihrer Ausgestaltung bis zum Jahr 2007 stark einander angenähert hatten, wurde die Beauftragung von Trägern mit Eingliederungsmaßnahmen ab 2008 nicht mehr verlängert.

Vertragsgestaltung
Interessant ist, wie die Dienstleistungen der Dritten eingekauft und vergütet werden, da die Vertragsgestaltung auch direkte Effekte auf das Verhalten der Dritten haben dürfte. Seit dem Jahr 2004 erfolgt der Einkauf von Vermittlungsdienstleistungen überwiegend zentralisiert durch sieben Regionale Einkaufszentren der BA. Im Gegensatz zu den Arbeitsagenturen besteht für öffentliche Träger, die Alg-II-Empfänger betreuen, das Angebot und nicht die Verpflichtung, den Service der Regionalen Einkaufszentren zu nutzen. Durch die Zentralisierung wird einerseits die Transparenz erhöht und sichergestellt, dass die Richtlinien zur Vergabe öffentlicher Aufträge eingehalten werden. Andererseits wird dadurch der Gestaltungsspielraum auf lokaler Ebene erheblich eingeschränkt (WZB/infas 2005; Gülker/Kaps 2006). Außerdem wurden die Ausschreibungsunterlagen für Vermittlungsdienstleistungen weitgehend standardisiert.

Ein wesentlicher Unterschied zwischen der Beauftragung Dritter (§ 37) und der Beauftragung von Trägern mit Eingliederungsmaßnahmen (§ 421i) bestand bis zum Jahr 2005 im Auswahlverfahren der Dritten und in den Vergütungskonditionen. Bei der Bieterauswahl für Beauftragungen Dritter mit der gesamten Vermittlung entschied eine reine Preisbewertung über die Annahme oder Ablehnung der Angebote. Dagegen mussten Dritte für Beauftragungen von Trägern mit Eingliederungsmaßnahmen ein Strategiepapier einreichen, in dem sie beschrieben, mit welchen Methoden sie Vermittlungsdienstleistungen erbringen wollten. Sowohl die Bewertung des Strategiepapiers als auch der Preis gingen dann in die Auswahlentscheidung ein. Seit 2006 wurden Qualitätsaspekte bezüglich der geplanten Vermittlungsstrategie bei der Vergabeentscheidung für beide Instrumente berücksichtigt.

Die Vergütung der mittlerweile bereits abgeschafften Beauftragungen von Trägern mit Eingliederungsmaßnahmen erfolgte über Vermittlungsprämien in zwei Raten – sogenannten Bonuszahlungen – sowie über Maluszahlungen, die an die öffentlichen Träger gezahlt wurden, wenn die vorher vereinbarte Anzahl an Vermittlungen nicht erreicht wurde. Beauftragungen Dritter mit der Vermittlung werden ebenfalls mit Vermittlungsprämien – aufgeteilt in zwei Raten – vergütet. Daneben gibt es in einigen Ausschreibungen Aufwandspauschalen für jeden überwiesenen Arbeitsuchenden, jedoch keine Maluszahlungen.

Neu ist im Rechtskreis SGB II, dass auch die Vermittlung in geringfügige oder geförderte Beschäftigung mit einer verminderten Vermittlungsprämie honoriert wird, anstatt ausschließlich sozialversicherungspflichtige Beschäftigungen zu vergüten. Dies entspricht der Zielsetzung im SGB II, das nicht nur die Beendigung, sondern auch die Verringerung von Hilfebedürftigkeit zum Grundsatz des Forderns erklärt (§ 2 SGB II). Zudem wurden zwei weitere Vergütungsinstrumente eingeführt: eine Zusatzprämie, die bei schneller Vermittlung gezahlt wird, und ein Risikoausgleich, der anstatt der Vermittlungsprämie ausgezahlt werden kann, wenn der Klient für mindestens drei Monate weder arbeitslos gemeldet ist noch Leistungen erhält.

Abschließend sei hier ein Problem der Beauftragung mit Teilaufgaben der Vermittlung erwähnt: Die Vergütung der standardisierten Leistungen erfolgte bisher input- und nicht outputorientiert. Die wettbewerbliche Vergabe von Teilaufgaben der Vermittlung ist jedoch nur sinnvoll, wenn es den öffentlichen Trägern gelingt, ihre Ziele genau zu spezifizieren und die Vergütung der Dritten daran zu koppeln. Im Jahr 2006 wurde die Standardisierung der Teilaufgaben der Vermittlung abgeschafft, d. h., es gibt seitdem nur noch dezentral und lokal entwickelte Ausschreibungsunterlagen für die Vergabe von Teilaufgaben der Vermittlung. Es ist offen, inwiefern es darin durch die Setzung von Anreizen gelungen ist, eine Interessenkongruenz zwischen öffentlichen und privaten Trägern herzustellen. Evaluationsergebnisse über die Wirkung, die die Beauftragungen von Dritten mit Teilaufgaben der Vermittlung haben, liegen noch nicht vor.

Zugänge und Teilnehmerstrukturen

Die Vergabe von Vermittlungsdienstleistungen über Ausschreibungen ist seit dem Jahr 2004 rückläufig (Tabelle C1): Während im Jahr 2004 noch für fast 400.000 Personen zeitweise Teilleistungen der Vermittlung durch Dritte erbracht wurden, waren es im Jahr 2006 nur noch 150.000 Personen. Ein ähnlich starker Rückgang ist bei der Zahl der Personen zu verzeichnen, für die ein Dritter mit dem Ziel der unmittelbaren Vermittlung (über § 37 oder § 421i SGB III) eingeschaltet wurde: Im Jahr 2004 waren es noch 260.000 und 2006 weniger als 190.000 Arbeit- oder Ausbildungsuchende. Im Vergleich zur Zusammensetzung im Arbeitslosenbestand sind unter zu Dritten überwiesenen Personen höhere Anteile von unter 25-Jährigen und geringere Anteile von über 50-Jährigen und Langzeitarbeitslosen (Tabelle C2). Der Frauenanteil unter den überwiesenen Personen entspricht dem Anteil der Frauen an allen Arbeitslosen.

Ergebnisse von Wirkungsanalysen

Wirkungsanalysen zeigen, dass bestimmte Gruppen von Arbeitsuchenden durchaus von der Überweisung zu privaten Vermittlern profitieren können. Insgesamt rufen die bisherigen Ergebnisse jedoch Skepsis hervor: Eine Studie untersucht Arbeitslose, die im ersten Quartal 2004 zu einem Dritten überwiesen wurden, und verfolgt die Entwicklung ihrer Beschäftigungschancen mit einer Vergleichsgruppe für einen Zeitraum von bis zu neun Monaten (Winterhager 2006a, 2006b, 2008). Kurzfristig fallen die Beschäftigungschancen der Überwiesenen zunächst etwas schlechter aus. Dies lässt sich damit erklären, dass die Dritten ihre neuen Arbeitsuchenden erst kennenlernen müssen, bevor sie sie in passende Jobs vermitteln können. Allerdings verschwinden die Unterschiede zwischen den Überwiesenen und der Vergleichsgruppe bis zum Ende des Untersuchungszeitraums. Die überwiesenen Arbeitsuchenden haben also insgesamt nicht profitiert, weil ihre Beschäftigungschancen nicht höher sind als in der Vergleichsgruppe. Nur in Westdeutschland unter Frauen, Älteren (Winterhager 2006a, 2008) und Jüngeren (Winterhager 2006b) sind durch die Einschaltung des Dritten mittelfristig bis zu 3 Prozentpunkte mehr in Beschäftigung als in der Vergleichsgruppe.

Eine weitere Studie bestätigt, dass sich aufgrund der Überweisung zu einem privaten Dienstleister kurzfristig keine positive Wirkung einstellt. Arbeitslose im Rechtskreis SGB III, die im Zeitraum von 2003 bis 2005 zu einem Dritten überwiesen wurden, haben vier Monate nach der Überweisung weder bessere noch schlechtere Beschäftigungschancen als die Vergleichsgruppe (WZB/infas 2006).

Einige Teilgruppen von Alg-II-Empfängern, die Anfang 2005 zu Dritten überwiesen wurden, profitieren von den Dienstleistungen der Dritten; sie weisen bis zu 6 Prozentpunkte höhere Beschäftigungschancen auf als die Vergleichsgruppe. Dieser Befund bezieht sich auf einen relativ langen Beobachtungszeitraum von bis zu zwei Jahren nach der Überweisung. Allerdings werden durch die Überweisung weder Arbeitslosigkeit und Maßnahmenteilnahmen noch Hilfebedürftigkeit vermieden: Dieser Unterschied resultiert daraus, dass die Überwiesenen etwas häufiger in durch die Daten nicht erfasste Zustände übergehen, wie z. B. schulische oder universitäre Ausbildung, Pflege von Angehörigen oder Kindern, Selbstständigkeit oder Altersruhestand. Insgesamt sind die Unterschiede in den Erfolgsindikatoren zwischen den überwiesenen Arbeitsuchenden und der Vergleichsgruppe jedoch nicht groß (Bernhard/Wolff 2008).

Implementationsaspekte
Ein Grund für die eher geringen Wirkungen der Beauftragung Dritter wird in der Ausgestaltung der Verträge gesehen (WZB/infas 2006): Die Kombination der erfolgsabhängigen Vergütung für die Privaten mit der Tatsache, dass die Überweisungsentscheidung allein bei den Agenturen bzw. Trägern der Grundsicherung liegt, führt zu einer Verlagerung des gesamten Risikos auf die beauftragten Dritten. Durch die rein erfolgsabhängige Vergütung besteht für Dritte der Anreiz, ihre Aktivitäten auf die aussichtsreichsten Personen unter den Überwiesenen zu konzentrieren.

Künftige Wirkungsergebnisse dürften weiterhin durch eine Rechtsänderung zu Beginn des Jahres 2005 beeinflusst werden. Denn seitdem kann die Ablehnung einer Beauftragung durch Dritte für die Arbeitslosen Sanktionen nach sich ziehen. Die Arbeitsagenturen nutzen sie daher nach eigenen Angaben zunehmend auch zur Aktivierung der Arbeitslosen bzw. als Test der Arbeitsbereitschaft.

4.2 Vermittlungsgutschein
Der Gesetzgeber wollte mit dem Vermittlungsgutschein den Wettbewerb zwischen der öffentlichen und der privaten Arbeitsvermittlung stärken. Deshalb wurde gleichzeitig mit der Einführung des Vermittlungsgutscheins im Jahr 2002 die Erlaubnispflicht für private Anbieter von Vermittlungsdienstleistungen abgeschafft.

Die Ausgestaltung des Vermittlungsgutscheins hat sich seit seiner Einführung im Jahr 2002 mehrfach verändert (Tabelle C4). Das Instrument ist derzeit bis Ende 2010 befristet. Arbeitslose im SGB-III-Rechtskreis haben nach zwei Monaten einen Rechtsanspruch auf einen Vermittlungsgutschein. Alg-II-Empfänger haben keinen Rechtsanspruch, können jedoch im Ermessen ihres öffentlichen Trägers ebenfalls einen Vermittlungsgutschein bekommen.

Vermittlungsgutscheine sind drei Monate lang gültig und versetzen den Arbeitsuchenden in die Lage, selbst einen privaten Dienstleister auszuwählen. Nur im Falle einer erfolgreichen Vermittlung in eine sozialversicherungspflichtige Beschäftigung von mindestens 15 Wochenstunden erhält der private Dienstleister eine Vergütung vom öffentlichen Träger. Die Vergütung wird in zwei Raten ausgezahlt: Die erste Rate beläuft sich auf 1.000 € und wird seit

Tabelle C4

Ausgestaltung des Vermittlungsgutscheins

	2002–2004	2005–2007	seit 2008
Mindestdauer Arbeitslosigkeit	3 Monate	6 Wochen	2 Monate
Auszahlungszeitpunkt der 1. Rate	zu Beginn der sozialversicherungspflichtigen Beschäftigung	nach 6 Wochen sozialversicherungspflichtiger Beschäftigung	nach 6 Wochen sozialversicherungspflichtiger Beschäftigung
Auszahlungszeitpunkt der 2. Rate	nach 6 Monaten sozialversicherungspflichtiger Beschäftigung	nach 6 Monaten sozialversicherungspflichtiger Beschäftigung	nach 6 Monaten sozialversicherungspflichtiger Beschäftigung
Höhe der 1. Rate in Euro	1.000	1.000	1.000
Höhe der 2. Rate in Euro	nach bis zu 6 Monaten Arbeitslosigkeit: 500 nach 6 bis 9 Monaten Arbeitslosigkeit: 1.000 nach über 9 Monaten Arbeitslosigkeit: 1.500	1.000	i. d. R. 1.000 im Ermessen für behinderte Menschen und Langzeitarbeitslose: max. 1.500

2005 nicht mehr zu Beginn der Beschäftigung, sondern erst sechs Wochen später ausgezahlt. Durch die Verschiebung des Auszahlungszeitpunktes für die erste Rate ist sichergestellt, dass für extrem kurze Beschäftigungsverhältnisse keine Vergütung mehr erfolgt. Missbrauch und Mitnahme können damit zwar nicht verhindert, aber zumindest eingedämmt werden. Die zweite Rate wird nach sechs Monaten in Beschäftigung ausgezahlt. Sie beträgt in der Regel 1.000 € und kann seit 2008 für langzeitarbeitslose und behinderte Menschen im Ermessen der öffentlichen Arbeitsvermittlung auf maximal 1.500 € erhöht werden. Die vereinheitlichte Vergütung in der Zeit von 2005 bis 2007 hatte theoretisch den Anreiz für private Vermittlungsdienstleister verringert, Vermittlungsanstrengungen für Arbeitsuchende mit geringen Beschäftigungschancen zu unternehmen. Seit 2008 ist wieder eine differenzierte Vergütung möglich.

Zugänge und Teilnehmerstrukturen

Im Jahr 2003 wurden über 500.000 und im Jahr 2004 knapp 650.000 Vermittlungsgutscheine ausgegeben (Kruppe 2006a). Auch die Zahl der jährlich eingelösten Vermittlungsgutscheine, für die eine erste Rate gezahlt wurde, ist seit 2002 stark von 13.000 auf 63.000 im Jahr 2006 gestiegen (Tabelle C1). Arbeitslose, die einen Vermittlungsgutschein von ihrer Arbeitsagentur bekommen haben, waren verglichen mit anderen Arbeitslosen eher männlich, besser ausgebildet, jünger, ohne gesundheitliche Einschränkungen, hatten eher die deutsche Staatsangehörigkeit oder kamen aus Ostdeutschland (Dann et al. 2005; WZB/infas 2006). Demgemäß sind auch unter denjenigen, die einen Vermittlungsgutschein eingelöst haben, mehr Ostdeutsche, mehr Jüngere und weniger Frauen als im Arbeitslosenbestand (Tabelle C2).

Ergebnisse von Wirkungsanalysen

Insgesamt wird dem Vermittlungsgutschein in mehreren Studien für verschiedene Ausgabezeiträume zwischen 2003 und 2005 in Evaluationszeiträumen von bis zu zwölf Monaten eine positive Wirkung auf die Beschäftigungschancen bescheinigt. Demnach sind unter Arbeitsuchenden, die einen Vermittlungsgutschein bekommen haben, vier, sechs oder zwölf Monate später zwischen 4 und 7 Prozentpunkte mehr in Beschäftigung als in der Vergleichsgruppe (Dann et al. 2005; Heinze et al. 2005; Kruppe 2006a; Pfeiffer/Winterhager 2006a; Winterhager et al. 2006; WZB/infas 2006; Winterhager 2008). Allerdings sind über einen Vermittlungsgutschein begonnene Beschäftigungsverhältnisse im Durchschnitt kürzer als andere (Heinze et al. 2005; Kruppe 2006a; WZB/infas 2006). Kurze Beschäftigungsdauern nach Einlösen des Vermittlungsgutscheins deuten auf mögliche Mitnahme hin. Dies ist jedoch nicht ausschließlich negativ zu interpretieren, da auch mit einer kürzeren Beschäftigung den negativen Wirkungen von Langzeitarbeitslosigkeit entgegengewirkt werden kann.

Anders als bei eingekauften Vermittlungsdienstleistungen können die privaten Dienstleister von vornherein Arbeitsuchende mit Vermittlungsgutschein ablehnen. Hier gibt es die Auffassung, dass Vermittlungsgutscheine aus betriebswirtschaftlicher Sicht keinen ausreichenden Anreiz darstellten, sich Problemgruppen des Arbeitsmarktes zu widmen, weil der höhere Aufwand für diese Gruppen in keinem angemessenen Verhältnis zu den realisierbaren Zusatzerträgen stünde (Beckmann et al. 2004). Die nach Arbeitslosigkeitsdauer gestaffelten Vermittlungsprämien sollten zwar die Zusatzerträge für solche Problemgruppen erhöhen. Die theoretisch begründeten Bedenken haben sich trotzdem bestätigt: Personen, die mindestens neun Monate arbeitslos waren und einen Gutschein im Wert von 2.500 € bekamen, profitierten weniger vom Vermittlungsgutschein als Kurzzeitarbeitslose mit weniger hoch dotierten Gutscheinen. Auch für Ältere war die Ausgabe des Vermittlungsgutscheins im Vergleich zu jüngeren Arbeitsuchenden weniger effektiv (Dann et al. 2005; Heinze et al. 2005; Kruppe 2006a; Pfeiffer/Winterhager 2006a; Winterhager et al. 2006). Die Vereinheitlichung der Vergütung zwischen 2005 und 2007 könnte diese Unterschiede weiter vergrößert haben. Den Evaluationsergebnissen zufolge wird die Möglichkeit, für die Vermittlung von behinderten Menschen und Langzeitarbeitslosen eine um bis zu 500 € höhere zweite Rate zu zahlen, diese Unterschiede wohl auch nicht kompensieren können.

Ein Vergleich der beiden Optionen – Ausgabe eines Vermittlungsgutscheins versus Überweisung an einen privaten Dienstleister über § 37 – zeigt, dass die Inhaber eines Vermittlungsgutscheins mit 3 bis 5 Prozentpunkten höherer Wahrscheinlichkeit eine reguläre Beschäftigung aufgenommen haben. Dies gilt für ausgegebene Gutscheine und Überweisungen an Dritte im ersten Halbjahr 2004 für einen Zeitraum von bis zu sechs Monaten nach Erhalt des Gutscheins (Pfeiffer/Winterhager 2006a, b).

Implementationsaspekte
Anders als bei der Beauftragung privater Vermittlungsdienstleister können sich Arbeitsuchende mit dem Vermittlungsgutschein selbst einen privaten Vermittler suchen. Für die öffentlichen Träger fallen damit keine Transaktionskosten für den relativ aufwändigen Einkaufsprozess wie bei der Beauftragung von privaten Vermittlern an. Allerdings besteht für Arbeitsuchende bezüglich des Vermittlungsmarktes kaum Transparenz. Im Internetportal der BA befindet sich eine nach Postleitzahlen geordnete Linksammlung privater Arbeitsvermittler; die Qualität der angebotenen Dienstleistungen bleibt jedoch im Dunkeln. Die Bundesregierung hat zwar mit den Verbänden der Branche Qualitätsmindeststandards zu institutionellen Rahmenbedingungen, zum Vermittlungsprozess sowie zu fachlichen und persönlichen Voraussetzungen von Vermittlern festgelegt. Ob diese eingehalten werden, ist für den Arbeitsuchenden jedoch nicht transparent (WZB/infas 2006).

Zudem wäre es möglich, dass gerade Personen mit Vermittlungshemmnissen mit der Selbstauswahl eines privaten Vermittlers überfordert sind. Dies könnte zum einen dazu führen, dass diese Personen ihren Vermittlungsgutschein weniger häufig einlösen. Zum anderen könnte es aber auch eine Erklärung dafür sein, dass dieser Personenkreis, selbst wenn er den Gutschein einlöst, tendenziell weniger profitiert, weil ein weniger gut passender oder gar schlecht arbeitender Vermittlungsdienstleister ausgewählt wird.

4.3 Personal-Service-Agentur
Personal-Service-Agenturen (PSA) sind Arbeitnehmerüberlassungen, die ihre Beschäftigten – genau wie andere Zeitarbeitsunternehmen – verleihen. Nach den Vorschlägen der Kommission um Peter Hartz (Hartz et al. 2002) sollten Arbeitgeber durch die PSA die Möglichkeit haben, entliehene Mitarbeiter zu geringen Kosten zu testen, um sie danach regulär einzustellen. Die Betreiber von PSA werden von den Trägern der öffentlichen Arbeitsvermittlung also beauftragt und finanziell gefördert, weil PSA

ihre Mitarbeiter aus dem Arbeitslosenbestand nach Vorschlag der öffentlichen Arbeitsvermittlung rekrutieren, diese in verleihfreien Zeiten qualifizieren sollen und schließlich – über den sogenannten Klebeeffekt – in reguläre Beschäftigung vermitteln sollen.

Der Betrieb einer PSA wird öffentlich ausgeschrieben. Der öffentliche Träger wählt den Betreiber nach Preis- und Qualitätsaspekten aus und schließt in der Regel Verträge mit zweijähriger Laufzeit und der Möglichkeit zur Verlängerung ab. Die PSA erhält je Mitarbeiter eine tagesgenaue Fallpauschale. Außerdem ist für den Fall einer erfolgreichen Vermittlung eines PSA-Mitarbeiters in reguläre Beschäftigung eine Prämie vorgesehen. Anders als in der konventionellen Leiharbeitsbranche gibt es innerhalb der PSA durch diese Vermittlungsprämie einen Anreiz, Klebeeffekte und andere Übergänge in reguläre Beschäftigung der Mitarbeiter zu fördern. Die konkrete Ausgestaltung der Ausschreibungen und Verträge mit den PSA wurde seit der Einführung mehrmals geändert (Hess et al. 2006; WZB/infas 2006).

Zugänge und Teilnehmerstrukturen

Die Verbreitung des Instruments ist stark zurückgegangen (Tabelle C1). Im Jahr 2004 begannen noch 56.000 Personen eine Beschäftigung in einer PSA, im Jahr 2006 waren es nur noch 16.000 Personen. Im Juni 2007 waren bundesweit weniger als 4.000 Personen in einer PSA beschäftigt. PSA-Beschäftigte waren zu geringeren Anteilen ohne Berufsausbildung und langzeitarbeitslos (Tabelle C2). Außerdem waren unter ihnen relativ betrachtet mehr Jüngere und weniger Ältere als unter den Arbeitslosen insgesamt.

Ergebnisse von Wirkungsanalysen

Arbeitslose, die eine Beschäftigung in einer PSA aufnehmen, scheinen ihre Beschäftigungschancen dadurch nicht verbessert zu haben, d. h., die Beschäftigungschancen von PSA-Beschäftigten und ähnlichen Arbeitslosen, die keine PSA-Beschäftigung begonnen haben, unterscheiden sich nicht. Vielmehr gibt es Anhaltspunkte dafür, dass sich die mittlere Dauer bis zum Beginn einer regulären Beschäftigung durch die PSA um einen Monat verlängert (Hess et al. 2006; WZB/infas 2006). Allerdings unterscheidet sich in dieser Studie die Vergleichsgruppe – bezüglich der vorherigen Teilnahme an Maßnahmen aktiver Arbeitsmarktpolitik – statistisch signifikant von den PSA-Beschäftigten. Möglicherweise lässt sich keine positive Bilanz zur Wirkung von PSA ziehen, weil die mit dem Vergleichsgruppenansatz untersuchten PSA-Beschäftigten im Mittel schon an mehr Maßnahmen teilgenommen haben, was auf a priori schlechtere Beschäftigungschancen als in der verwendeten Vergleichsgruppe hindeutet.

Für Leiharbeit allgemein zeigen Burda/Kvasnicka (2006): Die Chancen von Arbeitslosengeld- oder -hilfebeziehern, infolge einer Tätigkeit in der Leiharbeitsbranche eine reguläre Beschäftigung aufzunehmen, haben sich im Untersuchungszeitraum (Mitte der 1990er-Jahre) nicht verbessert. Die Tätigkeit erhöhte – im Vergleich zu Leistungsempfängern, die keine Leiharbeit aufgenommen hatten – lediglich die Wahrscheinlichkeit, weiterhin in der Leiharbeitsbranche tätig zu sein. Dieser Befund lässt daran zweifeln, ob es den Klebeeffekt tatsächlich gibt und ob Leiharbeit den Übergang in reguläre Beschäftigung tatsächlich erleichtert.

Auch bei den Übergängen von PSA in Beschäftigung in der Zeit von Mitte 2003 bis Anfang 2005 waren nur 10 % auf den Klebeeffekt zurückzuführen (Jahn/Ochel 2007). Allerdings scheint der Klebeeffekt bei PSA größer zu sein als bei konventionellen Leiharbeitsunternehmen. Denn Unternehmen, die Leiharbeiter beschäftigen, berichteten in einer Befragung von einer Übernahmequote in unbefristete Beschäftigung von knapp 6 % (RWI/ISG 2006). Ähnlich verhält es sich mit Übergängen in reguläre Beschäftigung: Während knapp ein Drittel der Austritte aus PSA von Mitte 2003 bis Anfang 2005 Übergänge in reguläre Beschäftigung waren (Jahn/Ochel 2007), waren es aus konventionellen Arbeitnehmerüberlassungen heraus nur 21 % (Antoni/Jahn 2006). Ob jedoch durch die Beschäftigung in einer PSA – statt in einer konventionellen Arbeitnehmerüberlassung –

die Beschäftigungschancen steigen, lässt sich aus diesem Vergleich nicht schlussfolgern, weil nicht ersichtlich ist, ob sich beide Gruppen von Leiharbeitnehmern unterscheiden (kein Vergleichsgruppenansatz). Außerdem resultieren die Übergangsraten aus unterschiedlichen Berechnungskonzepten.

Ergebnisse von Implementationsanalysen

Während der öffentliche Träger über PSA Personen mit Vermittlungshemmnissen in reguläre Beschäftigung bringen will, zielt die PSA selbst darauf ab, ihre Beschäftigten in Konkurrenz zu kommerziellen Zeitarbeitsunternehmen gewinnorientiert zu verleihen. Die Vermittlung steht dabei nicht zwangsläufig an erster Stelle (Hess et al. 2006). Dies gilt insbesondere, wenn der PSA-Betreiber gleichzeitig ein konventionelles Zeitarbeitsunternehmen ist. Denn deren Integrationsquote lag im Jahr 2004 mit 31 % deutlich unter der Integrationsquote bei gemeinnützigen Bildungsträger-PSA (41 %). Dabei wurde in diesem Jahr nur jede fünfte PSA von einem Bildungsträger betrieben, aber weit mehr als die Hälfte durch eine konventionelle Arbeitnehmerüberlassung (Jahn 2005).

Schon bei der Auswahl der PSA-Beschäftigten wird der grundlegende Interessenkonflikt zwischen der PSA und dem öffentlichen Träger relevant, denn nur 22 % der zur PSA überwiesenen Arbeitslosen bekamen dort tatsächlich einen Arbeitsvertrag (Jahn/ Ochel 2007). Bisher stellten PSA-Beschäftigte eher eine Positivauswahl aus den Arbeitslosen dar, obwohl die Beschäftigten der PSA zur Kompensation von Produktivitätsnachteilen mit der Fallpauschale subventioniert werden. Die Fallpauschale ist demzufolge eher ein schwacher Anreiz zur Einstellung von Personen mit a priori schlechteren Beschäftigungschancen. Die Fallpauschale wurde jedoch auch nicht zur Qualifizierung aller PSA-Mitarbeiter verwendet: Nur 26 % gaben in einer repräsentativen Umfrage an, ein Angebot der PSA für berufsfachliche Schulungen bekommen zu haben (Hess et al. 2006).

Die bisherigen Befunde lassen zwar keine abschließende Bewertung des Instruments zu, allerdings konnten sie die hohen Erwartungen an die PSA auch nicht bestätigen. Die PSA war schon vor der Einführung heftiger Kritik ausgesetzt und erlitt durch die Insolvenz des größten PSA-Betreibers 2004 einen schweren Imageschaden (Jahn 2005). Von der Zielgröße, je Agenturbezirk 1 % der Arbeitslosen in PSA zu beschäftigen, rückte die BA im selben Jahr ab (Jahn 2005). Zusätzlich wurde 2005 die gesetzliche Vorgabe zur flächendeckenden Nutzung von PSA gestrichen. Der Wegfall zentraler Vorgaben zur Nutzungsintensität könnte es erleichtern, PSA stärker als bisher von konventionellen Arbeitnehmerüberlassungen abzugrenzen, indem Personengruppen dort beschäftigt würden, die sonst keine Leiharbeit aufnehmen könnten.

5 Förderung beruflicher Weiterbildung

Einen bedeutenden Anteil an Maßnahmen der aktiven Arbeitsmarktpolitik hat die Förderung beruflicher Weiterbildung (FbW) von Arbeitnehmerinnen und Arbeitnehmern. Der Schwerpunkt liegt auf der Förderung Arbeitsloser, obwohl auch Beschäftigte gefördert werden können. Maßnahmen zur Förderung beruflicher Weiterbildung lassen sich grob unterteilen in a) berufliche Weiterbildungen mit einem Abschluss in einem anerkannten Ausbildungsberuf und b) sonstige Maßnahmen zur Qualifikationserweiterung. Unter die letzte Kategorie fallen beispielsweise das Nachholen einer Abschlussprüfung, berufsbezogene übergreifende Weiterbildungen, berufliche Aufstiegsweiterbildungen und Qualifizierungen in Übungsfirmen oder Übungswerkstätten. Die folgende Darstellung beschränkt sich auf diese ‚klassische' Förderung beruflicher Weiterbildung. Nicht berücksichtigt werden u. a. Qualifizierungen während Kurzarbeit, Sonderprogramme für Jugendliche, Ältere oder Geringqualifizierte, soweit sie nicht nur mit zusätzlichen Haushaltsmitteln im Rahmen der Regelförderung durchgeführt werden. Trainingsmaßnahmen, die teilweise auch als Qualifizierungsmaßnahmen fungieren, werden in einem eigenen Kapitel behandelt.

Die Förderung beruflicher Weiterbildung löste 1998 die Kategorie „Fortbildungs- und Umschulungsmaßnahmen" (FuU) ab. Seitdem gab es auch bei diesem Instrument bedeutende Änderungen, insbesondere durch die Gesetze für moderne Dienstleistungen am Arbeitsmarkt – die sogenannten Hartz-Gesetze: Bis Jahresende 2002 wurden Maßnahmeteilnehmer einer bestimmten Bildungsmaßnahme bei einem bestimmten Träger durch die Arbeitsagentur (damals Arbeitsamt) zugewiesen. Seit 2003 erhalten potenzielle Teilnehmende einen Bildungsgutschein mit Angaben zu Bildungsziel und Kursdauer, der bei jedem zertifizierten Träger im Tagespendelbereich eingelöst werden kann, der eine entsprechende Maßnahme anbietet. Dieses Verfahren wurde eingeführt, um durch eine Stärkung der Eigenverantwortung der Teilnehmenden und die Einführung von Marktmechanismen die Qualität der angebotenen Maßnahmen zu steigern. Auch die Neuausrichtung der Bundesagentur für Arbeit hin zu wirtschaftlichem und wirkungsorientiertem Handeln und die (notwendige) Umverteilung von Geldern aus dem Eingliederungstitel zur Finanzierung neuer Instrumente (wie dem Existenzgründungszuschuss) führten zu gravierenden Veränderungen in der Umsetzung der Förderung beruflicher Weiterbildung.

Die Teilnahme an der Förderung wird grundsätzlich von individuellen Qualifikationsmängeln des Arbeitnehmers abhängig gemacht. Das heißt, es können Personen gefördert werden, die ohne eine entsprechende berufliche Weiterbildung keine Chance auf berufliche Eingliederung hätten, bei denen dadurch eine drohende Arbeitslosigkeit abgewandt werden könnte oder – z. B. wegen eines fehlenden Berufsabschlusses – die Notwendigkeit der Weiterbildung generell anerkannt wird. Gleichzeitig aber soll eine tatsächliche Förderung auch von den Notwendigkeiten am Arbeitsmarkt abhängig gemacht werden. Hier sollte ursprünglich durch die Einführung einer fest vorgeschriebenen Bildungszielplanung auf lokaler Ebene der kurzfristige zukünftige Bedarf eingeschätzt werden. Auch weiterhin soll eine Bildungszielplanung durchgeführt werden, die Verpflichtung dazu wurde jedoch 2005 wieder aufgegeben.

Neben der direkten Eingliederungszielsetzung hat die FbW nach der Expertenkommission Finanzierung Lebenslangen Lernens (2004) einen bedeutenden Anteil an einer Strategie lebenslangen Lernens und kann insbesondere Gruppen einbeziehen, die ansonsten eher unterrepräsentiert an Weiterbildung teilnehmen.

Zugänge und Teilnehmerstrukturen

Die Teilnahme an allen geförderten beruflichen Weiterbildungen ging von 523.000 Eintritten im Jahr 2000 auf 135.000 Eintritte im Jahr 2005 stark zurück (Tabelle C1). Erst 2006 erhöhte sich die Zahl wieder auf 247.000 Zugänge. Eine berufliche Weiterbildung mit Abschluss in einem anerkannten Ausbildungsberuf wurde im Jahr 2000 noch von 96.000 Personen begonnen. Im Jahr 2006 waren es nur noch 17.000, nachdem zuvor im Jahr 2005 ein Tiefststand mit 16.000 Eintritten erreicht wurde. Wesentlich höher – jedoch mit ähnlicher Entwicklung – war die Zahl der Zugänge bei sonstigen Maßnahmen zur Qualifikationserweiterung. Diese gingen von 427.000 im Jahr 2000 auf 115.000 im Jahr 2005 zurück, bevor sie 2006 wieder auf 229.000 Eintritte stiegen.

Im Vergleich zur Zusammensetzung im Arbeitslosenbestand erhöhte sich bis 2003 – bei Weiterbildungen mit Abschluss in einem anerkannten Ausbildungsberuf bis 2004 – der Anteil von Frauen in Maßnahmen zur beruflichen Weiterbildung; 2006 waren Frauen jedoch unterrepräsentiert (Tabelle C2). Für den gesamten Zeitraum deutlich unterrepräsentiert waren sowohl Langzeitarbeitslose als auch über 50-Jährige. Dagegen lag der Anteil von unter 25-Jährigen seit 2002 mit steigender Tendenz über ihrem Anteil am Arbeitslosenbestand.

Ergebnisse von Wirkungsanalysen

Die Wirkung der Teilnahme an beruflichen Weiterbildungsmaßnahmen auf der Mikroebene wurde bereits in einer Vielzahl von Studien analysiert. Dabei unterscheiden sich oftmals Untersuchungszeitraum, Datengrundlage und Methode (vgl. hierzu insbesondere Kapitel 3). Auch die Ergebnisse der Studien sind heterogen. Studien auf Basis von aufbereiteten Verwaltungsdaten lassen gegenüber der Analyse von Befragungsdaten aufgrund der höheren Fallzahlen eine vertiefte Analyse heterogener Maßnahmeneffekte zu und bestätigen diese teilweise für spezifische Subgruppen und/oder Regionen.

Eine besondere Bedeutung hat der Einbindungseffekt bei der Förderung beruflicher Weiterbildung, wenn also Geförderte während der Teilnahme die Intensität der Suche nach einem neuen Arbeitsplatz reduzieren. Während bei anderen Maßnahmenarten oftmals auch ein Abbruch der Teilnahme zugunsten einer Beschäftigungsaufnahme erwünscht ist, ist dieser Effekt – entgegen der vorherrschenden Bewertung bei den meisten Studien – bei der Teilnahme an einer beruflichen Fortbildungsmaßnahme akzeptabel, wenn mithilfe der Förderung ein Bildungszertifikat erworben werden soll. Dies trifft insbesondere auf lange Maßnahmen zu, die auf einen Abschluss in einem anerkannten Ausbildungsberuf zielen (Kruppe 2006b). Positive, aber vergleichsweise schwache Maßnahmeneffekte werden hierdurch erst in der mittleren bis langen Frist sichtbar (Schneider/Uhlendorff 2006).

Ergebnisse zur langfristigen Wirkung der Teilnahme an beruflichen Weiterbildungsmaßnahmen liegen vor allem aus einem Kooperationsprojekt zur Evaluation von FuU vor, an dem die Universitäten St. Gallen und Frankfurt am Main sowie das IAB beteiligt sind: Lechner et al. (2005, 2007) untersuchen für Fördereintritte in den Jahren 1993 und 1994 die Wirksamkeit verschiedener Varianten im Vergleich untereinander und im Vergleich zur Nicht-Teilnahme über einen Zeitraum von mehr als sieben Jahren. Die Teilnahme an FuU hat demnach längerfristig überwiegend positive Effekte auf die Wiedereingliederungschancen von Teilnehmern in sozialversicherungspflichtige Beschäftigung – darunter besonders die Teilnahme an langen Maßnahmen mit einem Abschluss in einem anerkannten Ausbildungsberuf. Zu ähnlichen Resultaten für FuU kommen auch Fitzenberger et al. (2006) für Westdeutschland, Fitzenberger und Völter (2007) für Ostdeutschland sowie Lechner und Wunsch (2007); Letztere für Fördereintritte der Jahre 1986 bis 1995. Biewen et al. (2006) zeigen für Fördereintritte in FbW in den Jahren 2000 bis 2002, dass die Teilnehmer an Maßnahmen zur Qualifikationserweiterung oder in Übungsfirmen zwei Jahre nach Förderbeginn in Westdeutschland – aber nicht in Ostdeutschland – tendenziell häufiger beschäftigt waren als vergleichbare nicht geförderte Personen. Biewen et al. (2007) finden für die Jahre 2000 und 2001 für Westdeutschland positive Beschäftigungswirkungen von Weiterbildungsmaßnahmen kurzer und mittlerer Dauer. Kruppe (2006c) zeigt, dass zusätzlich mit Mitteln des Europäischen Sozialfonds geförderte Teilnahmen den gleichen Fördereffekt aufweisen wie entsprechende Teilnahmen an Maßnahmen, die nur im Rahmen des SGB III gefördert wurden. Rinne et al. (2007) finden für Eintritte 2002 in Maßnahmen mit einer Dauer von sechs bis acht Monaten durchgängig einen positiven Einfluss auf die Beschäftigungswahrscheinlichkeit gegenüber vergleichbaren Nicht-Teilnehmern.

Analysen im Rahmen der Hartz-Evaluation (IZA et al. 2005, 2006) legen ebenfalls nahe, dass sich FbW tendenziell positiv auf die Integration in ungeförderte sozialversicherungspflichtige Beschäftigung auswirken. Schneider und Uhlendorff (2006) ermitteln – ebenfalls im Rahmen der Hartz-Evaluation und mit Vergleichsgruppenansätzen –, dass eine FbW-Teilnahme bereits vor der Reform zu einem Anstieg der Beschäftigungswahrscheinlichkeit geführt hat. Nach der Reform scheint die Effektivität der Maßnahmen gestiegen zu sein. Der Reformeffekt ist dabei in erster Linie auf eine Verkürzung der durchschnittlichen Maßnahmendauer und damit auch des Einbindungseffektes (Lock-in-Effekt) zurückzuführen.

Eher eine Ausnahme stellen damit die Ergebnisse von Wunsch und Lechner (2008) dar, dass FbW-Maßnahmen in Westdeutschland in den Jahren 2000 bis 2002 im Durchschnitt nicht zu einer Verbesserung der Beschäftigungschancen der Geförderten beitragen konnten.

Trotz der beschriebenen eher positiven Einschätzungen der Förderwirkung auf den Eintritt in sozialversicherungspflichtige Beschäftigung, ermitteln zum Teil dieselben Studien, dass Weiterbildungsmaßnahmen nicht zur Vermeidung von Arbeitslosigkeit beigetragen haben (Lechner et al. 2005, 2007; Lechner/Wunsch 2008; Hujer et al. 2006a; IZA et al. 2005, 2006). Der Unterschied erklärt sich dadurch, dass Erwerbspersonen sich nicht nur in Arbeitslosigkeit, in Maßnahmen (einschließlich geförderter Beschäftigung) oder in ungeförderter Beschäftigung befinden können, sondern auch in einem in den Prozessdaten nicht erfassten Status. Hierzu zählen die Stille Reserve sowie Personen, die in den Ruhestand eintreten, sich selbstständig machen oder verbeamtet werden. Den Unterschied zwischen der Förderwirkung zur Vermeidung von Arbeitslosigkeit und der Förderwirkung in Bezug auf den Eintritt in sozialversicherungspflichtige Beschäftigung lässt sich entsprechend so interpretieren, dass ein geringerer Anteil der Geförderten als der Vergleichspersonen in einen nicht erfassten Status gewechselt ist. Möglicherweise wurden durch die Weiterbildungsmaßnahmen Personen im Arbeitsmarkt gehalten, die sonst in die Nichterwerbstätigkeit abgewandert wären.

Implementationsaspekte

Mit den Hartz-Reformen wurde – wie oben dargestellt – die Zuweisungspraxis in FbW erheblich verändert. Zum einen wurde der Wettbewerb zwischen den Bildungsträgern gestärkt, mit dem Ziel, die Maßnahmenqualität zu verbessern (Qualitätseffekt). Zum anderen orientiert sich die Vergabe des Bildungsgutscheins an individuellen Eingliederungsprognosen, was die Teilnehmerauswahl verbessern sollte (Selektionseffekt). IZA et al. (2006) ermitteln, dass sich die insgesamt positiven Reformwirkungen für die unterschiedlichen Maßnahmen beruflicher Weiterbildung unterschiedlich stark aus diesem Qualitäts- und Selektionseffekt speisen. So sei der Selektionseffekt etwa bei berufspraktischen Weiterbildungen und Gruppenmaßnahmen mit Berufsabschluss relevant.

Gleichwohl gibt es auch Risiken und unerwünschte Nebenwirkungen der Reform: So geben Arbeitsvermittler in den Agenturen an, dass der Bildungsgutschein zwar die Motivation der Teilnehmer in den Maßnahmen stärkt und die Abbruchquote senkt. Aber gerade arbeitsmarktfernere Arbeitslose seien häufig mit der Auswahl einer Maßnahme überfordert. Damit verstärke der Bildungsgutschein tendenziell die Selektion wettbewerbsstärkerer Arbeitsloser in Bildungsmaßnahmen.

Vonseiten der Maßnahmenträger wird kritisiert, dass bestehende Netzwerke und Kooperationsbeziehungen durch die Reform zerstört worden seien. Zwar kann durchaus als Ziel der neuen Regelungen gelten, alte Trägerstrukturen aufzubrechen und neuen Anbietern eine Chance zu geben. Insbesondere in ländlichen Regionen und für weniger gängige Maßnahmen besteht aber die Gefahr eines Unterangebots.

6 Eignungsfeststellungs- und Trainingsmaßnahmen

Ziel von Trainingsmaßnahmen ist es vor allem, den Teilnehmern durch Bewerbungstraining und Qualifizierung die Integration in den ersten Arbeitsmarkt zu erleichtern. Es handelt sich dabei um kurze Qualifizierungsmaßnahmen mit einer maximalen Dauer von zwölf Wochen. Sie existieren in der heutigen Form seit 1998 und sind in §§ 48–52 SGB III verankert. Seit 2005 werden sie sowohl für Alg-I-Empfänger als auch für Alg-II-Empfänger durchgeführt.

Es gibt eine große Bandbreite von Eignungsfeststellungs- und Trainingsmaßnahmen. Zum einen gibt es Bewerbungstraining-Kurse, bei denen die Teilnehmer Informationen rund um den Bewerbungsprozess erhalten, Bewerbungen schreiben und auf Vorstellungsgespräche vorbereitet werden. Diese meist recht kurzen Kurse (wenige Tage bis zu zwei Wochen) werden teilweise auch genutzt, die Verfügbarkeit von Arbeitslosen zu überprüfen. Bei Verweigerung der Teilnahme können Kürzungen im Hilfebezug verhängt werden. Darüber hinaus wird mit Trainingsmaßnahmen zum einen das Ziel der Eignungsfeststellung sowie zum anderen der Kenntnisvermittlung verfolgt. Diese Kurse dauern bis zu acht Wochen; werden sie als Maßnahmekombination durchgeführt, können sie auch bis zu zwölf Wochen dauern. Eignungsfeststellungen und Kenntnisvermittlungen finden in unterschiedlichen Berufsfeldern statt, wie im gewerblich-technischen, im pflegerischen, im Dienstleistungs- oder im kaufmännischen Bereich. Außerdem werden EDV-Anwendungen, Sprachkurse und Kurse mit Informationen zu Existenzgründungen angeboten.

Trainingsmaßnahmen können bei einem Bildungsträger als schulische Maßnahme stattfinden oder in Betrieben, wo sie eher als Einzelmaßnahme durchgeführt werden. In Betrieben finden vor allem Maßnahmen zur Eignungsfeststellung sowie zur Vermittlung von Kenntnissen statt (siehe auch Kurtz 2003).

Teilnehmer an Trainingsmaßnahmen sind während dieser Zeit nicht als arbeitslos, sondern als arbeitsuchend registriert. Sie beziehen weiterhin Alg I bzw. II. Außerdem werden die Maßnahmekosten erstattet, wie Kosten für den Lehrgang, die Anfahrt, Kinderbetreuung oder Arbeitskleidung.

Zugänge und Teilnehmerstrukturen

In Tabelle C1 wird deutlich, dass die Zugangszahlen in den Jahren 2000 bis 2004 deutlich angestiegen und 2005 und 2006 wieder leicht zurückgegangen sind. Trotzdem sind Trainingsmaßnahmen nach wie vor ein vergleichsweise häufig genutztes Instrument. Seit 2001 verzeichnen sie insgesamt die meisten Zugänge an Maßnahmen aktiver Arbeitsmarktpolitik. Der Anteil an betrieblichen Trainingsmaßnahmen steigt stetig an. So fanden im Jahr 2000 noch 21 % der Trainingsmaßnahmen in Betrieben statt; 2006 waren dies schon fast 43 %.

Insbesondere junge Erwachsene unter 25 Jahren werden in betrieblichen und nicht-betrieblichen Trainingsmaßnahmen gefördert (Tabelle C2). Ältere Arbeitslose ab 50 Jahren sind hingegen in beiden Maßnahmevarianten deutlich unterrepräsentiert. Während der Frauenanteil bei nicht-betrieblichen Trainingsmaßnahmen dem im Arbeitslosenbestand entspricht, sind Frauen bei betrieblichen Trainingsmaßnahmen unterrepräsentiert.

Ergebnisse von Wirkungsanalysen

Verglichen mit anderen Maßnahmen der aktiven Arbeitsmarktpolitik gibt es wenig Evidenz über die individuellen Wirkungen von Eignungsfeststellungs- und Trainingsmaßnahmen. Allerdings sind die Ergebnisse, die es bisher gibt, beinahe durchweg positiv.

Biewen et al. (2007), Hujer et al. (2006b) sowie Wunsch und Lechner (2008) untersuchen Trainingsmaßnahmen, ohne auf die unterschiedlichen Maßnahmevarianten einzugehen. Biewen et al. (2007) ermitteln positive Effekte auf die Wiedereingliederung in Beschäftigung insbesondere für Männer mit mindestens siebenmonatiger Arbeitslosigkeitsdauer sowie für Frauen mit mindestens viermonatiger Arbeitslosigkeitsdauer. Die Autoren nutzen dabei Vergleichsgruppenkonzepte. Von den männlichen Teilnehmern sind 5 Prozentpunkte mehr beschäftigt als vergleichbare Nicht-Teilnehmer, bei den Frauen sind es sogar 10 Prozentpunkte. Hujer et al. (2006b) stellen fest, dass die Übergangswahrscheinlichkeit in Beschäftigung von Teilnehmern an Trainingsmaßnahmen in Westdeutschland 48 % höher ist als bei jenen Arbeitslosen, die nicht teilgenommen haben. Die Teilnahme reduziert also die Arbeitsuchdauer. Wunsch und Lechner (2008) können unter Verwendung von Vergleichsgruppenkonzepten keine signifikanten Beschäftigungseffekte für die Wirkung von Trainingsmaßnahmen feststellen. Eine Ausnahme sind Personen ohne Berufsausbildung, für die Trainingsmaßnahmen teilweise eine positive Eingliederungswirkung aufweisen.

Stephan et al. (2006) sowie Wolff und Jozwiak (2007) hingegen berücksichtigen unterschiedliche Maßnahmevarianten. Stephan et al. (2006) unterscheiden zum einen Maßnahmen zur Überprüfung der Verfügbarkeit und zum anderen die Vermittlung von Kenntnissen in Betrieben sowie auch außerhalb von Betrieben. Nur für betriebliche Kenntnisvermittlungen können sie positive Effekte auf die Vermeidung von Arbeitslosigkeit und Maßnahmezeiten feststellen – für männliche Teilnehmer beträgt der Abstand zur Vergleichsgruppe immerhin 20 Prozentpunkte, für Frauen 10 Prozentpunkte. Wolff und Jozwiak (2007) unterscheiden betriebliche und nicht-betriebliche Maßnahmen und untersuchen ihre Wirksamkeit für den Kreis der Alg-II-Bezieher (Rechtskreis SGB II) im Gegensatz zu den anderen Studien, die sich mit dem Rechtskreis SGB III (Arbeitslosengeld-/Arbeitslosenhilfe-Bezieher, Alg-I-Bezieher) beschäftigen. Für beide Maßnahmevarianten zeigen sich positive Wirkungen auf die reguläre Beschäftigung von erwerbsfähigen Hilfebedürftigen, wobei diese für nicht-betriebliche Trainingsmaßnahmen erheblich geringer ausfallen. 20 Monate nach Maßnahmebeginn weisen die Teilnehmer eine um etwa 3 Prozentpunkte höhere Wahrscheinlichkeit auf, regulär beschäftigt zu sein, als die vergleichbaren Nicht-Teilnehmer. Für Teilnehmer an betrieblichen Trainingsmaßnahmen betragen die Unterschiede in der Beschäftigungswahrscheinlichkeit zwischen Teilnehmern und Nicht-Teilnehmern 13 bis 19 Prozentpunkte, wobei die Wirkung für westdeutsche Frauen am geringsten ausfällt.

Büttner (2007) nutzt experimentelle Daten und zeigt damit die Wirkung der Maßnahmenankündigung auf, was mit administrativen Daten nicht möglich wäre. Dabei untersucht er vierwöchige Trainingsmaßnahmen zur Eignungsfeststellung mit Anschlusspraktikum für teilzeitarbeitslose Frauen, Arbeitslose mit gewerblichen Berufen und Jugendliche. Er stellt fest, dass der Erhalt einer Einladung stärkere Effekte auf den Abgang aus Arbeitslosigkeit hat als die Teilnahme an einer Maßnahme. Die Wirkung der Einladung ist mit 15 Prozentpunkten für Jugendliche am höchsten, für die anderen beiden Gruppen beträgt sie 5 bis 10 Prozentpunkte.

7 Beschäftigungsbegleitende Maßnahmen

Zu den beschäftigungsbegleitenden Maßnahmen zählen unterschiedliche Varianten von Lohnkostenzuschüssen sowie der Gründungsförderung. Die folgende Darstellung beschränkt sich auf häufig genutzte Varianten. Nicht diskutiert werden etwa der Eingliederungszuschuss für besonders betroffene schwerbehinderte Menschen (§ 219 SGB III) sowie Sonderregelungen für behinderte Personen.

Zu beachten ist, dass sich beschäftigungsbegleitende Maßnahmen – dies gilt aber genauso für betriebliche Trainingsmaßnahmen und PSA – nicht verschreiben lassen: Die Förderung mit einem Eingliederungszuschuss setzt einen einstellungswilligen Betrieb voraus, während Arbeitslose vor einer Unternehmensgründung in der Lage sein müssen, ein schlüssiges Gründungskonzept zu entwickeln.

7.1 Eingliederungszuschüsse

Eingliederungszuschüsse (EGZ) zum Arbeitsentgelt sind eine Ermessensleistung der aktiven Arbeitsmarktpolitik: Sie können in den beiden Rechtskreisen SGB II und III zeitlich befristet an Arbeitgeber ausgezahlt werden, die Personen mit Vermittlungshemmnissen einstellen. Die Förderung senkt die Arbeitskosten der Geförderten; sie kann Produktivitätsnachteile ausgleichen und den Erwerb von Berufserfahrung ermöglichen.

Bis 2004 sah das SGB III drei Varianten von Eingliederungszuschüssen mit unterschiedlicher Zielgruppenorientierung vor: bei *Einarbeitung*, bei *erschwerter Vermittlung* und für *Ältere*. Je nach Fördervariante gab es unterschiedliche Obergrenzen für Höhe und Dauer der Förderung. Durch das dritte Gesetz für moderne Dienstleistungen am Arbeitsmarkt erfolgte 2004 eine Reform des Instruments: Der Eingliederungszuschuss in seiner derzeitigen Ausgestaltung (§§ 217–221 SGB III) richtet sich allgemein an *Personen mit Vermittlungshemmnissen*, die sich im konkreten Förderfall in einer vorübergehenden

Leistungsminderung äußern. Er wurde 2007 ergänzt durch einen eigenen Eingliederungszuschusses für Ältere ab 50 Jahren (§ 421f SGB III), einen Eingliederungszuschuss für jüngere Arbeitnehmer (§ 421p SGB III) sowie einen Qualifizierungszuschuss für jüngere Arbeitnehmer (§ 421o SGB III) – alle mit eigenen Förderkonditionen. Neu eingeführt wurde erst dieses Jahr ein Eingliederungsgutschein für Ältere ab 50 Jahren mit einem noch nicht realisierten Arbeitslosengeldanspruch von mehr als zwölf Monaten (§§ 223–224 SGB III).

Gegenwärtig gelten für den Eingliederungszuschuss bei Vermittlungshemmnissen ein Förderhöchstsatz von 50 % und eine Förderhöchstdauer von zwölf Monaten (siehe Bernhard et al. 2007 für eine genaue Übersicht über die Förderkonditionen). Sowohl die Entscheidung über die Gewährung der Förderung als auch über Höhe und Dauer des Zuschusses liegen dabei – unter Berücksichtigung der gesetzlichen Rahmenbedingungen – im Ermessen der Arbeitsvermittler (eine Ausnahme ist als Pflichtleistung der Eingliederungsgutschein für Ältere, die bereits mindestens 12 Monate beschäftigungslos sind). Höhe und Dauer der Förderung sollen sich dabei nach der Minderleistung des Arbeitnehmers und den jeweiligen Eingliederungserfordernissen richten. Ausgeschlossen ist eine Förderung mit Eingliederungszuschüssen insbesondere dann, wenn der Arbeitgeber eine Entlassung vorgenommen hat, um bei einer Neueinstellung einen Zuschuss zu erhalten, oder ein Arbeitnehmer eingestellt wird, der bereits früher im Unternehmen tätig war. Auch kann der Arbeitgeber zur teilweisen Rückzahlung der Zuschüsse verpflichtet werden, wenn er dem Arbeitnehmer während des Förderzeitraums oder der darauf folgenden Nachbeschäftigungszeit (die genauso lang wie die Förderdauer ist und direkt an diese anschließt) willkürlich kündigt. Rückzahlungsverpflichtung und Nachbeschäftigungsfrist entfallen für Ältere ab 50 Jahren.

Zugänge und Teilnehmerstrukturen

Eingliederungszuschüsse sind in Deutschland die am häufigsten eingesetzte Variante von Lohnkostenzuschüssen an Arbeitgeber. Nach über 150.000 Förderzugängen im Jahr 2000 sank die Zahl der Eintritte in eine Förderung mit Eingliederungszuschüssen zunächst (Tabelle C1). Einhergehend mit steigenden Arbeitslosenzahlen und dem Auslaufen arbeitsmarktpolitischer Sonderprogramme, in deren Rahmen ebenfalls Lohnkostenzuschüsse gewährt werden konnten, erhöhten sich die Zugangszahlen 2002 auf knapp 190.000. Bis 2005 entwickelten sich die Eintritte in die Förderung jedoch wieder rückläufig. Mit knapp 220.000 Zugängen im Jahr 2006 gewinnt der Eingliederungszuschuss aktuell wieder an Bedeutung. Dabei erfolgte 2005 und 2006 etwas weniger als die Hälfte der Zugänge im Rechtskreis SGB II. Im Zeitablauf ist bei den Eingliederungszuschüssen ein eindeutiger Trend zu kürzeren Förderdauern zu beobachten (Tabelle C3).

Der Frauenanteil an den Förderzugängen lag – vor allem in den letzten Jahren – deutlich unter dem Frauenanteil am Arbeitslosenbestand (Tabelle C2). Auch Personen in Westdeutschland sowie Langzeitarbeitslose wurden unterproportional gefördert. Der Anteil geförderter junger Erwachsener hat sich seit 2004 etwa verdreifacht und liegt nun deutlich über dem Anteil der Jugendlichen am Arbeitslosenbestand. Dieser sprunghafte Anstieg erfolgte dabei parallel zum Auslaufen des Jugendsofortprogramms, in dessen Rahmen auch Lohnkostenzuschüsse gewährt werden konnten. Der Anteil Älterer an den Personen, die mit Eingliederungszuschüssen gefördert wurden, entspricht in etwa ihrem Anteil am Arbeitslosenbestand.

Ergebnisse von Wirkungsanalysen

Ob die Förderung die Arbeitsmarktchancen zuvor Arbeitsloser verbessert hat, lässt sich durch einen Vergleich der Geförderten mit einer Gruppe ähnlicher, aber ungeförderter Arbeitsloser abschätzen. Jaenichen (2002) untersucht die Auswirkungen eines Eintritts in die Förderung mit Varianten von Lohnkostenzuschüssen in den ersten Monaten des Jahres 1999. Sie schätzt dabei den Effekt der Förderung auf einen späteren Verbleib der Geförderten in Arbeitslosigkeit, und zwar im Vergleich zu keiner oder aber einer späteren Förderung. Zwei Jahre nach Förderbeginn ist der Anteil der Arbeitslosen unter den Geförderten etwa 20 Prozentpunkte geringer als unter den Vergleichspersonen, er ist aber insbesondere bei einigen schwach zielgruppenorientierten Fördervarianten nicht mehr signifikant von null verschieden. Jaenichen (2005) schätzt ergänzend – für einen Zeitraum von drei Jahren nach Fördereintritt – die Förderwirkungen auf den Verbleib in ungeförderter Beschäftigung. Nach einem anfänglichen Einbindungseffekt wird der Fördereffekt insgesamt positiv. Die geschätzte Förderwirkung liegt drei Jahre nach Förderbeginn immer noch bei 20 bis 40 Prozentpunkten. Die im Vergleich zu der früheren Studie höheren Fördereffekte sind unter anderem darauf zurückzuführen, dass die nicht geförderten Vergleichspersonen häufiger als Geförderte in die Nichterwerbstätigkeit wechseln: Eingliederungszuschüsse tragen damit dazu bei, dass Personen, die sonst dem Arbeitsmarkt nicht mehr zur Verfügung gestanden hätten, weiterhin erwerbstätig sind.

Aktualisiert wurden diese Befunde durch Analysen des IAB im Rahmen der "Evaluation der Maßnahmen zur Umsetzung der Vorschläge der Hartz-Kommission" (Bernhard et al. 2006b, 2007; Heinemann et al. 2006b; ZEW et al. 2006; Jaenichen/Stephan 2007). Untersuchungsgegenstand waren die Arbeitsmarktchancen von Personen, die in den ersten beiden Quartalen des Jahres 2002 mit Varianten von Eingliederungszuschüssen gefördert wurden. Der Förderzeitraum und die Nachbeschäftigungsfrist wurden nicht als Zeiten regulärer Beschäftigung und damit als "Erfolg" gewertet. Je nach untersuchter Teilgruppe waren drei Jahre nach Förderbeginn 40 bis 70 % der Geförderten regulär beschäftigt, während zwischen 60 und 80 % weder arbeitslos gemeldet noch in einer Maßnahmen waren (Bernhard et al. 2007). Wiederum zeigte sich im Vergleich zu ähnlichen Personen, die nicht oder später gefördert wurden, nach einem anfänglichen Einbindungseffekt eine deutlich positive Förderwirkung, die aber im Zeitablauf zurückging. Der Anteil der Geförderten in sozialversicherungspflichtiger Beschäftigung liegt drei Jahre nach Förderbeginn auch für diese Zugangskohorten 20 bis 40 Prozentpunkte über dem der Vergleichsgruppen. Besonders hoch fallen die geschätzten Förderwirkungen dabei für Frauen in Ostdeutschland aus. Wiederum sind die Effekte deutlich geringer, wenn nicht der Verbleib in ungeförderter Beschäftigung, sondern die Vermeidung von Arbeitslosigkeit und weiteren Maßnahmenteilnahmen untersucht wird. Ganz besonders deutlich wird dies bei der Förderung mit dem Eingliederungszuschuss für Ältere in Westdeutschland (ZEW et al. 2006; Bernhard et al. 2007). Hier sind die Geförderten zwar häufiger sozialversicherungspflichtig beschäftigt als die Vergleichspersonen, aber nicht seltener arbeitslos gemeldet bzw. in Maßnahmen, denn gerade die älteren Vergleichspersonen nutzen Rückzugsmöglichkeiten aus dem Arbeitsmarkt und damit auch aus der registrierten Arbeitslosigkeit: Nach § 428 SGB III müssen Arbeitslose ab einem Alter von 58 Jahren der Arbeitsvermittlung nicht mehr zur Verfügung stehen.

Zudem wurde im Rahmen der Hartz-Evaluation auch der Effekt gesetzlicher Änderungen der Förderbedingungen auf die Einstellungschancen anspruchsberechtigter Personen untersucht (ZEW et al. 2006; Boockmann et al. 2007). Im Ergebnis hatten weder die Ausweitung der Förderberechtigten für den Eingliederungszuschusses für Ältere auf Personen mit einer bis halbjährigen Arbeitslosigkeitsdauer im Jahr 2002 noch die Angleichung der Förderbedingungen von Älteren und Jüngeren im Jahr 2004 Auswirkungen auf die Beschäftigungschancen der meisten hierdurch betroffenen älteren Personen. Lediglich bei betroffenen Frauen in Ostdeutschland verbesserten bzw. verschlechterten sich die Beschäftigungschancen infolge der gesetzlichen Änderungen.

Implementationsaspekte

Nach den mikroökonometrischen Wirkungsstudien kann der Eingliederungszuschuss als eines der erfolgreichsten Instrumente im arbeitsmarktpolitischen Instrumentenkasten gelten. Dennoch ist bei seinem Einsatz Vorsicht geboten. Nicht nur ist die Frage von Mitnahme- und Substitutionseffekten noch nicht hinreichend geklärt (vgl. unten), auch weisen Implementationsstudien (ZEW et al. 2006) auf Missbrauchspotenzial in anderer Hinsicht hin: Nach Angaben der Arbeitsagenturen wird ein Eingliederungszuschuss zumeist auf Vorschlag des einstellenden Betriebs vergeben. Gleichzeitig ist nach der Reform die Wohnortagentur des Arbeitslosen, nicht mehr die Agentur am Betriebssitz für den Eingliederungszuschuss zuständig. Damit entsteht das Risiko einer Förderkonkurrenz zwischen den Agenturen für Arbeit an unterschiedlichen Standorten. Dieses Risiko wird noch dadurch verschärft, dass seit 2005 auch die regionalen Grundsicherungsstellen im SGB II Eingliederungszuschüsse ausgeben können. Eine Standardisierung des Eingliederungszuschusses würde zwar das Problem einer möglichen Förderkonkurrenz lösen. Die Möglichkeit, Dauer und Höhe des Eingliederungszuschusses an die Arbeitsmarktnähe des Arbeitslosen und die regionale Arbeitsmarktsituation anzupassen, ist aber möglicherweise ein Beitrag zum erfolgreichen Einsatz des Instruments.

7.2 Instrumente der Gründungsförderung

Gründungen aus der Arbeitslosigkeit unterstützt die Arbeitsagentur, indem Arbeitslose in der Anlaufphase ihrer Gründung finanziell gefördert werden. Die Förderung zielt dabei auf die Sicherung des Lebensunterhaltes bzw. die soziale Absicherung der Geförderten; hierdurch sinken die Opportunitätskosten einer selbstständigen Tätigkeit. Im Rechtskreis SGB III erfolgte die Förderung bis Anfang August 2006 durch Überbrückungsgeld und Existenzgründungszuschuss und seitdem durch den Gründungszuschuss. Im Rechtskreis SGB II ist eine Förderung von Gründungen ausschließlich auf Basis des Einstiegsgeldes möglich (Noll et al. 2006). Da die Förderzahlen bei Letzterem jedoch vergleichsweise gering sind und die ersten Wirkungsanalysen noch nicht vollständig abgeschlossen sind, konzentriert sich die folgende Darstellung auf die drei erstgenannten Maßnahmen.

Das bereits Mitte der 1980er-Jahre eingeführte *Überbrückungsgeld* (ÜG, § 57 SGB III) wurde im Regelfall für sechs Monate in Höhe der Lohnersatzleistungen gezahlt; hinzu kam ein pauschalierter Sozialversicherungsbeitrag. Die Höhe war damit individuell zugeschnitten und sicherte während der Startphase den Lebensunterhalt des Gründers, der sich selbst um seine soziale Absicherung kümmern musste. Im Jahr 2003 kam der *Existenzgründungszuschuss* (ExGZ oder „Ich-AG", § 421l SGB III) als zweites Instrument der Gründungsförderung hinzu. Der Existenzgründungszuschuss wurde für bis zu drei Jahre gezahlt. Die Förderhöhe sank von 600 € pro Monat im ersten Förderjahr auf 360 € im zweiten und 240 € im dritten Jahr. Für eine Weiterförderung durfte das jährliche Arbeitseinkommen 25.000 € nicht überschreiten. Die Geförderten waren während der gesamten Förderdauer Pflichtmitglieder in der gesetzlichen Rentenversicherung und konnten sich zu günstigen Konditionen in der gesetzlichen Kranken- und Pflegeversicherung versichern. Im Vergleich zum Überbrückungsgeld war der Existenzgründungszuschuss vor allem für Personen mit geringem Anspruch auf Lohnersatzleistungen attraktiv (Koch/Wießner 2003). Im August 2006 wurden die beiden bisherigen Instrumente abgelöst durch den neu geschaffenen *Gründungszuschuss* (GZ, § 57 SGB III). Die Förderung erfolgt nun für neun Monate in Höhe des Arbeitslosengeldes I. Sie kann nach einer Erfolgsprüfung um weitere sechs Monate verlängert werden, wobei der Zuschuss dann nur noch 300 € monatlich beträgt.

Individuelle Voraussetzung für eine Inanspruchnahme dieses Instruments ist nach wie vor ein Anspruch auf Lohnersatzleistungen oder die vorherige Teilnahme an einer Arbeitsbeschaffungs- oder Strukturanpassungsmaßnahme. Instrumente der Gründungsförderung sind im Wesentlichen Pflichtleistungen (das Überbrückungsgeld seit 2004; die zweite Förderphase des Gründungszuschusses ist eine Ermessensleistung). Eine Förderung setzt allerdings eine Prüfung der Erfolgsaussichten durch eine Tragfähigkeitsbescheinigung voraus (beim Existenzgründungszuschuss seit November 2004). Restansprüche auf Arbeitslosengeld werden durch die Förderung nicht aufgezehrt, sondern können innerhalb von vier Jahren nach ihrer Entstehung geltend gemacht werden.

Zugänge und Teilnehmerstrukturen

Im Zeitraum 2000 bis 2004 war für die Instrumente der Gründungsförderung ein starker Anstieg der Förderzahlen zu verzeichnen (Tabelle C1). Eine Förderung mit Überbrückungsgeld nahmen im Jahr 2000 gut 90.000 Personen auf. Die Zahl der Förderzugänge verdoppelte sich bis 2004. In der Folge gingen die Zugänge auf etwa 110.000 im Jahr 2006 zurück. Der Existenzgründungszuschuss wurde bereits 2003 – im Jahr seiner Einführung – von etwa 90.000 Personen (Zugänge) in Anspruch genommen. Im Folgejahr – in das auch das Maximum der Zugänge in das Überbrückungsgeld fiel – stieg die Zahl der Förderzugänge auf fast 170.000 Personen. Da beide Maßnahmen unterschiedliche Gruppen von Arbeitslosen ansprachen, kam es offensichtlich nicht zu einer Förderkonkurrenz zwischen beiden Instrumenten. Getrieben wurden die hohen Zugänge im Jahr 2004 auch dadurch, dass Langzeitarbeitslose durch die Förderung einen Wechsel in den Rechtskreis SGB II zum Beginn des Jahres 2005 vermeiden bzw. hinausschieben konnten. In der Folge sanken die Förderzugänge auf gut 40.000 im Jahr 2006, auch infolge einer restriktiveren Vergabepraxis. Die Förderzugänge in den – im August 2006 in Kraft getretenen – neuen Gründungszuschuss betrugen im Rest des Jahres noch gut 30.000.

Beim Überbrückungsgeld lag im Untersuchungszeitraum der Anteil der Frauen und der Ostdeutschen unter dem jeweiligen Anteil am Arbeitslosenbestand (Tabelle C2). Der Existenzgründungszuschuss hingegen wurde auch von Frauen und im Osten stark in Anspruch genommen – er bot sich insbesondere dann an, wenn vor der Arbeitslosigkeit ein eher niedriges Einkommen erzielt wurde. Die Gründungsförderung konzentrierte sich weiterhin auf die mittleren Alterskohorten: Während Jüngere oft erst wenig Erfahrung im Arbeitsmarkt gesammelt haben und gegebenenfalls auch in das Bildungssystem zurückkehren können, ist bei Älteren der verbleibende Amortisationszeitraum für Investitionen in ein Gründungsvorhaben kurz, und ihnen steht häufig der Weg in den vorgezogenen Ruhestand offen. Langzeitarbeitslose wurden durch die Maßnahmen nur in geringem Maße erreicht.

Ergebnisse von Wirkungsanalysen

Im Kontext der „Evaluation der Maßnahmen zur Umsetzung der Vorschläge der Hartz-Kommission" wurden die Wirkungen von Überbrückungsgeld und Existenzgründungszuschuss auf die Geförderten – im Vergleich zu keiner oder einer späteren Förderung – untersucht (IAB et al. 2006; Baumgartner et al. 2006; Caliendo et al. 2006, 2007; Baumgartner/Caliendo 2007). Gegenstand der Studien sind Personen, die im dritten Quartal 2003 ein Unternehmen gegründet haben und dabei mit dem Überbrückungsgeld oder dem Existenzgründungszuschuss gefördert wurden. Jeweils etwa 3.000 Personen sowie eine Vergleichsgruppe ungeförderter Personen wurden Anfang 2004 und teils auch Anfang 2005 telefonisch befragt. Dabei waren 28 Monate nach Förderbeginn immerhin noch um die 70 % der Geförderten selbstständig (Caliendo et al. 2007). Der Anteil lag beim Existenzgründungszuschuss leicht höher als beim Überbrückungsgeld, wobei bei Ersterem der maximale Förderzeitraum erst nach 36 Monaten abläuft. Festzuhalten ist außerdem, dass eher Einzelselbstständigkeiten gefördert werden (Caliendo et al. 2006).

Die Ergebnisvariablen der mikroökonometrischen Analysen beziehen sich darauf, ob die untersuchten Personen in den 28 Monaten nach Förderbeginn a) nicht arbeitslos gemeldet bzw. b) sozialversicherungspflichtig beschäftigt oder selbstständig waren und wie hoch c) ihr Einkommen war. Zeiten geförderter Selbstständigkeit werden hier also bereits als „Erfolg" der Förderung gewertet. Im Ergebnis zeigt sich, dass 28 Monate nach Förderbeginn der Anteil der registrierten Arbeitslosen bei den Geförderten etwa 20 Prozentpunkte niedriger lag als in der Vergleichsgruppe ähnlicher, aber ungeförderter Personen (Caliendo et al. 2007). Der Anteil in Selbstständigkeit oder sozialversicherungspflichtiger Beschäftigung ist unter den Geförderten beim Überbrückungsgeld etwa 30 bis 40 Prozentpunkte und beim Existenzgründungszuschuss etwa 40 bis 50 Prozentpunkte höher als bei den Vergleichspersonen. Auch das Gesamteinkommen fällt bei den Gründern signifikant höher aus als in den Vergleichsgruppen (eine Ausnahme sind mit dem Existenzgründungszuschuss geförderte Frauen). Eine Auswertung der Teilnehmerheterogenität weist dabei darauf hin, dass eine Förderung mit dem Überbrückungsgeld oder dem Existenzgründungszuschuss für ältere Männer und vormals Langzeitarbeitslose in Westdeutschland besonders effektiv war (Caliendo et al. 2006).

Eine ergänzende Effizienzanalyse, in der die gesparte Arbeitslosenunterstützung den Programmkosten gegenübergestellt wird, kommt zu dem Schluss, dass das Überbrückungsgeld für die Geförderten nicht nur effektiv, sondern für die Arbeitsverwaltung auch monetär effizient war – die Einspareffekte lagen über den Maßnahmenkosten (Caliendo et al. 2007). Der Existenzgründungszuschuss erweist sich für die Geförderten hingegen zwar als effektiv, die Effizienzanalyse weist hier allerdings auf ein geringes monetäres Defizit für die Arbeitsverwaltung hin.

Eine weitere kontrafaktische Situation – die Entscheidung für eine ungeförderte Gründung – untersuchen Pfeiffer und Reize (2000). Sie vergleichen mit dem Überbrückungsgeld geförderte Gründungen in den Jahren 1993 bis 1995 mit solchen, die ungefördert waren. Dabei legen die Autoren das Erfolgskriterium an, dass die selbstständige Tätigkeit ein Jahr nach der Gründung weiterhin besteht. Sie nutzen hierzu Daten aus dem ZEW-Gründungspanel. Im Ergebnis finden sie für Ostdeutschland – aber nicht für Westdeutschland – leicht geringere Überlebenschancen für Existenzgründungen aus der Arbeitslosigkeit heraus. Hingegen unterscheidet sich die Zahl der Beschäftigten in ungeförderten und geförderten Unternehmen nicht signifikant.

Wirkungsanalysen zur Gründungsförderung für Alg-II-Bezieher durch Einstiegsgeld wurden bislang noch nicht veröffentlicht. Allerdings entsteht am IAB derzeit eine erste Studie hierzu. Vorläufige Ergebnisse sprechen dafür, dass die Förderung zur Eingliederung in den Arbeitsmarkt und zur Vermeidung von Alg-II-Bezug beiträgt. 20 Monate nach Maßnahmenbeginn beträgt die geschätzte Nettowirkung auf die Quote der weder arbeitslos noch arbeitsuchend gemeldeten Teilnehmer etwa 20 Prozentpunkte. Die Wirkung auf die Zielgröße „Vermeidung von Alg-II-Bezug" ist etwas geringer. Auch wenn die Dauer der Förderung bis zu 20 Monate betragen kann, sind zu diesem Zeitpunkt bereits nahezu alle Förderungen abgeschlossen.

Den Verbleib von Geförderten – ohne Kontrastierung mit einer Vergleichsgruppe – untersucht Wießner (2000, 2005). Wießner (2000) schätzt Determinanten des Verbleibs in Selbstständigkeit – drei bis vier Jahre nach Förderbeginn – für Personen, die 1994 bzw. 1995 mit dem Überbrückungsgeld gefördert wurden. Im Ergebnis blieben verheiratete Gründer, solche mit hilfreichen Erfahrungen sowie Gründer in Ostdeutschland eher selbstständig. Wießner (2005) befragte im Jahr 2004 eine Stichprobe von Personen, die eine Förderung mit dem Existenzgründungszuschuss abgebrochen hatten. Dabei zeigte sich, dass Abbrüche vor allem auf Auftragsmangel und Finanzierungsengpässe zurückgingen.

Implementationsaspekte

Anders als bei der Einführung des Existenzgründungszuschusses erwartet, trat die Ich-AG nicht in Konkurrenz zum etablierten Überbrückungsgeld. Vielmehr wurde durch den ExGZ eine andere Personengruppe unter den Arbeitslosen für eine geförderte Existenzgründung gewonnen. Der ExGZ wurde z. B. eher für kleinere Gründungen genutzt, sowohl was Geschäftsziel als auch Kapitalausstattung angeht. Auffällig ist auch ein deutlich höherer Frauenanteil an den Gründern als beim Überbrückungsgeld. Dies hat nach den gegenwärtig vorliegenden Befunden den individuellen Erfolg aber nicht maßgeblich beeinflusst. Für eine abschließende Beurteilung ist abzuwarten, ob die Ich-AGs auch nach Ablauf der Förderung Bestand haben bzw. ob vormals ExGZ-Geförderte bessere Chancen auf die Aufnahme einer abhängigen Beschäftigung haben. Für die Weiterentwicklung der Instrumente hat dies allerdings wenig Belang, da beide Instrumente ja bereits abgeschafft wurden. Es bleibt aber eine spannende Frage, ob die neuen Instrumente der Gründungsförderung eine ebenso heterogene Klientel ansprechen und ähnlich erfolgreich sein werden.

8 Beschäftigung schaffende Maßnahmen

Öffentlich geförderte Beschäftigung ist nachrangig zu Beschäftigung, Ausbildung und anderen Maßnahmen der aktiven Arbeitsmarktpolitik. Sie wird zeitlich befristet für besondere Problemgruppen des Arbeitsmarkts eingesetzt. Derzeit existieren drei sehr ähnliche Beschäftigung schaffende Maßnahmen im Instrumentarium der BA. Hierzu gehören zum einen Arbeitsbeschaffungsmaßnahmen (ABM), die bereits 1969 im Arbeitsförderungsgesetz verankert wurden und heute sowohl im Rechtskreis SGB II als auch SGB III zur Verfügung stehen. Darüber hinaus gibt es seit 2005 nur für Alg-II-Empfänger Arbeitsgelegenheiten in zwei Varianten: 1) in der Mehraufwandsvariante und 2) in der Entgeltvariante.

Alle drei Maßnahmen verfolgen das Ziel, die Beschäftigungsfähigkeit von Teilnehmern zu erhöhen und auf diese Weise ihre Aussichten auf Beschäftigung zu verbessern. Dabei soll den Teilnehmern etwas über ihre Eignungen und Interessen vermittelt werden. Außerdem soll die soziale Integration der Geförderten unterstützt werden, indem sie während der Maßnahme soziale Kontakte knüpfen können sowie einen geregelten Tagesablauf haben. Neben diesen gemeinsamen Zielsetzungen unterscheiden sich die drei Maßnahmen jedoch auch in Bezug auf bestimmte Ziele. Arbeitsgelegenheiten in der Mehraufwandsvariante werden beispielsweise auch als Test zur Überprüfung der Arbeitsbereitschaft eingesetzt. ABM dienen seit 2004 vornehmlich zur Verringerung der offenen Arbeitslosigkeit. Dies traf insbesondere nach der Wiedervereinigung in Ostdeutschland zu.

8.1 Arbeitsbeschaffungsmaßnahmen

Arbeitsbeschaffungsmaßnahmen gibt es in der Bundesrepublik Deutschland bereits seit über 30 Jahren. Sie haben im Laufe der Zeit einige Änderungen erfahren. Seit 2005 stehen sie nicht nur Beziehern von Arbeitslosengeld bzw. -hilfe, sondern auch bedürftigen Beziehern von Alg II zur Verfügung. Arbeiten im Rahmen von ABM müssen zusätzlich sein und im öffentlichen Interesse liegen. Träger bekommen pauschalierte Zuschüsse von i. d. R. 900 bis 1.300 € pro Monat, Teilnehmer erhalten ein übliches Arbeitsentgelt. ABM sind sozialversicherungspflichtig; Beiträge zur Arbeitslosenversicherung werden jedoch nicht gezahlt. So entsteht kein neuer Anspruch auf Arbeitslosengeld, und Drehtüreffekte werden vermieden. Die Dauer liegt in der Regel bei bis zu zwölf Monaten. Vergleichbar mit ABM waren Strukturanpassungsmaßnahmen (SAM), die sich hauptsächlich durch ihre Zielgruppe (keine Fokussierung auf Langzeitarbeitslose) von ABM unterschieden. Im Zuge der Hartz-Reformen wurden beide Maßnahmen unter ABM zusammengefasst.

Zugänge und Teilnehmerstrukturen

Im Jahr 2000 waren ABM mit über 200.000 Zugängen die zugangsstärkste Beschäftigung schaffende Maßnahme (Tabelle C1). Die Zugangszahlen gingen bis 2006 auf knapp 80.000 zurück. Ost- und westdeutsche ABM-Teilnehmer unterscheiden sich deutlich voneinander (Tabelle C2): Zum einen ist der Frauenanteil in Ostdeutschland sehr viel höher als in Westdeutschland. Zum anderen sind Unterschiede in der Altersstruktur erkennbar: In Westdeutschland nehmen Jugendliche und junge Erwachsene unter 25 Jahren häufiger an einer ABM teil, im Osten hingegen eher Personen, die 50 Jahre oder älter sind. Dies deutet auf einen unterschiedlichen Gebrauch der Maßnahme in beiden Regionen hin (Bernhard et al. 2006a). In Ostdeutschland wurden ABM vielfach zur Entlastung des Arbeitsmarktes und zur Überbrückung bis zur Rente eingesetzt, in Westdeutschland wurde hingegen stärker von der vereinfachten Zuweisung Jugendlicher Gebrauch gemacht. Junge Erwachsene ohne Berufsausbildung können leichter in ABM vermittelt werden, weil für sie die Zuweisungsbeschränkung entfällt, nach der nur Arbeitslose teilnehmen können, die ausschließlich durch eine ABM eine Beschäftigung aufnehmen können.

Ergebnisse von Wirkungsanalysen

In Deutschland existiert erst seit einigen Jahren eine Basis amtlicher Daten zur Evaluation. Frühere Evaluationen beruhen auf Befragungsdaten (Arbeitsmarktmonitor Ost, Arbeitsmarktmonitor Sachsen-Anhalt, Sozio-ökonomisches Panel). Nachteil der Befragungsdaten sind die kleinen Fallzahlen und die damit verbundene eingeschränkte Möglichkeit, Effektheterogenität zu untersuchen. Meist müssen wegen der geringen Fallzahlen Maßnahmen zusammengefasst werden (z. B. ABM und SAM). Da jedoch Effektheterogenität ein wichtiger Aspekt ist, werden im Folgenden nur Ergebnisse von Studien wiedergegeben, die auf amtlichen Daten basieren. Einen Überblick über Evaluationsstudien zu ABM mit Befragungsdaten geben Fitzenberger und Speckesser (2000), Hagen und Steiner (2000) sowie Hujer und Caliendo (2001).

Caliendo et al. (2005a, 2005b) untersuchten die Wirkungen von ABM auf Personen, die ihre Teilnahme im Februar 2000 begannen, im Vergleich zu arbeitslosen Personen, die in diesem Zeitraum keine ABM begannen. Auch wenn starke Unterschiede zwischen den untersuchten Teilgruppen beobachtbar sind, lässt sich Folgendes feststellen: Kurzfristig (nach 5 bzw. 16 Monaten) reduzieren ABM durch Einsperreffekte die Beschäftigungschancen für alle Teilnehmergruppen. In Westdeutschland vermindern sich kurzfristig die Beschäftigungschancen von Teilnehmern um 20 Prozentpunkte. In Ostdeutschland sind die Einsperreffekte mit etwa 9 Prozentpunkten für Frauen und 12 bis 14 Prozentpunkten für Männer deutlich geringer, da die Arbeitsmarktsituation dort schwieriger als im Westen ist und dadurch auch Nicht-Teilnehmer schlechtere Beschäftigungschancen haben. Längerfristig treten für einzelne Teilnehmergruppen positive Beschäftigungseffekte von bis zu 12 Prozentpunkten auf, der Effekt ist jedoch für die meisten Teilnehmergruppen negativ oder nicht signifikant. Die Ergebnisse zu den von ABM profitierenden Gruppen sind teilweise kontrovers (Caliendo 2006): Zum einen profitieren langzeitarbeitslose Personen, eine Problemgruppe des Arbeitsmarkts, zum anderen hochqualifizierte Männer, eine Gruppe mit überdurchschnittlich guten Beschäftigungschancen, und ältere Frauen in Westdeutschland.

Insgesamt lässt sich festhalten, dass ABM im Großen und Ganzen keinen Beitrag zur Integration in Beschäftigung leisten und stärker auf Problemgruppen am Arbeitsmarkt konzentriert werden sollten.

Implementationsaspekte

Für die Einordnung der Integrationswirkungen von ABM sind besonders die Ziele von Belang, die mit diesem Instrument verfolgt werden. Denn das Ziel Integration in den ersten Arbeitsmarkt wurde – auch infolge der ersten negativen Evaluationsergebnisse – für ABM mit dem Dritten Gesetz für moderne Dienstleistungen am Arbeitsmarkt hintangestellt. Im Vordergrund stehen inzwischen die Schaffung von Marktersatz in problematischen Teilarbeitsmärkten und der Erhalt und die Verbesserung der individuellen Beschäftigungsfähigkeit. Dies bedeutet nun aber nicht, dass die Messung der Integrationswirkungen für ABM nicht mehr aussagekräftig ist. Vielmehr muss auch bei Instrumenten, die nicht unmittelbar auf Integration in reguläre Beschäftigung zielen, gesichert sein, dass sie die Beschäftigungschancen der Teilnehmer nicht nachhaltig verschlechtern – etwa durch eine Stigmatisierung. Vor diesem Hintergrund stimmt es bedenklich, wenn ABM für viele Teilnehmergruppen signifikant negative Eingliederungswirkungen auslösen.

Der Bedeutungsverlust im SGB III ist damit richtig und zwangsläufig. Zudem passen ABM nur noch schwer in die Steuerungslogik des SGB III (vgl. auch SÖSTRA et al. 2006). Im SGB II konkurrieren ABM darüber hinaus mit den Arbeitsgelegenheiten, die in ihrer Mehraufwandsvariante den Eingliederungstitel der Grundsicherungsstellen weit weniger belasten.

8.2 Arbeitsgelegenheiten

Arbeitsgelegenheiten existieren in zwei Varianten: in der Mehraufwands- und in der Entgeltvariante. Arbeitsgelegenheiten in der *Mehraufwandsvariante* (auch Zusatzjobs und Ein-Euro-Jobs genannt) müssen zusätzlich und gemeinnützig sein. Teilnehmer erhalten neben dem Alg II eine Mehraufwandsentschädigung von 1 bis 1,50 € pro geleistete Arbeitsstunde. Die Träger erhalten eine Kostenpauschale, welche die Mehraufwandsentschädigung und weitere Kosten (z. B. für Arbeitskleidung und Qualifizierung der Teilnehmer) abdeckt. Zusatzjobs sind nicht sozialversicherungspflichtig und dauern normalerweise bis zu einem halben Jahr.

Arbeitsgelegenheiten in der *Entgeltvariante* hingegen müssen nicht unbedingt zusätzlich sein und/ oder im öffentlichen Interesse liegen. Teilnehmer erhalten einen üblichen Lohn, der von der BA subventioniert wird. Die Beschäftigung ist sozialversicherungspflichtig. Die Sozialversicherungspflicht schließt auch die Arbeitslosenversicherung mit ein, was Teilnehmern theoretisch ermöglicht, durch die Teilnahme erneute Ansprüche auf Alg I zu erwerben. Um diese Möglichkeit einzuschränken, ist die Dauer auf unter zwölf Monate beschränkt.

Zugänge und Teilnehmerstrukturen

Während bis zum Jahr 2004 ABM die meistgenutzte Beschäftigung schaffende Maßnahme waren, sind es heute Arbeitsgelegenheiten (Tabelle C1), wobei es sich bei einem Großteil (ca. 95 %) um Arbeitsgelegenheiten in der Mehraufwandsvariante, also um die sogenannten Ein-Euro-Jobs, handelt.

Bei den Arbeitsgelegenheiten lässt sich in beiden Teilen Deutschlands eine Fokussierung auf Jugendliche und junge Erwachsene beobachten, die eine Hauptzielgruppe des SGB II sind (Tabelle C2). Sie sind mit einem Anteil von über 20 % an den Zugängen in Arbeitsgelegenheiten gegenüber ihrem Anteil von knapp 11 % am Arbeitslosenbestand im SGB II deutlich überrepräsentiert. Genau wie bei ABM sind auch bei den Arbeitsgelegenheiten ältere Personen ab 50 Jahren in Ostdeutschland stärker vertreten als in Westdeutschland.

Ergebnisse von Wirkungsanalysen

Bisher liegen Wirkungsanalysen zu Arbeitsgelegenheiten in der Mehraufwandsvariante vor, jedoch (noch) nicht zu Arbeitsgelegenheiten in der Entgeltvariante.

Da Arbeitsgelegenheiten erst 2005 eingeführt wurden und Teilnehmer über einen hinreichend langen Zeitraum nach Beginn der Teilnahme beobachtet werden müssen, um Aussagen über die Wirkungen machen zu können, gibt es bisher nur eine Studie, die Wirkungen von Arbeitsgelegenheiten in der Mehraufwandsvariante untersucht. Hohmeyer und Wolff (2007) haben die Wirkungen von Arbeitsgelegenheiten in der Mehraufwandsvariante für Teilnehmer untersucht, die ihre Teilnahme im Frühjahr 2005 begonnen haben. Der Vergleich bezieht sich auf ähnliche Personen, die in diesem Zeitraum keine solche Maßnahme begonnen haben. Kurzfristig treten im Verhältnis zu ABM geringe Einsperreffekte von bis zu 3 Prozentpunkten für Frauen in Westdeutschland auf, die aber für Gruppen mit besseren Beschäftigungschancen stärker sind. Mittelfristig, nach etwa eineinhalb bis zwei Jahren, profitieren einzelne Gruppen von der Teilnahme: Sie haben um bis zu 7 Prozentpunkte höhere Chancen, eine reguläre ungeförderte Beschäftigung zu finden, als Nicht-Teilnehmer. Zu diesen Gruppen gehören insbesondere westdeutsche Teilnehmerinnen, Teilnehmende im Alter von über 24 Jahren und Personen, die lange keine reguläre Beschäftigung ausgeübt haben. Damit profitieren teilweise auch besondere Problemgruppen am Arbeitsmarkt von der Maßnahmenteilnahme. Für eine der Hauptzielgruppen, die unter 25-Jährigen, hingegen ist die Teilnahme ineffektiv. Innerhalb des beobachteten Zeitraums von zwei Jahren nach Maßnahmenbeginn können Arbeitsgelegenheiten auch nicht dazu beitragen, dass Teilnehmer ihre Hilfebedürftigkeit beenden.

Implementationsaspekte

Arbeitsgelegenheiten in der Mehraufwandsvariante müssen dem Kriterium der Zusätzlichkeit genügen, d. h., es dürfen nur solche Tätigkeiten Gegenstand der Maßnahmen sein, die sonst nicht oder erst viel später durchgeführt würden. Dies soll die Gefahr der Verdrängung regulärer Beschäftigung eindämmen. Erste Studien zur betrieblichen Nutzung der Arbeitsgelegenheiten zeigen allerdings, dass dies (noch) nicht vollständig gelingt: Insbesondere für Ostdeutschland gibt es Indizien dafür, dass in den Einsatzbetrieben reguläre Beschäftigung durch Beschäftigte in Arbeitsgelegenheiten substituiert wurde (Hohendanner 2007). Auf der anderen Seite kann Beschäftigung in Arbeitsgelegenheiten in begrenztem Umfang als Sprungbrett in reguläre Beschäftigung im gleichen Betrieb dienen: Die Übernahmequote lag bei etwa 4 % und war deutlich höher, wenn Betriebe eine Maßnahmenpauschale erhielten. Denn diese könnte dazu eingesetzt worden sein, um zusätzliche Arbeitsplätze, etwa für Anleiter, zu schaffen (unveröffentlichte Berechnungen des IAB).

9 Wirkung auf der Makroebene und ihre Messung

Erfolgskriterien

Auf der Makroebene sind die regionalen und volkswirtschaftlichen Nettoeffekte des Einsatzes arbeitsmarktpolitischer Instrumente abzuschätzen. Wie im Folgenden genauer erläutert wird, können umfangreichere Maßnahmen neben den direkten Effekten auf die Arbeitsmarktchancen der Geförderten auch indirekte Effekte auf die Situation anderer Arbeitsmarktakteure haben. Makroökonometrische Studien prüfen, wie sich die Arbeitsmarktsituation insgesamt verändert, wenn der Maßnahmenumfang oder die Maßnahmenkosten variiert werden. Ein wichtiges Erfolgskriterium sind dabei die in einer Region erfolgten Neueinstellungen. Hier wird tatsächlich ein Nettoeffekt ermittelt, da auch die Wirkungen arbeitsmarktpolitischer Maßnahmen auf Nicht-Teilnehmer berücksichtigt werden.

Prinzipiell ist die Frage nach der Effektivität von der Frage nach der Effizienz eines Arbeitsmarktprogramms zu unterscheiden. Hier geht es um eine dem Erfolg nachgelagerte Fragestellung, um die Kosten-Nutzen-Relation. Auch diese ist nach § 282 SGB III ein zentraler Aufgabenbereich der Arbeitsmarktforschung: Wenn sich ein Programm als effektiv herausgestellt hat, muss geprüft werden, ob die positive Wirkung des Programms den Einsatz der dadurch gebundenen finanziellen Mittel rechtfertigt. Erschwert wird dies dadurch, dass zur Wirkung eines Programms auch nicht-monetäre Aspekte zählen können, wie z. B. der Erhalt der Beschäftigungsfähigkeit. Wichtig ist dabei auch das Ausmaß der Wirkung: Steigert z. B. eine kostenaufwändige spezielle Weiterbildungsmaßnahme die Arbeitsmarktchancen von Arbeitslosen in nur geringem Ausmaß, so ist die Maßnahme in der Erreichung ihres Zieles vermutlich nicht effizient.

Wirkungskanäle

Im Folgenden sollen kurz in Anlehnung an Calmfors (1994) die zentralen Wirkungen arbeitsmarktpolitischer Eingriffe (unter Verzicht auf die Finanzierungsaspekte) auf der Makroebene systematisiert werden. In Abbildung C1 bildet die Arbeitsnachfragekurve ab, wie viele ungefördert Beschäftigte die Unternehmen einer Volkswirtschaft bei unterschiedlichen Lohnhöhen einsetzen. Die Lohnangebotskurve zeigt, wie die Anzahl der Beschäftigten bzw. die Anzahl der Arbeitsuchenden auf den Lohnbildungsprozess wirkt: Steigt die reguläre Beschäftigung, dann nehmen auch die Lohnansprüche der Gewerkschaften zu, und es kommt zu höheren Lohnabschlüssen. Ferner zahlen Unternehmen aus Anreizaspekten einen höheren Effizienzlohn. Damit ist der Lohndruck umso höher, desto geringer die Zahl der Arbeitsuchenden ist. Entscheidend ist dabei jedoch nicht die Arbeitslosigkeit an sich, sondern dass mit sinkender Arbeitslosigkeit die Zahl effektiver Wettbewerber um Arbeitsplätze zurückgeht. Der horizontale Abstand zwischen dem Schnittpunkt beider Kurven und der senkrecht verlaufenden ‚Vollbeschäftigungsgerade' spiegelt die registrierte offene Arbeitslosigkeit zuzüglich der Anzahl der Maßnahmenteilnehmer wider.

Bereits in Abschnitt 3 wurde erläutert, dass durch arbeitsmarktpolitische Maßnahmen der Stellenvermittlungsprozess verbessert werden soll und die Arbeitskosten der Unternehmen sinken sollten (Effekt A in Abbildung C1). *Direkte Effekte* können Maßnahmen weiterhin auf das Arbeitsangebot und auf die Zahl der Arbeitsuchenden (registrierte Arbeitslose und Maßnahmenteilnehmer) haben: Infolge der Verfügbarkeit von Maßnahmen könnten Personen aus der Stillen Reserve wieder Arbeit anbieten und damit das Arbeitsangebot erhöhen (Effekt E). In manchen Fällen kann schließlich bereits die Ankündigung einer nicht erwünschten Maßnahme Arbeitslose zu einer Intensivierung ihrer Suchanstrengungen bewegen und ihre Konzessionsbereitschaft erhöhen (Effekt D).

Erwähnt wurden in Abschnitt 3 bereits unerwünschte Wirkungen wie Einbindungseffekte, Stigmatisierungseffekte und Mitnahmeeffekte, die direkt bei den Geförderten auftreten. Zudem ist aber auch eine Reihe *indirekter Effekte* der Förderung auf die

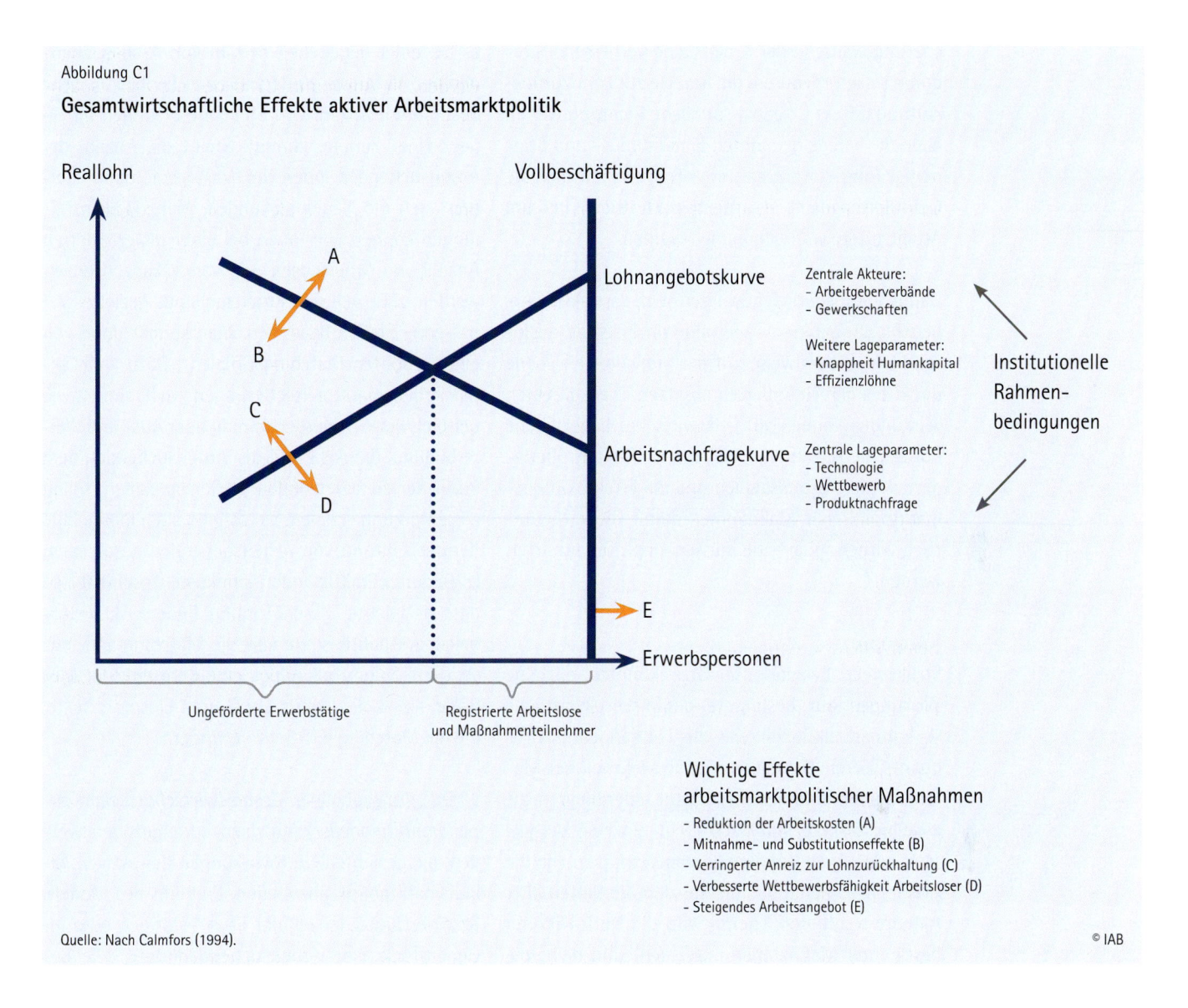

Abbildung C1
Gesamtwirtschaftliche Effekte aktiver Arbeitsmarktpolitik

Reallohn / Vollbeschäftigung / Lohnangebotskurve / Arbeitsnachfragekurve / Erwerbspersonen

Ungeförderte Erwerbstätige | Registrierte Arbeitslose und Maßnahmenteilnehmer

Zentrale Akteure:
- Arbeitgeberverbände
- Gewerkschaften

Weitere Lageparameter:
- Knappheit Humankapital
- Effizienzlöhne

Zentrale Lageparameter:
- Technologie
- Wettbewerb
- Produktnachfrage

Institutionelle Rahmenbedingungen

Wichtige Effekte arbeitsmarktpolitischer Maßnahmen
- Reduktion der Arbeitskosten (A)
- Mitnahme- und Substitutionseffekte (B)
- Verringerter Anreiz zur Lohnzurückhaltung (C)
- Verbesserte Wettbewerbsfähigkeit Arbeitsloser (D)
- Steigendes Arbeitsangebot (E)

Quelle: Nach Calmfors (1994). © IAB

Arbeitsmarktchancen ungeförderter Personen zu berücksichtigen. Ein Substitutions- bzw. Verdrängungseffekt tritt ein, wenn Teilnehmer an einer arbeitsmarktpolitischen Maßnahme ungeförderte Erwerbspersonen verdrängen. Einerseits kann eine geförderte eine ungeförderte Arbeitskraft im selben Unternehmen verdrängen bzw. stattdessen eingestellt werden. Andererseits können Arbeitsplätze in Unternehmen abgebaut werden, die keine Förderung in Anspruch nehmen, wenn diese deshalb weniger günstig produzieren können. Beides bewirkt, dass zu jedem Reallohn weniger regulär Beschäftigte benötigt werden (Effekt B). Diese Effekte könnten insbesondere bei den beschäftigungsbegleitenden und Beschäftigung schaffenden Maßnahmen auftreten.

Zu beachten sind schließlich auch indirekte Effekte auf den Lohnbildungsprozess. Erhöht aktive Arbeitsmarktpolitik die Wettbewerbsfähigkeit von Arbeitslosen – unter anderem durch eine Steigerung ihrer Produktivität, die Vermittlung von Berufserfahrung und eine Unterstützung bei der Arbeitsplatzsuche –, so senkt dies insgesamt den Lohndruck auf dem Arbeitsmarkt (Effekt D). Allerdings kann aktive Arbeitsmarktpolitik auch die Wohlfahrtsverluste durch Arbeitslosigkeit mindern, wenn sie die zukünftigen Beschäftigungschancen und/oder die soziale Absicherung während der Arbeitsuche verbessert. Hierdurch sinken wiederum die Anreize zur Lohnzurückhaltung (Effekt C). In eine ähnliche Richtung wirken auch die bereits genannten Einbindungs- und Stigmatisierungseffekte, da sie zur Folge haben, dass die Geförderten nicht als effektive Wettbewerber um Arbeitsplätze wahrgenommen werden.

Damit sollte deutlich geworden sein, dass aktive Arbeitsmarktpolitik eine Vielzahl von Effekten auslösen kann, die teilweise auf der individuellen Ebene direkt bei den Geförderten ansetzen. Diese direkten Wirkungen können auf volkswirtschaftlicher Ebene durch eine Anzahl von indirekten Effekten überlagert werden. Grundsätzlich sind die Effekte arbeitsmarktpolitischer Maßnahmen damit nicht theoretisch vorhersagbar – sie müssen empirisch ermittelt werden.

Konzepte

Strukturelle Evaluationsansätze könnten einzelne Wirkungen auf bestimmte gesamtwirtschaftliche Verhaltensfunktionen wie die Lohnangebotskurve quantifizieren. Die überwiegende Mehrheit der Makroevaluationsstudien betrachtet allerdings nicht einzelne Effekte und auch nicht einzelne Verhaltensänderungen, sondern Ergebnisvariablen wie die Arbeitsuchendenquote, die aus dem Verhalten aller Akteure resultieren. Ebenso wird die Nettowirkung bestimmter Maßnahmen untersucht und nicht die verschiedenen Komponenten der Wirkung wie z. B. Mitnahmeeffekte, Wettbewerbseffekte oder Steuereffekte, die zu dieser Nettowirkung geführt haben.

In der Regel verwenden die Makrostudien zwei Konzepte (empirische Befunde hierzu stellt Abschnitt 10 vor):

1) Die erweiterte Matching-Funktion/Beveridge-Kurve sowie eine reduzierte Form des oben dargestellten gesamtwirtschaftlichen Arbeitsmarktmodells. Die *Matching-Funktion* hat nichts mit der in den vorangehenden Abschnitten erwähnten statistischen Matching-Methodik zu tun. Sie ist ein ökonomischer Zusammenhang, der besagt, dass es bei einer gegebenen Anzahl von Arbeitsuchenden und Vakanzen zu Beginn einer Periode zu einer bestimmten Anzahl von Stellenbesetzungen innerhalb einer Periode kommt. Steigt die Anzahl der Arbeitsuchenden oder der Vakanzen, dann steigen auch die Neueinstellungen. Mehr Neueinstellungen können aber auch bei einer unveränderten Anzahl von Arbeitslosen und von Vakanzen erzielt werden: z. B. weil sich Arbeitsuchende gezielter auf passende Stellen bewerben. Man spricht dann von einer erhöhten Matching-Effizienz. Dazu kann aktive Arbeitsmarktpolitik beitragen. Maßnahmen wie beispielsweise Bewerbertraining oder Aus- und Weiterbildung, die das Profil der Arbeitsuchenden dem Profil der zu besetzenden Stellen anpassen, sollen diese Wirkung erzielen. Sie können auch mangelnde Berufserfahrung von Arbeitsuchenden ausgleichen (z. B. durch Praktika oder Lohnkostenzuschüsse), so dass sie leichter Beschäftigung finden. Aktive Arbeitsmarktpolitik sollte also die Matching-Effizienz steigern. Es gibt allerdings eine Kehrseite der Medaille – z. B. die bereits erwähnten Einsperreffekte, die die Matching-Effizienz verringern.

2) Das Konzept eines *gesamtwirtschaftlichen Arbeitsmarktmodells* kann dazu herangezogen werden, die gesamten Nettowirkungen der aktiven Arbeitsmarktpolitik abzubilden. Ergebnis des Modells ist eine Quote der regulär Erwerbstätigen oder ihr Gegenstück, eine Arbeitsuchendenquote. Alle bereits erwähnten Effekte auf die Matching-Effizienz beeinflussen in gleicher Art und Weise die Arbeitsuchendenquote. Hinzu kommen die bereits oben diskutierten Produktivitätseffekte, Wettbewerbseffekte, reduzierte Wohlfahrtsverluste, Mitnahme-, Verdrängungs- und Substitutionseffekte, die die Arbeitsuchendenquote in die eine oder andere Richtung beeinflussen könnten.

Wenn empirische Studien den Einfluss des Einsatzes der aktiven Arbeitsmarktpolitik auf aggregierte Größen wie Stellenbesetzungen oder Arbeitsuchendenquote bestimmen wollen, kommt es darauf an, diese Konzepte adäquat zu definieren. Da z. B. ABM-Teilnehmer nicht arbeitslos gemeldet sind, würde eine

Erhöhung des ABM-Teilnehmerbestandes die gesamtwirtschaftliche Arbeitslosenquote senken, was ein rein buchhalterischer Effekt sein könnte. Definiert man hingegen Arbeitsuchende als Arbeitslose zuzüglich Maßnahmenteilnehmer und setzt die Arbeitsuchenden in Relation zur Summe aller Arbeitsuchenden und Erwerbstätigen, so erhält man als Zielvariable eine Arbeitsuchendenquote. Ein Anstieg der ABM-Teilnehmerzahl verändert diese Größe zumindest nicht rein rechnerisch.

Die Intensität einzelner Instrumente, die die Zielgrößen beeinflussen, wird häufig durch eine von zwei Größen gemessen: die Anzahl der Maßnahmenteilnehmer (Bestand und manchmal Eintritte) relativ zur Anzahl der Erwerbspersonen oder zum Anteil des Maßnahmenteilnehmerbestandes an den Arbeitsuchenden (Accommodation Ratio). Wenige Studien verwenden Ausgaben für aktive Arbeitsmarktpolitik und Ausgabenanteile einzelner Maßnahmen an den Gesamtausgaben. In der Regel wird eine zeitlich verzögerte Wirkung der Maßnahmen unterstellt.

Regionale Paneldaten z. B. von Arbeitsagenturbezirken, die zu mehreren Zeitpunkten beobachtet werden, sind die Datengrundlage für die Schätzung der gesamtwirtschaftlichen Wirkungen. Ähnlich wie bei Mikrostudien kommt es hierbei auf einen geeigneten Vergleich an, um die Wirkung einer Veränderung des Einsatzes arbeitsmarktpolitischer Maßnahmen zu identifizieren. Hierzu wird der Einsatz aktiver Arbeitsmarktpolitik in einer Region zu einem bestimmten Zeitpunkt mit einer anderen Region und zu anderen Zeitpunkten verglichen (Hagen 2004: 243).

Methoden

Die Evaluationsforschung steht allerdings vor grundlegenden *Identifikationsproblemen*: Einerseits wirkt der regionale Maßnahmeneinsatz auf die Arbeitsmarktlage der Regionen, andererseits hängt er genau von dieser Arbeitsmarktlage ab. Das kann sowohl auf dauerhafte Strukturunterschiede zwischen den Regionen zurückgehen als auch auf Reaktionen der arbeitsmarktpolitischen Akteure auf Veränderungen in der lokalen Arbeitsmarktlage. Um nur die erste dieser beiden Wirkungen zu identifizieren, muss die Simultanitätsproblematik gelöst werden. In den letzten Jahrzehnten wurde dabei eine Reihe von methodischen Fortschritten erzielt.

Neben den bereits erwähnten Identifikationsproblemen spielen *regionale Abhängigkeiten* eine Rolle. So mag die Arbeitsmarktpolitik in einer Region bewirken, dass die Arbeitsuchenden viel schneller Arbeit finden – möglicherweise aber nicht in dieser Region, sondern in der benachbarten. Herkömmliche Schätzmethoden berücksichtigen regionale Interdependenzen nicht, was zu Fehleinschätzungen der Politikwirkung führen kann. Dynamische Panelregressionsmodelle, die solche Abhängigkeiten mit berücksichtigen, werden derzeit noch erprobt.

10 Empirische Befunde zu den Makrowirkungen

Ein großer Teil der Studien zu Makrowirkungen der aktiven Arbeitsmarktpolitik in Deutschland ist erst in den letzten Jahren entstanden. Wir wollen uns auf diese recht aktuellen Untersuchungen konzentrieren, die bereits den Arbeitsmarkt in diesem Jahrtausend im Blick haben. Die Ergebnisse älterer Studien wurden von anderen Autoren zusammengefasst (z. B. Fitzenberger/Speckesser 2000; Hagen 2004).

Matching-Effizienz

Beginnen wir mit Studien, die den Einfluss aktiver Arbeitsmarktpolitik auf die Matching-Effizienz untersuchen und damit auf den Abgang aus Arbeitsuche in ungeförderte Beschäftigung bei gegebenem Bestand an Arbeitsuchenden und Vakanzen. Da sich eine Veränderung der Maßnahmenintensitäten gewöhnlich zeitlich verzögert und über mehrere Perioden hinweg auswirkt, gehen wir nur auf langfristige Gesamteffekte ein.

Hagen (2004) untersucht mithilfe von Arbeitsamtsbezirksdaten und Panelregressionsmodellen sowie Instrumentvariablenmethoden die Effekte von Arbeitsbeschaffungsmaßnahmen (ABM), Strukturanpassungsmaßnahmen (SAM) und Förderung der beruflichen Weiterbildung (FbW) – jeweils gemessen als Teilnehmerbestand relativ zu den Erwerbspersonen – in Ostdeutschland vom ersten Quartal 1999 bis zum vierten Quartal 2002. Die Studie kann für ABM, nicht aber für SAM und FbW signifikante langfristige Effekte auf die Matching-Effizienz nachweisen. Steigt die ABM-Intensität um 1 %, so gehen die Neubesetzungen bei gegebenem Vakanz- und Arbeitsuchendenbestand um beinahe 1 % zurück, was für eine Verdrängung regulärer Beschäftigung spricht.

Auch Speckesser (2004) untersucht die Wirkung dieser drei Maßnahmen, allerdings für 141 Arbeitsamtsbezirke in Westdeutschland und mit Quartalsdaten zum Beginn dieses Jahrtausends. Die Intensität der einzelnen Instrumente wird durch den Anteil des Teilnehmerbestandes am Arbeitsuchendenbestand gemessen. Eine Steigerung der SAM-Intensität erhöht die Matching-Effizenz stärker als eine Erhöhung der Intensität der anderen Maßnahmen. Allerdings ist dieser Effekt nur in Modellen signifikant, die nicht den verzögerten Einfluss des logarithmierten Verhältnisses aus Abgängen aus Arbeitsuche in Erwerbstätigkeit relativ zur Anzahl der Arbeitsuchenden zeitlich verzögert als Regressor verwenden. In den dynamischen Panelmodellen, die solche zeitlich verzögerten Regressoren berücksichtigen, zeigt sich für FbW, dass ein Anstieg der Maßnahmenintensität um 1 % die Zahl der Neueinstellungen um etwa 0,01 % erhöht.[2] Eine erhöhte Intensität der ABM hingegen führt zu einem sehr geringen Rückgang der Matching-Effizienz.

Ebenso untersuchen Hujer und Zeiss (2003) die Effekte von ABM und FbW auf die Matching-Effizienz in Westdeutschland mit Arbeitsamtsbezirksdaten für den Zeitraum zwischen dem ersten Quartal 1999 und dem ersten Quartal 2003. Bei Betrachtung der bevorzugten Spezifikation der Autoren kann kein signifikanter langfristiger Einfluss von FbW nachgewiesen werden. Eine Erhöhung der ABM-Intensität (gemessen durch den Teilnehmerbestand im Verhältnis zu den Erwerbspersonen) um 1 % reduziert langfristig und statistisch signifikant die (regulären) Stellenbesetzungen um etwa 0,16 %. Schließlich kommen Hujer und Zeiss (2005a) in einer weiteren

---

2 Die Angaben im Text zu den langfristigen Effekten der einzelnen Maßnahmen auf S. 172 in Speckesser (2004) entsprechen der Summe der Koeffizienten der jeweiligen Maßnahmenintensitäten in der aktuellen Periode und den Vorperioden. Diese Darstellung des langfristigen Effekts der Maßnahmewirkung ist bei einem dynamischen Panelmodell jedoch nicht korrekt. Die Summe der Koeffizienten der Maßnahmenintensitäten müsste noch durch eins abzüglich der Summe der Koeffizienten der verzögert abhängigen Variablen dividiert werden. Die Effekte, die wir an dieser Stelle beschreiben, wurden daher mithilfe der Angaben von Tabelle 5 der Studie von Speckesser (2004) berechnet.

Studie zur Wirkung von ABM auf die Matching-Effizienz in Westdeutschland im Zeitraum von Mai 2003 bis Dezember 2004 zu dem Ergebnis, dass sich diese Maßnahme eher nachteilig auswirkt. Der langfristige Effekt ist aber statistisch nicht signifikant.

Während die zuvor diskutierten Studien sich mit den Auswirkungen traditioneller Maßnahmen beschäftigen, liegen auch Studien zu neueren Instrumenten vor. So untersuchen Hujer und Zeiss (2005b) die Wirkung von Vermittlungsgutscheinen (VGS) und Personal-Service-Agenturen (PSA) auf die Matching-Effizienz. Grundlage sind Daten der Arbeitsagenturbezirke in Ost- und Westdeutschland von Mai 2003 bis Juni 2004. Für beide Regionen lassen sich keine signifikanten Wirkungen der VGS nachweisen.[3] Die PSA steigern jedoch die Matching-Effizienz in beiden Regionen: Ein Anstieg des Teilnehmerbestandes um 1 % erhöht die regulären Stellenbesetzungen bei gegebenem Arbeitsuchenden- und Vakanzbestand je nach Schätzer um 0,07 bis 0,08 Prozentpunkte in Ostdeutschland und um 0,02 bis 0,03 Prozentpunkte in Westdeutschland.

Eine weitere Studie von Hujer und Zeiss (2006) beschäftigt sich mit den Wirkungen von Trainingsmaßnahmen auf die Matching-Effizienz für westdeutsche Arbeitsagenturbezirke in den Monaten von Januar 2003 bis Dezember 2004. Die Befunde der „Generalized Methods of Moments"-Schätzungen sind zwar positive langfristige Effekte der Trainingsmaßnahmenintensität auf die Matching-Effizienz, allerdings sind sie statistisch nicht gesichert.

Schließlich untersuchen Hujer et al. (2006d), ob die Beauftragung Dritter mit der Vermittlung die Matching-Effizienz erhöht. In der Studie werden Ost- und Westdeutschland für den Zeitraum von Januar bis Dezember 2004 untersucht. Für Ost- und Westdeutschland zeigt sich keine statistisch gesicherte langfristige Wirkung einer Veränderung der Intensität der Beauftragungen Dritter mit der gesamten Vermittlung, die durch die Zugänge in die Maßnahme relativ zum Arbeitslosenbestand gemessen wurde. Für Westdeutschland trifft dies auch bei den Beauftragungen Dritter mit Teilaufgaben der Vermittlung zu. Allerdings wirkt dieses Instrument in Ostdeutschland und verringert die Matching-Effizienz: Eine Erhöhung der Maßnahmenintensität um 1 Prozentpunkt senkt die Übergänge aus Arbeitslosigkeit in Erwerbstätigkeit langfristig um 0,4 Prozentpunkte.

Gesamtwirtschaftlicher Arbeitsmarkt

Eine Anzahl von Studien untersucht die Wirkung der aktiven Arbeitsmarktpolitik auf die Arbeitsuchendenquote im Rahmen des gesamtwirtschaftlichen Arbeitsmarktmodells aus Abschnitt 9. Hagen (2004) findet in seiner Untersuchung für ostdeutsche Arbeitsamtsbezirke im Zeitraum Dezember 1998 bis Januar 2003 keine signifikanten langfristigen Auswirkungen von ABM, SAM und FbW auf die Arbeitsuchendenquote. Er untersucht ferner Effekte von ABM und FbW auf die Arbeitsnachfrage mit Daten ostdeutscher Landkreise von 1996 bis 2000. Die

---

3 Zu diesem Ergebnis kommen auch Hujer et al. (2006c) in einer weiteren Studie. Darin wurde ausschließlich die Wirkung von Vermittlungsgutscheinen auf die Matching-Effizienz in Ost- und Westdeutschland für ähnliche Zeiträume wie in der im Text beschriebenen Studie von Hujer und Zeiss (2005a) geschätzt. Beide Studien haben jedoch nicht nur die Effekte für die Regionen Ost- und Westdeutschland untersucht. In der Untersuchung von Hujer und Zeiss (2005a) werden auch Effekte für vier Gruppen von Arbeitsagenturbezirken geschätzt, die sich hinsichtlich ihrer Arbeitsmarktlage und des Grades der Urbanisierung unterscheiden. Ihre Ergebnisse implizieren, dass Vermittlungsgutscheine nur in „großstädtisch geprägten Bezirken vorwiegend in Westdeutschland mit hoher Arbeitslosigkeit" die Matching-Effizienz langfristig signifikant erhöhen. Hujer et al. (2006c) unterscheiden zwischen vier regionalen Clustern nach Dann et al. (2006). Für die Zuordnung zu einem der vier Cluster waren zwei Merkmale ausschlaggebend: die Intensität des Personaleinsatzes der Agenturen für VGS und wie gründlich und überzeugt Agenturen die VGS begleiten. Nur für das Cluster, das bezüglich beider Dimensionen am besten abschnitt (ein Cluster in Ostdeutschland), weisen Hujer et al. (2006c) signifikant positive langfristige Wirkungen der VGS auf die Matching-Effizienz nach.

Schätzergebnisse sind nur für ABM signifikant und weisen negative Auswirkungen auf die reguläre Arbeitsnachfrage nach. Auch Hujer et al. (2004) untersuchen die Wirkungen dieser Maßnahmen auf die Arbeitsuchendenquote in Ostdeutschland und für ABM und FbW auch in Westdeutschland mit Arbeitsamtsbezirksdaten vom ersten Quartal 1999 bis zum vierten Quartal 2001. Signifikante Effekte finden sie für FbW in Westdeutschland und für SAM in Ostdeutschland. Steigt der Anteil der FbW-Teilnehmer an den Arbeitsuchenden in Westdeutschland um 1 Prozentpunkt, reduziert dies langfristig die Arbeitsuchendenquote um 1,5 Prozentpunkte. Für SAM in Ostdeutschland ergibt sich ein entsprechender Effekt von 0,4 Prozentpunkten.

Eine weitere Studie beschäftigt sich mit der Makrowirkung nahezu aller aktiven arbeitsmarktpolitischen Maßnahmen: RWI und ISG (2006) verwenden regionale Gesamtausgaben, Pro-Kopf-Ausgaben und Ausgabenanteile für einzelne Instrumente bzw. Gruppen von Instrumenten als Maße für die Politikintensität. Sie untersuchen, inwieweit ein Einfluss auf Austritte aus Arbeitslosigkeit in ungeförderte Erwerbstätigkeit vorliegt. Ebenso betrachten sie die Eintritte in Arbeitslosigkeit aus Erwerbstätigkeit sowie die Nettoaustritte aus Arbeitslosigkeit in Erwerbstätigkeit, ferner Austritte aus Langzeitarbeitslosigkeit in Erwerbstätigkeit, Eintritte in Langzeitarbeitslosigkeit und Nettoaustritte als Differenz der beiden. Diese Größen werden relativ zu den Erwerbspersonen gemessen. Die Datengrundlage sind regionale Paneldaten von 2000 bis 2004 und von 2000 bis 2005. Die ursprünglichen 176 Arbeitsagenturbezirke wurden durch ein hierarchisches Clustering zur Identifikation unabhängiger Einheiten zu 91 regionalen Arbeitsmärkten zusammengefasst. Dies vermeidet Abhängigkeiten zwischen den regional benachbarten Beobachtungseinheiten, wie sie auf Arbeitsagenturbezirksebene vorliegen.

Im Gegensatz zu den anderen Studien wurde von RWI und ISG (2006) ein gemeinsames Modell für Ost- und Westdeutschland geschätzt. Interaktionen der Einflussfaktoren mit der Region Ostdeutschland erlauben es jedoch, Ost-West-Unterschiede in der Maßnahmewirkung zu quantifizieren. Zudem werden die Effekte vor und nach den Hartz-Reformen mithilfe von Interaktionstermen (für Beobachtungen der Jahre 2003 und 2004) quantifiziert. Die Wirkungen der aktiven Arbeitsmarktpolitik wurden mithilfe eines Fixed-Effects-Modells geschätzt. Aufgrund ihrer Schätzergebnisse kommen die Autoren zu dem Schluss, dass eine Reihe von Maßnahmen Austritte aus und Eintritte in Arbeitslosigkeit signifikant und in die gleiche Richtung beeinflusst. Wir gehen hier vor allem auf die Wirkung der Maßnahmen auf die Nettoaustritte ein. Es zeigt sich, dass nur die Existenzgründungsförderung statistisch abgesichert die Nettoaustritte aus Arbeitslosigkeit (vor allem in Westdeutschland) erhöht; der Effekt einer Ausgabenanteilserhöhung dieser Maßnahme verschwindet aber nahezu nach der Hartz-Reform.[4] Für die Nettoaustritte aus der Langzeitarbeitslosigkeit zeigt sich hingegen, dass vor allem Lohnsubventionen und Existenzgründungsförderung die erwünschte erhöhende Wirkung haben, allerdings nur in Ostdeutschland. Umgekehrt verhält es sich mit den Trainingsmaßnahmen. Ein erhöhter Ausgabenanteil des Jugendsofortprogramms an den Ausgaben für aktive Arbeitsmarktpolitik steigert die Nettoaustritte aus Langzeitarbeitslosigkeit in beiden Regionen.

Die bisherigen Angaben von RWI und ISG (2006) beziehen sich auf die Analyse mit den regionalen Paneldaten der Jahre 2000–2004. Allerdings wurde auch die Periode 2000–2005 betrachtet, wobei zu berücksichtigen ist, dass sich die Zuständigkeitsbereiche der Agenturen und damit die regionalen Beobachtungseinheiten mit Beginn des Jahres 2005

---

4 Der Effekt einer Ausgabenanteilserhöhung einer Maßnahme wie der Gründungsförderung wird relativ zu dem Ausgabenanteil der Förderung der beruflichen Weiterbildung bzw. des Unterhaltsgeldes gemessen, d. h., der letztere Ausgabenanteil geht in dem Umfang zurück, mit dem der Ausgabenanteil einer bestimmten Maßnahme steigt. Die Gesamtausgaben und Pro-Kopf-Ausgaben hingegen werden konstant gehalten.

verändert haben. Die Ergebnisse dieser erweiterten Analyse, die nur für die Bewegungen in und aus Arbeitslosigkeit durchgeführt wurde, nicht aber für Langzeitarbeitslosigkeit, bestätigen die bereits genannten Ergebnisse. Abweichend hierzu zeigt sich aber, dass der Ausgabenanteil an Trainingsmaßnahmen die Nettoaustritte aus Arbeitslosigkeit in beiden Regionen signifikant verringert. Gleiches gilt für Arbeitsbeschaffungsmaßnahmen und Beschäftigung schaffende Infrastrukturmaßnahmen, deren Effekt zuvor an der Grenze der statistischen Signifikanz lag, sowie Strukturanpassungsmaßnahmen in Ostdeutschland. Der Ausgabenanteil der letzteren Maßnahme steigert aber die Nettoaustritte im Westen Deutschlands.

Die Untersuchung von RWI und ISG (2006) quantifiziert die Wirkungen der Ausgabenanteile bei gegebenen Gesamtausgaben und Pro-Kopf-Ausgaben der aktiven Arbeitsmarktpolitik insgesamt. Geschätzt wurde außerdem, welchen Einfluss diese beiden Größen auf beispielsweise die Nettoaustritte aus Arbeitslosigkeit haben. Die Ergebnisse sprechen für keinen statistisch gesicherten Effekt der Gesamtausgaben auf die Nettoaustritte aus Arbeitslosigkeit in beiden Untersuchungszeiträumen. Für die Pro-Kopf-Ausgaben nach der Hartz-Reform wird ein solcher Effekt hingegen nachgewiesen, wobei höhere Pro-Kopf-Ausgaben zu einem Rückgang der Nettoaustritte aus Arbeitslosigkeit im Westen und zu einem Anstieg im Osten Deutschlands führen. Ihre Wirkung auf den Nettoabgang aus Langzeitarbeitslosigkeit ist hingegen generell positiv mit einer ganz ähnlichen Wirkung in Ost- und Westdeutschland und vor und nach der Hartz-Reform.

11 Fazit

Bis zum Ende der 1990er-Jahre konnte die Frage, ob die Ausgaben für aktive Arbeitsmarktpolitik ein ‚Milliardengrab' oder sinnvollen Mitteleinsatz bedeuten, nicht auf Basis wissenschaftlicher Befunde beantwortet werden. Vor allem mit der forschungsgerechten Aufbereitung und Bereitstellung evaluationsgeeigneter Prozessdaten der Bundesagentur für Arbeit durch das IAB konnte sich die Arbeitsmarktforschung in großer Breite der Untersuchung der arbeitsmarktpolitischen Instrumente widmen. Ein wahrer Boom an mikroökonometrischen Evaluationsstudien war die Folge. Wie in diesem Beitrag gezeigt werden konnte, ist das Wissen über die individuellen Wirkungen arbeitsmarktpolitischer Instrumente seit der Jahrtausendwende sprunghaft gestiegen. Inzwischen liegen zumindest zu den großen Instrumententypen durchgängig belastbare Befunde vor. Unterstützt wurde dies auch dadurch, dass sich in Politik und Praxis die Erkenntnis durchgesetzt hat, dass das Wissen über Wirkungszusammenhänge und quantitativ messbare kausale Effekte signifikant zu einer Verbesserung der Arbeitsmarktpolitik beitragen kann.

Fasst man die Ergebnisse der beschriebenen Studien zusammen, so kann als gesichert gelten, dass solche Maßnahmen, die direkt auf eine Beschäftigungsaufnahme am regulären Arbeitsmarkt zielen, die Beschäftigungschancen der geförderten Personen tatsächlich erhöhen. Dies gilt für Lohnkostenzuschüsse ebenso wie für die Gründungsförderung oder die betrieblichen Trainingsmaßnahmen, die häufig auch eine Art Einstiegsfinanzierung in ein Beschäftigungsverhältnis bedeuten. Auch für die tendenziell arbeitsmarktfernere Klientel des SGB II können beschäftigungsbegleitende Maßnahmen erfolgreich eingesetzt werden, wie erste Befunde des IAB zeigen.

Ebenfalls durch viele Studien bestätigt werden die zumindest leicht positiven Effekte der Förderung beruflicher Weiterbildung für die Wiederbeschäftigungschancen. Hier zeigt sich aber auch, dass –

gerade bei den längeren Maßnahmen – häufig ein längerer Atem nötig ist, bis sich die positiven Wirkungen beobachten lassen.

Keine oder nur sehr punktuell positive Wiedereingliederungswirkungen lassen sich für die verschiedenen Formen öffentlich geförderter Beschäftigung nachweisen. Dies gilt für die Arbeitsbeschaffungsmaßnahmen ebenso wie für die neuen Arbeitsgelegenheiten im SGB II. Berücksichtigt man die Zielsetzung dieser Instrumente, so dürfen zwar positive Effekte auf die direkte Arbeitsmarktintegration nicht unbedingt erwartet werden. Bedenklich stimmt aber, dass insbesondere bei den ABM vielfach negative Wirkungen ermittelt werden, die Arbeitsmarktchancen der Teilnehmer sich durch ihre Teilnahme also signifikant verschlechtern.

Uneindeutig sind die Ergebnisse schließlich für die verschiedenen Instrumente im Bereich der Vermittlungsdienstleistungen: Während der Vermittlungsgutschein – wenn er denn eingelöst wird – in vielen Fällen den gewünschten Erfolg zeigt, sind die Beauftragung Dritter und Personal-Service-Agenturen nur wenig erfolgreich, was die Übergänge in reguläre Beschäftigung angeht. Hier stellt sich die Frage, ob die Ausgestaltung der Instrumente geeignete Anreize für die Dienstleister setzt.

Diese und ähnliche Fragen sind Gegenstand von Implementationsstudien. Hier ist – insbesondere durch die Hartz-Evaluation – zwar ebenfalls das Wissen erweitert worden, es hat aber noch bei Weitem nicht den Stand der mikroökonometrischen Wirkungsanalysen erreicht.

Gleiches gilt für makroökonomische Wirkungen von aktiver Arbeitsmarktpolitik. Zwar gibt es auch hier einige Ansätze, wie oben dargestellt wurde. Die Befunde können aber noch keineswegs als vollständig oder abgesichert gelten. Hier ist in den kommenden Jahren noch einiges an Entwicklungsarbeit zu leisten.

Dies trifft schließlich auch auf eine dritte ‚Baustelle' zu, die sich verstärkt mit der Einführung des SGB II aufgetan hat: die Quantifizierung anderer Zielindikatoren als des Übergangs in reguläre Beschäftigung. Hier geht es vor allem darum, für arbeitsmarktferne Personen Fortschritte in der Beschäftigungsfähigkeit zu messen, die nicht sofort in ein Beschäftigungsverhältnis münden. Auch hierzu existieren bestenfalls erste Ansätze.

Die Herausforderungen für die Evaluationsforschung werden also in den nächsten Jahren nicht kleiner. Hierzu trägt auch bei, dass sich die Rahmenbedingungen für die Forschung durch die ständige Weiterentwicklung der Instrumente laufend ändern. Dies erfordert zum einen eine ständige Anpassung des Forschungsdesigns. Zum anderen führt es dazu, dass wissenschaftliche Befunde bei ihrer Veröffentlichung schon scheinbar veraltet sind, weil das beforschte Instrument inzwischen neu konzipiert wurde. Dennoch haben die Erfahrungen aus mittlerweile fast einem Jahrzehnt mikroökonometrischer Evaluationsforschung gezeigt, dass die oben zusammengefassten Grundaussagen stabil bleiben. Dies unterstreicht noch einmal Nutzen und Notwendigkeit der quantitativen Forschung zur aktiven Arbeitsmarktpolitik.

Literatur

Antoni, Manfred / Jahn, Elke J. (2006): Do changes in regulation affect employment duration in temporary work agencies? IAB-Discussion Paper 18.

Arbeitsmarkt (2006): Amtliche Nachrichten der Bundesagentur für Arbeit 55, Sondernummer 1.

Bartlett, Will / Le Grand, Julian (1993): The theory of quasi-markets. In: Le Grand, J. / Bartlett, W. (Hrsg.): Quasi-markets and Social Policy. Basingstoke: Macmillan.

Baumgartner, Hans J. / Caliendo, Marco / Steiner, Viktor (2006): Existenzgründungsförderung für Arbeitslose – Erste Evaluationsergebnisse für Deutschland. In: Vierteljahreshefte zur Wirtschaftsforschung 75, S. 32–48.

Baumgartner, Hans J. / Caliendo, Marco (2007): Turning Unemployment into Self-Employment, Effectiveness and Efficiency of Two Start-Up Programmes. DIW Working Paper.

Beckmann, Michael / Deimel, Julia / Schauenberg, Bernd (2004): Vermittlungsgutscheine als neues Instrument der Arbeitsmarktpolitik – Eine erste Analyse. In: Perspektiven der Wirtschaftspolitik 5, S. 127–137.

Bernhard, Sarah / Hohmeyer, Karin / Jozwiak, Eva (2006a): Im Westen noch nichts Neues. IAB-Kurzbericht 24.

Bernhard, Sarah / Jaenichen, Ursula / Stephan, Gesine (2006b): Eingliederungszuschüsse bei Einarbeitung und erschwerter Vermittlung. Matching-Analysen auf der Basis von Prozessdaten. In: Vierteljahreshefte zur Wirtschaftsforschung 75, S. 67–84.

Bernhard, Sarah / Wolff, Joachim / Jozwiak, Eva (2006c): Selektivität bei der Zuweisung erwerbsfähiger Hilfebedürftiger in Trainingsmaßnahmen oder zu privaten Vermittlungsdienstleistern. In: Zeitschrift für Arbeitsmarkt-Forschung 39, S. 533–556.

Bernhard, Sarah / Jaenichen, Ursula / Stephan, Gesine (2007): Eingliederungszuschüsse. Die Geförderten profitieren. IAB-Kurzbericht 9.

Bernhard, Sarah / Wolff, Joachim (2008): Contracting out placement services in Germany. Is assignment to private providers effective for needy job-seekers? IAB-Discussion Paper 5.

Biewen, Martin / Fitzenberger, Bernd / Osikominu, Aderonke / Völter, Robert / Waller, Marie (2006): Beschäftigungseffekte ausgewählter Maßnahmen der beruflichen Weiterbildung in Deutschland – eine Bestandsaufnahme. In: Zeitschrift für ArbeitsmarktForschung 39, S. 365–390.

Biewen, Martin / Fitzenberger, Bernd / Osikominu, Aderonke / Waller, Marie (2007): Which Program for Whom? Evidence on the Comparative Effectiveness of Public Sponsored Training Programs in Germany. IZA Discussion Paper 2885.

Boockmann, Bernhard / Zwick, Thomas / Ammermüller, Andreas / Maier, Michael (2007): Do Hiring Subsidies Reduce Unemployment Among the Elderly? Evidence from Two Natural Experiments. ZEW-Discussion Paper 07-001.

Brussig, Martin / Bernhard, Sarah / Jaenichen, Ursula (2008): Die Reform der Eingliederungszuschüsse durch Hartz III und ihre Auswirkungen für die Förderung von Arbeitslosen. Sozialer Fortschritt 57 (3).

Burda, Michael C. / Kvasnicka, Michael (2006): Zeitarbeit in Deutschland, Trends und Perspektiven. In: Perspektiven der Wirtschaftspolitik 7, S. 195–225.

Büttner, Thomas (2007): Ankündigungseffekt oder Maßnahmewirkung? Eine Evaluation von Trainingsmaßnahmen zur Überprüfung der Verfügbarkeit. IAB-Discussion Paper 25.

Caliendo, Marco / Hujer, Reinhard / Thomsen, Stephan L. (2005a): The Employment Effect of Job Creation Schemes in Germany. A Microeconometric Evaluation. IZA Discussion Paper 1512.

Caliendo, Marco / Hujer, Reinhard / Thomsen, Stephan L. (2005b): Individual employment Effects of Job Creation Schemes in Germany with Respect to Sectoral Heterogeneity. IAB-Discussion Paper 13.

Caliendo, Marco (2006): Microeconometric Evaluation of Labour Market Policies. Lecture Notes in Economics and Mathematical Systems 568, Berlin: Springer.

Caliendo, Marco / Kritikos, Alexander S. / Wießner, Frank (2006): Existenzgründungsförderung in Deutschland. Zwischenergebnisse aus der Hartz-Evaluation. In: Zeitschrift für ArbeitsmarktForschung 39, S. 505–531.

Caliendo, Marco / Kritikos, Alexander / Steiner, Viktor / Wießner, Frank (2007): Existenzgründungen. Unterm Strich ein Erfolg. IAB-Kurzbericht 10.

Calmfors, Lars (1994): Active Labour Market Policy and Unemployment – A Framework for the Analysis of Crucial Design Features. OECD Labour Market and Social Policy Occasional Paper 15.

Dann, Sabine / Heinze, Anja / Hujer, Reinhard / Klee, Günther / Pfeiffer, Friedhelm / Rosemann, Martin / Sörgel, Werner / Spermann, Alexander / Wiedemann, Eberhard / Winterhager, Henrick / Zeiss, Christopher (2005): Arbeitsmarktpolitik, Vermittlungsgutscheine auf dem Prüfstand. IAB-Kurzbericht 05.

Dann, Sabine / Klee, Günther / Rosemann, Martin (2006): Typisierung der Agenturen für Arbeit nach ihren Strategien und Vorgehensweisen beim Einsatz des Instruments Vermittlungsgutschein. In: Kruppe, T. (Hrsg.): Private Vermittlung als Unterstützung: Eine Evaluation von Vermittlungsgutscheinen und Beauftragungen Dritter. Beiträge zur Arbeitsmarkt- und Berufsforschung 301, Nürnberg, S. 29–43.

Deeke, Axel / Kruppe, Thomas (2003): Beschäftigungsfähigkeit als Evaluationsmaßstab? IAB-Forschungsbericht 1.

Deutscher Bundestag (2006): Bericht der Bundesregierung zur Wirksamkeit moderner Dienstleistungen am Arbeitsmarkt. Unterrichtung durch die Bundesregierung, Bundestagsdrucksache 16/3982, Berlin.

Expertenkommission Finanzierung Lebenslangen Lernens (2004): Der Weg in die Zukunft. Schlussbericht, Bielefeld.

Fitzenberger, Bernd / Speckesser, Stefan (2000): Zur wissenschaftlichen Evaluation der Aktiven Arbeitsmarktpolitik in Deutschland: Ein Überblick. In: Mitteilungen aus der Arbeitsmarkt- und Berufsforschung, Schwerpunktheft, Erfolgskontrolle aktiver Arbeitsmarktpolitik 33, S. 532–549.

Fitzenberger, Bernd / Osikominu, Aderonke / Völter, Robert (2006): Get training or wait? Long-run employment effects of training programs for the unemployed in West Germany. IAB-Discussion Paper 17.

Fitzenberger, Bernd / Völter, Robert (2007): Long-run effects of training programs for the unemployed in East Germany. In: Labour Economics 14, S. 370–755.

Fredriksson, Peter / Johansson, Per (2003): Program Evaluation and Random Program Starts. CESifo Working Paper 844.

Gülker, Silke / Kaps, Petra (2006): Effizienzsteigerung der Arbeitsvermittlung durch Contracting-Out? In: Zeitschrift für Sozialreform 52, S. 29–52.

Hagen, Tobias / Steiner, Viktor (2000): Von der Finanzierung der Arbeitslosigkeit zur Förderung von Arbeit. Analysen und Empfehlungen zur Arbeitsmarktpolitik in Deutschland. ZEW Wirtschaftsanalysen, 51. Baden-Baden: Nomos.

Hagen, Tobias (2004): Ökonometrische Evaluation der Aktiven Arbeitsmarktpolitik in Ostdeutschland auf Basis von Regionaldaten – Grundlegende Probleme und Ergebnisse dreier Ansätze. In: Zeitschrift für Evaluation 2, S. 241–263.

Hartz, Peter / Bensel, Norbert / Fiedler, Jobst / Fischer, Heinz / Gasse, Peter / Jann, Werner / Kraljic, Peter / Kunkel-Weber, Isolde / Luft, Klaus / Schartau, Harald / Schickler, Wilhelm / Schleyer, Hans-Eberhard / Schmid, Günther / Tiefensee, Wolfgang / Voscherau, Eggert (Hrsg.) (2002): Moderne Dienstleistungen am Arbeitsmarkt. Vorschläge der Kommission zum Abbau der Arbeitslosigkeit und zur Umstrukturierung der Bundesanstalt für Arbeit, Berlin.

Heinemann, Sarah / Gartner, Hermann / Jozwiak, Eva (2006a): Arbeitsförderung für Langzeitarbeitslose. Erste Befunde zu Eingliederungsleistungen des SGB III im Rechtskreis SGB II. IAB-Forschungsbericht 3.

Heinemann, Sarah / Jaenichen, Ursula / Stephan, Gesine (2006b): Eingliederungszuschüsse, Förderumfang, Strukturen und Effektivität. In: Bundesarbeitsblatt 3, S. 4–10.

Heinze, Anja / Pfeiffer, Friedhelm / Spermann, Alexander / Winterhager, Henrik (2005): Vermittlungsgutscheine, Zwischenergebnisse der Begleitforschung 2004. Teil 3, Mikroökonomische Wirkungsanalyse. IAB-Forschungsbericht 3.

Hess, Doris / Kaps, Petra / Mosley, Hugh (2006): Implementations- und Wirkungsanalyse der Personal-Service-Agentur. In: Vierteljahreshefte zur Wirtschaftsforschung 75, S. 9–31.

Hohendanner, Christian (2007): Verdrängen Ein-Euro-Jobs sozialversicherungspflichtige Beschäftigung in den Betrieben? IAB-Discussion Paper 08.

Hohmeyer, Karin / Wolff, Joachim (2007): A fistful of Euros. Does One-Euro-Job participation lead means-tested benefit recipients into regular jobs and out of unemployment benefit II receipt? IAB-Discussion Paper 32.

Hujer, Reinhard / Caliendo, Marco (2001): Evaluation of Active Labour Market Policy: Methodological Concepts and Empirical Estimates. In: Becker, I. / Ott, N. / Rolf, G. (Hrsg.): Soziale Sicherung in einer dynamischen Gesellschaft, Campus Verlag, S. 583–617.

Hujer, Reinhard / Zeiss, Christopher (2003): Macroeconomic Impacts of ALMP on the Matching Process in West Germany. IZA Discussion Paper 915.

Hujer, Reinhard / Blien, Uwe / Caliendo, Marco / Zeiss, Christopher (2004): Macroeconometric evaluation of active labour-market policy – a case study for Germany. In: Descy, P. / Tessaring, M. (Hrsg.): Impact of education and training (Third report on vocational training research in Europe). Luxemburg, Office for Official Publications of the European Communities.

Hujer, Reinhard / Zeiss, Christopher (2005a): Macroeconomic Impacts of Job Creation Schemes on the Matching Process in West Germany. In: Applied Economics Quarterly 51, S. 203–217.

Hujer, Reinhard / Zeiss, Christopher (2005b): Vermittlungsgutscheine – Zwischenergebnisse der Begleitforschung 2004, Teil IV: Makroökonomische Wirkungsanalyse. IAB-Forschungsbericht 4.

Hujer, Reinhard / Zeiss, Christopher (2006): Macroeconomic Effects of Short-Term Training Measures on the Matching Process in Western Germany, IZA Discussion Paper 2489.

Hujer, Reinhard / Thomsen, Stephan L. / Zeiss, Christopher (2006a): The Effects of Vocational Training Programmes on the Duration of Unemployment in Eastern Germany. In: Allgemeines Statistisches Archiv 90, S. 299–322.

Hujer, Reinhard / Thomsen, Stephan L. / Zeiss, Christopher (2006b): The Effects of Short-Term Training Measures on the Individual Unemployment Duration in West Germany. Center for European Economic Research Discussion Paper 06-065, Mannheim.

Hujer, Reinhard / Rodrigues, Paolo J. M. / Zeiss, Christopher (2006c): Makroökonometrische Analyse der Effekte von Vermittlungsgutscheinen. In: Kruppe, T. (Hrsg.): Private Vermittlung als Unterstützung: Eine Evaluation von Vermittlungsgutscheinen und Beauftragungen Dritter. In: Beiträge zur Arbeitsmarkt- und Berufsforschung 301, Nürnberg, S. 111–126.

Hujer, Reinhard / Rodrigues, Paolo J. M. / Zeiss, Christopher (2006d): Makroökonometrische Analyse der Effekte von Beauftragungen Dritter. In: Kruppe, T. (Hrsg.): Private Vermittlung als Unterstützung: Eine Evaluation von Vermittlungsgutscheinen und Beauftragungen Dritter. In: Beiträge zur Arbeitsmarkt- und Berufsforschung 301, Nürnberg, S. 234–245.

IAB / DIW / sinus / GfA / infas (2006): Endbericht zum Modul 1e, Existenzgründungen im Rahmen der Evaluation der Maßnahmen zur Umsetzung der Vorschläge der Hartz-Kommission, Arbeitspaket 1 (Wirksamkeit der Instrumente).

ISG (2007): Jahresbericht 2007 – Evaluation der Experimentierklausel nach § 6c SGB II. Vergleichende Evaluation des arbeitsmarktpolitischen Erfolgs der Modelle Aufgabenwahrnehmung „zugelassene kommunale Träger" und „Arbeitsgemeinschaft". Administrative Unterstützung und wissenschaftliche Beratung, Köln.

IZA / DIW / infas (2005, 2006): Zwischen- und Endbericht zum „Modul 1b: Förderung beruflicher Weiterbildung und Transferleistungen" im Rahmen der Evaluation der Maßnahmen zur Umsetzung der Vorschläge der Hartz-Kommission, Arbeitspaket 1 (Wirksamkeit der Instrumente).

Jaenichen, Ursula (2002): Lohnkostenzuschüsse und individuelle Arbeitslosigkeit. In: Mitteilungen aus der Arbeitsmarkt- und Berufsforschung 35, S. 327–351.

Jaenichen, Ursula (2005): Lohnkostenzuschüsse und individuelle Beschäftigungschancen. In: Bellmann, L. / Hübler, O. / Meyer, W. / Stephan, G. (Hrsg.): Institutionen, Löhne und Beschäftigung. Beiträge zur Arbeitsmarkt- und Berufsforschung 294, Nürnberg, S. 137–156.

Jaenichen, Ursula / Stephan, Gesine (2007): The Effectiveness of Targeted Wage Subsidies for Hard-to-Place Workers. IAB-Discussion Paper 16.

Jahn, Elke J. (2005): Personal-Service-Agenturen. Start unter ungünstigen Voraussetzungen. In: IAB-Forum 1, S. 14–17.

Jahn, Elke J. / Ochel, Wolfgang (2007): Contracting out employment services, Temporary agency work in Germany. In: Journal of European Social Policy 17, S. 125–138.

Koch, Susanne / Wießner, Frank (2003): Ich-AG oder Überbrückungsgeld? Wer die Wahl hat, hat die Qual. IAB-Kurzbericht 2.

Konle-Seidl, Regina (2005): Lessons Learned – Internationale Evaluierungsergebnisse zu Wirkungen aktiver und aktivierender Arbeitsmarktpolitik. IAB-Forschungsbericht 9/2005.

Kluve, Jochen (2006): The Effectiveness of European Active Labor Market Policy. IZA-Discussion Paper 2018.

Kruppe, Thomas (Hrsg.) (2006a): Private Vermittlung als Unterstützung. Eine Evaluation von Vermittlungsgutscheinen und Beauftragungen Dritter. Beiträge zur Arbeitsmarkt- und Berufsforschung 301, Nürnberg.

Kruppe, Thomas (2006b): Die Förderung beruflicher Weiterbildung Arbeitsloser im Spiegel von Monitoring und Evaluation. In: Zeitschrift für Evaluation 1, S. 99–107.

Kruppe, Thomas (2006c): Die Förderung beruflicher Weiterbildung. Eine mikroökonometrische Evaluation der Ergänzung durch das ESF-BA-Programm. IAB-Discussion Paper 21.

Kurtz, Beate (2003): Trainingsmaßnahmen – Was verbirgt sich dahinter? IAB-Werkstattbericht 8.

Lechner, Michael / Miquel, Ruth / Wunsch, Conny (2005): Long-Run Effects of Public Sector Sponsored Training in West Germany. IAB-Discussion Paper 03.

Lechner, Michael / Miquel, Ruth / Wunsch, Conny (2007): The Curse and Blessing of Training the Unemployed in a Changing Economy: The Case of East Germany after Unification. In: German Economic Review 8, S. 468–509.

Lechner, Michael / Wunsch, Conny (2007): Are training programs more effective when unemployment is high? IAB-Discussion Paper 07.

Noll, Susanne / Nivorozhkin, Anton / Wolff Joachim (2006): Förderung mit dem Einstiegsgeld nach § 29 SGB II. Erste Befunde zur Implementation und Deskription. IAB-Forschungsbericht 23.

Pfeiffer, Friedhelm / Reize, Frank (2000): Business start-ups by the unemployed – an econometric analysis based on firm data. In: Labour Economics 7, S. 629–663.

Pfeiffer, Friedhelm / Winterhager, Henrik (2006a): Selektivität und direkte Wirkungen von Vermittlungsgutscheinen. Empirische Befunde aus der Einführungsphase. In: Perspektiven der Wirtschaftspolitik 7, S. 395–415.

Pfeiffer, Friedhelm / Winterhager, Henrik (2006b): Vermittlungsgutscheine und Beauftragungen Dritter im Vergleich. In: Zeitschrift für ArbeitsmarktForschung 39, S. 425–445.

Rinne, Ulf / Schneider, Marc / Uhlendorff, Arne (2007): To Bad to Benefit? Effect Heterogeneity of Public Training Programs. DIW Discussion Paper 749.

RWI / ISG (2006): Evaluation der Umsetzung der Vorschläge der Hartz-Kommission, Arbeitspaket 1, Modul 1f. Verbesserung der beschäftigungspolitischen Rahmenbedingungen und Makrowirkungen der aktiven Arbeitsmarktpolitik. Endbericht 2006.

Schneider, Hilmar / Uhlendorff, Arne (2006): Die Wirkung der Hartz-Reform im Bereich der beruflichen Weiterbildung. In: Journal for Labor Market Research 39, S. 477–490.

SÖSTRA / IMU-Institut / PIW / COMPASS (2006): Evaluation der Umsetzung der Vorschläge der Hartz-Kommission, Arbeitspaket 1, Modul 1c, Arbeitsbeschaffungsmaßnahmen. Endbericht 2006

Speckesser, Stefan (2004): The Aggregate Impact of Active Labour Market Policy in Germany and the UK, Evidence from Administrative Data. In: Schmid, G. / Gangl, M. / Kupka, P. (Hrsg.): Arbeitsmarktpolitik und Strukturwandel, Empirische Analysen. In: Beiträge zur Arbeitsmarkt- und Berufsforschung 286, S. 153–178.

Steiger, Heidi (2004): Is less more? A dynamic look at the effectiveness of Swiss active labour market policy. Diskussionspapier, Universität St. Gallen.

Stephan, Gesine / Rässler, Susanne / Schewe, Torben (2006): Das TrEffeR-Projekt der Bundesagentur für Arbeit, die Wirkung von Maßnahmen aktiver Arbeitsmarktpolitik. In: Zeitschrift für ArbeitsmarktForschung 39, S. 447–465.

Stephan, Gesine (2008): The effects of active labor market programs in Germany: An investigation using different definitions of non-treatment. IAB-Discussion Paper.

Struyven, Ludo / Steurs, Geert (2005): Design and redesign of a quasi-market for the reintegration of jobseekers, Empirical evidence from Australia and the Netherlands. In: Journal of European Social Policy 15, S. 211–229.

Wießner, Frank (2000): Erfolgsfaktoren von Existenzgründungen aus der Arbeitslosigkeit. Eine multivariate Betrachtung vormals arbeitsloser Existenzgründer, die vom Arbeitsamt mit dem Überbrückungsgeld (§ 57 SGB III) gefördert wurden. In: Mitteilungen aus der Arbeitsmarkt- und Berufsforschung 33, S. 518–532.

Wießner, Frank (2005): Neues von der Ich-AG. Nicht jeder Abbruch ist eine Pleite. IAB-Kurzbericht 2.

Winterhager, Henrik (2006a): Private job placement services: A microeconometric evaluation for Germany. ZEW Discussion paper 06-026, Mannheim.

Winterhager, Henrik (2006b): Mikroökonometrische Analyse der direkten Effekte von Beauftragungen mit der gesamten Vermittlung. In: Kruppe, T. (Hrsg.): Private Vermittlung als Unterstützung: Eine Evaluation von Vermittlungsgutscheinen und Beauftragungen Dritter. Beiträge zur Arbeitsmarkt- und Berufsforschung 301, Nürnberg.

Winterhager, Henrik / Heinze, Anja / Spermann, Alexander (2006): Deregulating job placement in Europe. A microeconometric evaluation of an innovative voucher scheme in Germany. In: Labour Economics 13, S. 505–517.

Winterhager, Henrick (2008): Öffentlich geförderte Beschäftigung von Arbeitslosen. ZEW Wirtschaftsanalysen 84, Baden-Baden.

Wolff, Joachim / Jozwiak, Eva (2007): Does short-term training activate means-tested unemployment benefit recipients in Germany? IAB-Discussion Paper 29.

Wunsch, Conny / Lechner, Michael (2008): What Did All the Money Do? On the General Ineffectiveness of Recent West German Labour Market Programmes. In: Kyklos 61, S. 134–174.

WZB / infas (2005): Evaluation der Maßnahmen zur Umsetzung der Vorschläge der Hartz-Kommission. Arbeitspaket 1, Wirksamkeit der Instrumente, Modul 1a: Neuausrichtung der Vermittlungsprozesse. Bericht 2005, Berlin/Bonn.

WZB / infas (2006): Evaluation der Maßnahmen zur Umsetzung der Vorschläge der Hartz-Kommission. Arbeitspaket 1, Wirksamkeit der Instrumente, Modul 1a: Neuausrichtung der Vermittlungsprozesse. Bericht 2006, Berlin/Bonn.

ZEW / IAB / IAT (2006): Evaluation der Maßnahmen zur Umsetzung der Vorschläge der Hartz-Kommission, Arbeitspaket 1, Wirksamkeit der Instrumente, Modul 1d: Eingliederungszuschüsse und Entgeltsicherung. Endbericht 2006 durch den Forschungsverbund.

Teil II
Kapitel D

Lebenszusammenhänge erwerbsfähiger Hilfebedürftiger im Kontext der Grundsicherungsreform

Juliane Achatz

Johanna Dornette

Sandra Popp

Markus Promberger

Angela Rauch

Brigitte Schels

Ulrich Wenzel

Claudia Wenzig

Christina Wübbeke

Kapitel D

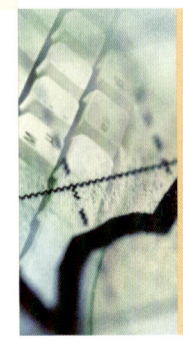

Inhaltsübersicht Kapitel D
Lebenszusammenhänge erwerbsfähiger Hilfebedürftiger im Kontext der Grundsicherungsreform

Juliane Achatz, Johanna Dornette, Sandra Popp, Markus Promberger, Angela Rauch, Brigitte Schels, Ulrich Wenzel, Claudia Wenzig, Christina Wübbeke

Das Wichtigste in Kürze 205

1 Hintergrund, Strukturen und Forschungsfragen zur Grundsicherungsreform 206

2 Lebenssituation hilfebedürftiger Jugendlicher und junger Erwachsener 209

3 Altersarmut in Deutschland: die Situation älterer Arbeitslosengeld-II-Bezieher 214

4 Arbeitslosigkeit und Gesundheit 217

5 Maßnahmenwahrnehmung und Beteiligung 220

6 Mehr Bangen als Hoffen: die SGB-II-Reform aus der Sicht von Arbeitslosengeld-II-Empfängern 224

7 Zusammenfassung und Ausblick: Lebenslagen, Wahrnehmung und Akzeptanzprobleme der Grundsicherungsreform 230

Literatur 233

Das Wichtigste in Kürze

Auch bei der momentan noch günstigen Arbeitsmarktlage sind Langzeitarbeitslosigkeit, Armut und Hilfebedürftigkeit nach wie vor Aufgaben der Sozialpolitik. Diese darf man sich jedoch nicht als dauerhaften Ausschluss aus dem Arbeitsmarkt vorstellen, nach dem Motto ‚einmal arbeitslos, immer arbeitslos'. Denn die Betroffenen sind hinsichtlich ihrer Lebenslagen, Bedürfnisse und Entwicklungshorizonte sehr unterschiedlich. Nur ein Teil von ihnen ist arbeitslos, andere arbeiten. Nicht alle sind erwerbsfern, etliche können wegen Kindererziehung oder der Pflege von Angehörigen nicht arbeiten. Ein großer Teil der betroffenen Jugendlichen ist noch im Schul- oder Ausbildungssystem. Viele sind nur vorübergehend hilfebedürftig, manche nur einmal, manche immer wieder, manche auch dauerhaft. Gemeinsam ist ihnen bei aller Verschiedenheit, dass sie keiner oder keiner existenzsichernden Erwerbsarbeit nachgehen und ihnen keine ausreichenden anderen Einkommensquellen zur Verfügung stehen.

Seit Januar 2005 gilt in Deutschland das neue Sozialgesetzbuch II als vereinheitlichte Grundsicherung für ‚erwerbsfähige Hilfebedürftige'. Hierdurch wurden die vormals getrennten Fürsorgesysteme der Arbeitslosen- und der Sozialhilfe zusammengeführt. Dahinter stand nicht nur ein administratives Rationalisierungsbedürfnis, sondern – zumindest auf der programmatisch-politischen Ebene – auch veränderte Ziele und Motive. Stand in der bundesdeutschen Sozialhilfe eher die Versorgung zur Kompensation materieller Notlagen im Sinne einer Armutsabwehr im Vordergrund, so geht es nunmehr, wie in den workfare- und activation-Konzepten anderer Wohlfahrtsstaaten, vorrangig um die möglichst rasche Beendigung der Armutslage durch die Vermittlung einer existenzsichernden Erwerbsarbeit, die durch verschiedene Maßnahmen der Aktivierung („Fordern und Fördern") erreicht werden soll. Bei allem Neuen, das bei näherem Hinsehen oft so neu gar nicht ist, und bei aller Kritik ist auch das SGB II ein Regelwerk zur Bekämpfung von Armut, die gesellschaftliche, wirtschaftliche oder individuelle Ursachen hat. Damit steht es durchaus in der Kontinuität der sozialstaatlichen Tradition seiner Vorgänger. Nach dem wohlfahrtsstaatlichen Selbstverständnis, zu dem sich auch die Bundesrepublik seit einem wegweisenden Urteil des Bundesverwaltungsgerichtes 1954 bekennt, muss die Gesellschaft eingreifen, wenn einzelne Mitglieder in Not geraten und sich nicht eigenverantwortlich oder durch Hilfe aus ihrem Umfeld daraus befreien können.

Wird das SGB II diesem Anspruch auch tatsächlich gerecht? Wo liegen die Schwachstellen und Vorzüge des neuen Grundsicherungssystems? Unter welchen Bedingungen funktioniert Aktivierung? Diesen Fragen widmet sich eine Vielzahl von Forschungsarbeiten. Einen Ausschnitt daraus bieten die Beiträge in diesem Abschnitt. Den ersten Themenkomplex bilden Lebenszusammenhänge von jungen, älteren oder kranken Hilfebedürftigen.

1 Hintergrund, Strukturen und Forschungsfragen zur Grundsicherungsreform

Folgt man Robert Castel, Ulrich Beck und anderen Kommentatoren des sozioökonomischen Wandels, so verlieren traditionelle industrielle Arbeitsarrangements an Inklusionskraft und die darauf aufbauenden und ihre Risiken kompensierenden Institutionen des Wohlfahrtsstaats an Bedeutung. Erwerbslosigkeit, auch Langzeitarbeitslosigkeit, und eine Häufung von Armutslagen hängen damit zusammen. Man ginge jedoch fehl, sich unter Arbeitslosen und Hilfebedürftigen eine dauerhaft erwerbslose soziale Gruppe von ‚Ausgeschlossenen' vorzustellen, wie dies manche Exklusionsrhetorik nahelegt. Denn die Zusammensetzung, die Lebenslagen und Entwicklungshorizonte der Betroffenen sind höchst heterogen: Nicht alle sind arbeitslos, nicht alle sind arbeitsmarktfern, viele können wegen Familienpflichten nicht arbeiten oder sind in Ausbildung, viele sind nur vorübergehend hilfebedürftig, manche nur einmal, manche immer wieder, manche auch dauerhaft. Doch ihnen allen ist gemeinsam, dass sie keiner existenzsichernden Erwerbsarbeit nachgehen und keine anderen Ressourcen für ihren Lebensunterhalt zur Verfügung haben.

Gewissermaßen als Nachzügler der Wohlfahrtsstaatsreformen in anderen europäischen Ländern wurde im Januar 2005 in Deutschland das neue Sozialgesetzbuch II als neues System der Grundsicherung für ‚erwerbsfähige Hilfebedürftige' eingeführt. Dies bedeutete nicht nur die allfällige administrative Zusammenlegung und Vereinheitlichung der beiden vormals getrennten Fürsorgesysteme der Arbeitslosen- und der Sozialhilfe, sondern auch eine stark veränderte Ausrichtung der dahinterstehenden Ziele und Motive. Stand in der deutschen Sozialhilfe noch die Versorgung zur Kompensation materieller Notlagen im Sinne einer Armutsabwehr im Vordergrund, so geht es nunmehr, wie in den *workfare*- und *activation*-Konzepten anderer Wohlfahrtsstaaten, vorrangig um die möglichst rasche Beendigung der Armutslage durch die Vermittlung einer existenzsichernden Erwerbsarbeit, die durch verschiedene Maßnahmen der Aktivierung („Fordern und Fördern") erreicht werden soll.

Ist dies ein sozialpolitischer Paradigmenwechsel? Eine eindeutige Antwort ist nicht möglich. Einerseits ist Aktivierung nicht neu: Das, was man heute Aktivierungskonzepte nennt, gehört seit jeher zum Arsenal der Armutsbekämpfung – von der Arbeitspflicht über die ‚produktive Armenfürsorge' bis zu den Programmen der Hilfe zur Arbeit (vgl. Bellmann/Hohendanner/Promberger 2006). Auch ist in der konkreten Praxis des SGB II nach wie vor der Hilfe- und Versorgungsgedanke stark; das Primat der Versorgung zur Abwehr einer konkreten Notlage vor der Aktivierung beherrscht das Handeln der Akteure fast durchgängig. Auch besteht vielerorts das Bewusstsein fort, dass in etlichen Fällen die Behandlung gesundheitlicher und psychosozialer Probleme nicht nur im Hinblick auf eine erfolgreiche Erwerbsintegration vonnöten ist, sondern ein grundlegendes Erfordernis zur persönlichen Stabilisierung und Sicherung der sozialen Teilhabe des Betroffenen darstellt.

Doch andererseits sind tief greifende Änderungen in mehrfacher Hinsicht zu verzeichnen. Langzeitarbeitslose müssen nach Ablauf ihrer am letzten Lohn orientierten Ansprüche an die Arbeitslosenversicherung in die Grundsicherung wechseln, sofern sie und ihr jeweiliger Haushalt (‚Bedarfsgemeinschaft') hilfebedürftig sind. Vor Einführung der Grundsicherung existierte für vormals Erwerbstätige noch die nominell ebenfalls am letzten Lohn orientierte ‚Arbeitslosenhilfe', die noch ein rudimentäres Privileg, eine letzte Anerkennung der Zugehörigkeit zur an Leistung und Verdienst orientierten Arbeitsgesellschaft repräsentierte. Seit der Reform von 2005 wechseln bedürftige Arbeitslose häufiger als vorher bereits nach zwölf Monaten ins letzte soziale Netz, bei dessen Leistungsbemessung die Erwerbsbiografie nun nicht mehr zählt[1]: Alle Hilfebedürftigen zwischen

---

1 Abgesehen von einem befristeten Zuschlag, der die Differenz aus der vormaligen Summe von Arbeitslosengeld I plus Wohngeld zum Arbeitslosengeld II plus

15 und 65 Jahren werden als gleichermaßen erwerbsfähig betrachtet, solange sie drei Stunden pro Tag arbeiten können. Sofern sie nicht kleine Kinder bis zum Alter von drei Jahren im Haushalt haben oder Schüler, Auszubildende oder Studierende sind, müssen sie Arbeit suchen und werden darin ‚gefördert und gefordert'. Die Hilfen in besonderen Lebenslagen, die das Bundessozialhilfegesetz vorsah, sind verschwunden, die Einmalzahlungen bei den Hilfen zum Lebensunterhalt gibt es nicht mehr. Stattdessen wird ein einheitlicher monatlicher Pro-Kopf-Pauschalbetrag als Arbeitslosengeld II ausgezahlt, in dem auch größere Haushaltsposten anteilig eingerechnet sind.

Der eigentliche Paradigmenwechsel besteht damit nicht im empirisch unscharfen und inkrementellen Übergang vom ‚versorgenden' zum ‚aktivierenden' Wohlfahrtsstaat, auch nicht in der konkreten Praxis von Hilfegewährung und Aktivierung vor Ort, sondern im egalisierenden Menschen- und Gesellschaftsbild des SGB II, das weder besondere Erwerbsbiografien noch besondere Notlagen anerkennt, sondern nur den durchschnittlichen Versorgungsbedarf und seine geringfügigen Abschläge für Jugendliche und Ostdeutsche, nur den jederzeit arbeitsbereiten Arbeitsuchenden. Ein Gutteil der politischen Kritik an dem neuen Grundsicherungssystem entzündet sich daher an Fragen der Gerechtigkeit und sozialen Anerkennung im Hinblick auf persönliche Erwerbs-, Leistungs- und Beitragsbiografien und kulminiert in der Feststellung, das System ‚Hartz IV' erzeuge Armut – ein Diktum, bei dem man Armut vorrangig als Aberkennung der biografisch erworbenen Vermögens-, Anerkennungs- und Versorgungsansprüche der Betroffenen, als soziale Abwertung oder Deklassierung verstehen muss. Darauf wird noch zurückzukommen sein.

Doch bei aller Kritik: Das SGB II ist ein Regelwerk zur Bekämpfung von Armut, die auf gesellschaftliche, wirtschaftliche oder individuelle Ursachen zurückgeht. Damit steht es unzweifelhaft in der sozialstaatlichen Tradition seiner Vorgänger. Dieser Tradition zufolge muss die Gesellschaft eingreifen, wenn einzelne Mitglieder in Not geraten und sich nicht eigenverantwortlich oder durch Hilfe aus ihrem Umfeld daraus befreien können. Ob das SGB II dies auch tatsächlich leistet, wo die Schwachstellen und Vorzüge des neuen Grundsicherungssystems liegen, ob und unter welchen Bedingungen Aktivierung funktioniert, ist Gegenstand vieler Forschungsarbeiten. Einen Ausschnitt daraus bieten die folgenden Beiträge.

Sie konzentrieren sich auf zwei übergeordnete Themenbereiche: Erstens gibt es im menschlichen Lebenslauf Übergangssituationen, sogenannte Statuspassagen, die das Risiko des Misslingens bereits in sich tragen. Unter prekären wirtschaftlichen Existenzbedingungen, wie sie mit Arbeitslosigkeit und Abwesenheit anderer Ressourcen einhergehen, verbindet sich das Risikopotenzial der Statuspassagen mit dem der Arbeitslosigkeit. Dauerhafte Desintegration und eine Verfestigung der Armutslage drohen hier in besonderem Maße. Dementsprechend gilt den Menschen am Anfang und am Ende der Erwerbsbiografie seit jeher die besondere Aufmerksamkeit der Arbeitslosen- und Armutsforschung. Gleiches gilt für Krankheit und damit zusammenhängende soziale Prozesse. Krankheit beeinträchtigt Lebensgefühl, Lebenslage und Arbeitsvermögen, sie kann Ursache, Folge oder Bedingung von Erwerbslosigkeit sein. Lebenszusammenhänge von jungen, älteren, kranken Hilfebedürftigen sind daher der erste Themenkomplex, dem sich drei Beiträge widmen. Der zweite Themenkomplex befasst sich mit Wahrnehmung und Akzeptanz der Sozialstaatsreform und der Aktivierungspolitik bei den Betroffenen.

Jugendliche und junge Erwachsene, die in einer prekären finanziellen Situation leben und aufwachsen, tragen ein hohes Risiko, auch in anderen Lebensbereichen unterversorgt oder benachteiligt zu sein, wie z. B. bei Wohnsituation, Gesundheit oder schulischer Entwicklung. Der erste Beitrag beschäftigt

---

Kosten der Unterkunft bis zu einer Höchstgrenze von 345 € zu zwei Dritteln im ersten und einem Drittel im zweiten Jahr des Alg-II-Bezugs ausgleicht.

> **Kasten D1**
>
> **Datengrundlage: Die IAB-Studie „Lebenssituation und Soziale Sicherung 2005"**
>
> Eine wichtige Datengrundlage für viele der folgenden empirischen Analysen bildet die IAB-Befragung „Lebenssituation und Soziale Sicherung 2005". Ziel der zugrunde liegenden Studie war es, den Wechsel vom alten System aus Arbeitslosen- und Sozialhilfe zum neuen System des Arbeitslosengeldes II zeitnah zu untersuchen. Darüber hinaus bietet sie Informationen zur Analyse der sozialen Begleiterscheinungen des Lebens im Grundsicherungsbezug. Im Mittelpunkt der Befragung standen die soziale Lage vor und nach der Reform, der Leistungsbezug sowie die institutionelle Einbindung der Alg-II-Bezieher (Beratung, Aktivierung, Maßnahmenteilnahme) sowie die Erwerbs- und Maßnahmenverläufe seit Abschluss der Schulzeit. In der Studie wurden neben Fragen zu den Betreuungsverhältnissen und Leistungsaspekten ebenso die materielle, soziale und gesundheitliche Lebenssituation der Hilfebedürftigen zum Befragungszeitpunkt sowie deren Erwerbsbiografie erfasst. Die Grundgesamtheit umfasst zum einen Personen, die im Januar 2005 Alg II bezogen haben (erstmals Bedürftige wie auch ehemalige Empfänger von Sozialhilfe oder Arbeitslosenhilfe), und zum anderen ehemalige Arbeitslosenhilfeempfänger vom Dezember 2004, die im Januar 2005 keine Leistungen mehr erhielten. Die Stichprobe basiert auf Prozessdaten der Bundesagentur für Arbeit.[2] Zwischen November 2005 und März 2006 wurden insgesamt 20.832 Interviews geführt (telefonisch bzw. persönlich), darunter auch fremdsprachige Interviews in Türkisch, Russisch und Serbokroatisch (insgesamt 7,3 %).

sich mit der Frage, bei welchen jüngeren Hilfeempfängern jenseits der Hilfebedürftigkeit weitere Unterversorgungslagen festgestellt werden können.

Älteren Empfängern des Arbeitslosengeldes II eröffnet sich mit dem näher rückenden Übergang in den Ruhestand die Perspektive, in absehbarer Zeit aus dem Bezug dieser Hilfeleistung ausscheiden zu können, selbst wenn die Reintegration in Erwerbsarbeit nicht mehr gelingen sollte. Ob dieser Übergang auch mit der nachhaltigen Überwindung von Bedürftigkeit verbunden ist, hängt von der Altersvorsorge der Betroffenen und ihrer (Ehe-)Partner ab. Handelt es sich hier also vorrangig um temporäre Armut, die spätestens mit dem Eintritt in die Rente enden wird? Oder wird sich die Armut für viele Betroffene in das Rentenalter hinein fortsetzen – bei nur geringen Aussichten, die Hilfebedürftigkeit je wieder zu überwinden? Der zweite Beitrag stellt dazu erste empirische Befunde vor.

Viele Studien zeigen, dass besonders lang andauernde Erwerbslosigkeit negative Folgen für die Gesundheit haben kann, die wiederum die Reintegrationschancen in den Arbeitsmarkt verringern. Wie es um die gesundheitliche Situation von Alg-II-Empfängern bestellt ist und ob sich finanzielle Restriktionen des Alg-II-Bezugs auf den Zugang zum System der medizinischen Versorgung auswirken, beleuchtet der dritte Beitrag.

Eine politische Kernfrage wohlfahrtsstaatlicher Reformen ist deren Wahrnehmung und Bewertung durch die Betroffenen. Dies hat zwei Dimensionen. Zunächst muss sich die neue Aktivierungspolitik, die das SGB II von seinen Vorgängern unterscheidet, fragen lassen, ob die Betroffenen die verschiedenen mit ihr verbundenen Maßnahmen in ihrer

---

2 Zum Zeitpunkt der Stichprobenziehung lagen in annähernd einem Drittel der (Land-)Kreise (vor allem Kreise mit optierenden Kommunen) nur unzureichende Informationen vor, so dass keine Ziehungsgrundlage für Alg-II-Empfänger existierte. Die Analysen sind somit lediglich für die ausgewählten Kreise repräsentativ. Um die Lücke zu schließen, wurde eine zweite, weniger umfangreiche Befragung von Alg-II-Empfängern in den noch fehlenden Kreisen durchgeführt.

praktischen Handhabung durch Fallmanager, Arbeitsvermittler und andere Ansprechpartner in den betreuenden Institutionen eher als Chance oder als Zumutung wahrnehmen. Hiermit hängt die abstrakte Bewertung der Reformen mindestens ebenso stark zusammen wie mit Fragen der finanziellen Versorgung, veränderten rechtlichen Regelungen und vielem mehr. Dies zeigt der vierte Beitrag, der sich auf Basis qualitativer Befunde mit der Frage der Wahrnehmung, Akzeptanz und Beteiligung der Betroffenen an den Aktivierungsmaßnahmen des SGB II befasst.

Der fünfte Beitrag beschäftigt sich anschließend mit der Frage, wie die Einführung des SGB II und der Mix aus unterstützenden und fordernden Aktivierungsstrategien von den Leistungsbeziehern insgesamt, gewissermaßen als Paket, wahrgenommen und bewertet werden und welche individuellen und institutionell-administrativen Faktoren bei dieser Bewertung eine Rolle spielen. Akzeptiert der betroffene Personenkreis die Neuregelung? Werden diese positiv im Sinne einer Unterstützung bei der (Re-)Integration in den Arbeitsmarkt oder negativ im Sinne einer Abwertung gedeutet? Die repräsentativen Befunde zeigen, dass im ersten Jahr der Einführung der Grundsicherung für Arbeitsuchende mehr als jeder dritte Leistungsbezieher einen Statusverlust empfindet. Etwa jeder Fünfte erwartet eine Verbesserung der Lebenssituation. Die Akzeptanz der Reform hängt dabei nicht nur von persönlichen Merkmalen der Leistungsbezieher und ihren Arbeitsmarktchancen ab. Sie wird wesentlich durch die Ausgestaltung und Anwendung der aktivierenden Strategien geprägt. Insbesondere umfassende Beratungsleistungen erhöhen die Akzeptanz seitens der Betroffenen; Eingliederungsvereinbarungen hingegen werden stärker mit einer Statusabwertung in Verbindung gebracht.

2 Lebenssituation hilfebedürftiger Jugendlicher und junger Erwachsener

Jugendliche und junge Erwachsene sind unter den Beziehern von Arbeitslosengeld II in großer Zahl vertreten. Im Dezember 2007 belief sich die Zahl der erwerbsfähigen Hilfebedürftigen auf insgesamt 5.098.196 Personen, jede Fünfte davon war zwischen 15 und 24 Jahre alt. Demnach waren rund 1.000.000 erwerbsfähige junge Menschen auf Leistungen aus der Grundsicherung für Arbeitsuchende angewiesen.

Hilfebedürftigkeit hat vielfältige Ursachen, die Gruppe der jungen Leistungsbezieher ist dementsprechend heterogen zusammengesetzt. Ihre soziale Lage allein anhand ihrer Einkommenssituation zu beschreiben, würde deshalb zu kurz greifen. In der Armutsforschung wird oftmals der Lebenslagenansatz herangezogen, um Unterschiede in Versorgungslagen und gesellschaftlicher Teilhabe zu bestimmen. Nicht nur mangelnde ökonomische Ressourcen werden hierbei in den Blick genommen, sondern auch Unterversorgung in den Lebensbereichen Bildung, Wohnen, Gesundheit und der Ausschluss vom Arbeitsmarkt. Unterversorgung beschreibt eine nicht ausreichende Versorgungslage, in der die Teilhabe am sozialen Leben und Konsummöglichkeiten auf einem gesellschaftlich akzeptierten Niveau nicht möglich sind (Andreß 2003; Voges et al. 2003). Das Risiko sozialer Desintegration von jungen Menschen und einer sich langfristig stabilisierenden Armut liegt hierbei vor allem in der Kumulation von Problemlagen. Multiple Unterversorgungslagen sind somit meist das Ergebnis eines komplexen Prozesses, bei dem sich Probleme in unterschiedlichen gesellschaftlichen Teilbereichen bedingen und verstärken können (Berghman 1995). Dieser Beitrag zeigt aufgrund von Befragungsdaten, in welchem Umfang junge Alg-II-Bezieher in verschiedenen Lebensbereichen in eine Problemlage geraten sind.

Zur Beschreibung der Lebensumstände der jungen Hilfebezieher werden im Folgenden Informationen aus der Studie „Lebenssituation und Soziale Sicherung 2005" des Instituts für Arbeitsmarkt und Berufsforschung (IAB) herangezogen (siehe Kasten D1 „Datengrundlage"). Die folgenden Befunde beziehen sich auf die Lebenssituation zum Interviewzeitpunkt von insgesamt 1.783 jungen Menschen zwischen 18 und 24 Jahren, die Anfang 2005 Leistungen der Grundsicherung für Arbeitsuchende erhalten haben.

Lebensbereiche und ihre Indikatoren für Unterversorgung

Um die soziale Lage der jungen Erwachsenen abbilden zu können, werden neben der materiellen Situation auch Unterversorgungslagen in den Lebensbereichen Bildung, Wohnen, Gesundheit und der Ausschluss vom Arbeitsmarkt aufgezeigt. Es wird davon ausgegangen, dass nicht allein mangelnde monetäre Ressourcen eines Individuums oder Haushaltes eine prekäre Lebenslage bestimmen, sondern vor allem das Zusammentreffen mehrerer Problemlagen die Lebenschancen und Partizipationsmöglichkeiten einschränken.

Bildung spielt bei der Bestimmung von Chancenstrukturen eine wichtige Rolle. Zum einen gehen insbesondere Geringqualifizierte prekäre Beschäftigungsverhältnisse ein und haben ein hohes Arbeitslosigkeitsrisiko (Reinberg/Hummel 2007). Zum anderen ist Bildung aber auch ein zentraler Lebensbereich, der soziale, kulturelle und politische Teilhabe ermöglicht. Als qualifikationsarm werden all jene Jugendlichen und jungen Erwachsenen bezeichnet, die das Schul- bzw. Ausbildungssystem ohne Abschluss verlassen haben.

Die Teilnahme am Erwerbsleben dient dem Großteil der Bevölkerung als Basis für die Existenzsicherung, darüber hinaus bietet Erwerbsarbeit die Chance, bestimmte Bedürfnisse zu befriedigen. Als Personen mit Arbeitsmarktproblemen werden all jene Jugendlichen und jungen Erwachsenen gezählt, die entweder arbeitslos sind oder sich in einer Maßnahme befinden.

Da aber für viele Jugendliche nicht nur die eigene Einbindung in den Arbeitsmarkt entscheidend für Lebenschancen ist, sondern materielle Einschränkungen auch durch Arbeitslosigkeit anderer Haushaltsmitglieder bedingt sein können, wurde auch dieser Indikator mit in die Analysen aufgenommen.

Da Jugendliche und junge Erwachsene, die SGB-II-Leistungen erhalten, per se von finanziellen Einschränkungen betroffen sind, wurden darüber hinaus auch weitere Aspekte von finanziellen Problemen mitberücksichtigt, wie beispielsweise Schulden oder die subjektive Einschätzung, weniger Geld zu besitzen, als man zum Leben braucht. Als dritter Indikator wurde der verstärkte Verzicht auf Konsumgüter aufgenommen, die junge Menschen oft als Ausdruck eines guten Lebensstandards bewerten. Dies umfasst etwa Freizeitaktivitäten, Mitgliedschaften in Vereinen, Bücher und notwendige Kleidungsstücke.

Wohnen ist hingegen ein existenzielles Grundbedürfnis des Menschen. Schlechte Wohnbedingungen gelten allgemein als eine der Ursachen für eingeschränkte Teilnahme am gesellschaftlichen Leben und werden deshalb auch stets bei Lebenslagenanalysen berücksichtigt (Voges et al. 2003). Schlechte Wohnbedingungen liegen definitionsgemäß dann vor, wenn weniger als ein Raum pro Haushaltsmitglied zur Verfügung steht oder sich kein Bad, Dusche oder Toilette in der Wohnung befindet.

Ein subjektiv eingeschränktes Wohlbefinden wird durch kontinuierliche oder häufige psychische und physische Belastungen anhand eines Indexes erfasst.

Die einzelnen Lebensbereiche werden durch einen oder mehrere Indikatoren abgebildet. Personen gelten als unterversorgt in einer dieser Dimensionen, wenn für sie mindestens einer der Indikatoren zutrifft (siehe Tabelle D1).

Finanzielle Engpässe gehören zum Alltag der 18- bis 24-jährigen Alg-II-Bezieher: Über 80 % der jungen Erwachsenen geben an, dass ihr Einkommen nicht

Tabelle D1

Unterversorgung in ausgewählten Lebensbereichen der 18- bis 24-jährigen Alg-II-Bezieher

Lebensbereich	absolut	%	Indikator	absolut	%
Gesamt	1.783	100,0	Gesamt	1.783	100,0
Angespannte finanzielle Situation	1.445	81,8	Schulden	569	32,5
			Subjektive Einschätzung: weniger Einkommen, als man zum Leben braucht	1.072	60,7
			Verstärkter Verzicht auf zentrale Konsumgüter aufgrund der finanziellen Situation*	1.040	58,6
Niedrige Qualifikation	792	47,4	Ohne Schulabschluss (und nicht im Bildungssystem)	209	13,0
			Ohne beruflichen Ausbildungsabschluss (und nicht im Bildungssystem)	727	44,0
Prekärer Arbeitsmarktstatus	802	44,2	Arbeitslos oder in Maßnahme	802	44,2
Prekärer Arbeitsmarktstatus eines Haushaltsmitgliedes	542	32,1	Haushaltsmitglied arbeitslos	542	32,1
Schlechte Wohnverhältnisse	475	28,4	Weniger als ein Raum pro Haushaltsmitglied	440	26,3
			Kein Bad, Dusche oder Toilette in der Wohnung	53	3,1
Geringes subjektives Wohlbefinden**	137	7,7	Kontinuierliche oder häufige psychische bzw. physische Belastungen	137	7,7
Mangelnde Deutschkenntnisse	388	23,1	Geringe oder mäßige Kenntnisse in deutscher Sprache oder Schrift	388	23,1

* Verzicht auf zentrale Konsumgüter für den Lebensstandard Jugendlicher und junger Erwachsener (Schäfers/Scherr 2005): Handy, Telefon und Internet, Hobbys und Freizeitaktivitäten, Mitgliedschaften in Clubs oder Sportvereinen, Bücher, CDs und DVDs, notwendige Kleidungsstücke.
** Das subjektive Wohlbefinden umfasst sowohl physische als auch psychische Dimensionen.
Quelle: IAB-Studie 2005; eigene Berechnungen, gewichtete relative Häufigkeiten, absolute Beobachtungszahl.

zum Leben reicht, dass sie auf Konsumgüter verzichten müssen oder dass sie Schulden haben. Insbesondere Verschuldung kann ein Indikator für bereits länger andauernde finanzielle Problemlagen sein. Rund ein Drittel der jungen Befragten ist davon betroffen.

Weiter befindet sich unter den jungen Hilfebeziehern ein hoher Anteil an Personen mit Bildungsdefiziten. Im November 2005 hatten 47 % der jungen Erwachsenen das Bildungssystem verlassen und konnten dennoch keinen Schulabschluss oder beruflichen Ausbildungsabschluss vorweisen. Fehlende Bildungs- und Ausbildungsabschlüsse sind ein entscheidendes Handicap für den Berufseinstieg. So war auch fast die Hälfte der jungen Hilfebedürftigen entweder arbeitslos oder nahm an einer arbeitsmarktpolitischen Maßnahme teil. Für junge Erwachsene ist jedoch oftmals nicht nur die eigene Arbeitsmarktsituation, sondern auch die Arbeitslosigkeit der Eltern oder des Partners entscheidend für Problemlagen. Die Ergebnisse zeigen, dass bei 32 % der jungen Befragten, die in Mehrpersonenhaushalten leben, ein weiteres Haushaltsmitglied arbeitslos ist. Sie können somit bei der Bewältigung der Übergangsprobleme ins Erwerbsleben weniger auf das familiäre Unterstützungspotenzial zurückgreifen. Über eingeschränkte Wohnverhältnisse berichten 28 % der jungen Hilfebezieher, und eine kleine Gruppe wird durch ein geringes subjektives Wohlbefinden (8 %) belastet.

Einzelne Teilgruppen der 18- bis 24-jährigen Leistungsbezieher berichten unterschiedlich häufig von Defiziten in den einzelnen Problemlagen. So zeigt sich, dass insbesondere Migranten der ersten Gene-

Kapitel D

Tabelle D2

Unterversorgungslagen der 18- bis 24-jährigen Alg-II-Bezieher nach Migrationshintergrund und Haushaltszusammensetzung

	Finanzielle Unterversorgung	Niedrige Qualifikation	Prekärer Arbeitsmarktstatus	Haushaltsmitglied arbeitslos	Schlechte Wohnverhältnisse	Geringes subjektives Wohlbefinden
Migrationshintergrund						
Kein Migrationshintergrund	80 %	48 %	49 %	26 %	18 %	9 %
Erste Generation	83 %	45 %	38 %	42 %	46 %	5 %
Zweite Generation	86 %	51 %	39 %	39 %	39 %	9 %
Haushaltszusammensetzung						
Alleinlebend	82 %	48 %	54 %	4 %	7 %	9 %
Mit Partner	87 %	49 %	55 %	11 %	19 %	10 %
Alleinerziehend	83 %	49 %	55 %	11 %	19 %	10 %
Junge Familie	87 %	64 %	45 %	7 %	50 %	7 %
Lebt bei Eltern	78 %	40 %	41 %	65 %	49 %	4 %

Quelle: IAB-Studie 2005, eigene Berechnungen, gewichtete relative Häufigkeiten.

ration[3] von Belastungen in den einzelnen Lebensbereichen betroffen sind (Tabelle D2). Sie leben häufiger als junge Personen, die in Deutschland geboren wurden, in schwierigen Wohnverhältnissen, haben finanzielle Probleme und leben oftmals in Haushalten, in denen zumindest ein Familienmitglied arbeitslos ist. Mehr als 40 % geben zudem schlechte oder mangelhafte Deutschkenntnisse in Schrift und Sprache an. Insgesamt bestätigen diese Resultate Ergebnisse aus früheren Studien, dass junge Migranten häufiger in großen Haushalten unter schlechteren Wohnbedingungen aufwachsen als Personen ohne Migrationshintergrund (Klocke/ Hurrelmann 1996). Trotzdem äußern sie nur in geringem Umfang ein schlechtes physisches und psychisches subjektives Wohlbefinden. Dies mag die These von Klocke und Hurrelmann (1996) bestätigen, dass junge Immigranten ihre Lebensumstände und ihre Position im Vergleich zu den Lebensbedingungen, Normen und Werten ihrer Herkunftsländer bewerten.

Die Ergebnisse für die zweite Generation von Zuwanderern zeigen ein anderes Bild: Ihre Lebensumstände sind stärker durch finanzielle Probleme und häufiger durch ein schlechtes subjektives Wohlbefinden geprägt. Obwohl sie ebenso wie Personen ohne Migrationshintergrund in Deutschland aufgewachsen sind, das deutsche Bildungssystem durchlaufen haben und meist über gute Sprachkenntnisse verfügen, sind ihre Lebensumstände dennoch insgesamt schlechter als bei den Altersgenossen ohne Migrationshintergrund.

Auch nach Haushaltskontext lassen sich Unterschiede in den Problemlagen erkennen. Junge Menschen, die bereits ihre eigene Familie gegründet haben oder noch mit ihren Eltern zusammenleben, leben häufig in schwierigen Wohnverhältnissen. Auch hier lässt sich ein Zusammenhang von Armut in größeren Haushalten und schlechter Wohnsituation sehen. Junge Elternschaft ist zudem oft mit niedriger Qualifikation verknüpft. Die Anforderung, alleine für ein Kind sorgen zu müssen, stellt eine besondere Belastung dar, was sich in dem überdurch-

---

3 Als Migranten der ersten Generation werden Personen bezeichnet, die selbst nach Deutschland zugewandert sind. Migranten der zweiten Generation sind Personen, die selbst in Deutschland geboren wurden, deren Eltern bzw. ein Elternteil jedoch nach Deutschland zugewandert sind.

schnittlich häufig vorhandenen geringen subjektiven Wohlbefinden bei alleinerziehenden jungen Menschen zeigt.

Die Ergebnisse zeigen, dass die Mehrheit der jungen Menschen im Umfeld des SGB II Belastungen in wichtigen Lebensbereichen erfährt. Auch treten Problemlagen bei Hilfebedürftigen nicht nur einzeln, sondern oft gleichzeitig auf. Dies ist insofern von Bedeutung, als empirische Ergebnisse über Ausstiegsszenarien aus der Sozialhilfe zeigen, dass insbesondere Belastungen in mehreren Lebensbereichen die Chancen auf eine rasche Beendigung des Bezugs von Sozialleistungen verringern (Buhr 1995). Zwei Drittel der jungen Erwachsenen in dem Untersuchungssample sind von Unterversorgungslagen in mehr als einem Lebensbereich betroffen. Auch hier lässt sich wieder feststellen, dass sowohl junge Migranten als auch Familien mit Kindern besonders häufig mit multiplen Problemlagen konfrontiert sind.

Die Ergebnisse verweisen darauf, dass der Beratungs- und Unterstützungsbedarf vieler der jüngeren Alg-II-Bezieher über die finanzielle Unterstützung und Leistungen zur Arbeitsmarktintegration in der Grundsicherung für Arbeitsuchende hinausgeht. Dieser Beitrag hat junge Migranten und junge Eltern als zwei Beispiele herausgegriffen. Junge Migranten, die selbst nach Deutschland zugewandert sind, können durch Deutschkurse ihre Chancen am Arbeitsmarkt erhöhen. Ebenso wie junge Migranten der zweiten Generation leben sie oftmals in beengten Wohnverhältnissen ohne individuelle Rückzugsmöglichkeiten. Junge Eltern, insbesondere Alleinerziehende, benötigen oftmals nicht nur Qualifizierungsmaßnahmen, sondern auch intensive Beratung zur persönlichen Stabilisierung. Die Mitarbeiter in den SGB-II-Trägern werden die spezifische Lebenssituation der jungen Erwachsenen für eine passgenaue Betreuung berücksichtigen müssen. Überschuldung, schlechte Wohnverhältnisse oder psychische Belastungen können neben Qualifikationsdefiziten oder Arbeitslosigkeit eine soziale Integration und einen Weg in ein Leben ohne sozialstaatliche Leistungen behindern. Möglicherweise greift es zu kurz, wenn sich die Sozialpolitik ausschließlich um Einkommenssteigerung und Arbeitsmarktintegration bemüht (Popp/Schels 2008).

3 Altersarmut in Deutschland: die Situation älterer Arbeitslosengeld-II-Bezieher

Ältere Empfänger von Arbeitslosengeld II (Alg II) wechseln nicht selten aus dem Hilfebezug direkt in die Rente, ohne dass ihnen die Integration in Erwerbsarbeit wieder gelingt. Ob dieser Übergang auch mit der nachhaltigen Überwindung von Bedürftigkeit verbunden ist, hängt von der Altersvorsorge der Betroffenen und der ihrer (Ehe-)Partner ab. Dabei ist entscheidend, ob die Älteren bis zum Eintritt in den Hilfebezug bereits ausreichend hohe Anwartschaften in der gesetzlichen Rentenversicherung (GRV) erworben haben. Denn während des Leistungsbezugs selbst bauen die Betroffenen im Regelfall kaum zusätzliche Anwartschaften auf: Ein volles Jahr des Alg-II-Bezugs steigert die künftige monatliche Rente aktuell nur um 2,19 €. Zudem haben Hilfebezieher in der Regel nur begrenzte Möglichkeiten, geringe gesetzliche Rentenanwartschaften anderweitig zu kompensieren: Zum einen verfügen sie seltener als der Durchschnitt der Bevölkerung über eine zusätzliche betriebliche Altersvorsorge. Zum anderen deuten erste Ergebnisse darauf hin, dass die meisten auch nicht privat vorgesorgt haben oder vorsorgen konnten. Im Folgenden werden daher die individuellen Erwerbs- und Versicherungsverläufe vor Eintritt in den Alg-II-Bezug für die Gruppe der ab 50-jährigen Alg-II-Bezieher auf Basis der IAB-Querschnittsbefragung „Lebenssituation und Soziale Sicherung 2005" (siehe Kasten D1 „Datengrundlage") näher untersucht.

Ältere Hilfebezieher: lange Beitragszeiten aus Erwerbstätigkeit

Gemessen an der Länge der Beitragszeiten dürfte ein beachtlicher Teil der älteren Hilfebezieher mit einer gesetzlichen Rente über dem Grundsicherungsniveau rechnen können. Denn im Mittel waren die Befragten bis zum Eintritt in den Alg-II-Bezug bereits mehrere Jahrzehnte rentenversichert. Wie Analysen belegen, setzen sich diese Versicherungszeiten in West- und Ostdeutschland hauptsächlich aus entsprechend langen Zeiten der Beschäftigung zusammen. Nur ein kleiner Teil der Beitragsmonate geht auf den Bezug von Arbeitslosengeld, Arbeitslosenhilfe oder Unterhaltsgeld zurück.

Da sich in den aufsummierten Beitragszeiten im Wesentlichen die unterschiedlichen Biografien in den beiden ehemaligen deutschen Staaten widerspiegeln, übertreffen die ostdeutschen Hilfebezieher die westdeutschen hinsichtlich der Beitragsjahre deutlich. So hat die Hälfte der Hilfeempfänger in den alten Bundesländern bis zum Alter von 50 Jahren 27,3 Beitragsjahre oder mehr erreicht. In den neuen Ländern kommt die Hälfte der Hilfebezieher mit den meisten Beitragsjahren demgegenüber auf mindestens 33,9 Jahre. Insbesondere gibt es in den alten Ländern weitaus mehr Empfänger von Alg II, die nur sporadisch in die Rentenversicherung eingezahlt haben und deshalb ein erhöhtes Risiko der Altersarmut tragen dürften. So verfügen lediglich 8 % der ostdeutschen, aber 28 % der westdeutschen Befragten über weniger als 15 Beitragsjahre. Um ein

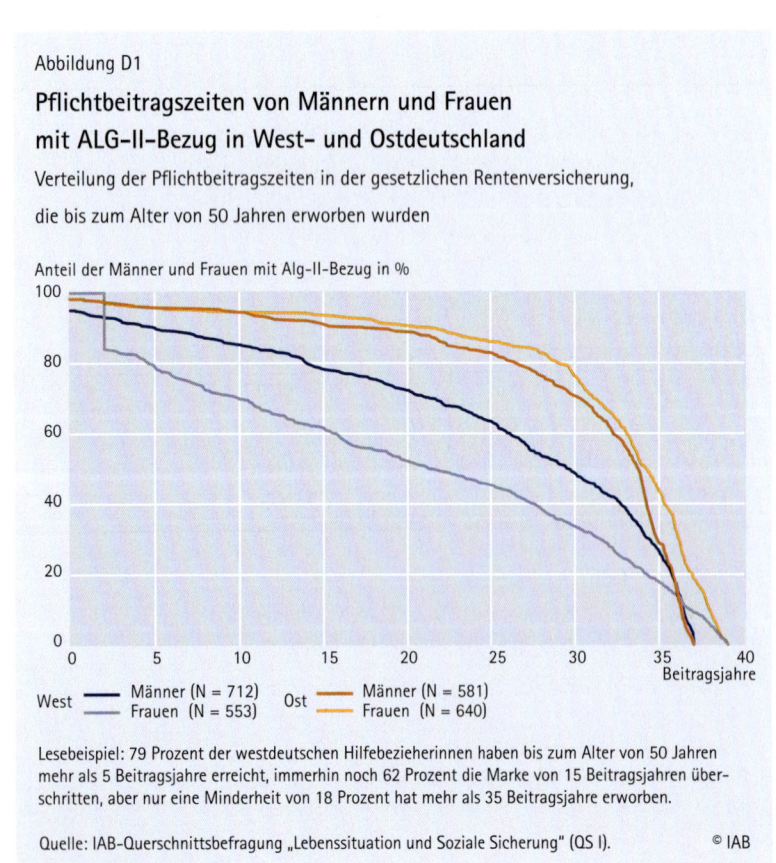

Abbildung D1
Pflichtbeitragszeiten von Männern und Frauen mit ALG-II-Bezug in West- und Ostdeutschland
Verteilung der Pflichtbeitragszeiten in der gesetzlichen Rentenversicherung, die bis zum Alter von 50 Jahren erworben wurden

Anteil der Männer und Frauen mit Alg-II-Bezug in %

West — Männer (N = 712), Frauen (N = 553)
Ost — Männer (N = 581), Frauen (N = 640)

Lesebeispiel: 79 Prozent der westdeutschen Hilfebezieherinnen haben bis zum Alter von 50 Jahren mehr als 5 Beitragsjahre erreicht, immerhin noch 62 Prozent die Marke von 15 Beitragsjahren überschritten, aber nur eine Minderheit von 18 Prozent hat mehr als 35 Beitragsjahre erworben.

Quelle: IAB-Querschnittsbefragung „Lebenssituation und Soziale Sicherung" (QS I). © IAB

genaueres Bild von diesen Verteilungsmustern zu erhalten, wird im Folgenden zusätzlich nach Frauen und Männern unterschieden (vgl. Abbildung D1).

Auf den ersten Blick fällt auf, dass westdeutsche Empfängerinnen von Alg II bei Weitem die kürzesten Beitragsdauern aller vier Gruppen aufweisen, wobei der Abstand zu den anderen Hilfebeziehern gerade im unteren Bereich der Verteilung besonders groß ist. So haben die 25 % der westdeutschen Männer mit den kürzesten Beitragszeiten bis zu 18,3 Beitragsjahre angesammelt. Das unterste Viertel der ostdeutschen Frauen hat sogar bis zu 30,3 Jahre erreicht. Dagegen haben die unteren 25 % der Hilfebezieherinnen in den alten Ländern bis zu ihrem 51. Geburtstag nur höchstens sieben Beitragsjahre erworben – einschließlich der jeder Frau pauschal zugewiesenen zwei Kindererziehungsjahre.

Modellrechnungen zum Risiko der Altersarmut

Mithilfe von Modellrechnungen soll die Gruppe der von Altersarmut bedrohten Hilfebezieher näher eingegrenzt werden. Die Berechnungen können das Ausmaß der späteren Hilfebedürftigkeit zwar nicht exakt beziffern, weil sie u. a. den Haushaltskontext außer Acht lassen. Allerdings geben sie zumindest einen groben Anhaltspunkt dafür, wie viele ältere Empfänger von Alg II durch ihre eigenen Rentenanwartschaften in der GRV bereits ausreichend gegen Armut abgesichert wären, würden sie ohne Abschläge in Rente gehen und im Alter alleine leben. Für die Modellrechnungen wird unterstellt, dass die Befragten im Durchschnitt ihrer Beitragsjahre genauso viel verdient haben wie die jeweilige Referenzgruppe von Versicherten, für welche die durchschnittliche Entgeltpunktezahl pro Beitragsjahr aus der Statistik der Deutschen Rentenversicherung bekannt ist. Die vier Referenzgruppen bestehen aus west- und ostdeutschen Männern und Frauen der Jahrgänge 1940–1954 ohne Rentenbezug am Stichtag 31.12.2004 mit deutscher Staatsangehörigkeit und Kontenklärung mindestens bis 1997.[4]

Das geringste Risiko späterer Altersarmut unter den älteren Beziehern von Alg II tragen demnach die ostdeutschen Männer: 62 % von ihnen haben bis zum Alter von 50 Jahren bereits mindestens 32,1 Beitragsjahre erreicht. Damit hätten sie im Falle von durchschnittlich 0,76 Entgeltpunkten pro Beitragsjahr unabhängig von einem möglichen Wiedereinstieg in Beschäftigung auf jeden Fall eine gesetzliche Rente auf Sozialhilfeniveau oder darüber zu erwarten.

Auch westdeutsche Männer im Alg-II-Bezug verfügen gemäß den Modellrechnungen in der Mehrzahl (53 %) bereits über existenzsichernde Anwartschaften. Dank des höheren durchschnittlichen Entgeltpunktewertes von 0,81 liegt bei ihnen die Sozialhilfeschwelle nur bei 28,5 Beitragsjahren.

Hingegen konnten dem Modell zufolge trotz langer Beitragszeiten nur knapp 46 % der ostdeutschen Hilfebezieherinnen schon armutsvermeidende Rentenanwartschaften aufbauen. Grund für die im Vergleich zu ostdeutschen Männern niedrige Quote sind die geringeren Arbeitsentgelte ostdeutscher Frauen, die sich in nur 0,68 Entgeltpunkten pro Beitragsjahr und einer entsprechend langen Mindestbeitragsdauer von 34,8 Jahren für eine Rente auf Sozialhilfeniveau niederschlagen.

Mit Abstand am schlechtesten eigenständig abgesichert sind, wie erwartet, die älteren Hilfebezieherinnen in Westdeutschland. Bei ihnen verbinden sich kurze Beitragsdauern mit niedrigen Arbeitsentgelten aufgrund von Teilzeitarbeit und geringer Entlohnung. Bei durchschnittlich nur 0,39 Entgeltpunkten pro Beitragsjahr müssten sie insgesamt 56,8 Jahre lang Beiträge einzahlen, um eine Rente in Höhe der Grundsicherung zu erhalten. Nach dieser Durchschnittsbetrachtung in der Modellrechnung kann wohl keine der befragten Frauen in den

---

4   Siehe Statistik der Deutschen Rentenversicherung: Rentenanwartschaften am 31.12.2004, Band 156, Berlin 2006, Tabellen 15.51 R, 15.52 R, 15.71 R und 15.72 R.

alten Ländern diese Hürde überwinden, selbst wenn sich an die Zeit des Alg-II-Bezugs noch eine lange Berufstätigkeit anschließen würde.

Aus den Modellrechnungen lässt sich schließen, dass ältere Hilfebezieher in den neuen Ländern dank ihrer jahrzehntelangen stetigen Erwerbstätigkeit vom Risiko der Altersarmut weit weniger betroffen sind als Empfänger von Alg II in Westdeutschland. Dies dürfte wegen der vergleichsweise guten Absicherung von Männern wie Frauen insbesondere bei Paaren gelten. Demgegenüber zählen westdeutsche Frauen zu den besonderen Risikogruppen unter den Empfängern von Alg II: Sofern sie nicht durch die Rentenansprüche ihres Partners oder andere Formen der Altersvorsorge ausreichend abgesichert sind, tragen sie mit Abstand das höchste Risiko, auch im Ruhestand bedürftig zu sein.

Die Situation der Jüngeren

Die bisherigen Ergebnisse zeigen, wie einmalig die historische Konstellation ist, die die Biografien der betrachteten Jahrgänge prägt. Die nachrückenden Kohorten der heute 15- bis 50-Jährigen sehen sich im Vergleich dazu grundlegend anderen wirtschaftlichen und gesellschaftlichen Rahmenbedingungen gegenüber. Diese lassen erwarten, dass sich die Versicherungsverläufe in Ost und West sowie die der westdeutschen Frauen und Männer in den nächsten Jahren und Jahrzehnten zunehmend angleichen werden.

Zugleich ist für die heute 40- bis 50-jährigen Bezieher von Alg II absehbar, dass ihr Risiko der Altersarmut generell steigt: Die Verschlechterung der Arbeitsmarktlage seit den 1970er-Jahren in Westdeutschland und die Arbeitsmarktkrise in Ostdeutschland nach der Wiedervereinigung trafen sie in einer früheren Phase ihres Arbeitslebens und hinterließen deshalb deutliche Spuren in ihren Erwerbsbiografien.[5] Selbst wenn den Betroffenen ein schneller Wiedereinstieg in eine dauerhafte und existenzsichernde Beschäftigung gelingen sollte, dürften die meisten die bereits bestehenden Sicherungslücken bis zum Erreichen des Rentenalters kaum mehr ausgleichen können. Zusätzliche Risiken für diese Jahrgänge bergen zudem die Veränderungen im Sozialrecht: Zum einen wird das allgemeine Rentenniveau in der GRV als Folge der jüngsten Rentenreformen weiter sinken, zum anderen reißen Phasen der Arbeitslosigkeit heute stärkere Lücken in die individuelle Alterssicherung.[6] Die Befunde zur Altersarmut der heute älteren Bezieher von Alg II lassen sich aus diesen Gründen nicht ohne Weiteres auf die nachfolgenden Jahrgänge übertragen.

---

5 Siehe die empirischen Befunde in Wübbeke 2007 und Dundler/Müller 2006.

6 Für die Angehörigen der Jahrgänge 1940–1954 galten längere Anspruchsdauern beim Arbeitslosengeld, als es für jüngere Jahrgänge im selben Alter jeweils der Fall sein wird. So konnten Arbeitslose seit 1987 bereits ab dem Alter von 42 Jahren (seit 1997: 45 Jahren) länger als 12 Monate Arbeitslosengeld beziehen, und zwar je nach Lebensalter und gebunden an eine bestimmte Mindestbeitragszeit zwischen 18 Monaten (ab dem Alter von 42 Jahren, seit 1997: 45 Jahren) und 32 Monaten (ab dem Alter von 54 Jahren, seit 1997: 57 Jahren). Demgegenüber ist die höchstmögliche Anspruchsdauer inzwischen deutlich reduziert worden. Ab Februar 2006 gab es eine längere Bezugsdauer als die allgemein geltenden 12 Monate nur noch für ab 55-Jährige, die Arbeitslosengeld bis zu 18 Monate lang beziehen konnten. Wenn auch in jüngster Zeit die maximale Anspruchsdauer für Ältere teilweise wieder angehoben wurde (seit Januar 2008 für ab 50-Jährige bis zu 15 Monate, für ab 55-Jährige bis zu 18 Monate und für ab 58-Jährige bis zu 24 Monate), bleibt in der Summe eine Reduktion der maximalen Anspruchsdauern zu verzeichnen. Zudem konnten die heute Älteren bei länger andauernder Arbeitslosigkeit noch die an das frühere Nettoentgelt gekoppelte Arbeitslosenhilfe beziehen, sofern sie bedürftig waren. Die heute Jüngeren erhalten hingegen im selben Alter spätestens nach zwei Jahren des Alg-II-Bezugs nur noch eine Leistung auf Grundsicherungsniveau (nach Wegfall des zweijährigen Zuschlags zum Alg II). Mit der geringeren Höhe der Transferleistungen gehen für die Jüngeren dabei auch geringere Beitragszahlungen zur Rentenversicherung einher.

4 Arbeitslosigkeit und Gesundheit

Arbeitslosigkeit und Gesundheit sind vielfältig miteinander verknüpft: Gesundheitlich eingeschränkte Arbeitnehmer tragen ein höheres Risiko, entlassen zu werden, bleiben überdurchschnittlich lange arbeitslos und haben geringere Chancen auf berufliche Wiedereingliederung (Hollederer 2002). Sowohl der Verlust des Arbeitsplatzes selbst als auch fortdauernde Arbeitslosigkeit sind eigenständige Risikofaktoren, die die Entstehung gesundheitlicher Probleme sowohl psychosozialer als auch physischer Art befördern (Kieselbach 2006), aber auch zu Veränderungen im Gesundheitsverhalten führen können.

Mathers und Schofield (1998) verweisen auf steigende Mortalitätsraten, Störungen der seelischen Gesundheit sowie eine stärkere Inanspruchnahme der Gesundheitsversorgung von Arbeitslosen hin. Es existiert offenbar keine definierte ‚Arbeitslosenkrankheit', wohl aber gibt es Belege für eine höhere gesundheitliche Belastung von Arbeitslosen: Verschiedene Studien weisen auf Gesundheitsprobleme hin, wie die Erhöhung des systolischen Blutdrucks, Herzbeschwerden sowie Ein- und Durchschlafstörungen. Paul, Hassel und Moser (2006) berichten außerdem von einer breiten Palette an psychischen Symptomen, wie Depression, Hoffnungslosigkeit, Apathie, verminderte Lebenszufriedenheit, Alkoholismus und Suizid.

Nach Kieselbach (2006) äußert sich psychosozialer Stress infolge von Arbeitslosigkeit in verschiedenen Formen primärer, sekundärer und tertiärer Viktimisierung. Primäre Viktimisierung liegt demnach vor, wenn die mit der Erwerbstätigkeit verbundenen Momente von ökonomischer Sicherheit und sozialer Einbindung weniger werden, das Selbstwertgefühl abnimmt und die durch die Arbeit vorgegebene Zeitstrukturierung sowie externe Anforderungen wegfallen. Bei sekundärer Viktimisierung führt die Erfahrung der Arbeitslosigkeit zu einer Verstärkung von Alltagsproblemen wie finanziellen Sorgen, Zukunftsunsicherheit und sozialer Stigmatisierung. Tertiäre Viktimisierung setzt ein, wenn Außenstehende die individuellen Bewältigungsformen als sozial unangemessen wahrnehmen und den Betroffenen selbst anlasten.

Bei der Analyse der gesundheitlichen Folgen von Arbeitslosigkeit erscheint es also ratsam, Hinweisen auf mögliche Viktimisierungsanzeichen nachzugehen. Solche Hinweise wie auch die Frage nach der gesundheitlichen Situation der Menschen, die Grundsicherung für Arbeitsuchende (Arbeitslosengeld II) beziehen, werden im Folgenden auf Basis der Querschnittsbefragung „Lebenssituation und Soziale Sicherung" des IAB (vgl. Kasten D1 „Datengrundlage") untersucht.

Auch wenn dies aufgrund der Beschaffenheit der Datenbasis nicht im Detail und umfassend möglich ist, besteht doch die Möglichkeit, die Bedeutung des Wegfalls ökonomischer Sicherheit und die Wirkung sozialer Eingebundenheit auf die Gesundheit von Arbeitslosen abzubilden. Die folgenden Auswertungen beziehen sich auf alle Alg-II-Bezieher, die zum Befragungszeitpunkt arbeitslos waren (N = 7.509), davon etwa 60 % Männer und 40 % Frauen.

Deskriptive Befunde
Dauer der Arbeitslosigkeit

Es liegt in der Natur der Stichprobe, dass Langzeitarbeitslose stark überrepräsentiert sind. 80 % sind zum Befragungszeitpunkt insgesamt länger als 3 Jahre arbeitslos, 10 % länger als zwei Jahre, 7 % zwischen ein und zwei Jahren, und nur knapp 3 % sind kürzer als ein Jahr arbeitslos. Wenig überraschend: Es besteht ein Zusammenhang mit dem Lebensalter, denn gut 90 % der 50- bis 60-jährigen Männer und Frauen sind zum Befragungszeitpunkt insgesamt länger als drei Jahre arbeitslos gewesen.

Subjektive Gesundheit

Die Angaben zur Bewertung der eigenen Gesundheit beruhen auf einer Selbsteinschätzung der Betroffenen. Diese erfolgt anhand der Frage[7]: „Haben Sie gesundheitliche Einschränkungen?" 45 % der

---

7 Antwortkategorien: ja/nein.

arbeitslosen Alg-II-Empfänger bejahen diese Frage, wobei Ältere (vergleichbar der Gesamtbevölkerung) häufiger von Gesundheitsproblemen betroffen sind: Liegt der Anteil der gesundheitlich Eingeschränkten bei den unter 40-Jährigen bei knapp 40 %, steigt er in den Gruppe der 40- bis 50-Jährigen auf 53 % und liegt bei den 51- bis 60-Jährigen bei 59 %. 64 % der 60- bis 65-Jährigen geben an, gesundheitlich eingeschränkt zu sein. Hier zeigen sich nur geringe geschlechtsspezifische Abweichungen.

Betrachtet man einzelne, vorwiegend psychische Symptome, so geben 30 % der arbeitslosen Alg-II-Empfänger an, in den zwölf Monaten vor der Befragung häufig traurig und niedergeschlagen gewesen zu sein. Hier sind vor allem junge Frauen unter 20 Jahren (41 %) betroffen. Insgesamt 24 % waren häufig müde und abgespannt. Eine differenziertere Betrachtung zeigt, dass auch hier die Gruppe der jungen Frauen am stärksten betroffen ist: Jede Dritte stimmt dieser Aussage zu, hingegen nur jeder Fünfte ihrer männlichen Altersgenossen.

Verzicht

Hinweise auf den Verlust von ökonomischer Stabilität können anhand von selbst berichtetem materiellem Verzicht (Mahlzeiten, Kleidung) gewonnen werden: Insgesamt 57 % der arbeitslosen Alg-II-Bezieher geben an, aus finanziellen Gründen auf regelmäßige Mahlzeiten oder notwendige Kleidungsstücke zu verzichten. Ähnlich stellt sich die Situation bei einem Verzicht auf Gesundheitsleistungen (Arzt- und Zahnarztbesuche, Medikamente) dar: Knapp die Hälfte hat aus finanziellen Gründen auf Arztbesuche verzichtet und keine notwendigen Medikamente mehr gekauft.

Ergebnisse multivariater Analysen

Multivariate Analysen zeigen, dass Frauen ein geringeres Krankheitsrisiko aufweisen als Männer (siehe Tabelle D3, Modell 1). Der Verlust von finanziellen Ressourcen in der Arbeitslosigkeit wirkt sich negativ auf die Gesundheit aus: Sowohl der aus finanziellen Engpässen resultierende Verzicht auf regelmäßige Mahlzeiten und notwendige Kleidung als auch der Verzicht auf Arztbesuche und Medikamente erhöhen die Wahrscheinlichkeit gesundheitlicher Einschränkungen signifikant. Als Puffer wirkt hingegen soziale Unterstützung durch Verwandte und Freunde sowie das Eingebundensein in die Familie. Besonders das Zusammenleben als Familie mit Partner und Kindern, aber auch mit den eigenen Eltern verringert die Wahrscheinlichkeit gesundheitlicher Einschränkungen.

Kontrolliert man für die Dauer der Arbeitslosigkeit, das Alter und Schulabschlüsse (Modell 2), dann zeigt sich, dass ältere Alg-II-Bezieher (41 bis 65 Jahre) ein signifikant erhöhtes Krankheitsrisiko haben. Jüngere Personen (bis 30 Jahre) sind mit höherer Wahrscheinlichkeit gesund. Da Lebensalter und Dauer der Arbeitslosigkeit eng zusammenhängen, zeitigt die Arbeitslosigkeitsdauer hier keine eigenen signifikanten Effekte. Was persönliche Ressourcen in Form von Bildungsabschlüssen betrifft, so zeigt sich, dass eine geringere schulische Qualifikation zu einer Erhöhung gesundheitlicher Risiken bei arbeitslosen Alg-II-Beziehern führt.

Fazit

Die Wahrscheinlichkeit gesundheitlicher Einschränkungen bei arbeitslosen Alg-II-Beziehern erhöht sich durch Risiken wie finanzielle Engpässe, geringe schulische Bildung und fortgeschrittenes Alter. Je häufiger der Verzicht, je älter und je geringer gebildet die Menschen sind, umso höher ist das Risiko einer eingeschränkten Gesundheit. Schützende Wirkung entfalten vor allem familiäre Eingebundenheit und Unterstützung.

Dies kann man als Hinweise auf Viktimisierung der Betroffenen werten. Besonders der Wegfall finanzieller Ressourcen stellt in dieser Population ein gravierendes Gesundheitsrisiko dar. Zwar wirken soziale Einbindung und Unterstützung als Puffer, die schädigenden Folgen fehlender finanzieller Mittel dürften dadurch aber nicht vollends aufgewogen werden. Fast die Hälfte (47 %) der arbeitslosen Alg-II-Bezieher verzichtete in den zwölf der Befragung vorangegangenen Monaten wegen Geldmangels

Tabelle D3

Wahrscheinlichkeit gesundheitlicher Einschränkungen von arbeitslosen Alg-II-Beziehern

	Modell 1			Modell 2		
	Odds Ratio	Signifikanz	S. E.	Odds Ratio	Signifikanz	S. E.
Geschlecht						
Männlich	RF	RF	RF	RF	RF	RF
Weiblich	0,873	**	0,054	0,897	*	0,056
Soziale Unterstützung						
Durch Freunde	0,876	**	0,050	0,968		0,052
Durch Verwandte	0,765	***	0,050	0,957		0,053
Haushaltszusammensetzung						
Alleinstehend	RF	RF	RF	RF	RF	RF
Mit Partner ohne Kinder	0,954		0,073	0,839	*	0,077
Alleinerziehend	0,682	***	0,082	0,752	***	0,085
Familie mit Kindern	0,568	***	0,065	0,622	***	0,068
Mit eigenen Eltern	0,414	***	0,133	0,798		0,144
Mit einem Elternteil	0,555	***	0,148	0,762		0,156
Verzicht						
Materieller Verzicht	1,300	***	0,054	1,281	***	0,056
Gesundheitlicher Verzicht	1,403	***	0,053	1,427	***	0,055
Dauer der Arbeitslosigkeit						
Bis zu einem Jahr	RF	RF	RF	RF	RF	RF
Ein bis unter zwei Jahre				0,894		0,203
Zwei bis unter drei Jahre				0,752		0,194
Länger als drei Jahre				1,225		0,180
Alter						
Jünger als 20				0,367	***	0,282
21 bis 30				0,754	***	0,087
31 bis 40	RF	RF	RF	RF	RF	RF
41 bis 50				1,756	***	0,070
51 bis 60				2,222	***	0,079
61 bis 65				2,984	***	0,158
Schulabschluss						
Sonderschulabschluss				1,573	**	0,175
Hauptschulabschluss				1,313	***	0,060
Qualifizierter Hauptschulabschluss				1,567	***	0,114
Mittlere Reife	RF	RF	RF	RF	RF	RF
Fachhochschulreife				0,908		0,170
Abitur				0,893		0,091
Keiner				1,780	**	0,134
N 6.956						
Nagelkerke's R^2	0,058			0,125		

S. E. = Standardfehler

* p > = 0.05; ** p < 0.01; *** p < 0.001

Quelle: IAB-Studie 2005; eigene Berechnungen.

auf Arztbesuche oder notwendige Medikamente. Dies wirkt sich wiederum signifikant negativ auf die Gesundheit aus. Weiterhin bedenklich ist, dass etwas mehr als die Hälfte (57 %) der Personen aus finanziellen Gründen auf regelmäßige Mahlzeiten oder notwendige Kleidung verzichtet hat. Es liegt auf der Hand, dass sich ihre gesundheitliche Verfassung dadurch nicht verbessert.

Auch wenn diese Ergebnisse zunächst auf die Situation der befragten Person zu beziehen sind, ist mit hoher Wahrscheinlichkeit davon auszugehen, dass weitere Mitglieder der Bedarfsgemeinschaften in unterschiedlichem Ausmaß von diesem Verzicht betroffen sind. Kieselbach (2006) weist auf die Risiken für „Opfer durch Nähe" hin. Man kann davon ausgehen, dass Partner und Kinder mit einer gewissen Zeitverzögerung von ähnlichen Belastungen wie die Arbeitslosen selbst betroffen sind. Das wiederum kann fatale Folgen haben. So weisen Richter und Hurrelmann (2007) darauf hin, dass eine Akkumulation schwieriger Lebensbedingungen im Lebenslauf zu gesundheitlichen Problemen führen kann. Beispielsweise lässt sich eine Beziehung zwischen materieller Deprivation in jungen Jahren und dem Auftreten verschiedener Erkrankungen im mittleren und höheren Alter herstellen. Ebenso wurden Auswirkungen auf die kognitive und geistige Entwicklung nachgewiesen, die wiederum in enger Beziehung zu den Bildungschancen und daran geknüpften Gesundheitspotenzialen steht (ebd.). Hier ist die Frage nach der Reproduktion gesundheitlicher Ungleichheiten und der Weitergabe eines erhöhten Gesundheitsrisikos von arbeitslosen Personen im Alg-II-Bezug an ihre Familien oder weitere Mitglieder ihrer Bedarfsgemeinschaften zu stellen.

5 Maßnahmenwahrnehmung und Beteiligung

Aktivieren heißt beteiligen

Für die Unterstützung und Eingliederung erwerbsfähiger Hilfebedürftiger stellt das SGB II ein umfangreiches Bündel von Instrumenten bereit. Teils handelt es sich um die aus dem SGB III bekannten Fördermaßnahmen, teils wurden neuartige Formen der Beratung und Unterstützung entwickelt, um besser auf den besonderen Hilfebedarf bedürftiger Personen und Haushalte eingehen zu können. Sieht man von den spezifischen Leistungen für bestimmte Personengruppen (wie Jugendliche und junge Erwachsene oder Personen mit Rehabilitationsbedarf) ab, lassen sich im Rechtskreis SGB II vier Typen von Instrumenten bzw. Maßnahmen unterscheiden:

- Leistungen zur kooperativen Planung und Steuerung der Eingliederung unter Beteiligung der Betroffenen, insbesondere die Eingliederungsvereinbarung gemäß § 15 SGB II;
- Beratungs-, Qualifizierungs- und Vermittlungsleistungen, wie sie auch Kurzzeitarbeitslosen im Rechtskreis des SGB III zur Verfügung stehen (§ 16 Abs. 1 SGB II);
- Leistungen zur sozialen Stabilisierung (§ 16 Abs. 2 SGB II);
- öffentlich geförderte Beschäftigung (insbesondere Arbeitsgelegenheiten gemäß § 16 Abs. 3 SGB II und – seit dem 1. Oktober 2007 – Zuschüsse zu sozialversicherungspflichtigen Beschäftigungsverhältnissen gemäß § 16a SGB II).

Die Beratungs- und Unterstützungsangebote des SGB II stehen durchweg im Zeichen der *aktivierenden* Sozial- und Arbeitsmarktpolitik.[8] Das heißt, sie zielen darauf ab, Transferleistungsempfänger zu möglichst umgehenden und umfassenden eigenen Aktivitäten anzuregen. Ob es nun um rasche Vermittlung in Beschäftigung, Angebote zur Stabilisierung (wie Sucht- oder Schuldnerberatungen) oder

---

8 Die folgenden Überlegungen sind ausführlicher in Wenzel 2008 begründet.

auch die Zuweisung in Eignungsfeststellungs- oder Trainingskurse und Arbeitsgelegenheiten geht, in jedem Fall bleibt es das vorrangige Ziel des Gesetzgebers, einer möglichen Passivität und Inaktivität der Leistungsbezieher von vornherein entgegenzutreten.

Ein wichtiger Aspekt der Aktivierungsprogrammatik ist der in den letzten Jahren erhöhte Druck auf Leistungsempfänger, denen man eine geringe Erwerbsneigung unterstellt. Folgenreicher jedoch ist womöglich ein anderer Aspekt der aktivierenden Sozial- und Arbeitsmarktpolitik: Beratungsangebote und Maßnahmen dienen stets vorrangig dazu, eigenverantwortliches Handeln auszulösen und zu unterstützen. Weil kurzfristig erzielbare Integrationserfolge oftmals nicht dauerhaft sind – so der Leitgedanke –, müssen Hilfebedürftige ihre Beschäftigungsfähigkeit und Erwerbseingliederung zu ihrer eigenen Sache machen, sich motivieren und Verantwortung übernehmen. Nur auf diese Weise könne Hilfebedürftigkeit nachhaltig überwunden werden.

Der Gesetzgeber hat beide Aspekte des Aktivierungsgedankens fest im Blick gehabt: Auf der einen Seite ist der Druck auf Leistungsbezieher erhöht worden, etwa durch verschärfte Zumutbarkeitsregeln für die Annahme von Vermittlungsangeboten. Auf der anderen Seite sind kooperative und partizipative Elemente in der Beratung, Betreuung und Förderung deutlich gestärkt worden. Denn wer erwartet, dass Betroffene mehr Eigenverantwortung übernehmen, muss an ihren Fähigkeiten und Neigungen ansetzen und ihnen auch wesentlichen Einfluss auf die Eingliederungsplanung gewähren. Die Hilfe soll sich am Einzelfall orientieren und Vorschläge der Betroffenen berücksichtigen. Der Gesetzgeber erhoffte sich so nicht weniger als eine „maßgeschneiderte Ausrichtung der Eingliederungsleistungen" (BT-Drucks. 15/1516: 44).

Besonders deutlich kommt dies im Instrument der Eingliederungsvereinbarung gemäß § 15 SGB II (vgl. Luthe/Timm 2005; Lang 2006; Schön 2006; Legnaro 2006) zum Ausdruck. Der Inhalt solcher Eingliederungsvereinbarungen soll nämlich vom Vermittler und dem Hilfebedürftigen „gemeinsam erarbeitet" (BT-Drucks. 15/1516: 46) werden und symbolisiert durch den Akt der Unterzeichnung einen Konsens der Beteiligten über das weitere Vorgehen. Diese Option für die stärkere Beteiligung der Hilfebedürftigen ist freilich kein allgemeiner Wille des Gesetzgebers, die SGB-II-Leistungen individueller auszugestalten. Sonst wäre er auch im Bereich der monetären Leistungen zur Sicherung des Lebensunterhalts von der Tendenz zur Pauschalierung (Hebeler 2008) abgerückt. Beteiligung steht im Dienste der Eingliederung und bleibt daher auch weitgehend auf die Eingliederungsleistungen beschränkt.

Hilfe zur Selbsthilfe ist also gefragt: Die Beratungs-, Unterstützungs- und Vermittlungsleistungen der Fachkräfte sollen den Leistungsempfänger zwar anspornen und motivieren, nicht aber entmündigen. Es soll ein günstiges Umfeld für nachhaltige Eigenaktivitäten geschaffen werden, von denen der eigentliche Erfolg arbeitsmarkt- und sozialpolitischer Förderleistungen dieser Logik zufolge letztlich abhängt.

Zur Wahrnehmung der Maßnahmen der Arbeitsmarktpolitik durch die Hilfebedürftigen

Die dem Aktivierungsgedanken innewohnende Option für die Beteiligung der Betroffenen macht die Förderarbeit für die Betreuer, Vermittler und Fallmanager im System der Grundsicherung nicht einfacher (vgl. Behrend et al. 2006; Ludwig-Mayerhofer et al. 2007; Ludwig-Mayerhofer et al. 2008). Auf der einen Seite wird von ihnen verlangt, die gesetzlichen Zielvorgaben durch adäquaten Maßnahmeneinsatz zu verfolgen, gestützt auf ihre professionelle Kompetenz und Erfahrung. Aus dieser Sicht entscheiden sie selbst (bzw. die Handlungsvorgaben ihrer Organisation) darüber, wozu eine bestimmte Maßnahme führen kann und unter welchen Voraussetzungen sie eingesetzt werden soll. Auf der anderen Seite sollen Maßnahmen die Eigenaktivität der Hilfebedürftigen auslösen. Aus dieser Sicht aber entscheidet das subjektive Verständnis und die ein-

Tabelle D4

Deutungshorizonte des Maßnahmeneinsatzes bei erwerbsfähigen Hilfebedürftigen

Deutungshorizont	Vorfindliche Deutungsmuster
Politisch-wohlfahrtsstaatlich	Erfahrung des Autonomieverlusts
	Interne Ausgrenzung
Ökonomisch	Leistung – Gegenleistung (workfare)
	Grundeinkommen
	Marktoptimierung
	Gabenökonomie
Pädagogisch	Biographieadäquanz
Moralisch-moralisierend	Furcht vor sozialer Entgrenzung
	Missbrauchsvorwurf

gelebte Alltagspraxis des Hilfebedürftigen selbst darüber, wozu eine Maßnahme führen kann und ob sie unter den gegebenen Voraussetzungen sinnvoll ist. Gestalt und Gehalt, Nutzen und Schaden, Akzeptanz und Ablehnung der Leistungen und Maßnahmen des sozialen Sicherungssystems werden deshalb weder von ihren Anbietern noch von ihren Abnehmern allein bestimmt. Dies alles formt sich erst in einem komplexen Wechselspiel zwischen den Beteiligten heraus, bei dem die Muster des jeweiligen *Gebrauchs* von Leistungen und Maßnahmen in der alltäglichen Erbringung und Nutzung maßgeblich sind. „Soziale Dienstleistungen", wie sie das SGB II vorsieht, kommen erst durch die Mitwirkung der Leistungsempfänger zustande. An Maßnahmen teilzunehmen, bleibt den Betroffenen meist nicht äußerlich; vielmehr entfalten sich für sie im Zuge der Teilnahme ein praktischer Sinn und eine hohe alltagsweltliche Relevanz. Auf welche Weise und mit welchen Konsequenzen Maßnahmen in den Alltag der Hilfebedürftigkeit integriert werden, entscheidet sich aber erst in der Praxis und hängt von den konkreten Umsetzungsbedingungen der Maßnahmen, den Lebensumständen der Betroffenen und nicht zuletzt von dem Verständnis ab, das diese sich vom Maßnahmeneinsatz machen. Der alltagsweltliche Sinn, der dem Maßnahmeneinsatz zuwächst, kann daher fallweise eine ganz unterschiedliche Gestalt annehmen und in mehr oder minder großem Spannungsverhältnis zu den arbeitsmarkt- und sozialpolitischen Intentionen des Gesetzgebers stehen.

Welche Verständnisse vom Einsatz der Aktivierungsmaßnahmen finden sich bei erwerbsfähigen Hilfebedürftigen? Gestützt auf das IAB-Projekt „Armutsdynamik und Arbeitsmarkt" ist eine Typologie der Maßnahmendeutung durch Betroffene entwickelt worden (s. Tabelle D4, vgl. ausführlicher Wenzel 2008). Datengrundlage sind rund 100 biografisch-narrative Interviews mit erwerbsfähigen Hilfebedürftigen (vgl. Hirseland et al. 2007).

Leistungsbezieher, die sich mit einer ihnen angetragenen oder von ihnen angestrebten Eingliederungsmaßnahme auseinandersetzen, deuten diese im Lichte ganz unterschiedlicher Diskurshorizonte.

Häufig wird auf Politik, insbesondere die Politik des Wohlfahrtsstaates, Bezug genommen, allerdings in zwei höchst unterschiedlichen Weisen: Erstens finden sich biografische Selbstdeutungen, in denen der Kontakt mit dem Wohlfahrtsstaat als Beginn, als sichtbares Zeichen eines Autonomieverlusts erscheint. Ganz entgegengesetzt zu den Vorstellungen einer Politik des *Empowerments* steht hier die Erfahrung der Exklusion und Entmächtigung im Vordergrund. An Maßnahmen teilzunehmen wird eventuell begrüßt, aber nicht, weil sich daran Hoffnungen auf Arbeitsmarktintegration knüpfen, sondern weil diese ein Surrogat für gesellschaftliche Teilhabe sind. Zweitens existiert ein Deutungsmuster, das die Teilnahme an einer Maßnahme als nur scheinbare Inklusion, tatsächlich aber als interne Ausgrenzung begreift. Diese Personen sehen in Maßnahmen vielfach eine Legitimationsmaschinerie, die den Betroffenen nicht hilft, es den SGB-II-Trägern aber erlaubt, einen Tätigkeitsnachweis zu führen:

„Die machten ihren Haken .. denn mit dieser, mit dieser, Qualifizierungsmaßnahme hatten die ihre Pflicht getan, nach dem Gesetz .. und waren diese

Reha-Patienten ja alle los ja .. wir haben ja alles getan na, hat sich erledigt."
(Herr Baumann, 55 Jahre, B008-OG, 711 ff.)⁹

Ein zweiter Diskurshorizont, der häufig angesprochen wird, ist der der Ökonomie. Maßnahmen werden hier in den Kontext von Gabe, Tausch und Markt gestellt. Zu den unterschiedlichen Varianten gehört erstens der Typus des *workfare*-Verständnisses, demzufolge die Mitwirkung an der SGB-II-Leistungserbringung und insbesondere die Teilnahme an Maßnahmen eine Art Gegenleistung für die bezogenen Transferzahlungen darstellen. Die vom SGB-II-Träger erwartete Beteiligung wird somit als recht und billig verstanden, aber nicht mit Blick auf das unterstellte Ziel der Erwerbsintegration, sondern mit Blick auf die gewährte Hilfe. Eine zweite ökonomische Deutung versteht Maßnahmenteilnahmen als Chance, über die Regelleistung hinaus Einkommen zu erzielen. Die Regelleistung wird so zu einem Grundeinkommen, das durch eigene Aktivitäten ergänzt werden kann. Das dritte ökonomiebezogene Verständnis kommt den Intentionen des Gesetzgebers offensichtlich näher: Hier wird die Teilnahme an Maßnahmen als Gelegenheit zur Verbesserung der eigenen Qualifikation, der Kompetenzen und sozialen Netzwerke verstanden, so dass sie zum Sprungbrett einer Integration in ungeförderte Beschäftigung werden können. Der vierte Typus dieser Gruppe überschreitet den Rahmen der modernen Tausch- und Marktökonomie und greift auf archaische Praktiken der Gabenökonomie zurück. Unterstützungs- und Maßnahmenangebote werden hier als Chance für einen plötzlichen und unvorhersehbaren Richtungswechsel in der eigenen Biografie betrachtet. Die Maßnahmenteilnahme verdichtet sich beispielsweise zu der Hoffnung auf einen vollständigen Neubeginn unter veränderten Vorzeichen:

„Das wäre vielleicht, aus 'ner Sicht ehrlich eine Förderung ähm vom Arbeitsamt her, was sie hätten tun können ehrlich dass man mir vielleicht in dieser Hinsicht ein Gespräch geführt hätte ehrlich ‚wir schulen Sie um wir machen einen ganz anderen, eine ganz andere Richtung oder wir fangen ähm .. bauen wieder ganz neu auf‘."
(Frau Lobedan, 49 Jahre, B037-NK, 1116 ff.)

Der dritte Diskurshorizont, in den Maßnahmen der Sozial- und Arbeitsmarktpolitik von den Betroffenen eingestellt werden, ist der der Bildung und Erziehung. Im Wesentlichen existiert in dieser Gruppe nur der Typus der Biografieadäquanz. Eine mögliche oder wirkliche Maßnahmenteilnahme wird demzufolge daraufhin befragt, ob und wie gut sie sich in die bereits erworbenen Kompetenzen und Qualifikationen einfügt. Oftmals fällt diese Prüfung negativ aus; so werden beispielsweise Eignungsfeststellungs- und Trainingskurse vielfach kritisiert, weil sie nicht an die bereits erworbenen Fähigkeiten anknüpfen.

Abschließend ist der Diskurshorizont der Moral bzw. der Moralisierung zu betrachten, bei dem es um die Artikulation von Achtung und Missachtung gegenüber Personen geht. Beim ersten Typus dieser Gruppe ist mit der Aussicht auf Teilnahme an Maßnahmen eine tief greifende Furcht vor sozialer Entgrenzung verbunden, also vor dem Verlust einmal erreichter Statuspositionen. Die Aussicht auf Maßnahmenteilnahme erscheint hier als unzumutbares Risiko, auf die gleiche herablassende Weise behandelt zu werden wie andere Personen, die man als unterklassig empfindet. Der zweite moralbezogene Typus setzt dem SGB-II-Träger oder einzelnen Arbeitgebern einen Missbrauchsvorwurf entgegen. Maßnahmen werden beispielsweise als Form des ‚Abkassierens'

---

9 Die zitierten Interviewpassagen stammen aus dem IAB-Projekt „Armutsdynamik und Arbeitsmarkt", bei dem rund 100 Personen im Niedrigeinkommens- und Transferleistungsbezug wiederholt mittels narrativer Interviews zu ihrer Lebenssituation und ihrer Situationswahrnehmung befragt wurden (Hirseland et al. 2007). Bei der Wiedergabe der Interviewpassagen wird – unter Absehung von Standardgrammatik und -orthografie – der Charakter der gesprochenen Sprache so weit wie möglich und gemäß spezieller Transkriptionsregeln bewahrt. Für weitere Informationen vgl. Wenzel 2008.

begriffen, bei der es nicht um das Wohl der Teilnehmer, sondern um den Profit des Maßnahmenträgers geht.

Für die Praxis der Leistungserbringung ist die Kenntnis dieser Deutungshorizonte und Verstehenstypen von großer Bedeutung. Sollen Hilfebedürftige an ihrer Betreuung, Unterstützung und Eingliederung beteiligt werden, kann man ihnen nicht einfach vorschreiben, wie sie diese Leistungen zu verstehen haben. Es kommt vielmehr darauf an, ein gemeinsames Verständnis zu entwickeln und dabei die Besonderheiten der lebensweltlich geprägten Deutungshorizonte der Betroffenen einzubeziehen. Wenn, wie es das SGB II vorsieht, die „modernen Dienstleistungen am Arbeitsmarkt" an den Besonderheiten des Einzelfalls orientiert sein sollen, gehört zu diesen Besonderheiten eben nicht nur die Erwerbsbiografie, die Familiensituation oder der Gesundheitszustand, sondern auch das Verständnis und der Umgang, den Hilfebedürftige gegenüber ihrem Leben im Hilfebezug und den Maßnahmenangeboten des Grundsicherungssystems entwickeln.

6 Mehr Bangen als Hoffen: die SGB-II-Reform aus der Sicht von Arbeitslosengeld-II-Empfängern

Dieser Abschnitt beschäftigt sich mit der Frage, wie die Umbruchsituation infolge der Einführung des SGB II und der Mix aus unterstützenden und fordernden Aktivierungsstrategien von der ersten Kohorte von Beziehern von Arbeitslosengeld II wahrgenommen und bewertet wurde und welche individuellen Faktoren diese Bewertungen beeinflusst haben: Hat der betroffene Personenkreis die Neuregelung akzeptiert? Haben die Personen diese positiv im Sinne einer Unterstützung bei der (Re-)Integration in den Arbeitsmarkt oder negativ im Sinne einer Statusabwertung gedeutet?

Bislang wurden nur wenige repräsentative Befunde über subjektive Bewertungen der aktuellen Arbeitsmarktreformen bekannt. Die vorliegenden quantitativen Evaluationsstudien zur SGB-II-Reform konzentrieren sich auf die Beschreibung der wahrgenommenen Dienstleistungsqualität von Arbeitsagenturen, wobei vorrangig Aspekte wie Kundenzufriedenheit und das Vertrauen in Institutionen zur sozialen Absicherung in den Blick genommen werden (Hess et al. 2004).

SGB-II-Reform: Integrationszuversicht oder Statusabwertung?
Datengrundlage für die folgende empirische Analyse ist die IAB-Befragung „Lebenssituation und Soziale Sicherung 2005" (vgl. Kasten D1 „Datengrundlage").

Zur Messung der Akzeptanz der SGB-II-Reform wurden den Befragten zehn Aussagen vorgelesen, die mögliche individuelle Auswirkungen der Zusammenlegung von Arbeitslosenhilfe und Sozialhilfe beschreiben. Zu jeder Aussage sollten die Befragten angeben, ob sie auf ihre jetzige Situation voll und ganz zutrifft, eher zutrifft, eher nicht zutrifft oder überhaupt nicht zutrifft.[10] Die zehn Aussagen spie-

---

10 Der Fragetext lautet: „Zum Schluss möchte ich gerne noch wissen, wie sich die Zusammenlegung von

geln zwei Grunddimensionen wider: Die Integrationszuversicht wird mit fünf Items zu den Chancen, Arbeit zu finden, und der erwarteten Verbesserung der Lebenssituation untersucht. Weitere fünf Fragen erfassen das Empfinden einer Statusabwertung. Wichtig sind hier beispielsweise das soziale Ansehen, Ungerechtigkeit und die Angst vor Armut.

Ein Fünftel hofft auf Wiedereingliederung in den Arbeitsmarkt

Zentrales Ziel der Gesetzesreform ist die (Wieder-)-Eingliederung in den Arbeitsmarkt. Nur solange eine Eingliederung nicht möglich ist, soll der Lebensunterhalt durch die neue Grundsicherung gedeckt werden. Inwieweit dies nach Meinung der Betroffenen durch die Gesetzesänderungen erreicht werden kann, wird im Folgenden genauer untersucht.

Betrachtet man alle fünf Aussagen zusammengefasst (Index)[11], so zeigt sich, dass die überwiegende Mehrheit (79 %) ca. ein Jahr nach der Einführung der Grundsicherung für Arbeitsuchende keine oder kaum positive Auswirkungen der neuen Reform auf ihre Lebenssituation sieht (Abbildung D2). Durchweg negative Erwartungen äußerten sogar 32 %. Insgesamt 22 % der Befragten sind zuversichtlich hinsichtlich ihrer Integration: Sie stimmen den fünf positiven Aussagen voll und ganz zu (3 %) bzw. eher zu (19 %). Unter Berücksichtigung der zeitnahen Befragung während der Übergangssituation und der Startschwierigkeiten der Reform ist dies ein nicht zu vernachlässigender Anteil.

Am ehesten stimmen die Betroffenen der Aussage zu, dass sie darauf hoffen, ihren Lebensunterhalt bald aus eigener Kraft bestreiten zu können (36 % stimmen der Aussage voll und ganz bzw. eher zu).

Arbeitslosenhilfe und Sozialhilfe auf Sie auswirkt bzw. ausgewirkt hat. Bitte geben Sie an, ob die folgenden Aussagen für Sie persönlich eher zutreffen oder eher nicht zutreffen."

11 Dafür wurde aus den fünf Einzelwerten das arithmetische Mittel berechnet. Der Wertebereich liegt zwischen 1 (alle fünf Items abgelehnt) und 5 (allen fünf Items zugestimmt).

Annähernd ein Viertel der Befragten hofft, dass sich die eigene Lebenssituation verbessert, und schöpft durch die Zusammenlegung von Arbeitslosenhilfe und Sozialhilfe neuen Mut. Jeweils um die 40 % der Befragten teilen jedoch diese beiden Einschätzungen überhaupt nicht und weitere ca. 30 % nur eingeschränkt.

Dass sich infolge der Reform ihre Aussichten auf einen Arbeitsplatz verbessern könnten, äußern 22 % der Alg-II-Empfänger, wobei aber nur 7 % fest davon überzeugt sind. Die überwiegende Mehrheit der Leistungsbezieher hat nicht das Gefühl, dass durch die SGB-II-Reform die individuell auf sie zugeschnittene Hilfe und Beratung verbessert wurde. Insgesamt 47 % sind überhaupt nicht und weitere 34 % eher nicht der Meinung, dass sich seit der Reform „jemand um meine Probleme kümmert".

Neben der Bewertung der Integrationszuversicht sollten sich die Befragten auch zu einer möglichen Statusauf- bzw. -abwertung infolge der Reform äußern. Dabei war zweierlei von Interesse: zum einen eine Statusabwertung im Sinne einer Abwertung der eigenen Leistungen und Fähigkeiten (beispielsweise dann, wenn gefordert wird, eine Tätigkeit aufzunehmen, die weit unter der eigenen Qualifikation liegt) und zum anderen eine Statusabwertung im Sinne einer Verschlechterung der finanziellen Lage. Die Abschaffung der Arbeitslosenhilfe und die Einführung der pauschalierten Grundsicherung bedeutete für einige Gruppen eine finanzielle Schlechterstellung. Ältere mit Anspruch auf eine relativ hohe Arbeitslosenhilfe und Paarhaushalte mit einem erwerbstätigen Partner gehören zu den „Verlierern" der Reform; bei Letzteren wird das Einkommen des nicht-arbeitslosen Partners jetzt mit in die Bedarfsprüfung einbezogen und auf die Transferleistung angerechnet (Blos/Rudolph 2005). Anders ist die Haushaltssituation von ehemaligen Sozialhilfe- und Arbeitslosenhilfeempfängern mit einem damaligen geringen Erwerbseinkommen sowie von Alleinerziehenden. Diese Gruppen profitieren eher von der Reform, da sie nun (geringfügig) höhere Transferzahlungen erhalten.

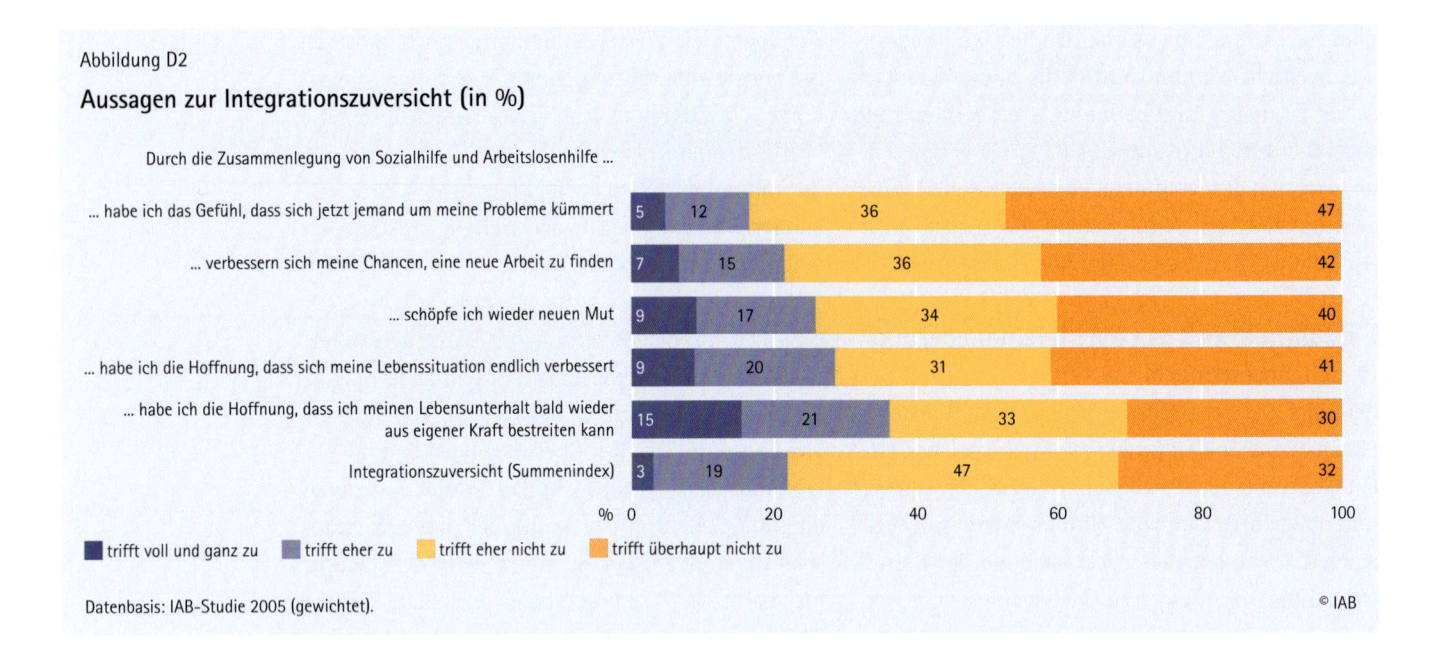

Abbildung D2

Aussagen zur Integrationszuversicht (in %)

Durch die Zusammenlegung von Sozialhilfe und Arbeitslosenhilfe ...

Aussage	trifft voll und ganz zu	trifft eher zu	trifft eher nicht zu	trifft überhaupt nicht zu
... habe ich das Gefühl, dass sich jetzt jemand um meine Probleme kümmert	5	12	36	47
... verbessern sich meine Chancen, eine neue Arbeit zu finden	7	15	36	42
... schöpfe ich wieder neuen Mut	9	17	34	40
... habe ich die Hoffnung, dass sich meine Lebenssituation endlich verbessert	9	20	31	41
... habe ich die Hoffnung, dass ich meinen Lebensunterhalt bald wieder aus eigener Kraft bestreiten kann	15	21	33	30
Integrationszuversicht (Summenindex)	3	19	47	32

Datenbasis: IAB-Studie 2005 (gewichtet). © IAB

Mehr als ein Drittel empfindet eine Statusabwertung

Inwieweit nehmen nun die Leistungsempfänger, die im Rahmen der IAB-Querschnittsbefragung interviewt wurden, einen Statusverlust wahr? Insgesamt sprechen 38 % der Befragten von einer Verschlechterung ihrer Situation, wobei 7 % diesen Statusverlust als sehr stark einschätzen (Abbildung D3). Die Mehrheit der Befragten interpretiert die Auswirkungen der Reform auf ihre Situation eher nicht (48 %) oder überhaupt nicht (14 %) negativ. Die größte Sorge der Alg-II-Empfänger ist die Armutsgefährdung. Fast die Hälfte (47 %) äußert Angst vor Armut infolge der Einführung der neuen Grundsicherung. Ingesamt 22 % stimmen der Aussage zu verarmen voll und ganz und 25 % eher zu.

Der Gesetzgeber hatte die Zusammenlegung von Arbeitslosen- und Sozialhilfe auch mit dem Umstand begründet, dass das Nebeneinander von zwei staatlichen Fürsorgesystemen intransparent, ineffizient und wenig bürgerfreundlich ist (Deutscher Bundestag 2003). Mit der Einführung der Grundsicherung für Arbeitsuchende sollten auch organisatorische Änderungen eine schnelle Hilfestellung bei Bedürftigkeit erleichtern und Bürokratie abbauen. Finanzielle Leistungen wie auch Betreuungs- und Beratungsleistungen erhält der Bedürftige nun von dem jeweiligen Träger ‚aus einer Hand'. Bei den Trägern soll zusätzlich ein persönlicher Ansprechpartner eine intensivere Betreuung gewährleisten.

Trotz dieser angestrebten Vereinfachung berichten 39 % der befragten Leistungsbezieher über Unsicherheiten, an wen man sich nun wenden müsse. Es ist aber anzunehmen, dass dieser hohe Prozentsatz insbesondere auf den – für eine solch weitreichende Umstrukturierung – kurzen Zeitabstand zwischen Reformstart und Evaluation von 11 bis 17 Monaten zurückzuführen ist. Zudem dürften sich hier organisatorische Startschwierigkeiten bei den Trägern sowie ein unzureichender Informationsstand aufseiten der Hilfebedürftigen negativ bemerkbar machen.

Mit der Einführung des SGB II wurden Definition von „Zumutbarkeit" und Forderungen an die Leistungsempfänger deutlich ausgeweitet. Eigenverantwortung und aktive Mitwirkung der Leistungsbezieher werden betont und eingefordert. Mithilfe von Kontrollen, vertraglichen Verpflichtungen und Sanktionen sollen Leistungsempfänger dazu gebracht werden, möglichst schnell eine Erwerbstätigkeit aufzunehmen. Dazu gehört beispielsweise, dass arbeitslose Hilfeempfänger nun gesetzlich verpflich-

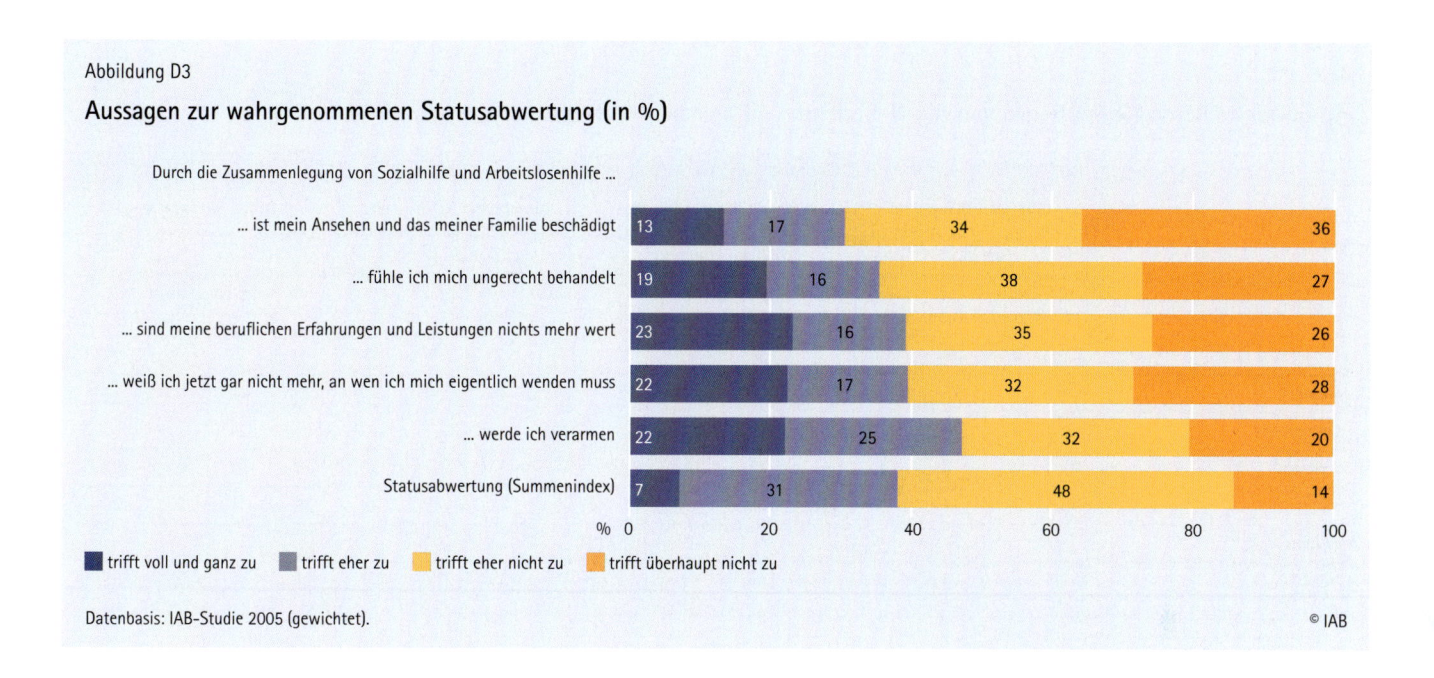

Abbildung D3

Aussagen zur wahrgenommenen Statusabwertung (in %)

Durch die Zusammenlegung von Sozialhilfe und Arbeitslosenhilfe ...

Aussage	trifft voll und ganz zu	trifft eher zu	trifft eher nicht zu	trifft überhaupt nicht zu
... ist mein Ansehen und das meiner Familie beschädigt	13	17	34	36
... fühle ich mich ungerecht behandelt	19	16	38	27
... sind meine beruflichen Erfahrungen und Leistungen nichts mehr wert	23	16	35	26
... weiß ich jetzt gar nicht mehr, an wen ich mich eigentlich wenden muss	22	17	32	28
... werde ich verarmen	22	25	32	20
Statusabwertung (Summenindex)	7	31	48	14

Datenbasis: IAB-Studie 2005 (gewichtet). © IAB

tet sind, jede zumutbare Arbeit anzunehmen, auch wenn diese nicht der Qualifikation oder früheren Beschäftigung entspricht. Erfüllt der Hilfebedürftige seine Verpflichtungen nicht, kann das Alg II für einen bestimmten Zeitraum gekürzt werden.

Diese Neuregelungen werden von ungefähr einem Drittel der Leistungsempfänger negativ bewertet. Eine Entwertung der eigenen beruflichen Leistungen und Erfahrungen – sicherlich zurückzuführen auf die weiter gefassten Zumutbarkeitsregeln – sehen 39 % aller befragten Bezieher. Das Gefühl, (eher) ungerecht behandelt zu werden, äußern 35 % aller Befragten. Jedoch vertritt auch jeweils etwa ein Viertel der Hilfebedürftigen eine andere Sichtweise; sie haben weder das Gefühl einer ungerechten Behandlung noch dass ihre Leistung durch die Reform geschmälert wird. Am geringsten ist nach Auskunft der Befragten die Gefahr, dass die Zusammenlegung von Sozial- und Arbeitslosenhilfe das eigene Ansehen und das der Familie beschädigt. Insgesamt 30 % stimmen dieser Aussage eher bzw. voll und ganz zu.

Im Folgenden wird untersucht, ob und wie sich bestimmte Personengruppen in ihren Bewertungen unterscheiden. Betrachtet werden dabei persönliche Merkmale wie das Alter der Befragten, ein eventueller Migrationshintergrund und das Bildungsniveau als wichtige Arbeitsmarktressource. Daneben soll der Blick auch auf die finanziellen „Gewinner" und „Verlierer" der Reform[12] und ihre jeweiligen Einschätzungen gerichtet werden. Ferner werden Personengruppen nach dem Umfang der Betreuung unterschieden, die sie durch den SGB-II-Träger erfahren haben.

Chancen auf dem Arbeitsmarkt werden nach Beratung höher eingeschätzt, Ältere befürchten am häufigsten Statusverlust

Eine Verbesserung ihrer Chancen sehen insbesondere Jüngere (bis unter 25 Jahre), Befragte mit Migrationshintergrund, Personen mit niedriger Bildung sowie Befragte, die vom zuständigen Träger intensiv betreut werden (Tabelle D5). Circa ein Drittel dieser Personengruppen stimmt den vorgelegten Aussagen voll und ganz bzw. eher zu. Besonders pessimistisch sind Befragte, die bislang keine oder kaum Beratung von den Trägern erhalten haben, und ältere Befragte

---

12 Basis für die Klassifikation der beiden Personengruppen – finanzielle „Gewinner" und „Verlierer" – ist die subjektive Bewertung der finanziellen Situation des Haushalts im Vergleich zum Dezember 2004 (d. h. vor der Reform).

Tabelle D5

Ausgewählte Reformbewertungen von Alg-II-Beziehern differenziert nach Personengruppen (in %)

	Durch die Zusammenlegung von Arbeitslosen- und Sozialhilfe ...															
	... verbessern sich meine Chancen, eine neue Arbeit zu finden.				... habe ich das Gefühl, dass sich jetzt jemand um meine Probleme kümmert.				... sind meine beruflichen Erfahrungen und Leistungen nichts mehr wert.				... werde ich verarmen.			
	trifft überhaupt nicht zu ... ... trifft voll und ganz zu*				trifft überhaupt nicht zu ... ... trifft voll und ganz zu*				trifft überhaupt nicht zu ... ... trifft voll und ganz zu*				trifft überhaupt nicht zu ... ... trifft voll und ganz zu*			
	1	2	3	4	1	2	3	4	1	2	3	4	1	2	3	4
Gesamt	42	36	15	7	47	36	12	5	26	35	16	23	20	32	25	22
Geschlecht																
weiblich	40	39	15	6	47	37	11	4	25	37	16	23	20	34	25	21
männlich	44	34	15	8	47	35	12	5	26	34	17	24	20	31	25	24
Region																
West	40	35	17	8	44	35	13	6	27	35	17	22	21	31	25	23
Ost	45	39	11	5	48	38	10	3	23	36	16	25	17	34	27	22
Staatsangehörigkeit																
deutsch	44	37	13	6	49	37	10	4	25	36	16	24	19	33	26	23
nicht-deutsch	32	31	24	12	39	32	20	8	29	32	18	20	25	31	24	21
Alter in Jahren																
bis unter 25	26	41	24	9	33	43	17	8	30	47	13	9	35	45	14	7
25 bis unter 35	34	41	18	8	43	41	12	4	26	40	18	16	21	38	24	17
35 bis unter 45	42	37	14	7	50	35	11	4	24	35	17	23	16	29	30	26
45 bis unter 55	48	34	12	6	52	33	10	4	23	30	17	31	12	25	31	33
55 bis unter 65	64	26	6	4	59	27	9	4	26	23	13	39	18	26	26	30
Bildung																
Ohne/Sonderschulabschluss	34	33	21	12	40	37	15	8	27	38	16	20	21	30	25	25
Hauptschule	41	35	16	8	48	35	11	5	25	35	16	25	17	31	26	26
Mittlere Reife	45	39	12	4	49	38	10	3	23	36	17	24	17	34	28	21
(Fach-)Abitur	45	35	14	7	50	33	13	5	31	32	17	20	26	31	25	19
Finanz. Situation seit 12/04																
schlechter	48	36	11	6	55	34	8	3	20	32	17	30	10	25	32	33
gleich	34	39	19	8	39	41	15	5	30	41	15	15	27	43	20	11
besser	36	35	21	9	39	35	18	8	35	37	14	14	33	39	17	11
Eingliederungsvereinbarung																
ja	36	40	17	7	49	35	11	5	23	40	17	20	15	35	26	24
nein	43	36	14	7	39	42	14	5	26	34	16	24	21	32	25	22
Beratungsintensität																
gering	49	36	11	4	56	34	7	2	22	34	16	28	16	31	26	27
mittel	43	39	13	5	50	38	9	3	22	36	18	24	16	32	27	25
hoch	30	38	22	10	34	41	19	7	26	40	17	18	19	35	26	20

* Wert 1: „trifft überhaupt nicht zu", Wert 2: „trifft eher nicht zu", Wert 3: „trifft eher zu", Wert 4: „trifft voll und ganz zu".
Werte über oder unter 100 % ergeben sich aufgrund von Rundungen.
Datenbasis: IAB-Studie 2005 (gewichtet).

zwischen 55 und 65 Jahren. Sie glauben am seltensten, dass sich durch Zusammenlegung von Arbeitslosen- und Sozialhilfe ihre Arbeitsmarktchancen verbessern. 64 % der Älteren sowie 49 % der Personen mit bisher geringer Beratungsintensität lehnen die Aussage der Verbesserung ihrer Chancen voll und ganz ab. Die ostdeutschen Betroffenen schätzen durch die Reform ihre Arbeitsmarktchancen schlechter ein als die westdeutschen.

Von Interesse ist des Weiteren die Einschätzung, inwieweit sich die Hilfeleistung seitens der SGB-II-Träger verbessert hat. Auch hier ergibt sich ein ähnliches Bild hinsichtlich der eher optimistischeren bzw. pessimistischeren Personengruppen. Personen mit Migrationshintergrund und mit geringerer Bildung bewerten die Zusammenlegung von Arbeitslosen- und Sozialhilfe eher positiv in dem Sinne, dass sie das Gefühl haben, dass man sich nun um ihre Probleme kümmert. Pessimistisch dagegen sehen dies ältere Befragte, Befragte, die auch bislang keine Betreuung seitens der Träger erhalten haben, sowie finanzielle „Verlierer" der Reform. Über die Hälfte dieser Personengruppen stimmen der Aussage überhaupt nicht zu, jetzt einen guten Ansprechpartner zu haben. Wie bei der Frage zu den Arbeitsmarktchancen äußern sich die ostdeutschen Befragten hierzu skeptischer als die westdeutschen.

Das Gefühl, dass die eigenen beruflichen Erfahrungen und Leistungen nichts mehr wert sind, äußern vor allem ältere Befragte. Zum Vergleich: Nur 9 % der unter 25-Jährigen, aber 31 % der 45- bis 55-Jährigen und 39 % der 55- bis 65-Jährigen stimmen voll und ganz zu. Daneben empfinden auch finanzielle „Verlierer" der Reform sowie Personen, die bislang erst wenig Beratung von den SGB-II-Trägern erhalten haben, eine Entwertung ihrer beruflichen Erfolge und Leistungen. Höher Gebildete, d. h. Befragte mit (Fach-)Abitur, nehmen eine Abwertung ihrer beruflichen Kompetenzen weniger stark wahr (ca. ein Drittel widerspricht dem voll und ganz).

Angst vor Verarmung bei finanziellen „Verlierern" der Reform (z. B. bei Älteren) – Zuversicht bei Jüngeren

Jene Befragten, die bereits im Vergleich zum Dezember 2004 finanzielle Einbußen durch die Reform erfahren haben – sei es, weil sie nun aufgrund der geänderten Anrechnungsvoraussetzungen einen niedrigeren Leistungssatz bekommen oder sie ihren Anspruch auf Hilfeleistung ganz verloren haben –, äußern am häufigsten Angst zu verarmen: Ein Drittel (33 %) stimmt der Aussage voll und ganz zu, ein weiteres Drittel (32 %) stimmt der Aussage eher zu. Insgesamt haben 48 % der Befragten Angst vor Verarmung. Jüngere Befragte sind, wie auch die Auswertungen der anderen Statements zeigen, wiederum optimistischer als alle anderen Personengruppen: Lediglich 7 % der unter 25-Jährigen hat Angst zu verarmen, ein Drittel (35 %) äußert diesbezüglich keinerlei Ängste.

Abschließend kann festgehalten werden: Im ersten Jahr der Einführung der Grundsicherung für Arbeitsuchende befürchtet mehr als jeder dritte Leistungsbezieher einen Statusverlust. Etwa jeder Fünfte erwartet eine Verbesserung seiner Lebenssituation. Angesichts der kritischen öffentlichen Debatte um Hartz IV fällt das Ergebnis positiver als erwartet aus. Die Bewertung der Reform hängt dabei zum einen von persönlichen Merkmalen der Leistungsbezieher und ihren Arbeitsmarktchancen ab. Vor allem ältere Befragte äußern sich pessimistisch: Sie schätzen ihre Arbeitsmarktchancen als gering ein, fühlen sich nicht gut unterstützt und nehmen auch am häufigsten eine Abwertung ihrer beruflichen Kompetenz wahr. Neben persönlichen Merkmalen werden die Einschätzungen zum anderen durch die Ausgestaltung und Anwendung der aktivierenden Strategien geprägt. Insbesondere Personengruppen, die bereits umfassende Beratungsleistungen erhalten haben, äußern sich positiver, wenn es um die Akzeptanz und Bewertung der SGB-II-Reform geht.

Einschränkend ist anzumerken, dass bei Befragungen spezifischer Zielgruppen mögliche Selektionseffekte nicht kontrolliert werden können. Unklar bleibt, ob eher zufriedene oder eher unzufriedene Leistungsbezieher an solchen Befragungen teilnehmen und damit die Grundlage für diese Analysen darstellen. Zudem kann mit den vorliegenden Querschnittsdaten nur eine erste Bestandsaufnahme der subjektiven Bewertungen der Reformfolgen vorgenommen werden. Erst im Längsschnitt wird sich zeigen, in welchem Umfang es den Leistungsbeziehern gelingt, in ein stabiles Beschäftigungsverhältnis einzumünden. Auch daran werden sich zukünftig die Einschätzungen der Betroffenen und sicher auch die weiterer Bevölkerungskreise orientieren.

7 Zusammenfassung und Ausblick: Lebenslagen, Wahrnehmung und Akzeptanzprobleme der Grundsicherungsreform

Welche Schlussfolgerungen lassen sich nun aus diesen heterogenen Befunden ziehen? Zunächst muss konstatiert werden, dass vertiefte Untersuchungen zu wichtigen Themen noch ausstehen. Hierzu zählt etwa die tatsächliche Leistungsfähigkeit der pauschalierten Grundsicherung. Insbesondere ihre Angemessenheit zur Sicherung eines menschenwürdigen, der umgebenden Kultur entsprechenden Lebens, das Konsumgüter sowie Teilhabe an Kultur und Bildung einschließt, erfordert längerfristige Forschungsdesigns, die sich noch im Aufbau befinden. Auch die Langzeitwirkungen der Maßnahmen des Förderns und Forderns hinsichtlich Erwerbsintegration und sozialer Stabilisierung und Teilhabe konnten bisher nicht einmal ansatzweise evaluiert werden. Doch einige Sachverhalte zeigen die vorliegenden Ergebnisse bereits jetzt auf Basis derer erste Schlussfolgerungen zu treffen sind.

Von der Jugend zum Alter: spezielle Armutsrisiken der Lebensphasen und Statusübergänge

Wie die Befunde zu Jugendlichen und jungen Erwachsenen zeigen, können Schwierigkeiten bei den Übergängen im Bildungssystem im Kontext von Adoleszenz und familialer Armut kumulieren und nicht nur den Eintritt in das Erwerbsleben erschweren, sondern auch das psychosoziale Integrationsempfinden beschädigen. Hier bestätigen sich die klassischen Befunde zur Jugendarmut, die ein hohes Risiko zur Verfestigung von Armut im Zusammenwirken von Adoleszenz, eigenen und familialen Bildungsdefiziten und Armutslagen konstatieren. Doch nicht alle unter 25-jährigen Hilfebedürftigen sind diesem Risiko gleichermaßen ausgesetzt. Oft bestehen nur vorübergehende familiale Notlagen, sei es im Zuge der erfolgreichen Fortsetzung der Bildungs- und Ausbildungsteilhabe, sei es aufgrund einer Unterbrechung der Bildungs- oder Erwerbsbeteiligung während einer Kinderbetreuungsphase. Um Verfestigungsrisiken und Desintegrationserfahrungen zu verringern, ist in der sozialpflegerischen Praxis daher der unbedingte Vorrang der Erwerbsintegration anzuzweifeln – was in der organisationalen Praxis meist auch mehr oder minder erfolgreich geschieht: Fortsetzung und Abschluss von Bildungs- und Ausbildungsphasen rangieren in der Regel vor der direkten Erwerbsintegration, auch wenn immer wieder über Einzelfälle berichtet wird, in denen blinder Aktivismus zur einfachen und riskanten Arbeitsmarktintegration führt. Gerade angesichts der Tatsache, dass nur Bildungserfolge die Chancen auf nachhaltige Arbeitsverhältnisse erhöhen und instabile Erwerbsintegrationen oftmals nicht nur einen Drehtüreffekt erzeugen, sondern auch Marginalitäts- und Deprivationserfahrungen mit sich bringen, die gerade auf junge Menschen und ihre künftigen Biografien prägend wirken, muss auf die Vorrangigkeit der Bildung und der sozialen Integration geachtet werden.

Altersarmut galt eine Weile als Phänomen von gestern: Die gesetzliche Rente überhaupt, die wachsende private Vorsorge, die jahrzehntelange Orientierung der gesetzlichen Rentenzuwächse an den Bruttoeinkommen machten männliche Altersarmut zum gesellschaftlichen Randphänomen in der Bundesrepublik. Aber auch die Kriegerwitwe oder die verwitwete Sozialrentnerin mit langen Familien- und kurzen Beitragszeiten, prägend noch für die 1960er- und 1970er-Jahre, geriet für etwa zwei Jahrzehnte aus dem Blickfeld. Doch wie wird das in Zukunft sein? Zwar erwerben Frauen mittlerweile dank der wachsenden Erwerbsbeteiligung und der stärkeren Berücksichtigung von Familienzeiten eigene, höhere Rentenansprüche. Doch das Rentensystem ist nicht mehr so großzügig wie früher. Und was passiert, wenn die Erwerbsintegration brüchig wird, gar vorzeitig abbricht und im Grundsicherungsbezug die Beiträge zur gesetzlichen Rentenversicherung verringert werden? Es zeigt sich, dass vor allem bei westdeutschen Frauen das Altersarmutsrisiko prognostizierbar höher ist als bei Männern und bei ostdeutschen Frauen. Denn wie schon das traditionelle Alleinernährermodell hält auch sein modernisierter Nachfolger für Frauen spezielle Risiken in der Altersphase bereit: Häufigere beitragsfreie Erwerbsunterbrechungen, häufigere Teilzeitarbeit und niedrigere Beiträge erhöhen das Altersarmutsrisiko für westdeutsche Frauen im Hilfebezug beträchtlich. Männer in beiden Landesteilen, aber auch ostdeutsche Frauen mit ihrem dem männlichen Muster angenäherten Erwerbsverhalten tragen durch den Hilfebezug kein erhöhtes Altersarmutsrisiko – noch. Denn wie sich der bereits feststellbare Wandel des Normalarbeitsverhältnisses und der ‚normalen' kontinuierlichen Erwerbsbiografien, gerade auch in ihrer ostdeutschen Spezifik – Erosion des ostdeutschen Musters von Frauenarbeit als Vollzeiterwerbsarbeit zugunsten des westdeutschen Teilzeit-/Zuverdienstmodells –, auf jüngere Kohorten von Hilfebeziehern auswirken wird, kann bereits vermutet werden. Diese individualisierte Betrachtung einzelner Erwerbsverläufe hat jedoch auch Grenzen: So kann Hilfebedürftigkeit auch durch Erwerbslosigkeit eines Familienmitglieds eintreten – und ebenso wieder beendet werden. Ob im Alter erneut Hilfebedürftigkeit eintritt oder sich fortsetzt, hängt somit erheblich von der Haushaltskonstellation und deren Veränderungen ab. Die künftige Forschung wird diesen Haushaltskontext bei der Abschätzung der Altersarmut berücksichtigen müssen. Die vorliegende Untersuchung bezieht sich nur auf die in den individuellen Erwerbsbiografien aufscheinenden Risiken.

Krankheit ist eine häufige Begleiterscheinung von Langzeitarbeitslosigkeit. Dieses Phänomen wurde öffentlich nie allzu intensiv diskutiert, bildet jedoch einen gesicherten Tatbestand der Arbeitslosenforschung, der auch durch die vorliegenden Befunde bestätigt wird. Insbesondere zeigt sich, dass Bildungsarmut und höheres Alter die negative Beziehung zwischen Arbeitslosigkeit und Gesundheit verstärken. Nicht genau zu klären ist auf Basis bisheriger Untersuchungen hingegen das Ursache-Wirkungs-Verhältnis, das dieser Beziehung zugrunde liegt.

Hürden auf dem Weg der Aktivierung entstehen dann, wenn die Klienten nicht an der Zielstellung der Armutsbeendigung durch Aktivierung mitwirken. Hierfür verantwortlich sind eigensinnige, unter Umständen nicht systemkonforme Deutungs- und Handlungsmuster der Betreuer und Klienten in den Institutionen der Bekämpfung von Langzeitarbeitslosigkeit und Armut, die im Prozess der Betreuung und Beratung nicht zur Übereinstimmung gebracht werden können. Die vorliegende qualitative Studie identifiziert eine erste Typik dieser Wahrnehmungsmuster aufseiten der Klienten; sie verweisen darauf, dass Maßnahmen und Angebote im Kontext der Aktivierung trotz wohlgemeinten Ansatzes bei den Klienten völlig anders ankommen können. Nicht intendierte Effekte sind wahrscheinlich, wenn der Klient bereits den Kontakt mit der Institution als Autonomieverlust empfindet oder wenn er Maßnahmen als Pseudo-Integration in der Exklusion wahrnimmt, die echte Erwerbsarbeit nur höchst unzureichend ersetzen können – um nur zwei Beispiele zu nennen. Ein Gelingen der Aktivierungspolitik in Betreuungssituationen ist somit eine fragile Angelegenheit, etwa vergleichbar mit sozialpädagogischen oder psychologischen Beratungsgesprächen, bei denen es entscheidend auf die Entstehung eines Arbeitsbündnisses aus ähnlich interpretierten und verstandenen Zielen, Vorstellungen und Prozessen ankommt.

Vor diesem Hintergrund liegt es nahe, dass die konkrete Betreuungssituation einen deutlichen Einfluss auf die Akzeptanz des SGB II hat. Dementsprechend hat eine überwiegende Mehrheit der Leistungsbezieher nicht das Gefühl, dass sich ihre Betreuungssituation durch das neue SGB II verbessert hat. Vor allem Betroffene, die im Gefolge der Reform Einkommensverluste erlitten haben, befürchten zu verarmen. Auch das Gefühl des sozialen Statusverlustes ist weit verbreitet. Vor allem ältere Betroffene, teils mit höherem Bildungsstatus, teils mit früher höheren Transfereinkommen, fühlen sich schlecht betreut und beraten sowie befürchten, ihren sozialen Status zu verlieren.

Von Anfang an war die Reform der Armutsbekämpfung in Deutschland zweierlei Kritiken ausgesetzt. Die erste ist seit Langem bekannt: Sie bezieht sich auf die missbräuchliche Nutzung von Sozialleistungen. Da die empirische Evidenz zu dieser Thematik nach wie vor schmal ist, soll sie hier nicht diskutiert werden. Neu ist hingegen eine Verschiebung des sozialen Gerechtigkeitsempfindens, vor dessen Hintergrund das neue System der Bekämpfung von Langzeitarbeitslosigkeit und Armut bewertet wird. Dabei wird Kritik an der eingangs skizzierten egalisierenden, die Armen und Erwerbslosen entdifferenzierenden und – nach Meinung der Kritik – abwertenden Grundlinie des SGB II geübt, die weder differente Bedürfnislagen noch differente Berufsbiografien berücksichtige. Elemente dieser Kritik sind die Entwertung des beruflichen Status bei Zumutbarkeitsregelungen, die so empfundene Aberkennung der lebenslangen Mitwirkung an der Arbeitsgesellschaft im Hinblick auf Beitragshöhen und -dauern sowie die Bemessung der Versorgungsleistungen am Durchschnittsbedarf ohne Berücksichtigung besonderer Notlagen und Bedarfe. Gefordert wird letztlich die fortgesetzte Anerkennung der bisherigen erfolgreichen Partizipation an der Arbeitsgesellschaft durch einen versicherungsähnlichen Sonderstatus und/oder durch höhere Versorgungsleistungen für vormals erwerbstätige Arbeitslose. Der Grundsicherungsbezug wird – wie früher der Sozialhilfebezug – von einem Teil der Betroffenen als soziales Stigma, als Abstieg und Statusverlust empfunden. Die Wiederverlängerung der Bezugsdauer des Arbeitslosengeldes I für ältere Arbeitslose trägt dieser Kritik pro forma Rechnung, auch wenn der anschließende Grundsicherungsbezug nur wenige Monate verzögert eintritt, falls die Arbeitslosigkeit fortbesteht.

Doch dahinter lässt sich eine gesellschaftliche Veränderung, eine Veränderung des Wertesystems der Wohlfahrtsgesellschaft erahnen, die nähere Betrachtung verdient. Grundsicherungssysteme von der Armenfürsorge bis zu Hartz IV sind historisch als ‚letzte Auffangsysteme' des Wohlfahrtsstaates konzipiert. Ihnen eingeschrieben ist der Gedanke, dass die Solidarität der Gesellschaft auch denjenigen Mitgliedern eine Befriedigung der – für alle Betroffenen ähnlichen – materiellen und kulturellen Grundbedürfnisse ermöglicht, die dazu selbst nicht imstande sind. Dieser Auffassung einer solidarischen Risikoabwehr, wie sie für Gemeinde- und schicht- oder klassenspezifische Institutionen seit Jahrhunderten typisch war und sich in der Armutsbekämpfung und Krankenversicherung heute noch findet, widerspricht die historisch neuere individualistische Auffassung von der Risikoabwehr als beitragsabhängiger Versicherungsleistung, aber auch das Bedürfnis nach gesellschaftlicher Anerkennung geleisteter materieller und symbolischer Beiträge zur Entwicklung und Funktion der Arbeitsgesellschaft. Am Übergang zwischen Arbeitslosenversicherung und neu gestalteter Armenfürsorge zeichnet sich also ein Konflikt ab zwischen sozialer Anerkennung und biografischer Gerechtigkeit versus Solidarprinzip, bei dem Letzteres momentan zunehmend ins Hintertreffen gerät. Dieser Konflikt wird die Reformen des bundesdeutschen Wohlfahrtsstaats mit Sicherheit in den nächsten Jahrzehnten weiter begleiten. Unter diesen Bedingungen dürfen und müssen wir fragen: Quo vadis, Sozialversicherung?

Literatur

Achatz, Juliane / Popp, Sandra / Schels, Brigitte (2007): Junge Erwachsene im Rechtskreis SGB II: gefördert, gefordert und beforscht. In: Jugend, Beruf, Gesellschaft 58, Nr. 1, S. 40–48.

Achatz, Juliane / Wenzig, Claudia (2007): Mehr Bangen als Hoffen. Die SGB II-Reform aus der Sicht von Arbeitslosengeld II-Empfängern. In: ISI 38, S. 8–11.

Àlvaro, Jose Luis / Garrido, Alicia (2003): Economic hardship, employment status and psychological wellbeing of young people in Europe. In: Hammer, Torild: Youth Unemployment and Social Exclusion. Bristol: The Policy Press, S. 173–192.

Andreß, Hans-Jürgen (2003): Does low income mean poverty? Some necessary extensions of poverty indicators based on economic resources. In: Krause, Peter / Bäcker, Gerhard / Hanesch, Walter (Hrsg.): Combating poverty in Europe. The German welfare regime in practice. Aldershot: Ashgate, S. 117–130.

Beck, Ulrich (1999): Schöne neue Arbeitswelt. Frankfurt.

Behrend, Olaf / Ludwig-Mayerhofer, Wolfgang / Sondermann, Ariadne / Hirseland, Andreas (2006): Reform der Arbeitsverwaltung. Im Schatten der Aufmerksamkeit – die Arbeitsvermittler. IAB-Kurzbericht, 21/2006, Nürnberg.

Bellmann, Lutz / Hohendanner, Christian / Promberger, Markus (2006): Welche Arbeitgeber nutzen Ein-Euro-Jobs? Verbreitung und Einsatzkontexte der SGB II-Arbeitsgelegenheiten in deutschen Betrieben. In: Sozialer Fortschritt, Jg. 55, H. 8, S. 201–207.

Berghman, Jos (1995): Social exclusion in Europe: policy context and analytical framework. In: Room, Graham (Hrsg.): Beyond the threshold. The measurement and analysis of social exclusion. Bristol: Policy Press, S. 10–28.

Blos, Kerstin / Rudolph, Helmut (2005): Verlierer, aber auch Gewinner. IAB-Kurzbericht 17/2005, Nürnberg.

Buhr, Petra (1995): Dynamik von Armut. Dauer und biographische Bedeutung von Sozialhilfebezug. Opladen: Westdeutscher Verlag.

Castel, Robert (2000): Die Metamorphosen der sozialen Frage. Frankfurt.

Cochrane, Roberta (1992): Incidencia de la depresion en hombres y mujeres. In: Àlvaro, Jose Luis / Torregrosa, Jose / Garrido, Alicia (Hrsg.): Influencias sociales y psycológicas en la salud mental. Madrid: Siglo XXI.

Deutscher Bundestag (2003): Entwurf eines Vierten Gesetzes für moderne Dienstleistungen am Arbeitsmarkt. Gesetzentwurf der Fraktionen SPD und BÜNDNIS 90/DIE GRÜNEN. Bundesdrucksache 15/1516, Berlin.

Dundler, Agnes / Müller, Dana (2006): Erwerbsverläufe im Wandel: Ein Leben ohne Arbeitslosigkeit – nur noch Fiktion? IAB-Kurzbericht Nr. 27/2006, Nürnberg.

Elkeles, Thomas (2001): Arbeitslosigkeit und Gesundheitszustand. In: Mielck, Andreas / Bloomfield, Kim (Hrsg.): Sozial-Epidemiologie. Eine Einführung in die Grundlagen, Ergebnisse und Umsetzungsmöglichkeiten. Weinheim, München: Juventa Verlag, S. 71–82.

Hammarström, Anne / Janlert, Urban (1997): Nervous and depressive symptoms in a longitudinal study of youth unemployment – selection or exposure? In: Journal of Adolescence, 20, S. 293–305.

Hebeler, Timo (2008): Die verfassungsrechtliche Einordnung der pauschalierenden Leistungsgestaltung im SGB II. In: SGb 55, S. 8–13.

Hess, Doris / Steinwede, Angelika / Schröder, Helmut / Smid, Menno (2004): Akzeptanz der Bundesagentur für Arbeit. Nullmessung im Jahr 2004. Ergebnisbericht infas. Bonn.

Hirseland, Andreas / Promberger, Markus / Wenzel, Ulrich (2007): Armutsdynamik und Arbeitsmarkt. Qualitative Beobachtungen und Befragungen im Feld von Arbeitsmarkt und sozialer Sicherung. In: Promberger, Markus (Hrsg.): Neue Daten für die Sozialstaatsforschung. Zur Konzeption der IAB-Panelerhebung „Arbeitsmarkt und Soziale Sicherung". IAB-Forschungsbericht 12/2007, S. 102–130.

Hollederer, Alfons (2002): Arbeitslosigkeit und Gesundheit. Ein Überblick über empirische Befunde und die Arbeitslosen- und Krankenkassenstatistik. In: Mitteilungen aus der Arbeitsmarkt- und Berufsforschung 35, S. 411–428.

Kieselbach, Thomas (2006): Arbeitslosigkeit und Gesundheit: Stand der Forschung. In: Hollederer, Alfons / Brand, Helmut (Hrsg.): Arbeitslosigkeit, Gesundheit und Krankheit. Bern: Hans Huber, S. 13–31.

Klocke, Andreas / Hurrelmann, Klaus (1996): Psychosoziales Wohlbefinden und Gesundheit der Jugendlichen nichtdeutscher Herkunft. In: Mansel, Jürgen / Klocke, Andreas (Hrsg.): Die Jugend von heute. Selbstanspruch, Stigma und Wirklichkeit. Weinheim, München: Juventa, S. 193–208.

Lang, Heinrich (2006): Die Eingliederungsvereinbarung zwischen Autonomie und Bevormundung. In: NZS 15, S. 176–184.

Legnaro, Aldo (2006): „Moderne Dienstleistungen am Arbeitsmarkt" – Zur politischen Ratio der Hartz-Gesetze. In: Leviathan 34, S. 514–532.

Ludwig-Mayerhofer, Wolfgang / Behrend, Olaf / Sondermann, Ariadne (2007): „Jedes starre Konzept ist schlecht und passt net' in diese Welt". Nutzen und Grenzen der Standardisierung der Beratungs- und Vermittlungstätigkeit in der Arbeitsverwaltung. In: PROKLA 148, S. 369–381.

Ludwig-Mayerhofer, Wolfgang / Behrend, Olaf / Sondermann, Ariadne (2008): Disziplinieren und Motivieren. Zur Praxis der neuen Arbeitsmarktpolitik. In: Evers, Adalbert / Heinze, Rolf (Hrsg.): Sozialpolitik: Ökonomisierung und Entgrenzung. Wiesbaden: VS Verlag für Sozialwissenschaften, S. 276–300.

Luthe, Ernst-Wilhelm / Timm, Markus A. (2005): Die Eingliederungsvereinbarung des SGB II. In: SGb 52, S. 261–264.

Mathers, Collin D. / Schofield, Deborah J. (1998): The Health Consequences of Unemployment: the Evidence. In: Medical Journal of Australia 168, S. 178–182.

Miilunpalo, Seppo / Vuori, Ilkka / Oja, Pekka / Pasanen, Matti / Urponen Helka (1997): Self-rated health status as a health measure: The predictive value of self-reported health status on the use of physician services and on mortality in the working age population. In: Journal of Clinical Epidemiology 50, S. 517–528.

Paul, Karsten I. / Hassel, Alice / Moser, Klaus (2006): Die Auswirkungen der Arbeitslosigkeit auf die psychische Gesundheit: Befunde einer quantitativen Forschungsintegration. In: Hollederer, Alfons / Brand, Helmut (Hrsg.): Arbeitslosigkeit, Gesundheit und Krankheit. Bern: Hans Huber, S. 35–52.

Popp, Sandra / Schels, Brigitte (2008): Do you feel excluded? The subjective experience of young state benefit recipients in Germany. In: Journal of Youth Studies 11 (2), S. 165–192.

Reinberg, Alexander / Hummel, Markus (2007): Bildungshunger. Genuss ohne Reue. In: IAB-Forum „Wachstumsstütze", 2/2007, Nürnberg, S. 46–52.

Richter, Matthias / Hurrelmann, Klaus (2007): Warum die gesellschaftlichen Verhältnisse krankmachen. In: Aus Politik und Zeitgeschichte 42, S. 3–10.

Romeu Gordo, Laura (2006): Beeinflusst die Dauer der Arbeitslosigkeit die Gesundheitszufriedenheit? Auswertungen des Sozioökonomischen Panels (SOEP) von 1984 bis 2001. In: Hollederer, Alfons / Brand, H. (Hrsg.): Arbeitslosigkeit, Gesundheit und Krankheit. Bern: Hans Huber, S. 153–174.

Schäfers, Bernhard / Scherr, Albert (2005): Jugendsoziologie. Einführung in Grundlagen und Theorien. 8. Aufl., Wiesbaden: VS Verlag für Sozialwissenschaften.

Schön, Markus (2006): Forderndes Fördern: Die Eingliederungsvereinbarung des SGB II im Lichte der Rechtsschutzgarantie des Art. 19 Abs. 4 GG. In: SGb 53, S. 290–297.

Sen, Amartya (2002): Health: perception versus observation. In: British Medical Journal 324, S. 860–861.

Spender, Dale (1980): Learning to loose, sexism and education. London: The Woman's Press.

Statistik der Bundesagentur für Arbeit (2005, 2006): Statistik der Grundsicherung für Arbeitsuchende nach SGB II. Bedarfsgemeinschaften und deren Mitglieder. Januar 2005–Dezember 2006 – Daten nach einer Wartezeit von 3 Monaten.

Voges, Wolfgang / Jürgens, Olaf / Mauer, Andreas / Meyer, Eike (2003): Methoden und Grundlagen des Lebenslagenansatzes. Endbericht. Bremen.

Wenzel, Ulrich (2008): Fördern und Fordern aus Sicht der Betroffenen. Verstehen und Aneignung sozial- und arbeitsmarktpolitischer Maßnahmen des SGB II. In: Zeitschrift für Sozialreform 54 (1), S. 57–78.

Wübbeke, Christina (2007): Ältere Bezieher von Arbeitslosengeld II: Einmal arm, immer arm? IAB-Kurzbericht, Nr. 14/2007, Nürnberg.

Teil II
Kapitel E

Internationale Migration: Umfang, Qualifikationsstruktur und Arbeitsmarktwirkungen

Kapitel E

Timo Baas

Herbert Brücker

Johann Fuchs

Elmar Hönekopp

Markus Promberger

Doris Söhnlein

Ulrich Wenzel

Werner Winkler

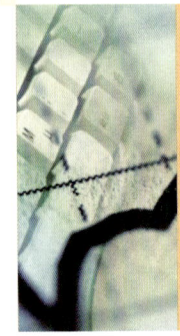

Inhaltsübersicht Kapitel E
Internationale Migration: Umfang, Qualifikationsstruktur und Arbeitsmarktwirkungen

Timo Baas, Herbert Brücker, Johann Fuchs, Elmar Hönekopp, Markus Promberger, Doris Söhnlein, Ulrich Wenzel, Werner Winkler

Das Wichtigste in Kürze 239

1 Einleitung 240

2 Migrationstrends aus globaler, europäischer und deutscher Perspektive ... 242
2.1 Anstieg der internationalen Migration .. 242
2.2 Starke wirtschaftliche Wanderungsanreize 245
2.3 Rückgang der Zuwanderung nach Deutschland 246
2.4 Nettoauswanderung von Deutschen 248
2.5 Freizügigkeit und Zuwanderungsbeschränkungen 249
2.6 Ausländer in Deutschland: vergleichsweise gering qualifiziert 253
2.7 Hohes Arbeitslosigkeitsrisiko von Ausländern in Europa und Deutschland . 255

3 Migration im Zuge der EU-Osterweiterung 256
3.1 Selektive Anwendung der Übergangsfristen 257
3.2 Migration seit der EU-Osterweiterung .. 257
3.3 Arbeitsmarkteffekte der EU-Osterweiterung in Deutschland 262

4 Arbeitsmarktwirkungen der Arbeitsmigration 265
4.1 Theoretische Überlegungen 265
4.2 Empirische Befunde 268
4.3 Fazit 270

5 Einfluss der Zuwanderung auf das Erwerbspersonenpotenzial 271
5.1 Der Rückgang des Erwerbspersonenpotenzials ohne Zuwanderung 271
5.2 Erhöhung des Erwerbspersonenpotenzials durch Zuwanderung 272
5.3 Fazit 274

6 Fazit und Schlussfolgerungen für die Migrationspolitik 275

Literatur 279

Das Wichtigste in Kürze

Die Zuwanderung nach Europa, Nordamerika und in andere entwickelte Regionen der Welt nimmt zu. Aufgrund des hohen Einkommensgefälles zwischen der EU und ihren Nachbarregionen in Europa und Nordafrika sind die wirtschaftlichen Wanderungsanreize weiterhin hoch.

Die Nettozuwanderung nach Deutschland war in der ersten Hälfte der 1990er-Jahre mit 550.000 Personen p. a. außergewöhnlich hoch, ist aber seit der Jahrtausendwende auf durchschnittlich unter 140.000 Personen p. a. gefallen. Im Jahr 2006 betrug die Nettozuwanderung nur noch 75.000 Personen.

In den Jahren 2005 und 2006 sind mehr Deutsche aus- als eingewandert. Die Nettoauswanderung von Deutschen ist Teil eines weltweiten Prozesses der zunehmenden Mobilität qualifizierter Arbeitskräfte, die häufig zeitlich begrenzt ist. Insgesamt wandern mehr qualifizierte ausländische Arbeitskräfte aus OECD-Ländern nach Deutschland ein, als qualifizierte deutsche Arbeitskräfte in andere OECD-Länder auswandern.

Die ausländische Bevölkerung in Deutschland ist im internationalen Vergleich schlecht qualifiziert. Länder, die ihre Zuwanderung nach Humankapitalkriterien steuern, wie Kanada, Australien und die USA, erreichen dagegen eine sehr viel günstigere Qualifikationsstruktur ihrer ausländischen Bevölkerung.

Die EU-Osterweiterung hat zu einem Anstieg der Migration aus den neuen Mitgliedsstaaten geführt, der wiederum das Bruttoinlandsprodukt in der erweiterten Gemeinschaft deutlich erhöht hat. Die Anwendung der Übergangsfristen für die Arbeitnehmerfreizügigkeit in Deutschland hat eine Umlenkung der Migrationsströme in das Vereinigte Königreich und nach Irland bewirkt. Eine Öffnung des deutschen Arbeitsmarktes bereits 2004 hätte ein höheres Bruttoinlandsprodukt zur Folge gehabt, aber die Lohn- und Beschäftigungsgewinne der einheimischen Arbeitskräfte wurden durch die EU-Osterweiterung etwas gedämpft.

Jüngere Forschungsergebnisse aus den USA und Deutschland zeigen, dass die Zuwanderung von Arbeitskräften nur geringe Effekte auf Löhne und Arbeitslosigkeit hat. Während einheimische Arbeitskräfte durch steigende Löhne und geringere Arbeitslosigkeit gewinnen können, verlieren vor allem die bereits in dem Einwanderungsland lebenden Ausländer durch fallende Löhne und steigendes Arbeitslosigkeitsrisiko.

Migration kann den demografisch bedingten Rückgang des Erwerbspersonenpotenzials nur teilweise ausgleichen: Ohne Zuwanderung wird das Erwerbspersonenpotenzial auch bei einer steigenden Erwerbspartizipation von Frauen von gegenwärtig knapp 45 Mio. Personen auf rund 28 Mio. Personen im Jahr 2050 fallen, bei einer Nettozuwanderung von 200.000 Personen p. a. auf 35 Mio. Personen.

Durch Zuwanderung können deshalb erhebliche fiskalische Gewinne für den Sozialstaat erreicht werden. Diese Gewinne hängen jedoch von der Qualifikations- und Altersstruktur der Migranten und ihrer erfolgreichen Arbeitsmarktintegration ab.

Die Einwanderungspolitik kann die Wohlfahrtsgewinne durch Migration erhöhen, wenn die Zuwanderung sehr viel stärker als bisher nach Humankapitalkriterien gesteuert wird. Dies ist nur möglich, wenn auch der Umfang der Migration erhöht wird.

1 Einleitung

Die internationale Migration von Arbeitskräften hat in den letzten beiden Dekaden weltweit zugenommen. Durch den Fall des Eisernen Vorhangs und die Osterweiterung der Europäischen Union (EU) ist insbesondere in Europa ein Anstieg der Wanderungsbewegungen zu verzeichnen. In absoluten Zahlen war Deutschland in den 1990er-Jahren das wichtigste Zielland von Migranten in der EU. Im Zuge der Abschwächung der Konjunktur, der Verschärfung der rechtlichen Bedingungen für die Zuwanderung aus Drittstaaten und des Rückgangs der durch den Fall des Eisernen Vorhangs ausgelösten Wanderungsbewegungen hat die Zuwanderung in Deutschland seit Ende der 1990er jedoch deutlich abgenommen. Demgegenüber ist eine starke Zuwanderung in die südlichen Mitgliedsstaaten der EU sowie nach Irland und in das Vereinigte Königreich zu beobachten. Insgesamt nähern sich die Nettozuwanderungsraten der entwickelten Staaten der EU denjenigen in den USA an. Angesichts des hohen Einkommensgefälles auf dem europäischen Kontinent und dem zunehmenden Gefälle in der Altersstruktur zwischen den Empfänger- und Sendeländern von Migranten in Europa dürfte die internationale Migration künftig noch an Bedeutung gewinnen.

Dieses Kapitel untersucht die internationale Migration vor allem im Hinblick auf ihre Wirkungen für den Arbeitsmarkt in Deutschland und das folgende Kapitel die Probleme der Integration von Migranten in Arbeitsmarkt und Bildungssystem. Aus volkswirtschaftlicher Perspektive erhöht die Migration von Arbeitskräften die Produktivität des Arbeitseinsatzes und steigert damit die Produktion. Viele Ökonomen erwarten, dass die Produktivitätsgewinne einer weiteren Öffnung der Arbeitsmärkte sehr viel höher sind als die Produktivitätsgewinne einer weiteren Liberalisierung der Güter- und Kapitalmärkte (Rodrik 2002). Die Ausweitung des Arbeitsangebotes kann in den Empfängerländern aber auch zu sinkenden Löhnen und steigender Arbeitslosigkeit für einheimische Arbeitskräfte und schon im Lande lebende Ausländer führen. Vor allem die Befürchtung, dass Zuwanderung einen Anstieg der Arbeitslosigkeit bewirkt, hat wesentlich dazu beigetragen, dass viele Länder seit Beginn der 1970er die Zuwanderung von Arbeitskräften starken Restriktionen unterworfen haben. Wir untersuchen deshalb, ob diese Befürchtungen vor dem Hintergrund der vorliegenden theoretischen und empirischen Erkenntnisse gerechtfertigt sind, und diskutieren die Schlussfolgerungen für die Arbeitsmarktpolitik.

Vorgehensweise und Aufbau des Kapitels
Der folgende Abschnitt beschreibt zuerst die wichtigsten Fakten und Trends der internationalen Migration: die Größenordnung der Migration in Europa und Deutschland, die wirtschaftlichen Anreize für die Migration von Arbeitskräften, die institutionellen Rahmenbedingungen für die Arbeitskräftemigration in Europa und Deutschland. Auch die Qualifikationsstruktur, die Arbeitslosigkeitsrisiken und die Erwerbspartizipation von Migranten werden im europäischen Vergleich dargestellt, um dem Leser einen Überblick über die wichtigsten Entwicklungen zu geben (Abschnitt 2).

Die Osterweiterung der EU hat das Einkommensgefälle in der Gemeinschaft erheblich erhöht. Die Beitrittsverträge sehen Übergangsregelungen für die Arbeitnehmerfreizügigkeit vor, die maximal sieben Jahre lang in Anspruch genommen werden können. Die meisten Mitgliedsstaaten der EU haben inzwischen ihre Arbeitsmärkte vollständig oder weitgehend für Staatsangehörige aus den neuen Mitgliedsstaaten der EU geöffnet. Diese Öffnung hat zu einem deutlichen Anstieg der Zuwanderung vor allem nach Irland und in das Vereinigte Königreich sowie nach Spanien und Italien geführt. Die Arbeitsmarktwirkungen dieser Öffnung werden auf Grundlage eines angewandten Gleichgewichtsmodells untersucht. Dabei zeigt sich, dass der deutsche Arbeitsmarkt von der EU-Osterweiterung durch steigende Löhne und sinkende Arbeitslosigkeit profitiert, die Aufhebung der Übergangsfristen für die Arbeitnehmerfreizügigkeit aber das Lohnwachstum und den Rückgang der Arbeitslosigkeit etwas dämpfen kann (Abschnitt 3).

Die Arbeitsmarktwirkungen der Migration sind Gegenstand einer langen Forschungstradition, die gerade in den letzten Jahren neue Impulse durch Forschungsarbeiten in den USA, aber auch in Deutschland und anderen Ländern erhalten hat. Daher wird anhand aktueller Forschungsergebnisse diskutiert, wie sich die Zuwanderung von Arbeitskräften auf Löhne und Beschäftigung in den Empfängerländern auswirkt. Die Effekte der Arbeitsmigration für Löhne und Beschäftigung fallen in den meisten Studien erstaunlich gering aus. Viele Arbeiten kommen zu dem Ergebnis, dass sich die Migration auf den Arbeitsmarkt neutral auswirkt. Dieses Resultat kann unter anderem darauf zurückgeführt werden, dass sich die Kapitalausstattung durch inländische Investitionen und internationale Kapitalmobilität an die Ausweitung des Arbeitsangebots anpasst (Abschnitt 4).

Mit dem demografischen Wandel sinkt das Erwerbspersonenpotenzial in Deutschland. Dies hat erhebliche Auswirkungen auf den Arbeitsmarkt, aber auch für die sozialen Sicherungssysteme und ihre Finanzierung. Zu untersuchen ist, inwieweit durch Migration die demografische Struktur der deutschen Erwerbsbevölkerung beeinflusst werden kann. Ohne Migration würde das Erwerbspersonenpotenzial von gegenwärtig knapp 45 Mio. Personen bis zum Jahr 2050 auf rund 28 Mio. Personen sinken. Damit das Erwerbspersonenpotenzial bis zum Jahr 2050 konstant bleibt, wäre eine jährliche Nettozuwanderung von rund 400.000 Personen notwendig. Dies wäre eine Verdopplung gegenüber dem langfristigen historischen Durchschnitt (Abschnitt 5).

In Abschnitt 6 ziehen wir vorläufige Schlussfolgerungen für die Einwanderungspolitik. Die Analyse der Arbeitsmarktwirkungen zeigt, dass die Risiken der Migration für die einheimischen Arbeitskräfte sehr begrenzt sind. Vor allem aus langfristiger Perspektive, d. h. unter Berücksichtigung des demografisch bedingten Rückgangs des Erwerbspotenzials, können sich durch Migration erhebliche Gewinne für den Wohlfahrtsstaat ergeben. Diese Gewinne fallen umso höher aus, je besser die ausländischen Arbeitskräfte qualifiziert sind. Die Steuerung der Migration nach Humankapitalkriterien ist darum eine der wichtigsten Herausforderungen für die Einwanderungspolitik. Dies ist vor allem vor dem Hintergrund der Integrationsprobleme wichtig, die ausführlich im folgenden Kapitel diskutiert werden.

2 Migrationstrends aus globaler, europäischer und deutscher Perspektive

Deutschland ist eines der wichtigsten Zielländer der Migration in Europa. Dieser Abschnitt bietet einen Überblick über die wichtigsten Entwicklungen der Migration in Deutschland und Europa aus einer international vergleichenden Perspektive. Abschnitt 2.1 beschreibt die globalen Migrationstrends, und Abschnitt 2.2 diskutiert die Ursachen der Arbeitsmigration. Abschnitt 2.3 untersucht die Entwicklung der Zuwanderung nach Deutschland und Abschnitt 2.4 die Wanderung von Deutschen in das Ausland. Abschnitt 2.5 skizziert die rechtlichen und institutionellen Bedingungen für die Migration von Arbeitskräften in Europa und Deutschland. Abschnitt 2.6 zeigt, dass die Regulation der Wanderung einen erheblichen Einfluss auf die Qualifikationsstruktur der ausländischen Bevölkerung hat. Abschließend gibt Abschnitt 2.7 einen Überblick über Erwerbstätigkeit und Arbeitslosigkeit von Migranten im europäischen Vergleich.

2.1 Anstieg der internationalen Migration

Die internationale Migration nimmt weltweit zu (Freeman 2007). Nach Schätzungen der Weltbank lebten im Jahr 2005 rund 3 % der Weltbevölkerung im Ausland, gegenüber 1 % in den 1960er-Jahren (Weltbank 2007). Die USA sind mit einer ausländischen Bevölkerung von rund 38 Mio. Personen das wichtigste Zielland von Migranten, gefolgt von der Europäischen Union (EU) mit rund 27 Mio. Personen und Russland mit 12 Mio. Personen.[1] Der Anteil der Ausländer an der Bevölkerung beläuft sich in den USA auf rund 13 %, im Vergleich zu 6 % in den 27 Mitgliedsstaaten der gegenwärtigen EU (EU-27) bzw. 7 % in den 15 alten Mitgliedsstaaten der EU (EU-15). Grundsätzlich ist der Anteil der Ausländer an der Bevölkerung in klassischen Einwanderungsländern wie Australien, Kanada und den USA deutlich höher als in Europa (vgl. Tabelle E1).

Allerdings sind diese Zahlen aufgrund eines unterschiedlichen Einwanderungsrechts und einer unterschiedlichen Einbürgerungspraxis nur bedingt miteinander vergleichbar. So erhalten in vielen Einwanderungsländern wie den USA und Frankreich die Kinder von Einwanderern mit der Geburt die Staatsbürgerschaft, während in Deutschland Familienangehörige von Migranten bis in die dritte Generation häufig noch die Staatsbürgerschaft der Herkunftsländer haben.[2]

Europäische Migrationstrends

Seit Beginn der 1990er-Jahre ist die Zuwanderung in Europa deutlich gestiegen. Die jährliche Nettozuwanderungsrate – definiert als die Differenz zwischen dem gesamten Bevölkerungswachstum und dem natürlichen, d. h. durch Geburten und Todesfälle bedingten Bevölkerungswachstum – ist in der EU-15 von rund einer Person pro tausend in den 1970er- und 1980er-Jahren auf rund drei Personen pro tausend seit den 1990er-Jahren gestiegen, im Vergleich zu vier Personen pro tausend in den USA (vgl. Abbildung E1). Rund 70 % der ausländischen Bevölkerung in Europa sind im erwerbsfähigen Alter und erhöhen damit das Erwerbspersonenpotenzial.

Der Anstieg der Zuwanderung in Europa ist auf verschiedene Ursachen zurückzuführen. Der Fall des Eisernen Vorhangs hat in Verbindung mit dem anfänglichen Produktionseinbruch in den Transformationsländern Mittel- und Osteuropas und dem Einkommensgefälle zwischen dem Westen und dem Osten Europas eine erhebliche Zuwanderung aus den Ländern des ehemaligen Ostblocks ausgelöst. Auch die Bürgerkriege in den Nachfolgestaaten des früheren Jugoslawiens haben in den 1990er-Jahren zum Anstieg der Zuwanderung beigetragen. Mit der Öffnung der Arbeitsmärkte im Zuge der Osterweite-

---

1 Angaben zur ausländischen Bevölkerung sind aufgrund unterschiedlicher nationaler Definitionen von Ausländern in den einzelnen Ländern nur bedingt international vergleichbar. Zudem wird die ausländische Bevölkerung in vielen Ländern nur unvollständig erfasst.

2 Zur deutschen Rechtspraxis vgl. Abschnitt 2.5.

Tabelle E1
Ausländische Bevölkerung in der EU-27 und ausgewählten Einwanderungsländern, 2006

	insgesamt	EU-27	EU-15	NMS-10	Rest der Welt	insgesamt	EU-27	EU-15	NMS-10	Rest der Welt
	Personen					in Prozent der Bevölkerung				
Belgien	900.500	612.000	584.639	46.294	288.500	8,6	5,9	5,6	0,4	2,8
Dänemark	270.051	71.994	59.009	16.482	198.057	5,0	1,3	1,1	0,3	3,7
Deutschland	6.751.002	2.535.050	1.896.341	637.484	4.215.952	8,2	3,1	2,3	0,8	5,1
Finnland	113.852	37.923	19.609	21.890	75.929	2,2	0,7	0,4	0,4	1,5
Frankreich	3.510.000	1.110.000	k.A.	68.214	2.400.000	5,8	1,8	k.A.	0,1	4,0
Griechenland	884.000	88.000	k.A.	66.610	796.000	8,0	0,8	k.A.	0,6	7,2
Irland	314.100	212.800	k.A.	138.939	k.A.	7,7	5,2	k.A.	3,4	k.A.
Italien	2.670.514	223.537	142.865	453.442	2.446.977	4,6	0,4	0,2	0,8	4,3
Luxemburg	181.800	155.000	153.740	2.804	k.A.	40,1	34,2	33,9	0,6	k.A.
Niederlande	691.357	233.867	210.463	28.237	457.490	4,2	1,4	1,3	0,2	2,8
Österreich	814.065	227.405	150.006	106.837	586.660	10,0	2,8	1,8	1,3	7,2
Portugal	276.000	81.000	k.A.	k.A.	k.A.	2,6	0,8	k.A.	k.A.	k.A.
Schweden	479.899	213.168	186.142	36.837	266.731	5,3	2,4	2,1	0,4	3,0
Spanien	4.002.509	835.731	764.916	586.548	3.166.778	9,4	2,0	1,8	1,4	7,4
Vereinigtes Königreich	3.425.000	1.280.000	k.A.	499.160	2.145.000	5,7	2,1	k.A.	0,8	3,6
Bulgarien	26.000	4.000	k.A.	k.A.	k.A.	0,3	0,1	k.A.	k.A.	k.A.
Tschechische Republik	258.360	87.144	18.785	85.879	85.879	2,5	0,9	0,2	0,8	0,8
Estland	242.000	5.000	k.A.	k.A.	k.A.	17,9	0,4	k.A.	k.A.	k.A.
Lettland	456.758	5.490	1.731	3.755[1]	k.A.	19,7	0,2	0,1	0,2	k.A.
Litauen	32.862	1.916	980	934[1]	k.A.	1,0	0,1	0,0	0,0	k.A.
Ungarn	156.160	24.879	18.357	73.736	73.736	1,5	0,2	0,2	0,7	0,7
Polen	700.000	15.000	k.A.	k.A.	k.A.	1,8	0,0	k.A.	k.A.	k.A.
Rumänien	25.993	5.788	5.423	k.A.	k.A.	0,1	0,0	0,0	k.A.	k.A.
Slowenien	48.968	2.540	1.881	864	864	2,5	0,1	0,1	0,0	0,0
Slowakei	25.563	14.041	4.961	10.028	10.028	0,5	0,3	0,1	0,2	0,2
Malta	12.000	8.000	k.A.	k.A.	k.A.	3,0	2,0	k.A.	k.A.	k.A.
Zypern	98.000	55.000	k.A.	7.867	7.867	11,9	6,7	k.A.	1,0	1,0
Australien	4.097.204	k.A.	k.A.	k.A.	k.A.	18,6	k.A.	k.A.	k.A.	k.A.
Kanada	6.105.722	k.A.	k.A.	k.A.	k.A.	19,1	k.A.	k.A.	k.A.	k.A.
Japan	2.048.487	k.A.	k.A.	k.A.	k.A.	1,7	k.A.	k.A.	k.A.	k.A.
USA	38.354.709	k.A.	k.A.	k.A.	k.A.	13,1	k.A.	k.A.	k.A.	k.A.
EU-27[2]	27.367.313	8.146.273	4.219.848	2.892.842	17.222.448	5,7	1,6	0,8	0,6	3,7
EU-15[2]	25.284.649	7.917.475	4.167.730	2.709.778	17.044.074	6,7	2,0	1,0	0,7	4,7
NMS-10[2]	1.972.664	165.798	52.118	175.196	170.507	1,9	0,2	0,1	0,2	0,2
Malta und Zypern[2]	110.000	63.000	k.A.	7.867	7.867	9,0	5,1	k.A.	0,6	0,6

1) Ohne Bulgarien und Rumänien. 2) Summen sind aufgrund fehlender Angaben teilweise unvollständig.
Quellen: EU-27: Bevölkerungsstatistik und Eurostat, European Labour Force Survey; Australien, Kanada, Japan, USA: Weltbank 2007; eigene Zusammenstellung und Berechnungen.

Kapitel E

Abbildung E1

Nettomigrationsraten in Europa und Nordamerika, 1960–2005

Nettozuwanderung (-auswanderung) per 1.000 Personen

— Nordamerika — EU-15 — Deutschland — NMS-12

Quellen: Weltbank 2007, eigene Zusammenstellung und Berechnungen. © IAB

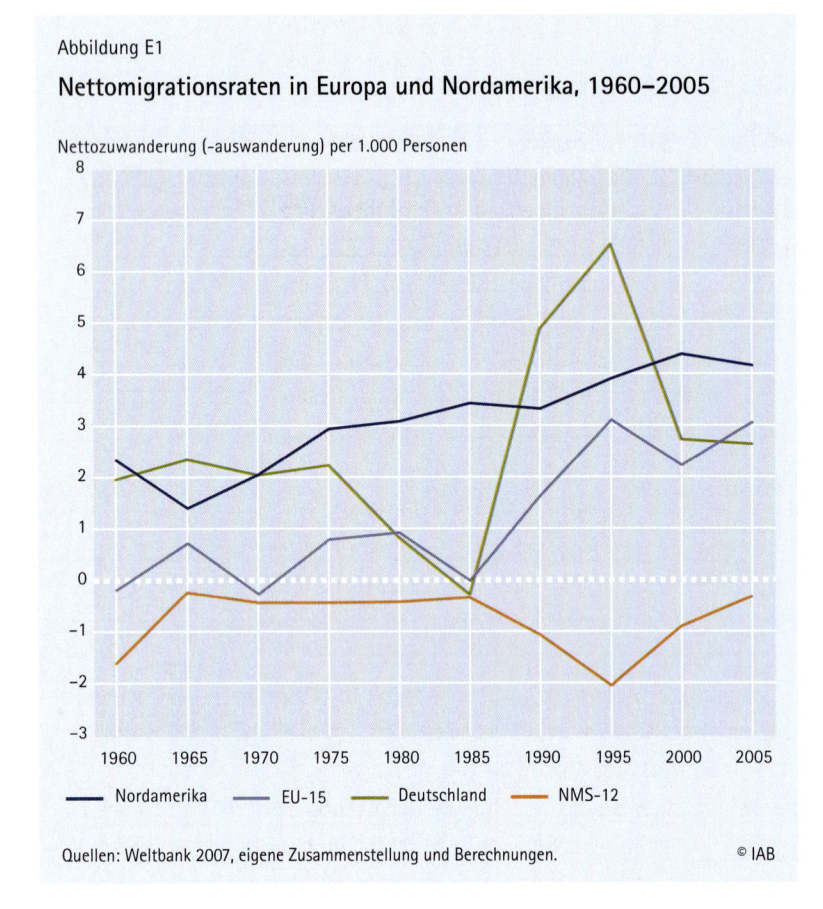

rung der EU hat sich die Zuwanderung aus den mittel- und osteuropäischen Beitrittsländern in die EU-15 weiter beschleunigt.

Insgesamt lebten im Jahr 2007 rund 2,7 Mio. Personen aus den neuen Mitgliedsstaaten der Gemeinschaft in der EU-15. Waren ursprünglich Deutschland und Österreich die wichtigsten Zielländer der Migration aus diesen Staaten, so hat sich seit der EU-Osterweiterung 2004 eine Umlenkung der Migrationsflüsse in das Vereinigte Königreich und nach Irland sowie nach Spanien und Italien ergeben (vgl. Abschnitt 3).

Südeuropa:
Von der Aus- zur Einwanderungsregion

Zugleich hat seit Mitte der 1990er-Jahre die Zuwanderung in die früheren Auswanderungsländer Südeuropas erheblich zugenommen. So ist in Spanien der Anteil der ausländischen Bevölkerung von rund 2 % Mitte der 1990er-Jahre auf 9 % im Jahr 2007 gewachsen, in Italien im gleichen Zeitraum von ebenfalls 2 % auf rund 5 %. Ähnliche, wenn auch etwas schwächer ausgeprägte Einwanderungstrends sind in Griechenland und Portugal zu beobachten. Die Zuwanderer nach Südeuropa kommen aus unterschiedlichen Herkunftsregionen: In Spanien entfällt ein erheblicher Teil der Zuwanderung auf die ehemaligen Kolonien in Lateinamerika, auf die Länder Nordafrikas und die mittel- und osteuropäischen Länder. In Italien sind Nordafrika und die mittel- und osteuropäischen Länder ebenfalls die wichtigsten Herkunftsregionen der Migration.

Insgesamt ist innerhalb der EU-15 eine Angleichung des Ausländeranteils an der Bevölkerung zu beobachten. Länder, die wie Irland, Italien, Spanien und das Vereinigte Königreich noch Mitte der 1990er-Jahre im Vergleich zu anderen EU-Mitgliedern einen deutlich geringeren Ausländeranteil aufwiesen, zählen heute zu den wichtigsten Zielländern der Migration in Europa. In einigen Fällen, wie in Spanien und Irland, hat der Ausländeranteil den Durchschnittswert der EU-15 von 7 % bereits überschritten. Demgegenüber liegt der Ausländeranteil in den skandinavischen Ländern nach wie vor deutlich unter dem Durchschnitt der EU-15 (vgl. Tabelle E1).

Abwanderung aus den mittel- und osteuropäischen Mitgliedsstaaten der EU

Die neuen Mitgliedsstaaten der EU verzeichnen seit dem Fall des Eisernen Vorhangs eine Nettoabwanderung. Im Jahr 2006 lebten rund 2,9 Mio. Ausländer aus den zehn mittel- und osteuropäischen Beitrittsländern in der EU-27, davon entfallen 2,7 Mio. auf die EU-15. Zugleich ist in diesen Ländern eine Zuwanderung von Personen aus Staaten außerhalb der EU, vor allem aus der Gemeinschaft Unabhängiger Staaten (GUS), zu beobachten, die die Abwanderung aus diesen Ländern weitgehend kompensiert. Insgesamt leben knapp 2 Mio. Ausländer in den mittel- und osteuropäischen Mitgliedsstaaten der Gemeinschaft, das entspricht knapp 2 % der dortigen Bevölkerung. Davon entfallen nur 250.000 Personen auf EU-Ausländer. Die jährliche Nettoauswanderungsrate ist in den neuen Mitgliedsstaaten mit unter einer Person pro tausend trotz der hohen Auswanderung in die EU-15 moderat.

Geringe Arbeitsmobilität innerhalb der EU-15

Rund ein Drittel der ausländischen Bevölkerung in der EU stammt aus anderen EU-Staaten, davon gut zwei Fünftel aus der EU-15 und rund 10 % aus den neuen Mitgliedsstaaten der Gemeinschaft. Während die Zuwanderung aus den neuen Mitgliedsstaaten seit der EU-Osterweiterung und der Öffnung der Arbeitsmärkte steigt, geht die Zahl der Ausländer aus der EU-15 mit zunehmender Annäherung der Pro-Kopf-Einkommen weiter zurück. Die Arbeitsmobilität innerhalb der EU-15 ist insgesamt recht gering. So wird der Umfang der regionalen Arbeitsmobilität innerhalb der EU auf rund ein Drittel des Umfangs der regionalen Arbeitsmobilität in den USA geschätzt (Decressin/Fátas 1995; Puhanyi 2001). Die geringe Arbeitsmobilität hat negative Arbeitsmarktwirkungen: In Europa leistet die Migration nur einen kleinen Beitrag zum Abbau regionaler Unterschiede in der Arbeitslosigkeit. Demgegenüber werden in den USA zeitweilige Engpässe am regionalen Arbeitsmarkt zu großen Teilen durch Arbeitsmobilität zwischen den Bundesstaaten abgebaut (Blanchard/Katz 1992).

2.2 Starke wirtschaftliche Wanderungsanreize

Die globalen Wanderungstrends sind auf verschiedene Ursachen zurückzuführen. Aus der Perspektive ökonomischer und sozialwissenschaftlicher Theorien ist die Migration eine komplexe Entscheidung von Individuen und Haushalten, die Erwartungen über den Nutzen am Heimat- wie am Zielort bilden.[3] Weil die Migration sowohl wirtschaftliche als auch soziale Kosten aufwirft, ist sie als Investitionsentscheidung zu verstehen, die von den Erträgen und Kosten abhängt (Sjaastadt 1962; Burda 1995). Dabei spielen Einkommenserwägungen genauso eine Rolle wie soziale, psychologische oder kulturelle Argumente. Erwartungen über die Einkommen am jeweiligen Zielort werden in Abhängigkeit von den Löhnen, aber auch von der Wahrscheinlichkeit, einen Arbeitsplatz zu erhalten, gebildet (Harris/Todaro 1970). Das familiäre und soziale Umfeld am Zielort spielt eine erhebliche Rolle für Nutzen und Kosten der Migration. Netzwerke von Migranten gleicher ethnischer oder auch regionaler Herkunft können deshalb nicht nur die Informations- und Suchkosten erheblich senken, sondern auch die sozialen Kosten der Wanderung (Massey/Espana 1987). Deshalb ist eine erhebliche Konzentration der internationalen Migration auf bestimmte Zielländer und -regionen und dort vor allem auf urbane Ballungsräume zu beobachten.

Die Bereitschaft zur Migration wird somit von zahlreichen individuellen Faktoren wie Produktivität, Präferenzen und sozialen Bindungen und der persönlichen Risikoneigung beeinflusst. Auch bei hohen Einkommensunterschieden verbleibt deshalb immer ein großer Teil der Bevölkerung im Heimatland. Zudem sinken mit zunehmendem Alter die Migra-

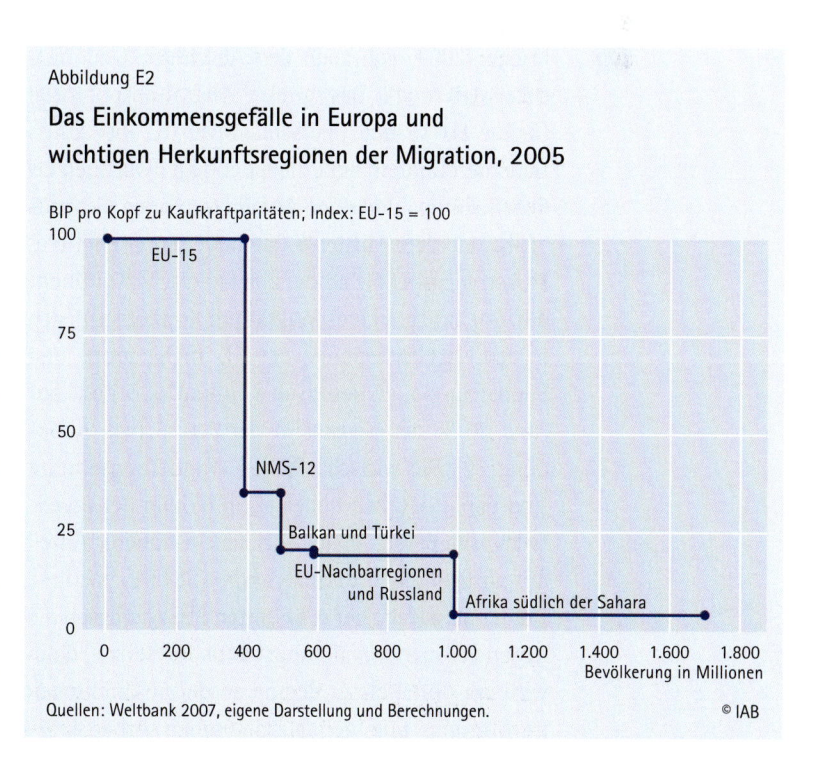

Abbildung E2

Das Einkommensgefälle in Europa und wichtigen Herkunftsregionen der Migration, 2005

BIP pro Kopf zu Kaufkraftparitäten; Index: EU-15 = 100

[Grafik: EU-15 bei 100; NMS-12 bei ca. 37; Balkan und Türkei; EU-Nachbarregionen und Russland; Afrika südlich der Sahara; x-Achse: Bevölkerung in Millionen (0–1.800)]

Quellen: Weltbank 2007, eigene Darstellung und Berechnungen.

© IAB

---

3 Vgl. z. B. die klassischen Beiträge von Hicks (1932), Sjaastadt (1962), Harris und Todaro (1970) sowie die jüngeren Migrationstheorien von Stark (1991).

tionsanreize. Wenn sich Individuen im Hinblick auf ihre Produktivität oder Präferenzen unterscheiden, so ist zu erwarten, dass die Nettowanderung auch bei einem hohen Einkommensgefälle zum Stillstand kommt. Dieses Gleichgewicht ist dann erreicht, wenn für die im Lande verbliebenen Individuen die Kosten der Migration die Erträge übersteigen (Brücker/Schröder 2007). Ist dieses Gleichgewicht erreicht, kommt die Nettomigration zum Stillstand. So kann beispielsweise erklärt werden, dass im Falle der EU-Süderweiterung die Öffnung der Arbeitsmärkte nicht zu einem weiteren Anstieg der Zuwanderung aus Südeuropa geführt hat, obwohl die Einkommensdifferenzen zwischen dem Norden und dem Süden in der EU während der 1980er- und 1990er-Jahre noch erheblich waren.

Aus makroökonomischer Perspektive wird Migration in den meisten empirischen Migrationsmodellen erklärt durch Unterschiede in den Pro-Kopf-Einkommen, der Arbeitslosigkeit in den Ziel- und Herkunftsländern und institutionelle Variablen. Nach diesen Modellen ist das Migrationspotenzial innerhalb der EU-15 weitgehend ausgeschöpft, während noch ein erhebliches Migrationspotenzial aus den neuen Mitgliedsstaaten besteht (Brücker/Siliverstovs 2006; Krieger 2003; vgl. auch den Abschnitt 3 zur EU-Osterweiterung). Das größte Migrationspotenzial für die EU-15 und Deutschland dürfte aber künftig in den Ländern außerhalb der gegenwärtigen EU liegen. Europa und seine Anrainerregionen in Nordafrika und dem Mittleren Osten weisen ein höheres Einkommensgefälle als der amerikanische Kontinent auf. Das Bruttoinlandsprodukt pro Kopf beläuft sich in den Nachbarregionen der EU, in Osteuropa und Südosteuropa, gemessen in Kaufkraftparitäten auf rund 20 % des Niveaus in der EU-15 (vgl. Abbildung E2). Die wirtschaftlichen Wanderungsanreize sind damit deutlich höher als innerhalb der erweiterten EU. Bereits heute entfällt ein höherer Anteil der ausländischen Bevölkerung in der EU auf diese Länder als auf die der erweiterten EU. Wenn sich die gegenwärtigen Wanderungstrends fortsetzen, dann wird der Anteil dieser Region an der ausländischen Bevölkerung und den ausländischen Arbeitskräften in der EU und Deutschland weiter steigen. Dies gilt besonders dann, wenn die rechtlichen Einwanderungsrestriktionen und die Grenzkontrollen zwischen der EU und ihren Nachbarregionen in Osteuropa und Nordafrika gelockert werden sollten.

2.3 Rückgang der Zuwanderung nach Deutschland

Die Zahl der ausländischen Staatsbürger in Deutschland wird vom Statistischen Bundesamt für das Jahr 2006 mit 6,8 Mio. Personen angegeben, das entspricht einem Anteil von rund 8 % der Bevölkerung. Der Ausländeranteil liegt damit in Deutschland etwas über dem EU-Durchschnitt. Nach dem deutschen Recht werden viele Zuwanderer, die im Ausland geboren sind, als deutsche Staatsbürger erfasst, während zahlreiche Kinder von Zuwanderern, die in Deutschland geboren sind, zu den ausländischen Staatsbürgern gerechnet werden. Das unterscheidet die deutsche Rechtstradition von dem angelsächsischen und französischen Staatsbürgerrecht, das den im Lande Geborenen die einheimische Staatsbürgerschaft verleiht.

Die Zahl der Zuwanderer ist in Deutschland deutlich höher als die Zahl der ausländischen Staatsbürger. Zwischen 1960 und 2005 belief sich die kumulative Nettozuwanderung in Deutschland auf rund 10,4 Mio. Personen (Weltbank 2007). Auch das Statistische Bundesamt schätzt auf Grundlage der Daten des Mikrozensus für das Jahr 2006, dass rund 10 Mio. der in Deutschland lebenden Personen eine Migrationserfahrung haben, d. h. im Ausland geboren sind. Das entspricht einem Anteil von 12 % an der Bevölkerung in Deutschland. Insgesamt haben nach dem Mikrozensus rund 15,1 Mio. Personen oder 18 % der Bevölkerung in Deutschland einen Migrationshintergrund. Zu den Personen mit Migrationshintergrund rechnet das Statistische Bundesamt Einwanderer ausländischer und deutscher Staatsbürgerschaft sowie Kinder, bei denen mindestens ein Elternteil ausländischer Herkunft ist (Statistisches Bundesamt 2008a).

Abbildung E3
Deutschland: Zu- und Fortzüge von Ausländern, 1985–2006

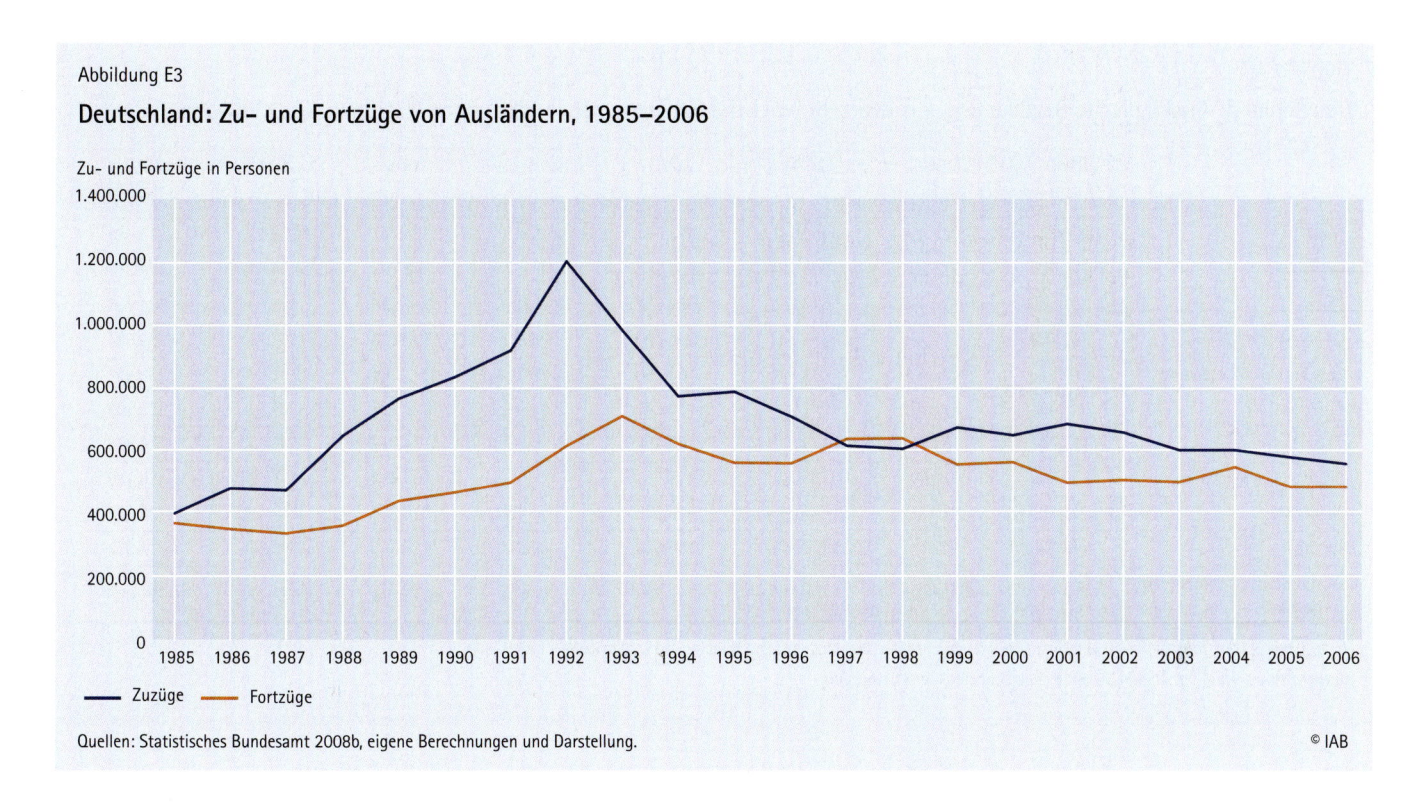

Zu- und Fortzüge in Personen

— Zuzüge — Fortzüge

Quellen: Statistisches Bundesamt 2008b, eigene Berechnungen und Darstellung. © IAB

Die Zuwanderung nach Deutschland hat sich seit Mitte der 1990er-Jahre deutlich abgeschwächt. Die Zahl der ausländischen Zuwanderer erreichte 1993 mit 1,2 Mio. Personen ihren Höchststand und ist im Jahr 2006 auf 558.000 Personen gefallen. Die Rückwanderung belief sich im Jahr 2006 auf 484.000 Personen, so dass sich eine Nettozuwanderung von knapp 75.000 Personen ergibt. Die hohe Zahl der Zu- und Rückwanderer ist unter anderem auf die hohe Zahl der Saisonarbeitskräfte mit geringer Aufenthaltsdauer in Deutschland, vor allem aus Polen, zurückzuführen. Insgesamt ist die Nettozuwanderung von Ausländern, die in der ersten Hälfte der 1990er-Jahre noch durchschnittlich 335.000 Personen p. a. betrug, deutlich gesunken (vgl. Abbildung E3).

Rund 30 % der ausländischen Bevölkerung in Deutschland entfallen auf Staatsangehörige aus der EU-27 und 21 % auf die EU-15. Knapp 640.000 Personen oder 9 % der ausländischen Bevölkerung sind Staatsangehörige aus den neuen Mitgliedsstaaten der EU. Die größte Ausländergruppe in Deutschland bilden die türkischen Staatsbürger in Deutschland mit 1,7 Mio. Personen, gefolgt von den italienischen Staatsbürgern mit 530.000 Personen und den Polen mit 380.000 Personen. Die Nachfolgestaaten des früheren Jugoslawiens erreichen zusammen eine Bevölkerung von rund 700.000 Personen in Deutschland (vgl. Tabelle E2).

Insgesamt ist die Zuwanderung von Ausländern nach Deutschland im Zuge der wirtschaftlichen Abschwächung seit Mitte der 1990er-Jahre stark zurückgegangen und auch mit der wirtschaftlichen Erholung in den Jahren 2006 und 2007 noch nicht wieder gestiegen. Besonders stark ist der Rückgang bei den klassischen Herkunftsländern der Migration wie der Türkei und dem früheren Jugoslawien ausgefallen, während im Zuge der EU-Osterweiterung vor allem die Zuwanderung aus Polen in den letzten Jahren etwas zugenommen hat. Bei dem Rückgang der Zuwanderung haben die Einwanderungsrestriktionen gegenüber Staatsangehörigen von Drittstaaten und die Anwendung der Übergangsfristen für die Arbeitnehmerfreizügigkeit im Zuge der EU-Osterweiterung auch eine wichtige Rolle gespielt (vgl. Brücker 2008).

Tabelle E2

Deutschland: Ausländische Bevölkerung aus den zehn wichtigsten Herkunftsländern nach Nationalität, 2000–2007[1]

	2000	2001	2002	2003	2004	2005	2006	2007
	in Personen							
Türkei	1.998.534	1.947.938	1.912.169	1.877.661	1.764.318	1.764.041	1.738.831	1.713.551
Italien	619.060	616.282	609.784	601.258	548.194	309.794	534.657	528.318
Polen	301.366	310.432	317.603	326.882	292.109	326.596	361.696	384.808
Griechenland	365.438	362.708	359.361	354.630	315.989	540.810	303.761	294.891
Serbien und Montenegro	662.500	627.500	591.500	568.240	125.765	297.004	282.067	236.451
Kroatien	216.800	223.800	231.000	236.570	229.172	228.926	227.510	225.309
Österreich	187.742	188.957	189.336	189.466	174.047	174.812	175.653	175.875
Bosnien-Herzegowina	156.300	159.000	163.800	167.081	155.973	156.872	157.094	158.158
Niederlande	110.786	112.362	115.215	118.680	114.087	118.556	123.466	128.192
Portugal	133.726	132.625	131.435	130.623	116.730	115.606	361.696	114.552
Ausländische Bevölkerung insgesamt	7.296.817	7.318.628	7.335.592	7.334.765	6.717.115	6.755.811	6.751.002	6.751.003

1) Angaben ab dem Jahr 2004 sind aufgrund einer statistischen Revision nicht mit den Angaben vor 2004 vergleichbar.
Quellen: Statistisches Bundesamt 2008b, eigene Darstellung und Berechnungen.

2.4 Nettoauswanderung von Deutschen

Im Zuge der Öffnung und Transformation in Mittel- und Osteuropa sind zahlreiche Personen deutscher Herkunft nach Deutschland gewandert, vor allem Spätaussiedler aus der früheren Sowjetunion, Polen und Rumänien. Insgesamt belief sich der Wanderungssaldo – also der Saldo aus der Zu- und Abwanderung deutscher Staatsbürger – in den Jahren 1985–2006 auf 2,4 Mio. Personen (Statistisches Bundesamt 2008b). Diese Zuwanderung hat erheblich zur Ausweitung des deutschen Erwerbspersonenpotenzials beigetragen.

Die Zuwanderung von deutschen Staatsbürgern hat ihren Höhepunkt in den Jahren 1990/91 erreicht und ist bereits seit Mitte der 1990er-Jahre stark rückläufig. Seit 2005 verzeichnet die Wanderungsbilanz der deutschen Staatsbürger einen negativen Wanderungssaldo: 2005 stand einer Auswanderung von 145.000 Deutschen eine Zuwanderung von 128.000 Deutschen gegenüber, im Jahr 2006 einer Auswanderung von 156.000 Deutschen eine Zuwanderung von 103.000 Deutschen. Die Zuwanderung von Spätaussiedlern ist fast auf null gesunken (Bundesamt für Migration und Flüchtlinge 2007a). Hinter der Nettoabwanderung verbirgt sich ein bereits länger anhaltender Trend einer Auswanderung von Deutschen in die entwickelten Staaten der EU und in die USA, der durch die Zuwanderung von Spätaussiedlern verdeckt worden ist. Angesichts der gemeinsamen Sprache in Verbindung mit einer günstigen Arbeitsmarktlage ist es nicht überraschend, dass Österreich und die Schweiz die wichtigsten Zielländer deutscher Auswanderer sind (Abbildung E4).

Die Auswanderung von Deutschen wird häufig unter dem Gesichtspunkt des *brain drain* diskutiert und als Beleg für eine Standortschwäche Deutschlands interpretiert. Tatsächlich sind die deutschen Auswanderer in den wichtigsten Zielländern etwas höher qualifiziert als der Durchschnitt der deutschen Bevölkerung.[4] Allerdings ist in den meisten OECD-Staaten eine zunehmende Auswanderung insbesondere von qualifizierten Arbeitskräften zu beobachten. Insofern ist die zunehmende Auswanderung von Deutschen nur Teil einer globa-

---

4 Vgl. die Angaben des Europäischen Labour Force Survey und des Labor Force Survey der USA.

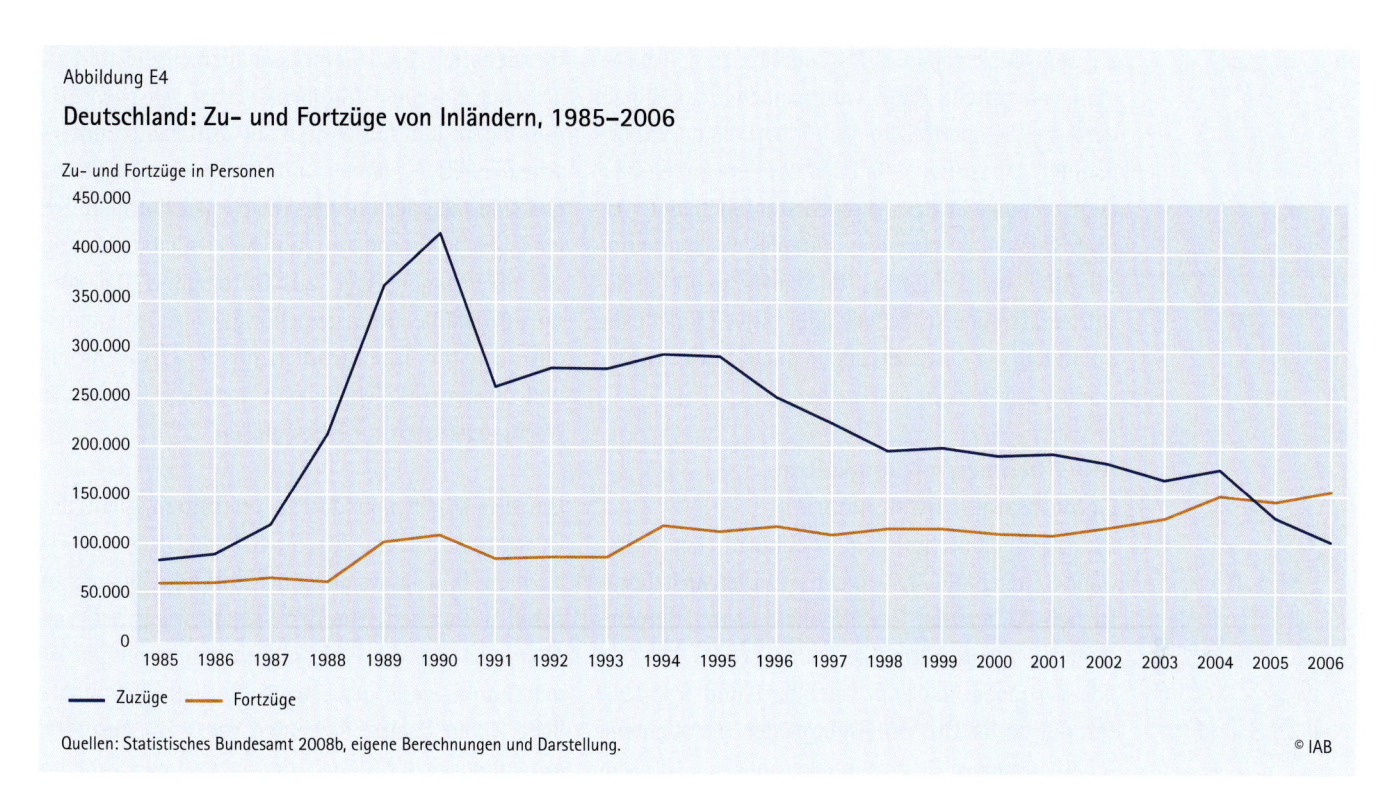

Abbildung E4
Deutschland: Zu- und Fortzüge von Inländern, 1985–2006

Zu- und Fortzüge in Personen

— Zuzüge   — Fortzüge

Quellen: Statistisches Bundesamt 2008b, eigene Berechnungen und Darstellung. © IAB

len Zunahme der Wanderungsbereitschaft qualifizierter Arbeitskräfte. Dies ist für die Ausstattung Deutschlands mit Humankapital nicht grundsätzlich ein Problem: Aus der EU und anderen entwickelten OECD-Staaten wandern mehr qualifizierte Arbeitskräfte nach Deutschland ein, als qualifizierte deutsche Arbeitskräfte in diese Länder abwandern. Zudem zeigen jüngere Untersuchungen auf Grundlage des Sozio-ökonomischen Panels, dass gerade ein erheblicher Teil der Hochschulabsolventen nur einen temporären Auslandsaufenthalt plant und viele Personen mehrere Auslandsaufenthalte durchführen (Diehl et al. 2008). Insofern handelt es sich weniger um einen *brain drain* als um temporäre und zirkuläre Migration qualifizierter Arbeitskräfte, die auch zu einem Gewinn durch im Ausland erworbenes Humankapital führen kann (Brücker 2008).

2.5 Freizügigkeit und Zuwanderungsbeschränkungen

Der in den vergangenen Abschnitten geschilderte Umfang und die Struktur der Zuwanderung von Personen und Arbeitskräften sind in erheblichem Umfang durch die Einwanderungspolitik bestimmt. Seit Beginn des 20. Jahrhunderts haben auch die klassischen Einwanderungsländer begonnen, den Zugang zu ihren Ländern und insbesondere den Zugang zum Arbeitsmarkt zu regulieren. Dabei werden unterschiedliche Politikansätze verfolgt. Australien, Kanada, Neuseeland und die USA steuern erhebliche Teile der Zuwanderung nach Humankapitalkriterien, während die meisten anderen entwickelten Länder den Zugang zum Arbeitsmarkt weitgehend beschränken. Die Europäische Union (EU) bildet hierbei einen Sonderfall: Innerhalb der Gemeinschaft gilt die Arbeitnehmerfreizügigkeit. Dies unterscheidet sie von anderen regionalen Wirtschaftsräumen wie NAFTA (North American Free Trade Agreement) und ASEAN (Association of Southeast Asian Nations). Zum anderen bleibt die Regulation des Zugangs zum Arbeitsmarkt von Staatsangehörigen aus Ländern außerhalb der Gemeinschaft den einzelnen Nationalstaaten überlassen; diese haben den Zugang weitgehend beschränkt.

Nachfolgend werden die institutionellen Rahmenbedingungen für die Zuwanderung vor allem unter dem Gesichtspunkt des Zugangs zum Arbeitsmarkt dargestellt. Dabei wird zunächst das Prinzip der Arbeitnehmerfreizügigkeit innerhalb der EU behandelt, das auch den Rahmen der Einwanderungsgesetzgebung in den Mitgliedsstaaten bildet. Danach werden am deutschen Beispiel die Regulation des Arbeitsmarktzugangs für Staatsangehörige aus Drittstaaten und schließlich alternative Modelle der Steuerung der Zuwanderung in den klassischen Einwanderungsländern beschrieben.

Arbeitnehmerfreizügigkeit im Gemeinsamen Binnenmarkt

Die Arbeitnehmerfreizügigkeit gehört neben freiem Handel, freiem Kapitalverkehr und Dienstleistungsfreiheit zu den vier Grundfreiheiten[5] des Gemeinsamen Binnenmarktes. Sie wurde bereits 1957[6] in den Verträgen von Rom vereinbart und trat 1968 für die sechs Gründungsmitglieder der Gemeinschaft mit einer Gesamtbevölkerung von 180 Mio. Menschen in Kraft. Im Zuge verschiedener Erweiterungsrunden wurde sie auf die 27 Mitgliedsstaaten der EU und die drei weiteren Mitgliedsstaaten des Europäischen Wirtschaftsraums (EWR)[7] erweitert, zudem wendet die Schweiz auf Grundlage einer Vereinbarung mit der EU das Gemeinschaftsrecht für die Arbeitnehmerfreizügigkeit an. Für die neuen Mitgliedsstaaten der Gemeinschaft aus Mittel- und Osteuropa, die der EU im Rahmen der fünften Erweiterungsrunde beigetreten sind, gilt eine Übergangsperiode von sieben Jahren, während deren die Arbeitnehmerfreizügigkeit ausgesetzt werden kann (vgl. Abschnitt 3 zur EU-Osterweiterung). Für Malta und Zypern gilt seit dem Beitritt am 1. Mai 2004 das Gemeinschaftsrecht für die Arbeitnehmerfreizügigkeit. Die EU und die übrigen Mitglieder des EWR sind mit einer Gesamtbevölkerung von rund 500 Mio. Menschen der größte regionale Wirtschaftsraum der Welt, innerhalb dessen Arbeitnehmer frei ihren Arbeits- und Wohnort wählen können. Demgegenüber leben in den USA nur 280 Mio. Menschen.

Die Arbeitnehmerfreizügigkeit hat erhebliche Auswirkungen auf die Einwanderungspolitik und das Einwanderungsrecht der Mitgliedsstaaten der Gemeinschaft.[8] Das Gemeinschaftsrecht erfordert, dass die einzelnen Mitgliedsstaaten zwischen EU-Ausländern und Ausländern aus Drittstaaten unterscheiden. EU-Ausländer und ihre Familienangehörigen sind Inländern grundsätzlich gleichgestellt. Sie genießen beim Zugang zum Arbeitsmarkt Vorrang vor Staatsangehörigen aus Drittstaaten. Der Vorrang gegenüber Staatsangehörigen aus Drittstaaten gilt auch für Arbeitnehmer aus den zehn mittel- und osteuropäischen Beitrittsländern während der Übergangsfristen zur Freizügigkeit.

Um die Arbeitsmobilität zu erleichtern, sieht das Gemeinschaftsrecht für Staatsbürger aus der EU auch das Prinzip des gleichberechtigten Zugangs zu sozialen Transferleistungen *(equal treatment)* vor. Allerdings gilt die Freizügigkeit nur dann uneingeschränkt, wenn der Lebensunterhalt ohne staatliche Hilfen finanziert werden kann. Ein Anspruch auf Lohnersatzleistungen, der durch die Einzahlung von Beiträgen in ein soziales Sicherungssystem wie die Arbeitslosenversicherung erworben wurde, gilt nach dem Gemeinschaftsrecht nicht als staatliche Hilfe; hier greift bei Bedarf der Versicherungsschutz. Das ist mit Aufnahme einer Erwerbstätigkeit grundsätzlich gewährleistet. Die Mitgliedsstaaten können damit die Zuwanderung zum Zweck des Erhalts von sozialen Transferleistungen beschränken. Transferleistungen wie Arbeitslosengeld oder Ansprüche gegenüber den Rentenversicherungsträgern sind portabel, d. h., sie können in andere Mitgliedsstaaten transferiert werden. Somit garantiert das Gemeinschaftsrecht nicht nur die Freizügigkeit, sondern

---

5 Vertrag zur Gründung der Europäischen Gemeinschaft (EG-Vertrag) in der Fassung vom 2. Oktober 1997; zuletzt geändert durch den Vertrag über den Beitritt der Republik Bulgarien und Rumäniens zur EU vom 25. April 2005 mit Wirkung zum 1. Januar 2007.
6 EWG-Vertrag vom 25. März 1957.
7 Island, Liechtenstein und Norwegen.
8 Die Begriffe Einwanderungspolitik und Zuwanderungspolitik bzw. Einwanderungsrecht und Zuwanderungsrecht werden in diesem Abschnitt synonym verwendet.

versucht auch die Transaktionskosten für den Wechsel des Arbeits- und Wohnortes zu senken.

Einwanderungspolitik gegenüber Drittstaaten

Während das Gemeinschaftsrecht den Zugang von EU-Bürgern zum Arbeitsmarkt in den Mitgliedsstaaten regelt, sind die Mitgliedsstaaten in ihrer Einwanderungspolitik gegenüber Staatsangehörigen aus Drittstaaten weitgehend frei. Die wichtigste Einschränkung besteht in dem Vorrang von Staatsbürgern aus der Gemeinschaft beim Zugang zum Arbeitsmarkt.

Bilaterale Vereinbarungen und Assoziierungsabkommen zwischen der EU und anderen Drittstaaten gewähren Staatsangehörigen aus Drittstaaten in einigen Fällen Freizügigkeitsrechte oder einen privilegierten Zugang zum Arbeitsmarkt; Angehörige aus den meisten Drittstaaten genießen jedoch keinen freien Zugang zum Arbeitsmarkt. Dies gilt auch für die wichtigsten Herkunftsländer der Zuwanderung in die EU, wie die Türkei, die Staaten auf dem Balkan und Nordafrika. Der wichtigste Kanal der legalen Zuwanderung für Staatsangehörige aus Drittstaaten ist deshalb in vielen Mitgliedsstaaten der Familiennachzug, der mittelbar auch den Zugang zum Arbeitsmarkt eröffnet. Grundsätzlich gilt, dass der Zugang zum Arbeitsmarkt für Angehörige aus Drittstaaten in den meisten Mitgliedsländern der EU sehr restriktiv geregelt ist. Zudem wurde das Einwanderungsrecht in den meisten Staaten im Laufe der 1990er-Jahre verschärft (Boeri/Brücker 2005).

Restriktionen für den Arbeitsmarktzugang in Deutschland

Die Zuwanderung und der Zugang zum Arbeitsmarkt für Angehörige aus Drittstaaten werden in Deutschland ähnlich wie in den meisten anderen Mitgliedsstaaten der Gemeinschaft geregelt.[9] Nach der Ölpreiskrise von 1973 und der damit einhergehenden Verschlechterung der Wirtschaftslage hat Deutschland einen allgemeinen Anwerbestopp für Arbeitnehmer beschlossen und damit den Zugang für Angehörige von Drittstaaten zum deutschen Arbeitsmarkt weitgehend beschränkt.[10] Um den Zugang insbesondere von qualifizierten und hochqualifizierten Arbeitskräften zu erleichtern, wurde das Einwanderungsrecht[11] mit Wirkung zum 1. Januar 2005 novelliert. Für nicht und gering qualifizierte Arbeitskräfte gilt weiter der Anwerbestopp. Sie können nur dann eine Aufenthaltserlaubnis und damit den Zugang zum Arbeitsmarkt erhalten, wenn sie die Zuwanderung aus völkerrechtlichen, humanitären, familiären und politischen Gründen beantragt haben. Für qualifizierte Arbeitskräfte gilt grundsätzlich ebenfalls weiter der Anwerbestopp. Hier kann jedoch eine temporäre Aufenthaltserlaubnis zum Zwecke der Erwerbstätigkeit erteilt werden, wenn keine geeigneten Bewerber aus der EU, den Beitrittsländern oder anderen bevorrechtigten Staaten zur Verfügung stehen und ein öffentliches Interesse an der Beschäftigung besteht. Dies wird im Rahmen eines Zustimmungsverfahrens von der Bundesagentur für Arbeit geprüft.

Demgegenüber wird Hochqualifizierten aus Drittstaaten eine unbefristete Niederlassungserlaubnis, d. h. ein Daueraufenthaltsrecht[12], eingeräumt. Als hochqualifiziert gelten nach dem deutschen Einwanderungsrecht Wissenschaftler mit besonderen

---

9   Eine Übersicht über das Einwanderungsrecht in den einzelnen Mitgliedsstaaten der Gemeinschaft überschreitet den Rahmen dieses Beitrags.

10 Allerdings existieren für bestimmte Gruppen von Ausländern zahlreiche Ausnahmen; diese sind geregelt in der Verordnung über Ausnahmeregelungen für die Erteilung einer Arbeitserlaubnis an neu einreisende ausländische Arbeitnehmer (Anwerbestoppausnahmeverordnung – ASAV vom 17. September 1998, zuletzt geändert durch Artikel 452 der Verordnung vom 31. Oktober 2006).

11 Gesetz zur Steuerung und Begrenzung der Zuwanderung und zur Regelung des Aufenthalts und der Integration von Unionsbürgern und Ausländern (Zuwanderungsgesetz) vom 30. Juli 2004; mit Wirkung zum 1. Januar 2005.

12 Verordnung über die Zulassung von neu einreisenden Ausländern zur Ausübung einer Beschäftigung (Beschäftigungsverordnung – BeschV) vom 22. November 2004; mit Wirkung zum 1. Januar 2005.

fachlichen Kenntnissen und Lehrpersonen mit herausgehobener Funktion. Spezialisten und leitende Angestellte können ein Daueraufenthaltsrecht erhalten, wenn ihr Gehalt mindestens das Doppelte der Beitragsbemessungsgrenze zur gesetzlichen Krankenversicherung beträgt. Ausländische Studenten dürfen während des Studiums bis zu 90 Tage im Jahr arbeiten und können nach erfolgreichem Studienabschluss für die Suche eines ihrer Qualifikation entsprechenden Arbeitsplatzes ein Jahr in Deutschland bleiben. Eine Verbesserung von Zugangsmöglichkeiten ausländischer Absolventen deutscher Hochschulen zum inländischen Arbeitsmarkt erfolgte durch den Verzicht auf individuelle Vorrangprüfung. Schließlich kann eine Aufenthaltserlaubnis zur Ausübung einer selbstständigen Tätigkeit erteilt werden, wenn unter anderem mindestens 500.000 € investiert und fünf Arbeitsplätze geschaffen werden.

Die Regelungen für Hochqualifizierte und leitende Angestellte werden in Deutschland nur von einer verschwindend geringen Zahl wahrgenommen. Bei einer jährlichen Zuwanderung von rund 600.000 Personen wurden nach Angaben des Bundesamtes für Migration und Flüchtlinge (BAMF) im Jahr 2007 nur 466 Niederlassungserlaubnisse für Hochqualifizierte, Spezialisten und leitende Angestellte erteilt, davon entfielen 115 auf Neueinreisen.

Die Beschränkung des Arbeitsmarktzugangs durch das Einwanderungsrecht bedeutet jedoch nicht, dass keine erhebliche Zuwanderung mit dem Ziel der Aufnahme einer Erwerbstätigkeit erfolgt. Zahlenmäßig ist der Familiennachzug einer der bedeutendsten Zugangskanäle nach Deutschland, der in erheblichem Umfang auch zur Aufnahme einer Erwerbstätigkeit genutzt wird.

Steuerung der Zuwanderung nach Humankapitalkriterien

Die Steuerung der Zuwanderung nach Humankapitalkriterien spielt in Deutschland wie auch den meisten anderen Mitgliedsstaaten der EU nur eine untergeordnete Rolle. Demgegenüber verfolgen klassische Einwanderungsländer wie Australien, Kanada, Neuseeland und die USA das Ziel, gezielt ausländische Arbeitskräfte und Studenten mit einem hohen Ausbildungsniveau anzuwerben. Zwar spielen der Familiennachzug und die Migration aus humanitären Gründen auch in diesen Ländern quantitativ eine bedeutende Rolle. Aber ein erheblicher Teil der Arbeitskräftemigration wird nach einem Punktesystem reguliert, das sich nach Alter, Ausbildung und Berufserfahrung richtet. Eine wichtige Rolle spielt die gezielte Anwerbung von Studenten, die in Ländern mit Studiengebühren auch einen erheblichen Beitrag zur Finanzierung des Bildungssystems leisten können. Insgesamt wird dadurch eine deutlich höhere Qualifikation der Zuwanderer erreicht (s. u.).

In der EU haben in jüngster Zeit das Vereinigte Königreich[13] und die Tschechische Republik ein Punktesystem für die Zuwanderung nach dem Vorbild klassischer Einwanderungsländer eingeführt. Die Europäische Kommission schlägt darüber hinaus die Einführung einer Bluecard vor, die hochqualifizierten Arbeitskräften aus Drittstaaten den Zugang zum europäischen Arbeitsmarkt ermöglichen soll (Frattini 2007). Nach diesem Vorschlag soll ein Aufenthaltsrecht erteilt werden, wenn ein konkretes Arbeitsangebot vorliegt und ein Einkommen erzielt wird, das in etwa doppelt so hoch ist wie der nationale Mindestlohn. Hierbei soll anstelle der 27 unterschiedlichen Einwanderungspolitiken in den Mitgliedsstaaten ein europaweit geltendes, vereinfachtes und beschleunigtes Zulassungsverfahren eingeführt werden, das Berechtigten die Erteilung einer Arbeitserlaubnis zunächst für zwei Jahre mit der Möglichkeit der Verlängerung zusichert. Zur Förderung der innereuropäischen Mobilität bestünde die Option, nach zwei Jahren legaler Arbeit zum Zweck der Arbeitsaufnahme in ein anderes EU-Land umzuziehen. Dabei kann der Aufenthalt in verschiedenen EU-Ländern kumuliert werden. Allerdings haben diese Vorschläge bisher nur den Charakter von

---

13 Home Office, Border and Immigration Agency (www.homeoffice.gov.uk/).

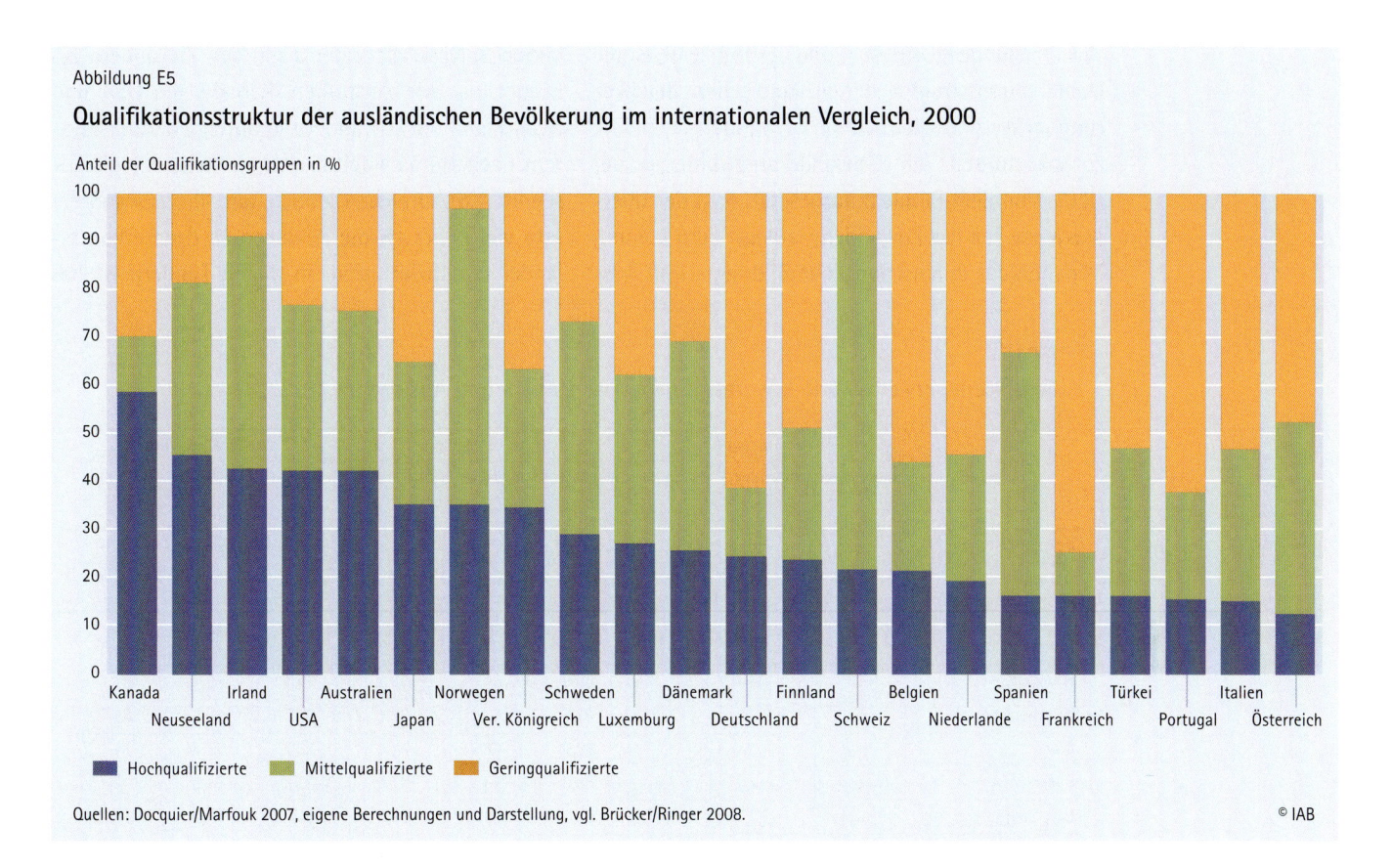

Abbildung E5

Qualifikationsstruktur der ausländischen Bevölkerung im internationalen Vergleich, 2000

Anteil der Qualifikationsgruppen in %

Länder (v.l.n.r.): Kanada, Neuseeland, Irland, Australien, USA, Norwegen, Japan, Schweden, Ver. Königreich, Dänemark, Luxemburg, Finnland, Deutschland, Belgien, Schweiz, Spanien, Niederlande, Türkei, Frankreich, Italien, Portugal, Österreich

Legende: ■ Hochqualifizierte ■ Mittelqualifizierte ■ Geringqualifizierte

Quellen: Docquier/Marfouk 2007, eigene Berechnungen und Darstellung, vgl. Brücker/Ringer 2008.   © IAB

Empfehlungen. Einige EU-Staaten lehnen unter Verweis auf die unterschiedlichen Bedingungen in den einzelnen Mitgliedsstaaten eine einheitliche Regelung auf EU-Ebene ab.

2.6 Ausländer in Deutschland: vergleichsweise gering qualifiziert

Die restriktive Steuerung der Zuwanderung in Deutschland hat einen erheblichen Einfluss auf die Qualifikationsstruktur der ausländischen Bevölkerung. Im internationalen Vergleich ist die ausländische Bevölkerung in Deutschland gering qualifiziert. Das durchschnittliche Qualifikationsniveau der ausländischen Bevölkerung in Deutschland liegt im unteren Mittelfeld der entwickelten Länder. Nach einer Erhebung von Docquier und Marfouk (2007) für die Weltbank verfügen lediglich 25 % der ausländischen Bevölkerung in Deutschland über einen hohen Bildungsabschluss, während in klassischen Einwanderungsländern wie Kanada, Australien, Neuseeland und den USA zwischen 40 und 60 % der ausländischen Bevölkerung einen hohen Bildungsabschluss haben.[14] Umgekehrt weisen in Deutschland rund 60 % der ausländischen Bevölkerung nur geringe Schul- und Ausbildungsabschlüsse auf, während sich dieser Anteil in den klassischen Einwanderungsländern auf rund ein Fünftel beläuft. In Europa erreicht die ausländische Bevölkerung nur in Irland ein ähnlich hohes Qualifikationsniveau wie in den klassischen Einwanderungsländern, danach folgen mit deutlichem Abstand Norwegen, das Vereinigte Königreich und Schweden (vgl. Abbildung E5).

---

14 Zur Gruppe „Hohe Qualifikation" werden hier Personen mit einem tertiären Bildungsabschluss, der durch mindestens 13 Jahre an Schulen, Hochschulen oder anderen Bildungseinrichtungen erworben wurde, gerechnet, zur mittleren Qualifikationsgruppe Personen mit einem sekundären Schul- oder Bildungsabschluss, der durch mindestens neun Schuljahre erworben wurde, und zur Gruppe mit geringer Qualifikation Personen, die über keinen sekundären Schul- oder Bildungsabschluss verfügen.

Wie eine jüngere Untersuchung des IAB zeigt, ist die Qualifikationsstruktur der ausländischen Bevölkerung im Wesentlichen auf die Einwanderungspolitik zurückzuführen. Alle Einwanderungsländer in der OECD sind dem Problem ausgesetzt, dass der überwiegende Teil der Zuwanderer aus Ländern kommt, in denen das durchschnittliche Bildungs- und Ausbildungsniveau niedriger als in den Zielländern ist. Länder, die wie Australien, Kanada, die USA und Neuseeland die Zuwanderung durch ein Punktesystem nach Humankapitalkriterien steuern (vgl. Abschnitt 2.5), erreichen jedoch, dass die Zuwanderer sehr viel höher als die Bevölkerung der Herkunftsländer qualifiziert sind. In diesen Ländern ist das

Tabelle E3

Arbeitslosen-, Erwerbs- und Erwerbstätigenquote von In- und Ausländern, 2007[1]

	Arbeitslosenquote			Erwerbsquote			Erwerbstätigenquote		
	insgesamt	Inländer	Ausländer	insgesamt	Inländer	Ausländer	insgesamt	Inländer	Ausländer
	in Prozent								
Belgien[2]	8,4	7,6	17,1	60,4	61,5	48,7	65,9	66,6	58,8
Dänemark	3,6	3,4	9,7	77,3	78,5	57,8	80,3	81,2	64,0
Deutschland	8,6	7,9	16,3	69,1	70,6	56,1	75,6	76,7	67,1
Finnland	7,8	7,6	17,9	71,3	71,6	58,5	77,3	77,4	71,3
Frankreich	8,0	7,4	17,7	63,9	64,6	52,8	69,4	69,7	64,1
Griechenland	8,2	8,2	8,0	61,5	61,1	67,1	67,0	66,6	73,0
Irland	4,6	4,4	6,1	68,9	68,2	74,4	72,2	71,4	79,3
Italien	5,8	5,7	7,6	58,9	58,4	67,0	62,5	61,9	72,4
Luxemburg	3,9	3,7	4,0	63,0	59,4	68,1	65,6	61,7	70,9
Niederlande	3,2	3,1	6,6	76,0	76,7	62,5	78,5	79,1	66,9
Österreich	4,5	3,8	9,7	71,5	72,5	64,0	74,9	75,4	70,9
Portugal	8,4	8,1	14,0	67,6	67,5	70,4	73,7	73,4	81,9
Schweden	7,0	6,7	13,4	74,3	75,1	60,1	79,9	80,4	69,4
Spanien	8,0	7,3	12,0	65,8	65,3	69,1	71,5	70,5	78,5
Vereinigtes Königreich	5,2	5,0	7,9	71,1	71,4	66,5	75,0	75,2	72,2
Bulgarien	6,9	6,9	k.A.	61,6	61,6	62,2	66,1	66,1	65,4
Rumänien	6,8	6,9	k.A.	59,6	59,5	71,7	63,9	63,9	73,4
Estland	5,2	4,5	8,6	69,7	69,5	70,6	73,5	72,8	77,2
Lettland	6,1	6,2	k.A.	67,6	67,5	72,5	72,1	72,0	72,5
Litauen	4,2	4,1	k.A.	65,4	65,5	53,8	68,2	68,3	61,5
Polen	9,7	9,7	k.A.	56,8	56,8	62,8	62,9	62,9	63,7
Slowakai	11,2	11,2	k.A.	60,4	60,3	66,7	68,0	68,0	71,3
Slowenien	4,7	4,6	k.A.	68,3	68,4	60,0	71,7	71,7	66,5
Tschechien	5,3	5,3	7,1	66,0	65,9	75,0	69,7	69,6	80,7
Ungarn	7,1	7,1	n.a.	57,6	57,5	63,5	61,9	61,9	67,6
Malta	6,7	6,5	13,4	55,7	55,9	47,9	59,6	59,8	55,3
Zypern	3,5	3,2	4,9	71,2	71,3	70,3	73,8	73,7	74,0
EU-15	7,0	6,5	12,2	66,9	67,4	62,3	71,9	72,0	71,0

1) 2. Quartal 2007, bezogen auf die 15- bis 64-Jährigen.   2) 2. Quartal 2006.

Anmerkungen: Die Erwerbsquote ist definiert als Anteil der Erwerbspersonen (Erwerbstätige plus Erwerbslose) an der Bevölkerung im erwerbsfähigen Alter. Die Erwerbstätigenquote bezeichnet den Anteil der Erwerbstätigen an der Bevölkerung im erwerbsfähigen Alter.

Quellen: Eurostat, European Labour Force Survey, eigene Berechnungen.

Tabelle E4

Arbeitslosenbestand von Ausländern und Deutschen nach Rechtskreisen SGB III und SGB II, 2006–2007, absolut und in %

Jahr	Arbeitslose Ausländer				Arbeitslose Deutsche			
	SGB III		SGB II		SGB III		SGB II	
	absolut	in %	absolut	in %	absolut	in %	absolut	in %
2006	152.311	23,7	491.468	76,3	1.511.054	39,7	2.299.461	60,3
2007	113.960	20,4	445.136	79,6	1.138.932	35,5	2.072.168	64,5
Veränderung gegenüber Vorjahr absolut	−37.086		−37.969		−352.359		−197.038	
in %	−25,6		−8,2		−24,3		−9,0	

Quelle: Bundesagentur für Arbeit 2008: 37 f.

Qualifikationsniveau der ausländischen Bevölkerung ähnlich hoch oder höher als das der einheimischen Bevölkerung. Demgegenüber sind in kontinentaleuropäischen Ländern wie Deutschland und Frankreich die Ausländer nicht besser qualifiziert als der Durchschnitt der Bevölkerung in den Herkunftsländern. Andere Faktoren, wie die wirtschaftlichen Erträge von Humankapital in den Ziel- und Herkunftsländern, spielen im Vergleich zur Einwanderungspolitik nur eine untergeordnete Rolle für die Erklärung der Qualifikationsstruktur der Zuwanderer (Brücker/Ringer 2008).

2.7 Hohes Arbeitslosigkeitsrisiko von Ausländern in Europa und Deutschland

Ausländer waren im Jahr 2007 in der EU mit einer Arbeitslosenquote von 12,6 % fast doppelt so stark von Arbeitslosigkeit betroffen wie Inländer mit einer Arbeitslosenquote von 6,5 %. Das Verhältnis der ausländischen Arbeitslosenquote im Vergleich zur Arbeitslosenquote der Inländer ist innerhalb der EU besonders hoch in Dänemark (2,7), Finnland (2,3), Frankreich und Österreich (2,2). In Luxemburg und Griechenland ist die Arbeitslosenquote von Ausländern dagegen nicht höher als die von Inländern; in Irland und Tschechien ist das Arbeitslosigkeitsrisiko nur geringfügig höher (Tabelle E3).

Umgekehrt ist die Erwerbsquote von Ausländern in der EU mit 62 % deutlich geringer als die von Inländern (67 %). Besonders niedrig ist die Erwerbsquote von Ausländern in Malta (48 %), Belgien (49 %) und Frankreich (53 %), während sie in Tschechien (75 %) und Irland (74 %) außergewöhnlich hoch ist.

Demgegenüber ist die Erwerbstätigenquote der ausländischen Bevölkerung in der EU mit 71 % fast genauso hoch wie die der Inländer (72 %). Dies ist nicht überraschend, weil die ausländische Bevölkerung jünger als die inländische Bevölkerung ist. In Ländern mit hoher Ausländerarbeitslosigkeit wie Belgien, den Niederlanden, Finnland und Österreich fällt die Erwerbstätigenquote jedoch deutlich hinter die der Inländer zurück, während sie in Ländern mit hoher Zuwanderung wie Irland, Italien und Spanien in jüngerer Zeit sehr viel höher als die der Inländer ausfällt.

In Deutschland ist die Arbeitslosenquote der ausländischen Bevölkerung mit 16,3 % im Jahr 2006 mehr als doppelt so hoch wie die der Inländer mit 7,9 %. Das Verhältnis wäre noch höher, wenn Ostdeutschland herausgerechnet würde, weil dort der Ausländeranteil gering, aber die Arbeitslosigkeit hoch ist. Die hohe Arbeitslosigkeit der ausländischen Bevölkerung schlägt sich auch in einer deutlich geringeren Erwerbsquote der Ausländer (56 %) im Vergleich zu den Inländern (69 %) nieder. Auch die Erwerbstätigenquote der ausländischen Bevölkerung fällt mit 67 % sehr viel geringer als die der Inländer mit 76 % aus. Besonders betroffen von der Arbeitslosigkeit und geringen Erwerbs- und Erwerbstätigenquoten ist die ausländische Bevölkerung aus der Türkei, Polen und den Nachfolgestaaten des früheren Jugoslawiens in Deutschland.

Das hohe Arbeitslosigkeitsrisiko von Ausländern spiegelt sich auch in einer höheren Langzeitarbeitslosigkeit. Im Rechtskreis des Sozialgesetzbuches (SGB) II, zu dem alle erwerbsfähigen Hilfeempfänger im Alter zwischen 15 und 65 Jahren gehören, sind Ausländer deutlich überrepräsentiert: Rund 80 % der arbeitslosen Ausländer erhalten Leistungen nach dem SGB II, während nur zwei Drittel der arbeitslosen Deutschen durch das Grundsicherungssystem versorgt werden. Umgekehrt erhalten 35,5 % der arbeitslosen Deutschen Leistungen aus der Arbeitslosenversicherung nach dem SGB III, aber nur 20,4 % der arbeitslosen Ausländer (Tabelle E4).

Wie bei den deutschen Arbeitslosen wuchs der Anteil der Grundsicherungsempfänger von 2006 auf 2007, da der einsetzende Wirtschaftsaufschwung überwiegend zugunsten der auf Basis des SGB III versorgten Kurzzeitarbeitslosen verlief. Während bei den Deutschen die Zahl der Arbeitslosen, die Leistungen nach dem SGB II erhalten, um 9 % gesunken ist, ist die Zahl der arbeitslosen ausländischen SGB-II-Empfänger um 8,2 % gefallen.

Die hohe Arbeitslosigkeit der ausländischen Bevölkerung in Deutschland und ihr überdurchschnittlich hoher Anteil an den Langzeitarbeitslosen können zu einem Großteil auf Unterschiede in Bildung und Ausbildung zurückgeführt werden, aber auch auf andere Probleme der Arbeitsmarktintegration wie schlechte Sprachkenntnisse (Nivorozhkin et al. 2006). Die Probleme der Arbeitsmarktintegration der ausländischen Bevölkerung und ihre Integration in das Bildungs- und Ausbildungssystem werden im folgenden Kapitel behandelt.

3 Migration im Zuge der EU-Osterweiterung[15]

In den beiden letzten Erweiterungsrunden der Europäischen Union (EU) sind zum 1. Mai 2004 zehn Länder[16] mit einer Gesamtbevölkerung von 74 Mio. Personen und zum 1. Januar 2007 mit Bulgarien und Rumänien zwei weitere Länder mit einer Gesamtbevölkerung von 30 Mio. Personen der Gemeinschaft beigetreten. Mit Ausnahme von Malta und Zypern ist das Pro-Kopf-Einkommen der neuen Mitgliedsstaaten (NMS) deutlich geringer als in den bisherigen Mitgliedsstaaten: Im Jahr 2005 betrug das Bruttoinlandsprodukt (BIP) pro Kopf gemessen in Kaufkraftparitäten in den acht neuen Mitgliedsstaaten aus Mittel- und Osteuropa (NMS-8) gut die Hälfte des BIP der bisherigen Mitgliedsstaaten (EU-15) und in Bulgarien und Rumänien rund ein Viertel (Eurostat 2008). Die monetären Wanderungsanreize sind deshalb deutlich höher als in den vorangegangenen Erweiterungsrunden. Vor diesem Hintergrund hat die EU mit den neuen Mitgliedsstaaten Übergangsfristen für die Arbeitnehmerfreizügigkeit vereinbart. In diesem Abschnitt wird untersucht, welche Auswirkungen die Übergangsfristen für Umfang und Struktur der Migration aus den Mitgliedsstaaten haben und welche Folgen sich daraus für die Arbeitsmärkte und die gesamtwirtschaftliche Produktion ergeben.

---

15 Dieser Abschnitt stützt sich in wesentlichen Teilen auf ein Gutachten, das das IAB gemeinsam mit GEFRA aus Münster, dem Österreichischen Institut für Wirtschaftsforschung (WIFO) und Cambridge-Econometrics für das Bundesministerium für Wirtschaft und Technologie durchgeführt hat (vgl. Untiedt et al. 2007). Wir danken Gerhardt Untiedt (GEFRA) und Dagmar Balve-Hauff (BMWI) für wertvolle Anregungen.

16 Estland, Lettland, Litauen, Malta, Polen, Slowakei, Slowenien, Tschechien, Ungarn und Zypern. Für Malta und Zypern wurden keine Übergangsfristen für die Arbeitnehmerfreizügigkeit vereinbart.

3.1 Selektive Anwendung der Übergangsfristen

Im Zuge der Beitrittsverhandlungen hat die EU mit den neuen Mitgliedsstaaten aus Mittel- und Osteuropa Übergangsfristen für die Arbeitnehmerfreizügigkeit vereinbart. Nach der sogenannten „2+3+2"-Formel kann jeder einzelne Mitgliedsstaat zunächst für die ersten beiden Jahre nach dem Beitritt darüber entscheiden, ob die Arbeitnehmerfreizügigkeit eingeführt oder ob die Zuwanderung aus den neuen Mitgliedsstaaten beschränkt wird. Die Europäische Kommission wertet die Erfahrungen während der ersten Phase der Übergangsfristen aus; danach kann jeder Mitgliedsstaat die Übergangsfristen um weitere drei Jahre verlängern. Schließlich kann ein Mitgliedsstaat die Arbeitnehmerfreizügigkeit um weitere zwei Jahre aufschieben, wenn eine schwere Störung des Gleichgewichts auf dem Arbeitsmarkt vorliegt. Auch wenn die Übergangsfristen angewendet werden, können sich jedoch Unternehmen und Selbstständige in der EU niederlassen, und die Dienstleistungsfreiheit ermöglicht die Entsendung von Arbeitnehmern aus den neuen Mitgliedsstaaten.[17] Für die übrigen Mitgliedsstaaten des Europäischen Wirtschaftsraums (EWR) – Island, Norwegen und Liechtenstein – gelten die gleichen Regelungen. Die Schweiz wendet ebenfalls die für den Europäischen Wirtschaftsraum geltenden Regelungen zur Arbeitnehmerfreizügigkeit an.

Die Delegation der Entscheidung über die Anwendung der Übergangsfristen an die Nationalstaaten hat zu einer sehr unterschiedlichen Entwicklung der Einwanderungsbedingungen in der EU-15 geführt (vgl. Tabelle E5). In der ersten Phase der Übergangsfristen hat nur Schweden den Bürgern aus den neuen Mitgliedsstaaten die Arbeitnehmerfreizügigkeit in vollem Umfang gewährt; darüber hinaus haben Irland, das Vereinigte Königreich und – mit einigen Einschränkungen – Dänemark ihre Arbeitsmärkte für die Zuwanderung aus den neuen Mitgliedsstaaten geöffnet. Einige andere Länder haben – meist geringe – Quoten für die Zuwanderung aus den neuen Mitgliedsstaaten eingeführt (Italien, Österreich und Portugal) oder Sonderregelungen für Saisonarbeitnehmer und ausgewählte Branchen und Berufe geschaffen (Belgien, Deutschland, Finnland, Frankreich, Griechenland, Luxemburg und Spanien). Italien und Spanien haben schließlich durch bilaterale Abkommen die Zuwanderung insbesondere aus Rumänien und Bulgarien erleichtert.

In der zweiten Phase haben Finnland, Griechenland, Italien, Portugal, Luxemburg, die Niederlande und Spanien die vollständige Arbeitnehmerfreizügigkeit für Arbeitnehmer aus den NMS-8 eingeführt. Dänemark, Irland und das Vereinigte Königreich haben ihre liberale Regelung des Arbeitsmarktzugangs beibehalten. Die übrigen Länder, darunter Deutschland und Österreich, haben weiterhin den Arbeitsmarktzugang stark beschränkt.

Zum 1. Januar 2007 traten Bulgarien und Rumänien der EU bei. Auch für diese Länder gelten die gleichen Übergangsfristen für die Arbeitnehmerfreizügigkeit wie im Falle der NMS-8. Unter den EU-15-Ländern haben nur Finnland und Schweden den Arbeitsmarktzugang für Arbeitskräfte aus Bulgarien und Rumänien vollständig geöffnet, und Dänemark hat die gleichen Regelungen wie für Staatsbürger aus den NMS-8 eingeführt. In allen übrigen EU-15-Staaten – darunter auch das Vereinigte Königreich und Irland – bleibt er weiterhin stark beschränkt. Demgegenüber haben die NMS-8 mit Ausnahme Ungarns ihre Arbeitsmärkte für Bulgaren und Rumänen vollständig geöffnet.

3.2 Migration seit der EU-Osterweiterung

Die selektive Anwendung der Übergangsfristen für die Arbeitnehmerfreizügigkeit hat zu einer Umlenkung der Zuwanderung aus den NMS geführt. Im Jahr 2000 siedelten sich noch rund 60 % der Zuwanderer aus den NMS-8 in Deutschland und Öster-

---

17 Deutschland und Österreich haben auch für die Dienstleistungsfreiheit Übergangsfristen vereinbart, die die Entsendung von Arbeitnehmern in spezifischen Branchen wie dem Bau- und Reinigungsgewerbe einschränken.

Tabelle E5

Übergangsregelungen für die Freizügigkeit von Arbeitnehmern aus den NMS-8 in der EU-15 und dem sonstigen EWR bis 2009

	1. Phase (01.05.2004–30.04.2006)	2. Phase (01.05.2006–30.04.2009)
Mitgliedsstaaten der EU-15		
Belgien	Kein freier Arbeitsmarktzugang	Beibehaltung der Einschränkungen, flexibles Verfahren in Berufen und Regionen mit Arbeitskräftemangel; hier Erteilung einer Arbeitserlaubnis innerhalb von fünf Tagen
Dänemark	Arbeitsmarktzugang grundsätzlich ohne Prüfung der Arbeitsmarktlage; Arbeitserlaubnis für ein Jahr, wenn konkretes Arbeitsangebot vorliegt, wöchentliche Arbeitszeit mind. 30 Std., Einhaltung tarifvertraglicher Normen	Wie bisher
Deutschland	Kein freier Arbeitsmarktzugang; Dienstleistungsfreiheit uneingeschränkt mit Ausnahme bestimmter Branchen (Baugewerbe, Innendekoration, Reinigungsgewerbe); Kontingente für Saisonarbeit	Wie bisher
Finnland	Kein freier Arbeitsmarktzugang	Einschränkungen aufgehoben; Registrierung bei Arbeitsmarktbehörde
Frankreich	Kein freier Arbeitsmarktzugang; Ausnahme in Tätigkeitsbereichen mit Arbeitskräftemangel (zurzeit 61 Berufe)	Wie bisher
Griechenland	Kein freier Arbeitsmarktzugang	Einschränkungen aufgehoben
Irland	Keine Einschränkung; Registrierungspflicht	Wie bisher
Italien	Kein freier Arbeitsmarktzugang; Quote für Arbeitnehmer aus den NMS	Einschränkungen aufgehoben; freier Arbeitsmarktzugang durch Beschluss vom 27.07.2006
Luxemburg	Kein freier Arbeitsmarktzugang	Einschränkungen aufgehoben
Niederlande	Kein freier Arbeitsmarktzugang; gelockertes Verfahren für ausgewählte Sektoren und Berufe	Einschränkungen aufgehoben seit 01.05.2007
Österreich	Kein freier Arbeitsmarktzugang; Kontingente nach „Höchstzahlenmodell"; Einschränkung bei der Erbringung grenzübergreifender Dienstleistungen	Beschäftigungsbewilligung weiterhin erforderlich; seit 01.01.2008 Zulassung von Facharbeitern nach Arbeitsmarktprüfung
Portugal	Kein freier Arbeitsmarktzugang; Quote für Arbeitnehmer aus NMS	Einschränkungen aufgehoben
Schweden	Keine Einschränkung	Wie bisher
Spanien	Kein freier Arbeitsmarktzugang; bilaterale Abkommen (Kontingente)	Einschränkungen aufgehoben
Vereinigtes Königreich	Keine Einschränkung; Registrierungspflicht beim Innenministerium (Home Office) während der ersten zwölf Monate	Wie bisher
Sonstige Mitglieder des EWR		
Island	Kein freier Arbeitsmarktzugang	Einschränkungen aufgehoben
Schweiz	Kein freier Arbeitsmarktzugang; jährliche Kontingente in Branchen mit Arbeitsmangel; Einhaltung geltender Arbeits- und Lohnbedingungen	Wie bisher
Norwegen	Kein freier Arbeitsmarktzugang	Arbeitsaufnahme bei Vorlage eines konkreten Arbeitsangebots möglich; Einhaltung von Lohn- und Tarifbedingungen

Quellen: Eigene Zusammenstellung auf Grundlage von Angaben der EU und nationaler Regierungen.

reich an, während seit dem Jahr 2004 rund 60 % der Nettozuwanderung auf das Vereinigte Königreich und Irland entfallen. Demgegenüber hatte die vollständige und partielle Öffnung der Arbeitsmärkte in Schweden und Dänemark keine Auswirkungen.

Nach den vorliegenden Informationen ist die ausländische Bevölkerung aus den NMS-8 in der EU-15 von 910.000 Personen im Jahr 2003 in den ersten drei Jahren seit der EU-Osterweiterung auf rund 1,7 Mio. Personen gestiegen. Allerdings muss diese Zahl mit großer Vorsicht interpretiert werden, weil nur ein Teil der EU-15-Länder über eine Bevölkerungs- und Wanderungsstatistik verfügt. Die fehlenden Angaben wurden ergänzt durch den European Labour Force Survey, eine Haushaltsbefragung (Tabelle E6).

Besonders stark fiel der Anstieg der ausländischen Bevölkerung aus den NMS-8 im Vereinigten Königreich und Irland aus. Im Vereinigten Königreich ist die ausländische Bevölkerung aus den NMS-8 nach Angaben des European Labour Force Survey seit der Erweiterung von 152.000 Personen (2004) auf 580.000 (2007) gestiegen, in Irland von 58.000 Personen auf 203.000 Personen (2007). Demgegenüber ist die Zahl der ausländischen Staatsbürger aus den NMS-8 in Schweden im gleichen Zeitraum nur von 23.000 Personen auf 33.000 Personen gestiegen und in Dänemark von 9.800 Personen auf 14.000 Personen.

Die Migration aus Bulgarien und Rumänien hat bereits vor dem Beitritt zur EU stark zugenommen. Die Zahl der legalen Zuwanderer aus diesen beiden Ländern ist von rund 230.000 Personen im Jahr 2000 auf rund 1,3 Mio. Personen im Jahr 2007 gewachsen. Rund 70 % dieser Personen sind in Spanien und Italien registriert. Beide Länder haben durch bilaterale Abkommen ihre Arbeitsmärkte für Zuwanderer aus diesen beiden Ländern stark geöffnet. Auch die Legalisierung von Personen ohne Aufenthaltsstatus hat in Italien und Spanien zu dem deutlichen Anstieg der ausländischen Bevölkerung aus Bulgarien und Rumänien beigetragen. Seit dem Beitritt hat sich die Zuwanderung aus diesen beiden Ländern noch etwas beschleunigt (Tabelle E7).

Auch hier ist eine Umlenkung der Zuwanderung zu beobachten: So wurden in Deutschland zu Beginn der 1990er-Jahre rund 260.000 Personen aus Bulgarien und Rumänien registriert; inzwischen ist diese Zahl auf rund die Hälfte gesunken. Neben Einbürgerungen und Rückwanderungen dürfte die Umlenkung der Wanderungsströme nach Spanien und Italien zu diesem Rückgang beigetragen haben.

Zuwanderung aus den NMS-10 nach Deutschland

In Deutschland gibt das Statistische Bundesamt die Zahl der ausländischen Staatsbürger aus den NMS-8 im Jahr 2007 mit 554.000 Personen und im Jahr 2006 mit 525.000 Personen an. Ein genauer Vergleich zu den Jahren vor der EU-Osterweiterung kann nicht gezogen werden, weil das Statistische Bundesamt die Ausländerstatistik im Jahr 2004 einer Revision unterzogen hat.[18] In den beiden Jahren nach dieser Revision ist die Bevölkerung aus den NMS-8 in Deutschland weiter gewachsen, während die Zahl der ausländischen Staatsbürger aus Bulgarien und Rumänien in Deutschland stabil geblieben ist. Langfristig, d. h. von 1993 bis 2007, ist die Zahl der ausländischen Staatsbürger aus den NMS-8 um rund 198.000 Personen gestiegen, von denen die meisten in den ersten Jahren nach dem Fall des Eisernen Vorhangs nach Deutschland migriert sind. Allerdings muss berücksichtigt werden, dass die

---

18 Die ausländischen Staatsbürger in Deutschland werden vom Ausländerzentralregister erfasst, das auf Meldungen der Kommunen beruht. Diese Angaben überzeichnen die Zahl der ausländischen Staatsbürger, weil die Rückwanderung unvollkommen erfasst wird. Das Statistische Bundesamt bzw. das Ausländerzentralregister nimmt deshalb mitunter Revisionen der Statistik vor, allerdings ohne die alten Zahlenreihen zu bereinigen. Auch werden die methodischen Grundlagen der Revisionen nicht offengelegt. Gegenstand der letzten Revision waren die tatsächlichen Bestände, soweit u. a. Fortzüge und Einbürgerungen nachträglich erfasst werden konnten.

Tabelle E6
Ausländische Bevölkerung aus den NMS-8 in der EU-15 und dem sonstigen EWR

	2000	2001	2002	2003	2004	2005	2006	2007
	Angaben in Personen und Prozent der Bevölkerung							
Belgien[2]	9.667	12.102	14.106	16.151	19.524	25.638	32.199	35.925
in %	0,09	0,12	0,14	0,16	0,19	0,25	0,31	0,34
Dänemark[2]	8.394	9.101	9.447	9.805	9.807	11.635	14.282	7.884
in %	0,16	0,17	0,18	0,18	0,18	0,22	0,26	0,14
Finnland[2]	12.804	13.860	14.712	15.825	16.459	18.266	20.801	12.777
in %	0,25	0,27	0,28	0,30	0,32	0,35	0,40	0,24
Frankreich[3]	37.832	44.946	44.857	39.779	44.848	37.426	39.462	39.755
in %	0,06	0,07	0,07	0,06	0,07	0,06	0,06	0,06
Deutschland[4]	434.603	453.110	466.356	480.690	438.828	481.672	525.078	554.372
in %	0,53	0,55	0,57	0,58	0,53	0,58	0,64	0,67
Griechenland[3]	12.114	14.872	16.546	17.432	19.275	17.948	18.144	21.978
in %	0,11	0,14	0,15	0,16	0,17	0,16	0,16	0,20
Irland[5]	3.535	11.392	9.306	9.451	58.786	111.859	138.939	203.000
in %	0,09	0,30	0,24	0,24	1,46	2,72	3,30	4,70
Italien[2]	34.421	40.433	40.108	54.665	66.159	77.889	91.318	75.758
in %	0,06	0,07	0,07	0,10	0,11	0,13	0,16	0,13
Luxemburg[3]	1.073	683	1.159	1.095	1.059	732	2.804	3.087
in %	0,25	0,16	0,26	0,24	0,23	0,16	0,60	0,65
Niederlande[2]	9.235	10.063	11.152	12.147	13.048	17.814	23.155	20.569
in %	0,06	0,06	0,07	0,08	0,08	0,11	0,14	0,13
Österreich[1]	53.683	53.362	54.797	57.537	60.255	68.933	77.264	83.978
in %	0,67	0,67	0,68	0,71	0,74	0,84	0,93	1,01
Portugal[4]	58	58	96	87	185	233	k. A.	k. A.
in %	0,00	0,00	0,00	0,00	0,00	0,00	k. A.	k. A.
Schweden[2]	23.884	22.868	21.376	21.147	23.257	26.877	33.757	18.489
in %	0,27	0,26	0,24	0,24	0,26	0,30	0,37	0,20
Spanien[4]	10.557	19.284	29.998	41.471	46.710	61.830	77.772	100.832
in %	0,02	0,03	0,05	0,07	0,08	0,10	0,12	0,16
Vereinigtes Königreich[3]	57.749	66.293	69.867	99.853	152.165	264.844	464.552	580.973
in %	0,10	0,11	0,12	0,17	0,25	0,44	0,77	0,95
Island[4]	1.865	2.232	2.462	2.547	2.644	4.251	7.803	k. A.
in %	0,67	0,79	0,86	0,88	0,91	1,45	2,60	k. A.
Norwegen[4]	3.366	3.658	4.195	5.166	5.549	7.427	11.240	20.074
in %	0,08	0,08	0,09	0,11	0,12	0,16	0,24	0,43
Schweiz[4]	17.598	18.733	19.997	20.308	20.909	22.060	25.711	k. A.
in %	0,25	0,26	0,28	0,28	0,28	0,30	0,34	k. A.
EU-15[6]	709.610	772.427	803.883	877.135	970.365	1.223.596	1.559.527	1.759.377
in %	0,19	0,20	0,21	0,23	0,25	0,32	0,40	0,45
sonst. EWR und Schweiz[6]	22.830	24.624	26.655	28.022	29.103	33.740	44.757	k. A.
in %	0,19	0,20	0,22	0,23	0,24	0,27	0,36	k. A.

1) 2000–2001: Labour Force Survey; 2002–2007: Nationale Bevölkerungsstatistik. 2) 2000–2006: Nationale Bevölkerungsstatistik; 2007: Labour Force Survey. 3) Labour Force Survey. 4) Nationale Bevölkerungsstatistik. 5) 2000–2006: Registrierungsnummern (PPSN), 2007: LFS, alle Daten inkl. Bulgarien und Rumänien. 6) Aggregierte Reihen wegen fehlender Angaben und unterschiedlicher Quellen nur bedingt vergleichbar.
Quellen: Nationale Bevölkerungsstatistik und European Labour Force Survey, eigene Berechnungen.

Tabelle E7
Ausländische Bevölkerung aus Bulgarien und Rumänien in der EU-15 und dem sonstigen EWR

	2000	2001	2002	2003	2004	2005	2006	2007
	Angaben in Personen und Prozent der Bevölkerung							
Belgien[2]	3.435	4.642	5.900	6.831	8.238	10.814	14.095	16.404
in %	0,03	0,05	0,06	0,07	0,08	0,10	0,13	0,15
Dänemark[2]	1.482	1.580	1.646	1.746	1.834	1.987	2.200	k. A.
in %	0,03	0,03	0,03	0,03	0,03	0,04	0,04	k. A.
Finnland[2]	786	854	873	887	909	970	1.089	k. A.
in %	0,02	0,02	0,02	0,02	0,02	0,02	0,02	k. A.
Frankreich[3]	5.752	8.761	7.960	20.496	13.826	13.781	28.752	27.523
in %	0,01	0,01	0,01	0,03	0,02	0,02	0,05	0,04
Deutschland[4]	124.453	126.245	131.098	133.404	112.532	112.196	112.406	131.402
in %	0,15	0,15	0,16	0,16	0,14	0,14	0,14	0,16
Griechenland[3]	13.319	19.761	32.395	31.881	41.491	46.890	48.466	55.817
in %	0,12	0,18	0,30	0,29	0,38	0,42	0,44	0,50
Irland[5]	k. A.	k. A.	k. A.	k. A.	k. A.	k. A.	k. A.	k. A.
in %	k. A.	k. A.	k. A.	k. A.	k. A.	k. A.	k. A.	k. A.
Italien[2]	47.224	69.020	81.444	189.279	264.223	315.316	362.124	400.045
in %	0,08	0,12	0,14	0,33	0,46	0,54	0,62	0,68
Luxemburg[3]	k. A.	k. A.	k. A.	k. A.	k. A.	k. A.	k. A.	k. A.
in %	k. A.	k. A.	k. A.	k. A.	k. A.	k. A.	k. A.	k. A.
Niederlande[2]	2.110	2.564	3.168	3.720	4.413	4.944	5.082	k. A.
in %	0,01	0,02	0,02	0,02	0,03	0,03	0,03	k. A.
Österreich[1]	16.229	30.229	22.387	24.926	26.802	28.367	29.573	29.958
in %	0,20	0,38	0,28	0,31	0,33	0,35	0,36	0,36
Portugal[4]	185	210	246	298	528	413	13.263	18.106
in %	0,00	0,00	0,00	0,00	0,01	0,00	0,13	0,17
Schweden[2]	3.951	3.300	3.123	3.148	3.170	3.205	3.080	k. A.
in %	0,04	0,04	0,04	0,04	0,04	0,04	0,03	k. A.
Spanien[4]	9.441	43.676	97.020	190.185	277.814	410.403	508.776	649.076
in %	0,02	0,07	0,16	0,31	0,45	0,66	0,81	1,02
Vereinigtes Königreich[3]	k.A.	11.352	21.739	13.029	21.180	28.326	34.608	33.799
in %	k.A.	0,02	0,04	0,02	0,04	0,05	0,06	0,06
Island[4]	1.865	2.232	2.462	2.547	2.644	4.251	7.803	k. A.
in %	0,67	0,79	0,86	0,88	0,91	1,45	2,60	k. A.
Norwegen[4]	3.366	3.658	4.195	5.166	5.549	7.427	11.240	20.074
in %	0,08	0,08	0,09	0,11	0,12	0,16	0,24	0,43
Schweiz[4]	17.598	18.733	19.997	20.308	20.909	22.060	25.711	k. A.
in %	0,25	0,26	0,28	0,28	0,28	0,30	0,34	k. A.
EU-15[6]	228.367	322.194	408.999	619.830	776.960	977.612	1.163.514	1.328.332
in %	0,06	0,09	0,11	0,16	0,20	0,25	0,30	0,34
sonst. EWR und Schweiz[6]	22.830	24.624	26.655	28.022	29.103	33.740	44.757	k. A.
in %	0,19	0,20	0,22	0,23	0,24	0,27	0,36	k. A.

1) 2000–2001: Labour Force Survey; 2002–2007: Nationale Bevölkerungsstatistik. 2) 2000–2006: Nationale Bevölkerungsstatistik; 2007: Labour Force Survey. 3) Labour Force Survey. 4) Nationale Bevölkerungsstatistik. 5) 2000–2006: Registrierungsnummern (PPSN), 2007: LFS, alle Daten inkl. Bulgarien und Rumänien. 6) Aggregierte Reihen wegen fehlender Angaben und unterschiedlicher Quellen nur bedingt vergleichbar.
Quellen: Nationale Bevölkerungsstatistik und European Labour Force Survey, eigene Berechnungen.

Kapitel E

> **Kasten E1**
> **Widerspricht die Entwicklung seit der EU-Osterweiterung den Wanderungsprognosen?**
>
> Insgesamt entspricht der Umfang der Zuwanderung aus den neuen Mitgliedsstaaten seit der EU-Erweiterung den historischen Erfahrungen, die während der Nord-Süd-Wanderungen in Europa in den 1960er- und den frühen 1970er-Jahren bis zum ersten Ölpreisschock gemacht wurden. Aufbauend auf diesen Erfahrungen haben viele Studien ein langfristiges Migrationspotenzial von 3 bis 5 % der Bevölkerung aus den neuen Mitgliedsstaaten in der EU-15 prognostiziert und kurzfristig, d. h. für die ersten Jahre nach der Öffnung, eine Nettozuwanderung von 250.000 bis 400.000 Personen p. a. erwartet (vgl. z. B. die Studien von Layard et al. 1992; Boeri/Brücker 2001; Alvarez-Plata et al. 2003; Krieger 2003). Allerdings kamen einige Studien auch zu deutlich niedrigeren (Fertig 2001; Fertig/Schmidt 2001b; Dustmann et al. 2003) oder deutlich höheren Ergebnissen (Sinn et al. 2001).
>
> Diese Studien können im technischen Sinne nicht falsifiziert werden, weil sie auf der kontrafaktischen Annahme beruhen, dass die EU-15-Länder ihre Arbeitsmärkte gleichzeitig für Arbeitnehmer aus den neuen Mitgliedsstaaten öffnen werden. Den meisten Autoren war vor der Erweiterung durchaus bewusst, dass die selektive Anwendung der Übergangsfristen eine Umlenkung der Migrationsströme in diejenigen Länder bewirken wird, die ihre Arbeitsmärkte zuerst öffnen werden (vgl. Alvarez-Plata et al. 2003: 52).
>
> Seit der Osterweiterung liegt die Zuwanderung aus den NMS-8 in die EU-15 mit 200.000 bis 270.000 Personen p. a. unterhalb oder am unteren Rand der prognostizierten Werte der meisten Studien, allerdings ist die Zuwanderung nach Irland und in das Vereinigte Königreich erheblich höher ausgefallen, als unter der kontrafaktischen Annahme der gleichzeitigen Einführung der Freizügigkeit erwartet wurde. Umgekehrt ist die Zuwanderung nach Österreich und Deutschland deutlich niedriger ausgefallen.

Ausländerstatistik den tatsächlichen Bestand u. a. aufgrund von Einbürgerungen unterschätzt.

3.3 Arbeitsmarkteffekte der EU-Osterweiterung in Deutschland

Die Erweiterung der EU durch die neuen Mitgliedsstaaten beeinflusst Löhne, Arbeitslosigkeit und gesamtwirtschaftliche Produktion auf verschiedenen Wegen: neben der Migration von Arbeit durch Handel, Kapitalverkehr und finanzielle Transfers der öffentlichen Haushalte. Diese einzelnen Effekte können nicht getrennt werden, sondern beeinflussen sich wechselseitig. Die Arbeitsmarkteffekte der Zuwanderung für Deutschland werden deshalb hier in einem angewandten Gleichgewichtsmodell simuliert, das neben Migration auch die Wirkungen von Handel, Kapitalverkehr und Transfers der öffentlichen Haushalte untersucht. Das Simulationsmodell berücksichtigt Lohnrigiditäten und Arbeitslosigkeit und ist in sechs Wirtschaftssektoren gegliedert (Landwirtschaft, Baugewerbe, Industrie, Dienstleistungen, Transport und Finanzen).[19]

Um die Wirkungen der Arbeitnehmerfreizügigkeit zu untersuchen, werden drei Politikszenarien simuliert:

- *Fortsetzung des Status quo (Szenario 1)*: Die mittel- und osteuropäischen Länder werden in die Güter- und Kapitalmärkte der EU integriert, aber Deutschland hält die Beschränkungen für die Arbeitnehmerfreizügigkeit aufrecht. Die Zuwanderung verharrt deshalb auf dem durchschnittlichen Niveau seit Beginn der Osterweiterung.
- *Freizügigkeit für die NMS-8 (Szenario 2)*: Die mittel- und osteuropäischen Länder werden in die Güter- und Kapitalmärkte der EU integriert,

---
19 Vgl. Baas et al. 2007 und Baas/Brücker 2008 für eine detaillierte Beschreibung des Modells.

und zusätzlich wird die Arbeitnehmerfreizügigkeit für die acht neuen Mitgliedsstaaten eingeführt.
- *Freizügigkeit für die NMS-10 (Szenario 3)*: Die mittel- und osteuropäischen Länder werden in die Güter- und Kapitalmärkte der EU integriert, und zusätzlich wird die Arbeitnehmerfreizügigkeit für die NMS-8 und Bulgarien und Rumänien eingeführt.

Die Migrationsszenarien für die Arbeitnehmerfreizügigkeit beruhen auf der Wanderungsprognose von Alvarez-Plata et al. (2003). Danach ergäbe sich bei Einführung der Freizügigkeit ein Anstieg der ausländischen Bevölkerung in Deutschland aus den NMS-8 von 453.000 Personen im Jahr 2006 auf 1,46 Mio. Personen im Jahr 2011 und der ausländischen Bevölkerung aus den NMS-10 von 579.000 Personen im Jahr 2006 auf 1,84 Mio. Personen im Jahr 2011. Durch die Umlenkung der Migrationsströme nach Irland und in das Vereinigte Königreich könnte die tatsächliche Zuwanderung etwas geringer ausfallen.

Hohe Wohlfahrtsgewinne durch Handel und Kapitalverkehr

Die Beseitigung der Barrieren für Handel und Kapitalverkehr und der Aufholprozess der neuen Mitgliedsländer wirken in allen drei Szenarien gleich: Die gesamtwirtschaftliche Produktion – gemessen am Bruttoinlandsprodukt – und die Löhne steigen in Deutschland, während die Arbeitslosenrate sinkt. Der Anstieg der gesamtwirtschaftlichen Produktion erklärt sich durch den Rückgang der Transaktionskosten für Handel und Kapitalverkehr, die zu verstärktem Handel, einer weiteren Spezialisierung und einer Steigerung der Produktivität führen. Von der Ausweitung des Handels und des Kapitalverkehrs profitieren alle Faktoreinkommen, allerdings steigen die Kapitaleinkommen stärker als die Löhne.

In dem Status-quo-Szenario (Szenario 1), das eine Beibehaltung der Übergangsregelungen bis zum Jahr 2011 und folglich nur eine geringe Zuwanderung aus den NMS-8 unterstellt, steigt durch die

Tabelle E8
Gesamtwirtschaftliche Effekte der EU-Osterweiterung in Deutschland

	Szenario 1	Szenario 2	Szenario 3
	Veränderung gegenüber Basisjahr in %		
Bruttoinlandsprodukt	1,02	1,33	1,44
Privater Konsum	1,27	1,50	1,59
Investitionen	1,18	1,47	1,55
Staatsverbrauch	0,48	0,66	0,73
Löhne	0,78	0,55	0,49
Beschäftigung	1,14	1,60	1,76
Exporte in die EU-25	3,00	3,46	3,63
Exporte in den Rest der Welt	1,47	1,94	2,11
Importe aus der EU-25	3,55	3,82	3,90
Importe aus dem Rest der Welt	1,68	1,95	2,04
	Veränderung gegenüber Basisjahr in Prozentpunkten		
Arbeitslosenrate	−0,64	−0,48	−0,39

Quelle: Baas et al. 2007. Vgl. Text zu den Annahmen der Simulationen.

Osterweiterung das reale BIP um 1,02 %, die Löhne um 0,78 % und die Beschäftigung um 1,14 %. Aufgrund der positiven Effekte der Erweiterung sinkt die Arbeitslosenrate um etwa 0,6 Prozentpunkte.

Freizügigkeit erhöht BIP und Beschäftigung in Deutschland

Bei einer Einführung der Freizügigkeit für die NMS-8 würde das BIP um 1,33 % und damit um rund 0,3 Prozentpunkte stärker wachsen als bei einer weiteren Anwendung der Übergangsfristen für die Freizügigkeit (Szenario 2). Auch die Beschäftigung würde mit 1,6 % stärker als bei einer Fortsetzung des Status quo steigen. Im Falle einer Einführung der Freizügigkeit für Bulgarien und Rumänien würden das BIP mit 1,44 % und die Beschäftigung mit 1,76 % noch stärker zunehmen (Tabelle E8).

Geringeres Lohnwachstum und geringer Rückgang der Arbeitslosigkeit bei Freizügigkeit

Unter realistischen Annahmen über die Reaktion von Löhnen und Arbeitslosigkeit auf die Ausweitung des Arbeitsangebotes durch Migration führt die Einführung der Freizügigkeit zu einem etwas geringeren Lohnwachstum und einem ebenfalls etwas gerin-

Tabelle E9
Sektorale Beschäftigungseffekte der EU-Osterweiterung

	Szenario 1	Szenario 2	Szenario 3
	Veränderung gegenüber Basisjahr in %		
Landwirtschaft	0,06	–1,34	–1,22
Industrie	1,56	2,16	2,37
Energie	0,24	0,43	0,52
Handel	0,89	1,53	1,76
Baugewerbe	1,24	1,60	1,70
Dienstleistungen	0,99	1,47	1,65
Finanzdienstleistungen	0,66	1,00	1,13

Quelle: Baas et al. 2007. Vgl. Text zu den Annahmen der Simulationen.

geren Rückgang der Arbeitslosenrate: So würde das Lohnwachstum von 0,78 % im Falle einer Fortsetzung des Status quo auf 0,55 % bei Einführung der Freizügigkeit für die NMS-8 und auf 0,49 % bei Einführung der Freizügigkeit für die NMS-10 zurückgehen. Die Arbeitslosenquote würde bei einer Einführung der Freizügigkeit für die NMS-8 um 0,48 Prozentpunkte anstatt um 0,64 Prozentpunkte, bei Einführung der Freizügigkeit für die NMS-10 um 0,39 Prozentpunkte sinken.

Positive Arbeitsmarkteffekte durch Veränderung der Sektorstruktur bei Freizügigkeit

Die Einführung der Freizügigkeit für Arbeitnehmer aus den NMS-8 hat zwei Effekte für den Arbeitsmarkt: Erstens weitet sich das Arbeitsangebot aus, und zweitens verschiebt sich durch Abschaffung des reglementierten Arbeitsmarktzugangs die Sektorstruktur der Beschäftigung. Der erste Effekt dämpft durch Annahme einer Lohnkurve sowohl den Anstieg der Löhne als auch den Rückgang der Arbeitslosigkeit. Der zweite Effekt führt zu einer Verringerung der Arbeitslosigkeit, weil die Zuwanderer bevorzugt Sektoren mit günstigen Beschäftigungsaussichten wählen. Aufgrund der Annahme einer vergleichsweise hohen Zuwanderung dominiert der erste Effekt in unseren Szenarien den zweiten. Fällt aber die Zuwanderung aus den NMS-8 etwa aufgrund der Umlenkung in das Vereinigte Königreich und nach Irland deutlich geringer als hier unterstellt aus, dann kann die Einführung der Freizügigkeit auch einen Rückgang der Arbeitslosigkeit gegenüber dem Status-quo-Szenario bewirken.

Gewinne für Industrie und Bauwirtschaft, Verluste für die Landwirtschaft

Die mit der EU-Erweiterung zusammenhängenden Handelseffekte wirken unterschiedlich auf die Sektoren der deutschen Wirtschaft. Während der Agrarsektor zunehmend unter Druck gerät, können Bau- und Industriesektor von den handelsbedingten Effekten profitieren. Der Dienstleistungssektor hingegen gewinnt insbesondere in den Szenarien mit Arbeitnehmerfreizügigkeit (Tabelle E9).

Durch die Fortschreibung der Übergangsregelungen zur Freizügigkeit wird der Druck auf den Agrarsektor weiter verstärkt. Gründe hierfür sind erstens die Integration der NMS-8 in die gemeinsame Agrarpolitik der EU, zweitens der Preisdruck aufgrund der generellen Senkung der Handelsbarrieren und drittens die fortlaufende Migration, die vorwiegend im Agrarsektor das Arbeitsangebot erhöht. Der Agrarsektor ist durch die Sonderregelungen für Saisonarbeitskräfte besonders von der Zuwanderung während der Übergangsfristen betroffen.

Die positive Entwicklung im Bausektor kann nur in Zusammenhang mit der Analyse des Kapitalverkehrs erklärt werden. Durch die Verbesserung der Kapitalverkehrsbilanz steigen die Investitionen in Deutschland und damit auch die Bauinvestitionen. Der Bausektor kann sich dadurch von der bereits im Vorfeld des Betrachtungszeitraums eingetretenen Verschlechterung der Kapitalverkehrsbilanz zumindest teilweise erholen.

Der Industriesektor wiederum profitiert einerseits von den Handelseffekten aufgrund des hohen Anteils dieses Sektors an den Gesamtexporten Deutschlands, andererseits durch die Zuwanderung von Arbeitskräften, die es ermöglichen, den integrationsbedingten Nachfragezuwachs zu bedienen. Hierdurch wird einerseits die Leistungsbilanz Deutschlands verbessert, andererseits wird durch die Verknüpfung der Sektoren über Vorleistungen dieser positive Impuls auch auf andere Sektoren übertragen. Hiervon profitiert insbesondere der Dienstleistungssektor, der zudem eine hohe Beschäftigungszunahme durch die Zuwanderung aus den NMS-8 bzw. den NMS-10 verzeichnet.

Fazit

Die selektive Anwendung der Übergangsfristen im Zuge der EU-Osterweiterung hat zu einer Umlenkung der Migration nach Irland und in das Vereinigte Königreich geführt. Insgesamt ist in der EU-15 die ausländische Bevölkerung aus den NMS-8 in den ersten drei Jahren nach deren EU-Beitritt von rund 900.000 Personen auf 1,6 Mio. Personen gestiegen. Im gleichen Zeitraum ist die ausländische Bevölkerung aus Bulgarien und Rumänien, die erst 2007 der EU beigetreten sind, von 700.000 Personen auf 1,3 Mio. Personen angewachsen. Damit hat sich die Regionalstruktur der Zuwanderung erheblich verschoben: Entfielen vor der Erweiterung 60 % der Zuwanderung in der EU-15 aus den NMS-8 auf Deutschland und Österreich, so absorbieren das Vereinigte Königreich und Irland seit der Erweiterung rund 60 % der Wanderungsströme aus diesen Ländern. In ähnlicher Weise hat sich eine Umlenkung der Migrationsströme aus Bulgarien und Rumänien nach Spanien und Irland ergeben.

Die EU-Osterweiterung führt zu positiven gesamtwirtschaftlichen Effekten: Bruttoinlandsprodukt, Beschäftigung und Löhne wachsen, während die Arbeitslosigkeit sinkt. Die Einführung der Freizügigkeit für die NMS-8 und NMS-10 würde in Deutschland zu einem weiteren Wachstum des BIP und der Beschäftigung führen, allerdings würden das Lohnwachstum und der Rückgang der Arbeitslosigkeit etwas gedämpft.

4 Arbeitsmarktwirkungen der Arbeitsmigration

Die Wanderung von Arbeitskräften führt zu einem produktiveren Einsatz des Faktors Arbeit: Arbeitskräfte wandern aus Ländern mit niedrigen Löhnen und häufig hoher Arbeitslosigkeit in Länder mit hohen Löhnen und meistens geringer Arbeitslosigkeit. So beträgt das Bruttoinlandsprodukt pro Kopf in den Herkunftsländern der Migration nach Deutschland rund ein Drittel des deutschen Niveaus.[20] Angesichts dieses großen Einkommensgefälles führt die Arbeitsmigration aus globaler Perspektive zu erheblichen Wohlfahrtsgewinnen. Diese Gewinne dürften sehr viel höher sein als die einer weiteren Liberalisierung von Handel und Kapitalverkehr (Hamilton/Whalley 1984; Rodrik 2002).

Allerdings sind die Gewinne und Kosten der Migration nicht über die Ein- und Auswanderungsländer und die einzelnen Personengruppen in diesen Ländern gleich verteilt. Insbesondere in den Einwanderungsländern bestehen erhebliche Befürchtungen, dass Migration zu sinkenden Löhnen und steigender Arbeitslosigkeit führt. In diesem Abschnitt wird aus theoretischer und empirischer Perspektive untersucht, welche Arbeitsmarkteffekte der arbeitsmarktbedingten Migration in den Ein- und Auswanderungsländern zu erwarten sind.

4.1 Theoretische Überlegungen

Die Effekte der Migration für Löhne, Beschäftigung und gesamtwirtschaftliche Produktion hängen von dem verwendeten Modell ab.

Der Standardfall: Migrationswirkungen bei flexiblen Arbeitsmärkten

Im einfachsten Fall der Migration zwischen Volkswirtschaften, in denen die Ausstattung mit Kapital konstant ist, die Arbeitsmärkte vollkommen flexibel

---

20 Nach eigenen Berechnungen auf Grundlage von Angaben der World Development Indicators der Weltbank (2007).

sind und in denen nur ein Gut produziert wird, d. h. zwischen Volkswirtschaften, die nicht miteinander handeln, führt die Migration zu Wohlfahrtsgewinnen in den Einwanderungsländern (vgl. z. B. Wong 1995). Das Gut wird mit Kapital, qualifizierter und unqualifizierter Arbeit hergestellt. Kapital und beide Arten von Arbeit sind Komplemente, während qualifizierte und unqualifizierte Arbeit Substitute darstellen. Die Produktionstechnologie hat konstante Skalenerträge. Die Migranten bringen kein Kapital mit, und das Arbeitsangebot der einheimischen Arbeitskräfte ist unelastisch. Unter diesen Annahmen wird die Zuwanderung von gering qualifizierten Arbeitskräften in dem Einwanderungsland die Produktion ausweiten, die Kapitaleinkünfte erhöhen und den Lohn von gering qualifizierter Arbeit senken. Die Effekte für qualifizierte Arbeit sind zwiespältig: Durch die Ausweitung der Produktion entsteht ein Skaleneffekt, der die Nachfrage nach qualifizierter Arbeit erhöht; zugleich entsteht durch das zusätzliche Angebot unqualifizierter Arbeit ein Substitutionseffekt, der die Nachfrage nach qualifizierter Arbeit senkt. Die Nettoeffekte für Löhne oder Beschäftigung können positiv wie auch negativ sein. Insgesamt ergibt sich in den Einwanderungsländern ein Einkommensanstieg für die einheimische Bevölkerung.

In den Herkunftsländern ist das Gegenteil der Fall: Die gesamtwirtschaftliche Produktion geht zurück, die Kapitaleinkünfte fallen, und der Lohn für gering qualifizierte Arbeit steigt, während die Effekte für qualifizierte Arbeitskräfte ambivalent sind. Der Gesamteffekt für die zurückgebliebene Bevölkerung ist negativ, solange die Rückübertragung von Einkommen an die Familien der Migranten nicht berücksichtigt wird.

Neben den Einheimischen in den Zielländern und den Zurückbleibenden in den Herkunftsländern gibt es eine dritte Gruppe, deren Einkommen von der Migration betroffen ist: die Migranten selbst. Annahmegemäß sind die Einkommenseffekte für die Migranten positiv – sie würden sonst nicht wandern. Insgesamt führt die Migration, ähnlich wie Handel und Kapitalverkehr, zu einem Einkommensanstieg in der Einwanderungsregion.

Migrationswirkungen in Volkswirtschaften mit Arbeitslosigkeit

Das Ergebnis, dass die Zuwanderung das Gesamteinkommen der Einheimischen in den Einwanderungsländern erhöht und in den Auswanderungsländern senkt, beruht auf der Annahme vollkommen flexibler Arbeitsmärkte. Im Falle von Lohnrigiditäten und Arbeitslosigkeit kann sich dies ändern. Nehmen wir an, dass sich im Einwanderungsland die Löhne nicht vollkommen flexibel an Veränderungen des Arbeitsangebotes und der Arbeitsnachfrage anpassen. Dies kann beispielsweise auf kollektive Lohnverhandlungen zwischen Arbeitgeberverbänden und Gewerkschaften zurückzuführen sein, aber auch auf Effizienzlöhne, die die Unternehmen ihren Arbeitnehmern zahlen, um die Arbeitsproduktivität zu erhöhen.

Die Effekte der Migration für Löhne und Arbeitslosigkeit sind in diesem Falle zwiespältig: Nehmen wir an, dass durch Migration das Arbeitsangebot in einem Arbeitsmarktsegment steigt, in dem die Löhne weitgehend rigide sind. In diesem Falle würde die Beschäftigung in diesem Arbeitsmarktsegment nur geringfügig zunehmen, der Lohn nur geringfügig fallen und die Arbeitslosigkeit von Einheimischen und Ausländern steigen. Komplementäre Arbeitskräfte und die Kapitaleigner würden in diesem Fall deutlich weniger als bei flexiblen Arbeitsmärkten profitieren.

Allerdings kann Migration auch zu sinkender Arbeitslosigkeit führen: Wenn durch Migration das Arbeitskräfteangebot in Arbeitsmarktsegmenten mit relativ flexiblen Löhnen ausgeweitet wird, dann steigt dort die Beschäftigung, und die Löhne fallen. Die Arbeitsnachfrage nach komplementären Arbeitskräften steigt.

In der Regel gewinnen die Einwanderungsländer, wenn die Migranten ein höheres Qualifikationsniveau als der Durchschnitt der einheimischen Bevölkerung aufweisen, und verlieren im umgekehrten Fall.

Anpassung des Kapitalstocks

In beiden Fällen, in Volkswirtschaften mit flexiblen Arbeitsmärkten und Volkswirtschaften mit Lohnrigiditäten und Arbeitslosigkeit, würden die Arbeitnehmer in den Einwanderungsländern also verlieren, sofern sie Nettosubstitute für die zugewanderte Arbeit sind. Dies gilt jedoch nur, wenn sich die Kapitalausstattung nicht an das gestiegene Arbeitsangebot anpasst. Dies widerspricht jedoch den vorliegenden empirischen Befunden: Das Verhältnis von Kapitalausstattung zu Output ist in den meisten entwickelten Volkswirtschaften konstant (Kaldor 1961). Die Kapitalausstattung passt sich folglich durch inländische Investitionen und den Zufluss internationalen Kapitals an Angebotsschocks auf dem Arbeitsmarkt an.

Eine Anpassung des Kapitalstocks hat weitreichende Folgen für die Arbeitsmarktwirkungen der Zuwanderung. Sofern das Verhältnis von Kapital zu Output konstant bleibt, verändern sich weder die Entlohnung des Faktors Arbeit noch die Kapitalrenditen auf gesamtwirtschaftlicher Ebene.

Auf gesamtwirtschaftlicher Ebene sind folglich allenfalls kurzfristige Effekte der Zuwanderung für den Arbeitsmarkt zu erwarten. Allerdings kann die Zuwanderung zu einer Veränderung der Beschäftigungsstrukturen und damit zu einer Veränderung der relativen Löhne und der Beschäftigungsrisiken für einzelne Gruppen im Arbeitsmarkt führen. Es kommt deshalb bei einer Bewertung der Arbeitsmarkteffekte stärker auf die Qualifikationsstruktur als auf den Umfang der Zuwanderung an.

Zuwanderung in prosperierende Regionen

Migranten wandern in der Regel in prosperierende Regionen und Branchen. So konzentriert sich die Zuwanderung in Deutschland auf Ballungsräume mit hohen Löhnen und geringer Arbeitslosigkeit wie München, Stuttgart, das Rhein-Main-Gebiet und Hamburg (Burkert et al. 2007). Wie Borjas (2001) mithilfe eines einfachen Modells gezeigt hat, kann Migration in diesem Fall zur Überwindung regionaler Arbeitsmarktengpässe beitragen und somit die Wohlfahrtseffekte der Migration deutlich erhöhen.

Betrachten wir den folgenden Fall: Das Einwanderungsland besteht aus zwei Regionen: einer Region mit niedrigen Löhnen und hoher Arbeitslosigkeit und einer anderen Region mit hohen Löhnen und geringer Arbeitslosigkeit. Die Verteilung der inländischen Bevölkerung auf die beiden Regionen befindet sich im Gleichgewicht, d. h., die Differenz des Netto-Nutzens aus der erwarteten Einkommensdifferenz entspricht für den marginalen einheimischen Migranten den Kosten der Migration. Die inländische Nettomigration kommt folglich zum Stillstand. Aufgrund der höheren Lohndifferenz zum Ausland sind die Anreize für internationale Migration höher als für die Wanderung von Einheimischen. Internationale Migranten werden in die Hochlohnregion ziehen, da sie dort mit einem höheren Einkommen rechnen können. Infolgedessen reduziert internationale Migration die regionalen Lohndifferenzen innerhalb des Einwanderungslandes und erhöht die Produktivität der restlichen Produktionsfaktoren. Die Einkommensgewinne der einheimischen Bevölkerung im Einwanderungsland fallen deshalb erheblich höher als bei homogenen Regionen aus, während die Effekte für die Arbeitslosigkeit erheblich geringer sind.

Arbeitsmarktwirkungen in offenen Volkswirtschaften

Bislang wurde die Betrachtung auf eine geschlossene Volkswirtschaft beschränkt. In diesem Fall tragen die Arbeitsmärkte die gesamte Anpassungslast der Migration. Im Falle einer offenen Volkswirtschaft wirkt sich die Zuwanderung jedoch nicht notwendigerweise auf Löhne und Arbeitsplätze aus. In dem Standardmodell der Außenwirtschaftstheorie, dem Heckscher-Ohlin-Samuelson-Modell, hängen Faktorpreise von den Preisen der gehandelten Güter ab, jedoch nicht notwendigerweise von der Faktorausstattung. Im einfachsten Fall der Zuwanderung von Arbeitskräften in einer kleinen offenen Volkswirtschaft, die die Weltmarktpreise nicht beeinflussen kann, kann die Einwanderung vollständig absorbiert werden durch die Ausweitung der Produktion arbeitsintensiver Güter, den Rückgang der Importe arbeitsintensiver Güter und die Exporte kapitalintensiver Güter (Rybczynski-Effekt). Die Migration wirkt sich in diesem Modell zwar auf die Produktionsstruktur aus, nicht aber auf Löhne, Einkommensverteilung oder – im Falle von Lohnrigiditäten – die Arbeitslosigkeit einheimischer Arbeitskräfte.

4.2 Empirische Befunde

Grundsätzlich kann die empirische Literatur zu den Arbeitsmarktwirkungen der Migration in drei Zweige unterteilt werden: Der erste Zweig stützt sich auf Simulationsmodelle, die unter realitätsnahen Annahmen die Effekte der Migration simulieren. Der zweite Zweig zieht die regionale Varianz des Ausländeranteils in den Einwanderungsländern heran, um die Wirkungen der Migration auf Löhne und Beschäftigungschancen der Bevölkerung zu identifizieren. Der dritte Zweig schließlich nutzt die Varianz des Ausländeranteils über Qualifikations- und Erfahrungsgruppen, um auf nationaler Ebene die Effekte der Migration in den Einwanderungsländern zu ermitteln.

Simulation der Migrationswirkungen

Die Arbeitsmarkteffekte der Migration sind in zahlreichen Simulationsmodellen unter unterschiedlichen Annahmen über die Qualifikation der Migranten und die Flexibilität der Arbeitsmärkte dargestellt worden. Borjas (1999) schätzt in einem Modell für die US-amerikanische Volkswirtschaft, dass eine Zuwanderung von 1 % der Bevölkerung bei konstanter Kapitalausstattung die Löhne der qualifizierten Arbeitnehmer um 0,2 % und der gering qualifizierten Arbeitnehmer um 0,4 % senkt, während die Kapitaleinkommen um 0,6 % steigen. Das Nationaleinkommen der einheimischen Bevölkerung steigt um 0,03 %. Bei einer Anpassung des Kapitalstocks steigen die Löhne der qualifizierten Arbeitnehmer um 0,04 %, während die der gering qualifizierten um 0,4 % sinken.

Boeri und Brücker (2005) schätzen in einem Modell des europäischen Arbeitsmarktes mit Lohnrigiditäten unter Annahme eines konstanten Kapitalstocks, dass bei einer Zuwanderung von 1 % die Löhne von qualifizierten Arbeitskräften um 0,3 % und von gering qualifizierten Arbeitskräften um 0,5 % sinken, während die Arbeitslosenquote um 0,2 Prozentpunkte steigt. Im gleichen Modell bewirkt die Anpassung des Kapitalstocks, dass die Arbeitslosenrate durch Zuwanderung unverändert bleibt, sofern die Zuwanderer ähnlich qualifiziert sind wie die einheimische Bevölkerung (Brücker/v. Weizsäcker 2007). Die Lohneffekte der Zuwanderung sind in diesem Fall ähnlich gering wie in dem Simulationsmodell von Borjas (1999).

Insgesamt führt die Zuwanderung zu erheblichen Einkommensgewinnen: Das gemeinsame Sozialprodukt in den Herkunfts- und Zielländern steigt unter den Bedingungen des europäischen Einkommensgefälles um etwa 0,3 % bei einer Migration von 1 %. Unter Berücksichtigung des Umstands, dass sich die Migration in den Einwanderungsländern auf prosperierende Regionen mit überdurchschnittlich hohen Löhnen und niedriger Arbeitslosigkeit konzentriert, steigt die gesamtwirtschaftliche Produktion in den Ziel- und Herkunftsländern bei einer Migration von 1 % sogar um 0,6 % (Boeri/Brücker 2005; Brücker/v. Weizsäcker 2007).

Regionale Unterschiede

Es existiert eine umfangreiche empirische Literatur, die die Lohn- und Beschäftigungswirkungen der Migration durch die regionale Varianz des Ausländeranteils zu identifizieren versucht. Der überwiegende Teil dieser Studien findet keine oder nur nicht signifikante negative Korrelationen zwischen dem Ausländeranteil und den Löhnen bzw. den Beschäftigungschancen der einheimischen Bevölkerung (Friedberg/Hunt 1995; Card 2001; Borjas et al. 1997). Allerdings musste diese Literatur das Problem berücksichtigen, dass sich die Migranten überwiegend in Regionen mit überdurchschnittlich hohen Löhnen und unterdurchschnittlicher Arbeitslosigkeit niederlassen. Zudem kann die Abwanderung von Einheimischen zu einer Unterschätzung der Migrationseffekte führen.[21]

Die meisten Studien versuchen diesem Endogenitätsproblem zu begegnen, indem sie entweder Instrument-Variablen verwenden, die mit dem Ausländeranteil, aber nicht mit Löhnen oder Arbeitslosigkeit korreliert sind, oder indem sie einen „differences-in-differences"-Schätzansatz verfolgen (Mühleisen/Zimmermann 1994; Pischke/Velling 1997; Gavasto et al. 1999). Ein anderer Teil der Literatur stützt sich auf natürliche Experimente wie die Massenmigrationen aus Kuba nach Miami (Card 1990), aus Algerien nach Frankreich (Hunt 1992) oder aus Angola und Mozambique nach Portugal (Carrington/DeLima 1996), die durch politische Ereignisse und nicht ökonomisch bedingt waren. Sofern die regionale Verteilung der Migration nicht durch Löhne oder Arbeitslosigkeit gesteuert ist, lassen sich diese natürlichen Experimente zur unverzerrten Identifikation der Migrationswirkungen nutzen.

Insgesamt sind die empirisch geschätzten Lohn- und Beschäftigungseffekte gering. So ermittelten Longhi et al. (2005, 2006) in Meta-Studien der Untersuchungen zu den Lohn- und Beschäftigungseffekten der Migration, dass eine Zuwanderung von 1 % der Bevölkerung die Löhne um weniger als 0,1 % senkt und das Arbeitslosenrisiko der einheimischen Bevölkerung um weniger als 0,1 Prozentpunkte erhöht.

Studien auf nationaler Ebene unter Beachtung der Qualifikationsstruktur

In jüngster Zeit hat sich ein neuer Schwerpunkt in der Literatur entwickelt, wonach nicht die regionale Varianz, sondern die Varianz des Ausländeranteils über die Qualifikations- und Erfahrungsgruppen zur Ermittlung der Migrationswirkungen genutzt wird. Sofern die Alters- und Qualifikationsstruktur der Migranten nicht durch Unterschiede in der Entlohnung oder den Beschäftigungseffekten beeinflusst wird, können so die Effekte der Migration identifiziert werden. Tatsächlich ermittelt Borjas für die USA (Borjas 2003), Kanada und Mexiko (Aydemir/Borjas 2007), dass eine Zuwanderung von 1 % die Löhne um etwa 0,4 % senkt. In einer ähnlich angelegten Studie schätzt Bonin (2005), dass eine Zuwanderung von 1 % die Löhne in Deutschland um gut 0,1 % senkt.

Gegen das Vorgehen dieser Studien sind zwei Einwände vorgebracht worden (Ottaviano/Peri 2006a): Erstens wird angenommen, dass die Kapitalausstattung konstant ist. Tatsächlich lässt sich jedoch zeigen, dass sich in entwickelten Volkswirtschaften die Kapitalausstattung an das Arbeitsangebot anpasst (s. o.), so dass zumindest langfristig keine gesamtwirtschaftlichen Effekte der Zuwanderung auf Löhne und Kapitalrenditen zu erwarten sind. Zweitens wird unterstellt, dass einheimische und ausländische Arbeitskräfte gleicher Qualifikation und Berufserfahrung perfekte Substitute sind, was aufgrund zahlreicher Unterschiede wie Sprache und Kultur jedoch nicht der Fall sein muss. Tatsächlich ermitteln Ottaviano und Peri (2006a) eine geringe Substitutionselastizität zwischen ausländischen und einheimischen Arbeitskräften.

Unter Berücksichtigung dieser Faktoren bewirkt die Zuwanderung in den USA nach der Studie von Ottaviano und Peri (2006a) steigende Löhne für die einheimische Bevölkerung. Lediglich für gering qualifizierte Beschäftigte ergibt sich eine geringe Lohnsenkung. Allerdings sinken die Löhne der ausländischen Bevölkerung durch Zuwanderung erheblich.

Die US-amerikanischen Studien von Borjas (2003) und Ottaviano und Peri (2006a) unterstellen flexible Arbeitsmärkte und berücksichtigen folglich nicht die Wirkungen der Migration auf die Arbeitslosigkeit. In einer jüngeren Studie wurden für Deutschland die Lohn- und Beschäftigungseffekte der Migration simultan geschätzt (Brücker/Jahn 2008). Die Rigiditäten auf dem Arbeitsmarkt wurden in dieser Studie in Form einer Lohnkurve abgebildet (Blanch-

---

21 Wie Card und DiNardo (2000) zeigen, ist dieses Phänomen jedoch zumindest in den USA statistisch nicht signifikant.

flower/Oswald 1995). Eine Lohnkurve unterstellt, dass die Löhne mit steigender Arbeitslosigkeit fallen, so dass sich die Löhne an die Ausweitung des Arbeitsangebots durch Migration zumindest partiell anpassen. Diese Studie kommt zu dem Ergebnis, dass die Migration langfristig in Deutschland keinen Anstieg der Arbeitslosigkeit bewirkt und auch die aggregierten Löhne unverändert lässt. Allerdings beeinflusst die Zuwanderung Löhne und Arbeitsmarktrisiken zwischen den einzelnen Gruppen im Arbeitsmarkt. Bei der gegenwärtigen Zuwanderungsstruktur sind deshalb vor allem geringer qualifizierte Beschäftigte negativ von der Zuwanderung betroffen, während mittel und hochqualifizierte Einheimische von der Zuwanderung in Deutschland durch höhere Löhne und geringere Arbeitslosigkeitsrisiken profitieren. Insgesamt gewinnen die einheimischen Arbeitskräfte durch höhere Löhne und geringere Arbeitslosigkeit, während die Löhne der bereits im Land lebenden Ausländer sinken und die Arbeitslosigkeit der ausländischen Arbeitskräfte zunimmt (Brücker/Jahn 2008). Kurzfristig, d. h. bei unvollkommener Anpassung des Arbeitsmarktes und der Löhne, kann die Zuwanderung von rund 1 % die Arbeitslosenrate um 0,1 Prozentpunkt erhöhen und die Löhne um 0,1 % senken. Zwei jüngere Arbeiten von D'Amuri et al. (2008) und Felbermayr et al. (2008) kommen zu ähnlichen Ergebnissen.

Von den meisten Studien werden makroökonomische Zusammenhänge zwischen Migration, Inflation und Beschäftigung ausgeblendet. In einer jüngeren Studie zeigen Bentolila et al. (2007), dass der Anstieg der ausländischen Bevölkerung in Spanien von unter 1 % im Jahr 1994 auf 9,3 % im Jahr 2006 zu einem Rückgang der Arbeitslosigkeit geführt hat. Tatsächlich ist die Arbeitslosenquote in Spanien im gleichen Zeitraum um 7 Prozentpunkte gefallen, obwohl keine einschneidenden Arbeitsmarktreformen durchgeführt wurden und die Inflationsrate sich stabil bei 2–4 % eingependelt hat. Die Zuwanderung habe die Philipps-Kurve, also den Zusammenhang zwischen Inflation und Arbeitslosigkeit, verschoben, weil die Zuwanderer ihr Arbeitsangebot elastischer als Einheimische an Schwankungen der Nachfrage anpassen als auch einen dämpfenden Einfluss auf Lohnverhandlungen haben. Im Ergebnis sei die Arbeitslosigkeit in Spanien erheblich stärker gesunken, als im Fall ohne Zuwanderung zu erwarten gewesen sei.

4.3 Fazit

In den meisten Ländern ist die Zuwanderung von Arbeitskräften mit der Befürchtung verbunden, dass die Arbeitslosigkeit steigt und die Löhne fallen. Auf gesamtwirtschaftlicher Ebene werden diese Befürchtungen weder theoretisch noch empirisch bestätigt: Bei einer Anpassung des Kapitalstocks an die Ausweitung des Arbeitsangebots sind zumindest langfristig weder fallende Löhne noch steigende Arbeitslosigkeit zu erwarten. Tatsächlich liegen starke empirische Befunde vor, dass die Ausweitung des Arbeitsangebots durch Migration keinen Einfluss auf die Kapitalintensität der Produktion hat. Unter spezifischen Bedingungen kann Migration sogar eine Verschiebung des Verhältnisses zwischen Inflation und Arbeitslosigkeit und damit einen Rückgang der gesamtwirtschaftlichen Arbeitslosenrate bewirken, wie sich am Beispiel Spaniens zeigen lässt.

Demgegenüber kann Migration Löhne und Beschäftigungschancen zwischen den einzelnen Gruppen im Arbeitsmarkt verändern, je nachdem, welche Gruppen von dem steigenden Wettbewerb, ausgelöst durch die eingewanderten Arbeitskräfte, betroffen sind. Obwohl in Deutschland die Substitutionselastizität zwischen einheimischen und ausländischen Arbeitskräften höher als beispielsweise in den USA ist, sind bei der gegenwärtigen Qualifikationsstruktur der Zuwanderer vor allem Arbeitskräfte mit geringer Qualifikation negativ von der Zuwanderung betroffen, während einheimische Arbeitskräfte mit mittlerer und höherer Qualifikation von der Zuwanderung durch höhere Löhne und niedrigere Beschäftigungsrisiken profitieren. Durch eine Steuerung der Zuwanderung nach Humankapitalkriterien ließe sich jedoch eine gleichmäßigere Verteilung der Gewinne und Lasten erreichen.

5 Einfluss der Zuwanderung auf das Erwerbspersonenpotenzial

Die Zuwanderung kann die demografische Struktur der Bevölkerung beeinflussen, woraus sich wiederum erhebliche Auswirkungen auf den Arbeitsmarkt und Sozialstaat ergeben. Schon heute führt die aktuelle Arbeitsmarktdynamik zu einem steigenden Bedarf an Arbeitskräften, dem ein stagnierendes, tendenziell leicht sinkendes Arbeitskräftepotenzial gegenübersteht (Bach et al. 2008). Auf lange Sicht wird das Erwerbspersonenpotenzial[22] in Deutschland erheblich zurückgehen. Zugleich steigt der Anteil der Bevölkerung, der nicht mehr im erwerbsfähigen Alter ist. Die Migration kann den Rückgang des Erwerbspersonenpotenzials nicht aufhalten, aber abschwächen.

Abbildung E6[23] zeigt unter verschiedenen Annahmen, wie sich das Erwerbspersonenpotenzial bis zum Jahr 2050 entwickeln könnte: Ohne Zuwanderung und ohne Veränderung des Erwerbsverhaltens könnte das Erwerbspersonenpotenzial von gegenwärtig 44,5 Mio. Personen bis zum Jahr 2050 auf rund 26 Mio. Personen sinken. In diesem Abschnitt wird untersucht, wie unter Berücksichtigung eines veränderten Erwerbsverhaltens die Migration das Erwerbspersonenpotenzial in Deutschland beeinflussen kann.

5.1 Der Rückgang des Erwerbspersonenpotenzials ohne Zuwanderung

Die Mitte der 1950er- bis Anfang der 1970er-Jahre geborene Babyboom-Generation stellt derzeit das Gros der arbeitsfähigen Bevölkerung. Sobald diese Generation in den nächsten zehn bis zwanzig Jahren das Rentenalter erreicht, sinkt die Zahl der Erwerbsfähigen in Deutschland. Dieser Rückgang wird in den kommenden Dekaden deutlich an Tempo gewinnen.

Aufgrund des Geburtendefizits, der Alterung der Erwerbsbevölkerung und des damit verbundenen Ausscheidens aus dem Arbeitsmarkt würde das sogenannte Erwerbspersonenpotenzial bei konstanter Erwerbsquote und keinerlei Zuwanderung bis 2050 um rund 18 Mio. Personen sinken (Szenario S1 in Abbildung E6). Zuwanderung und eine steigende Erwerbsbeteiligung von Frauen und Älteren werden diesen Rückgang allerdings wahrscheinlich abmildern.

Das Potenzial an zusätzlichen Arbeitskräften, das sich aus einer höheren Erwerbsbeteiligung von Frauen ergibt, dürfte nach Einschätzung des IAB im Jahr 2020 nicht ganz 1 Mio. und im Jahr 2050

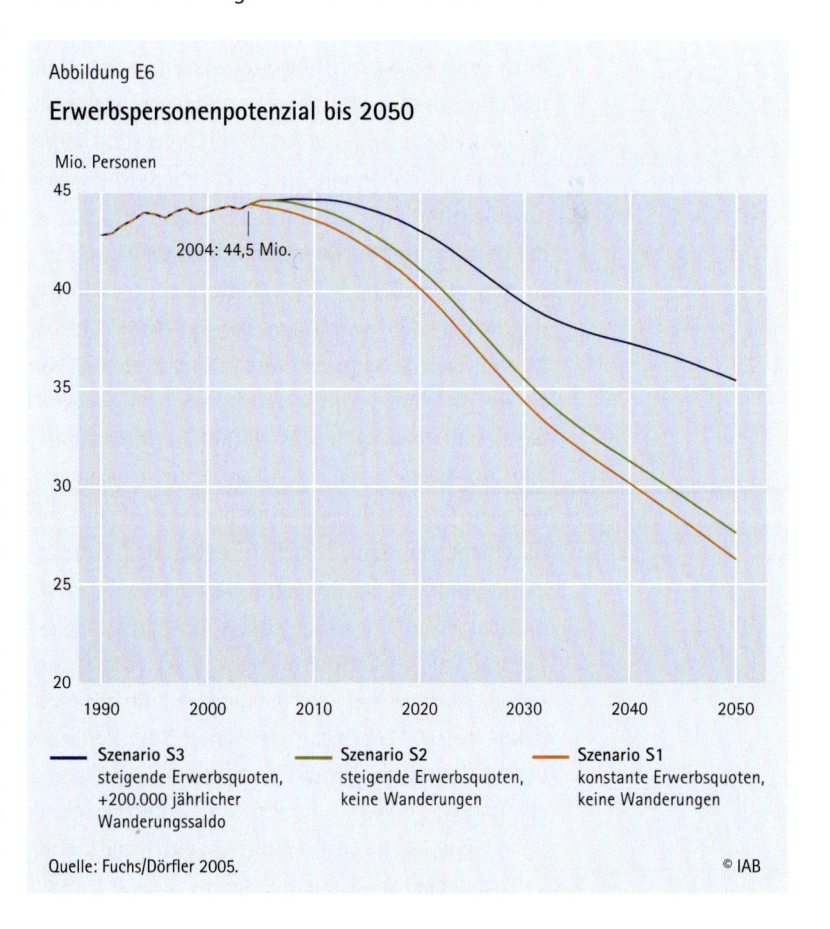

Abbildung E6
Erwerbspersonenpotenzial bis 2050

Szenario S3: steigende Erwerbsquoten, +200.000 jährlicher Wanderungssaldo
Szenario S2: steigende Erwerbsquoten, keine Wanderungen
Szenario S1: konstante Erwerbsquoten, keine Wanderungen

Quelle: Fuchs/Dörfler 2005. © IAB

---

22 Das Erwerbspersonenpotenzial setzt sich zusammen aus den Erwerbstätigen, den Erwerbslosen und der Stillen Reserve und bildet damit nahezu die Obergrenze des Angebots an Arbeitskräften, das der deutschen Wirtschaft zur Verfügung steht.

23 Im gesamten Text beziehen sich die Wanderungsangaben (Nettozuwanderung, Wanderungssaldo) auf die Bevölkerung insgesamt, also nicht nur auf Arbeitskräfte.

Tabelle E10

Einflussfaktoren auf das Erwerbspersonenpotenzial – ohne Migration

(in 1.000 Personen, Deutschland insgesamt)

Zeitraum	Demografischer Effekt (Alterung, Geburtendefizit)	Verhaltenseffekt (vor allem steigende Erwerbsquoten von Frauen)	Effekt einer Rente mit 67 (Untergrenze/Obergrenze)
2004–2020	–4.341	974	518/1.320
2020–2050	–13.856	378	337/1.110
Gesamter Zeitraum 2004–2050	–18.196	1.352	855/2.430

Quelle: Eigene Berechnungen.

maximal 1,4 Mio. Personen betragen (Szenario S2 in Abbildung E6). Dabei wurde eine weitestgehende Ausschöpfung des Erwerbspotenzials der Frauen mittleren Alters angenommen. So steigt beispielsweise die Erwerbsbeteiligung der 40- bis 44-jährigen deutschen Frauen, die in den alten Bundesländern wohnen, von 84 % im Jahr 2000 auf 93 % in 2020 und erreicht in 2050 sogar 96 % (Fuchs/Dörfler 2005).

Auch eine längere Lebensarbeitszeit wirkt dem Rückgang des Erwerbspersonenpotenzials entgegen. Arbeitnehmerinnen und Arbeitnehmern steht künftig erst mit Vollendung des 67. Lebensjahres eine abschlagsfreie Rente zu. Von der „Rente mit 67" ist die Bevölkerung im Alter von 60 bis 66 Jahren betroffen, deren Zahl – wie oben erwähnt – künftig deutlich steigen wird. Diese Zunahme der Zahl der Älteren und ihr längerer Verbleib im Erwerbsleben führen zu einem deutlichen Anstieg des Erwerbspersonenpotenzials (Fuchs 2006). Der Höhepunkt wird ungefähr im Jahr 2030 erreicht. Je nachdem, wie viele Menschen bereit bzw. nicht bereit sind, mit Abschlägen in Rente zu gehen, stehen dem Arbeitsmarkt aufgrund der Rente mit 67 zwischen 1,2 Mio. und gut 3 Mio. Erwerbspersonen zusätzlich zur Verfügung. Danach schwindet dieser ‚Berg' zusätzlicher Arbeitskräfte wieder, weil die geburtenstarken Jahrgänge das 67. Lebensjahr erreichen.[24] Im Zeitraum 2040 bis 2050 steigert die Rente mit 67 das Arbeitskräftepotenzial nur noch um 1 bis 2 Mio. (siehe Tabelle E10).

Alles in allem führt dies dazu, dass das Potenzial an Arbeitskräften ohne Zuwanderung bis 2020 um bis zu 2,8 Mio. Personen zurückgeht. Nach 2020 schlagen Geburtendefizit und Alterung in voller Stärke durch, denn nun gehen die geburtenstarken Jahrgänge in Rente, und auch die Ausweitung der Erwerbsbeteiligung stößt an ihre Grenzen. Insgesamt nimmt nach der IAB-Projektion das Erwerbspersonenpotenzial bis zum Jahr 2050 ohne Zuwanderung um mindestens 14,4 Mio. Personen ab.

5.2 Erhöhung des Erwerbspersonenpotenzials durch Zuwanderung

Zuwanderer erhöhen die Bevölkerungszahl und damit das Erwerbspersonenpotenzial. Seit 1960 sind im Saldo aus Zu- und Fortzügen jedes Jahr durchschnittlich 153.000 Ausländer und 57.000 Deutsche aus dem Ausland nach Deutschland zugezogen. Andere Zeiträume, die beispielsweise 1954 oder 1970 beginnen, verändern an dieser Grundtendenz wenig. Deutschland war und ist – entgegen dem politisch lange Zeit verbreiteten Verständnis – ein Einwanderungsland. So überrascht es nicht, dass Thon und Bach (1998) für das Erwerbspersonenpotenzial in den Jahren 1970 bis 1995 einen starken Wanderungseffekt errechnet haben. Mit rund 3,9 Mio. Personen war der Einfluss der Wanderungen an der gesamten Zunahme des Erwerbspersonenpotenzials von 5,5 Mio. die weitaus wichtigste Bestimmungs-

---

24 Die Effekte der Rente mit 67 sind in Abbildung E6 noch nicht eingearbeitet.

Abbildung E7

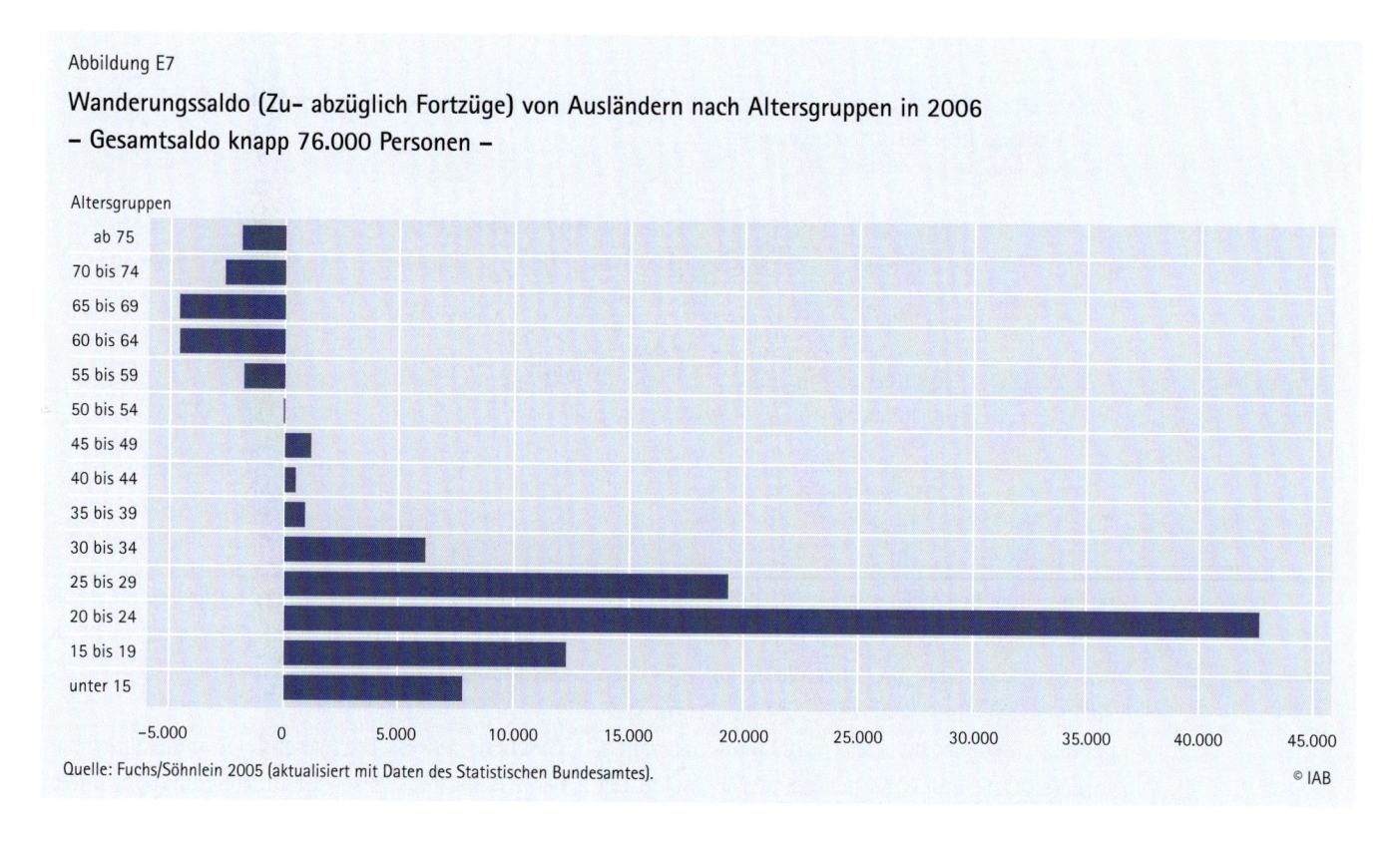

Wanderungssaldo (Zu- abzüglich Fortzüge) von Ausländern nach Altersgruppen in 2006
– Gesamtsaldo knapp 76.000 Personen –

Altersgruppen	Saldo
ab 75	-2.000
70 bis 74	-3.000
65 bis 69	-5.000
60 bis 64	-5.000
55 bis 59	-1.500
50 bis 54	0
45 bis 49	1.000
40 bis 44	500
35 bis 39	1.000
30 bis 34	6.000
25 bis 29	19.000
20 bis 24	42.500
15 bis 19	12.500
unter 15	8.000

Quelle: Fuchs/Söhnlein 2005 (aktualisiert mit Daten des Statistischen Bundesamtes). © IAB

größe (Verhaltenseinfluss +0,5 Mio., natürliches Bevölkerungswachstum +2,2 Mio.).

Die künftige Wanderungsentwicklung ist ungewiss und kann schwer prognostiziert werden. Das IAB rechnet deshalb bei seinen langfristigen Arbeitsmarktprojektionen mit unterschiedlichen Varianten hinsichtlich des Umfangs der Nettozuwanderung. Die Varianten reichen von einem jährlichen Wanderungssaldo von null bis zu – in Schritten von 100.000 Personen – 500.000 Personen. Diese Zahlen beziehen sich auf die Bevölkerung insgesamt. Es handelt sich also nicht nur um Arbeitskräfte, die wandern. Außerdem gibt es eine Variante, die Wanderungen überhaupt nicht berücksichtigt.

Neben der Gesamtzahl ist auch die Altersstruktur der Migranten wichtig. Die tendenziell junge Zuzugsbevölkerung Deutschlands bewirkt eine Verjüngung des Altersaufbaus. Deutlich mehr als die Hälfte, nämlich ca. 42.500 Personen, des gesamten Nettozuzugs entfallen auf die Altersgruppe der 20- bis 24-Jährigen. Außerdem bringen jüngere Migranten mehr Kinder zur Welt, selbst wenn ihre Fertilität genauso niedrig ist wie die der bereits in Deutschland Ansässigen.[25] Über einen längeren Zeitraum betrachtet, ergeben sich damit aus der Alters- und Geschlechtsstruktur zusätzliche, sekundäre Effekte.

Mit Wanderungen (Szenario S3) sinkt das Erwerbspersonenpotenzial in Abbildung E6 deutlich weniger als ohne (Szenario S2). Aus einer jährlichen Nettozuwanderung von ca. 200.000 Personen resultiert ein Wanderungseffekt von etwa 7,8 Mio., um den das Erwerbspersonenpotenzial höher liegt als gänzlich ohne Wanderungen. Der Effekt schließt auch die generativen Folgen der Zuwanderung ein, also Geburten und Sterbefälle der Migranten.

Nun ist die jährliche Nettozuwanderung der Ausländer seit 1995 weit entfernt, die Grenze von 200.000

---

25 Auch der Frauenanteil bei der Migration hat eine große Bedeutung, weil selbst bei niedrigen Geburtenziffern mehr Kinder geboren werden, wenn viele Frauen zuziehen (vgl. Dinkel/Lebok 1993).

Tabelle E11

Wanderungseffekt auf das Erwerbspersonenpotenzial unter verschiedenen Annahmen hinsichtlich der Nettozuwanderung[1]

in 1.000 Personen

	jährlicher Wanderungssaldo					
	null[2]	+100.000	+200.000	+300.000	+400.000	+500.000
2004–2020	178	1.021	1.989	2.956	3.924	4.891
2020–2050	1.051	2.864	5.820	8.776	11.732	14.689
2004–2050	1.229	3.884	7.808	11.733	15.657	19.580

1) Jährlich gleich bleibende Nettozuwanderung von 100.000 bis 500.000 Ausländern plus jeweils durchschnittlich rund 9.000 Deutsche (alle Altersjahre).

2) Null-Wanderungssaldo heißt, es ziehen exakt so viele Personen zu wie fort. Effekte ergeben sich durch die unterschiedliche Altersstruktur von Immigranten und Emigranten sowie durch Einbürgerungen.

Quelle: Fuchs/Söhnlein 2007.

zu erreichen. Beispielsweise lag dieser Wanderungssaldo im Jahr 2006 bei unter 75.000 Personen. Bei den Deutschen fällt die sinkende Tendenz bei den Zuzügen (weniger Spätaussiedler) mit einer steigenden Tendenz bei den Fortzügen zusammen, so dass 2005 und 2006 der Wanderungssaldo der Deutschen jeweils negativ war (Statistisches Bundesamt 2008c).

Für einen längeren Zeitraum scheint es derzeit realistischer zu sein, eine geringere Nettozuwanderung anzunehmen, also beispielsweise nur 100.000 Personen pro Jahr. Bei einem – in Abbildung E6 nicht dargestellten – Wanderungssaldo in diesem Umfang sinkt das Erwerbspersonenpotenzial deutlich stärker. Im Jahr 2050 würde es nur noch bei etwa 31,5 Mio. Personen liegen (siehe Fuchs/Dörfler 2005).

Die Nettozuwanderung müsste durchschnittlich bei mindestens 400.000 pro Jahr liegen, damit sie zusammen mit der Verhaltensänderung den demografischen Effekt in etwa ausgleichen könnte. Dieser Wanderungssaldo wäre ungefähr doppelt so hoch wie der Durchschnitt aus den vergangenen 50 Jahren.

Angesichts des weltweiten Wettbewerbs um ‚die besten Köpfe' stellt sich die Frage, ob Deutschland attraktiv genug sein wird, um die Anzahl an Arbeitskräften – mit den entsprechenden Qualifikationen – aus dem Ausland in diesem Umfang tatsächlich anziehen zu können. Gleichzeitig sind die damit verbundenen Integrationsaufgaben eine nicht zu unterschätzende Herausforderung.

Welchen Einfluss die günstige Altersstruktur hat, kann näherungsweise quantifiziert werden, indem man das Szenario S1 (Wanderungen nicht berücksichtigt) mit einem Szenario vergleicht, bei dem zwar der Wanderungssaldo null ist, aber eine Basiswanderung stattfindet, wobei Immigranten und Emigranten eine unterschiedliche Altersstruktur haben. Dies entspricht der Spalte „null" in Tabelle E11 Im Jahr 2050 beträgt der Unterschied immerhin 1,2 Mio. Fraglich ist jedoch, ob sich die Zuwanderungsstruktur Deutschlands noch weiter verbessern lässt – angesichts der Tatsache, dass schon jetzt vor allem Jüngere zuziehen, während bei den Älteren die Fortzüge überwiegen. Diese Struktur wurde auch in der Projektion angenommen.

5.3 Fazit

Das Erwerbspersonenpotenzial in Deutschland wird auch bei steigender Erwerbsbeteiligung künftig stark zurückgehen. Ab dem Jahr 2030, wenn die Generation der ‚Babyboomer' in Rente geht, wird der Rückgang besonders hoch ausfallen. Die Zuwanderung kann unter realistischen Annahmen diesen Rückgang dämpfen, aber nicht aufhalten. Sie hat aber einen erheblichen Einfluss auf den Umfang des

Erwerbspersonenpotenzials: Eine Nettozuwanderung von 200.000 Personen – das entspricht dem langfristigen historischen Durchschnitt in Deutschland – würde nach der obigen Projektion den zu erwartenden Rückgang in den Jahren 2004–2050 von knapp 17 Mio. Personen auf 9,3 Mio. Personen reduzieren.

Eine Analyse der ökonomischen Wirkungen des Rückgangs des Erwerbspersonenpotenzials und der Effekte der Zuwanderung auf die Höhe des Erwerbspersonenpotenzials übersteigt den Rahmen dieses Beitrags. Die Ausweitung des Erwerbspersonenpotenzials durch Migration dürfte nach den vorliegenden Erkenntnissen die durch den demografischen Wandel bedingten Belastungen der sozialen Sicherungssysteme und des Staates erheblich reduzieren, wobei die Effekte allerdings von der Alters- und Qualifikationsstruktur der Zuwanderer und ihrer Integration in den Arbeitsmarkt abhängen (Bonin et al. 2000; Bonin 2006). Hier liegen die größten zu erwartenden Gewinne der Migration aus der Perspektive eines Einwanderungslandes wie Deutschland.

Aus Sicht des Arbeitsmarktes kann ein Migrationsbedarf aus einer Projektion des Erwerbspersonenpotenzials allein nicht abgeleitet werden. Hierzu müsste auch die Nachfrageseite berücksichtigt werden. Dies hängt von zahlreichen Faktoren ab, wie der Anpassung der Kapitalausstattung, der Qualifikationsstruktur der Nachfrage und institutionellen und makroökonomischen Faktoren. Eine Prognose solcher Faktoren ist für lange Zeiträume schwierig, vielleicht gar nicht möglich. Als gesichert kann jedoch gelten, dass die Nettozuwanderung deutlich über das Niveau seit dem Beginn dieser Dekade steigen muss, wenn der Rückgang des Erwerbspersonenpotenzials wirksam gedämpft werden soll.

6 Fazit und Schlussfolgerungen für die Migrationspolitik

In diesem Kapitel wurden die Wirkungen der Migration von Arbeitskräften aus unterschiedlichen Perspektiven betrachtet. Es zeigt sich, dass internationale Migration von Arbeitskräften die Produktivität des Arbeitseinsatzes und damit das weltweite Sozialprodukt erhöht. Die Erträge und Kosten der Migration sind jedoch nicht gleich auf die Ein- und Auswanderungsländer und die einzelnen Gruppen dort verteilt.

Geringe Arbeitsmarkteffekte der Zuwanderung

Eines der wichtigsten Ergebnisse der Analyse ist, dass die Arbeitsmarktwirkungen der Migration sehr viel geringer sind, als häufig angenommen wird. Befürchtungen, dass Migration zu einem deutlichen Anstieg der Arbeitslosigkeit oder zu sinkenden Löhnen führt, werden durch die jüngere empirische Forschung nicht bestätigt. Die meisten empirischen Studien kommen zu dem Ergebnis, dass sich die Zuwanderung von Arbeitskräften entweder neutral auf den Arbeitsmarkt auswirkt oder nur geringfügige Effekte hat. Zu den Gewinnern der Zuwanderung zählen Arbeitskräfte mit hoher und mittlerer Qualifikation, während Geringqualifizierte und vor allem die schon im Lande lebenden Ausländer durch weitere Zuwanderung verlieren. Dagegen dürften die einheimischen Arbeitskräfte zumindest auf lange Sicht gewinnen. Allerdings sind sowohl Gewinne als auch Verluste gering. Dies kann unter anderem auf die Anpassung nationaler und internationaler Investitionen an die Ausweitung des Arbeitsangebotes zurückgeführt werden (vgl. Abschnitt 4). Schließlich kann die Zuwanderung von Arbeitskräften durch die Nutzung komplementärer kultureller und fachlicher Kompetenzen auch zu Produktivitätssteigerungen und mithin zu einer Erhöhung der Wachstumsrate der gesamtwirtschaftlichen Produktion führen (Niebuhr 2007).

Wohlfahrtsgewinne durch Zuwanderung in eine alternde und schrumpfende Gesellschaft

Die größte Quelle für Wohlfahrtsgewinne durch Migration dürfte sich durch den demografischen Wandel ergeben. Das Erwerbspersonenpotenzial nimmt in Deutschland schnell ab. Auch bei optimistischen Annahmen über die Erwerbsbeteiligung sinkt das Erwerbspersonenpotenzial in Deutschland von rund 45 Mio. Personen im Jahr 2004 ohne Zuwanderung auf unter 30 Mio. Personen im Jahr 2050. Wie die Modellrechnungen in Abschnitt 3 gezeigt haben, würde eine Nettozuwanderung von 200.000 Personen p. a. – das entspricht dem langfristigen historischen Durchschnitt in Deutschland – bewirken, dass das Erwerbspersonenpotenzial bis zum Jahr 2050 nur auf 35 Mio. Personen sinkt. Um das Erwerbspersonenpotenzial konstant zu halten, bedarf es allerdings einer Nettozuwanderung von rund 400.000 Personen p. a. (Abschnitt 5). Die Alterung der deutschen Bevölkerung wirft erhebliche Kosten für den Wohlfahrtsstaat auf, vor allem für die umlagefinanzierten Sozialversicherungssysteme. Auch unter Berücksichtigung der deutlich höheren Arbeitslosenrate von Migranten und der damit verbundenen Transferleistungen kann der Wohlfahrtsstaat deshalb erheblich von Zuwanderung profitieren (Bonin et al. 2000; Bonin 2006). Diese Gewinne steigen mit der Qualifikation der Migranten.

Ungenutztes Einwanderungspotenzial

Das Einwanderungspotenzial wird in Deutschland gegenwärtig nicht genutzt. Nach der starken Zuwanderung während der 1990er-Jahre ist die Nettozuwanderung in Deutschland in dieser Dekade auf durchschnittlich 140.000 Personen p. a. gesunken, im Jahr 2006 belief sich der Wanderungssaldo von Ausländern und Deutschen noch auf 23.000 Personen. Diese Entwicklung ist auch ein Ergebnis der deutschen Einwanderungspolitik. Seit dem ersten Ölpreisschock von 1973 ist die Einwanderungspolitik in Deutschland – ähnlich wie in den meisten Nachbarländern der EU – im Wesentlichen auf die Beschränkung des Arbeitsmarktzugangs für Migranten ausgerichtet gewesen. Die Arbeitnehmerfreizügigkeit in der EU ist zwar auf immer mehr Länder ausgeweitet worden, und innerhalb des Gemeinsamen Binnenmarktes erfolgte ein Abbau noch bestehender Barrieren für die Arbeitsmobilität. Die Arbeitsmigration von Drittstaatsangehörigen wurde aber seit dem Anwerbestopp von 1973 bis auf wenige Ausnahmen stark eingeschränkt, so dass Familiennachzug, humanitäre Migration und ähnliche Regelungen zu den wichtigsten Kanälen für die Zuwanderung von Drittstaatsangehörigen nach Deutschland geworden sind (siehe Abschnitt 2.5). Zudem hat die Anwendung der Übergangsfristen für die Arbeitnehmerfreizügigkeit im Zuge der EU-Osterweiterung eine Umlenkung der Migrationsströme vor allem in das Vereinigte Königreich und nach Irland bewirkt (Abschnitt 3).

Geringe Qualifikation der ausländischen Bevölkerung

Die auf die Entlastung des Arbeitsmarktes ausgerichtete Einwanderungspolitik dürfte entgegen ihrer Intention zur geringen Qualifikation der ausländischen Bevölkerung in Deutschland beigetragen haben. Insbesondere durch den Familiennachzug hat sich die Qualifikationsstruktur der während der Gastarbeiteranwerbung eingewanderten ausländischen Bevölkerung verfestigt (Fertig/Schmidt 2001a). Demgegenüber erreichen Länder, die die Zuwanderung von Arbeitskräften nach Humankapitalkriterien steuern, eine sehr viel höhere Qualifikation der ausländischen Bevölkerung (Brücker/Ringer 2008). Das deutsche Bildungs- und Ausbildungssystem, in dem die Bildungschancen sehr stark von dem Bildungshintergrund der Eltern bestimmt werden, bewirkt zudem, dass auch die Nachkommen der Migranten im Durchschnitt sehr viel geringer als die einheimische Bevölkerung qualifiziert sind (Abschnitt 2.6 und Kapitel F „Integration von Migranten in Arbeitsmarkt und Bildungssystem").

Handlungsempfehlungen für die Einwanderungspolitik

Für die Erschließung der Potenziale der Migration für Wirtschaft und Gesellschaft sind vor allem zwei Politikfelder relevant: die Einwanderungs- und die

Integrationspolitik. Die Einwanderungspolitik beeinflusst nicht nur den Umfang der Migration, sondern auch die Zusammensetzung der Migranten im Hinblick auf ihre Qualifikationsstruktur und andere für den Arbeitsmarkt relevante Eigenschaften. Gerade in Deutschland, wo die Bildungschancen von Kindern maßgeblich durch den Bildungshintergrund der Eltern bestimmt werden, hat die Einwanderungspolitik deshalb langfristige Folgen für die Qualifikations- und Sozialstruktur der Bevölkerung mit Migrationshintergrund. Die Integrationspolitik kann die Kosten der Integration in Arbeitsmarkt, Bildungssystem und Gesellschaft erheblich senken – sie wird im folgenden Kapitel behandelt.

Steuerung der Zuwanderung von Drittstaatsangehörigen

Aufgrund des hohen Einkommensgefälles liegt das größte Potenzial für die künftige Zuwanderung von Arbeitskräften nach Deutschland außerhalb der erweiterten EU. Die potenziellen Herkunftsregionen der Migration nach Deutschland unterscheiden sich im Hinblick auf das durchschnittliche Bildungs- und Ausbildungsniveau der Bevölkerungen: Während in den Nachfolgestaaten der Sowjetunion das Bildungsniveau vergleichsweise hoch ist, besteht ein erhebliches Gefälle zwischen den durchschnittlichen Bildungsabschlüssen in Deutschland und den potenziellen Herkunftsregionen in Südosteuropa, dem Mittleren Osten und Nordafrika. Ein hohes Qualifikationsniveau der Zuwanderer kann deshalb nur erreicht werden, wenn eine gezielte Einwanderungspolitik verfolgt wird. Wie jüngere Untersuchungen zeigen, müssen die Auswanderungsländer nicht zwingend durch die Emigration von qualifizierten Individuen verlieren: Die Chance zur Migration erhöht auch den Anreiz, in Humankapital zu investieren, so dass per saldo die Auswanderungsländer auch gewinnen können (Beine et al. 2001). Dies gilt umso stärker, wenn berücksichtigt wird, dass ein zunehmender Teil der Migration einen temporären oder zirkulären Charakter hat.

Für die Steigerung der Qualifikation der Zuwanderer stehen der Einwanderungspolitik unterschiedliche Instrumente zur Verfügung. In klassischen Einwanderungsländern wie Australien, Kanada und den USA besteht eine lange Tradition, die Zuwanderung nach Humankapitalkriterien wie Bildungsabschlüssen, Sprachkompetenz, Alter und beruflicher Erfahrung zu steuern. Diese Instrumente werden laufend verfeinert und im Hinblick auf ihre Wirkungen evaluiert. Insgesamt ist es auf diesem Wege gelungen, eine im internationalen Vergleich hohe Qualifikation der ausländischen Bevölkerung und sehr gute Erfolge bei der Arbeitsmarktintegration zu erreichen (vgl. Abschnitt 2.6; Brücker/Ringer 2008).

Mit dem Vorschlag der Bluecard (vgl. Abschnitt 2.5) wird ebenfalls angestrebt, die Qualifikation der ausländischen Bevölkerung zu erhöhen. Der Vorteil dieses Vorschlags im Vergleich zu einem Punktesystem liegt darin, dass er sich mit dem Kriterium des Einkommens unmittelbar auf den Arbeitsmarkterfolg bezieht. Auch wenn kein Qualifikationskriterium zugrunde gelegt wird, dürfte damit eine Steigerung der Qualifikation der Zuwanderer erreicht werden. Unabhängig davon, ob die Zuwanderung nach einem Punktesystem oder durch eine Bluecard gesteuert wird, ist eine Evaluation der Einwanderungspolitik insbesondere im Hinblick auf das Ziel der Arbeitsmarktintegration sinnvoll, um die Steuerungsinstrumente weiterzuentwickeln.

Zwei weitere Aspekte sind bei einer Reform der Einwanderungspolitik zu berücksichtigen: Erstens kann sie nur wirksam werden, wenn ein erheblicher Teil der Zuwanderung nach Humankapitalkriterien gesteuert wird. Dies setzt allerdings einen Anstieg der Zuwanderung voraus, weil sich auch künftig erhebliche Teile der Zuwanderung, wie z. B. der Familiennachzug, einer Steuerung nach arbeitsmarktrelevanten Kriterien entziehen werden. Zweitens wird eine solche Reform aufgrund der gegebenen Qualifikations- und Sozialstruktur der ausländischen Bevölkerung erst mittel- und langfristig Wirkung entfalten.

Erhöhung der Arbeitsmobilität in der erweiterten EU und der OECD

Die Mobilität von Deutschen und Ausländern über die Grenzen hinweg kann die Arbeitslosigkeit senken und das Humankapital der Beschäftigten erhöhen. Die internationale Mobilität von qualifizierten deutschen Arbeitskräften sollte deshalb nicht behindert, sondern gefördert werden. Gerade weil große Teile der Migration von hochqualifizierten Arbeitskräften einen temporären oder zirkulären Charakter haben, besteht in der steigenden Arbeitsmobilität die Chance, das Humankapital der deutschen Arbeitskräfte und die Produktivität des Arbeitseinsatzes zu erhöhen. Die Qualität des Standorts misst sich nicht an der geringen internationalen Mobilität der eigenen Arbeitskräfte, sondern daran, in welchem Umfang der Standort attraktiv für qualifizierte Zuwanderer aus anderen Ländern ist (Brücker 2008). Deutschland sollte deshalb verstärkt versuchen, noch bestehende administrative Barrieren für die Zuwanderung aus der EU und anderen OECD-Staaten zu senken, etwa bei der Portabilität von Renten, dem beamtenrechtlichen Zugang zu Positionen im Staatssektor oder der internationalen Rekrutierung von Führungspersonen für den öffentlichen Dienst.

Deutschland wird im Jahr 2009 oder spätestens im Jahr 2011 die Barrieren für die Zuwanderung aus den am 1. Mai 2004 beigetretenen neuen Mitgliedsstaaten aufheben, für Bulgarien und Rumänien zwei Jahre später. Die Arbeitskräfte aus den neuen Mitgliedsstaaten sind vergleichsweise gut qualifiziert und die Risiken für den deutschen Arbeitsmarkt auch bei einem starken Anstieg der Zuwanderung aus dieser Region begrenzt, während die gesamtwirtschaftliche Produktion steigen dürfte (Abschnitt 3).

Erleichterung der Arbeitsmarktintegration für ausländische Studienabsolventen

Viele Einwanderungsländer werben gezielt Studenten an und versuchen, sie nach dem Studienabschluss im Land zu halten. Insbesondere Länder, in denen das Hochschulsystem durch Studiengebühren finanziert wird, können erheblich durch die Zuwanderung von Studenten profitieren. In Deutschland wirft die Zuwanderung von ausländischen Studenten zunächst Kosten auf. Sie führen nur dann zu Erträgen für Wirtschaft und Staat, wenn dieses Humankapital später auch produktiv genutzt wird. Auch wenn der Staat einen Teil der Bildungskosten trägt, so wird ein Teil der Bildungs- und Ausbildungskosten in den Heimatländern getragen. Deshalb kann sich eine positive Gesamtbilanz ergeben, wenn dieses Humankapital für längere Perioden in Deutschland genutzt wird. Deutschland hat zwar den Zugang für ausländische Studenten zum Arbeitsmarkt in den vergangenen Jahren erleichtert, aber im Vergleich zu anderen Ländern sind die Aufenthaltsregelungen für ausländische Studienabsolventen nach wie vor restriktiv.

Obwohl von politischer Seite in den vergangenen Jahren von der Süssmuth-Kommission über die Verabschiedung des Zuwanderungsgesetzes bis hin zu den Beschlüssen der Bundesregierung von Meseberg zahlreiche Initiativen unternommen worden sind, besteht auf dem Feld der Einwanderungspolitik noch ein erheblicher Handlungsbedarf. Die Entscheidungen in diesem Politikfeld werden vor dem Hintergrund des demografischen Wandels, hoher wirtschaftlicher Migrationsanreize und der Probleme der Integration von Zuwanderern und ihren Nachkommen in Arbeitsmarkt und Gesellschaft die Zukunft in Deutschland und der erweiterten EU, aber auch in den Sendeländern der Migration maßgeblich beeinflussen.

Literatur

Alvarez-Plata, Patricia / Brücker, Herbert / Siliverstovs, Boriss (2003): Potential Migration from Central and Eastern Europe into the EU-15 – An Update. Report for the European Commission, DG Employment, Social Affairs and Equal Opportunities. Brüssel.

Aydemir, Abdurrahman / Borjas, George J. (2007): Cross-Country Variation in the Impact of International Migration: Canada, Mexico and the United States. In: Journal of the European Economic Association, 5 (4), S. 663–708.

Baas, Timo / Brücker, Herbert / Hönekopp, Elmar (2007): EU-Osterweiterung: Beachtliche Gewinne für die deutsche Volkswirtschaft. IAB-Kurzbericht, 06/2007.

Baas, Timo / Brücker, Herbert (2008): Macroeconomic impact of Eastern Enlargement on Germany and UK: evidence from a CGE model, Applied Economics Letters, forthcoming.

Bach, Hans-Uwe / Gartner, Hermann / Klinger, Sabine / Rothe, Thomas / Spitznagel, Eugen (2008): Arbeitsmarkt 2008: Der Aufschwung lässt nach. IAB-Kurzbericht 03/2008.

Beine, Michel / Docquier, Frederic / Rapoport, Hillel (2001): Brain drain and economic growth: theory and evidence. In: Journal of Development Economics, 64 (1), S. 275–289.

Bentolila, Samuel / Dolado, Juan J. / Jimeno, Juan F. (2007): Does Immigration Affect the Philipps Curve? Some Evidence for Spain. Kieler Arbeitspapiere 1333.

Blanchard, Olivier Jean / Katz, Lawrence F. (1992): Regional Evolutions. In: Brooking Papers on Economic Activity 1, S. 1–75.

Blanchflower, David G. / Oswald, Andrew J. (1995): An introduction to the wage curve. In: Journal of Economic Perspectives, 9 (3), S. 153–167.

Boeri, Tito / Brücker, Herbert et al. (2001): The Impact of Eastern Enlargement on Employment and Labour Markets in the EU Member States. Report for the European Commission, DG Employment and Social Affairs, Brussels.

Boeri, Tito / Brücker, Herbert (2005): Why are Europeans so tough on migrants? In: Economic Policy 44, S. 621–703.

Bonin, Holger / Raffelhüschen, Bernd / Walliser, Jan (2000): Can immigration alleviate the demographic burden? In: FinanzArchiv, 57, S. 1–21.

Bonin, Holger (2002): Eine fiskalische Gesamtbilanz der Zuwanderung nach Deutschland. In: Vierteljahreshefte zur Wirtschaftsforschung, 71 (2), S. 215–229.

Bonin, Holger (2005): Wage and employment effects of immigration to Germany: evidence from a skill group approach. IZA Discussion Paper 1875.

Bonin, Holger (2006): Der Finanzierungsbeitrag der Ausländer zu den deutschen Staatsfinanzen: eine Bilanz für 2004. IZA Discussion Paper 2444.

Borjas, George J. / Freeman, Richard B. / Katz, Lawrence F. (1997): How much do immigration and trade affect labor market forces? In: Brookings Papers on Economic Activity, 1, S. 1–85.

Borjas, George J. (1999): The economic analysis of immigration. In: Ashenfelter, O. / Card, D. (Hrsg.): Handbook of Labor Economics, Vol. 3A, Kap. 28, S. 1697–1760.

Borjas, George J. (2001): Does Immigraton Grease the Wheels of the Labor Market? In: Brookings Papers on Economic Activity, 1, S. 69–133.

Borjas, George J. (2003): The Labour Demand Curve is Downward-Sloping: Reexamining the Impact of Immigration on the Labour Market. In: Quarterly Journal of Economics, 118 (4), November, S. 1335–1374.

Brücker, Herbert / Siliverstovs, Boriss (2006): Estimating and forecasting European migration: methods, problems and results. In: Zeitschrift für ArbeitsmarktForschung, 39 (1), S. 35–56.

Brücker, Herbert / Schröder, Philipp (2007): International Migration with Heterogeneous Agents – Theory and Evidence. IAB-Discussion Paper 27/2007.

Brücker, Herbert / Weizsäcker, Jakob v. (2007): Migration policy at the nexus of internal and external migration. In: Sapir, A. (Hrsg.): Fragmented power. Europe and the global economy, Brüssel, S. 226–265.

Brücker, Herbert (2008): Leidet Deutschland unter einem Brain Drain? In: Ifo-Schnelldienst, 61 (4), S. 15–19.

Brücker, Herbert / Jahn, Elke J. (2008): Migration and the Wage Curve: A Structural Approach to Measure the Wage and Employment Effects of Migration. IZA Discussion Paper 3423.

Brücker, Herbert / Ringer, Sebastian (2008): Ausländer in Deutschland: Vergleichsweise schlecht qualifiziert. IAB-Kurzbericht 01/2008.

Bundesagentur für Arbeit (2008): Analytikreport der Statistik. Analyse des Arbeitsmarktes für Ausländer, Februar 2008, Nürnberg. http://www.pub.arbeitsamt.de/hst/services/statistik/200802/ama/auslaender_d.pdf (31.03.2008).

Bundesamt für Migration und Flüchtlinge (BAMF) (2007a): Migrationsbericht 2006. Nürnberg.

Burda, Michael C. (1995): Migration and the Option Value of Waiting. In: Economic and Social Review, 27 (1), S. 1–19.

Burkert, Carola / Niebuhr, Annekatrin / Wapler, Rüdiger (2007): Regional Disparities in Employment of High-Skilled Foreigners – Determinants and Options for Migration Policy in Germany. HWWI Research Paper 3-7.

Card, David (1990): The impact of the Mariel boatlift on the Miami labor market. In: Industrial and Labor Relations Review, 43, S. 245–257.

Card, David / DiNardo, John (2000): Do immigrant inflows lead to native outflows? In: American Economic Review, Papers and Proceedings 90, S. 361–367.

Card, David (2001): Immigrant Inflows, Native Outflows, and the Local Labor Market Impacts of Higher Immigration. In: Journal of Labor Economics, 19, S. 22–64.

Carrington, William / DeLima, Pedro (1996): The impact of the 1970s repatriates from Africa on the Portuguese labour market. In: Industrial and Labor Relations Review, 49, S. 330–346.

D'Amuri, Francesco / Ottaviano, Gianmarco / Peri, Giovanni (2008): The Labor Market Impact of Immigration in Western Germany in the 1990's. NBER Working Paper Nr. 13851.

Decressin, Jorg / Fátas, Antonio (1995): Regional Labour Market Dynamics in Europe. In: European Economic Review, 39 (9), S. 1627–1657.

Diehl, Claudia / Mau, Steffen / Schupp, Jürgen (2008): Auswanderung von Deutschen: kein dauerhafter Verlust von Hochschulabsolventen. In: DIW-Wochenbericht 05/2008, S. 49–55.

Dinkel, Reiner / Lebok, Uwe (1993): Die langfristige Entwicklung des Erwerbspersonenpotenzials bei alternativen Annahmen über die (Netto-)Zuwanderung nach Deutschland. In: Mitteilungen aus der Arbeitsmarkt- und Berufsforschung (MittAB), 4, S. 495–506.

Docquier, Frederic / Marfouk, Abdeslam (2007): The Brain Drain Data Base, Weltbank. http://econ.worldbank.org/ (14.11.2007).

Dustmann, Christian / Casanova, Maria / Fertig, Michael / Preston, Ian / Schmidt, Christoph M. (2003): The impact of EU enlargement on migration flows. In: Home Office Online Report 25/03. http://www.homeoffice.gov.uk/rds/pdfs2/rdsolr2503.pdf (03.05.2004).

Eurostat (2008): Eurostat Structural Indicators. http://epp.eurostat.ec.europa.eu/cache/ITY_SDDS/DE/tsieb010_base.htm (29.07.08).

Felbermayr, Gabriel / Geis, Wido / Kohler, Wilhelm (2008): Absorbing German Immigration: Wages and Employment, Mimeo. Universität Tübingen.

Fertig, Michael (2001): The economic impact of EU enlargement: assessing the migration potential. In: Empirical Economics, 26, S. 707–720.

Fertig, Michael / Schmidt, Christoph M. (2001a): First- and Second Generation Migrants in Germany: What Do We Know and What Do People Think? IZA Discussion Paper 286.

Fertig, Michael / Schmidt, Christoph M. (2001b): Aggregate-Level Migration Studies as a Tool for Forecasting Future Migration Streams. Discussionpaper Nr. 324, Universität Heidelberg, Fachbereich Wirtschaftswissenschaften.

Frattini, Franco (2007): Enhanced mobility, vigorous integration strategy and zero tolerance on illegal employment: a dynamic approach to European immigration policies. Rede des Vizepräsidenten der Europäischen Kommission auf der High-Level Conference on Legal Immigration, SPEECH/07/526, 13. September 2007, Lissabon.

Freeman, Richard B. (2007): People Flows in Globalisation. In: Journal of Economic Perspectives, 9 (2), S. 22–44.

Friedberg, Rachel / Hunt, Jennifer (1995): The impact of immigrants on host country wages, employment and growth. In: Journal of Economic Perspectives, 9, S. 23–34.

Fuchs, Johann / Dörfler, Katrin (2005): Projektion des Erwerbspersonenpotenzials bis 2050 – Annahmen und Datengrundlage. IAB-Forschungsbericht 25/2005.

Fuchs, Johann / Söhnlein, Doris (2005): Vorausschätzung der Erwerbsbevölkerung bis 2050. IAB-Forschungsbericht 16/2005.

Fuchs, Johann (2006): Rente mit 67: Neue Herausforderungen für die Beschäftigungspolitik. IAB-Kurzbericht 16/2006.

Fuchs, Johann / Söhnlein, Doris (2007): Einflussfaktoren auf das Erwerbspersonenpotenzial – Demografie und Erwerbsverhalten in Ost- und Westdeutschland. IAB-Discussion Paper, 12/2007.

Gavasto, Andrea / Venturini, Alessandra / Villosio, Claudia (1999): Do Immigrants Compete with Natives? In: Labour, 13 (3), S. 603–622.

Hamilton, Bob / Whalley, John (1984): Efficiency and distributional implications of the global restrictions on labour mobility: Calculations and policy implications. In: Journal of Development Economics, 14 (1), S. 61–75.

Hanson, Gordon H. / Slaughter, Mathew J. (1999): The Rybczynski Theorem, Factor Price Equalization, and Immigration: Evidence from U.S. States. NBER Working Paper 7074.

Harris, John R. / Todaro, Michael P. (1970): Migration, Unemployment and Development: A Two-Sector-Analysis. In: American Economic Review, 60, S. 126–142.

Hicks, John R. (1932): The Theory of Wages. London: McMillan.

Hunt, Jennifer (1992): The impact of the 1962 repatriates from Algeria on the French labor market. In: Industrial and Labor Relations Review, 45, S. 556–572.

Kaldor, Nicholas (1961): Capital Accumulation and Economic Growth. In: Lutz, F. / Hague, D. (Hrsg.): The Theory of Capital. New York, NY: St. Martin's Press Inc.

Krieger, Hubert (2003): Migration trends in an enlarged EU, European Foundation for the Improvement of Working and Living Conditions. Dublin.

Layard, Richard / Blanchard, Olivier / Dornbusch, Rudiger / Krugman, Paul (1992): East-West Migration: The Alternatives. Boston: MIT Press.

Longhi, Simonetta / Nijkamp, Peter / Poot, Jacques (2005): A Meta-Analytic Assessment of the Effects of Immigration on Wages. In: Journal of Economic Surveys, 19 (3), S. 451–477.

Longhi, Simonetta / Nijkamp, Peter / Poot, Jacques (2006): The Impact of Immigration on the Employment of Natives in Regional Labour Markets: A Meta-Analysis. IZA Discussion Paper 2044.

Massey, Douglas S. / Espana, Felipe G. (1987): The Social Process of International Migration. In: Science, 237, S. 733–738.

Mühleisen, Martin / Zimmermann, Klaus F. (1994): A panel analysis of job changes and unemployment. In: European Economic Review, 38, S. 793–801.

Niebuhr, Annekatrin (2007): Zuzug Hochqualifizierter stärkt Innovationskraft der Regionen. IAB-Kurzbericht 12/2007.

Nivorozhkin, Anton / Romeu Gordo, Laura / Schöll, Christoph / Wolff, Joachim (2006): Arbeitsuche von Migranten: Deutschkenntnisse beeinflussen Suchintensität und Suchwege. IAB-Kurzbericht 26/2006.

Ottaviano, Gianmarco / Peri, Giovanni (2006a): Rethinking the Effects of Immigration on Wages. NBER Working Paper 12497.

Ottaviano, Gianmarco / Peri, Giovanni (2006b): The Economic Value of Cultural Diversity. Evidence from US Cities. In: Journal of Economic Geography, 6, S. 9–44.

Pischke, Jörn-Steffen / Velling, Johannes (1997): Employment effects of immigration to Germany: an analysis based on local labor markets. In: Review of Economics and Statistics, 79, S. 594–604.

Puhani, Patrick A. (2001): Is Labour Mobility an Adjustment Mechanism for Euroland? Empirical Evidence for Western Germany, France, and Italy. In: German Economic Review, 2, S. 127–140.

Rodrik, Dani (2002): Final Remarks. In: Faini, R. / DeMelo, J. / Zimmermann, K. F. (Hrsg.): Migration. The Controversies and the Evidence, Cambridge: Cambridge University Press, S. 314–317.

Sinn, Hans-Werner / Flaig, Gebhard / Werding, Martin / Münz, Sonja / Düll, Nicola / Hoffmann, Herbert (2001): EU-Erweiterung und Arbeitskräftemigration. Wege zu einer schrittweisen Annäherung der Arbeitsmärkte. München: Ifo-Institut für Wirtschaftsforschung.

Sjaastad, Larry A. (1962): The costs and returns of human migration. In: Journal of Political Economy, 70 (5), S. 80–93.

Stark, Oded (1991): The Migration of Labour. Oxford, Cambridge, MA.

Statistisches Bundesamt (2008a): Bevölkerung und Erwerbstätigkeit – Bevölkerung mit Migrationshintergrund. Ergebnisse des Mikrozensus 2006, Fachserie 1, Reihe 2, Wiesbaden.

Statistisches Bundesamt (2008b): Bevölkerung und Erwerbstätigkeit. DESTATIS online, Wiesbaden.

Statistisches Bundesamt (2008c): Wanderungen – Fachserie 1, Reihe 1.2 – 2006. https://www-ec.destatis.de/csp/shop/sfg/bpm.html.cms.cBroker.cls?cmspath=struktur,vollanzeige.csp&ID=1021015 (07.04.2008).

Thon, Manfred / Bach, Hans-Uwe (1998): Die Schätzung von Potential-Erwerbsquoten, Stiller Reserve und Erwerbspersonenpotential für die alten Bundesländer 1970 bis 1995. IAB-Werkstattbericht, Nr. 8/04.08.1998.

Untiedt, Gerhard / Alecke, Björn / Baas, Timo / Biffl, Gudrun / Brücker, Herbert / Fritz, Oliver / Gardiner, Ben / Hönekopp, Elmar / Huber, Peter / Lamour, Andrew / Mitze, Timo (2007): Auswirkungen der EU-Erweiterung auf Wachstum und Beschäftigung in Deutschland und ausgewählten EU-Mitgliedstaaten. IAB-Bibliothek 311.

Weltbank (2007): World Development Indicators, CD-ROM, Washington/DC.

Winter-Ebmer, Rudolf / Zweimüller, Josef (1996): Immigration and the Earnings of Young Native Workers. In: Oxford Economic Papers, 48, S. 473–491.

Wong, Kar-yiu (1995): International Trade in Goods and Factor Mobility. MIT-Press, Cambridge MA.

Teil II
Kapitel F

Integration von Migranten in Arbeitsmarkt und Bildungssystem

Kapitel F

Andrea Brück-Klingberg

Carola Burkert

Andreas Damelang

Axel Deeke

Anette Haas

Eva Schweigard

Holger Seibert

Rüdiger Wapler

Kapitel F

Inhaltsübersicht Kapitel F
Integration von Migranten in Arbeitsmarkt und Bildungssystem

Andrea Brück-Klingberg, Carola Burkert, Andreas Damelang, Axel Deeke, Anette Haas, Eva Schweigard, Holger Seibert, Rüdiger Wapler

Das Wichtigste in Kürze 285

1 Einleitung 286

2 Arbeitsmarktintegration von Migranten 287
2.1 Einleitung 287
2.2 Arbeitsmarktintegration von Einwanderern und ihren Nachkommen in Deutschland 288
2.3 Arbeitsmarktintegration von Spätaussiedlern 290
2.4 Zusammenfassung 294

3 Integration in Bildung und Ausbildung 295

4 Sprachförderung und Arbeitsförderung für Arbeitslose mit Migrationshintergrund 301
4.1 Migranten als Zielgruppe der Arbeitsförderung 301
4.2 Erfolge und Grenzen der Sprachförderung 301
4.3 Arbeitsförderung: Maßnahmen der aktiven Arbeitsmarktpolitik 305

5 Fazit und Schlussfolgerungen für die Integrationspolitik 310

Literatur 313

Das Wichtigste in Kürze

Die Arbeitslosenrate von Migranten und Personen mit Migrationshintergrund ist im Durchschnitt mehr als doppelt so hoch wie die von Deutschen ohne Migrationshintergrund. Spätaussiedler haben ein sehr viel höheres Arbeitslosigkeitsrisiko als Deutsche ohne Migrationshintergrund. Allerdings sinkt ihr Arbeitslosigkeitsrisiko mit der Aufenthaltsdauer in Deutschland.

Die hohe Arbeitslosigkeit von Migranten ist vor allem auf ihre geringe allgemeinbildende und berufliche Qualifikation zurückzuführen. Allerdings sind Integrationsfortschritte zu verzeichnen: Personen mit Migrationshintergrund der zweiten und dritten Generation besitzen einen höheren Bildungsabschluss und bessere Arbeitsmarktchancen als die Elterngeneration.

Die Ausbildungschancen jugendlicher Migranten sind jedoch immer noch schlechter als die deutscher Jugendlicher. Auch die Chancen von Ausländern, nach abgeschlossener Berufsausbildung eine Beschäftigung zu finden, sind geringer als von Inländern.

Die Vermittlung von Deutschkenntnissen ist eine notwendige, aber häufig keine hinreichende Bedingung für eine Eingliederung von Arbeitslosen mit Migrationshintergrund in Beschäftigung. Bei geringqualifizierten Migranten sollten berufsbezogene Sprachkurse mit Qualifizierungsmaßnahmen verbunden werden.

Die Integrationspolitik kann die Arbeitsmarktrisiken von Ausländern nur dann senken, wenn es gelingt, das Bildungsgefälle zwischen Deutschen und Ausländern bzw. Personen mit Migrationshintergrund zu verringern.

1 Einleitung

Migration und Integration sind zwei Seiten einer Medaille. Die Effekte der Migration für den Arbeitsmarkt und den Sozialstaat wie auch die Akzeptanz der Migranten in den Einwanderungsländern hängen von ihrer erfolgreichen Integration in Arbeitsmarkt und Gesellschaft ab. In diesem Kapitel werden die Probleme der Arbeitsmarktintegration von Migranten und ihren Nachkommen behandelt. Die Arbeitslosigkeit von Ausländern ist in Deutschland rund doppelt so hoch wie die der Inländer, und die Erwerbspartizipation ist deutlich geringer. In den europäischen Nachbarländern ist eine ähnliche Situation zu beobachten. Die Arbeitsmarktprobleme von Migranten und ihren Nachkommen sind stark mit dem Niveau von Bildung und Ausbildung korreliert. Ausländer sind in Deutschland im Durchschnitt deutlich geringer qualifiziert als Inländer. Eine Erhöhung der Qualifikation der Migranten und ihrer Nachkommen ist deshalb eine Schlüsselfrage für die Integration in den Arbeitsmarkt. Die Integration in Arbeitsmarkt und Bildungssystem wird deshalb hier gemeinsam betrachtet.

Vorgehensweise und Aufbau des Kapitels

Da die Wirkungen der Zuwanderung auf Arbeitsmarkt und Gesellschaft entscheidend von der Integration der Migranten beeinflusst werden, behandelt der folgende Abschnitt zunächst die Probleme der Arbeitsmarktintegration von Migranten und Personen mit Migrationshintergrund. Dabei zeigt sich ein unterschiedliches Bild im Hinblick auf einzelne Gruppen. Insgesamt weisen Migranten eine deutlich niedrigere Erwerbstätigenquote und eine deutlich höhere Erwerbslosigkeit auf. Das hohe Arbeitslosigkeitsrisiko spiegelt sich auch in einer höheren Langzeitarbeitslosigkeit wider. Im Rechtskreis des Sozialgesetzbuches II (SGB II), zu dem alle erwerbsfähigen Hilfeempfänger im Alter zwischen 15 und 65 Jahren gehören, sind sie deutlich überrepräsentiert (BA 2008: 37 f.). Spätaussiedler sind insbesondere am Anfang ihres Aufenthalts in Deutschland besonders stark von Arbeitslosigkeit betroffen. Die Arbeitslosenrate der Spätaussiedler nähert sich jedoch im Zeitverlauf der Arbeitslosenrate der Inländer an (Abschnitt 2).

Bildung und Ausbildung beeinflussen maßgeblich die Arbeitsmarktchancen von Migranten. Ausländer verfügen in Deutschland im Durchschnitt über einen deutlich geringeren Bildungsabschluss als Inländer, sie sind vor allem in der Gruppe ohne Hauptschul- und ohne beruflichen Bildungsabschluss überproportional repräsentiert. In Abschnitt 3 werden neben der Qualifikationsstruktur die Probleme des Übergangs von Schule in berufliche Ausbildung und des Übergangs von der beruflichen Ausbildung in den Beruf untersucht – also wichtige Bausteine zu Beginn der Erwerbsbiografie. Die niedrigen Schulabschlüsse schlagen sich insbesondere bei ausländischen Männern in einer niedrigen und sinkenden Ausbildungsbeteiligung nieder. Auch beim Übergang von Ausbildung in den Beruf ist das Arbeitslosigkeitsrisiko von Ausländern viel höher als von Inländern (Abschnitt 3).

Sprachliche Kompetenz ist eine Schlüsselqualifikation für den Arbeitsmarkt. Die Sprachförderung von Migranten und Personen mit Migrationshintergrund ist darum eine wichtige Aufgabe der aktiven Arbeitsmarktpolitik, die unter anderem durch den Europäischen Sozialfonds (ESF) unterstützt wird. Vor dem Hintergrund aktueller Evaluationsbefunde untersucht Abschnitt 4 die Wirkungen dieser Maßnahmen. Dabei zeigt sich, dass Maßnahmen zur Sprachförderung die Eingliederungsquote in Beschäftigung zwar erhöhen, dass aber im Vergleich zu anderen Fördermaßnahmen die Beschäftigungsquoten ein halbes Jahr nach Ende der Förderung nur gering sind (Abschnitt 4).

Die Analysen in diesem Kapitel zeigen, dass Integration eine Herausforderung und Chance zugleich ist. Insbesondere die Integration von Migranten und ihren Nachkommen in den Arbeitsmarkt stellt die Politik vor zahlreiche Herausforderungen. Im Abschnitt 5 werden deshalb die Schlussfolgerungen und Handlungsempfehlungen für die Integrationspolitik diskutiert.

2 Arbeitsmarktintegration von Migranten

2.1 Einleitung

In diesem Abschnitt wird die Arbeitsmarktintegration von Migranten und ihren Nachkommen untersucht. Migranten und Personen mit Migrationshintergrund zeichnen sich durch geringere Erwerbsquoten und eine höhere Erwerbslosigkeit im Vergleich zur deutschen Bevölkerung aus, wobei das Arbeitsmarktrisiko für einzelne Migrantengruppen (vgl. Kasten F1) sehr unterschiedlich ausfällt. Migranten sind in Qualifikations- und Berufssegmenten mit hohen Beschäftigungsrisiken überdurchschnittlich vertreten. Spätaussiedler sind vor allem in den ersten Jahren nach der Einreise unter den Erwerbslosen weit überdurchschnittlich vertreten. Allerdings sinkt das Beschäftigungsrisiko in dieser Gruppe mit der Aufenthaltsdauer, so dass sich das Beschäftigungsrisiko im Zeitverlauf dem der deutschen Bevölkerung angleicht.

Kasten F1

Definition der Migrationsgruppen

Nach der Definition des Statistischen Bundesamtes gehören zu den **„Personen mit Migrationshintergrund"** neben den Ausländern sowie den in Deutschland geborenen Eingebürgerten auch eine Reihe von in Deutschland Geborenen mit deutscher Staatsangehörigkeit, bei denen sich der Migrationshintergrund aus dem Migrationsstatus der Eltern ableitet. Eine Person mit Migrationshintergrund, die im Ausland geboren wurde und selbst eingewandert ist, wird als **„Person mit Migrationserfahrung"** oder als **Migrant** im engeren Sinne bezeichnet.

Somit ergeben sich insgesamt fünf Migrationsgruppen:

1. Deutsche ohne Migrationshintergrund (Deutsche ohne MigH): Deutsche, die nie eine andere Staatsangehörigkeit besessen haben und deren Eltern keinen Migrationsstatus haben. Dies gilt selbst dann, wenn sie im Ausland geboren wurden (z. B. Kinder von Botschaftsangehörigen).

2. Deutsche mit Migrationshintergrund (Deutsche mit MigH): in Deutschland geborene Deutsche, die entweder eine weitere Staatsangehörigkeit besitzen und/oder bei denen mindestens ein Elternteil Migrationsstatus hat
- Eingebürgerte, die selbst nicht zugewandert sind
- Kinder von zugewanderten (Spät-)Aussiedlern
- Kinder zugewanderter oder in Deutschland geborener eingebürgerter ausländischer Eltern
- Kinder ausländischer Eltern, die bei Geburt zusätzlich die deutsche Staatsangehörigkeit erhalten haben *(ius soli)*
- Kinder mit einseitigem Migrationshintergrund, bei denen nur ein Elternteil Migrant oder in Deutschland geborener Eingebürgerter oder Ausländer ist.

3. Deutsche mit Migrationserfahrung (deutsche Migranten): im Ausland geborene Deutsche
- (Spät-)Aussiedler
- Eingebürgerte zugewanderte Ausländer.

4. Ausländer mit Migrationshintergrund (Ausländer mit MigH): in Deutschland geborene Ausländer
- Ausländer der zweiten und dritten Generation.

5. Ausländer mit Migrationserfahrung (ausländische Migranten): zugewanderte Ausländer, die im Ausland geboren sind
- Ausländer der ersten Generation.

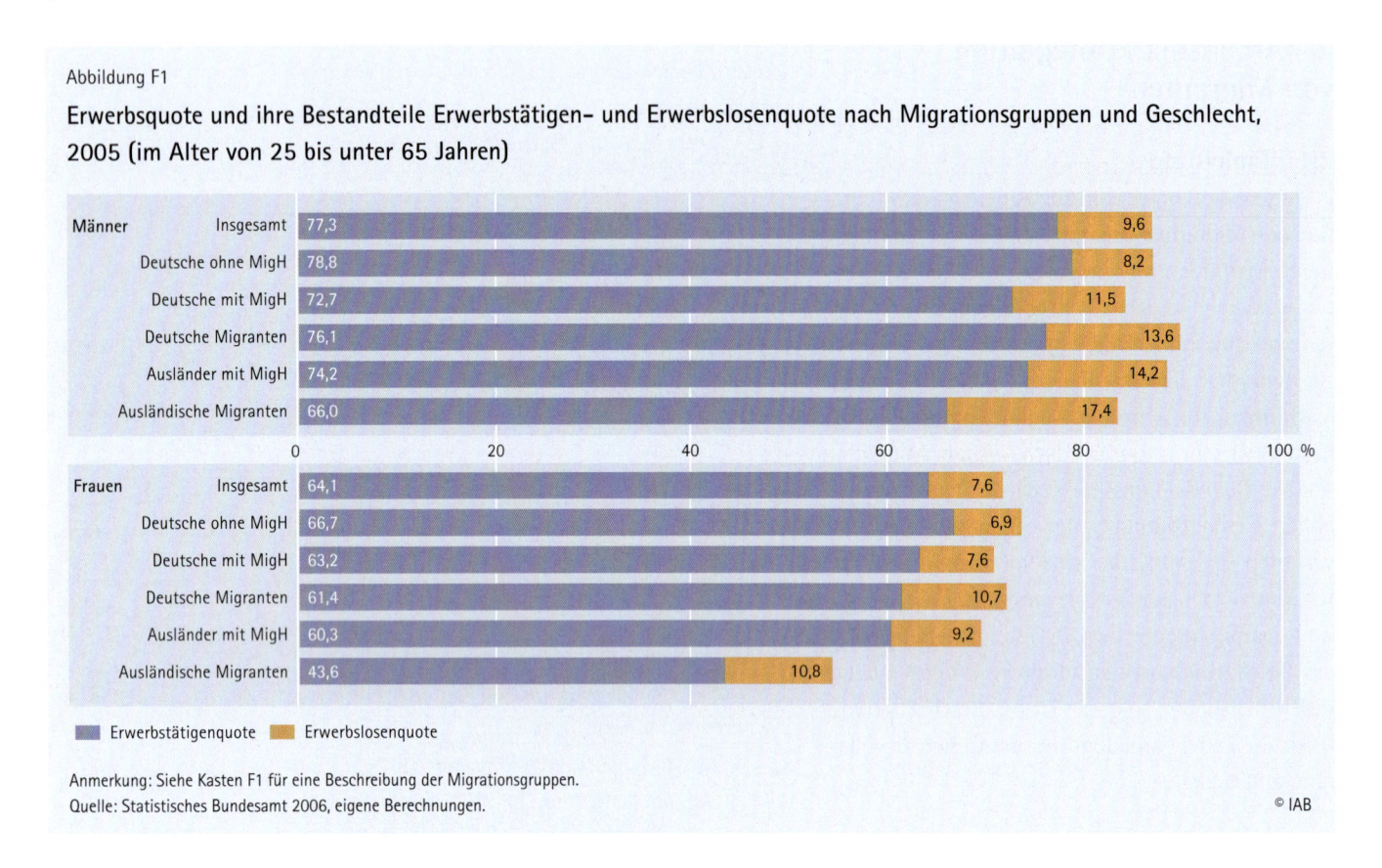

Abbildung F1

Erwerbsquote und ihre Bestandteile Erwerbstätigen- und Erwerbslosenquote nach Migrationsgruppen und Geschlecht, 2005 (im Alter von 25 bis unter 65 Jahren)

Männer	Erwerbstätigenquote	Erwerbslosenquote
Insgesamt	77,3	9,6
Deutsche ohne MigH	78,8	8,2
Deutsche mit MigH	72,7	11,5
Deutsche Migranten	76,1	13,6
Ausländer mit MigH	74,2	14,2
Ausländische Migranten	66,0	17,4

Frauen	Erwerbstätigenquote	Erwerbslosenquote
Insgesamt	64,1	7,6
Deutsche ohne MigH	66,7	6,9
Deutsche mit MigH	63,2	7,6
Deutsche Migranten	61,4	10,7
Ausländer mit MigH	60,3	9,2
Ausländische Migranten	43,6	10,8

Anmerkung: Siehe Kasten F1 für eine Beschreibung der Migrationsgruppen.
Quelle: Statistisches Bundesamt 2006, eigene Berechnungen.

© IAB

2.2 Arbeitsmarktintegration von Einwanderern und ihren Nachkommen in Deutschland

Deutliche Unterschiede bei der Erwerbsquote

Die Erwerbsquote ist ein wichtiger Indikator zur Messung der Arbeitsmarktintegration. Sie ergibt sich aus dem Anteil der Erwerbspersonen (d. h. Erwerbstätige und Erwerbslose) an der Bevölkerung jeweils in einer bestimmten Altersklasse (hier 25 bis unter 65 Jahren) und lässt sich dabei aufteilen in die Erwerbstätigen- und die Erwerbslosenquote (Abbildung F1). Dabei ist erkennbar, dass Männer eine deutlich höhere Erwerbsquote als Frauen und Deutsche sowohl eine höhere Erwerbstätigenquote als auch eine niedrigere Erwerbslosenquote als Ausländer haben.[1] Sowohl bei Männern als auch Frauen ist eine gewisse Varianz innerhalb der Migrationsgruppen (siehe Kasten F1) sichtbar. In beiden Fällen weisen ausländische Migranten die niedrigste Erwerbsquote auf (Männer: 66,0 + 17,4 = 83,4 %; Frauen: 43,6 + 10,8 = 54,4 %). Allerdings ist der Unterschied zwischen Frauen insgesamt und den ausländischen Migrantinnen mit 17,3 Prozentpunkten deutlich größer als bei den Männern (3,5 Prozentpunkte).

Die Erwerbs*losen*quoten fallen bei Frauen geringer aus als bei Männern. Auffällig ist, dass sowohl bei Männern als auch bei Frauen die Migrationsgruppe mit der niedrigsten Erwerbstätigenquote – ausländische Migranten – zugleich die höchste Erwerbslosenquote aufweist. Diese Gruppe scheint sich also auf dem deutschen Arbeitsmarkt besonders schwerzutun. Dabei stellen insbesondere türkische Migranten – auch der zweiten Generation – eine besondere Problemgruppe dar (Uhlendorff/Zimmermann 2006).

---

1 Fertig/Schurer (2007) finden mit den Daten des Sozioökonomischen Panels ebenfalls für die von ihnen untersuchten Migranten ein im Vergleich zu den Deutschen höheres Arbeitslosigkeitsrisiko.

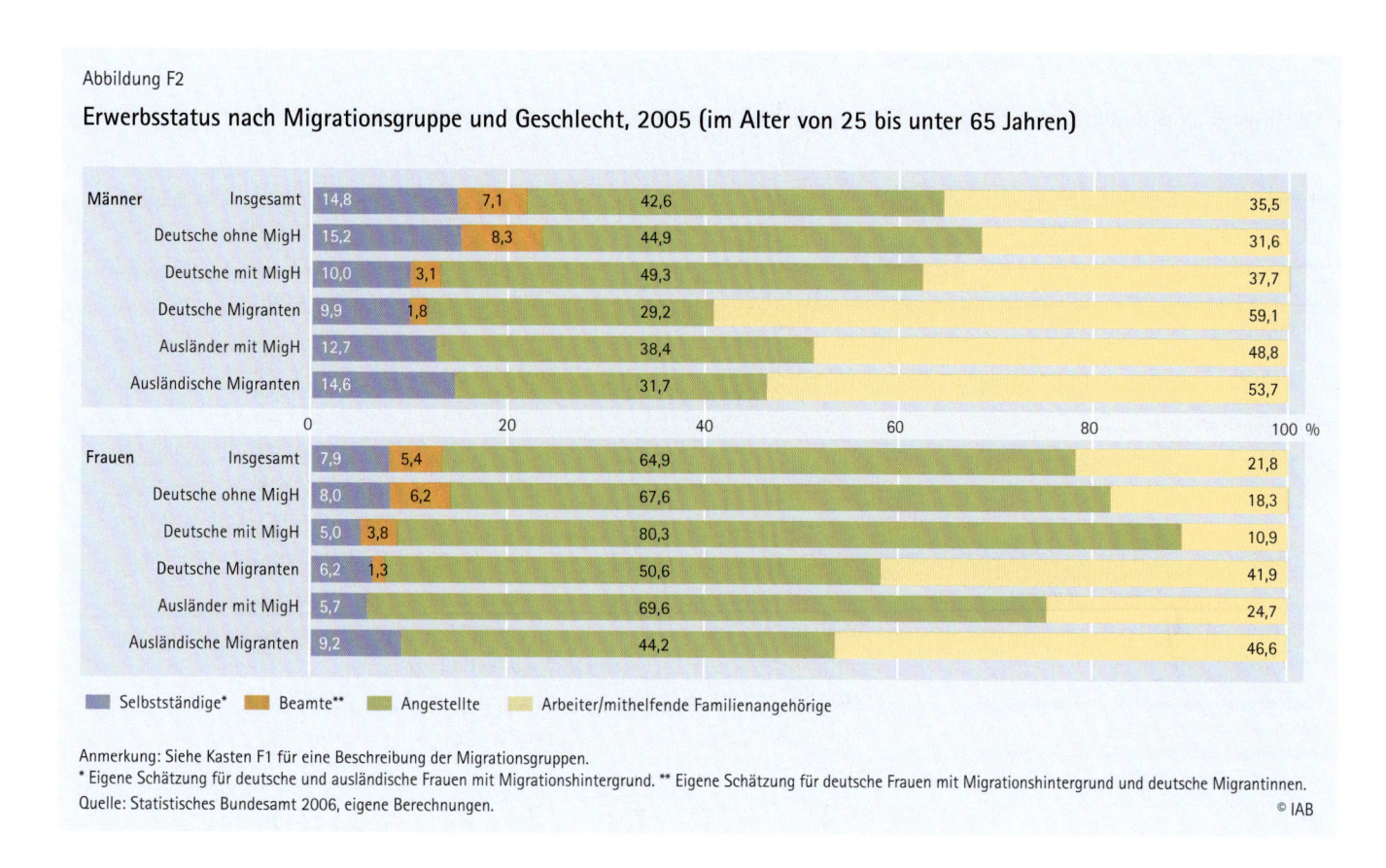

Abbildung F2

Erwerbsstatus nach Migrationsgruppe und Geschlecht, 2005 (im Alter von 25 bis unter 65 Jahren)

	Selbstständige*	Beamte**	Angestellte	Arbeiter/mithelfende Familienangehörige
Männer				
Insgesamt	14,8	7,1	42,6	35,5
Deutsche ohne MigH	15,2	8,3	44,9	31,6
Deutsche mit MigH	10,0	3,1	49,3	37,7
Deutsche Migranten	9,9	1,8	29,2	59,1
Ausländer mit MigH	12,7		38,4	48,8
Ausländische Migranten	14,6		31,7	53,7
Frauen				
Insgesamt	7,9	5,4	64,9	21,8
Deutsche ohne MigH	8,0	6,2	67,6	18,3
Deutsche mit MigH	5,0	3,8	80,3	10,9
Deutsche Migranten	6,2	1,3	50,6	41,9
Ausländer mit MigH	5,7		69,6	24,7
Ausländische Migranten	9,2		44,2	46,6

Anmerkung: Siehe Kasten F1 für eine Beschreibung der Migrationsgruppen.
* Eigene Schätzung für deutsche und ausländische Frauen mit Migrationshintergrund. ** Eigene Schätzung für deutsche Frauen mit Migrationshintergrund und deutsche Migrantinnen.
Quelle: Statistisches Bundesamt 2006, eigene Berechnungen.

© IAB

Erwerbsstatus: Hoher Arbeiteranteil

Der Erwerbsstatus zeigt, welche Art von Tätigkeit Erwerbstätige ausüben. Bei Männern fällt vor allem der hohe Arbeiteranteil auf (vgl. Abbildung F2). Bei den deutschen Migranten ist dieser Anteil mit 59,1 % fast doppelt so hoch wie bei den Deutschen ohne Migrationshintergrund (31,6 %). Deutsche mit Migrationshintergrund weisen zwar mit 37,7 % ebenfalls einen höheren Arbeiteranteil auf, zugleich fällt in dieser Gruppe aber der Angestelltenanteil mit 49,3 % insgesamt am höchsten aus. Bei den Selbstständigen weisen Deutsche ohne Migrationshintergrund (15,2 %) sowie ausländische Migranten (14,6 %) die höchsten Anteile auf. Außerdem fällt auf, dass bei Ausländern und Deutschen mit Migrationshintergrund der Arbeiteranteil bereits deutlich niedriger liegt als noch bei der ersten Generation, was ihren Integrationsfortschritt illustriert. Allerdings kann man lediglich für die Gruppe der Deutschen mit Migrationshintergrund von einem ähnlichen Erwerbsstatusmuster wie bei den Deutschen ohne Migrationshintergrund sprechen. Alle anderen Gruppen sind davon noch weit entfernt. Bei den Frauen ist ein ähnliches Verteilungsmuster zwischen den Migrationsgruppen zu finden mit deutlich höherem Angestellten- und geringerem Selbstständigenanteil als bei den Männern. Auch hier ist die bereits skizzierte Entwicklung der beruflichen Integration im Generationenvergleich ersichtlich: Gegenüber deutschen und ausländischen Migrantinnen weisen Deutsche und Ausländerinnen mit Migrationshintergrund einen höheren Angestelltenanteil und einen geringeren Arbeiteranteil auf.

Niedrig qualifiziert in der Bildungsgesellschaft

Schulische und berufliche Bildungsabschlüsse sind aufgrund der starken beruflichen Strukturierung des deutschen Arbeitsmarkts besonders wichtig (Allmendinger 1989; Müller/Shavit 1998) für eine qualifizierte Tätigkeit im Erwerbsleben. Abbildung F3 zeigt das berufliche Qualifikationsniveau der Befragten. Sehr deutlich zeigt sich insbesondere für ausländische Migranten, aber auch für alle anderen Per-

Kapitel F

Abbildung F3

Qualifikation nach Migrationsgruppen und Geschlecht, 2005 (im Alter von 25 bis unter 65 Jahren)

Männer	niedrig	mittel	hoch
Insgesamt	18,4	63,3	18,2
Deutsche ohne MigH	13,3	67,5	19,3
Deutsche mit MigH	30,9	55,7	13,4
Deutsche Migranten	29,7	57,0	13,3
Ausländer mit MigH	37,0	59,2	3,8
Ausländische Migranten	50,2	35,0	14,8

Frauen	niedrig	mittel	hoch
Insgesamt	24,2	61,3	14,6
Deutsche ohne MigH	18,6	66,3	15,1
Deutsche mit MigH	33,2	53,7	13,1
Deutsche Migranten	36,5	51,7	11,7
Ausländer mit MigH	42,8	53,9	3,3
Ausländische Migranten	60,1	26,5	13,4

Anmerkung: Siehe Kasten F1 für eine Beschreibung der Migrationsgruppen.
Quelle: Statistisches Bundesamt 2006, eigene Berechnungen.

© IAB

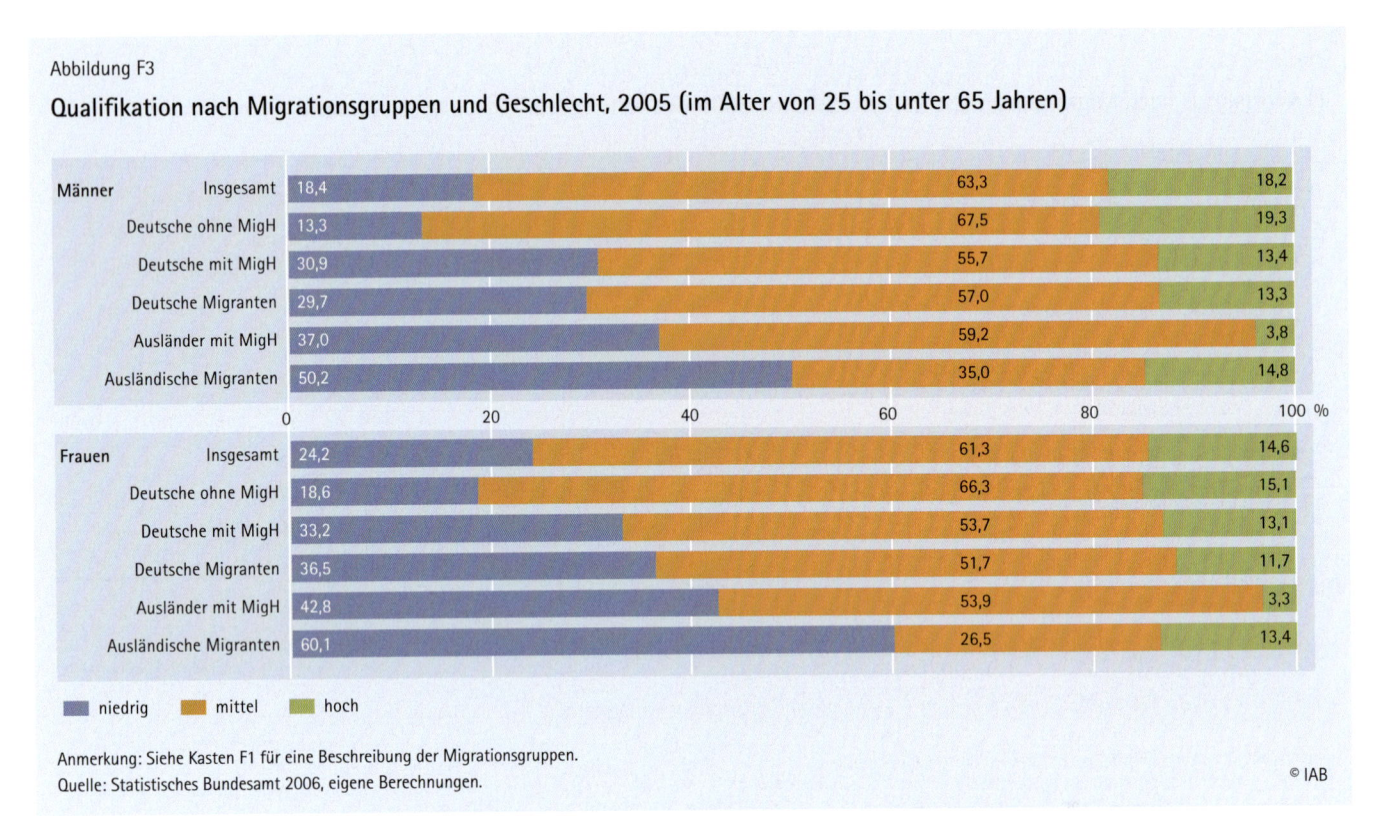

sonen mit Migrationshintergrund bzw. -erfahrung, dass diese gegenüber den Deutschen ohne Migrationshintergrund deutlich häufiger keinen Ausbildungsabschluss besitzen. Da mit dem strukturellen Wandel der letzten Jahrzehnte immer mehr Arbeitsplätze mit niedrigen Qualifikationsanforderungen weggefallen sind, stellt der Mangel an Abschlüssen eine gravierende Hürde für die Erwerbsbeteiligung der Migranten dar. Zwar lässt sich auch hier ein gewisser Integrationsfortschritt in der Generationenabfolge feststellen, dennoch ist der Anteil der Ausbildungslosen überdurchschnittlich hoch. Daneben fällt auf, dass es Ausländern mit Migrationshintergrund kaum gelingt, einen akademischen Abschluss zu erlangen. In dieser Teilgruppe der zweiten Generation scheint sich Bildungsarmut offensichtlich massiv zu verfestigen.

2.3 Arbeitsmarktintegration von Spätaussiedlern

Die Integrierte Erwerbsbiografie als neue Datenquelle zur Analyse von Spätaussiedlern

Spätaussiedler[2] stellen eine relativ große eigenständige Gruppe von Migranten auf dem deutschen Arbeitsmarkt dar. Als deutsche Einwanderer konnten sie bis 2005 eine Reihe staatlicher Integrationshilfen in Anspruch nehmen, wie z. B. Sprachkurse oder finanzielle Unterstützung. Mit der bisherigen Datenlage war es allerdings nur schwer möglich, den Arbeitsmarkterfolg von Spätaussiedlern zu messen, da es in den meisten Datensätzen nicht möglich ist, Spätaussiedler zu identifizieren. Mit der Integrierten Erwerbsbiografie (IEB) des IAB – einem Längsschnittdatensatz, der auf den Meldedaten der BA basiert – ist es nunmehr möglich, (Spät)-Aussiedler zu identifizieren, wenn

- sie ab dem 30. Juni 1990 Eingliederungsgeld erhalten haben oder

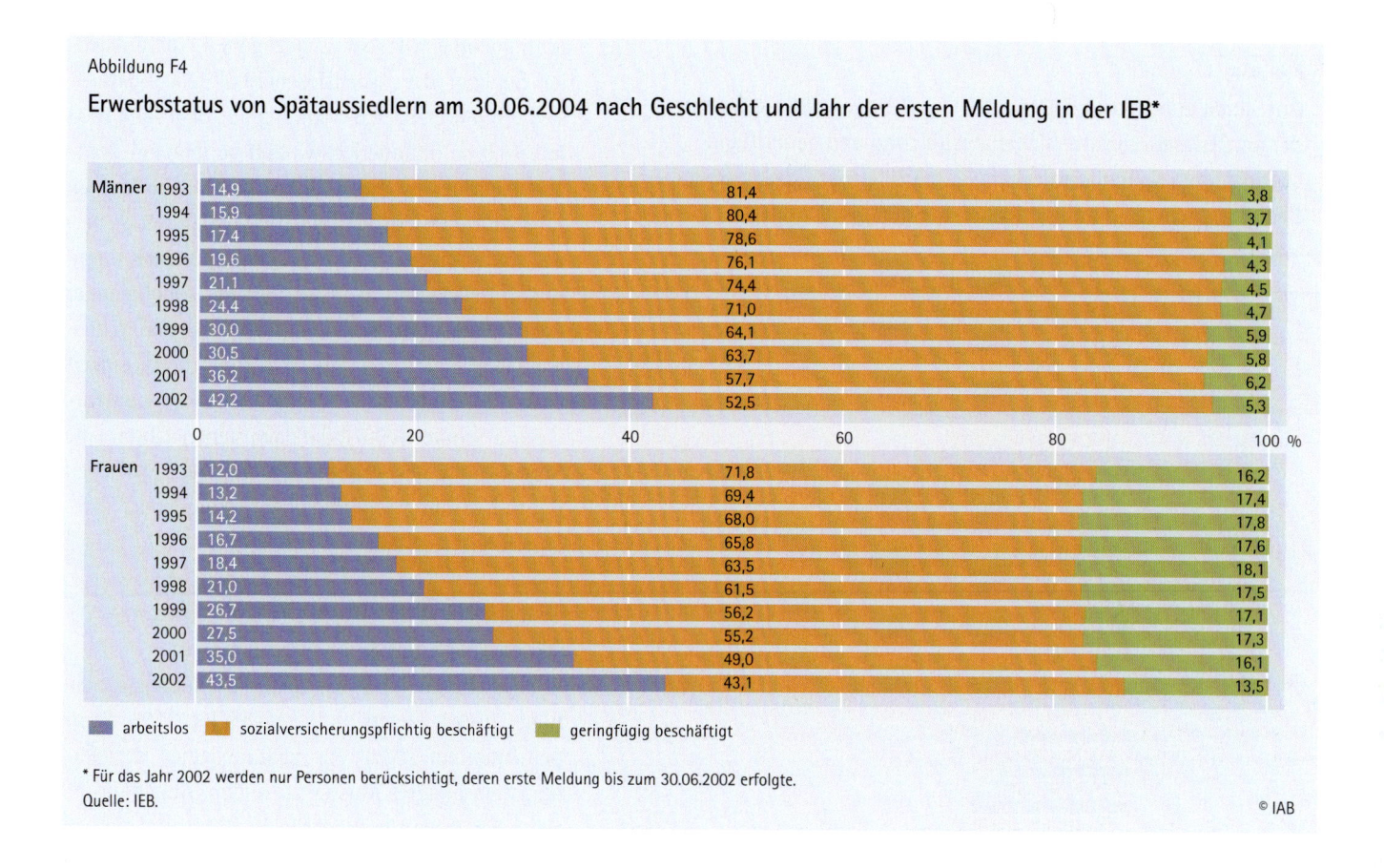

Abbildung F4

Erwerbsstatus von Spätaussiedlern am 30.06.2004 nach Geschlecht und Jahr der ersten Meldung in der IEB*

Männer	arbeitslos	sozialversicherungspflichtig beschäftigt	geringfügig beschäftigt
1993	14,9	81,4	3,8
1994	15,9	80,4	3,7
1995	17,4	78,6	4,1
1996	19,6	76,1	4,3
1997	21,1	74,4	4,5
1998	24,4	71,0	4,7
1999	30,0	64,1	5,9
2000	30,5	63,7	5,8
2001	36,2	57,7	6,2
2002	42,2	52,5	5,3

Frauen	arbeitslos	sozialversicherungspflichtig beschäftigt	geringfügig beschäftigt
1993	12,0	71,8	16,2
1994	13,2	69,4	17,4
1995	14,2	68,0	17,8
1996	16,7	65,8	17,6
1997	18,4	63,5	18,1
1998	21,0	61,5	17,5
1999	26,7	56,2	17,1
2000	27,5	55,2	17,3
2001	35,0	49,0	16,1
2002	43,5	43,1	13,5

* Für das Jahr 2002 werden nur Personen berücksichtigt, deren erste Meldung bis zum 30.06.2002 erfolgte.
Quelle: IEB.

© IAB

- eine Arbeitslosen- oder Arbeitsuchendmeldung ab dem 1. Januar 2000 vorliegt oder
- sie ab dem 1. Januar 1990 an einem speziellen Deutschlehrgang der Zielgruppe Spätaussiedler teilnahmen.

Im Folgenden werden jeweils zum Stichtag 30. Juni 2004[3] verschiedene Arbeitsmarktindikatoren analysiert. Dabei werden nur Spätaussiedler untersucht, die bis Mitte 2002 nach Deutschland eingereist sind. So soll eine gewisse notwendige Orientierungszeit nach der Einreise berücksichtigt werden.

Anfänglich hohe Arbeitslosigkeit sinkt mit zunehmender Aufenthaltsdauer

Betrachtet man den Erwerbsstatus der Spätaussiedler (Abbildung F4) differenziert nach dem Jahr ihrer ersten Meldung in der IEB – einer indirekten Messung für die Dauer des Aufenthalts in Deutschland –, zeigt sich, dass die Mehrzahl der Spätaussiedler beschäftigt ist. Dabei steigt der Anteil der Beschäftigten mit der Dauer des Aufenthalts in Deutschland. Dies illustriert eindrücklich den Inte-

2 Im Folgenden wird die Lage von (Spät-)Aussiedlern beschrieben, die erstmals am 1. Januar 1993 oder später in der IEB gemeldet sind. Deswegen wird hier der Begriff „Spätaussiedler" verwendet, selbst wenn die betreffende Person vor dem 1. Januar 1993 eingereist ist und somit rechtlich gesehen ein Aussiedler ist. Weil in der Regel der Zeitraum zwischen der Einreise und der erstmaligen Meldung bei der Bundesagentur für Arbeit relativ kurz ist, dürfte die dahinterstehende Fallzahl nicht sehr groß sein. Die begriffliche Unterscheidung zwischen Aussiedlern und Spätaussiedlern hat keine Auswirkungen auf die quantitativen Ergebnisse.

Spätaussiedler stellen eine Teilgruppe der deutschen Migranten im vorherigen Abschnitt dar. Zu den deutschen Migranten im Mikrozensus zählen auch eingebürgerte zugewanderte Ausländer.

3 Somit können hier und im Folgenden nur solche Personen betrachtet werden, die am Stichtag auch in der IEB gemeldet waren.

Abbildung F5

Anteile an arbeitslosen Spätaussiedlern (bezogen auf die Summe der arbeitslosen, sozialversicherungspflichtig und geringfügig beschäftigten Spätaussiedler) am 30.06.2004 nach Geschlecht, Bildungsabschlüssen und der ersten Meldung in der IEB*

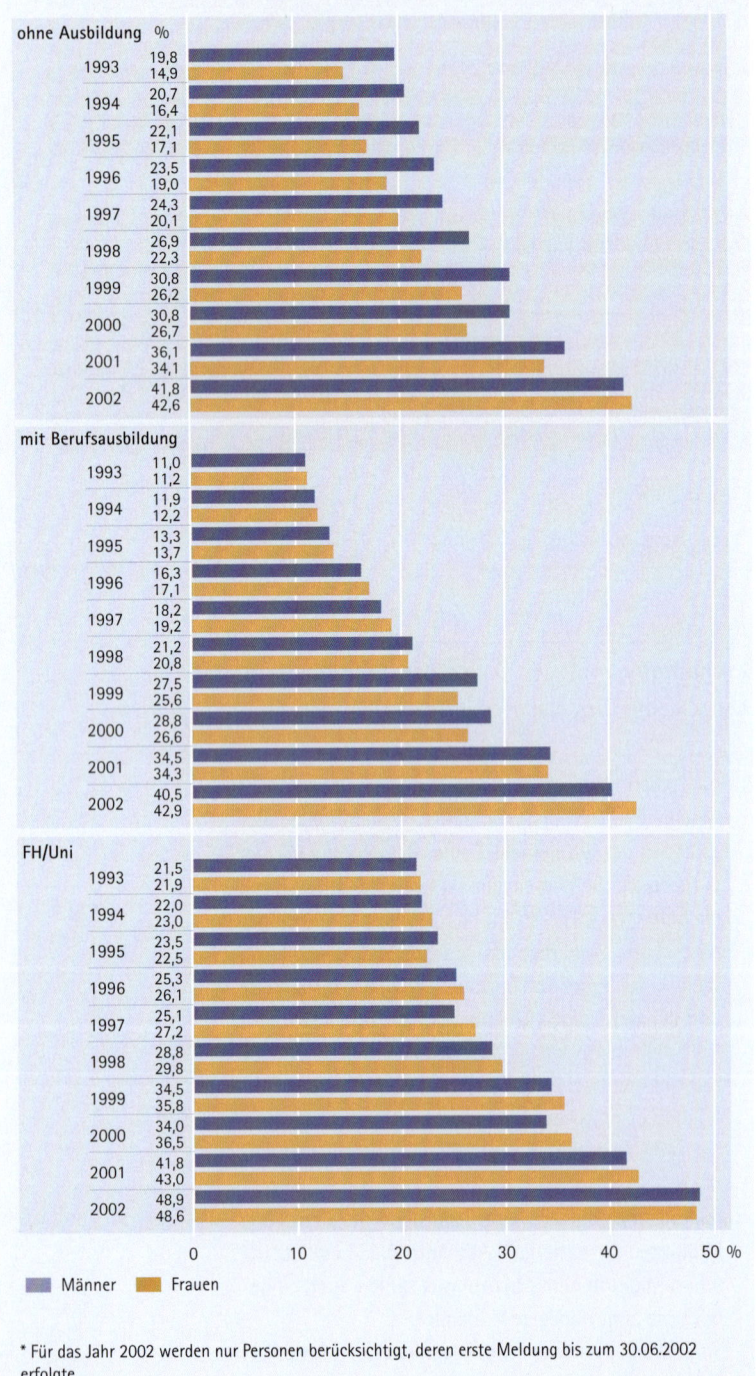

ohne Ausbildung	Männer	Frauen
1993	19,8	14,9
1994	20,7	16,4
1995	22,1	17,1
1996	23,5	19,0
1997	24,3	20,1
1998	26,9	22,3
1999	30,8	26,2
2000	30,8	26,7
2001	36,1	34,1
2002	41,8	42,6

mit Berufsausbildung	Männer	Frauen
1993	11,0	11,2
1994	11,9	12,2
1995	13,3	13,7
1996	16,3	17,1
1997	18,2	19,2
1998	21,2	20,8
1999	27,5	25,6
2000	28,8	26,6
2001	34,5	34,3
2002	40,5	42,9

FH/Uni	Männer	Frauen
1993	21,5	21,9
1994	22,0	23,0
1995	23,5	22,5
1996	25,3	26,1
1997	25,1	27,2
1998	28,8	29,8
1999	34,5	35,8
2000	34,0	36,5
2001	41,8	43,0
2002	48,9	48,6

* Für das Jahr 2002 werden nur Personen berücksichtigt, deren erste Meldung bis zum 30.06.2002 erfolgte.
Quelle: IEB.
© IAB

grationsfortschritt der zugezogenen Spätaussiedler. So liegt der Arbeitslosenanteil[4] von Spätaussiedlern mit erster IEB-Meldung aus dem Jahr 1993 mit 14,9 % (Männer) bzw. 12,0 % (Frauen) deutlich niedriger als bei Spätaussiedlern, die erst im Jahr 2002 zum ersten Mal in den IEB-Daten gemeldet sind (Männer: 42,2 %; Frauen: 43,5 %). Damit sinkt die Arbeitslosigkeit deutlich mit zunehmender Aufenthaltsdauer. Besonders in den ersten Jahren nach ihrer Einreise sind sie stark von Arbeitslosigkeit betroffen. Zu ähnlichen Ergebnissen kommen Fertig und Schurer (2007), die nach sieben Jahren eine Angleichung des Arbeitslosigkeitsrisikos zwischen Deutschen ohne Migrationshintergrund und Spätaussiedlern feststellen.

Trotz Integrationsfortschritten sind Akademiker häufiger arbeitslos

In Deutschland haben vor allem Ausbildungslose ein hohes Risiko, arbeitslos zu sein (Solga 2005; Reinberg/Hummel 2007). Für Spätaussiedler ist allerdings ein anderes Muster zu finden. Abbildung F5 zeigt die Arbeitslosenanteile in Abhängigkeit von den gemeldeten beruflichen Bildungsabschlüssen.[5]

Im Gegensatz zur sonst üblichen Abnahme des Arbeitslosigkeitsrisikos mit höheren Bildungsabschlüssen geht aus Abbildung F5 deutlich hervor, dass vor allem Spätaussiedler mit (Fach-)Hochschulabschluss Schwierigkeiten haben, eine Beschäftigung zu finden. Sowohl Männer als auch Frauen mit Hochschul- oder Fachhochschulabschluss weisen, unabhängig von der Aufenthaltsdauer in Deutschland,

---

4 Der Anteil der Arbeitslosen bezieht sich auf alle abhängig zivilen Erwerbspersonen ohne Beamte. Er ist somit höher als die üblicherweise veröffentlichte Arbeitslosenquote und daher mit dieser nicht vergleichbar.

5 Bei den gemeldeten beruflichen Bildungsabschlüssen für Spätaussiedler handelt es sich in der Regel um die in Deutschland anerkannten Abschlüsse. Spätaussiedler haben die Möglichkeit, über die Kultusministerien der Länder die Gleichwertigkeit ihrer im Ausland erworbenen Ausbildungsabschlüsse anerkennen zu lassen.

die jeweils höchsten Arbeitslosenanteile auf. Sofern diese Akademikerabschlüsse im Ausland erworben wurden, deutet dies darauf hin, dass entweder die Fähigkeiten, die dort erworben wurden, am deutschen Arbeitsmarkt nicht nachgefragt werden oder dass in den Betrieben große Unsicherheit herrscht, welche Fähigkeiten mit einer solchen Ausbildung verbunden sind. Diese Unsicherheit könnte wiederum dazu führen, dass andere Bewerber, vor allem solche mit inländischen Abschlüssen, bevorzugt werden.

Einen relativ niedrigen Arbeitslosenanteil weisen lediglich die Spätaussiedler mit Berufsausbildung auf, die in den frühen 1990er-Jahren erstmals auf dem deutschen Arbeitsmarkt aktiv waren. Auch hier fallen deutlich die Integrationsfortschritte mit zunehmender Aufenthaltsdauer in Deutschland auf. Diese sind für Spätaussiedler mit abgeschlossener Berufsausbildung am höchsten, was einmal mehr dafür spricht, dass sich diese Bildungsgruppe am schnellsten in den deutschen Arbeitsmarkt integrieren kann. Dies gilt vor allem dann, wenn sie eine Beschäftigung in ihrem (im Herkunftsland) erlernten Beruf ausüben können (Konietzka/Kreyenfeld 2001).

Auch nach langem Aufenthalt in Deutschland häufig unterwertig beschäftigt

Im Folgenden werden ausschließlich sozialversicherungspflichtig Beschäftigte hinsichtlich ihrer beruflichen Stellung untersucht. Von Interesse ist hier, wie viele Spätaussiedler eine qualifizierte Tätigkeit ausüben, also als Facharbeiter, Meister oder Angestellte beschäftigt sind. „Nichtfacharbeiter" sind als Beschäftigte mit einfachen Tätigkeiten definiert. Abbildung F6 zeigt den Anteil der qualifiziert Beschäftigten an allen sozialversicherungspflichtig Beschäftigten in Abhängigkeit von ihrer Aufenthaltsdauer in Deutschland.

Demnach besitzen Spätaussiedler mit einer abgeschlossenen Berufsausbildung oder einem (Fach-)Hochschulabschluss die höchste Wahrscheinlichkeit, qualifiziert beschäftigt zu sein. Bei Akademi-

Abbildung F6

Anteil der qualifiziert beschäftigten Spätaussiedler an allen sozialversicherungspflichtig beschäftigten Spätaussiedlern am 30.06.2004 nach Geschlecht und Jahr der ersten Meldung in der IEB*

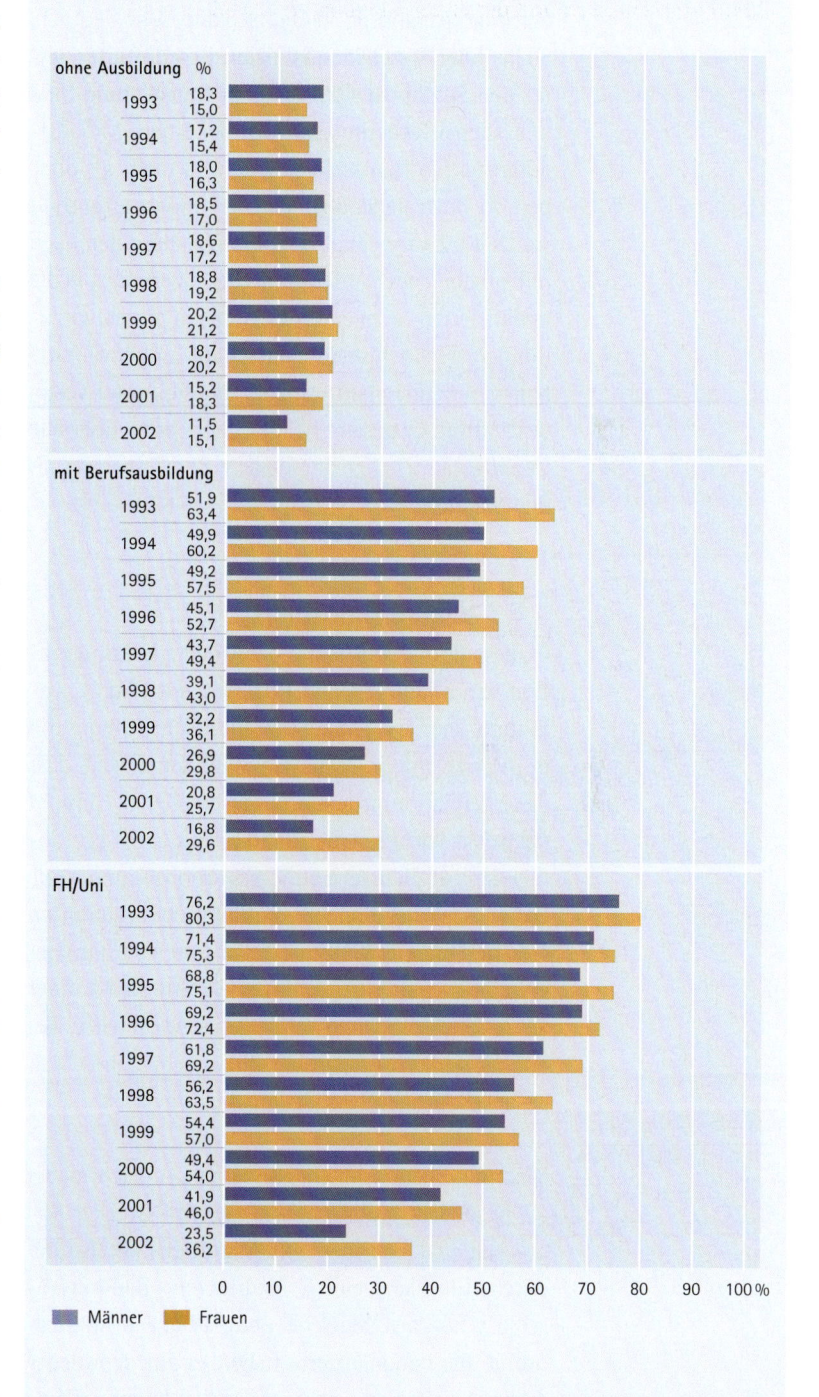

Jahr	ohne Ausbildung Männer %	Frauen %
1993	18,3	15,0
1994	17,2	15,4
1995	18,0	16,3
1996	18,5	17,0
1997	18,6	17,2
1998	18,8	19,2
1999	20,2	21,2
2000	18,7	20,2
2001	15,2	18,3
2002	11,5	15,1

Jahr	mit Berufsausbildung Männer %	Frauen %
1993	51,9	63,4
1994	49,9	60,2
1995	49,2	57,5
1996	45,1	52,7
1997	43,7	49,4
1998	39,1	43,0
1999	32,2	36,1
2000	26,9	29,8
2001	20,8	25,7
2002	16,8	29,6

Jahr	FH/Uni Männer %	Frauen %
1993	76,2	80,3
1994	71,4	75,3
1995	68,8	75,1
1996	69,2	72,4
1997	61,8	69,2
1998	56,2	63,5
1999	54,4	57,0
2000	49,4	54,0
2001	41,9	46,0
2002	23,5	36,2

* Für das Jahr 2002 werden nur Personen berücksichtigt, deren erste Meldung bis zum 30.06.2002 erfolgte.
Quelle: IEB. © IAB

kern ist der Anteil dabei durchweg erkennbar höher als bei Spätaussiedlern mit Berufsausbildung. Spätaussiedler ohne Ausbildungsabschluss sind hingegen nur selten in qualifizierten Positionen zu finden. Wie schon zuvor wird die Rolle der bisherigen Arbeitsmarkterfahrung in Deutschland sehr deutlich. So liegt der Anteil der qualifiziert Beschäftigten unter den Spätaussiedlern mit Berufsausbildung bzw. mit (Fach-)Hochschulabschluss bei einem Mindestaufenthalt in Deutschland seit 1993 mehr als doppelt so hoch gegenüber einem Mindestaufenthalt seit 2002. Zwar gelingt es Spätaussiedlern demnach mit zunehmender Aufenthaltsdauer, vermehrt in die qualifizierten Segmente des Arbeitsmarktes vorzudringen, dennoch sind sie auch nach langer Aufenthaltsdauer unverhältnismäßig häufig unterwertig beschäftigt. Insgesamt gelingt den Frauen über alle Qualifikationsstufen eine bessere Positionierung als den Männern.

2.4 Zusammenfassung

In diesem Abschnitt stand die Arbeitsmarktintegration von Migranten und Personen mit Migrationshintergrund als wichtiger Bestandteil der Integration in Deutschland im Fokus. Die Analysen zeigen, dass diese Migrationsgruppen in verschiedener Hinsicht nach wie vor am Arbeitsmarkt schlechter positioniert sind als Deutsche ohne Migrationshintergrund. So weisen insbesondere ausländische Migranten eine geringere Erwerbsquote auf und sind häufiger erwerbslos. Sind sie beschäftigt, so sind sie häufiger als Arbeiter tätig und seltener als Angestellte. Bei Spätaussiedlern ist darüber hinaus ein hohes Maß an unterwertiger Beschäftigung beobachtbar.

Niedrige Bildungsabschlüsse erweisen sich dabei als besonders problematisch. Generell weisen Migranten und Personen mit Migrationshintergrund durchschnittlich einen niedrigeren Bildungsabschluss auf als Deutsche ohne Migrationshintergrund. Geringqualifizierte haben es auf dem deutschen Arbeitsmarkt aber generell schwerer: Ohne berufliche Bildung ist ein Vordringen in die qualifizierten Segmente des Arbeitsmarktes kaum möglich, diese Entwicklung verstärkte sich in der Vergangenheit. Obwohl in Deutschland insgesamt das Arbeitslosigkeitsrisiko mit höherwertigen Bildungsabschlüssen deutlich abnimmt, gilt dieser Befund nicht im selben Ausmaß für Spätaussiedler.

Trotz der beschriebenen Integrationsdefizite lässt sich anhand der Analyse ein sichtbarer Integrationsfortschritt dokumentieren. So besitzen Personen mit Migrationshintergrund (zweite und dritte Generation) bessere Arbeitsmarktchancen als die Elterngeneration. Für Spätaussiedler lässt sich ein zunehmender Integrationsfortschritt mit der Dauer des Aufenthalts in Deutschland beobachten.

3 Integration in Bildung und Ausbildung

Wichtige Bausteine zu Beginn einer Erwerbsbiografie sind qualifizierte Bildungs- und Ausbildungsabschlüsse. Ausländer in Deutschland verfügen im Durchschnitt über geringere Bildungs- und Ausbildungsabschlüsse als Einheimische. Einerseits gelingt vielen ausländischen Jugendlichen mit Haupt- und Realschulabschluss der Übergang in eine berufliche Ausbildung nicht. Andererseits sind ihre Chancen auch nach einer erfolgreichen beruflichen Ausbildung auf eine Beschäftigung geringer als bei Deutschen. Ein wichtiger Aspekt sind die regionalen Unterschiede in Deutschland: Kulturelle Vielfalt in einer Region erhöht die Berufeinstiegschancen von ausländischen Jugendlichen.

Schulabschlüsse: trotz Aufwärtstrend noch deutliche Unterschiede zwischen Deutschen und Ausländern

Schulzeugnisse signalisieren dem Arbeitgeber, welches Potenzial der Bewerber für eine duale Ausbildung besitzt. Obwohl Schulzeugnisse keine formale Voraussetzung für eine duale Ausbildung darstellen, hängt der Zugang in hohem Ausmaß von der Art und Qualität dieser Zeugnisse ab (Solga 2002; Konsortium Bildungsberichterstattung 2006). Jugendliche Ausländer sind in Gymnasien und Realschulen unterrepräsentiert, in Haupt- und Förderschulen hingegen überrepräsentiert. Der Besuch einer weiterführenden Schule hängt dabei in hohem Maße vom sozioökonomischen Status der Eltern ab (Kristen 2006).

Tabelle F1 zeigt die Verteilung von deutschen und ausländischen Schulabsolventen für die Abschlussjahre 1992 und 2006. Es fällt auf, dass deutsche Schulabgänger insgesamt einen deutlich höheren Schulabschluss als Ausländer besitzen. Betrachtet man die Entwicklung von 1992 bis 2006, ist ersichtlich, dass außer bei deutschen Männern bei allen Personengruppen ein Trend zu höheren Bildungsabschlüssen zu erkennen ist, wobei ausländische Frauen hierbei am stärksten zulegen konnten. Damit sind ausländische Frauen heute erkennbar besser gebildet als ausländische Männer, und sie konnten gleichzeitig ihren Abstand zu den deutschen Frauen verringern. Dies sollte die Ausbildungschancen ausländischer Frauen sowohl gegenüber ausländischen Männern als auch gegenüber deutschen Frauen verbessern.

Ausbildungschancen: Stolpern an der ersten Schwelle

Die duale Ausbildung spielt eine wichtige Rolle in der beruflichen Bildung und stellt noch immer den Königsweg ins Berufsleben dar. Bis zu zwei Drittel eines Abgangsjahres nahmen nach der Schule eine duale Ausbildung auf (Bundesministerium für Bildung und Forschung 2006). Die Ausbildungschancen von Jugendlichen sind dabei von zwei wesentlichen

Tabelle F1

Verteilung von deutschen und ausländischen Schulabsolventen (weiblich/männlich) nach Schulart, Abschlussjahr 1992 und 2006 (in %)

	1992				2006			
	Deutsche		Ausländer		Deutsche		Ausländer	
	Männer	Frauen	Männer	Frauen	Männer	Frauen	Männer	Frauen
Ohne Hauptschulabschluss	8,4	5,0	23,9	17,5	8,7	5,2	19,7	13,5
Mit Hauptschulabschluss	27,7	22,2	44,6	44,1	26,1	19,2	42,7	40,3
Mit Realschulabschluss	39,2	44,2	23,5	29,4	40,9	43,4	28,3	33,5
Mit (Fach-)Abitur	24,7	28,6	8,0	9,0	24,3	32,2	9,3	12,7
Insgesamt	100,0	100,0	100,0	100,0	100,0	100,0	100,0	100,0

Quelle: Statistisches Bundesamt 2007, Tabelle 6.4; eigene Berechnungen.

Rahmenbedingungen gekennzeichnet: Einerseits war in der Vergangenheit die Lage am Ausbildungsmarkt meist angespannt, da zu viele Bewerber auf einen freien Ausbildungsplatz kamen. Andererseits sind die Qualifikationsanforderungen bedingt durch den technischen Fortschritt in zahlreichen Ausbildungsberufen stetig gestiegen. Schulabschlüsse sind daher für den Erfolg an der ersten Schwelle – also am Übergang von der Schule in die berufliche Ausbildung – heute wichtiger denn je.

Die im Durchschnitt niedrigeren Schulabschlüsse von ausländischen Jugendlichen (vgl. Tabelle F1) führen zu entsprechend geringeren Ausbildungschancen.

Tabelle F2

Ausbildungsbeteiligungsquoten von deutschen und ausländischen Männern und Frauen, 1993–2006 (in %)

Jahr	Deutsche Männer	Ausländische Männer	Deutsche Frauen	Ausländische Frauen
1993	80,5	40,3	58,2	24,6
2006	67,5	25,2	45,9	20,7

Anmerkungen: Da die Berufsbildungsstatistik das Alter lediglich für die Neuabschlüsse insgesamt und nicht für Deutsche und Ausländer getrennt erfasst, werden für diese Quoten die Auszubildenden (Bestände) auf die Bevölkerung im Alter von 18 bis unter 21 Jahren bezogen.
Quelle: Statistisches Bundesamt, Bevölkerungsfortschreibung (31.12.); Statistisches Bundesamt, Berufsbildungsstatistik (31.12.); Berechnungen des Bundesinstituts für Berufsbildung.

Tabelle F3

Top 5 der fünf häufigsten Ausbildungsberufe von Ausländern und Deutschen (Frauen und Männer, 2006, in %)

Ausländische Frauen	
Beruf	Anteil
781 Bürofachkräfte	17,0 %
856 Sprechstundenhelfer	15,2 %
682 Verkäufer	13,5 %
901 Friseure	11,0 %
853 Krankenschwestern, Hebammen	6,6 %
Summe	63,3 %
Sonstige Berufe	36,7 %

Deutsche Frauen	
Beruf	Anteil
781 Bürofachkräfte	21,4 %
856 Sprechstundenhelfer	10,6 %
682 Verkäufer	9,6 %
853 Krankenschwestern, Hebammen	8,5 %
681 Groß- und Einzelhandelskaufleute	5,4 %
Summe	55,5 %
Sonstige Berufe	44,5 %

Ausländische Männer	
Beruf	Anteil
281 Kraftfahrzeuginstandsetzer	7,2 %
781 Bürofachkräfte	6,8 %
682 Verkäufer	6,5 %
681 Groß- und Einzelhandelskaufleute	5,9 %
311 Elektroinstallateure, -monteure	4,5 %
Summe	31,0 %
Sonstige Berufe	69,0 %

Deutsche Männer	
Beruf	Anteil
781 Bürofachkräfte	7,8 %
281 Kraftfahrzeuginstandsetzer	7,2 %
311 Elektroinstallateure, -monteure	5,7 %
681 Groß- und Einzelhandelskaufleute	4,4 %
411 Köche	3,7 %
Summe	28,8 %
Sonstige Berufe	71,2 %

Quelle: Statistik der Bundesagentur für Arbeit, eigene Berechnung.

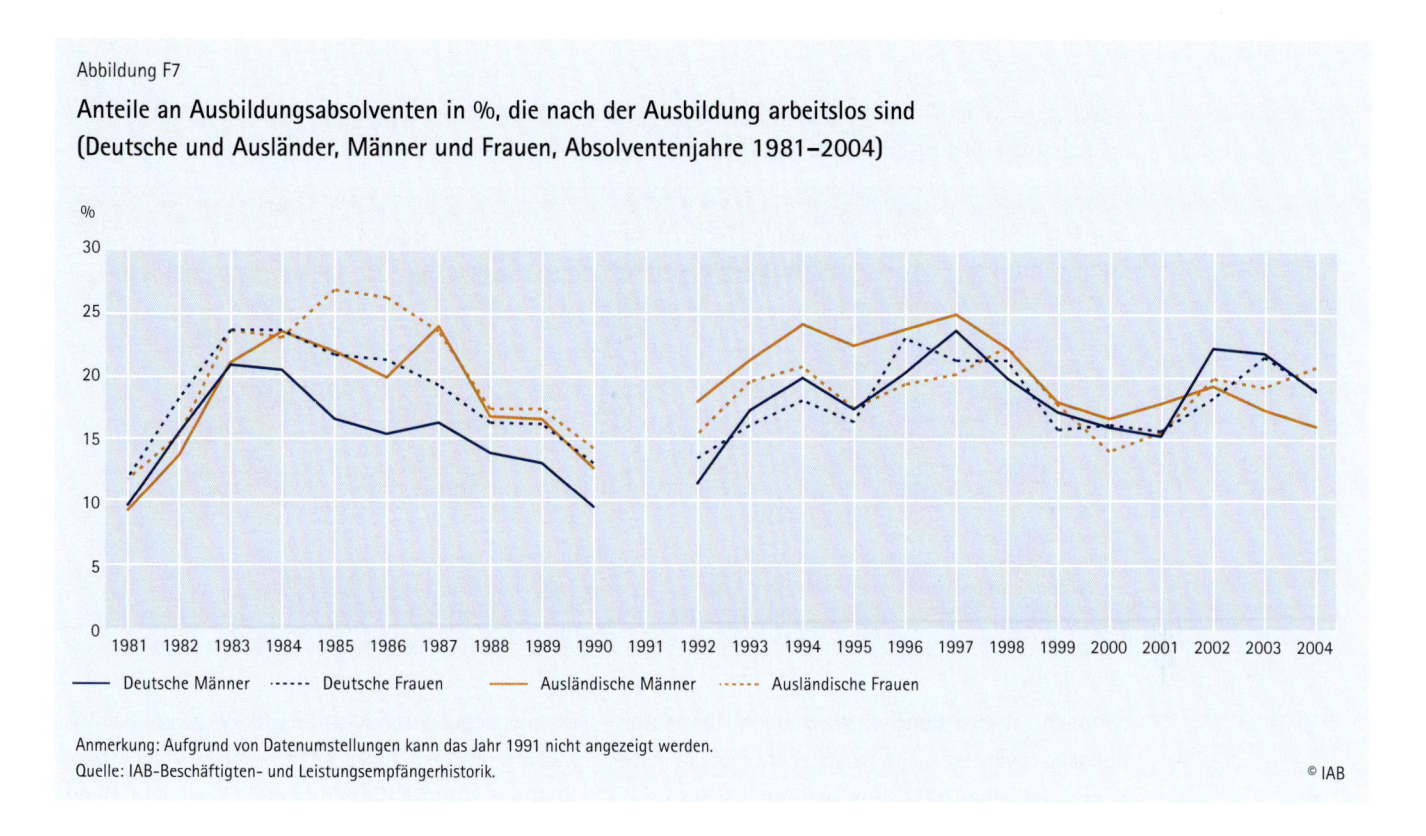

Abbildung F7
Anteile an Ausbildungsabsolventen in %, die nach der Ausbildung arbeitslos sind (Deutsche und Ausländer, Männer und Frauen, Absolventenjahre 1981–2004)

— Deutsche Männer ···· Deutsche Frauen — Ausländische Männer ···· Ausländische Frauen

Anmerkung: Aufgrund von Datenumstellungen kann das Jahr 1991 nicht angezeigt werden.
Quelle: IAB-Beschäftigten- und Leistungsempfängerhistorik.
© IAB

Dies zeigen die Ausbildungsbeteiligungsquoten (Anzahl der Auszubildenden bezogen auf die Wohnbevölkerung im Alter von 18 bis unter 21 Jahren) von deutschen und ausländischen Männern und Frauen in Tabelle F2. So lag im Jahr 2006 bei deutschen Männern die Quote bei 67,5 % – bei den ausländischen Männern hingegen nur bei 25,2 %. Insgesamt weisen Frauen deutlich geringere Beteiligungsquoten auf (deutsche Frauen: 45,9 %, ausländische Frauen: 20,7 %), da Frauen häufiger schulische Berufsausbildungen absolvieren (z. B. im Gesundheitswesen, vgl. Bundesministerium für Bildung und Forschung 2006). Noch 1993 lag die Ausbildungsbeteiligung bei allen vier Gruppen deutlich höher als heute. Den stärksten Rückgang hatten dabei ausländische Männer zu verzeichnen. Dies ist vor allem auf den Strukturwandel und den damit einhergehenden Abbau von Stellen in gewerblichen Berufen zurückzuführen, die in besonders hohem Maße von ausländischen Männern nachgefragt werden. Obwohl ausländische Frauen die niedrigste Beteiligungsquote aufweisen, ist diese lange Zeit konstant geblieben und hat sich erst in den letzen drei Jahren verringert. Möglicherweise hat die parallele Verbesserung ihrer Schulabschlüsse diese Konstanz bewirkt.

Die Gründe für die geringere Ausbildungsbeteiligungsquote liegen einerseits in schulischen und sprachlichen Qualifikationsdefiziten junger Ausländer, andererseits können Benachteiligungen bei der Bewerbung um einen Ausbildungsplatz nicht ausgeschlossen werden.

Neben der geringeren Ausbildungsbeteiligung ist bei ausländischen Auszubildenden eine stärkere Konzentration auf wenige Ausbildungsberufe zu beobachten (vgl. Tabelle F3). Diese Ausbildungsberufe sind durch geringere Karriere- und Verdienstmöglichkeiten gekennzeichnet (Büchel 2002).

Berufseinstieg: bessere Chancen für Ausländer – aber noch keine Chancengleichheit zu Deutschen

Zwar gilt ein Ausbildungsabschluss als wichtigste Zugangsvoraussetzung für den in hohem Maße beruflich strukturierten deutschen Arbeitsmarkt,

Tabelle F4

Risiko, nach der Ausbildung arbeitslos zu sein (Männer/Frauen, verschiedene Nationalitäten) (logistische Regression, Odds Ratio)

	Männer				Frauen			
	Modell 1 exp(B)		Modell 2 exp(B)		Modell 1 exp(B)		Modell 2 exp(B)	
Deutsche (Referenz)	1		1		1		1	
Türkei	1,441	***	1,362	***	1,217	***	1,158	***
Übrige Anwerbeländer	1,096	**	1,000		0,952		0,930	*
Restliche Welt	1,286	***	1,177	***	0,915		0,882	*
Chi2	212,972	***	1959,431	***	37,209	***	1460,447	***
N	83.524		83.524		63.282		63.282	

Modell 1: Ohne Kontrollvariablen.
Modell 2: Kontrolliert für Schulbildung, Ausbildungsberuf, Größe des Ausbildungsbetriebs und Abschlussjahr.
Legende für Signifikanz: *** < 0.001   ** < 0.01   * < 0.05
Quelle: IAB-Beschäftigten- und Leistungsempfängerhistorik.

dennoch ist der Berufseinstieg auch für Ausbildungsabsolventen nicht risikolos (Konietzka 1999; Konietzka/Solga 2000). Als besonderes Berufseinstiegsrisiko erweist sich dabei Arbeitslosigkeit nach der Ausbildung (Konietzka/Seibert 2001). Dies geht in der Regel mit einem Verlust von Einkommen und Humankapital einher (Velling/Bender 1994; Fitzenberger/Spitz 2004).

Mit den Daten der Beschäftigten- und Leistungsempfängerhistorik des Instituts für Arbeitsmarkt- und Berufsforschung, die auf den Registerdaten der Bundesagentur für Arbeit (BA) beruhen, lässt sich der Berufseinstieg von betrieblichen Ausbildungsabsolventen nachzeichnen.

Abbildung F7 zeigt den Anteil an deutschen und ausländischen Absolventen, die zwischen Ausbildungsende und Berufseinstieg arbeitslos waren. Neben den konjunkturellen Schwankungen im Zeitraum 1981–2004 fällt auf, dass der Arbeitslosenanteil ausländischer Männer zumeist höher ausfällt als der der deutschen Männer. Bei den ausländischen Frauen gilt dieser Befund nur für den Zeitraum Mitte der 1980er- bis Mitte der 1990er-Jahre.[6]

Da die beobachteten Unterschiede zwischen Ausländern und Deutschen auf eine Reihe von Einflussfaktoren zurückzuführen sind, sollen diese Determinanten in einem multivariaten Analyseverfahren kontrolliert werden.

Tabelle F4 zeigt die Ergebnisse einer bivariaten logistischen Regression, in der für verschiedene ethnische Gruppen das Arbeitslosigkeitsrisiko nach der Ausbildung geschätzt wird. In einem ersten Modell werden lediglich die Unterschiede nach Nationalitäten ohne Berücksichtigung von Kontrollvariablen betrachtet. In einem zweiten Modell wird für die Variablen Schulbildung, Ausbildungsberuf, Größe des Ausbildungsbetriebs und Abschlussjahr kontrolliert. Diese Modelle werden für Männer und Frauen getrennt geschätzt.

Modell 1 zeigt, dass alle ausländischen Männer ein signifikant höheres Arbeitslosigkeitsrisiko an der zweiten Schwelle im Vergleich zu deutschen Män-

---

6   Eine weiterführende Analyse nach ethnischen Gruppen zeigt, dass türkische Männer und Frauen ein deutlich höheres Arbeitslosigkeitsrisiko nach Ausbildungsabschluss als andere Gruppen aufweisen. Vgl. Burkert/Seibert 2007.

nern aufweisen. Unter Berücksichtigung der Kontrollvariablen reduzieren sich diese Effekte in Modell 2 erkennbar. Männer aus Anwerbeländern[7] (ohne Türkei) unterscheiden sich diesbezüglich nun nicht mehr von deutschen Männern.

Bei Frauen zeigt sich in Modell 1 lediglich für Türkinnen ein signifikant erhöhtes Risiko. In Modell 2 geht dieser Effekt zwar zurück, bleibt aber signifikant. Alle anderen ausländischen Absolventinnen weisen gegenüber deutschen sogar ein signifikant geringeres Arbeitslosigkeitsrisiko auf.

Regional betrachtet: kulturelle Vielfalt erleichtert Integration

Die regional ungleiche Situation lokaler Arbeitsmärkte determiniert die Chancen des Übergangs von Ausbildung in Beschäftigung. In Abbildung F8 wird die räumliche Verteilung der Chancen dargestellt, nach der Ausbildung im ersten Arbeitsmarkt Fuß zu fassen. Gemessen wird der Prozentsatz der ausländischen[8] Ausbildungsabsolventen, die nach Abschluss der Ausbildung in eine ungeförderte sozialversicherungspflichtige Beschäftigung (erster Arbeitsmarkt) einmünden. Im Durchschnitt gelingt 66 % der ausländischen Absolventen der Übergang in den ersten Arbeitsmarkt, während diese Quote unter den deutschen Absolventen bei 72 % liegt. Im süddeutschen Raum sind die Integrationsquoten sowohl für deutsche als auch für ausländische Absolventen überdurchschnittlich (München 76 % bzw. 73 %, Stuttgart 79 % bzw. 77 %). Hingegen sind die Unterschiede in den norddeutschen Ballungsräumen Hamburg (72 % bzw. 59 %) und Hannover (68 % bzw. 58 %) wesentlich ausgeprägter. Es finden sich jedoch Gebiete im Umland Hamburgs (Steinburg, Pinneberg und Stormarn) mit relativ guten Chancen für Ausländerinnen und Ausländer, ebenso in der Umgebung von Bremen (vgl. Abbildung F8).

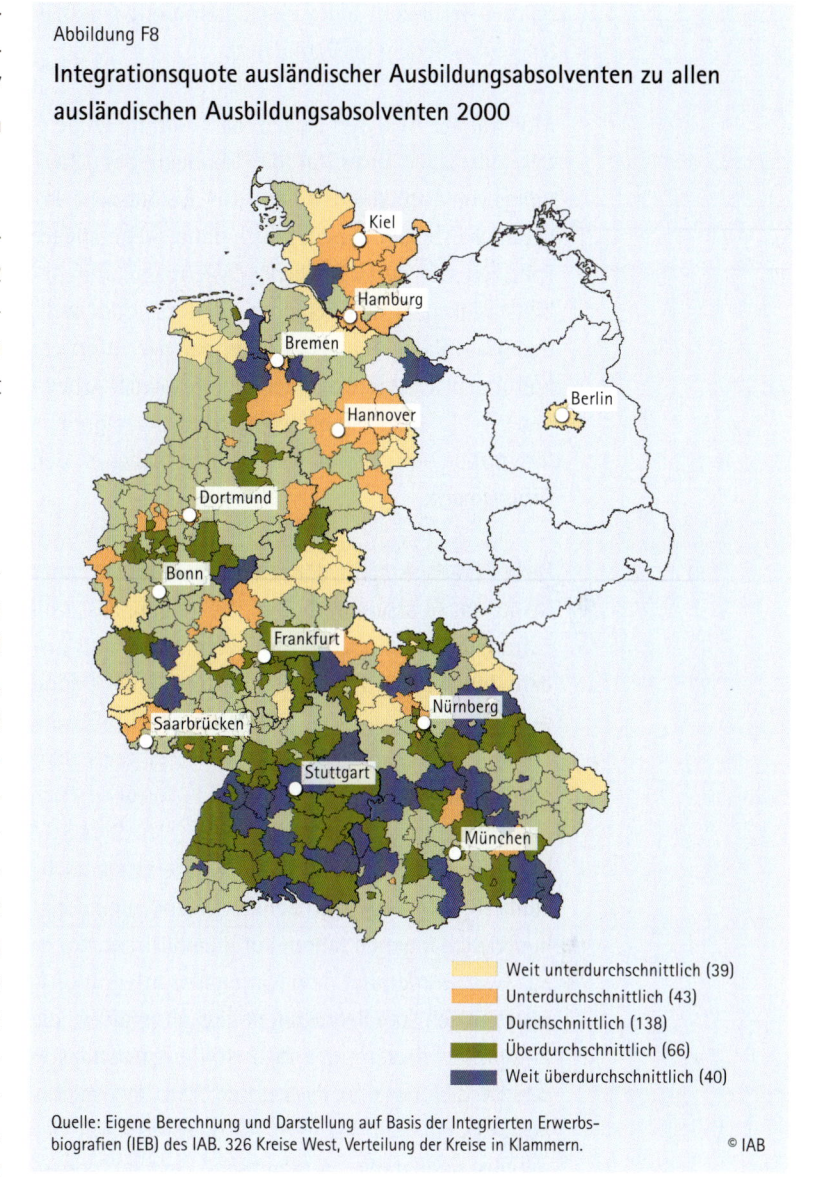

---

7 Türkei, Italien, Spanien, Portugal, Griechenland, Ex-Jugoslawien.
8 Die regional detaillierte Datenbasis ermöglicht nur eine Unterscheidung nach Nationalität und nicht nach dem Migrationshintergrund.

Abbildung F8
Integrationsquote ausländischer Ausbildungsabsolventen zu allen ausländischen Ausbildungsabsolventen 2000

Weit unterdurchschnittlich (39)
Unterdurchschnittlich (43)
Durchschnittlich (138)
Überdurchschnittlich (66)
Weit überdurchschnittlich (40)

Quelle: Eigene Berechnung und Darstellung auf Basis der Integrierten Erwerbsbiografien (IEB) des IAB. 326 Kreise West, Verteilung der Kreise in Klammern. © IAB

Die Chancen eines erfolgreichen Übergangs von der Ausbildung in den Beruf steigen mit der kulturellen Vielfalt in einer Region. Als Maß für die kulturelle Vielfalt wird hier ein Konzentrationsmaß, der Herfindahl-Index, verwendet, der auf Grundlage der Unterscheidung von mehr als 200 Nationalitäten in der IAB-Beschäftigtenhistorik die kulturelle Diversität in einer Region misst (Haas/Damelang 2007). Das Maß steigt mit der Zahl der vertretenen Nationen und der Gleichverteilung der nationalen Gruppen und sinkt mit der nationalen Homogenität in einer Region. In Deutschland (ohne Ostdeutschland) hat der Herfindahl-Index eine Spannbreite von 0,36 (Landkreis Regen) bis 0,96 (Trier).

Multivariate Analysen zeigen, dass mit zunehmender kultureller Diversität die Chancen des Übergangs von Ausbildung in Beruf für ausländische Jugendliche steigen. Dies gilt auch dann, wenn andere Faktoren wie wirtschaftliches Wachstum und Arbeitslosigkeit in den Regionen berücksichtigt werden (Haas/Damelang 2007). Offenbar erleichtert ein kulturell offenes Klima in der Region sowohl Arbeitgebern als auch Arbeitnehmern die erfolgreiche Integration von ausländischen Jugendlichen in den Arbeitsmarkt.

Dieses Ergebnis steht damit im Einklang mit einer Reihe von Forschungsarbeiten, die zeigen, dass sich kulturelle Vielfalt günstig auf Wachstum und andere Indikatoren für wirtschaftliche Entwicklung auswirkt (Ottaviano/Peri 2006; Alesina/La Ferrara 2005).

Fazit

Die Integration von Migranten wurde in Deutschland jahrzehntelang vernachlässigt und rückte erst in den vergangenen Jahren auf die politische Agenda. Zwar wurden mit dem Nationalen Integrationsplan endlich Rahmenbedingungen geschaffen, die Integration fördern, dennoch ist Deutschland von diesem Ziel noch weit entfernt. Dies ist im Bildungssystem und auf dem Ausbildungsmarkt besonders augenfällig. Ausländische Schüler verlassen die Schule noch immer mit deutlich niedrigeren Abschlüssen als ihre deutschen Mitschüler. Dementsprechend schlechter fallen ihre Ausbildungschancen aus. Zwar konnten ausländische Frauen, was die Schulabschlüsse angeht, in den vergangenen Jahren etwas aufholen, in Bezug auf die Ausbildungsbeteiligung bilden sie aber nach wie vor das Schlusslicht.

Betrachtet man die Arbeitsmarktchancen nach erfolgreicher Ausbildung, so stellt man trotz formal gleicher Abschlüsse noch immer ungleiche Chancen zwischen Ausländern und Deutschen fest. Die Tatsache, dass hiervon die größte in Deutschland lebende Ausländergruppe – die Türken – besonders betroffen ist, stellt dabei eine Herausforderung für Deutschland dar (Damelang/Haas 2006).

Die Chancen auf dem Arbeitsmarkt sind für junge Migranten regional ungleich verteilt: Kulturelle Vielfalt in einer Region verbessert die Chancen auf dem Arbeitsmarkt. Zudem tragen Beschäftigte unterschiedlicher Nationalitäten zu einem offenen Klima als Standortvorteil beim Wettbewerb um gefragte Fachkräfte bei, und dies ist wiederum für die Integration in Arbeit förderlich.

4 Sprachförderung und Arbeitsförderung für Arbeitslose mit Migrationshintergrund

4.1 Migranten als Zielgruppe der Arbeitsförderung

In einer Studie der OECD zu Migration und Integration in Deutschland wird die nachhaltige Integration in Erwerbstätigkeit als wichtigster Indikator für die wirtschaftliche und soziale Integration von Zuwanderern und ihren Nachkommen angesehen. Dabei ist mit „Arbeitsmarktintegration" gemeint, „dass Zuwanderer im Laufe der Zeit – da sie zunehmend die Sprache des Empfangslandes erlernen und Arbeitserfahrung erlangen – ähnliche Arbeitsmarktergebnisse erzielen wie die übrige Bevölkerung" (OECD 2005: 3). Gemessen an diesem Maßstab kann für Deutschland keinesfalls von gelungener Integration gesprochen werden, wie auch die vorigen Abschnitte belegen.

Diese Situation einer unzureichenden Arbeitsmarktintegration von Migranten ist eine wichtige Herausforderung für viele Politikbereiche von Bund und Ländern (Bundesregierung 2007), darunter auch für die von der BA umgesetzte aktive Arbeitsmarktpolitik einschließlich der berufsbezogenen Sprachförderung mit Unterstützung des Europäischen Sozialfonds (ESF).

In diesem Abschnitt wird folgenden Fragen nachgegangen: Wie unterstützt aktive Arbeitsmarktpolitik die Integration von Personen mit Migrationshintergrund?[9] Inwieweit sind die Arbeitslosen mit Migrationshintergrund bei aller Heterogenität der Personenkreise als eine spezifische Zielgruppe in die Arbeitsförderung einbezogen? Lange Zeit hatte die BA einen gesetzlichen Auftrag zur Sprachförderung von Spätaussiedlern. Nicht zuletzt angestoßen durch den ESF und im Kontext der Einführung des Zuwanderungsgesetzes wurden in den letzten Jahren Arbeitslose mit Migrationshintergrund zunehmend auch darüber hinaus als besondere Zielgruppe in den Blick genommen (BA 2005a, 2006). Die 2002 eingeführte Verpflichtung zur Berücksichtigung von Personen mit Migrationshintergrund in der Eingliederungsbilanz des SGB III (§ 11 Abs. 2 Nr. 9 SGB III) belegt diese Entwicklung.

4.2 Erfolge und Grenzen der Sprachförderung

Bis Ende 2004 war die BA im SGB III mit der Durchführung von Deutschkursen für Spätaussiedler, Kontingentflüchtlinge und Asylberechtigte beauftragt. Daneben gab es seit 1974 arbeitsmarktrelevante Sprachkurse des „Sprachverbands Deutsch" für ausländische Arbeitnehmer und ihre Familienangehörigen aus den Anwerbestaaten (z. B. Türkei, Griechenland oder Italien). Mit der Einführung der Integrationskurse nach dem Zuwanderungsgesetz ab 2005 wurden diese Förderansätze abgelöst durch ein bundeseinheitliches Konzept in der Zuständigkeit des Bundesamtes für Migration und Flüchtlinge (BAMF).

Die Integrationskurse des BAMF haben keinen direkten Arbeitsmarkt- oder Berufsbezug. Ziel der sechsmonatigen Kurse ist die Vermittlung allgemeiner Deutschkenntnisse und von Grundkenntnissen der deutschen Rechts- und Gesellschaftsstrukturen. Teilnehmen können alle Neuzuwanderer, aber auch Ausländer, die schon längere Zeit in Deutschland leben. „Bestandsausländer", die erhebliche Sprachdefizite haben oder Arbeitslosengeld (Alg) II beziehen, können sogar zur Teilnahme verpflichtet werden.

In den ersten zwei Jahren nahmen insgesamt rund 250.000 Personen an den Integrationskursen teil, davon knapp zwei Drittel Frauen und ungefähr die Hälfte Bestandsausländer (Bundesamt für Migration und Flüchtlinge 2007). Leider gibt es keine Angaben zum Erwerbsstatus der Teilnehmenden. Wie hoch bisher der Anteil der Arbeitslosen war, darunter von verpflichteten Alg-II-Beziehern, ist

---

9 Fragen zur herausragend wichtigen Förderung der schulischen und beruflichen Ausbildung von Kindern und Jugendlichen mit Migrationshintergrund bleiben hier ausgeklammert.

Tabelle F5
Eintritte in ESF-BA-Sprachkurse nach Fördergebiet, 2004–2006

Fördergebiet	2004	2005	2006	Insgesamt
Ziel 1 (Ost)	–	174	75	249
Ziel 3 (West)	23.669	10.075	6.820	40.564
Insgesamt	23.669	10.249	6.895	40.813
Bundesländer				
Baden-Württemberg	3.141	1.742	1.428	6.311
Bayern	3.240	1.008	712	4.960
Berlin	2.441	314	254	3.009
Brandenburg	–	16	–	16
Bremen	210	88	46	344
Hamburg	1.047	522	390	1.959
Hessen	2.478	1.309	1.217	5.004
Niedersachsen	1.758	539	290	2.587
Nordrhein-Westfalen	7.791	4.141	2.281	14.213
Rheinland-Pfalz	763	274	205	1.242
Saarland	218	99	34	351
Sachsen	–	58	16	74
Sachsen-Anhalt	–	29	–	29
Schleswig-Holstein	582	84	14	680
Thüringen	–	26	8	34
Insgesamt	23.669	10.249	6.895	40.813

Quelle: Individualdatenbank der Begleitforschung zum ESF-BA-Programm (Scioch/Szameitat 2007), Aktualisierung (Datenstand: 30.06.2007).

nicht bekannt. Und weil die im Auftrag des Bundesministeriums des Innern (BMI) erfolgte Evaluation der Integrationskurse nicht wirkungsbezogen angelegt war (Ramboll 2006), gibt es bisher auch keine Erkenntnisse über den Nutzen der Kurse auf dem Arbeitsmarkt und in Beschäftigung.

Berufsbezogene Sprachförderung der BA – beschränkt auf SGB III

Parallel zur Einführung der Integrationskurse wurden in der Zuständigkeit der BA im Rahmen des ESF-BA-Programms dreimonatige Kurse zur Vermittlung berufsbezogener Deutschkenntnisse an Arbeitslose mit Migrationshintergrund eingeführt – ab Herbst 2004 zunächst nur in Westdeutschland für Bezieher von Arbeitslosengeld oder Arbeitslosenhilfe, ab 2005 bundesweit, aber nur für Bezieher von Arbeitslosengeld nach dem SGB III. Arbeitslose im Bereich des zum Jahresbeginn 2005 eingeführten SGB II (also der Zusammenlegung von Arbeitslosen- und Sozialhilfe) und Nichtleistungsbezieher wurden nicht einbezogen, weil die erforderliche Kofinanzierung und geeignete Umsetzungsstrukturen aus der Sicht von BA und dem Bundesministerium für Arbeit und Soziales (BMAS) nur im SGB III gegeben waren (Deeke 2006).

Die berufsbezogenen ESF-BA-Sprachkurse sollen dem Abbau „sprachlicher, die Integration in Arbeit erschwerender Defizite in der deutschen Sprache" (BA 2005b) dienen. Nach den Durchführungsanweisungen der BA handelt es sich vor allem um ein Bewerbungstraining und die Vermittlung berufsbezogener (Fach-)Deutschkenntnisse, auch in berufsspezifischen Kommunikationssituationen. Zielgruppe sind nicht nur Migranten bzw. Ausländer, sondern allgemein „Personen mit Deutsch als Fremd- bzw. Zweitsprache, unabhängig von der Staatsangehörigkeit oder dem Zuwanderungszeitpunkt einschließlich Spätaussiedler".

Insgesamt haben von Herbst 2004 bis Ende 2006 knapp 41.000 arbeitslose Personen mit Migrationshintergrund an den berufsbezogenen ESF-BA-Kursen teilgenommen (Tabelle F5). Der Rückgang von ca. 23.700 Eintritten 2004 auf rund 10.000 im Jahr 2005 und knapp 6.900 im Jahr 2006 kann erstens mit dem Wegfall der Arbeitslosenhilfebezieher aus dem förderbaren Personenkreis ab Beginn 2005 erklärt werden. Ab 2005 befindet sich die Mehrzahl der Arbeitslosen mit Migrationshintergrund im Rechtskreis des SGB II (vgl. Abschnitt 4.3). Zweitens steht die ESF-Förderung bei der BA in der Regel eher am Rande der geschäftspolitischen Aufmerksamkeit (Deeke 2006).

Regional unterschiedliche Beteilungsmuster

Obwohl dieses Förderangebot ab Januar 2005 auch in Ostdeutschland galt, wurde es fast ausschließlich von den Agenturen für Arbeit in Westdeutschland aufgegriffen. Der Blick auf die Förderzahlen nach Bundesländern macht deutlich, dass vor allem in Regionen mit einem höheren Bevölkerungsanteil an Migranten wie z. B. Baden-Württemberg, Bay-

Tabelle F6

Eintritte in ESF-BA-Sprachkurse nach personellen Merkmalen, 2004–2006*

Merkmale	2004		2005		2006		Insgesamt
	absolut	%	absolut	%	absolut	%	
Männlich	17.024	71,9	6.920	67,5	4.511	65,4	28.455
Weiblich	6.645	28,1	3.329	32,5	2.384	34,6	12.358
Unter 25 Jahre	754	3,2	346	3,4	255	3,7	1.355
25 bis unter 50 Jahre	18.722	79,1	8.031	78,4	5.329	77,3	32.082
Über 50 Jahre	4.193	17,7	1.872	18,2	1.311	19,0	7.376
Deutsche	841	3,6	589	5,8	432	6,3	1.862
Spätaussiedler	1.808	7,6	746	7,3	471	6,8	3.025
Frühere Spätaussiedler	114	0,5	33	0,3	16	0,2	163
Ehemalige Ausländer	1.662	7,0	1.116	10,9	906	13,1	3.684
EU-Ausland	2.574	10,9	1.348	13,1	794	11,5	4.716
Nicht-EU-Ausland	16.620	70,2	6.378	62,3	4.259	61,8	27.257
Darunter: Türken	7.897	47,5	2.855	44,8	1.876	44,0	12.628
Ohne Angabe/staatenlos	50	0,2	39	0,3	17	0,3	106
Ohne abgeschlossene Berufsausbildung	20.735	87,6	8.988	87,7	–	–	29.723
Mit abgeschlossener Berufsausbildung	2.861	12,1	1.154	11,3	–	–	4.015
Keine Angabe	73	0,3	107	1,0	–	–	180
Ohne Hauptschulabschluss	12.102	51,1	5.184	50,6	3.224	46,8	20.510
Mit Hauptschulabschluss	8.368	35,4	3.590	35,0	2.329	33,8	14.287
Mittlere Reife	1.858	7,9	908	8,9	765	11,1	3.531
Fachhochschulreife/Abitur	1.331	5,6	549	5,3	457	6,6	2.337
Keine Angabe	10	–	18	0,2	120	1,7	148
Unter einem Jahr arbeitslos	13.846	58,5	9.832	95,9	6.666	96,7	30.344
Über ein Jahr arbeitslos	9.823	41,5	417	4,1	229	3,3	10469
Arbeitslosenhilfebezieher	18.157	100	–	–	–	–	18.157
Insgesamt	**23.669**	**100**	**10.249**	**100**	**6.895**	**100**	**40.813**

* Für 2006 steht das Merkmal „Berufsabschluss" nicht zur Verfügung.
Quelle: Individualdatenbank der Begleitforschung zum ESF-BA-Programm (Scioch/Szameitat 2007), Aktualisierung (Datenstand: 30.06.2007).

ern oder Nordrhein-Westfalen ESF-BA-Sprachkurse durchgeführt wurden (Tabelle F5). Erste Ergebnisse aus regionalen Fallstudien zur Umsetzung zeigen, dass das Aktivitätsniveau der Arbeitsagenturen nicht allein auf den jeweiligen regionalen Problemdruck zurückgeführt werden kann (Schweigard 2007a). Vielmehr haben diejenigen Arbeitsagenturen die ESF-BA-Sprachkurse im Sinne eines regional differenzierten Programms umgesetzt, die in Netzwerke regionaler und kommunaler Akteure der Arbeits- und Integrationsförderung eingebunden sind. Erfahrungen aus früheren Programmen zur Sprachförderung unterstützen den Umsetzungsprozess positiv, ebenso der Austausch mit Trägern der Grundsicherung nach dem SGB II, die Personen mit Migrationshintergrund über andere Ansätze fördern, wie z. B. Sprachkurse mit einem stärkeren Qualifizierungsanteil oder Arbeitsgelegenheiten mit einem Deutschsprachmodul – teilweise mit Unterstützung aus ESF-Länderprogrammen oder in EQUAL-Projekten (Schweigard 2007b).

Trotz Erfolgen – Ziele nicht erreicht

Die Begleitforschung zu den ESF-BA-Sprachkursen legte 2006 erste Analysen zur Zielgruppenerreichung und zum Verbleib nach der Teilnahme für

Tabelle F7

Ermittelbarer Verbleib der Teilnehmer 2004–2006 am aktuellen Rand sechs Monate nach Maßnahmeaustritt (Stichtag)

Verbleib nach sechs Monaten	2004		2005		2006	
	absolut	%	absolut	%	absolut	%
Sozialversicherungspflichtig beschäftigt	3.579	15,1	2.731	26,7	2.282	33,1
Darunter: ohne Förderung	3.520	14,9	2.715	26,5	2.257	32,7
mit Förderung	59	0,3	16	0,2	25	0,4
Arbeitslos gemeldet	12.912	54,6	5.242	51,2	2.837	41,2
Nur arbeitsuchend gemeldet	5.171	21,9	751	7,3	596	8,6
Sonstiges	2.007	8,5	1.525	14,9	1.180	17,1
Andere Maßnahmen Aktive Arbeitsförderung	66	0,3	37	0,4	41	0,6
Insgesamt	23.669	100	10.249	100	6.895	100

Quelle: Individualdatenbank der Begleitforschung zum ESF-BA-Programm (Scioch/Szameitat 2007), Aktualisierung (Datenstand: 30.09.2007).

die Jahre 2004 und 2005 vor (Deeke 2006), die hier mit den Daten für das Jahr 2006 aktualisiert sind. Die Teilnehmer der berufsbezogenen Maßnahmen unterscheiden sich danach im Förderzeitraum von Herbst 2004 bis 2006 kaum in den hier verwendeten personellen Merkmalen (Tabelle F6). In der überwiegenden Mehrheit wurden Ausländer mit einer Nicht-EU-Staatsangehörigkeit gefördert, darunter vor allem Türken. Im Unterschied zu den Integrationskursen waren zwei Drittel der Teilnehmer männlich. Besonders auffällig ist das durchgängig niedrige berufliche und schulische Qualifikationsniveau der Teilnehmer: Fast 90 % hatten keine (oder eine nicht anerkannte) abgeschlossene Berufsausbildung, und rund die Hälfte hatte keinen schulischen Abschluss im Sinne der deutschen Hauptschule.

Die Befunde zur Eingliederung in sozialversicherungspflichtige Beschäftigung bzw. Verbleib in Arbeitslosigkeit sechs Monate nach Austritt sind gemessen am vermittlungsbezogenen Förderziel enttäuschend (Tabelle F7). Trotz des Anstiegs der Eingliederungsquote von 2004 bis 2006 ist der Anteil der nach sechs Monaten sozialversicherungspflichtig Beschäftigten mit nur knapp einem Drittel im Vergleich z. B. zur SGB-III-Förderung beruflicher Weiterbildung (vgl. Abschnitt 4.3) relativ niedrig, und die Verbleibsquote in Arbeitslosigkeit von mehr als 50 % der Teilnehmenden der Jahre 2004 und 2005 ist relativ hoch. Der Rückgang auf rund 40 % bei den Teilnehmenden im Jahr 2006 kann mit der generellen konjunkturellen Erholung auf dem Arbeitsmarkt erklärt werden.

Verbesserungen sind möglich

Die bisherigen Ergebnisse der Verbleibsanalyse sprechen aus Sicht der Begleitforschung dafür, dass die Sprachförderung allein häufig nicht hinreichend ist. Sie sollte bei den überwiegend gering qualifizierten Arbeitslosen mit Migrationshintergrund verbunden werden mit Bausteinen oder Maßnahmen zur beruflichen Qualifizierung (Deeke 2007). Zudem sollten zukünftig auch förderbedürftige Arbeitslose im Bereich des SGB II einbezogen werden. Das zuständige Bundesministerium für Arbeit und Soziales hat diese Vorschläge bei der Planung für die ESF-Förderphase 2007–2013 aufgegriffen. Zukünftig sollen die berufsbezogenen Sprachkurse in der Zuständigkeit des BAMF und abgestimmt mit den Integrationskursen durchgeführt werden. Sie sollen mit Praktika und Qualifizierungsbausteinen verbunden werden sowie allen Arbeitslosen mit Migrationshintergrund und entsprechenden Sprachdefiziten offenstehen – unabhängig von ihrem leistungsrechtlichen Status (BMAS 2007: 194).

Integration von Migranten in Arbeitsmarkt und Bildungssystem

Tabelle F8

Zugänge in Arbeitslosigkeit 2006 insgesamt (ohne zkT*) sowie darunter von Personen mit Migrationshintergrund

	SGB III		SGB II		SGB III und II	
	absolut	%	absolut	%	absolut	%
Bundesgebiet insgesamt	4.355.244	100	3.199.632	100	7.554.876	100
Darunter:						
Ausländer	411.616	9,5	522.225	16,3	933.841	12,4
Früher kein Deutscher	123.740	2,8	83.872	2,6	207.612	2,7
Spätaussiedler	5.921	0,1	51.250	1,6	57.171	0,8
Früher Spätaussiedler	27.839	0,6	31.812	1,0	59.651	0,8
Summe Personen mit MigH	569.116	13,1	689.159	21,5	1.258.275	16,7
Westdeutschland	3.104.889	100	2.012.381	100	5.117.270	100
Darunter:						
Ausländer	381.229	12,3	429.969	21,4	811.198	15,9
Früher kein Deutscher	71.605	2,3	60.499	3,0	132.104	2,6
Spätaussiedler	5.274	0,2	38.494	1,9	43.768	0,9
Früher Spätaussiedler	26.430	0,9	26.729	1,3	53.159	1,0
Summe Personen mit MigH	484.538	15,6	555.691	27,6	1.040.229	20,3
Ostdeutschland	1.250.355	100	1.187.251	100	2.437.606	100
Darunter:						
Ausländer	30.387	2,4	92.256	7,8	122.643	5,0
Früher kein Deutscher	52.135	4,2	23.373	2,0	75.508	3,1
Spätaussiedler	647	0,1	12.756	1,1	13.403	0,5
Früher Spätaussiedler	1.409	0,1	5.083	0,4	6.492	0,3
Summe Personen mit MigH	84.578	6,8	133.468	11,2	218.046	8,9

MigH: Migrationshintergrund.
*zkT: Zugelassene kommunale Träger, d. h. Optionskommunen (69 Kreise im Bundesgebiet).
Quelle: BA-Statistik (Datenstand Oktober 2007), eigene Berechnungen.

4.3 Arbeitsförderung: Maßnahmen der aktiven Arbeitsmarktpolitik

Seit vielen Jahren ist die Arbeitslosenquote der Ausländer in Deutschland doppelt so hoch wie die Quote der Deutschen. Bezogen auf abhängige Erwerbspersonen betrug die Arbeitslosenquote der Ausländer im Bundesgebiet im Jahresdurchschnitt 2006 23,6 %, die entsprechende Quote der Deutschen dagegen 11,0 %.

Bis 2005 konnte in der Statistik der BA der Migrationshintergrund von Arbeitslosen lediglich anhand der Staatsangehörigkeit und für Spätaussiedler (auf fünf Jahre befristeter Status) indiziert werden. Erst seit Kurzem können zusätzlich ehemalige, also eingebürgerte Ausländer sowie ehemalige Spätaussiedler identifiziert werden. Im Blick auf den Vergleich mit der Einbeziehung in die aktive Arbeitsförderung im Rahmen von SGB III und SGB II interessieren an dieser Stelle vor allem Stromgrößen, d. h. der Anteil von Personen mit Migrationshintergrund[10] an allen Zugängen in Arbeitslosigkeit.

---

10 Diese Definition von Migrationshintergrund unterscheidet sich somit von der in Abschnitt 2 dieses Kapitels verwendeten Definition des Statistischen Bundesamtes.

Mehr Migranten im Bereich des SGB II als SGB III

Danach betrug der Anteil Arbeitsloser mit Migrationshintergrund an allen Zugängen des Jahres 2006 bundesweit 16,7 %, im Westen 20,3 % und im Osten 8,9 % (Tabelle F8). Auffällig ist, dass absolut wie relativ betrachtet unter den Zugängen im Bereich des SGB II mehr Arbeitslose mit Migrationshintergrund sind (21,5 %) als im Bereich des SGB III (13,1 %). Sowohl im Bereich des SGB II als auch des SGB III bilden die Ausländer die umfangreichste Gruppe mit großem Vorsprung vor allen anderen.

Migranten: geringere Einbeziehung in Maßnahmen

Auch bei den Zugängen in Maßnahmen der aktiven Arbeitsförderung stellen Ausländer die größte Gruppe (Tabelle F9). Dies gilt im Spektrum der hier betrachteten arbeitsmarktpolitischen Instrumente insbesondere für die Zugänge in die Arbeitsgelegenheiten des SGB II (Ein-Euro-Jobs) sowie bei Trainingsmaßnahmen für Arbeitslose im SGB II und im SGB III.

Gemessen an ihrem Anteil an den Zugängen in Arbeitslosigkeit des Jahres 2006 liegt der Anteil der Arbeitslosen mit Migrationshintergrund an den Zugängen in die quantitativ wichtigsten Maßnahmen der aktiven Arbeitsförderung bei den hier betrachteten Instrumenten – mit Ausnahme von Weiterbildungsmaßnahmen sowie der Beauftragung Dritter mit der Vermittlung – durchgängig niedriger. Abgesehen von der Beauftragung Dritter ist die große Gruppe der ausländischen Arbeitslosen bei allen Instrumenten in der Summe von SGB III und SGB II unterrepräsentiert.[11] Insgesamt sind Arbeitslose mit Migrationshintergrund in der aktiven Arbeitsförderung des Jahres 2006 nicht entsprechend ihrem Anteil an den Arbeitslosen, sondern in geringerem Umfang einbezogen worden. Allerdings hat sich wie schon 2005 auch 2006 der Umstand, dass im SGB-II-Bereich mehr Arbeitslose mit Migrationshintergrund sind als im Bereich des SGB III, entsprechend im Verhältnis von SGB II und SGB III bei der Arbeitsförderung niedergeschlagen (Deeke 2006: 43 ff.).

Bewertung erfordert weitere Analysen

Mit diesem Befund sollte keine voreilige Bewertung verbunden werden, sondern es sind zunächst Fragen aufgeworfen. Die rein quantitative Betrachtung des Anteils an den Arbeitslosen im Vergleich zum geringeren Anteil bei den Maßnahmeteilnehmern sagt nichts darüber aus, ob die Zielgruppenerreichung in der Arbeitsförderung unzureichend ist. Trotz der generellen Problemlage des in sich heterogenen Personenkreises bestand womöglich in nicht wenigen Fällen kein entsprechender Förderbedarf oder schien eine andere Unterstützung sinnvoller (wie z. B. die Sprachförderung des ESF oder des Integrationskurses). Hierzu müssten erst noch bisher fehlende mikroanalytische Studien zur Teilnahmeselektion und zu den institutionellen Strukturen in der Praxis von SGB II und SGB III durchgeführt werden.[12]

Eingliederungserfolge – ein differenzierter Blick

Auch für die Eingliederungsbilanzen des SGB III und SGB II liefert die BA-Statistik seit Kurzem Quoten zur Eingliederung in sozialversicherungspflichtige Beschäftigung und zum Verbleib in Arbeitslosigkeit sechs Monate nach Maßnahmeaustritt differenziert nach Personen mit und ohne Migrationshintergrund (Tabelle F10). Wie bei der Zielgruppenerreichung ergeben sich mit diesen Quoten eher weiter gehende Fragen statt hinreichende Antworten.

Auffällig ist zunächst der eindeutige Unterschied in der Höhe der Quoten im Vergleich von SGB III und SGB II. Die im Förderbereich des SGB III durch-

---

11 Im Jahresbericht 2006 der BA zur Umsetzung des SGB II wird dazu angemerkt, dass erst noch „zum Teil spezifische, auf die Lebenssituation von Menschen mit Migrationshintergrund abgestimmte Maßnahmen entwickelt werden müssen" (BA 2007: 59).

12 So versucht die BA mit ihrer Kundensegmentierung (Marktkunden, Beratungskunden, Betreuungskunden) und darauf bezogenen relativ standardisierten Handlungsprogrammen sich zugunsten einer Orientierung auf je spezifische individuelle Förderbedarfe von übergreifenden Zielgruppenkonzepten zu lösen.

Tabelle F9

Zugänge 2006 in die Arbeitsförderung insgesamt (Jahressummen für ausgewählte Instrumente), darunter nach Migrationshintergrund im Bundesgebiet (ohne zkT*)

Instrumente	SGB III		SGB II		SGB III und II	
	absolut	%	absolut	%	absolut	%
Berufliche Weiterbildung	144.391	100	102.398	100	246.789	100
Darunter:						
Ausländer	9.674	6,7	14.776	14,4	24.450	9,9
Früher kein Deutscher	4.992	3,5	3.514	3,4	8.506	3,4
Spätaussiedler	627	0,4	3.604	3,5	4.231	1,7
Früher Spätaussiedler	1.140	0,8	1.399	1,4	2.539	1,0
Personen mit MigH insgesamt	16.433	11,4	23.293	22,7	39.726	16,1
Trainingsmaßnahmen	533.634	100	444.084	100	977.718	100
Darunter:						
Ausländer	38.745	7,3	57.040	12,8	95.785	9,8
Früher kein Deutscher	17.218	3,2	13.822	3,1	31.040	3,2
Spätaussiedler	1.809	0,3	11.746	2,6	13.555	1,4
Früher Spätaussiedler	3.505	0,7	4.689	1,1	8.194	0,8
Personen mit MigH insgesamt	61.277	11,5	87.297	19,7	148.574	15,2
Beauftragung Dritter mit der Vermittlung	142.393	100	148.511	100	290.904	100
Darunter:						
Ausländer	15.740	11,1	25.854	17,4	41.594	14,3
Früher kein Deutscher	2.422	1,7	4.132	2,8	6.554	2,3
Spätaussiedler	736	0,5	2.878	1,9	3.614	1,2
Früher Spätaussiedler	996	0,7	1.436	1,0	2.432	0,8
Personen mit MigH insgesamt	19.894	14,0	34.300	23,1	54.194	18,6
Eingliederungszuschüsse	112.573	100	102.458	100	215.031	100
Darunter:						
Ausländer	4.857	4,3	10.718	10,5	15.575	7,2
Früher kein Deutscher	3.930	3,5	2.866	2,8	6.796	3,2
Spätaussiedler	306	0,3	2.247	2,2	2.553	1,2
früher Spätaussiedler	497	0,4	1.028	1,0	1.525	0,7
Personen mit MigH insgesamt	9.590	8,5	16.859	16,5	26.449	12,3
Üg, EXGZ, GZ**	184.779	100			184.779	100
Darunter:						
Ausländer	14.676	7,9			14.676	7,9
Früher kein Deutscher	6.874	3,7			6.874	3,7
Spätaussiedler	216	0,1			216	0,1
Früher Spätaussiedler	487	0,3			487	0,3
Personen mit MigH insgesamt	22.253	12,0			22.253	12,0

* zkT: Zugelassene kommunale Träger, d. h. Optionskommunen (69 Kreise im Bundesgebiet).
** Überbrückungsgeld, Existenzgründerzuschuss, Gründungszuschuss.
Quelle: BA-Statistik Eingliederungsbilanz 2006 (Datenstand November 2007); eigene Berechnungen.

Tabelle F9 (Fortsetzung)

Zugänge 2006 in die Arbeitsförderung insgesamt (Jahressummen für ausgewählte Instrumente), darunter nach Migrationshintergrund im Bundesgebiet (ohne zkT*)

Instrumente	SGB III		SGB II		SGB III und II	
	absolut	%	absolut	%	absolut	%
ABM	16.709	100	62.408	100	79.117	100
Darunter:						
Ausländer	729	4,4	3.568	5,7	4.297	5,4
Früher kein Deutscher	765	4,6	1.239	2,0	2.004	2,5
Spätaussiedler	46	0,3	817	1,3	863	1,1
Früher Spätaussiedler	71	0,4	349	0,6	420	0,5
Personen mit MigH insgesamt	1.611	9,6	5.973	9,6	7.584	9,6
Arbeitsgelegenheiten			741.916	100	741.916	100
Darunter:						
Ausländer			71.156	9,6	71.156	9,6
Früher kein Deutscher			12.524	1,7	12.524	1,7
Spätaussiedler			21.382	2,9	21.382	2,9
Früher Spätaussiedler			7.998	1,1	7.998	1,1
Personen mit MigH insgesamt			113.060	15,2	113.060	15,2

MigH: Migrationshintergrund.
* zkT: Zugelassene kommunale Träger, d. h. Optionskommunen (69 Kreise im Bundesgebiet).
Quelle: BA-Statistik Eingliederungsbilanz 2006 (Datenstand November 2007); eigene Berechnungen.

gängig höhere Eingliederungsquote und niedrigere Quote des Verbleibs in Arbeitslosigkeit deuten darauf hin, dass unter den Teilnehmern mit Alg II mehr Langzeitarbeitslose und Geringqualifizierte mit entsprechend ungünstigeren Beschäftigungschancen sein dürften.[13] Daneben findet sich bei den Arbeitsbeschaffungsmaßnahmen (ABM) sowie den Arbeitsgelegenheiten mit den relativ niedrigen Eingliederungsquoten das bekannte Phänomen vergleichsweise geringer Arbeitsmarktchancen von Geringqualifizierten und Langzeitarbeitslosen nach Beschäftigungsmaßnahmen. Besonders ungünstig scheinen die Chancen auf Wiedereingliederung nach der Beauftragung Dritter im Rahmen des SGB II zu sein.

Unter dem hier primär interessierenden Aspekt der Beschäftigungschancen von Personen mit Migrationshintergrund betrachtet, verweisen die Quoten ebenfalls auf einen auffälligen Befund. Abgesehen von kleineren Abweichungen (bei beruflicher Weiterbildung und bei Trainingsmaßnahmen) unterscheiden sich die Eingliederungs- und Verbleibsquoten der Personen mit und ohne Migrationshintergrund kaum voneinander.

Demnach könnte man vermuten, dass Personen mit Migrationshintergrund – anders als beim Zugang in Arbeitslosigkeit – nach der Förderung im Durchschnitt die gleichen Chancen auf dem Arbeitsmarkt haben wie Arbeitslose ohne Migrationshintergrund. Dies könnte womöglich als Folge einer Teilnahmeselektion erklärt werden, der zufolge von den Arbeitslosen mit Migrationshintergrund nur diejenigen in die Arbeitsförderung einbezogen werden, für die gleiche Chancen vermutet werden wie bei den einbezogenen Arbeitslosen ohne Migrationshinter-

---

13 Für 2006 stehen keine Informationen zum beruflichen Qualifikationsniveau zur Verfügung.

Tabelle F10

Eingliederungs- und Verbleibsquote sechs Monate (Stichtag) nach Austritt (Austritte 7/2005–6/2006) im Bundesgebiet (ohne Daten der zkT*), in %

Instrumente	SGB III		SGB II	
	sozialversicherungspflichtig beschäftigt	arbeitslos	sozialversicherungspflichtig beschäftigt	arbeitslos
Berufliche Weiterbildung				
Mit MigH	50,3	29,8	30,6	46,6
Ohne MigH	54,1	26,3	32,1	44,7
Insgesamt	53,6	26,7	31,8	45,0
Trainingsmaßnahmen				
Mit MigH	43,9	35,9	24,1	50,7
Ohne MigH	50,8	30,9	28,1	47,7
Insgesamt	50,0	31,4	27,4	48,3
Beauftragung Dritter mit der Vermittlung				
Mit MigH	35,7	38,4	17,0	57,3
Ohne MigH	39,4	37,6	16,1	57,9
Insgesamt	38,9	37,7	16,3	57,8
Eingliederungszuschüsse				
Mit MigH	78,2	12,9	69,7	20,0
Ohne MigH	78,5	12,9	71,1	19,2
Insgesamt	78,5	12,9	70,8	19,4
ABM				
Mit MigH	29,4	41,5	24,6	48,7
Ohne MigH	30,4	41,7	20,6	55,2
Insgesamt	30,3	41,7	20,9	54,7
Arbeitsgelegenheiten				
Mit MigH			18,2	49,9
Ohne MigH			16,1	51,6
Insgesamt			16,4	51,4

MigH: Migrationshintergrund.
* zkT: Zugelassene kommunale Träger, d. h. Optionskommunen (69 Kreise im Bundesgebiet).
Quelle: BA-Statistik Eingliederungsbilanz (Datenstand November 2007).

grund. Damit wiederum könnte die oben festgestellte Unterrepräsentanz von Arbeitslosen mit Migrationshintergrund, also die Nichteinbeziehung von Arbeitslosen mit ungünstigem Profiling-Befund, erklärt werden. Aber auch diese Annahmen können so lange nicht geprüft werden, wie dazu erforderliche empirische Studien fehlen. Zudem muss beachtet werden, dass die hier betrachteten Quoten nur „Bruttoeffekte" indizieren, also erst noch zu untersuchen wäre, was ohne die Förderung aus den Geförderten geworden wäre („Nettoeffekte").

Begrenzte Aussagen mit den vorhandenen Daten

Generell kann festgehalten werden, dass mit den verfügbaren Daten der BA-Statistik nicht hinreichend eingeschätzt werden kann, ob und wie Arbeitslose mit Migrationshintergrund in der Praxis der Arbeitsförderung als besondere arbeitsmarktpolitische Zielgruppe unterstützt werden. Dazu müssten neben den bereits angesprochenen Forschungsfragen z. B. differenzierte Untersuchungen zur Heterogenität von Maßnahmen durchgeführt werden. Vorliegende Praxisberichte über spezifische Förderansätze für Migranten etwa bei beruflicher Weiterbildung im SGB-III-Bereich oder bei SGB-II-Arbeitsgelegenheiten geben dazu nur erste Hinweise (Deeke 2007; Schweigard 2007b).

Zudem gibt es neben den gesetzlichen Instrumenten der Arbeitsförderung weitere Konzepte und Ansätze einer zielgruppenspezifischen Arbeitsförderung unterschiedlicher Gruppen von Arbeitslosen mit Migrationshintergrund. Dazu zählen im Bereich der BA z. B. institutionelle Modellversuche im Rahmen von Entwicklungspartnerschaften der Gemeinschaftsinitiative EQUAL (BA 2006: 8) oder spezifische Maßnahmen für Arbeitslose mit Migrationshintergrund im Rahmen arbeitsmarktpolitischer, in vielen Fällen vom ESF unterstützter Programme der Bundesländer. Auch zu deren Einschätzung müssen erst noch Ergebnisse einschlägiger Untersuchungen abgewartet werden.

5 Fazit und Schlussfolgerungen für die Integrationspolitik

In diesem Kapitel wurde die Arbeitsmarktintegration von Migranten untersucht. Die geringe Qualifikation von Ausländern und Personen mit Migrationshintergrund dürfte der wichtigste Grund für die Probleme der Arbeitsmarktintegration sein: Ausländer sind mehr als doppelt so häufig arbeitslos wie Deutsche. Zudem ist ihr Anteil unter den Langzeitarbeitslosen überdurchschnittlich hoch. Das Arbeitslosigkeitsrisiko von Ausländern und Personen mit Migrationshintergrund ist umso höher, je geringer ihr Qualifikationsniveau ist. Wie Abschnitt 2 und Abschnitt 3 zeigen, bestehen Integrationsprobleme in allen Phasen der Erwerbsbiografie: Die Nachkommen von Migranten haben häufiger keinen oder nur einen niedrigen allgemeinbildenden Schulabschluss. Dies wirft erhebliche Probleme beim Übergang von Schule zu Ausbildung auf: Die Ausbildungsbeteiligungsquote ist insbesondere von ausländischen Männern gering und im Zeitverlauf weiter gesunken. Auch an der zweiten Schwelle, nach Abschluss der beruflichen Ausbildung, sind die Chancen der Übernahme in ein Beschäftigungsverhältnis für Ausländer und Personen mit Migrationshintergrund deutlich geringer als für Einheimische.

Die schlechte Integration von Migranten und ihren Nachkommen in den Arbeitsmarkt wirft vielfältige gesellschaftliche und wirtschaftliche Probleme auf. Aus wirtschaftlicher Perspektive bleiben wichtige Teile des Erwerbspotenzials ungenutzt, und die Investitionen in Human- und Sachkapital bleiben hinter den Möglichkeiten zurück. Auch sind mit der Erwerbslosigkeit von Migranten erhebliche Transfers innerhalb der sozialen Sicherungssysteme verbunden, die die fiskalischen Gewinne des Wohlfahrtsstaats durch Zuwanderung senken. Vor allem wird die Teilhabe der Migranten und ihrer Nachkommen am sozialen und kulturellen Leben in der Einwanderungsgesellschaft eingeschränkt. Umgekehrt sinkt die Akzeptanz von Ausländern und der Einwanderungspolitik in der einheimischen Bevölkerung, je schlechter die Migranten und ihre Nachkommen in den Arbeitsmarkt integriert werden (Wasmer/Koch 2004).

Schlussfolgerungen für die Integrationspolitik

Für die Erschließung der Potenziale der Migration für Wirtschaft und Gesellschaft sind vor allem zwei Politikfelder relevant: die Einwanderungs- und die Integrationspolitik. Durch die Einwanderungspolitik kann die Qualifikationsstruktur der Migranten und damit auch zu einem erheblichen Teil die Qualifikation ihrer Nachkommen beeinflusst werden (siehe dazu das vorhergehende Kapitel E zu Migration). Die Integrationspolitik kann die Kosten für die Integration in Arbeitsmarkt und Gesellschaft senken, vor allem durch die Unterstützung des Erwerbs von allgemeinem und länderspezifischem Humankapital. Für das Feld der Integrationspolitik ebenso wie für die Einwanderungspolitik besteht in Deutschland Reform- und Koordinationsbedarf.

Integrationspolitik ist Bildungspolitik

Eine erfolgreiche Integration von Migranten in den deutschen Arbeitsmarkt bildet die Grundlage einer dauerhaften gesellschaftlichen Integration. Sie dient der Sicherung des eigenen Lebensunterhalts und der Teilhabe an vielen gesellschaftlichen Aspekten des Lebens in der Aufnahmegesellschaft. Gleichzeitig erhöht eine erfolgreiche Arbeitsmarktintegration die Akzeptanz von Migranten bei der einheimischen Bevölkerung. Aber gerade Menschen mit Migrationshintergrund sind einem überdurchschnittlich hohen Arbeitslosigkeitsrisiko ausgesetzt. Von diesen Integrationsschwierigkeiten sind zwar nicht nur Migranten betroffen – aber häufig ist es die Kombination von migrationsspezifischen, qualifikationsspezifischen und sozialen Problemlagen, die die Integration erschweren.

Die Probleme der Arbeitsmarktintegration von Ausländern und ihren Nachkommen sind eng mit der Integration in das Bildungssystem verknüpft. Wie die PISA-Studien zeigen, gehören die Migrantenkinder zu den benachteiligten Gruppen im deutschen Bildungssystem. Auch der internationale Vergleich zeigt, dass die Bildungschancen von Migrantenkindern in Deutschland schlechter als in den meisten anderen Einwanderungsländern sind (OECD 2006). Eine qualifizierte Schulausbildung und eine berufliche Erstausbildung sind jedoch der Schlüssel für eine erfolgreiche Integration in den Arbeitsmarkt. Eine erfolgreiche Arbeitsmarktintegration erfordert deshalb erhebliche bildungspolitische Anstrengungen. Gerade vor dem Hintergrund des demografischen Wandels gewinnt eine bessere Bildung und Ausbildung von Migranten und ihren Nachkommen an Bedeutung: Der Anteil dieser Gruppe an den Erwerbspersonen insgesamt wird weiter steigen. Gerade die jüngeren Altersgruppen sind bei Migranten und Personen mit Migrationshintergrund in Deutschland wesentlich stärker besetzt als bei der übrigen Bevölkerung. Dies hat zur Folge, dass in den nächsten Jahren wesentlich mehr Migranten in den Arbeitsmarkt eintreten als altersbedingt austreten. Wären also Jugendliche mit Migrationshintergrund besser integriert, wäre das in Deutschland verfügbare Humankapital größer. Präventive Bildungspolitik als Integrationspolitik ist außerdem weitaus kostengünstiger als die Finanzierung einer verfehlten Arbeitsmarktintegration (Straubhaar 2008).

Vorhandene Potenziale unterstützen und nutzen

Migranten werden aber auch oft nicht entsprechend ihrem Qualifikationsniveau eingesetzt. Viele im Ausland erworbene Qualifikationen werden nicht vollständig oder nur zeitverzögert anerkannt. Das Humankapital qualifizierter Migranten wird somit nicht adäquat eingesetzt. Hier gibt es sowohl bei den gesetzlichen Regelungen als auch den Kammern noch Reformbedarf. Transparente Anerkennungsrichtlinien und schnelle Entscheidungen bei der Anerkennung von Qualifikationen können einen Beitrag zur effizienten Nutzung des Humankapitals leisten (Englmann/Müller 2007). Sinnvoll wäre ein Blick auf die Fähigkeiten der Migranten, da z. B. die Mehrsprachigkeit der meisten Migranten ein enormes Arbeitskräftepotenzial für die exportorientierte deutsche Wirtschaft bilden kann.

Qualifikation erhöhen

Die Beteiligung von Ausländern und Personen mit Migrationshintergrund an berufsbezogenen Weiterbildungsmaßnahmen ist geringer als bei Deutschen. Aber gerade aufgrund der ungünstigen Qualifikationsstruktur sind verstärkte Anstrengungen sowohl vonseiten des Maßnahmenangebots als auch der Nachfrageseite notwendig (Bundesministerium für Bildung und Forschung 2005). Notwendig sind nicht nur zielgruppenspezifische, sondern auch am individuellen Handlungsbedarf orientierte Strategien, um eine Arbeitsmarktintegration oder zumindest Integrationsfortschritte zu erreichen (BA 2006). Maßnahmen wie die berufsbezogenen ESF-geförderten Sprachkurse sind notwendige, aber bei Geringqualifizierten keine hinreichenden Instrumente. Deshalb sollen in der neuen Förderphase des ESF die Sprachkurse mit Praktika und Qualifizierungsbausteinen verbunden werden (vgl. Abschnitt 4). Die bereits vorhandenen Programme der Sprachförderung sind systematisch, aber auch vergleichend zu evaluieren – sowohl im Hinblick auf die nachhaltige Beschäftigungsfähigkeit der Teilnehmer als auch im Hinblick auf Teilnehmerselektionen. Wissenschaftliche Evaluationen sind eine unerlässliche Grundlage für Politikberatung.

Datenlage zur Migration und Integration verbessern

Eine fundierte Analyse des Migrations- und Integrationsgeschehens erfordert valide und aussagekräftige Daten. In den letzten Jahren sind hier bereits erhebliche Fortschritte erzielt worden, z. B. durch die Aufnahme des Merkmals Migrationshintergrund im Mikrozensus. Es gibt jedoch in vielen Bereichen der Migrations- und Integrationspolitik noch erhebliche Datendefizite. Aussagekräftige Daten und Indikatoren sind als empirische Grundlagen unerlässlich für fundierte und transparente Entscheidungen. Verbesserungsbedarf besteht einerseits für die amtliche Statistik (Merkmal Migrationshintergrund, Geburt im Ausland neben der Staatsangehörigkeit) und andererseits für fundierte Verlaufs- und Kausalanalysen über Zuwanderungs- und Integrationsprozesse sowie deren Folgewirkungen (Sachverständigenrat 2004: 395 ff.).

Korrespondierend zur Thematik Migration besteht auch auf dem Feld der Integrationspolitik noch ein erheblicher Handlungsbedarf, obwohl hier von politischer Seite in den vergangenen Jahren von der Süssmuth-Kommission bis hin zum nationalen Integrationsplan zahlreiche Initiativen unternommen worden sind. Die Entscheidungen in der Integrationspolitik sind immer im Zusammenhang mit der Migrationspolitik zu betrachten und werden vor dem Hintergrund der Chancen und Probleme der Integration von Zuwanderern und ihren Nachkommen in Arbeitsmarkt und Gesellschaft die Zukunft in Deutschland beeinflussen. Das IAB wird diesen Prozess durch kritische Analysen auch künftig weiter begleiten.

Literatur

Allmendinger, Jutta (1989): Educational Systems and Labor Market Outcomes. In: European Sociological Review 5, S. 231–250.

Alesina, Alberto / La Ferrara, Eliana (2005): Ethnic Diversity and Economic Performance. In: Journal of Economic Literature XLIII, S. 762–800.

Büchel, Felix (2002): Successful Apprenticeship-to-Work Transitions: On the Long-Term Change in Significance of the German School-Leaving Certificate. IZA Discussion Papers 425.

Bundesagentur für Arbeit (BA) (2005a): Situation von Migranten auf dem Arbeitsmarkt. Bericht an den Verwaltungsrat, Nürnberg.

Bundesagentur für Arbeit (BA) (2005b): Durchführungsanweisungen zu den Richtlinien des Bundesministeriums für Wirtschaft und Arbeit für aus Mitteln des Europäischen Sozialfonds mitfinanzierte zusätzliche arbeitsmarktpolitische Maßnahmen im Bereich des Bundes. BA-Dienstblatt-Runderlass 8/2000 vom 09.03.2000, zuletzt geändert am 20.02.2005, Nürnberg.

Bundesagentur für Arbeit (BA) (2006): Integration von Migranten. Bericht über die Beratung, Vermittlung und Förderung von Zuwanderern im deutschen Arbeitsmarkt, Nürnberg.

Bundesagentur für Arbeit (BA) (2007): SGB II. Grundsicherung für Arbeitsuchende. Zahlen, Daten, Fakten. Jahresbericht 2006, Nürnberg.

Bundesagentur für Arbeit (BA) (2008): Analytikreport der Statistik. Analyse des Arbeitsmarktes für Ausländer, Februar 2008, Nürnberg, http://www.pub.arbeitsamt.de/hst/services/statistik/200802/ama/auslaender_d.pdf (31.03.2008).

Bundesamt für Migration und Flüchtlinge (BAMF) (2007): Integration in Zahlen, 1. Auflage, Stand: 01.11.2007, Nürnberg.

Bundesministerium für Arbeit und Soziales (BMAS) (2007): Operationelles Programm des Bundes für den Europäischen Sozialfonds Förderperiode 2007–2013. Stand: 08.11.2007, genehmigt am 20.12.2007, http://www.bmas.de/coremedia/generator/2954/property=pdf/operationelles_programm_des_bundes_fuer_den_europaeischen_sozialfonds.pdf.

Bundesministerium für Bildung und Forschung (Hrsg.) (2005): Berichtssystem Weiterbildung IX. Ergebnisse der Repräsentativbefragung zur Weiterbildungssituation in Deutschland. Bonn, Berlin, http://www.bmbf.de/pub/berichtssystem_weiterbildung_9.pdf (05.04.2008).

Bundesministerium für Bildung und Forschung (2006): Berufsbildungsbericht 2006, Bonn.

Bundesregierung (2007): Der Nationale Integrationsplan. Neue Wege – Neue Chancen, Berlin.

Burkert, Carola / Seibert, Holger (2007): Labour market outcomes after vocational training in Germany – equal opportunities for migrants and natives? IAB-Discussion Paper 31, Nürnberg.

Damelang, Andreas / Haas, Anette (2006): Berufseinstieg: Schwieriger Start für junge Türken – beim Übergang aus der dualen Berufsausbildung in Beschäftigung haben Türken schlechtere Chancen als Deutsche oder andere Migranten. IAB-Kurzbericht 19, Nürnberg.

Deeke, Axel (2006): Berufsbezogene Sprachförderung für Arbeitslose mit Migrationshintergrund. Erste Ergebnisse aus der Begleitforschung zum ESF-BA-Programm. IAB-Forschungsbericht 21, Nürnberg.

Deeke, Axel (2007): Arbeitslose mit Migrationshintergrund: Sprachförderung allein reicht nicht aus. IAB-Kurzbericht 3, Nürnberg.

Englmann, Bettina / Müller, Martina (2007): Brain Waste. Die Anerkennung von ausländischen Qualifikationen in Deutschland. Tür an Tür – Integrationsprojekte gGmbH (Hrsg.). Augsburg, http://www.berufliche-anerkennung.de (07.04.2008).

Fertig, Michael / Schurer, Stefanie (2007): Labour Market Outcomes of Immigrants in Germany: The Importance of Heterogeneity and Attrition Bias. IZA Discussion Paper 2915, Bonn.

Fitzenberger, Bernd / Spitz, Alexandra (2004): Die Anatomie des Berufswechsels: Eine empirische Bestandsaufnahme auf Basis der BIBB/IAB-Daten 1998/1999. ZEW Discussion Papers 05.

Haas, Anette / Damelang, Andreas (2007): Labour market entry of migrants in Germany – Does cultural diversity matter? IAB-Discussion Paper 18, Nürnberg.

Konietzka, Dirk (1999): Die Verberuflichung von Marktchancen. Die Bedeutung des Ausbildungsberufs für die Plazierung im Arbeitsmarkt. In: Zeitschrift für Soziologie 28, S. 379–400.

Konietzka, Dirk / Solga, Heike (2000): Das Berufsprinzip des deutschen Arbeitsmarktes: ein geschlechtsneutraler Allokationsmechanismus? In: Schweizerische Zeitschrift für Soziologie 26, S. 111–147.

Konietzka, Dirk / Kreyenfeld, Michaela (2001): Die Verwertbarkeit ausländischer Ausbildungsabschlüsse. Das Beispiel der Aussiedler auf dem deutschen Arbeitsmarkt. Zeitschrift für Soziologie 30, S. 267–282.

Konietzka, Dirk / Seibert, Holger (2001): Die Erosion eines Übergangsregimes? Arbeitslosigkeit nach der Berufsausbildung und ihre Folgen für den Berufseinstieg – ein Vergleich der Berufseinstiegskohorten 1976–1995. In: Berger, Peter / Konietzka, Dirk (Hrsg.): Die Erwerbsgesellschaft. Neue Ungleichheiten und Unsicherheiten. Opladen: Leske + Budrich, S. 65–93.

Konsortium Bildungsberichterstattung im Auftrag der Ständigen Konferenz der Kultusminister der Länder in der Bundesrepublik Deutschland und des Bundesministeriums für Bildung und Forschung (2006): Bildung in Deutschland. Ein indikatorengestützer Bericht mit einer Analyse zu Bildung und Migration, Bielefeld.

Kristen, Cornelia (2006): Ethnische Diskriminierung in der Grundschule? Die Vergabe von Noten und Bildungsempfehlungen. In: Kölner Zeitschrift für Soziologie und Sozialpsychologie 58, S. 79–97.

Müller, Walter / Shavit, Yossi (1998): The Institutional Embeddedness of the Stratification Process: A Comparative Study of Qualifications and Occupations in Thirteen Countries. In: Shavit, Yossi / Müller, Walter (Hrsg.): From School to Work. A Comparative Study of Educational Qualifications and Occupational Destinations, Clarendon Press: Oxford, S. 1–48.

OECD (2005): Die Arbeitsmarktintegration von Zuwanderern in Deutschland, Paris.

OECD (2006): Schulerfolg von Jugendlichen mit Migrationshintergrund im internationalen Vergleich. Bundesministerium für Bildung und Forschung (Hrsg.), Berlin.

Ottaviano, Gianmarco I. P. / Peri, Giovanni (2006): The Economic Value of Cultural Diversity. Evidence from US Cities, Journal of Economic Geography, Vol. 6, S. 9–44.

Rambøll Management (2006): Evaluation der Integrationskurse nach dem Zuwanderungsgesetz. Abschlussbericht und Gutachten über Verbesserungspotenziale bei der Umsetzung der Integrationskurse, Bundesministerium des Inneren (BMI) (Hrsg.), Berlin.

Reinberg, Alexander / Hummel, Markus (2007): Schwierige Fortschreibung. Der Trend bleibt – Geringqualifizierte sind häufiger arbeitslos. IAB-Kurzbericht 18, Nürnberg.

Sachverständigenrat für Zuwanderung und Integration (2004): Migration und Integration. Erfahrung nutzen, Neues wagen, Berlin.

Schweigard, Eva (2007a): Berufsbezogene Deutschkurse im Rahmen des ESF-BA-Programms. Ergebnisse aus regionalen Fallstudien zur Umsetzung. IAB-Forschungsbericht 6, Nürnberg.

Schweigard, Eva (2007b): Sprachförderung für arbeitslose ALG II-Bezieher mit Migrationshintergrund – eine explorative Untersuchung zur Umsetzung. IAB-Forschungsbericht 8, Nürnberg.

Scioch, Patrycja / Szameitat Jörg (2007): Ergebnisse des Projekts „Individualdatenbank" der Begleitforschung zum ESF-BA-Programm: Daten zur Förderentwicklung von 2000 bis 2006. IAB-Projektbericht, Nürnberg.

Solga, Heike (2002): Stigmatization by Negative Selection: Explaining Less-Educated People's Decreasing Employment Opportunities. In: European Sociological Review 18, S. 159–178.

Solga, Heike (2005): Ohne Abschluss in die Bildungsgesellschaft. Die Erwerbschancen gering qualifizierter Personen aus soziologischer und ökonomischer Perspektive. Opladen: Budrich.

Statistisches Bundesamt (2006): Bevölkerung mit Migrationshintergrund – Ergebnisse des Mikrozensus 2005 – Fachserie 1, Reihe 2.2, Wiesbaden.

Statistisches Bundesamt (2007): Bildung und Kultur, Allgemeinbildende Schulen, Schuljahr 2006/2007. Fachserie 11, Reihe 1, Wiesbaden.

Straubhaar, Thomas (2008): Integrationspolitik ist Bildungspolitik. HWWI Standpunkt, Februar 2008. HWWI: Hamburg, www.hwwi.org/uploads/tx_wilpubdb/HWWI_Standpunkt59.pdf (31.03.2008).

Uhlendorff, Arne / Zimmermann, Klaus (2006): Unemployment Dynamics among Migrants and Natives. IZA Discussion Paper 2299, Bonn.

Velling, Johannes / Bender, Stefan (1994): Berufliche Mobilität zur Anpassung struktureller Diskrepanzen am Arbeitsmarkt. In: Mitteilungen aus der Arbeitsmarkt- und Berufsforschung 27, S. 212–231.

Wasmer, Martina / Koch, Achim (2004): Einstellungen und Kontakte zu Ausländern. In: Datenreport 2004. Zahlen und Fakten über die Bundesrepublik Deutschland. Statistisches Bundesamt (Hrsg.), in Zusammenarbeit mit dem Wissenschaftszentrum Berlin für Sozialforschung (WZB) und dem Zentrum für Umfragen, Methoden und Analysen, Mannheim (ZUMA), S. 584–594.

Teil II
Kapitel G

Ausbildung im dualen System und Maßnahmen der Berufsvorbereitung

Hans Dietrich

Kathrin Dressel

Florian Janik

Wolfgang Ludwig-Mayerhofer

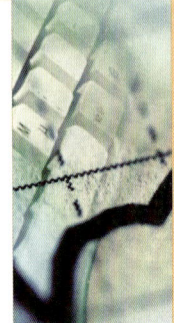

Kapitel G

Inhaltsübersicht Kapitel G
Ausbildung im dualen System und Maßnahmen der Berufsvorbereitung

Hans Dietrich, Kathrin Dressel, Florian Janik, Wolfgang Ludwig-Mayerhofer

Das Wichtigste in Kürze 319

1 Einleitung 321

2 (Aus-)Bildung – eine unvollendete Erfolgsgeschichte der Bundesrepublik 323

3 Drei Perspektiven: eine schwierige Annäherung an den bundesdeutschen Ausbildungsmarkt 326
3.1 Neu abgeschlossene Ausbildungsverträge – die „Kammerperspektive" .. 326
3.2 Bewerber und offene Stellen – die Berufsberatungsstatistik der BA 327
3.2.1 Entwicklung der Zahl der Bewerber um einen betrieblichen Ausbildungsplatz und Zahl der offenen Ausbildungsplätze 328
3.2.2 Unversorgte Bewerber und offene Stellen (Art der Erledigung) ... 329
3.3 Angebot und Nachfrage auf dem Ausbildungsmarkt: die Perspektive des Berufsbildungsberichts............. 332

4 Berufs(ausbildungs)vorbereitung und außerbetriebliche Ausbildung 336
4.1 Berufs(ausbildungs)vorbereitende Angebote: Grundlagen............. 336
4.2 Quantitative Entwicklung berufs-(ausbildungs)vorbereitender Angebote 340
4.3 Außerbetriebliche Ausbildung........ 342

5 Ausbildungsbereitschaft und Ausbildungsfähigkeit 343
5.1 Ausbildungsbereitschaft der Betriebe . 343
5.1.1 Ausbildungsberechtigung und Ausbildungsbeteiligung 343
5.1.2 Determinanten der betrieblichen Ausbildung...................... 346
5.2 Die Seite der Bewerber............. 348

6 Ausblick......................... 350

Literatur 353

Das Wichtigste in Kürze

Angesichts der wirtschaftlichen Entwicklung in westlichen Industriegesellschaften, die mit einem Rückgang un- und angelernter Tätigkeiten verbunden ist, wird berufliche Ausbildung immer wichtiger. Tatsächlich ist die Ausbildungslosigkeit in der Bundesrepublik Deutschland seit den 1960er-Jahren erheblich zurückgegangen. Mit Blick etwa auf das Erwerbseinkommen oder das Risiko, in Arbeitslosigkeit einzumünden, waren und sind die Arbeitsmarktchancen von Personen mit Ausbildung deutlich besser als die von beruflich Unqualifizierten.

Im Zentrum dieses Kapitels stehen die betriebliche Ausbildung sowie geförderte Maßnahmen der Berufs(ausbildungs)vorbereitung und der außerbetrieblichen Ausbildung. Die Betriebe sind häufig nicht in der Lage, die Nachfrage nach Ausbildungsplätzen zu befriedigen. Daher haben Alternativen in Form von Berufs(ausbildungs)vorbereitung bzw. öffentlich geförderter Ausbildung einen deutlichen Anstieg erlebt.

Mit Blick auf das Vermittlungsgeschehen der Bundesagentur für Arbeit in betriebliche Ausbildung lässt sich konstatieren, dass unter der Gruppe der bei der Berufsberatung der BA betreuten Bewerber um einen Ausbildungsplatz seit Jahren immer weniger direkt von der Schule abgegangen sind. Vielmehr ist der Anteil der ‚Altbewerber' – also derjenigen Ausbildungsplatzbewerber, die nicht im aktuellen Jahr, sondern bereits in früheren Jahren von der Schule abgegangen sind – in den letzten Jahren deutlich gestiegen und betrug zum Ende des Vermittlungsjahres 2006/2007 über 50 %.

Die berufs(ausbildungs)vorbereitenden Angebote sowohl in Form schulischer Maßnahmen (Berufsvorbereitungsjahr, Berufsgrundschuljahr, Berufsfachschulen) als auch maßnahmenbasierter Angebote der Bundesagentur für Arbeit (Berufsvorbereitende Bildungsmaßnamen) wurden in den vergangenen Jahren deutlich ausgeweitet. Ergänzende Angebote werden von den Kommunen und Bundesländern angeboten. Berufs(ausbildungs)vorbereitende Angebote dienen dazu, qualifikatorische Defizite Jugendlicher zu verringern und sie beim Zugang zu einer betrieblichen Ausbildung zu unterstützen bzw. ausbildungsreifen Jugendlichen, die aufgrund von (regionalen) Engpässen auf dem Ausbildungsmarkt nicht vermittelt werden konnten, einen ersten Zugang zu beruflicher Qualifizierung zu bieten. Über den Erfolg dieser berufs(ausbildungs)vorbereitenden Angebote liegt wenig gesichertes Wissen vor.

Im Rahmen des Nationalen Pakts für Ausbildung und Fachkräfte in Deutschland (kurz „Ausbildungspakt") wurde jüngst das Instrument der Einstiegsqualifizierung Jugendlicher (EQJ) geschaffen, ein ausbildungsvorbereitendes Praktikum für Jugendliche, die auch nach den bundesweiten Nachvermittlungsaktionen noch keinen Ausbildungsplatz haben.

Ursachen für den deutlichen Rückgang insbesondere in den 1980er-Jahren der Zahl neu abgeschlossener Ausbildungsverträge sind insbesondere im wirtschaftlichen Strukturwandel zu sehen. Sektorale Verschiebungen, veränderte Unternehmensstrukturen und insbesondere eine veränderte Qualifikationsstruktur der Belegschaften tragen wesentlich zum Rückgang betrieblicher Ausbildungsplätze bei. Hinzu kommt wachsende Unsicherheit bei der einzelbetrieblichen Ausbildungsentscheidung.

Um dem Ausbildungsplatzdefizit zu begegnen, werden seit Jahren ergänzend von BA, Bund und Ländern außerbetriebliche Angebote der dualen Berufsausbildung gefördert. Hier ist auch das Angebot außerbetrieblicher Ausbildungsplätze im Rahmen der Benachteiligtenförderung der BA anzusiedeln. Dieser Form der außerbetrieblichen

Ausbildung kommt insbesondere in den neuen Bundesländern eine wichtige Funktion zu.

Zur vielfach bemühten These des Rückgangs der Leistungsfähigkeit der Bewerber um einen betrieblichen Ausbildungsplatz liegen bislang keine einheitlichen Befunde vor. So haben sich beispielsweise die Leistungen in Intelligenztests kontinuierlich nach oben entwickelt; hingegen muss bei den Leistungen in Mathematik von Stagnation, möglicherweise sogar von einem Absinken ausgegangen werden. Auch wenn insgesamt von einem Leistungsrückgang auf breiter Ebene keine Rede sein kann, müssen angesichts der in Deutschland besonders erheblichen Ungleichheit der Leistungsfähigkeit von Schülern sowie steigender Anforderungen durch die Betriebe die Schulen vermehrte Anstrengungen unternehmen, auch Leistungsschwächere an ein Qualifikationsniveau heranzuführen, das auf dem Ausbildungs- bzw. Arbeitsmarkt berufliche Chancen eröffnet.

Angesichts der auch zu Zeiten eines konjunkturellen Aufschwungs beobachtbaren Engpässe auf dem Ausbildungsmarkt, insbesondere für leistungsschwächere Jugendliche, sind die jüngsten Initiativen der Bundesregierung zur Förderung des Ausbildungsangebotes gerade für ‚Altbewerber' grundsätzlich zu begrüßen. Inwieweit durch diese Angebote zusätzliche Ausbildungsplätze geschaffen und Mitnahme- ebenso wie Verdrängungsprozesse vermieden werden können, ist bislang noch eine empirisch offene Frage.

1 Einleitung

Moderne Gesellschaften sind „Bildungsgesellschaften" (Mayer 2000): Die wirtschaftliche Leistungsfähigkeit postindustrieller Gesellschaften beruht auf einer Dynamik, die durch eine enorme Steigerung an Wissen hervorgebracht wird und folglich auch immer mehr Wissen, Kenntnisse und Fähigkeiten bei den Erwerbstätigen voraussetzt. Dementsprechend zeigen Analysen der Beschäftigungsstruktur einen Rückgang un- und angelernter Tätigkeiten und einen entsprechenden Anstieg qualifizierter und hochqualifizierter Beschäftigung (Reinberg/Hummel 2004). Teilhabe an Bildung und Ausbildung erscheint zudem immer mehr als eine notwendige, wenn auch nicht unbedingt hinreichende Voraussetzung für eine erfolgreiche Integration in den Arbeitsmarkt. Dies gilt für Deutschland und die europäischen Nachbarstaaten gleichermaßen (Gangl et al. 2003: 288 ff.). Art und Niveau der allgemeinen und beruflichen Qualifikation nehmen zudem wesentlichen Einfluss auf die erreichte berufliche Stellung und damit auch die Positionierung des Einzelnen im Gefüge sozialer Ungleichheit. Dabei wird den formalen (Aus-)Bildungsabschlüssen hohe Bedeutung zugesprochen (Solga 2005: 28 ff.).

Die berufliche Bildung in Deutschland, vor allem die duale Berufsausbildung, also die Kombination von betrieblicher und schulischer Berufsausbildung, genießt international hohes Ansehen. Die Jugendarbeitslosigkeit in der Bundesrepublik ist im europäischen Vergleich immer noch eher niedrig; dies wird der beruflich orientierten Ausbildung und ihrer guten Passung zum System der Erwerbsarbeit zugeschrieben (Müller 2001). Gleichwohl gibt es in der hiesigen Debatte um die duale Berufsausbildung seit Langem auch kritische Stimmen. Während in der Vergangenheit vorwiegend Fragen nach der Aktualität einzelner Ausbildungsgänge und nach dem Zeit- und Ressourcenaufwand für die Neugestaltung konkreter Berufsbilder im Vordergrund der Diskussion standen, werden in jüngerer Zeit wieder grundsätzliche Fragen der Strukturierung und der Zertifizierung der dualen Berufsausbildung behandelt. Die Einführung zweijähriger Ausbildungsgänge und dualer Studiengänge oder Vorschläge zur Modularisierung der Berufsausbildung bewegen die aktuelle nationale Debatte (BMBF 2007; Dietrich/Severing 2007).

Vielfach stößt die systematische Beschäftigung mit Fragen der beruflichen Bildung von der Berufsvorbereitung über die duale Ausbildung bis zu fachschulischer und hochschulischer Bildung auf deutliche Restriktionen auf der Datenseite; ersichtlich wird dies auch an den regelmäßig publizierten Berufsbildungsberichten oder dem gerade erschienenen zweiten Bildungsbericht (Autorengruppe Bildungsberichterstattung 2008). So fehlen nach wie vor systematische und ausreichend detaillierte Längsschnittdaten auf der Personenebene. Mit Blick auf komplexe Ausbildungsverläufe, die nicht normalbiografischen Vorstellungen vom Übergang von der Schule in Ausbildung und Beschäftigung folgen (Dietrich 2001) – Schlagworte wären etwa berufs(ausbildungs)vorbereitende Maßnahmen, abgebrochene und anderweitig wieder fortgesetzte Ausbildungen sowie Mehrfachausbildung (Jacob 2004) –, und gerade die aktuellen Schwierigkeiten des beruflichen Bildungssystems, allen Interessenten zu einer Ausbildung zu verhelfen (dazu Baethge et al. 2007), bleibt festzustellen, dass vielfach empirische Grundlagen für eine zeitgemäße (Aus-)Bildungspolitik fehlen. Auch dieses Kapitel beschränkt sich nicht zuletzt aufgrund einer unzureichenden Datenlage auf ausgewählte Aspekte, die mit den besonderen Forschungsinteressen und dem besonderen Datenzugang des IAB zu tun haben. Ferner diskutiert dieser Beitrag keine Fragen der Ausgestaltung des Systems der beruflichen Bildung oder möglicherweise erforderlicher Veränderungen.[1]

---

1 Normative und ordnungspolitische Überlegungen finden sich etwa bei Baethge (2003). Zu aktuellen

Das Kapitel geht von der Prämisse aus, dass sich trotz unzweifelhaft vorhandener Probleme *grundsätzlich* berufliche Ausbildung individuell (und damit auch gesellschaftlich) ‚lohnt'; gleichzeitig ist zu konstatieren, dass die Bundesrepublik auf dem Weg in die Bildungsgesellschaft nicht alle Ressourcen ausschöpft (Abschnitt 2). Vor diesem Hintergrund befassen sich die weiteren Ausführungen aus einer dezidiert empirischen Perspektive mit quantitativen Entwicklungen im dualen System der beruflichen Ausbildung (Abschnitt 3) sowie den vorgelagerten Angeboten der Berufs(ausbildungs)vorbereitung (Abschnitt 4). Woran liegt es, dass auf betrieblicher Ebene (zu) wenig ausgebildet wird? Einige Befunde und Diskussionsanstöße hierzu vermittelt Abschnitt 5. Er befasst sich einerseits mit der Frage nach den Ursachen, warum Betriebe (nicht) ausbilden – eine in der deutschen Berufsbildungsforschung oft ausgeblendete Frage, zu der wir neuere Befunde präsentieren können (Abschnitt 5.1). Andererseits wird oft darauf verwiesen, dass zahlreiche Jugendliche nicht „ausbildungsreif" seien; mit diesem Vorwurf setzt sich Abschnitt 5.2 auseinander. Da politische Akteure zunehmend den Handlungsbedarf erkennen und Maßnahmen ergreifen, wird abschließend kurz auf die Frage nach den Möglichkeiten und Grenzen staatlicher Anreize zur Förderung betrieblicher Ausbildungsangebote, etwa durch Ausbildungsabgabe bzw. Ausbildungsbonus, eingegangen (Abschnitt 6).

Debatten über die Qualität und Leistungsfähigkeit des dualen Systems wie etwa die Diskussion um den Beitrag der beruflichen Bildung zur Kompetenzentwicklung und Kompetenzverwertung vgl. Baethge et al. (2006) oder Mayer und Solga (2008). Letzteres Werk enthält auch Analysen beruflicher Bildung aus der Perspektive verschiedener sozialwissenschaftlicher Disziplinen.

2 (Aus-)Bildung – eine unvollendete Erfolgsgeschichte der Bundesrepublik

Die Bildungsexpansion in der Bundesrepublik war auch eine Expansion der beruflichen Bildung von der dualen Ausbildung bis zur Hochschulausbildung. Insbesondere lässt sich nachweisen, dass seit den 1960er-Jahren der Anteil von Personen, die ohne Bildungszertifikate bleiben, immer geringer wird: Waren unter den vor 1930 geborenen Personen etwa 20 % der Männer und 50 % der Frauen ohne beruflichen Abschluss geblieben, so gingen diese Anteile bei den um 1965 Geborenen auf etwas über 10 % (Männer) bzw. knapp 20 % (Frauen) zurück (Göggel 2007; vergleichbare Zahlen in Konsortium Bildungsberichterstattung 2006, Tab. B3-2A). Eine ähnliche Entwicklung zeigt sich bei der allgemeinbildenden Schule, die wir hier wegen ihrer Bedeutung als wichtige Voraussetzung für berufliche Bildung kurz in die Betrachtung einbeziehen wollen: Verließen im Jahr 1965 noch fast 20 % der Jugendlichen die allgemeinbildende Schule ohne Abschluss, so sank dieser Anteil bis 1985 auf 7 %.

Anfang der 1980er-Jahre geäußerte Befürchtungen, der zunehmende Erwerb von Bildungszertifikaten und vor allem von höheren Abschlüssen führe zu einer Entwertung von (Aus-)Bildung, haben sich nicht bewahrheitet. Auch wenn einige Untersuchungen darauf hindeuten, dass sich in den 1980er-Jahren die Lohnabstände zwischen den (Aus-)Bildungsgruppen verringert haben, so ist diese Verringerung als insgesamt äußerst gering anzusehen (Bellmann et al. 1994; Lauer/Steiner 2001). Vor allem gibt es Anzeichen, dass es sich dabei nur um eine vorübergehende Entwicklung handelte. Seit Mitte der 1990er-Jahre scheint in der Bundesrepublik die Lohnungleichheit zuzunehmen; dies ist nicht nur auf eine unterschiedliche Zusammensetzung der Beschäftigten zurückzuführen, sondern auch auf einen Anstieg der Bildungsrenditen (Göggel 2007; Gebel/Pfeiffer 2007; Dustmann et al. 2007). Berufliche Bildung ‚übersetzt' sich nach wie vor in höheres Einkommen.

Ebenso zeigen sich nachhaltige Unterschiede im Arbeitslosigkeitsrisiko zwischen Personen ohne beruflichen Bildungsabschluss und jenen mit beruflicher oder (fach-)hochschulischer Ausbildung (Abbildung G1): Über drei Jahrzehnte hinweg liegt die Arbeitslosenquote von Personen mit abgeschlossener Ausbildung konsistent weit unter derjenigen der Unqualifizierten. Zwar wird deutlich, dass eine berufliche Bildung unterhalb eines (Fach-)Hochschulabschlusses weniger vor Arbeitslosigkeit schützt; mit dem Anstieg der Arbeitslosigkeit nach der Wiedervereinigung öffnet sich eine Schere zwischen Personen mit Lehre oder Fachschule und solchen mit einem (Fach-)Hochschulabschluss – eine Schere, die freilich in beträchtlichem Ausmaß durch die Situation in Ostdeutschland bestimmt ist. Die Arbeitslosigkeit scheint bei mittlerem Qualifikationsniveau deutlich konjunkturabhängig – ein Trend, der sich bei den Hochqualifizierten in den letzten Jahren nicht mehr zeigt. Dennoch ist mit einer fehlenden beruflichen Ausbildung eindeutig und mit Abstand das größte Arbeitslosigkeitsrisiko verknüpft. Auch hier bestätigt sich also: Ausbildung lohnt sich (Reinberg/Hummel 2007; für weitere Analysen siehe Dustmann/Schoenberg 2008 und Solga 2008).

Vor dem Hintergrund der nachhaltigen Arbeitsmarktprobleme von Personen ohne abgeschlossene Ausbildung ist es bedenklich, dass sich der oben skizzierte Rückgang von Ausbildungslosigkeit seit etwa 20 Jahren nicht mehr fortsetzt. Der Anteil derer, die die allgemeinbildende Schule ohne Abschluss verlassen, ist seit Mitte der 1980er-Jahre wieder leicht auf 8 % (nach zwischenzeitlich sogar 9 %) gestiegen (Statistisches Bundesamt 2007). Ähnlich verhält es sich auf dem Gebiet der beruflichen Bildung: Waren im Jahr 2006 unter den 35–40 Jahre alten Personen 13,3 % ohne beruflichen Abschluss, so waren es bei den 30- bis 35-Jährigen 14,4 % und bei den 25- bis 30-Jährigen 15,7 % (Anteile bezogen auf Personen, die nicht in Ausbildung sind). Wenn bei der jüngsten Gruppe, den 20- bis 25-Jährigen, der Anteil sogar 19,7 % beträgt (alle Zahlen: Konsortium Bildungsberichterstattung 2006, Tab. B3-2A), so mögen hier noch einige Abschlüsse nachgeholt

Abbildung G1
Qualifikationsspezifische Arbeitslosenquoten 1975–2005, Männer und Frauen

Arbeitslose in Prozent aller zivilen Erwerbspersonen (ohne Auszubildende) gleicher Qualifikation. Erwerbstätige ohne Angabe zum Berufsabschluss nach Mikrozensus je Altersklasse proportional verteilt. Bis 2004 Erwerbstätige im April; ab 2005 Erwerbstätige im Jahresdurchschnitt.
[1] ohne Verwaltungsfachhochschulen; [2] einschließlich Verwaltungsfachhochschulen.
Quelle: IAB-Berechnungen auf Basis Mikrozensus und Strukturerhebungen der BA (jeweils Ende September).

© IAB

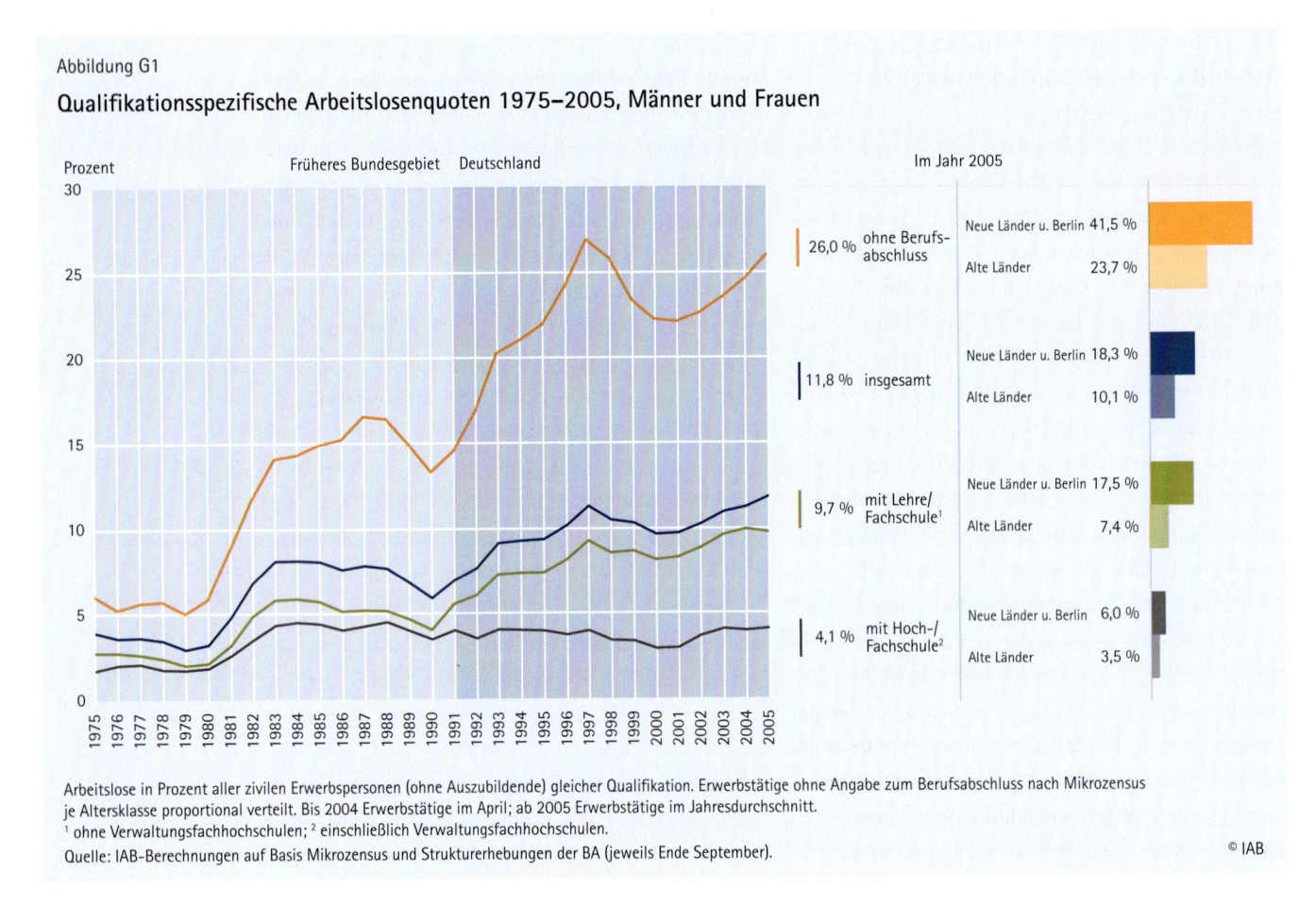

werden, dennoch zeigt sich auch in diesen Zahlen zumindest Stagnation, wenn nicht sogar wieder ein leichter Anstieg von Ausbildungslosigkeit.

Dass Ausbildungslosigkeit nicht weiter zurückgeht, deutet *nicht* darauf hin, dass ein Teil der Jugendlichen keine berufliche Ausbildung wünscht. Zwar gibt es derzeit keine Daten, die Aussagen über die Gesamtheit aller Jugendlichen am Ende der Schulzeit ermöglichen, doch wird in verschiedenen Untersuchungen deutlich, dass die Notwendigkeit, eine berufliche Ausbildung zu ergreifen, zu den fast durchgängig geteilten Einsichten der Jugendlichen gehört. Eine Befragung mehrerer Tausend Hauptschüler im Jahr 2004 zeigte etwa, dass nur 2 % nach Beendigung der Hauptschule einfach jobben oder Geld verdienen wollten. Die allermeisten wollten entweder eine Ausbildung beginnen, eine Berufsvorbereitung absolvieren oder eine weiterführende Schule besuchen (Gaupp et al. 2004). Es ist gerade die anhaltende Attraktivität beruflicher Ausbildung, nicht zuletzt im dualen System, die es Teilgruppen von Jugendlichen immer schwerer macht, einen Ausbildungsplatz zu finden. Auch Absolventen von Fachoberschulen oder Gymnasien interessieren sich – möglicherweise in zunehmendem Maße – für eine Ausbildung unterhalb der Ebene der (Fach-)Hochschule. In Ausbildungen wie der zum Bank- oder Industriekaufmann oder zu IT-Berufen stellen Jugendliche mit Hochschulreife inzwischen die Mehrheit, zulasten derer mit niedrigerer Schulbildung (Baethge 2003: 550). Am unteren Ende bleiben vor allem Personen, die die Schule ohne Abschluss verlassen haben, oft auch ohne beruflichen Abschluss (Solga 2005: 212).

Gleichzeitig wurde der Zugang zur betrieblichen Berufsausbildung infolge gestiegener Qualifikationsanforderungen der Betriebe immer selektiver (Baethge et al. 2007; Dietrich/Severing 2007). Der nachfolgend näher dargestellte Rückgang des betrieblichen Ausbildungsplatzangebots tut ein Übriges, dass insbesondere Hauptschüler und Jugendliche ohne Schulabschluss ihre Ausbildungswünsche nur höchst eingeschränkt realisieren können. Dabei hat etwa der Rückgang von Einfacharbeitsplätzen gerade auf diese Gruppe den Druck erhöht, sich um einen Zugang zu einer Ausbildung zu bemühen.

Vor diesem Hintergrund werden in den nächsten beiden Abschnitten ausführlich, wenngleich notwendig selektiv quantitative Entwicklungen der beruflichen Ausbildung dargestellt. Wir befassen uns zunächst mit der dualen Berufsausbildung, die in Deutschland eine Schlüsselrolle einnimmt: Noch immer durchlaufen knapp zwei Drittel eines jeden Altersjahrgangs eine Berufsausbildung im Rahmen des dualen Systems und erwerben qualifikatorische Grundlagen für die weitere Erwerbskarriere. Daneben gibt es seit Langem ein beachtliches Angebot vollqualifizierender schulischer Bildungsgänge, das in den letzten Jahren noch an Gewicht gewonnen hat. Insbesondere in einer Reihe von Dienstleistungsberufen haben sich neben bzw. anstelle der dualen Form der betrieblichen Berufsausbildung Angebote vollzeitschulischer Ausbildung etabliert (vor allem (Berufs-)Fachschulen sowie Schulen des Gesundheitswesens). Frauendominierte Dienstleistungsberufe sind hier überproportional stark vertreten (Krüger 2003). Die betrieblichen und schulischen Angebote sind bislang wenig koordiniert und weisen heterogene politische und institutionelle Zuständigkeiten auf. Insbesondere fehlen aber zu den vollschulischen Ausbildungsgängen differenzierte Daten auf individueller Ebene, die eine Beschreibung der längerfristigen Entwicklung erlauben.[2] Diese müssen daher im Folgenden unberücksichtigt bleiben.

Hingegen befassen wir uns ausführlicher mit den seit den 1980er-Jahren quantitativ erheblich an Bedeutung gewinnenden Angeboten der Berufs(ausbildungs)vorbereitung. Ziel dieser Angebote ist es, Jugendliche, die nach Verlassen der allgemeinbildenden Schule aufgrund fehlender individueller Qualifikationen oder spezifischer lokaler Ausbildungsmarktbedingungen keinen Zugang zu einer Berufsausbildung gefunden haben, durch Vermittlung zusätzlicher allgemeiner Qualifikationen (wie etwa Nachholen des Hauptschulabschlusses) oder erster beruflicher Teilqualifikationen beim Zugang zu einer vollqualifizierenden Berufsausbildung zu unterstützen.[3] Diese in Überblicksdarstellungen (Cortina et al. 2005) oft nur knapp abgehandelten Ausbildungsformen sollen im Anschluss auch in ihren gesetzlichen Grundlagen dargestellt werden.

---

2 Wichtige Strukturdaten zu vollzeitschulischen Bildungsangeboten finden sich in BMBF (2008) sowie im zweiten Bericht der Autorengruppe Bildungsberichterstattung (2008).
3 Für den Versuch einer Gesamtübersicht über die Entwicklung der Teilnehmer an sämtlichen Formen beruflicher Bildung siehe BMBF 2006: 100.

3 Drei Perspektiven: eine schwierige Annäherung an den bundesdeutschen Ausbildungsmarkt

Wie für viele Märkte typisch, handelt es sich auch beim Ausbildungsmarkt um eine hochkomplexe und sehr dynamische Institution. Die dem Grundsatz nach marktförmigen Prozesse des *matchings* von Ausbildungsangebot und -nachfrage sind jedoch in vielfältiger Weise gesetzlich normiert und werden durch öffentliche Akteure wie die Kammern oder die Berufsberatung der Bundesagentur für Arbeit wesentlich moderiert und partiell auch strukturiert. Trotz dieser engen Einbindung öffentlicher Akteure können diese das Marktgeschehen jedoch nur ausschnittweise beobachten. Sie bilden das Marktgeschehen im Kontext ihrer spezifischen Aktivitäten und damit immer nur partiell ab. Entsprechend bleiben Berichtssysteme notwendigerweise begrenzt auf einige wenige Indikatoren, die durchgängig punktuelle Ereignisse (etwa Abschlüsse von Ausbildungsverträgen) erfassen und es damit nicht erlauben, den Verlauf Jugendlicher auf dem Weg in eine duale Ausbildung – Eintritte, Abbrüche, Wiedereintritte in bzw. Abschlüsse von Ausbildung – oder das Entscheidungsverhalten von ausbildenden Betrieben im Einzelfall abzubilden.

Zentrale Indikatoren des Ausbildungsmarktes sind die von den Kammern geführten Zahlen der jeweils neu abgeschlossenen Ausbildungsverträge oder die von der Bundesagentur für Arbeit veröffentlichten Informationen zur Zahl der gemeldeten Bewerber[4] bzw. der neu zu besetzenden Ausbildungsstellen. Nachfolgend werden diese Berichtssysteme kurz dargestellt und der Ausbildungsmarkt aus der jeweiligen Perspektive beschrieben. Sie geben immer wieder Anlass zur Debatte und zu Forderungen nach Weiterentwicklung und Verbesserung, doch sind bislang keine substanziellen Schritte absehbar. Vor diesem Hintergrund ist es auch erforderlich, die Präsentation von Bildungsindikatoren eng mit der Diskussion ihrer jeweiligen Datengrundlage zu verknüpfen.

Als mögliche Ursachen für die zeitliche Entwicklung auf dem Ausbildungsmarkt werden u. a. die demografische und konjunkturelle Entwicklung und daraus resultierende Beschäftigungseffekte sowie politische Interventionen wie der Nationale Pakt für Ausbildung und Fachkräfte in Deutschland (im Folgenden „Ausbildungspakt") angeführt. Systematische Makroanalysen hierzu stehen bislang nicht zuletzt aus methodischen Gründen aus. Daher ist der nachfolgende Abschnitt im Wesentlichen deskriptiv angelegt.

3.1 Neu abgeschlossene Ausbildungsverträge – die „Kammerperspektive"

Eine der Schlüsselzahlen zum bundesdeutschen Ausbildungsmarkt ist zweifelsohne die Zahl der neu abgeschlossenen Ausbildungsverträge. Hierbei handelt es sich um Ergebnisse der Kammerstatistik zum 30.09. eines jeden Jahres, in der das Bundesinstitut für Berufsbildung (BIBB) die Zahlen der bei den zuständigen Kammern neu abgeschlossenen Ausbildungsverträge zusammenführt. Gezählt werden für das Vermittlungsjahr der Berufsberatung der BA (jeweils 01.10. bis 30.09.) die neu abgeschlossenen Ausbildungsverträge ohne Anschlussverträge, Praktikanten und Umschüler. Eine revidierte Erhebung wird durch das Statistische Bundesamt zum 31.12. eines jeden Jahres durchgeführt und veröffentlicht. Die Zahlen beider Zählwerke weichen aufgrund der unterschiedlichen Erhebungstermine leicht voneinander ab.[5]

Die Entwicklung der neu abgeschlossenen Ausbildungsverträge verläuft nicht linear, sondern mehr oder minder zyklisch, doch ist in den alten Bun-

---

4 Aus Gründen der Vereinfachung wird im Folgenden nur die grammatikalisch männliche Form verwendet. Gemeint sind damit aber stets auch die weiblichen Personen.
5 So werden etwa bei den Zahlen des Statistischen Bundesamtes nachträgliche Meldungen, nicht vollzogene Verträge bzw. vorzeitige Lösungen oder Neuschließungen berücksichtigt. Zur Diskussion der Kammerstatistik siehe Althoff 1993.

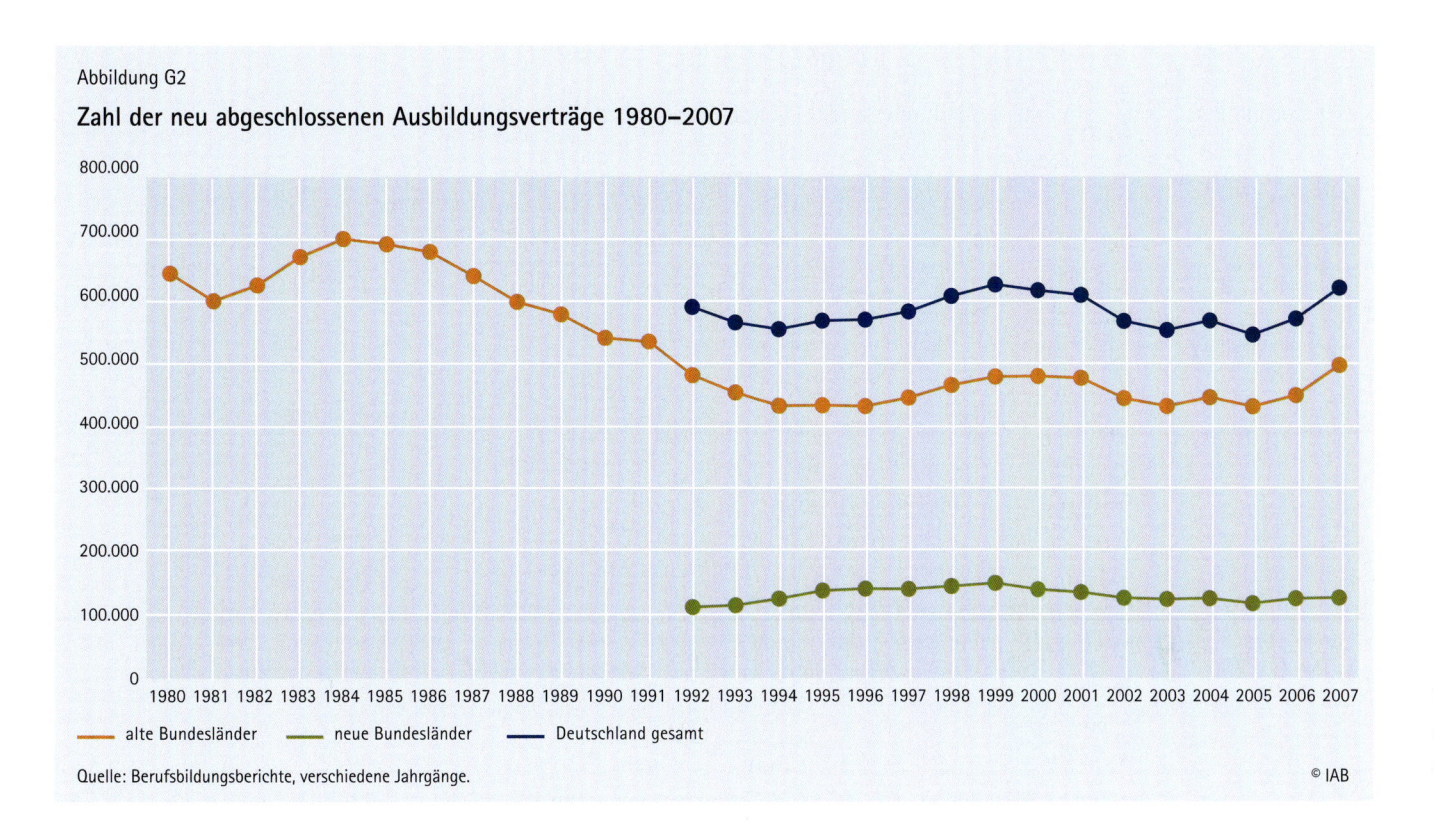

Abbildung G2
Zahl der neu abgeschlossenen Ausbildungsverträge 1980–2007

— alte Bundesländer — neue Bundesländer — Deutschland gesamt

Quelle: Berufsbildungsberichte, verschiedene Jahrgänge. © IAB

desländern seit den 1980er-Jahren insgesamt ein rückläufiger Gesamttrend zu beobachten (Dietrich/Gerner 2008) (siehe Abbildung G2). Wird das Beobachtungsfenster auf den Zeitraum seit der deutschen Einigung begrenzt, zeigt sich für Westdeutschland kein eindeutiger Trend; vielmehr sind deutliche Niveauschwankungen festzustellen, mit einer deutlich positiven Entwicklung in den letzten Jahren.

Für die neuen Bundesländer lässt sich seit Einführung der Statistik im Jahr 1992 keine systematische Veränderung erkennen, wozu auch die kompensatorische Wirkung der öffentlich finanzierten Angebote außerbetrieblicher Ausbildung beigetragen haben dürfte (siehe Abschnitt 4.3). Daraus ergibt sich – gleichfalls aus Abbildung G2 ablesbar – der gesamtdeutsche Verlauf, der wesentlich von der Entwicklung in Westdeutschland geprägt ist.

Die Zahl der abgeschlossenen Ausbildungsverträge sagt aber insgesamt nur etwas darüber aus, wie viele Ausbildungsverhältnisse zustande gekommen sind. Sie bedarf der Erweiterung um Informationen,

die erkennen lassen, wie viele Jugendliche darüber hinaus einen Ausbildungsplatz im dualen System bzw. wie viele Betriebe zusätzlich nach Auszubildenden suchen. Nur so lässt sich zeigen, ob beispielsweise der zu beobachtende Rückgang in Westdeutschland einfach auf einen geringeren Bedarf an Ausbildungsplätzen zurückgeht oder ob er auf eine Unterversorgung hindeutet. Die nachfolgend vorgestellten Berichtssysteme ermöglichen zumindest ansatzweise solche Einblicke.

3.2 Bewerber und offene Stellen – die Berufsberatungsstatistik der BA

Einer der gesetzlichen Aufträge der Bundesagentur für Arbeit ist es, durch Vermittlung darauf hinzuwirken, dass „Ausbildungssuchende eine Ausbildungsstelle (…) und Arbeitgeber geeignete (…) Auszubildende erhalten" (§ 35 Abs. 2 SGB III). Im Rahmen ihres Vermittlungsauftrags führt die BA eine Geschäftsstatistik zur Berufsberatung. Hier wird unter anderem für das jeweilige Vermittlungsjahr monatlich über die Zahl der von der Berufsberatung

Abbildung G3
Der Ausbildungsmarkt – alte und neue Bundesländer (Stand jeweils 30.09.)

Alte Bundesländer | Neue Bundesländer

— bei der Berufsberatung gemeldete Bewerber insgesamt — bei der Berufsberatung gemeldete Ausbildungsstellen insgesamt
--- nicht vermittelte Bewerber --- noch offene Ausbildungsstellen

Quelle: BA-Statistik. © IAB

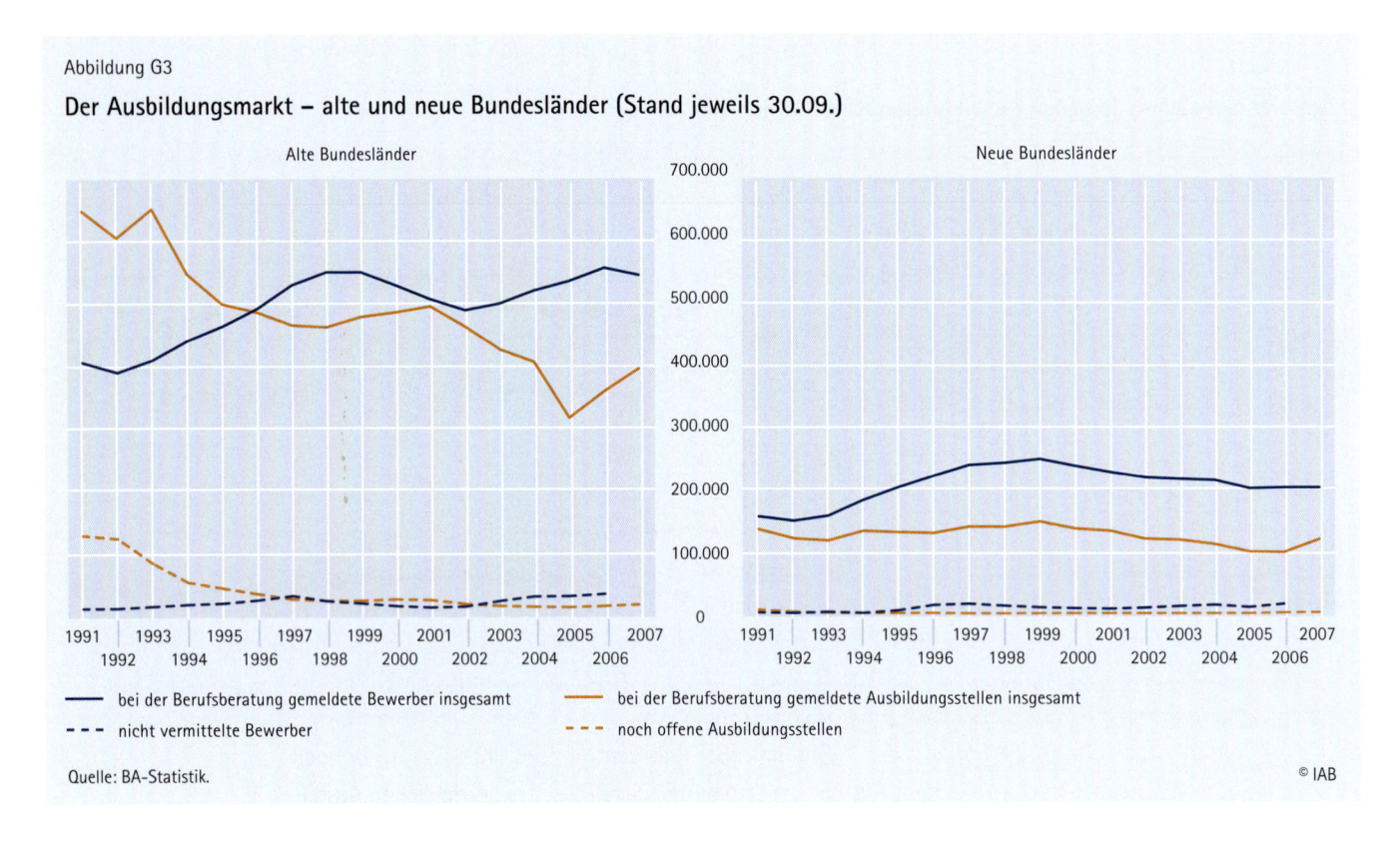

betreuten Bewerber berichtet. Als solche werden Personen definiert, die sich mit dem Anliegen an die Berufsberatung der BA wenden, in eine Ausbildungsstelle in einem nach Berufsbildungsgesetz (BBiG) bzw. Handwerksordnung (HWO) anerkannten Ausbildungsberuf vermittelt zu werden, und die nach dem Ermessen der Berufsberatung die dafür erforderliche Ausbildungsreife und Berufseignung aufweisen. Gleichermaßen berichtet die Geschäftsstatistik über die Zahl der neu zu besetzenden Ausbildungsstellen, die der Berufsberatung mit einem Auftrag zur Vermittlung gemeldet werden. Als Teilstatistiken werden z. B. die jeweils monatlich[6] bzw. zum Ende des Berichtsjahres noch nicht vermittelten Bewerber sowie die noch unbesetzten Stellen ausgewiesen.

3.2.1 Entwicklung der Zahl der Bewerber um einen betrieblichen Ausbildungsplatz und Zahl der offenen Ausbildungsplätze

Die Berufsberatungsstatistik zeigt, dass zwischen der Zahl der Jugendlichen, die einen Ausbildungsplatz suchen, und den angebotenen Stellen häufig eine Diskrepanz besteht. In den alten Bundesländern übersteigt die Zahl der Bewerber seit 1996 die Zahl der bei der BA gemeldeten Ausbildungsstellen. 2001 kam es vorübergehend zum Ausgleich, derzeit lässt sich erneut eine Annäherung beider Größen erkennen. In den neuen Bundesländern liegt die Bewerberzahl seit 1991 durchgängig über der Zahl der bei den Agenturen erfassten Ausbildungsstellen (vgl. Abbildung G3).

Exkurs I: Altbewerber

Aus bildungspolitischer Perspektive wird dem in den letzten Jahren deutlich steigenden Anteil sogenannter Altbewerber besondere Aufmerksamkeit ge-

---

6 Aufgrund der monatsgenauen Berichterstattung der Geschäftsstatistik der BA ist es möglich, bereits während des jeweiligen Berichtsjahres tragfähige Aussagen zur Zahl der gemeldeten Ausbildungsplätze bzw. der Bewerber zu treffen. Daraus gewonnene Erkenntnisse ermöglichen eine frühzeitige, regional und berufsfachlich differenzierte Reaktion zum Ausgleich möglicher Ungleichgewichte auf dem Ausbildungsstellenmarkt.

schenkt. Der Begriff „Altbewerber" scheint zunächst eindeutig definiert. Er kennzeichnet Bewerber um einen betrieblichen Ausbildungsplatz, die im jeweils laufenden Vermittlungsjahr von der Berufsberatung betreut werden, aber bereits in früheren Jahren von der Schule abgegangen sind. Bei näherer Betrachtung wird das Problem des Begriffs unmittelbar ersichtlich. So berücksichtigt der Begriff nicht, wann die Altbewerber erstmalig bei der Berufsberatung als Bewerber aufgetreten sind. Das Merkmal Schulabgang unterscheidet ferner nicht zwischen allgemeinbildenden Schulen, schulischen Angeboten der Berufsvorbereitung oder vollqualifizierenden Schulen. Ebenso wird nicht zwischen dem Abgang aus der Regelschule und nachgeholten Schulabschlüssen unterschieden. Da sich demzufolge unter den Bewerbern mit Schulabgang im aktuellen Berichtsjahr auch Jugendliche befinden, die sich bereits in früheren Jahren um einen Ausbildungsplatz beworben haben, aber (etwa aufgrund von Misserfolgen bei der Lehrstellensuche oder vorzeitigen Ausbildungsabbrüchen) erneut eine allgemeinbildende oder berufliche Schule besucht haben (etwa um einen höheren Abschluss zu erreichen oder zur Berufsvorbereitung), ist davon auszugehen, dass der Anteil der Jugendlichen, die bereits seit einiger Zeit die Regelschule verlassen haben, mehr oder minder deutlich unterschätzt wird.

Auch wenn solche Effekte nicht kontrolliert werden können, erscheint es bemerkenswert, dass 2007 lediglich 43,4 % der gemeldeten Bewerber unmittelbar im Vermittlungsjahr eine Schule verlassen haben. 22 % haben letztmalig die Schule im Vorjahr verlassen, 30,4 % bereits vor zwei oder mehr Jahren (vgl. Tabelle G1). Zudem hat die Zahl der Bewerber, die im gleichen Jahr die Schule verlassen haben, seit 2000 (frühere Daten liegen nicht vor) abgenommen. Dies unterstreicht die aus Abbildung G3 erkennbaren Probleme der von der BA betreuten Bewerber, einen Ausbildungsplatz zu finden. Der Anstieg der Altbewerber legt (bei aller Unzulänglichkeit der Statistik) den Schluss nahe, dass eine steigende Zahl Jugendlicher zum Teil wiederholt berufs(ausbildungs)vorbereitende Angebote durchlaufen, bevor sie eine vollqualifizierende Ausbildung aufnehmen (vgl. dazu auch Abschnitt 4.2).

3.2.2 Unversorgte Bewerber und offene Stellen (Art der Erledigung)

Insbesondere für die bildungspolitische Debatte zum betrieblichen Ausbildungsmarkt erweist sich die Zahl der zum Ende des Vermittlungsjahres unversorgten Bewerber bzw. der noch offenen Ausbildungsstellen als zentral. Diese Kennzahlen bringen den Erfolg bzw. das Defizit am betrieblichen Ausbildungsmarkt in Deutschland auf den Punkt und geben so jährlich Anlass zu kontroversen und heftigen Debatten. Beide Kenngrößen resultieren aus den Informationen zum Vermittlungserfolg der Berufsberatung und werden in eigenständigen Teilstatistiken der BA ausgewiesen. Neben diesen beiden Angaben verdient der Verbleib der vermittelten Bewerber nähere Aufmerksamkeit.

Auf Basis der Daten für Westdeutschland, für das eine lange Zeitreihe seit den 1980er-Jahren vorliegt (Tabelle G2), wird ersichtlich, dass etwa jeder zweite Bewerber eine betriebliche bzw. außerbetriebliche Ausbildung aufnimmt. Der Übergang von

Tabelle G1

Gemeldete Bewerber für Berufsausbildungsstellen nach Zeitpunkt des Schulabgangs

Schulabgang	2000	2001	2002	2003	2004	2005	2006	2007
Im Berichtsjahr	60,0	59,3	57,2	54,5	54,0	53,8	48,8	43,4
Im Vorjahr	19,6	19,6	19,7	20,4	20,5	21,2	22,5	22,0
In früheren Jahren	20,3	21,2	23,1	25,0	25,5	25,0	28,0	30,4
Keine Angaben	–	–	–	–	–	–	0,7	4,2

Quelle: BA-Statistik.

Bewerbern in eine betriebliche Ausbildung variiert mehr oder minder mit dem konjunkturellen Verlauf bei insgesamt sinkendem Trend. Nahezu umgekehrt entwickeln sich die Anteile der noch nicht vermittelten Bewerber. Auch wenn es sich, bezogen auf das Volumen des Vermittlungsgeschehens pro Jahr, um vergleichsweise niedrige Werte von etwa 2 bis 7 % handelt, repräsentieren sie dennoch zwischen 10.000 und 50.000 Jugendliche, die nach Ablauf des Berufsberatungsjahres im Sinne der BA-Statistik noch nicht vermittelt waren.

Erkennbar ist in Tabelle G2 eine Besonderheit der BA-Statistik zum Ausbildungsmarkt: Auch diejenigen Bewerber gelten im statistischen Sinn als „versorgt", die in eine Alternative zur betrieblichen Ausbildung im dualen System eingemündet sind. Diese Liste an Alternativen umfasst auch den Eintritt in eine berufsvorbereitende Maßnahme, in eine Einstiegsqualifizierung (vgl. dazu Abschnitt 4.2), in ein Praktikum oder in eine weiterführende Schule. Ob diese Jugendlichen, die von der Berufsberatung bereits als Bewerber für eine betriebliche Berufsausbildung eingestuft wurden, diese Alternativen als Notlösung wählen oder als echte Alternative begreifen, kann aus dieser statistischen Perspektive nicht geklärt werden.

Der Blick auf Ostdeutschland ergibt deutlich höhere Integrationsraten der in dualer Ausbildung gemeldeten Bewerber. Hier ist zu berücksichtigen, dass neben nennenswerter öffentlicher Unterstützung der Betriebe durch Zuschüsse in erheblichem Umfang außerbetriebliche Ausbildung zum Einsatz kommt (siehe Abschnitt 4.3.2).[7]

Obwohl die BA durch die Berufsberatung wesentlich in das Geschehen auf dem Ausbildungsmarkt involviert ist, bildet die Berufsberatungsstatistik der BA die Situation auf dem Ausbildungsstellenmarkt nur teilweise ab. So erfasst sie weder die Jugendlichen, die ohne Unterstützung der Berufsberatung eine Lehrstelle suchen, noch die Ausbildungsstellen, die von den Betrieben ohne Einschaltung der BA besetzt werden (Ulrich 2006). Wie groß der jeweils von der BA nicht erfasste Anteil ist, kann nicht exakt quantifiziert werden.[8] Gleichwohl kann davon ausgegangen werden, dass dieser Anteil über die Zeit hinweg nicht konstant ist, sondern selbst unmittelbar von den Ereignissen auf dem Ausbildungsmarkt mitbestimmt wird. So ist etwa in Zeiten eines demografisch bedingten Überangebots an Bewerbern bzw. eines konjunkturell bedingten Unterangebots an Ausbildungsstellen der relative Einschaltungsgrad der BA durch Interessenten für einen betrieblichen Ausbildungsplatz höher als im Durchschnitt der Jahre. Der umgekehrte Effekt ist bei einem Unterangebot an Interessenten bzw. einem Überangebot an Ausbildungsplätzen zu beobachten.

Auch sind in der Berufsberatungsstatistik (hier: zu den anerkannten Bewerbern) die Jugendlichen nicht enthalten, die sich zwar mit einem Ausbildungswunsch an die Berufsberatung wenden, jedoch aufgrund fehlender Voraussetzungen nicht als Bewerber eingestuft werden (siehe dazu den folgenden Exkurs zur Ausbildungsreife).

Exkurs II: Berufseignung und Ausbildungsreife

Dem SGB III folgend hat die Agentur für Arbeit durch Vermittlung darauf hinzuwirken, dass „Ausbildungssuchende eine Ausbildungsstelle (...) und Arbeitgeber geeignete (...) Auszubildende erhalten. Sie hat dabei die Neigung, Eignung und Leistungsfähigkeit der Ausbildungssuchenden (...) sowie die Anforderungen der angebotenen Stellen zu berücksichtigen" (§ 35 Abs. 2 SGB III). Dabei ist zu beachten, dass der Begriff der Eignung keineswegs einfach zu operationalisieren ist. Zudem verknüpft die Berufsberatung der BA beim Eignungsbegriff zwei Dimensionen: die „in der späteren Tätigkeit erfor-

---

7 Die Statistik zum Verbleib der Bewerber (Art der Erledigung) unterlag wiederholten Revisionen mit der Folge von Strukturbrüchen (siehe Tabelle G2). In diesem Zusammenhang ist ab 2005 auch ein Strukturbruch im Ost-West-Vergleich zu beachten.

8 Die BA geht davon aus, dass sich die Einschaltquote, gemessen am Gesamtangebot und der Gesamtnachfrage, um die 90 % bewegt (BMBF 2007).

Tabelle G2
Verbleib von Bewerbern – Westdeutschland 1986–2006

Bewerber nach Art der Erledigung	85/86	86/87	87/88	88/89	89/90	90/91	91/92	92/93	93/94	94/95	95/96	96/97	97/98	98/99	99/00	00/01	01/02	02/03	03/04	04/05	05/06
Westdeutschland									Spaltenprozent												
Einmündung in Berufsausbildungsstelle	56,3	58,9	60,4	62,1	60,6	61,7	59,8	56,0	51,7	50,3	49,3	48,5	49,0	48,4	48,5	48,8	44,9	42,8	45,8	45,0	46,8
Schulbesuch/Studium	14,9	15,0	14,2	13,0	13,2	12,9	13,6	15,2	16,7	17,1	18,0	18,4	14,1	13,8	14,4	15,3	15,5	15,8	15,0	16,8	11,5
Berufsvorbereitung[1]	1,7	1,6	1,3	1,0	0,8	0,8	1,0	1,2	1,7	2,0	2,5	2,1	7,1	7,5	8,1	9,4	11,2	11,1	10,7	9,5	9,2
Verbleib in Ausbildung, Arbeit aufgenommen oder angestrebt	4,5	4,2	4,1	4,4	5,0	4,9	5,2	5,6	6,54	6,4	6,7	6,6	7,5	8,0	10,3	11,5	12,4	12,8	12,3	12,6	10,9
Übergang in kommunale Trägerschaft	0,0	0,0	0,0	0,0	0,0	0,0	0,0	0,0	0,0	0,0	0,0	0,0	0,0	0,0	0,0	0,0	0,0	0,0			
sonstige Erledigungsarten	15,4	14,6	15,4	15,3	17,2	16,9	17,4	18,6	19,6	20,0	18,7	18,4	18,2	19,0	16,1	12,7	13,3	13,1	10,6	9,9	15,4
noch nicht vermittelt	7,2	5,7	4,6	3,8	3,0	2,7	2,9	3,5	3,8	4,1	4,8	5,9	4,0	3,4	2,7	2,4	2,7	4,4	5,6	5,5	5,9
Ostdeutschland													Spaltenprozent								
Einmündung in Berufsausbildungsstelle													59,7	60,9	59,6	59,9	57,6	56,9	58,1	59,1	50,8
Schulbesuch/Studium													12,3	11,9	12,0	12,3	12,1	11,5	11,1	11,3	7,8
Berufsvorbereitung[1]													3,9	3,2	3,7	4,5	5,1	5,2	5,5	4,3	6,0
Verbleib in Ausbildung, Arbeit aufgenommen oder angestrebt													6,0	7,0	7,9	8,2	8,9	9,3	10,2	10,9	12,5
Übergang in kommunale Trägerschaft													0,0	0,0	0,0	0,0	0,0	0,0	0,0	1,7	1,0
sonstige Erledigungsarten													12,6	12,6	12,8	11,3	11,7	11,3	8,1	7,2	13,9
noch nicht vermittelt													5,5	4,3	3,9	3,7	4,6	5,9	6,9	5,5	8,0
Deutschland													Spaltenprozent								
Einmündung in Berufsausbildungsstelle													52,3	52,3	51,9	52,3	48,9	47,0	49,4	48,8	47,9
Schulbesuch/Studium													13,5	13,2	13,7	14,4	14,4	14,5	13,9	15,3	10,5
Berufsvorbereitung[1]													6,2	6,1	6,7	7,9	9,3	9,3	9,2	8,1	8,4
Verbleib in Ausbildung, Arbeit aufgenommen oder angestrebt													7,1	7,7	9,5	10,5	11,3	11,7	11,7	12,2	11,3
Übergang in kommunale Trägerschaft													0,0	0,0	0,0	0,0	0,0	0,0	0,0	1,0	0,7
sonstige Erledigungsarten													16,5	17,0	15,1	12,2	12,8	12,5	9,9	9,1	14,6
noch nicht vermittelt													4,5	3,7	3,1	2,8	3,3	4,9	6,0	5,5	6,5

[1] Darin enthalten: Berufs(ausbildungs)vorbereitende Bildungsmaßnahmen, Berufsgrundschuljahr, berufsvorbereitendes Jahr sowie ab dem Berichtsjahr 2004/05 Einstiegsqualifizierung (EQJ).

Hinweise: Mehrfache Strukturbrüche, insbesondere 1997 (Berufsgrundbildungsjahr (BGJ) von Schule in berufsvorbereitende Maßnahmen (BvM)) und 2005 (Umstellung auf VerBIS und neue Ost-West-Abgrenzung). Zeitspanne 1997/1998–2005/2006: Ab Oktober 2003 ergeben sich durch ein verändertes Auswertungsverfahren geringfügige Abweichungen gegenüber den bisherigen Veröffentlichungen. Abweichungen in den Summen können sich durch nicht zuordenbare Daten ergeben.

Quelle: BA Ausbildungsmarkt: diverse Jahrgänge.

derliche berufliche Leistungshöhe und die (...) berufliche Zufriedenheit während der Ausbildung und Berufstätigkeit" (Müller-Kohlenberg et al. 2005) und greift dabei auf die DIN-Norm 33430 zurück:

„Eine Person ist für einen Beruf, eine berufliche Tätigkeit oder eine berufliche Position geeignet, wenn sie über diejenigen Merkmale verfügt, die Voraussetzung für die jeweils geforderte berufliche Leistungshöhe sind. Wesentlich ist für die Eignung auch, ob ein Beruf, eine berufliche Tätigkeit oder eine berufliche Position Merkmale aufweist, die Voraussetzung für die berufliche Zufriedenheit einer Person sind." (zitiert nach Müller-Kohlenberg et al. 2005: 21)

In Ergänzung zur gesetzlichen Vorlage kommt in jüngster Vergangenheit der sog. Ausbildungsreife ein wachsender Stellenwert bei der Vermittlung von Jugendlichen zu, die sich für einen Ausbildungsplatz interessieren. Hintergrund der Begriffsaufwertung war die kontrovers geführte Diskussion um den Leistungsverfall unter den Schulabgängerkohorten (vgl. dazu auch Abschnitt 4.2). Diese mündete schließlich in der im Ausbildungspakt formulierten Zusage, *ausschließlich* denjenigen Jugendlichen „ein Angebot auf Ausbildung zu unterbreiten", die „ausbildungswillig und ausbildungsfähig" sind (BA 2006: 6). Ausbildungsreife wurde damit zu einem notwendigen – wenn auch nicht hinreichenden – Mindeststandard für die Aufnahme einer betrieblichen Berufsausbildung erklärt, an dem sich die Ausbildungsplatzbewerber und die Entscheidungsträger beim Zugang zu betrieblicher Bildung zu orientieren haben.

Im Rahmen der Aktivitäten des Ausbildungspaktes hat eine Expertengruppe unter Federführung der BA einen Kriterienkatalog zur Ausbildungsreife zusammengestellt. Die Adressaten des Kataloges sind Schulen, Jugendliche, deren Eltern sowie Betriebe. Darüber hinaus soll der Katalog aber vor allem den Berufsberatern der Arbeitsagenturen helfen, die Jugendlichen einzuschätzen. Bei der Bewertung der Jugendlichen hinsichtlich deren Ausbildungsreife haben diese bisher vor allem auf ihr Erfahrungswissen zurückgegriffen. Mit dem Kriterienkatalog, in dem auch das Niveau der verlangten Fähigkeiten und Fertigkeiten geregelt ist, soll nun gewährleistet werden, dass sie in Zukunft besser in der Lage sind, die Ausbildungsreife ihrer Ratsuchenden zu beurteilen, ohne dabei – wie ihnen bisher oft vorgeworfen wurde – die Anforderungen der Wirtschaft aus dem Auge zu verlieren (Müller-Kohlenberg et al. 2005: 19).

Jugendliche, die auf die Vermittlungsdienste der Agentur für Arbeit zurückgreifen möchten, denen der Berufsberater jedoch mangelnde Ausbildungsreife attestiert, werden nicht als Ausbildungsplatzbewerber eingestuft und auch nicht in Ausbildung vermittelt. Alternativ kann der Berufsberater etwa berufsvorbereitende Maßnahmen anbieten (BA 2006: 61 f.). Neben den unmittelbaren Konsequenzen, die für die Berufsberatung bzw. die Jugendlichen, die sich für einen Ausbildungsplatz interessieren, aus dieser Begriffsbildung resultieren, ist aus empirischer Sicht ferner zu konstatieren, dass die Geschäftsstatistik der BA bislang nicht dokumentiert, wie groß der Anteil der Jugendlichen ist, denen aufgrund ‚fehlender Ausbildungsreife' der Bewerberstatus und damit die Vermittlung in Ausbildung verwehrt blieb.

Die Selbstverständlichkeit, mit der der Begriff die Praxis der Berufsberatung erobert hat, steht in einem deutlichen Kontrast zu seiner Unschärfe. So ist nach wie vor die Frage ungeklärt, inwieweit diese Merkmale tatsächlich positiv mit dem Ausbildungsverlauf und -erfolg korrelieren oder ob es sich dabei lediglich um Merkmale handelt, die von den unterschiedlichen Akteuren des Berufsausbildungssystems von den Jugendlichen erwartet werden.

3.3 Angebot und Nachfrage auf dem Ausbildungsmarkt: die Perspektive des Berufsbildungsberichts

Das Berufsbildungsgesetz verpflichtet das Bundesministerium für Bildung und Forschung, „Entwicklungen in der beruflichen Bildung ständig zu beob-

Ausbildung im dualen System und Maßnahmen der Berufsvorbereitung

Abbildung G4

Angebot und Nachfrage auf dem Ausbildungsstellenmarkt der alten Bundesländer (1980–2007)

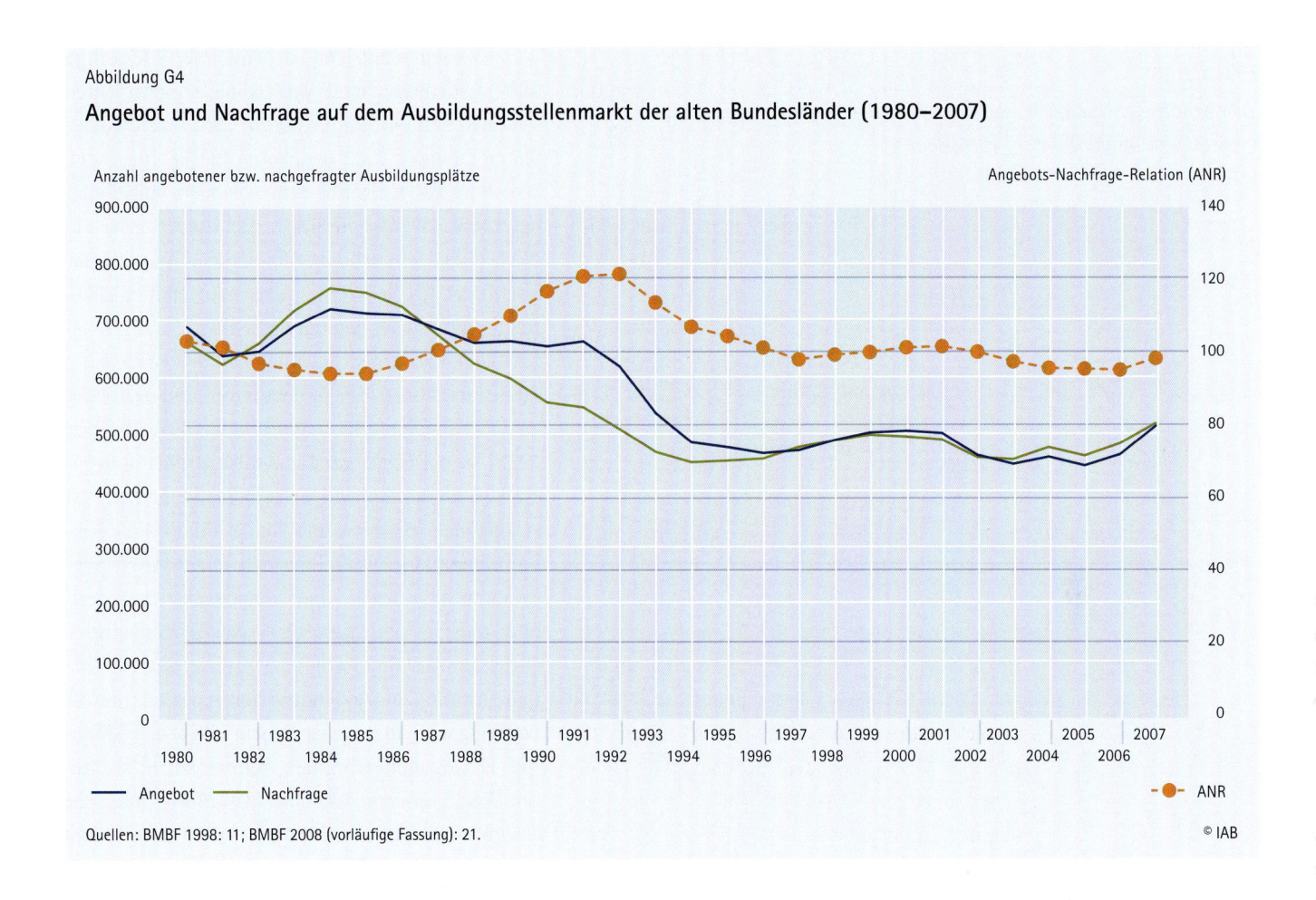

Quellen: BMBF 1998: 11; BMBF 2008 (vorläufige Fassung): 21. © IAB

achten und darüber bis zum 1. April jeden Jahres der Bundesregierung einen Bericht (Berufsbildungsbericht) vorzulegen" (§ 86 Abs. 1 Satz 1 BBiG). Im Anschluss an § 86 Abs. 2 BBiG präsentiert dieser Bericht neben vielen differenzierten Einzeldaten einerseits das sog. Angebot auf dem Ausbildungsstellenmarkt (definiert als die Summe der vor dem 1. Oktober in den vorangegangenen zwölf Monaten abgeschlossenen Ausbildungsverträge zuzüglich der bei der Berufsberatung der BA zu diesem Zeitpunkt registrierten noch offenen Stellen) und andererseits die sog. Nachfrage (die Summe der neu abgeschlossenen Verträge zuzüglich der noch nicht vermittelten, bei der Berufsberatung der BA zum Ende des Berichtszeitraumes registrierten Bewerber).[9] Mit dieser synthetischen Operationalisierung wird eine weitere Perspektive auf den Ausbildungsmarkt eröffnet, die von Problemen der Erfassung komplexer Marktprozesse geprägt ist. Zweifelsohne kommen hierbei sehr restriktive Annahmen zum Einsatz, deren Realitätsnähe vielfach diskutiert wird (Ulrich 2006).

Werden die Kennziffern zu Angebot und Nachfrage auf dem Ausbildungsmarkt zueinander ins Verhältnis gesetzt, ergibt sich die sog. Angebots-Nachfrage-Relation (ANR). Aus Praktikersicht wird dann von einem „ausreichenden und auswahlfähigen" Verhältnis zwischen Ausbildungsplatzangebot und

---

9 Diese Definitionen stehen für eine Tradition im Bereich der beruflichen Ausbildung, gemäß der hier im Vergleich zu sonstigen Arbeitsmarktbetrachtungen ein umgekehrter Angebots-Nachfrage-Begriff verwendet wird: Angeboten bzw. nachgefragt werden nicht Personen (also „Arbeit"), sondern Ausbildungsplätze.

Kapitel G

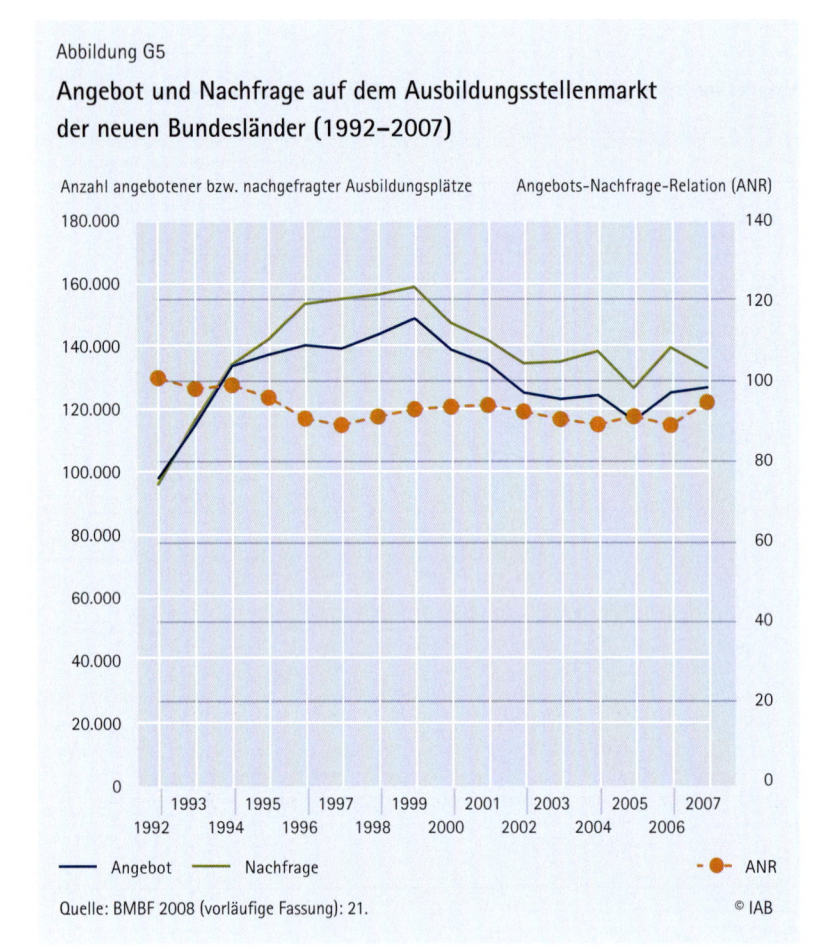

Abbildung G5

Angebot und Nachfrage auf dem Ausbildungsstellenmarkt der neuen Bundesländer (1992–2007)

Quelle: BMBF 2008 (vorläufige Fassung): 21. © IAB

-nachfrage ausgegangen, wenn eine Angebots-Nachfrage-Relation von 112,5:100 überschritten wird.[10]

Das so definierte Angebot an betrieblichen Ausbildungsplätzen in Deutschland unterliegt seit Langem erheblichen Schwankungen, mit Phasen einer deutlichen Diskrepanz zwischen Angebot und Nachfrage auf dem Ausbildungsmarkt etwa in den 1970er- sowie den 1980er-Jahren der alten Bundesrepublik. Wie sich schon in Abbildung G2 am starken Rückgang der abgeschlossenen Verträge andeutet, war etwa die erste Hälfte der 1980er-Jahre gekennzeichnet durch massive, gleichermaßen demografisch wie konjunkturell bedingte Engpässe auf dem Ausbildungsmarkt (Abbildung G4). Trotz der damals schwierigen gesamtwirtschaftlichen Lage konnte das Angebot an Ausbildungsplätzen in einem „historisch beispiellosen Kraftakt von Politik, Verbänden, Betriebsräten und Unternehmen" (Baethge 1999: 491) ausgeweitet werden. Im Zeitraum 1982–1986 wurden pro Jahr 46.000–76.000 Ausbildungsplätze mehr als 1982 angeboten (BMBF 1987). Die Lehrstellenlücke konnte dennoch nicht vollständig geschlossen werden. Bis Mitte der 1980er-Jahre lag das Lehrstellenangebot kontinuierlich unterhalb der Nachfrage. Als die Nachfrage nach Ausbildungsplätzen insbesondere demografiebedingt in den darauffolgenden Jahren nachhaltig zu sinken begann, setzte der Abbau des Angebots erst mit zeitlicher Verzögerung ein (Behringer/Ulrich 1997; Dietrich 1998). In der Folge war für Westdeutschland bis in die 1990er-Jahre hinein ein Lehrstellenüberhang zu verzeichnen. Dieser wurde zudem durch die günstige Konjunktur infolge der deutschen Wiedervereinigung begünstigt und womöglich verlängert. Aber auch in der Phase eines weitgehend ausgeglichenen Ausbildungsmarktes Anfang der 1990er-Jahre konnte die Angebots-Nachfrage-Relation in Westdeutschland nur kurzfristig über der Marke von 112,5 gehalten werden; seither ist sie auf einen Wert von etwa 100 oder geringfügig darunter gesunken. Aufgrund vielfältiger struktureller Veränderungen (Dietrich/Severing 2007) scheint es derzeit nicht ohne Weiteres möglich zu sein, einen vergleichbaren Kraftakt zu reproduzieren, auch wenn der Ausbildungspakt aktuell wohl gewisse Erfolge zeitigt.

Dennoch gestalten sich die Kennziffern für den Ausbildungsmarkt in den alten Bundesländern noch immer günstiger als in den neuen Bundesländern (vgl. Abbildung G5). Die zunächst formulierte Hoffnung (Wolfinger 1993: 177), die Umgestaltung der DDR-Lehrlingsausbildung in das duale Berufsausbildungssystem Westdeutschlands würde sich aufgrund ihrer gemeinsamen historischen Wurzeln relativ reibungslos vollziehen, erfüllte sich nicht. Mit der Ablösung des zentral geplanten Wirtschaftssystems der DDR zugunsten eines marktwirtschaftlich

---

10 Diese Richtgröße ging in § 2 des Ausbildungsplatzförderungsgesetz von 1976 ein und wurde 1980 vom Bundesverfassungsgericht aufgenommen.

orientierten Systems kam es im Beitrittsgebiet zu einem Zusammenbruch vieler ehemaliger DDR-Betriebe und Kombinate und damit insbesondere bei den Großbetrieben zu einer Auflösung eines großen Teils der Ausbildungsstätten (Berger/Walden 2002). Da im Zuge von Privatisierung, Neugründung und Übernahme von bestehenden Unternehmen nicht im gleichen Umfang neue Ausbildungskapazitäten entstanden und ein breiter Mittelstand mit Ausbildungserfahrung und -tradition fehlte (Wolfinger 1993), ging das betriebliche Angebot an Ausbildungsplätzen im Anschluss deutlich zurück. Gleichzeitig erwiesen sich die Ausbildungsneigung der Jugendlichen wie die Inanspruchnahme der Vermittlungsdienste der BA in den neuen Bundesländern als deutlich intensiver. Aber auch ein erheblich ausgeweitetes Angebot an außerbetrieblichen Ausbildungsplätzen und eine daraus resultierende Ausbildungsquote (zur Definition vgl. Abschnitt 5.1.1), die über der in Westdeutschland liegt, konnte dem bis zur Jahrtausendwende wachsenden Nachfragedruck nach betrieblicher Ausbildung in den neuen Bundesländern nicht gerecht werden; entsprechend niedrig fiel die Angebots-Nachfrage-Relation-Kennziffer in den neuen Bundesländern aus, die erst am aktuellen Rand wieder leicht steigt.

Die Entwicklung in den neuen Bundesländern schlug sich auch in der gesamtdeutschen Entwicklung seit der deutschen Wiedervereinigung nieder, wie Abbildung G6 zu entnehmen ist.

Als Zwischenfazit lässt sich festhalten, dass der Ausbildungsmarkt in den letzten 20 Jahren – unterbrochen durch eine zwischenzeitliche Erholung in den alten Bundesländern zwischen 1988 und 1995 – meist ungünstige Rahmenbedingungen für die Ausbildungsplatzsuchenden setzte. Insbesondere in den neuen Ländern ist seit der Wiedervereinigung ein Zustand zu konstatieren, bei dem das Angebot der betrieblichen Ausbildung die Nachfrage bei Weitem nicht abdeckt.

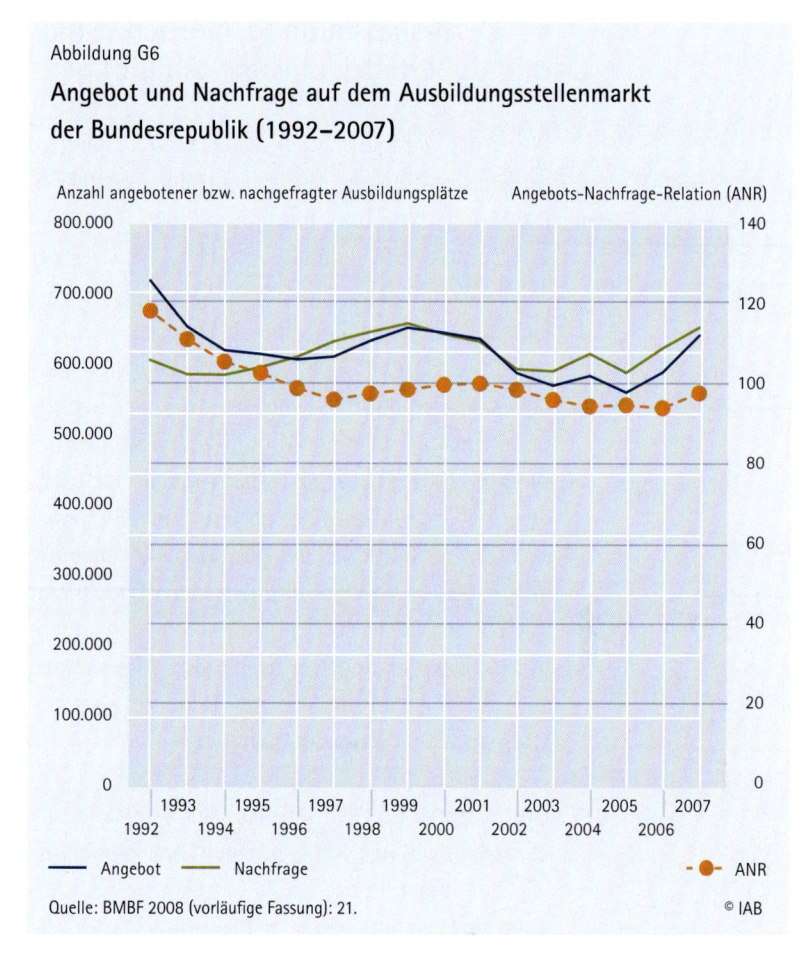

Abbildung G6

Angebot und Nachfrage auf dem Ausbildungsstellenmarkt der Bundesrepublik (1992–2007)

Quelle: BMBF 2008 (vorläufige Fassung): 21.
© IAB

4 Berufs(ausbildungs)vorbereitung und außerbetriebliche Ausbildung

Die in den vorangegangenen Abschnitten skizzierte angespannte Lage auf dem Ausbildungsstellenmarkt hat dazu beigetragen, dass der Eintritt in eine berufliche Ausbildung und deren erfolgreicher Abschluss immer weniger dem idealtypischen Verlaufsbild „Schule – Berufsausbildung – Erwerbstätigkeit" entspricht. Eine wachsende Zahl Jugendlicher sieht sich mit Problemen beim Zugang zu einer beruflichen Ausbildung konfrontiert (ausführlicher Dietrich 2001; Dietrich/Abraham 2005). Insbesondere für Jugendliche aus dem unteren Bildungsspektrum gestaltet sich der Übergang in Ausbildung als komplex und dauert mitunter-Jahre. Dies kommt auch in einer wachsenden Anzahl von Teilnehmern in berufs(ausbildungs)vorbereitenden Maßnahmen zum Ausdruck (Autorengruppe Bildungsberichterstattung 2008; Neubauer 2006).

Grundlegend für den Ausbau der Angebote der berufs(ausbildungs)vorbereitenden Maßnahmen sowie der Angebote der außerbetrieblichen Ausbildung sind zwei mehr oder minder miteinander verknüpfte Entwicklungen: Zum einen konnte in wachsendem Umfang eine Gruppe von Jugendlichen beobachtet werden, die gerne den Zugang zu einer betrieblichen Ausbildung gefunden hätte, aufgrund schulischer Leistungsschwächen oder anderer Formen sozialer Benachteiligung dazu aber nicht in der Lage war. Diese Jugendlichen wurden durch die sog. Benachteiligtenförderung als Zielgruppe adressiert und mit Maßnahmen der Ausbildungsvorbereitung sowie auf die spezifischen Bedürfnisse dieser Zielgruppe zugeschnittenen Angeboten der außerbetrieblichen Ausbildung versorgt. Aber auch für die ausbildungswilligen und als ausbildungsreif eingestuften Jugendlichen stehen nicht im benötigten Umfang Ausbildungsmöglichkeiten zur Verfügung; dies gilt, trotz eines beträchtlichen Anstiegs, auch für die vollschulischen Ausbildungsangebote. Für diese sog. marktbenachteiligten Jugendlichen wurden ergänzende Angebote der Ausbildungsvorbereitung bzw. der außerbetrieblichen Ausbildung bereitgestellt. Im Bereich der Ausbildungsvorbereitung sind beide Gruppen in der Betreuung zusammengeführt.

4.1 Berufs(ausbildungs)vorbereitende Angebote: Grundlagen

Institutionell betrachtet kann zwischen schulischen Angeboten der Berufs(ausbildungs)vorbereitung und maßnahmebasierten Angeboten der BA sowie der Kommunen und Bundesländer unterschieden werden. Schwerpunkte der schulischen Angebote zur Berufs(ausbildungs)vorbereitung sind das Berufsvorbereitungsjahr (BVJ), das Berufsgrundbildungsjahr (BGJ) sowie die meist einjährigen Bildungsgänge der Berufsfachschulen (BFS), die keinen beruflich anerkannten Abschluss in einem Ausbildungsberuf vermitteln. Ziele und Zielgruppen der schulischen Maßnahmen werden ausführlicher in Kasten G1 erläutert. Ergänzend bietet die Bundesagentur für Arbeit Maßnahmen der Berufsvorbereitenden Bildung (BvB) an.[11] Schließlich gibt es vielfältige Angebote der Berufsausbildungsvorbereitung von den Bundesländern und Kommunen, die jedoch kaum systematisch erfasst und quantifiziert sind (Braun/Lex 2006).

Übergeordnetes Ziel der berufsvorbereitenden Maßnahmen der BA ist es, Defizite der Teilnehmer auszugleichen und sie – soweit dies nicht bereits der Fall ist – zur Ausbildungsreife zu führen, um so ihre Übergangschancen in reguläre Ausbildung zu erhöhen oder, falls dies nicht gelingt, die Jugendlichen in den Arbeitsmarkt zu integrieren. Damit versucht die BA, nachträglich Versäumnisse im Bildungssystem aufzufangen – eine Aufgabe, die eigentlich den allgemeinbildenden Schulen und nicht der aktiven Ar-

---

11 Die Aufgabe, Jugendliche auf die berufliche Ausbildung vorzubereiten, wird von der BA jedoch als subsidiär verstanden: „Nur soweit und so lange das schulische Bildungswesen diesem Auftrag nicht zu entsprechen vermag, kann die Bundesanstalt erforderliche berufsvorbereitende Maßnahmen initiieren und Teilnehmer, die nicht der Vollzeitschulpflicht unterliegen, aus ihren Mitteln fördern" (BA 1996, RdErl. 42/96).

> **Kasten G1**
> **Schulische berufs(ausbildungs)vorbereitende Maßnahmen**
>
> **BVJ:** Das einjährige Berufsvorbereitungsjahr in schulischer Vollzeitform verfolgt zum einen das Ziel, Jugendlichen, die im allgemeinbildenden Schulwesen am Abschluss der Hauptschule gescheitert sind, eine zweite Chance zu geben, so dass diese den Abschluss nachholen können. Außerdem möchte das BVJ seine Teilnehmer auf eine berufliche Ausbildung vorbereiten.
>
> Zur Zielgruppe des BVJ gehören noch nicht ausbildungsreife Jugendliche, die keine Lehrstelle gefunden haben, gleichzeitig aber nicht die Voraussetzungen für eine Berufsfachschule eines anderen Typus (z. B. einjährige oder vollqualifizierende Berufsfachschule oder BGJ) mitbringen, etwa weil sie nicht über den dafür notwendigen Hauptschulabschluss verfügen. Das BVJ zählt daher zur klassischen Form der schulischen Berufsvorbereitung (BMBF 2002: 75; Neubauer 2006).
>
> **BGJ:** Das Berufsgrundbildungsjahr wurde ursprünglich konzipiert als erstes Jahr der Ausbildung in einem anerkannten Ausbildungsberuf mit dem Ziel, Jugendlichen eine berufsfeldbezogene Grundbildung zu vermitteln. Unter bestimmten Voraussetzungen sollte der Besuch eines schulischen BGJ als erstes Jahr der Berufsausbildung angerechnet werden können. Heute gilt es oftmals als Auffangbecken für Jugendliche, die keinen regulären Ausbildungsplatz bekommen haben. Dementsprechend richtet sich das BGJ überwiegend an sog. *markt*benachteiligte Jugendliche. Dies zeigt sich auch in der höheren formalen Qualifizierung der Teilnehmer des BGJ.
>
> **BFS:** Die einjährige Berufsfachschule – der dritte Typus schulischer Berufsvorbereitung – wendet sich wie das BGJ an Jugendliche, die aufgrund einer Marktbenachteiligung keinen Zugang zu betrieblicher Ausbildung gefunden haben, grundsätzlich aber als ausbildungsreif eingestuft werden können. So müssen die Schüler der BFS mindestens über einen Hauptschulabschluss verfügen. Vom BGJ unterscheidet sich die BFS insofern, als sie eine berufsbezogene anstelle einer berufsfeldbezogenen Grundausbildung vermittelt sowie den Erwerb eines weiterführenden Realschulabschlusses ermöglicht.

beitsmarktpolitik zugeschrieben wird. Gleichzeitig haben die Maßnahmen aber auch, wie einleitend skizziert, die Funktion, Knappheiten zu korrigieren. Somit umfasst die Zielgruppe der BvB noch nicht ausbildungsreife, lernbeeinträchtigte und sozial benachteiligte Jugendliche, aber auch solche, die aufgrund von Marktrestriktionen keinen Zugang zu einer betrieblichen Ausbildung gefunden haben; diese sollen durch Qualifizierung und Praxiserfahrung bei ihrem Übergang unterstützt werden (BA 2004).[12] Von der Teilnahme ausgeschlossen sind junge Männer und Frauen, die älter als 25 Jahre sind, die bereits eine Berufsausbildung erfolgreich abgeschlossen haben oder die die allgemeine Schulpflicht noch nicht erfüllt haben. Über den Ausgleich schulischer wie beruflicher Leistungsschwächen hinaus erheben die Maßnahmen außerdem den Anspruch, Sozialisationsdefizite aufzuarbeiten. Die sozialpädagogische Begleitung versteht sich als ein integrativer Bestandteil der BvB der BA und soll über die reine Krisenintervention hinaus auch in Alltagssituationen Unterstützung leisten (BA 2004: 9).

---

12 Mit der Einbeziehung marktbenachteiligter Jugendlicher in die BvB/BA unterscheidet sich die Förderstruktur der BA in einem wesentlichen Punkt von der Intention der BBiG-Novelle vom Dezember 2003. Die in §§ 50–52 des BBiG geregelte Berufsausbildungsvorbereitung wendet sich ausschließlich an „lernbeeinträchtigte oder sozial benachteiligte Personen, deren Entwicklungsstand eine erfolgreiche Ausbildung in einem anerkannten Ausbildungsberuf oder eine gleichwertige Berufsausbildung noch nicht erwarten lässt" (§ 50 BBiG).

> **Kasten G2**
> **Das neue Fachkonzept der BA**
>
> Im Rahmen der Entwicklungsinitiative „Neue Förderstruktur für Jugendliche mit besonderem Förderbedarf" wurde ein neues Konzept zur Förderung benachteiligter Jugendlicher und junger Erwachsener entwickelt (Thiel 2001; INBAS 2004). Das Modellvorhaben wurde durch das BMBF-Programm „Kompetenzen fördern – Berufliche Qualifizierung für Jugendliche mit besonderem Förderbedarf" (BQF-Programm) finanziert und in 24 Modellregionen umgesetzt. Noch vor Abschluss der Modellphase wurde auf Basis des „positiven Gesamtergebnis[ses]" (BA 2004: 6) von der BA ab September 2004 ein neues „Fachkonzept für Berufsvorbereitende Bildungsmaßnahmen nach § 61 SGB III" flächendeckend in allen Agenturbezirken der BA eingeführt.
>
> Die inhaltliche Gliederung der BvB nach dem neuen Fachkonzept sieht vor der Teilnahme an den eigentlichen Maßnahmen eine Eignungsanalyse vor. Damit soll ein Stärken-Schwächen-Profil erstellt werden, anhand dessen Jugendliche sich – entsprechend ihren individuellen Fähigkeiten und ihrer Eignung – einem Berufsfeld bzw. einer Ausbildung zuordnen können. Die Eignungsanalyse richtet sich an Jugendliche, für die nach vorangegangenen Aktivitäten des Beraters bzw. der Fachdienste noch offen ist, welcher berufliche Kurs für sie infrage kommt. Auf Grundlage der Eignungsanalyse wird ein Qualifizierungsplan erstellt. Die darauf aufbauende Grundstufe dient der Bildung und Stärkung der für die Berufswahlentscheidung erforderlichen persönlichen Fähigkeiten und Fertigkeiten (vgl. Abbildung G7).
>
> Für diejenigen Jugendlichen, die mit Beendigung der Grundstufe noch keine Berufswahlentscheidung getroffen bzw. nicht die erforderliche Ausbildungs- oder Beschäftigungsfähigkeit erreicht haben, sieht das neue Fachkonzept eine Förderstufe vor, in der berufliche Grundfertigkeiten, die auf eine Ausbildungs- bzw. Arbeitsstelle vorbereiten, verbessert werden sollen. Wenn ein Übergang in betriebliche Ausbildung oder Arbeit nach Beendigung der Grund- oder Förderstufe (noch) nicht glückt, kann im Rahmen der sogenannten Übergangsqualifizierung etwa durch arbeitsplatzbezogene Einarbeitung oder Bewerbertraining die berufliche Handlungsfähigkeit verbessert werden. Um den Eingliederungserfolg zu erhöhen, wird parallel zu allen Qualifizierungsebenen eine kontinuierliche Bildungsbegleitung angeboten.

Seit den Anfängen der Berufsvorbereitung Ende der 1960er-/Anfang der 1970er-Jahre wurden Bezeichnungen und Konzepte der Maßnahmen mehrfach modifiziert. Hervorzuheben ist die flächendeckende Einführung des neuen Fachkonzepts „Berufsvorbereitende Bildungsmaßnahmen der BA nach § 61 SGB III" ab 2004 (siehe Kasten G2). Dieses Konzept hat die bis dahin geltenden Förderkategorien und -strukturen des Runderlasses aus dem Jahr 1996 durch einen Ansatz abgelöst, der am individuellen Förderbedarf ansetzt. Die unterschiedlichen Ebenen und Sequenzen des neuen Förderansatzes bauen aufeinander auf, sollen den Jugendlichen jedoch die Möglichkeit geben, je nach individuellem Bedarf an verschiedenen Stellen einzusteigen bzw. flexibel von der einen Ebene auf die andere zu wechseln (siehe Kasten G2). Die Gesamtdauer von zehn Monaten (bzw. elf Monaten für behinderte junge Männer und Frauen) kann nicht überschritten werden. In Abgrenzung zu den alten Förderstrukturen ist nach Ablauf der maximalen Maßnahmendauer eine weitere Berufsvorbereitung in BA-geförderten Maßnahmen nicht möglich.

Neben den nach SGB III geregelten Maßnahmen der Berufsvorbereitung, die von der Bundesagentur für Arbeit[13] angeboten werden, finden sich Angebote

---

13 Diese Maßnahmen sind auch für Jugendliche zugänglich, die nach SGB II gefördert werden.

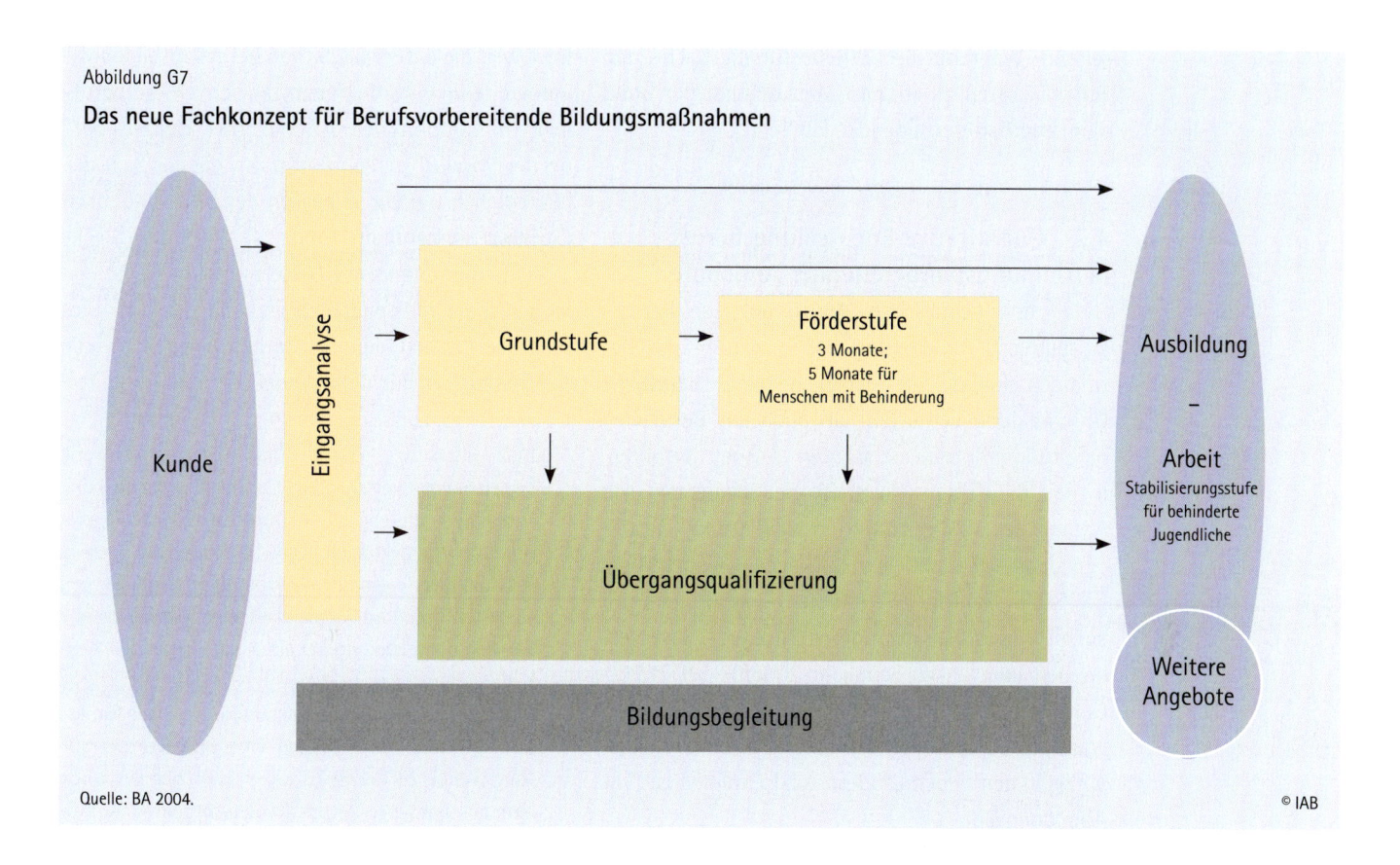

Abbildung G7

Das neue Fachkonzept für Berufsvorbereitende Bildungsmaßnahmen

Kunde → Eingangsanalyse → Grundstufe → Förderstufe (3 Monate; 5 Monate für Menschen mit Behinderung) → Ausbildung – Arbeit (Stabilisierungsstufe für behinderte Jugendliche)

Übergangsqualifizierung

Bildungsbegleitung

Weitere Angebote

Quelle: BA 2004. © IAB

---

der Länder und Kommunen im Rahmen der Jugendhilfe (nach SGB VIII) oder der Jugendsozialarbeit (nach SGB XII)[14] sowie zeitlich begrenzte Sonderprogramme des BMAS (z. B. Maßnahmen im Rahmen des JUMP-Programms; Dietrich 2001, 2001a; Dornette/Jacob 2006) und Modellprojekte des BMBF und BMFSFJ (Förster et al. 2006).

Ergänzend wird auf das Instrument der Einstiegsqualifizierung Jugendlicher (EQJ) eingegangen, das im Rahmen des Ausbildungspakts entwickelt wurde und seit 2004 zur Anwendung kommt. EQJ-Angebote sollen dazu beitragen, den Übergang in die betriebliche Ausbildung zu erleichtern und zu fördern. Es handelt sich um sechs- bis zwölfmonatige ausbildungsvorbereitende Praktika für Jugendliche, die auch nach den bundesweiten Nachvermittlungsaktionen noch keinen Ausbildungsplatz haben. Teilnahmevoraussetzung ist, dass die Jugendlichen das 25. Lebensjahr noch nicht überschritten und sich um eine Ausbildungsvermittlung im Sinne des § 35 SGB III bemüht haben. Nicht förderungsberechtigt sind Jugendliche, die ohne erkennbaren Grund eine vergleichbare Maßnahme abgelehnt oder abgebrochen haben, bereits über eine abgeschlossene Ausbildung verfügen oder schon eine Einstiegsqualifizierung bei dem antragstellenden Betrieb durchlaufen haben. Der Personenkreis, der die Voraussetzungen für EQJ erfüllt, deckt sich weitgehend mit der Gruppe von Jugendlichen, die für Berufsvorbereitende Bildungsmaßnahmen nach § 61 SGB III in Betracht kommen. Die Berater müssen daher sorgfältig abwägen, welche Maßnahme für den einzelnen Jugendlichen geeigneter ist (vgl. Becker et al. 2008).

Ziel von EQJ mit Kammerzertifizierung ist die Vermittlung von Grundkenntnissen und -fertigkeiten, die für den Erwerb beruflicher Handlungsfähigkeit förderlich sind. Die zu vermittelnden Kenntnisse sollen auf einen anerkannten Ausbildungsberuf vorbe-

---

14 Eine systematische Übersicht hierzu fehlt bislang; siehe BMBF 2002; Christe/Wende 2007.

reiten.[15] Während die Betriebe für die Sach- und Personalkosten aufkommen, bezuschusst der Bund den Unterhalt der Jugendlichen.[16]

4.2 Quantitative Entwicklung berufs-(ausbildungs)vorbereitender Angebote[17]

Unter den schulischen Angeboten zur Berufs-(ausbildungs)vorbereitung haben sowohl die Berufsfachschulen, die lediglich eine berufliche Grundbildung vermitteln, als auch das Berufsvorbereitungsjahr einen rasanten Ausbau erfahren: In den Berufsfachschulen ist die Schülerzahl seit Anfang der 1990er-Jahre um rund 91.900 gestiegen – das entspricht einem Zuwachs von über 80 %. Die Schülerzahl im BVJ hat sich – wenn auch auf einem wesentlich niedrigeren Niveau – fast verdoppelt und lag im Schuljahr 2006/07 bei 71.900. Gemäßigter fiel die Zunahme im BGJ aus (+53 %), was auch der geringen Verbreitung dieses Bildungsgangs in den neuen Ländern zuzuschreiben ist (vgl. Abbildung G8).

Neben den schulischen Maßnahmen haben die beitragsfinanzierten Maßnahmen in Trägerschaft der Bundesagentur immer mehr Jugendliche aufgenommen. Zwar lassen sich die Teilnehmerzahlen aufgrund der Neukonzeption der Maßnahmen 1997/98 und 2004 nur bedingt mit den jeweiligen Vorjahren vergleichen, dennoch lässt sich auch hier ein Trend zur wachsenden Maßnahmenteilnahme verzeichnen. 2006 sind mehr als 107.300 junge Frauen und Männer in eine berufsvorbereitende Maßnahme nach dem neuen Fachkonzept eingetreten.[18]

Die Wirtschaft kam der Verpflichtung zum Angebot von EQJ-Plätzen seit Bestehen des Ausbildungspaktes nach. So konnten die Arbeitsagenturen im Paktjahr 2006 eine Steigerung zu den Vorjahren verbuchen: Im Zeitraum von August 2006 bis Mitte Januar 2007 wurden rund 41.800 EQJ-Plätze registriert. 24.600 Jugendliche haben im gleichen Zeitraum ein Praktikum im Rahmen des EQJ angetreten.

Inwieweit die unterschiedlichen berufs(ausbildungs)vorbereitenden Maßnahmen tatsächlich die berufliche Integration der Jugendlichen fördern oder ob der Vorwurf gerechtfertigt ist, dass es sich dabei lediglich um ein „Weg von der Straße"-Denken (Strikker/Timmermann 1990: 14) unter dem Deckmantel einer Chancenverbesserung handelt, ist bislang nicht umfassend empirisch abgesichert. Dies mag überraschen, denn es werden hohe finanzielle Aufwendungen für diese Angebote bereitgestellt.[19]

---

15 Mit Unterstützung des BMBF hat beispielsweise das Handwerk verschiedene Qualifizierungsbausteine kombiniert, die eng an staatlich anerkannte Ausbildungsberufe gekoppelt sind. Bislang liegen bereits 80 Qualifizierungsbausteine aus dem Handwerk vor. Es besteht somit die Möglichkeit, eine abgeschlossene Einstiegsqualifizierung bei einer nachfolgenden Ausbildung anrechnen zu lassen.

16 Im Einzelnen bezahlt die zuständige Agentur für Arbeit monatlich nachträglich eine Praktikumsvergütung von bis zu 192 €. Zuzüglich kann den Betrieben ein pauschalisierter Anteil am Gesamtbeitrag zur Sozialversicherung in Höhe von 102 € erstattet werden. Die Förderungsdauer ist hierbei abhängig von der tatsächlichen Dauer der Einstiegsqualifizierung. Des Weiteren wird das Fördergeld nur bewilligt, wenn der Betrieb den Jugendlichen spätestens drei Monate nach Arbeitsaufnahme bei der Sozialversicherung anmeldet. Da die EQJ keine Berufsvorbereitende Bildungsmaßnahme nach dem Dritten Sozialgesetzbuch ist, besteht kein Anspruch auf Berufsausbildungsbeihilfe nach §§ 59 ff. SGB III. Da oberstes Ziel des Ausbildungspaktes die Einbindung in eine duale Ausbildung bleibt, werden EQJ-Maßnahmen vor dem Beginn des Ausbildungsjahres, also vor dem 1. Oktober, nicht bezuschusst.

17 Im Folgenden werden lediglich Maßnahmen der Regelförderung berücksichtigt. Maßnahmen, die im Rahmen von programmspezifischen Förderprogrammen durchgeführt werden (z. B. JUMP), sind nicht in die Berechnungen einbezogen.

18 Vgl. hierzu auch Autorengruppe Bildungsberichterstattung 2008: 97.

19 Im Jahr 2004 förderte die Bundesagentur für Arbeit die nachschulische Qualifizierung mit rund 990 Mio. €; die Bundesländer gaben für schulische Vorbereitungsmaßnahmen und außerschulische Ausbildung rund 1,5 Mrd. € aus (Klein 2005). Die Autorengrup-

Abbildung G8

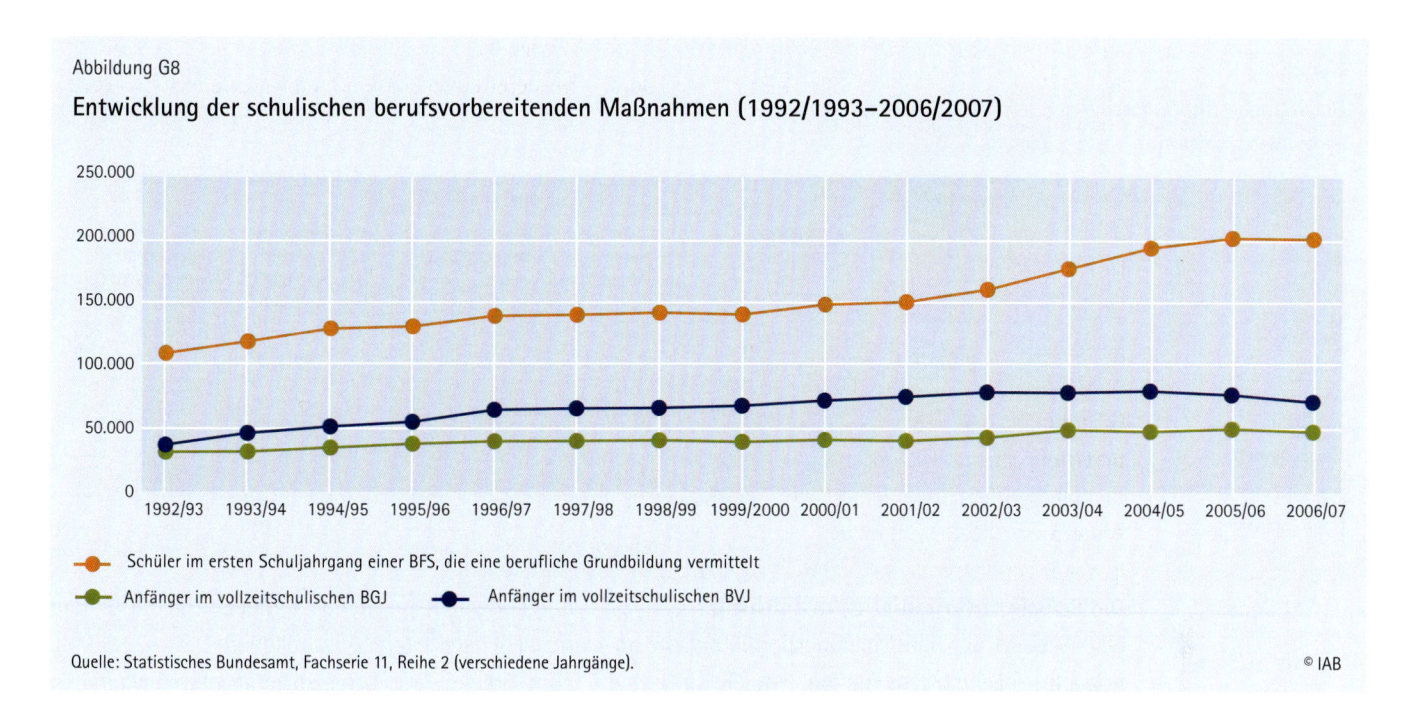

Entwicklung der schulischen berufsvorbereitenden Maßnahmen (1992/1993–2006/2007)

- Schüler im ersten Schuljahrgang einer BFS, die eine berufliche Grundbildung vermittelt
- Anfänger im vollzeitschulischen BGJ
- Anfänger im vollzeitschulischen BVJ

Quelle: Statistisches Bundesamt, Fachserie 11, Reihe 2 (verschiedene Jahrgänge). © IAB

Gleichwohl ist auch hier eine Ursache in der nach wie vor extrem unzulänglichen Datenlage zu sehen. Insbesondere liegen bislang keine systematischen und auf Personenebene verknüpfbaren Mikrodaten zum Bereich der schulischen Angebote vor. Vor dem Hintergrund, dass die Anschlussfähigkeit und Anrechnung auf sich anschließende reguläre Ausbildung nicht systematisch geregelt ist und auch im novellierten Berufsbildungsgesetz nur unzureichend geklärt wurde, wurden diese Angebote vielfach ohne bzw. mit selektiver empirischer Evidenz als Ursache für „Warteschleifen" mit „begrenzten Perspektiven" bezeichnet, die nur wenig zur Erhöhung der Konkurrenzfähigkeit der Teilnehmer beitragen und die Übergangsprobleme dieser Gruppe leistungsschwächerer Jugendlicher lediglich nach hinten verschieben (vgl. z. B. Lex 1997; Hovestadt 2003; Solga 2002).

Demgegenüber ergeben neuere Studien einen differenzierteren Befund. So gibt es Indizien, dass leistungsschwächere Jugendliche, die an Angeboten der Berufsvorbereitung teilnehmen, zu nicht unerheblichen Anteilen in eine berufliche Ausbildung einmünden, wenn auch vielfach erst nach mehreren Jahren (DJI 2007; Beicht et al. 2007). Gleichwohl erscheint es noch zu früh, um hier ein gesichertes Urteil abzugeben, denn die methodischen, aber auch die inhaltlichen Anforderungen sind erheblich, und systematische Längsschnittdaten zu dieser Fragestellung fehlen bislang. Offen ist auch, inwieweit die dann von diesen Jugendlichen aufgenommenen Ausbildungsgänge maßnahmefinanziert sind und welche Chancen sich für diese Jugendlichen beim Übergang in Beschäftigung ergeben.

---

pe Bildungsberichterstattung (2008) hat indessen errechnet, dass allein die BA im Haushaltsjahr 2006 rund 681 Mio. € für Lehrgangskosten und Berufsausbildungsbeihilfen für behinderte und nicht behinderte Teilnehmer an nicht behindertenspezifischen Berufsvorbereitenden Bildungsmaßnahmen aufgewandt hat. Der Bund hat sich 2006 mit weiteren 69 Mio. Euro an der Einstiegsqualifizierung Jugendlicher (EQJ) beteiligt. Für schulische Maßnahmen wie das Berufsvorbereitungsjahr (BVJ) oder das Berufsgrundbildungsjahr (BGJ) wurden 2006 schätzungsweise 1,9 Mrd. € ausgegeben (Autorengruppe Bildungsberichterstattung 2008: 166).

Tabelle G3

Betriebliche und außerbetriebliche Auszubildende zum 31.12.2006

(Prozentwert; in Klammern: absolute Zahlen)

	Betriebliche Ausbildung	Außerbetriebliche Ausbildung	davon im Bereich:				
			Bund-Länder-Programme Ost	(Ergänzende) Ländermaßnahmen	Berufsausbildung Benachteiligter (gem. § 242 SGB III)	Berufsausbildung Behinderter (gem. § 4 BBiG)	Berufsausbildung Behinderter (gem. § 66 BBiG/ § 42d HwO)
Alte Länder	95,0 (1.170.191)	5,0 (61.977)	0,0 (0)	0,5 (5.977)	2,2 (27.410)	0,9 (11.491)	1,4 (17.099)
Neue Länder und Berlin	71,6 (242.387)	28,4 (96.060)	9,5 (32.149)	2,8 (9.507)	12,8 (43.275)	1,1 (3.732)	2,2 (7.397)
Bundesgebiet	89,9 (1.412.578)	10,1 (158.037)	2,0 (32.149)	1,0 (15.484)	4,5 (70.685)	1,0 (15.223)	1,6 (24.496)

Quelle: Beicht/Ulrich 2007.

4.3 Außerbetriebliche Ausbildung

Eine Antwort der Berufsbildungspolitik auf die angespannte Lehrstellensituation ist die intensive Subventionierung der Berufsausbildung, vor allem durch die Bereitstellung außerbetrieblicher Ausbildungsplätze. Als „außerbetrieblich" gelten Ausbildungen, die „vollständig oder nahezu vollständig durch staatliche Programme oder auf gesetzlicher Grundlage mit öffentlichen Mitteln bzw. Mitteln der Bundesagentur für Arbeit finanziert werden" (Beicht/Ulrich 2007). Dabei ist es durchaus üblich, dass viele Auszubildende in außerbetrieblicher Ausbildung ihren Beruf betriebsnah und in direktem Kontakt mit der realen Arbeitswelt erlernen. „Außerbetrieblich" bezieht sich damit weniger auf den Lernort als auf die Finanzierungsform.

Zu den staatlich finanzierten Maßnahmen gehören die Bund-Länder-Programme Ost und ergänzende Maßnahmen der Länder in Ost- und teilweise auch Westdeutschland. Zielgruppe dieser Maßnahme sind sogenannte marktbenachteiligte Ausbildungsaspiranten, Jugendliche also, die vor allem aufgrund des Nachfrageüberhangs keine Möglichkeit haben, eine reguläre Ausbildung aufzunehmen. Eine andere Zielsetzung verfolgen die nach SGB II und SGB III (§ 242 SGB III) BA-finanzierten Maßnahmen: Hier werden Jugendliche gefördert, die aufgrund ihrer persönlichen Voraussetzungen keinen regulären Ausbildungsplatz finden. Zur Zielgruppe gehören dementsprechend „lernbeeinträchtigte und sozial benachteiligte Auszubildende" (§ 242 SGB III). Zum Abbau ihrer Lernschwierigkeiten bekommen die Teilnehmer zusätzlichen Stützunterricht. Sozialpädagogische Begleitung soll ihnen helfen, persönliche und soziale Schwierigkeiten zu bewältigen. Außerdem werden Ausbildungen für behinderte Jugendliche gefördert.

Möchte man sich ein Bild über die Verbreitung außerbetrieblicher Ausbildung machen, ist man zunächst mit der Schwierigkeit konfrontiert, dass die Berufsbildungsstatistik nicht zwischen betrieblicher und außerbetrieblicher Ausbildung differenziert. Eine unmittelbare Registrierung der Teilnehmerzahlen ist somit nicht möglich. Sie kann vom BIBB lediglich geschätzt werden.[20] Diesen Schätzungen zufolge sind zuletzt rund 158.000 Auszubildende in außerbetrieblicher Ausbildung (Stichtag 31.12.2006) – das entspricht einem Auszubildendenanteil von über 10 % (vgl. Tabelle G3).[21]

---

20 Das BiBB zieht dazu von der Gesamtzahl der Auszubildenden, die das Statistische Bundesamt ausweist, die Zahl der Auszubildenden ab, die nach Angaben der Länder und der BA zum 31.12. ihren Beruf in einer außerbetrieblichen Ausbildung erlernen (Beicht/Ulrich 2007).

21 Auf die Darstellung von Zeitreihen muss hier verzichtet werden, da die Daten im Zeitvergleich zu wenig miteinander kompatibel sind.

Wenig überraschen dürften hier regionale Unterschiede: Während in den alten Ländern nur jeder 20. Jugendliche im Rahmen einer außerbetrieblichen Ausbildung einen beruflichen Abschluss erwirbt, lag der Anteil in den neuen Ländern mit über 28 % um ein Vielfaches höher. Vor allem staatlich finanzierte Ausbildungsgänge haben in den neuen Ländern ein weitaus größeres Gewicht. So wurden im Rahmen der Bund-Länder-Programme Ost rund 242.390 Jugendliche gefördert. Aber auch die BA engagiert sich in den neuen Ländern deutlich stärker: 12,8 % aller Auszubildenden aus den neuen Ländern werden über die Benachteiligtenausbildung der BA gefördert. In den alten Ländern beträgt dieser Anteil lediglich 2,2 %. Dieser Unterschied mag auf den ersten Blick überraschen, geht man davon aus, dass die Ausbildungsaspiranten in den neuen und in den alten Ländern etwa gleich häufig von sozialer Benachteiligung und Lernbeeinträchtigung betroffen sein dürften. Der höhere Anteil (vermeintlich) Benachteiligter verweist damit darauf, dass bei angespannter Lehrstellensituation mehr Jugendliche zu „Benachteiligten" im Sinne des SGB III erklärt werden als bei einem ausgeglichenen Lehrstellenmarkt (Ulrich 1998).

5 Ausbildungsbereitschaft und Ausbildungsfähigkeit

Im vorangegangenen Abschnitt wurde gezeigt, dass das Platzangebot in der betrieblichen Ausbildung seit Längerem – mit Ausnahme kurzer Unterbrechungen – bei Weitem nicht die Nachfrage decken konnte. Bei der Bewertung sind sowohl die Seite des Angebots an Ausbildungsstellen als auch die Nachfrageseite der ausbildungsplatzsuchenden Jugendlichen zu beachten. Nachfolgend werden aktuelle Argumente und Befunde zu beiden Seiten skizziert.

5.1 Ausbildungsbereitschaft der Betriebe

5.1.1 Ausbildungsberechtigung und Ausbildungsbeteiligung

Ein Betrieb kann in Deutschland nur dann Ausbildungsplätze anbieten, wenn er über eine Ausbildungsberechtigung verfügt. Dazu muss ein persönlich und fachlich geeigneter Ausbilder vorhanden sein; ferner muss der Betrieb eine geeignete Aus-

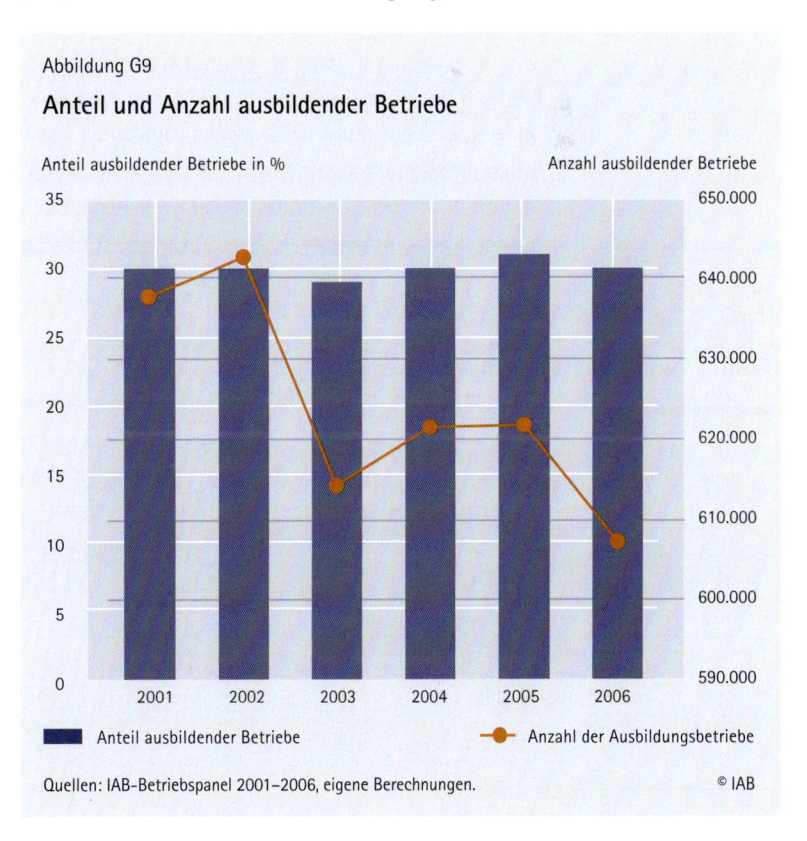

Abbildung G9
Anteil und Anzahl ausbildender Betriebe

Quellen: IAB-Betriebspanel 2001–2006, eigene Berechnungen. © IAB

Abbildung G10

Anteil der ausbildenden Betriebe nach Branchen

Gesamt	30 %
Verkehr/Nachrichtenübermittlung	15 %
Organisationen ohne Erwerbszweck/öffentl. Dienst	20 %
Kredit/Versicherung	23 %
Unternehmensnahe Dienstleistungen	24 %
Sonstige Dienstleistungen	28 %
Landwirtschaft	30 %
Handel und Reparatur	34 %
Bergbau	37 %
Baugewerbe	40 %
Verarbeitendes Gewerbe	42 %

Quelle: IAB-Betriebspanel 2006, eigene Berechnungen. © IAB

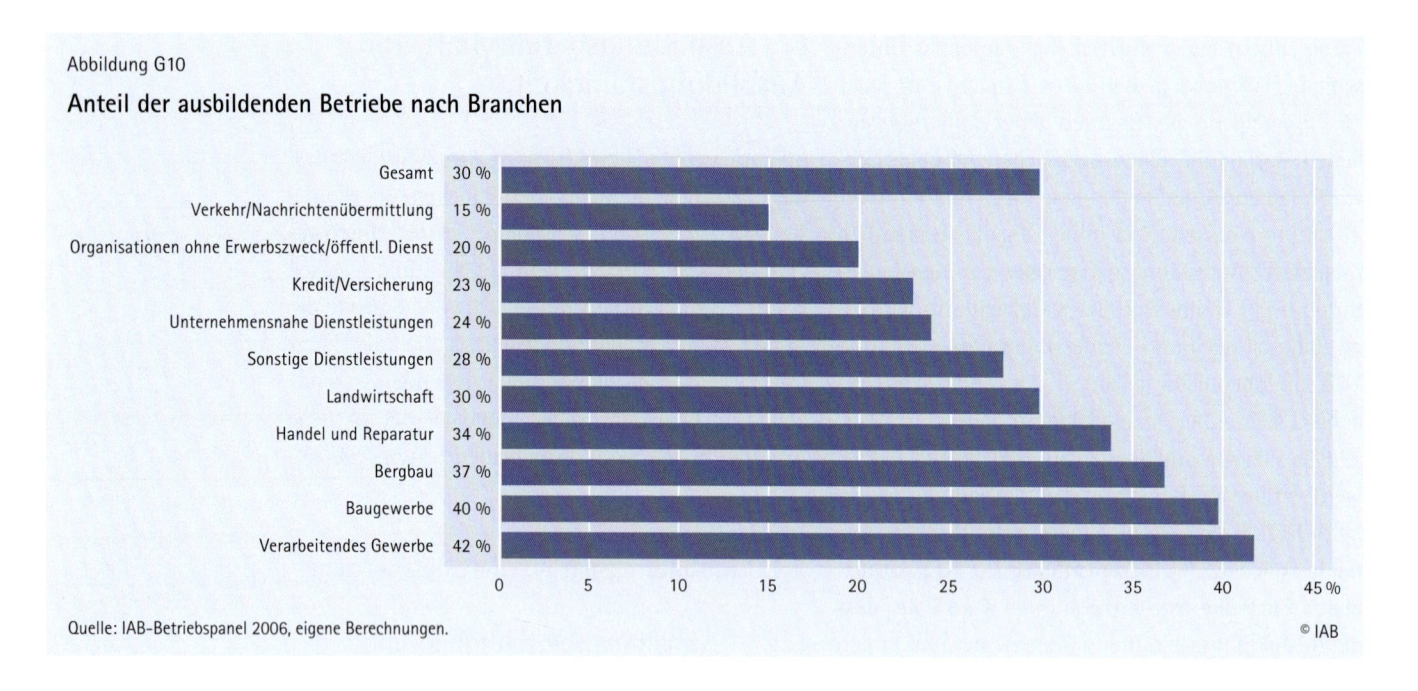

bildungsstätte vorweisen können sowie in der Lage sein, das durch BBiB bzw. HWO gesetzlich geregelte Berufsbild und das daraus abgeleitete Ausbildungsprogramm zu erfüllen. Derzeit sind etwa 60 % der bundesdeutschen Betriebe berechtigt, eigenständig betrieblich auszubilden.

Hinsichtlich des Anteils der Betriebe, die eine Ausbildungsberechtigung aufweisen, bestehen zwischen den Branchen erhebliche Unterschiede. In den Sektoren, in denen schon seit Langem betrieblich ausgebildet wird, wie dem Verarbeitenden Gewerbe oder dem Baugewerbe, liegt der Anteil der ausbildungsberechtigten Betriebe bei über 70 %. Demgegenüber ist der Anteil der ausbildungsberechtigten Betriebe in den Dienstleistungssektoren meist unterdurchschnittlich. Während die Großbetriebe nahezu vollständig über die Ausbildungsberechtigung verfügen, ist diese bei Klein- und Kleinstbetrieben deutlich seltener gegeben.

Nicht alle ausbildungsberechtigten Betriebe bilden auch tatsächlich aus. Wie Abbildung G9 zeigt, liegt der Anteil der ausbildenden Betriebe an allen Betrieben seit 2001 nahezu konstant bei 30 %. Knapp die Hälfte aller ausbildungsberechtigten Betriebe bildet demzufolge nicht aus. Auch hinsichtlich der Ausbildungsbeteiligung zeigen sich deutliche Unterschiede nach Branchen. Im Bereich des produzierenden Gewerbes – Bergbau/Energie/Wasser, Verarbeitendes Gewerbe, Baugewerbe – bilden derzeit rund vier von zehn Betrieben aus. Im Dienstleistungsgewerbe beteiligen sich – relativ betrachtet – deutlich weniger Betriebe an der Ausbildung (vgl. Abbildung G10).

Die Ausbildungswahrscheinlichkeit eines Betriebes steigt mit der Beschäftigtenzahl. Während fast jeder Großbetrieb ausbildet, sinkt der Anteil der aus-

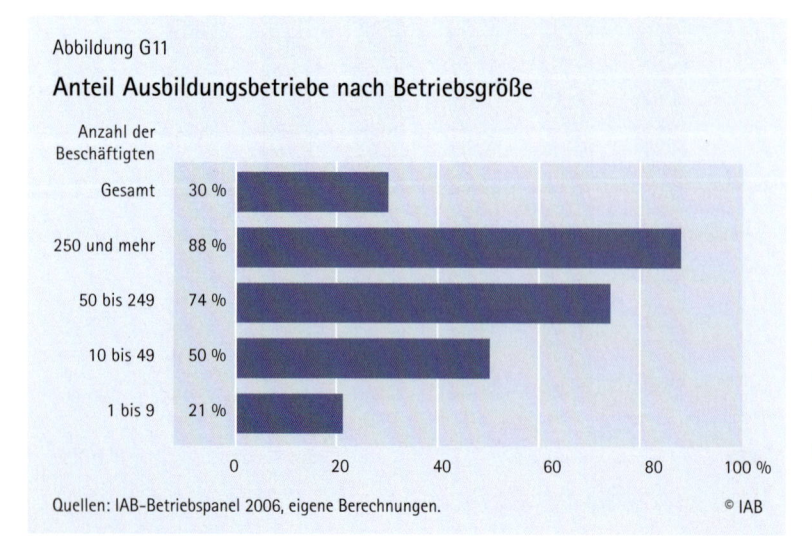

Abbildung G11

Anteil Ausbildungsbetriebe nach Betriebsgröße

Anzahl der Beschäftigten	Anteil
Gesamt	30 %
250 und mehr	88 %
50 bis 249	74 %
10 bis 49	50 %
1 bis 9	21 %

Quellen: IAB-Betriebspanel 2006, eigene Berechnungen. © IAB

bildenden Betriebe mit der Zahl der Beschäftigten (vgl. Abbildung G11).

Die Zahl der ausbildenden Betriebe lässt jedoch keine Rückschlüsse auf das jeweilige Ausbildungsvolumen zu. Aussagen darüber erhält man, wenn man den Fokus der Betrachtung von der Frage nach der Ausbildungsbeteiligung eines Betriebes auf die Anzahl der Auszubildenden im Betrieb richtet. Die Ausbildungsquote setzt die Zahl der Auszubildenden ins Verhältnis zur Zahl der in den Betrieben beschäftigten Mitarbeiter (einschließlich der Auszubildenden selbst).[22] Die so definierte Ausbildungsquote in Deutschland lag 2006 bei 5 %. Die höchste Ausbildungsquote von allen Wirtschaftszweigen findet sich im Baugewerbe. Im Kredit- und Versicherungsgewerbe und in den unternehmensnahen Dienstleistungen liegt die Ausbildungsquote unter dem bundesweiten Durchschnitt. Im Verarbeitenden Gewerbe, im Bereich Handel und Reparatur und in den sonstigen Dienstleistungen liegt die Ausbildungsquote nahe der durchschnittlichen Ausbildungsquote aller Betriebe. Diese drei Bereiche qualifizieren insgesamt aber ca. 70 % aller Auszubildenden (vgl. Tabelle G4).

Aufgrund der Diskrepanz zwischen der Zahl ausbildungsberechtigter Betriebe und ausbildender Betriebe könnte bei vereinfachender Betrachtung angenommen werden, dass auch kurzfristig ein relativ großes Potenzial von Betrieben besteht, die sich für eine betriebliche Ausbildung gewinnen ließen. Solche Überlegungen lassen jedoch die spezifischen Determinanten betrieblicher Ausbildungsaktivität außer Acht, wie sie in Abschnitt 5.1.2 ausführlicher behandelt werden.

Ferner ist zu beachten, dass sich in längsschnittlicher Betrachtung durchaus eine größere Beteiligung von Betrieben an der Ausbildung feststellen lässt. Eine Studie zum Ausbildungsverhalten von Betrieben im Zeitraum 2000–2005 auf Basis der Daten des IAB-Betriebspanels (Fischer et al. 2007) konnte zeigen, dass ein Teil insbesondere der kleineren Betriebe nach Abschluss einer Ausbildung vielfach nicht sofort erneut einen Ausbildungsplatz anbietet, sondern zunächst ‚pausiert'. Aus einer Querschnittperspektive würden diese Betriebe als ‚ausbildungspassiv' bezeichnet werden. Erst eine Längsschnittperspektive zeigt auf, dass diese Betriebe durchaus ‚ausbildungsaktiv' sind, nur eben nicht kontinuierlich Ausbildungsplätze anbieten. Demzufolge haben Fischer et al. (2007) die Betriebe hinsichtlich ihres Ausbildungsverhaltens in drei Gruppen untergliedert (siehe Tabelle G5).

Tabelle G4

Beschäftigte und Auszubildende (jeweils Spaltenprozent) sowie Ausbildungsquoten (%) nach Branchen

	Anteil Beschäftigte	Anteil Auszubildende	Ausbildungsquote
Landwirtschaft	1	2	6
Bergbau	1	1	5
Verarbeitendes Gewerbe	23	21	4
Baugewerbe	6	9	7
Handel und Reparatur	15	18	6
Verkehr/Nachrichtenübermittlung	6	2	2
Kredit/Versicherung	3	3	5
Unternehmensnahe Dienstleistungen	13	8	3
Sonstige Dienstleistungen	22	28	6
Organisationen ohne Erwerbszweck/öffentl. Dienst	9	7	4
Gesamt	100	100	5

Quelle: IAB-Betriebspanel 2006, eigene Berechnungen.

Tabelle G5

Bundesdeutsche Betriebe 2000–2005 nach Ausbildungsverhalten

Ausbildungsverhalten zwischen 2000 und 2005	Anteil an allen Betrieben (%)
Betriebe, die kontinuierlich ausbilden (Ausbildungsaktive)	43
Betriebe, die zwar ausbilden, aber nicht immer nach Ende einer Ausbildung direkt eine neue anschließen (Ausbildungspausierer)	30
Betriebe, die im gesamten beobachteten Zeitraum nicht ausgebildet haben (Ausbildungspassive)	27

Quelle: IAB-Betriebspanel 2000–2005, Basis: alle ausbildungsberechtigten Betriebe im Beobachtungszeitraum, Fischer et al. 2007.

---

22 In der Literatur finden sich unterschiedliche Definitionen der Ausbildungsquote; daraus resultieren zum Teil deutliche Abweichungen in den Ergebnissen.

Tabelle G6

Gründe für Nicht-Beteiligung von Betrieben an Ausbildung (in %)

Eigene Ausbildung zu aufwändig/zu teuer	42
Keine Übernahme nach Abschluss der Ausbildung	37
Keine eigene Ausbildung erforderlich	13
Deckung des Fachkräftebedarfs durch Anwerbung	13
Nicht alle im Berufsbild geforderten Fähigkeiten vermittelbar	11
Keine geeigneten Bewerber vorhanden	9
Sonstiges	24

Quelle: IAB-Betriebspanel 2005: Betriebe, die trotz Ausbildungsberechtigung nicht ausbilden (Bellmann et al. 2006). Summe der Anteile über 100 % wegen Mehrfachnennungen.

Nach Tabelle G5 stellen die ausbildungsaktiven Betriebe im Zeitraum 2000–2005 mit 43 % die größte Gruppe. Mit durchschnittlich gut 350 Beschäftigten handelt es sich überwiegend um größere Betriebe. Knapp ein Drittel der ausbildungsberechtigten Betriebe hat im Beobachtungszeitraum mit Unterbrechungen ausgebildet. Diese ‚Ausbildungspausierer' sind mit einer durchschnittlichen Betriebsgröße von knapp 50 Beschäftigten deutlich kleiner. Gut ein Viertel der ausbildungsberechtigten Betriebe hat zwischen 2000 und 2005 überhaupt nicht ausgebildet. In dieser Gruppe der ‚ausbildungspassiven', gleichwohl ausbildungsberechtigten Betriebe sind mit einer durchschnittlichen Betriebsgröße von knapp 25 Beschäftigten überwiegend kleine Betriebe vertreten. Im beobachteten Zeitraum von insgesamt sechs Jahren haben sich demzufolge fast drei Viertel der ausbildungsberechtigten Betriebe permanent oder mit Pausen an der Ausbildung beteiligt. Dieser Anteil ist deutlich höher, als es die Betrachtung im Querschnitt vermuten ließ. Da es sich bei den nicht ausbildenden Betrieben überwiegend um kleine bis Kleinstbetriebe handelt, sind der vollständigen Ausschöpfung dieses Potenzials wohl Grenzen gesetzt, da in kleinen Betrieben die Möglichkeiten zur praktischen Durchführung einer Ausbildung eingeschränkt sind.

Dafür sprechen auch Befunde zu den möglichen subjektiven Gründen, die Betriebe auf die Frage angeben, warum sie trotz Ausbildungsberechtigung nicht selbst ausbilden (Bellmann et al. 2006). In der Befragung des IAB-Betriebspanels 2005 gab jeder zweite dieser Betriebe an, dass die Kosten für die Ausbildung zu hoch seien (vgl. Tabelle G6). Rund jeder dritte ausbildungsberechtigte, derzeit aber nicht ausbildende Betrieb führte fehlende Übernahmemöglichkeiten als Grund für einen derzeitigen Ausbildungsverzicht an. Weitere Gründe werden nur von vergleichsweise wenigen Betrieben genannt: Rund 13 % der ausbildungsberechtigten, derzeit jedoch nicht ausbildenden Betriebe decken ihren Bedarf an Fachkräften lieber durch die Anwerbung bereits entsprechend qualifizierter Arbeitskräfte. Ebenfalls rund 13 % gaben an, dass die betrieblichen Anforderungen keine eigene Ausbildung erfordern.

5.1.2 Determinanten der betrieblichen Ausbildung

Auch wenn der Betriebsgröße und Branchenzugehörigkeit eine hohe Bedeutung bei der Ausbildungsaktivität zukommen, lassen sich erst aus einer empirisch-analytischen Perspektive die zentralen betriebsstrukturellen Faktoren benennen, die auf das Ausbildungsverhalten wirken.[23] So erweist sich die Qualifikationsstruktur der Belegschaft, die Fluktuationsrate, die Weiterbildung betriebsinterner Fachkräfte – oder alternativ die externe Rekrutierung von Fachkräften, aber auch atypisch Beschäftigten (wie Leiharbeiter, freie Mitarbeiter oder Aushilfen) – sowie der technische Stand der im Betrieb eingesetzten Anlagen als wesentlich für die qualitative (wird überhaupt ausgebildet?) wie die quantitative (in welchem Umfang wird ausgebildet?) Ausbildungsentscheidung von Betrieben (vgl. Dietrich/Gerner 2008).

Grundlegend ist dabei, auf welcher Basis der Betrieb seine Ausbildungsentscheidung trifft. Aus humankapitaltheoretischen Überlegungen lassen sich zwei zentrale theoretische Überlegungen zur Motivation betrieblicher Ausbildungsentscheidungen formulieren (siehe hierzu auch Bellmann/Janik 2007; Diet-

---

[23] Hierzu findet sich eine Reihe aktueller Arbeiten: Neubäumer/Bellmann 1999; Dietrich 2000; Beckmann 2002; Niederalt 2005; Dietrich/Gerner 2007, 2008.

rich/Gerner 2007 und 2008; Zwick 2007): Aus produktionstheoretischen Überlegungen (Lindley 1975) bilden Betriebe dann aus, wenn die Auszubildenden bereits während der Ausbildungsphase einen Beitrag zur betrieblichen Produktion erbringen, der die betrieblichen Ausbildungskosten selbst übersteigt. Dies ist insbesondere bei der Ausbildung in kleineren Betrieben, bei bestimmten Ausbildungsberufen bzw. in bestimmten Branchen gegeben (Beicht/Walden 2004). Für diese Ausbildungsverhältnisse sind Kostenüberlegungen, die über die unmittelbare Ausbildungsphase hinausreichen, nicht zwingend. Aus investitionstheoretischer Sicht (Franz/Soskice 1995; Stevens 1994) ist es demgegenüber aufgrund hoher Ausbildungskosten für den Ausbildungsbetrieb erforderlich, die Produktivität des Auszubildenden auch nach erfolgreichem Abschluss der Ausbildung nutzen zu können, um einen positiven Ertrag der Ausbildungsinvestitionen zu realisieren (Acemoglu/Pischke 1999). Bei unterschiedlichem Zeithorizont bzw. Verwertungsperspektiven ist beiden Ansätzen gemeinsam, dass Betriebe in Humankapital investieren, solange eine positive Rendite – im Sinne eines Überschusses der Erträge über die Kosten – gegeben bzw. zu erwarten ist.

Ähnliche Überlegungen lassen sich auch mit Blick auf den Verbleib der Ausgebildeten im Ausbildungsbetrieb anstellen. Der produktionsorientierte Ausbildungsmodus beruht wesentlich auf dem produktiven Beitrag der Auszubildenden während der Ausbildungszeit selbst. Eine längerfristige Beschäftigung im Ausbildungsbetrieb ist hinsichtlich der Refinanzierung der Ausbildungsleistung nicht erforderlich und kann von den Betrieben etwa aufgrund der Betriebsgröße auch vielfach nicht angeboten werden. Eine Ausbildung nach produktionsorientierten Motiven ist demzufolge mit einer erhöhten Wahrscheinlichkeit des Betriebswechsels nach Ende der Ausbildung verbunden (Dietrich 2008). Aber auch das Risiko, in Arbeitslosigkeit oder Maßnahmenteilnahme einzumünden, ist hier höher. Demgegenüber eröffnet eine Ausbildung nach investitionsorientierten Überlegungen relativ bessere Aussichten auf Weiterbeschäftigung im Ausbildungsbetrieb und insbesondere ein geringes Arbeitslosigkeitsrisiko bzw. die Wahrscheinlichkeit einer Maßnahmenteilnahme.

Entgegen der allgemeinen Darstellung und in Widerspruch zu den gesetzlichen Vorgaben verweisen die Befunde somit auf deutliche Stratifizierungsmuster im dualen System. Für den weiteren Erwerbsverlauf ist es demzufolge nicht unerheblich, in welchem Beruf und in welchem Betrieb eine betriebliche Ausbildung erworben wird. Auch die Anfälligkeit des Übergangserfolgs von regionalen Bedingungen oder konjunkturellen Entwicklungen steht in einem engen Zusammenhang mit dem betrieblichen Trainingsmodus. Diese institutionellen Unterschiede der betrieblichen Ausbildung können auch durch individuelle Leistungen nur bedingt kompensiert werden (Dietrich 2008).

Neuere Forschungsansätze berücksichtigen außerdem, dass Betriebe die Ausbildungsentscheidungen unter Unsicherheit treffen müssen, da zum Zeitpunkt der Ausbildungsentscheidung wesentliche Faktoren des zugrunde liegenden Kalküls betrieblicher Ausbildung noch unbekannt sind und somit eine Erwartung hinsichtlich der künftigen Entwicklung zu bilden ist. Dazu gehören Annahmen über die konjunkturelle Entwicklung und somit die Entwicklung des allgemeinen Geschäftsklimas sowie die einzelbetriebliche Geschäftserwartung (Dietrich/Gerner 2007) oder die einzelbetriebliche Erfahrung über den Betriebsverbleib nach getätigter Investition in Ausbildung (Bellmann/Janik 2007).

Tatsächlich lässt sich – unter Berücksichtigung der oben angesprochenen strukturellen Merkmale von Unternehmen – zweierlei zeigen: Erstens beeinflussen Veränderungen der Geschäftserwartungen die Entscheidung, ob überhaupt Ausbildungsplätze angeboten werden. Dieser Prozess ist asymmetrisch, insoweit Betriebe bei einem Rückgang der Geschäftserwartungen schnell mit ihrer qualitativen Ausbildungsentscheidung reagieren, während bei einem Anstieg der Geschäftserwartungen die umgekehrte Entscheidung, wieder auszubilden, auf sich warten lässt. Zum anderen wird die Anzahl der bereitgestellten Ausbildungsplätze von der Entwicklung der einzelbetrieblichen Geschäftserwartung beeinflusst. Schätzungen auf der Grundlage des IAB-Betriebspanels liefern starke Indizien dafür, dass Unternehmen sehr sensibel auf Veränderungen in den Geschäftserwartungen reagieren, was eine starke Konjunkturabhängigkeit des Ausbildungsplatzangebotes impliziert. Auf eine Verschlechterung der Geschäftserwartungen reagieren Betriebe unmittelbar, d. h., sie schließen in diesem Fall häufiger keine Ausbildungsverträge ab.

Überraschende Ergebnisse liefern die Untersuchungen des Ausbildungsumfangs. So ist dieser zwar sowohl nach oben als auch nach unten in erwartbarer Richtung mit den Geschäftserwartungen korreliert. Sind die Geschäftserwartungen nur kurzfristig positiv oder negativ, lässt sich kein asymmetrisches Verhalten nachweisen. Gehen die Geschäftserwartungen allerdings für längere Zeit in die gleiche Richtung, so reagieren Unternehmen nach oben sensibler als nach unten, was kontraintuitiv ist und sicherlich weiterer Forschungsanstrengungen bedarf (Dietrich/Gerner 2007, 2008).

Bellmann und Janik (2007) haben die Auswirkungen von Unsicherheit hinsichtlich des Verbleibs von Absolventen der betrieblichen Berufsausbildung auf das weitere Ausbildungsverhalten der Betriebe untersucht. Unsicherheit über den Verbleib von Auszubildenden wird über die Personalfluktuation im Betrieb angezeigt. Auf Basis eines Opportunitätskostenansatzes wird die externe Rekrutierung von Fachkräften als Alternative zur eigenen Ausbildung unter Unsicherheit berücksichtigt. Für das Verarbeitende Gewerbe können die Autoren den erwarteten negativen Effekt von Unsicherheit auf das Ausbildungsverhalten nicht bestätigen. Im Dienstleistungsbereich findet sich hingegen, wie erwartet, ein negativer Zusammenhang hoher Personalfluktuation mit dem Ausbildungsengagement und ein positiver mit der externen Rekrutierung von Fachkräften. Dies lässt sich als Hinweis darauf interpretieren, dass Unsicherheit über den Verbleib nach

der Ausbildung einen Beitrag zur Erklärung für die wachsende Kluft zwischen Beschäftigung und Ausbildung im tertiären Sektor liefern kann.

Neben betriebsstrukturellen Merkmalen der Unternehmen werden bislang in begrenztem Umfang regionale Aspekte berücksichtigt. Muehlemann und Wolter (2007) untersuchen regionale Effekte der Ausbildungsentscheidung in der Schweiz. Dabei ergibt sich ein negativer Zusammenhang zwischen einer hohen Firmendichte und der Ausbildungswahrscheinlichkeit. Dies wird als Reaktion der Firmen auf ein erhöhtes Abwerberisiko fertig Ausgebildeter zurückgeführt.

5.2 Die Seite der Bewerber

Wie bereits im Exkurs zur Ausbildungsreife in Abschnitt 3 angedeutet wurde, waren Jugendliche in den vergangenen Jahren immer stärker der Kritik ausgesetzt, sie würden nicht mehr über die notwendigen Voraussetzungen verfügen, um eine Ausbildung erfolgreich durchlaufen zu können. Vor allem beklagt werden wachsende Defizite in den klassischen Kulturtechniken (Lesen, Schreiben, Rechnen), aber auch in den Arbeitstugenden und den Schlüsselqualifikationen (z. B. Keim 1997; Söhngen 1998; BDA 2003; DIHK 2006; Nackmeyr 2004). In ihrer These vom Leistungsverfall (Eberhard 2006) bestätigt sehen sich die Betriebe nicht zuletzt durch betriebliche Einstellungstests, in denen sie vor allem die Rechen- und Rechtschreibleistung der Bewerber abfragen.[24] Darüber hinaus haben, so scheint es, die Befunde der internationalen Schulleistungsstudien – allen voran der PISA-Studie – die Betriebe in ihren Vorwürfen bestätigt.

---

24 So zeigt eine Studie der BASF AG, die in einem Zeitraum von 25 Jahren die Rechen- und Rechtschreibleistung ihrer Ausbildungsplatzbewerber getestet hat, dass der durchschnittliche Prozentsatz richtig gelöster Aufgaben in beiden Bereichen gesunken ist (Kiepe 1998). Zu ähnlichen Ergebnissen kommen die hessischen Industrie- und Handelskammern (IHK) (Freytag 1998).

Inwieweit die These vom Leistungsverfall zutrifft, lässt sich allerdings nicht definitiv klären. Weder PISA noch andere internationale Schulleistungstests (z. B. TIMSS) erlauben (bisher) zeitliche Vergleiche (Avenarius et al. 2003: 196), anhand derer nachgewiesen werden könnte, dass es sich hier um ein neues Phänomen handelt. Die zitierten betrieblichen Studien wiederum weisen erhebliche methodische Mängel auf, so dass nicht gewährleistet ist, dass die Ergebnisse tatsächlich nachlassende Leistungen in den getesteten Bereichen widerspiegeln.[25]

Langzeituntersuchungen, die wissenschaftlichen Standards genügen, zeichnen indes ein sehr differenziertes Bild über die Leistungsveränderungen der Schulabgängerkohorten: So resümieren Trautwein et al. (2008: 93), Bezug nehmend auf eine Reihe kleinerer deutscher Studien, dass „sich die Leistungen in Intelligenztests in Deutschland – parallel zu der Entwicklung in anderen westlichen Industrieländern – über die letzten Jahrzehnte positiv entwickelt haben". Demgegenüber muss im Hinblick auf die schulischen Leistungen in Mathematik von stagnierenden oder sinkenden Leistungen ausgegangen werden (ebd.). Ebenfalls uneindeutig fallen die Ergebnisse einer Studie des psychologischen Dienstes der BA aus: Danach nehmen die Leistungen der Jugendlichen zwar in der Tat bei denjenigen Aufgaben ab, die Basisfertigkeiten im Rechnen oder in der Rechtschreibung erfordern. Diese Veränderungen sind jedoch weit weniger dramatisch als angenommen. Bei Aufgaben, die das Erkennen von Regeln oder logisch-schlussfolgerndes Denken erfordern, schneiden Schulabgänger sogar deutlich besser ab als vor 20 Jahren (Hustedt 1998).

Für die dennoch gelegentlich vertretene These, die Leistungsfähigkeit der Jugendlichen habe in den vergangenen Dekaden abgenommen, liefern Ehrenthal et al. (2006) eine alternative Erklärung. Sie argumentieren, dass sich aufgrund der prekären Lehrstellensituation schwächere Jugendliche, die in ihrem Schulabgangsjahr keinen Ausbildungsplatz gefunden haben, häufiger über mehrere Jahre hinweg bewerben. Damit nimmt zwangsläufig der proportionale Anteil von Bewerbungen leistungsschwächerer Jugendlicher zu. Das hat zur Folge, dass Betriebe den Eindruck bekommen, die durchschnittliche Qualität der Bewerber würde sinken, obgleich die faktische Leistungsfähigkeit der Schulabgängerkohorten konstant bleibt.

Für Betriebe, die in Berufen ausbilden, deren Bewerber sich hauptsächlich aus Hauptschülern rekrutieren, kommt hinzu, dass sich die Zusammensetzung dieser Jugendlichen im Zuge der Bildungsexpansion und der damit einhergehenden Verschiebungen der Schulbesuchsquoten stark verändert hat, was den Eindruck stetig sinkender Leistungen dieser Jugendlichen vermittelt (Trautwein et al. 2008: 92 f.). So hat sich die Hauptschule nicht nur in Bezug auf die Schülerzahlen in Richtung ‚Restschule' gewandelt, darüber hinaus dürfte die Hauptschule auch „‚ihre' leistungsstärksten Schülerinnen und Schüler an die Realschule verloren haben" (ebd.: 93). Damit einher geht ein Verlust des sozialen Kapitals an dieser Schulform.[26] Gleichzeitig hat sich gerade für die Schüler im unteren Bildungssegment der Druck erhöht, sich um einen Zugang zu einer betrieblichen Ausbildung zu bemühen. Und so drängen heute mehr schwache Hauptschüler, auch solche ohne Abschluss, ins duale System – Jugendliche, die früher noch als sogenannte Jungarbeiter auf dem Arbeitsmarkt Fuß gefasst hätten (Brosi 2004). Diese Entwicklung ist vor allem auf den Rückgang von Einfacharbeitsplätzen zurückzuführen, der eine berufliche Ausbildung mehr denn je zum „obligato-

---

25 Während der Hauptkritikpunkt an der Langzeitstudie der BASF AG darauf abzielt, dass sich die Zusammensetzung der Bewerber von Jahr zu Jahr verändert und daher keine Rückschlüsse auf das Leistungsniveau einer gesamten Abschlusskohorte gezogen werden können, kamen bei den Untersuchungen der hessischen IHKn Testversionen mit unterschiedlichen Fragen zum Einsatz (Ebbinghaus 2000).

26 Solga und Wagner (2001) belegen, dass Kinder mit vielen Geschwistern aus sozial schwachen Familien mit Eltern ohne Ausbildungsabschluss und/oder in gering qualifizierter Beschäftigung heute an Hauptschulen stark überrepräsentiert sind.

rischen Standard für den Arbeitsmarktzugang" (Solga 2002: 5) macht.

Die Wahrnehmung, die Leistungsfähigkeit einer gesamten Alterskohorte sinke kontinuierlich ab, könnte damit nicht nur der Bugwelle leistungsschwacher Jugendlicher geschuldet sein, die sich oft mehrere Jahre auf dem Ausbildungsmarkt befinden, sondern auch auf eine veränderte Zusammensetzung der Bewerber für viele der klassischen Hauptschulberufe zurückzuführen sein. Hinzu kommt, dass die Leistungsfähigkeit der Schulabgänger nicht unabhängig von den sich verändernden und tendenziell steigenden Anforderungen der Arbeitswelt diskutiert werden darf. Im Hinblick auf den von den Betrieben beklagten Leistungsverfall bedeutet diese Entwicklung, dass der Anteil der als noch nicht ausbildungsreif befundenen Jugendlichen selbst bei konstanten Leistungsprofilen steigen kann.

Ohne Zweifel zeigen aber die PISA-Studien, dass das Leistungsniveau deutscher Schüler insgesamt verbessert werden muss und obendrein sehr heterogen ist: Der Abstand zwischen den Schülern mit den höchsten und den geringsten Kompetenzniveaus ist größer als in vielen anderen Ländern; die an Kompetenzen ‚ärmste' Gruppe ist weit abgehängt (Allmendinger/Dietrich 2003; Allmendinger/Leibfried 2003). Ganz unabhängig davon, ob nun ein ‚Verfall' der Leistungsfähigkeit eingetreten ist oder nicht, besteht hier Handlungsbedarf für die Bildungspolitik.

6 Ausblick

Die Strukturschwächen der deutschen Berufsausbildung sind nicht neu. Seit Langem ist eine deutliche Konjunktur- bzw. Demografieanfälligkeit der betrieblichen Berufsausbildung zu beobachten. Hinzu kommt ein struktureller Wandel der Erwerbsarbeit in Deutschland, der die Nachfrage nach Arbeit grundlegend verändert. Verlierer dieser Entwicklung sind die Schulabgänger, die nur über einen Hauptschul- oder gar keinen schulischen Abschluss verfügen; sie sind derzeit unter den Auszubildenden nur eingeschränkt vertreten (Antoni et al. 2007).

Mit erheblichem Mittelaufwand wurde versucht, auf die wachsenden Ausbildungsprobleme im unteren Leistungssegment der Schulabgänger zu reagieren. Ein wachsendes Angebot an schulischen und maßnahmebasierten Aktivitäten zur Berufs(ausbildungs)vorbereitung wird zusätzlich öffentlich bereitgestellt, um Jugendliche bei ihrer Suche nach einem betrieblichen Ausbildungsplatz zu unterstützen bzw. die qualifikatorischen Voraussetzungen für die erfolgreiche Aufnahme einer dualen Berufsausbildung zu schaffen. Auf Basis der bislang vorliegenden empirischen Befunde gelingt es jedoch nur einem Teil dieser Teilnehmer an berufsvorbereitenden Angeboten, Zugang zur betrieblichen Berufsausbildung zu finden (DJI 2007; Beicht et al. 2007). Ebenso wurden in erheblichem Umfang öffentlich finanzierte Angebote der außerbetrieblichen Berufsausbildung einschließlich der Benachteiligtenförderung bereitgestellt. Doch konnte bislang aus Sicht der Schulabgänger der zusätzliche Bedarf an Ausbildungsplätzen nur bedingt befriedigt werden.

Überlegungen zum Bedarf an Ausbildungsplätzen müssen berücksichtigen, dass das duale System nicht der einzige Ort beruflicher Bildung und dass insgesamt das Bildungssystem im Umbruch ist. Seit Jahren wird etwa in Deutschland unter Verweis auf andere Länder gefordert – eine Forderung freilich, die nicht unumstritten ist –, die Akademikerquote, also den Anteil der Personen mit (Fach-)Hochschulabschluss, zu erhöhen. Das Potenzial hierfür wäre angesichts eines beträchtlichen Anteils von Abiturienten, die derzeit eine Ausbildung unterhalb des Hochschulsystems wählen, durchaus vorhanden. Die Einführung gestufter Studiengänge, insbesondere der meist dreijährigen Bachelor-Studiengänge, könnte in den Augen von Abiturienten, die bislang möglicherweise vor einem langwierigen Studium zurückgeschreckt waren, ein Hochschulstudium weniger riskant erscheinen lassen. Freilich sind derzeit die in der Öffentlichkeit kursierenden Meldungen über den Erfolg oder Misserfolg der neuen Studiengänge zu widersprüchlich, als dass man von diesen eine große Sogwirkung erwarten könnte. Die in mehreren Bundesländern eingeführten Studiengebühren scheinen zumindest auf kurze Sicht gleichfalls wenig geeignet, die Attraktivität eines Hochschulstudiums zu steigern, jedenfalls solange ungewiss bleibt – wie es derzeit wohl der Fall ist –, ob die höheren Kosten für ein Hochschulstudium tatsächlich zu einer Verbesserung der Qualität des auf diesem Weg erworbenen Gutes Hochschulbildung führen. Es scheint somit nicht gewagt, zumindest mittelfristig eine fortdauernde Attraktivität dualer Ausbildungen für Jugendliche anzunehmen.

Alternativ setzen seit einigen Jahren Überlegungen an, Betriebe auf Basis gesetzlicher Vorgaben durch Bonus- bzw. Malusregelungen zu einer Ausweitung des Ausbildungsplatzangebots zu motivieren. Abgaben- und Bonussysteme sollen die Ausbildungsaktivität erhöhen, indem sie ein unterdurchschnittliches Ausbildungsengagement bestrafen bzw. ein überdurchschnittliches Ausbildungsplatzangebot belohnen. Dabei sind insbesondere zwei alles andere als triviale Sachverhalte zu bewältigen: die Frage der Interventionsschwelle, ab der ein Bonus gewährt bzw. ein Malus erhoben wird, sowie die Frage, welche Höhe Bonus bzw. Malus haben sollten. Beides erweist sich als außerordentlich anspruchsvoll, da die Gefahr von Mitnahmeeffekten bzw. von Fehlanreizen, die an den Qualifikationsbedarfen des Marktes vorbeisteuern, zu beachten ist (siehe ausführlicher Dietrich et al. 2008).

Diese Probleme umgeht in gewissem Maße der im Rahmen der Qualifizierungsinitiative „Aufstieg durch Bildung" Anfang 2008 ergangene Beschluss der Bundesregierung, Zuschüsse an Unternehmen zu zahlen, die Lehrstellen für schwer vermittelbare Jugendliche, insbesondere Altbewerber, einrichten. Der Vorschlag zielt darauf ab, Betrieben einen Ausbildungsbonus in Form eines Lohnkostenzuschusses zu gewähren, die zusätzlich zu ihrem Ausbildungsangebot Ausbildungsplätze für Altbewerber bereitstellen, und ist als zeitlich befristete Maßnahme zum Abbau des ‚Altbewerberstaus' konzipiert. Entscheidend wird es sein, den Kreis der förderberechtigten Personen so zu wählen, dass es zu möglichst geringen Mitnahmeeffekten bzw. Verdrängungseffekten kommt (Dietrich et al. 2008). Das Kriterium Altbewerber ist hier möglicherweise nicht trennscharf genug (siehe hierzu oben Exkurs I: Altbewerber).

Zusammenfassend kann festgestellt werden, dass derzeit auch wirtschaftliche Prosperität nicht ausreicht, um den bestehenden Lehrstellenmangel zu beseitigen. Und auch staatliche Zuschüsse können nicht allen Bewerbern eine betriebliche Ausbildung ermöglichen. Daher wird es weiterhin nötig sein, das Lehrstellenangebot durch außerbetriebliche und berufs(ausbildungs)vorbereitende Qualifizierungsmaßnahmen zu ergänzen. Gleichzeitig ist über einen weiteren Ausbau beruflich vollqualifizierender schulischer Angebote nachzudenken.

Ebenso sind verstärkte Anstrengungen zu unternehmen, leistungsschwächeren Jugendlichen den Zugang zu Ausbildung zu ermöglichen. Neben besonderen Fördermaßnahmen verdienen hier auch Überlegungen Beachtung, zertifizierte Teilqualifikationen zu ermöglichen. Jugendliche müssten damit nicht gleich eine dreijährige Ausbildung anstreben mit dem Risiko, diese nicht zu bewältigen, sondern könnten zunächst kleinere Schritte gehen, ohne darauf verzichten zu müssen, diese gegebenenfalls zu einer vollwertigen Ausbildung zu vervollständigen. Bislang liegen freilich noch zu wenig Erfahrungen vor, ob damit tatsächlich neue Chancen geschaffen oder ob nicht Jugendliche vom Ziel einer vollwertigen Ausbildung abgedrängt werden.

Letztlich müssen über die bestehenden Angebote der Berufs(ausbildungs)vorbereitung bzw. der außerbetrieblichen Ausbildung hinausgehend die zugrunde liegenden Ursachen der Ausbildungslosigkeit Jugendlicher bzw. der Zugangsprobleme Jugendlicher zu nicht geförderter Ausbildung angegangen werden. Die Einordnung und damit zugleich Ausgrenzung Jugendlichen als ‚leistungsschwach' kann symptomatisch sein für eine Reihe an sozialen oder bildungspolitischen Gegebenheiten. Dringlich gilt es, empirisch-analytisch fundiert die Stellschrauben zu finden, mit denen hier Abhilfe geschaffen werden kann (siehe Dietrich et al. 2008).

Literatur

Acemoglu, Daron / Pischke, Jörn (1999): Beyond Becker: Training in imperfect labour markets. In: Economic Journal 109, F112–F142.

Allmendinger, Jutta / Dietrich, Hans (2003): Vernachlässigte Potenziale? Zur Situation von Jugendlichen ohne Bildungs- und Ausbildungsabschluss. In: Berliner Journal für Soziologie 13, 4, S. 465–476.

Allmendinger, Jutta / Leibfried, Stephan (2003): Bildungsarmut. In: Aus Politik und Zeitgeschichte B 21-22, S. 12–38.

Althoff, Heinrich (1993): Statistische Übererfassung neuer Ausbildungsverträge und Ausbildungsabbruch. In: BWP 22, 3, S. 26–31.

Antoni, Manfred / Dietrich, Hans / Jungkunst, Maria / Matthes, Britta / Plicht, Hannelore (2007): Jugendliche: Die Schwächsten kommen immer weniger zum Zug. IAB-Kurzbericht Nr. 2, Nürnberg.

Autorengruppe Bildungsberichterstattung (Hrsg.) (2008): Bildung in Deutschland 2008. Ein indikatorengestützter Bericht mit einer Analyse zu Übergängen im Anschluss an den Sekundarbereich I. Bielefeld: W. Bertelsmann.

Avenarius, Hermann / Ditton, Hartmut / Döbert, Hans / Klemm, Klaus / Klieme, Eckhard / Rürup, Matthias / Tenorth, Heinz-Elmar / Weishaupt, Horst / Weiß, Manfred (2003): Bildungsbericht für Deutschland. Erste Befunde. Opladen: Leske + Budrich.

Baethge, Martin (1999): Glanz und Elend des deutschen Korporatismus in der Berufsausbildung. In: WSI-Mitteilungen 52, 8, S. 489–497.

Baethge, Martin (2003): Das berufliche Bildungswesen in Deutschland am Beginn des 21. Jahrhunderts. In: Cortina, Kai S. / Baumert, Jürgen / Leschinsky, Achim / Mayer, Karl Ulrich (Hrsg.): Das Bildungswesen in der Bundesrepublik Deutschland. Reinbek bei Hamburg: Rowohlt, S. 525–580.

Baethge, Martin / Achtenhagen, Frank / Arends, Lena / Babic, Edvin / Baethge-Kinsky Volker/ Weber, Susanne (2006): Berufsbildungs-PISA. Machbarkeitsstudie. Stuttgart: Franz Steiner Verlag.

Baethge, Martin / Solga, Heike / Wieck, Markus (2007): Berufsbildung im Umbruch. Signale eines längst überfälligen Aufbruchs. Berlin: Netzwerk Bildung/Friedrich-Ebert-Stiftung.

Becker, Casten / Grebe, Tim / Asmus, Jürgen (2008): Begleitforschung des Sonderprogramms des Bundes zur Einstiegsqualifizierung Jugendlicher – EQJ-Programm. Abschlussbericht. Berlin: GIB.

Beckmann, Michael (2002): Lohnstrukturverzerrung und betriebliche Ausbildung. Empirische Analyse des Acemoglu-Pischke-Modells mit Daten des IAB-Betriebspanels, In: Mitteilungen aus der Arbeitsmarkt- und Berufsforschung 35, 2, S. 189–204.

Behringer, Friederike / Ulrich, Joachim Gerd (1997): Die Angebotsabhängigkeit der Nachfrage nach Ausbildungsstellen als Problem bei der Vorausschätzung der zukünftigen Nachfrage. In: Mitteilungen aus der Arbeitsmarkt- und Berufsforschung 30, 3, S. 612–619.

Beicht, Ursula / Walden, Günter (2004): Erträge in der betrieblichen Berufsausbildung In: Cramer, Günter / Schmidt, Hermann / Wittwer, Wolfgang: Ausbilder-Handbuch. 69. Ergänzungslieferung Juni 2004. Köln: Fachverl. Dt. Wirtschaftsdienst, S. 1–18.

Beicht, Ursula / Berger, Klaus (2007): Ausbildungsplatzprogramm Ost im Urteil der Teilnehmer und Teilnehmerinnen. In: Berger, Klaus / Grünert, Holle (Hrsg.): Zwischen Markt und Förderung – Wirksamkeit und Zukunft von Ausbildungsplatzstrukturen in Ostdeutschland. Bielefeld: W. Bertelsmann, S. 69–105.

Beicht, Ursula / Friedrich, Michael / Ulrich, Joachim Gerd (2007): Steiniger Weg in die Berufsausbildung – Werdegang von Jugendlichen nach Beendigung der allgemeinbildenden Schule. In: BWP 36, 3, S. 5–9.

Beicht, Ursula / Ulrich, Joachim G. (2007): Entwicklung der betrieblichen und außerbetrieblichen Ausbildung 2006. Online-Dokument: http://www.bibb.de/de/30545.htm.

Bellmann, Lutz / Reinberg, Alexander / Tessaring, Manfred (1994): Bildungsexpansion, Qualifikationsstruktur und Einkommensverteilung. Eine Analyse mit Daten des Mikrozensus und der Beschäftigtenstatistik. In: Lüdeke, Reinar (Hrsg.): Bildung, Bildungsfinanzierung und Einkommensverteilung II. Berlin: Duncker & Humblot, S. 13–70.

Bellmann, Lutz / Bielenski, Harald / Bilger, Frauke / Dahms, Vera / Fischer, Gabriele / Frei, Marek / Wahse, Jürgen (2006): Personalbewegungen und Fachkräfterekrutierung – Ergebnisse des IAB-Betriebspanels 2005. IAB-Forschungsbericht 11, Nürnberg.

Bellmann, Lutz / Janik, Florian (2007): To recruit skilled workers or to train one's own? Vocational training in the face of uncertainty as to the rate of retention of trainees on completion of training. In: Zeitschrift für ArbeitsmarktForschung, 40, 2/3, S. 205–220.

Berger, Klaus / Walden, Günter (2002): Evaluierung der Bund-Länder-Programme zur Ausbildungsförderung in den neuen Bundesländern 1996–1999. Bestandsaufnahme, Schlussfolgerungen und Empfehlungen. Schriftreihe des Bundesinstituts für Berufsbildung 225, Bonn.

Braun, Frank / Lex, Tilly (2006): Die Rolle der Jugendsozialarbeit im Übergangssystem Schule – Beruf. In: Friedrich-Ebert-Stiftung, Abteilung Wirtschafts- und Sozialpolitik (Hrsg.): Übergänge zwischen Schule und Beruf und darauf bezogene Hilfesysteme in Deutschland (Gesprächskreis Arbeit und Qualifizierung), Bonn, S. 59–67.

Brosi, Walter (2004): Beitrag zum Workshop: „Ausbildungsreife": ein Begriff – viele Definitionen. In: KAUSA (Hrsg.): Fit für die Ausbildung – Können, was Zukunft hat. Fachtagung vom 31.08.–01.09.2004 in Düsseldorf. Köln.

Bundesagentur für Arbeit (BA) (2004): Geschäftsanweisung BA-Rundbrief vom 12.01.2004: Berufsvorbereitende Bildungsmaßnahmen der BA, hier: Neues Fachkonzept.

Bundesagentur für Arbeit (BA) (Hrsg.) (2006): Kriterienkatalog zur Ausbildungsreife.

Bundesanstalt für Arbeit (1996): Dienstblatt-Runderlass 42/96. Berufsvorbereitende Bildungsmaßnahmen der Bundesanstalt für Arbeit. In: Bundesvereinigung Lebenshilfe (Hrsg.): WfB-Handbuch, ergänzbares Handbuch für Werkstätten für Behinderte. Marburg 1992 ff., Kapitel D 3, S. 1–4.

Bundesministerium für Bildung und Forschung (BMBF) (Hrsg.) (1987): Berufsbildungsbericht 1987. Bonn.

Bundesministerium für Bildung und Forschung (BMBF) (Hrsg.) (1998): Berufsbildungsbericht 1998. Bonn.

Bundesministerium für Bildung und Forschung (BMBF) (Hrsg.) (2002): Berufliche Qualifizierung Jugendlicher mit besonderem Förderbedarf – Benachteiligtenförderung. Berlin.

Bundesministerium für Bildung und Forschung (BMBF) (Hrsg.) (2006): Berufsbildungsbericht 2006. Bonn, Berlin.

Bundesministerium für Bildung und Forschung (BMBF) (Hrsg.) (2007): Berufsbildungsbericht 2007. Bonn, Berlin.

Bundesministerium für Bildung und Forschung (BMBF) (Hrsg.) (2008): Grund- und Strukturdaten 2007/2008. Berlin.

Bundesvereinigung der Deutschen Arbeitgeberverbände (BDA) (2003): PISA – Folgen für die Betriebliche Berufsausbildung. Online-Dokument: http://www.bda-online.de/www/bdaonline.nsf/id/PISA-Folgenfuerdiebetriebliche/$file/Pisa-Auswertung.pdf.

Christe, Gerhard / Wende, Lutz (2007): Kontinuität, Umbruch oder Crash? Ergebnisse des Forschungsprojekts „Jugendsozialarbeit im Wandel". In: Jugend Beruf Gesellschaft 2, S. 313-139.

Cortina, Kai S. / Baumert, Jürgen / Leschinsky, Achim / Mayer, Karl Ulrich / Trommer, Luitgard (2005²): Das Bildungswesen in der Bundesrepublik Deutschland. Strukturen und Entwicklungen im Überblick. Reinbek bei Hamburg: rowohlt.

Deutscher Industrie- und Handelskammertag (DIHK) (2006): Impulse für mehr Ausbildung – Die Sicht der Unternehmen. Ergebnisse einer Online-Befragung von 7.500 Unternehmen. Online-Dokument: http://www.rhein-neckar.ihk24.de/MAIHK24/MAIHK24/produktmarken/aus_und_weiterbildung/Anlagen/Ausbildungsumfrage.pdf.

Dietrich, Hans (1998): Nachfrage nach Ausbildungsplätzen steigt auch 1998. Inhaltliche und methodische Befunde aus der Statistik zum Ausbildungsstellenmarkt. IAB-Kurzbericht Nr. 7, Nürnberg.

Dietrich, Hans (2000): Betriebliches Ausbildungsverhalten im Kontext der betrieblichen Altersstruktur. In: George, Rainer / Struck, Olaf (Hrsg.): Generationenaustausch im Unternehmen. München/Mering: Hampp Verlag, S. 159–176.

Dietrich, Hans (2001): Wege aus der Jugendarbeitslosigkeit – Von der Arbeitslosigkeit in die Maßnahme? In: Mitteilungen aus der Arbeitsmarkt- und Berufsforschung 34, 4, S. 419–439.

Dietrich, Hans (2001a): JUMP, das Jugendsofortprogramm. Unterschiede in den Förderjahren 1999 und 2000 und Verbleib der Teilnehmer nach Maßnahmenende. IAB-Werkstattbericht 03, Nürnberg.

Dietrich, Hans / Koch, Susanne / Stops, Michael (2004): Lehrstellenkrise: Ausbildung muss sich lohnen – auch für die Betriebe. IAB-Kurzbericht Nr. 6, Nürnberg.

Dietrich, Hans / Abraham, Martin (2005): Eintritt in den Arbeitsmarkt. In: Arbeitsmarktsoziologie. Probleme, Theorien, empirische Befunde, Wiesbaden: VS Verlag für Sozialwissenschaften, S. 69-98.

Dietrich, Hans / Gerner, Hans-Dieter (2007): The determinants of apprenticeship training with particular reference to business expectations. In: Zeitschrift für Arbeitsmarkt-Forschung 40, 2/3, S. 221-233.

Dietrich, Hans / Severing, Eckart (Hrsg.) (2007): Zukunft der dualen Berufsausbildung – Wettbewerb der Bildungsgänge. Band 5 der Schriften zur Berufsbildungsforschung der AG BFN. Bielefeld: W. Bertelsmann.

Dietrich, Hans (2008): Institutional effects of apprenticeship training on employment success in Germany. www.stanford.edu/group/scspi/pdfs/rc28/conference_2008/p271.pdf.

Dietrich, Hans / Dietz, Martin / Stops, Michael / Walwei, Ulrich (2008): Ausbildungsmarkt: Mehr Schwung durch neue politische Instrumente? In: Orientierungspunkte für Wirtschaft und Gesellschaft, H. 115, S. 51-56.

Dietrich, Hans / Gerner, Hans-Dieter (2008): Ausbildungsbeteiligung und Geschäftserwartung – Asymmetrische Effekte bei der Ausbildungsentscheidung. In: Sozialer Fortschritt 57, 4, S. 87-93.

DJI (2007): Info Übergänge in Arbeit März 2007. München (DJI).

Dornette, Johanna / Jacob, Marita (2006): Zielgruppenerreichung und Teilnehmerstruktur des Jugendsofortprogramms JUMP. Institut für Arbeitsmarkt- und Berufsforschung: IAB-Forschungsbericht 16, Nürnberg.

Dustmann, Christian / Ludsteck, Johannes / Schönberg, Uta (2007): Revisiting the German Wage Structure. IZA Discussion Paper 2685, Bonn.

Dustmann, Christian / Schoenberg, Uta (2008): Why does the German apprenticeship system work? In: Mayer, Karl Ulrich / Solga, Heike (Hrsg.): Skill Formation. Interdisciplinary and Cross-National Perspectives. Cambridge/New York: Cambridge University Press, S. 85-108.

Ebbinghaus, Margit (2000): Erkenntnisse zu den schulischen Leistungsvoraussetzungen Jugendlicher. In: Rützel, Josef / Sehrer, Armin / Ziehm, Stefan (Hrsg.): Berufseignung und berufliche Anforderungen. Handlungsfelder der Berufsvorbereitung und Berufsausbildung. Tagungsdokumentation im Auftrag des Hessischen Landesausschuss für Berufsbildung. Darmstädter Beiträge zur Berufspädagogik. Band 24. Darmstadt: Leuchtturm-Verlag, S. 100-109.

Eberhard, Verena (2006): Das Konzept der Ausbildungsreife – ein ungeklärtes Konstrukt im Spannungsfeld unterschiedlicher Interessen. Ergebnisse aus dem BIBB. In: Wissenschaftliche Diskussionspapiere. Schriftenreihe des Bundesinstituts für Berufsbildung, Heft 83. Bonn.

Ehrenthal, Bettina / Eberhard, Verena / Ulrich, Joachim Gerd (2006): Ausbildungsreife – auch unter Fachleuten ein heißes Eisen. Ergebnisse des BIBB-Expertenmonitors. Online-Dokument: http://www.bibb.de/de/21840.htm.

Fischer, Gabriele / Wahse, Jürgen / Dahms, Vera / Frei, Marek / Riedmann, Arnold / Janik, Florian (2007): Standortbedingungen und Beschäftigung in den Regionen West- und Ostdeutschlands – Ergebnisse des IAB-Betriebspanels 2006. IAB-Forschungsbericht 05, Nürnberg.

Förster, Heike / Kuhnke, Ralf / Skrobanek, Jan (2006): Am Individuum ansetzen. Strategien und Effekte der beruflichen Förderung von benachteiligten Jugendlichen. München (DJI).

Franz, Wolfgang / Soskice, David (1995): The German Apprentice System. In: Buttler, Friedrich / Franz, Wolfgang / Schettkat, Ronald / Soskice, David (Hrsg.): Institutional frameworks and labour market performance. London/New York, S. 208-234.

Freytag, Hans-Peter (1998): Testergebnisse hessischer Industrie- und Handelskammern. In: Dostal, Werner / Parmentier, Klaus / Karen Schober (Hrsg.): Mangelnde Schulleistungen oder überzogene Anforderungen. Zur Problematik unbesetzter/unbesetzbarer Ausbildungsplätze (Beiträge zur Arbeitsmarkt- und Berufsforschung 216). Nürnberg: IAB, S. 69-79.

Gangl, Markus / Müller, Walter / Raffe, David (2003): Conclusions: Explaining Cross-National Differences in School-to-Work Transitions. In: Müller, Walter / Gangl, Markus (Hrsg.): Transitions from Education to Work in Europe. The Integration of Youth in the EU Labour Markets. Oxford: Oxford University Press, S. 277-305.

Gaupp, Nora / Hofmann-Lun, Irene / Lex, Tilly / Mittag, Hartmut / Reissig, Birgit (2004): Schule – und dann? Erste Ergebnisse einer bundesweiten Erhebung von Hauptschülerinnen und Hauptschülern in Abschlussklassen. Reihe Wissenschaft für alle, Deutsches Jugendinstitut München/Halle.

Gebel, Michael / Pfeiffer, Friedhelm (2007): Educational expansion and its heterogeneous returns Mannheim: ZEW Discussion Paper 07-010.

Göggel, Kathrin (2007): Sinkende Bildungsrenditen durch Bildungsreformen? Evidenz aus Mikrozensus und SOEP. DIW SOEP Papers on Multidisciplinary Panel Data Research 11.

Hovestadt, Gertrud (2003): Jugendliche ohne Berufsabschluss. Eine Studie im Auftrag des DGB. Rheine.

Hustedt, Henning (1998): Veränderungen in den kognitiven Leistungsvoraussetzungen der Schulabgänger: Lassen sich damit die Probleme bei der Besetzung von Ausbildungsplätzen erklären? In: Dostal, Werner / Parmentier, Klaus / Karen Schober (Hrsg.): Mangelnde Schulleistungen oder überzogene Anforderungen. Zur Problematik unbesetzter/unbesetzbarer Ausbildungsplätze (Beiträge zur Arbeitsmarkt- und Berufsforschung 216). Nürnberg: IAB, S. 161–167.

INBAS (2004): Vom Rahmenkonzept Neue Förderstruktur zum neuen Fachkonzept für Berufsvorbereitende Bildungsmaßnahmen der Bundesagentur für Arbeit. In: INBAS Info Dienst 2.

Jacob, Marita (2004): Mehrfachausbildungen in Deutschland. Karrieren, Collagen, Kompensation? Wiesbaden: VS Verlag.

Keim, Helmut (1997): Schule muß für Ausbildungsreife sorgen. In: Arbeitgeber 49, 21, S. 706–709.

Kiepe, Klaus (1998): Sieben Statements zur Ausbildungsreife. In: Dostal, Werner / Parmentier, Klaus / Karen Schober (Hrsg.): Mangelnde Schulleistungen oder überzogene Anforderungen. Zur Problematik unbesetzter/unbesetzbarer Ausbildungsplätze (Beiträge zur Arbeitsmarkt- und Berufsforschung 216). Nürnberg: IAB, S. 24–37.

Klein, Helmut (2005): Direkte Kosten mangelnder Ausbildungsreife in Deutschland. In: IW-Trends 32, 4, S. 61–75.

Konsortium Bildungsberichterstattung (Hrsg.) (2006): Bildung in Deutschland. Ein indikatorengestützter Bericht mit einer Analyse zu Bildung und Migration. Bielefeld: W. Bertelsmann.

Krüger, Helga (2003): Berufliche Bildung. Der deutsche Sonderweg und die Geschlechterfrage. In: Berliner Journal für Soziologie 13, 4, S. 497–510.

Lauer, Charlotte / Steiner, Viktor (2001): Returns to Education in Germany. In: Colm, Harmon / Walker, Ian / Westergaard-Nielsen, Niels (Hrsg.): Education and Earnings in Europe: A Cross Country Analysis of the Returns to Education. Cheltenham: Edward Elgar, S. 102–128.

Lex, Tilly (1997): Berufswege Jugendlicher zwischen Integration und Ausgrenzung. Arbeitsweltbezogene Jugendsozialarbeit Band 3, München: DJI.

Lindley, R. M. (1975): The demand for apprentice recruits by the engineering industry, 1951–71. In: Scottish Journal of Political Economy 22, 1, S. 1–24.

Mayer, Karl Ulrich (2000): Die Bildungsgesellschaft. In: Pongs, Armin (Hrsg.): In welcher Gesellschaft leben wir eigentlich? Band 2. München: Dilemma, S. 193–218.

Mayer, Karl Ulrich / Solga, Heike (Hrsg.) (2008): Skill Formation: Interdisciplinary and Cross-National Perspectives. Cambrige: Cambridge University Press.

Muehlemann, Samuel / Wolter, Stefan C. (2007): Regional effects on employer-provided training: Evidence from apprenticeship training in Switzerland. In: Zeitschrift für ArbeitsmarktForschung 40, 2/3, S. 135–147.

Müller, Walter (2001): Zum Verhältnis von Bildung und Beruf in Deutschland. Entkopplung oder zunehmende Strukturierung? In: Berger, Peter A. / Konietzka, Dirk (Hrsg.): Die Erwerbsgesellschaft. Neue Ungleichheiten und Unsicherheiten. Opladen: Leske + Budrich, S. 29–63.

Müller-Kohlenberg, Lothar / Schober, Karen / Hilke, Reinhard (2005): Ausbildungsreife – Numerus clausus für Azubis? Ein Diskussionsbeitrag zur Klärung von Begriffen und Sachverhalten. In: BWP 34, 3, S. 19–23.

Nackmeyr, Tanja (2004): Positive Bilanz trotz schwieriger Bedingungen. In: Arbeitgeber 56, 3, S. 22–23.

Neubauer, Jennifer (2006): Ausgleich auf dem Ausbildungsmarkt – die Kompensationsleistungen der ausbildungsbezogenen Förderung durch die Bundesagentur für Arbeit (Beiträge zur Arbeitsmarkt- und Berufsforschung 303). Nürnberg: IAB.

Neubäumer, Renate / Bellmann, Lutz (1999): Ausbildungsintensität und Ausbildungsbeteiligung von Betrieben: Theoretische und empirische Ergebnisse auf Basis des IAB Betriebspanels 1997. In: Beer, Doris / Frick, Bernd / Neubäumer, Renate / Sesselmeier, Werner (Hrsg.): Die wirtschaftlichen Folgen von Aus- und Weiterbildung. München/Mering: Hampp, S. 9–41.

Niederalt, Michael (2005): Bestimmungsgründe des betrieblichen Ausbildungsverhaltens in Deutschland, Lehrstuhl für Arbeitsmarkt- und Regionalpolitik. Diskussion Papier Nr. 36, Friedrich-Alexander Universität Erlangen-Nürnberg.

Reinberg, Alexander / Hummel, Markus (2004): Fachkräftemangel bedroht Wettbewerbsfähigkeit der deutschen Wirtschaft. In: Aus Politik und Zeitgeschichte 28, S. 3–10.

Reinberg, Alexander / Hummel, Markus (2007): Der Trend bleibt – Geringqualifizierte sind häufiger arbeitslos. IAB-Kurzbericht Nr. 18, Nürnberg.

Söhngen, Bernd (1998): Anforderungsprofile von Betrieben – Leistungsprofile von Schulabgängern. In: Dostal, Werner / Parmentier, Klaus / Schober, Karen (Hrsg.): Mangelnde Schulleistungen oder überzogene Anforderungen. Zur Problematik unbesetzter/unbesetzbarer Ausbildungsplätze (Beiträge zur Arbeitsmarkt- und Berufsforschung 216). Nürnberg: IAB, S. 11–17.

Solga, Heike / Wagner, Sandra (2001): Paradoxie der Bildungsexpansion: Die doppelte Benachteiligung von Hauptschülern. In: Zeitschrift für Erziehungswissenschaft 4, 1, S. 107–127.

Solga, Heike (2002): Ohne Schulabschluss – und was dann? Bildungs- und Berufseinstiegsbiografien westdeutscher Jugendlicher ohne Schulabschluss, geboren zwischen 1930 und 1971. Selbständige Nachwuchsgruppe „Ausbildungslosigkeit: Bedingungen und Folgen mangelnder Berufsausbildung". Working Paper 2/2002. Berlin: Max-Planck-Institut für Bildungsforschung.

Solga, Heike (2005): Ohne Abschluss in die Bildungsgesellschaft. Die Erwerbschancen gering qualifizierter Personen aus soziologischer und ökonomischer Perspektive. Opladen: Verlag Barbara Budrich.

Solga, Heike (2008): Lack of Training: Employment Opportunities for Low-Skilled Persons from a Sociological and Microeconomic Perspective. In: Mayer, Karl Ulrich / Solga, Heike (Hrsg.): Skill Formation. Interdisciplinary and cross-national perspectives. Cambridge/New York: Cambridge University Press, S. 173–204.

Statistisches Bundesamt (Hrsg.) (2007): Fachserie 11, Reihe 1, Bildung und Kultur. Allgemeinbildende Schulen. Wiesbaden.

Statistisches Bundesamt (Hrsg.) (verschiedene Jahrgänge): Fachserie 11, Reihe 2, Bildung und Kultur. Berufliche Schulen. Wiesbaden.

Stevens, Margaret (1994): An Investment Model for the Supply of Training by Employers. In: The Economic Journal 104, 424, S. 556–570.

Strikker, Frank / Timmermann, Dieter (1990): Berufsausbildung und Arbeitsmarkt in den 90er Jahren. Aktuelle Entwicklungen in der Berufsausbildung im Kontext veränderter Arbeitsmarktstrukturen und systematischer Rationalisierungen im Produktions- und Dienstleistungsbereich. Frankfurt/M.: Lang.

Thiel, Jürgen (2001): Erprobung einer neuen Förderstruktur für Jugendliche mit besonderem Förderbedarf. In: Informationen für die Beratungs- und Vermittlungsdienste der Bundesanstalt für Arbeit, S. 2241–2257.

Trautwein, Ulrich / Lüdtke, Oliver / Becker, Michael / Neumann, Marko / Nagy, Gabriel (2008): Schulleistungsentwicklung, Kompetenzniveaus und die Aussagekraft von Schulnoten. In: Schlemmer, Elisabeth / Gerstberger, Herbert (2008): Ausbildungsfähigkeit im Spannungsfeld zwischen Wissenschaft. Politik und Praxis. Wiesbaden: VS Verlag für Sozialwissenschaften, S. 91–108.

Ulrich, Joachim G. (1998): Benachteiligung – was ist das? Überlegungen zu Stigmatisierung und Marginalisierung im Bereich der Lehrlingsausbildung. In: Vierteljahreshefte zur Wirtschaftsforschung 67, 4, S. 370–380.

Ulrich, Joachim G. (2006): Wie groß ist die Lehrstellenlücke wirklich? In: BWP 35, 3, S. 12–16.

Wolfinger, Claudia (1993): Der schwierige Weg ins duale System – Fallstudien zur Ausbildungsbereitschaft ostdeutscher Betriebe. In: Mitteilungen aus der Arbeitsmarkt- und Berufsforschung 26, 2, S. 176–191.

Zwick, Thomas (2007): Apprenticeship training in Germany – investment or productivity driven? In: Zeitschrift für ArbeitsmarktForschung 40, 2/3, S. 193–204.

Teil II
Kapitel H

Betriebliche Dynamik und Flexibilität auf dem deutschen Arbeitsmarkt

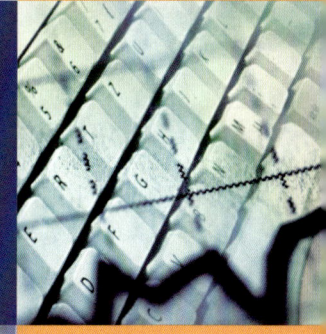

Kapitel H

Lutz Bellmann

Gabriele Fischer

Christian Hohendanner

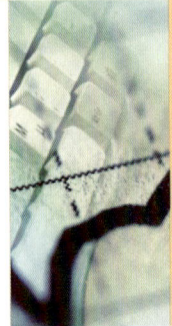

Inhaltsübersicht Kapitel H
Betriebliche Dynamik und Flexibilität auf dem deutschen Arbeitsmarkt

Lutz Bellmann, Gabriele Fischer, Christian Hohendanner

Das Wichtigste in Kürze 361

1 Interne und externe Flexibilisierung ... 363

2 Entwicklung von Betrieben und Beschäftigung 1996–2006 365
2.1 Veränderung der Betriebslandschaft 365
2.2 Beschäftigungsentwicklung 366

3 Die Dynamik des deutschen Arbeitsmarktes 368
3.1 Mobilität von Beschäftigten – Labour-Turnover 369
3.2 Mobilität von Beschäftigten – Churning . 372
3.3 Arbeitsplatzdynamik – Job-Turnover 374

4 Atypische Beschäftigung in Deutschland 379

5 Befristete Beschäftigung 383
5.1 Bestand und Entwicklung befristeter Beschäftigung 383
5.2 Befristete Verträge als neues Normaleinstellungsverhältnis? 385
5.3 Abgänge und Übernahmen aus befristeter Beschäftigung 386

6 Leiharbeit 389
6.1 Entwicklung 389
6.2 Struktur, Herkunft und Verbleib von Leiharbeitern 390
6.3 Bedeutung der Leiharbeit auf Betriebsebene 392
6.4 Tarifverträge und Mitbestimmung in der Leiharbeit 393

7 Fazit 395

Anhang 398

Literatur 399

Das Wichtigste in Kürze

Die Entwicklung der sozialversicherungspflichtigen Beschäftigung ist das Ergebnis des Auf- und Abbaus von Arbeitsplätzen in den Betrieben. Über das Zusammenspiel von Einstellungen und Personalabgängen kann die Dynamik, die auf dem Arbeitsmarkt herrscht, beschrieben werden. Diese Personalbewegungen erfolgen sowohl mit als auch ohne Beschäftigungseffekt. Der deutsche Arbeitsmarkt zeigte in den vergangenen Jahren einen Rückgang an Dynamik. Zwischen 2005 und 2006 nahmen die Bewegungen auf dem Arbeitsmarkt jedoch wieder zu. Dies lässt sich anhand verschiedener Indikatoren, mit denen Dynamik gemessen werden kann, nachweisen: der Labour-Turnover-Rate, der Job-Turnover-Rate und der Churning-Rate. Auch wenn es sich bei der Arbeitsmarktdynamik grundsätzlich um einen ambivalenten Indikator handelt, kann die aktuelle Entwicklung positiv bewertet werden. Zum einen ist das Mehr an Bewegung nicht durch ein Mehr an Abgängen entstanden, sondern durch höhere Einstellungsraten. Zum anderen hat bei den Abgängen der Anteil von Kündigungen seitens der Arbeitnehmer und damit die freiwillige Mobilität zugenommen. Die Zunahme der Churning-Rate spricht für eine zunehmende Durchlässigkeit betrieblicher Arbeitsmärkte.

Die Analyse zeigt, dass die Arbeitsmarktdynamik in Ostdeutschland höher ist als in Westdeutschland. Westdeutsche Betriebe sind tendeziell größer und greifen häufiger auf interne Anpassungsmaßnahmen zurück. In Ostdeutschland sorgt zudem die stärkere Verbreitung von befristeten Arbeitsverträgen aufgrund von arbeitsmarktpolitischen Förderprogrammen für eine hohe Dynamik.

Neben der durch Einstellungen und Entlassungen bedingten Fluktuation tragen auch atypische Beschäftigungsformen zur Dynamik auf dem Arbeitsmarkt bei. Die verschiedenen Formen atypischer Beschäftigung erfüllen dabei unterschiedliche Funktionen. In erster Linie senken sie Personalkosten, indem sie die Flexibilität in der Arbeitsorganisation erhöhen und niedrigere Löhne gezahlt werden können. Zeitlich befristete Arbeitsverträge dienen zum Teil der Vermeidung des allgemeinen oder tarifvertraglichen erweiterten Kündigungsschutzes, der mit (Entlassungs-)Kosten verbunden sein kann. Diese Vermeidungsstrategie wird angewendet bei zeitlich bzw. finanziell befristeter Projektarbeit, bei Vertretungen des Stammpersonals, bei wirtschaftlicher Unsicherheit oder Saisonarbeit. Zudem werden befristete Verträge als verlängerte Probezeit genutzt. Leiharbeit wird häufig zur Deckung bei Personalengpässen außerhalb der Kernbereiche von Unternehmen eingesetzt und kann zur Senkung der Lohnkosten beitragen.

Diese beiden atypischen Beschäftigungsformen – befristete Arbeitsverträge und Leiharbeit – sind zentrale Elemente der Dynamik und Flexibilität auf dem deutschen Arbeitsmarkt. Zwischen 2001 und 2006 hat sich der Anteil befristeter Neueinstellungen an allen Einstellungen von 32 auf 43 % erhöht. Dabei sind erhebliche branchenspezifische Unterschiede erkennbar: Während die öffentliche Verwaltung und soziale Dienstleistungen etwa zwei Drittel aller Neueinstellungen auf Basis eines befristeten Vertrags vornehmen, sind es im produzierenden Gewerbe ‚lediglich' 40 %. In manchen Dienstleistungsbranchen lassen sich somit Befristungen als ‚Normaleinstellungsverhältnis' bezeichnen.

Für eine arbeitsmarktpolitische Beurteilung ist entscheidend, in welchem Ausmaß befristete Arbeitsverträge den Übertritt in eine dauerhafte Beschäftigung erleichtern. Die Übernahmequote lag im Jahr 2006 bei etwa 45 %, d. h., knapp die Hälfte aller Abgänge aus befristeten Verträgen ist auf eine direkte Übernahme im selben Betrieb zurückzuführen. Auch hier offenbart eine branchenspezifische Betrachtung deutliche Unterschiede: Während sich im produzierenden Gewerbe etwa 60 % der Abgänge aus Befristungen durch innerbetriebliche Übernahmen erklären, sind es in der öffentlichen Verwaltung lediglich 24 %, in den sozialen Diensten 31 %. Die schlechteste Bilanz weisen die öffentliche Verwaltung und der Sozialsektor auf: Ein hoher Anteil befristeter Neueinstellungen steht dort einer geringen Übernahmequote gegenüber.

Leiharbeit hat in Deutschland in den letzten Jahren eine überaus stürmische Entwicklung genommen. Im Vergleich der Jahre 2003 und 2007 haben sich die Anzahl und der Anteil der Leiharbeitnehmer im Vergleich zu den sozialversicherungspflichtig Beschäftigten fast verdoppelt. Diese Entwicklung wurde vermutlich von der günstigen konjunkturellen Entwicklung und dem damit verbundenen Beschäftigungszuwachs getragen. Der kurzfristige Personalbedarf und Probleme bei der Personalrekrutierung führten dazu, dass Betriebe vermehrt auf Leiharbeiter zurückgriffen. Einige Beobachter sehen den Vorteil der Leiharbeit außerdem darin, dass nicht beschäftigte oder arbeitslose Menschen eine Beschäftigungschance erhalten. In einigen Fällen ergeben sich für die Leiharbeiter mittel- und langfristige Perspektiven beim Verleih- oder Entleihbetrieb oder einem anderen Unternehmen, das die nachgewiesenen Kompetenzen der Leiharbeitnehmer schätzen gelernt hat.

Die Mehrheit der Leiharbeitnehmer war vor Aufnahme der Tätigkeit bis zu einem Jahr nicht beschäftigt. Nur 32 % der in den Verleihbetrieben Beschäftigten waren zuvor in einem anderen Betrieb tätig. Dagegen waren 9 % vorher noch gar nicht beschäftigt und 15 % über ein Jahr ohne Stelle. Insofern ist die Anstellung in einem Verleihunternehmen für viele Leiharbeitnehmer überhaupt die erste Möglichkeit, Arbeitserfahrungen zu sammeln. Ein großer Teil der Leiharbeitnehmer kann in dieser Beschäftigungsform nach einer längeren Unterbrechung wieder Arbeitserfahrungen erwerben und damit Einkommen aus eigener beruflicher Tätigkeit erzielen.

1 Interne und externe Flexibilisierung

Bereits vor mehr als 30 Jahren hat die OECD die Bedeutung betrieblicher Flexibilität für Wirtschaftswachstum, Wettbewerbsfähigkeit und Beschäftigung hervorgehoben (Brodsky 1994). Der soziale und ökonomische Wandel in allen industriellen Gesellschaften seit den 1970er-Jahren erhöhte auch in deutschen Betrieben zunehmend den Bedarf an größerer Anpassungsfähigkeit ihrer Produktionsprozesse und Beschäftigungssysteme, um sich angesichts rascher Sprünge in der Technologieentwicklung, des wachsenden internationalen Wettbewerbs auf den Produktmärkten oder der Restrukturierung der Kapitalmärkte auf dem Markt behaupten zu können. Angesichts eines zunehmenden Flexibilitätsbedarfs der Unternehmen scheint es unvermeidbar, dass sich die Dynamik von Betrieben und Beschäftigung erhöht – in Form einer zunehmenden Fluktuation auf dem Arbeitsmarkt, einer weiteren Verbreitung atypischer Beschäftigungsformen und einer Zunahme von Betriebsgründungen und -schließungen. Gleichwohl zeichnet sich das Beschäftigungssystem in Deutschland nach wie vor mehrheitlich durch stabile Beschäftigungsverhältnisse aus. Etwa zwei Drittel der abhängig Erwerbstätigen sind in stabilen Beschäftigungsformen tätig (Keller/Seifert 2007: 14).

Das Beschäftigungssystem profitiert dabei weiterhin in hohem Maße von dem institutionellen Arrangement, das sich in Deutschland in den Jahrzehnten der Nachkriegszeit entwickelt hat und für die Dominanz des „Normalarbeitsverhältnisses" (Mückenberger 1985) sorgte: die Systeme der betrieblichen und überbetrieblichen Interessenvertretung, die duale Berufsausbildung, berufsfachliche Arbeitsmärkte, das korporatistische, auf Statuserhaltung abzielende Wohlfahrtsmodell sowie enge Koordinationsbeziehungen zwischen Unternehmen durch sich überschneidende Unternehmensorganisationen und -verflechtungen und das unter dem Namen „Deutschland AG" bekannt gewordene Corporate-Governance-System. Diese Institutionen beförderten die diversifizierte Qualitätsproduktion des „flexiblen Fordismus", der eine hohe betriebsinterne Flexibilität der Arbeitsorganisation verlangt, und eine Produktmarktstrategie, die vor allem auf schrittweise Innovationen auf qualitätskompetitiven Märkten setzt. Die komparativen Kostenvorteile des Systems im Bereich bestimmter Produktmarktstrategien traten bei zunehmender Integration der Weltwirtschaft deutlich hervor. Deutschland wurde zum „Exportweltmeister" und bekannt als „high-skill, high-wage, high value-added (‚high everything') economy" (Thelen 2003: 222).

Das Institutionengefüge beförderte das Interesse der Betriebe an stabiler Beschäftigung (vgl. Bellmann/Alda 2004), die ihre Anpassungsanstrengungen an volatile Märkte eher innerhalb bestehender Beschäftigungsverhältnisse vollzogen. Die hoch standardisierte berufsfachliche Ausbildung in Verbindung mit vergleichsweise homogenen Löhnen sowie die Statussicherung durch das sich am letzten Einkommen orientierende Arbeitslosengeld erleichterte zudem den Betrieben die Personalanpassung und den Arbeitnehmern den zwischenbetrieblichen Arbeitsplatzwechsel. Andererseits ermöglichte die breite berufsfachliche Ausbildung eine hohe aufgabenbezogene Flexibilität. Parallel zur hohen Bedeutung stabiler Beschäftigungsverhältnisse nehmen in den Betrieben aber auch atypische Vertragsformen zu (Oschmiansky/Oschmiansky 2003). Diese tragen der zunehmenden Bedeutung von betrieblicher Flexibilität Rechnung.

In Bezug auf betriebliche Anpassungsmechanismen werden häufig interne und externe Flexibilisierungsmaßnahmen unterschieden (Linne 2002; Keller/Seifert 2007). Aus der Perspektive der Personalpolitik bezieht sich interne Flexibilisierung auf betriebliche Anpassungsmaßnahmen innerhalb von Beschäftigungsverhältnissen, z. B. durch die Nutzung von Überstunden, flexiblen Arbeitszeitmodellen, aber auch durch funktionale Anpassungen der Arbeitsaufgaben der einzelnen Arbeitskräfte. Interne Flexibilisierungsstrategien werden meist im Zusammenhang mit qualitätskompetitiven Produktmarktstrategien gesehen, deren Leistungs- und Anpassungsfähigkeit vor allem auf hohen Investitionen in die Qualifikation, Kooperations- und Innovationsbereitschaft der Arbeitskräfte beruht. Externe Flexibilisierung hingegen wird über den Markt vollzogen, indem Aufträge an Fremdfirmen vergeben werden oder Arbeitskräfte nur zeitweise über atypische Arbeitsvertragsformen, auf freiberuflicher Basis oder über Leiharbeitsfirmen beschäftigt werden. Oftmals werden externe Flexibilisierungsstrategien mit rein preiskompetitiven Produktmarktstrategien in Verbindung gebracht (Boyer 1986), deren Erfolgsaussichten in den *exposed sectors* der deutschen Wirtschaft angesichts der zunehmenden Bedeutung von Niedriglohnländern im internationalen Wettbewerb eher gering sind. Die idealtypische Trennung zwischen qualitäts- und preiskompetitiven Strategien lässt sich jedoch kaum noch aufrechterhalten. Unternehmen sind zunehmend zugleich einem erhöhten Kostendruck und steigenden Anforderungen an die Qualität ihrer Produkte und an ihre Innovationsfähigkeit unterworfen. Der zunehmende Preisdruck auf qualitätskompetitiven Produktmärkten erfordert somit eine kostensenkende Kombination interner und externer Flexibilisierungsstrategien, indem z. B. die ‚teure' Kernbelegschaft durch den Ausbau einer für den Betrieb günstigeren Randbelegschaft als Flexibilitätspuffer ergänzt, eine zunehmende Konzentration auf das Kerngeschäft forciert wird oder Vorleistungen, die im Ausland billiger produziert werden, dort eingekauft werden und damit zugleich eine hohe interne, aufgabenbezogene und externe Flexibilität sichergestellt ist.

Die strategischen Überlegungen der Betriebe hinsichtlich interner und externer Flexibilisierung wirken sich auf die Dynamik des Arbeitsmarktes und die Struktur der Beschäftigungsverhältnisse aus. Beides soll im Folgenden näher betrachtet werden. Zunächst wird in Abschnitt 2 die Veränderung der Betriebslandschaft in Deutschland untersucht und anschließend in Abschnitt 3 die Dynamik der Beschäftigung auf dem deutschen Arbeitsmarkt analysiert. Einstellungen und Personalabgänge beschreiben die Bewegung auf dem Arbeitsmarkt, lassen aber noch keinen Schluss über die qualitative Veränderung von Beschäftigung zu. Wie haben sich die atypischen Beschäftigungsverhältnisse in den letzten Jahren entwickelt? Dies wird Thema von Abschnitt 4 sein. Im Rahmen der externen Flexibilisierung spielen aus betrieblicher Sicht befristete Arbeitsverträge und Leiharbeit eine wichtige Rolle. Aus diesem Grund werden diese beiden Formen atypischer Beschäftigung in den Abschnitten 5 und 6 detaillierter behandelt. Eine ausführliche Behandlung von Teilzeitarbeit, von Praktika und staatlich subventionierten Beschäftigungsformen wie der im internationalen Vergleich einmaligen geringfügigen Beschäftigung sowie der sogenannten Ein-Euro-Jobs würde den Rahmen des Beitrags sprengen.

Als Datenbasis für die folgende Analyse dient das IAB-Betriebspanel (zur Konzeption vgl. Fischer et al. 2008; Bellmann 2002). Hierbei handelt es sich um eine jährlich wiederholte Betriebsbefragung, die seit 1993 für Westdeutschland und seit 1996 für Gesamtdeutschland im Auftrag des IAB von TNS Infratest Sozialforschung durchgeführt wird. Der Zeitraum der Analysen bezieht sich auf die Jahre 1996 (das erste Erhebungsjahr mit Ergebnissen für Ost- und Westdeutschland) bis 2006 (die aktuellste Welle, die für Auswertungen zur Verfügung stand). Für die Jahre 2007 und 2008 lagen zum Zeitpunkt der Auswertungen noch keine Daten vor. Die jüngste positive Entwicklung auf dem Arbeitsmarkt kann daher nicht berücksichtigt werden. Vor allem in Abschnitt 6 über Leiharbeit wurden auch Datenquellen der amtlichen Statistik genutzt. Sofern verfügbar, wurden hier Zeitreihen bis zum Jahr 2007 erarbeitet.

Die Ergebnisse des IAB-Betriebspanels sind repräsentativ für alle Betriebe mit mindestens einem sozialversicherungspflichtig Beschäftigten. Anders als zahlreiche andere Betriebsbefragungen deckt das IAB-Betriebspanel alle Betriebsgrößenklassen und – mit Ausnahme von privaten Haushalten und exterritorialen Organisationen – auch alle Branchen ab. Wenn im Folgenden von „Betrieben" gesprochen wird, sind damit stets Betriebe mit mindestens einem sozialversicherungspflichtig Beschäftigten gemeint. Aussagen über Betriebe ohne sozialversicherungspflichtig Beschäftigte sind mit dem IAB-Betriebspanel nicht möglich. Grundlage für die Stichprobenziehung bildet die Betriebsdatei der Bundesagentur für Arbeit. Da es sich um eine mehrfach disproportional geschichtete Stichprobe handelt, werden die Daten für die Analysen gewichtet und auf die Anzahl der Betriebe in der Grundgesamtheit hochgerechnet.

2 Entwicklung von Betrieben und Beschäftigung 1996–2006

Um die Analysen der Arbeitsmarktdynamik und die Entwicklung atypischer Beschäftigungsverhältnisse richtig einordnen zu können, sind Informationen über die Rahmenbedingungen notwendig, unter denen diese Prozesse stattfinden. Sowohl die Betriebslandschaft als auch die Beschäftigtenzahlen haben sich in den letzten zehn Jahren verändert. Beides wird im Folgenden dargestellt.

2.1 Veränderung der Betriebslandschaft

Anhand der Beschäftigtenstatistik der Bundesagentur für Arbeit (BA) lässt sich die Entwicklung der Zahl der Betriebe in Deutschland mit mindestens einem sozialversicherungspflichtig Beschäftigten im zeitlichen Verlauf nachzeichnen (vgl. Abbildung H1).

Die Anzahl der Betriebe ist – nachdem in den Jahren 1999/2000 mit ca. 2,15 Mio. ein Höhepunkt erreicht

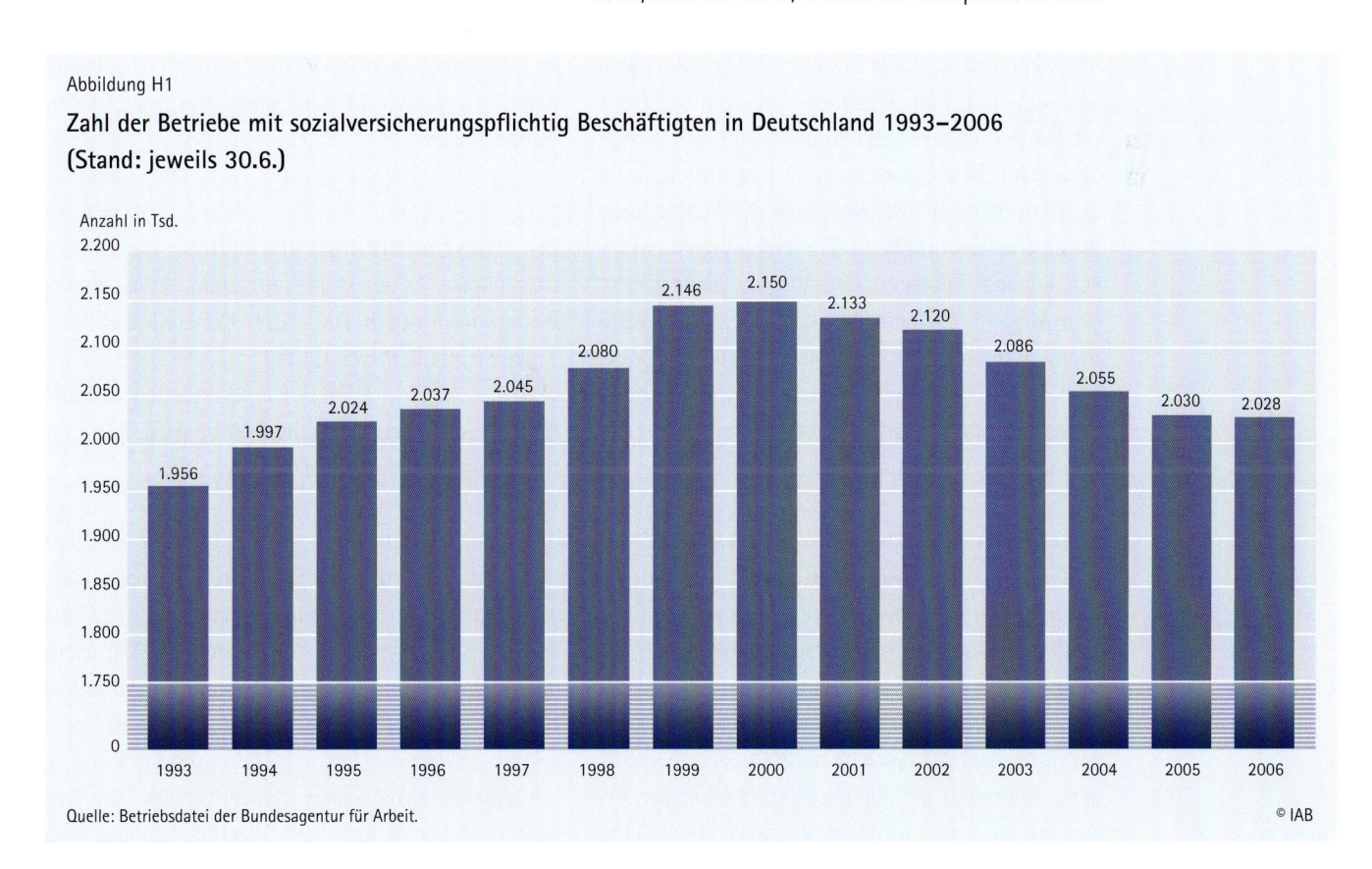

Abbildung H1

Zahl der Betriebe mit sozialversicherungspflichtig Beschäftigten in Deutschland 1993–2006 (Stand: jeweils 30.6.)

Anzahl in Tsd.

Jahr	Anzahl
1993	1.956
1994	1.997
1995	2.024
1996	2.037
1997	2.045
1998	2.080
1999	2.146
2000	2.150
2001	2.133
2002	2.120
2003	2.086
2004	2.055
2005	2.030
2006	2.028

Quelle: Betriebsdatei der Bundesagentur für Arbeit. © IAB

Kapitel H

Abbildung H2
Anteile der Betriebe und der Beschäftigten nach Betriebsgrößenklassen in Deutschland

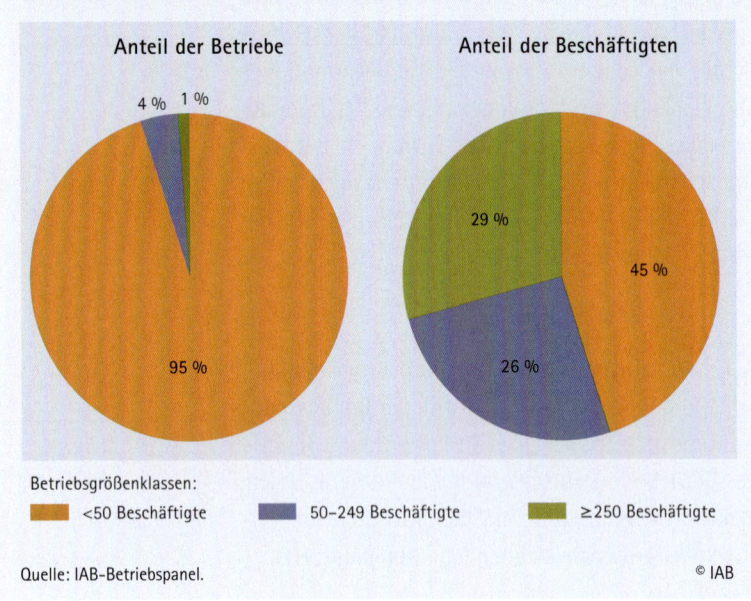

Anteil der Betriebe: <50 Beschäftigte 95 %, 50–249 Beschäftigte 4 %, ≥250 Beschäftigte 1 %

Anteil der Beschäftigten: <50 Beschäftigte 45 %, 50–249 Beschäftigte 26 %, ≥250 Beschäftigte 29 %

Betriebsgrößenklassen: <50 Beschäftigte | 50–249 Beschäftigte | ≥250 Beschäftigte

Quelle: IAB-Betriebspanel. © IAB

war – in den letzten Jahren gesunken und lag Mitte 2005 nur noch bei 2,03 Mio. Der Rückgang scheint im Jahr 2006 gestoppt. Die Ursachen für den Rückgang sind vielfältig. Zum Teil handelt es sich um Insolvenzen und Betriebsschließungen, zum Teil werden bestehende Betriebe in der hier betrachteten Statistik nicht mehr erfasst, weil sie zum Stichtag keine sozialversicherungspflichtig Beschäftigten mehr haben. Konzentrationsprozesse sind eine weitere mögliche Ursache für den Rückgang der Zahl der Betriebe. Seit dem Jahr 2000 reichen Neugründungen bzw. das Überschreiten der Schwelle von einem sozialversicherungspflichtig Beschäftigten nicht mehr aus, um diesen Rückgang zu kompensieren.

Zwischen der Entwicklung in West- und Ostdeutschland gibt es deutliche Unterschiede. Die Zahl der Betriebe ist in Ostdeutschland zwischen 1993 und 1999 zunächst stark gestiegen, danach jedoch stetig gesunken und im Jahr 2006 wieder fast auf den Stand von 1994 zurückgefallen. In Westdeutschland nahm die Zahl der Betriebe bis 2000 zu und verringerte sich dann bis 2006 wieder. Sowohl der Anstieg als auch der nachfolgende Rückgang verliefen in Westdeutschland erheblich moderater als in Ostdeutschland.

Die meisten Betriebe (95 %) haben weniger als 50 Mitarbeiter, 4 % werden als mittlere Betriebe eingestuft (50 bis 249 Beschäftigte), und nur 1 % der Betriebe hat 250 und mehr Beschäftigte. Die Verteilung der Beschäftigten auf diese Betriebe sieht deutlich anders aus: In den kleinen Betrieben mit weniger als 50 Beschäftigten sind 45 % aller Beschäftigten tätig, in den mittleren Betrieben 26 % und in den großen Betrieben 29 % (vgl. Abbildung H2).

Die Betriebsgrößenstruktur ist in Ostdeutschland als Ergebnis des Transformationsprozesses sehr viel kleinteiliger als in Westdeutschland. In Ostdeutschland gibt es deutlich weniger Beschäftigte in Großbetrieben als in Westdeutschland (der Beschäftigtenanteil liegt hier bei zwei Drittel des Westanteils). Demgegenüber liegt der Beschäftigtenanteil in Betrieben mit weniger als fünf Beschäftigten in Ostdeutschland um über ein Drittel höher als in Westdeutschland. Bei den Beschäftigtenanteilen in mittleren Unternehmen zeigen sich keine Unterschiede.

2.2 Beschäftigungsentwicklung

Die jüngste Entwicklung auf dem Arbeitsmarkt stimmt optimistisch: Die Anzahl der Erwerbstätigen ist nach einer längeren Talfahrt im Jahr 2006 wieder gestiegen; dies ist auch auf einen Anstieg der Anzahl der sozialversicherungspflichtig Beschäftigten zurückzuführen (vgl. Abbildung H3).

Unter den Erwerbstätigen in Deutschland sind die sozialversicherungspflichtig Beschäftigten die größte Gruppe. Ihr Anteil an den Erwerbstätigen lag laut Volkswirtschaftlicher Gesamtrechnung (VGR) 1995 noch bei 75 % und ist bis 2006 allerdings auf 68 % zurückgegangen.

Die Anzahl sozialversicherungspflichtig Beschäftigter hat sich in Ost- und Westdeutschland sehr unterschiedlich entwickelt. Nach Angaben der BA ist sie in Ostdeutschland seit Mitte der 1990er-Jahre kontinuierlich um insgesamt über 20 % gesunken – von 5,5 Mio. im Jahr 1995 auf ca. 4,3 Mio. im Jahr 2006. In Westdeutschland ist die Anzahl der sozialversicherungspflichtig Beschäftigten von 1996 bis 2006 um 3 % gesunken. Im Gegensatz zu Ostdeutschland ist in Westdeutschland kein stetiger Rückgang zu beobachten. In Westdeutschland scheint die Entwicklung der sozialversicherungspflichtigen Beschäftigung eher mit der konjunkturellen Entwicklung zu korrespondieren.

Für den Zeitraum 1995–2006 steht einem Anstieg der Anzahl der Erwerbstätigen laut VGR ein Rückgang der sozialversicherungspflichtigen Beschäftigung gegenüber. Das heißt, der Anstieg der Anzahl der Erwerbstätigen ist zurückzuführen auf eine Zunahme von anderen Beschäftigungsverhältnissen wie Mini- und Ein-Euro-Jobs[1] sowie geförderte Existenzgründungen in Form der Ich-AG.[2] Allein im Zeitraum 2003–2006 wurden rund 1 Mio. Gründungen aus Arbeitslosigkeit getätigt. Davon waren etwa 400.000 sogenannte Ich-AGs, die mit dem Existenzgründungszuschuss (§ 421l SGB III) gefördert wurden. Zusätzliche Beschäftigungsimpulse gingen vor allem von solchen Gründungen aus, die mit dem Überbrückungsgeld (vormals § 57 SGB III) gefördert worden waren. Hier hatte nach knapp

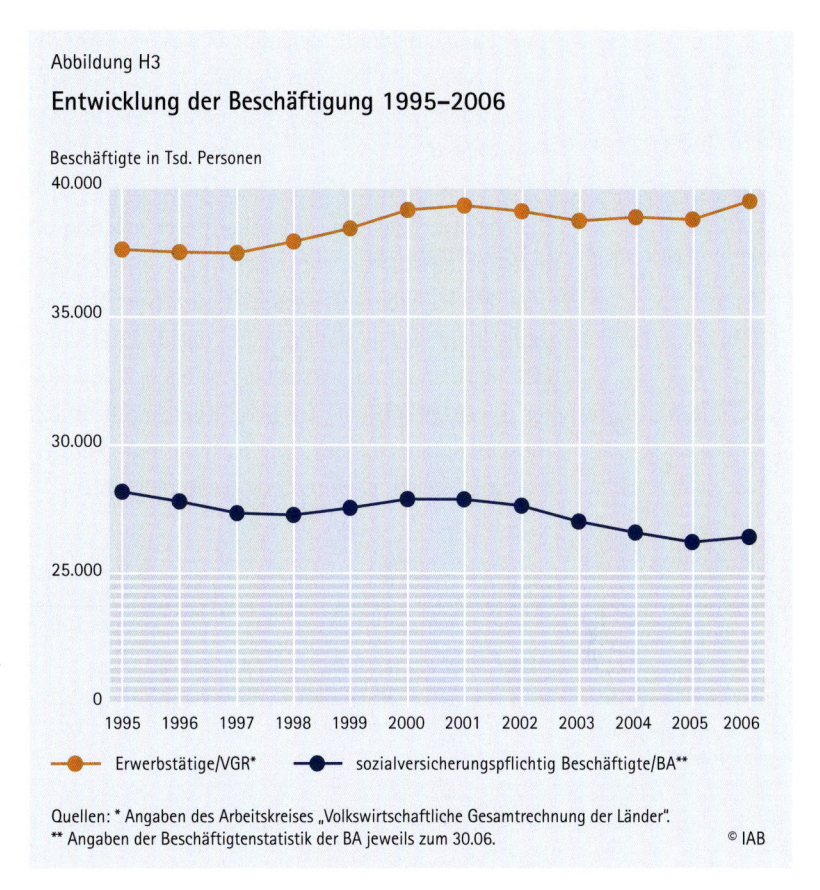

---

1 Der Umfang von „Arbeitsgelegenheiten", bei denen „Mehraufwandsentschädigungen" gezahlt werden (sogenannte Ein-Euro-Jobber), hat stark zugenommen und umfasste Mitte 2005 nach Angaben der BA in Deutschland insgesamt mehr als 200.000 Personen (Bundesagentur für Arbeit 2005: 1482).

2 In Deutschland, insbesondere in Ostdeutschland, war 2004 ein rasanter Anstieg von Existenzgründungen zu verzeichnen. Etwa jede zweite Existenzgründung im Jahr 2004 wurde über Überbrückungsgeld bzw. Existenzgründungszuschüsse staatlich gefördert. Da es sich überwiegend um Gründungen im „Kleingewerbe von geringer wirtschaftlicher Substanz" handelte, war dieser Gründungsboom nicht vorrangig mit der Schaffung zusätzlicher sozialversicherungspflichtiger Beschäftigungsverhältnisse verbunden (Institut der deutschen Wirtschaft Köln 2005: 2 f.).

Abbildung H3
Entwicklung der Beschäftigung 1995–2006

Quellen: * Angaben des Arbeitskreises „Volkswirtschaftliche Gesamtrechnung der Länder".
** Angaben der Beschäftigtenstatistik der BA jeweils zum 30.06.

zweieinhalb Jahren durchschnittlich etwa jeder vierte bis jeder dritte Gründer mindestens einen zusätzlichen Arbeitsplatz geschaffen. Bei den neu gegründeten Ich-AGs stand hingegen klar die Selbstbeschäftigung der Gründerperson im Vordergrund. Entsprechend gering war das Beschäftigungswachstum (Caliendo et al. 2007).

Eine ähnliche Entwicklung beschreiben die Daten des IAB-Betriebspanels auch für die Betriebe mit mindestens einem sozialversicherungspflichtig Beschäftigten. Im IAB-Betriebspanel werden neben den sozialversicherungspflichtig Beschäftigten auch Beamte, mithelfende Familienangehörige und sogenannte sonstige Beschäftigte erhoben. Diese sonstigen Beschäftigten umfassen zum Großteil geringfügig Beschäftigte. Nach Angaben des IAB-Betriebspanels steht dem Rückgang an sozialversicherungspflichtiger Beschäftigung in Ostdeutschland seit 1995 ein starker Anstieg der sonstigen Beschäftigung und damit vor allem der geringfügigen Beschäftigung gegenüber.[3] In Westdeutschland ist eine ähnliche Entwicklung zu beobachten, wenn auch nicht so stark ausgeprägt wie in Ostdeutschland.

Die sozialversicherungspflichtige Beschäftigung ist in den letzten Jahren zurückgegangen. In wachsendem Maße entstehen Beschäftigungsverhältnisse, die weniger stabil sind und für die Beschäftigten eine deutlich geringere soziale Absicherung bedeuten. Diese Entwicklung auf dem Arbeitsmarkt ist ein Hinweis darauf, dass externe Flexibilisierungsstrategien tatsächlich an Bedeutung gewonnen haben.

---

3   Im Gegensatz zu den Quartalszahlen der Minijob-Zentrale der Deutschen Rentenversicherung Knappschaft Bahn-See (KBS) erfasst das IAB-Betriebspanel nur Minijobs in Betrieben mit mindestens einem sozialversicherungspflichtig Beschäftigten zum Stichtag 30.06.

4   Für eine ausführliche Beschreibung der Kennziffern siehe u. a. Beckmann/Bellmann 2002; Cramer/Koller 1988; Bellmann et al. 1996; Knuth 1999; Boockmann/Hagen 2002; Strotmann/Haag 2004.

3   Die Dynamik des deutschen Arbeitsmarktes

In Abschnitt 2 wurde die Entwicklung der sozialversicherungspflichtigen Beschäftigung beschrieben. Diese Entwicklung ist das Ergebnis einer Vielzahl von – teilweise gegenläufigen – Bewegungen: Es gibt Übergänge von Beschäftigung in Arbeitslosigkeit und umgekehrt, Wechsel zwischen Ausbildung und Beschäftigung sowie Abgänge in den Ruhestand. Darüber hinaus gibt es Stellenwechsel zwischen Betrieben sowie den Aufbau und Abbau von Arbeitsplätzen in den Betrieben. All diese Bewegungen zusammengenommen beschreiben die Dynamik, die auf einem Arbeitsmarkt herrscht.

In arbeitsmarktpolitischen Diskussionen ist der Begriff der Dynamik meist positiv besetzt. Dynamik steht für Flexibilität und Mobilität – beide werden für die Lösung der gegenwärtigen Arbeitsmarktprobleme als hilfreich erachtet, weil sie Anpassungsprozesse erleichtern. Eine hohe Dynamk kann aber auch ein Hinweis auf instabile und kurzfristige Arbeitsverhältnisse sein. Diese können sich negativ auf das Herausbilden von firmenspezifischem Humankapital auswirken sowie – aufgrund der höheren Unsicherheit – auf das Engagement der Beschäftigten und damit auf die Produktivität. Eine hohe Dynamik kann in bestimmten Situationen nützlich sein, sie kann die wirtschaftliche Entwicklung aber auch längerfristig bremsen. Dynamik muss also, abhängig von der jeweiligen Situation auf dem Arbeitsmarkt, differenziert beurteilt werden.

Für die Analyse der Arbeitsmarktdynamik stehen verschiedene Konzepte zur Verfügung. Sie unterscheiden sich vor allem hinsichtlich der Berücksichtigung der Beschäftigungseffekte von Mobilität[4]:

1) Mithilfe der *Labour-Turnover-Rate* wird die Mobilität auf Personenebene gemessen. Die Labour-Turnover-Rate beschreibt über die Einstellungen und Personalabgänge die Personalfluktuation der Betriebe. Dieses Mobilitätsmaß ist unabhängig davon, ob es zu Beschäftigungseffekten kommt oder nicht.

2) Mit Hilfe der *Churning-Rate* wird der Teil der Personalbewegungen beschrieben, die nicht zu einem Beschäftigungseffekt führen. Die Churning-Rate ist ein Indikator dafür, in welchem Ausmaß beendete Arbeitsverhältnisse durch Personaleinstellungen wieder besetzt werden und gibt damit einen Hinweis auf die Durchlässigkeit betrieblicher Arbeitsmärkte.

3) Mithilfe der *Job-Turnover-Rate* wird die Dynamik von neu entstandenen und abgebauten Arbeitsplätzen beschrieben. Hier werden also Beschäftigungseffekte mit berücksichtigt.

In den folgenden Abschnitten wird die Dynamik des west- und ostdeutschen Arbeitsmarktes mithilfe dieser Konzepte beschrieben.

3.1 Mobilität von Beschäftigten – Labour-Turnover

Einstellungen und Personalabgänge beschreiben die Bewegungen auf der Beschäftigtenebene (Labour-Turnover), unabhängig davon, ob sich die Gesamtzahl der Beschäftigten verändert oder nicht. Diese Bewegungen können verschiedene Ursachen haben: Beschäftigte wechseln ihre Stelle, weil sie sich davon ein anderes Betätigungsfeld, bessere Bezahlung oder ein besseres Arbeitsklima erhoffen. Betriebe entlassen Beschäftigte, weil sie mit ihrer Arbeit unzufrieden sind, und stellen stattdessen eine andere Person ein oder lassen die Stellen unbesetzt. Befristete Arbeitsverträge laufen aus. Arbeitnehmer werden erstmals oder – nach einer Unterbrechung – wieder beschäftigt. Beschäftigte gehen in Rente.

Für die Analyse dieser Personalfluktuation wird die Kenngröße der Labour-Turnover-Rate benutzt. Diese setzt sich zusammen aus den Einstellungs- und Abgangsraten bezogen auf die Gesamtzahl der Beschäftigten:

Labour-Turnover-Rate [%] = Einstellungsrate [%] + Abgangsrate [%].

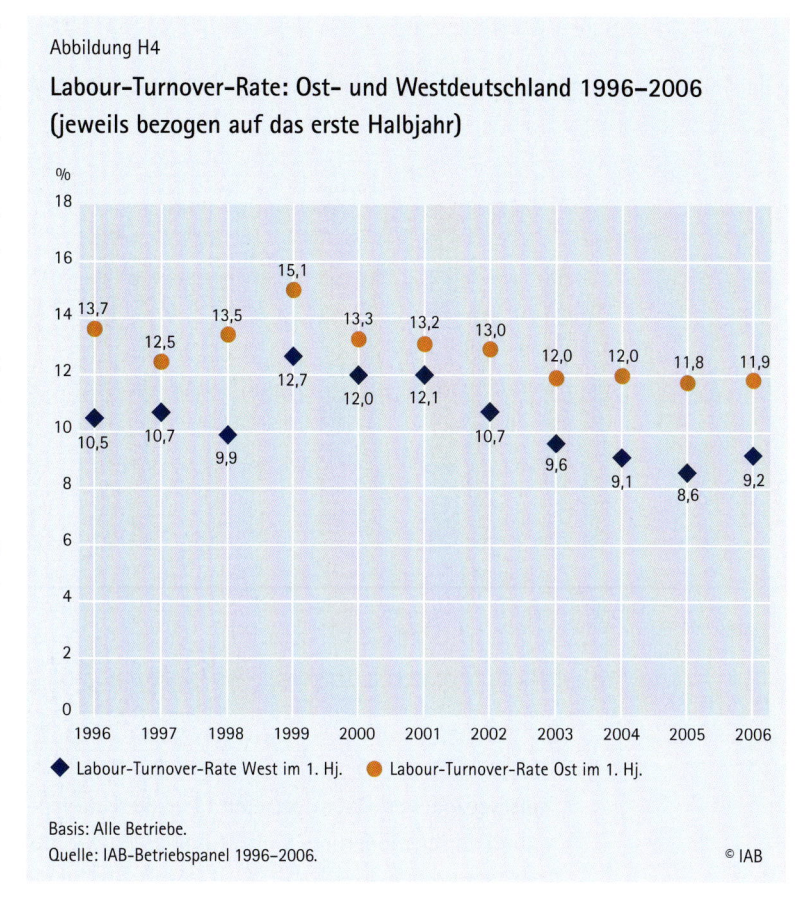

Abbildung H4

Labour-Turnover-Rate: Ost- und Westdeutschland 1996–2006 (jeweils bezogen auf das erste Halbjahr)

Jahr	West	Ost
1996	10,5	13,7
1997	10,7	12,5
1998	9,9	13,5
1999	12,7	15,1
2000	12,0	13,3
2001	12,1	13,2
2002	10,7	13,0
2003	9,6	12,0
2004	9,1	12,0
2005	8,6	11,8
2006	9,2	11,9

Basis: Alle Betriebe.
Quelle: IAB-Betriebspanel 1996–2006. © IAB

Dabei gilt:

Einstellungsrate [%] = Summe aller Einstellungen/Gesamtbeschäftigung[5]

und

Abgangsrate [%] = Summe aller Abgänge/Gesamtbeschäftigung.

Normalerweise wird die Labour-Turnover-Rate für den Zeitraum eines ganzen Jahres berechnet. Dies ist mit den Daten des IAB-Betriebspanels nicht möglich, da für die Einstellungen und Personalabgänge nur Angaben für das jeweilige erste Halbjahr vorliegen. Die im Folgenden ausgewiesenen Quoten sind daher niedriger als in anderen Quellen, die auf

---

5 Für die Gesamtbeschäftigung wird der mittlere Personalbestand im ersten Halbjahr herangezogen: ½ x (Anzahl der Gesamtbeschäftigten zum Stichtag + Anzahl der Gesamtbeschäftigten zum Jahresanfang).

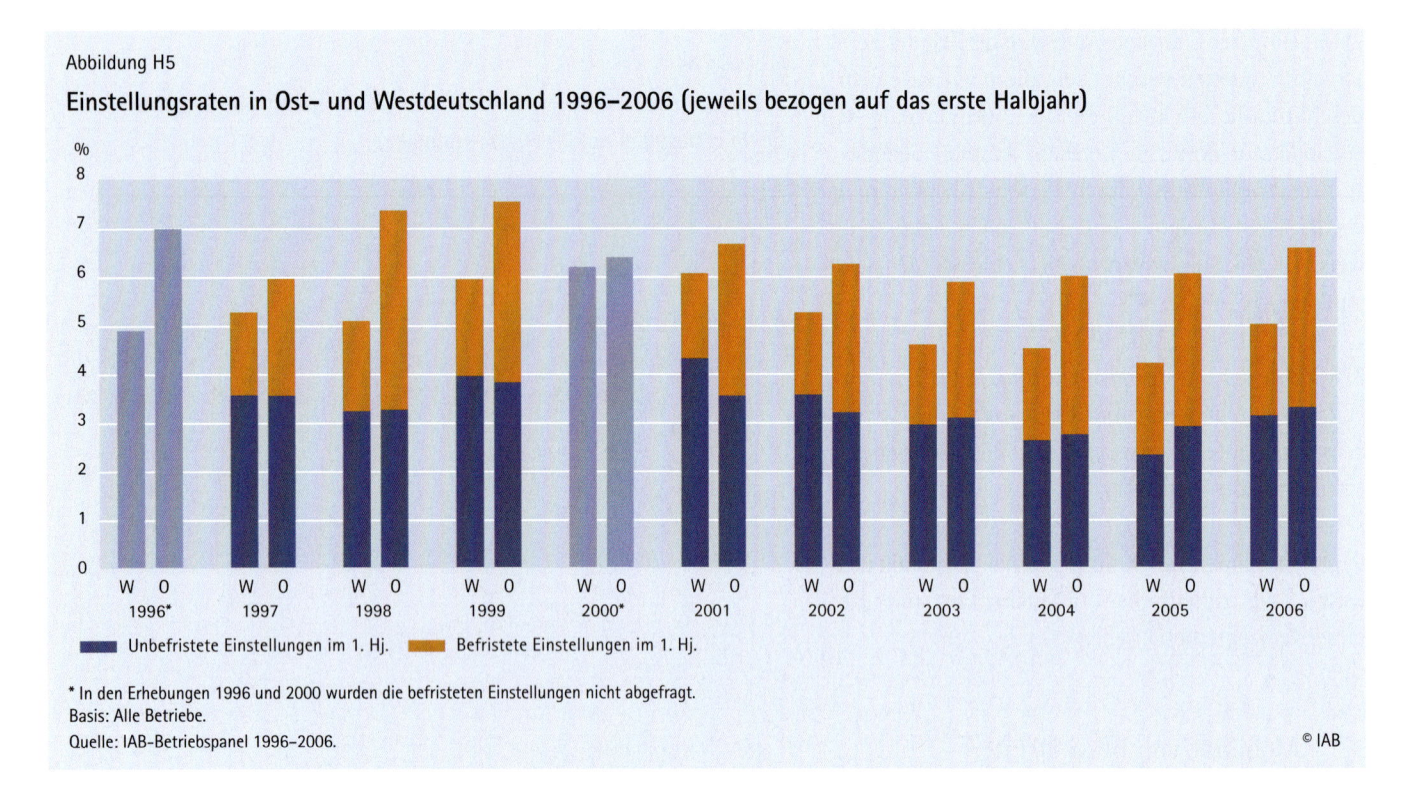

Kapitel H

Abbildung H5

Einstellungsraten in Ost- und Westdeutschland 1996–2006 (jeweils bezogen auf das erste Halbjahr)

■ Unbefristete Einstellungen im 1. Hj.   ■ Befristete Einstellungen im 1. Hj.

* In den Erhebungen 1996 und 2000 wurden die befristeten Einstellungen nicht abgefragt.
Basis: Alle Betriebe.
Quelle: IAB-Betriebspanel 1996–2006.

© IAB

jahresbezogenen Daten basieren.[6] Für die Untersuchung von Veränderungen im Zeitverlauf sowie für den Vergleich zwischen Ost- und Westdeutschland ist dieser Niveauunterschied allerdings unerheblich, da sich alle hier ausgewerteten Informationen stets auf das erste Halbjahr beziehen.

Personalfluktuation in Ostdeutschland höher

Die Labour-Turnover-Rate in Ostdeutschland liegt in allen Jahren des Beobachtungszeitraums über der in Westdeutschland (Abbildung H4). In Ostdeutschland gibt es also mehr Bewegungen in und aus Beschäftigung sowie zwischen den Betrieben als in Westdeutschland. Beide Kurven zeigen einen ähnlichen Verlauf: Zwischen den Jahren 1999 und 2005 ist die Bewegungsintensität rückläufig. Der Rückgang ist in Westdeutschland etwas stärker als in Ostdeutschland. Parallel zur positiven Entwicklung der sozial-

---

6   Aufgrund von Saisoneffekten können die Werte aus dem ersten Halbjahr nicht einfach verdoppelt werden, um zu jahresbezogenen Angaben zu kommen (Bielenski/Ullmann 2005: 10).

versicherungspflichtig Beschäftigten ist für 2006 auch mehr Bewegung auf dem Arbeitsmarkt zu beobachten: Die Labour-Turnover-Rate ist gestiegen, in Westdeutschland stärker als in Ostdeutschland.

Frühere Untersuchungen zeigten einen negativen Zusammenhang zwischen Labour-Turnover-Rate und Betriebsgröße (Bellmann et al. 1996). Das heißt, mit zunehmender Betriebsgröße geht die Labour-Turnover-Rate zurück. Das ist plausibel, da in größeren Betrieben ein eventueller Anpassungsbedarf seitens des Betriebs oder der Beschäftigten eher durch interne Stellenwechsel bewältigt werden kann. Dieser Zusammenhang kann als eine Ursache für die höhere Labour-Turnover-Rate in Ostdeutschland angesehen werden, denn die Größenklassenstruktur in Ostdeutschland ist durch mehr Kleinbetriebe gekennzeichnet als in Westdeutschland.

Wie oben beschrieben, setzt sich die Labour-Turnover-Rate aus Einstellungen und Personalabgängen zusammen. Um die Labour-Turnover-Rate besser interpretieren zu können, werden die beiden Komponenten der Labour-Turnover-Rate (Ein-

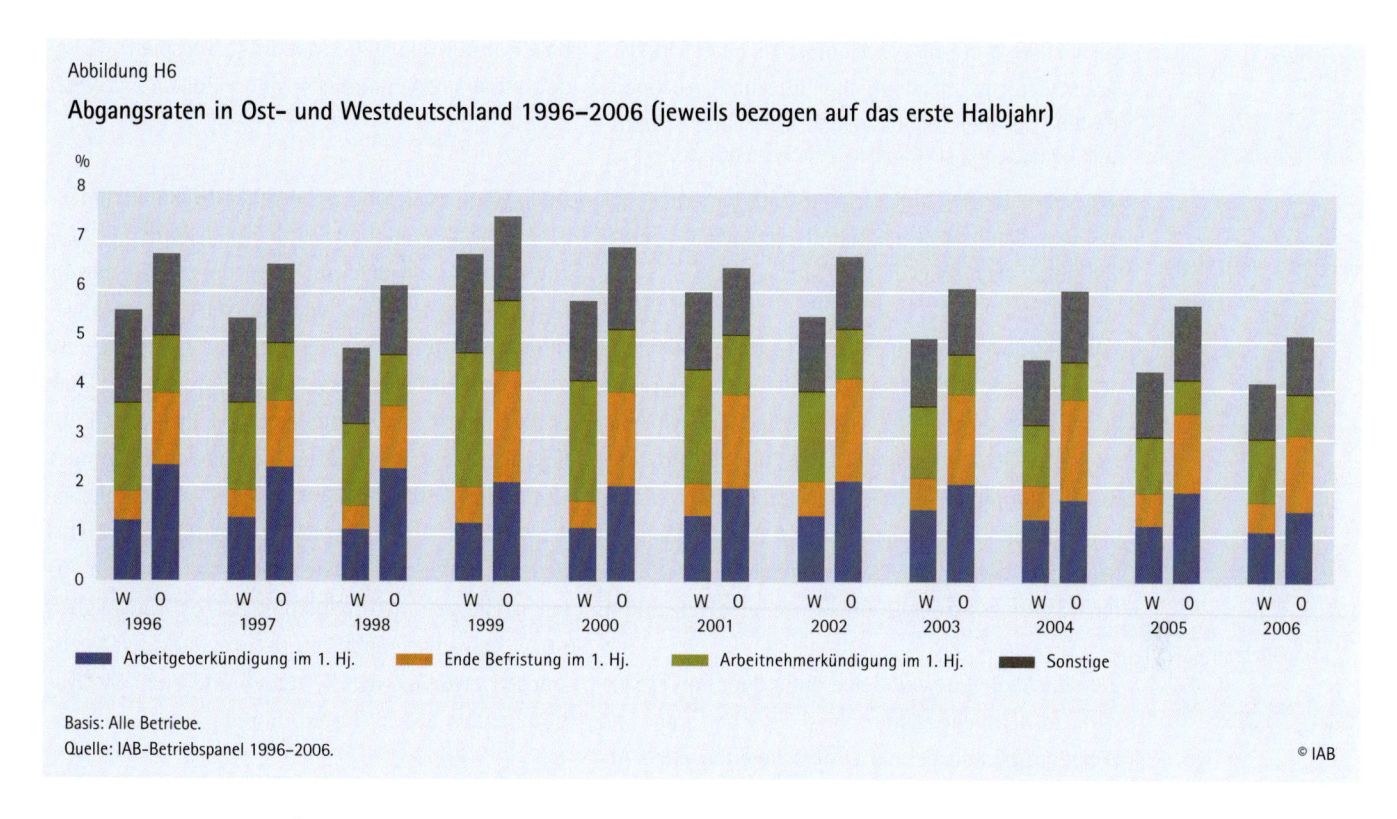

Abbildung H6

Abgangsraten in Ost- und Westdeutschland 1996–2006 (jeweils bezogen auf das erste Halbjahr)

■ Arbeitgeberkündigung im 1. Hj.   ■ Ende Befristung im 1. Hj.   ■ Arbeitnehmerkündigung im 1. Hj.   ■ Sonstige

Basis: Alle Betriebe.
Quelle: IAB-Betriebspanel 1996–2006.

© IAB

stellungen und Abgänge) getrennt betrachtet. Das IAB-Betriebspanel bietet dabei die Möglichkeit, die Abgangsrate in einzelne Abgangsgründe zu zerlegen (Kündigung des Arbeitgebers oder des Arbeitnehmers, Ablaufen eines befristeten Arbeitsvertrags oder Verrentung). Für die Einstellungen liegen wiederum Informationen darüber vor, ob sie befristet oder unbefristet sind. In den folgenden beiden Abbildungen sind die Einstellungs- und Abgangsraten in der oben beschriebenen Differenzierung sowie nach Ost- und Westdeutschland getrennt im Zeitverlauf dargestellt.[7]

Die Einstellungsrate liegt in jedem Jahr in Ostdeutschland über der in Westdeutschland. Ein auffälliger Unterschied besteht in Bezug auf die Befristung von neu abgeschlossenen Arbeitsverhältnissen: In jedem Jahr, in dem diese Information erhoben wurde, war der Anteil der befristeten Einstellungen in Ostdeutschland deutlich höher als in Westdeutschland (siehe auch Abbildung H12 in Abschnitt 5).

Im ersten Halbjahr 2006 sind die Einstellungsraten in Ost- und Westdeutschland erstmals seit Ende der 1990er-Jahre wieder gestiegen. Nach wie vor spielen befristete Einstellungen in Ostdeutschland eine wichtige Rolle. Während in Westdeutschland im Vergleich zu 2005 deutlich mehr unbefristete Einstellungen vorgenommen wurden und die Quote der befristeten Einstellungen nahezu unverändert blieb, stiegen in Ostdeutschland sowohl der Anteil der befristeten als auch der Anteil der unbefristeten Einstellungen an (vgl. Abbildung H5).

Höhere Personalfluktuation in Ostdeutschland wegen Befristung

Nicht nur die Einstellungsraten, sondern auch die Abgangsraten sind in Ostdeutschland insgesamt höher als in Westdeutschland (Abbildung H6). Im Gegensatz zur Einstellungsrate sind die Abgangsraten

---

[7] Im IAB-Betriebspanel liegen keine Informationen darüber vor, ob aus der Einstellung ein sozialversicherungspflichtiges Beschäftigungsverhältnis resultiert oder nicht. Die hier vorgestellten Zahlen beziehen sich also auf beides: sozialversicherungspflichtige und nicht sozialversicherungspflichtige Beschäftigung.

auch 2006 weiterhin rückläufig. Vor allem in Ostdeutschland ist ein deutlicher Rückgang zu beobachten. Darüber hinaus zeigen sich auch strukturelle Unterschiede hinsichtlich der Abgangsarten. Der Anteil der Abgänge wegen Auslaufens eines befristeten Arbeitsvertrags ist in Ostdeutschland deutlich höher als in Westdeutschland.

Analysen über den Verbleib von Beschäftigten haben gezeigt, dass in Westdeutschland Beschäftigungsverhältnisse durchschnittlich deutlich länger bestehen als in Ostdeutschland. Dort ist die Mehrheit der Beschäftigungsverhältnisse nach einem Jahr wieder beendet. Dies ist vor allem auf die stärkere Verbreitung geförderter Arbeitsverhältnisse zurückzuführen (Grotheer/Struck 2005; Grotheer et al. 2004).

Bei den Abgängen zeigt sich außerdem im Zeitverlauf ein deutlicher Unterschied zwischen Ost- und Westdeutschland bei der Unterscheidung nach Arbeitgeber- und Arbeitnehmerkündigungen. Über den gesamten Betrachtungszeitraum hinweg lag der Anteil der Arbeitnehmerkündigungen in Westdeutschland über dem in Ostdeutschland. Der Anteil der Kündigungen durch die Arbeitgeberseite ist dagegen im Betrachtungszeitraum in Ostdeutschland deutlich höher als in Westdeutschland. Im Jahr 2006 sind die Entlassungen sowohl in West- als auch in Ostdeutschland deutlich zurückgegangen. Im Gegensatz dazu ist der Anteil der Kündigungen von Beschäftigtenseite 2006 gestiegen. Dieser war in den sechs Jahren davor rückläufig. Die positive Entwicklung auf dem Arbeitsmarkt führt offensichtlich dazu, dass der Anteil der Beschäftigten, die aus eigener Initiative den Arbeitsplatz wechseln, steigt.

Das Auslaufen eines befristeten Arbeitsvertrags und Arbeitgeberkündigungen sind überwiegend betrieblich initiierte Beendigungen von Arbeitsverhältnissen.[8] Aus Sicht der Arbeitnehmer handelt es sich dabei um unfreiwillige Mobilität. Sie spielt in Ostdeutschland eine deutlich größere Rolle als in Westdeutschland.

Auch wenn es sich bei Arbeitsmarktdynamik um einen ambivalenten Indikator handelt, kann die aktuelle Entwicklung der Labour-Turnover-Rate positiv bewertet werden. Zum einen ist das Mehr an Bewegung nicht durch ein Mehr an Abgängen, sondern durch höhere Einstellungsraten entstanden. Zum anderen hat bei den Abgängen der Anteil von Kündigungen seitens der Arbeitnehmer zugenommen. Unter der Annahme, dass bei der trotzdem noch schwierigen Arbeitsmarktlage Beschäftigte mehrheitlich erst dann kündigen, wenn sie eine neue Arbeitsstelle gefunden haben, ist das ein Hinweis auf mehr freiwillige Mobilität. Diese kann zu Wissenstransfer zwischen den Betrieben und mehr Motivation bei den Beschäftigten führen.

Trotzdem lässt der Vergleich zwischen Ost- und Westdeutschland Zweifel an einer ausschließlich positiven Wirkung der Mobilität von Beschäftigten auf die Entwicklung am Arbeitsmarkt aufkommen: Trotz einer im Vergleich zu Westdeutschland größeren Mobilität der Beschäftigten zeigt sich in Ostdeutschland eine deutlich kritischere Situation auf dem Arbeitsmarkt als in Westdeutschland. Für die Beurteilung der Mobilität kommt es offensichtlich nicht nur auf den Umfang der Bewegungen an, sondern auch auf ihre Qualität.

3.2 Mobilität von Beschäftigten – Churning

Parallel zur positiven Beschäftigungsentwicklung ist von 2005 auf 2006 in den Betrieben für diesen Zeitraum auch ein erhöhter Personalaustausch ohne Beschäftigungseffekt zu beobachten. Das Phänomen der Personalbewegungen ohne Beschäftigungseffekt wird in der wissenschaftlichen Diskussion als „Churning" bezeichnet (Beckmann/Bellmann 2002). Personalbewegungen ohne Beschäftigungseffekt vollziehen sich, indem beendete Beschäftigungsverhältnisse durch neue Beschäftigungsverhältnisse mit

---

8 Zum Verhältnis von formaler Beendigung von Arbeitsverhältnissen und der Frage, von wem ursprünglich die Initiative zur Beendigung ausging: Bielenski/Ullmann 2005: 7.

anderen Personen ersetzt werden. Dabei muss es sich nicht zwangsläufig um Personen mit dem gleichen Profil handeln. Der Personalaustausch kann auch einer betrieblichen Strategie folgen, über das Neubesetzen von frei gewordenen Stellen gezielt andere Qualifikationen oder Altersgruppen in den Betrieb zu holen. Dies kann aktiv durch vorzeitige Verrentung oder Kündigung und anschließende qualitativ veränderte Neubesetzung der Stellen erfolgen, aber auch sukzessiv passieren, indem frei werdende Stellen mit Personen besetzt werden, die sich im Profil von den Vorgängern unterscheiden.

Personalbewegungen ohne Beschäftigungseffekt lassen sich mithilfe der Churning-Rate beschreiben.[9] Sie drückt den Grad des Personalaustausches bezogen auf die Gesamtbeschäftigung aus. Die Churning-Rate ist positiv. Sie nimmt den Wert null an, wenn überhaupt kein Personal ausgetauscht wurde. Dies ist der Fall, wenn es überhaupt keine Personalbewegung gab, nur Einstellungen (der Betrieb ist ohne Personalaustausch gewachsen) oder nur Personalabgänge (der Betrieb ist ohne Personalaustausch geschrumpft).

Die durchschnittliche Churning-Rate in Deutschland liegt aktuell bei 0,04, d. h., 4 % der Beschäftigten wurden im ersten Halbjahr 2006 eingestellt oder haben den Arbeitsplatz verlassen, ohne dass es zu einem Beschäftigungseffekt kam. Dieser sehr niedrige Wert entsteht aufgrund des sehr hohen Anteils von Betrieben, in denen es überhaupt keine Einstellungen oder Personalabgänge gab, die also eine Churning-Rate von null aufweisen. Dieser Anteil ist in den letzten sechs Jahren kontinuierlich gestiegen und liegt mittlerweile bei knapp zwei Drittel (64 %). Legt man nur die Betriebe mit Personalbewegungen zugrunde, so fanden dort im ersten Halbjahr 2006

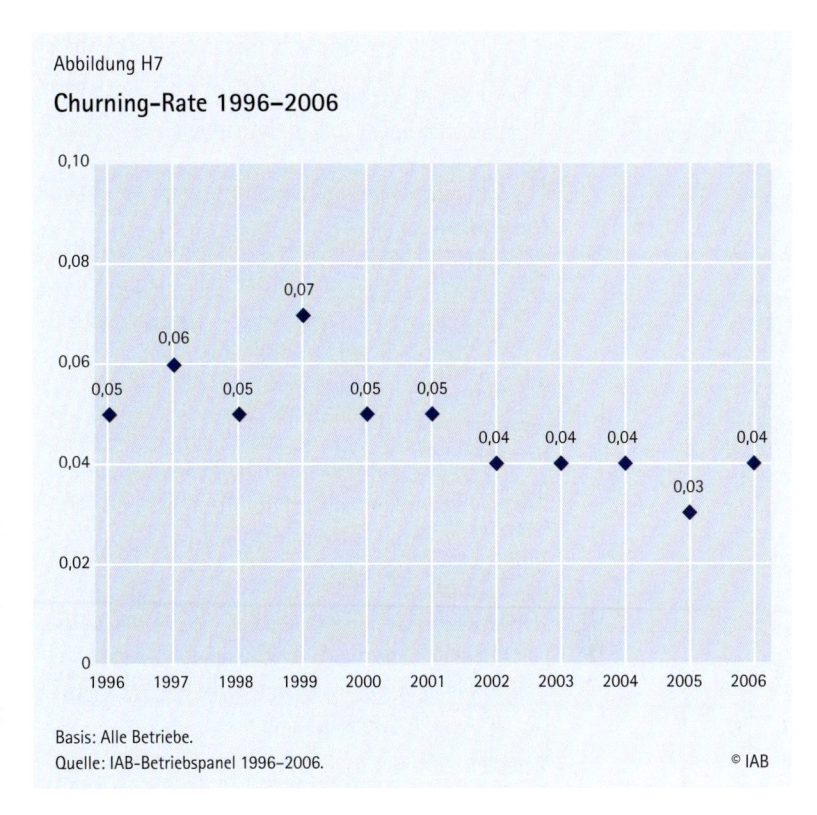

---

9 Die Churning-Rate ist wie folgt definiert: CR = (Einstellungen + Personalabgänge – Betrag der Beschäftigungsveränderung)/mittlerer Beschäftigtenbestand. Zur Herleitung siehe Alda et al. 2005. Die Berechnungen wurden auf der Betriebsebene durchgeführt. Die angegebenen CR sind also die durchschnittlichen CR der jeweiligen Betriebe.

Abbildung H7
Churning-Rate 1996–2006

[Streudiagramm mit Werten: 1996: 0,05; 1997: 0,06; 1998: 0,05; 1999: 0,07; 2000: 0,05; 2001: 0,05; 2002: 0,04; 2003: 0,04; 2004: 0,04; 2005: 0,03; 2006: 0,04]

Basis: Alle Betriebe.
Quelle: IAB-Betriebspanel 1996–2006. © IAB

10 % der Personalbewegungen nur zum Austausch von Personal statt.

Die Churning-Rate zeigt seit dem Jahr 2000 einen leichten Abwärtstrend. Das heißt, der reine Personalaustausch in den Betrieben ist im Laufe der letzten sechs Jahre zurückgegangen. Der Unterschied zwischen West- und Ostdeutschland ist marginal. In den Jahren 2005 und 2006 stieg die Churning-Rate wieder (Abbildung H7). Es finden also wieder verstärkt Einstellungen statt, um Personalabgänge zu ersetzen. Diese Entwicklung bestätigt die Ergebnisse von Alda et al. (2005), wonach die Entwicklung der Churning-Rate und die der Arbeitslosenquote in einem inversen Zusammenhang stehen: Eine hohe Arbeitslosenquote ist auch das Ergebnis von Personalabgängen, für die niemand eingestellt wurde. Dies drückt sich in einer niedrigen Churning-Rate aus.

Aktuell vollzieht sich der umgekehrte Fall: Die Arbeitslosigkeit geht zurück, der Personalaustausch in Betrieben, also die Churning-Rate, steigt. Eine Ent-

Kapitel H

> **Kasten H1**
> **Exkurs: Das Verhältnis zwischen Labour-Turnover und Job-Turnover**
>
> Der Labour-Turnover beschreibt das Nebeneinander von Einstellungen und Personalabgängen, der Job-Turnover betrachtet neu geschaffene beziehungsweise abgebaute Arbeitsplätze.[10] Beides ist nicht unabhängig voneinander, da die Schaffung von Arbeitsplätzen zwangsläufig auch Einstellungen nach sich zieht und der Abbau von Arbeitsplätzen entsprechende Personalabgänge. Trotzdem werden mit Labour-Turnover und Job-Turnover unterschiedliche Formen von Arbeitsmarktdynamik beschrieben. Ein Beispiel: Ein Betrieb A hat zum Zeitpunkt t_1 10 Beschäftigte und zum Zeitpunkt t_2 8 Beschäftigte. Zwischen den beiden Zeitpunkten hatte der Betrieb 5 Einstellungen und 7 Abgänge. Ein Betrieb B hat zu beiden Zeitpunkten 10 Beschäftigte, hatte aber zwischen den Zeitpunkten 8 Einstellungen und 8 Personalabgänge. Bei einer Betrachtung des Labour-Turnover, also der Arbeitskräftefluktuation, würden beide Betriebe in die Beobachtung aufgenommen, da beide Betriebe im Beobachtungszeitraum Einstellungen und Abgänge hatten. Bei der Betrachtung der Arbeitsplatzdynamik (Job-Turnover) würde nur Betrieb A als Betrieb mit einer Veränderung auftauchen, da Einstellungen und Abgänge in diesem Betrieb netto zu einem Abbau von zwei Arbeitsplätzen geführt haben. Das Beispiel zeigt: Auch bei einer Arbeitsplatzdynamik von null – es werden also weder Arbeitsplätze geschaffen noch abgebaut – kann es ein gleichzeitiges Nebeneinander von Einstellungen und Personalabgängen geben. Der Labour-Turnover ist also immer mindestens so groß wie der Job-Turnover, eher größer.[11]

werden. Dies bedeutet aber auch, dass Betriebsexterne Einstellungschancen erhalten und die Durchlässigkeit betrieblicher Arbeitsmärkte erhöht wird.

Offensichtlich hängt das Ausmaß des Personalaustausches auch mit dem Aufbau von Beschäftigung zusammen, denn wachsende Betriebe weisen eine höhere Churning-Rate auf als schrumpfende Betriebe. Dieses Ergebnis ist im Zeitverlauf stabil. In Betrieben, in denen Beschäftigung aufgebaut wird, wird also auch mehr Personal ausgetauscht als in Betrieben, in denen Personal abgebaut wird. Das erscheint plausibel. Betriebe, deren Auftragslage es ermöglicht und erfordert, mehr Personal zu beschäftigen, müssen frei werdende Stellen wieder besetzen, um die Personaldecke nicht zu verkleinern.

3.3 Arbeitsplatzdynamik – Job-Turnover

Bisher wurde mit dem Labour-Turnover das Nebeneinander von Einstellungen und Personalabgängen auf der Personenebene betrachtet. Dabei wurde nicht berücksichtigt, ob diese Personalbewegungen per saldo zu einer Veränderung der Gesamtbeschäftigung im Betrieb geführt haben. Auch das Churning lässt die Beschäftigungsveränderung unberücksichtigt, da es explizit den Personalaustausch fokussiert – also das Wiederbesetzen frei gewordener Stellen. Die Veränderung der Beschäftigung greift der Job-Turnover auf. Der Job-Turnover beruht auf geschaffenen und abgebauten Arbeitsplätzen und berücksichtigt daher die Entwicklung der Beschäftigung. Mit dem Job-Turnover wird die Dy-

---

10 Die Zahl der Arbeitsplätze wird hier vereinfachend durch die Zahl der Beschäftigten (Köpfe) im Betrieb gemessen. Unbesetzte Arbeitsplätze (offene Stellen) werden dabei ebenso wenig berücksichtigt wie Effekte von Veränderungen (z. B. Teilung eines Vollzeitarbeitsplatzes und Besetzung mit zwei Teilzeitkräften).

11 Beim Vergleich der Labour-Turnover-Rate und der Job-Turnover-Rate in diesem Abschnitt muss berücksichtigt werden, dass sich die Labour-Turnover-Rate nur auf das erste Halbjahr des jeweiligen Jahres bezieht.

spannung des Arbeitsmarktes erhöht offensichtlich auch – das wurde bereits oben ausgeführt – die Bereitschaft der Beschäftigten, den Arbeitsplatz auf eigene Initiative hin zu wechseln. In der Konsequenz müssen mehr frei werdende Stellen wieder besetzt

namik des Entstehens und Verschwindens von Arbeitsplätzen beschrieben.

Die Job-Turnover-Rate setzt sich zusammen aus der Arbeitsplatzentstehungs- und der Arbeitsplatzabbaurate. Dabei ist die Arbeitsplatzentstehungsrate der Anteil der in wachsenden Betrieben zusätzlich entstandenen Arbeitsplätze in Relation zum durchschnittlichen Bestand an Arbeitsplätzen. Die Arbeitsplatzabbaurate ist analog der Anteil der in schrumpfenden Betrieben abgebauten Arbeitsplätze.

Job-Turnover-Rate [%] = Arbeitsplatzentstehungsrate [%][12] **+ Arbeitsplatzabbaurate [%]**

Dabei gilt:
Arbeitsplatzentstehungsrate [%] = Summe aller in wachsenden Betrieben neu geschaffenen Arbeitsplätze/Gesamtbeschäftigung[13]

Arbeitsplatzabbaurate [%] = Summe aller in schrumpfenden Betrieben abgebauten Arbeitsplätze/Gesamtbeschäftigung

Ähnlich wie bei der zwischenbetrieblichen Mobilität gibt es auch für die Arbeitsplatzdynamik keine eindeutigen Anhaltspunkte, welches Ausmaß von Dynamik ‚gut' für die Entwicklung der Beschäftigung ist. Die Dynamik von neu geschaffenen und abgebauten Arbeitsplätzen ist ein Zeichen für Wandel und Bewegung: Neu geschaffene Arbeitsplätze können sich in verschiedener Hinsicht von abgebauten Arbeitsplätzen unterscheiden. Entstehen zusätzliche Arbeitsplätze längerfristig in anderen Branchen als in den Branchen, in denen Arbeitsplätze abgebaut werden, so ist dies ein Hinweis auf sektoralen Strukturwandel. Neu geschaffene Arbeitsplätze zeichnen sich außerdem oft durch andere Qualifikationsanforderungen, andere Tätigkeitsprofile oder höhere Produktivität aus. Ein gewisses Maß an Dynamik ist also wichtig, um den für die Wettbewerbsfähigkeit notwendigen wirtschaftlichen Strukturwandel zu ermöglichen.

Mithilfe der Arbeitsplatzabbau- und der Arbeitsplatzentstehungsrate kann auch analysiert werden, wie sich die Veränderung der Beschäftigung zusammensetzt. Die Veränderungsrate der Beschäftigung wird gebildet aus der Differenz zwischen Arbeitsplatzentstehungs- und Arbeitsplatzabbaurate.

In der Realität finden Arbeitsplatzabbau und Arbeitsplatzentstehung parallel statt. Ist die Arbeitsplatzentstehungsrate größer als die Arbeitsplatzabbaurate, wächst die Beschäftigung, ist sie kleiner, dann geht die Beschäftigung zurück. Ansatzpunkte für arbeitsmarktpolitische Maßnahmen unterscheiden sich in Abhängigkeit davon, wie sich die Arbeitsplatzentstehungsrate und die Arbeitsplatzabbaurate im Zeitverlauf verändern. Ist ein Rückgang der Gesamtbeschäftigung vor allem durch einen verstärkten Abbau von Arbeitsplätzen bedingt (steigende Arbeitsplatzabbaurate), dann wäre ein Ansatzpunkt für wirtschafts- und arbeitsmarktpolitische Maß-

---

12 Die Arbeitsplatzentstehungsrate umfasst auch die Arbeitsplätze, die in neu gegründeten Betrieben entstehen; ebenso sind in der Jobabbaurate auch die Arbeitsplätze enthalten, die aufgrund von Betriebsschließungen wegfallen. Mit den Querschnittsvergleichen der Daten des IAB-Betriebspanels kann dies nicht abgebildet werden, da nur die Betriebe in die Analyse einfließen, die zum jeweiligen Zeitpunkt im Bestand waren. Betriebe, die im Zeitraum 30.06. des Vorjahres bis 30.06. des Erhebungsjahres die Schwelle zu einem sozialversicherungspflichtig Beschäftigten überschritten haben, sind in dem entsprechenden Jahr nicht enthalten. Gleiches gilt für erloschene Betriebe. Die hier ausgewiesene Job-Turnover-Rate ist real also etwas höher, da Jobschaffung und Jobabbau in den Neugründungen und Betriebsschließungen in den jeweiligen Jahren nicht berücksichtigt werden können.

13 Für die Gesamtbeschäftigung wird der mittlere Personalbestand herangezogen: ½ x (Anzahl der Gesamtbeschäftigten zum Stichtag + Anzahl der Gesamtbeschäftigten zum 30.06. des Erhebungsjahres). Im Rahmen dieser Analysen gilt für die Definition von wachsenden und schrumpfenden Betrieben immer die Veränderung der Beschäftigung vom 30.06. des Stichtags zum 30.06. des Erhebungsjahres laut Frage 1 des IAB-Betriebspanel-Fragebogens.

Abbildung H8

Arbeitsplatzentstehungs- und Arbeitsplatzabbaurate (sozialversicherungspflichtig Beschäftigte) in West- und Ostdeutschland 1996–2006 (Angaben in %)

West: Jobschaffungsrate / Jobabbaurate / Saldo
- 1996: 5,1 / -5,4
- 1997: 5,1 / -5,6
- 1998: 5,2 / -4,8
- 1999: 6,6 / -4,6
- 2000: 6,4 / -4,8
- 2001: 5,4 / -4,8
- 2002: 4,9 / -5,6
- 2003: 3,1 / -4,9
- 2004: 4,0 / -5,4
- 2005: 4,3 / -5,4
- 2006: 5,1 / -4,2

Ost: Jobschaffungsrate / Jobabbaurate
- 1996: 7,8 / -8,7
- 1997: 5,7 / -8,8
- 1998: 7,1 / -8,2
- 1999: 7,1 / -7,9
- 2000: 6,5 / -7,8
- 2001: 5,5 / -8,2
- 2002: 4,9 / -8,0
- 2003: 3,9 / -6,6
- 2004: 5,5 / -7,6
- 2005: 5,4 / -8,4
- 2006: 6,5 / -5,3

■ Jobschaffungsrate ■ Jobabbaurate ● Saldo aus Arbeitsplatzentstehung und Arbeitsplatzabbau

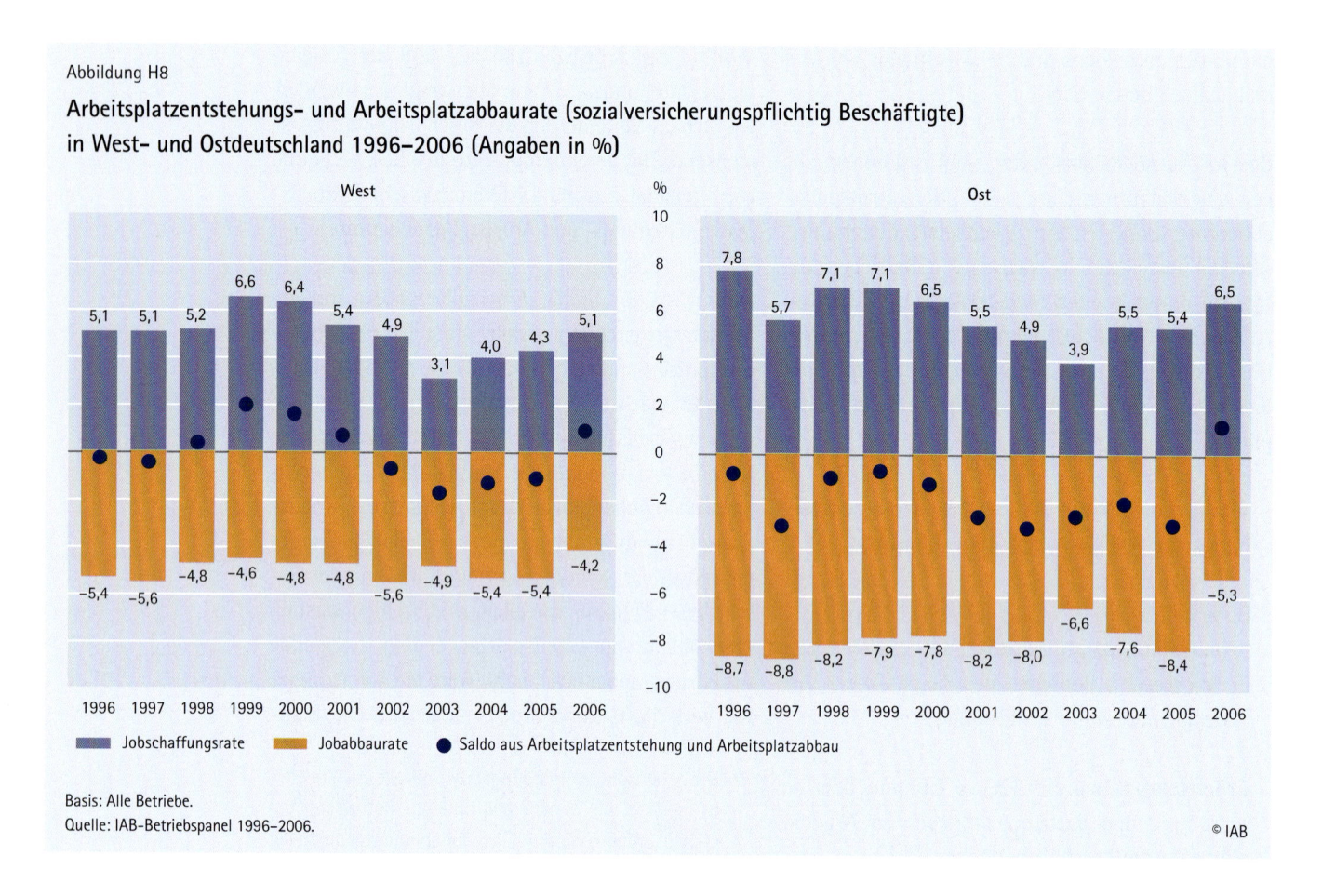

Basis: Alle Betriebe.
Quelle: IAB-Betriebspanel 1996–2006.
© IAB

nahmen, die Rahmenbedingungen für die Sicherung des Beschäftigungsbestands zu verbessern. Ist der Rückgang der Gesamtbeschäftigung dagegen auf eine geringere Zahl neu geschaffener Arbeitsplätze zurückführen (sinkende Arbeitsplatzentstehungsrate), dann ist das ein Hinweis auf Rahmenbedingungen oder den Einsatz von Instrumenten, die die Schaffung neuer Arbeitsplätze erleichtern.

Abbildung H8 zeigt den Anteil der in wachsenden Betrieben geschaffenen Arbeitsplätze (Arbeitsplatzentstehungsrate) und den Anteil der in schrumpfenden Betrieben abgebauten Arbeitsplätze (Arbeitsplatzabbaurate) von 1996 bis 2006.[14] Die Balken in den positiven Bereichen stellen die Arbeitsplatzentstehungsrate dar und die entsprechenden Balken in den negativen Bereichen die Arbeitsplatzabbaurate. Die Summe der beiden Balken gibt die Job-Turnover-Rate wieder. Die Punkte zeigen den Saldo aus Arbeitsplatzentstehung und Arbeitsplatzabbau, also die Veränderungsrate der sozialversicherungspflichtigen Beschäftigung.

Die Job-Turnover-Rate als Summe von Arbeitsplatzentstehungs- und Arbeitsplatzabbaurate misst das Ausmaß der Arbeitsmarktdynamik. Je größer die Job-Turnover-Rate, desto dynamischer der Arbeitsmarkt.

---

14 Die Analysen beziehen sich auf die sozialversicherungspflichtig Beschäftigten, da diese vor dem Hintergrund der Diskussion um die Zukunft der sozialen Sicherungssysteme eine wichtige Rolle spielen. Wie oben erwähnt, beziehen sich die Betrachtungen nur auf die Betriebe der Grundgesamtheit im jeweiligen Jahr. Neugründungen und Betriebsschließungen werden nicht berücksichtigt. Die Betrachtung konzentriert sich auf die Veränderung der Anzahl von Personen. Dass es durch entsprechende Arbeitszeitanpassungen auch Veränderungen im Arbeitsvolumen geben kann, wurde hier ebenfalls nicht berücksichtigt.

Betrachtet man die Balkenlänge der Abbildung insgesamt, so erweist sich der ostdeutsche Arbeitsmarkt als dynamischer als der westdeutsche. Die Dynamik in Ostdeutschland setzt sich sowohl aus einem hohen Arbeitsplatzabbau als auch aus einer umfangreichen Arbeitsplatzentstehung zusammen. Es zeigt sich also, dass nicht nur die zwischenbetriebliche Mobilität in Ostdeutschland höher ist als in Westdeutschland, sondern auch die Dynamik aus Entstehen und Verschwinden von Arbeitsplätzen. Dieses Resultat legt die Vermutung nahe, dass nicht nur die Arbeitsverhältnisse, sondern auch die Arbeitsplätze in Ostdeutschland instabiler sind als in Westdeutschland. Dies gilt vor allem für den Zeitraum bis zum Jahr 2005. 2006 zeigt sich ein deutlicher Rückgang der Arbeitsplatzabbaurate und ein leichter Anstieg der Arbeitsplatzentstehungsrate. Der Rückgang der Arbeitsplatzabbaurate führt dazu, dass in Ostdeutschland die Job-Turnover-Rate 2006 deutlich zurückgegangen ist. Es bleibt abzuwarten, ob dies eine Trendwende einleitet hin zu stabileren Arbeitsplätzen in Ostdeutschland.

Die Kurve der Nettoveränderung der Beschäftigung bleibt in Ostdeutschland bis 2005 im negativen Bereich. Die Anzahl der sozialversicherungspflichtig Beschäftigten ist in Ostdeutschland also von 1996 bis 2005 permanent rückläufig. 2006 ist in Ostdeutschland das erste Mal eine positive Entwicklung sichtbar. In Westdeutschland ergibt sich vom Verlauf her ein ähnliches Bild: Vor allem seit 1999 ist die Nettoveränderung permanent zurückgegangen und erreichte ihren Tiefpunkt im Jahr 2003. Die Talsohle scheint 2006 überwunden, wobei auch hier noch abzuwarten ist, ob es sich um eine Trendwende handelt.

Trotz der negativen Entwicklung der sozialversicherungspflichtigen Beschäftigung ist überraschenderweise die Arbeitsplatzentstehungsrate in Ostdeutschland in jedem Jahr des gesamten Betrachtungszeitraums höher als in Westdeutschland. Es werden also in Ostdeutschland relativ zur Gesamtzahl der sozialversicherungspflichtig Beschäftigten mehr Arbeitsplätze geschaffen als in Westdeutschland. Dabei sei noch einmal darauf hingewiesen, dass es sich um Arbeitsplätze handelt, die tatsächlich geschaffen wurden, und nicht nur um Einstellungen.

Sowohl in Ost- als auch in Westdeutschland ist die Arbeitsplatzabbaurate relativ stabil. Der Anteil abgebauter Stellen an allen sozialversicherungspflichtig Beschäftigten liegt in Ostdeutschland zwar erwartungsgemäß deutlich höher als in Westdeutschland, verändert sich aber über die Jahre hinweg nur sehr geringfügig. Auch andere Untersuchungen sind zu dem Ergebnis gekommen, dass der Anteil der abgebauten Stellen im Zeitverlauf relativ konstant bleibt und damit offensichtlich weitgehend unabhängig von der konjunkturellen Entwicklung verläuft (z. B. Strotmann/Haag 2004; Knuth 1999; Bellmann et al. 1996).

Die Arbeitsplatzentstehungsrate verändert sich über die Zeit in etwa parallel zur Veränderungsrate der sozialversicherungspflichtigen Beschäftigung (Abbildung H8). Das heißt, die Veränderung der Arbeitsplatzentstehungsrate ist relevant für die Veränderungsrate der Beschäftigung. Dies trifft sowohl für Westdeutschland als auch für Ostdeutschland zu. Eine Ausnahme bildet hier das Jahr 2006, in dem die Arbeitsplatzabbaurate deutlich zurückgegangen ist und damit die Veränderungsrate der sozialversicherungspflichtig Beschäftigten bestimmt.

Die bisherigen Ergebnisse zeigen, dass für eine bessere Entwicklung auf dem Arbeitsmarkt die Rahmenbedingungen für die Schaffung von Arbeitsplätzen ausschlaggebend sind. Gleichzeitig sollte die Arbeitsplatzabbaurate möglichst nicht weiter ansteigen. Dies gilt insbesondere für Ostdeutschland. Für die dortige Arbeitsmarktentwicklung wäre es wünschenswert, wenn sich die Arbeitsplatzabbaurate zumindest auf diesem Niveau stabilisiert. Eine Absenkung der ostdeutschen Arbeitsplatzabbaurate auf das westdeutsche Niveau würde die Lage auf dem Arbeitsmarkt in Ostdeutschland deutlich verbessern.

Zwischenresümee

Ebenso wie die Beschäftigung haben sich auch die Indikatoren für Dynamik auf dem Arbeitsmarkt nach einem länger anhaltenden Rückgang wieder positiv entwickelt. Dies gilt sowohl für die Labour-Turnover-Rate als Maß für die Mobilität von Beschäftigten als auch für die Churning-Rate als Maß für Personalaustausch ohne Beschäftigungseffekt. Diese ersten Gegenüberstellungen legen die Vermutung nahe, dass mit der positiven Beschäftigungsentwicklung der Arbeitsmarkt wieder stärker in Bewegung gekommen ist. Die Untersuchung der Labour-Turnover-Rate hat gezeigt, dass es auf der Personenebene in Ostdeutschland mehr Bewegung auf dem Arbeitsmarkt gibt als in Westdeutschland. Dies ist vor allem auf Befristungen durch aktive Arbeitsmarktpolitik und einen hohen Anteil von unfreiwilliger Mobilität zurückzuführen. Für den Zusammenhang zwischen Mobilität der Beschäftigten und Arbeitsmarktentwicklung sind offensichtlich nicht nur die Bewegungen an sich von Bedeutung, sondern auch ihre Qualität.

Sicherlich ist Dynamik auf dem Arbeitsmarkt nicht bedingungslos als positiv einzustufen, bezieht sie sich doch oftmals auf instabile Arbeitsverhältnisse. Auf den ersten Blick scheint sich die Bewegung auf dem Arbeitsmarkt in Deutschland positiv zu entwickeln. Die Erhöhung der Mobilität der Beschäftigten ist vor allem auf einen Anstieg der Einstellungsrate zurückzuführen. Außerdem ist bei den Abgängen ein Anstieg des Anteils der Kündigungen vonseiten der Beschäftigten zu verzeichnen, was auf ein höheres Maß an freiwilliger Mobilität schließen lässt.

Die Analyse von Arbeitsplatzabbau und Arbeitsplatzentstehung (Job-Turnover) hat gezeigt, dass die Arbeitsplatzdynamik in Ostdeutschland höher ist als in Westdeutschland. In Ostdeutschland werden über den Betrachtungszeitraum hinweg sowohl mehr Arbeitsplätze geschaffen als auch mehr Arbeitsplätze abgebaut. Da sowohl die Personalfluktuation als auch die Arbeitsplatzdynamik in Ostdeutschland höher sind als in Westdeutschland, kann auf eine geringere Stabilität der Arbeitsplätze in Ostdeutschland geschlossen werden.

Die Veränderung der sozialversicherungspflichtigen Beschäftigung wird sowohl in West- als auch in Ostdeutschland vor allem durch die Dynamik bei der Arbeitsplatzentstehung getragen. Die Arbeitsplatzabbaurate bleibt sowohl in Ost- als auch in Westdeutschland im Beobachtungszeitraum relativ konstant, die Arbeitsplatzentstehungsrate unterliegt Veränderungen. Die Ergebnisse deuten darauf hin, dass sich in beiden Regionen arbeitsmarktpolitische Instrumente auf die Verbesserung der Rahmenbedingungen zur Schaffung von Arbeitsplätzen konzentrieren müssen, ohne dabei den Bestandsschutz außer Acht zu lassen. Die Ergebnisse lassen außerdem vermuten, dass die Förderpolitik in Ostdeutschland dahin gehend überdacht werden müsste, wie die Schaffung längerfristig stabiler Arbeitsverhältnisse unterstützt werden kann. Die hohe Dynamik auf dem ostdeutschen Arbeitsmarkt kann als unzureichende Nachhaltigkeit gesehen werden.

Die eben beschriebene Bewegung auf dem Arbeitsmarkt sagt noch nichts über qualitative Veränderungen der Beschäftigtenstruktur aus. Die in Abschnitt 1 vorgestellten Überlegungen zu betrieblichen Strategien interner und externer Flexibilisierung belegen aber, dass in den letzten Jahren auch die Vielfalt der Beschäftigungsverhältnisse zugenommen hat – mit unterschiedlichen Implikationen für Betriebe und Beschäftigte. Das Normalarbeitsverhältnis als unbefristete Vollzeitbeschäftigung hat an Bedeutung verloren. In zunehmendem Maße werden atypische Beschäftigungsverhältnisse eingesetzt, um den veränderten Rahmenbedingungen für die Sicherung der Wettbewerbsfähigkeit Rechnung zu tragen. Auf die Entwicklung atypischer Beschäftigung insgesamt und ihrer unterschiedlichen Formen wird im nächsten Abschnitt genauer eingegangen.

4 Atypische Beschäftigung in Deutschland

Der Begriff „atypisch" bezeichnet im Sinne einer Negativdefinition alle Beschäftigungsverhältnisse, die von dem Normalarbeitsverhältnis abweichen. Unter Normalarbeit werden auf Dauer angelegte, sozialversicherungspflichtige, unbefristete Arbeitsverhältnisse in Vollzeit subsumiert; weitere Kriterien sind die Identität von Arbeits- und Beschäftigungsverhältnis sowie die Weisungsgebundenheit des Arbeitnehmers vom Arbeitgeber.

Zu atypischen Beschäftigungsformen zählen Teilzeitarbeit, geringfügige Beschäftigung, befristete Arbeitsverhältnisse und Leiharbeit. Auch geförderte Ein-Euro-Jobs[15] und Praktika reihen sich in die Liste der atypischen Beschäftigungsformen ein.

Betriebe, Staat und Arbeitnehmer tragen aus unterschiedlichen Gründen zur Verbreitung atypischer Beschäftigung bei.

Für den Staat sind im Zusammenhang mit der Bekämpfung der Arbeitslosigkeit atypische Arbeitsverträge zunehmend ins Interesse der Arbeitsmarktpolitik gerückt. Die geringeren betrieblichen Kosten atypischer Verträge sollen das Einstellungsrisiko für Betriebe verringern und die Integration Erwerbsloser in den Arbeitsmarkt erleichtern. Außerdem tragen atypische Verträge dazu bei, dass die Anpassungsfähigkeit der Betriebe erhöht wird. Der Staat erfüllt in diesem Zusammenhang allerdings nicht nur eine regulierende Funktion, sondern ist als Arbeitgeber selbst an der Verbreitung atypischer Verträge beteiligt (vgl. Abbildung H12 in Abschnitt 5).

---

15 Ein-Euro-Jobs stellen als Arbeitsgelegenheiten keine Beschäftigung im arbeitsrechtlichen Sinne dar, sind demzufolge weder mit arbeitsrechtlichen Kündigungsschutz- oder Mitbestimmungsfunktionen ausgestattet, noch erhalten die Teilnehmer einen Arbeitslohn. Vielmehr wird eine Mehraufwandsentschädigung von 1–2 Euro pro tatsächlich geleistete Arbeitsstunde bezahlt, die die Teilnehmer zusätzlich zu ihrem Arbeitslosengeld II erhalten.

Atypische Beschäftigungsformen eröffnen den Arbeitnehmern Arbeitsmöglichkeiten, die sonst zum Teil nicht gegeben wären – insbesondere für diejenigen Arbeitnehmer, die keine dauerhafte Vollzeitarbeit annehmen können. Minijobs werden beispielsweise als Zusatzverdienst zur Aufbesserung des Haushaltseinkommens genutzt, Teilzeitarbeit erleichtert die Vereinbarkeit von Erwerbsleben und Familie, und Studierende nutzen Praktika und befristete Arbeitsverträge während der Semesterferien. Gleichwohl lag der Anteil der Arbeitnehmer mit befristeten Arbeitsverträgen, die keine Dauerstellung wünschen, nach Angaben der europäischen Arbeitskräfteerhebung 2006 bei 2 %. Auch Teilzeitarbeit stellt nicht immer eine wirkliche Präferenz dar, sondern ist oftmals auf eine unzureichende Versorgung mit ganztägigen Betreuungsangeboten für Kinder zurückzuführen.

Aus betrieblicher Perspektive dienen atypische Verträge der Senkung der tatsächlichen oder antizipierten Personalkosten. Atypische Verträge werden vor allem genutzt, um gesetzliche, tarifvertragliche oder betriebliche Standards zu umgehen, die für die regulär Beschäftigten gelten und die mit Kosten verbunden sind. Dazu zählt vor allem der allgemeine Kündigungsschutz, aber auch andere gesetzliche, tarifvertragliche und betriebliche Regelungen, die zum einen die Entgelte betreffen (Gehalt, Sonderzahlungen und Zuschläge) und zum anderen den Urlaubsanspruch, die betriebliche Alterssicherung und andere betriebliche Sozialleistungen. Diese Kostenvorteile werden insbesondere bei unsicherer oder diskontinuierlicher wirtschaftlicher Entwicklung realisiert, wenn eine hohe Flexibilität in der Arbeitsorganisation erforderlich ist oder Unsicherheiten über die Eignung von Arbeitskräften bestehen. Die verschiedenen Formen atypischer Beschäftigung erfüllen dabei unterschiedliche kostensenkende Funktionen:

Befristete Arbeitsverträge dienen der Vermeidung bzw. Antizipation des allgemeinen oder tarifvertraglich erweiterten Kündigungsschutzes, der mit (Entlassungs-)Kosten verbunden sein kann. Diese Vermeidung ist aus betrieblicher Perspektive sinnvoll bei zeitlich bzw. finanziell befristeter Projektarbeit, bei Vertretungen des Stammpersonals, bei wirtschaftlicher Unsicherheit oder Saisonarbeit. Zudem werden befristete Verträge eingesetzt, wenn voraussichtlich auch nach der gesetzlichen Probezeit von sechs Monaten Unsicherheiten bezüglich der Eignung der Arbeitskraft bestehen.

Leiharbeit wird häufig bei akutem Arbeitskräftebedarf insbesondere im Verarbeitenden Gewerbe und den angrenzenden Dienstleistungsbranchen eingesetzt und fungiert in erster Linie als Flexibilitätspuffer. Gerade in industriellen Großbetrieben mit hohen tarifvertraglichen und betrieblichen Zusatzleistungen dient der Einsatz von Leiharbeitern der Senkung von Personal- und Verwaltungskosten. Leiharbeitnehmer sind bei Entleihbetrieben beschäftigt und unterliegen den meist günstigeren Tarifverträgen der Entleihbetriebe. Betriebliche Zusatzleistungen, die für die Stammbelegschaft gelten, wie Urlaubs- und Weihnachtsgeld oder eine betriebliche Altersversorgung, müssen dementsprechend nicht gezahlt werden.

Geringfügige Beschäftigung spielt etwa im Handel und Gast- und Reinigungsgewerbe eine große Rolle, da Betriebe dadurch flexibel auf Kundenströme und erweiterte Öffnungszeiten eingehen können. Ein zentraler Grund der betrieblichen Nutzung von geringfügiger Arbeit ist, dass die proportionalen Bruttostundenkosten geringer ausfallen als bei versicherungspflichtig Beschäftigten (vgl. Bäcker 2007): Dies ist vor allem darauf zurückzuführen, dass tarif- und arbeitsvertragliche Standards häufig unterlaufen werden. Darunter fallen betriebliche Sonderzahlungen und Zuschläge, die betriebliche Altersversorgung und Sozialleistungen, die Entgeltfortzahlung im Krankheitsfall, der gesetzliche oder tarifvertragliche Erholungsurlaub, die gesetzliche Feiertagsvergütung, der Kündigungsschutz oder Elternzeit. Geringfügige Beschäftigung wird zudem in Privathaushalten eingesetzt, da dem Arbeitgeber dort nur geringe Abgaben entstehen und die Arbeit steuerlich absetzbar ist – wenngleich die Schwarzarbeit in Privathaushalten weiterhin dominiert: Bei Schwarzarbeit sind keine Abgaben zu entrichten, Arbeitskräfte können ohne Arbeitserlaubnis beschäftigt und bürokratischer Aufwand vermieden werden.

Betriebliche Motive für den Einsatz von sozialversicherungspflichtiger *Teilzeitbeschäftigung* bestehen vor allem im zeitlich begrenzten Arbeitskräftebedarf, der Überbrückung vorübergehender Personalengpässe sowie in längeren Betriebs- bzw. Öffnungszeiten. Betriebe kommen zudem den individuellen Wünschen der Beschäftigten entgegen: In Betrieben mit in der Regel mehr als 15 Arbeitnehmern haben Arbeitnehmer zudem einen Anspruch auf Arbeitszeitreduzierung (§ 8 Abs. 7 TzBfG). Zum Teil wird Teilzeitarbeit allerdings auch zur Senkung der Personalkosten bzw. bei finanziellen Schwierigkeiten genutzt (vgl. Wanger 2006). Ein Beispiel ist die exzessive Vergabe von halben Stellen in wissenschaftlichen Einrichtungen, deren Existenz letztlich auf knappe Haushaltsmittel und nicht auf einen begrenzten Arbeitskräftebedarf zurückzuführen ist.

Praktika und geförderte *Ein-Euro-Jobs* sind explizit als Einstiegshilfen in den Arbeitsmarkt zur Vermittlung von Beschäftigungsfähigkeit gedacht. Die Arbeitsleistung der Teilnehmer soll nicht im Vordergrund stehen, sondern zusätzlich sein (6 AZR 564/01 BAG vom 13.03.2003; § 16 SGB II), zumal keine oder geringe ‚Aufwandsentschädigungen' für die Tätigkeit in solchen Praktika und Ein-Euro-Jobs bezahlt werden. Die beiden Tätigkeitsformen werden dennoch in der Liste der ‚atypischen Beschäftigungsformen' berücksichtigt, da für Betriebe über die Screeningfunktion hinaus Anreize bestehen, derartige Einstiegshilfen als reguläre Arbeitsverhältnisse zu begreifen. Einstiegsjobs sind dysfunktional, wenn es keine Schnittmenge zwischen arbeitsmarktpolitischer Zielsetzung und betrieblichen Beschäftigungsstrategien gibt und die Verbesserung der Beschäftigungsfähigkeit bzw. die Erleichterung des Übergangs in eine existenzsichernde Beschäftigung nicht erreicht wird.

Teilzeitbeschäftigung ist die mit Abstand am weitesten verbreitete atypische Beschäftigungsform,

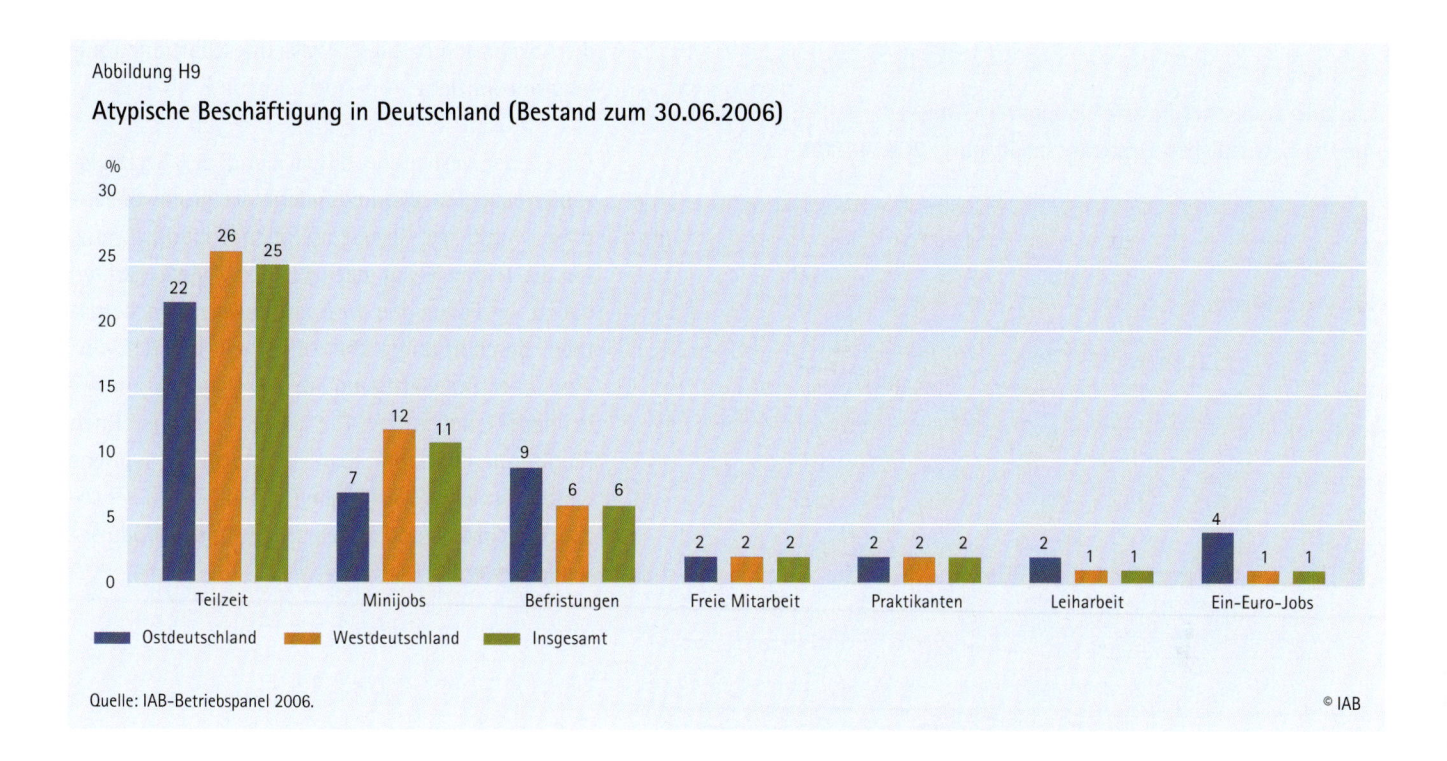

Abbildung H9

Atypische Beschäftigung in Deutschland (Bestand zum 30.06.2006)

Kategorie	Ostdeutschland	Westdeutschland	Insgesamt
Teilzeit	22	26	25
Minijobs	7	12	11
Befristungen	9	6	6
Freie Mitarbeit	2	2	2
Praktikanten	2	2	2
Leiharbeit	2	1	1
Ein-Euro-Jobs	4	1	1

Quelle: IAB-Betriebspanel 2006.

gefolgt von Minijobs und befristeten Arbeitsverhältnissen. Freie Mitarbeit, Praktika und Leiharbeit spielen insgesamt eine eher untergeordnete Rolle in der deutschen Beschäftigungsordnung (Abbildung H9). In der westdeutschen betrieblichen Gesamtbeschäftigung ist der Anteil geringfügiger Minijobs fast doppelt so hoch wie in Ostdeutschland. Dies kann zum Teil auf das spezifisch westdeutsche Familienernährermodell mit vollzeitbeschäftigtem, männlichem Ernährer und hinzuverdienender Ehefrau zurückgeführt werden. Ein weiteres Indiz hierfür ist der höhere Teilzeitanteil in Westdeutschland. Der um etwa 3 Prozentpunkte höhere Anteil an befristeten Arbeitsverhältnissen in ostdeutschen Betrieben ist im Wesentlichen auf die hohe Förderintensität der aktiven Arbeitsmarktpolitik (ABM, Lohnkostenzuschüsse) in Ostdeutschland zurückzuführen. Den Arbeitsgelegenheiten mit Mehraufwandsentschädigung, den sogenannten Ein-Euro-Jobs, kommt in ostdeutschen Betrieben eine weitaus größere Bedeutung zu als in westdeutschen. Auch hier spielt die weiterhin angespannte Lage auf dem ostdeutschen Arbeitsmarkt eine große Rolle. Marktersatzmaßnahmen sollten gerade in Ostdeutschland eine stabilisierende, soziale Funktion erfüllen.

Neben der regionalen Differenzierung offenbaren sich auch bei branchen- und größenspezifischer Betrachtung (Tabellen H9 und H10 im Anhang) deutliche Unterschiede in der Nutzung atypischer Beschäftigungsformen. Atypische Verträge (mit Ausnahme der Leiharbeit) sind vor allem ein Phänomen der Dienstleistungsbranchen und der öffentlichen Verwaltung. Im produzierenden Gewerbe spielen sie mit Ausnahme der Leiharbeit eine untergeordnete Rolle. Insofern ist es zumindest erklärungsbedürftig, inwieweit der internationale Wettbewerbsdruck als eine wesentliche Ursache für die Verbreitung von atypischen Beschäftigungsformen gelten kann. Leiharbeit wird vor allem im produzierenden Gewerbe eingesetzt, spielt aber auch dort mit 3 % der Beschäftigten eine untergeordnete Rolle. Die größten Anteile atypischer Beschäftigung sind im Bereich der sozialen Dienstleistungen zu verbuchen. Globalisierungsprozesse wirken hier allenfalls indirekt über Einsparungen bei wohlfahrtsstaatlichen Ausgaben.

Bei Betrachtung nach unterschiedlichen Betriebsgrößen wird deutlich, dass Minijobs und freie Mitarbeiter vor allem in Kleinbetrieben, befristete Verträ-

Abbildung H10
Anteile atypischer Beschäftigungsverhältnisse an der betrieblichen Gesamtbeschäftigung 2001–2006

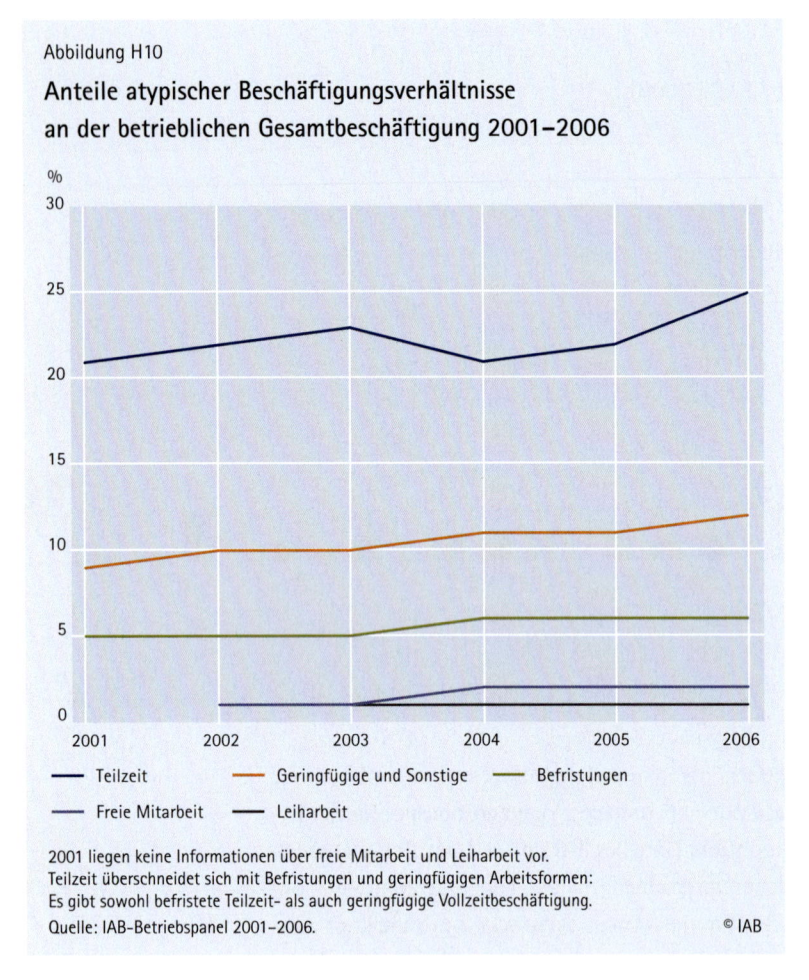

— Teilzeit — Geringfügige und Sonstige — Befristungen
— Freie Mitarbeit — Leiharbeit

2001 liegen keine Informationen über freie Mitarbeit und Leiharbeit vor.
Teilzeit überschneidet sich mit Befristungen und geringfügigen Arbeitsformen: Es gibt sowohl befristete Teilzeit- als auch geringfügige Vollzeitbeschäftigung.
Quelle: IAB-Betriebspanel 2001–2006. © IAB

die Abkehr von regulärer Vollzeitbeschäftigung nur langsam vollzieht.

Diese eher verhaltene Entwicklung der Bestandszahlen spiegelt allerdings nicht die große Bedeutung wider, die atypische Beschäftigungsformen für die Dynamik auf betrieblichen Arbeitsmärkten haben. Im Folgenden wird am Beispiel von befristeter Beschäftigung und Leiharbeit die Relevanz atypischer Beschäftigung für die Dynamik am Arbeitsmarkt betrachtet. Die beiden Vertragsformen repräsentieren dabei branchenspezifisch typische Einsatzformen: Befristungen für den Bereich der sozialen Dienstleistungen, Leiharbeit für das produzierende Gewerbe.

ge und Leiharbeiter eher in größeren Betrieben mit über zehn Beschäftigten eingesetzt werden. Gerade in Kleinbetrieben bis zehn Beschäftigte zeigt sich, dass fast die Hälfte der dort Arbeitenden nicht sozialversicherungspflichtig beschäftigt ist (vgl. Tabelle H10 im Anhang). Tätige Inhaber, Familienangehörige, Minijobber, Praktikanten und freie Mitarbeiter spielen in Kleinstbetrieben eine übergeordnete Rolle.

Betrachtet man die Entwicklung atypischer Beschäftigungsformen im Zeitverlauf zwischen 2001 und 2006, so lässt sich ein moderates Wachstum aller atypischen Beschäftigungsformen erkennen.[16] Teilzeitbeschäftigung und Minijobs kommt dabei die quantitativ bedeutsamste Rolle zu. In den letzten Jahren verzeichnet Leiharbeit die höchsten Zuwächse, wenngleich auf gesamtwirtschaftlich niedrigem Niveau. Die Entwicklung der Bestandsgrößen atypischer Beschäftigung verdeutlicht, dass sich

---

16 Aufgrund des Stichprobendesigns des IAB-Betriebspanels sind die Veränderungen im Nachkommabereich nur bedingt interpretierbar, da sich die Entwicklung teilweise im Fehlertoleranzbereich der Hochrechnung abspielt.

5 Befristete Beschäftigung

Die zahlreichen empirischen Analysen zu befristeten Arbeitsverhältnissen in Deutschland zeichnen ein differenziertes Bild (zum aktuellen Forschungsstand siehe Giesecke 2006): Auf Basis von Personendaten wird gezeigt, dass die Besetzung befristeter Stellen und die Übergänge in unbefristete Stellen sowohl nach individuellen als auch nach betriebs- und branchenspezifischen Merkmalen in systematischer Weise erfolgen (Giesecke 2006). Übergangsanalysen stellen fest, dass etwa 40 % der befristet Beschäftigten nach einem Jahr ein unbefristetes Arbeitsverhältnis beim selben oder einem anderen Arbeitgeber gefunden haben (Boockmann/Hagen 2005) und etwa zwei Drittel der befristet Beschäftigten nach drei Jahren in Dauerstellen tätig sind (Giesecke 2006). Für etwa ein Drittel können Zeitverträge demnach zur Prekarisierung der Erwerbskarrieren beitragen. Befristet Beschäftigte müssen häufig mit Lohneinbußen im Vergleich zu unbefristeten Arbeitskräften rechnen (ebd.). Teilnahmemöglichkeiten an Weiterbildungsmaßnahmen sind eingeschränkt (Boockmann/Hagen 2005), und die gefühlte Beschäftigungssicherheit der Betroffenen ist geringer als bei unbefristet Beschäftigten (Parent-Thirion et al. 2007). Beschäftigungsunsicherheit wiederum ist mit vielfältigen Auswirkungen auf die betroffenen Personen, die Unternehmen und die Gesellschaft als Ganzes verbunden (Erlinghagen 2008).

5.1 Bestand und Entwicklung befristeter Beschäftigung

Ein bedeutender Teil der Dynamik auf betrieblichen Arbeitsmärkten ist auf den Einsatz befristeter Arbeitsverträge zurückzuführen. Befristungen nehmen mit etwa 6 % den dritten Rang in der Reihe der atypischen Beschäftigungsformen nach Teilzeitarbeit und geringfügiger Beschäftigung ein, spielen gleichwohl eine weitaus größere Rolle als Leiharbeit, Praktika oder Ein-Euro-Jobs (Abbildung H9). In Ostdeutschland liegt der Anteil befristeter Arbeitsverhältnisse bei 9 %, in Westdeutschland bei 6 %. Der um etwa 3 Prozentpunkte höhere Anteil an befristeten Arbeitsverhältnissen in ostdeutschen Betrieben ist im Wesentlichen auf die hohe Förderintensität der aktiven Arbeitsmarktpolitik (ABM, Lohnkostenzuschüsse) zurückzuführen. In diesem Zusammenhang stehen auch die Arbeitsgelegenheiten mit Mehraufwandsentschädigung, die sogenannten Ein-Euro-Jobs, die in ostdeutschen Betrieben eine weitaus größere Rolle spielen als im Westen.

Tabelle H1

Nutzungsintensität befristeter Beschäftigung in %

	1–10 Beschäftigte	11–49 Beschäftigte	50–249 Beschäftigte	ab 250 Beschäftigte	Gesamt
Keine Nutzung	92	71	33	11	85
Befristungsbetriebe mit einer Nutzungsintensität von …					
unter 5 %	n. d.*	19	45	50	18
5 % bis unter 10 %	n. d.*	31	24	23	17
10 % bis unter 25 %	39	34	21	18	33
25 % bis unter 50 %	32	9	6	6	17
50 % bis unter 75 %	20	4	2	3	10
über 75 %	9	3	2	1	5
Gesamt	100	100	100	100	100

Basis: Alle Betriebe mit befristeter Beschäftigung.
*n. d.: nicht definiert.
Quelle: IAB-Betriebspanel 2006.

Tabelle H2

Anteil und Verteilung befristeter Arbeitsverträge

	Anteil	Verteilung		Index*
		SVB	Befristungen	
Land- und Forstwirtschaft	8	1	2	2,0
Produzierendes Gewerbe	4	34	17	0,5
Produktionsbezogene Dienstleistungen	7	17	19	1,1
Distributive Dienstleistungen	4	20	15	0,8
Personenbezogene Dienstleistungen	8	5	8	1,6
Soziale Dienstleistungen	12	17	32	1,9
Öffentliche Verwaltung	6	6	7	1,2
1–10 Beschäftigte	3	15	11	0,7
11–49 Beschäftigte	5	24	19	0,8
50–249 Beschäftigte	8	28	32	1,1
ab 250 Beschäftigte	8	33	39	1,2
Ostdeutschland	9	17	22	1,3
Westdeutschland	6	83	78	0,9
Insgesamt	6	100	100	1,0

*Verhältnis zwischen der Verteilung sozialversicherungspflichtiger und befristeter Beschäftigung. Werte über 1 bedeuten eine im Vergleich zur Verteilung der sozialversicherungspflichtigen Beschäftigung überproportionale Häufung befristeter Verträge.

Quelle: IAB-Betriebspanel 2006.

In einer Trendbetrachtung der Bestandszahlen zwischen 2001 und 2006 ist ein leichter Anstieg befristeter Arbeitsverhältnisse von 5 auf über 6 % zu erkennen. Der Anteil ungeförderter befristeter Arbeitsverhältnisse ist in Gesamtdeutschland von etwa 4 auf 6 % gestiegen, wobei in Ostdeutschland ein stärkeres Wachstum zu beobachten ist. Insgesamt setzt sich die bereits Ende der 1980er-Jahre konstatierte Verstetigung befristeter Arbeitsverträge deutlich unter 10 % mit leichtem Aufwärtstrend auch im Zeitraum bis 2006 fort (vgl. Büchtemann/Höland 1989; Walwei 1990).

Die betriebsgrößenspezifische Nutzungsintensität befristeter Beschäftigung (Tabelle H1) veranschaulicht, welche Bedeutung befristeten Arbeitsverträgen im Betrieb zukommt. Etwa 85 % aller Betriebe setzen keine befristeten Verträge ein. Die Einsatzwahrscheinlichkeit steigt mit der Betriebsgröße. Nur einer von zehn Großbetrieben ab 250 Beschäftigten verzichtet völlig auf befristete Arbeitsverträge. In Kleinbetrieben ist es genau umgekehrt: Hier beschäftigt lediglich ein Betrieb von zehn eine Arbeitskraft auf Basis eines befristeten Vertrags.

Befristete Arbeitskräfte stellen nur in wenigen Betrieben die Mehrheit an der Belegschaft. In 85 % der Betriebe sind weniger als die Hälfte der Mitarbeiter befristet beschäftigt. Dies deutet darauf hin, dass befristete Verträge nicht in großem Stil unbefristete Stammbelegschaften ersetzen, sondern Screening- und Anpassungsfunktionen erfüllen. Untermauert wird dieser Befund durch den nur langsamen Anstieg der Bestandszahlen auf mittlerweile etwa 6 %. Gleichwohl sind lediglich 40 % der in Deutschland sozialversicherungspflichtig Beschäftigten in Betrieben tätig, in denen keine befristeten Verträge eingesetzt werden.

Zeitverträge sind keineswegs über alle Branchen gleichmäßig verteilt. Für die Betrachtung der Fluktuationsmaße werden folgende Branchen entsprechend der OECD-Einteilung (Elfring 1988) unterschieden: Landwirtschaft[17], produzierendes Gewerbe[18] sowie produktionsorientierte Dienstleis-

---

17 Land- und Forstwirtschaft, Fischerei und Fischzucht.
18 Bergbau, Gewinnung von Steinen und Erden, Energie- und Wasserversorgung, Nahrungs- und Genussmittelherstellung, Textil-Bekleidungsgewerbe, Ledergewerbe, Papier- und Druckgewerbe, Verlage, Holzgewerbe (ohne Möbelherstellung), chemische Industrie, Mineralölverarbeitung, Kokerei, Spalt- und Brutstoffe, Herstellung von Gummi- und Kunststoffwaren, Glasgewerbe, Keramik, Verarbeitung von Steinen und Erden, Metallerzeugung und -bearbeitung, Recycling, Herstellung von Metallerzeugnissen, Stahl- und Leichtmetallbau, Maschinenbau, Herstellung von Kraftwagen und Kraftwagenteilen, sonstiger Fahrzeugbau (Schiffe, Schienenfahrzeuge, Luft- und Raumfahrzeuge, Fahrräder, Krafträder u. a.), Elektrotechnik, Herstellung von Büromaschinen und Datenverarbeitungsgeräten, Feinmechanik und Optik, Herstellung von Möbeln, Schmuck, Musikinstrumenten, Sportgeräten, Spielwaren und anderen Erzeugnissen, Bauhauptgewerbe (vorbereitende Baustellenarbeiten, Hoch- und Tiefbau), Bauinstallation und sonstiges Baugewerbe (Ausbaugewerbe).

tungen[19], distributive Dienstleistungen[20], soziale Dienstleistungen[21] und personenbezogene Dienstleistungen[22] im Dienstleistungsbereich. Aus dem Bereich der sozialen Dienstleistungen wird aufgrund der besonderen Eigengesetzlichkeit der Bereich der öffentlichen Verwaltung ausgegliedert und getrennt betrachtet.

Vor allem in den sozialen Dienstleistungsbranchen (dazu zählen die Branchen Erziehung und Unterricht, Gesundheit und Soziales sowie Organisationen ohne Erwerbscharakter) spielen Befristungen eine große Rolle (Tabelle H2). Damit lässt sich eine Verfestigung branchenspezifischer Befristungspolitik seit den 1980er-Jahren konstatieren: Auswertungen des Mikrozensus 1985–1988 (Walwei 1990: 75) zeigen eine ähnliche branchenspezifische Verteilung der Befristungsanteile wie knapp 20 Jahre später: Geringe Befristungsanteile im produzierenden Gewerbe stehen relativ hohen Befristungsanteilen in der öffentlichen Verwaltung, sozialen Dienstleistungen und Organisationen ohne Erwerbscharakter gegenüber. Die branchenspezifisch unterschiedlichen Gegebenheiten zeigen sich auch bei anderen Formen atypischer Beschäftigung. Deutlich wird,

Abbildung H11

Anteil der befristeten Neueinstellungen an allen Neueinstellungen 2001–2006

Jahr	Anteil
2001	32 %
2002	35 %
2003	38 %
2004	45 %
2005	46 %
2006	43 %

Quelle: IAB-Betriebspanel 2001–2006. © IAB

---

19 Kreditinstitute, Versicherungsgewerbe, Datenverarbeitung und Datenbanken, Forschung und Entwicklung, Rechts-, Steuer- und Unternehmensberatung, Werbung, Marktforschung, Grundstücks- und Wohnungswesen, Vermietung beweglicher Sachen, sonstige Dienstleistungen (überwiegend für Unternehmen).
20 Kraftfahrzeughandel oder -reparatur, Tankstellen, Großhandel und Handelsvermittlung, Einzelhandel (ohne Kfz), Reparatur von Gebrauchsgütern, Verkehr, Nachrichtenübermittlung.
21 Erziehung und Unterricht, Gesundheits-, Veterinär- und Sozialwesen, Entsorgung, Abwasser- und Abfallbeseitigung, Kultur, Sport und Unterhaltung, Interessenvertretungen, Verbände, kirchliche und andere religiöse Vereinigungen, öffentliche Verwaltung, Verteidigung und Sozialversicherung.
22 Gaststätten, Beherbergungsgewerbe, andere Dienstleistungen wie: Wäscherei, Reinigung, Friseurgewerbe, Kosmetik, Bestattungswesen, Bäder, Saunas, Solarien etc., private Haushalte.

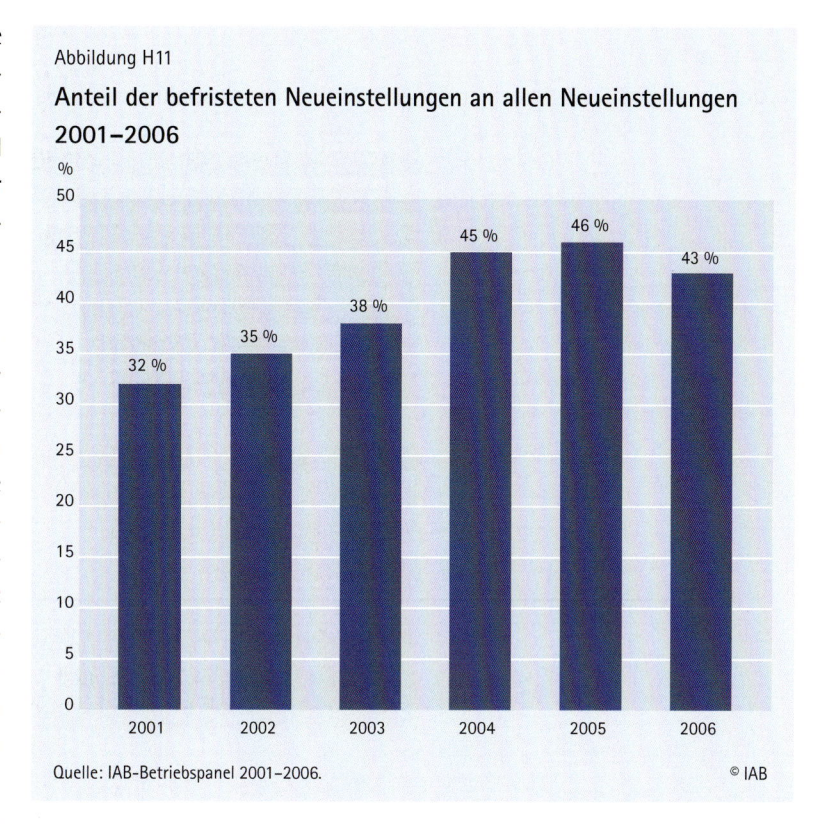

dass atypische Beschäftigungsformen vor allem ein Phänomen des Dienstleistungssektors sind. Im produzierenden Gewerbe kommt lediglich Leiharbeit mit 4 % eine gewisse Bedeutung zu.

Der Vergleich zwischen der Verteilung sozialversicherungspflichtiger Beschäftigung insgesamt und befristeter Verträge zeigt die relative Bedeutung befristeter Verträge in den Branchen (Tabelle H2): Im Bereich der sozialen Dienstleistungen sind etwa 17 % aller sozialversicherungspflichtig Beschäftigten tätig, aber 32 % aller befristet Beschäftigten. Umgekehrtes gilt für das produzierende Gewerbe: Während etwa ein Drittel aller sozialversicherungspflichtig Beschäftigten im produzierenden Gewerbe arbeitet, sind es lediglich 17 % aller befristet Beschäftigten.

5.2 Befristete Verträge als neues Normaleinstellungsverhältnis?

Die Analyse des Befristungsanteils an Neueinstellungen und Abgängen aus dem Betrieb macht deut-

Kapitel H

Abbildung H12

Anteil der befristeten Neueinstellungen an allen Neueinstellungen (1. Halbjahr 2006)

Kategorie	Anteil
Öffentliche Verwaltung	67 %
Soziale Dienstleistungen	64 %
Land- und Forstwirtschaft	43 %
Produzierendes Gewerbe	40 %
Personenbezogene Dienstleistungen	38 %
Produktionsbezogene Dienstleistungen	37 %
Distributive Dienstleistungen	35 %
ab 250 Beschäftigte	60 %
50–249 Beschäftigte	51 %
11–49 Beschäftigte	35 %
1–10 Beschäftigte	25 %
Ost	52 %
West	41 %
Insgesamt	43 %

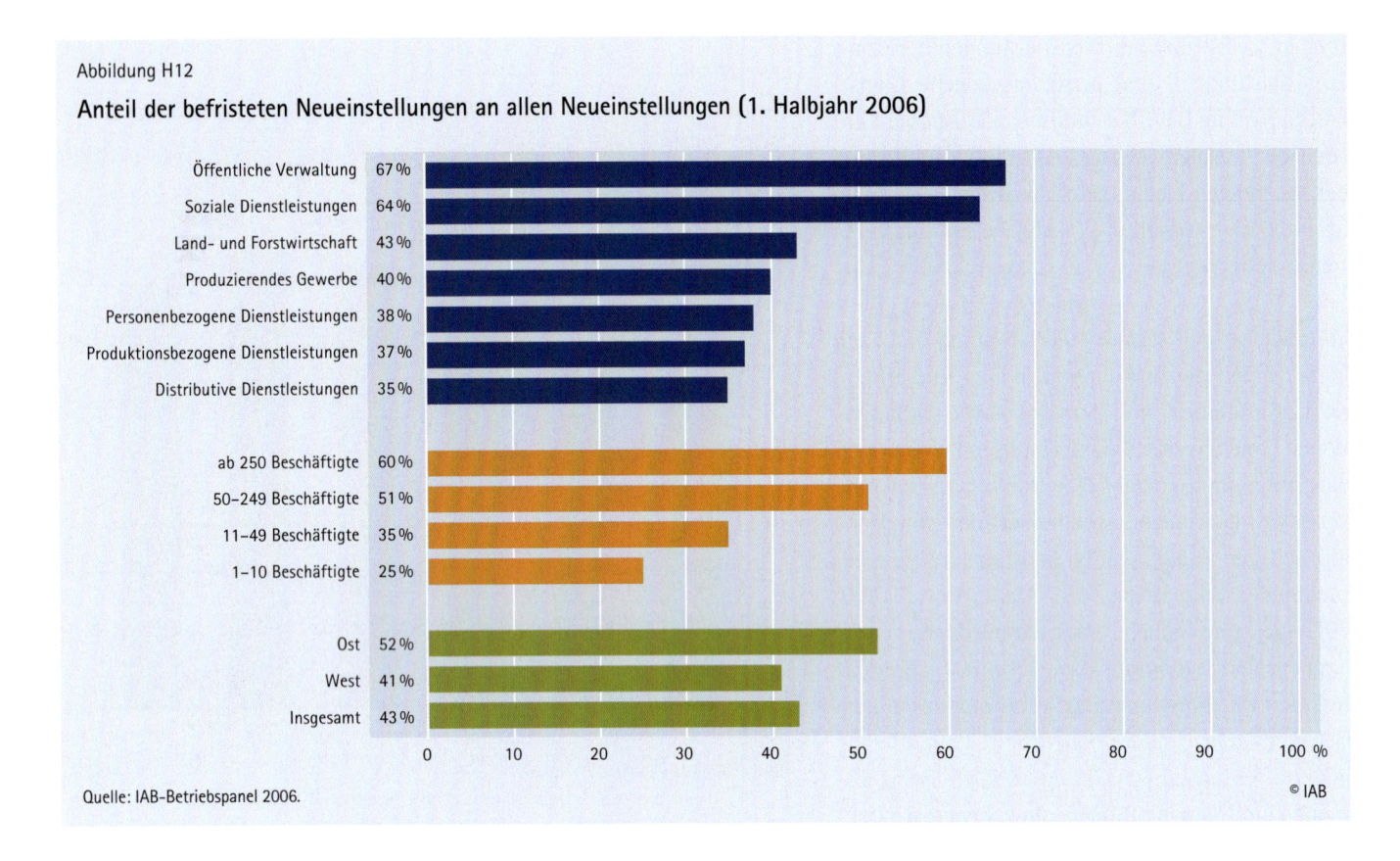

Quelle: IAB-Betriebspanel 2006. © IAB

lich, dass Befristungen in der betrieblichen Personalpolitik quantitativ eine weitaus größere Rolle spielen, als die Analyse von Bestandsgrößen (vgl. Abbildung H11) und Nutzungsintensitäten (vgl. Tabelle H1) suggeriert (Walwei 1990). 43 % aller Neueinstellungen im ersten Halbjahr 2006 erfolgten auf Basis eines befristeten Vertrags. Zudem lässt sich zwischen 2001 und 2006 ein deutlicher Anstieg befristeter Neueinstellungen erkennen (Abbildung H11). Der Anteil befristeter Neueinstellungen hat sich in dieser Zeit von etwa 32 % auf 43 % erhöht.

Bei branchenspezifischer Betrachtung in Abbildung H12 wird erkennbar, dass Befristungen vor allem in der öffentlichen Verwaltung und im Bereich sozialer Dienstleistungen als Normaleinstellungsverhältnis bezeichnet werden können, während in den übrigen Branchen unbefristete Neueinstellungen weiterhin in der Mehrzahl sind. Die Zahl befristeter Neueinstellungen steigt zudem mit der Betriebsgröße: Während in Kleinbetrieben bis zehn Beschäftigte nur ein Viertel aller Neueinstellungen auf Basis eines befristeten Vertrags erfolgt, sind sechs von zehn Neueinstellungen in Großbetrieben ab 250 Beschäftigten befristet. Die Analyse der einzelbetrieblichen Einstellungsintensität befristeter Arbeitskräfte zeigt, dass in etwa 80 % der Betriebe, die mindestens eine Person auf Basis eines befristeten Vertrags eingestellt haben, über drei Viertel aller Einstellungen befristet erfolgen. Betriebe, die sich einmal entschlossen haben, bei Einstellungen befristete Verträge einzugehen, tun dies in der Folge bei (fast) allen Einstellungen.

5.3 Abgänge und Übernahmen aus befristeter Beschäftigung

Ein Grund für eine extensive Nutzung befristeter Arbeitsverträge besteht in einem ausgeprägten Bestandsschutz regulärer Arbeitskräfte in Großbetrieben und der öffentlichen Verwaltung. In der öffentlichen Verwaltung sind im ersten Halbjahr 2006 lediglich 3 % aller Abgänge auf arbeitgeberseitige

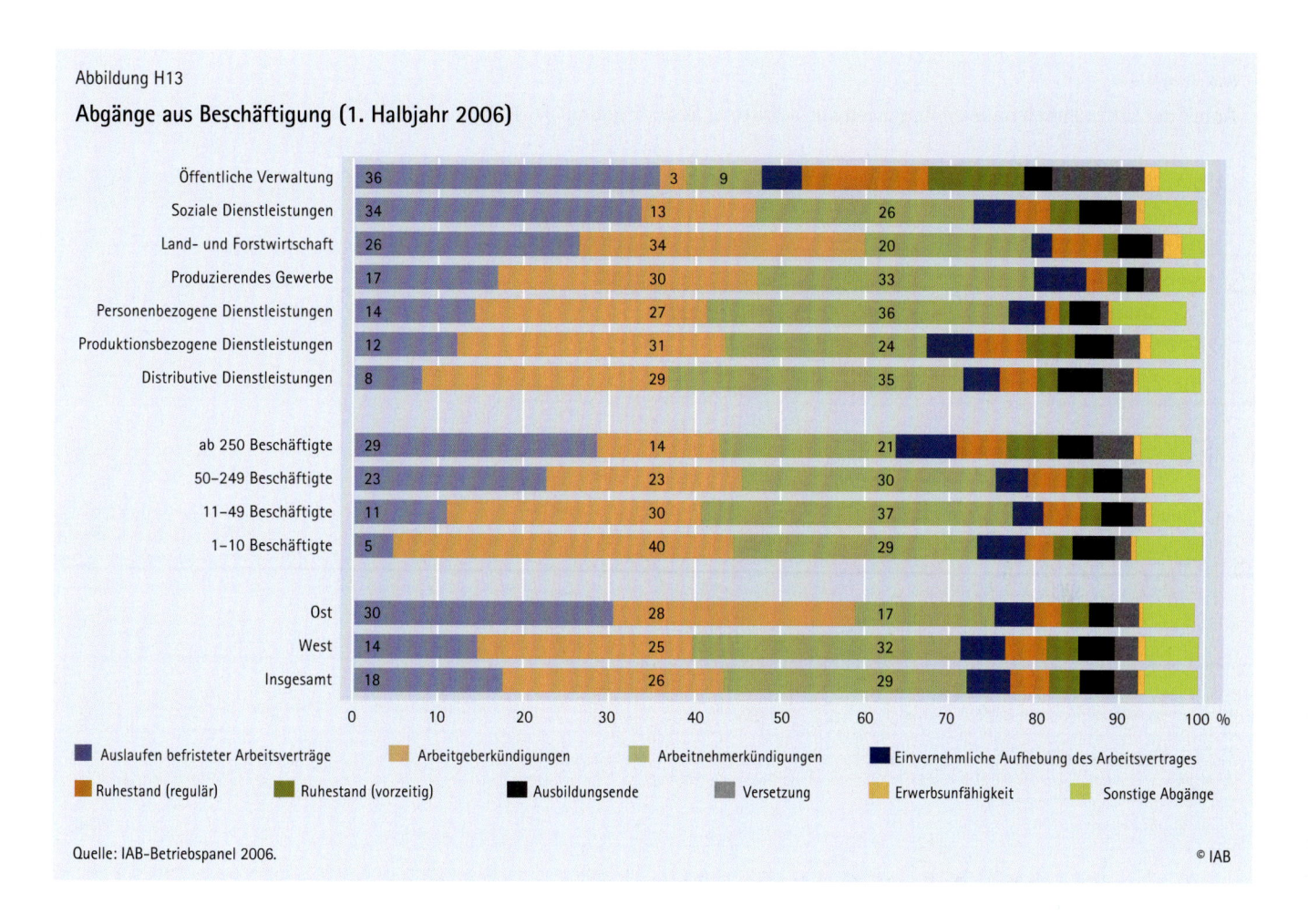

Abbildung H13
Abgänge aus Beschäftigung (1. Halbjahr 2006)

Kategorie	Auslaufen befristeter Arbeitsverträge	Arbeitgeberkündigungen	Arbeitnehmerkündigungen	Ruhestand (regulär/vorzeitig) etc.
Öffentliche Verwaltung	36	3	9	
Soziale Dienstleistungen	34		13	26
Land- und Forstwirtschaft	26		34	20
Produzierendes Gewerbe	17		30	33
Personenbezogene Dienstleistungen	14		27	36
Produktionsbezogene Dienstleistungen	12		31	24
Distributive Dienstleistungen	8		29	35
ab 250 Beschäftigte	29		14	21
50–249 Beschäftigte	23		23	30
11–49 Beschäftigte	11		30	37
1–10 Beschäftigte	5		40	29
Ost	30		28	17
West	14		25	32
Insgesamt	18		26	29

Legende: Auslaufen befristeter Arbeitsverträge · Arbeitgeberkündigungen · Arbeitnehmerkündigungen · Einvernehmliche Aufhebung des Arbeitsvertrages · Ruhestand (regulär) · Ruhestand (vorzeitig) · Ausbildungsende · Versetzung · Erwerbsunfähigkeit · Sonstige Abgänge

Quelle: IAB-Betriebspanel 2006. © IAB

Kündigungen zurückzuführen (vgl. Abbildung H13). In Betrieben mit mehr als 250 Beschäftigten liegt der Anteil bei 13 %, in Kleinbetrieben bis zehn Beschäftigte liegt der Anteil bei 30 %. Im Gegensatz zu anderen Branchen ist darüber hinaus die Kündigungsneigung der Arbeitnehmer in der öffentlichen Verwaltung mit 8 % sehr gering ausgeprägt. Abgänge erfolgen vor allem über das Auslaufen befristeter Arbeitsverträge (24 %) und Vor-/Ruhestandsregelungen (32 %) sowie Versetzungen (16 %).

Der geringe Anteil arbeitgeberseitiger Kündigungen von 3 % in der öffentlichen Verwaltung lässt sich allerdings nur schwer mit einem höheren tarifvertraglichen Kündigungsschutz erklären, sondern möglicherweise mit der personalpolitischen Praxis. Verhaltens- und personenbedingte Kündigungen sind auch in der öffentlichen Verwaltung möglich, werden aber kaum durchgeführt. Eine solche Personalpolitik, die de facto nur die zwei Extrempole Unkündbarkeit und Befristung kennt, führt zu „perversen Effekten" (Blanchard/Landier 2002): Die meist jungen, befristeten Arbeitskräfte sind – in der Hoffnung, übernommen zu werden – häufig besonders motiviert und leistungsfähig.[23] Aufgrund des extrempoligen Kündigungsschutzes zwischen Unkündbarkeit und Befristung bestehen jedoch für den Arbeitgeber Anreize, eher eine neue, ebenso hochmotivierte Arbeitskraft wiederum befristet

---

[23] Engellandt und Riphahn (2005) finden anhand von Schweizer Daten heraus, dass für Arbeitskräfte mit temporären Arbeitsverträgen die Wahrscheinlichkeit, unbezahlte Überstunden zu leisten, um 60 % höher ist als bei unbefristet Beschäftigten. Daraus und aus den entsprechenden multivariaten Analysen leiten sie ab, dass befristete Arbeitskräfte hochmotiviert sind, da sie auf Übernahme in ein unbefristetes Arbeitsverhältnis hoffen.

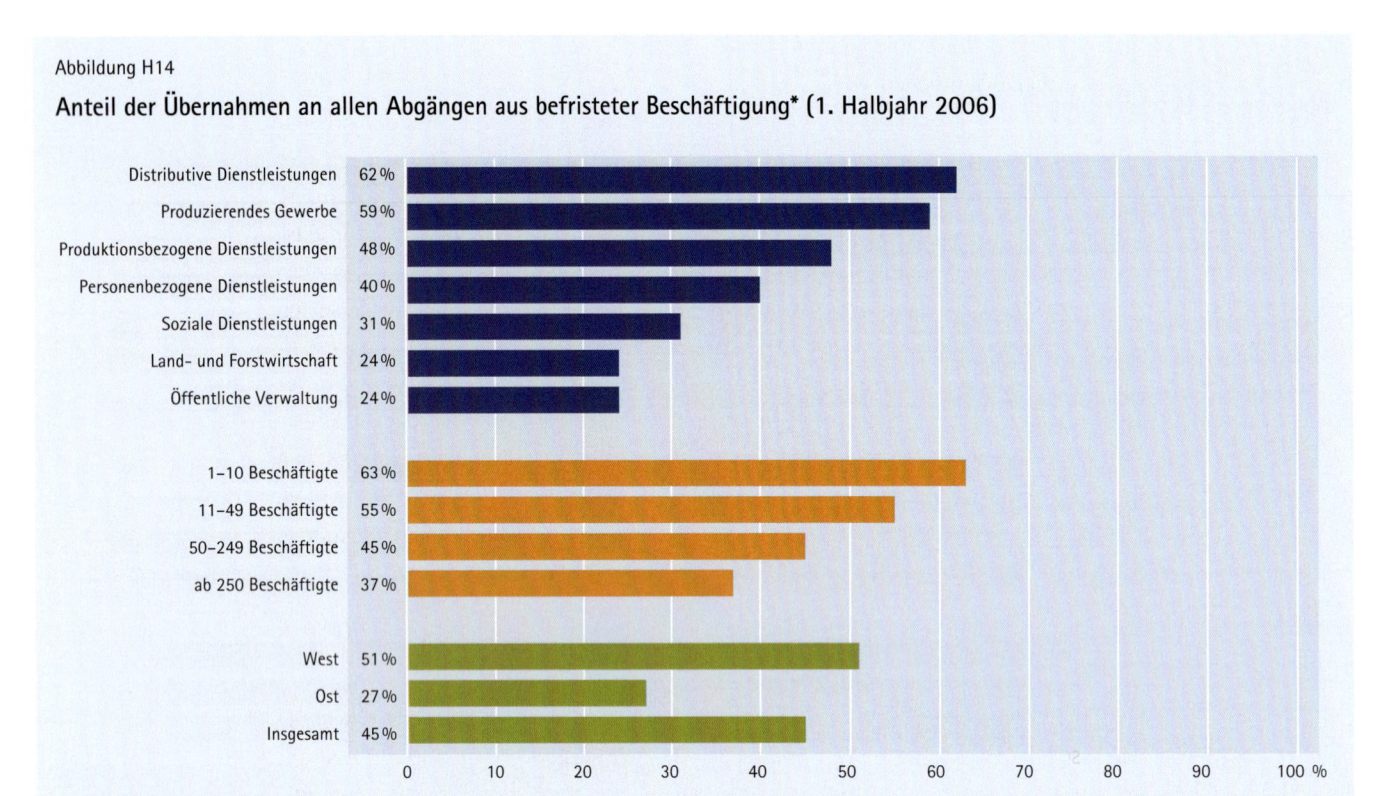

Kapitel H

Abbildung H14
Anteil der Übernahmen an allen Abgängen aus befristeter Beschäftigung* (1. Halbjahr 2006)

Distributive Dienstleistungen	62 %
Produzierendes Gewerbe	59 %
Produktionsbezogene Dienstleistungen	48 %
Personenbezogene Dienstleistungen	40 %
Soziale Dienstleistungen	31 %
Land- und Forstwirtschaft	24 %
Öffentliche Verwaltung	24 %
1–10 Beschäftigte	63 %
11–49 Beschäftigte	55 %
50–249 Beschäftigte	45 %
ab 250 Beschäftigte	37 %
West	51 %
Ost	27 %
Insgesamt	45 %

* Im IAB-Betriebspanel werden nur Übernahmen im selben Betrieb erfasst. Übergänge aus einem befristeten in ein unbefristetes Beschäftigungsverhältnis bei einem anderen Arbeitgeber können mit Daten des IAB-Betriebspanels nicht beobachtet werden. Unter „Abgängen" aus befristeter Beschäftigung werden die ausgelaufenen befristeten Verträge und die Übernahmen zusammengefasst.
Quelle: IAB-Betriebspanel 2006.
© IAB

einzustellen, als sich dauerhaft an eine Arbeitskraft zu binden, deren Verhandlungsmacht zudem bei Übernahme stark zunehmen würde. Cahuc und Postel-Vinay (2002) kommen daher zu folgendem Ergebnis: Wenn Entlassungskosten hoch sind, zögern Arbeitgeber mit der Umwandlung befristeter in unbefristete Arbeitsverträge, was wiederum zu hoher Arbeitskräftefluktuation und einem Anstieg an friktioneller Arbeitslosigkeit führt.

Diese Wirkung des extrempoligen Kündigungsschutzes kann zudem bei entsprechendem Ungleichgewicht auf dem Arbeitsmarkt zur betrieblichen Strategie des Recalls führen: Betriebsspezifisch qualifizierte Arbeitskräfte werden zeitweise in der Arbeitslosigkeit geparkt und bei Bedarf reaktiviert (Mavromaras/Rudolph 1997, 1998; Liebig/Hense 2007).

Diese Form der Personalpolitik zeigt sich auch in den branchenspezifischen Übernahmen befristeter in unbefristete Arbeitsverträge.[24] Die geringsten Anteile an Übernahmen weisen neben der saisonal bedingten Personalpolitik in der Landwirtschaft die Branchen öffentliche Verwaltung und soziale Dienstleistungen auf (vgl. Abbildung H14). Werden Übernahmen in reguläre Beschäftigung als weitere Form des Abgangs aus Befristungen interpretiert, dann ist lediglich ein Drittel aller Abgänge in der öffentlichen Verwaltung auf Übernahmen zurückzuführen. Im produzierenden Gewerbe und den distributiven Dienstleistungen gehen hingegen etwa zwei Drittel aller Abgänge aus Befristungen auf das

---

24 Im IAB-Betriebspanel werden nur Übergänge aus einem befristeten in ein unbefristetes Beschäftigungsverhältnis im selben Betrieb beobachtet. Die dargestellten Übernahmequoten beziehen sich daher auf innerbetriebliche Übergänge.

Konto von Übernahmen in ein reguläres Arbeitsverhältnis im selben Betrieb. In der öffentlichen Verwaltung spielen Übernahmen mit 24 % eine relativ geringe Rolle. Im produzierenden Gewerbe haben befristete Arbeitsverträge im Bestand (vgl. Tabelle H10 im Anhang) und bei den Neueinstellungen (vgl. Abbildung H14) eher eine untergeordnete Bedeutung. Bezieht man die geringe Bedeutung von befristeten Arbeitsverträgen im produzierenden Gewerbe wiederum auf den Kündigungsschutz, so lässt sich erkennen, dass im produzierenden Gewerbe durchaus arbeitgeberseitige Kündigungen vorgenommen werden. Negative Effekte der Kündigungspraxis auf die Übernahme von Befristeten sind also – anders als im öffentlichen Dienst – nicht in vergleichbarem Maße erkennbar.

28 % aller Übernahmen in unbefristete Beschäftigung erfolgen im produzierenden Gewerbe. Zusammen mit den produktionsorientierten Dienstleistungen entfallen 52 % aller Übernahmen auf diese beiden Branchen. Allerdings sind in diesen Branchen ‚nur' etwa 36 % aller befristet Beschäftigten tätig. Umgekehrt verhält es sich bei sozialen Dienstleistungen und der öffentlichen Verwaltung: Knapp 40 % aller befristet Beschäftigten sind dort tätig, aber lediglich 22 % aller Übernahmen erfolgen in diesen beiden Branchen.

Befristungen erfüllen somit insbesondere im produzierenden Gewerbe und in produktionsnahen Dienstleistungen in vielen Fällen eine Brückenfunktion und werden vergleichsweise zurückhaltend eingesetzt. In Bereichen der Sozialwirtschaft – den sozialen Dienstleistungen, der öffentlichen Verwaltung und den gemeinnützigen Betrieben – können Befristungen hingegen als das Normaleinstellungsverhältnis gelten: Etwa zwei Drittel der Einstellungen erfolgen hier auf Basis eines befristeten Vertrags. Übernahmen sind vergleichsweise selten. Während 70 % aller Abgänge aus befristeten Verträgen im produzierenden Gewerbe auf Übernahmen zurückzuführen sind, sind es in der Sozialwirtschaft lediglich 25–40 %.

6 Leiharbeit

Leiharbeit unterscheidet sich von anderen Arbeitsverhältnissen durch die Verschiedenartigkeit der Betriebs- und Unternehmenszugehörigkeiten der Leiharbeitnehmer (Promberger 2007). Ihr Arbeitsplatz befindet sich im Entleihbetrieb, die Verausgabung ihrer Arbeitskraft und die Kontrolle derselben findet dort statt; sie sind dadurch faktisch Angehörige der sozialen Einheit „Entleihbetrieb". Im Gegensatz zu dessen übriger Belegschaft genießen sie jedoch nicht die damit normalerweise verbundenen Tauschleistungen wie Entlohnung und Partizipation. Diese erhalten sie von ihrem Verleihunternehmen, dem sie formal angehören.

6.1 Entwicklung

Leiharbeit spielt bezogen auf die Gesamtheit aller sozialversicherungspflichtig Beschäftigten mit einem Anteil von 2,4 % im Juni 2007 eine eher untergeordnete Rolle (vgl. Tabelle H3). Auch im internationalen Vergleich ist dieser Anteil nicht besonders hoch (CIETT 2007).

Die Entwicklung der Leiharbeit verlief in Deutschland in den letzten Jahren allerdings überaus stürmisch. Im Vergleich der Jahre 2003 und 2007 hat sich der Anteil der Leiharbeitnehmer an den sozialversicherungspflichtig Beschäftigten fast verdop-

Tabelle H3

Entwicklung der Leiharbeit in Deutschland
– Anteil an sozialversicherungspflichtiger Beschäftigung –

Jahr (jeweils Juni)	Insgesamt in Tausend	Anteil in %
2007	639	2,4
2006	598	2,3
2005	453	1,7
2004	400	1,5
2003	327	1,2
2002	326	1,2
2001	357	1,3
2000	339	1,2

Quelle: Statistik zur Arbeitnehmerüberlassung der Bundesagentur für Arbeit.

Abbildung H15

Anteil der Leiharbeit am Beschäftigungszuwachs

[Liniendiagramm: 75 % im Jun '06, fallend auf 20 % im Okt '07]

Quelle: Statistik der Bundesagentur für Arbeit/Beschäftigungsstatistik. © IAB

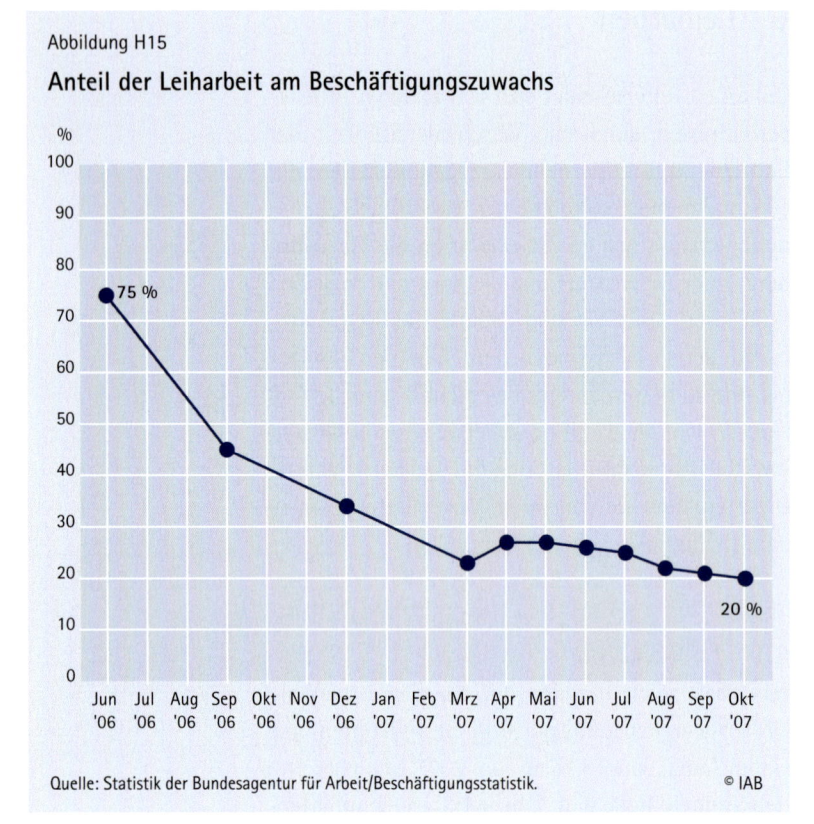

pelt (Tabelle H3). Dies hängt mit der stufenweisen Deregulierung des Arbeitnehmerüberlassungsgesetzes zusammen (Antoni/Jahn 2006).

Offensichtlich gibt es aber auch eine konjunkturelle Komponente. Der größte Zuwachs an Leiharbeit seit 2000 erfolgte zu Beginn des wirtschaftlichen Aufschwungs in den Jahren 2005 und 2006.

Die konjunkturelle Entwicklung seit Mitte 2006 hat insgesamt zu einem Zuwachs an sozialversicherungspflichtiger Beschäftigung geführt. Daran hatte die Leiharbeit mit 75 % im Juni 2006 zunächst einen sehr großen Anteil; dieser ging aber, wie Abbildung H15 zeigt, bis Oktober 2007 auf 20 % zurück. Dies deutet darauf hin, dass Betriebe bei positiver wirtschaftlicher Entwicklung Leiharbeiter bei akutem Arbeitskräftebedarf einsetzen.

Der konjunkturelle Zusammenhang lässt sich auch an der Zunahme der offenen Stellen ablesen. Aus Tabelle H4 ist ersichtlich, dass der Anteil offener Stellen für Leiharbeiter, die den Agenturen für Arbeit gemeldet worden sind, im konjunkturellen Aufschwung von 2005 bis 2007 deutlich gestiegen ist.

Der hohe Anteil offener Stellen im Leiharbeitssektor ist einerseits ein Indiz dafür, dass Betriebe ihre Personalsuche zunehmend über Leiharbeitsfirmen organisieren. Andererseits kann die positive Arbeitsmarktentwicklung zur Folge haben, dass Beschäftigte leichter einen Arbeitsplatz ohne Zwischenschalten von Leiharbeitsfirmen finden. Dafür spricht jedenfalls der oben beschriebene abnehmende Beitrag der Leiharbeit zum Wachstum der sozialversicherungspflichtigen Beschäftigung (Abbildung H15).

6.2 Struktur, Herkunft und Verbleib von Leiharbeitern

Die Betrachtung soziodemografischer Merkmale von Leiharbeitern zeigt, dass es sich dabei eher um Personen handelt, die Schwierigkeiten haben, ohne die Vermittlung einer Leiharbeitsfirma eine Stelle zu finden. Leiharbeiter verfügen im Vergleich zu allen Erwerbstätigen über eine eher niedrige Qualifikation. Dies zeigt sich sowohl bei den Schulabschlüssen als auch bei der beruflichen Bildung. Der Anteil der Leiharbeiter mit (Fach-)Hochschulreife ist um fast die Hälfte geringer als der Anteil mit (Fach-)Hochschulreife bei allen Erwerbstätigen. Der Leih-

Tabelle H4

Anteil der Stellen für Leiharbeiter an allen gemeldeten offenen Stellen

Jahresdurchschnitt	Anteil in %
2007	24
2006	21
2005	18
2004	18
2003	15
2002	13
2001	12
2000	12

Quelle: Statistik der Bundesagentur für Arbeit.

arbeiteranteil ohne allgemeinen Schulabschluss und mit Hauptschulabschluss liegt hingegen um etwa 10 Prozentpunkte höher. Personen ohne Berufsausbildung, mit einer Lehre oder vergleichbaren schulischen Berufsausbildungen sind deutlich überrepräsentiert, während Personen mit einem höheren beruflichen Bildungsabschluss deutlich unterrepräsentiert sind (Statistisches Bundesamt 2008; Arbeitnehmerüberlassungsstatistik 2007). Der hohe Anteil der Personen ohne Berufsabschluss spiegelt sich auch bei den Berufsgruppen in der Leiharbeit wider: Dabei dominiert seit 2003 das Hilfspersonal mit fast 33 %, gefolgt von Metall- und Elektroberufen mit fast 25 % (vgl. Abbildung H16). Die technischen Berufe liegen mit 4,2 % am Ende der Berufsgruppen.

Neben der konjunkturellen Entwicklung, der Novellierung des Arbeitnehmerüberlassungsgesetzes und der Kapazitätsgrenzen ‚schlanker' Personalabteilungen wird die Verfügbarkeit geeigneter Fachkräfte zum Teil als weitere Erklärung für die Entwicklung der Leiharbeitsbranche herangezogen. Da das Qualifikationsniveau der Leiharbeiter aber nach wie vor im Vergleich zu allen Erwerbstätigen deutlich geringer ist, ist die eingeschränkte Verfügbarkeit geeigneter Fachkräfte in einigen Regionen und Berufen kaum für die dynamische Entwicklung im Bereich der Leiharbeit verantwortlich. Bei hoher Arbeitsnachfrage bestehen für qualifizierte Fachkräfte kaum Anreize, Leiharbeitsfirmen bei der Stellensuche einzuschalten.

Die relativ schlechten Arbeitsmarktchancen der Leiharbeitnehmer zeigen sich auch im Erwerbsstatus vor ihrem Eintritt in die Verleihunternehmen (vgl. Abbildung H17). Nur 32 % der in den Verleihbetrieben Beschäftigten waren zuvor in einem anderen Betrieb tätig. 9 % waren vorher noch nie beschäftigt und 15 % über ein Jahr ohne Beschäftigung.

Die Mehrheit der Leiharbeitnehmer war vorher bis zu einem Jahr nicht beschäftigt. Insofern ist die Anstellung in einem Verleihunternehmen für viele Leiharbeitnehmer überhaupt die erste Möglichkeit, Berufserfahrung zu sammeln. Ein großer Teil der

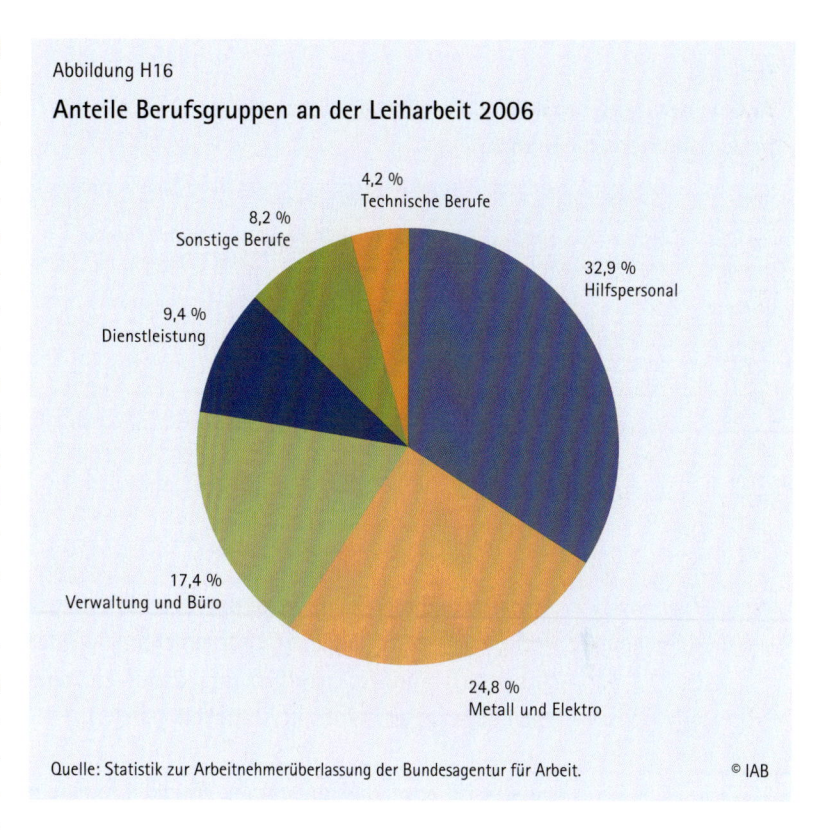

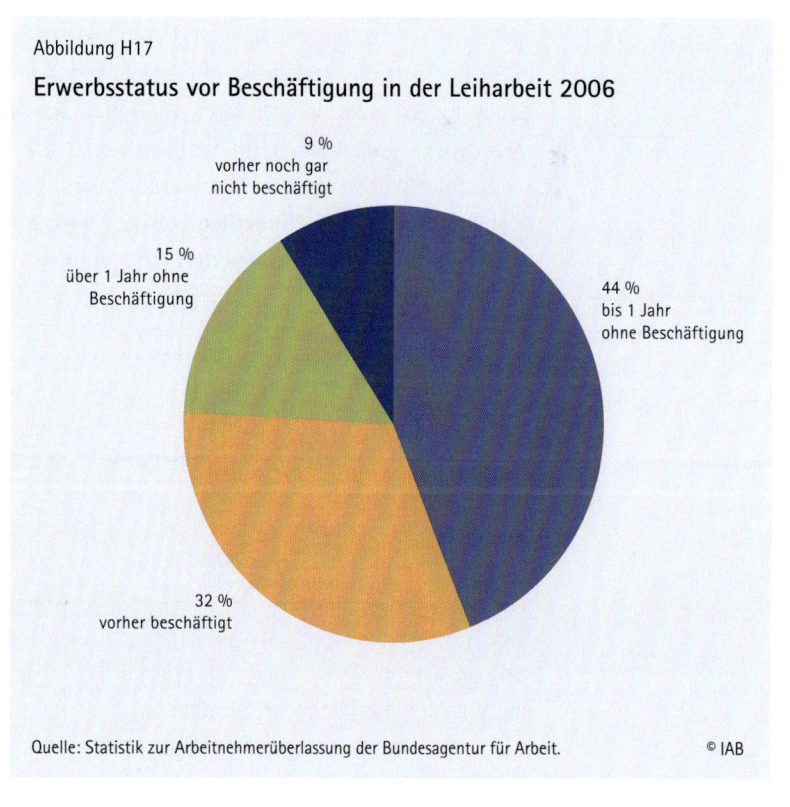

Abbildung H16
Anteile Berufsgruppen an der Leiharbeit 2006

- 4,2 % Technische Berufe
- 8,2 % Sonstige Berufe
- 9,4 % Dienstleistung
- 32,9 % Hilfspersonal
- 17,4 % Verwaltung und Büro
- 24,8 % Metall und Elektro

Quelle: Statistik zur Arbeitnehmerüberlassung der Bundesagentur für Arbeit. © IAB

Abbildung H17
Erwerbsstatus vor Beschäftigung in der Leiharbeit 2006

- 9 % vorher noch gar nicht beschäftigt
- 15 % über 1 Jahr ohne Beschäftigung
- 44 % bis 1 Jahr ohne Beschäftigung
- 32 % vorher beschäftigt

Quelle: Statistik zur Arbeitnehmerüberlassung der Bundesagentur für Arbeit. © IAB

Kapitel H

Tabelle H5

Anteile der Leiharbeitskräfte nach Beschäftigungsdauer in Verleihunternehmen in %

Jahr	Beschäftigungsdauer		
	unter 1 Woche	1 Woche bis 3 Monate	mehr als 3 Monate
2000	10,7	55,1	34,2
2001	10,3	50,8	38,8
2002	10,9	52,1	37,0
2003	11,4	50,5	38,1
2004	12,0	48,9	39,1
2005	13,2	51,4	35,4
2006	12,1	50,4	37,5

Quelle: Statistik zur Arbeitnehmerüberlassung der Bundesagentur für Arbeit.

Leiharbeitnehmer kann in dieser Beschäftigungsform nach einer längeren Unterbrechung wieder Arbeitserfahrungen erwerben und damit Einkommen aus eigener beruflicher Tätigkeit erzielen.

Tabelle H5 zeigt, dass die mit der Tätigkeit in einem Verleihunternehmen verbundenen beruflichen Perspektiven sehr unterschiedlich sind. Seit dem Jahr 2000 hat sich die Verteilung der Beschäftigungsdauer der Leiharbeitnehmer kaum verändert. Etwas mehr als die Hälfte der Leiharbeitnehmer ist zwischen einer Woche und drei Monaten im Verleihbetrieb beschäftigt, eine Minderheit von 12,1 % sogar weniger als eine Woche. Immerhin 37,5 % bleiben mehr als drei Monate im selben Verleihunternehmen. Hinzuweisen ist auch auf die Unterschiede zwischen den Verleihunternehmen: Größere Verleihunternehmen berichten von einer durchschnittlichen Beschäftigungsdauer von einem Jahr (Spermann 2008). Dieser relativ kurzfristige Verbleib der Beschäftigten übt sicherlich – neben der Qualifikationsstruktur – einen Einfluss auf ihre Weiterbildungsmöglichkeit aus.

6.3 Bedeutung der Leiharbeit auf Betriebsebene

Die Daten des IAB-Betriebspanels 2006 zeigen, dass nur ein geringer Anteil von Betrieben Leiharbeitskräfte einsetzt (3 %). Der Anteil der Betriebe mit Leiharbeit steigt mit der Betriebsgröße: 40 % der Betriebe ab 250 Beschäftigten nutzten im Jahr 2006 Leiharbeiter.

Auch die Nutzungsintensität von Leiharbeit (Anteil der Leiharbeiter an allen Beschäftigten im Betrieb) ist im Durchschnitt gering (vgl. Tabelle H6). Dies gilt auch für die Großbetriebe: Nur 4 % aller Großbetriebe ab 250 Beschäftigten, die Leiharbeiter einsetzen, weisen einen Leiharbeiteranteil von mehr als 25 % auf. Zwei Drittel der Großbetriebe mit Leiharbeitern weisen lediglich eine Nutzungsintensität von unter 5 % auf. Es gibt zwar Unternehmen, die

Tabelle H6

Grad der Nutzung von Leiharbeit

	1–10 Beschäftigte	11–49 Beschäftigte	50–249 Beschäftigte	ab 250 Beschäftigte	Gesamt
Betriebe ohne Leiharbeit	99	95	79	60	97
Betriebe mit Leiharbeit	1	5	21	40	3
Davon mit einer Nutzungsintensität von ...					
unter 5 %	n. d.	25	58	67	33
5 % bis unter 10 %	12*	31	21	18	21
10 % bis unter 25 %	52	36	17	11	32
25 % und mehr	36	7*	4	4*	14

n. d. = nicht definiert.
*Aufgrund geringer Fallzahlen nur bedingt interpretierbar.
Quelle: IAB-Betriebspanel 2006.

das Instrument der Leiharbeit ausgesprochen intensiv nutzen. So sind laut Presseberichten etwa bei Airbus, dem Halbleiterhersteller Infineon in Dresden oder im neuen Leipziger BMW-Werk rund 30 % der Arbeitskräfte als Leiharbeitnehmer beschäftigt (Die ZEIT 2007). Diese Darstellung von Intensivnutzern in der Presse bezieht sich aber nur auf einen Bruchteil aller Betriebe in Deutschland.

Es sind vor allem Großbetriebe mit vielen Beschäftigten, die Leiharbeiter einsetzen, so dass immerhin 24 % aller sozialversicherungspflichtig Beschäftigten in Betrieben arbeiten, die Leiharbeit nutzen. Umgekehrt heißt dies, dass die überwiegende Mehrheit aller Beschäftigten in Deutschland nicht mit dem Phänomen Leiharbeit in ihrem Betrieb konfrontiert ist.

Der Einsatz von Leiharbeitern konzentriert sich vor allem auf das produzierende Gewerbe (vgl. Tabelle H7). Etwa 70 % aller Leiharbeiter werden dort eingesetzt. In der Landwirtschaft, den sozialen Dienstleistungen sowie der öffentlichen Verwaltung kommen Leiharbeiter so gut wie nicht vor.

Bei einer regionalen Betrachtung zeigt sich außerdem, dass der Anteil der Leiharbeiter in Ostdeutschland etwas höher ist als in Westdeutschland. Dies ist vor allem deswegen überraschend, weil der Anteil der Großbetriebe in Ostdeutschland vergleichsweise gering ist. Die stärkere Verbreitung von Leiharbeit in Ostdeutschland hängt sicherlich mit der schlechteren Arbeitsmarktsituation dort zusammen.

6.4 Tarifverträge und Mitbestimmung in der Leiharbeit

Aus dem Dreiecksverhältnis der Leiharbeit zwischen Arbeitnehmer, Entleihbetrieb und Verleihfirma, das durch das Auseinanderfallen von Arbeits- und Beschäftigungsverhältnis entsteht, ergibt sich Regulierungsbedarf. Leiharbeit wird in den meisten EU-Mitgliedsstaaten durch eine Kombination aus Gesetzen, Tarifvertragsbestimmungen und freiwilliger Selbstkontrolle geregelt (ILO 2007). Mit ihrem Vorschlag für eine Richtlinie über die Arbeitsbedingungen von Leiharbeitnehmern versucht die EU-Kommission im Sinne des Prinzips der Nichtdiskriminierung durchzusetzen, dass Leiharbeitnehmer im entliehenen Unternehmen nicht schlechter behandelt werden als die normalen Arbeitnehmer.

Die Novellierung des Arbeitnehmerüberlassungsgesetzes im Jahre 2003 mit seinem formalen Anspruch eines *equal treatment* hat keineswegs zu einer faktischen Gleichstellung der Leiharbeitnehmer geführt. Ähnlich wie in den Niederlanden entbindet die Tarifbindung des Verleihunternehmens den Arbeitgeber auch in Deutschland von der Gleichbehandlungspflicht. Deshalb kam es zu einer rasanten Tarifierungsbewegung. Zum 30.06.2004 gaben hochgerechnet 80 % der im IAB-Betriebspanel befragten Betriebe mit knapp 90 % der Beschäftigten im Wirtschaftszweig Leiharbeit an, dass sie unter ein einschlägiges Tarifabkommen fielen – weitaus häufiger als in der Gesamtwirtschaft (Promberger 2007). Die Unternehmensverbände „Bundesvereini-

Tabelle H7

Beschäftigtenanteil und Verteilung der Leiharbeit nach Branchen, Betriebsgrößen sowie Ost- und Westdeutschland

	Leiharbeiteranteil*	Verteilung
Land- und Forstwirtschaft	0	0
Produzierendes Gewerbe	3	70
Produktionsbezogene Dienstleistungen	1	15
Distributive Dienstleistungen	1	11
Personenbezogene Dienstleistungen	0	1
Soziale Dienstleistungen	0	3
Öffentliche Verwaltung	0	0
1–10 Beschäftigte	0	6
11–49 Beschäftigte	1	15
50–249 Beschäftigte	2	35
ab 250 Beschäftigte	2	45
Ost	2	19
West	1	81
Insgesamt	1	100

*Leiharbeiteranteil: Leiharbeiter/(Beschäftigte im Betrieb + Leiharbeiter).
Quelle: IAB-Betriebspanel 2006.

Tabelle H8

Die wichtigsten Wirtschaftszweige vollzeitbeschäftigter SGB-II-Leistungsbezieher 2005

Wirtschaftszweige/-gruppe	Vollzeitbeschäftigte Aufstocker	Anteil an allen Vollzeitbeschäftigten
Personal- und Stellenvermittlung, Überlassung von Arbeitskräften	36.700	2,1 %
Gastgewerbe	23.300	2,6 %
Reinigung von Gebäuden, Inventar und Verkehrsmitteln	10.500	0,8 %
Land- und Forstwirtschaft	10.400	1,2 %
Sonstiger Landverkehr (Kfz-, Bahnfahrer, Taxis)	10.100	1,6 %
Sozialwesen	11.500	2,9 %
Hoch- und Tiefbau	9.400	3,1 %
Gesundheitswesen	9.000	6,4 %

Quelle: Bruckmeier et al. (2007).

gung Zeitarbeit Arbeitsvermittlung" (BZA) und „Interessengemeinschaft Zeitarbeit" (iGZ) sowie einige kleinere Vereinigungen wurden zu Arbeitgeberverbänden. Da die Verleihpraxis der Leiharbeitsunternehmen branchenübergreifend erfolgt, schlüpfte der Deutsche Gewerkschaftsbund (DGB) als Tarifgemeinschaft seiner Mitgliedsgewerkschaften in die Rolle der tarifschließenden Partei.

In einer Art Bestandsaufnahme hat die IG Metall Nürnberg Medienberichten zufolge[25] die Gehaltsunterschiede zum Tarifvertrag der Metall- und Elektrobranche untersucht. Bezogen auf den tariflichen Grundlohn verdienen Beschäftigte der Metall- und Elektrobranche laut Entgelttabelle der zwei Zeitarbeitsverbände rund ein Drittel mehr als die Leiharbeiter. Rechnet man die Leistungszulagen noch hinzu, liegt die Differenz bei den Gehältern bei mindestens 40 %, wobei der BZA-Tarif besser abschneidet als der von der iGZ. Allerdings: Je höher die Qualifikation des Mitarbeiters und damit seine Entgeltgruppe, desto geringer die Gehaltsunterschiede. Dennoch liegen sie etwa bei der Entgeltgruppe 9 bestenfalls bei rund einem Viertel.

Oftmals werden aber in der Leiharbeitsbranche keine existenzsichernden Löhne bezahlt. Nach Auswertungen der Aufstockungen nach Hartz IV von Bruckmeier et al. (2007), die in der Tabelle H8 dargestellt sind, hat es im September 2005 etwa 36.000 Aufstocker im Bereich der Leiharbeit gegeben. Das bedeutet, dass die Leiharbeitsbranche mehr als jeder andere Wirtschaftszweig Aufstocker beschäftigt. Gleichwohl ist mit 2,1 % nur eine Minderheit von Arbeitskräften im Leiharbeitssektor davon betroffen.

Neben abweichenden tarifvertraglichen Regelungen im Verhältnis zur Stammbelegschaft des Entleihbetriebs unterscheiden sich auch die Mitbestimmungsmöglichkeiten der Leiharbeiter. Betriebsräte bei den Verleihbetrieben sind eher eine Seltenheit. Auch die Kontakte der Betriebsräte in den Entleihbetrieben zu den Leiharbeitnehmern waren lange Zeit relativ gering entwickelt. Dabei wird auch die Arbeitnehmervertretung selbst durch einen hohen Anteil an Leiharbeitnehmern geschwächt: Nach einem Urteil des Bundesarbeitsgerichts werden Leiharbeitnehmer bei der betriebsgrößenabhängigen Bemessung der Mitbestimmungsrechte des Betriebsrats nicht mitberücksichtigt. Multivariate Analysen mit den Daten des IAB-Betriebspanels zeigen, dass in den Entleihbetrieben häufiger Betriebsräte existieren als in anderen Betrieben (Promberger/Theuer 2004). Der mäßige Einsatz des Instruments der Leiharbeit entspricht den Interessen der Betriebsräte insofern, als er hilft, die Beschäftigung der Stammbelegschaft zu stabilisieren (Bellmann/Promberger 2002). Da sowohl Leiharbeit als auch Betriebsräte

---

25 Nürnberger Nachrichten vom 15.02.2008.

vor allem in größeren Betrieben existieren, ist allerdings der Einfluss des Betriebsrates auf die Verbreitung von Leiharbeit in Großbetrieben nicht eindeutig zu bestimmen.

Verschiedene Fallstudien z. B. von Dörre (2006) und Wasserman/Rudolph (2007) belegen das konfliktbehaftete Verhältnis von Leiharbeitnehmern und Stammbelegschaft. Letztere sehen ihre eigene Position gefährdet, wenn Leiharbeitnehmer die gleiche Arbeit für weniger Geld machen. Die Leiharbeitnehmer selbst hoffen auf eine Festanstellung, die Chancen auf eine Übernahme sind allerdings im Vergleich zu befristeten Arbeitsverträgen (vgl. Abschnitt 5) eher gering. Promberger et al. (2006) ermitteln anhand der Daten des IAB-Betriebspanels 2003 eine innerbetriebliche Übernahmequote von etwa 12 bis maximal 15 %. Arbeitnehmerverbände wie die Industriegewerkschaft Bergbau, Chemie, Energie berichten ebenfalls von insgesamt wenigen Übernahmen (IG-BCE 2008), während Vertreter von größeren Leiharbeitsunternehmen sowie Arbeitgeberverbände Quoten von 20 bis 30 % angeben. Das Institut der deutschen Wirtschaft ermittelte im Auftrag des Bundesverbands Zeitarbeit (BZA), dass im Jahr 2006 jeder vierte Leiharbeiter im Einsatzbetrieb und ein weiteres Fünftel in anderen Betrieben eine Beschäftigung gefunden hat (iwd 2008). Die Chance auf eine reguläre Beschäftigung ist neben der ungleichen Entlohnung das wichtigste Thema, das Leiharbeitnehmer an Betriebsräte herantragen.

7 Fazit

Die strategischen Überlegungen der Betriebe hinsichtlich interner und externer Flexibilisierung wirken sich auf die Dynamik des Arbeitsmarktes und die qualitative Struktur der Beschäftigungsverhältnisse aus. In diesem Beitrag wurde die Entwicklung der Arbeitsmarktdynamik anhand der Daten des IAB-Betriebspanels 1996–2006 beschrieben. Im Anschluss wurde analysiert, wie sich die qualitative Struktur der Beschäftigungsverhältnisse verändert hat, indem die Bedeutung atypischer Beschäftigungsverhältnisse genauer untersucht wurde. Dabei wurde ein besonderes Augenmerk auf den Einsatz von befristeter Beschäftigung und Leiharbeit gelegt.

Die Zeitreihenbetrachtung verschiedener Indikatoren, die die Arbeitsmarktdynamik beschreiben, hat gezeigt, dass eine positive Entwicklung auf dem Arbeitsmarkt zu einer Zunahme an Dynamik führt und umgekehrt. Auch wenn die Dynamik auf dem Arbeitsmarkt ambivalent bewertet werden kann, erscheint die aktuelle Entwicklung positiv. Das mit der jüngsten positiven Entwicklung auf dem Arbeitsmarkt einhergehende Mehr an Bewegung ist nicht durch ein Mehr an Abgängen entstanden, sondern durch höhere Einstellungsraten. Und bei diesen Abgängen hat der Anteil von Kündigungen seitens der Arbeitnehmer zugenommen, was auf eine Zunahme von arbeitnehmerinduzierter und damit eher freiwilliger Mobilität schließen lässt.

Parallel zur positiven Beschäftigungsentwicklung ist von 2005 auf 2006 in den Betrieben ein erhöhter Personalaustausch ohne entsprechenden Beschäftigungseffekt zu beobachten. Dieses sogenannte Churning vollzieht sich, indem Arbeitsplätze mit anderen Personen besetzt werden, z. B. weil gezielt Personen mit anderen Qualifikationen oder Altersgruppen in die Betriebe geholt werden.

Die Indikatoren der Arbeitsmarktdynamik beschreiben die Bewegungen auf dem Arbeitsmarkt, lassen aber noch keinen Rückschluss auf eine mögliche qualitative Veränderung der Beschäftigungsverhältnisse zu. Die Analysen haben gezeigt, dass das Normalarbeitsverhältnis nach wie vor die Hauptform der Beschäftigungsverhältnisse darstellt; zwischen 2001 und 2006 ist allerdings ein moderater Anstieg atypischer Beschäftigungsverhältnisse zu verzeichnen.

Die verschiedenen Formen atypischer Beschäftigung erfüllen dabei unterschiedliche Funktionen. Zeitlich befristete Arbeitsverträge dienen der Vermeidung des allgemeinen oder tarifvertraglichen erweiterten Kündigungsschutzes, der mit (Entlassungs-)Kosten verbunden sein kann. Leiharbeit wird häufig zur Deckung bei Personalengpässen außerhalb der Kernbereiche von Unternehmen eingesetzt und kann zur Senkung der Lohnkosten beitragen.

Unter den atypischen Beschäftigungsverhältnissen ist die Teilzeitbeschäftigung mit Abstand am weitesten verbreitet, gefolgt von Minijobs und Befristungen. Den deutlichsten Zuwachs im Zeitverlauf zeigt allerdings die Leiharbeit. Aufgrund der raschen Zunahme von Leiharbeit und der arbeitsmarktpolitischen Bedeutung von Befristungen wurden diese beiden Formen atypischer Beschäftigung genauer betrachtet.

Die Analysen zu Befristungen haben gezeigt, dass sowohl befristete Neueinstellungen als auch Übernahmen branchen- und größenspezifisch stark variieren. Gerade in Branchen, in denen die befristete Einstellung als Normaleinstellungsverhältnis bezeichnet werden kann, ist die Übernahmequote relativ gering. Gute Übernahmechancen bestehen eher in den Branchen, die eine geringe Befristungsquote aufweisen, etwa im produzierenden Gewerbe. Die schlechteste Bilanz haben die öffentliche Verwaltung und der Sozialsektor aufzuweisen: Ein hoher Anteil befristeter Neueinstellungen steht dort einer geringen Übernahmequote gegenüber. Die branchenspezifische Konzentration befristeter Arbeitsverträge auf den Bereich der sozialen und öffentlichen Dienstleistungen ist ein Hinweis darauf,

dass der internationale Wettbewerbsdruck nur bedingt als Erklärungsfaktor für die Verbreitung befristeter Arbeitsverträge herangezogen werden kann.

Leiharbeit spielt immer noch eine vergleichsweise geringe Rolle. Der Einsatz von Leiharbeit ist vor allem ein Phänomen der Großbetriebe und hier vor allem der Betriebe des produzierenden Gewerbes. Die Nutzung von Leiharbeit nimmt aber stetig zu. Die Analysen haben gezeigt, dass für den Einsatz von Leiharbeit neben der Veränderung der gesetzlichen Rahmenbedingungen auch eine konjunkturelle Komponente relevant ist. Zu Beginn des wirtschaftlichen Aufschwungs 2005 und 2006 stieg der Einsatz von Leiharbeit deutlich an. Betriebe nutzen Leiharbeit offensichtlich, um akuten Personalbedarf rasch decken zu können. Als sich abzeichnete, dass die positive wirtschaftliche Entwicklung länger anhalten würde, wurde ein größerer Anteil der Nachfrage nach Arbeitskräften durch die Einstellung regulär Beschäftigter und weniger über Leiharbeitskräfte gedeckt.

Der Vorteil der Leiharbeit wird oftmals darin gesehen, dass nicht beschäftigte oder arbeitslose Menschen dadurch eine Beschäftigungschance erhalten. Diese kann zumindest in einigen Fällen sogar mit einer mittel- und langfristigen Perspektive beim Verleih- oder Entleihbetrieb oder einem anderen Unternehmen verbunden sein. Bei Leiharbeitern handelt es sich überwiegend um Personen, die eher schlechtere Arbeitsmarktchancen haben. Ein großer Anteil war vorher nicht erwerbstätig, so dass Leiharbeit vor allem für den Einstieg ins Erwerbsleben genutzt wird.

Nach wie vor sind die Arbeitsbedingungen für Leiharbeitnehmer aber meist schlechter als für die Stammbelegschaft der Betriebe. Es werden teilweise deutlich niedrigere Löhne gezahlt. In der Leiharbeitsbranche ist der Anteil der Vollzeitbeschäftigten, die zur Existenzsicherung zusätzlich noch Transferleistungen in Anspruch nehmen müssen, überdurchschnittlich hoch.

Die dargestellten Ergebnisse zeigen, dass der deutsche Arbeitsmarkt eine hohe Dynamik aufweist und keineswegs als starr bezeichnet werden kann. Deutlich wird, dass sich die Personalpolitik der Betriebe betriebsgrößen- und branchenspezifisch erheblich unterscheidet. Von einem einheitlichen Wandel in der Entwicklung der Betriebe und der Struktur betrieblicher Beschäftigung kann daher nicht die Rede sein. Die positive Entwicklung des Arbeitsmarktes im Jahr 2007 ist zudem ein Hinweis, dass Negativtrends wie die Verlagerung von Beschäftigung ins Ausland oder die Erosion des Normalarbeitsverhältnisses keine Naturgesetze darstellen. Inwieweit die steigende Arbeitsnachfrage allerdings vor allem an den Rändern in Form einer Zunahme atypischer Beschäftigung stattfindet oder tatsächlich mit einer Zunahme regulärer Beschäftigung einhergeht, bleibt abzuwarten.

Anhang

Tabelle H9

Verteilung atypischer Beschäftigungsformen 2006 in %

Verteilung der Beschäftigungsform	SVB	Teilzeit	Minijobs	Befristungen	Freie Mitarbeit	Praktika	Leiharbeit	Ein-Euro-Jobs
Land- und Forstwirtschaft	1	1	2	2	2	2	0	6
Produzierendes Gewerbe	34	13	16	17	12	21	70	2
Produktionsbezogene Dienstleistungen	17	17	19	19	35	17	15	5
Distributive Dienstleistungen	20	23	29	15	8	20	11	1
Personenbezogene Dienstleistungen	5	10	16	8	11	7	1	9
Soziale Dienstleistungen	17	28	17	32	29	27	3	58
Öffentliche Verwaltung	6	8	2	7	3	5	0	20
1–10 Beschäftigte	15	27	34	11	43	37	6	18
11–49 Beschäftigte	24	26	34	19	25	28	15	28
50–249 Beschäftigte	28	24	20	32	19	17	35	36
ab 250 Beschäftigte	33	23	12	39	14	18	45	18
Ost	17	14	9	22	15	21	19	56
West	83	86	91	78	85	79	81	44
Insgesamt	100	100	100	100	100	100	100	100

Quelle: IAB-Betriebspanel 2006.

Tabelle H10

Anteile atypischer Beschäftigungsformen an der betrieblichen Gesamtbeschäftigung 2006 in %

	SVB	Teilzeit	Minijobs	Befristungen	Freie Mitarbeit	Praktika	Leiharbeit	Ein-Euro-Jobs
Land- und Forstwirtschaft	61	19	14	8	2	3	0	5
Produzierendes Gewerbe	84	11	6	4	1	1	3	0
Produktionsbezogene Dienstleistungen	74	26	13	7	4	2	1	0
Distributive Dienstleistungen	74	28	15	4	1	2	1	0
Personenbezogene Dienstleistungen	57	37	26	8	3	2	0	2
Soziale Dienstleistungen	72	41	11	12	3	3	0	4
Öffentliche Verwaltung	63	27	3	6	1	1	0	3
1–10 Beschäftigte	54	33	18	3	4	3	0	1
11–49 Beschäftigte	73	27	15	5	2	2	1	1
50–249 Beschäftigte	82	23	8	8	1	1	2	2
ab 250 Beschäftigte	84	20	5	8	1	1	2	1
Ost	75	22	7	9	2	2	2	4
West	74	26	12	6	2	2	1	1
Insgesamt	75	25	11	6	2	2	1	1

Quelle: IAB-Betriebspanel 2006.

Literatur

Alda, Holger / Allaart, Piet / Bellmann, Lutz (2005): Churning and institutions – Dutch and German establishments compared with micro-level data. IAB-Discussion Paper 12, Nürnberg.

Antoni, Manfred / Jahn, Elke J. (2006): Do Changes in Regulation Affect Employment Duration in Temporary Work Agencies? IZA-Discussion Paper 2343.

Arbeitnehmerüberlassungsstatistik (2007): Bundesagentur für Arbeit: Arbeitsmarkt in Zahlen: Arbeitnehmerüberlassung. Leiharbeitnehmer und Verleihbetriebe im 2. Halbjahr 2006, Nürnberg.

Auer, Peter / Cazes, Sandrine (2002): The resilience of the long-term employment relationship. In: Auer, Peter/Cazes, Sandrine (Hrsg.): Employment stability in an age of flexibility. ILO Genf.

Bäcker, Gerhard (2007): Was heißt hier „geringfügig"? Minijobs als wachsendes Segment prekärer Beschäftigung. In: Keller, Berndt / Seifert, Hartmut (Hrsg.): Atypische Beschäftigung – Flexibilisierung und soziale Risiken. Berlin, S. 107–126.

Beckmann, Michael / Bellmann, Lutz (2002): Churning in deutschen Betrieben: Welche Rolle spielen technischer Fortschritt, organisatorische Änderungen und Personalstruktur? In: Bellmann, Lutz / Kölling, Arnd (Hrsg.): Betrieblicher Wandel und Fachkräftebedarf. Beiträge zur Arbeitsmarkt- und Berufsforschung 257, Nürnberg, S. 133–167.

Bellmann, Lutz / Düll, Herbert / Kühl, Jürgen / Lahner, Manfred / Lehmann, Udo (1996): Flexibilität von Betrieben in Deutschland. Beiträge zur Arbeitsmarkt- und Berufsforschung 200, Nürnberg.

Bellmann, Lutz (2002): Das IAB-Betriebspanel: Konzeption und Anwendungsbereiche. In: Allgemeines Statistisches Archiv 86, S. 177–188.

Bellmann, Lutz / Promberger, Markus (2002): Zum betrieblichen Einsatz von Leiharbeit. Erste Ergebnisse einer Pilotstudie. In: WSI-Mitteilungen, 55, H. 8, S. 484–487.

Bellmann, Lutz (2004): Leiharbeit in Deutschland. In: Sozialer Fortschritt 6, S. 135–143.

Bellmann, Lutz / Alda, Holger (2004): Betriebliche Personal- und Beschäftigungspolitik zwischen Flexibilität und Stabilität. In: WSI-Mitteilungen 5, S. 255–261.

Bellmann, Lutz / Bielenski, Harald / Bilger, Frauke / Dahms, Vera / Fischer, Gabriele / Frei, Marek / Wahse, Jürgen (2006): Personalbewegungen und Fachkräfterekrutierung. Ergebnisse des IAB-Betriebspanels 2005. IAB-Forschungsbericht Nr. 11, Nürnberg.

Bielenski, Harald / Ullmann, Karen (2005): Arbeitgeberkündigungen und Klagequote. In: Bundesarbeitsblatt 10, S. 4–13.

Blanchard, Olivier / Landier, Augustin (2002): The Perverse Effects of Partial Labour Market Reforms: Fixed-Term Contracts in France. In: The Economic Journal 112, S. 214–244.

Boockmann, Bernhard / Hagen, Tobias (2002): Arbeitsplatzdynamik und befristete Verträge: Empirische Evidenz aus dem IAB-Betriebspanel für Baden-Württemberg. In: Mitteilungen aus der Arbeitsmarkt- und Berufsforschung, 35. Jg., S. 385–396.

Boockmann, Bernhard / Hagen, Tobias (2005): Befristete Beschäftigungsverhältnisse – Brücken in den Arbeitsmarkt oder Instrumente der Segmentierung? Repräsentative Längsschnittanalysen auf der Basis von Individualdaten. Abschlussbericht zum Bericht 2003-458-3 der Hans-Böckler-Stiftung.

Boyer, Robert (1986): La flexibilité du travail en Europe. Une comparaison européenne entre 7 Etats Membres entre 1973 et 1985. Paris.

Brodsky, Melvin M. (1994): Labour Market Flexibility: A changing international perspective. In: Monthly Labour Review, November, S. 53–60.

Bruckmeier, Kerstin / Graf, Tobias / Rudolph, Helmut (2007): Aufstocker – Kombilohn durch die Hintertür? In: IAB-Forum 1, S. 20–26.

Büchtemann, Christoph / Höland, Armin (1989): Befristete Arbeitsverträge nach dem Beschäftigungsförderungsgesetz 1985. Ergebnisse einer empirischen Untersuchung im Auftrag des Bundesministers für Arbeit und Sozialordnung, Bonn.

Bundesagentur für Arbeit (Hrsg.) (2005): Amtliche Nachrichten der Bundesagentur für Arbeit (ANBA). 53. Jg., Nr. 11, Nürnberg.

Cahuc, Pierre / Postel-Vinay, Fabien (2002): Temporary jobs, employment protection and labor market performance. In: Labour Economics, Vol. 9, No. 1, S. 63–91.

Caliendo, Marco / Kritikos, Alexander / Steiner, Viktor / Wießner, Frank (2007): Existenzgründungen: Unterm Strich ein Erfolg. IAB-Kurzbericht 10 vom 10.04.2007.

CIETT (2007): The agency work industry around the world. Main Statistics.

Cramer, Ulrich / Koller, Martin (1988): Gewinne und Verluste von Arbeitsplätzen in Betrieben – der „Job-Turnover"-Ansatz". In: Mitteilungen aus der Arbeitsmarkt- und Berufsforschung, 21. Jg., Nr. 3, S. 361–377.

Die ZEIT (2007): Arbeitskraft auf Abruf. Nr. 18.

Dörre, Klaus (2006): Prekäre Arbeit. Unsichere Beschäftigungsverhältnisse und ihre sozialen Folgen. In: Arbeit 15 (1), S. 181–193.

Elfring, Tom (1988): Service Sector Employment in Advanced Economies. A Comparative Analysis of its Implications for Economic Growth. Aldershot, UK.

Engellandt, Axel / Riphahn, Regina T. (2005): Temporary Contracts and Employee Effort. In: Labour Economics 12, S. 281–299.

Erlinghagen, Marcel / Knuth, Matthias (2002): Kein Turbo-Arbeitsmarkt in Sicht. Fluktuation stagniert – Beschäftigungsstabilität nimmt zu. IAT-Report 2002-04.

Erlinghagen, Marcel (2008): Self-Perceived Job Insecurity and Social Context: A Multi-Level Analysis of 17 European Countries. In: European Sociological Review 24 (2), S. 183–197.

Fischer, Gabriele / Janik, Florian / Müller, Dana / Schmucker, Alexandra (2008): Das IAB-Betriebspanel – von der Stichprobe über die Erhebung bis zur Hochrechnung. FDZ-Methodenreport 01, Nürnberg.

Fuchs, Tatjana (2006): Was ist gute Arbeit? Anforderungen aus der Sicht von Erwerbstätigen. In: Bundesarbeitsblatt 05, S. 4–11.

Giesecke, Johannes (2006): Arbeitsmarktflexibilisierung und soziale Ungleichheit. Wiesbaden.

Grotheer, Michael / Struck, Olaf / Bellmann, Lutz / Gewiese, Tilo (2004): Determinanten der Beschäftigungsstabilität. Chancen und Risiken von „Entrants" im Ost-West-Vergleich. In: Struck, Olaf / Köhler, Christoph (Hrsg.): Beschäftigungsstabilität im Wandel? Empirische Befunde und theoretische Erklärungen für West- und Ostdeutschland. München und Mering, S. 125–156.

Grotheer, Michael / Struck, Olaf (2005): The Case of Eastern and Western Germany – Employment stability in Germany. In: Köhler, Christoph / Junge, Kyra / Schröder, Tim / Struck, Olaf (Hrsg.): Trends in employment stability and labour market segmentation. Current debates and findings in Eastern and Western Europe. Discussion Paper SFB 580, Jena.

Hall, Peter A. / Soskice, David (2001): An Introduction to Varieties of Capitalism. In: Hall, Peter A. / Soskice, David (Hrsg.): Varieties of Capitalism: The Institutional Foundations of Comparative Advantage. Oxford, S. 1–70.

IG-BCE Kompakt (2008): Leiharbeit braucht klare Leitlinien, Heft 6.

ILO (2007): Guide to Private Employment Agencies: Regulation, Monitoring and Enforcement. Genf.

Institut der deutschen Wirtschaft Köln (2005): Der Osten ist Spitze. In: Informationsdienst des Instituts der deutschen Wirtschaft Köln, iwd, Jg. 31.

Institut der deutschen Wirtschaft Köln (2008): Zeitarbeit. Eine Brücke in den Beruf. In: Informationsdienst des Instituts der deutschen Wirtschaft Köln, iwd, Nr. 17.

Keller, Berndt / Seifert, Hartmut (2007): Atypische Beschäftigungsverhältnisse. Flexibilität, soziale Sicherheit und Prekarität. In: Keller, Berndt / Seifert, Hartmut (Hrsg.): Atypische Beschäftigung – Flexibilisierung und soziale Risiken. Berlin, S. 11–25.

Klammer, Ute / Leiber, Simone (2007): Atypische Beschäftigung und sozialer Schutz. EU-Regulierung und Situation in Deutschland. In: Keller, Berndt / Seifert, Hartmut (Hrsg.): Atypische Beschäftigung – Flexibilisierung und soziale Risiken. Berlin, S. 185–207.

Knuth, Matthias (1999): Der Preis des Wandels, Graue Reihe des Instituts für Arbeitsmarkt und Technik, Nr. 8, Gelsenkirchen.

Köhler, Christoph / Struck, Olaf / Bultemeier, Anja / Grotheer, Michael / Schröder, Tim / Schwiderrek, Frank (2004): Beschäftigungsstabilität und betriebliche Beschäftigungssysteme in West- und Ostdeutschland; Universität Jena, SFB 580 Gesellschaftliche Entwicklungen nach dem Systemumbruch. Diskontinuitäten, Tradition und Strukturbildung, Mitteilungen, Heft 14.

Liebig, Stefan / Hense, Andrea (2007): Die zeitweise Verlagerung von Arbeitskräften in die Arbeitslosigkeit: Eine „neue" personalpolitische Flexibilisierungsstrategie? In: Zeitschrift für ArbeitsmarktForschung 4, S. 399–417.

Linne, Gudrun (2002): Flexibel arbeiten – flexibel leben? Die Auswirkungen flexibler Arbeitszeiten auf Erwerbschancen, Arbeits- und Lebensbedingungen. Hans-Böckler-Stiftung.

Mavromaras, Kostas G. / Rudolph, Helmut (1997): Wage Discrimination in the Reemployment Process. In: The Journal of Human Resources 32, S. 812–860.

Mavromaras, Kostas G. / Rudolph, Helmut (1998): Temporary Separations and Firm Size in the German Labour Market. In: Oxford Bulletin of Economics and Statistics 60 (2), S. 215–225.

Mückenberger, Ulrich (1985): Die Krise des Normalarbeitsverhältnisses – hat das Arbeitsrecht noch Zukunft? In: Zeitschrift für Sozialreform 31, S. 415 ff. und 457 ff.

Oschmiansky, Heidi / Oschmiansky, Frank (2003): Erwerbsformen im Wandel: Integration oder Ausgrenzung durch atypische Beschäftigung? Berlin und die Bundesrepublik Deutschland im Vergleich, WZB Discussion Paper 2003-106.

Parent-Thirion, Agnès / Fernández Macías, Enrique / Hurley, John / Vermeylen, Greet (2007): Fourth European Working Conditions Survey. European Foundation for the Improvement of Living and Working Conditions, Dublin.

Promberger, Markus / Theuer, Stefan (2004): Welche Betriebe nutzen Leiharbeit? Verbreitung und Typik von Einsatzbetrieben und Arbeitsumwelten von Leiharbeitern. In: Vogel, Berthold (Hrsg.): Leiharbeit. Neue sozialwissenschaftliche Befunde zu einer prekären Beschäftigungsform. Hamburg, S. 34–60.

Promberger, Markus / Bellmann, Lutz / Dreher, Christoph / Sowa, Frank / Schramm, Simon / Theuer, Stefan (2006): Leiharbeit im Betrieb: Strukturen, Kontexte und Handhabung einer atypischen Beschäftigungsform. Abschlussbericht des Forschungsprojektes HBS-2002-418-3, gefördert von der Hans-Böckler-Stiftung. Nürnberg.

Promberger, Markus (2007): Leiharbeit. Flexibilität und Prekarität in der betrieblichen Praxis. In: Keller, Berndt / Seifert, Hartmut (Hrsg.): Atypische Beschäftigung – Flexibilisierung und soziale Risiken. Berlin, S. 185–207.

Seifert, Hartmut (1993): Arbeitszeitgestaltung jenseits der Normalarbeitszeit. In: Seifert, Hartmut (Hrsg.): Jenseits der Normalarbeitszeit. Perspektiven für eine bedürfnisgerechtere Arbeitszeitgestaltung, Köln, S. 271–288.

Spermann, Alexander (2008): Do Temporary Agencies Have Incentives to Invest in Human Capital of their Flexworkers? In: Zeitschrift für Personalforschung 22 (1), S. 90–93.

Statistisches Bundesamt (2008): Zeitarbeit. Ergebnisse des Mikrozensus 2006. Wiesbaden.

Strotmann, Harald / Haag, Stefan (2004): Wachsende und schrumpfende Betriebe in Baden-Württemberg, IAW-Kurzbericht, Heft 8.

Thelen, Kathleen (2003): How Institutions Evolve. Insights from comparative historical analysis. In: Mahoney, James / Rueschemeyer, Dietrich (Hrsg.): Comparative historical analysis in the social sciences. Cambridge, S. 208–240.

Vielle, Pascale / Walthery, Pierre (2003): Flexibility and social protection. European Foundation for the Improvement of Living and Working Conditions. Ireland.

Walwei, Ulrich (1990): Ökonomisch-rechtliche Analyse befristeter Arbeitsverhältnisse. Beiträge zur Arbeitsmarkt- und Berufsforschung 139. Nürnberg.

Wanger, Susanne (2006): Arbeitszeitpolitik. Teilzeitarbeit fördert Flexibilität und Produktivität. IAB-Kurzbericht 7. Nürnberg.

Wassermann, Wolfram / Rudolph, Wolfgang (2007): Leiharbeit als Gegenstand betrieblicher Mitbestimmung. Düsseldorf.

Winkelmann, Rainer / Zimmermann, Klaus F. (1998): Is Job Stability Declining in Germany? Evidence From Count Data Models. In: Applied Economics 30, S. 1413–1420.

Teil III

Datenanhang

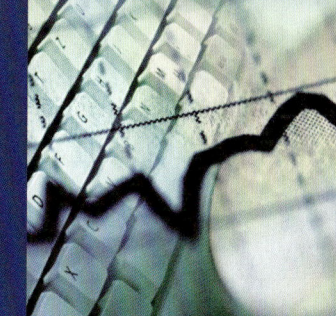

Teil III

Kapitel I:
Zentrale Indikatoren des deutschen Arbeitsmarktes

Kapitel J:
Deutschland im internationalen Vergleich

Teil III
Kapitel I

Zentrale Indikatoren des deutschen Arbeitsmarktes

Kapitel I

Zusammenstellung:

Hans-Uwe Bach

Markus Hummel

Klara Kaufmann

Inhaltsübersicht Kapitel I
Zentrale Indikatoren des deutschen Arbeitsmarktes

Zusammenstellung: Hans-Uwe Bach, Markus Hummel, Klara Kaufmann

1 Wachstum/Beschäftigung/Produktivität .. 407

Bruttoinlandsprodukt, Arbeitsvolumen und Arbeitsproduktivität 1970–1991 (Westdeutschland einschl. West-Berlin) 408

Bruttoinlandsprodukt, Arbeitsvolumen und Arbeitsproduktivität 1991–2007 (Deutschland gesamt) ... 409

2 Arbeitszeitrechnung 411

Jahresarbeitszeit und Arbeitsvolumen der Erwerbstätigen und der beschäftigten Arbeitnehmer 1960–1990 (Westdeutschland einschl. West-Berlin) 413

Jahresarbeitszeit und Arbeitsvolumen der Erwerbstätigen und der beschäftigten Arbeitnehmer 1991–2007 (Westdeutschland, Ostdeutschland, Deutschland gesamt) 414

Durchschnittliche Arbeitszeit und ihre Komponenten in Deutschland (früheres Bundesgebiet) 1970–1990 416

Durchschnittliche Arbeitszeit und ihre Komponenten in Westdeutschland (ohne Berlin) 1991–2007 420

Durchschnittliche Arbeitszeit und ihre Komponenten in Ostdeutschland (mit Berlin) 1991–2007 422

Durchschnittliche Arbeitszeit und ihre Komponenten in Deutschland 1991–2007 424

3 Arbeitsmarktbilanz 427

Arbeitskräftebilanz nach dem Beschäftigungsortskonzept 1960–1990 (Westdeutschland einschl. West-Berlin) 428

Arbeitskräftebilanz nach dem Beschäftigungsortskonzept (Männer und Frauen) 1991–2007 (Westdeutschland, Ostdeutschland, Deutschland gesamt) 429

4 Regionaldaten 431

Arbeitslosenquoten westdeutscher Kreise 1998–2008 432

Arbeitslosenquoten ostdeutscher Kreise 1998–2008 440

Arbeitslosenquoten in Deutschland nach Kreisen im Juni 2007 (Karte) 443

Entwicklung der Beschäftigung in Westdeutschland nach Kreisen 1998–2007 444

Entwicklung der Beschäftigung in Ostdeutschland nach Kreisen 1998–2007 448

Entwicklung der Beschäftigung in Deutschland nach Kreisen 1998–2007 (Karte) 450

5 Bildung und Ausbildung 451

Qualifikationsspezifische Arbeitslosenquoten insgesamt in Prozent 1975–2005 (alte und neue Bundesländer, Deutschland gesamt) 452

Qualifikationsspezifische Arbeitslosenquoten bei Männern in Prozent 1975–2005 (alte und neue Bundesländer, Deutschland gesamt) 454

Qualifikationsspezifische Arbeitslosenquoten bei Frauen in Prozent 1975–2005 (alte und neue Bundesländer, Deutschland gesamt) 456

Arbeitslose insgesamt nach Qualifikationsstufen in Tausend 1975-2005 (alte und neue Bundesländer, Deutschland gesamt) 458

Arbeitslose Männer nach Qualifikationsstufen in Tausend 1975-2005 (alte und neue Bundesländer, Deutschland gesamt) 460

Arbeitslose Frauen nach Qualifikationsstufen in Tausend 1975-2005 (alte und neue Bundesländer, Deutschland gesamt) 462

Erwerbstätige insgesamt nach Qualifikationsstufen in Tausend 1975-2005 (alte und neue Bundesländer, Deutschland gesamt) 464

Erwerbstätige Männer nach Qualifikationsstufen in Tausend 1975-2005 (alte und neue Bundesländer, Deutschland gesamt) 466

Erwerbstätige Frauen nach Qualifikationsstufen in Tausend 1975-2005 (alte und neue Bundesländer, Deutschland gesamt) 468

1 Wachstum/Beschäftigung/Produktivität

Teil III
Kapitel I

Bruttoinlandsprodukt, Arbeitsvolumen und Arbeitsproduktivität 1970–1991 (Westdeutschland einschl. West-Berlin)

	Bruttoinlandsprodukt in Preisen von 2.000		Arbeitsvolumen		Erwerbstätige		Arbeitszeit je Erwerbstätigen		Produktivität je Erwerbstätigen		Produktivität je Erwerbstätigenstunde		Arbeitstageeffekt
	Mrd. €	Veränderung gegenüber Vorjahr in %	Mio. Arbeitsstunden	Veränderung gegenüber Vorjahr in %	Personen in 1.000	Veränderung gegenüber Vorjahr in %	Arbeitsstunden	Veränderung gegenüber Vorjahr in %	€	Veränderung gegenüber Vorjahr in %	€	Veränderung gegenüber Vorjahr in %	Veränderung gegenüber Vorjahr in %
Westdeutschland (einschl. West-Berlin)													
1970	804,5	.	52.285	.	26.589	.	1.966,4	.	30.257	.	15,39	.	.
1971	829,7	+3,1	51.668	−1,2	26.710	+0,5	1.934,4	−1,6	31.063	+2,7	16,06	+4,4	+0,5
1972	865,3	+4,3	51.332	−0,7	26.857	+0,6	1.911,3	−1,2	32.219	+3,7	16,86	+5,0	−0,5
1973	906,7	+4,8	51.174	−0,3	27.181	+1,2	1.882,7	−1,5	33.358	+3,5	17,72	+5,1	−0,3
1974	914,8	+0,9	49.624	−3,0	26.924	−0,9	1.843,1	−2,1	33.977	+1,9	18,43	+4,0	−0,4
1975	906,8	−0,9	47.412	−4,5	26.248	−2,5	1.806,3	−2,0	34.547	+1,7	19,13	+3,7	+0,2
1976	951,7	+5,0	47.542	+0,3	26.139	−0,4	1.818,8	+0,7	36.409	+5,4	20,02	+4,7	+1,8
1977	983,6	+3,4	47.188	−0,7	26.198	+0,2	1.801,2	−1,0	37.545	+3,1	20,84	+4,1	−0,8
1978	1.013,2	+3,0	47.154	−0,1	26.457	+1,0	1.782,3	−1,1	38.296	+2,0	21,49	+3,1	−0,5
1979	1.055,2	+4,1	47.744	+1,3	26.968	+1,9	1.770,4	−0,7	39.128	+2,2	22,10	+2,9	−0,3
1980	1.070,1	+1,4	48.012	+0,6	27.420	+1,7	1.751,0	−1,1	39.026	−0,3	22,29	+0,8	+0,4
1981	1.075,7	+0,5	47.474	−1,1	27.453	+0,1	1.729,3	−1,2	39.183	+0,4	22,66	+1,7	−0,2
1982	1.071,5	−0,4	46.803	−1,4	27.241	−0,8	1.718,1	−0,6	39.334	+0,4	22,89	+1,0	+0,6
1983	1.088,3	+1,6	46.031	−1,6	26.993	−0,9	1.705,3	−0,7	40.318	+2,5	23,64	+3,3	±0,0
1984	1.119,1	+2,8	46.113	+0,2	27.226	+0,9	1.693,7	−0,7	41.104	+2,0	24,27	+2,6	−0,5
1985	1.145,1	+2,3	46.119	+0,0	27.608	+1,4	1.670,5	−1,4	41.477	+0,9	24,83	+2,3	−0,8
1986	1.171,3	+2,3	46.473	+0,8	28.138	+1,9	1.651,6	−1,1	41.627	+0,4	25,20	+1,5	+0,2
1987	1.187,7	+1,4	46.491	+0,0	28.531	+1,4	1.629,5	−1,3	41.628	+0,0	25,55	+1,4	+0,5
1988	1.231,8	+3,7	46.999	+1,1	28.937	+1,4	1.624,2	−0,3	42.568	+2,3	26,21	+2,6	+0,5
1989	1.279,7	+3,9	47.189	+0,4	29.480	+1,9	1.600,7	−1,4	43.409	+2,0	27,12	+3,5	−0,5
1990	1.347,0	+5,3	47.982	+1,7	30.409	+3,2	1.577,9	−1,4	44.296	+2,0	28,07	+3,5	−0,8
1991	1.415,8	+5,1	48.730	+1,6	31.261	+2,8	1.558,8	−1,2	45.290	+2,2	29,05	+3,5	±0,0

Quelle: Statistisches Bundesamt; Berechnungen des IAB.

Zentrale Indikatoren des deutschen Arbeitsmarktes

Bruttoinlandsprodukt, Arbeitsvolumen und Arbeitsproduktivität 1991–2007 (Deutschland gesamt)

	Bruttoinlandsprodukt in Preisen von 2.000		Arbeitsvolumen		Erwerbstätige		Arbeitszeit je Erwerbstätigen		Produktivität je Erwerbstätigen		Produktivität je Erwerbstätigenstunde		Arbeitstageeffekt
	Mrd. €	Veränderung gegenüber Vorjahr in %	Mio. Arbeitsstunden	Veränderung gegenüber Vorjahr in %	Personen in 1.000	Veränderung gegenüber Vorjahr in %	Arbeitsstunden	Veränderung gegenüber Vorjahr in %	€	Veränderung gegenüber Vorjahr in %	€	Veränderung gegenüber Vorjahr in %	Veränderung gegenüber Vorjahr in %
Deutschland													
1991	1.760,6	.	59.791	.	38.621	.	1.548,1	.	45.585	.	29,45	.	.
1992	1.799,7	+2,2	59.605	−0,3	38.059	−1,5	1.566,1	+1,2	47.288	+3,7	30,19	+2,5	+1,4
1993	1.785,3	−0,8	58.206	−2,3	37.555	−1,3	1.549,9	−1,0	47.538	+0,5	30,67	+1,6	+0,2
1994	1.832,7	+2,7	58.045	−0,3	37.516	−0,1	1.547,2	−0,2	48.852	+2,8	31,57	+2,9	−0,5
1995	1.867,4	+1,9	57.665	−0,7	37.601	+0,2	1.533,6	−0,9	49.663	+1,7	32,38	+2,6	−0,4
1996	1.886,0	+1,0	56.912	−1,3	37.498	−0,3	1.517,7	−1,0	50.295	+1,3	33,14	+2,3	+0,1
1997	1.920,0	+1,8	56.518	−0,7	37.463	−0,1	1.508,6	−0,6	51.250	+1,9	33,97	+2,5	−0,3
1998	1.959,0	+2,0	56.992	+0,8	37.911	+1,2	1.503,3	−0,4	51.673	+0,8	34,37	+1,2	+0,9
1999	1.998,4	+2,0	57.314	+0,6	38.424	+1,4	1.491,6	−0,8	52.008	+0,6	34,87	+1,4	+0,6
2000	2.062,5	+3,2	57.659	+0,6	39.144	+1,9	1.473,0	−1,2	52.690	+1,3	35,77	+2,6	−1,3
2001	2.088,1	+1,2	57.338	−0,6	39.316	+0,4	1.458,4	−1,0	53.111	+0,8	36,42	+1,8	−0,3
2002	2.088,1	±0,0	56.509	−1,4	39.096	−0,6	1.445,4	−0,9	53.410	+0,6	36,95	+1,5	±0,0
2003	2.083,5	−0,2	55.723	−1,4	38.726	−0,9	1.438,9	−0,4	53.801	+0,7	37,39	+1,2	+0,1
2004	2.108,7	+1,2	56.046	+0,6	38.880	+0,4	1.441,5	+0,2	54.236	+0,8	37,62	+0,6	+1,9
2005	2.125,0	+0,8	55.712	−0,6	38.851	−0,1	1.434,0	−0,5	54.696	+0,8	38,14	+1,4	−0,9
2006	2.187,9	+3,0	55.975	+0,5	39.097	+0,6	1.431,7	−0,2	55.961	+2,3	39,09	+2,5	−0,8
2007	2.241,7	+2,5	57.003	+1,8	39.768	+1,7	1.433,4	+0,1	56.369	+0,7	39,33	+0,6	−0,2

Quelle: Statistisches Bundesamt; Berechnungen des IAB.

2 Arbeitszeitrechnung

Teil III
Kapitel I

Jahresarbeitszeit und Arbeitsvolumen der Erwerbstätigen und der beschäftigten Arbeitnehmer 1960–1990
(Westdeutschland einschl. West-Berlin)

	Erwerbstätige			Beschäftigte Arbeitnehmer		
	Personen 1.000	Jahresarbeitszeit Stunden	Arbeitsvolumen Mio. Stunden	Personen 1.000	Jahresarbeitszeit Stunden	Arbeitsvolumen Mio. Stunden
Westdeutschland (einschl. West-Berlin)						
1960	26.063	2.163,3	56.382	20.073	2.075,8	41.668
1961	26.426	2.136,9	56.470	20.565	2.043,8	42.031
1962	26.518	2.100,1	55.690	20.860	2.002,6	41.774
1963	26.581	2.069,9	55.020	21.098	1.970,6	41.576
1964	26.604	2.081,3	55.371	21.335	1.984,3	42.335
1965	26.765	2.067,2	55.329	21.635	1.969,3	42.606
1966	26.693	2.041,1	54.483	21.657	1.946,4	42.153
1967	25.834	2.003,7	51.764	20.938	1.907,3	39.935
1968	25.866	1.991,3	51.507	21.081	1.906,6	40.193
1969	26.278	1.971,7	51.812	21.674	1.893,0	41.029
1970	26.589	1.966,4	52.285	22.248	1.876,3	41.744
1971	26.710	1.934,4	51.668	22.617	1.844,7	41.722
1972	26.857	1.911,3	51.332	22.889	1.823,7	41.743
1973	27.181	1.882,7	51.174	23.303	1.799,9	41.943
1974	26.924	1.843,2	49.626	23.183	1.758,8	40.774
1975	26.248	1.806,3	47.412	22.652	1.717,2	38.898
1976	26.139	1.818,8	47.542	22.714	1.736,0	39.432
1977	26.198	1.801,3	47.190	22.902	1.719,0	39.369
1978	26.457	1.782,3	47.154	23.216	1.701,4	39.500
1979	26.968	1.770,4	47.744	23.800	1.688,9	40.196
1980	27.420	1.751,0	48.012	24.266	1.670,6	40.539
1981	27.453	1.729,4	47.477	24.329	1.647,4	40.080
1982	27.241	1.718,2	46.805	24.150	1.635,0	39.485
1983	26.993	1.705,3	46.031	23.936	1.621,4	38.810
1984	27.226	1.693,7	46.113	24.167	1.606,7	38.829
1985	27.608	1.670,6	46.122	24.547	1.581,2	38.814
1986	28.138	1.651,6	46.473	25.054	1.563,1	39.162
1987	28.531	1.629,4	46.488	25.470	1.542,6	39.290
1988	28.937	1.624,2	46.999	25.881	1.536,5	39.766
1989	29.480	1.600,7	47.189	26.399	1.513,2	39.947
1990	30.409	1.577,6	47.973	27.304	1.490,4	40.694

Quelle: Statistisches Bundesamt; Berechnungen des IAB.

Jahresarbeitszeit und Arbeitsvolumen der Erwerbstätigen und der beschäftigten Arbeitnehmer 1991–2007 (Westdeutschland, Ostdeutschland, Deutschland gesamt)

	Erwerbstätige			Beschäftigte Arbeitnehmer		
	Personen 1.000	Jahresarbeitszeit Stunden	Arbeitsvolumen Mio. Stunden	Personen 1.000	Jahresarbeitszeit Stunden	Arbeitsvolumen Mio. Stunden
Westdeutschland (ohne Berlin)						
1991	30.153	1.546,0	46.617	27.098	1.467,8	39.775
1992	30.468	1.536,9	46.826	27.405	1.459,2	39.989
1993	30.129	1.514,7	45.637	27.060	1.434,1	38.807
1994	29.953	1.515,1	45.382	26.832	1.434,5	38.491
1995	29.919	1.504,4	45.011	26.790	1.421,3	38.076
1996	29.893	1.489,8	44.534	26.774	1.402,4	37.549
1997	29.967	1.482,0	44.411	26.792	1.391,9	37.292
1998	30.413	1.479,0	44.980	27.205	1.389,3	37.795
1999	30.913	1.468,6	45.399	27.724	1.379,1	38.235
2000	31.662	1.450,9	45.938	28.439	1.361,2	38.710
2001	31.935	1.438,8	45.948	28.660	1.352,4	38.759
2002	31.832	1.427,7	45.446	28.545	1.345,0	38.393
2003	31.551	1.421,8	44.859	28.221	1.340,7	37.836
2004	31.684	1.426,3	45.191	28.252	1.347,1	38.059
2005	31.697	1.418,9	44.975	28.173	1.338,2	37.702
2006	31.883	1.417,2	45.185	28.344	1.336,4	37.878
2007	32.426	1.420,8	46.071	28.839	1.340,8	38.668
Ostdeutschland (mit Berlin)						
1991	8.468	1.555,8	13.174	8.003	1.516,0	12.132
1992	7.591	1.683,4	12.779	7.077	1.642,4	11.623
1993	7.426	1.692,6	12.569	6.870	1.648,1	11.322
1994	7.563	1.674,4	12.663	6.959	1.624,5	11.304
1995	7.682	1.647,4	12.655	7.062	1.592,8	11.249
1996	7.605	1.627,5	12.378	6.982	1.567,1	10.941
1997	7.496	1.615,1	12.107	6.855	1.550,1	10.626
1998	7.498	1.601,9	12.012	6.841	1.534,8	10.500
1999	7.511	1.586,4	11.915	6.843	1.518,2	10.388
2000	7.482	1.566,5	11.721	6.790	1.495,4	10.155
2001	7.381	1.543,1	11.390	6.673	1.473,0	9.830
2002	7.264	1.522,8	11.062	6.548	1.454,6	9.525
2003	7.175	1.513,9	10.863	6.432	1.444,6	9.291
2004	7.196	1.508,5	10.855	6.406	1.436,2	9.200
2005	7.154	1.500,9	10.737	6.318	1.424,5	8.999
2006	7.214	1.495,6	10.789	6.359	1.417,2	9.013
2007	7.342	1.489,2	10.934	6.478	1.410,3	9.135

Zentrale Indikatoren des deutschen Arbeitsmarktes

	Erwerbstätige			Beschäftigte Arbeitnehmer		
	Personen 1.000	Jahresarbeitszeit Stunden	Arbeitsvolumen Mio. Stunden	Personen 1.000	Jahresarbeitszeit Stunden	Arbeitsvolumen Mio. Stunden
Deutschland						
1991	38.621	1.548,1	59.789	35.101	1.478,8	51.907
1992	38.059	1.566,2	59.608	34.482	1.496,8	51.613
1993	37.555	1.549,9	58.206	33.930	1.477,4	50.128
1994	37.516	1.547,2	58.045	33.791	1.473,6	49.794
1995	37.601	1.533,6	57.665	33.852	1.457,1	49.326
1996	37.498	1.517,8	56.914	33.756	1.436,5	48.490
1997	37.463	1.508,7	56.520	33.647	1.424,1	47.917
1998	37.911	1.503,3	56.992	34.046	1.418,6	48.298
1999	38.424	1.491,7	57.317	34.567	1.406,6	48.622
2000	39.144	1.473,0	57.659	35.229	1.387,1	48.866
2001	39.316	1.458,4	57.338	35.333	1.375,2	48.590
2002	39.096	1.445,4	56.509	35.093	1.365,4	47.916
2003	38.726	1.438,9	55.723	34.653	1.360,0	47.128
2004	38.880	1.441,5	56.046	34.658	1.363,6	47.260
2005	38.851	1.434,0	55.712	34.491	1.354,0	46.701
2006	39.097	1.431,7	55.975	34.703	1.351,2	46.891
2007	39.768	1.433,4	57.003	35.317	1.353,5	47.802

Quelle: Statistisches Bundesamt; Berechnungen des IAB.

Kapitel I

Durchschnittliche Arbeitszeit und ihre Komponenten in Deutschland (früheres Bundesgebiet) 1970–1990 – Wirtschaft insgesamt –

		1970	1971	1972	1973	1974	1975	1976	1977	1978	1979	1980
A. Beschäftigte Arbeitnehmer												
Personen												
Beschäftigte Arbeitnehmer	1.000	22.248	22.617	22.889	23.303	23.183	22.652	22.714	22.902	23.216	23.800	24.266
Vollzeit	1.000	20.833	21.115	21.280	21.554	21.323	20.697	20.659	20.760	20.957	21.390	21.685
Teilzeit	1.000	1.415	1.502	1.609	1.749	1.860	1.955	2.055	2.142	2.259	2.410	2.581
Teilzeitquote	%	6,4	6,6	7,0	7,5	8,0	8,6	9,0	9,4	9,7	10,1	10,6
Personen in Nebenjobs	1.000	277	244	223	269	253	221	246	243	222	239	249
Potenzielle Arbeitstage												
Kalendertage	Tage	365	365	366	365	365	365	366	365	365	365	366
Samstage und Sonntage	Tage	104	104	106	104	104	104	104	105	105	104	104
Feiertage	Tage	11,3	10,1	10,2	11,9	12,9	12,4	9,3	9,2	10,2	11,9	12,1
Potenzielle Arbeitstage	Tage	249,7	250,8	249,8	249,1	248,1	248,5	252,7	250,8	249,8	249,1	249,9
Tarifliche/Betriebsübliche Arbeitszeit												
Wochenarbeitszeit Vollzeit	Std.	41,45	41,14	41,05	40,97	40,60	40,32	40,29	40,22	40,25	40,24	40,23
Wochenarbeitszeit Teilzeit	Std.	20,43	20,28	20,19	20,03	19,78	19,47	19,25	18,86	18,63	18,52	18,40
Wochenarbeitszeit (alle Beschäftigten)	Std.	40,11	39,75	39,58	39,40	38,93	38,52	38,39	38,22	38,14	38,04	37,91
Tarifliche/Betriebsübliche Arbeitszeit	Std.	2.003,2	1.994,1	1.977,3	1.962,9	1.931,4	1.914,1	1.940,1	1.917,4	1.905,7	1.895,2	1.894,6
Urlaub												
Urlaub und sonstige Freistellungen	Tage	21,9	22,5	23,0	23,4	24,1	24,4	24,7	25,2	25,8	26,5	27,5
darunter tariflicher Regelurlaub	Tage	20,0	20,6	21,1	21,7	22,2	22,5	22,8	23,3	24,0	24,6	25,4
Krankenstand												
Krankenstand der Personen	%	5,69	5,42	5,57	6,02	5,63	5,37	5,40	5,47	5,61	5,74	5,76
Krankenstand in Arbeitstagen	Tage	13,0	12,4	12,6	13,6	12,6	12,0	12,3	12,3	12,6	12,8	12,8
Krankenstand in Arbeitsstunden	Std.	104,0	98,3	100,0	107,1	98,2	92,7	94,5	94,4	95,9	97,2	97,1
Effektive Arbeitszeit												
Arbeitstage ohne Urlaub und Krankenstand	Tage	214,8	216,0	214,2	212,1	211,3	212,1	215,7	213,3	211,4	209,8	209,6
Bezahlte Überstunden												
Überstunden pro Kalenderwoche[1]	Std.	3,29	2,91	2,71	2,66	2,33	2,02	2,12	2,06	2,01	2,00	1,84
Überstunden pro Zeitraum[1]	Std.	171,6	151,8	141,9	138,8	121,5	105,3	111,0	107,3	104,7	104,4	96,4
Überstunden pro Zeitraum[2]	Std.	159,0	140,7	131,5	128,4	112,0	96,6	101,6	98,1	95,2	94,4	86,6
Überstundenvolumen	Mio. Std.	3.537	3.183	3.009	2.993	2.595	2.189	2.307	2.247	2.211	2.247	2.101
Kurzarbeit												
Kurzarbeiter	1.000	10	86	76	44	292	773	277	231	191	88	137
Arbeitsausfall je Kurzarbeiter	%	35,4	30,7	29,0	40,9	34,6	33,1	29,9	29,3	29,8	34,9	34,9
Arbeitsausfall je Kurzarbeiter	Std.	647,3	556,5	519,9	727,2	603,7	571,4	522,6	505,5	509,2	591,5	588,9
Ausfallvolumen	Mio. Std.	6	48	40	32	177	442	145	117	97	52	80
Kurzarbeitereffekt	Std.	0,3	2,1	1,7	1,4	7,6	19,5	6,4	5,1	4,2	2,2	3,3
Sonstiger Arbeitszeitausfall												
Schlechtwettereffekt	Std.	11,4	8,9	5,5	6,6	3,5	3,5	6,2	5,0	6,0	8,4	6,3
Arbeitskampfeffekt	Std.	0,0	1,6	0,0	0,2	0,4	0,0	0,2	0,0	1,4	0,2	0,0

Zentrale Indikatoren des deutschen Arbeitsmarktes

		1970	1971	1972	1973	1974	1975	1976	1977	1978	1979	1980
Arbeitszeitkonteneffekte												
Saldenveränderung	Std.	0,0	+0,1	+0,3	+0,4	+0,1	−0,2	+1,0	+0,9	+1,0	+1,6	+0,6
Ausgleich für Kalendereinflüsse												
Effekt	Std.	+1,0	−5,0	+0,2	+3,7	+8,6	+6,4	−13,9	−4,6	+0,3	+3,7	−0,2
Tatsächliche Arbeitszeit												
Arbeitszeit Voll- und Teilzeit	Std.	1.871,5	1.840,5	1.820,0	1.795,5	1.754,6	1.713,4	1.731,8	1.714,9	1.697,8	1.685,1	1.666,7
Veränderung gegenüber Vorjahr	%		−1,7	−1,1	−1,3	−2,3	−2,3	+1,1	−1,0	−1,0	−0,7	−1,1
Arbeitsvolumen	Mio. Std.	41.637	41.627	41.657	41.840	40.678	38.813	39.337	39.275	39.415	40.106	40.444
Veränderung gegenüber Vorjahr	%		−0,0	+0,1	+0,4	−2,8	−4,6	+1,3	−0,2	+0,4	+1,8	+0,8
Arbeitszeit Vollzeit	Std.	1.935,4	1.906,0	1.888,8	1.868,4	1.831,0	1.794,0	1.818,8	1.805,6	1.792,5	1.783,7	1.769,9
Veränderung gegenüber Vorjahr	%		−1,5	−0,9	−1,1	−2,0	−2,0	+1,4	−0,7	−0,7	−0,5	−0,8
Arbeitsvolumen	Mio. Std.	40.320	40.246	40.193	40.271	39.041	37.131	37.573	37.486	37.566	38.153	38.381
Veränderung gegenüber Vorjahr	%		−0,2	−0,1	+0,2	−3,1	−4,9	+1,2	−0,2	+0,2	+1,6	+0,6
Arbeitszeit Teilzeit	Std.	930,8	919,8	910,1	897,1	879,6	860,6	858,0	835,7	818,6	810,4	799,3
Veränderung gegenüber Vorjahr	%		−1,2	−1,1	−1,4	−1,9	−2,2	−0,3	−2,6	−2,0	−1,0	−1,4
Arbeitsvolumen	Mio. Std.	1.317	1.381	1.464	1.569	1.636	1.682	1.763	1.790	1.849	1.953	2.063
Veränderung gegenüber Vorjahr	%		+4,9	+6,0	+7,1	+4,3	+2,8	+4,8	+1,5	+3,3	+5,6	+5,6
Arbeitszeit in Nebenjobs	Std.	388,8	387,1	386,9	386,1	382,8	380,7	388,3	381,8	378,8	377,4	379,0
Veränderung gegenüber Vorjahr	%		−0,4	−0,1	−0,2	−0,9	−0,5	+2,0	−1,7	−0,8	−0,4	+0,4
Nebenerwerbstätigkeitseffekt	Std.	4,8	4,2	3,8	4,5	4,2	3,7	4,2	4,1	3,6	3,8	3,9
Arbeitszeit einschl. Nebenjobs	Std.	1.876,3	1.844,7	1.823,7	1.799,9	1.758,8	1.717,2	1.736,0	1.719,0	1.701,4	1.688,9	1.670,6
Veränderung gegenüber Vorjahr	%		−1,7	−1,1	−1,3	−2,3	−2,4	+1,1	−1,0	−1,0	−0,7	−1,1
Arbeitsvolumen	Mio. Std.	41.744	41.722	41.743	41.944	40.775	38.897	39.432	39.368	39.499	40.197	40.539
Nachrichtlich: Arbeitstage-Effekt	%		−0,1	+0,1	+0,5	−2,8	−4,6	+1,4	−0,2	+0,3	+1,8	+0,9
Tägliche Arbeitszeit	%		+0,5	−0,4	−0,3	−0,5	+0,2	+1,9	−0,8	−0,4	−0,3	+0,3
	%		−2,2	−0,7	−1,0	−1,8	−2,5	−0,8	−0,2	−0,6	−0,4	−1,4
B. Selbstständige und Mithelfende												
Personen	1.000	4.341	4.093	3.968	3.878	3.741	3.596	3.425	3.296	3.241	3.168	3.154
Arbeitszeit	Std.	2.428,4	2.430,2	2.416,4	2.380,3	2.366,0	2.367,8	2.367,6	2.373,2	2.362,4	2.382,1	2.370,0
Veränderung gegenüber Vorjahr	%		+0,1	−0,6	−1,5	−0,6	+0,1	−0,0	+0,2	−0,5	+0,8	−0,5
Arbeitsvolumen	Mio. Std.	10.540	9.946	9.589	9.230	8.852	8.515	8.109	7.822	7.655	7.547	7.474
Veränderung gegenüber Vorjahr	%		−5,6	−3,6	−3,7	−4,1	−3,8	−4,8	−3,5	−2,1	−1,4	−1,0
C. Erwerbstätige												
Personen	1.000	26.589	26.710	26.857	27.181	26.924	26.248	26.139	26.198	26.457	26.968	27.420
Arbeitszeit	Std.	1.966,4	1.934,4	1.911,3	1.882,7	1.843,2	1.806,3	1.818,8	1.801,3	1.782,3	1.770,4	1.751,0
Veränderung gegenüber Vorjahr	%		−1,6	−1,2	−1,5	−2,1	−2,0	+0,7	−1,0	−1,1	−0,7	−1,1
Arbeitsvolumen	Mio. Std.	52.285	51.668	51.332	51.174	49.626	47.412	47.542	47.190	47.154	47.744	48.012
Veränderung gegenüber Vorjahr	%		−1,2	−0,7	−0,3	−3,0	−4,5	+0,3	−0,7	−0,1	+1,3	+0,6

1) Arbeitnehmer ohne geringfügig Beschäftigte, Auszubildende, Erziehungsurlaub und Altersteilzeit (Freistellungsphase). 2) Alle Arbeitnehmer.
Quelle: Berechnungen des IAB.

Durchschnittliche Arbeitszeit und ihre Komponenten in Deutschland (früheres Bundesgebiet) 1970–1990 – Wirtschaft insgesamt – (Fortsetzung)

		1981	1982	1983	1984	1985	1986	1987	1988	1989	1990
A. Beschäftigte Arbeitnehmer											
Personen											
Beschäftigte Arbeitnehmer	1.000	24.329	24.150	23.936	24.167	24.547	25.054	25.470	25.881	26.399	27.304
Vollzeit	1.000	21.567	21.205	20.830	20.845	20.987	21.213	21.338	21.518	21.770	22.394
Teilzeit	1.000	2.762	2.945	3.106	3.322	3.560	3.841	4.132	4.363	4.629	4.910
Teilzeitquote	%	11,4	12,2	13,0	13,7	14,5	15,3	16,2	16,9	17,5	18,0
Personen in Nebenjobs	1.000	261	282	295	314	332	340	369	427	565	687
Potenzielle Arbeitstage											
Kalendertage	Tage	365	365	365	366	365	365	365	366	365	365
Samstage und Sonntage	Tage	104	104	105	105	104	104	104	105	105	104
Feiertage	Tage	11,5	10,3	9,4	11,4	13,1	12,6	11,5	10,4	10,4	13,1
Potenzielle Arbeitstage	Tage	249,5	250,7	250,6	249,6	247,9	248,4	249,6	250,6	249,6	247,9
Tarifliche/Betriebsübliche Arbeitszeit											
Wochenarbeitszeit Vollzeit	Std.	40,21	40,18	40,11	40,09	39,80	39,59	39,50	39,34	38,90	38,54
Wochenarbeitszeit Teilzeit	Std.	18,15	17,86	17,44	17,09	16,72	16,24	15,90	15,72	15,45	15,18
Wochenarbeitszeit (alle Beschäftigten)	Std.	37,70	37,46	37,17	36,93	36,45	36,01	35,68	35,36	34,79	34,34
Tarifliche/Betriebsübliche Arbeitszeit	Std.	1.881,2	1.877,9	1.862,8	1.843,5	1.807,6	1.789,1	1.780,6	1.772,1	1.736,7	1.702,7
Urlaub											
Urlaub und sonstige Freistellungen	Tage	28,2	29,0	29,2	29,8	30,1	30,2	30,6	30,8	31,0	31,1
darunter tariflicher Regelurlaub	Tage	26,1	27,0	27,5	28,0	28,3	28,4	28,5	28,6	28,9	29,0
Krankenstand											
Krankenstand der Personen	%	5,33	4,68	4,50	4,62	4,76	4,86	4,89	5,00	5,13	5,27
Krankenstand in Arbeitstagen	Tage	11,8	10,4	10,0	10,2	10,4	10,6	10,7	11,0	11,2	11,4
Krankenstand in Arbeitsstunden	Std.	89,0	77,8	74,1	75,1	75,7	76,3	76,4	77,7	78,1	78,5
Effektive Arbeitstage											
Arbeitstage ohne Urlaub und Krankenstand	Tage	209,5	211,3	211,4	209,7	207,5	207,6	208,3	208,8	207,4	205,4
Bezahlte Überstunden											
Überstunden pro Kalenderwoche[1]	Std.	1,70	1,54	1,48	1,44	1,45	1,44	1,35	1,39	1,41	1,37
Überstunden pro Zeitraum[1]	Std.	88,4	80,4	77,3	75,6	75,8	74,8	70,6	72,9	73,5	71,6
Überstunden pro Zeitraum[2]	Std.	78,9	71,4	68,1	66,0	65,6	64,4	60,5	62,4	62,9	61,6
Überstundenvolumen	Mio. Std.	1.919	1.725	1.630	1.596	1.611	1.613	1.540	1.614	1.661	1.681
Kurzarbeit											
Kurzarbeiter	1.000	347	606	675	384	235	197	278	208	108	56
Arbeitsausfall je Kurzarbeiter	%	32,2	33,5	33,2	35,9	42,0	39,8	37,1	36,1	36,8	39,0
Arbeitsausfall je Kurzarbeiter	Std.	537,9	556,1	545,8	583,6	667,0	625,2	580,2	561,6	560,1	581,5
Ausfallvolumen	Mio. Std.	187	337	368	224	156	123	161	117	60	32
Kurzarbeitereffekt	Std.	7,7	14,0	15,4	9,3	6,4	4,9	6,3	4,5	2,3	1,2
Sonstiger Arbeitszeitausfall											
Schlechtwettereffekt	Std.	8,0	4,6	3,7	2,8	4,5	3,0	4,0	2,3	1,1	1,7
Arbeitskampfeffekt	Std.	0,0	0,0	0,0	1,8	0,0	0,0	0,0	0,0	0,0	0,1

Zentrale Indikatoren des deutschen Arbeitsmarktes

		1981	1982	1983	1984	1985	1986	1987	1988	1989	1990
Arbeitszeitkonteneffekte											
Saldenveränderung	Std.	+0,2	−0,2	+0,6	+1,2	+1,2	+1,2	+0,7	+2,2	+2,6	+3,8
Ausgleich für Kalendereinflüsse											
Effekt	Std.	+0,5	−5,0	−4,6	−0,0	+7,6	+5,4	+0,4	−4,4	−0,0	+7,8
Tatsächliche Arbeitszeit											
Arbeitszeit Voll- und Teilzeit	Std.	1.643,4	1.630,6	1.616,7	1.601,8	1.576,2	1.558,1	1.537,2	1.530,3	1.505,1	1.480,9
Veränderung gegenüber Vorjahr	%	−1,4	−0,8	−0,8	−0,9	−1,6	−1,1	−1,3	−0,5	−1,6	−1,6
Arbeitsvolumen	Mio. Std.	39.982	39.378	38.697	38.711	38.691	39.036	39.153	39.605	39.732	40.435
Veränderung gegenüber Vorjahr	%	−1,1	−1,5	−1,7	+0,0	−0,1	+0,9	+0,3	+1,2	+0,3	+1,8
Arbeitszeit Vollzeit	Std.	1.753,3	1.749,9	1.745,7	1.740,3	1.722,4	1.714,6	1.703,9	1.704,8	1.685,6	1.664,8
Veränderung gegenüber Vorjahr	%	−0,9	−0,2	−0,2	−0,3	−1,0	−0,5	−0,6	+0,1	−1,1	−1,2
Arbeitsvolumen	Mio. Std.	37.812	37.106	36.363	36.276	36.148	36.372	36.357	36.684	36.696	37.281
Veränderung gegenüber Vorjahr	%	−1,5	−1,9	−2,0	−0,2	−0,4	+0,6	−0,0	+0,9	+0,0	+1,6
Arbeitszeit Teilzeit	Std.	785,3	771,4	751,7	733,1	714,3	693,7	676,8	669,5	656,0	642,5
Veränderung gegenüber Vorjahr	%	−1,7	−1,8	−2,6	−2,5	−2,6	−2,9	−2,4	−1,1	−2,0	−2,1
Arbeitsvolumen	Mio. Std.	2.169	2.272	2.335	2.436	2.543	2.665	2.796	2.921	3.037	3.154
Veränderung gegenüber Vorjahr	%	+5,1	+4,7	+2,8	+4,3	+4,4	+4,8	+4,9	+4,5	+3,9	+3,9
Arbeitszeit in Nebenjobs	Std.	379,1	381,5	378,6	375,2	370,8	371,3	372,4	377,4	378,0	376,8
Veränderung gegenüber Vorjahr	%	+0,0	+0,6	−0,8	−0,9	−1,2	+0,1	+0,3	+1,3	+0,2	−0,3
Nebenerwerbstätigkeitseffekt	Std.	4,1	4,5	4,7	4,9	5,0	5,0	5,4	6,2	8,1	9,5
Arbeitszeit einschl. Nebenjobs	Std.	1.647,4	1.635,0	1.621,4	1.606,7	1.581,2	1.563,1	1.542,6	1.536,5	1.513,2	1.490,4
Veränderung gegenüber Vorjahr	%	−1,4	−0,8	−0,8	−0,9	−1,6	−1,1	−1,3	−0,4	−1,5	−1,5
Arbeitsvolumen	Mio. Std.	40.081	39.486	38.809	38.829	38.814	39.163	39.291	39.767	39.946	40.694
Veränderung gegenüber Vorjahr	%	−1,1	−1,5	−1,7	+0,1	−0,0	+0,9	+0,3	+1,2	+0,5	+1,9
Nachrichtlich: Arbeitstage-Effekt	%	−0,2	+0,5	−0,0	−0,5	−0,8	+0,2	+0,5	+0,5	−0,4	−0,8
Tägliche Arbeitszeit	%	−1,2	−1,3	−0,8	−0,5	−0,8	−1,4	−1,8	−0,9	−1,1	−0,7
B. Selbstständige und Mithelfende											
Personen	1.000	3.124	3.091	3.057	3.059	3.061	3.084	3.061	3.056	3.081	3.105
Arbeitszeit	Std.	2.367,5	2.368,1	2.362,6	2.381,2	2.387,0	2.370,3	2.351,5	2.366,8	2.350,5	2.344,1
Veränderung gegenüber Vorjahr	%	−0,1	+0,0	−0,2	+0,8	+0,2	−0,7	−0,8	+0,6	−0,7	−0,3
Arbeitsvolumen	Mio. Std.	7.397	7.320	7.222	7.284	7.308	7.310	7.197	7.233	7.243	7.279
Veränderung gegenüber Vorjahr	%	−1,0	−1,0	−1,3	+0,9	+0,3	+0,0	−1,5	+0,5	+0,1	+0,5
C. Erwerbstätige											
Personen	1.000	27.453	27.241	26.993	27.226	27.608	28.138	28.531	28.937	29.480	30.409
Arbeitszeit	Std.	1.729,4	1.718,2	1.705,3	1.693,7	1.670,6	1.651,6	1.629,4	1.624,2	1.600,7	1.577,6
Veränderung gegenüber Vorjahr	%	−1,2	−0,6	−0,8	−0,7	−1,4	−1,1	−1,3	−0,3	−1,4	−1,4
Arbeitsvolumen	Mio. Std.	47.477	46.805	46.031	46.113	46.122	46.473	46.488	46.999	47.189	47.973
Veränderung gegenüber Vorjahr	%	−1,1	−1,4	−1,7	+0,2	+0,0	+0,8	+0,0	+1,1	+0,4	+1,7

1) Arbeitnehmer ohne geringfügig Beschäftigte, Auszubildende, Erziehungsurlaub und Altersteilzeit (Freistellungsphase).   2) Alle Arbeitnehmer.
Quelle: Berechnungen des IAB.

Kapitel I

Durchschnittliche Arbeitszeit und ihre Komponenten in Westdeutschland (ohne Berlin) 1991–2007

		1991	1992	1993	1994	1995	1996	1997	1998	1999	2000	2001	2002	2003	2004	2005	2006	2007
A. Beschäftigte Arbeitnehmer																		
Personen																		
Beschäftigte Arbeitnehmer	1.000	27.098	27.405	27.060	26.832	26.790	26.774	26.792	27.205	27.724	28.439	28.660	28.545	28.221	28.252	28.173	28.344	28.839
Vollzeit	1.000	22.125	22.145	21.615	21.193	20.835	20.489	20.095	20.060	20.183	20.356	20.303	20.014	19.482	19.073	18.762	18.714	18.973
Teilzeit	1.000	4.974	5.260	5.446	5.639	5.955	6.285	6.697	7.145	7.542	8.083	8.356	8.531	8.739	9.179	9.412	9.629	9.867
Teilzeitquote	%	18,4	19,2	20,1	21,0	22,2	23,5	25,0	26,3	27,2	28,4	29,2	29,9	31,0	32,5	33,4	34,0	34,2
Personen mit Nebenjobs	1.000	723	740	785	797	978	1.150	1.228	1.328	1.266	1.166	1.148	1.110	1.324	1.660	1.753	1.855	2.001
Potenzielle Arbeitstage																		
Kalendertage	Tage	365	366	365	365	365	366	365	365	365	366	365	365	365	366	365	365	365
Samstage und Sonntage	Tage	104	104	104	105	105	104	104	104	104	106	104	104	104	104	105	105	104
Feiertage	Tage	13,1	10,6	9,3	9,5	10,5	12,1	11,8	9,6	8,3	10,5	12,1	12,1	11,8	8,3	8,5	10,5	12,1
Potenzielle Arbeitstage	Tage	247,9	251,4	251,7	250,5	249,5	249,9	249,2	251,5	252,8	249,5	248,9	248,9	249,2	253,7	251,5	249,5	248,9
Tarifliche/Betriebsübliche Arbeitszeit																		
Wochenarbeitszeit Vollzeit	Std.	38,31	38,27	38,08	37,98	37,90	37,76	37,79	37,83	37,86	37,88	37,88	37,89	37,91	37,92	37,96	38,06	38,14
Wochenarbeitszeit Teilzeit	Std.	14,77	14,55	14,56	14,50	13,95	13,75	13,40	13,31	13,26	13,25	13,34	13,45	13,43	13,68	13,86	13,91	14,05
Wochenarbeitszeit (alle Beschäftigten)	Std.	33,99	33,72	33,34	33,05	32,58	32,13	31,69	31,39	31,17	30,88	30,72	30,58	30,33	30,04	29,90	29,86	29,90
Tarifliche/Betriebsübliche Arbeitszeit	Std.	1.685,3	1.695,3	1.678,5	1.655,5	1.625,6	1.605,5	1.579,7	1.578,5	1.575,7	1.540,8	1.529,2	1.522,3	1.511,6	1.524,7	1.504,3	1.489,8	1.488,2
Urlaub																		
Urlaub und sonstige Freistellungen	Tage	31,3	31,3	31,7	31,7	31,5	31,5	31,4	31,4	31,4	31,3	31,2	31,2	31,1	31,1	31,0	31,0	31,0
darunter tariflicher Regelurlaub	Tage	29,2	29,3	29,7	29,7	29,8	29,8	29,8	29,8	29,8	29,8	29,9	29,9	29,9	29,9	29,9	29,9	29,9
Krankenstand																		
Krankenstand der Personen	%	5,27	5,15	4,89	4,87	5,12	4,62	4,10	4,03	4,15	4,16	4,12	3,95	3,53	3,29	3,36	3,21	3,11
Krankenstand in Arbeitstagen	Tage	11,4	11,3	10,8	10,7	11,2	10,1	8,9	8,9	9,2	9,1	9,0	8,6	7,7	7,3	7,4	7,0	6,8
Krankenstand in Arbeitsstunden	Std.	77,7	76,4	71,7	70,5	72,7	64,8	56,6	55,6	57,3	56,1	55,1	52,5	46,7	44,1	44,3	41,9	40,6
Effektive Arbeitstage																		
Arbeitstage ohne Urlaub u. Krankenstand	Tage	205,2	208,8	209,3	208,1	206,8	208,3	208,9	211,2	212,2	209,1	208,7	209,1	210,4	215,4	213,1	211,5	211,1
Bezahlte Überstunden																		
Überstunden pro Kalenderwoche[1]	Std.	1,28	1,21	1,16	1,25	1,31	1,18	1,14	1,18	1,16	1,18	1,21	1,18	1,15	1,11	1,07	1,06	1,06
Überstunden pro Zeitraum[1]	Std.	66,7	63,5	60,4	65,3	68,2	61,5	59,7	61,4	60,2	61,9	62,9	61,6	59,8	58,2	55,6	55,0	55,1
Überstunden pro Zeitraum[2]	Std.	57,6	54,8	51,8	55,9	58,0	51,9	49,7	50,5	49,1	50,1	50,8	49,8	47,9	45,9	43,6	43,1	43,3
Überstundenvolumen	Mio. Std.	1.562,1	1.500,8	1.403,1	1.499,6	1.554,7	1.389,2	1.332,8	1.373,8	1.362,3	1.423,6	1.456,7	1.420,6	1.352,4	1.297,8	1.227,0	1.221,6	1.247,4
Kurzarbeit																		
Kurzarbeiter	1.000	141,6	276,5	756,8	271,9	125,2	202,6	130,7	78,8	89,7	59,3	94,0	162,1	160,5	121,5	100,8	54,1	51,9
Arbeitsausfall je Kurzarbeiter	%	33,8	33,2	31,3	34,8	40,4	39,5	45,3	47,3	43,1	57,7	49,5	42,3	45,4	52,0	53,3	55,1	58,9
Arbeitsausfall je Kurzarbeiter	Std.	497,3	492,9	459,7	502,8	574,2	554,1	625,2	653,0	594,6	777,7	661,3	563,6	600,8	695,2	703,6	718,9	767,8
Ausfallvolumen	Mio. Std.	70,4	136,3	347,9	136,7	71,9	112,3	81,7	51,5	53,3	46,1	62,1	91,4	96,4	84,5	70,9	38,9	39,9
Kurzarbeitereffekt	Std.	2,6	5,0	12,9	5,1	2,7	4,2	3,0	1,9	1,9	1,6	2,2	3,2	3,4	3,0	2,5	1,4	1,4
Sonstiger Arbeitszeitausfall																		
Schlechtwettereffekt	Std.	2,9	2,1	2,9	1,6	2,1	2,5	1,7	1,2	1,8	1,2	1,3	1,3	1,6	1,1	1,4	1,2	0,0
Arbeitskampfeffekt	Std.	0,0	0,3	0,0	0,1	0,1	0,0	0,0	0,0	0,0	0,0	0,0	0,1	0,0	0,0	0,0	0,1	0,1

Zentrale Indikatoren des deutschen Arbeitsmarktes

		1991	1992	1993	1994	1995	1996	1997	1998	1999	2000	2001	2002	2003	2004	2005	2006	2007
Arbeitszeitkonteneffekte																		
Saldenveränderung	Std.	+2,5	+0,1	−1,1	+1,0	+1,3	−1,2	−0,7	+0,2	+1,1	+2,2	+0,4	−1,2	−2,6	−1,8	+1,1	+1,4	+1,0
Ausgleich für Kalendereinflüsse																		
Effekt	Std.	+7,5	−6,8	−8,0	−3,1	+5,0	+3,4	+6,0	−2,7	−7,8	+5,0	+7,2	+7,1	+6,0	−11,4	−2,9	+5,0	+7,2
Tatsächliche Arbeitszeit																		
Arbeitszeit Voll- und Teilzeit	Std.	1.457,3	1.448,4	1.422,5	1.422,6	1.406,9	1.385,9	1.374,3	1.370,5	1.361,4	1.345,6	1.337,2	1.330,0	1.322,5	1.322,6	1.312,3	1.309,6	1.312,4
Veränderung gegenüber Vorjahr	%		−0,6	−1,8	+0,0	−1,1	−1,5	−0,8	−0,3	−0,7	−1,2	−0,6	−0,5	−0,6	+0,0	−0,8	−0,2	+0,2
Arbeitsvolumen	Mio. Std.	39.491	39.693	38.493	38.172	37.691	37.107	36.820	37.284	37.744	38.267	38.324	37.965	37.323	37.366	36.972	37.119	37.849
Veränderung gegenüber Vorjahr	%		+0,5	−3,0	−0,8	−1,3	−1,5	−0,8	+1,3	+1,2	+1,4	+0,1	−0,9	−1,7	+0,1	−1,1	+0,4	+2,0
Arbeitszeit Vollzeit	Std.	1.644,5	1.645,7	1.625,2	1.637,0	1.638,7	1.630,4	1.640,5	1.653,9	1.656,1	1.653,4	1.650,9	1.649,6	1.654,7	1.671,8	1.667,8	1.671,7	1.676,7
Veränderung gegenüber Vorjahr	%		+0,1	−1,2	+0,7	+0,1	−0,5	+0,6	+0,8	+0,1	−0,2	−0,2	−0,1	+0,3	+1,0	−0,2	+0,2	+0,3
Arbeitsvolumen	Mio. Std.	36.383	36.445	35.127	34.694	34.141	33.405	32.966	33.178	33.424	33.655	33.518	33.015	32.237	31.887	31.291	31.286	31.810
Veränderung gegenüber Vorjahr	%		+0,2	−3,6	−1,2	−1,6	−2,2	−1,3	+0,6	+0,7	+0,7	−0,4	−1,5	−2,4	−1,1	−1,9	−0,0	+1,7
Arbeitszeit Teilzeit	Std.	624,5	617,5	618,1	617,0	596,1	588,9	575,6	574,7	572,9	570,7	575,0	580,3	582,0	597,1	603,7	605,8	612,1
Veränderung gegenüber Vorjahr	%		−1,1	+0,1	−0,2	−3,4	−1,2	−2,3	−0,1	−0,3	−0,4	+0,7	+0,9	+0,3	+2,6	+1,1	+0,3	+1,0
Arbeitsvolumen	Mio. Std.	3.106	3.248	3.366	3.479	3.550	3.701	3.855	4.106	4.320	4.613	4.805	4.951	5.086	5.480	5.682	5.834	6.039
Veränderung gegenüber Vorjahr	%		+4,6	+3,6	+3,4	+2,0	+4,3	+4,1	+6,5	+5,2	+6,8	+4,2	+3,0	+2,7	+7,7	+3,7	+2,7	+3,5
Arbeitszeit in Nebenjobs	Std.	396,7	400,2	400,9	399,7	393,2	385,0	382,6	385,5	386,4	380,7	381,3	383,6	387,0	416,0	415,0	408,8	408,2
Arbeitsvolumen	Mio. Std.	287	296	315	318	385	443	470	512	489	444	438	426	512	691	728	758	817
Nebenerwerbstätigkeitseffekt	Std.	10,6	10,8	11,6	11,9	14,4	16,5	17,5	18,8	17,6	15,6	15,3	14,9	18,2	24,4	25,8	26,8	28,3
Arbeitszeit einschl. Nebenjobs	Std.	1.467,8	1.459,2	1.434,1	1.434,5	1.421,3	1.402,4	1.391,9	1.389,3	1.379,1	1.361,2	1.352,4	1.345,0	1.340,7	1.347,1	1.338,2	1.336,4	1.340,8
Veränderung gegenüber Vorjahr	%		−0,6	−1,7	+0,0	−0,9	−1,3	−0,7	−0,2	−0,7	−1,3	−0,6	−0,5	−0,3	+0,5	−0,7	−0,1	+0,3
Arbeitsvolumen	Mio. Std.	39.775	39.989	38.807	38.491	38.076	37.549	37.292	37.795	38.235	38.710	38.759	38.393	37.836	38.059	37.702	37.878	38.668
Veränderung gegenüber Vorjahr	%		+0,5	−3,0	−0,8	−1,1	−1,4	−0,7	+1,4	+1,2	+1,2	+0,1	−0,9	−1,4	+0,6	−0,9	+0,5	+2,1
Nachrichtlich: Arbeitstage-Effekt	%		+1,4	+0,1	−0,5	−0,4	+0,2	−0,2	+0,9	+0,5	−1,3	−0,2	+0,0	+0,1	+1,8	−0,9	−0,8	−0,2
Tägliche Arbeitszeit	%		−2,0	−1,8	+0,5	−0,5	−1,5	−0,5	−1,1	−1,3	−0,0	−0,4	−0,6	−0,5	−1,3	+0,2	+0,7	+0,6
B. Selbstständige und Mithelfende																		
Personen	1.000	3.055	3.063	3.069	3.121	3.130	3.118	3.175	3.208	3.189	3.223	3.275	3.287	3.329	3.432	3.524	3.540	3.586
Arbeitszeit	Std.	2.241,4	2.236,0	2.226,0	2.208,8	2.214,9	2.240,6	2.244,5	2.241,6	2.247,4	2.242,7	2.194,9	2.148,2	2.112,0	2.078,8	2.065,2	2.064,7	2.064,8
Veränderung gegenüber Vorjahr	%		−0,2	−0,4	−0,8	+0,3	+1,2	+0,2	−0,1	+0,3	−0,2	−2,1	−2,1	−1,7	−1,6	−0,7	−0,0	+0,0
Arbeitsvolumen	Mio. Std.	6.842	6.837	6.830	6.891	6.934	6.985	7.119	7.185	7.164	7.227	7.189	7.053	7.022	7.133	7.274	7.306	7.403
Veränderung gegenüber Vorjahr	%		−0,1	−0,1	+0,9	+0,6	+0,7	+1,9	+0,9	−0,3	+0,9	−0,5	−1,9	−0,4	+1,6	+2,0	+0,4	+1,3
C. Erwerbstätige																		
Personen	1.000	30.153	30.468	30.129	29.953	29.919	29.893	29.967	30.413	30.913	31.662	31.935	31.832	31.551	31.684	31.697	31.883	32.426
Arbeitszeit	Std.	1.546,0	1.536,9	1.514,7	1.515,1	1.504,4	1.489,8	1.482,0	1.479,0	1.468,6	1.450,9	1.438,8	1.427,7	1.421,8	1.426,3	1.418,3	1.417,2	1.420,8
Veränderung gegenüber Vorjahr	%		−0,6	−1,4	+0,0	−0,7	−1,0	−0,5	−0,2	−0,7	−1,2	−0,8	−0,8	−0,4	+0,3	−0,5	−0,1	+0,3
Arbeitsvolumen	Mio. Std.	46.617	46.826	45.637	45.382	45.011	44.534	44.411	44.980	45.399	45.938	45.948	45.446	44.859	45.191	44.975	45.185	46.071
Veränderung gegenüber Vorjahr	%		+0,4	−2,5	−0,6	−0,8	−1,1	−0,3	+1,3	+0,9	+1,2	+0,0	−1,1	−1,3	+0,7	−0,5	+0,5	+2,0

1) Arbeitnehmer ohne geringfügig Beschäftigte, Auszubildende, Erziehungsurlaub und Altersteilzeit (Freistellungsphase).   2) Alle Arbeitnehmer.
Quelle: Berechnungen des IAB.

Kapitel I

Durchschnittliche Arbeitszeit und ihre Komponenten in Ostdeutschland (mit Berlin) 1991–2007

		1991	1992	1993	1994	1995	1996	1997	1998	1999	2000	2001	2002	2003	2004	2005	2006	2007
A. Beschäftigte Arbeitnehmer																		
Personen																		
Beschäftigte Arbeitnehmer	1.000	8.003	7.077	6.870	6.959	7.062	6.982	6.855	6.841	6.843	6.790	6.673	6.548	6.432	6.406	6.318	6.359	6.478
Vollzeit	1.000	7.452	6.478	6.209	6.138	6.135	5.973	5.735	5.568	5.462	5.295	5.094	4.925	4.752	4.614	4.446	4.408	4.442
Teilzeit	1.000	551	599	660	821	927	1.009	1.120	1.273	1.380	1.496	1.580	1.623	1.680	1.792	1.871	1.952	2.036
Teilzeitquote	%	6,9	8,5	9,6	11,8	13,1	14,4	16,3	18,6	20,2	22,0	23,7	24,8	26,1	28,0	29,6	30,7	31,4
Personen mit Nebenjobs	1.000	81	87	87	84	121	155	162	164	162	160	166	164	174	204	205	212	226
Potenzielle Arbeitstage																		
Kalendertage	Tage	365	366	365	365	365	366	365	365	365	366	365	365	365	366	365	365	365
Samstage und Sonntage	Tage	104	104	104	105	105	104	104	104	104	106	104	104	104	104	105	105	104
Feiertage	Tage	12,1	9,5	7,5	8,3	9,6	11,4	11,6	8,8	6,8	9,6	11,4	11,4	11,6	6,8	7,6	9,6	11,4
Potenzielle Arbeitstage	Tage	248,8	252,5	253,6	251,7	250,4	250,6	249,4	252,3	254,3	250,4	249,6	249,6	249,4	255,2	252,4	250,4	249,6
Tarifliche/Betriebsübliche Arbeitszeit																		
Wochenarbeitszeit Vollzeit	Std.	40,90	40,33	40,07	39,78	39,64	39,50	39,49	39,46	39,42	39,41	39,39	39,35	39,39	39,23	39,22	39,26	39,23
Wochenarbeitszeit Teilzeit	Std.	19,19	17,37	18,10	19,02	18,39	17,65	16,61	16,65	16,52	16,45	16,28	16,16	15,88	15,84	16,41	16,55	16,61
Wochenarbeitszeit (alle Beschäftigten)	Std.	39,41	38,38	37,96	37,34	36,85	36,35	35,75	35,21	34,80	34,36	33,92	33,60	33,25	32,69	32,46	32,29	32,12
Tarifliche/Betriebsübliche Arbeitszeit	Std.	1.961,2	1.938,1	1.925,4	1.879,3	1.845,1	1.821,7	1.783,3	1.776,7	1.769,6	1.720,4	1.693,3	1.677,3	1.658,4	1.668,4	1.638,7	1.616,8	1.603,4
Urlaub																		
Urlaub und sonstige Freistellungen	Tage	28,4	29,3	30,0	30,3	30,7	30,7	30,7	30,8	30,8	30,7	30,8	30,9	30,8	30,8	30,7	30,7	30,7
darunter tariflicher Regelurlaub	Tage	26,9	27,9	28,4	28,6	29,1	29,2	29,2	29,3	29,3	29,3	29,4	29,5	29,5	29,5	29,5	29,5	29,6
Krankenstand																		
Krankenstand der Personen	%	4,68	4,24	4,43	4,59	5,07	4,89	4,34	4,24	4,44	4,28	4,21	4,02	3,59	3,33	3,56	3,32	3,42
Krankenstand in Arbeitstagen	Tage	10,3	9,5	9,9	10,2	11,1	10,8	9,5	9,4	9,9	9,4	9,2	8,8	7,9	7,5	7,9	7,3	7,5
Krankenstand in Arbeitsstunden	Std.	81,3	72,6	75,2	76,0	82,1	78,2	67,8	66,2	69,1	64,6	62,5	59,0	52,2	48,9	51,2	47,0	48,2
Effektive Arbeitstage																		
Arbeitstage ohne Urlaub u. Krankenstand	Tage	210,1	213,7	213,6	211,2	208,5	209,2	209,3	212,1	213,6	210,2	209,6	209,9	210,7	217,0	213,9	212,4	211,4
Bezahlte Überstunden																		
Überstunden pro Kalenderwoche[1]	Std.	0,95	1,10	1,22	1,26	1,15	1,01	0,96	0,91	0,87	0,88	0,86	0,79	0,75	0,67	0,66	0,67	0,67
Überstunden pro Zeitraum[1]	Std.	49,3	57,6	63,5	65,8	60,0	52,7	50,2	47,3	45,4	46,3	44,9	41,1	39,2	35,1	34,5	34,8	35,0
Überstunden pro Zeitraum[2]	Std.	46,4	53,8	59,0	60,3	54,4	47,1	43,8	40,7	38,8	39,0	37,5	34,1	32,2	28,4	27,6	27,7	28,0
Überstundenvolumen	Mio. Std.	371,4	381,0	405,1	419,3	384,5	328,7	300,4	278,8	265,4	265,0	250,5	223,6	207,4	182,2	174,3	176,0	181,4
Kurzarbeit																		
Kurzarbeiter	1.000	1.619,7	376,6	191,5	100,3	73,4	74,7	52,2	36,5	29,0	26,8	29,0	44,6	34,9	29,0	24,7	12,9	16,4
Arbeitsausfall je Kurzarbeiter	%	56,4	53,5	47,4	48,7	56,2	55,3	54,6	51,3	48,9	56,4	56,8	53,5	51,1	51,5	51,9	54,3	57,6
Arbeitsausfall je Kurzarbeiter	Std.	979,6	916,4	803,8	804,5	910,5	884,6	854,0	800,7	761,0	851,0	843,1	786,8	742,3	755,9	747,3	770,7	810,3
Ausfallvolumen	Mio. Std.	1.586,7	345,1	153,9	80,7	66,8	66,1	44,5	29,2	22,1	22,8	24,5	35,1	25,9	21,9	18,5	9,9	13,3
Kurzarbeitereffekt	Std.	198,3	48,8	22,4	11,6	9,5	9,5	6,5	4,3	3,2	3,4	3,7	5,4	4,0	3,4	2,9	1,6	2,1
Sonstiger Arbeitszeitausfall																		
Schlechtwettereffekt	Std.	0,4	1,8	3,9	1,8	2,3	2,7	1,1	0,8	1,0	1,0	0,9	0,8	1,2	0,8	0,9	0,9	0,0
Arbeitskampfeffekt	Std.	0,0	0,1	0,6	0,0	0,0	0,0	0,0	0,0	0,0	0,0	0,0	0,0	0,2	0,0	0,0	0,0	0,0

Zentrale Indikatoren des deutschen Arbeitsmarktes

		1991	1992	1993	1994	1995	1996	1997	1998	1999	2000	2001	2002	2003	2004	2005	2006	2007
Arbeitszeitkonteneffekte																		
Saldenveränderung	Std.	0,0	+3,1	+3,6	+1,2	+1,6	−1,0	−1,2	−0,7	+0,5	+1,6	−0,4	−2,5	−4,1	−4,1	+1,8	+0,5	+2,2
Ausgleich für Kalendereinflüsse																		
Effekt	Std.	+8,4	−9,3	−14,5	−5,4	+5,8	+4,6	+10,2	−3,1	−12,2	+5,5	+9,0	+8,9	+9,8	−15,9	−3,6	+5,4	+8,6
Tatsächliche Arbeitszeit																		
Arbeitszeit Voll- und Teilzeit	Std.	1.512,0	1.637,4	1.643,3	1.620,1	1.586,7	1.559,1	1.541,5	1.525,8	1.509,2	1.486,3	1.463,3	1.444,9	1.433,9	1.422,5	1.410,4	1.402,7	1.395,1
Veränderung gegenüber Vorjahr	%		+8,3	+0,4	−1,4	−2,1	−1,7	−1,1	−1,0	−1,1	−1,5	−1,5	−1,3	−0,8	−0,8	−0,9	−0,5	−0,5
Arbeitsvolumen	Mio. Std.	12.100	11.588	11.289	11.274	11.206	10.885	10.567	10.439	10.327	10.093	9.765	9.461	9.222	9.112	8.910	8.920	9.037
Veränderung gegenüber Vorjahr	%		−4,2	−2,6	−0,1	−0,6	−2,9	−2,9	−1,2	−1,1	−2,3	−3,2	−3,1	−2,5	−1,2	−2,2	+0,1	+1,3
Arbeitszeit Vollzeit	Std.	1.567,6	1.719,7	1.734,8	1.727,2	1.707,2	1.694,5	1.702,9	1.710,2	1.710,2	1.705,9	1.699,9	1.692,3	1.698,7	1.707,6	1.704,4	1.706,1	1.704,6
Veränderung gegenüber Vorjahr	%		+9,7	+0,9	−0,4	−1,2	−0,7	+0,5	+0,4	+0,0	−0,2	−0,3	−0,4	+0,4	+0,5	−0,2	+0,1	−0,1
Arbeitsvolumen	Mio. Std.	11.682	11.140	10.772	10.601	10.473	10.121	9.766	9.522	9.341	9.032	8.659	8.335	8.072	7.879	7.578	7.520	7.572
Veränderung gegenüber Vorjahr	%		−4,6	−3,3	−1,6	−1,2	−3,4	−3,5	−2,5	−1,9	−3,3	−4,1	−3,7	−3,1	−2,4	−3,8	−0,8	+0,7
Arbeitszeit Teilzeit	Std.	759,5	747,3	782,8	819,0	789,8	757,6	715,2	719,7	714,1	708,8	700,3	694,1	684,5	688,6	712,2	717,7	719,8
Veränderung gegenüber Vorjahr	%		−1,6	+4,7	+4,6	−3,6	−4,1	−5,6	+0,6	−0,8	−0,7	−1,2	−0,9	−1,4	+0,6	+3,4	+0,8	+0,3
Arbeitsvolumen	Mio. Std.	418	448	517	672	732	764	801	916	986	1.060	1.106	1.127	1.150	1.234	1.333	1.401	1.465
Veränderung gegenüber Vorjahr	%		+7,0	+15,5	+30,1	+8,9	+4,3	+4,9	+14,4	+7,6	+7,6	+4,3	+1,9	+2,1	+7,3	+8,0	+5,1	+4,6
Arbeitszeit in Nebenjobs	Std.	398,9	408,4	387,6	369,5	359,4	362,1	366,3	377,1	379,3	385,9	388,7	387,0	397,3	429,4	433,6	432,6	432,7
Arbeitsvolumen	Mio. Std.	32	36	34	31	43	56	59	62	61	62	65	63	69	88	89	92	98
Nebenerwerbstätigkeitseffekt	Std.	4,0	5,0	4,9	4,4	6,2	8,1	8,7	9,0	9,0	9,1	9,7	9,7	10,8	13,7	14,0	14,4	15,1
Arbeitszeit einschl. Nebenjobs	Std.	1.516,0	1.642,4	1.648,1	1.624,5	1.592,8	1.567,1	1.550,1	1.534,8	1.518,2	1.495,4	1.473,0	1.454,6	1.444,6	1.436,2	1.424,5	1.417,2	1.410,3
Veränderung gegenüber Vorjahr	%		+8,3	+0,3	−1,4	−2,0	−1,6	−1,1	−1,0	−1,1	−1,5	−1,5	−1,2	−0,7	−0,6	−0,8	−0,5	−0,5
Arbeitsvolumen	Mio. Std.	12.132	11.623	11.322	11.304	11.249	10.941	10.626	10.500	10.388	10.155	9.830	9.525	9.291	9.200	8.999	9.013	9.135
Veränderung gegenüber Vorjahr	%		−4,2	−2,6	−0,2	−0,5	−2,7	−2,9	−1,2	−1,1	−2,3	−3,2	−3,1	−2,5	−1,0	−2,2	+0,1	+1,4
Nachrichtlich: Arbeitstage-Effekt	%		+1,4	+0,4	−0,7	−0,5	+0,1	−0,5	+1,1	+0,8	−1,5	−0,3	+0,0	−0,1	+2,3	−1,1	−0,8	−0,3
Tägliche Arbeitszeit	%		+6,9	−0,1	−0,7	−1,4	−1,7	−0,6	−2,1	−1,8	+0,0	−1,2	−1,3	−0,6	−2,9	+0,3	+0,3	−0,2
B. Selbstständige und Mithelfende																		
Personen	1.000	465	514	556	604	619	624	641	657	668	692	708	716	744	790	836	854	865
Arbeitszeit	Std.	2.240,1	2.248,7	2.242,7	2.249,8	2.269,7	2.303,3	2.310,2	2.300,9	2.284,7	2.264,8	2.203,6	2.147,0	2.113,7	2.095,0	2.078,7	2.080,3	2.079,5
Veränderung gegenüber Vorjahr	%		+0,4	−0,3	+0,3	+0,9	+1,5	+0,3	−0,4	−0,7	−0,9	−2,7	−2,6	−1,6	−0,9	−0,8	+0,1	−0,0
Arbeitsvolumen	Mio. Std.	1.042	1.156	1.247	1.359	1.406	1.437	1.481	1.512	1.527	1.567	1.560	1.537	1.572	1.655	1.738	1.777	1.798
Veränderung gegenüber Vorjahr	%		+10,9	+7,9	+9,0	+3,5	+2,2	+3,1	+2,1	+1,0	+2,6	−0,4	−1,5	+2,2	+5,3	+5,0	+2,2	+1,2
C. Erwerbstätige																		
Personen	1.000	8.468	7.591	7.426	7.563	7.682	7.605	7.496	7.498	7.511	7.482	7.381	7.264	7.175	7.196	7.154	7.214	7.342
Arbeitszeit	Std.	1.555,8	1.683,4	1.692,6	1.674,4	1.647,4	1.627,5	1.615,1	1.601,9	1.586,4	1.566,5	1.543,1	1.522,8	1.513,9	1.508,5	1.500,9	1.495,6	1.489,2
Veränderung gegenüber Vorjahr	%		+8,2	+0,5	−1,1	−1,6	−1,2	−0,8	−0,8	−1,0	−1,3	−1,5	−1,3	−0,6	−0,4	−0,5	−0,4	−0,4
Arbeitsvolumen	Mio. Std.	13.174	12.779	12.569	12.663	12.655	12.378	12.107	12.012	11.915	11.721	11.390	11.062	10.863	10.855	10.737	10.789	10.934
Veränderung gegenüber Vorjahr	%		−3,0	−1,6	+0,8	−0,1	−2,2	−2,2	−0,8	−0,8	−1,6	−2,8	−2,9	−1,8	−0,1	−1,1	+0,5	+1,3

1) Arbeitnehmer ohne geringfügig Beschäftigte, Auszubildende, Erziehungsurlaub und Altersteilzeit (Freistellungsphase). 2) Alle Arbeitnehmer.
Quelle: Berechnungen des IAB.

Kapitel I

Durchschnittliche Arbeitszeit und ihre Komponenten in Deutschland 1991–2007

		1991	1992	1993	1994	1995	1996	1997	1998	1999	2000	2001	2002	2003	2004	2005	2006	2007
A. Beschäftigte Arbeitnehmer																		
Personen																		
Beschäftigte Arbeitnehmer	1.000	35.101	34.482	33.930	33.791	33.852	33.756	33.647	34.046	34.567	35.229	35.333	35.093	34.653	34.658	34.491	34.703	35.317
Vollzeit	1.000	29.577	28.624	27.824	27.331	26.970	26.462	25.829	25.628	25.645	25.650	25.397	24.939	24.234	23.687	23.208	23.122	23.414
Teilzeit	1.000	5.524	5.858	6.106	6.460	6.882	7.294	7.818	8.418	8.922	9.579	9.936	10.154	10.419	10.971	11.283	11.581	11.903
Teilzeitquote	%	15,7	17,0	18,0	19,1	20,3	21,6	23,2	24,7	25,8	27,2	28,1	28,9	30,1	31,7	32,7	33,4	33,7
Personen mit Nebenjobs	1.000	804	827	871	880	1.099	1.305	1.390	1.491	1.427	1.326	1.314	1.274	1.498	1.864	1.958	2.067	2.228
Potenzielle Arbeitstage																		
Kalendertage	Tage	365	366	365	365	365	366	365	365	365	366	365	365	365	366	365	365	365
Samstage und Sonntage	Tage	104	104	104	105	105	104	104	104	104	106	104	104	104	104	105	105	104
Feiertage	Tage	12,9	10,4	8,9	9,3	10,3	12,0	11,7	9,4	7,9	10,3	12,0	12,0	11,8	8,0	8,3	10,4	12,0
Potenzielle Arbeitstage	Tage	248,1	251,6	252,1	250,7	249,7	250,0	249,3	251,6	253,1	249,7	249,0	249,0	249,2	254,0	251,7	249,6	249,0
Tarifliche/Betriebsübliche Arbeitszeit																		
Wochenarbeitszeit Vollzeit	Std.	38,97	38,74	38,52	38,39	38,30	38,16	38,17	38,18	38,19	38,19	38,18	38,18	38,20	38,17	38,20	38,29	38,34
Wochenarbeitszeit Teilzeit	Std.	15,21	14,83	14,95	15,07	14,55	14,29	13,86	13,82	13,77	13,75	13,81	13,88	13,83	14,04	14,28	14,36	14,49
Wochenarbeitszeit (alle Beschäftigten)	Std.	35,23	34,68	34,28	33,93	33,47	33,00	32,52	32,16	31,89	31,55	31,33	31,15	30,87	30,53	30,37	30,31	30,31
Tarifliche/Betriebsübliche Arbeitszeit	Std.	1.748,2	1.745,1	1.728,5	1.701,6	1.671,4	1.650,2	1.621,2	1.618,3	1.614,0	1.575,4	1.560,2	1.551,2	1.538,8	1.551,3	1.528,9	1.513,1	1.509,3
Urlaub																		
Urlaub und sonstige Freistellungen	Tage	30,5	30,9	31,3	31,4	31,4	31,3	31,3	31,3	31,3	31,2	31,2	31,1	31,1	31,0	30,9	30,9	30,9
darunter tariflicher Regelurlaub	Tage	28,6	29,0	29,4	29,4	29,6	29,6	29,7	29,7	29,7	29,7	29,7	29,8	29,8	29,8	29,8	29,8	29,8
Krankenstand																		
Krankenstand der Personen	%	5,12	4,94	4,78	4,81	5,11	4,68	4,15	4,08	4,21	4,19	4,14	3,96	3,54	3,30	3,40	3,23	3,18
Krankenstand in Arbeitstagen	Tage	11,1	10,9	10,6	10,6	11,2	10,2	9,1	9,0	9,3	9,1	9,0	8,6	7,7	7,4	7,5	7,1	6,9
Krankenstand in Arbeitsstunden	Std.	78,5	75,6	72,4	71,6	74,7	67,6	58,8	57,8	59,6	57,7	56,5	53,7	47,7	45,0	45,6	42,8	42,0
Effektive Arbeitstage																		
Arbeitstage ohne Urlaub u. Krankenstand	Tage	206,4	209,9	210,2	208,8	207,2	208,5	209,0	211,4	212,5	209,3	208,8	209,2	210,5	215,7	213,2	211,6	211,2
Bezahlte Überstunden																		
Überstunden pro Kalenderwoche[1]	Std.	1,20	1,19	1,17	1,25	1,27	1,14	1,11	1,12	1,10	1,12	1,14	1,11	1,07	1,03	0,99	0,98	0,98
Überstunden pro Zeitraum[1]	Tage	62,5	62,2	61,0	65,4	66,4	59,6	57,7	58,4	57,2	58,8	59,4	57,7	55,9	53,9	51,6	51,3	51,4
Überstunden pro Zeitraum[2]	Std.	55,1	54,6	53,3	56,8	57,3	50,9	48,5	48,5	47,1	47,9	48,3	46,9	45,0	42,7	40,6	40,3	40,5
Überstundenvolumen	Mio. Std.	1.933,5	1.881,8	1.808,2	1.918,9	1.939,3	1.717,8	1.633,2	1.652,6	1.627,7	1.688,5	1.707,2	1.644,2	1.559,7	1.479,9	1.401,3	1.397,6	1.428,8
Kurzarbeit																		
Kurzarbeiter	1.000	1.761,2	653,0	948,3	372,3	198,6	277,3	182,8	115,3	118,7	86,1	123,0	206,8	195,4	150,5	125,5	67,0	68,3
Arbeitsausfall je Kurzarbeiter	%	61,4	48,1	35,0	39,2	47,8	44,5	48,7	49,4	44,9	58,1	51,6	45,1	46,5	51,9	53,1	55,0	58,9
Arbeitsausfall je Kurzarbeiter	Std.	940,9	737,1	529,1	584,1	698,5	643,1	690,4	699,7	635,3	800,5	704,2	611,8	626,1	706,9	712,2	728,9	778,0
Ausfallvolumen	Mio. Std.	1.657,1	481,3	501,8	217,4	138,7	178,3	126,2	80,6	75,4	68,9	86,6	126,5	122,3	106,4	89,4	48,8	53,1
Kurzarbeitereffekt	Std.	47,2	14,0	14,8	6,4	4,1	5,3	3,8	2,4	2,2	2,0	2,5	3,6	3,5	3,1	2,6	1,4	1,5
Sonstiger Arbeitszeitausfall																		
Schlechtwettereffekt	Std.	2,3	2,0	3,1	1,6	2,1	2,6	1,6	1,2	1,6	1,2	1,2	1,2	1,5	1,0	1,3	1,2	0,0
Arbeitskampfeffekt	Std.	0,0	0,3	0,1	0,1	0,1	0,0	0,0	0,0	0,0	0,0	0,0	0,1	0,0	0,0	0,0	0,1	0,1

Zentrale Indikatoren des deutschen Arbeitsmarktes

		1991	1992	1993	1994	1995	1996	1997	1998	1999	2000	2001	2002	2003	2004	2005	2006	2007
Arbeitszeitkonteneffekte																		
Saldenveränderung	Std.	+1,9	+0,7	−0,2	+1,1	+1,4	−1,1	−0,8	+0,1	+1,0	+2,1	+0,3	−1,5	−2,9	−2,2	+1,2	+1,2	+1,2
Ausgleich für Kalendereinflüsse																		
Effekt	Std.	+7,7	−7,3	−9,3	−3,6	+5,2	+3,6	+6,9	−2,8	−8,7	+5,1	+7,6	+7,5	+6,7	−12,3	−3,1	+5,0	+7,5
Tatsächliche Arbeitszeit																		
Arbeitszeit Voll- und Teilzeit	Std.	1.469,7	1.487,2	1.467,2	1.463,3	1.444,4	1.421,7	1.408,4	1.401,7	1.390,7	1.372,8	1.361,0	1.351,5	1.343,2	1.341,1	1.330,3	1.326,7	1.327,6
Veränderung gegenüber Vorjahr	%		+1,2	−1,3	−0,3	−1,3	−1,6	−0,9	−0,5	−0,8	−1,3	−0,9	−0,7	−0,6	−0,2	−0,8	−0,3	+0,1
Arbeitsvolumen	Mio. Std.	51.588	51.282	49.782	49.446	48.896	47.991	47.388	47.722	48.072	48.362	48.088	47.428	46.546	46.480	45.883	46.040	46.887
Veränderung gegenüber Vorjahr	%		−0,6	−2,9	−0,7	−1,1	−1,9	−1,3	+0,7	+0,7	+0,6	−0,6	−1,4	−1,9	−0,1	−1,3	+0,3	+1,8
Arbeitszeit Vollzeit	Std.	1.625,1	1.662,4	1.649,6	1.657,3	1.654,2	1.644,8	1.654,4	1.666,1	1.667,6	1.664,2	1.660,7	1.658,0	1.663,3	1.678,8	1.674,8	1.678,3	1.682,0
Veränderung gegenüber Vorjahr	%		+2,3	−0,8	+0,5	−0,2	−0,6	+0,6	+0,7	+0,1	−0,2	−0,2	−0,2	+0,3	+0,9	−0,2	+0,2	+0,2
Arbeitsvolumen	Mio. Std.	48.065	47.585	45.899	45.295	44.614	43.525	42.731	42.700	42.766	42.687	42.177	41.350	40.309	39.766	38.869	38.805	39.382
Veränderung gegenüber Vorjahr	%		−1,0	−3,5	−1,3	−1,5	−2,4	−1,8	−0,1	+0,2	−0,2	−1,2	−2,0	−2,5	−1,3	−2,3	−0,2	+1,5
Arbeitszeit Teilzeit	Std.	638,0	630,8	635,9	642,6	622,2	612,2	595,6	596,6	594,7	592,3	594,9	598,5	598,5	612,0	621,7	624,7	630,5
Veränderung gegenüber Vorjahr	%		−1,1	+0,8	+1,1	−3,2	−1,6	−2,7	+0,2	−0,3	−0,4	+0,4	+0,6	+0,0	+2,3	+1,6	+0,5	+0,9
Arbeitsvolumen	Mio. Std.	3.524	3.695	3.883	4.152	4.282	4.466	4.656	5.022	5.306	5.673	5.911	6.077	6.236	6.714	7.015	7.234	7.504
Veränderung gegenüber Vorjahr	%		+4,9	+5,1	+6,9	+3,1	+4,3	+4,3	+7,9	+5,6	+6,9	+4,2	+2,8	+2,6	+7,7	+4,5	+3,1	+3,7
Arbeitszeit in Nebenjobs	Std.	396,9	401,1	399,5	396,8	389,5	382,3	380,7	384,6	385,6	381,3	382,2	384,0	388,2	417,4	416,9	411,2	410,7
Arbeitsvolumen	Mio. Std.	319	332	348	349	428	499	529	574	550	505	502	489	582	778	816	850	915
Nebenerwerbstätigkeitseffekt	Std.	9,1	9,6	10,3	10,3	12,6	14,8	15,7	16,8	15,9	14,3	14,2	13,9	16,8	22,5	23,7	24,5	25,9
Arbeitszeit einschl. Nebenjobs	Std.	1.478,8	1.496,8	1.477,4	1.473,6	1.457,1	1.436,5	1.424,1	1.418,6	1.406,6	1.387,1	1.375,2	1.365,4	1.360,0	1.363,6	1.354,0	1.351,2	1.353,5
Veränderung gegenüber Vorjahr	%		+1,2	−1,3	−0,3	−1,1	−1,4	−0,9	−0,4	−0,8	−1,4	−0,9	−0,7	−0,4	+0,3	−0,7	−0,2	+0,2
Arbeitsvolumen	Mio. Std.	51.907	51.613	50.128	49.794	49.326	48.490	47.917	48.298	48.622	48.866	48.590	47.916	47.128	47.260	46.701	46.891	47.802
Veränderung gegenüber Vorjahr	%		−0,6	−2,9	−0,7	−0,9	−1,7	−1,2	+0,8	+0,7	+0,5	−0,6	−1,4	−1,6	+0,3	−1,2	+0,4	+1,9
Nachrichtlich: Arbeitstage-Effekt	%		+1,4	+0,2	−0,5	−0,4	+0,1	−0,3	+0,9	+0,6	−1,3	−0,3	+0,0	+0,1	+1,9	−0,9	−0,8	−0,2
Tägliche Arbeitszeit	%		−0,2	−1,5	+0,3	−0,7	−1,6	−0,6	−1,3	−1,4	−0,1	−0,6	−0,7	−0,5	−1,6	+0,2	+0,6	+0,4
B. Selbstständige und Mithelfende																		
Personen	1.000	3.520	3.577	3.625	3.725	3.749	3.742	3.816	3.865	3.857	3.915	3.983	4.003	4.073	4.222	4.360	4.394	4.451
Arbeitszeit	Std.	2.241,2	2.237,8	2.228,5	2.215,4	2.223,9	2.251,0	2.255,5	2.251,7	2.253,9	2.246,6	2.196,4	2.148,0	2.112,3	2.081,9	2.067,8	2.067,7	2.067,7
Veränderung gegenüber Vorjahr	%		−0,2	−0,4	−0,6	+0,4	+1,2	+0,2	−0,2	+0,1	−0,3	−2,2	−2,2	−1,7	−1,4	−0,7	−0,0	−0,0
Arbeitsvolumen	Mio. Std.	7.882	7.995	8.078	8.250	8.339	8.424	8.604	8.694	8.695	8.793	8.749	8.593	8.595	8.786	9.012	9.084	9.202
Veränderung gegenüber Vorjahr	%		+1,4	+1,0	+2,1	+1,1	+1,0	+2,1	+1,1	+0,0	+1,1	−0,5	−1,8	+0,0	+2,2	+2,6	+0,8	+1,3
C. Erwerbstätige																		
Personen	1.000	38.621	38.059	37.555	37.516	37.601	37.498	37.463	37.911	38.424	39.144	39.316	39.096	38.726	38.880	38.851	39.097	39.768
Arbeitszeit	Std.	1.548,1	1.566,2	1.549,9	1.547,2	1.533,6	1.517,8	1.508,7	1.503,3	1.491,7	1.473,0	1.458,4	1.445,4	1.438,9	1.441,5	1.434,0	1.431,7	1.433,4
Veränderung gegenüber Vorjahr	%		+1,2	−1,0	−0,2	−0,9	−1,0	−0,6	−0,4	−0,8	−1,3	−1,0	−0,9	−0,4	−0,2	−0,5	−0,2	+0,1
Arbeitsvolumen	Mio. Std.	59.789	59.608	58.206	58.045	57.665	56.914	56.520	56.992	57.317	57.659	57.338	56.509	55.723	56.046	55.712	55.975	57.003
Veränderung gegenüber Vorjahr	%		−0,3	−2,4	−0,3	−0,7	−1,3	−0,7	+0,8	+0,6	+0,6	−0,6	−1,4	−1,4	+0,6	−0,6	+0,5	+1,8

1) Arbeitnehmer ohne geringfügig Beschäftigte, Auszubildende, Erziehungsurlaub und Altersteilzeit (Freistellungsphase). 2) Alle Arbeitnehmer.
Quelle: Berechnungen des IAB.

3 Arbeitsmarktbilanz

Teil III
Kapitel I

Arbeitskräftebilanz nach dem Beschäftigungsortskonzept 1960–1990 (Westdeutschland einschl. West-Berlin)

	Erwerbs-personen-potenzial**	davon						
		Erwerbstätige*	davon		Registrierte Arbeitslose	Stille Reserve	davon	
			Selbstständige und Mithelfende	Beschäftigte Arbeitnehmer			im engeren Sinn	in Maßnahmen
	Jahresdurchschnittsbestände in 1.000							
Westdeutschland (einschl. West-Berlin)								
1960	26.334	26.063	5.990	20.073	271	0	0	
1961	26.607	26.426	5.861	20.565	181	0	0	
1962	26.673	26.518	5.658	20.860	155	0	0	
1963	26.767	26.581	5.483	21.098	186	0	0	
1964	26.773	26.604	5.269	21.335	169	0	0	
1965	26.912	26.765	5.130	21.635	147	0	0	
1966	26.897	26.693	5.036	21.657	161	43	43	
1967	26.556	25.834	4.896	20.938	459	263	263	
1968	26.327	25.866	4.785	21.081	323	138	138	
1969	26.457	26.278	4.604	21.674	179	0	0	
1970	26.805	26.618	4.425	22.193	149	38	0	38
1971	26.979	26.720	4.174	22.546	185	74	10	64
1972	27.224	26.860	4.046	22.814	246	118	32	86
1973	27.586	27.173	3.950	23.223	273	140	45	95
1974	27.960	26.900	3.810	23.090	582	478	372	106
1975	28.160	26.221	3.665	22.556	1.074	865	751	114
1976	28.092	26.125	3.493	22.632	1.060	907	815	92
1977	28.147	26.174	3.360	22.814	1.030	943	883	60
1978	28.310	26.433	3.303	23.130	993	884	825	59
1979	28.534	26.938	3.228	23.710	876	720	646	74
1980	28.912	27.377	3.213	24.164	889	646	542	104
1981	29.543	27.404	3.184	24.220	1.272	867	737	130
1982	30.224	27.183	3.147	24.036	1.833	1.208	1.065	143
1983	30.597	26.940	3.117	23.823	2.258	1.399	1.233	166
1984	30.790	27.155	3.113	24.042	2.266	1.369	1.192	177
1985	31.176	27.533	3.118	24.415	2.304	1.339	1.146	193
1986	31.533	28.059	3.142	24.917	2.228	1.246	980	266
1987	31.837	28.430	3.114	25.316	2.229	1.178	850	328
1988	32.219	28.821	3.109	25.712	2.242	1.156	768	388
1989	32.419	29.353	3.134	26.219	2.038	1.028	603	425
1990	33.121	30.276	3.160	27.116	1.883	962	505	457

* Einschließlich Arbeitslose mit Nebenjob (weniger als 15 Stunden in der Woche). Da Angaben nur für Leistungsempfänger vorliegen, handelt es sich um eine Untergrenze. Diese Personengruppe ist in den geringfügig Beschäftigten enthalten.   ** Ohne Arbeitslose mit Nebenjob (Doppelzählung mit Arbeitnehmern).

Quelle: Statistisches Bundesamt; Bundesagentur für Arbeit; Berechnungen des IAB.

Arbeitskräftebilanz nach dem Beschäftigungsortskonzept (Männer und Frauen) 1991–2007 (Westdeutschland, Ostdeutschland, Deutschland gesamt)

	Erwerbs-personen-potenzial**	davon						
		Erwerbstätige*	davon		Registrierte Arbeitslose	Stille Reserve	davon	
			Selbstständige und Mithelfende	Beschäftigte Arbeitnehmer			im engeren Sinn	in Maßnahmen
	Jahresdurchschnittsbestände in 1.000							
Westdeutschland (ohne Berlin)								
1991	32.479	30.153	3.055	27.098	1.596	813	375	438
1992	32.950	30.468	3.063	27.405	1.699	874	425	449
1993	33.184	30.129	3.069	27.060	2.149	1.028	542	486
1994	33.240	29.953	3.121	26.832	2.426	1.005	536	469
1995	33.377	29.919	3.129	26.790	2.427	1.185	688	497
1996	33.587	29.893	3.118	26.775	2.646	1.230	726	504
1997	33.913	29.967	3.175	26.792	2.870	1.292	850	442
1998	34.185	30.413	3.208	27.205	2.752	1.244	858	386
1999	34.500	30.913	3.189	27.724	2.604	1.206	799	407
2000	34.757	31.661	3.223	28.438	2.381	929	529	400
2001	35.014	31.935	3.275	28.660	2.321	968	542	426
2002	35.143	31.832	3.287	28.545	2.498	1.040	558	482
2003	35.290	31.551	3.329	28.222	2.753	1.247	754	493
2004	35.404	31.684	3.432	28.252	2.781	1.282	731	551
2005	35.559	31.697	3.524	28.173	3.247	945	479	466
2006	35.592	31.884	3.540	28.344	3.007	1.008	489	520
2007	35.622	32.425	3.586	28.839	2.486	965	432	533
Ostdeutschland (mit Berlin)								
1991	10.227	8.468	465	8.003	1.006	781	10	771
1992	10.092	7.591	514	7.077	1.279	1.262	44	1.218
1993	10.017	7.426	556	6.870	1.270	1.365	162	1.203
1994	9.937	7.563	604	6.959	1.272	1.153	235	918
1995	9.861	7.682	620	7.062	1.185	1.051	394	657
1996	9.770	7.605	624	6.981	1.319	925	435	490
1997	9.680	7.496	641	6.855	1.514	787	416	371
1998	9.616	7.498	657	6.841	1.529	727	418	309
1999	9.527	7.511	668	6.843	1.496	667	360	307
2000	9.423	7.483	692	6.791	1.509	599	302	297
2001	9.283	7.381	708	6.673	1.532	556	250	306
2002	9.191	7.264	716	6.548	1.563	565	249	316
2003	9.109	7.175	744	6.431	1.624	538	249	289
2004	9.033	7.196	790	6.406	1.600	494	203	291
2005	8.985	7.154	836	6.318	1.614	457	236	221
2006	8.917	7.213	854	6.359	1.480	445	197	248
2007	8.837	7.343	865	6.478	1.290	396	146	250

* Einschließlich Arbeitslose mit Nebenjob (weniger als 15 Stunden in der Woche). Da Angaben nur für Leistungsempfänger vorliegen, handelt es sich um eine Untergrenze. Diese Personengruppe ist in den geringfügig Beschäftigten enthalten.   ** Ohne Arbeitslose mit Nebenjob (Doppelzählung mit Arbeitnehmern).

Quelle: Statistisches Bundesamt; Bundesagentur für Arbeit; Berechnungen des IAB.

Arbeitskräftebilanz nach dem Beschäftigungsortskonzept (Männer und Frauen) 1991–2007
(Westdeutschland, Ostdeutschland, Deutschland gesamt) (Fortsetzung)

	Erwerbs-personen-potenzial**	davon						
		Erwerbstätige*	davon		Registrierte Arbeitslose	Stille Reserve	davon	
			Selbstständige und Mithelfende	Beschäftigte Arbeitnehmer			im engeren Sinn	in Maßnahmen
	Jahresdurchschnittsbestände in 1.000							
Deutschland								
1991	42.706	38.621	3.520	35.101	2.602	1.594	385	1.209
1992	43.042	38.059	3.577	34.482	2.978	2.136	469	1.667
1993	43.202	37.555	3.625	33.930	3.419	2.392	703	1.689
1994	43.177	37.516	3.725	33.791	3.698	2.159	772	1.387
1995	43.238	37.601	3.749	33.852	3.612	2.236	1.082	1.154
1996	43.357	37.498	3.742	33.756	3.965	2.155	1.161	994
1997	43.593	37.463	3.816	33.647	4.384	2.079	1.266	813
1998	43.801	37.911	3.865	34.046	4.281	1.971	1.276	695
1999	44.027	38.424	3.857	34.567	4.100	1.873	1.159	714
2000	44.180	39.144	3.915	35.229	3.890	1.528	831	697
2001	44.297	39.316	3.983	35.333	3.853	1.523	791	732
2002	44.334	39.096	4.003	35.093	4.061	1.605	807	798
2003	44.399	38.726	4.073	34.653	4.377	1.785	1.003	782
2004	44.437	38.880	4.222	34.658	4.381	1.776	934	842
2005	44.544	38.851	4.360	34.491	4.861	1.402	715	687
2006	44.509	39.097	4.394	34.703	4.487	1.453	686	767
2007	44.459	39.768	4.451	35.317	3.776	1.361	578	783

* Einschließlich Arbeitslose mit Nebenjob (weniger als 15 Stunden in der Woche). Da Angaben nur für Leistungsempfänger vorliegen, handelt es sich um eine Untergrenze. Diese Personengruppe ist in den geringfügig Beschäftigten enthalten.   ** Ohne Arbeitslose mit Nebenjob (Doppelzählung mit Arbeitnehmern).

Quelle: Statistisches Bundesamt; Bundesagentur für Arbeit; Berechnungen des IAB.

4 Regionaldaten

Teil III
Kapitel I

Arbeitslosenquoten westdeutscher Kreise 1998–2008 bezogen auf abhängig Beschäftigte – Stichtag 30.06.

Land/Kreis/kreisfreie Stadt	Jun 98	Jun 99	Jun 00	Jun 01	Jun 02	Jun 03	Jun 04	Jun 05	Jun 06	Jun 07	Jun 08
01 Schleswig-Holstein	10,4	9,8	8,7	8,7	9,2	10,6	10,6	12,7	10,8	9,3	8,2
01001 Flensburg, Stadt	15,7	13,5	12,0	13,1	12,5	14,9	15,2	19,9	16,7	13,8	12,4
01002 Kiel, Landeshauptstadt	14,6	13,4	11,5	11,4	12,3	14,6	14,5	18,9	15,4	13,8	12,6
01003 Lübeck, Hansestadt	13,8	14,3	12,9	12,9	13,3	15,0	15,0	20,2	16,6	14,4	13,7
01004 Neumünster, Stadt	14,0	14,0	12,6	12,3	12,7	14,5	14,6	17,4	15,5	12,8	11,9
01051 Dithmarschen	10,9	10,1	8,8	9,4	9,4	11,2	12,0	14,9	12,9	10,9	10,2
01053 Herzogtum Lauenburg	8,8	8,5	7,9	8,1	8,4	9,4	9,6	10,6	9,0	7,8	7,1
01054 Nordfriesland	8,7	7,4	6,6	6,9	7,4	8,8	9,0	10,8	10,6	9,0	7,8
01055 Ostholstein	9,9	9,1	8,4	8,2	8,4	9,6	9,6	11,7	9,9	9,0	8,0
01056 Pinneberg	9,1	8,9	8,1	8,0	8,7	9,9	9,7	11,4	8,9	7,5	6,5
01057 Plön	9,5	8,7	7,4	7,6	7,9	9,9	9,9	10,6	10,1	8,3	7,5
01058 Rendsburg-Eckernförde	10,0	9,4	7,8	7,6	7,9	8,8	8,4	10,6	7,8	7,2	6,0
01059 Schleswig-Flensburg	9,7	8,4	7,4	8,1	8,2	9,4	9,6	11,3	10,4	10,6	8,9
01060 Segeberg	8,5	7,9	6,9	6,7	7,8	9,0	8,5	9,3	8,3	6,8	5,6
01061 Steinburg	10,5	9,9	9,1	9,2	10,3	11,4	12,1	13,1	10,8	8,6	6,3
01062 Stormarn	7,5	7,1	6,1	6,1	6,8	7,6	7,9	8,4	7,2	5,4	4,6
02 Hamburg	12,4	11,5	9,6	9,0	10,1	11,2	11,1	13,4	12,7	10,3	9,2
02000 Hamburg, Freie und Hansestadt	12,4	11,5	9,6	9,0	10,1	11,2	11,1	13,4	12,7	10,3	9,2
03 Niedersachsen	11,6	10,8	9,5	9,6	10,0	10,2	10,1	12,6	11,4	9,5	8,2
03101 Braunschweig, Stadt	13,9	12,5	11,5	11,5	12,4	12,8	12,4	14,3	13,0	11,1	9,9
03102 Salzgitter, Stadt	15,8	14,2	13,1	12,8	12,4	12,7	13,1	15,4	15,4	12,7	10,9
03103 Wolfsburg, Stadt	15,4	12,4	10,4	9,2	9,0	8,6	8,5	11,5	11,0	9,7	7,8
03151 Gifhorn	13,4	11,4	10,2	9,8	10,0	9,8	9,4	11,1	10,2	9,3	7,2
03152 Göttingen	14,3	13,3	12,1	11,8	12,1	11,9	12,0	14,1	13,5	12,5	10,3
03153 Goslar	13,9	13,5	12,5	12,3	12,3	11,7	11,1	15,0	13,5	11,0	10,5
03154 Helmstedt	14,3	13,4	12,5	12,4	12,2	11,7	11,1	13,5	13,2	11,9	10,0
03155 Northeim	12,8	12,6	11,0	11,5	12,1	11,6	11,9	13,4	11,9	9,8	8,8
03156 Osterode am Harz	14,5	14,2	13,1	13,2	13,7	12,7	13,4	14,7	15,1	12,3	10,2
03157 Peine	10,9	10,2	9,2	9,9	9,8	9,7	9,6	12,0	11,5	10,0	8,5
03158 Wolfenbüttel	11,7	11,1	10,3	10,3	10,1	10,0	10,1	11,4	10,7	8,6	7,5
03241 Region Hannover	12,0	11,4	9,8	10,3	11,2	11,6	11,0	15,4	13,2	10,9	10,2
03251 Diepholz	8,3	7,6	6,4	6,6	7,0	7,2	7,5	9,0	7,7	6,8	5,6
03252 Hameln-Pyrmont	13,8	13,2	11,6	11,8	12,8	13,5	13,0	15,9	13,6	11,8	10,1
03254 Hildesheim	11,1	10,6	8,8	9,2	9,3	9,4	9,3	13,1	12,0	9,4	8,8
03255 Holzminden	11,9	11,5	9,7	10,3	11,7	12,0	12,6	16,5	13,8	11,3	9,8
03256 Nienburg (Weser)	9,5	8,3	7,3	7,7	8,2	9,2	9,0	12,1	10,4	8,6	7,7
03257 Schaumburg	10,6	10,2	8,6	8,6	9,7	10,6	10,8	13,1	12,2	10,2	9,5
03351 Celle	12,8	11,7	10,7	11,0	10,7	10,2	10,7	13,5	11,9	10,0	8,9
03352 Cuxhaven	11,0	10,2	9,2	9,4	9,6	9,7	10,3	13,1	11,6	9,8	8,4
03353 Harburg	8,2	8,1	7,2	7,0	7,8	8,5	7,8	8,8	8,1	6,6	5,3
03354 Lüchow-Dannenberg	17,8	17,6	17,1	16,9	17,5	16,7	15,9	18,6	16,3	14,1	13,1
03355 Lüneburg	11,0	10,9	10,2	10,4	11,5	12,6	11,0	12,5	11,6	9,3	8,3
03356 Osterholz	10,0	9,3	7,7	7,4	7,7	8,1	8,6	9,9	8,8	7,7	5,4

Anmerkung: Arbeitslosenquoten, die unter 5 Prozent liegen, sind markiert.

Zentrale Indikatoren des deutschen Arbeitsmarktes

Land/Kreis/kreisfreie Stadt	Jun 98	Jun 99	Jun 00	Jun 01	Jun 02	Jun 03	Jun 04	Jun 05	Jun 06	Jun 07	Jun 08
03357 Rotenburg (Wümme)	8,3	8,0	6,8	7,0	7,5	7,8	8,0	9,5	8,9	7,7	5,8
03358 Soltau-Fallingbostel	9,2	8,6	7,6	7,9	8,7	8,6	9,1	11,9	11,3	10,1	8,5
03359 Stade	9,2	8,0	7,1	7,0	7,6	7,9	8,4	11,8	10,3	9,2	7,9
03360 Uelzen	12,3	10,9	10,2	10,6	11,2	12,2	11,7	13,5	12,7	11,1	9,0
03361 Verden	8,8	8,3	6,4	6,1	6,5	7,1	7,2	9,3	8,7	7,7	6,6
03401 Delmenhorst, Stadt	14,9	14,0	12,7	12,8	13,5	13,9	13,8	19,5	16,8	13,1	11,2
03402 Emden, Stadt	15,5	14,1	13,5	12,3	12,3	13,3	13,4	15,4	16,8	13,5	11,9
03403 Oldenburg (Oldenburg), Stadt	13,2	13,1	11,3	11,2	11,7	11,7	12,1	14,7	13,4	11,7	10,4
03404 Osnabrück, Stadt	12,2	11,8	10,1	10,3	10,9	10,9	11,0	13,9	11,5	9,9	8,7
03405 Wilhelmshaven, Stadt	19,8	17,9	14,6	13,1	14,1	14,3	14,6	19,6	16,6	14,8	13,2
03451 Ammerland	9,8	9,5	8,4	8,7	8,8	9,0	8,8	9,7	8,9	8,1	6,2
03452 Aurich	12,3	11,3	11,4	10,9	10,6	11,3	11,9	13,8	13,0	10,8	9,4
03453 Cloppenburg	10,6	9,2	7,1	7,4	7,3	7,4	7,2	9,6	8,4	7,6	6,3
03454 Emsland	11,2	9,9	8,6	8,0	8,2	8,1	8,2	9,4	8,6	6,2	4,6
03455 Friesland	12,6	11,2	9,9	9,4	10,1	10,4	10,3	12,4	11,7	8,7	7,8
03456 Grafschaft Bentheim	9,9	8,6	7,2	7,8	8,3	8,6	8,5	10,2	9,3	6,3	4,8
03457 Leer	12,0	11,8	11,0	10,6	11,2	12,7	12,6	15,1	11,9	10,1	8,7
03458 Oldenburg	9,3	8,8	8,0	8,0	8,3	8,4	8,7	9,7	8,1	7,1	6,3
03459 Osnabrück	7,9	7,4	6,2	6,5	7,3	7,3	7,3	8,9	8,4	5,9	5,0
03460 Vechta	7,2	7,0	5,6	5,8	5,6	5,7	5,7	7,0	6,3	5,2	4,3
03461 Wesermarsch	12,2	11,2	9,6	9,3	9,5	9,3	9,7	11,1	10,9	9,7	8,7
03462 Wittmund	11,2	10,5	9,0	9,5	9,8	10,6	10,3	13,7	12,0	10,1	7,6
04 Bremen	16,2	15,4	13,8	13,3	13,6	14,3	14,4	18,2	16,3	13,9	12,3
04011 Bremen, Stadt	15,2	14,5	13,1	12,4	12,7	13,2	13,3	16,7	15,1	12,6	11,0
04012 Bremerhaven, Stadt	20,7	19,3	17,2	17,8	18,2	19,2	19,7	25,6	22,3	20,0	18,5
05 Nordrhein-Westfalen	11,5	11,2	9,8	9,3	9,9	10,7	11,0	13,1	12,7	10,5	9,3
05111 Düsseldorf, Stadt	12,8	12,4	10,9	9,8	9,8	10,7	11,2	13,5	13,7	12,0	10,8
05112 Duisburg, Stadt	16,7	15,9	14,3	13,6	14,2	14,9	15,4	19,2	17,3	15,6	14,1
05113 Essen, Stadt	13,4	13,1	12,0	11,5	12,3	13,0	13,3	18,2	16,5	14,6	13,7
05114 Krefeld, Stadt	15,1	14,5	12,0	11,1	11,6	12,5	13,0	15,0	14,7	13,1	11,8
05116 Mönchengladbach, Stadt	13,6	13,3	11,2	10,7	11,9	13,0	13,3	16,5	17,1	14,9	12,6
05117 Mülheim an der Ruhr, Stadt	10,9	10,8	9,4	9,2	8,4	9,9	9,9	12,1	12,5	11,2	8,8
05119 Oberhausen, Stadt	14,7	13,8	12,5	12,1	11,4	12,6	13,3	16,2	16,6	15,1	13,8
05120 Remscheid, Stadt	10,0	10,2	8,7	8,1	8,9	10,3	10,5	12,6	13,2	10,8	9,1
05122 Solingen, Stadt	9,9	10,0	8,7	8,5	9,4	9,8	10,5	11,0	12,8	10,1	9,5
05124 Wuppertal, Stadt	11,9	11,8	10,2	9,9	11,0	12,0	12,9	16,7	16,9	13,7	12,4
05154 Kleve	10,1	10,2	8,9	8,4	8,0	8,4	8,5	10,0	11,4	7,6	6,3
05158 Mettmann	8,5	8,4	7,0	6,6	7,2	7,7	8,2	9,9	10,2	8,3	7,5
05162 Rhein-Kreis Neuss	9,2	8,8	7,6	7,0	7,5	8,5	8,8	10,1	9,4	8,4	7,3
05166 Viersen	9,9	9,7	8,3	7,8	8,3	9,0	9,2	10,0	9,7	8,1	6,9
05170 Wesel	11,2	10,7	9,4	9,1	8,7	9,6	9,5	11,0	10,9	9,0	8,3
05313 Aachen, Stadt	14,5	14,1	11,8	10,6	11,2	12,8	13,1	15,9	16,0	13,6	12,0
05314 Bonn, Stadt	7,9	7,9	7,1	7,1	7,8	8,9	8,5	10,2	9,9	9,3	8,4

Anmerkung: Arbeitslosenquoten, die unter 5 Prozent liegen, sind markiert.

Arbeitslosenquoten westdeutscher Kreise 1998–2008 bezogen auf abhängig Beschäftigte – Stichtag 30.06. (Fortsetzung)

Land/Kreis/kreisfreie Stadt	Jun 98	Jun 99	Jun 00	Jun 01	Jun 02	Jun 03	Jun 04	Jun 05	Jun 06	Jun 07	Jun 08
05315 Köln, Stadt	14,2	13,6	12,0	11,1	11,4	13,0	13,0	15,4	14,7	13,1	12,1
05316 Leverkusen, Stadt	12,2	11,9	10,3	9,4	9,7	10,9	10,9	15,0	13,9	12,3	10,5
05354 Aachen	12,6	11,9	10,3	9,5	9,5	10,6	11,1	14,5	14,6	11,8	9,4
05358 Düren	10,1	9,9	8,6	8,7	9,3	9,9	10,7	10,5	12,6	10,7	8,4
05362 Rhein-Erft-Kreis	8,8	8,4	7,5	7,1	7,9	9,2	9,5	12,3	12,8	9,9	9,1
05366 Euskirchen	8,0	7,6	6,8	7,0	7,6	8,5	9,1	10,5	9,3	7,7	6,8
05370 Heinsberg	12,3	11,8	9,9	9,0	9,2	10,4	10,7	12,9	12,7	10,8	8,5
05374 Oberbergischer Kreis	9,7	9,6	8,8	8,2	8,5	9,2	9,4	11,3	10,9	8,0	7,0
05378 Rheinisch-Bergischer Kreis	9,1	9,4	7,9	7,5	8,0	8,9	9,1	10,6	10,8	9,0	7,8
05382 Rhein-Sieg-Kreis	7,9	7,6	6,9	6,6	7,1	7,6	7,5	8,5	9,0	7,3	6,8
05512 Bottrop, Stadt	14,5	14,1	12,2	11,2	12,1	13,0	13,8	15,6	13,9	11,4	9,9
05513 Gelsenkirchen, Stadt	18,1	18,1	16,4	16,1	17,0	18,0	19,1	26,2	21,7	18,3	16,9
05515 Münster, Stadt	9,6	9,5	7,6	7,1	7,8	8,2	9,0	9,9	9,4	7,9	6,9
05554 Borken	9,0	8,6	6,6	6,5	7,5	8,2	8,2	9,1	8,8	6,4	5,1
05558 Coesfeld	7,9	7,5	6,3	6,2	6,8	7,5	7,4	8,2	7,1	5,7	4,2
05562 Recklinghausen	14,1	14,2	13,0	12,6	12,6	12,9	13,1	15,2	15,3	13,2	12,4
05566 Steinfurt	8,4	8,1	6,6	6,5	6,8	7,6	7,4	8,3	7,5	5,9	4,9
05570 Warendorf	8,6	8,1	6,9	6,8	7,4	7,9	8,3	10,3	8,9	7,2	5,5
05711 Bielefeld, Stadt	13,2	13,3	11,7	11,5	13,1	14,3	14,6	16,7	14,7	11,8	10,7
05754 Gütersloh	8,4	8,0	6,9	7,4	8,3	9,3	9,1	10,7	8,8	6,5	5,2
05758 Herford	9,5	9,2	7,6	7,4	8,5	9,6	9,3	11,1	10,5	8,0	7,0
05762 Höxter	9,2	9,2	7,8	8,1	8,7	8,2	8,6	9,7	9,9	7,6	6,8
05766 Lippe	9,5	9,5	8,1	8,6	10,3	11,5	10,6	13,4	11,8	9,5	8,8
05770 Minden-Lübbecke	9,9	9,4	8,0	7,8	8,9	10,2	10,1	11,2	9,8	7,9	6,5
05774 Paderborn	10,5	9,8	8,6	8,5	9,1	8,8	9,9	11,5	11,2	9,1	7,6
05911 Bochum, Stadt	13,7	13,5	12,1	11,4	11,7	13,2	13,3	15,7	15,0	12,8	11,0
05913 Dortmund, Stadt	17,1	16,4	15,1	14,1	14,6	15,5	16,6	19,7	18,7	15,5	15,2
05914 Hagen, Stadt	13,3	13,1	11,3	10,3	11,5	13,0	13,3	14,9	15,5	13,0	12,0
05915 Hamm, Stadt	13,9	13,3	12,5	12,1	13,0	13,9	14,1	15,9	14,4	11,9	11,4
05916 Herne, Stadt	16,7	16,6	15,2	15,0	15,2	16,0	16,1	19,7	18,7	15,6	14,0
05954 Ennepe-Ruhr-Kreis	11,6	11,2	9,8	8,5	9,1	9,6	10,1	11,4	11,3	9,0	8,5
05958 Hochsauerlandkreis	8,1	8,1	6,5	6,6	7,4	8,4	8,5	11,4	10,2	7,0	6,1
05962 Märkischer Kreis	10,1	9,7	8,2	7,5	8,8	9,6	9,9	11,2	10,6	7,6	6,6
05966 Olpe	7,7	7,2	6,1	5,6	6,2	6,7	6,7	7,9	7,3	5,3	4,2
05970 Siegen-Wittgenstein	9,8	9,0	7,4	7,0	7,5	8,2	8,4	11,5	10,2	7,2	6,2
05974 Soest	9,2	9,2	8,1	8,1	9,2	9,4	10,0	11,7	11,3	8,9	6,9
05978 Unna	13,0	12,5	11,4	10,6	11,1	12,3	12,9	14,2	13,9	12,3	11,1
06 Hessen	9,6	9,1	8,0	7,2	7,6	8,6	8,9	10,7	10,4	8,4	7,3
06411 Darmstadt, Wissenschaftsstadt	9,7	9,1	7,7	7,1	7,4	9,0	9,3	11,6	11,8	10,1	8,9
06412 Frankfurt am Main, Stadt	10,9	10,0	8,4	7,3	7,8	9,8	10,1	11,8	12,7	10,6	9,5
06413 Offenbach am Main, Stadt	12,9	12,5	10,3	9,6	10,3	13,1	14,0	16,5	17,0	14,1	12,7
06414 Wiesbaden, Landeshauptstadt	9,9	9,8	8,7	7,9	8,9	10,2	10,5	14,2	12,9	9,3	8,2
06431 Bergstraße	8,7	8,2	7,0	6,5	6,5	7,4	8,0	9,7	9,3	7,6	6,4

Anmerkung: Arbeitslosenquoten, die unter 5 Prozent liegen, sind markiert.

Zentrale Indikatoren des deutschen Arbeitsmarktes

Land/Kreis/kreisfreie Stadt	Jun 98	Jun 99	Jun 00	Jun 01	Jun 02	Jun 03	Jun 04	Jun 05	Jun 06	Jun 07	Jun 08
06432 Darmstadt-Dieburg	7,8	7,3	6,3	5,6	6,0	7,2	7,4	8,8	9,5	7,0	5,8
06433 Groß-Gerau	6,9	6,6	6,0	5,6	6,2	7,5	8,3	10,7	10,6	8,7	7,2
06434 Hochtaunuskreis	6,3	6,2	5,2	4,7	4,9	6,1	6,3	6,8	6,4	5,0	4,3
06435 Main-Kinzig-Kreis	9,0	8,7	7,6	6,9	7,3	8,0	7,7	9,1	8,9	7,0	6,1
06436 Main-Taunus-Kreis	6,5	5,9	4,9	4,2	4,4	5,6	5,6	6,4	7,1	5,7	4,5
06437 Odenwaldkreis	6,6	8,3	6,8	6,5	6,6	7,8	9,0	10,1	9,7	7,4	5,9
06438 Offenbach	8,2	7,7	6,4	5,7	6,4	8,1	8,4	9,6	9,5	7,7	7,0
06439 Rheingau-Taunus-Kreis	6,5	6,1	5,2	4,8	5,1	6,2	6,4	7,7	7,2	6,0	5,0
06440 Wetteraukreis	8,7	8,0	6,9	6,2	7,1	7,8	8,1	10,2	9,3	7,2	6,3
06531 Gießen	10,9	10,2	8,9	8,4	8,9	10,0	10,1	13,0	12,6	11,1	10,1
06532 Lahn-Dill-Kreis	10,2	9,8	8,5	7,4	8,3	8,9	9,3	11,2	10,2	8,0	7,0
06533 Limburg-Weilburg	8,2	7,4	6,6	6,3	6,9	7,9	8,3	10,7	9,5	7,9	7,0
06534 Marburg-Biedenkopf	9,7	8,9	8,0	7,4	7,2	7,9	7,7	9,3	9,1	6,8	6,4
06535 Vogelsbergkreis	9,6	9,3	8,5	7,8	8,2	8,4	8,2	8,3	9,6	8,5	7,0
06611 Kassel, documenta-Stadt	18,9	17,8	16,8	15,7	15,6	16,3	17,0	22,1	18,9	15,7	13,7
06631 Fulda	9,7	9,3	7,5	6,9	7,7	7,8	7,5	8,8	7,2	6,5	5,8
06632 Hersfeld-Rotenburg	11,9	11,7	10,2	8,9	8,8	8,4	9,4	10,8	10,6	8,8	7,3
06633 Kassel	10,7	10,5	9,6	8,9	8,8	8,8	8,8	10,1	9,2	7,3	6,3
06634 Schwalm-Eder-Kreis	11,1	10,6	9,9	9,2	8,9	8,7	9,0	11,2	10,0	7,9	7,2
06635 Waldeck-Frankenberg	9,9	9,3	8,1	7,3	8,1	8,7	9,2	9,9	9,6	7,4	6,5
06636 Werra-Meißner-Kreis	13,8	13,9	13,1	12,7	11,6	11,6	12,2	13,8	13,1	10,9	9,0
07 Rheinland-Pfalz	9,1	8,7	7,8	7,2	7,7	8,2	8,2	9,6	8,7	7,1	6,0
07111 Koblenz, kreisfreie Stadt	9,6	9,5	7,8	7,5	7,8	8,5	8,8	13,1	11,8	9,9	8,1
07131 Ahrweiler	7,1	6,5	6,2	5,8	6,2	7,1	7,4	8,3	7,1	5,7	5,2
07132 Altenkirchen (Westerwald)	9,0	8,1	7,0	6,5	7,7	8,6	8,8	10,6	9,8	7,6	5,6
07133 Bad Kreuznach	10,9	10,2	9,1	8,4	8,5	9,4	9,6	11,1	10,1	8,1	7,4
07134 Birkenfeld	11,8	11,0	9,4	9,0	9,8	10,4	9,7	11,2	10,2	8,4	7,5
07135 Cochem-Zell	6,7	6,4	5,3	4,9	4,9	5,6	5,4	7,3	5,4	4,8	4,3
07137 Mayen-Koblenz	8,3	8,1	7,0	6,7	7,1	7,6	7,8	9,9	8,8	7,1	6,4
07138 Neuwied	8,2	8,1	7,4	7,3	8,3	9,6	9,6	11,0	9,2	7,5	6,7
07140 Rhein-Hunsrück-Kreis	9,6	8,7	7,5	7,0	7,3	7,9	7,4	8,5	7,9	5,9	5,4
07141 Rhein-Lahn-Kreis	7,7	7,2	6,5	6,5	6,8	7,2	7,4	8,8	7,3	5,9	5,1
07143 Westerwaldkreis	7,7	7,2	6,0	5,7	6,2	7,0	6,8	8,4	7,4	6,1	5,2
07211 Trier, kreisfreie Stadt	12,2	12,1	11,2	10,4	10,3	10,5	9,8	10,7	10,2	8,1	6,7
07231 Bernkastel-Wittlich	7,8	7,2	6,4	6,2	6,2	5,9	5,9	5,7	5,4	4,1	3,8
07232 Eifelkreis Bitburg-Prüm	8,0	7,5	6,3	5,9	5,8	5,8	5,6	5,9	5,7	4,5	3,1
07233 Vulkaneifel	7,3	7,1	5,9	5,7	6,2	6,5	6,7	8,5	6,2	5,6	5,3
07235 Trier-Saarburg	7,1	7,2	6,9	6,1	6,2	5,9	5,7	5,5	5,1	4,1	3,2
07311 Frankenthal (Pfalz), kr.f. St.	10,0	9,5	9,4	9,0	10,0	9,8	10,1	12,3	11,5	9,6	8,0
07312 Kaiserslautern, kreisfr. Stadt	17,5	15,4	13,1	11,8	12,5	12,0	12,1	13,4	14,8	12,6	11,2
07313 Landau in der Pfalz, kr.f. St.	9,6	9,4	8,5	7,4	7,9	8,8	8,2	8,2	7,8	6,4	5,6
07314 Ludwigshafen am Rhein, Stadt	10,8	10,5	9,7	9,4	10,4	11,0	12,1	14,1	14,7	11,3	10,1
07315 Mainz, kreisfreie Stadt	8,7	8,4	7,5	7,0	7,6	8,5	8,8	10,7	9,6	8,0	6,8

Anmerkung: Arbeitslosenquoten, die unter 5 Prozent liegen, sind markiert.

Arbeitslosenquoten westdeutscher Kreise 1998–2008 bezogen auf abhängig Beschäftigte – Stichtag 30.06. (Fortsetzung)

Land/Kreis/kreisfreie Stadt	Jun 98	Jun 99	Jun 00	Jun 01	Jun 02	Jun 03	Jun 04	Jun 05	Jun 06	Jun 07	Jun 08
07316 Neustadt an der Weinstraße, St.	9,3	9,3	8,3	7,3	7,6	7,7	7,8	10,4	8,5	7,1	6,0
07317 Pirmasens, kreisfreie Stadt	18,1	17,2	16,1	14,5	14,7	17,4	18,4	20,5	16,2	17,0	15,1
07318 Speyer, kreisfreie Stadt	9,2	9,0	9,4	8,6	9,4	9,3	9,1	11,2	10,4	8,0	7,8
07319 Worms, kreisfreie Stadt	12,1	11,9	10,6	10,1	10,4	11,0	10,3	13,9	11,5	10,3	8,6
07320 Zweibrücken, kreisfreie Stadt	12,1	11,3	10,3	10,3	10,5	11,8	11,7	14,3	12,6	10,0	8,8
07331 Alzey-Worms	8,0	7,6	7,2	6,6	6,9	8,0	7,6	9,6	9,1	6,8	5,4
07332 Bad Dürkheim	7,0	7,1	6,2	5,8	6,4	6,4	6,3	7,2	6,7	5,2	4,1
07333 Donnersbergkreis	10,9	10,5	9,7	9,0	9,6	9,0	8,9	10,0	9,1	7,8	6,0
07334 Germersheim	9,2	8,3	6,8	6,5	7,0	7,5	7,3	7,7	7,0	5,5	4,3
07335 Kaiserslautern	10,5	9,7	8,9	7,7	8,3	8,5	7,9	8,8	8,1	6,8	6,1
07336 Kusel	11,2	10,0	9,2	8,7	8,6	8,9	8,6	10,0	9,2	8,3	6,4
07337 Südliche Weinstraße	7,6	7,3	6,7	6,2	6,6	7,0	6,7	7,0	6,3	5,5	4,5
07338 Rhein-Pfalz-Kreis	6,3	6,1	5,6	5,0	5,6	5,6	5,9	6,8	6,4	4,8	4,3
07339 Mainz-Bingen	6,7	6,4	5,9	5,5	6,2	6,8	6,8	7,6	6,9	5,6	4,7
07340 Südwestpfalz	10,5	10,2	9,2	8,3	8,1	9,7	9,2	10,4	7,8	6,3	5,5
08 Baden-Württemberg	7,5	7,0	5,6	5,2	5,7	6,6	6,6	7,8	7,0	5,4	4,4
08111 Stuttgart, Landeshauptstadt	8,8	8,0	6,6	6,1	6,7	7,8	8,0	11,6	9,2	7,6	5,7
08115 Böblingen	7,6	6,9	5,4	4,7	4,8	5,8	5,9	7,0	6,7	5,3	4,4
08116 Esslingen	6,1	5,5	4,3	3,8	4,4	5,1	5,0	6,1	5,8	4,5	3,7
08117 Göppingen	6,9	6,3	4,9	4,3	5,1	6,0	6,5	7,6	7,1	5,4	4,3
08118 Ludwigsburg	6,2	5,8	4,6	4,1	4,5	5,4	5,2	5,8	5,7	4,6	4,0
08119 Rems-Murr-Kreis	6,6	5,9	4,8	4,3	5,0	5,6	5,8	7,2	6,7	5,1	4,2
08121 Heilbronn, Stadt	10,5	10,1	8,1	7,4	8,4	9,8	10,1	12,0	9,8	7,5	6,1
08125 Heilbronn	7,2	6,8	5,0	4,7	5,1	6,2	6,2	7,2	6,6	5,3	4,2
08126 Hohenlohekreis	6,2	5,5	4,2	4,3	5,2	6,3	6,1	6,5	5,9	3,7	3,3
08127 Schwäbisch Hall	6,8	5,8	4,7	4,7	5,4	6,9	6,2	6,5	6,2	4,3	3,3
08128 Main-Tauber-Kreis	6,9	6,2	5,1	4,6	5,6	6,6	6,7	7,4	6,1	5,2	4,2
08135 Heidenheim	8,5	8,2	6,3	6,0	6,4	7,8	8,9	9,0	8,3	6,3	4,4
08136 Ostalbkreis	8,0	7,6	6,1	5,7	6,3	7,2	7,2	7,7	6,6	5,3	3,8
08211 Baden-Baden, Stadt	7,1	6,9	6,0	5,8	6,5	7,9	7,8	11,5	9,9	7,2	6,9
08212 Karlsruhe, Stadt	9,9	9,1	7,3	6,9	7,5	9,1	9,0	10,0	9,7	7,7	6,9
08215 Karlsruhe	6,7	6,2	5,1	4,6	5,1	6,0	6,0	6,9	6,1	4,9	3,8
08216 Rastatt	7,2	6,7	5,0	4,7	5,1	5,7	5,6	6,5	6,1	4,4	3,7
08221 Heidelberg, Stadt	8,6	8,7	7,1	6,3	6,6	7,6	8,0	9,7	9,3	7,4	6,5
08222 Mannheim, Universitätsstadt	13,1	12,8	11,2	10,7	11,1	12,1	11,9	14,8	12,4	9,4	8,3
08225 Neckar-Odenwald-Kreis	7,5	6,8	5,6	5,3	5,7	7,2	7,1	7,9	7,1	5,4	4,4
08226 Rhein-Neckar-Kreis	7,6	7,6	6,3	5,8	6,1	6,6	6,8	7,9	7,2	5,1	4,6
08231 Pforzheim, Stadt	10,8	10,1	7,8	7,7	8,9	10,9	10,8	12,0	12,2	8,9	7,9
08235 Calw	6,0	5,2	4,1	3,9	4,4	5,4	5,7	6,7	6,9	5,0	4,1
08236 Enzkreis	6,4	5,9	4,9	4,6	4,9	6,0	5,7	6,2	5,6	4,0	3,2
08237 Freudenstadt	5,5	5,2	4,1	4,1	4,7	5,8	5,6	7,1	6,9	4,5	4,0
08311 Freiburg im Breisgau, Stadt	10,5	10,1	8,5	8,0	8,4	8,8	8,5	10,3	10,5	8,6	7,5
08315 Breisgau-Hochschwarzwald	6,2	5,9	4,8	4,5	5,0	5,5	5,3	6,1	5,7	4,5	4,0

Anmerkung: Arbeitslosenquoten, die unter 5 Prozent liegen, sind markiert.

Land/Kreis/kreisfreie Stadt	Jun 98	Jun 99	Jun 00	Jun 01	Jun 02	Jun 03	Jun 04	Jun 05	Jun 06	Jun 07	Jun 08
08316 Emmendingen	6,6	6,0	4,8	4,7	5,6	6,2	6,3	5,9	5,5	4,0	3,5
08317 Ortenaukreis	7,3	6,6	4,9	4,5	5,4	6,5	6,5	7,2	6,8	5,2	3,8
08325 Rottweil	6,3	5,4	4,4	4,0	4,9	5,8	5,6	6,3	6,0	4,2	3,4
08326 Schwarzwald-Baar-Kreis	7,0	6,2	4,9	4,3	5,7	7,2	7,0	7,8	7,1	5,2	4,1
08327 Tuttlingen	7,0	6,3	5,2	4,6	5,0	6,0	6,0	6,7	5,4	4,2	3,5
08335 Konstanz	8,5	8,1	6,6	6,1	6,8	7,5	7,2	7,8	6,9	5,8	4,7
08336 Lörrach	8,4	8,1	6,6	5,6	5,8	6,1	6,1	7,7	6,6	6,4	4,2
08337 Waldshut	8,6	8,3	6,3	5,7	5,4	5,8	5,9	7,0	6,8	5,4	3,7
08415 Reutlingen	7,3	6,2	5,1	4,5	4,9	5,8	5,7	6,2	5,9	4,6	3,8
08416 Tübingen	7,3	6,8	5,3	5,1	5,4	6,4	6,3	6,7	6,9	5,2	4,1
08417 Zollernalbkreis	8,2	7,2	6,0	5,5	5,9	7,5	7,4	8,8	8,2	6,6	4,8
08421 Ulm, Universitätsstadt	8,7	8,0	6,3	5,8	7,3	8,1	8,5	11,4	9,4	6,7	5,0
08425 Alb-Donau-Kreis	5,8	5,5	4,5	4,2	5,0	5,6	5,6	6,8	5,4	3,7	2,8
08426 Biberach	5,2	5,0	3,8	3,8	4,3	5,1	5,0	6,0	4,3	3,2	2,3
08435 Bodenseekreis	6,3	5,8	4,6	4,4	4,9	5,6	5,3	6,3	4,8	3,9	3,5
08436 Ravensburg	5,5	5,3	4,0	3,9	4,7	5,2	5,1	5,9	5,1	3,7	2,9
08437 Sigmaringen	8,0	7,2	6,4	5,9	6,4	7,3	7,5	8,2	7,3	5,4	4,3
09 Bayern	7,3	6,7	5,6	5,3	6,3	7,3	7,2	8,4	7,3	5,7	4,4
09161 Ingolstadt, Stadt	9,3	7,7	6,7	6,2	7,2	8,4	8,6	9,0	7,8	5,5	4,1
09162 München, Landeshauptstadt	7,0	6,4	5,5	4,8	6,2	7,7	7,4	9,7	8,8	7,0	6,0
09163 Rosenheim, Stadt	8,0	7,8	5,5	5,6	6,7	9,0	7,8	11,6	9,7	7,8	6,6
09171 Altötting	7,8	6,6	5,4	6,1	6,3	6,9	7,2	8,8	7,2	5,5	4,0
09172 Berchtesgadener Land	5,7	5,3	4,2	4,5	5,4	5,7	5,9	7,0	6,0	4,3	3,3
09173 Bad Tölz-Wolfratshausen	5,8	4,8	3,8	3,8	4,5	5,7	6,2	7,0	6,3	4,4	3,4
09174 Dachau	5,8	5,4	4,2	3,3	4,2	5,2	5,4	5,8	5,3	4,0	2,8
09175 Ebersberg	4,4	4,2	3,4	2,7	3,5	4,8	4,7	5,2	5,0	3,8	2,9
09176 Eichstätt	4,8	4,3	3,7	3,4	3,8	3,9	3,7	4,4	3,2	2,0	1,6
09177 Erding	4,2	3,6	3,0	2,6	3,5	4,1	4,1	4,3	4,0	3,3	2,4
09178 Freising	4,4	3,5	2,7	2,7	3,7	4,7	4,4	4,6	3,9	3,6	2,3
09179 Fürstenfeldbruck	5,5	5,5	4,3	3,6	4,8	5,6	5,8	5,9	5,6	4,6	3,6
09180 Garmisch-Partenkirchen	4,7	4,2	3,2	3,4	4,0	5,2	5,4	6,3	6,0	4,4	3,8
09181 Landsberg am Lech	5,5	4,6	3,6	3,2	3,7	5,4	5,4	6,3	6,0	4,4	3,0
09182 Miesbach	4,9	4,5	4,0	3,8	4,4	6,0	5,7	5,3	6,0	4,7	3,5
09183 Mühldorf a.Inn	6,7	6,3	5,1	5,1	6,3	7,4	7,4	8,8	7,8	6,2	5,0
09184 München	5,1	5,0	4,1	3,3	4,2	5,3	5,0	5,5	4,9	4,2	3,4
09185 Neuburg-Schrobenhausen	6,5	5,3	4,5	4,4	4,9	5,2	4,9	5,9	4,3	3,5	2,7
09186 Pfaffenhofen a. d. Ilm	6,9	5,9	5,2	4,8	5,1	6,0	5,2	5,3	4,5	3,0	2,1
09187 Rosenheim	5,3	4,7	3,6	3,5	4,2	5,8	5,1	6,6	5,8	4,3	3,3
09188 Starnberg	5,1	5,3	4,2	3,5	4,5	5,6	4,8	5,5	4,9	3,9	3,1
09189 Traunstein	5,9	5,5	4,3	3,9	4,6	5,2	5,0	6,0	5,0	3,8	3,1
09190 Weilheim-Schongau	5,0	4,6	3,6	3,4	3,9	4,7	4,7	6,0	6,1	4,7	3,1
09261 Landshut, Stadt	7,4	7,1	5,7	5,8	6,7	7,7	7,9	10,0	9,4	6,9	5,6
09262 Passau, Stadt	9,9	9,3	7,7	7,1	7,8	9,6	9,3	12,4	10,7	8,9	6,5

Anmerkung: Arbeitslosenquoten, die unter 5 Prozent liegen, sind markiert.

Arbeitslosenquoten westdeutscher Kreise 1998–2008 bezogen auf abhängig Beschäftigte – Stichtag 30.06. (Fortsetzung)

Land/Kreis/kreisfreie Stadt	Jun 98	Jun 99	Jun 00	Jun 01	Jun 02	Jun 03	Jun 04	Jun 05	Jun 06	Jun 07	Jun 08
09263 Straubing, Stadt	10,0	9,1	7,0	6,9	8,2	9,1	9,2	11,8	11,4	8,9	6,5
09271 Deggendorf	6,9	6,9	5,7	5,5	6,5	7,1	7,1	8,5	7,2	5,5	4,1
09272 Freyung-Grafenau	6,9	6,4	5,2	5,2	6,9	8,8	8,5	8,6	7,8	5,6	3,6
09273 Kelheim	6,0	5,6	4,6	4,1	4,7	5,4	5,0	6,1	5,6	4,2	3,1
09274 Landshut	5,1	4,8	3,8	3,8	4,1	4,6	4,8	5,4	4,9	3,1	2,7
09275 Passau	8,0	7,3	6,0	5,9	6,8	7,9	7,9	9,3	7,7	5,4	4,0
09276 Regen	6,0	5,4	4,6	5,2	6,9	7,2	6,5	8,0	6,8	5,3	4,1
09277 Rottal-Inn	6,7	5,9	4,9	4,9	5,5	6,3	6,5	7,6	6,5	4,8	3,9
09278 Straubing-Bogen	5,5	5,2	4,3	4,2	4,7	5,2	5,0	6,5	5,4	4,1	3,1
09279 Dingolfing-Landau	5,4	5,1	4,0	3,7	4,1	4,0	4,1	5,0	4,9	3,5	3,1
09361 Amberg, Stadt	11,8	11,4	9,8	9,8	11,1	12,7	12,2	15,1	13,3	10,0	8,1
09362 Regensburg, Stadt	11,4	10,0	8,6	8,2	8,8	9,4	9,3	10,5	9,8	7,9	6,5
09363 Weiden i. d. OPf., Stadt	9,6	9,4	8,2	8,4	9,7	11,2	10,9	16,0	13,3	12,0	8,1
09371 Amberg-Sulzbach	7,4	7,0	6,1	6,1	6,7	8,3	8,1	9,9	7,9	6,2	4,3
09372 Cham	7,0	6,4	5,4	5,3	6,2	7,6	7,3	8,2	6,1	4,3	3,5
09373 Neumarkt i. d. OPf.	6,5	6,3	5,3	5,2	5,8	6,7	6,3	6,9	5,7	4,2	2,9
09374 Neustadt a. d. Waldnaab	6,3	5,9	5,3	5,4	6,0	7,4	7,3	8,9	7,6	5,9	4,2
09375 Regensburg	6,5	5,7	4,8	4,7	5,0	5,4	5,3	5,7	4,9	3,7	2,7
09376 Schwandorf	6,7	6,2	5,1	5,1	6,0	6,8	6,6	7,8	7,0	5,9	4,3
09377 Tirschenreuth	7,8	7,6	6,7	7,1	7,7	9,2	8,7	10,9	9,1	7,1	5,2
09461 Bamberg, Stadt	10,4	9,3	8,4	8,2	9,6	10,6	10,4	12,0	11,2	9,1	7,0
09462 Bayreuth, Stadt	10,6	9,7	7,8	9,0	10,9	11,9	12,1	13,2	11,3	9,0	8,3
09463 Coburg, Stadt	11,5	10,7	9,7	9,5	11,8	13,6	13,8	16,6	14,7	11,0	9,2
09464 Hof, Stadt	13,7	12,6	11,9	13,0	14,5	16,0	15,4	16,9	15,0	12,2	10,6
09471 Bamberg	6,7	6,1	5,6	5,5	6,4	7,1	6,9	7,2	6,9	5,4	3,6
09472 Bayreuth	7,4	6,7	6,0	6,0	7,2	7,7	7,9	8,3	7,4	5,9	4,4
09473 Coburg	8,3	7,7	6,7	6,7	8,7	10,5	11,0	11,5	10,3	7,5	5,3
09474 Forchheim	7,7	7,0	6,1	5,6	6,5	6,6	6,6	7,3	6,7	5,7	3,8
09475 Hof	8,9	8,1	7,7	8,3	9,7	11,1	10,1	10,9	9,8	7,7	6,2
09476 Kronach	8,4	8,3	7,2	7,1	8,4	9,4	9,4	10,4	8,9	6,8	4,4
09477 Kulmbach	9,3	8,7	7,8	8,3	9,4	10,3	11,1	12,5	10,5	8,6	6,4
09478 Lichtenfels	7,8	7,3	6,0	6,8	8,6	9,5	9,7	11,4	10,1	8,3	5,8
09479 Wunsiedel i. Fichtelgebirge	10,7	10,5	9,5	10,0	11,9	13,0	11,6	12,7	11,0	9,2	6,7
09561 Ansbach, Stadt	7,8	7,5	6,5	6,1	7,5	8,0	8,9	9,8	8,5	7,2	5,4
09562 Erlangen, Stadt	8,9	8,2	6,7	6,3	6,7	7,5	7,6	8,1	7,4	6,1	4,2
09563 Fürth, Stadt	12,4	11,2	9,0	8,4	10,2	11,3	11,3	13,5	12,4	10,7	8,1
09564 Nürnberg, Stadt	12,8	11,9	10,3	9,8	11,0	12,8	13,2	15,2	12,8	11,2	9,0
09565 Schwabach, Stadt	6,8	6,2	4,7	4,4	5,9	8,1	8,6	9,0	8,3	7,6	5,3
09571 Ansbach	6,0	5,6	4,8	4,5	5,4	6,1	6,4	7,2	6,2	4,8	3,2
09572 Erlangen-Höchstadt	6,4	6,2	5,1	4,5	4,9	5,3	5,7	5,6	4,7	3,4	2,3
09573 Fürth	7,6	6,9	5,5	4,9	5,8	6,5	6,7	7,2	7,0	6,0	3,9
09574 Nürnberger Land	6,7	6,0	5,1	4,8	5,5	6,4	7,0	7,2	6,1	5,2	3,5
09575 Neustadt a. d. Aisch-Bad Windsh.	5,9	5,7	4,4	4,4	5,4	6,0	6,0	6,8	5,5	4,3	3,0

Anmerkung: Arbeitslosenquoten, die unter 5 Prozent liegen, sind markiert.

Zentrale Indikatoren des deutschen Arbeitsmarktes

Land/Kreis/kreisfreie Stadt	Jun 98	Jun 99	Jun 00	Jun 01	Jun 02	Jun 03	Jun 04	Jun 05	Jun 06	Jun 07	Jun 08
09576 Roth	6,2	5,8	4,5	4,7	5,6	6,6	6,8	7,2	6,0	4,7	3,1
09577 Weißenburg-Gunzenhausen	6,5	6,0	4,9	5,3	6,7	7,4	7,6	8,6	7,2	5,8	4,2
09661 Aschaffenburg, Stadt	10,1	9,9	8,0	7,2	8,9	9,7	10,2	12,6	10,7	8,5	6,6
09662 Schweinfurt, Stadt	15,4	14,6	12,3	11,7	12,0	12,1	11,6	14,6	11,4	9,3	8,6
09663 Würzburg, Stadt	9,6	8,7	7,0	6,9	7,7	8,7	9,1	10,9	9,4	7,7	6,2
09671 Aschaffenburg	6,6	6,3	5,3	4,9	5,8	6,4	6,3	7,4	5,9	4,7	3,3
09672 Bad Kissingen	9,0	8,4	7,3	6,8	7,9	8,5	8,7	9,6	8,4	6,4	4,6
09673 Rhön-Grabfeld	9,5	9,2	7,7	7,2	8,2	8,9	8,3	10,0	8,7	6,0	4,0
09674 Haßberge	7,5	6,9	6,5	5,8	6,5	7,3	7,6	7,8	7,7	5,2	3,9
09675 Kitzingen	6,4	5,5	4,6	4,8	5,0	6,0	5,9	7,0	6,0	4,9	3,5
09676 Miltenberg	8,0	7,3	6,1	5,9	6,7	7,9	7,7	8,5	7,5	5,9	4,2
09677 Main-Spessart	5,5	4,9	4,3	4,3	4,7	5,9	5,8	6,5	5,2	3,7	2,7
09678 Schweinfurt	7,8	7,3	6,2	5,7	6,3	6,0	5,5	6,1	5,8	4,3	3,3
09679 Würzburg	5,7	5,1	4,2	4,1	4,7	5,5	5,6	6,2	4,9	3,6	2,9
09761 Augsburg, Stadt	10,8	9,5	7,2	7,0	9,3	11,1	11,7	14,8	12,8	10,3	8,2
09762 Kaufbeuren, Stadt	9,4	8,8	6,4	6,5	8,0	9,7	9,9	11,2	10,3	7,7	6,1
09763 Kempten (Allgäu), Stadt	8,7	7,8	6,1	6,3	7,6	9,1	8,7	10,9	8,1	6,1	4,9
09764 Memmingen, Stadt	9,5	8,0	6,1	5,6	7,5	8,6	8,3	9,8	7,6	5,2	3,8
09771 Aichach-Friedberg	6,2	5,6	4,5	3,9	5,0	5,8	6,0	6,1	5,7	4,1	3,1
09772 Augsburg	6,9	6,2	4,5	4,2	5,1	6,2	6,6	6,5	5,5	4,6	3,4
09773 Dillingen a. d. Donau	5,6	4,6	3,9	3,5	4,0	5,0	5,4	6,5	5,8	4,2	2,9
09774 Günzburg	6,1	5,6	5,0	4,7	6,2	6,6	6,4	7,3	6,4	4,6	2,6
09775 Neu-Ulm	7,4	6,8	5,2	5,4	6,1	6,9	6,9	7,5	6,4	4,5	3,1
09776 Lindau (Bodensee)	5,2	4,7	3,8	3,4	4,0	4,7	4,5	5,5	4,6	4,0	3,0
09777 Ostallgäu	5,2	4,7	3,5	3,5	4,2	5,2	5,4	5,5	4,6	3,7	2,8
09778 Unterallgäu	5,4	4,4	3,4	3,4	4,7	5,4	5,2	5,4	4,6	3,1	2,1
09779 Donau-Ries	5,1	4,7	3,9	4,0	3,7	4,7	4,3	5,8	5,2	3,8	2,5
09780 Oberallgäu	6,1	5,5	4,2	4,3	5,0	6,0	5,8	6,5	5,4	4,2	3,1
10 Saarland	12,2	11,6	10,6	9,7	9,8	10,4	9,7	11,9	10,9	9,1	7,8
10041 Regionalverband Saarbrücken	15,3	14,6	13,5	12,6	12,7	13,5	12,2	15,6	14,2	12,4	11,5
10042 Merzig-Wadern	10,9	9,6	8,6	7,9	7,5	8,2	7,8	9,4	8,3	7,2	5,2
10043 Neunkirchen	12,0	11,3	10,1	9,6	10,6	10,6	10,5	12,2	11,2	9,5	7,5
10044 Saarlouis	11,8	11,3	10,4	9,2	8,4	8,8	8,2	10,3	9,6	7,5	6,6
10045 Saarpfalz-Kreis	9,8	9,4	8,3	7,6	8,1	8,7	8,6	10,1	8,9	7,1	5,6
10046 St. Wendel	7,9	7,6	7,0	6,1	6,8	7,1	7,1	8,0	7,4	5,7	4,6

Quelle: Statistik der Bundesagentur für Arbeit; Stand 28.08.2008.

Anmerkung: Arbeitslosenquoten, die unter 5 Prozent liegen, sind markiert.

Arbeitslosenquoten ostdeutscher Kreise 1998–2008 bezogen auf abhängig Beschäftigte – Stichtag 30.06.

Land/Kreis/kreisfreie Stadt	Jun 98	Jun 99	Jun 00	Jun 01	Jun 02	Jun 03	Jun 04	Jun 05	Jun 06	Jun 07	Jun 08
11 Berlin	17,5	17,4	17,1	17,4	18,7	20,3	19,9	22,0	19,9	18,0	15,9
11000 Berlin, Stadt	17,5	17,4	17,1	17,4	18,7	20,3	19,9	22,0	19,9	18,0	15,9
12 Brandenburg	17,8	18,1	17,6	18,3	18,6	20,2	20,2	19,6	18,3	16,1	14,0
12051 Brandenburg an der Havel, St.	20,5	22,4	22,2	21,6	23,0	24,0	22,4	22,6	21,3	19,3	16,2
12052 Cottbus, Stadt	18,5	18,6	18,2	18,7	18,9	21,3	21,1	19,6	20,8	18,7	16,2
12053 Frankfurt (Oder), Stadt	17,3	20,0	18,9	19,8	20,5	21,8	22,6	20,3	21,0	17,9	17,2
12054 Potsdam, Stadt	11,7	12,0	11,2	11,7	12,7	13,7	13,4	14,5	12,6	11,0	8,7
12060 Barnim	18,8	17,2	17,1	18,3	18,0	19,5	19,3	18,0	17,5	15,6	13,8
12061 Dahme-Spreewald	14,4	15,0	14,2	14,0	14,6	16,1	16,0	15,1	14,0	11,6	9,8
12062 Elbe-Elster	20,6	21,6	20,6	22,7	22,3	25,2	25,0	24,0	24,3	21,2	18,8
12063 Havelland	18,5	17,9	17,0	17,6	19,5	20,8	20,4	19,2	17,4	13,6	12,8
12064 Märkisch-Oderland	16,2	17,8	17,5	18,3	18,9	20,9	21,3	19,8	18,8	16,0	14,0
12065 Oberhavel	17,5	16,7	16,5	17,1	17,5	19,4	19,3	18,4	17,0	15,3	13,7
12066 Oberspreewald-Lausitz	23,3	24,0	23,3	24,0	24,2	25,9	26,6	25,8	23,8	21,5	19,1
12067 Oder-Spree	16,4	17,6	17,0	17,5	18,1	19,3	19,8	19,3	18,8	15,6	13,7
12068 Ostprignitz-Ruppin	18,9	18,8	18,8	20,5	21,0	23,0	22,2	22,8	20,5	21,2	16,7
12069 Potsdam-Mittelmark	13,0	13,5	12,8	13,1	13,3	14,0	13,9	13,6	12,4	9,9	8,6
12070 Prignitz	20,9	20,9	20,1	21,3	21,4	24,0	23,5	22,8	20,1	19,2	15,8
12071 Spree-Neiße	20,2	20,4	19,9	20,4	20,5	22,0	22,8	22,0	19,3	17,0	15,4
12072 Teltow-Fläming	15,0	15,6	15,3	15,5	14,9	16,5	16,6	16,5	14,8	13,1	11,5
12073 Uckermark	22,0	21,9	23,1	24,6	23,3	26,9	27,5	27,1	25,6	24,2	20,1
13 Mecklenburg-Vorpommern	19,2	18,2	17,9	18,7	19,0	21,2	21,2	21,7	19,9	17,4	14,8
13001 Greifswald, Hansestadt	17,3	18,0	18,4	19,3	18,9	21,7	22,8	23,2	20,5	18,5	15,8
13002 Neubrandenburg, Stadt	17,6	17,4	17,9	19,9	21,1	23,1	23,4	23,7	20,1	19,1	16,4
13003 Rostock, Hansestadt	19,5	17,6	16,0	16,5	18,0	20,2	20,1	22,3	19,5	17,0	15,1
13004 Schwerin, Landeshauptstadt	17,2	16,6	16,1	15,5	14,5	17,2	16,6	19,2	17,8	17,2	14,9
13005 Stralsund, Hansestadt	19,8	20,2	20,3	21,0	21,1	24,5	24,8	24,8	22,7	20,2	17,4
13006 Wismar, Hansestadt	24,0	22,3	21,0	19,8	18,4	20,8	19,1	20,5	19,0	18,9	16,7
13051 Bad Doberan	18,6	15,8	15,2	14,9	16,1	17,8	16,7	17,1	14,8	12,2	9,5
13052 Demmin	23,9	23,6	24,4	26,2	27,1	30,1	29,4	29,5	25,7	23,4	22,0
13053 Güstrow	20,7	20,4	19,4	21,6	22,6	24,7	25,6	24,5	22,9	20,4	16,2
13054 Ludwigslust	15,4	13,6	13,5	12,2	12,3	14,1	14,0	14,3	14,3	12,2	10,3
13055 Mecklenburg-Strelitz	21,2	19,5	20,2	22,4	23,9	24,8	25,5	26,7	23,4	20,6	16,4
13056 Müritz	21,2	19,5	18,5	21,2	21,4	23,8	22,2	22,4	20,2	16,8	13,2
13057 Nordvorpommern	19,4	18,8	19,9	21,9	20,8	24,2	24,7	24,0	23,6	18,2	15,5
13058 Nordwestmecklenburg	16,8	15,1	14,7	14,1	13,7	15,2	15,1	15,9	15,5	13,7	11,8
13059 Ostvorpommern	17,7	18,9	17,9	19,6	19,9	22,3	22,8	24,0	22,0	19,7	17,0
13060 Parchim	19,5	17,4	17,9	17,2	17,5	19,0	18,0	18,4	18,0	16,5	13,2
13061 Rügen	16,6	15,8	15,4	17,5	17,0	19,0	19,2	18,3	19,3	14,3	12,3
13062 Uecker-Randow	23,8	23,2	23,4	26,4	26,9	28,9	31,8	30,2	26,8	22,3	20,7
14 Sachsen	17,8	17,5	17,4	18,1	19,4	18,9	19,0	19,7	18,1	15,9	13,8
14161 Chemnitz, Stadt	19,4	17,6	17,5	17,7	18,8	19,0	18,7	19,0	17,9	15,5	14,3
14166 Plauen, Stadt	17,1	16,1	16,3	17,1	18,9	19,1	17,5	18,4	18,1	15,2	14,5

Anmerkung: Arbeitslosenquoten, die über 25 Prozent liegen, sind markiert.

Zentrale Indikatoren des deutschen Arbeitsmarktes

Land/Kreis/kreisfreie Stadt	Jun 98	Jun 99	Jun 00	Jun 01	Jun 02	Jun 03	Jun 04	Jun 05	Jun 06	Jun 07	Jun 08
14167 Zwickau, Stadt	19,1	19,6	19,4	20,2	20,4	20,1	19,9	21,5	19,7	18,1	13,6
14171 Annaberg	15,4	15,7	14,8	16,8	18,6	18,8	19,3	18,4	18,6	15,2	13,9
14173 Chemnitzer Land	17,6	17,5	17,3	17,3	19,2	18,2	18,1	18,9	18,0	15,9	12,7
14177 Freiberg	17,2	16,8	15,9	17,0	18,1	16,8	17,4	17,8	16,7	13,4	10,5
14178 Vogtlandkreis	14,2	13,7	12,8	14,1	16,3	16,5	15,9	17,6	16,1	13,1	11,8
14181 Mittlerer Erzgebirgskreis	17,2	16,8	15,8	17,3	19,9	20,0	19,3	19,7	18,7	15,3	14,0
14182 Mittweida	18,9	17,6	18,1	17,7	19,3	19,1	18,5	19,7	17,0	14,8	11,7
14188 Stollberg	17,3	17,1	17,0	16,7	18,2	18,3	17,3	17,8	15,8	13,8	11,3
14191 Aue-Schwarzenberg	18,9	17,7	18,0	18,6	20,4	21,7	20,8	20,8	21,0	17,4	15,3
14193 Zwickauer Land	18,4	18,8	18,1	18,7	19,2	19,0	18,9	19,2	18,3	16,0	12,6
14262 Dresden, Stadt	15,5	15,4	15,0	15,5	16,0	15,4	15,4	16,3	16,4	13,7	12,5
14263 Görlitz, Stadt	23,0	23,8	23,4	24,9	25,5	26,4	26,8	26,3	23,9	24,6	22,4
14264 Hoyerswerda, Stadt	25,6	27,4	24,9	25,8	27,0	26,7	26,9	23,8	25,2	21,6	17,9
14272 Bautzen	21,0	20,8	19,1	20,1	21,5	20,9	21,1	20,9	20,4	16,4	14,5
14280 Meißen	16,5	16,0	15,6	16,7	17,1	16,0	16,6	17,4	15,0	12,2	10,4
14284 Niederschles. Oberlausitzkreis	20,2	19,2	20,5	22,5	23,6	23,3	23,5	21,3	21,0	19,4	16,4
14285 Riesa-Großenhain	21,3	19,0	18,9	19,6	21,5	20,0	21,3	20,9	19,5	16,8	14,8
14286 Löbau-Zittau	21,0	20,6	20,8	23,0	24,0	24,2	24,8	24,5	19,1	20,1	17,4
14287 Sächsische Schweiz	16,1	16,8	16,2	17,6	18,9	17,4	17,4	17,9	18,4	14,6	13,0
14290 Weißeritzkreis	14,7	14,6	14,3	16,2	17,4	15,6	15,5	16,1	14,6	13,0	11,0
14292 Kamenz	15,1	15,0	16,7	17,7	19,2	18,1	17,9	17,3	14,3	12,8	10,7
14365 Leipzig, Stadt	16,9	17,8	18,1	18,7	20,9	20,6	20,6	23,7	20,1	18,9	17,1
14374 Delitzsch	18,9	18,1	18,4	19,0	18,8	18,8	19,9	20,8	19,1	15,8	14,3
14375 Döbeln	21,3	20,4	19,8	21,0	20,8	20,1	20,7	22,6	16,6	19,6	16,1
14379 Leipziger Land	16,9	18,8	19,6	19,4	21,6	20,4	21,3	22,6	19,4	16,4	14,0
14383 Muldentalkreis	17,7	16,3	17,4	17,3	17,3	17,6	18,7	19,2	18,0	15,3	12,8
14389 Torgau-Oschatz	19,6	17,9	18,3	18,6	19,9	19,0	19,6	19,5	19,0	16,8	15,2
15 Sachsen-Anhalt	20,6	21,0	20,6	20,4	21,1	21,6	21,3	21,6	19,6	16,9	15,1
15101 Dessau, Stadt	22,3	23,9	21,2	21,6	19,7	19,6	20,6	20,2	19,1	16,8	
15151 Anhalt-Zerbst	19,0	20,5	20,3	20,5	19,7	18,0	18,4	20,1	17,6	14,8	
15153 Bernburg	22,9	24,7	23,4	23,2	22,5	24,3	20,5	22,7	19,5	15,8	
15154 Bitterfeld	24,8	23,2	23,8	21,3	23,2	23,4	23,6	23,6	18,5	18,1	
15159 Köthen	22,1	25,2	22,7	24,2	25,1	25,7	25,0	23,5	22,6	20,0	
15171 Wittenberg	20,6	20,9	20,2	21,0	20,3	21,3	20,9	20,6	19,7	15,7	
15202 Halle (Saale), Stadt	19,5	20,7	21,0	20,7	22,3	21,9	21,1	23,4	17,7	17,9	
15256 Burgenlandkreis	24,0	22,8	22,3	22,5	24,0	23,5	24,4	24,8	23,0	20,4	Gebietsreform
15260 Mansfelder Land	22,7	23,8	23,9	23,0	26,1	25,9	26,8	27,1	26,0	22,1	
15261 Merseburg-Querfurt	21,2	20,8	21,7	22,3	23,7	23,2	23,9	23,0	19,6	17,7	
15265 Saalkreis	16,9	16,7	17,3	17,1	18,5	17,7	16,4	16,5	12,9	11,7	
15266 Sangerhausen	23,3	23,6	21,7	21,2	23,6	24,5	25,7	25,8	24,1	20,7	
15268 Weißenfels	22,7	21,5	21,6	21,9	22,3	22,8	23,6	23,6	21,8	20,3	
15303 Magdeburg, Landeshauptstadt	20,0	20,1	19,5	19,1	19,7	21,1	20,6	21,9	21,5	16,3	
15352 Aschersleben-Staßfurt	24,4	23,7	24,5	23,8	24,7	26,4	26,8	25,6	23,9	21,7	

Anmerkung: Arbeitslosenquoten, die über 25 Prozent liegen, sind markiert.

Kapitel I

Arbeitslosenquoten ostdeutscher Kreise 1998–2008 bezogen auf abhängig Beschäftigte – Stichtag 30.06. (Fortsetzung)

Land/Kreis/kreisfreie Stadt	Jun 98	Jun 99	Jun 00	Jun 01	Jun 02	Jun 03	Jun 04	Jun 05	Jun 06	Jun 07	Jun 08
15355 Bördekreis	17,9	19,1	17,5	16,9	18,3	18,7	18,5	17,7	17,8	13,5	Gebietsreform
15357 Halberstadt	20,2	21,1	20,3	20,8	20,5	20,9	20,6	21,9	20,6	17,6	
15358 Jerichower Land	17,8	20,6	19,0	19,1	18,2	19,5	18,3	17,4	17,7	13,3	
15362 Ohrekreis	14,7	14,5	14,2	14,1	14,8	14,3	13,8	14,6	13,5	10,2	
15363 Stendal	21,5	21,6	21,2	22,2	23,1	24,3	24,2	23,7	22,3	20,3	
15364 Quedlinburg	22,5	23,5	22,9	23,7	22,1	23,8	22,8	23,7	23,2	19,0	
15367 Schönebeck	22,3	23,6	22,2	19,8	22,5	24,5	22,3	22,6	18,1	15,7	
15369 Wernigerode	18,5	18,1	17,0	16,6	15,6	16,1	15,7	15,2	13,2	10,6	
15370 Altmarkkreis Salzwedel	15,6	15,7	16,1	15,7	17,3	18,0	17,7	18,4	17,4	16,0	
16 Thüringen	17,0	15,4	15,4	15,9	17,1	17,7	17,6	18,1	16,5	13,8	11,8
16051 Erfurt, Stadt	18,1	17,1	16,7	16,8	18,6	19,6	19,5	21,1	17,6	15,6	14,3
16052 Gera, Stadt	20,1	17,4	17,9	19,0	18,9	20,2	20,4	21,4	20,1	16,9	16,3
16053 Jena, Stadt	16,7	13,9	13,3	12,1	13,2	14,3	13,6	15,0	11,1	11,6	9,1
16054 Suhl, Stadt	17,0	15,3	15,9	15,5	16,2	16,2	16,0	15,2	16,2	12,6	11,4
16055 Weimar, Stadt	17,0	15,3	16,5	17,7	17,7	19,1	19,6	20,4	18,7	16,1	13,7
16056 Eisenach, Stadt	15,5	16,1	15,3	14,1	15,3	14,1	14,7	16,4	15,8	12,9	11,1
16061 Eichsfeld	15,6	13,8	13,2	14,6	15,2	15,7	16,0	15,9	13,4	11,1	9,3
16062 Nordhausen	19,3	18,5	17,9	19,9	20,4	21,2	21,5	20,3	20,8	16,8	14,6
16063 Wartburgkreis	13,6	13,5	12,8	12,0	13,3	12,6	13,2	13,5	13,2	10,2	8,2
16064 Unstrut-Hainich-Kreis	16,6	15,1	15,5	16,3	18,3	18,2	18,2	18,6	18,3	15,1	13,2
16065 Kyffhäuserkreis	20,7	19,3	20,9	23,1	24,3	24,7	25,4	27,2	24,9	21,4	17,6
16066 Schmalkalden-Meiningen	15,0	13,1	13,0	13,4	14,3	14,8	14,4	14,1	13,3	11,1	8,8
16067 Gotha	16,3	14,4	14,0	14,2	15,4	15,9	15,4	16,4	15,2	12,4	9,6
16068 Sömmerda	18,2	17,7	17,0	17,6	20,3	21,3	20,7	21,6	18,5	17,1	16,2
16069 Hildburghausen	12,0	10,5	11,5	11,1	12,8	13,3	14,3	14,4	13,0	9,4	7,5
16070 Ilm-Kreis	18,9	17,9	17,4	18,7	20,2	20,7	20,5	20,2	19,1	15,3	13,1
16071 Weimarer Land	17,3	14,3	14,1	14,8	17,3	18,7	18,3	18,0	16,3	13,3	10,5
16072 Sonneberg	11,0	10,6	9,8	9,2	11,3	11,8	12,2	13,8	12,2	9,3	8,3
16073 Saalfeld-Rudolstadt	17,1	14,9	16,1	16,6	17,3	18,4	17,7	19,6	16,7	13,6	11,9
16074 Saale-Holzland-Kreis	14,8	14,4	13,6	13,5	15,1	15,8	15,2	15,5	14,0	11,6	9,3
16075 Saale-Orla-Kreis	15,5	13,1	13,3	15,5	16,0	16,5	15,4	16,0	14,2	10,9	10,0
16076 Greiz	18,9	15,4	16,2	16,2	17,4	18,2	18,3	18,6	16,5	13,7	11,6
16077 Altenburger Land	22,2	19,6	20,4	21,5	23,4	23,2	22,6	22,2	21,4	19,0	17,2

Aufgrund von Revisionen und Neuberechnungen kommt es vor allem in Brandenburg zu geringen Differenzen im Vergleich mit Ausgabe 2005!
Für Sachsen-Anhalt können aufgrund der Gebietsreform für 2008 noch keine Werte ausgewiesen werden.
Quelle: Statistik der Bundesagentur für Arbeit; Stand 28.08.2008.

Anmerkung: Arbeitslosenquoten, die über 25 Prozent liegen, sind markiert.

Zentrale Indikatoren des deutschen Arbeitsmarktes

Arbeitslosenquoten in Deutschland nach Kreisen im Juni 2007

Maximum West: 20,0 %
04012 Bremerhaven, Stadt

Maximum Ost: 24,6 %
14263 Görlitz, Stadt

Minimum Ost: 9,3 %
16072 Sonneberg

Minimum West: 2,0 %
09176 Eichstätt

Arbeitslose in %
- >1,9 (71)
- >5,1 (98)
- >7,5 (146)
- >12,5 (41)
- >14,9 (83)

Datenquelle: Statistik der Bundesagentur für Arbeit; Stand 09.04.2008.

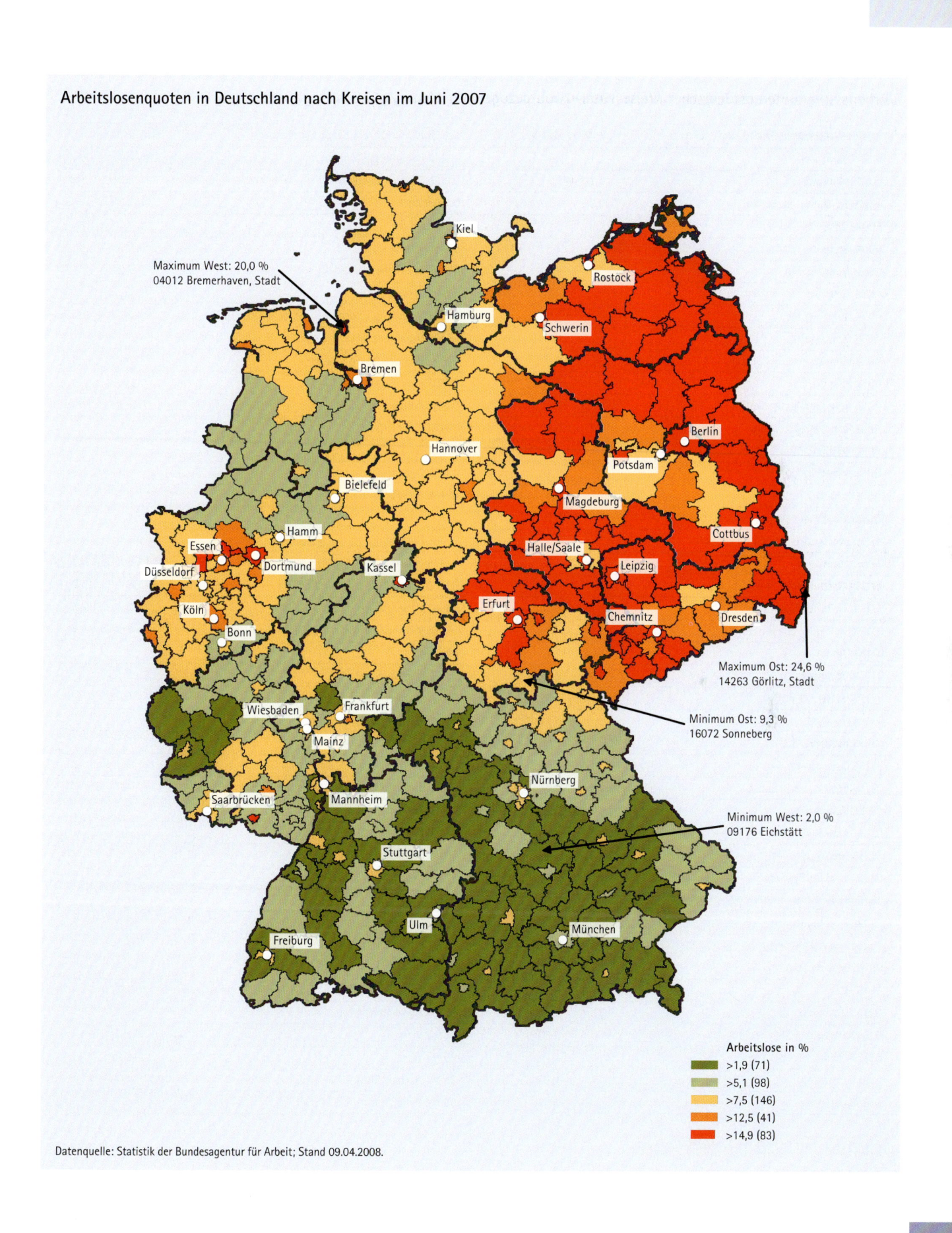

Teil III 443

Entwicklung der Beschäftigung in Westdeutschland nach Kreisen 1998–2007 – Vollzeitäquivalente in %

Land/Kreis/kreisfreie Stadt (Arbeitsort)	Entwicklung	Land/Kreis/kreisfreie Stadt (Arbeitsort)	Entwicklung
01 Schleswig-Holstein	− 2,2	03357 Rotenburg (Wümme)	− 0,4
01001 Flensburg, Stadt	− 2,5	03358 Soltau-Fallingbostel	0,2
01002 Kiel, Landeshauptstadt	− 2,3	03359 Stade	2,6
01003 Lübeck, Hansestadt	− 3,6	03360 Uelzen	− 8,2
01004 Neumünster, Stadt	− 5,9	03361 Verden	0,6
01051 Dithmarschen	− 6,3	03401 Delmenhorst, Stadt	− 7,2
01053 Herzogtum Lauenburg	− 2,3	03402 Emden, Stadt	− 0,6
01054 Nordfriesland	− 1,3	03403 Oldenburg (Oldenburg), Stadt	2,3
01055 Ostholstein	− 6,7	03404 Osnabrück, Stadt	− 1,9
01056 Pinneberg	0,2	03405 Wilhelmshaven, Stadt	− 5,2
01057 Plön	− 5,7	03451 Ammerland	3,9
01058 Rendsburg-Eckernförde	− 2,1	03452 Aurich	1,9
01059 Schleswig-Flensburg	0,2	03453 Cloppenburg	14,7
01060 Segeberg	− 1,7	03454 Emsland	9,7
01061 Steinburg	− 7,4	03455 Friesland	− 6,1
01062 Stormarn	5,8	03456 Grafschaft Bentheim	0,7
02 Hamburg	3,8	03457 Leer	3,6
02000 Hamburg, Freie und Hansestadt	3,8	03458 Oldenburg	5,5
03 Niedersachsen	− 1,4	03459 Osnabrück	2,7
03101 Braunschweig, Stadt	− 2,2	03460 Vechta	16,4
03102 Salzgitter, Stadt	− 9,2	03461 Wesermarsch	− 3,8
03103 Wolfsburg, Stadt	17,7	03462 Wittmund	− 5,5
03151 Gifhorn	− 1,2	04 Bremen	− 2,1
03152 Göttingen	− 4,2	04011 Bremen, Stadt	− 2,3
03153 Goslar	− 14,6	04012 Bremerhaven, Stadt	− 0,5
03154 Helmstedt	− 14,6	05 Nordrhein-Westfalen	− 3,5
03155 Northeim	− 9,8	05111 Düsseldorf, Stadt	− 0,1
03156 Osterode am Harz	− 10,2	05112 Duisburg, Stadt	− 4,3
03157 Peine	− 2,5	05113 Essen, Stadt	− 4,7
03158 Wolfenbüttel	− 8,5	05114 Krefeld, Stadt	− 7,2
03241 Region Hannover	− 3,4	05116 Mönchengladbach, Stadt	− 4,3
03251 Diepholz	4,2	05117 Mülheim an der Ruhr, Stadt	− 11,0
03252 Hameln-Pyrmont	− 9,6	05119 Oberhausen, Stadt	− 6,6
03254 Hildesheim	− 7,8	05120 Remscheid, Stadt	− 15,1
03255 Holzminden	− 18,1	05122 Solingen, Stadt	− 7,5
03256 Nienburg (Weser)	− 4,6	05124 Wuppertal, Stadt	− 15,4
03257 Schaumburg	− 9,5	05154 Kleve	− 0,9
03351 Celle	− 3,3	05158 Mettmann	− 2,5
03352 Cuxhaven	− 7,8	05162 Rhein-Kreis Neuss	− 1,7
03353 Harburg	4,1	05166 Viersen	− 6,8
03354 Lüchow-Dannenberg	− 13,7	05170 Wesel	− 5,6
03355 Lüneburg	− 0,6	05313 Aachen, Stadt	− 0,7
03356 Osterholz	− 0,2	05314 Bonn, Stadt	− 1,1

Anmerkung: Werte im positiven Bereich sind markiert.

Land/Kreis/kreisfreie Stadt (Arbeitsort)	Entwicklung	Land/Kreis/kreisfreie Stadt (Arbeitsort)	Entwicklung
05315 Köln, Stadt	0,5	06432 Darmstadt-Dieburg	0,5
05316 Leverkusen, Stadt	−14,9	06433 Groß-Gerau	−6,6
05354 Aachen	−3,3	06434 Hochtaunuskreis	11,7
05358 Düren	−5,3	06435 Main-Kinzig-Kreis	−0,5
05362 Rhein-Erft-Kreis	1,7	06436 Main-Taunus-Kreis	−0,5
05366 Euskirchen	−2,4	06437 Odenwaldkreis	−8,8
05370 Heinsberg	2,0	06438 Offenbach	−3,5
05374 Oberbergischer Kreis	2,3	06439 Rheingau-Taunus-Kreis	−11,6
05378 Rheinisch-Bergischer Kreis	−1,6	06440 Wetteraukreis	2,1
05382 Rhein-Sieg-Kreis	0,6	06531 Gießen	−3,6
05512 Bottrop, Stadt	−3,3	06532 Lahn-Dill-Kreis	−0,8
05513 Gelsenkirchen, Stadt	−13,1	06533 Limburg-Weilburg	−1,3
05515 Münster, Stadt	9,0	06534 Marburg-Biedenkopf	2,6
05554 Borken	1,6	06535 Vogelsbergkreis	−12,4
05558 Coesfeld	2,4	06611 Kassel, Stadt	−1,3
05562 Recklinghausen	−15,8	06631 Fulda	6,6
05566 Steinfurt	3,9	06632 Hersfeld-Rotenburg	−1,6
05570 Warendorf	−5,7	06633 Kassel	−1,3
05711 Bielefeld, Stadt	−3,5	06634 Schwalm-Eder-Kreis	−4,1
05754 Gütersloh	3,2	06635 Waldeck-Frankenberg	−3,6
05758 Herford	−5,8	06636 Werra-Meißner-Kreis	−20,3
05762 Höxter	−8,6	07 Rheinland-Pfalz	−0,7
05766 Lippe	−10,2	07111 Koblenz, Stadt	2,6
05770 Minden-Lübbecke	−3,5	07131 Ahrweiler	−5,8
05774 Paderborn	4,7	07132 Altenkirchen (Westerwald)	−4,5
05911 Bochum, Stadt	−8,7	07133 Bad Kreuznach	2,6
05913 Dortmund, Stadt	−5,7	07134 Birkenfeld	−6,8
05914 Hagen, Stadt	−9,4	07135 Cochem-Zell	−2,1
05915 Hamm, Stadt	−3,5	07137 Mayen-Koblenz	1,4
05916 Herne, Stadt	9,2	07138 Neuwied	−1,8
05954 Ennepe-Ruhr-Kreis	−7,9	07140 Rhein-Hunsrück-Kreis	3,5
05958 Hochsauerlandkreis	−6,1	07141 Rhein-Lahn-Kreis	−3,4
05962 Märkischer Kreis	−7,7	07143 Westerwaldkreis	0,6
05966 Olpe	5,8	07211 Trier, Stadt	0,7
05970 Siegen-Wittgenstein	−2,5	07231 Bernkastel-Wittlich	2,9
05974 Soest	−3,1	07232 Bitburg-Prüm	2,7
05978 Unna	−1,0	07233 Daun	−0,6
06 Hessen	−0,4	07235 Trier-Saarburg	2,4
06411 Darmstadt, Stadt	−0,3	07311 Frankenthal (Pfalz), Stadt	−1,6
06412 Frankfurt am Main, Stadt	2,4	07312 Kaiserslautern, Stadt	−5,1
06413 Offenbach am Main, Stadt	−0,6	07313 Landau in der Pfalz, Stadt	7,8
06414 Wiesbaden, Landeshauptstadt	2,0	07314 Ludwigshafen am Rhein, Stadt	−11,1
06431 Bergstraße	0,5	07315 Mainz, Stadt	−2,0

Anmerkung: Werte im positiven Bereich sind markiert.

Entwicklung der Beschäftigung in Westdeutschland nach Kreisen 1998–2007 – Vollzeitäquivalente in % (Fortsetzung)

Land/Kreis/kreisfreie Stadt (Arbeitsort)	Entwicklung	Land/Kreis/kreisfreie Stadt (Arbeitsort)	Entwicklung
07316 Neustadt an der Weinstraße, Stadt	–4,7	08316 Emmendingen	1,3
07317 Pirmasens, Stadt	–11,5	08317 Ortenaukreis	3,3
07318 Speyer, Stadt	0,0	08325 Rottweil	4,4
07319 Worms, Stadt	3,2	08326 Schwarzwald-Baar-Kreis	1,3
07320 Zweibrücken, Stadt	1,0	08327 Tuttlingen	11,3
07331 Alzey-Worms	23,4	08335 Konstanz	2,1
07332 Bad Dürkheim	1,3	08336 Lörrach	1,7
07333 Donnersbergkreis	0,1	08337 Waldshut	1,9
07334 Germersheim	9,5	08415 Reutlingen	–0,1
07335 Kaiserslautern	11,3	08416 Tübingen	5,4
07336 Kusel	–15,3	08417 Zollernalbkreis	–6,7
07337 Südliche Weinstraße	1,0	08421 Ulm, Universitätsstadt	5,9
07338 Rhein-Pfalz-Kreis	3,7	08425 Alb-Donau-Kreis	–0,2
07339 Mainz-Bingen	5,2	08426 Biberach	14,6
07340 Südwestpfalz	–17,9	08435 Bodenseekreis	7,7
08 Baden-Württemberg	2,1	08436 Ravensburg	2,2
08111 Stuttgart, Landeshauptstadt	–1,3	08437 Sigmaringen	–2,6
08115 Böblingen	4,8	09 Bayern	3,6
08116 Esslingen	0,8	09161 Ingolstadt, Stadt	20,6
08117 Göppingen	–4,8	09162 München, Landeshauptstadt	4,6
08118 Ludwigsburg	0,9	09163 Rosenheim, Stadt	5,4
08119 Rems-Murr-Kreis	–2,4	09171 Altötting	–1,2
08121 Heilbronn, Stadt	–3,7	09172 Berchtesgadener Land	–3,6
08125 Heilbronn	14,7	09173 Bad Tölz-Wolfratshausen	0,9
08126 Hohenlohekreis	9,1	09174 Dachau	12,7
08127 Schwäbisch Hall	7,5	09175 Ebersberg	20,6
08128 Main-Tauber-Kreis	1,8	09176 Eichstätt	17,0
08135 Heidenheim	–7,0	09177 Erding	12,3
08136 Ostalbkreis	0,9	09178 Freising	25,3
08211 Baden-Baden, Stadt	7,8	09179 Fürstenfeldbruck	1,8
08212 Karlsruhe, Stadt	5,6	09180 Garmisch-Partenkirchen	–9,7
08215 Karlsruhe	8,5	09181 Landsberg am Lech	11,4
08216 Rastatt	4,6	09182 Miesbach	7,5
08221 Heidelberg, Stadt	3,3	09183 Mühldorf a. Inn	1,1
08222 Mannheim, Universitätsstadt	–3,7	09184 München	16,3
08225 Neckar-Odenwald-Kreis	–2,7	09185 Neuburg-Schrobenhausen	2,3
08226 Rhein-Neckar-Kreis	5,1	09186 Pfaffenhofen a. d. Ilm	11,9
08231 Pforzheim, Stadt	–8,0	09187 Rosenheim	7,1
08235 Calw	–3,2	09188 Starnberg	11,1
08236 Enzkreis	4,4	09189 Traunstein	2,6
08237 Freudenstadt	3,4	09190 Weilheim-Schongau	9,0
08311 Freiburg im Breisgau, Stadt	4,1	09261 Landshut, Stadt	8,9
08315 Breisgau-Hochschwarzwald	0,9	09262 Passau, Stadt	5,2

Anmerkung: Werte im positiven Bereich sind markiert.

Zentrale Indikatoren des deutschen Arbeitsmarktes

Land/Kreis/kreisfreie Stadt (Arbeitsort)	Entwicklung
09263 Straubing, Stadt	17,9
09271 Deggendorf	1,3
09272 Freyung-Grafenau	−12,7
09273 Kelheim	0,3
09274 Landshut	9,1
09275 Passau	−0,2
09276 Regen	−6,2
09277 Rottal-Inn	−2,7
09278 Straubing-Bogen	3,1
09279 Dingolfing-Landau	7,4
09361 Amberg, Stadt	−5,2
09362 Regensburg, Stadt	13,3
09363 Weiden i. d. OPf., Stadt	−2,4
09371 Amberg-Sulzbach	−0,6
09372 Cham	8,1
09373 Neumarkt i. d. OPf.	3,0
09374 Neustadt a. d. Waldnaab	−1,9
09375 Regensburg	15,7
09376 Schwandorf	6,9
09377 Tirschenreuth	−12,8
09461 Bamberg, Stadt	0,7
09462 Bayreuth, Stadt	−2,2
09463 Coburg, Stadt	8,6
09464 Hof, Stadt	−8,5
09471 Bamberg	3,7
09472 Bayreuth	−9,6
09473 Coburg	−18,5
09474 Forchheim	3,5
09475 Hof	−15,0
09476 Kronach	−11,7
09477 Kulmbach	−7,4
09478 Lichtenfels	−13,8
09479 Wunsiedel i. Fichtelgebirge	−15,4
09561 Ansbach, Stadt	12,4
09562 Erlangen, Stadt	7,7
09563 Fürth, Stadt	−8,8
09564 Nürnberg, Stadt	1,0
09565 Schwabach, Stadt	−4,9
09571 Ansbach	0,9
09572 Erlangen-Höchstadt	20,3
09573 Fürth	−5,9
09574 Nürnberger Land	−0,6
09575 Neustadt a. d. Aisch-Bad Windsheim	4,1

Land/Kreis/kreisfreie Stadt (Arbeitsort)	Entwicklung
09576 Roth	1,1
09577 Weißenburg-Gunzenhausen	−5,8
09661 Aschaffenburg, Stadt	5,2
09662 Schweinfurt, Stadt	10,6
09663 Würzburg, Stadt	−4,1
09671 Aschaffenburg	1,0
09672 Bad Kissingen	−8,9
09673 Rhön-Grabfeld	−4,0
09674 Haßberge	−2,4
09675 Kitzingen	−0,0
09676 Miltenberg	−5,6
09677 Main-Spessart	3,1
09678 Schweinfurt	3,6
09679 Würzburg	13,9
09761 Augsburg, Stadt	−0,1
09762 Kaufbeuren, Stadt	−5,0
09763 Kempten (Allgäu), Stadt	5,4
09764 Memmingen, Stadt	11,1
09771 Aichach-Friedberg	4,1
09772 Augsburg	8,0
09773 Dillingen a. d. Donau	−4,2
09774 Günzburg	7,3
09775 Neu-Ulm	2,3
09776 Lindau (Bodensee)	2,7
09777 Ostallgäu	4,3
09778 Unterallgäu	4,4
09779 Donau-Ries	9,5
09780 Oberallgäu	0,3
10 Saarland	−1,4
10041 Stadtverband Saarbrücken	−8,1
10042 Merzig-Wadern	−0,3
10043 Neunkirchen	−1,8
10044 Saarlouis	7,1
10045 Saarpfalz-Kreis	4,7
10046 St. Wendel	2,7

Quelle: Statistik der Bundesagentur für Arbeit, Beschäftigungsstatistik (Gebietsstandsbereinigung IAB) aus: IAB pallas online; Stand: 08.04.2008; eigene Berechnung.

Anmerkung: Werte im positiven Bereich sind markiert.

Entwicklung der Beschäftigung in Ostdeutschland nach Kreisen 1998–2007 – Vollzeitäquivalente in %

Land/Kreis/kreisfreie Stadt (Arbeitsort)	Entwicklung	Land/Kreis/kreisfreie Stadt (Arbeitsort)	Entwicklung
11 Berlin	-9,9	14171 Annaberg	-16,4
12 Brandenburg	-16,4	14173 Chemnitzer Land	-8,0
12051 Brandenburg an der Havel, Stadt	-11,7	14177 Freiberg	-8,9
12052 Cottbus, Stadt	-23,6	14178 Vogtlandkreis	-18,3
12053 Frankfurt (Oder), Stadt	-22,1	14181 Mittlerer Erzgebirgskreis	-17,8
12054 Potsdam, Stadt	-5,1	14182 Mittweida	-13,4
12060 Barnim	-13,8	14188 Stollberg	-10,7
12061 Dahme-Spreewald	-7,1	14191 Aue-Schwarzenberg	-18,4
12062 Elbe-Elster	-27,7	14193 Zwickauer Land	-23,3
12063 Havelland	-13,5	14262 Dresden, Stadt	-2,8
12064 Märkisch-Oderland	-25,1	14263 Görlitz, Stadt	-27,1
12065 Oberhavel	-11,0	14264 Hoyerswerda, Stadt	-43,6
12066 Oberspreewald-Lausitz	-26,7	14272 Bautzen	-13,9
12067 Oder-Spree	-16,0	14280 Meißen	-14,4
12068 Ostprignitz-Ruppin	-18,3	14284 Niederschlesischer Oberlausitzkreis	-35,1
12069 Potsdam-Mittelmark	-15,3	14285 Riesa-Großenhain	-20,1
12070 Prignitz	-15,9	14286 Löbau-Zittau	-25,5
12071 Spree-Neiße	-24,7	14287 Sächsische Schweiz	-25,3
12072 Teltow-Fläming	2,7	14290 Weißeritzkreis	-15,6
12073 Uckermark	-27,3	14292 Kamenz	-14,4
13 Mecklenburg-Vorpommern	-18,0	14365 Leipzig, Stadt	-7,9
13001 Greifswald, Hansestadt	-11,0	14374 Delitzsch	-21,6
13002 Neubrandenburg, Stadt	-18,4	14375 Döbeln	-14,8
13003 Rostock, Hansestadt	-14,9	14379 Leipziger Land	-26,9
13004 Schwerin, Landeshauptstadt	-17,0	14383 Muldentalkreis	-17,5
13005 Stralsund, Hansestadt	-12,4	14389 Torgau-Oschatz	-19,5
13006 Wismar, Hansestadt	-1,4	15 Sachsen-Anhalt	-19,3
13051 Bad Doberan	-8,7	15101 Dessau, Stadt	-10,2
13052 Demmin	-30,7	15151 Anhalt-Zerbst	-22,8
13053 Güstrow	-24,6	15153 Bernburg	-19,8
13054 Ludwigslust	-12,0	15154 Bitterfeld	-16,7
13055 Mecklenburg-Strelitz	-33,2	15159 Köthen	-24,8
13056 Müritz	-11,3	15171 Wittenberg	-23,0
13057 Nordvorpommern	-28,2	15202 Halle (Saale), Stadt	-24,2
13058 Nordwestmecklenburg	-10,6	15256 Burgenlandkreis	-25,9
13059 Ostvorpommern	-20,9	15260 Mansfelder Land	-26,8
13060 Parchim	-19,9	15261 Merseburg-Querfurt	-20,2
13061 Rügen	-13,2	15265 Saalkreis	-6,0
13062 Uecker-Randow	-35,0	15266 Sangerhausen	-20,9
14 Sachsen	-14,9	15268 Weißenfels	-15,6
14161 Chemnitz, Stadt	-16,8	15303 Magdeburg, Landeshauptstadt	-17,6
14166 Plauen, Stadt	-17,3	15352 Aschersleben-Staßfurt	-22,3
14167 Zwickau, Stadt	-19,7	15355 Bördekreis	-13,4

Anmerkung: Werte im positiven Bereich sind markiert.

Land/Kreis/kreisfreie Stadt (Arbeitsort)	Entwicklung
15357 Halberstadt	– 21,0
15358 Jerichower Land	– 19,0
15362 Ohrekreis	– 9,0
15363 Stendal	– 21,7
15364 Quedlinburg	– 26,0
15367 Schönebeck	– 23,5
15369 Wernigerode	– 6,9
15370 Altmarkkreis Salzwedel	– 16,1
16 Thüringen	– 14,4
16051 Erfurt, Stadt	– 12,8
16052 Gera, Stadt	– 16,0
16053 Jena, Stadt	– 1,9
16054 Suhl, Stadt	– 19,5
16055 Weimar, Stadt	– 13,4
16056 Eisenach, Stadt	– 10,3
16061 Eichsfeld	– 10,5
16062 Nordhausen	– 18,7
16063 Wartburgkreis	– 5,2
16064 Unstrut-Hainich-Kreis	– 20,1
16065 Kyffhäuserkreis	– 27,9
16066 Schmalkalden-Meiningen	– 15,1
16067 Gotha	– 9,3
16068 Sömmerda	– 14,2
16069 Hildburghausen	– 11,7
16070 Ilm-Kreis	– 11,8
16071 Weimarer Land	– 15,1
16072 Sonneberg	– 6,4
16073 Saalfeld-Rudolstadt	– 19,5
16074 Saale-Holzland-Kreis	– 12,8
16075 Saale-Orla-Kreis	– 15,9
16076 Greiz	– 28,3
16077 Altenburger Land	– 20,7

Quelle: Statistik der Bundesagentur für Arbeit, Beschäftigungsstatistik (Gebietsstandsbereinigung IAB) aus: IAB pallas online; Stand: 08.04.2008; eigene Berechnung.

Anmerkung: Werte im positiven Bereich sind markiert.

Kapitel I

Entwicklung der Beschäftigung in Deutschland nach Kreisen 1998–2007

Minimum West: −20,3 %
06636 Werra-Meißner-Kreis

Maximum Ost: 2,7 %
12072 Teltow-Fläming

Minimum Ost: −43,6 %
14264 Hoyerswerda

Maximum West: 25,3 %
09178 Freising

Vollzeitäquivalente in %
- >6,0 (52)
- >−3,0 (168)
- >−9,9 (96)
- >−14,9 (42)
- >−43,7 (81)

Datenquelle: Statistik der Bundesagentur für Arbeit (Gebietstandsbereinigung IAB);
aus IAB pallas online; Stand 08.04.2008; eigene Berechnungen.

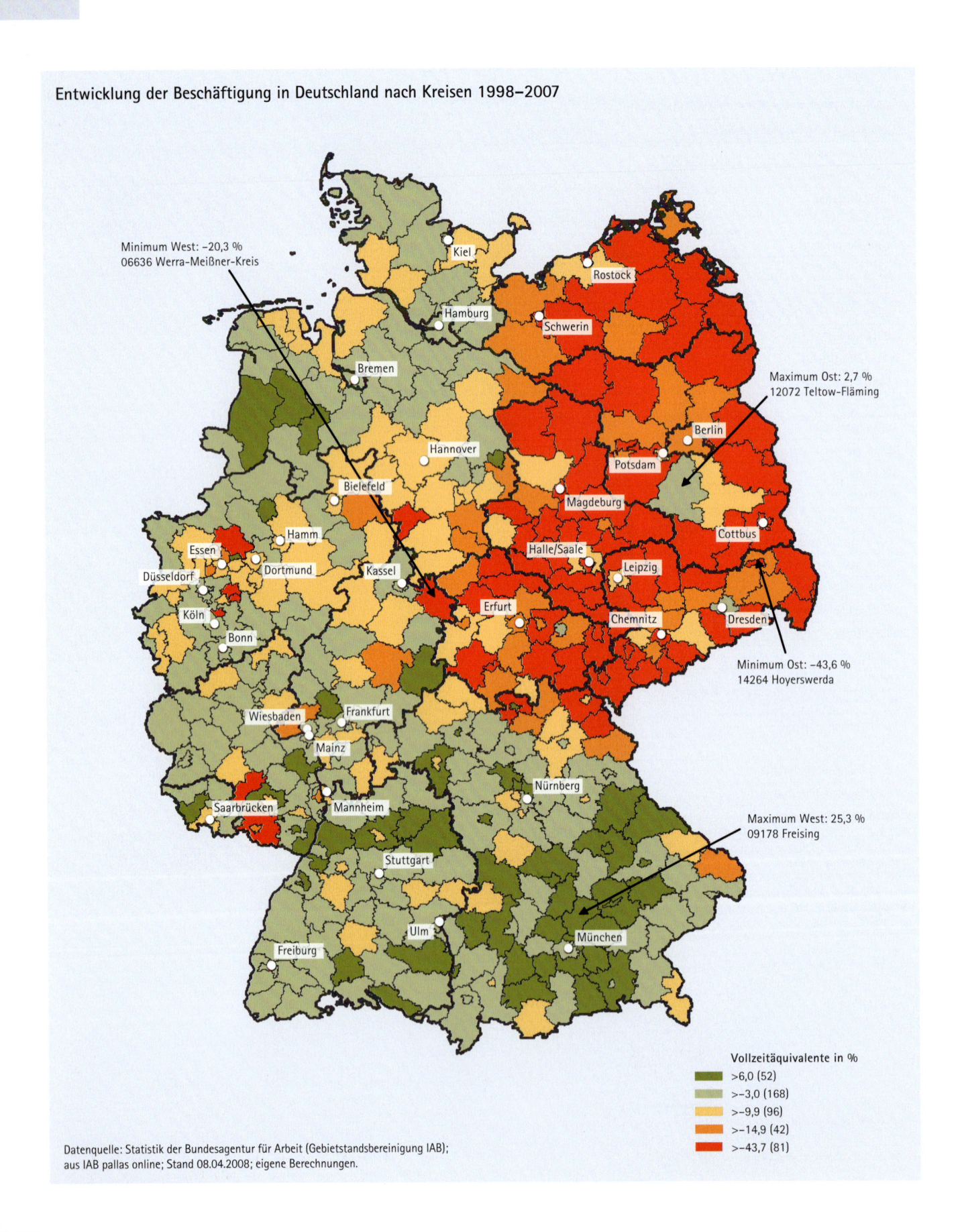

5 Bildung und Ausbildung

Teil III
Kapitel I

Kapitel I

Qualifikationsspezifische Arbeitslosenquoten[1] insgesamt in Prozent 1975–2005

Jahr	Insgesamt	mit abgeschlossener Ausbildung	mit abgeschlossener beruflicher Ausbildung[2]			mit Hochschulausbildung			ohne Ausbildung
			insgesamt	betriebliche Ausbildung, Berufsfachschule	Fachschul-, Meister- und Technikerausbildung	insgesamt	Universitäten	Fachhochschulen[3]	
Alte Länder und Berlin–West									
1975	3,9	2,6	2,7	2,9	1,5	1,7	1,2	2,8	6,1
1976	3,6	2,7	2,7	2,8	1,9	2,0	1,6	3,0	5,3
1977	3,6	2,6	2,6	2,7	1,8	2,1	1,8	2,7	5,6
1978	3,4	2,3	2,4	2,5	1,6	1,7	1,6	2,1	5,7
1979	2,9	2,0	2,0	2,1	1,3	1,7	1,7	1,8	5,0
1980	3,2	2,1	2,1	2,2	1,3	1,8	1,9	1,8	5,9
1981	4,8	3,1	3,1	3,3	1,8	2,6	2,6	2,5	8,8
1982	6,8	4,7	4,9	5,1	2,7	3,5	3,3	3,8	11,8
1983	8,1	5,6	5,8	6,1	3,2	4,3	4,3	4,5	14,1
1984	8,1	5,7	5,9	6,3	3,0	4,5	4,6	4,2	14,3
1985	8,1	5,5	5,7	6,1	2,7	4,4	4,6	4,0	14,9
1986	7,6	5,0	5,1	5,5	2,6	4,0	4,3	3,5	15,2
1987	7,8	5,1	5,2	5,5	2,7	4,3	4,7	3,5	16,6
1988	7,7	5,1	5,2	5,5	2,7	4,5	4,9	3,7	16,4
1989	6,8	4,6	4,7	5,0	2,5	4,0	4,3	3,4	15,0
1990	5,9	4,0	4,0	4,3	2,1	3,5	3,9	2,8	13,3
1991	5,4	3,6	3,7	3,9	1,9	3,1	3,5	2,5	12,8
1992	5,9	3,8	4,0	4,3	2,0	3,1	3,4	2,6	14,1
1993	7,5	5,0	5,3	5,6	2,6	3,7	3,9	3,3	17,6
1994	8,0	5,4	5,7	6,1	2,8	3,9	4,1	3,5	19,1
1995	8,2	5,4	5,8	6,2	2,9	3,8	4,0	3,4	20,0
1996	9,0	5,9	6,4	6,8	3,6	3,5	3,9	2,9	22,2
1997	9,5	6,3	6,9	7,4	3,9	3,6	4,1	2,8	24,2
1998	8,9	5,8	6,5	6,9	3,6	3,1	3,5	2,4	23,3
1999[4]	8,5	5,7	6,3			3,0			20,7
2000[4]	7,7	5,1	5,7			2,5			19,4
2001[4]	7,7	5,2	5,8			2,6			19,3
2002	8,3	5,8	6,4	6,8	3,0	3,3	3,8	2,6	19,8
2003	8,9	6,4	7,1	7,6	3,2	3,6	3,8	3,3	20,7
2004	9,2	6,6	7,3	8,0	3,2	3,5	3,7	3,3	21,7

Zentrale Indikatoren des deutschen Arbeitsmarktes

Alte Länder ohne Berlin								
2005[5]	10,1	6,7	7,4	8,0	3,2	3,5	3,7	3,2	23,7
Neue Bundesländer und Berlin-Ost									
1991	12,2	10,7	11,2	12,5	7,1	7,2	7,3	6,8	31,0
1992	14,7	12,1	13,2	15,4	5,2	5,3	5,4	4,8	44,8
1993	15,8	13,1	14,3	16,4	6,3	5,4	5,7	4,5	49,6
1994	14,2	12,1	13,4	15,5	5,3	4,7	5,1	3,3	43,8
1995	13,9	11,8	13,0	15,3	4,9	4,6	5,1	3,5	44,1
1996	15,0	12,7	14,2	16,3	5,6	4,7	5,3	3,3	47,9
1997	18,4	15,6	17,5	20,1	6,8	5,7	6,3	4,3	55,0
1998	17,0	14,2	16,1	18,6	5,9	4,8	5,2	3,8	53,5
1999[4]	17,7	15,0	16,8			5,2			50,1
2000[4]	17,6	14,8	16,8			4,7			50,3
2001[4]	18,0	15,3	17,4			4,7			49,2
2002	18,5	15,9	17,9	20,9	4,7	5,5	6,2	4,4	49,1
2003	19,6	16,9	18,9	22,2	4,6	6,2	6,6	5,7	48,9
2004	19,9	17,1	19,4	23,1	4,3	6,0	6,2	5,7	51,2
Neue Bundesländer und Berlin									
2005[5]	18,3	15,3	17,5	20,6	4,0	6,0	6,0	6,1	41,5
Deutschland									
1991	6,9	5,4	5,6	5,9	3,9	4,0	4,5	3,0	14,5
1992	7,6	5,7	6,1	6,6	3,1	3,5	3,9	2,8	16,9
1993	9,1	6,8	7,3	7,8	3,8	4,1	4,3	3,5	20,3
1994	9,2	6,8	7,4	8,0	3,6	4,0	4,3	3,4	21,0
1995	9,3	6,8	7,4	8,0	3,6	4,0	4,3	3,4	21,9
1996	10,1	7,4	8,1	8,7	4,3	3,7	4,2	3,0	24,2
1997	11,3	8,3	9,3	10,0	4,8	4,0	4,5	3,0	26,9
1998	10,5	7,6	8,5	9,2	4,3	3,4	3,9	2,6	25,8
1999[4]	10,3	7,7	8,7			3,4			23,4
2000[4]	9,6	7,1	8,1			2,9			22,2
2001[4]	9,7	7,3	8,3			3,0			22,1
2002	10,2	7,9	8,8	9,7	3,5	3,7	4,2	2,9	22,6
2003	10,9	8,5	9,6	10,6	3,6	4,1	4,3	3,7	23,5
2004	11,2	8,7	9,9	11,0	3,5	4,0	4,1	3,7	24,6
2005[5]	11,8	8,6	9,7	10,8	3,4	4,1	4,3	3,8	26,0

1) Arbeitslose in Prozent aller zivilen Erwerbspersonen (ohne Auszubildende) gleicher Qualifikation; Erwerbstätige „ohne Angabe" zum Berufsabschluss nach Mikrozensus je Altersklasse proportional auf alle Qualifikationsgruppen verteilt.   2) Betriebliche Berufsausbildung und Berufsfachschulausbildung sowie Fort- und Weiterbildung an Fach-, Techniker- und Meisterschulen, ohne Verwaltungsfachhochschulen.   3) Einschließlich Verwaltungsfachhochschulen.   4) Für dieses Jahr keine vollständige Differenzierung möglich.   5) Quellen: Arbeitslose nach BA-Sonderauswertungen; Erwerbstätige Jahresdurchschnittswerte nach Mikrozensus.

Kapitel I

Qualifikationsspezifische Arbeitslosenquoten[1] bei Männern in Prozent 1975–2005

Jahr	Insgesamt	mit abgeschlossener Ausbildung	mit abgeschlossener beruflicher Ausbildung[2]			mit Hochschulausbildung			ohne Ausbildung
			insgesamt	davon		insgesamt	davon		
				betriebliche Ausbildung, Berufsfachschule	Fachschul-, Meister- und Technikerausbildung		Universitäten	Fachhochschulen[3]	
Alte Länder und Berlin-West									
1975	3,4	2,3	2,4	2,6	1,2	1,7	1,3	2,6	6,0
1976	2,8	2,1	2,1	2,2	1,3	2,0	1,6	2,7	4,7
1977	2,7	1,9	1,9	2,0	1,0	1,9	1,7	2,4	5,1
1978	2,5	1,6	1,6	1,8	0,7	1,5	1,4	1,7	5,1
1979	2,0	1,3	1,3	1,5	0,5	1,4	1,4	1,4	4,3
1980	2,3	1,5	1,5	1,6	0,6	1,5	1,6	1,3	5,4
1981	3,8	2,3	2,4	2,6	0,8	2,0	2,1	1,8	8,9
1982	6,1	4,0	4,2	4,6	1,3	2,8	2,7	2,9	12,8
1983	7,2	4,7	5,0	5,5	1,6	3,4	3,4	3,5	15,2
1984	7,2	4,8	5,0	5,6	1,4	3,5	3,6	3,2	15,6
1985	7,0	4,5	4,8	5,4	1,2	3,2	3,5	2,8	16,0
1986	6,4	4,0	4,2	4,7	1,1	2,9	3,2	2,4	15,9
1987	6,7	4,1	4,3	4,8	1,2	3,1	3,4	2,5	17,6
1988	6,5	4,1	4,3	4,8	1,3	3,3	3,6	2,7	17,2
1989	5,7	3,7	3,9	4,3	1,2	2,9	3,2	2,4	15,4
1990	5,0	3,3	3,4	3,9	1,0	2,6	2,9	2,1	14,0
1991	4,8	3,1	3,2	3,7	1,0	2,4	2,7	1,9	14,0
1992	5,4	3,4	3,6	4,1	1,1	2,4	2,7	2,1	15,5
1993	7,1	4,7	5,1	5,7	1,6	3,1	3,2	2,8	19,5
1994	7,8	5,2	5,6	6,3	1,8	3,3	3,5	3,1	21,1
1995	7,9	5,2	5,6	6,3	1,9	3,3	3,4	3,0	22,0
1996	8,8	5,7	6,4	7,1	2,4	3,0	3,3	2,7	24,7
1997	9,3	6,0	6,8	7,6	2,6	3,0	3,4	2,6	27,1
1998	8,6	5,5	6,2	7,0	2,3	2,6	3,0	2,2	25,3
1999[4]	8,1	5,3	6,0			2,5			22,8
2000[4]	7,4	4,7	5,4			2,1			21,2
2001[4]	7,5	4,8	5,6			2,1			21,8
2002	8,3	5,6	6,3	7,2	2,0	2,8	3,3	2,2	22,9
2003	9,1	6,2	7,1	8,1	2,1	3,1	3,3	2,9	24,2
2004	9,4	6,4	7,4	8,4	2,1	3,0	3,2	2,8	25,1

Alte Länder ohne Berlin									
2005[5]	9,6	6,3	7,2	8,2	2,0	3,0	3,2	2,7	24,7
Neue Bundesländer und Berlin–Ost									
1991	9,5	8,4	8,7	9,2	6,7	6,7	7,0	5,7	26,8
1992	10,0	8,0	8,6	9,7	4,0	4,6	4,9	3,7	39,9
1993	10,5	8,4	9,1	10,1	4,4	4,9	5,4	3,2	44,8
1994	9,0	7,4	8,0	9,0	3,7	4,4	5,0	2,9	37,5
1995	9,6	7,9	8,6	9,8	3,6	4,5	4,9	3,3	39,1
1996	11,5	9,6	10,6	11,9	4,5	4,7	5,2	3,5	44,9
1997	14,8	12,2	13,6	15,3	5,3	5,7	6,2	4,5	53,6
1998	14,3	11,7	13,2	14,9	4,8	4,9	5,1	4,2	51,5
1999[4]	15,0	12,4	13,9			5,2			47,6
2000[4]	15,7	12,9	14,7			4,7			48,3
2001[4]	16,5	13,8	15,7			4,7			49,0
2002	17,6	14,8	16,8	19,3	3,8	5,5	6,2	4,4	48,6
2003	18,8	15,8	17,9	20,5	3,7	6,2	6,5	5,6	49,4
2004	19,3	16,3	18,7	21,6	3,4	5,8	6,1	5,3	51,7
Neue Bundesländer und Berlin									
2005[5]	18,0	14,8	17,2	19,8	3,1	5,7	5,7	5,6	41,7
Deutschland									
1991	5,7	4,2	4,4	4,8	2,6	3,2	3,7	2,3	15,1
1992	6,2	4,3	4,6	5,2	1,8	2,8	3,2	2,2	17,4
1993	7,7	5,4	5,9	6,6	2,2	3,4	3,7	2,9	21,3
1994	8,0	5,6	6,1	6,8	2,3	3,5	3,8	3,1	22,2
1995	8,2	5,7	6,2	7,0	2,3	3,5	3,7	3,1	23,2
1996	9,3	6,5	7,2	8,1	2,8	3,3	3,7	2,8	26,0
1997	10,3	7,2	8,2	9,2	3,2	3,5	4,0	2,8	29,2
1998	9,6	6,7	7,6	8,6	2,8	3,0	3,4	2,4	27,5
1999[4]	9,4	6,7	7,7			2,9			25,1
2000[4]	8,9	6,3	7,4			2,5			23,8
2001[4]	9,2	6,6	7,6			2,5			24,4
2002	10,0	7,4	8,4	9,6	2,3	3,2	3,8	2,6	25,4
2003	10,9	8,1	9,3	10,6	2,4	3,6	3,8	3,3	26,9
2004	11,2	8,3	9,7	11,0	2,4	3,5	3,7	3,2	27,8
2005[5]	11,3	8,1	9,4	10,7	2,2	3,5	3,7	3,2	27,1

1) Arbeitslose in Prozent aller zivilen Erwerbspersonen (ohne Auszubildende) gleicher Qualifikation; Erwerbstätige „ohne Angabe" zum Berufsabschluss nach Mikrozensus je Altersklasse proportional auf alle Qualifikationsgruppen verteilt.   2) Betriebliche Berufsausbildung und Berufsfachschulausbildung sowie Fort- und Weiterbildung an Fach-, Techniker- und Meisterschulen, ohne Verwaltungsfachhochschulen.   3) Einschließlich Verwaltungsfachhochschulen.   4) Für dieses Jahr keine vollständige Differenzierung möglich.   5) Quellen: Arbeitslose nach BA-Sonderauswertungen; Erwerbstätige Jahresdurchschnittswerte nach Mikrozensus.

Qualifikationsspezifische Arbeitslosenquoten[1] bei Frauen in Prozent 1975–2005

Jahr	Insgesamt	mit abgeschlossener Ausbildung	mit abgeschlossener beruflicher Ausbildung[2]			mit Hochschulausbildung			ohne Ausbildung
			insgesamt	davon		insgesamt	davon		
				betriebliche Ausbildung, Berufsfachschule	Fachschul-, Meister- und Technikerausbildung		Universitäten	Fachhochschulen[3]	
Alte Länder und Berlin-West									
1975	4,7	3,3	3,5	3,5	3,4	1,6	1,1	4,1	6,1
1976	4,8	3,9	4,1	4,0	5,1	2,1	1,5	4,7	5,8
1977	5,0	4,0	4,2	4,1	5,9	2,4	1,9	4,6	6,2
1978	4,9	3,8	4,0	3,8	6,3	2,3	2,0	3,7	6,3
1979	4,3	3,3	3,4	3,3	4,7	2,4	2,1	3,8	5,7
1980	4,5	3,4	3,5	3,4	4,1	2,8	2,4	4,1	6,2
1981	6,2	4,6	4,7	4,6	6,1	4,0	3,6	5,6	8,7
1982	8,0	6,1	6,2	6,1	9,2	5,2	4,5	7,7	10,8
1983	9,5	7,3	7,4	7,2	10,1	6,5	5,9	8,5	13,0
1984	9,5	7,4	7,4	7,2	10,0	7,1	6,7	8,4	13,1
1985	9,6	7,4	7,4	7,3	9,2	7,3	6,9	8,5	13,9
1986	9,4	6,8	6,8	6,7	8,5	6,9	6,7	7,8	14,6
1987	9,5	6,8	6,7	6,6	8,3	7,2	7,1	7,3	15,6
1988	9,4	6,7	6,6	6,5	8,4	7,5	7,5	7,5	15,7
1989	8,4	6,1	6,0	5,9	7,5	6,5	6,4	6,8	14,5
1990	7,1	5,1	5,0	5,0	6,1	5,6	5,7	5,3	12,7
1991	6,3	4,4	4,4	4,3	5,1	4,9	5,2	4,2	11,8
1992	6,6	4,5	4,5	4,4	5,0	4,6	4,8	4,1	12,9
1993	8,1	5,5	5,6	5,5	6,0	5,1	5,2	4,7	15,9
1994	8,4	5,7	5,8	5,8	6,0	5,0	5,2	4,4	17,3
1995	8,6	5,8	5,9	5,9	6,0	4,9	5,1	4,3	18,1
1996	9,2	6,2	6,5	6,4	7,7	4,5	4,9	3,5	19,8
1997	9,8	6,7	7,1	7,0	8,0	4,6	5,2	3,4	21,4
1998	9,4	6,3	6,8	6,7	7,6	4,0	4,5	3,1	21,2
1999[4]	8,9	6,3	6,7			3,9			18,6
2000[4]	8,1	5,6	6,0			3,4			17,5
2001[4]	8,0	5,6	6,0			3,4			16,9
2002	8,2	6,0	6,4	6,5	5,3	4,1	4,6	3,3	16,8
2003	8,7	6,6	7,0	7,1	5,5	4,4	4,5	4,3	17,1
2004	9,0	6,8	7,3	7,5	5,3	4,3	4,4	4,2	18,3

Zentrale Indikatoren des deutschen Arbeitsmarktes

Jahr	(1)	(2)	(3)	(4)	(5)	(6)	(7)	(8)	(9)
Alte Länder ohne Berlin									
2005⁵	10,6	7,2	7,7	7,9	5,8	4,4	4,5	4,4	22,7
Neue Bundesländer und Berlin-Ost									
1991	15,0	13,2	13,7	16,0	7,4	8,1	7,9	8,9	34,0
1992	19,8	16,8	18,1	21,9	6,3	6,4	6,3	6,8	48,2
1993	21,5	18,4	20,0	23,8	7,9	6,2	6,0	7,0	53,0
1994	19,9	17,3	19,0	23,0	6,6	5,1	5,4	4,2	48,2
1995	18,7	16,2	17,8	21,7	5,9	4,9	5,3	3,7	48,0
1996	18,8	16,2	18,0	21,4	6,4	4,7	5,4	2,9	50,2
1997	22,4	19,4	21,6	25,6	8,0	5,8	6,6	4,0	56,2
1998	20,0	17,1	19,2	23,0	6,7	4,6	5,2	3,2	55,4
1999⁴	20,7	17,9	20,0			5,1			52,6
2000⁴	19,8	16,9	19,0			4,6			52,3
2001⁴	19,7	17,1	19,2			4,8			49,5
2002	19,6	17,0	19,1	22,9	5,3	5,5	6,3	4,3	49,8
2003	20,4	18,0	20,1	24,2	5,3	6,4	6,6	5,9	48,3
2004	20,5	18,0	20,2	24,7	5,0	6,3	6,5	6,2	50,5
Neue Bundesländer und Berlin									
2005⁵	18,6	15,8	17,9	21,5	4,6	6,5	6,4	6,7	41,3
Deutschland									
1991	8,5	7,0	7,2	7,3	6,5	5,7	6,0	5,0	14,1
1992	9,6	7,7	8,0	8,3	5,7	5,0	5,2	4,5	16,4
1993	11,0	8,7	9,2	9,5	7,0	5,4	5,4	5,1	19,4
1994	10,9	8,6	9,1	9,5	6,3	5,0	5,2	4,4	19,9
1995	10,8	8,4	8,9	9,3	6,0	4,9	5,2	4,2	20,7
1996	11,2	8,6	9,3	9,6	7,0	4,5	5,0	3,3	22,3
1997	12,5	9,8	10,6	11,0	8,0	4,8	5,5	3,5	24,6
1998	11,6	8,8	9,7	10,0	7,2	4,1	4,6	3,1	24,2
1999⁴	11,4	9,0	9,9			4,2			21,7
2000⁴	10,5	8,2	9,1			3,7			20,6
2001⁴	10,3	8,2	9,1			3,7			19,8
2002	10,5	8,5	9,3	9,8	5,3	4,4	4,9	3,6	19,7
2003	11,0	9,1	9,9	10,5	5,5	4,8	4,9	4,6	20,0
2004	11,3	9,3	10,2	11,0	5,2	4,7	4,8	4,6	21,1
2005⁵	12,4	9,3	10,2	10,8	5,3	5,0	5,0	5,0	24,9

1) Arbeitslose in Prozent aller zivilen Erwerbspersonen (ohne Auszubildende) gleicher Qualifikation; Erwerbstätige „ohne Angabe" zum Berufsabschluss nach Mikrozensus je Altersklasse proportional auf alle Qualifikationsgruppen verteilt. 2) Betriebliche Berufsausbildung und Berufsfachschulausbildung sowie Fort- und Weiterbildung an Fach-, Techniker- und Meisterschulen, ohne Verwaltungsfachhochschulen. 3) Einschließlich Verwaltungsfachhochschulen. 4) Für dieses Jahr keine vollständige Differenzierung möglich. 5) Quellen: Arbeitslose nach BA-Sonderauswertungen; Erwerbstätige Jahresdurchschnittswerte nach Mikrozensus.

Arbeitslose insgesamt nach Qualifikationsstufen in Tausend[1] 1975–2005

Jahr	Insgesamt	mit abgeschlossener Ausbildung	mit abgeschlossener beruflicher Ausbildung			mit Hochschulausbildung			ohne Ausbildung
			insgesamt	betriebliche Ausbildung, Berufsfachschule	Fachschul-, Meister- und Technikerausbildung[2]	insgesamt	Universitäten	Fachhochschulen	

Alte Länder und Berlin-West

Jahr	Insgesamt	mit abgeschlossener Ausbildung	insgesamt	betriebliche Ausbildung, Berufsfachschule	Fachschul-, Meister- und Technikerausbildung	insgesamt	Universitäten	Fachhochschulen	ohne Ausbildung
1975	1.007	422	391	367	24	30	15	15	585
1976	898	428	391	361	30	37	20	17	470
1977	911	426	386	357	30	40	24	16	485
1978	864	394	359	332	27	35	22	12	470
1979	737	344	307	284	24	37	24	12	393
1980	823	379	337	312	25	42	28	14	444
1981	1.256	568	508	474	34	60	41	19	688
1982	1.819	877	794	745	49	83	54	28	942
1983	2.134	1.049	944	885	59	105	70	35	1.084
1984	2.143	1.085	970	911	59	115	79	36	1.058
1985	2.151	1.082	964	908	56	118	82	36	1.069
1986	2.046	1.006	892	839	52	114	81	34	1.040
1987	2.107	1.042	916	862	54	126	89	36	1.065
1988	2.100	1.075	936	878	58	139	99	40	1.024
1989	1.881	993	866	811	54	128	91	37	887
1990	1.728	920	800	749	51	120	86	34	808
1991	1.610	848	737	690	47	110	79	31	762
1992	1.784	934	816	766	51	117	83	34	850
1993	2.288	1.225	1.079	1.012	67	146	100	46	1.063
1994	2.452	1.316	1.160	1.089	71	156	106	50	1.136
1995	2.488	1.332	1.173	1.100	73	158	108	50	1.157
1996	2.749	1.466	1.309	1.221	87	157	108	49	1.283
1997	2.933	1.594	1.429	1.329	100	164	115	50	1.339
1998	2.733	1.473	1.327	1.237	91	145	102	44	1.261
1999	2.622	1.429	1.288	1.200	87	141	100	41	1.194
2000	2.383	1.279	1.155	1.076	79	124	88	36	1.104
2001	2.421	1.319	1.191	1.112	79	128	90	38	1.102
2002	2.594	1.483	1.320	1.242	78	164	110	54	1.111
2003	2.788	1.640	1.455	1.371	84	185	122	64	1.148
2004	2.837	1.670	1.485	1.400	85	185	120	65	1.167

Zentrale Indikatoren des deutschen Arbeitsmarktes

Alte Länder ohne Berlin								
2005[5]	3.140	1.658	1.486	1.405	81	172	113	60	1.482
Neue Bundesländer und Berlin-Ost								
1991[3]	1.028	837	768	650	118	70	58	12	191
1992[4]	1.111	847	798	729	69	48	40	9	264
1993	1.159	890	839	762	77	52	43	9	269
1994	1.041	828	781	716	66	46	38	8	213
1995	1.033	815	768	706	62	48	38	9	217
1996	1.100	871	821	757	65	50	40	10	229
1997	1.375	1.085	1.022	942	80	63	49	14	290
1998	1.232	962	909	843	66	53	40	13	270
1999	1.321	1.033	976	908	67	57	43	14	288
2000	1.302	1.010	959	902	57	51	38	13	292
2001	1.321	1.037	985	931	54	52	37	15	284
2002	1.347	1.063	1.003	954	48	60	41	19	285
2003	1.419	1.120	1.052	1.004	48	68	45	23	299
2004	1.427	1.132	1.064	1.019	45	68	44	24	294
Neue Bundesländer und Berlin								
2005[5]	1.506	1.116	1.031	988	43	85	56	28	390
Deutschland								
1991	2.638	1.685	1.505	1.340	165	180	137	43	952
1992	2.894	1.780	1.615	1.494	120	166	123	43	1.114
1993	3.447	2.115	1.917	1.773	144	198	143	55	1.332
1994	3.493	2.144	1.941	1.804	137	203	145	58	1.349
1995	3.521	2.147	1.941	1.806	135	206	146	60	1.374
1996	3.848	2.337	2.130	1.978	152	207	148	59	1.511
1997	4.308	2.679	2.452	2.272	180	227	163	64	1.630
1998	3.965	2.434	2.236	2.080	156	198	142	56	1.531
1999	3.943	2.461	2.263	2.109	155	198	142	55	1.482
2000	3.685	2.289	2.114	1.978	136	175	126	49	1.396
2001	3.742	2.356	2.176	2.043	133	180	127	53	1.386
2002	3.942	2.546	2.322	2.196	126	224	151	73	1.396
2003	4.207	2.760	2.507	2.375	132	253	166	87	1.446
2004	4.264	2.802	2.549	2.419	130	253	164	90	1.462
2005[5]	4.646	2.774	2.517	2.393	124	257	169	88	1.872

1) Sonderuntersuchungen der Bundesagentur für Arbeit über Arbeitslose; jeweils Ende September. 2) Betriebliche Berufsausbildung und Berufsfachschulausbildung sowie Fort- und Weiterbildung an Fach-, Techniker- und Meisterschulen. 3) Qualifikationsstruktur der Erwerbslosen nach Mikrozensus angelegt auf die Eckzahlen der Arbeitslosenstatistik. 4) 1992 wurden Arbeitslose mit Abschluss einer Berufsfach-, Fach- oder Fachhochschule nicht gesondert ausgewiesen. Die Aufteilung dieser Gruppe wurde geschätzt. 5) Quelle: BA-Sonderauswertungen auf Basis des IT-Vermittlungssystems, eigene Berechnungen.

Arbeitslose Männer nach Qualifikationsstufen in Tausend[1] 1975–2005

Jahr	Insgesamt	mit abgeschlossener Ausbildung							ohne Ausbildung
		insgesamt	mit abgeschlossener beruflicher Ausbildung[2]			mit Hochschulausbildung			
			insgesamt	davon		insgesamt	davon		
				betriebliche Ausbildung, Berufsfachschule	Fachschul-, Meister- und Technikerausbildung		Universitäten	Fachhochschulen	

Alte Länder und Berlin-West

Jahr	Insgesamt	mit abgeschl. Ausbildung	insgesamt	betriebl.	Fachschul	insgesamt	Univ.	FH	ohne
1975	547	259	236	220	16	23	11	12	288
1976	437	232	205	188	17	27	14	12	205
1977	424	214	187	173	14	27	16	11	210
1978	389	188	166	156	10	22	14	8	200
1979	317	160	138	130	8	22	14	8	157
1980	369	180	157	148	8	24	16	8	188
1981	616	289	256	244	12	33	22	11	327
1982	982	492	445	425	19	47	30	17	490
1983	1.145	581	522	497	24	60	37	22	564
1984	1.155	595	532	510	22	63	41	22	560
1985	1.132	573	511	492	20	62	41	21	559
1986	1.040	512	455	437	18	58	39	18	528
1987	1.082	534	470	451	20	64	43	20	548
1988	1.074	553	483	461	22	71	48	23	520
1989	951	508	442	421	21	66	45	21	443
1990	870	471	410	390	20	61	42	19	399
1991	839	451	394	375	19	57	39	18	387
1992	953	513	449	427	22	63	42	21	440
1993	1.271	701	618	586	32	83	53	30	570
1994	1.377	765	674	639	35	91	58	34	611
1995	1.390	764	672	636	36	92	58	34	626
1996	1.552	842	751	707	44	90	58	32	710
1997	1.643	899	807	757	50	92	60	32	743
1998	1.499	808	728	684	43	80	53	28	691
1999	1.425	771	695	654	41	76	51	26	654
2000	1.286	683	617	581	36	66	44	22	603
2001	1.323	707	640	604	36	67	45	22	616
2002	1.458	817	727	691	36	89	57	32	641
2003	1.583	906	805	766	39	101	64	38	676
2004	1.601	915	816	778	38	99	62	38	686

Zentrale Indikatoren des deutschen Arbeitsmarktes

Alte Länder ohne Berlin									
2005⁵	1.647	877	787	752	35	90	56	34	769
Neue Bundesländer und Berlin-Ost									
1991³	411	343	303	251	52	40	34	6	68
1992⁴	392	294	268	244	25	26	21	4	98
1993	402	302	274	250	24	28	23	4	100
1994	344	269	243	222	21	26	22	4	75
1995	375	292	264	243	20	28	22	6	83
1996	444	350	320	297	23	30	23	7	94
1997	578	447	410	382	28	37	28	9	131
1998	548	420	389	365	23	32	24	8	127
1999	588	449	416	391	24	34	25	9	138
2000	614	468	438	417	21	30	22	8	146
2001	638	492	462	442	20	30	21	9	146
2002	675	523	489	472	17	34	23	11	152
2003	713	549	511	495	16	37	24	13	164
2004	723	561	524	509	15	36	23	13	163
Neue Bundesländer und Berlin									
2005⁵	776	563	519	505	14	44	29	15	213
Deutschland									
1991	1.250	794	696	626	70	98	73	24	455
1992	1.345	807	718	671	47	89	64	25	538
1993	1.672	1.003	892	836	56	111	77	34	669
1994	1.721	1.034	917	861	56	118	80	38	687
1995	1.765	1.056	936	880	57	119	80	39	709
1996	1.996	1.192	1.072	1.005	67	120	81	39	805
1997	2.220	1.346	1.217	1.140	77	129	88	41	874
1998	2.047	1.228	1.116	1.050	66	112	76	36	818
1999	2.013	1.220	1.110	1.045	65	110	75	35	793
2000	1.900	1.151	1.055	998	57	96	66	30	749
2001	1.961	1.199	1.102	1.046	56	97	66	31	762
2002	2.133	1.340	1.217	1.163	53	123	80	43	793
2003	2.296	1.455	1.317	1.261	55	138	88	51	841
2004	2.325	1.476	1.340	1.287	53	136	85	51	849
2005⁵	2.423	1.440	1.306	1.257	49	134	85	49	983

1) Sonderuntersuchungen der Bundesagentur für Arbeit über Arbeitslose; jeweils Ende September.   2) Betriebliche Berufsausbildung und Berufsfachschulausbildung sowie Fort- und Weiterbildung an Fach-, Techniker- und Meisterschulen.   3) Qualifikationsstruktur der Erwerbslosen nach Mikrozensus angelegt auf die Eckzahlen der Arbeitslosenstatistik.   4) 1992 wurden Arbeitslose mit Abschluss einer Berufsfach-, Fach- oder Fachhochschule nicht gesondert ausgewiesen. Die Aufteilung dieser Gruppe wurde geschätzt.   5) Quelle: BA-Sonderauswertungen auf Basis des IT-Vermittlungssystems, eigene Berechnungen.

Teil III

Arbeitslose Frauen nach Qualifikationsstufen in Tausend[1] 1975–2005

Jahr	Insgesamt	mit abgeschlossener Ausbildung	mit abgeschlossener beruflicher Ausbildung[2]		davon		mit Hochschulausbildung	davon		ohne Ausbildung
			insgesamt	davon			insgesamt	davon		
				betriebliche Ausbildung, Berufsfachschule	Fachschul-, Meister- und Technikerausbildung			Universitäten	Fachhochschulen	

Alte Länder und Berlin-West

Jahr	Insgesamt	mit abgeschl. Ausbildung	insgesamt	betriebl.	Fachschul	insgesamt	Univ.	FH	ohne Ausbildung
1975	460	163	156	148	8	7	4	3	297
1976	462	197	186	174	13	10	6	4	265
1977	487	212	199	184	16	13	8	5	275
1978	476	206	193	176	17	13	9	4	270
1979	420	184	169	153	16	15	10	5	236
1980	454	198	180	164	17	18	13	5	256
1981	640	279	252	230	22	27	19	8	361
1982	836	385	349	320	29	35	25	11	452
1983	989	468	422	388	35	46	33	13	521
1984	988	490	438	401	37	52	38	14	498
1985	1.019	509	453	417	36	56	40	15	510
1986	1.006	494	437	403	35	57	41	16	512
1987	1.025	508	446	412	34	62	46	16	517
1988	1.026	522	454	417	36	68	51	17	504
1989	930	486	424	390	34	62	46	16	444
1990	858	449	390	358	32	59	44	15	409
1991	771	397	344	315	29	53	40	13	374
1992	831	421	367	338	29	54	41	13	410
1993	1.017	524	461	426	35	63	47	16	493
1994	1.076	551	486	450	36	65	49	16	525
1995	1.098	568	501	464	37	67	50	17	530
1996	1.197	624	557	514	43	67	51	17	572
1997	1.290	694	622	572	51	72	55	17	596
1998	1.235	665	600	552	47	65	49	16	570
1999	1.197	657	593	546	47	65	49	15	540
2000	1.097	596	538	495	43	58	44	14	501
2001	1.098	612	551	508	43	61	45	16	486
2002	1.137	667	592	550	42	74	53	22	470
2003	1.205	734	650	605	45	84	58	26	471
2004	1.236	754	669	622	46	86	58	27	482

Zentrale Indikatoren des deutschen Arbeitsmarktes

Alte Länder ohne Berlin								
2005[5]	1.494	781	699	653	46	83	57	26	713
Neue Bundesländer und Berlin-Ost								
1991[3]	617	494	465	399	66	29	24	5	123
1992[4]	719	552	530	485	45	22	18	4	166
1993	758	588	564	511	53	24	19	5	169
1994	697	559	539	494	45	20	17	4	138
1995	658	524	504	463	41	20	16	4	134
1996	656	521	501	459	42	20	17	4	135
1997	797	638	612	560	52	26	21	5	160
1998	684	541	520	478	42	21	17	4	143
1999	733	583	560	517	43	23	18	5	150
2000	688	542	521	485	36	21	16	5	146
2001	683	545	523	489	34	22	16	6	138
2002	672	539	513	482	31	26	18	8	133
2003	706	571	541	509	32	31	20	10	135
2004	703	572	540	509	30	32	21	11	132
Neue Bundesländer und Berlin								
2005[5]	730	553	512	483	29	40	27	13	177
Deutschland								
1991	1.388	891	809	714	95	82	64	18	497
1992	1.550	973	897	823	74	77	59	18	576
1993	1.775	1.112	1.025	937	88	87	66	21	662
1994	1.772	1.110	1.025	943	81	85	65	20	662
1995	1.756	1.091	1.005	926	78	87	66	21	665
1996	1.852	1.145	1.058	973	85	87	67	20	707
1997	2.088	1.332	1.235	1.132	103	98	75	22	755
1998	1.919	1.206	1.120	1.030	90	86	66	20	713
1999	1.930	1.241	1.153	1.063	90	88	67	21	689
2000	1.785	1.138	1.059	980	79	79	60	19	647
2001	1.781	1.157	1.074	997	77	83	61	22	624
2002	1.809	1.206	1.105	1.033	73	100	71	30	603
2003	1.911	1.305	1.190	1.114	76	115	78	37	606
2004	1.939	1.326	1.209	1.132	77	118	79	39	613
2005[5]	2.223	1.334	1.211	1.136	74	123	84	39	890

1) Sonderuntersuchungen der Bundesagentur für Arbeit über Arbeitslose; jeweils Ende September. 2) Betriebliche Berufsausbildung und Berufsfachschulausbildung sowie Fort- und Weiterbildung an Fach-, Techniker- und Meisterschulen. 3) Qualifikationsstruktur der Erwerbslosen angelegt auf die Eckzahlen der Arbeitslosenstatistik. 4) 1992 wurden Arbeitslose mit Abschluss einer Berufsfach-, Fach- oder Fachhochschule nicht gesondert ausgewiesen. Die Aufteilung dieser Gruppe wurde geschätzt. 5) Quelle: BA-Sonderauswertungen auf Basis des IT-Vermittlungssystems, eigene Berechnungen.

Teil III

Erwerbstätige insgesamt nach Qualifikationsstufen in Tausend[1] 1975–2005

Jahr	Insgesamt	mit abgeschlossener Ausbildung	mit abgeschlossener beruflicher Ausbildung				mit Hochschulausbildung			ohne Ausbildung
			insgesamt	davon			insgesamt	davon		
				betriebliche Ausbildung, Berufsfachschule	Fachschul-, Meister- und Technikerausbildung[2]			Universitäten	Fachhochschulen[3]	

Alte Länder und Berlin-West

Jahr	Insgesamt	mit abgeschl. Ausbildung	insgesamt	betriebliche Ausb., Berufsfachsch.	Fachschul-, Meister-, Techniker	insgesamt (Hochschul)	Universitäten	Fachhochschulen	ohne Ausbildung
1975	24.676	15.623	13.869	12.308	1.561	1.754	1.231	523	9.053
1976	24.171	15.698	13.905	12.339	1.565	1.793	1.257	537	8.473
1977	24.310	16.192	14.311	12.698	1.612	1.881	1.315	565	8.118
1978	24.387	16.650	14.686	13.029	1.657	1.965	1.371	593	7.737
1979	24.574	17.166	15.071	13.335	1.736	2.095	1.425	670	7.408
1980	24.965	17.834	15.589	13.757	1.832	2.246	1.492	753	7.131
1981	25.054	17.911	15.632	13.829	1.803	2.279	1.544	735	7.143
1982	24.854	17.781	15.495	13.743	1.753	2.286	1.577	709	7.073
1983[4]	24.245	17.627	15.301	13.514	1.787	2.326	1.580	746	6.618
1984[4]	24.297	17.962	15.530	13.656	1.874	2.432	1.627	805	6.335
1985	24.565	18.459	15.899	13.920	1.979	2.560	1.689	871	6.106
1986	24.950	19.163	16.450	14.448	2.002	2.713	1.778	935	5.787
1987	24.867	19.510	16.694	14.709	1.986	2.815	1.833	982	5.357
1988	25.332	20.121	17.180	15.110	2.070	2.941	1.923	1.018	5.211
1989	25.724	20.678	17.618	15.472	2.147	3.059	2.009	1.050	5.046
1990	27.524	22.260	18.953	16.596	2.357	3.307	2.139	1.168	5.264
1991	27.926	22.752	19.347	16.875	2.472	3.404	2.165	1.239	5.174
1992	28.561	23.393	19.737	17.227	2.510	3.656	2.341	1.315	5.168
1993	28.166	23.204	19.420	16.955	2.465	3.784	2.437	1.347	4.962
1994	28.029	23.229	19.332	16.883	2.449	3.897	2.501	1.395	4.800
1995	27.839	23.216	19.210	16.776	2.434	4.006	2.562	1.444	4.622
1996	27.863	23.370	19.055	16.737	2.319	4.315	2.682	1.633	4.493
1997	27.840	23.650	19.202	16.749	2.453	4.448	2.719	1.730	4.190
1998	27.934	23.776	19.233	16.789	2.444	4.543	2.786	1.757	4.158
1999[5]	28.278	23.705	19.077			4.628			4.573
2000[5]	28.530	23.931	19.143			4.788			4.599
2001[5]	28.881	24.286	19.452			4.834			4.595
2002	28.735	24.246	19.420	16.887	2.533	4.826	2.801	2.025	4.489
2003	28.479	24.082	19.136	16.584	2.552	4.946	3.087	1.860	4.397
2004	28.012	23.806	18.741	16.169	2.572	5.065	3.139	1.926	4.206

Zentrale Indikatoren des deutschen Arbeitsmarktes

Alte Länder ohne Berlin								
2005[6]	27.975	23.198	18.489	16.049	2.440	4.708	2.926	1.782	4.778
Neue Bundesländer und Berlin-Ost								
1991	7.423	6.999	6.109	4.563	1.546	890	732	159	424
1992	6.452	6.127	5.264	4.001	1.263	862	690	172	326
1993	6.187	5.914	5.007	3.869	1.138	907	710	198	273
1994	6.278	6.005	5.064	3.891	1.174	940	711	229	274
1995	6.382	6.107	5.132	3.920	1.211	975	713	262	275
1996	6.244	5.995	4.981	3.890	1.091	1.014	712	302	249
1997	6.101	5.863	4.835	3.741	1.093	1.029	720	308	238
1998	6.026	5.791	4.736	3.684	1.052	1.055	738	317	235
1999[5]	6.151	5.864	4.816			1.048			287
2000[5]	6.096	5.807	4.763			1.044			289
2001[5]	6.016	5.723	4.677			1.046			293
2002	5.927	5.632	4.597	3.606	991	1.035	610	425	295
2003	5.836	5.524	4.503	3.512	991	1.021	635	385	312
2004	5.757	5.476	4.410	3.400	1.010	1.066	659	407	281
Neue Bundesländer und Berlin								
2005[6]	6.715	6.165	4.848	3.808	1.040	1.317	879	439	550
Deutschland								
1991	35.349	29.751	25.456	21.439	4.018	4.294	2.896	1.398	5.598
1992	35.013	29.520	25.002	21.228	3.773	4.519	3.031	1.487	5.493
1993	34.353	29.118	24.427	20.823	3.604	4.691	3.147	1.544	5.235
1994	34.307	29.233	24.396	20.774	3.622	4.837	3.212	1.624	5.074
1995	34.221	29.323	24.342	20.696	3.646	4.981	3.275	1.706	4.897
1996	34.107	29.365	24.036	20.627	3.409	5.329	3.394	1.935	4.742
1997	33.941	29.513	24.037	20.490	3.546	5.477	3.439	2.038	4.428
1998	33.960	29.567	23.969	20.473	3.496	5.598	3.524	2.074	4.393
1999[5]	34.429	29.569	23.893			5.676			4.860
2000[5]	34.626	29.738	23.906			5.832			4.888
2001[5]	34.897	30.009	24.129			5.880			4.888
2002	34.662	29.878	24.017	20.493	3.524	5.861	3.411	2.450	4.784
2003	34.316	29.606	23.639	20.097	3.542	5.967	3.722	2.245	4.709
2004	33.769	29.282	23.151	19.569	3.582	6.131	3.798	2.333	4.487
2005[6]	34.690	29.363	23.337	19.857	3.480	6.026	3.805	2.221	5.327

1) Zivile Erwerbstätige (ohne Auszubildende) nach Mikrozensus; Erwerbstätige „ohne Angabe" zum Berufsabschluss nach Mikrozensus je Altersklasse proportional auf alle Gruppen verteilt. 2) Betriebliche Berufsausbildung und Berufsfachschulausbildung sowie Fort- und Weiterbildung an Fach-, Techniker- und Meisterschulen, ohne Verwaltungsfachhochschulen. 3) Einschließlich Verwaltungsfachhochschulen. 4) Wegen Ausfall des Mikrozensus wurde ersatzweise die EG-Arbeitskräftestichprobe verwendet. 5) Für dieses Jahr keine vollständige Differenzierung möglich. 6) Jahresdurchschnittswerte.

Erwerbstätige Männer nach Qualifikationsstufen in Tausend[1] 1975–2005

Jahr	Insgesamt	mit abgeschlossener Ausbildung							ohne Ausbildung
		insgesamt	davon						
			mit abgeschlossener beruflicher Ausbildung[2]			mit Hochschulausbildung			
			insgesamt	davon		insgesamt	davon		
				betriebliche Ausbildung, Berufsfachschule	Fachschul-, Meister- und Technikerausbildung		Universitäten	Fachhochschulen[3]	
Alte Länder und Berlin-West									
1975	15.356	10.845	9.543	8.210	1.333	1.301	848	453	4.511
1976	14.998	10.832	9.517	8.188	1.329	1.314	859	455	4.166
1977	15.071	11.125	9.761	8.398	1.363	1.364	894	470	3.945
1978	15.119	11.403	9.991	8.597	1.394	1.412	928	484	3.716
1979	15.214	11.732	10.229	8.816	1.414	1.503	951	552	3.482
1980	15.435	12.164	10.555	9.111	1.445	1.608	982	626	3.271
1981	15.435	12.104	10.471	9.008	1.462	1.633	1.027	606	3.331
1982	15.246	11.897	10.259	8.797	1.462	1.638	1.059	579	3.349
1983[4]	14.796	11.662	9.995	8.517	1.478	1.667	1.061	606	3.134
1984[4]	14.845	11.817	10.067	8.524	1.543	1.750	1.097	653	3.028
1985	15.018	12.072	10.224	8.602	1.622	1.848	1.143	705	2.946
1986	15.212	12.432	10.480	8.849	1.630	1.952	1.201	751	2.781
1987	15.100	12.542	10.525	8.919	1.606	2.017	1.235	782	2.559
1988	15.400	12.895	10.796	9.124	1.672	2.098	1.291	807	2.505
1989	15.615	13.181	11.010	9.280	1.730	2.170	1.341	829	2.435
1990	16.369	13.917	11.600	9.731	1.869	2.317	1.415	902	2.452
1991	16.554	14.176	11.790	9.844	1.946	2.386	1.441	945	2.378
1992	16.803	14.400	11.868	9.908	1.960	2.532	1.536	996	2.403
1993	16.553	14.197	11.594	9.678	1.915	2.603	1.585	1.018	2.356
1994	16.350	14.067	11.415	9.532	1.883	2.652	1.608	1.044	2.283
1995	16.217	13.995	11.286	9.427	1.859	2.709	1.637	1.073	2.221
1996	16.067	13.898	11.022	9.222	1.800	2.876	1.703	1.173	2.169
1997	16.010	14.009	11.063	9.190	1.873	2.946	1.713	1.233	2.001
1998	16.007	13.972	10.985	9.114	1.871	2.987	1.727	1.260	2.035
1999[5]	16.065	13.850	10.811			3.039			2.215
2000[5]	16.138	13.897	10.759			3.138			2.241
2001[5]	16.202	13.991	10.870			3.121			2.211
2002	16.024	13.861	10.766	8.978	1.788	3.095	1.696	1.399	2.163
2003	15.761	13.644	10.509	8.720	1.789	3.135	1.862	1.273	2.117
2004	15.486	13.437	10.263	8.523	1.740	3.174	1.871	1.303	2.049

Zentrale Indikatoren des deutschen Arbeitsmarktes

Alte Länder ohne Berlin							
2005[6]	15.439	13.088	10.153	8.457	1.696	2.935	1.717	1.218	2.351

Neue Bundesländer und Berlin-Ost									
1991		3.745	3.189	2.471	717	557	454	103	186
1992		3.537	3.390	2.859	2.267	592	532	418	114	147
1993		3.421	3.299	2.755	2.234	521	544	412	131	123
1994		3.467	3.341	2.774	2.238	536	567	418	148	126
1995		3.523	3.394	2.802	2.249	553	592	426	166	129
1996		3.408	3.292	2.692	2.208	484	600	423	177	116
1997		3.334	3.221	2.607	2.117	490	613	427	187	113
1998		3.285	3.165	2.548	2.084	464	617	435	182	120
1999[5]		3.339	3.187	2.575			612			152
2000[5]		3.305	3.149	2.538			611			156
2001[5]		3.233	3.081	2.472			609			152
2002		3.163	3.002	2.417	1.979	438	585	341	244	161
2003		3.084	2.916	2.348	1.917	431	568	349	219	168
2004		3.024	2.872	2.278	1.848	430	594	360	234	152

Neue Bundesländer und Berlin									
2005[6]		3.530	3.232	2.497	2.047	450	734	479	256	298

Deutschland									
1991		20.486	17.922	14.979	12.315	2.663	2.943	1.895	1.048	2.564
1992		20.340	17.790	14.726	12.175	2.552	3.064	1.953	1.110	2.550
1993		19.974	17.496	14.349	11.912	2.437	3.147	1.997	1.149	2.479
1994		19.817	17.408	14.190	11.771	2.419	3.218	2.026	1.192	2.409
1995		19.740	17.389	14.088	11.676	2.411	3.301	2.062	1.239	2.351
1996		19.475	17.190	13.714	11.431	2.283	3.476	2.126	1.350	2.285
1997		19.344	17.229	13.670	11.307	2.363	3.559	2.140	1.419	2.115
1998		19.292	17.137	13.533	11.198	2.335	3.604	2.162	1.442	2.155
1999[5]		19.404	17.037	13.386			3.651			2.367
2000[5]		19.443	17.046	13.297			3.749			2.397
2001[5]		19.435	17.072	13.342			3.730			2.363
2002		19.187	16.863	13.183	10.957	2.226	3.680	2.037	1.643	2.324
2003		18.845	16.560	12.857	10.637	2.220	3.703	2.212	1.492	2.285
2004		18.510	16.309	12.541	10.371	2.170	3.768	2.231	1.537	2.201
2005[6]		18.969	16.320	12.651	10.504	2.146	3.670	2.196	1.474	2.649

1) Zivile Erwerbstätige (ohne Auszubildende) nach Mikrozensus; Erwerbstätige „ohne Angabe" zum Berufsabschluss nach Mikrozensus je Altersklasse proportional auf alle Gruppen verteilt. 2) Betriebliche Berufsausbildung und Berufsfachschulausbildung sowie Fort- und Weiterbildung an Fach-, Techniker- und Meisterschulen, ohne Verwaltungsfachhochschulen. 3) Einschließlich Verwaltungsfachhochschulen. 4) Wegen Ausfall des Mikrozensus wurde ersatzweise die EG-Arbeitskräftestichprobe verwendet. 5) Für dieses Jahr keine vollständige Differenzierung möglich. 6) Jahresdurchschnittswerte.

Kapitel I

Erwerbstätige Frauen nach Qualifikationsstufen in Tausend[1] 1975–2005

Jahr	Ingesamt	mit abgeschlossener Ausbildung	davon						ohne Ausbildung
			mit abgeschlossener beruflicher Ausbildung[2]			mit Hochschulausbildung			
			insgesamt	davon		insgesamt	davon		
				betriebliche Ausbildung, Berufsfachschule	Fachschul-, Meister- und Technikerausbildung		Universitäten	Fachhochschulen[3]	
Alte Länder und Berlin-West									
1975	9.320	4.778	4.326	4.098	228	452	383	69	4.542
1976	9.174	4.867	4.388	4.151	236	479	397	82	4.307
1977	9.239	5.066	4.550	4.300	250	517	421	96	4.173
1978	9.268	5.247	4.695	4.433	262	553	443	109	4.020
1979	9.360	5.434	4.842	4.520	323	592	474	118	3.926
1980	9.530	5.670	5.033	4.646	387	637	510	127	3.860
1981	9.619	5.807	5.161	4.820	341	646	517	129	3.812
1982	9.607	5.884	5.236	4.946	291	647	518	130	3.724
1983[4]	9.449	5.965	5.306	4.997	309	659	519	140	3.484
1984[4]	9.452	6.145	5.463	5.132	331	682	530	152	3.307
1985	9.547	6.387	5.675	5.318	357	712	546	166	3.160
1986	9.738	6.731	5.970	5.599	372	761	576	185	3.007
1987	9.766	6.968	6.169	5.790	379	799	598	201	2.798
1988	9.932	7.226	6.384	5.986	398	843	632	211	2.706
1989	10.108	7.497	6.608	6.192	416	889	668	221	2.611
1990	11.156	8.343	7.354	6.866	488	990	723	266	2.812
1991	11.371	8.575	7.557	7.031	526	1.018	724	294	2.796
1992	11.758	8.994	7.870	7.319	550	1.124	806	318	2.765
1993	11.613	9.007	7.826	7.276	550	1.181	852	328	2.606
1994	11.679	9.162	7.917	7.351	566	1.245	894	351	2.517
1995	11.622	9.221	7.924	7.349	576	1.297	926	371	2.401
1996	11.796	9.472	8.033	7.514	519	1.439	979	460	2.324
1997	11.830	9.641	8.139	7.559	580	1.502	1.006	497	2.189
1998	11.927	9.804	8.248	7.675	573	1.556	1.059	497	2.123
1999[5]	12.213	9.855	8.266			1.589			2.358
2000[5]	12.392	10.034	8.384			1.650			2.358
2001[5]	12.679	10.295	8.582			1.713			2.384
2002	12.711	10.385	8.654	7.909	745	1.731	1.105	626	2.326
2003	12.718	10.438	8.627	7.865	763	1.811	1.224	587	2.280
2004	12.526	10.369	8.478	7.646	832	1.891	1.268	623	2.157

Zentrale Indikatoren des deutschen Arbeitsmarktes

Alte Länder ohne Berlin									
2005⁶	12.536	10.109	8.336	7.592	744	1.773	1.209	564	2.427
Neue Bundesländer und Berlin-Ost									
1991	3.492	3.254	2.920	2.092	828	333	277	56	238
1992	2.915	2.736	2.406	1.735	671	331	272	58	179
1993	2.766	2.616	2.252	1.635	617	364	297	67	150
1994	2.812	2.663	2.290	1.653	637	373	292	81	148
1995	2.859	2.713	2.330	1.671	658	383	287	96	146
1996	2.836	2.703	2.289	1.682	607	414	289	125	133
1997	2.767	2.642	2.227	1.624	603	415	293	122	125
1998	2.741	2.626	2.188	1.600	588	438	303	135	115
1999⁵	2.812	2.677	2.241			436			135
2000⁵	2.791	2.658	2.225			433			133
2001⁵	2.783	2.642	2.205			437			141
2002	2.764	2.630	2.180	1.627	553	450	269	181	134
2003	2.752	2.608	2.155	1.595	560	453	286	167	144
2004	2.733	2.604	2.132	1.552	580	472	299	173	129
Neue Bundesländer und Berlin									
2005⁶	3.185	2.934	2.351	1.761	590	583	400	183	251
Deutschland									
1991	14.863	11.829	10.478	9.123	1.355	1.352	1.001	350	3.034
1992	14.674	11.730	10.275	9.054	1.221	1.455	1.078	377	2.944
1993	14.379	11.623	10.078	8.911	1.167	1.544	1.150	395	2.756
1994	14.490	11.825	10.207	9.004	1.203	1.619	1.186	433	2.665
1995	14.481	11.934	10.254	9.020	1.234	1.680	1.213	467	2.547
1996	14.632	12.175	10.322	9.196	1.126	1.853	1.268	585	2.457
1997	14.597	12.284	10.366	9.184	1.183	1.917	1.299	619	2.313
1998	14.668	12.430	10.436	9.275	1.161	1.994	1.362	632	2.238
1999⁵	15.025	12.532	10.507			2.025			2.493
2000⁵	15.183	12.692	10.609			2.083			2.491
2001⁵	15.462	12.937	10.787			2.150			2.525
2002	15.475	13.015	10.834	1.298		2.181	1.374	807	2.460
2003	15.470	13.046	10.782	1.322		2.264	1.511	753	2.424
2004	15.259	12.973	10.610	1.412		2.363	1.567	796	2.286
2005⁶	15.721	13.043	10.687	1.334		2.356	1.609	747	2.678

1) Zivile Erwerbstätige (ohne Auszubildende) nach Mikrozensus; Erwerbstätige „ohne Angabe" zum Berufsabschluss nach Mikrozensus je Altersklasse proportional auf alle Gruppen verteilt. 2) Betriebliche Berufsausbildung und Berufsfachschulausbildung sowie Fort- und Weiterbildung an Fach-, Techniker- und Meisterschulen, ohne Verwaltungsfachhochschulen. 3) Einschließlich Verwaltungsfachhochschulen. 4) Wegen Ausfall des Mikrozensus wurde ersatzweise die EG-Arbeitskräftestichprobe verwendet. 5) Für dieses Jahr keine vollständige Differenzierung möglich. 6) Jahresdurchschnittswerte.

Teil III
Kapitel J

Deutschland im internationalen Vergleich

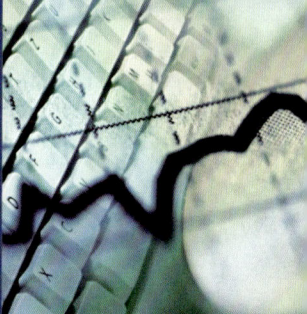

Kapitel J

Zusammenstellung:
Cornelia Sproß

Inhaltsübersicht Kapitel J
Deutschland im internationalen Vergleich

Zusammenstellung: Cornelia Sproß

1 Methodische Anmerkungen zum
internationalen Datenanhang............ 473

2 Erwerbsbeteiligung..................... 477
Erwerbsquote (15-64 Jahre)
für 20 Länder 1993-2007...................... 478
Erwerbsquote *Frauen* (15-64 Jahre)
für 20 Länder 1993-2007...................... 479
Erwerbsquote *Männer* (15-64 Jahre)
für 20 Länder 1993-2007...................... 480
Erwerbsquote *jüngere Arbeitnehmer* (15-24 Jahre)
für 20 Länder 1993-2007...................... 481
Erwerbsquote *Haupterwerbsgruppe* (25-54 Jahre)
für 20 Länder 1993-2007...................... 482
Erwerbsquote *ältere Arbeitnehmer* (55-64 Jahre)
für 20 Länder 1993-2007...................... 483
Erwerbsquote (25-64 Jahre) nach Ausbildungsgrad –
Geringqualifizierte (ISCED 0-2) für 20 Länder
1997-2006 484

3 Erwerbstätigkeit........................ 485
Erwerbstätigenquote für 20 Länder 1993-2007 ... 486
Erwerbstätigenquote *Frauen* für 20 Länder
1993-2007 487
Erwerbstätigenquote *Männer* für 20 Länder
1993-2007 488
Erwerbstätigenquote *jüngere Arbeitnehmer*
für 20 Länder 1993-2007...................... 489
Erwerbstätigenquote *Haupterwerbsgruppe*
für 20 Länder 1993-2007...................... 490
Erwerbstätigenquote *ältere Arbeitnehmer*
(55-64 Jahre) für 20 Länder 1993-2007.......... 491
Erwerbstätigenquote (25-64 Jahre) nach
Ausbildungsgrad – *Geringqualifizierte* (ISCED 0-2)
für 20 Länder 1997-2006...................... 492
Sektorale Beschäftigung *Landwirtschaft* als Anteil
an der zivilen Beschäftigung für 20 Länder
1993-2007 493

Sektorale Beschäftigung *Industrie* als Anteil an der
zivilen Beschäftigung für 20 Länder 1993-2007... 494
Sektorale Beschäftigung *Dienstleistungsbereich* als
Anteil an der zivilen Beschäftigung für 20 Länder
1993-2007 495
Abhängige Beschäftigung nach der Dauer der
(Haupt-)Erwerbstätigkeit – *Befristet Beschäftigte*
für 20 Länder 1993-2007...................... 496
Teilzeit-Beschäftigung als Anteil an der
Gesamtbeschäftigung für 20 Länder 1993-2007... 497
Teilzeit-Beschäftigung *Frauen* als Anteil an der
Gesamtbeschäftigung für 20 Länder 1993-2007... 498
Teilzeit-Beschäftigung *Männer* als Anteil an der
Gesamtbeschäftigung für 20 Länder 1993-2007... 499

4 Arbeitslosigkeit/Langzeitarbeitslosigkeit.. 501
Standardisierte Arbeitslosenquote (SUR)
für 20 Länder 1993-2007...................... 502
Standardisierte Arbeitslosenquote *Frauen*
für 20 Länder 1993-2007...................... 503
Standardisierte Arbeitslosenquote *Männer*
für 20 Länder 1993-2007...................... 504
Arbeitslosenquote als Anteil an der zivilen
Erwerbsbevölkerung für 20 Länder 1993-2007.... 505
Arbeitslosenquote *jüngere Arbeitnehmer*
(15-24 Jahre) für 20 Länder 1993-2007.......... 506
Arbeitslosenquote *Haupterwerbsgruppe*
(25-54 Jahre) für 20 Länder 1993-2007.......... 507
Arbeitslosenquote *ältere Arbeitnehmer*
(55-64 Jahre) für 20 Länder 1993-2007.......... 508
Arbeitslosenquote (25-64 Jahre) nach
Ausbildungsgrad – *Geringqualifizierte* (ISCED 0-2)
für 20 Länder 1997-2006...................... 509
Anteil der Langzeitarbeitslosen an allen Arbeitslosen
für 20 Länder 1993-2007...................... 510

1 Methodische Anmerkungen zum internationalen Datenanhang

Quellennachweis

Die Daten für den internationalen Datenhang wurden aus der Online-Datenbank der OECD (OECD STAT), speziell aus der Beschäftigungsdatenbank (*Employment Database; www.oecd.org/els/employment/stats)*[1], und aus der jährlich erscheinenden *OECD Arbeitskräftestatistik (Labour Force Statistics)* sowie dem *OECD Beschäftigungsausblick (Employment Outlook)* entnommen. Sowohl die publizierte Fassung der *OECD Labour Force Statistics* als auch die online verfügbare Datenbank enthalten ein vergleichendes Set an detaillierten jährlichen Daten für die Beschreibung und Analyse der Arbeitsmärkte in den 30 OECD-Ländern. Sie umfassen eine Sammlung von Statistiken zu Leistungen des Arbeitsmarkts, institutionelle Daten, Daten von Mikrosimulationen und eine Auswahl makroökonomischer Indikatoren, wobei folgende Serien die Situation auf dem Arbeitsmarkt widerspiegeln: Bevölkerung, Erwerbsbevölkerung, Beschäftigung und Arbeitslosigkeit nach Geschlecht, Alter, Qualifikation, Beschäftigungsstatus (Vollzeit/Teilzeit), Beschäftigung nach sektoraler Zugehörigkeit, Dauer der Arbeitslosigkeit sowie Dauer der Beschäftigung (permanent oder befristet). Die Daten liegen sowohl in absoluten Zahlen (Angabe in Tausend) und als Indikatoren (Angabe in Prozent) vor.

Im Vergleich zur letzten Handbuch-Ausgabe sind bei den einzelnen Indikatoren Abweichungen sichtbar. Begründet wird dies durch die ständigen Anpassungen der Daten an veränderte methodische Bedingungen oder Definitionen (siehe Abschnitt 3).

---

[1] Zu beachten ist, dass Daten u. a. zu Erwerbstätigkeit, Arbeitslosigkeit und Erwerbsbevölkerung, die in der Beschäftigungsdatenbank enthalten sind, nicht notwendigerweise mit den Daten und Projektionen der OECD Wirtschaftsabteilung (Economics Department) übereinstimmen müssen. Diese veröffentlichen ihre Daten über die Datenbank „Main Economic Indicators" (MEI).

Die Daten vorangegangener Jahre wurden diesen Änderungen oftmals angepasst. In der aktuellen Handbuch-Ausgabe wird daher dieselbe Zeitspanne wie im letzten IAB-Handbuch angegeben und bis zum aktuellen Rand aktualisiert.

Begriffsdefinitionen

Die Zeitreihen sind in Konformität mit den Richtlinien bzw. Definitionen der ILO und OECD dargestellt, d. h., die Indikatoren der Zeitreihen sind standardisiert und ermöglichen somit eine Vergleichbarkeit zwischen den Ländern. Standardisiert bedeutet, dass nationale Mikrodaten von Einzelpersonen und Haushalte in gleicher Weise behandelt werden, um so eine Vergleichbarkeit zwischen den Ländern zu erreichen. Unterschiede zwischen den Ländern sollten dennoch beachtet werden, denn die standardisierte Darstellung impliziert nicht die vollständige Vergleichbarkeit der Serien zwischen den Ländern. Ausnahmen wurden, soweit relevant, bei der jeweiligen Zeitreihe angegeben (vgl. OECD 2008).

Die den Daten zugrunde liegenden Begriffe und Definitionen werden nachfolgend erklärt (vgl. OECD Glossar für statistische Begriffe; OECD 2007):

Erwerbsquote: Die Erwerbsquote *(Total Labour Force Rate)* definiert den prozentualen Anteil der Erwerbspersonen an der Erwerbsbevölkerung (15–64 Jahre) und setzt sich aus der Summe von Erwerbstätigen und Arbeitslosen zusammen.

Erwerbstätigenquote: Die Erwerbstätigenquote *(Total Employment)* definiert den prozentualen Anteil aller beschäftigten Personen *(Employed)* an der Bevölkerung im erwerbfähigen Alter (15–64 Jahre). Als beschäftigt gelten dabei alle zivilen Beschäftigten *(Civilian Employed)*, d. h. abhängig Beschäftigte, Selbstständige, unbezahlt helfende Familienangehörige) und Streitkräfte.

Sektorale Beschäftigung (Employment by Activity): Gemäß der Definition der von der UN entwickelten internationalen gewerblichen Standardklassifizierung für alle Wirtschaftstätigkeiten (ISIC Rev. 3[2]) werden Einheiten (u. a. Unternehmen) nach ihrer Hauptaktivität klassifiziert (UN 2006). Der ISIC Rev. 3 unterscheidet drei Hauptkategorien:

1. Landwirtschaft (beinhaltet die Sparten 1, 2 und 5 des ISIC Rev. 3 sowie die Kategorien A und B mit Landwirtschaft, Jagdwesen und Forstwirtschaft (A) und Fischerei (B)),

2. Industrie (beinhaltet die Sparten 10–45 des ISIC Rev. 3 sowie die Kategorien C bis F mit Bergbau und Abbau (C), produzierendes Gewerbe (D), Elektrizität, Gas und Wasser (E) und Baugewerbe (F)), und

3. Dienstleistungsbereich (beinhaltet die Sparten 44–99 des ISIC Rev. 3 sowie die Kategorien G bis Q mit Groß- und Einzelhandel, Reparaturwerkstätten sowie personen- und haushaltsbezogene Leistungen (G), Transport, Lagerwesen und Kommunikation (I), finanzielle Vermittlung (J), Immobilien, Vermietung und Wirtschaftstätigkeiten (K), öffentliche Verwaltung und Verteidigung, verpflichtende Sozialversicherung (L), Bildung (M), Gesundheits- und Sozialarbeit (N), andere kommunale, soziale oder personenbezogene Aktivitäten (O), Privathaushalte mit Angestellten (P) und weitere gebietsbezogene Organisationen oder Gesellschaften (Q)).

Befristet Beschäftigte: Beschäftigte mit einem befristeten (temporären) Arbeitsvertrag *(Temporary Workers)* unterliegen einem begrenzten Arbeitsverhältnis, definiert durch objektive Konditionen wie z. B. ein im Arbeitsvertrag festgelegter Zeitpunkt des Austritts. Befristet Beschäftigte haben keinen bzw. begrenzten Anspruch auf bezahlten Urlaub oder Krankengeld. Der befristete Vertrag beinhaltet oftmals andere rechtliche Regelungen und Verpflichtungen des Arbeitgebers im Sinne des Beschäftigungsschutzes im Vergleich zu unbefristet Beschäftigten. Zu den befristet Beschäftigten zählen a) Saisonarbeiter, b) Leiharbeiter und c) Personen mit spezifischen Weiterbildungsverträgen (vgl. CODED).

Teilzeit-Beschäftigung: Eine einheitliche Definition von Teilzeit-Beschäftigung *(Part-Time Employment)* existiert nicht und variiert zwischen den OECD-Ländern. Allgemein lassen sich drei gemeinsame Merkmale identifizieren:

1. Die Klassifikation beruht auf der Sichtweise des/ der Arbeitnehmers/-in zu seiner/ihrer Beschäftigung.

2. Es besteht eine einheitliche Obergrenze der Wochenarbeitsstunden (30 bzw. 35 Stunden pro Woche), basierend auf den gewöhnlich geleisteten Arbeitsstunden.

3. Es gibt eine vergleichbare Obergrenze, basierend auf den tatsächlich geleisteten Arbeitsstunden während der Referenzwoche.

Nach Definition der OECD bezieht sich Teilzeit-Beschäftigung auf Personen, die gewöhnlich weniger als 30 Stunden die Woche ihrer Haupterwerbstätigkeit nachgehen. Diese Definition kann jedoch nicht angewendet werden, wenn es um die Einstellung (Präferenz) zu Teilzeitbeschäftigung geht, weil sich diese immer auf die individuelle Einschätzung zum Beschäftigungsstatus bezieht (OECD 1999: 22).

Standardisierte Arbeitslosenquote: Die standardisierte Arbeitslosenquote *(Standardisied Unemployment Rate*, SUR) definiert die Anzahl arbeitsloser Personen als Anteil an der zivilen Erwerbsbevölkerung *(Civilian Labour Force)*, die sich aus allen zivilen Beschäftigten inklusive Selbstständiger und unbezahlt helfender Familienangehörigen und Arbeitslosen zusammensetzt. Die Definition entspricht den Vorgaben der Internationalen Arbeitsorganisation (IAO) zur Definierung von Arbeitslosigkeit. Nach den IAO-Richtlinien sind Personen arbeitslos, wenn sie ohne Beschäftigung sind und sowohl für

---

2   International Standard Industrial Classification of All Economic Activities, Rev. 3 (ISIC).

eine Beschäftigung bereitstehen und aktiv nach Arbeit suchen.

Schätzungen zu Erwerbstätigkeit und Arbeitslosigkeit basieren dabei auf nationalen Arbeitskräfteerhebungen und umfassen nur private Haushalte. Alle Personen, die in Institutionen leben, sind ausgegliedert. Die SUR ist saisonbereinigt und ermöglicht aufgrund der einheitlichen Bereinigung einen länderübergreifenden Vergleich über die Zeit (vgl. OECD 2004: 293).

Für die EU-Länder sowie Norwegen wird die SUR von der Eurostat und nach dessen Richtlinien berechnet. Für Australien, Japan, Kanada, Neuseeland, die Schweiz und die USA bezieht die OECD die Daten direkt von den nationalen Statistischen Ämtern, deren Arbeitskräfteerhebungen auf den IAO-Richtlinien basieren.

Arbeitslosenquote: Zu unterscheiden von der SUR ist die fragebogenbasierte Arbeitslosenquote *(Unemployment Rate)*, welche die Anzahl der arbeitslosen Personen als Anteil an der Erwerbsbevölkerung definiert und die sich aus der Summe der Anzahl von Beschäftigten *(Employed)* und Arbeitslosen *(Unemployed)* zusammensetzt. Die Kriterien, nach welchen eine Person als arbeitslos (bzw. beschäftigt) gilt, entsprechen den Richtlinien der IAO. Demnach gelten Personen zwischen 15 und 74 Jahren als arbeitslos, die a) während der Berichtswoche ohne Arbeit waren, b) gegenwärtig für eine Beschäftigung verfügbar waren, d. h. Personen, die innerhalb der zwei auf die Berichtswoche folgenden Wochen für eine abhängige Beschäftigung oder eine selbstständige Tätigkeit verfügbar waren, und c) aktiv auf Arbeitssuche waren, d. h. Personen, die innerhalb der letzten vier Wochen (einschließlich der Berichtswoche) spezifische Schritte unternommen haben, um eine abhängige Beschäftigung oder eine selbstständige Tätigkeit zu finden, oder die einen Arbeitsplatz gefunden haben, die Beschäftigung aber erst später, d. h. innerhalb eines Zeitraums von höchstens drei Monaten, aufnehmen.

Für Australien, Japan, Kanada, Neuseeland und die USA sind die SUR und die Arbeitslosenquote identisch, da seitens der OECD keine eigene Berechnung der Daten vorgenommen wird. Für die europäischen Länder und Norwegen werden vonseiten der Eurostat die monatlichen Daten geschätzt. Falls jedoch nur vierteljährliche Schätzungen vorliegen, verwendet Eurostat die Ergebnisse der nationalen Arbeitskräfteerhebungen und die monatlichen Zahlen der registrierten Arbeitslosen, um Monatswerte zu produzieren. Für Finnland und Großbritannien ist die Berechnung nicht notwendig, da über die Befragungen Monatswerte erhoben werden.

Arbeitslosenquote als Anteil an der zivilen Erwerbsbevölkerung: Diese Arbeitslosenquote definiert den Anteil der Arbeitslosen an der zivilen Erwerbsbevölkerung *(Civilian Labour Force)* oder aktiven Bevölkerung, die sich aus allen Personen zusammensetzt, die als beschäftigt *(Civilian Employed)*, d. h. abhängig Beschäftigte, Selbstständige und unbezahlt helfende Familienangehörige, oder arbeitslos *(Unemployed)* gelten.

Langzeitarbeitslosigkeit: Die Langzeitarbeitslosenquote *(Long-Term Unemployment Rate)* definiert den Anteil der Personen an allen Arbeitslosen, die 12 Monate oder länger arbeitslos und Beschäftigung suchend sind.

Serienbrüche

In den vergangenen Jahren fanden zahlreiche Umstellungen u. a. im Untersuchungsdesign oder der Definition einzelner Begriffe statt, die einen wesentlichen Einfluss auf die Zeitreihe des jeweiligen Arbeitsmarktindikators hatten. Zusammenfassend sollen hier die wichtigsten Serienbrüche[3] aufgelistet werden (vgl. OECD 2007):

Einführung einer (unterjährigen) kontinuierlichen Erhebung: Belgien (1998/1999), Deutschland

---

[3] Dabei werden nur die im Handbuch 2008 dargestellten Länder berücksichtigt.

(2004/2005)[4], Finnland (1999/2000), Frankreich (2002/2003), Irland (1996/1997/1998), Italien (2003/2004), Norwegen (1995/1996), Österreich (2003/2004), Portugal (1997/1998), Schweden (1992/1993 und 1998/1999) und Spanien (1998/1999).

Neugestaltung der Arbeitskräfteerhebung: Portugal (1997/1998), Spanien (2004/2005) und USA (1994).

Veränderung der operativen Definition von Arbeitslosigkeit bezogen auf die aktive Jobsuche, speziell durch die Veränderung der Anforderung zur Registrierung bei der öffentlichen Arbeitsverwaltung (Frankreich (2002/2003) und Spanien (2000/2001)) sowie andere (hier nicht spezifisierte) Änderungen in Australien (2000/2001) und Finnland (1998).

Veränderungen des Fragebogens mit Einfluss auf die Indikatoren zu Erwerbstätigkeit und Arbeitslosigkeit in Spanien (2004/2005) sowie auf die Schätzungen zur Arbeitslosigkeit in Schweden 2004/2005. In Italien (1992/1993) Änderungen hinsichtlich des Alters der aktiven Erwerbsbevölkerung von 14 auf 15 Jahre, in der Definition von Arbeitslosigkeit, den Bevölkerungsschätzungen, dem Schätzungs- und Zuschreibungsprozess.

Einbeziehung einer Bevölkerungskontrolle basierend auf den Erhebungsergebnissen im Schätzungsprozess in Großbritannien (1992/1993), Spanien (1995/1996) und den USA (1999/2000).

Referenzen

CODED Codes and Definition Database der Eurostat, http://ec.europa.eu/eurostat/ramon/nomenclatures/index.cfm?TargetUrl=LST_NOM&StrGroupCode=CONCEPTS &StrLanguageCode=EN (27.02.2008).

OECD (1999): OECD Employment Outlook, OECD: Paris.

OECD (2004): OECD Employment Outlook, OECD: Paris.

OECD (2007): OECD Employment Outlook, OECD: Paris.

OECD (2008): OECD Labour Force Statistics 1987–2007, OECD: Paris.

OECD Glossar für statistische Begriffe, http://stats.oecd.org/glossary/ (27.02.2008).

UN (2006): Statistical Yearbook, 50th issue, United Nations: New York.

---

4 Weitere Informationen zur Umstellung des Mikrozensus finden sich beim Statistischen Bundesamt (http://www.destatis.de/jetspeed/portal/cms/Sites/destatis/Internet/DE/Presse/abisz/Mikrozensus,templateId=renderPrint.psml) (28.02.2008).

2 Erwerbsbeteiligung

Teil III
Kapitel J

Erwerbsquote (15–64 Jahre) für 20 Länder 1993–2007

	1993	1994	1995	1996	1997	1998	1999	2000	2001	2002	2003	2004	2005	2006	2007
Australien	72,7	73,2	74,1	74,0	73,7	73,7	73,5	74,0	74,1	74,3	74,6	74,5	75,5	75,8	76,2
Belgien	60,9	61,7	62,1	62,2	62,6	63,2	64,6	65,2	63,6	64,1	64,3	65,3	66,4	65,9	66,7
Dänemark	81,2	78,8	79,5	79,5	79,8	79,3	80,6	80,0	79,2	79,9	79,4	80,2	79,4	80,1	80,3
Deutschland	70,7	70,5	70,4	70,6	70,8	71,4	71,2	71,1	71,5	71,5	71,3	72,6	73,8	75,0	75,6
Finnland	73,4	72,7	73,2	73,4	72,7	73,2	74,2	74,9	75,2	75,0	74,7	74,4	74,8	75,4	75,7
Frankreich	66,6	66,6	66,9	67,4	67,2	67,4	67,8	68,0	68,0	68,3	69,3	69,3	69,4	69,4	69,5
Großbritannien*	76,1	76,0	75,8	75,9	76,0	75,7	76,1	76,4	76,1	76,2	76,3	76,2	76,2	76,7	76,3
Irland	60,7	61,1	61,8	62,5	62,9	64,8	66,3	67,4	67,5	67,9	68,0	68,6	70,2	71,4	72,3
Italien	58,4	58,0	57,9	58,2	58,5	59,2	59,8	60,3	60,7	61,2	61,6	62,5	62,4	62,7	62,5
Japan	71,3	71,4	71,5	72,0	72,6	72,6	72,4	72,5	72,6	72,3	72,3	72,2	72,6	73,1	73,6
Kanada	75,1	74,9	74,7	74,6	74,8	75,2	75,8	76,2	76,4	77,4	78,2	78,2	77,8	77,9	78,4
Neuseeland	73,1	74,1	74,8	75,8	75,6	75,2	75,2	75,3	75,9	76,4	76,1	76,6	77,5	78,1	78,3
Niederlande	68,0	68,6	70,1	70,9	72,1	73,0	73,9	74,3	74,5	74,8	75,1	75,1	75,1	75,7	76,9
Norwegen*	75,9	76,4	77,4	79,2	80,2	80,9	80,6	80,7	80,3	80,3	79,3	79,1	78,9	79,0	79,6
Österreich	...	70,8	71,3	70,6	70,7	70,7	70,9	70,7	70,6	71,3	71,8	71,3	72,4	73,7	74,7
Portugal	68,8	69,0	68,4	68,9	69,7	70,5	70,7	71,3	71,7	72,0	72,0	72,9	73,4	73,9	74,1
Schweden*	80,2	79,2	79,5	79,5	78,7	78,1	78,5	78,9	79,3	79,1	78,9	78,7	80,1	80,2	80,6
Schweiz	80,1	78,7	79,1	79,9	80,2	81,0	80,9	80,6	81,2	81,3	81,3	81,0	80,8	81,2	81,6
Spanien*	62,0	62,4	62,6	63,2	63,9	64,5	65,3	66,7	65,8	67,1	68,5	69,7	70,8	71,9	72,6
USA*	76,6	76,7	76,9	77,1	77,4	77,4	77,2	77,2	76,8	76,4	75,8	75,4	75,4	75,5	75,3

_ Serienbruch
... Keine Daten verfügbar
* 16–64 Jahre
Quelle: OECD STAT – Labour Force Statistic (www.oecd.org) und OECD Labour Force Statistics (printed version) (verschiedene Jahrgänge).

Erwerbsquote *Frauen* (15–64 Jahre) für 20 Länder 1993–2007

	1993	1994	1995	1996	1997	1998	1999	2000	2001	2002	2003	2004	2005	2006	2007
Australien	61,8	62,8	64,2	64,3	64,1	64,4	64,4	65,4	66,0	66,3	67,1	66,9	68,4	68,9	69,4
Belgien	50,3	51,2	51,7	52,0	52,9	53,8	56,0	56,6	54,5	55,4	55,8	57,7	59,5	58,9	60,2
Dänemark	77,4	73,8	73,3	73,6	74,2	75,1	76,1	75,9	75,0	75,9	74,8	76,1	75,1	76,7	76,4
Deutschland	60,9	60,9	61,1	61,4	61,9	62,5	63,0	63,3	63,8	64,2	64,5	65,8	66,9	68,5	69,4
Finnland	69,8	69,1	69,5	69,9	69,4	69,8	71,2	72,1	72,5	72,7	72,1	72,0	72,9	73,2	73,9
Frankreich	59,0	59,3	59,9	60,4	60,2	60,8	61,4	61,7	61,8	62,1	63,7	64,0	64,3	64,5	65,0
Großbritannien*	66,9	67,1	67,1	67,5	68,0	67,9	68,5	68,9	68,9	69,3	69,2	69,6	69,6	70,3	69,8
Irland	45,4	45,8	47,3	49,2	49,8	52,1	54,3	55,7	56,0	57,3	57,6	58,0	60,3	61,3	63,0
Italien	41,9	41,9	42,3	43,0	43,5	44,6	45,5	46,3	47,3	47,9	48,3	50,6	50,4	50,8	50,7
Japan	58,2	58,3	58,4	58,9	59,7	59,8	59,5	59,6	60,1	59,7	59,9	60,2	60,8	61,3	61,9
Kanada	67,8	67,8	67,8	67,8	68,2	69,1	69,7	70,4	70,8	72,1	73,2	73,4	73,1	73,5	74,3
Neuseeland	63,6	64,9	65,9	67,5	67,3	67,0	67,4	67,5	68,4	69,0	69,2	69,6	70,8	71,4	71,8
Niederlande	56,3	57,3	59,1	60,2	61,9	62,9	64,5	65,2	65,9	66,4	67,3	67,8	68,6	69,4	71,1
Norwegen*	70,4	70,9	72,1	74,1	75,3	76,1	76,1	76,5	76,4	76,7	75,8	75,7	75,4	75,6	76,5
Österreich	...	61,3	61,6	61,0	61,3	61,4	61,7	61,8	62,2	63,5	64,1	64,2	65,6	67,0	67,8
Portugal	59,4	60,0	59,9	60,9	62,2	62,4	62,9	63,8	64,5	65,0	65,6	67,0	67,9	68,4	68,5
Schweden*	78,1	77,0	77,3	77,3	76,3	75,4	76,0	76,4	77,1	77,1	76,8	76,6	77,7	77,7	78,2
Schweiz	69,4	68,0	68,3	70,0	70,6	71,9	72,2	71,7	73,3	73,9	74,1	73,9	74,3	74,7	75,0
Spanien*	44,8	46,3	47,1	48,1	49,2	49,9	50,9	52,9	51,6	53,7	55,7	57,7	59,1	61,1	62,3
USA*	68,6	69,4	69,7	70,1	70,7	70,7	70,7	70,7	70,4	70,1	69,7	69,2	69,2	69,3	69,1

_ Serienbruch
... Keine Daten verfügbar
* 16–64 Jahre

Quelle: OECD STAT – Labour Force Statistics (www.oecd.org) und OECD Labour Force Statistics (printed version) (verschiedene Jahrgänge).

Erwerbsquote *Männer* (15–64 Jahre) für 20 Länder 1993–2007

	1993	1994	1995	1996	1997	1998	1999	2000	2001	2002	2003	2004	2005	2006	2007
Australien	83,6	83,5	83,9	83,7	83,1	82,9	82,6	82,5	82,3	82,3	82,1	82,1	82,7	82,8	83,0
Belgien	71,4	72,0	72,3	72,2	72,2	72,5	73,0	73,8	72,7	72,6	72,6	72,7	73,1	72,7	73,2
Dänemark	84,9	83,7	85,6	85,3	85,2	83,5	85,0	84,0	83,3	83,8	84,0	84,2	83,6	83,4	84,0
Deutschland	80,2	79,8	79,5	79,4	79,5	79,9	79,2	78,9	79,0	78,7	78,0	79,2	80,6	81,4	81,8
Finnland	76,9	76,3	76,7	76,9	76,0	76,5	77,1	77,6	77,9	77,3	77,2	76,7	76,8	77,5	77,4
Frankreich	74,2	74,1	74,0	74,5	74,3	74,1	74,4	74,4	74,3	74,5	74,8	74,7	74,6	74,4	74,2
Großbritannien*	85,5	85,1	84,7	84,5	84,2	83,7	84,0	84,1	83,5	83,3	83,6	83,1	83,0	83,2	83,1
Irland	75,8	76,2	76,2	75,9	75,8	77,4	78,3	79,1	79,0	78,3	78,3	79,1	80,0	81,2	81,4
Italien	74,9	74,2	73,6	73,5	73,5	73,9	74,1	74,3	74,2	74,5	74,8	74,5	74,4	74,6	74,4
Japan	84,4	84,4	84,5	85,0	85,4	85,3	85,3	85,2	85,0	84,8	84,6	84,2	84,4	84,8	85,2
Kanada	82,3	82,0	81,5	81,3	81,4	81,3	81,9	81,9	81,9	82,7	83,1	82,9	82,5	82,2	82,5
Neuseeland	82,9	83,4	83,9	84,3	84,2	83,6	83,3	83,3	83,6	84,1	83,1	83,8	84,4	85,1	85,0
Niederlande	79,3	79,6	80,8	81,1	82,0	82,8	83,1	83,2	82,9	83,0	82,7	82,1	81,4	81,9	82,7
Norwegen*	81,3	81,6	82,4	84,1	85,0	85,6	85,0	84,8	84,0	83,8	82,8	82,5	82,3	82,3	82,5
Österreich	...	80,2	80,7	80,1	80,0	79,8	80,0	79,5	79,0	79,1	79,4	78,5	79,3	80,4	81,7
Portugal	78,7	78,4	77,3	77,3	77,5	78,9	78,8	79,0	79,2	79,3	78,5	79,0	79,0	79,5	79,4
Schweden*	82,2	81,3	81,7	81,8	81,0	80,7	80,9	81,3	81,4	81,1	80,8	80,7	82,5	82,6	82,9
Schweiz	90,8	89,5	90,0	89,9	89,8	90,2	89,6	89,4	89,1	88,7	88,5	88,0	87,4	87,8	88,2
Spanien*	79,1	78,5	78,0	78,3	78,6	79,1	79,6	80,4	79,8	80,4	81,1	81,6	82,2	82,5	82,7
USA*	84,9	84,3	84,3	84,3	84,2	84,2	84,0	83,9	83,4	83,0	82,2	81,9	81,8	81,9	81,7

_ Serienbruch
... Keine Daten verfügbar
* 16–64 Jahre

Quelle: OECD STAT – Labour Force Statistics (www.oecd.org) und OECD Labour Force Statistics (printed version) (verschiedene Jahrgänge).

Deutschland im internationalen Vergleich

Erwerbsquote *jüngere Arbeitnehmer* (15–24 Jahre) für 20 Länder 1993–2007

	1993	1994	1995	1996	1997	1998	1999	2000	2001	2002	2003	2004	2005	2006	2007
Australien	68,9	70,7	71,8	71,7	70,2	70,2	70,4	70,6	70,9	70,1	70,4	70,6	71,3	71,0	70,8
Belgien	34,4	35,2	33,9	32,8	32,0	32,6	32,9	35,7	33,6	33,8	33,5	34,0	33,2	32,3	33,1
Dänemark	70,6	69,1	73,2	73,8	74,2	71,6	73,3	71,9	67,2	68,8	65,9	66,4	67,2	69,0	72,6
Deutschland	57,0	56,0	53,5	51,9	51,0	51,3	51,6	51,5	51,3	49,7	47,4	48,0	50,2	50,9	52,0
Finnland	49,7	46,3	45,7	46,1	48,4	49,5	52,4	53,8	53,6	52,7	52,0	51,3	51,9	53,6	55,0
Frankreich	32,0	30,4	29,5	29,0	27,7	27,8	28,2	29,3	29,9	30,2	36,4	36,5	36,7	36,7	37,0
Großbritannien*	71,1	70,1	69,6	70,5	70,2	69,3	69,2	69,7	68,2	68,5	67,4	67,4	66,7	66,6	65,3
Irland	46,1	44,2	46,1	44,5	45,7	48,6	50,7	51,6	50,1	48,6	49,1	48,6	50,6	52,8	53,4
Italien	42,1	40,7	40,1	39,6	39,7	40,1	39,6	39,5	37,6	36,3	35,3	35,6	33,5	32,5	30,9
Japan	47,2	47,6	47,6	48,3	48,6	48,3	47,2	47,0	46,5	45,6	44,8	44,2	44,8	45,0	44,9
Kanada	64,4	63,9	63,2	62,3	61,5	61,9	63,5	64,4	64,7	66,6	67,4	67,0	65,9	66,4	67,0
Neuseeland	65,2	66,5	67,4	67,5	67,0	65,3	63,3	62,9	63,3	64,0	62,8	62,6	62,8	65,0	65,0
Niederlande	61,4	61,7	64,5	66,3	67,5	68,0	70,9	70,8	71,0	70,9	70,4	69,6	68,5	69,2	70,5
Norwegen*	55,5	55,4	55,9	59,7	61,6	63,8	63,9	64,7	63,1	64,2	62,6	61,6	60,2	60,9	60,6
Österreich	...	62,5	60,4	59,3	58,4	57,3	56,7	55,9	55,0	55,4	55,1	57,4	59,2	59,4	60,8
Portugal	49,0	47,2	44,5	44,4	45,9	47,7	46,7	46,0	47,1	47,3	45,0	43,6	43,0	42,7	41,9
Schweden*	54,9	53,5	52,8	51,2	50,4	50,0	51,1	52,3	54,2	53,4	52,3	51,5	54,7	56,0	57,1
Schweiz	69,5	64,0	63,6	66,4	66,8	67,0	68,7	68,4	67,6	69,3	69,3	67,0	65,6	68,6	67,4
Spanien*	49,9	49,4	48,0	47,2	46,9	46,9	48,0	48,5	46,8	47,0	47,6	49,2	52,1	52,7	52,4
USA*	66,1	66,4	66,3	65,5	65,4	65,9	65,5	65,8	64,5	63,3	61,6	61,1	60,8	60,6	59,4

_ Serienbruch
... Keine Daten verfügbar
* 16–24 Jahre

Quelle: OECD STAT – Labour Force Statistics (www.oecd.org) und OECD Labour Force Statistics (printed version) (verschiedene Jahrgänge).

Erwerbsquote *Haupterwerbsgruppe* (25–54 Jahre) für 20 Länder 1993–2007

	1993	1994	1995	1996	1997	1998	1999	2000	2001	2002	2003	2004	2005	2006	2007
Australien	79,8	79,7	80,5	80,3	80,2	80,1	79,9	80,4	80,6	80,9	81,1	80,9	82,0	82,3	82,8
Belgien	79,2	79,9	80,4	80,8	81,0	81,2	82,5	82,8	80,9	81,7	81,8	82,8	84,4	84,5	85,1
Dänemark	90,0	87,2	87,1	87,5	87,0	87,5	88,2	87,9	87,5	88,0	87,8	88,2	87,7	88,4	88,5
Deutschland	83,1	82,9	83,1	83,5	84,2	85,1	85,2	85,3	85,5	85,8	86,0	86,5	86,4	87,1	87,2
Finnland	87,3	87,1	87,6	87,5	86,7	87,2	87,8	87,9	88,0	88,1	87,5	87,3	87,8	87,8	88,0
Frankreich	85,4	85,9	86,0	86,4	86,0	86,2	86,2	86,2	86,3	86,4	86,7	87,0	87,2	87,4	88,2
Großbritannien	83,5	83,4	83,3	83,1	83,2	83,1	83,6	83,9	83,7	83,8	83,8	83,8	84,0	84,6	84,5
Irland	71,1	72,4	72,8	74,5	74,5	76,1	77,3	78,5	78,9	79,3	78,9	79,6	80,8	81,3	82,1
Italien	71,8	71,7	71,8	72,2	72,4	73,2	73,8	74,3	75,1	75,8	76,3	77,5	77,4	77,8	77,6
Japan	81,5	81,4	81,4	81,8	82,2	82,1	81,9	81,9	82,2	82,0	82,1	82,2	82,5	82,8	83,3
Kanada	83,5	83,3	83,3	83,4	83,9	84,3	84,6	84,8	85,1	85,9	86,4	86,5	86,3	86,2	86,6
Neuseeland	81,2	81,5	81,8	82,5	82,2	81,7	82,1	82,3	82,6	82,9	82,7	83,2	84,2	84,3	84,3
Niederlande	78,1	78,7	79,9	80,2	81,5	82,3	82,7	83,1	83,4	83,4	84,3	84,3	84,6	85,1	85,9
Norwegen	84,9	85,1	85,9	87,1	87,7	87,9	87,6	87,6	87,4	87,1	86,2	86,5	86,6	87,0	87,5
Österreich	...	82,2	83,3	83,2	83,9	84,1	84,6	84,9	85,1	86,3	87,0	86,2	86,4	87,1	87,4
Portugal	83,3	83,8	84,1	84,1	84,4	83,8	84,0	84,7	85,2	85,4	85,9	86,3	87,1	87,7	87,8
Schweden	90,3	89,2	89,6	89,4	88,6	88,0	88,0	88,2	88,1	87,9	87,8	87,7	89,5	89,4	90,0
Schweiz	86,5	86,2	86,8	86,8	86,9	88,0	87,5	87,4	87,8	88,3	88,1	88,2	88,5	88,3	88,9
Spanien	72,8	73,9	74,4	75,2	75,9	76,3	76,8	78,0	76,5	78,1	79,4	80,6	80,9	82,0	82,8
USA	83,4	83,4	83,5	83,8	84,1	84,1	84,0	83,7	83,3	83,0	82,8	82,8	82,9	83,0	

_ Serienbruch
... Keine Daten verfügbar
Quelle: OECD STAT – Labour Force Statistics (www.oecd.org) und OECD Labour Force Statistics (printed version) (verschiedene Jahrgänge).

Erwerbsquote *ältere Arbeitnehmer* (55–64 Jahre) für 20 Länder 1993–2007

	1993	1994	1995	1996	1997	1998	1999	2000	2001	2002	2003	2004	2005	2006	2007
Australien	43,6	44,8	45,2	45,8	45,8	46,7	46,8	48,3	49,0	50,9	52,5	53,9	55,5	57,4	58,3
Belgien	22,7	23,5	24,2	22,8	23,1	23,8	26,2	25,9	26,0	26,7	28,5	31,3	33,5	32,2	35,2
Dänemark	56,3	53,7	53,6	50,6	54,1	53,1	56,6	56,9	58,9	60,1	63,1	65,5	62,9	63,2	61,3
Deutschland	40,2	40,6	42,4	44,1	45,2	45,0	43,7	42,9	42,9	43,3	43,1	47,8	52,1	54,9	57,2
Finnland	41,3	41,3	43,2	45,1	42,0	42,0	43,7	46,6	50,3	52,0	54,1	55,0	56,4	58,4	58,8
Frankreich	36,7	35,9	36,1	36,6	36,7	36,2	37,5	37,3	38,8	41,7	39,0	39,9	40,9	40,5	40,4
Großbritannien	51,7	52,1	51,4	51,4	51,7	51,0	52,0	52,7	53,9	55,0	57,3	58,0	58,2	59,1	59,3
Irland	42,4	43,2	42,7	43,3	42,8	43,8	45,7	46,3	47,9	49,2	50,5	50,7	53,2	54,7	55,5
Italien	31,2	30,4	29,6	29,9	29,2	29,2	29,0	29,0	29,2	30,1	31,5	31,8	32,6	33,4	34,6
Japan	66,5	66,1	66,2	66,3	66,9	67,1	67,1	66,5	65,8	65,4	65,8	66,0	66,6	67,3	68,4
Kanada	47,8	48,1	47,1	47,1	48,1	48,6	49,7	50,9	51,2	53,4	56,5	57,3	57,9	58,7	60,1
Neuseeland	47,1	49,7	52,1	55,9	56,8	58,4	59,9	60,0	62,9	65,5	66,7	68,9	71,0	71,8	73,1
Niederlande	29,1	30,0	30,3	31,6	32,5	34,2	36,2	38,5	39,9	43,6	44,2	46,0	47,0	49,1	52,2
Norwegen	62,3	63,3	64,8	66,0	67,3	68,4	68,0	68,0	68,5	69,7	69,5	68,8	68,8	68,2	69,7
Österreich	...	29,5	31,6	30,6	29,9	30,4	31,1	29,7	29,6	30,8	31,7	29,9	33,0	36,8	39,8
Portugal	46,6	47,9	46,6	48,5	49,7	51,4	52,0	52,5	51,7	52,9	53,4	53,2	53,8	53,4	54,4
Schweden	67,2	66,5	67,4	69,3	68,2	67,5	68,6	69,3	70,5	71,7	72,5	73,1	72,8	73,0	73,0
Schweiz	65,3	63,7	63,6	65,4	65,8	66,5	66,4	65,1	68,6	65,9	67,4	67,4	67,6	67,8	69,3
Spanien	38,9	37,3	36,9	37,6	38,5	39,2	38,8	40,9	41,9	42,7	43,8	44,4	45,9	46,8	47,4
USA	56,4	56,8	57,2	57,9	58,9	59,3	59,3	59,2	60,4	61,9	62,4	62,3	62,9	63,7	63,8

_ Serienbruch
... Keine Daten verfügbar

Quelle: OECD STAT – Labour Force Statistics (www.oecd.org) und OECD Labour Force Statistics (printed version) (verschiedene Jahrgänge).

Erwerbsquote (25–64 Jahre) nach Ausbildungsgrad – *Geringqualifizierte* (ISCED 0–2)* für 20 Länder 1997–2006**

	1997	1998	1999	2000	2001	2002	2003	2004	2005	2006
Australien	65,8	65,3	64,5	65,8	64,8	64,8	65,5	64,6	67,2	67,2
Belgien	54,3	54,6	55,8	56,3	53,5	54,3	54,8	55,4	55,9	55,9
Dänemark	...	65,4	66,3	66,7	65,2	65,0	65,4	67,2	64,8	66,4
Deutschland	54,9	55,2	57,8	58,6	59,9	60,1	61,2	61,1	64,6	67,1
Finnland	64,8	65,2	67,4	65,2	65,6	65,7	65,3	64,7	64,9	65,0
Frankreich	66,3	66,2	66,6	66,2	65,5	65,5	67,1	67,8	66,0	65,3
Großbritannien	61,1	59,2	58,4	58,9	58,4	57,8	58,0	56,8	55,8	...
Irland	58,9	60,4	64,9	60,7	60,8	60,5	60,4	61,1	62,2	62,3
Italien	...	53,1	53,3	53,2	53,7	54,8	...	56,0	55,9	56,4
Japan	72,2	71,9	72,2	71,4	71,8	71,3	71,3	71,3	...	...
Kanada	60,3	60,6	61,0	61,1	61,0	62,2	63,5	63,3	62,5	62,7
Neuseeland	65,0	65,4	65,4	65,8	66,9	67,5	66,8	68,0	69,2	72,9
Niederlande	...	55,8	59,8	61,8	60,8	61,1	...	62,6	63,2	63,6
Norwegen	69,5	69,8	68,8	66,8	65,5	66,4	66,6	64,4	69,4	67,9
Österreich	56,8	56,6	56,8	57,4	57,3	58,7	59,7	56,6	58,3	60,5
Portugal	...	79,6	79,3	79,4	76,0	76,2	76,6	76,8	77,3	77,6
Schweden	76,4	74,1	73,1	73,9	73,2	72,3	71,9	71,6	72,2	72,2
Schweiz	73,0	73,4	73,1	69,0	72,0	73,1	70,5	71,2	70,0	70,7
Spanien	59,3	59,6	59,8	60,8	61,3	62,6	63,7	64,6	64,6	65,7
USA	61,6	63,0	62,7	62,7	63,5	63,5	64,1	63,1	62,8	63,2

* ISCED (International Standard Classification on Education), ISCED 0–2 korrespondiert zu:
0 = Pre-Primary Level of Education (in Deutschland: Vorprimärstufe oder Kindergarten)
1 = Primary Level of Education (in Deutschland: Primärstufe oder Grundschule)
2 = Lower Secondary Level of Education (in Deutschland: Sekundarstufe 1 oder Klassen 5–10)

** Die qualifikationsbezogenen Daten zur Erwerbsbevölkerung werden auf der Basis des Internationalen Bildungsklassifikationssystems (ISCED) von 1997 berichtet. Daher sind Daten erst seit 1997 verfügbar.

... Keine Daten verfügbar

Quelle: OECD Employment Outlook (verschiedene Jahrgänge).

3 Erwerbstätigkeit

Teil III
Kapitel J

Erwerbstätigenquote[1] für 20 Länder 1993–2007

	1993	1994	1995	1996	1997	1998	1999	2000	2001	2002	2003	2004	2005	2006	2007
Australien	64,7	66,0	67,7	67,6	67,4	67,9	68,4	69,3	69,0	69,4	70,0	70,3	71,6	72,2	72,9
Belgien	56,0	55,7	56,3	56,3	57,0	57,3	58,9	60,9	59,7	59,7	59,3	60,5	61,0	60,4	61,6
Dänemark	72,4	72,4	73,9	74,0	75,4	75,3	76,5	76,4	75,9	76,4	75,1	76,0	75,5	76,9	77,3
Deutschland	65,1	64,5	64,6	64,3	63,8	64,7	65,2	65,6	65,8	65,3	64,6	65,0	65,5	67,2	69,0
Finnland[2]	60,6	59,9	61,1	61,9	62,8	64,1	66,1	67,0	67,7	67,7	67,4	67,2	68,0	68,9	70,5
Frankreich	59,1	58,4	59,1	59,2	58,9	59,4	59,8	61,1	62,0	62,2	62,5	62,4	62,3	62,3	64,0
Großbritannien[3]	68,2	68,7	69,2	69,7	70,6	71,0	71,5	72,2	72,5	72,3	72,6	72,7	72,6	72,5	72,3
Irland	50,9	51,9	54,1	55,0	56,3	59,6	62,5	64,5	65,0	65,0	65,0	65,5	67,1	68,1	69,0
Italien	52,5	51,5	51,2	51,4	51,6	52,2	52,9	53,9	54,9	55,6	56,2	57,4	57,5	58,4	58,7
Japan	69,5	69,3	69,2	69,5	70,0	69,5	68,9	68,9	68,8	68,2	68,4	68,7	69,3	70,0	70,7
Kanada	66,5	67,0	67,5	67,3	68,0	68,9	70,0	70,9	70,8	71,4	72,2	72,5	72,5	72,9	73,6
Neuseeland	66,1	68,0	70,1	71,1	70,6	69,6	70,1	70,7	71,8	72,4	72,5	73,5	74,6	75,2	75,4
Niederlande	63,8	63,9	65,1	66,2	68,1	69,8	71,3	72,1	72,5	72,4	71,8	71,2	71,1	72,4	74,1
Norwegen[5]	71,3	72,2	73,5	75,3	77,0	78,3	78,0	77,9	77,5	77,1	75,8	75,6	75,2	75,5	77,5
Österreich	...	68,3	68,6	67,7	67,7	67,7	68,2	68,2	68,0	68,5	68,7	67,8	68,6	70,2	71,4
Portugal[4]	64,9	64,0	63,2	63,6	64,7	66,8	67,4	68,3	68,6	68,1	67,1	67,8	67,5	67,9	67,8
Schweden[6]	72,6	71,5	72,2	71,6	70,7	71,5	72,9	74,2	75,2	74,9	74,3	73,5	73,9	74,5	75,7
Schweiz	77,0	75,6	76,4	77,0	76,9	78,0	78,4	78,4	79,2	78,9	77,9	77,4	77,2	77,9	78,6
Spanien[3]	48,0	47,4	48,3	49,3	50,7	52,4	55,0	57,4	58,8	59,5	60,7	62,0	64,3	65,7	66,6
USA[3]	71,2	72,0	72,5	72,9	73,5	73,8	73,9	74,1	73,1	71,9	71,2	71,2	71,5	72,0	71,8

_ Serienbruch

... Keine Daten verfügbar

1) In der Regel beziehen sich alle Daten auf Personen ab einem Alter von 15 Jahren.   2) 15–74 Jahre.   3) Ab 16 Jahre.
4) Von 1993 bis 1997 bezog sich die Untersuchung auf Personen ab 14 Jahre, ab 1998 auf alle Personen ab 15 Jahre.   5) 16–74 Jahre.   6) 16–64 Jahre.

Quelle: OECD STAT – Labour Force Statistics (www.oecd.org) und OECD Labour Force Statistics (printed version) (verschiedene Jahrgänge).

Erwerbstätigenquote[1] *Frauen* für 20 Länder 1993–2007

	1993	1994	1995	1996	1997	1998	1999	2000	2001	2002	2003	2004	2005	2006	2007
Australien	55,5	56,9	59,0	58,9	58,9	59,6	60,0	61,4	61,7	62,1	62,9	63,1	64,7	65,5	66,1
Belgien	44,9	44,8	45,4	45,6	46,7	47,5	50,2	51,9	50,7	51,1	51,4	53,0	54,1	53,6	54,9
Dänemark	68,7	67,1	67,0	67,4	69,4	70,3	71,6	72,1	71,4	72,6	70,5	72,0	70,8	73,2	73,3
Deutschland	55,1	54,7	55,3	55,5	55,3	56,3	57,4	58,1	58,7	58,8	58,7	59,2	59,6	61,4	63,2
Finnland[2]	59,7	58,7	59,0	59,5	60,4	61,3	63,6	64,5	65,4	66,1	65,7	65,5	66,5	67,3	68,5
Frankreich	51,1	50,8	51,6	51,8	51,7	52,4	53,0	54,3	55,2	55,8	57,6	57,7	58,0	58,2	59,4
Großbritannien[3]	61,8	62,1	62,5	63,3	64,0	64,2	65,0	65,6	66,0	66,3	66,4	66,6	66,7	66,8	66,3
Irland	38,2	38,9	41,5	43,3	44,7	48,2	51,3	53,3	54,0	55,0	55,2	55,6	57,9	58,7	60,3
Italien	35,8	35,4	35,4	36,0	36,4	37,3	38,3	39,6	41,1	42,0	42,7	45,2	45,3	46,3	46,6
Japan	56,6	56,5	56,4	56,8	57,6	57,2	56,7	56,7	57,0	56,5	56,8	57,4	58,1	58,8	59,5
Kanada	60,5	61,1	61,6	61,5	62,1	63,5	64,6	65,6	65,9	67,0	67,9	68,4	68,3	69,0	70,1
Neuseeland	58,0	59,9	61,7	63,4	62,8	62,1	63,0	63,5	64,8	65,3	65,7	66,5	68,0	68,4	69,0
Niederlande	52,0	52,6	53,9	55,2	57,6	59,4	61,6	62,7	63,7	64,0	64,2	64,3	64,8	66,0	68,1
Norwegen[5]	66,6	67,5	68,8	70,4	72,2	73,6	73,8	74,0	73,8	73,9	72,7	72,7	72,0	73,1	74,6
Österreich	...	58,8	58,9	58,2	58,4	58,5	59,3	59,4	59,8	61,0	61,5	60,7	62,0	63,5	64,4
Portugal[4]	55,3	55,0	54,8	55,6	57,2	58,3	59,5	60,5	61,0	60,8	60,6	61,7	61,7	62,0	61,9
Schweden[6]	72,1	70,7	70,9	69,9	68,9	69,4	70,9	72,2	73,5	73,4	72,8	71,8	71,8	72,1	73,2
Schweiz	66,1	64,9	65,6	67,1	67,8	68,8	69,6	69,4	70,7	71,5	70,7	70,3	70,4	71,1	71,6
Spanien[3]	31,5	31,5	32,5	33,8	35,2	36,5	39,1	42,0	43,8	44,9	46,8	49,0	51,9	54,0	55,5
USA[3]	64,0	65,2	65,8	66,3	67,1	67,4	67,6	67,8	67,1	66,1	65,7	65,4	65,6	66,1	65,9

_ Serienbruch
... Keine Daten verfügbar

1) In der Regel beziehen sich alle Daten auf Personen ab einem Alter von 15 Jahren.   2) 15–74 Jahre.   3) Ab 16 Jahre.
4) Von 1993 bis 1997 bezog sich die Untersuchung auf Personen ab 14 Jahre, ab 1998 auf alle Personen ab 15 Jahre.   5) 16–74 Jahre.   6) 16–64 Jahre.

Quelle: OECD STAT – Labour Force Statistics (www.oecd.org) und OECD Labour Force Statistics (printed version) (verschiedene Jahrgänge).

Erwerbstätigenquote[1] *Männer* für 20 Länder 1993–2007

	1993	1994	1995	1996	1997	1998	1999	2000	2001	2002	2003	2004	2005	2006	2007
Australien	73,8	75,0	76,4	76,3	75,8	76,2	76,6	77,1	76,4	76,8	77,1	77,6	78,5	78,8	79,6
Belgien	67,0	66,5	66,9	66,8	67,1	67,0	67,5	69,8	68,5	68,1	67,1	67,9	67,7	67,0	68,2
Dänemark	75,9	77,6	80,7	80,5	81,3	80,2	81,2	80,7	80,2	80,2	79,7	79,9	80,1	80,6	81,3
Deutschland	74,9	74,0	73,7	72,8	72,1	72,9	72,8	72,9	72,8	71,7	70,4	70,8	71,4	72,8	74,7
Finnland[2]	63,1	62,6	64,8	66,0	66,6	68,2	69,6	70,5	71,2	70,4	70,1	70,0	70,5	71,8	72,4
Frankreich	67,2	66,1	66,7	66,8	66,3	66,6	66,8	68,1	69,0	68,6	69,1	68,7	68,6	68,4	68,6
Großbritannien[3]	74,8	75,3	76,1	76,3	77,4	78,0	78,3	78,9	79,1	78,6	78,9	78,9	78,8	78,4	78,4
Irland	63,5	64,8	66,7	66,6	67,8	71,0	73,5	75,6	76,0	74,7	74,5	75,2	76,2	77,4	77,4
Italien	69,3	67,8	67,0	66,9	66,8	67,1	67,6	68,2	68,7	69,2	69,7	69,7	69,7	70,5	70,7
Japan	82,3	81,9	81,9	82,1	82,4	81,7	81,0	80,9	80,5	79,9	79,8	80,0	80,4	81,0	81,7
Kanada	72,4	73,0	73,4	73,2	73,8	74,3	75,4	76,2	75,7	75,9	76,4	76,7	76,7	76,8	77,2
Neuseeland	74,4	76,2	78,6	79,0	78,6	77,3	77,4	78,2	79,1	79,8	79,4	80,8	81,5	82,1	82,1
Niederlande	75,2	74,9	76,0	76,9	78,4	79,9	80,8	81,2	81,1	80,7	79,3	78,0	77,4	78,7	80,0
Norwegen[5]	75,8	76,8	78,1	80,0	81,7	82,8	82,1	81,7	81,0	80,2	78,7	78,4	78,3	79,5	80,4
Österreich	...	77,5	78,1	77,0	76,8	76,6	77,0	76,8	76,2	75,9	76,0	74,9	75,4	76,9	78,4
Portugal[4]	74,9	73,5	72,1	72,0	72,5	75,6	75,6	76,3	76,5	75,7	73,9	74,1	73,4	73,9	73,9
Schweden[6]	73,1	72,2	73,5	73,2	72,4	73,6	74,8	76,2	76,9	76,4	75,7	75,0	75,9	76,8	78,0
Schweiz	88,0	86,3	87,3	86,8	85,9	87,2	87,1	87,3	87,6	86,2	85,1	84,5	83,9	84,7	85,6
Spanien[3]	64,4	63,3	64,0	64,7	66,1	68,3	70,8	72,7	73,8	73,9	74,5	74,9	76,4	77,3	77,4
USA[3]	78,7	79,0	79,5	79,7	80,1	80,5	80,5	80,6	79,4	78,0	76,9	77,2	77,6	78,1	77,8

_ Serienbruch
... Keine Daten verfügbar

1) In der Regel beziehen sich alle Daten auf Personen ab einem Alter von 15 Jahren.   2) 15–74 Jahre.   3) Ab 16 Jahre.
4) Von 1993 bis 1997 bezog sich die Untersuchung auf Personen ab 14 Jahre, ab 1998 auf alle Personen ab 15 Jahre.   5) 16–74 Jahre.   6) 16–64 Jahre.

Quelle: OECD STAT – Labour Force Statistics (www.oecd.org) und OECD Labour Force Statistics (printed version) (verschiedene Jahrgänge).

Erwerbstätigenquote *jüngere Arbeitnehmer* für 20 Länder 1993–2007

	1993	1994	1995	1996	1997	1998	1999	2000	2001	2002	2003	2004	2005	2006	2007
Australien	56,0	58,6	60,8	60,5	58,9	59,9	61,0	62,1	61,2	61,1	61,8	62,4	63,6	63,8	64,2
Belgien	28,1	27,5	26,6	26,1	25,2	26,0	25,5	30,3	28,5	28,5	27,1	28,1	26,6	26,2	26,8
Dänemark	60,3	62,1	65,9	66,0	68,2	66,4	66,0	67,1	61,7	64,0	59,4	61,3	62,0	63,7	67,4
Deutschland	52,7	51,4	49,1	47,0	45,8	46,7	47,1	47,2	47,0	44,8	42,4	41,9	42,6	44,0	45,9
Finnland	34,4	31,9	33,4	34,5	37,1	38,6	41,8	42,9	43,5	42,4	41,4	41,3	42,1	44,1	46,4
Frankreich	24,2	22,0	21,8	21,3	19,9	20,8	20,7	23,2	24,3	24,1	29,7	29,3	29,3	28,9	30,1
Großbritannien[1]	58,8	58,8	59,0	60,2	60,8	60,8	60,8	61,5	61,0	60,9	59,7	60,1	58,6	57,3	55,9
Irland	34,4	33,5	37,3	36,4	38,3	43,0	46,4	48,2	47,0	44,8	45,2	44,7	46,4	48,4	48,8
Italien	30,0	28,3	27,3	26,9	27,0	27,2	27,3	27,8	27,4	26,7	26,0	27,2	25,5	25,5	24,7
Japan	44,8	45,0	44,7	45,0	45,3	44,6	42,9	42,7	42,0	41,0	40,3	40,0	40,9	41,4	41,4
Kanada	53,4	53,8	53,8	52,7	51,5	52,5	54,5	56,3	56,3	57,5	58,3	58,0	57,8	58,7	59,5
Neuseeland	53,9	56,5	59,4	59,5	58,2	55,7	54,6	54,6	55,8	56,6	56,3	56,8	56,9	58,8	58,7
Niederlande	55,5	55,4	56,3	58,3	61,1	62,4	66,0	66,5	66,8	66,7	64,9	63,2	61,9	63,9	65,4
Norwegen[1]	47,8	48,4	49,2	52,3	55,1	57,9	57,8	58,1	56,5	56,9	55,3	54,4	52,9	55,8	56,0
Österreich	...	59,5	57,3	55,7	54,8	54,1	54,0	53,1	52,0	52,1	51,5	51,9	53,1	54,0	55,5
Portugal[2]	43,1	40,5	37,6	37,1	39,2	42,8	42,6	42,0	42,7	41,9	38,4	36,9	36,1	35,8	34,9
Schweden[1]	42,4	41,3	42,5	40,3	39,7	41,6	43,8	46,1	47,8	46,5	45,1	42,8	42,5	44,0	46,3
Schweiz	64,6	60,3	60,1	63,3	62,9	63,2	64,8	65,1	63,9	65,4	63,5	61,9	59,9	63,3	62,6
Spanien[1]	29,5	28,3	28,6	28,3	29,4	31,0	34,4	36,3	37,1	36,6	36,8	38,4	41,9	43,3	42,9
USA[1]	57,2	58,1	58,3	57,6	58,0	59,0	59,0	59,7	57,7	55,7	53,9	53,9	53,9	54,2	53,1

_ Serienbruch
... Keine Daten verfügbar

1) 16–24 Jahre.   2) Von 1993 bis 1997 beziehen sich Daten auf Personen ab 14 Jahre, ab 1998 auf alle Personen ab 15 Jahre.
Quelle: OECD STAT – Labour Force Statistics (www.oecd.org) und OECD Labour Force Statistics (printed version) (verschiedene Jahrgänge).

Erwerbstätigenquote *Haupterwerbsgruppe* für 20 Länder 1993–2007

	1993	1994	1995	1996	1997	1998	1999	2000	2001	2002	2003	2004	2005	2006	2007
Australien	72,9	73,6	75,2	74,9	74,9	75,3	75,5	76,3	76,3	76,7	77,2	77,4	78,8	79,2	80,0
Belgien	73,6	73,1	73,8	73,9	74,6	74,4	76,4	77,9	76,6	76,6	76,1	77,3	78,3	78,2	79,3
Dänemark	80,8	80,5	81,7	82,2	82,8	83,4	84,4	84,3	84,5	84,7	83,5	84,0	83,9	85,5	86,1
Deutschland	76,8	76,2	76,8	76,8	76,7	78,0	78,7	79,3	79,3	78,8	78,2	78,1	77,4	78,8	80,3
Finnland	75,0	74,9	76,1	76,8	77,5	79,0	80,4	80,9	81,5	81,6	81,1	81,0	81,7	82,5	83,3
Frankreich	77,0	76,3	77,0	76,9	76,4	76,8	77,0	78,3	79,3	79,4	80,4	80,5	80,7	81,2	81,2
Großbritannien	76,3	76,5	77,1	77,4	78,3	79,0	79,6	80,2	80,5	80,3	80,7	80,7	81,1	81,2	81,3
Irland	60,9	62,7	64,7	66,3	67,4	70,6	73,2	75,3	76,4	76,4	75,7	76,5	77,8	78,2	78,8
Italien	66,7	65,8	65,5	65,7	65,8	66,3	67,1	68,0	69,2	70,1	70,8	72,1	72,2	73,3	73,5
Japan	79,8	79,5	79,3	79,6	79,9	79,2	78,7	78,6	78,6	78,0	78,3	78,6	79,0	79,6	80,2
Kanada	74,9	75,5	76,2	76,2	77,3	78,3	79,2	79,9	79,8	80,3	80,8	81,3	81,3	81,6	82,2
Neuseeland	74,9	76,2	77,6	78,4	77,8	76,8	77,6	78,6	79,3	79,6	79,8	80,8	82,0	82,1	82,2
Niederlande	73,8	73,7	75,0	75,8	77,5	79,3	80,4	81,0	81,6	81,2	81,1	80,6	80,9	82,0	83,6
Norwegen	80,7	81,3	82,4	83,7	85,0	85,8	85,5	85,3	85,1	84,4	82,9	83,1	83,2	84,4	85,8
Österreich	...	79,5	80,4	80,1	80,6	80,7	81,6	82,2	82,4	83,2	83,7	82,6	82,6	83,5	84,0
Portugal	79,5	78,7	78,7	78,7	79,3	80,1	80,6	81,8	82,2	81,5	81,0	81,1	80,8	81,3	81,0
Schweden	83,2	81,9	82,6	81,8	80,7	81,3	82,5	83,8	84,6	84,2	83,5	82,9	83,9	84,7	86,1
Schweiz	83,8	83,2	84,2	83,6	83,4	85,0	85,1	85,4	86,0	86,0	84,8	84,7	85,1	85,2	86,1
Spanien	58,7	58,4	59,5	60,6	62,0	63,6	66,1	68,4	69,5	70,1	71,3	72,7	74,4	75,8	76,8
USA	78,5	79,2	79,7	80,2	80,9	81,1	81,4	81,5	80,5	79,3	78,8	79,0	79,3	79,8	79,9

_ Serienbruch
... Keine Daten verfügbar
Quelle: OECD STAT – Labour Force Statistics (www.oecd.org) und OECD Labour Force Statistics (printed version) (verschiedene Jahrgänge).

Erwerbstätigenquote *ältere Arbeitnehmer* (55–64 Jahre) für 20 Länder 1993–2007

	1993	1994	1995	1996	1997	1998	1999	2000	2001	2002	2003	2004	2005	2006	2007
Australien	38,9	40,5	41,7	42,4	42,7	43,9	44,3	46,2	46,7	48,7	50,5	52,0	53,7	55,6	56,7
Belgien	21,9	22,4	23,3	21,8	22,0	22,5	24,7	25,0	25,2	25,8	28,1	30,1	32,1	30,4	33,8
Dänemark	51,3	50,2	49,3	47,5	51,4	50,4	54,2	54,6	56,5	57,3	60,7	61,8	59,8	60,9	58,7
Deutschland	35,9	35,9	37,4	38,0	38,3	38,4	37,8	37,6	37,9	38,6	39,0	41,8	45,5	48,1	51,3
Finnland	34,8	33,5	34,4	35,6	35,7	36,2	39,2	42,3	45,9	47,8	49,9	51,0	52,6	54,5	55,0
Frankreich	33,9	33,4	33,5	33,5	33,6	33,0	34,2	34,3	36,5	39,3	37,0	37,6	38,7	38,1	38,3
Großbritannien	46,6	47,4	47,5	47,8	48,5	48,3	49,4	50,4	52,1	53,1	55,4	56,2	56,7	57,4	57,4
Irland	38,9	39,5	39,4	40,3	40,2	41,6	43,8	45,2	46,6	48,0	49,3	49,5	51,7	53,4	54,1
Italien	30,4	29,4	28,4	28,7	28,0	27,9	27,6	27,7	28,0	28,9	30,3	30,5	31,4	32,5	33,8
Japan	64,5	63,7	63,7	63,6	64,2	63,8	63,4	62,8	62,0	61,6	62,1	63,0	63,9	64,7	66,1
Kanada	43,0	43,6	43,2	43,5	44,4	45,2	46,8	48,1	48,2	50,1	53,0	53,9	54,8	55,6	57,1
Neuseeland	44,5	47,3	50,4	53,9	54,5	55,7	56,9	57,2	60,7	63,4	64,3	67,2	69,7	70,4	72,0
Niederlande	28,2	29,0	29,4	30,5	31,7	33,4	35,1	37,6	39,2	42,7	42,9	44,2	44,9	46,9	50,1
Norwegen	60,7	61,6	63,1	64,6	66,0	67,2	67,3	67,1	67,4	68,4	68,6	68,0	67,6	67,4	69,0
Österreich	...	28,4	30,4	29,2	28,6	29,0	29,6	28,1	28,2	29,1	30,1	28,8	31,8	35,5	38,6
Portugal	44,9	45,9	44,6	46,2	47,1	49,7	50,4	50,8	50,0	50,9	51,1	50,3	50,5	50,1	50,9
Schweden	63,4	61,9	62,0	63,4	62,7	63,1	64,0	65,1	67,0	68,4	69,0	69,5	69,6	69,8	70,1
Schweiz	63,1	61,1	61,7	63,3	63,9	64,4	64,6	63,3	67,3	64,6	65,7	65,2	65,1	65,7	67,2
Spanien	34,5	32,7	32,4	33,2	34,1	35,1	35,1	37,0	39,2	39,7	40,8	41,3	43,1	44,1	44,6
USA	53,8	54,4	55,1	55,9	57,2	57,7	57,7	57,8	58,6	59,5	59,9	59,9	60,8	61,8	61,8

_ Serienbruch
... Keine Daten verfügbar

Quelle: OECD STAT – Labour Force Statistics (www.oecd.org) und OECD Labour Force Statistics (printed version) (verschiedene Jahrgänge).

Erwerbstätigenquote* (25–64 Jahre) nach Ausbildungsgrad – *Geringqualifizierte* (ISCED 0–2)** für 20 Länder 1997–2006***

	1997	1998	1999	2000	2001	2002	2003	2004	2005	2006
Australien	59,5	59,5	59,1	60,8	59,9	60,0	61,0	60,6	62,9	63,5
Belgien	47,5	47,5	49,1	50,5	49,0	48,8	48,9	49,4	49,0	49,0
Dänemark	...	60,9	61,7	62,5	61,9	61,0	60,7	62,0	60,4	62,8
Deutschland	45,7	46,1	48,7	50,6	51,8	50,9	50,2	48,6	51,6	53,8
Finnland	54,7	56,2	58,6	57,3	58,2	57,7	58,1	57,0	57,9	58,4
Frankreich	56,3	56,3	56,4	57,0	57,7	57,8	59,0	59,6	57,8	58,1
Großbritannien	54,3	52,9	52,6	53,7	54,0	52,9	54,0	53,0	52,1	...
Irland	50,3	53,4	55,2	56,6	57,6	58,0	56,6	57,2	58,4	58,7
Italien	...	47,4	47,7	47,9	48,8	49,8	...	51,6	51,6	52,5
Japan	69,4	68,8	68,2	67,1	67,6	66,6	66,7	66,7	...	...
Kanada	52,6	53,6	54,6	55,0	54,8	55,3	56,6	57,1	56,4	56,9
Neuseeland	59,3	58,5	59,7	60,7	62,4	63,7	63,5	65,1	66,6	70,6
Niederlande	...	55,3	56,8	57,6	58,8	58,7	...	59,0	59,5	60,6
Norwegen	66,7	67,7	67,1	65,3	63,3	64,2	64,1	62,1	64,3	64,7
Österreich	52,9	52,6	53,3	53,8	53,6	54,7	55,0	52,2	53,3	55,7
Portugal	...	71,6	71,9	72,8	73,0	72,8	72,2	71,9	71,5	71,7
Schweden	67,2	66,4	66,5	68,0	68,8	68,2	67,5	67,0	66,1	66,9
Schweiz	68,5	69,2	69,4	65,5	69,4	69,7	66,2	66,1	64,6	65,3
Spanien	48,1	49,4	51,0	53,7	55,0	55,6	56,5	57,5	58,6	59,8
USA	55,2	57,6	57,8	57,8	58,4	57,0	57,8	56,5	57,2	58,0

* Erwerbstätigenquote definiert als Anteil an der erwerbstätigen Bevölkerung, die beschäftigt ist (Quelle: OECD Glossar der statistischen Begriffe).

** International Standard Classification on Education (ISCED), ISCED 0-2 korrespondiert zu:
0 = Pre-Primary Level of Education (in Deutschland: Vorprimärstufe oder Kindergarten)
1 = Primary Level of Education (in Deutschland: Primärstufe oder Grundschule)
2 = Lower Secondary Level of Education (in Deutschland: Sekundarstufe 1 oder Klassen 5–10).

*** Die qualifikationsbezogenen Daten zur Erwerbsbevölkerung werden auf der Basis des Internationalen Bildungsklassifikationssystems (ISCED) von 1997 berichtet. Daher sind Daten erst seit 1997 verfügbar.

... Keine Daten verfügbar

Quelle: OECD Employment Outlook (verschiedene Jahrgänge).

Sektorale Beschäftigung *Landwirtschaft* als Anteil an der zivilen Beschäftigung* für 20 Länder 1993–2007

	1993	1994	1995	1996	1997	1998	1999	2000	2001	2002	2003	2004	2005	2006	2007
Australien	5,3	5,1	5,0	5,0	5,1	4,9	4,9	4,9	4,8	4,4	3,9	3,8	3,6	3,5	...
Belgien	2,5	2,5	2,4	2,4	2,3	2,3	2,4	1,9	1,4	1,8	1,7	2,2	2,0	2,0	...
Dänemark	5,2	5,1	4,4	4,0	3,7	3,6	3,3	3,3	3,3	3,2	3,1	3,1	3,1	3,0	2,9
Deutschland	3,5	3,3	3,1	3,0	2,9	2,8	2,8	2,6	2,6	2,5	2,5	2,4	2,4	2,3	2,3
Finnland	8,9	8,7	8,1	7,5	7,0	6,5	6,3	6,1	5,7	5,4	5,1	4,9	4,8	4,7	4,6
Frankreich	5,0	4,8	4,6	4,5	4,4	4,3	4,1	3,9	3,7	3,6	3,6	3,6	3,5	3,4	...
Großbritannien	2,0	2,1	2,1	2,0	1,9	1,7	1,6	1,5	1,4	1,4	1,3	1,3	1,4	1,3	1,4
Irland	12,8	12,1	11,7	10,7	10,3	9,1	8,6	7,9	7,0	6,9	6,4	6,4	5,9	5,7	5,4
Italien	7,3	7,1	6,7	6,4	6,2	5,9	5,5	5,4	5,3	5,1	4,9	4,5	4,2	4,3	4,0
Japan	5,9	5,8	5,7	5,5	5,3	5,3	5,2	5,1	4,9	4,7	4,6	4,5	4,4	4,3	4,2
Kanada	4,3	4,3	4,1	4,0	3,9	3,8	3,6	3,3	2,8	2,8	2,8	2,7	2,7	2,6	2,5
Neuseeland	10,6	10,4	9,7	9,5	8,7	8,5	9,5	8,7	9,1	8,8	8,1	7,5	7,1	7,1	7,1
Niederlande	3,9	4,0	3,7	3,9	3,7	3,3	3,1	3,1	2,9	2,7	2,9	3,2	3,2	3,0	...
Norwegen	5,6	5,3	5,2	5,1	4,7	4,7	4,6	4,1	3,9	3,8	3,7	3,5	3,3	3,3	2,8
Österreich	7,0	7,3	7,5	7,3	6,8	6,6	6,2	5,8	5,7	5,7	5,6	5,0	5,5	5,5	5,8
Portugal	11,6	11,8	11,6	12,4	13,7	13,5	12,8	12,8	12,8	12,4	12,7	12,1	11,9	11,8	11,7
Schweden	3,5	3,5	3,1	2,9	2,8	2,6	2,5	2,4	2,3	2,1	2,1	2,1	2,0	2,0	2,2
Schweiz	4,5	4,4	3,1	2,9	4,7	4,7	4,8	4,5	4,2	4,1	4,1	3,8	3,8	3,8	3,9
Spanien	9,8	9,4	8,9	8,4	8,1	7,8	7,2	6,7	6,5	6,0	5,8	5,5	5,3	4,8	4,6
USA	...	...	...	...	...	...	...	...	...	2,5	1,7	1,6	1,6	1,5	1,4

* Zivile Beschäftigung bezieht sich auf alle Erwerbstätigen ohne Soldaten.
_ Serienbruch
... Keine Daten verfügbar
Quelle: OECD STAT – Labour Force Statistics (www.oecd.org) und OECD Labour Force Statistics (printed version) (verschiedene Jahrgänge).

Sektorale Beschäftigung *Industrie* als Anteil an der zivilen Beschäftigung* für 20 Länder 1993–2007

	1993	1994	1995	1996	1997	1998	1999	2000	2001	2002	2003	2004	2005	2006	2007
Australien	23,4	23,5	22,8	22,4	22,0	21,6	21,2	21,7	20,8	20,9	21,0	21,1	21,0	21,4	...
Belgien	27,3	26,9	26,4	25,9	25,3	25,1	25,8	25,8	25,5	25,8	24,9	24,9	24,7	24,7	...
Dänemark	26,3	26,8	27,4	27,0	26,8	27,0	26,7	26,4	25,4	24,5	24,1	23,7	24,1	23,6	23,5
Deutschland	38,9	37,7	36,3	35,4	34,8	34,5	34,1	33,7	33,1	32,5	31,9	31,5	30,0	29,8	30,0
Finnland	26,6	26,3	27,3	27,3	27,5	27,7	27,8	27,6	27,2	27,0	26,3	25,7	25,9	25,8	25,8
Frankreich	27,3	26,6	26,3	25,9	25,3	24,8	24,4	24,1	24,0	23,6	23,9	23,0	22,5	22,9	...
Großbritannien	28,8	27,6	27,3	27,3	26,7	26,5	25,8	25,2	24,6	23,9	23,3	22,3	22,2	22,0	22,2
Irland	27,4	28,3	28,3	27,8	27,1	28,9	28,5	28,6	29,1	27,8	27,7	27,6	28,0	27,6	27,5
Italien	34,5	34,3	34,1	33,5	33,3	33,2	32,9	32,4	32,1	32,1	32,2	31,0	31,1	30,5	30,5
Japan	34,3	34,0	33,6	33,3	33,1	32,0	31,7	31,2	30,5	29,7	29,3	28,4	27,9	28,0	27,9
Kanada	21,6	21,7	22,0	21,8	22,1	22,2	22,4	22,5	22,4	22,5	22,2	22,3	22,0	22,0	21,6
Neuseeland	23,6	25,0	25,1	24,7	23,8	24,1	22,9	23,1	22,7	22,6	22,3	22,7	22,0	22,3	21,8
Niederlande	24,0	23,0	22,6	22,4	22,2	21,7	21,4	20,2	20,4	19,0	19,2	19,1	19,6	19,4	...
Norwegen	23,1	23,4	23,4	23,2	23,2	23,1	22,3	21,9	21,8	21,8	21,6	20,9	20,9	20,9	21,1
Österreich	35,1	33,4	32,3	32,7	31,6	30,4	30,6	30,6	29,9	29,6	29,6	27,8	27,6	28,2	27,3
Portugal	33,0	32,9	32,3	31,4	31,6	35,5	34,7	34,7	34,2	34,0	32,6	31,4	30,8	30,7	30,7
Schweden	25,6	25,1	25,9	26,1	26,0	25,7	25,1	24,6	23,8	23,1	22,7	22,6	22,0	22,0	21,6
Schweiz	28,0	28,2	28,6	27,5	26,2	25,7	25,4	25,7	25,6	24,8	23,8	23,6	23,7	23,8	23,8
Spanien	31,1	30,4	30,2	29,8	30,1	30,7	31,0	31,2	31,5	31,3	30,8	30,6	29,9	29,7	29,4
USA	24,0	24,0	24,0	23,8	23,9	23,6	23,1	23,0	22,5	21,6	20,0	20,0	19,8	19,8	...

* Zivile Beschäftigung bezieht sich auf alle Erwerbstätigen ohne Soldaten.
_ Serienbruch
= Geschätzter Wert
Quelle: OECD STAT – Labour Force Statistics (www.oecd.org) und OECD Labour Force Statistics (printed version) (verschiedene Jahrgänge).

Sektorale Beschäftigung *Dienstleistungsbereich* als Anteil an der zivilen Beschäftigung* für 20 Länder 1993–2007

	1993	1994	1995	1996	1997	1998	1999	2000	2001	2002	2003	2004	2005	2006	2007
Australien	70,5	71,0	72,2	72,6	72,9	73,5	73,9	73,4	74,4	74,6	75,1	75,1	75,3	75,1	...
Belgien	70,2	70,7	71,1	71,8	72,5	72,7	71,8	72,3	73,1	72,4	73,4	72,8	73,3	73,4	...
Dänemark	68,5	68,1	68,1	69,0	69,5	69,4	70,0	70,2	71,3	72,3	72,9	73,1	72,8	73,4	73,6
Deutschland	57,6	59,0	60,5	61,6	62,3	62,6	63,1	63,7	64,3	64,9	65,6	66,0	67,6	67,9	67,7
Finnland	64,5	65,0	64,5	65,2	65,5	65,7	65,9	66,3	67,1	67,6	68,5	69,3	69,3	69,6	69,7
Frankreich	67,6	68,6	69,0	69,7	70,3	70,9	71,5	72,0	72,3	72,7	73,0	73,6	74,0	73,8	...
Großbritannien	69,1	70,3	70,7	70,8	71,4	71,8	72,6	73,3	74,0	74,7	75,4	76,4	76,4	76,7	76,4
Irland	59,9	59,6	59,9	61,4	62,6	62,1	62,9	63,5	63,9	65,3	65,7	66,0	66,1	66,8	67,0
Italien	58,2	58,6	59,2	60,0	60,5	60,8	61,5	62,2	62,6	62,9	62,9	64,5	64,6	65,2	65,5
Japan	59,8	60,2	60,8	61,2	61,6	62,7	63,2	63,7	64,6	65,6	66,1	67,1	67,6	67,7	67,9
Kanada	74,1	74,0	74,0	74,2	74,1	74,0	74,1	74,2	74,7	74,7	75,0	75,0	75,3	75,4	75,9
Neuseeland	65,9	64,6	65,2	65,8	67,5	67,4	67,7	68,1	68,2	68,6	69,6	69,8	70,8	70,5	71,0
Niederlande	72,2	73,0	73,7	73,8	74,1	75,0	75,4	76,7	76,7	78,3	77,8	77,7	77,3	77,6	...
Norwegen	71,3	71,3	71,4	71,7	72,1	72,2	73,2	74,0	74,3	74,4	74,7	75,6	75,8	75,8	76,0
Österreich	57,9	59,3	60,3	60,0	61,6	63,0	63,2	63,6	64,4	64,6	64,8	67,2	66,9	66,2	66,9
Portugal	55,4	55,3	56,1	56,2	54,7	51,0	52,5	52,5	52,9	53,5	54,7	56,5	57,3	57,5	57,6
Schweden	71,0	71,4	71,0	71,0	71,3	71,7	72,3	73,0	74,0	74,7	75,2	75,2	76,0	76,0	76,1
Schweiz	67,5	67,5	66,9	67,9	69,2	69,6	69,8	69,8	70,2	71,1	72,1	72,6	72,5	72,5	72,3
Spanien	59,1	60,2	60,9	61,8	61,7	61,5	61,8	62,2	62,0	62,7	63,4	63,9	64,8	65,5	66,0
USA	...	...	...	...	...	...	...	...	...	75,9	78,3	78,4	78,6	78,7	...

* Zivile Beschäftigung bezieht sich auf alle Erwerbstätigen ohne Soldaten.

_ Serienbruch

= Geschätzter Wert

... Keine Daten verfügbar

Quelle: OECD STAT – Labour Force Statistics (www.oecd.org) und OECD Labour Force Statistics (printed version) (verschiedene Jahrgänge).

Abhängige Beschäftigung nach der Dauer der (Haupt-)Erwerbstätigkeit – *Befristet Beschäftigte** für 20 Länder 1993–2007

	1993	1994	1995	1996	1997	1998	1999	2000	2001	2002	2003	2004	2005	2006	2007
Australien	...	...	...	...	...	4,6	...	...	4,8	...	...	4,3	...	5,2	...
Belgien	5,1	5,1	5,3	5,9	6,3	7,8	10,3	9,0	8,8	7,6	8,6	8,7	9,1	8,9	8,8
Dänemark	10,7	12,0	12,1	11,2	11,1	10,1	10,2	10,2	9,4	8,9	9,6	9,8	9,9	9,6	9,1
Deutschland	10,3	10,3	10,4	11,1	11,7	12,2	13,1	12,7	12,4	12,0	12,2	12,4	13,7	14,1	14,2
Finnland	13,7	...	16,9	17,4	18,3	17,6	16,9	16,5	16,4	16,1	16,4	16,2	16,6	16,4	16,0
Frankreich	10,9	11,0	12,3	12,6	13,1	13,9	14,0	15,5	14,9	14,1	13,4	13,0	13,3	13,4	13,7
Großbritannien	5,9	6,5	7,0	7,1	7,4	7,1	6,8	6,7	6,7	6,2	5,9	5,7	5,5	5,6	5,8
Irland	9,4	9,5	10,2	9,2	9,4	7,7	4,9	4,7	...	4,9	4,7	3,4	2,5	4,2	9,0
Italien	6,0	7,3	7,2	7,5	8,2	8,5	9,8	10,1	9,5	9,9	9,5	11,9	12,4	13,0	13,4
Japan	10,3	10,3	10,5	10,5	11,0	11,4	11,9	12,5	12,8	13,5	13,8	13,9	14,0	14,3	13,9
Kanada	...	...	...	...	11,3	11,8	12,0	12,5	12,8	12,9	12,4	12,8	13,2	13,0	12,9
Neuseeland	...	...	...	...	...	...	...	...	...	...	...	...	...	...	...
Niederlande	10,0	10,9	10,9	12,0	11,4	12,7	12,0	14,0	14,3	14,3	14,5	14,6	15,2	16,2	18,0
Norwegen	...	...	...	12,9	11,8	11,0	10,1	9,3	9,3	9,9	9,4	9,9	9,5	10,1	9,5
Österreich	..	..	6,0	6,5	6,6	7,8	7,9	7,9	8,0	7,4	7,2	8,9	9,1	9,0	8,9
Portugal	9,8	9,4	10,0	10,6	12,2	17,4	18,6	20,4	20,3	21,6	20,6	19,9	19,5	20,2	22,2
Schweden	...	...	...	...	14,6	15,5	15,9	15,2	14,8	14,8	14,7	15,1	15,8	16,8	17,5
Schweiz	13,2	12,9	13,1	11,9	10,9	11,3	11,8	11,7	11,6	12,5	12,2	12,2	13,0	13,6	13,0
Spanien	32,2	33,7	35,0	33,6	33,6	32,9	32,7	32,1	31,6	32,0	31,8	32,1	33,3	34,4	31,9
USA	...	...	5,1	...	4,6	...	4,5	...	4,0	...	...	...	4,2	...	...

* Für die Länder der Europäischen Union müssen verschiedene institutionelle Arrangements beachtet werden, so beispielsweise die Bezeichnungen „temporäre Beschäftigung" oder „Arbeitsvertrag mit begrenzter Dauer". Ein Arbeitsverhältnis ist dann zeitweilig, wenn es durch objektive Konditionen (z. B. einen festgelegten Zeitpunkt des Austritts) begrenzt wird. Befristet Beschäftigte sind ebenso a) Saisonarbeiter, b) Leiharbeiter und c) Personen mit spezifischen Weiterbildungsverträgen (Quelle: Europäische Arbeitskräfteerhebung, Eurostat). Für alle anderen Länder liegen spezifische Definitionen vor (Quelle: OECD Labour Force Statistics).

_ Serienbruch
= Geschätzter Wert
... Keine Daten verfügbar

Quelle: OECD STAT – Labour Force Statistics (www.oecd.org) und OECD Labour Force Statistics (printed version) (verschiedene Jahrgänge).

Deutschland im internationalen Vergleich

Teilzeit-Beschäftigung* als Anteil an der Gesamtbeschäftigung** für 20 Länder 1993–2007

	1993	1994	1995	1996	1997	1998	1999	2000	2001	2002	2003	2004	2005	2006	2007
Australien[1,2]	24,3	24,4	25,0	25,2	26,0	25,9	26,1	26,2	27,2	27,5	27,9	27,1	27,3	27,1	...
Belgien	14,7	14,6	14,6	14,8	15,0	15,6	19,9	19,0	17,0	17,9	18,0	18,9	18,5	19,3	18,3
Dänemark	19,0	17,3	16,9	16,6	17,2	17,1	15,3	16,1	14,7	16,0	15,7	17,3	17,6	18,1	17,7
Deutschland	12,8	13,5	14,2	14,9	15,8	16,6	17,1	17,6	18,3	18,8	19,6	20,1	21,8	22,0	22,2
Finnland	8,9	8,9	8,7	8,5	9,3	9,7	9,9	10,4	10,5	11,0	11,3	11,3	11,2	11,4	11,7
Frankreich	13,2	13,8	14,2	14,0	14,8	14,7	14,6	14,2	13,8	13,8	12,8	13,2	13,5	13,3	13,4
Großbritannien	22,1	22,4	22,3	22,9	22,9	23,0	22,9	23,0	22,7	23,3	23,7	24,0	23,5	23,4	23,3
Irland	13,1	13,5	14,3	14,2	15,0	17,6	17,9	18,1	17,9	18,6	19,3	19,3	19,6	19,9	20,3
Italien	10,0	10,0	10,5	10,5	11,3	11,2	11,8	12,2	12,2	11,9	12,0	14,8	14,6	14,9	15,1
Japan[1,3]	21,1	21,4	20,1	21,8	23,3	23,6	24,1	22,6	24,9	25,1	26,0	25,5	25,8	24,5	...
Kanada	19,2	18,9	18,8	19,1	19,1	18,8	18,4	18,1	18,1	18,8	18,9	18,5	18,3	18,1	18,2
Neuseeland	20,8	21,0	20,9	21,9	22,3	22,7	23,0	22,2	22,4	22,6	22,3	22,0	21,7	21,3	22,0
Niederlande	27,9	28,9	29,4	29,3	29,1	30,0	30,4	32,1	33,0	33,9	34,6	35,0	35,7	35,5	36,1
Norwegen	22,0	21,5	21,4	21,6	21,0	20,8	20,7	20,2	20,1	20,6	21,0	21,1	20,8	21,1	20,4
Österreich	...	...	11,1	10,9	10,8	11,5	12,3	12,2	12,4	13,6	13,5	15,4	16,0	17,3	17,2
Portugal	8,8	9,5	8,6	9,2	10,2	10,0	9,4	9,4	9,2	9,7	10,0	9,6	9,8	9,3	10,0
Schweden	15,4	15,8	15,1	14,8	14,2	13,5	14,5	14,0	13,9	13,8	14,1	14,4	13,5	13,4	14,4
Schweiz[2]	23,2	23,2	22,9	23,7	24,0	24,2	24,8	24,4	24,8	24,8	25,1	24,9	25,1	25,5	25,4
Spanien	6,0	6,4	7,0	7,5	7,9	7,7	7,8	7,7	7,8	7,7	8,0	8,5	11,3	11,1	10,9
USA[4]	14,7	14,2	14,0	13,9	13,5	13,4	13,3	12,6	12,8	13,1	13,2	13,2	12,8	12,6	12,6

* Teilzeit-Beschäftigung bezieht sich auf Personen, die gewöhnlich weniger als 30 Stunden die Woche ihrer Haupterwerbstätigkeit nachgehen.
** Gesamtbeschäftigung (Total Employment) bezieht sich auf alle Personen, welche während einer definierten Periode (eine Woche oder ein Tag) in einem abhängigen Arbeitsverhältnis stehen, selbstständig ein Gewerbe betreiben oder einen freien Beruf ausüben.

1) Die Daten basieren auf den tatsächlich geleisteten Arbeitsstunden.   2) Teilzeit-Beschäftigung basiert auf den geleisteten Arbeitsstunden in allen Jobs.
3) Weniger als 35 Stunden pro Woche.   4) Daten beziehen sich nur auf Lohn- und Gehaltsempfänger.
_ Serienbruch
... Keine Daten verfügbar
Quelle: OECD STAT – Labour Force Statistics (www.oecd.org) und OECD Labour Force Statistics (printed version) (verschiedene Jahrgänge).

Kapitel J

Teilzeit-Beschäftigung* *Frauen* als Anteil an der Gesamtbeschäftigung** für 20 Länder 1993–2007

	1993	1994	1995	1996	1997	1998	1999	2000	2001	2002	2003	2004	2005	2006	2007
Australien[1,2]	40,1	40,1	40,2	40,0	41,0	40,7	41,4	40,7	41,7	41,4	42,2	40,8	41,7	40,7	...
Belgien	30,2	30,0	29,9	30,2	30,5	31,2	36,6	34,5	32,5	33,0	33,6	34,5	33,4	34,7	32,9
Dänemark	28,5	26,2	25,8	24,4	24,5	25,6	22,7	24,0	21,0	22,6	21,8	24,0	24,4	25,6	23,9
Deutschland	27,2	28,0	29,1	29,9	31,4	32,4	33,1	33,9	35,0	35,3	36,3	37,0	39,4	39,2	39,2
Finnland	11,5	11,5	11,7	11,4	12,5	13,0	13,5	13,9	14,0	14,8	15,0	14,9	14,8	14,9	15,5
Frankreich	23,7	24,5	24,8	24,4	25,8	25,5	25,4	24,9	24,4	23,6	22,6	23,5	23,2	22,9	23,1
Großbritannien	41,0	41,2	40,8	41,4	41,0	41,2	40,6	40,8	40,3	39,9	40,0	40,3	39,1	38,8	38,6
Irland	25,5	25,5	27,0	26,9	27,6	31,9	32,7	33,0	33,4	32,9	33,9	34,7	35,0	34,9	35,6
Italien	20,5	20,6	21,1	20,9	22,2	22,4	23,2	23,4	23,7	23,5	23,6	28,7	29,2	29,4	29,9
Japan[1,3]	35,2	35,7	34,9	36,7	38,3	39,0	39,7	38,6	41,0	41,2	42,2	41,7	42,3	40,9	...
Kanada	29,0	28,8	28,5	29,0	29,4	28,7	27,9	27,2	27,0	27,7	27,9	27,2	26,9	26,2	26,1
Neuseeland	35,4	36,1	35,4	36,7	37,0	37,6	37,1	35,8	36,1	36,1	35,8	35,4	35,3	34,5	34,7
Niederlande	53,3	54,5	55,1	55,5	54,9	54,8	55,4	57,2	58,1	58,8	59,7	60,2	60,9	59,7	60,0
Norwegen	38,7	37,7	37,5	37,5	36,5	35,9	35,0	33,4	32,7	33,4	33,4	33,2	32,9	32,9	31,6
Österreich	...	...	21,6	21,7	21,3	22,8	24,4	24,4	24,8	26,4	26,2	29,4	29,4	31,4	31,5
Portugal	14,4	15,2	14,5	15,1	16,5	15,8	14,7	14,9	14,3	14,5	14,9	14,0	14,4	13,2	14,3
Schweden	24,6	24,9	24,1	23,5	22,6	22,0	22,3	21,4	21,0	20,6	20,6	20,8	19,0	19,0	19,7
Schweiz[2]	45,0	44,9	44,9	44,9	45,7	45,8	46,5	44,7	44,7	45,4	45,8	45,2	45,7	45,7	45,6
Spanien	13,9	14,3	15,8	16,2	16,8	16,5	16,8	16,5	16,6	16,4	16,8	17,6	22,1	21,4	20,9
USA[4]	20,5	20,4	20,2	20,1	19,4	19,1	18,9	18,0	18,0	18,5	18,8	18,8	18,3	17,8	17,9

* Teilzeit-Beschäftigung bezieht sich auf Personen, die gewöhnlich weniger als 30 Stunden die Woche ihrer Haupterwerbstätigkeit nachgehen.
** Gesamtbeschäftigung (Total Employment) bezieht sich auf alle Personen, welche während einer definierten Periode (eine Woche oder ein Tag) in einem abhängigen Arbeitsverhältnis stehen, selbstständig ein Gewerbe betreiben oder einen freien Beruf ausüben.

1) Die Daten basieren auf den tatsächlich geleisteten Arbeitsstunden.   2) Teilzeit-Beschäftigung basiert auf den geleisteten Arbeitsstunden in allen Jobs.
3) Weniger als 35 Stunden pro Woche.   4) Daten beziehen sich nur auf Lohn- und Gehaltsempfänger.

_ Serienbruch

... Keine Daten verfügbar

Quelle: OECD STAT – Labour Force Statistics (www.oecd.org) und OECD Labour Force Statistics (printed version) (verschiedene Jahrgänge).

Teilzeit-Beschäftigung* *Männer* als Anteil an der Gesamtbeschäftigung** für 20 Länder 1993–2007

	1993	1994	1995	1996	1997	1998	1999	2000	2001	2002	2003	2004	2005	2006	2007
Australien[1,2]	12,7	12,9	13,5	14,0	14,6	14,4	14,3	14,8	15,8	16,3	16,5	16,1	15,7	16,0	...
Belgien	4,3	4,4	4,3	4,4	4,4	4,7	7,3	7,1	5,7	6,3	5,9	6,3	6,2	6,7	6,3
Dänemark	10,6	9,8	9,7	10,2	11,1	9,9	8,9	9,3	9,3	10,2	10,4	11,5	11,8	11,4	12,4
Deutschland	2,5	3,0	3,4	3,7	4,1	4,6	4,8	4,8	5,1	5,5	5,9	6,3	7,4	7,6	7,9
Finnland	6,5	6,5	5,9	5,8	6,4	6,7	6,6	7,1	7,3	7,5	8,0	8,0	7,9	8,1	8,2
Frankreich	4,9	5,3	5,6	5,7	5,9	5,9	5,8	5,5	5,1	5,1	4,6	4,6	5,2	5,2	5,0
Großbritannien	6,7	7,0	7,4	7,8	8,2	8,2	8,6	8,6	8,3	8,9	9,7	9,7	9,8	9,9	9,9
Irland	6,0	6,4	6,7	6,4	6,9	8,2	7,8	7,8	7,1	7,0	7,5	6,9	7,1	7,7	7,6
Italien	4,5	4,2	4,8	4,7	5,1	4,9	5,3	5,7	5,4	4,9	4,9	5,6	5,1	5,3	5,4
Japan[1,3]	11,4	11,7	10,0	11,7	12,9	12,9	13,4	11,6	13,7	14,0	14,7	14,2	14,2	12,8	...
Kanada	11,1	10,8	10,8	10,8	10,5	10,5	10,3	10,3	10,5	11,0	11,1	10,9	10,8	10,9	11,0
Neuseeland	9,2	9,0	9,5	9,9	10,4	10,5	11,1	10,9	10,9	11,3	10,8	10,7	10,2	10,1	11,2
Niederlande	10,9	11,3	11,8	11,3	11,1	12,4	11,9	13,4	13,8	14,7	14,8	15,1	15,3	15,8	16,2
Norwegen	7,8	7,7	7,6	8,1	7,7	7,9	8,2	8,7	9,1	9,2	9,9	10,3	10,0	10,6	10,5
Österreich	...	...	3,1	2,6	2,6	2,7	2,8	2,6	2,7	3,1	3,2	3,7	4,6	5,4	5,2
Portugal	4,3	4,9	3,8	4,5	5,1	5,2	5,1	4,9	5,1	5,8	5,9	5,8	5,9	5,9	6,3
Schweden	6,6	7,1	6,8	6,7	6,5	5,6	7,3	7,3	7,3	7,5	7,9	8,5	8,5	8,4	9,5
Schweiz[2]	6,9	6,8	6,5	7,3	7,1	7,2	7,7	8,4	8,9	7,8	8,1	8,1	8,0	8,8	8,7
Spanien	2,1	2,4	2,4	2,9	3,0	2,9	2,8	2,6	2,6	2,5	2,5	2,7	4,0	3,9	3,8
USA[4]	9,4	8,5	8,3	8,3	8,2	8,1	8,1	7,7	8,0	8,0	8,0	8,1	7,8	7,8	7,6

* Teilzeit-Beschäftigung bezieht sich auf Personen, die gewöhnlich weniger als 30 Stunden die Woche ihrer Haupterwerbstätigkeit nachgehen.
** Gesamtbeschäftigung (Total Employment) bezieht sich auf alle Personen, welche während einer definierten Periode (eine Woche oder ein Tag) in einem abhängigen Arbeitsverhältnis stehen, selbstständig ein Gewerbe betreiben oder einen freien Beruf ausüben.

1) Die Daten basieren auf den tatsächlich geleisteten Arbeitsstunden.   2) Teilzeit-Beschäftigung basiert auf den geleisteten Arbeitsstunden in allen Jobs.
3) Weniger als 35 Stunden pro Woche.   4) Daten beziehen sich nur auf Lohn- und Gehaltsempfänger.
_ Serienbruch
... Keine Daten verfügbar

Quelle: OECD STAT – Labour Force Statistics (www.oecd.org) und OECD Labour Force Statistics (printed version) (verschiedene Jahrgänge).

4 Arbeitslosigkeit/Langzeitarbeitslosigkeit

Teil III
Kapitel J

Standardisierte Arbeitslosenquote (SUR) für 20 Länder 1993–2007

	1993	1994	1995	1996	1997	1998	1999	2000	2001	2002	2003	2004	2005	2006	2007
Australien	10,6	9,5	8,2	8,2	8,3	7,7	6,9	6,3	6,7	6,4	5,9	5,4	5,1	4,8	4,4
Belgien	8,6	9,8	9,7	9,6	9,2	9,3	8,5	6,9	6,6	7,5	8,2	8,4	8,5	8,3	7,5
Dänemark	9,5	7,7	6,8	6,3	5,2	4,9	5,1	4,3	4,5	4,6	5,4	5,5	4,8	3,9	3,8
Deutschland	7,6	8,2	8,0	8,7	9,4	9,0	8,2	7,5	7,6	8,4	9,3	9,8	10,6	9,8	8,4
Finnland	16,2	16,8	15,1	14,9	12,7	11,4	10,3	9,6	9,1	9,1	9,1	8,8	8,3	7,7	6,9
Frankreich	11,0	11,6	11,0	11,5	11,4	11,0	10,4	9,0	8,3	8,6	9,0	9,3	9,3	9,2	8,3
Großbritannien	10,2	9,3	8,5	7,9	6,8	6,1	5,9	5,3	5,0	5,1	4,9	4,7	4,8	5,4	5,3
Irland	15,6	14,3	12,3	11,6	9,9	7,6	5,7	4,2	4,0	4,5	4,7	4,5	4,4	4,5	4,7
Italien	9,8	10,6	11,2	11,2	11,3	11,4	10,9	10,1	9,1	8,6	8,4	8,0	7,7	6,8	6,2
Japan	2,5	2,9	3,1	3,4	3,4	4,1	4,7	4,7	5,0	5,4	5,3	4,7	4,4	4,1	3,9
Kanada	11,4	10,4	9,5	9,6	9,1	8,3	7,6	6,8	7,2	7,7	7,6	7,2	6,8	6,3	6,0
Neuseeland	9,5	8,1	6,3	6,1	6,6	7,4	6,8	6,0	5,3	5,2	4,6	3,9	3,7	3,8	3,6
Niederlande	6,2	6,8	6,6	6,0	4,9	3,8	3,2	2,8	2,3	2,8	3,7	4,6	4,7	3,9	3,2
Norwegen	6,6	6,0	5,4	4,8	4,0	3,2	3,2	3,4	3,6	3,9	4,5	4,4	4,6	3,5	2,6
Österreich	3,9	3,8	3,9	4,4	4,4	4,5	3,9	3,7	3,6	4,2	4,3	4,8	5,2	4,8	4,4
Portugal	5,5	6,8	7,1	7,2	6,6	5,0	4,4	3,9	4,0	5,0	6,3	6,7	7,6	7,7	8,0
Schweden	9,1	9,4	8,8	9,6	9,9	8,2	6,7	5,6	4,9	5,0	5,6	6,3	7,3	7,0	6,2
Schweiz	3,9	3,9	3,5	3,9	4,2	3,6	3,0	2,7	2,6	3,2	4,2	4,4	4,5	4,0	3,6
Spanien	18,3	19,5	18,4	17,8	16,6	15,0	12,5	11,1	10,4	11,1	11,1	10,6	9,2	8,5	8,3
USA	6,9	6,1	5,6	5,4	4,9	4,5	4,2	4,0	4,7	5,8	6,0	5,5	5,1	4,6	4,6

_ Serienbruch
... Keine Daten verfügbar
Quelle: OECD STAT – Labour Force Statistics (www.oecd.org) und OECD Labour Force Statistics (printed version) (verschiedene Jahrgänge).

Standardisierte Arbeitslosenquote *Frauen* für 20 Länder 1993–2007

	1993	1994	1995	1996	1997	1998	1999	2000	2001	2002	2003	2004	2005	2006	2007
Australien	9,8	9,0	7,9	7,9	8,1	7,5	6,8	6,2	6,5	6,2	6,0	5,6	5,2	5,0	4,9
Belgien	11,5	12,7	12,7	12,5	11,9	11,6	10,2	8,5	7,5	8,7	8,9	9,5	9,5	9,4	8,4
Dänemark	9,8	8,5	8,1	7,5	6,2	6,0	5,8	4,8	5,0	5,0	6,1	6,0	5,3	4,5	4,2
Deutschland	9,0	9,4	9,0	9,2	9,8	9,3	8,4	7,5	7,4	7,9	8,7	9,1	10,0	9,4	8,3
Finnland	14,2	14,9	15,0	14,8	13,0	11,9	10,8	10,6	9,7	9,1	8,9	9,0	8,6	8,1	7,2
Frankreich	12,9	13,5	13,0	13,3	13,2	12,8	12,1	10,8	9,9	9,8	10,0	10,3	10,2	10,1	8,9
Großbritannien[1]	7,8	7,3	6,7	6,3	5,8	5,3	5,1	4,8	4,4	4,5	4,3	4,2	4,3	5,0	5,0
Irland	16,0	14,6	12,5	11,8	9,9	7,3	5,6	4,2	3,8	4,1	4,3	4,0	4,0	4,2	4,2
Italien	13,9	14,6	15,4	15,2	15,3	15,4	14,8	13,6	12,2	11,5	11,3	10,5	10,0	8,8	7,9
Japan	2,6	3,0	3,2	3,4	3,4	4,0	4,5	4,5	4,7	5,1	4,9	4,4	4,2	3,9	3,7
Kanada	10,7	9,8	9,1	9,3	8,9	8,0	7,3	6,7	6,9	7,1	7,2	6,9	6,5	6,1	5,6
Neuseeland	8,8	7,8	6,3	6,1	6,6	7,4	6,5	5,8	5,3	5,3	5,0	4,4	4,0	4,1	3,9
Niederlande	7,5	7,9	8,1	7,7	6,6	5,0	4,4	3,6	2,9	3,1	3,9	4,9	5,0	4,4	3,7
Norwegen[1]	5,7	5,3	5,1	4,8	4,2	3,,3	3,1	3,2	3,5	3,6	4,0	4,0	4,4	3,4	2,5
Österreich	5,1	5,0	5,0	5,3	5,4	5,4	4,7	4,3	4,2	4,4	4,7	5,3	5,5	5,2	5,0
Portugal[2]	6,5	7,8	8,1	8,2	7,5	6,2	5,1	4,9	5,0	6,0	7,2	7,6	8,7	9,0	9,6
Schweden[1]	7,3	7,8	7,8	9,0	9,5	8,0	6,8	5,3	4,5	4,6	5,2	6,1	7,2	7,1	6,4
Schweiz	4,7	4,5	4,1	4,2	4,1	4,0	3,5	3,2	3,4	3,4	4,6	4,9	5,1	4,7	...
Spanien[1]	23,6	25,4	24,7	23,7	22,6	21,1	18,1	16,0	14,8	15,7	15,3	14,4	12,2	11,6	10,9
USA[1]	6,6	6,0	5,6	5,4	5,0	4,6	4,3	4,1	4,7	5,6	5,7	5,4	5,1	4,6	4,5

1) Ab 16 Jahre. 2) Zwischen 1992 und 1997 lag die untere Altersgrenze bei 14 Jahren, ab 1998 bei 15 Jahren.
_ Serienbruch
Quelle: OECD Labour Force Statistics Database (www.oecd.org) und OECD Labour Force Statistics (printed version) (verschiedene Jahrgänge).

Standardisierte Arbeitslosenquote *Männer* für 20 Länder 1993–2007

	1993	1994	1995	1996	1997	1998	1999	2000	2001	2002	2003	2004	2005	2006	2007
Australien	11,4	9,9	8,7	8,5	8,6	8,1	7,2	6,5	7,1	6,6	5,9	5,3	4,9	4,7	4,1
Belgien	6,6	7,7	7,6	7,4	7,3	7,6	7,1	5,7	5,9	6,7	7,7	7,5	7,6	7,4	6,7
Dänemark	9,3	7,1	5,7	5,3	4,5	3,9	4,5	3,9	4,1	4,3	4,8	5,1	4,4	3,4	3,5
Deutschland	6,5	7,2	7,2	8,2	9,0	8,8	8,1	7,5	7,8	8,8	9,8	10,3	11,1	10,2	8,5
Finnland	18,1	18,4	15,2	15,0	12,3	10,9	9,7	8,7	8,7	9,1	9,3	8,8	8,2	7,4	6,5
Frankreich	9,5	10,0	9,3	10,0	10,0	9,5	8,9	7,5	7,0	7,7	8,1	8,3	8,4	8,5	7,8
Großbritannien[1]	12,1	11,0	9,9	9,2	7,7	6,8	6,5	5,8	5,5	5,6	5,5	5,1	5,2	5,8	5,6
Irland	15,4	14,2	12,2	11,5	9,9	7,7	5,8	4,3	4,1	4,7	5,0	4,9	4,6	4,6	5,0
Italien	7,4	8,3	8,6	8,7	8,8	8,8	8,4	7,8	7,0	6,6	6,5	6,4	6,1	5,4	4,9
Japan	2,4	2,8	3,1	3,3	3,4	4,2	4,8	4,9	5,2	5,5	5,5	4,9	4,6	4,3	3,9
Kanada	11,9	10,9	9,8	9,9	9,3	8,5	7,8	6,9	7,5	8,1	7,9	7,5	7,0	6,5	6,4
Neuseeland	10,1	8,5	6,2	6,1	6,6	7,5	7,0	6,1	5,3	5,0	4,3	3,5	3,4	3,5	3,3
Niederlande	5,4	6,0	5,5	4,7	3,7	3,0	2,3	2,2	1,8	2,5	3,5	4,3	4,4	3,6	2,8
Norwegen[1]	7,3	6,6	5,7	4,7	3,9	3,1	3,4	3,7	3,7	4,1	4,9	4,8	4,8	3,6	2,6
Österreich	3,1	3,0	3,1	3,6	3,6	3,8	3,3	3,1	3,1	4,0	4,0	4,4	4,9	4,3	3,9
Portugal[2]	4,6	5,9	6,4	6,3	6,0	4,0	3,9	3,1	3,2	4,1	5,5	5,8	6,7	6,5	6,6
Schweden[1]	10,7	10,8	9,7	10,1	10,2	8,4	6,6	5,9	5,2	5,3	6,0	6,5	7,4	6,8	5,9
Schweiz	3,3	3,4	3,0	3,6	4,3	3,2	2,6	2,2	1,9	3,0	3,9	4,0	3,9	3,4	...
Spanien[1]	15,4	16,1	14,8	14,3	13,0	11,2	9,0	7,9	7,5	8,1	8,2	8,0	7,1	6,3	6,4
USA[1]	7,2	6,2	5,6	5,4	4,9	4,4	4,1	3,9	4,8	5,9	6,3	5,6	5,1	4,6	4,7

1) Ab 16 Jahre.   2) Zwischen 1992 und 1997 lag die untere Altersgrenze bei 14 Jahren, ab 1998 bei 15 Jahren.

_ Serienbruch

Quelle: OECD Labour Force Statistics Database (www.oecd.org) und OECD Labour Force Statistics (printed version) (verschiedene Jahrgänge).

Arbeitslosenquote als Anteil an der zivilen Erwerbsbevölkerung für 20 Länder 1993–2007

	1993	1994	1995	1996	1997	1998	1999	2000	2001	2002	2003	2004	2005	2006	2007
Australien	10,9	9,7	8,5	8,5	8,5	7,7	6,9	6,3	6,8	6,4	6,1	5,5	5,1	4,9	4,4
Belgien	12,1	13,1	13,0	12,7	12,6	11,7	8,6	6,6	6,2	6,9	7,7	7,4	8,4	8,2	7,5
Dänemark	10,8	8,1	7,1	7,0	6,2	5,5	5,6	4,6	4,8	4,8	5,6	5,7	5,0	4,1	4,0
Deutschland	8,0	8,5	8,2	9,0	9,9	9,3	8,5	7,8	7,9	8,6	9,3	10,3	11,2	10,4	8,7
Finnland	16,4	16,6	15,4	14,6	12,7	11,4	10,2	9,8	9,1	9,1	9,1	8,8	8,4	7,7	6,9
Frankreich	11,8	12,3	11,6	12,2	12,3	11,7	11,0	9,6	8,8	9,1	9,9	10,1	10,0	9,1	...
Großbritannien	10,3	9,6	8,6	8,1	7,1	6,1	6,0	5,5	4,8	5,1	4,9	4,7	4,6	5,4	5,3
Irland	15,8	14,8	12,2	11,9	10,4	7,8	5,8	4,3	3,7	4,2	4,4	4,4	4,3	4,4	4,6
Italien	10,2	11,2	11,7	11,7	11,8	11,9	11,5	10,7	9,6	9,1	8,8	8,1	7,8	6,9	6,2
Japan	2,5	2,9	3,2	3,4	3,4	4,1	4,7	4,7	5,0	5,4	5,3	4,7	4,4	4,1	3,9
Kanada	11,4	10,4	9,5	9,6	9,1	8,3	7,6	6,8	7,2	7,7	7,6	7,2	6,8	6,3	6,0
Neuseeland	9,5	8,1	6,3	6,1	6,6	7,4	6,8	6,0	5,3	5,2	4,6	3,9	3,7	3,8	3,6
Niederlande	6,2	6,9	7,1	6,5	5,5	4,3	3,5	2,7	2,1	2,6	3,6	4,6	4,7	3,9	3,2
Norwegen	6,1	5,5	5,0	4,9	4,1	3,2	3,2	3,5	3,6	3,9	4,5	4,5	4,6	3,5	2,5
Österreich	4,3	3,6	3,7	4,2	4,3	4,3	3,8	3,6	3,7	4,0	4,3	5,0	5,2	4,8	4,4
Portugal	5,5	6,8	7,2	7,2	6,7	5,0	4,4	4,0	4,1	5,1	6,4	6,7	7,7	7,7	8,0
Schweden	9,5	9,8	9,2	10,0	10,2	8,5	7,2	5,9	5,1	5,2	5,8	6,6	7,8	7,1	6,2
Schweiz	3,8	3,7	3,3	3,7	4,1	3,4	2,9	2,6	2,5	3,1	4,0	4,2	4,3	3,9	3,5
Spanien	22,8	24,2	23,0	22,1	20,7	18,7	15,7	13,9	10,6	11,5	11,5	11,0	9,2	8,5	8,3
USA	6,9	6,1	5,6	5,4	4,9	4,5	4,2	4,0	4,7	5,8	6,0	5,5	5,1	4,6	4,6

_ Serienbruch

Quelle: OECD STAT – Labour Force Statistics (www.oecd.org) und OECD Labour Force Statistics (printed version) (verschiedene Jahrgänge).

Arbeitslosenquote *jüngere Arbeitnehmer* (15–24 Jahre) für 20 Länder 1993–2007

	1993	1994	1995	1996	1997	1998	1999	2000	2001	2002	2003	2004	2005	2006	2007
Australien	18,6	17,1	15,4	15,9	16,1	14,6	13,0	11,8	12,9	12,7	12,2	11,6	10,8	10,0	9,4
Belgien	18,4	21,8	21,5	20,5	21,3	20,4	22,6	15,2	15,3	15,7	19,0	17,5	19,9	18,9	19,2
Dänemark	14,6	10,2	9,9	10,6	8,1	7,2	10,0	6,7	8,3	7,1	9,8	7,8	7,9	7,6	7,2
Deutschland	7,6	8,2	8,2	9,4	10,2	9,0	8,6	8,4	8,3	9,8	10,6	12,6	15,2	13,6	11,7
Finnland	30,8	31,2	27,0	25,0	23,3	22,0	20,3	20,3	18,8	19,5	20,4	19,5	18,9	17,6	15,7
Frankreich	24,6	27,5	25,9	26,3	28,1	25,4	26,5	20,7	18,7	20,2	18,3	19,7	20,2	21,3	18,7
Großbritannien[1]	17,4	16,2	15,3	14,8	13,5	12,4	12,3	11,8	10,5	11,0	11,5	10,9	12,2	13,9	14,4
Irland	25,3	24,2	19,1	18,3	16,1	11,6	8,5	6,4	6,2	7,7	7,6	8,1	8,3	8,3	8,7
Italien	28,8	30,5	31,9	32,2	32,1	32,1	31,1	29,7	27,0	26,3	26,3	23,5	24,0	21,6	20,3
Japan	5,1	5,5	6,1	6,7	6,6	7,7	9,3	9,2	9,7	10,0	10,2	9,5	8,6	8,0	7,7
Kanada	17,1	15,8	14,7	15,3	16,2	15,1	14,0	12,6	12,8	13,7	13,8	13,4	12,4	11,6	11,2
Neuseeland	17,2	15,0	11,9	11,8	13,0	14,6	13,7	13,2	11,8	11,5	10,2	9,3	9,4	9,6	9,7
Niederlande	9,7	10,2	12,8	12,1	9,5	8,2	7,0	6,1	5,8	5,9	7,8	9,2	9,6	7,6	7,3
Norwegen[1]	13,9	12,6	11,9	12,4	10,6	9,1	9,6	10,2	10,5	11,5	11,7	11,7	12,0	8,3	7,5
Österreich	...	4,8	5,0	6,1	6,1	5,5	4,8	4,9	5,4	5,9	6,5	9,7	10,3	9,1	8,7
Portugal[2]	12,1	14,1	15,7	16,3	14,6	10,3	8,8	8,6	9,4	11,5	14,6	15,3	16,1	16,2	16,6
Schweden[1]	22,7	22,7	19,5	21,2	21,1	16,7	14,3	11,9	11,8	12,9	13,8	17,0	22,3	21,3	18,9
Schweiz	7,0	5,8	5,5	4,6	5,9	5,6	5,7	4,9	5,5	5,6	8,5	7,7	8,8	7,7	7,1
Spanien[1]	41,0	42,9	40,4	39,9	37,2	33,9	28,3	25,3	20,8	22,2	22,7	22,0	19,7	17,9	18,2
USA[1]	13,4	12,5	12,1	12,0	11,3	10,4	9,9	9,3	10,6	12,0	12,4	11,8	11,3	10,5	10,5

1) 16–24 Jahre. 2) Von 1974 bis 1991 lag die Altersuntergrenze bei 12 Jahren, ab 1992 bis 1997 bei 14 Jahren, ab 1998 bei 15 Jahren.
_ Serienbruch
... Keine Daten verfügbar
Quelle: OECD STAT – Labour Force Statistics (www.oecd.org) und OECD Labour Force Statistics (printed version) (verschiedene Jahrgänge).

Arbeitslosenquote *Haupterwerbsgruppe* (25–54 Jahre) für 20 Länder 1993–2007

	1993	1994	1995	1996	1997	1998	1999	2000	2001	2002	2003	2004	2005	2006	2007
Australien	8,6	7,6	6,6	6,7	6,6	6,1	5,5	5,1	5,3	5,1	4,8	4,2	3,9	3,7	3,4
Belgien	7,1	8,4	8,3	8,6	7,9	8,4	7,4	5,8	5,4	6,2	7,0	6,6	7,2	7,5	6,8
Dänemark	10,2	7,8	6,2	6,0	4,8	4,6	4,3	4,1	3,5	3,7	5,0	4,7	4,2	3,3	2,7
Deutschland	7,6	8,1	7,7	8,0	8,9	8,4	7,6	7,0	7,3	8,1	9,1	9,7	10,4	9,6	8,0
Finnland	14,0	14,1	13,1	12,2	10,7	9,5	8,4	8,0	7,4	7,3	7,3	7,3	6,9	6,1	5,3
Frankreich	9,8	11,2	10,5	11,0	11,1	10,8	10,6	9,2	8,1	8,1	7,6	7,6	7,8	7,6	6,9
Großbritannien	8,7	8,2	7,4	6,9	5,8	5,0	4,9	4,4	3,8	4,1	3,7	3,6	3,4	4,1	3,7
Irland	14,4	13,4	11,1	11,1	9,5	7,3	5,3	4,0	3,2	3,7	3,9	3,9	3,7	3,9	4,1
Italien	7,1	8,2	8,8	8,9	9,2	9,4	9,2	8,5	7,9	7,5	7,2	6,9	6,7	5,9	5,3
Japan	2,0	2,4	2,6	2,7	2,8	3,4	4,0	4,1	4,4	4,9	4,7	4,4	4,2	3,9	3,7
Kanada	10,3	9,4	8,5	8,7	7,8	7,1	6,4	5,8	6,2	6,6	6,5	6,0	5,8	5,3	5,1
Neuseeland	7,7	6,6	5,1	4,9	5,3	6,1	5,4	4,5	4,1	4,0	3,5	2,9	2,7	2,6	2,5
Niederlande	5,5	6,3	6,1	5,5	4,9	3,7	2,8	2,5	2,1	2,7	3,8	4,4	4,4	3,6	2,7
Norwegen	5,0	4,5	4,1	3,9	3,0	2,4	2,4	2,6	2,6	3,0	3,8	3,8	4,0	2,9	1,9
Österreich	...	3,4	3,4	3,8	3,9	4,0	3,5	3,2	3,2	3,6	3,8	4,2	4,4	4,1	3,8
Portugal	4,5	6,0	6,4	6,4	6,0	4,5	4,0	3,5	3,5	4,5	5,7	6,1	7,3	7,3	7,8
Schweden	7,9	8,1	7,8	8,6	8,9	7,6	6,2	4,9	4,1	4,2	4,9	5,5	6,2	5,3	4,4
Schweiz	3,2	3,6	3,0	3,6	4,1	3,4	2,7	2,3	2,1	2,7	3,7	4,0	3,8	3,5	3,1
Spanien	19,4	20,9	20,0	19,4	18,3	16,6	14,0	12,3	9,3	10,2	10,2	9,8	8,0	7,5	7,2
USA	5,8	5,0	4,5	4,3	3,9	3,5	3,2	3,1	3,8	4,8	5,0	4,6	4,1	3,8	3,7

_ Serienbruch
... Keine Daten verfügbar

Quelle: OECD STAT – Labour Force Statistics (www.oecd.org) und OECD Labour Force Statistics (printed version) (verschiedene Jahrgänge).

Arbeitslosenquote *ältere Arbeitnehmer* (55–64 Jahre) für 20 Länder 1993–2007

	1993	1994	1995	1996	1997	1998	1999	2000	2001	2002	2003	2004	2005	2006	2007
Australien	10,7	9,5	7,6	7,5	6,8	6,1	5,3	4,3	4,6	4,2	3,8	3,6	3,2	3,2	2,7
Belgien	3,6	4,9	4,0	4,5	4,7	5,3	5,7	3,2	3,0	3,5	1,7	3,6	4,4	5,4	3,8
Dänemark	8,8	6,5	8,0	6,1	5,1	5,1	4,2	4,0	4,0	4,7	3,9	5,6	4,9	3,7	4,2
Deutschland	10,8	11,6	11,7	13,9	15,3	14,7	13,5	12,3	11,7	10,8	9,7	12,5	12,7	12,4	10,3
Finnland	15,7	19,0	20,3	21,0	15,0	14,0	10,2	9,4	8,9	8,1	7,7	7,3	6,9	6,7	6,5
Frankreich	7,7	7,0	7,1	8,5	8,5	8,7	8,7	7,9	6,1	5,8	5,0	5,6	5,2	5,7	5,1
Großbritannien	10,0	9,1	7,6	7,0	6,3	5,3	5,1	4,4	3,3	3,4	3,3	3,1	2,6	2,9	3,3
Irland	8,2	8,5	7,8	6,8	6,1	5,1	4,3	2,5	2,6	2,4	2,4	2,4	3,0	2,4	2,6
Italien	2,7	3,4	3,9	4,1	4,4	4,5	4,8	4,5	4,3	4,1	3,8	4,1	3,5	2,9	2,4
Japan	3,0	3,5	3,7	4,1	3,9	5,0	5,4	5,6	5,7	5,8	5,5	4,4	4,1	3,9	3,4
Kanada	10,0	9,2	8,3	7,8	7,6	6,9	5,9	5,5	5,8	6,3	6,3	5,9	5,4	5,2	5,0
Neuseeland	5,5	4,7	3,3	3,6	4,0	4,5	5,0	4,6	3,5	3,2	3,6	2,5	1,9	2,0	1,4
Niederlande	2,9	3,5	3,0	3,2	2,5	2,3	2,9	2,1	1,7	2,0	3,1	3,8	4,5	4,4	4,1
Norwegen	2,6	2,6	2,6	2,2	1,9	1,8	1,1	1,3	1,6	1,8	1,4	1,1	1,7	1,1	1,0
Österreich	...	3,5	3,8	4,6	4,3	4,8	5,0	5,2	4,9	5,5	5,0	3,8	3,6	3,5	3,0
Portugal	3,5	4,0	4,1	4,8	5,2	3,3	3,1	3,3	3,2	3,7	4,3	5,6	6,2	6,3	6,5
Schweden	5,7	6,9	8,0	8,5	8,1	6,6	6,6	6,1	5,0	4,7	4,8	4,9	4,5	4,4	3,9
Schweiz	3,4	4,1	3,0	3,2	2,9	3,2	2,6	2,8	1,8	2,0	2,5	3,2	3,7	3,0	3,1
Spanien	11,4	12,4	12,3	11,7	11,4	10,3	9,7	9,4	6,3	7,1	6,9	7,1	6,1	5,7	5,9
USA	4,7	4,1	3,6	3,4	2,9	2,6	2,7	2,5	3,0	3,9	4,1	3,8	3,3	3,0	3,1

_ Serienbruch
... Keine Daten verfügbar
Quelle: OECD STAT – Labour Force Statistics (www.oecd.org) und OECD Labour Force Statistics (printed version) (verschiedene Jahrgänge).

Arbeitslosenquote (25–64 Jahre) nach Ausbildungsgrad – *Geringqualifizierte* (ISCED 0–2)* für 20 Länder 1997–2006**

	1997	1998	1999	2000	2001	2002	2003	2004	2005	2006
Australien	9,6	9,0	8,4	7,5	7,6	7,5	7,0	6,2	6,3	5,6
Belgien	12,5	13,1	12,0	9,8	8,5	10,3	10,7	11,7	12,4	12,3
Dänemark	...	7,0	7,0	6,3	5,0	6,2	7,2	7,8	6,8	5,5
Deutschland	16,7	16,5	15,6	13,7	13,5	15,3	18,0	20,5	20,2	19,9
Finnland	15,6	13,8	13,1	12,1	11,4	12,2	11,1	12,0	10,7	10,1
Frankreich	15,0	14,9	15,3	13,9	11,9	11,8	12,1	12,1	12,4	11,0
Großbritannien	11,1	10,5	10,0	8,9	7,6	8,5	6,9	6,6	6,6	5,7
Irland	14,5	11,6	8,8	6,8	5,3	5,6	6,3	6,4	6,0	5,7
Italien	...	10,8	10,6	10,0	9,1	9,0	...	7,8	7,7	6,9
Japan	3,9	4,3	5,6	6,0	5,9	6,6	6,7	6,7	...	...
Kanada	12,8	11,6	10,6	9,9	10,1	10,5	10,9	9,9	9,8	9,3
Neuseeland	8,8	10,5	8,8	7,8	6,7	5,6	4,9	4,2	3,8	3,1
Niederlande	...	6,2	4,9	3,9	2,9	3,8	...	5,7	5,8	4,8
Norwegen	4,0	2,9	2,5	2,2	3,4	3,4	3,9	3,6	...	4,7
Österreich	6,7	6,9	6,1	6,3	6,4	6,9	7,9	7,8	8,6	7,9
Portugal	...	4,4	4,0	3,6	3,6	4,4	5,7	6,4	7,5	7,6
Schweden	11,9	10,4	9,0	8,0	5,9	5,8	6,1	6,5	8,5	7,3
Schweiz	6,2	5,6	5,0	5,0	3,6	4,7	6,1	7,2	7,7	7,6
Spanien	19,0	17,1	14,7	13,7	10,2	11,2	11,2	11,0	9,3	9,0
USA	10,4	8,5	7,7	7,9	8,1	10,2	9,9	10,5	9,0	8,3

* ISCED (International Standard Classification on Education), ISCED 0–2 korrespondiert zu:
0 = Pre-Primary Level of Education (in Deutschland: Vorprimärstufe oder Kindergarten)
1 = Primary Level of Education (in Deutschland: Primärstufe oder Grundschule)
2 = Lower Secondary Level of Education (in Deutschland: Sekundarstufe 1 oder Klassen 5–10).

** Die qualifikationsbezogenen Daten zur Erwerbsbevölkerung werden auf der Basis des Internationalen Bildungsklassifikationssystems (ISCED) von 1997 berichtet. Daher sind Daten erst seit 1997 verfügbar.

... Keine Daten verfügbar

Quelle: OECD Employment Outlook (verschiedene Jahrgänge). S. a. Anhang OECD Labour Force Statistics 1983–2003 und OECD Labour Force Market Statistics Database (LMS). OECD Labour Force Statistics Database (www.oecd.org) und OECD Statistical Compendium 2004/2.

Anteil der Langzeitarbeitslosen an allen Arbeitslosen für 20 Länder 1993–2007

	1993	1994	1995	1996	1997	1998	1999	2000	2001	2002	2003	2004	2005	2006	2007
Australien	36,7	36,1	32,0	28,5	31,2	29,7	28,3	25,5	22,0	22,3	21,3	20,5	17,7	17,8	15,5
Belgien	53,0	58,3	62,4	61,3	60,5	61,7	60,5	56,3	51,7	49,6	46,3	49,6	51,6	55,6	50,0
Dänemark	25,2	32,1	27,9	26,5	27,2	26,9	20,5	20,0	22,2	19,7	19,9	22,6	25,9	20,4	18,2
Deutschland	40,3	44,3	48,7	47,8	50,1	52,6	51,7	51,5	50,4	47,9	50,0	51,8	54,1	57,3	56,6
Finnland	30,6	...	37,6	34,5	29,8	27,5	29,6	29,0	26,2	24,4	24,7	23,4	24,9	24,8	23,0
Frankreich	34,2	38,5	42,5	39,6	41,4	44,2	40,4	42,6	37,6	33,8	41,0	40,9	41,4	42,2	40,4
Großbritannien	42,5	45,4	43,6	39,8	38,6	32,7	29,6	28,0	27,8	22,9	22,8	21,4	22,4	22,1	24,7
Irland	59,1	64,3	61,6	59,5	57,0	...	55,3	...	33,1	29,4	35,5	34,3	34,3	34,3	30,3
Italien	57,7	61,5	63,6	65,6	66,3	59,6	61,4	61,3	63,4	59,2	58,2	49,7	52,2	52,9	49,9
Japan	15,6	17,5	18,1	19,3	21,8	20,3	22,4	25,5	26,6	30,8	33,5	33,7	33,3	33,0	32,0
Kanada	16,5	17,9	16,8	16,8	16,1	13,8	11,7	11,2	9,5	9,6	10,0	9,5	9,6	8,7	7,5
Neuseeland	33,3	32,7	25,7	20,8	19,3	19,3	20,9	19,3	16,7	14,5	13,5	11,7	9,4	7,1	5,7
Niederlande	52,4	49,4	46,8	50,0	49,1	47,9	43,5	...	...	26,7	29,2	32,5	40,1	45,2	41,7
Norwegen	27,2	28,8	24,2	14,2	12,4	8,3	7,1	5,3	5,5	6,4	6,4	9,2	9,5	14,5	8,8
Österreich	...	18,4	29,1	24,9	27,5	30,3	29,2	25,8	23,3	19,2	24,5	27,6	25,3	27,3	26,8
Portugal	43,5	43,4	50,9	53,1	55,6	44,7	41,2	42,9	38,1	35,5	32,8	43,2	48,6	51,8	47,3
Schweden	15,8	25,7	27,8	30,1	33,4	33,5	30,1	26,4	22,3	21,0	17,8	18,9	14,1	14,2	13,0
Schweiz	20,3	29,0	33,6	25,6	28,2	34,8	39,6	29,0	29,9	21,8	26,1	33,5	39,0	39,1	40,8
Spanien	50,1	56,2	57,1	55,9	55,7	54,3	51,2	47,6	44,0	40,2	39,8	37,7	32,6	29,5	27,6
USA	11,5	12,2	9,7	9,5	8,7	8,0	6,8	6,0	6,1	8,5	11,8	12,7	11,8	10,0	10,0

_ Serienbruch
... Keine Daten verfügbar

Quelle: OECD STAT – Labour Force Statistics (www.oecd.org) und OECD Labour Force Statistics (printed version) (verschiedene Jahrgänge).

Stichwortverzeichnis

Stichwortverzeichnis

58er-Regelung . . . . .33, 37, 81, 90 ff., 119, 131, 138 ff.
ABM, siehe Arbeitsbeschaffungsmaßnahmen
Agenda 2010. . . . . 15 f., 49, 88
Agrarsektor 264
Aktivierungsmaßnahmen. . . . . 101, 205 ff., 209, 222
Alg, siehe Arbeitslosengeld
Altbewerber . . . . 144 ff., 319 f., 328 f., 351
Altersarmut . . . . .131, 214 ff., 231
Altersgrenzenanpassungsgesetz . . . . .130 f.
Alterung, siehe demografische Entwicklung
Angebots-Nachfrage-Relation (ANR) . . . . 333 ff.
Arbeitnehmer
 -Entsendegesetz . . . . 121 ff.
 -freizügigkeit. . . . . . . 108, 239 ff., 247, 249 f., 256 f., 262 ff., 276
Arbeitsbeschaffungsmaßnahmen (ABM) . . . . . 20, 150 f., 155, 157 ff.,
. . . . 163, 184, 192, 195 f., 308
Arbeitserlaubnis . . . . 83, 251 f., 258, 380
Arbeitsgelegenheiten
 Entgeltvariante . . . . 157 ff., 184, 186
 Mehraufwandsvariante. . . . . .151, 157 ff., 184, 186 f.
Arbeitskräfte
 -angebot 13, 36, 42, 46, 48, 60, 73, 266
 -bedarf . . . . 13, 44 ff., 380, 390
 -bilanz . . . . 428 ff.
 -nachfrage 74, 130
Arbeitslosengeld (Alg)
 Anspruch auf A. 19, 91, 105, 118, 139, 185
 Verkürzung der Bezugsdauer 50, 54, 135
Arbeitslosenhilfe . . . 50, 85, 154, 177, 206, 208, 214, 216, 224 ff., 302
Arbeitslosenquote
 qualifikationsspezifische. 324, 452, 454, 456
 standardisierte. 24, 29, 474, 502 ff.
Arbeitslosenstatistik . . . . 18 f., 28, 138, 459, 461, 463
Arbeitslosenversicherung . . . . 38, 41, 58, 91 f., 96, 105, 110 ff.,
. . . . 124, 133, 185 f., 206, 233, 250, 256
Arbeitslosigkeit(s)
 Langzeitarbeitslosigkeit . . . . .20 f., 51, 57, 136 f., 169, 194 f.,
. . . . 205 f., 231 f., 256, 286, 475
 Massenarbeitslosigkeit 48
 -risiko . . . . .210, 239 f., 255 f., 285 f., 288,
. . . . .292, 294, 298 f., 310 f., 323, 347
 strukturelle. . . . . .38, 49 ff.
 verdeckte 22, 63
Arbeitsmarkt
 erster A. . . . . 19 ff., 39, 52, 63, 88, 90, 92, 102,
. . . . 125 f., 151, 155, 176, 186, 299
 zweiter A. . . . . .18 ff., 61 f., 128, 155
 -bilanz . . . . 35 f., 40, 42, 45, 58 f., 63
Arbeitsmigration . . . . 84, 241 f., 265, 276
Arbeitsplatz
 -abbau . . . . 375 ff.
 -entstehung . . . . 375 ff.
 -garantie 116
Arbeitsproduktivität . . . . 44 f., 61, 266, 408 f.
Arbeitsunfähigkeit 18, 20
Arbeitszeit
 -konten 36, 97, 417, 419, 421, 423, 425
 -modelle 363
 -rechnung 60, 75
ARIMA, siehe Autoregressive Integrated Moving Averages
Asylverfahren 83
Atypische Beschäftigung . . . . 360 f., 378 ff., 385, 395 ff.
Aufenthaltsgenehmigung 84
Aufenthaltsgesetz 83

Ausbildung(s)
 außerbetriebliche A. . . . . 113, 319, 327, 329 f., 336, 342
 -berechtigung . . . . 343 f., 346
 -bereitschaft 343
 -berufe . . . . 173 f., 296 f., 328, 336 f., 340, 347
 -fähigkeit 128, 343
 -pakt . . . . 128, 133, 319, 326, 332, 334, 339 f.
 -quote 335, 345
 -reife . . . . 319, 328, 330, 332, 336 f., 348
Ausgabenkürzung 44, 111
Ausländer
 -behörde 84
 -recht 83
Außenhandel 16, 45, 109
Auswanderung . . . . 239, 245 f., 248, 265 f., 275, 277
Aussiedler . . . . 42, 248, 274, 285 ff., 290 ff., 301 ff.
Aussteuerungsbetrag . . . . 133 ff.
Auszubildende . . 23, 128 f., 144, 207, 296 f., 324, 327, 330, 342 ff., 350
Autoregressive Integrated Moving Averages (ARIMA) . . . . . . 65, 67 ff.

Bausektor 121, 264
BBiG, siehe Berufsbildungsgesetz
Bedarfsdeckung 99
Bedarfsgemeinschaft . . . . 16, 81, 88, 95, 99 ff., 115, 132,
. . . . 143, 154, 164, 206, 220
Befristung, siehe Beschäftigung, befristete
Behinderte . . . . 118, 137, 141, 145, 169 f., 178, 338 f., 341 f.
Berufliche Qualifizierung für Jugendliche mit
 besonderem Förderbedarf 338
Beruf(s)
 -ausbildung, siehe Ausbildung
 -bildungsgesetz 328, 332, 341
 -eignung 328, 330, 355
 -einstieg . . . . 144, 211, 297 f.
 -fachschule . . 319, 336 f., 340, 452, 454, 456, 458, 460, 462, 464
 -grundbildungsjahr (BGJ) . . . . 331, 336 f., 341
 -grundschuljahr 319, 331
 -vorbereitende Bildung (BvB) . . . . 336 ff.
 -vorbereitung. . . . . .127, 321, 324, 329, 331, 337 ff., 350
 -vorbereitungsjahr (BVJ) . . . . .319, 336 f., 340 f.
Beschäftigung(s)
 atypische . . . . 361, 363, 378 ff., 380 ff., 385, 395 ff.
 befristete . . . . 92, 184, 370 f., 379 f., 383 ff., 395 f., 474
 -entwicklung 49, 360, 366, 372, 378, 395
 -expansion 24
 ganzjährige . . . . 96 f.
 geringfügige . . . . 17, 51, 167, 364, 379 f.
 -politik 15, 54, 81
 sektorale . . . . 264, 477 f., 493 ff.
 Teilzeitbeschäftigung . . . . 17 f., 24, 45, 51, 380, 382, 396, 474
 Vollzeitbeschäftigung 13, 17, 51, 57, 126, 378, 382
Betriebsgröße . . . . 94, 344, 346 f., 364, 366, 370,
. . . . 381, 384, 386, 392 ff., 397
Beveridge-Kurve . . . . .51 f., 54 f., 190
Bewerbungstraining 151, 155, 176, 302
BFS, siehe Berufsfachschule
BGJ, siehe Berufsgrundbildungsjahr
BIBB, siehe Bundesinstitut für Berufsbildung
Bildung(s)
 -expansion 48, 323
 -gutschein 81, 119, 173, 175
Binnenwirtschaft . . . . 16 f., 36, 41
BIP, siehe Bruttoinlandsprodukt
BQF, siehe Berufliche Qualifizierung für Jugendliche
 mit besonderem Förderbedarf

Stichwortverzeichnis

Branchentarifverträge 53
Bruttoinlandsprodukt (BIP) . . . . 16, 31, 34, 36, 44 f., 57, 59, 62 f.,
. . . . 84, 239, 246, 256, 263, 265, 408 f.
Bundesinstitut für Berufsbildung 326
BvB, siehe Berufsvorbereitende Bildung
BVJ, siehe Berufsvorbereitungsjahr

Churning . . . . 361 f., 369, 372 ff., 378, 395

Demografische Entwicklung . . 13 f., 40, 48, 58, 83, 117, 130 f., 241, 326
Deterministisches Strukturkomponentenmodell (SC) 67, 69
Deutsches Institut für Wirtschaftsforschung (DIW) . . 77, 87, 109, 192,
. . . . 199 ff., 280, 356
Dienstleistung(s)
    für private Haushalte 48
    -richtlinie. . . . . 108 ff.
    -sektor, siehe auch Sektor . . . . 47, 264 f., 344, 385
    unternehmensnahe D. . . . . 48, 344 f.
DIW, siehe Deutsches Institut für Wirtschaftsforschung
Duale Ausbildung . . . . 295, 321 ff., 326, 340, 350 f.

EGZ, siehe Eingliederungszuschuss
Eigenverantwortung. 221, 226
Eignungsfeststellung . . . . 105, 155, 157, 160 f., 176 ff., 221, 223
Einbürgerung 84, 242, 259, 262, 274
Ein-Euro-Job 36, 102, 151, 155, 162, 186,
. . . . 306, 364, 367, 379 ff., 383, 398
Eingliederung(s)
    -beitrag . . . . 133 f.
    -gutschein . . . . 133, 135, 138 ff., 179
    -maßnahme . . . . 81, 91, 93, 101 f., 134, 157 ff., 166 f., 222
    -zuschuss (EGZ) . . . . 81 f., 117 ff., 127 f., 138 ff., 155 ff.,
. . . . 162, 164, 178 ff., 307, 309
Einkommen
    -steuer 16, 53, 98
    -steuerreform 16, 53
Einstellung(s)
    -rate . . . . 361, 369 ff., 378, 395
    -test 348
Einstiegsgeld . . . . 87 ff., 152, 155, 157 ff., 181, 183
Einstiegsqualifizierungen Jugendlicher. . . . 127 ff., 319, 331, 339, 341
Einwanderungspolitik . . . . 239, 241, 249 ff., 254 f., 276 ff., 310 f.
Elterngeld 82, 116
Entgeltvariante, siehe Arbeitsgelegenheiten
Entlassungen 38, 53, 361, 372
EQJ, siehe Einstiegsqualifizierungen Jugendlicher
Erwerbsbeteiligung. . . . . 22 ff., 28, 36, 43, 73 f. 76, 230 f.,
. . . . 271 f., 274, 276, 290, 472, 477
Erwerbsbevölkerung 30, 42, 49, 241, 271, 280, 473 ff., 484, 492, 505
Erwerbsintegration. . . . . 26, 128, 206, 223, 230 f.
Erwerbspersonenpotenzial . . . . . . 29, 31, 34, 36 f., 40 ff., 51, 58 f., 73,
. . . . 75, 130, 239, 241 f., 271 f., 428 f.
Erwerbsquote . . 22 ff., 43, 130, 254 f., 271 f., 287 ff., 294, 473, 478 ff.
Erwerbstätigenquote 24, 26 ff., 117, 134, 254 f., 286, 288, 473, 486 ff.
Erwerbsunfähigkeit. 30, 387
Europäischer Sozialfonds (ESF) . . 136, 174, 286, 301 ff., 306, 310, 312
Europäische Union (EU)
    EU-Dienstleistungsrichtlinie. . . . . 108 ff.
    EU-Osterweiterung . . . . 109, 239 f., 244 f., 247,
. . . . 250, 256 f., 259, 262 f., 276
    EU-15-Länder . . . . 28, 242 ff., 254, 256 ff., 259, 265
EWMA, siehe Exponential Weighted Moving Averages
ExGZ, siehe Existenzgründungszuschuss

Existenzgründung 105, 176, 183, 367
Existenzgründungszuschuss (ExGZ) . . . . 91, 93, 104 ff., 154 f.,
. . . . 157 ff., 173, 181 ff., 367
Exponential Weighted Moving Averages (EWMA). 67, 69

Fachhochschule. . . . . 219, 292, 303, 324, 452 ff.
Fachkräfte
    -bedarf. 38, 94, 346
    -mangel 6, 40, 45, 48, 84, 130
Familie(n)
    -politik 82, 116
    -zeiten 231
    Vereinbarkeit von Arbeit und F. 43, 98, 379
FbW, siehe Förderung der beruflichen Weiterbildung
Fördermittel. 38, 119, 139
„Fördern und Fordern" . . . . 41, 81, 205 f.
Förderung der beruflichen Weiterbildung (FbW) . . . . . 20, 151, 157 ff.,
. . . . 173 ff., 192 ff.
Fortbildungs- und Umschulungsmaßnahmen 173
Freibetragsneuregelungsgesetz. 87, 89
Freier Dienstleistungsverkehr. 108
Frühverrentung 91, 93
FuU, siehe Fortbildungs- und Umschulungsmaßnahmen

Gebäudereinigerbranche 82, 109, 121
Geburtendefizit . . . . 42 f., 271 ff.
Gehalt . . . . 142, 222, 252, 379, 394, 497 ff.
Gemeinschaftsdiagnose . . . . 38, 60, 62 f.
Geringfügige Beschäftigung, siehe Beschäftigung
Geringqualifizierte . . . . 23 f., 26, 28, 30, 56 f., 94, 131, 173,
. . . . 210, 294, 308, 312, 484, 492, 509
Geschäftsstatistik der BA 328, 332, 392
Gesundheit(s)
    gesundheitliche Einschränkungen . . . . 124, 128, 169, 217 ff.
    G. und Arbeitslosigkeit . . . . 208, 217 ff., 231
    -leistungen. 48, 218
    -wesen 297, 325, 394
Gewerkschaften . . . . 48, 50, 53, 55, 107, 188 f., 266, 394
Gleichbehandlungsgesetz, Allgemeines 82, 107
Grenzsteuersätze. 53
Gründungszuschuss (GZ) . . . . 81, 104 ff., 155, 157 ff., 181 f., 307

Handwerksordnung. 16, 328
Härteklauseln 53
Hartz-Reformen . . . . 15, 50, 54, 113, 175, 185, 194 f.
Haushaltsbegleitgesetz 110, 113
Herkunftslandprinzip 109
Hinzuverdienstgrenze 139
Hochqualifizierte. . . . . 83 f., 185, 251 ff., 270, 278, 321, 323
HWO, siehe Handwerksordnung

IAB-Betriebspanel . . . . 53, 119, 345 f., 348, 364 f.,
. . . . 367 ff., 375, 388, 392 ff.
IEB, siehe Integrierte Erwerbsbiografie
Ifo, siehe Institut für Wirtschaftsforschung
ILO, siehe International Labour Organisation
Input-Output-Modelle (IOM). 65, 74
Institut für Wirtschaftsforschung (ifo) 57, 60, 109
Integration(s)
    -kurse . . . . 83 f., 301 f., 304, 306,
    -politik . . . . 277, 284 ff., 310 ff.
Integrierte Erwerbsbiografie (IEB). 290, 299

Stichwortverzeichnis

International Labour Organisation (ILO).....23, 28 f. 393, 399 f., 473
Jahresarbeitszeit, siehe Arbeitszeit
Job-AQTIV-Gesetz................................. 91, 94, 154
Job-Perspektive.. 124
Job-Turnover................................361, 369, 374 ff.
Jugendsozialarbeit.. 339
JUMP (Jugendsofortprogramm)..........................339 f.

Kaufkraft.. 40, 245 f., 256
Kinderbetreuung(s)
    allgemein.............................98, 116, 177, 231
    -ausbau.......................................86 f., 116
    -kosten..82, 98
Kinder
    -erziehungszeiten.................................133 f.
    -geld...85 ff., 101
    -zuschlag...85 ff.
Kleinstbetriebe...............................344, 346, 382
Kommunal-Kombi........................... 81, 136 f., 155
Konjunktur
    -prognosen............................. 32, 57, 60, 63
    -zyklus.......................................49 f., 61, 67
Kostendruck.. 53, 364
Krankenstand............ 20, 60, 416, 418, 420, 422, 424
Krankenversicherung.........................82, 110 f., 233
Kredit- und Versicherungsgewerbe...................... 48, 345
Kündigung
    durch Arbeitgeber............................. 371, 372
    durch Arbeitnehmer................ 361, 371 f., 387, 395
Kündigungsschutz...............16, 50, 55, 361, 379 f., 387 f., 396
Kurzarbeit..................60, 97, 173, 416, 418, 420, 422, 424
Kurzarbeitergeld...96 f.

Labour-Force-Konzept.................................... 23
Labour-Turnover....................361, 368 ff., 372, 374 ff., 378
Lags... 70 ff.
Landwirte..80, 113 f.
Landwirtschaft, siehe auch Sektor............47, 262, 264, 344 f.,
    .... 384, 388, 393, 474, 493
Langzeitarbeitslosigkeit, siehe Arbeitslosigkeit
Leiharbeit...53, 165, 171 f., 346, 361 ff., 379 ff., 389 ff., 398, 474, 496
Leistung(s)
    -fähigkeit.................... 41, 73 f. 230, 320 ff., 330, 349 f.
    -missbrauch, siehe Missbrauch
    -verfall...332, 348 ff.
Lohn
    -druck.....................................50, 52 f., 188 f.
    -entwicklung........................... 16, 46, 52 ff., 130
    -ersatzleistungen 50, 99, 113, 181, 250
    -findung..15, 22
    -nebenkosten..................................... 41, 133
    -steigerung.. 45, 53

MAPE, siehe Mean Absolute Percentage Error
Markt- und Meinungsforschung.......................... 48
Massenarbeitslosigkeit, siehe Arbeitslosigkeit
Matching...................51, 53, 56, 163 f., 190, 192 f., 326
Mean Absolute Percentage Error (MAPE)................62, 68 f.
Mehraufwandsvariante, siehe Arbeitsgelegenheiten
Mehrwertsteuererhöhung......................... 17, 82, 111 f.
Methoden zur Arbeitsmarktprojektion, siehe Verfahren
Midijob.. 42, 111 f.

Migration(s)
    -erfahrung.................................... 246, 287
    -hintergrund............ 84, 124, 128, 212, 227, 229, 246,
    ....277, 285 ff., 289, 290, 301 ff.
    -politik.. 275, 312
    -wirkungen..................................265 f., 268 f.
Mindestlohn..........................56 f., 82, 121 f., 252
Minijob............17, 45, 88, 111, 368, 379, 381 f., 396, 398 f.
Minijobber... 111, 382
Missbrauch............... 83, 102 ff., 169, 181, 222 f., 232
Mittlere Reife................................. 219, 228, 303
Mobilität......239, 245, 252, 278, 361, 368 f., 372, 375, 377 f., 395

Nationaler Integrationsplan......................... 300, 312
Nebenerwerbstätigkeit.................417, 419, 421, 423, 425
Neue Bundesländer............... 73, 327 f., 334 f., 453, 455, 457,
    .... 459, 461, 463, 465, 467, 469
Nichterwerbspersonen................................... 23
Nichterwerbstätigkeit...........................18 ff., 175, 180
Niederlassungsfreiheit................................... 108
Niedriglohnbereich........................... 56, 76, 82, 87

OECD (Organisation für wirtschaftliche Zusammenarbeit und
    Entwicklung)................. 13, 22 f., 74, 239, 248 f., 254,
    .... 278, 301, 363, 384, 473 ff.
Offene Stellen........32, 51 f., 60, 83, 151, 156, 327, 333, 374, 390
Öffnungsklauseln....................................... 53
Ostdeutschland, siehe neue Bundesländer

Partnermonate..116
Pendler........................... 34, 40, 59f. 65 f., 73
Personal
    -austausch................................. 372 ff., 378, 395
    -bewegung..............................361, 369, 372 ff.
    -fluktuation................................346, 361, 384
    -kosten.....................134, 156, 340, 361, 379 f.
Personal-Service-Agentur (PSA)............81, 91 f., 154 f., 157 ff.,
    .... 165, 170 ff., 193, 196
Perspektive 50plus............................... 89, 117, 130
Pflegedienste, ambulante................................ 48
PISA-Studie...................................... 311, 348 ff.
Praktika............... 190, 304, 312, 326, 339, 364, 379 ff., 398
Probezeit... 361, 380
Produzierendes Gewerbe, siehe auch Sektor ..47, 70, 344, 361 f., 381 f.,
    .... 384 ff., 393, 396, 398, 474
Prognoseverfahren, siehe Verfahren
PSA, siehe Personal-Service-Agentur

Regelaltersgrenze....................................130 f.
Regionalprognose............................... 64 ff., 70, 73
Rente mit 67..................... 43, 82, 117, 130 f., 272
Rentenbeitragssatz.....................................113
Rentenversicherung..............91, 99 f., 110, 113 f., 118,
    .... 130 f., 142, 181, 214 ff., 231
Reservationslöhne....................................... 50
Rezession............................... 13, 16, 21, 31, 49
Rheinisch-Westfälisches Institut für Wirtschaftsforschung
    (RWI)...60, 194 f.
Risikoausgleich... 167
*RWI, siehe Rheinisch-Westfälisches Institut für
    Wirtschaftsforschung*

Stichwortverzeichnis

Sachverständigenrat (SVR)........... 49, 52, 78, 126, 132, 312, 314
SAM, siehe Strukturanpassungsmaßnahmen
Sanktionen......................... 81, 92, 101, 103, 168, 226
SC, siehe Deterministisches Strukturkomponentenmodell
Schlüsselqualifikationen................................. 286, 348
Schulabgänger .... 144 f., 295, 332, 349 f.
Sektor
    erster S. (Landwirtschaft)................... 47, 264, 474, 493
    zweiter S. (produzierendes Gewerbe) .. 47, 70, 344, 361 f., 381 f.,
    .... 384 ff., 393, 396, 398, 474
    dritter S. (Dienstleistungs-S.)..... 47, 264 f., 344, 348, 385, 495
Selbstständigkeit..................... 17, 36, 105, 123, 168, 182 f.
SGB, siehe Sozialgesetzbuch
Shift-Share-Analysen..................................... 65
Sockelarbeitslosigkeit.................................. 15, 51
Solidarprinzip 233
Sonderschulabschluss................................. 219, 228
Sozialgesetzbuch(SGB)-II-Änderungsgesetz
    Zweites S.. 125
    Drittes S... 132
    Viertes S... 143 f.
Sozialgesetzbuch(SGB)-III-Änderungsgesetz
    Fünftes S..................................... 90, 144
    Sechstes S............................... 112, 114, 133, 139
    Siebtes S.................................. 92, 131, 135
Sozialhilfe .... 6, 13, 16 f., 39, 69, 85, 141, 154,
    .... 205 f., 208, 213, 224 ff., 302
Sozialhilfebezieher.................................. 22, 142
Sozialsektor...................................... 362, 396
Sozio-ökonomisches Panel....................... 185, 249, 288
Spätaussiedler, siehe Aussiedler
Sperrzeiten 19, 92
Sprachförderung.................. 84 f., 286, 301 ff., 306, 312 ff.,
Sprachkenntnisse .... 83 f., 212, 326
Sprachkurse .... 84, 176, 285, 290, 301 ff., 312
Staatsangehörigkeit .... 169, 215, 228, 287, 302, 304 f., 312
Staatsbürgerschaft................................ 242, 246
Stille Reserve
    allgemein.................. 13, 21, 33, 35, 37, 61, 175, 428 ff.
    im engeren Sinn .... 19, 21 f., 33, 35, 38, 61 f.
    in Maßnahmen .... 21 f., 33, 35, 37 f., 61 f.
Strukturanpassungsmaßnahmen (SAM)... 151, 157 ff., 185, 192, 195
Studiengebühren......................... 82, 252, 278, 351
Studium............................... 19, 252, 331, 351
SVR, siehe Sachverständigenrat

Tagesbetreuung..................................... 48, 132
Tarif
    -lohn.. 53, 126
    -verhandlungen..................................... 50
    -vertrag .... 50, 118, 121 f., 380, 393 ff.
Teilzeitbeschäftigung, siehe Beschäftigung
TIMSS (Third International Mathematics and Science Study) 349
Trainingsmaßnahmen
    allgemein..................... 18 ff., 33, 38, 91, 153, 156 ff.,
    .... 162, 166, 173, 176, 193 ff., 306 ff.
    betriebliche .... 151, 157 ff., 177
    nicht-betriebliche .... 151, 157 ff., 177

Überbrückungsgeld........... 104 f., 155, 157 ff., 181 ff., 307, 367
Übergang(s)
    -fristen............. 238 f., 241, 247, 250, 256 f., 262 ff., 276
    -qualifizierung.................................. 338 f.
    -regelung....................... 126, 240, 258, 263 f.

Überstunden 36, 60, 97, 121, 363, 387, 416, 418, 420, 422, 424
Unkündbarkeit... 387
Unqualifizierte................................... 266, 319, 323
Unterbeschäftigung .... 6, 13 f., 21 f., 33, 38, 46, 48, 58 f., 61 ff., 131
Unternehmensberatung 48, 385
Urlaub .... 121, 379 f., 416 ff., 474

Verarbeitendes Gewerbe............... 40, 47, 109, 344 f., 348, 380
Verbrauch, privater.. 44 f.
Verbraucherpreise......................... 44, 52, 111, 122
Verfahren zur Arbeitsmarktprojektion
    iterativ-analytisches V............................. 57 f., 63
    ökonometrisches V.................. 52, 55 ff., 63, 74
    Indikatorenmodelle............................. 57
    Zeitreihen-V................................. 55, 64 ff., 70
Verflechtungen, regionale 66, 68, 73
Verkehr und Nachrichtenübermittlung............. 47, 344 f., 385
Vermittlung(s)
    -dienstleister .... 150, 155, 165 f., 169 f.
    -gutschein ..... 81, 119, 137, 155, 157 ff., 165, 168 ff., 193, 196
    -hemmnisse....... 80 ff., 102, 118, 124 ff., 155, 170, 172, 178 f.
Versorgungsfonds................................. 133 f.
Volkswirtschaftliche Gesamtrechnungen (VGR)............. 75, 366 f.
Vollzeitäquivalente, Entwicklung der 26, 444, 446, 448, 450
Vollzeitbeschäftigung, siehe Beschäftigung
Vorruhestand... 38, 42

Wanderungseffekte................................. 34, 272 ff.
WeGebAU... 80, 94
Weiterbildung(s)
    -kosten.. 91, 94
    -maßnahmen................... 125, 174 f., 306, 312, 383
Wiedervereinigung .... 16, 24, 49, 184, 216, 323, 334 f.
Wirtschaft(s)
    -prüfung... 48
    -wachstum......... 13, 31 f., 36, 38, 45 f., 50 f., 60 f., 109, 363
Wochenarbeitszeit 416, 418, 420, 422, 424
Wohngeld 86, 101, 115, 206

Zeitarbeit, siehe Leiharbeit
Zeitarbeitsunternehmen....................... 92, 155, 170, 172
Zeitreihenmodelle...................................... 65, 67
Zentrum für Europäische Wirtschaftsforschung (ZEW)...76, 120, 140,
    .... 180 f., 183, 197 f., 200 f., 313, 356
Zulassungsverfahren..................................... 252
Zumutbarkeitsregeln.......................... 17, 221, 227, 232
Zuwanderungsgesetz .... 82 ff. 251, 278, 301